最高人民法院民事审判第三庭 编

最高人民法院
知识产权审判案例指导

全国法院知识产权案件
法律适用问题年度报告及案例全文

第17辑

中国法治出版社
CHINA LEGAL PUBLISHING HOUSE

出版说明

为进一步充分发挥知识产权审判案例的示范和指引作用，从2008年起，最高人民法院每年对知识产权典型案件进行分析、梳理和归纳，形成知识产权案件年度报告，并在“4·26”世界知识产权日期间向社会公布报告的摘要内容，既总结了审判经验和统一了法律适用标准，又推进了司法公开，赢得了社会的广泛关注和普遍好评。

但是限于篇幅，案件年度报告只是整理和归纳相关的典型法律适用问题，难以完全反映案件的全貌。应读者的要求，我们将案件年度报告及其所涉及的裁判文书整理和汇编成书，忠实记录我国知识产权司法保护进程中每一个前进的脚印，以每年一册的形式奉献给读者。

目　　录

全国法院知识产权案件法律适用问题年度报告（2024）

序　言 …… 003
一、专利案件审判 …… 003
二、商标案件审判 …… 031
三、著作权案件审判 …… 051
四、竞争案件审判 …… 071
五、植物新品种案件审判 …… 096
六、集成电路布图设计案件审判 …… 099
七、知识产权诉讼程序与证据 …… 102

审判案例指导（全国法院2024年典型知识产权案件裁判文书选登）①

一、专利案件审判

（一）专利民事案件审判

1. 专利权评价报告在侵害专利权纠纷案件中的定性 …… 107
——再审申请人温州科某机械有限公司与被申请人贵州鑫某液压配件有限公司、赫某辉侵害实用新型专利权纠纷案

2. 关联案件的专利侵权判定协调 …… 116
——上诉人东莞市斯某电子科技有限公司与被上诉人王某侵害实用新型专利权纠纷案

① 本书中个别案例未收录与年度报告对应的裁判文书，目录上对应年度报告页码，即标注“存目　参见第×页”。

3. 附履行条件判决及迟延履行期间的债务利息 …………………… 122
——上诉人深圳市昊某电子科技发展有限公司与被上诉人深圳市唯某科技有限公司、一审被告罗某侵害实用新型专利权纠纷案
4. 宣告专利权无效的审查决定作出后已执行的专利侵权判决的处理 …………………………………………………… 142
——再审申请人东莞市宸某电子科技有限公司与被申请人周某、一审被告福州万某天悦电子科技有限公司、深圳市诺某通讯有限公司侵害实用新型专利权纠纷案
5. 仿制药申请人于专利信息登记前作出一类声明的处理 ………… 150
——上诉人瑞士安某有限责任公司与被上诉人石某药业有限公司确认是否落入专利权保护范围纠纷案
6. 药品专利链接纠纷案件中药品技术方案发生变更的处理 ……… 158
——原告某药业集团南京海某药业有限公司与被告某株式会社确认是否落入专利权保护范围纠纷案
7. 用途专利发明人身份的认定
——原告郭某与被告苏州开某药业股份有限公司发明创造发明人署名权纠纷案 （存目 参见第18页）
8. 使用环境特征的认定和侵权判断 ………………………………… 172
——原告某能株式会社与被告上海某科实业有限公司、中山某印电子科技有限公司侵害发明专利权纠纷案

（二）专利行政案件审判

9. 对违反社会公德、妨害公共利益的祭品房类发明创造不应授予专利权
——上诉人刘某彬与被上诉人国家知识产权局、一审第三人苟某利实用新型专利权无效行政纠纷案 （存目 参见第22页）
10. 专利无效审查口审程序中权利要求删除式修改的接受 ……… 185
——上诉人德国某专利股份有限公司与被上诉人国家知识产权局、一审第三人日本某株式会社发明专利权无效行政纠纷案
11. 是否清楚显示要求保护的外观设计的认定 ……………………… 208
——上诉人深圳市某电子有限公司与被上诉人国家知识产权局、一审第三人黄某外观设计专利权无效行政纠纷案

二、商标案件审判

（一）商标民事案件审判

12. **认定侵害地理标志证明商标权需要考虑的因素** ………………… 214
——再审申请人某市大米协会与被申请人浙江某农业科技有限公司、德惠市某米业有限公司侵害商标权及不正当竞争纠纷案
13. **商标在先使用抗辩的认定** ………………………………………… 228
——再审申请人某大药房连锁股份有限公司与被申请人荆门市某大药堂连锁有限公司侵害商标权及不正当竞争纠纷案
14. **景区名称正当使用的认定**
——再审申请人赣州某宏文化发展有限公司与被申请人某城演艺发展股份有限公司侵害商标权及不正当竞争纠纷案 （存目 参见第36页）
15. **有证据证明侵权获利时应优先根据侵权获利确定损害赔偿数额** ……………………………………………………………… 241
——再审申请人某甲国际私人有限公司与被申请人王某丰、浙江某乙网络有限公司侵害商标权纠纷案
16. **零售服务与“替他人推销”服务是否构成类似的判断** ……… 251
——上诉人北京某田纺织品有限公司、北京某某良品投资有限公司、北京某某良品家居用品有限公司、东台市某润购物广场有限公司与被上诉人株式会社某某计画、某某良品（上海）商业有限公司侵害商标权及不正当竞争纠纷案
17. **药品商标侵权案件中标识贡献率的计算及惩罚性赔偿的适用** ……………………………………………………………… 297
——原告甘某药业股份有限公司与被告通化东某药业股份有限公司、苏州雷某上国药连锁总店有限公司侵害商标权及不正当竞争纠纷案

（二）商标行政案件审判

18. **以商品外观申请商标注册的显著性判断**
——再审申请人某创新有限合伙公司与被申请人国家知识产权局商标申请驳回复审行政纠纷案 （存目 参见第43页）

19. **商标注册损害他人在先域名权的认定** ······ 346
——再审申请人杭州汇某智通科技有限公司与被申请人国家知识产权局、一审第三人恒某电子股份有限公司商标权无效宣告请求行政纠纷案
20. **商标法第四十四条“以其他不正当手段取得注册”的适用** ······ 356
——再审申请人陕西某烟工业有限责任公司、贵州某酒集团有限公司与被申请人国家知识产权局商标权无效宣告请求行政纠纷案
21. **商标连续三年不使用撤销案件中核定使用商品的认定** ······ 365
——再审申请人中科院某电子技术有限公司与被申请人国家知识产权局及一审第三人路某电子公司商标权撤销复审行政纠纷案
22. **游戏直播平台的行为是否构成“替他人推销”服务的认定**
——上诉人广州虎某信息科技有限公司与被上诉人国家知识产权局、一审第三人杭州虎某广告有限公司商标权撤销复审行政纠纷案 （存目 参见第49页）

三、著作权案件审判

23. **实用艺术作品可作为美术作品受到著作权法保护**
——再审申请人朱某与被申请人上海某文具股份有限公司、义乌市某文具用品有限公司、杭州某文具有限公司侵害著作权纠纷案 （存目 参见第51页）
24. **计算机软件的发行权权利用尽** ······ 372
——上诉人深圳市昊某源科技有限公司与被上诉人某有限责任公司、一审被告北京华某雨泽商贸有限公司侵害计算机软件著作权纠纷案
25. **美术作品实质性相似的认定** ······ 400
——原告西某与被告叶某侵害著作权纠纷案
26. **中途退出影视作品剧本创作是否享有编剧署名权的认定** ······ 480
——原告王某某、杨某与被告霍尔果斯万某影业有限公司、北京爱某科技有限公司侵害著作权纠纷案

27. **车载系统内容提供主体著作权侵权认定** …………………………… 510
——原告深圳市某计算机系统有限公司、某科技（北京）有限公司与被告北京某科技有限公司、肇庆某新能源投资有限公司、广州某车联网科技有限公司侵害作品信息网络传播权纠纷案
28. **实施算法统一聚合行为提高网络服务提供者的注意义务** ……… 533
——原告优某信息技术（北京）有限公司与被告北京快某科技有限公司侵害信息网络传播权纠纷案
29. **生成式人工智能服务提供者的侵权责任认定** ………………… 553
——上诉人上海新某华文化发展有限公司与被上诉人杭州某母智能科技有限公司著作权侵权及不正当竞争纠纷案
30. **网盘服务商直接侵权与采取必要措施的认定** ………………… 583
——再审申请人北京百某网讯科技有限公司与被申请人上海翡某东方传播有限公司广州分公司侵害作品信息网络传播权纠纷案

四、竞争案件审判

（一）反不正当竞争案件审判

31. **有一定影响的企业字号的认定** ……………………………………… 644
——上诉人兰州某房地产有限公司与被上诉人某置地（成都）有限公司、上海某房地产有限公司、南京某企业管理有限公司、新加坡某控股有限公司侵害商标权及不正当竞争纠纷案
32. **侵害技术秘密行为的整体判断和停止侵害民事责任的具体承担** ……………………………………………………………… 673
——上诉人浙江吉某控股集团有限公司、浙江吉某汽车研究院有限公司与上诉人威某汽车制造温州有限公司、被上诉人威某汽车科技集团有限公司、威某智慧出行科技（上海）股份有限公司、威某新能源汽车销售（上海）有限公司侵害技术秘密纠纷案
33. **商业秘密侵权行为及侵权责任的认定**
——上诉人沈某集团股份有限公司、沈阳透某机械股份有限公司与上诉人沈阳斯某机械有限公司、沈阳斯某机械制造有限公司、被上诉人孙某良、印某洋、吴某坡侵害计算机软件著作权及商业秘密纠纷案 （存目 参见第80页）

34. **抢票软件行为不正当性的认定** …………………………… 734
——原告北京某文化传媒发展有限公司与被告郑某不正当竞争纠纷案
35. **数据使用行为不正当性的认定** …………………………… 743
——原告上海宽某数码科技有限公司、上海幻某信息科技有限公司与被告上海晓某文化传播有限公司侵犯商标权及不正当竞争纠纷案
36. **技术秘密非公知性的认定** …………………………… 774
——原告艾某泰科诊断有限公司与被告武汉博某生物科技有限公司、孙某侵害商业秘密纠纷案
37. **技术中立抗辩是否成立的判断标准** …………………… 796
——原告北京某科技有限公司与被告重庆某商贸有限公司、成都某网络科技有限公司等不正当竞争纠纷案

（二）反垄断案件审判

38. **涉联合抵制交易的纵横交错协议构成横向垄断协议** ………… 811
——上诉人云南易某润滇米线股份有限公司与被上诉人云南润某食品有限公司、昆明林某秋谷食品制造有限责任公司、寻甸林某源食品厂、官渡区龙某精米厂、张某、郭某、马某、班某横向垄断协议纠纷案
39. **具有或者可能具有排除、限制竞争效果的经营者集中的司法审查标准** …………………………… 839
——原告北京托某某药业有限公司与被告国家市场监督管理总局、第三人先某药业有限公司反垄断其他行政行为纠纷

五、植物新品种案件审判

40. **品种同一性的举证义务和鉴定方法的审查** …………… 857
——上诉人上海鲜花港德某仕植物有限公司与被上诉人广州市番禺科某农业科技开发有限公司侵害植物新品种权纠纷案

六、集成电路布图设计案件审判

41. **布图设计保护客体和已投入商业利用的认定** …………… 873
——上诉人凌某科技股份有限公司与被上诉人无锡中某爱芯电子有限公司侵害集成电路布图设计专有权纠纷案

七、知识产权诉讼程序与证据

42. **移送管辖应受应诉管辖的限制**
——原告某服饰股份有限公司诉被告廖某凤不正当竞争纠纷案
（存目　参见第 102 页）

全国法院

知识产权案件法律适用问题

年度报告(2024)

序　言

2024 年，各级人民法院坚持以习近平新时代中国特色社会主义思想为指导，全面贯彻落实党的二十大和二十届二中、三中全会精神，深入贯彻习近平法治思想，深刻领悟“两个确立”的决定性意义，不断增强“四个意识”、坚定“四个自信”、做到“两个维护”，坚持为大局服务、为人民司法，努力推动知识产权司法保护工作实现新突破、再上新台阶。本年度报告从全国法院 2024 年审结的知识产权案件中梳理出下列 42 个法律适用问题。

一、专利案件审判

（一）专利民事案件审判

▶1. 专利权评价报告在侵害专利权纠纷案件中的定性

【裁判要旨】

侵害专利权纠纷案件中，专利权评价报告可以作为审理案件的证据之一，但涉案专利的有效性仍应当依据专利授权文本及行政部门的生效决定进行判断。在专利权人依据有效专利提起侵权诉讼的情况下，不能仅因专利权评价报告对涉案专利作出不符合法定授权条件的否定结论，就认定该权利人不具有行使诉权的基础，进而裁定驳回其起诉。

【关键词】

实用新型专利　侵权　专利权评价报告　权利基础　起诉条件

【案号】

（2024）最高法民再 244 号

【基本案情】

在再审申请人温州科某机械有限公司（以下简称科某公司）与被申请人贵州鑫某液压配件有限公司（以下简称鑫某公司）、赫某辉侵害实用新型专利权纠纷案[①]中，科某公司系名称为“一种多管路接口液压过滤器”的实用新型专利（以下简称涉案专利）的专利权人，该专利权处于合法有效状态，鑫某公司的门店内销售了使用涉案专利技术方案的被诉侵权产品，科某公司主张鑫某公司的行为侵害了其涉案专利权，赫某辉系销售被诉侵权产品门店的实际经营者，亦构成侵权，故诉至法院，请求：1. 判令鑫某公司、赫某辉立即停止销售侵害科某公司涉案专利权产品的行为，并销毁库房产品；2. 判令鑫某公司、赫某辉共同赔偿科某公司经济损失 50 万元；3. 判令鑫某公司、赫某辉共同赔偿科某公司合理开支 1.5 万元；4. 判令鑫某公司、赫某辉承担本案全部的诉讼费用。鑫某公司、赫某辉答辩称：1. 涉案专利评价报告的初步结论显示涉案专利全部权利要求不符合授予专利权条件。科某公司涉嫌滥用专利权。2. 被诉侵权产品使用的是现有技术。贵州省贵阳市中级人民法院经审理查明，国家知识产权局就涉案专利出具实用新型专利权评价报告，初步结论为：全部权利要求 1-7 不符合授予专利权条件。科某公司明确主张涉案专利权保护范围为权利要求 1，双方对被诉侵权产品落入了涉案专利权利要求 1 的保护范围均无异议。一审法院认为，鑫某公司的现有技术抗辩成立，其行为对科某公司的涉案专利权不构成侵权，故判决驳回科某公司的诉讼请求。科某公司不服，提起上诉。贵州省高级人民法院二审认为，根据涉案专利权评价报告，涉案专利不具备创造性，不符合授予专利权条件，科某公司不具有行使诉权的基础，故裁定撤销一审判决，驳回科某公司的起诉。科某公司不服，向最高人民法院申请再审，最高人民法院裁定提审本案，并于 2024 年 10 月 8 日判决撤销二审裁定，维持一审判决。

【裁判意见】

最高人民法院再审认为：专利权评价报告是国务院专利行政部门应当事人申请，对实用新型专利或者外观设计专利是否符合专利授权标准进行检索、分析和评价后，作出的专业性报告，其系审理、处理专利侵权纠纷的证据之一，仅能作为判断该专利效力稳定状态的证据，而不是国务院专利行政部门行使行政管理职权作出的行政决定。换言之，专利权评价报告的结论并非认定其所涉专利效力状态的唯一依据或绝对依据。在专利侵权纠纷案件中，涉案专利的有效性仍应当依据专利授权文本及国家知识产权局在相关行政授权

---

① 本案裁判文书参见第 107 页。

确权程序中作出的生效决定进行判断。本案中，并无证据证明涉案专利经历无效宣告程序，并被国家知识产权局作出生效决定宣告无效，在科某公司提交的涉案专利证书、授权文本、专利年费收据等证据足以证明其依法取得涉案专利权，且该专利为有效状态的情况下，科某公司有权依据涉案专利提起侵权诉讼。二审法院依据专利权评价报告认定涉案专利不符合法定授权条件，并据此认定科某公司不具有行使诉权的基础，裁定驳回科某公司的起诉有所不当，应当予以纠正。

▶2. 关联案件的专利侵权判定协调

【裁判要旨】

对于相同的被诉侵权产品、相同的专利权以及相同事由的不侵权抗辩，关联案件的认定应当保持一致，防止出现裁判冲突。即使被诉侵权人在一审判决后未提起上诉，二审法院也可以依据另案生效裁判中有关同样的抗辩事由成立的认定，依法改判认定被诉侵权人的有关抗辩同样成立。

【关键词】

实用新型专利　侵权　关联案件　不侵权抗辩　未提起上诉　裁判冲突　损害社会公共利益

【案号】

（2023）最高法知民终 740 号

【基本案情】

在上诉人东莞市斯某电子科技有限公司（以下简称斯某公司）与被上诉人王某侵害实用新型专利权纠纷案①中，斯某公司诉称：其系名称为“一种深紫外线风干牙刷消毒盒”的实用新型专利（以下简称涉案专利）的专利权人。景某百货店未经斯某公司许可，擅自销售、许诺销售与涉案专利技术特征完全相同的被诉侵权产品，主观上具有侵权的故意，属于侵权情节严重的情形，应当承担惩罚性赔偿责任。故请求判令：景某百货店（注销后，变更为经营者王某）停止侵权，销毁库存侵权产品，并赔偿经济损失及维权合理开支共计 5 万元。景某百货店辩称：景某百货店系淘宝网的小型卖家，被诉侵权产品系在 1688 平台销售的一键代发商品，具有合法来源，景某百货店没

---

① 本案裁判文书参见第 116 页。

有侵权故意，应当免除赔偿责任。法院经审理查明：涉案专利申请日为2020年4月21日，授权公告日为2021年2月26日。2021年5月26日，斯某公司经公证取证，自纵某公司处购买了型号为DB805的牙刷盒。2021年9月26日，斯某公司以纵某公司侵害涉案专利权为由，向广东省深圳市中级人民法院提起本案关联诉讼。广东省深圳市中级人民法院认定纵某公司提出的抵触申请抗辩成立，于2022年11月10日作出（2021）粤03民初6201号民事判决：驳回斯某公司的诉讼请求。斯某公司不服，提出上诉。最高人民法院于2024年5月31日作出（2023）最高法知民终662号民事判决（以下简称662号判决）：驳回上诉，维持原判。斯某公司、景某百货店均确认本案被诉侵权产品与662号案件中来源于纵某公司的被诉侵权产品相同。河南省郑州市中级人民法院于2022年2月25日作出（2022）豫01知民初108号民事判决：景某百货店（经营者王某）停止侵权，并赔偿维权合理支出2000元。斯某公司不服，提出上诉。最高人民法院于2024年12月18日作出（2023）最高法知民终740号民事判决：撤销一审判决，驳回斯某公司的全部诉讼请求。

【裁判意见】

最高人民法院二审认为：根据民事诉讼法第六十七条第三款以及民事诉讼法司法解释第三百二十一条的规定，二审法院应当围绕当事人的上诉请求进行审理，但是，根据二审法院查明的有关事实，一审判决违反法律禁止性规定或者损害国家利益、社会公共利益、他人合法权益的，二审法院应当以事实为依据，依法予以纠正。根据在案证据，景某百货店在接到斯某公司的订单后，向纵某公司下单，由纵某公司将被诉侵权产品直接发货至购买方斯某公司，故被诉侵权产品同样来源于纵某公司。经对比，本案双方当事人均确认本案被诉侵权产品与662号案件中来源于纵某公司的被诉侵权产品相同。虽然景某百货店未提出上诉，但在二审期间已依据在先申请提出抵触申请抗辩。在最高人民法院已经作出发生法律效力的662号判决且该判决的相关认定与本案密切关联的情况下，本案应当以事实为依据，以662号判决的有关认定为本案的定案依据。对于相同的被诉侵权产品、相同的专利权以及相同的抵触申请抗辩，两案的认定应当保持一致，防止出现裁判冲突，并及时实质性解决本案争议，避免损害社会公共利益。662号判决认定在先申请公开了该案被诉侵权产品的技术方案，该案中的抵触申请抗辩成立，且该案中的被诉侵权产品与本案被诉侵权产品相同。因此，在没有相反证据足以推翻生效的 662 号判决的情况下，应当确认景某百货店依据在先申请提出的抵触申请抗辩同样成立，其销售的本案被诉侵权产品亦不构成侵权。

▶3. 附履行条件判决及迟延履行期间的债务利息

【裁判要旨】

1. 对于因涉案专利被采取财产保全措施而导致专利权无效宣告程序中止，使得国家知识产权局在专利侵权诉讼判决前未能作出无效宣告请求审查决定的，人民法院可以根据案件具体情况，对判决确定的义务的履行作出相应的安排，包括对停止侵害、赔偿损失等判项的履行附加必要的条件。例如，将专利权利人据以提起诉讼的专利权利要求经国家知识产权局审查作出维持有效的审查决定作为判项履行的前提条件，并对期间的债务利息等一并作出安排，以合理平衡各方当事人的利益。

2. 对于附履行条件的判决，可以同时判决迟延履行期间的债务利息，即在判项履行条件成就后，自生效判决送达之日起至履行条件成就之日止，按照全国银行间同业拆借中心公布的同期贷款市场报价利率计付利息（即单倍利息）；判决确定的履行条件成就后仍未履行金钱给付义务的，加倍支付迟延履行期间的债务利息。

【关键词】

实用新型专利　侵权　附履行条件判决　迟延履行期间债务利息

【案号】

（2024）最高法知民终 370 号

【基本案情】

在上诉人深圳市昊某电子科技发展有限公司（以下简称昊某公司）与被上诉人深圳市唯某科技有限公司（以下简称唯某公司）、一审被告罗某侵害实用新型专利权纠纷案①中，唯某公司诉称：其系名称为“一种反重力水滴加湿器”的实用新型专利（以下简称涉案专利）的专利权人。昊某公司、罗某制造、销售、许诺销售的被诉侵权产品落入涉案专利权利要求 2、3、5-8 的保护范围，故请求判令：昊某公司、罗某停止侵害，并连带赔偿其经济损

---

① 本案裁判文书参见第 122 页。

失及维权合理开支共计 20 万元。昊某公司、罗某辩称：被诉侵权产品未落入涉案专利权保护范围，且实施的是现有技术。法院经审理查明：昊某公司制造并在其经营的某平台网络店铺销售、许诺销售被诉侵权产品。罗某系昊某公司的法定代表人，并使用其个人支付宝账户收取上述网络店铺款项，未与昊某公司进行结算。昊某公司以及案外人深圳某投资公司、东莞某电子科技公司分别就涉案专利向国家知识产权局提出了无效宣告请求。其中，案外人深圳某投资公司、东莞某电子科技公司就涉案专利权利要求 1—9 不具备创造性说明了具体的理由并提供了证据。案外人深圳市移某互联科技有限公司（以下简称移某公司）以唯某公司为被告向广东省深圳市龙华区人民法院提起民间借贷纠纷。根据移某公司的申请，广东省深圳市龙华区人民法院作出保全裁定，对涉案专利采取保全措施。国家知识产权局为执行保全裁定，决定自 2023 年 1 月 10 日至 2026 年 1 月 10 日对涉案专利协助执行财产保全。移某公司和唯某公司在该案中达成和解，广东省深圳市龙华区人民法院于 2023 年 7 月 7 日出具（2022）粤 0309 民初 17187 号民事调解书，主要内容为：唯某公司应于 2026 年 8 月 1 日前分三期将 300000 元支付给移某公司，移某公司收到全部款项后五个工作日内向广东省深圳市龙华区人民法院申请解除财产保全措施。因涉案专利在该案中被采取财产保全措施，针对涉案专利提起的相关专利无效行政程序目前均已被国家知识产权局中止。广东省深圳市中级人民法院于 2023 年 9 月 26 日作出（2022）粤 03 民初 7208 号民事判决：昊某公司、罗某立即停止侵害涉案专利权的行为，销毁库存侵权产品，并连带赔偿经济损失及维权合理开支共计 15 万元。昊某公司不服，提出上诉。最高人民法院于 2024 年 12 月 24 日作出（2024）最高法知民终 370 号民事判决：撤销一审判决，昊某公司、罗某应于判决确定的履行条件成就后，停止侵害涉案专利权的行为，销毁库存侵权产品，连带赔偿经济损失 7500 元、维权合理开支 2500 元，共计 1 万元。国家知识产权局未就针对涉案专利权利要求 8 提出的无效宣告请求作出维持有效的审查决定之前，昊某公司、罗某可以暂不履行停止侵权、销毁库存侵权产品、赔偿经济损失及维权合理开支的责任。国家知识产权局就针对涉案专利权利要求 8 提出的无效宣告请求作出维持有效的审查决定后，唯某公司可将该审查决定立即通知昊某公司、罗某，昊某公司、罗某接到通知后应立即停止侵害、销毁库存侵权产品，并自通知之日起七日内赔偿经济损失及维权合理开支共计 1 万元。国家知识产权局就针对涉案专利权利要求 8 提出的无效宣告请求作出宣告无效的审查决定且该审查决定已确定发生法律效力的，判决不再执行，昊某公司、罗某已负担的一、二审案件受理费由唯某公司负责返还。自判决送达昊某公司、罗某之日起，至昊某公司、罗某在收到唯某公司通知之日起七日内赔偿经济损失及维权合理开支共计 1 万元之日止，昊某公司、罗某应当以全国银行间同业拆借中心公布的同期贷款市场报价利率计付债务利息。昊某公司、罗某自收到唯某公司上述通知之日起七日后，仍未赔偿经济损失及维权合理开支共计 1 万元，应当依照民事诉讼法第二百六十四条规定，加倍支付迟延履行期间的债务利息。

【裁判意见】

最高人民法院二审认为：涉案专利为实用新型专利，没有经过实质审查。对实用新型专利权提起无效宣告请求是被诉侵权人的重要抗辩理由。对于因涉案专利被采取财产保全措施而导致专利无效行政程序中止，使得在专利侵权诉讼二审判决前无法作出无效审查决定的，人民法院可以根据案件具体情况，对二审判决的执行作出相应的安排，包括对停止侵害、赔偿损失等判项的执行附加必要的条件，以合理平衡各方当事人的利益。涉案专利被采取财产保全，虽系因专利权人与案外人的纠纷所引起，但相对于专利权人和被诉侵权人之间的法律关系而言，显然及时解除财产保全的责任在于专利权人，不能让被诉侵权人对此承担可能的不利后果。同时，人民法院也要防止因专利权人自身的原因导致专利无效行政程序被恶意中止等不诚信行为的发生。考虑本案中昊某公司有关权利要求 2、3、5、6、7 的现有技术抗辩成立，以及案外人深圳某投资公司、东莞某电子科技公司在专利无效行政程序中已经针对涉案专利权利要求 8 提出了具体的无效理由和证据，涉案专利权利要求 8 存在被宣告无效的高度可能性。针对涉案专利的无效审查决定的认定可能对相关侵权民事案件的审理以及本案判决的执行造成重大影响。更为重要的是，唯某公司完全由于其自身的原因，通过调解书的相关内容将针对涉案专利权的财产保全措施明显不合理地延迟至 2026 年，导致涉案专利的无效行政程序无法进行，必然导致本案当事人的重大利益失衡。唯某公司的此种行为明显不合常理，违背诚信原则，不能被认同。因此，将唯某公司据以提起诉讼的专利权利要求被国家知识产权局审查后作出维持有效的审查决定作为本案二审判决能够执行的前提条件。并且，可以同时判决迟延履行期间债务利息，即在判决执行条件成就后，自判决送达之日起至在判决确定的期间履行金钱给付义务之日止，按照全国银行间同业拆借中心公布的同期贷款市场报价利率计付利息；判决确定的期间后仍未履行金钱给付义务的，加倍支付迟延履行期间的债务利息。

▶4. 宣告专利权无效的审查决定作出后已执行的专利侵权判决的处理

【裁判要旨】

1. 宣告专利权无效的决定作出后的执行行为不属于专利法第四十七条第二款规定的无效宣告决定对生效的专利侵权判决不具有追溯力的情形，有关执行款一般应由执行法院在执行回转程序中责令申请执行人向被执行人返还已取得的财产及孳息，人民法院也可视情在再审判决中责令返还。

2. 对于涉及多个被诉侵权人的专利侵权判决，如果由于不同被诉侵权人的赔偿义务执行时间不同导致对专利法第四十七条第二款适用结果不同，违反公平原则的，人民法院可以适用专利法第四十七条第三款的规定予以处理。

【关键词】

实用新型专利　侵权　专利权全部无效追溯力　执行回转　公平原则

【案号】

（2024）最高法知民再 1 号

【基本案情】

在再审申请人东莞市宸某电子科技有限公司（以下简称宸某公司）与被申请人周某、一审被告福州万某天悦电子科技有限公司（以下简称万某公司）、深圳市诺某通讯有限公司（以下简称诺某公司）侵害实用新型专利权纠纷案①中，周某诉称：其系名称为“可折叠移动终端支架”的实用新型专利（以下简称涉案专利）的专利权人。宸某公司、诺某公司制造、销售手机壳支架，以及万某公司销售手机壳支架的行为构成对涉案专利权的侵害，故请求判令：一、万某公司停止销售被诉侵权产品并销毁库存侵权产品；二、宸某公司、诺某公司停止制造、销售被诉侵权产品并销毁库存侵权产品；三、万某公司、宸某公司、诺某公司赔偿周某经济损失及维权合理开支 15 万元；四、万某公司、宸某公司、诺某公司负担本案全部诉讼费用。万某公司辩称：

① 本案裁判文书参见第 142 页。

被诉侵权技术方案未落入涉案专利权的保护范围，且其销售的被诉侵权产品具有合法来源，万某公司不应承担赔偿责任。诺某公司辩称：其既非被诉侵权产品的制造者，也非品牌商，故其非为本案适格被告，且被诉侵权技术方案未落入涉案专利权的保护范围，其不应承担赔偿责任。法院经审理查明：被诉侵权技术方案落入涉案专利权的保护范围，万某公司销售被诉侵权产品的行为侵害涉案专利权，但其提交的证据可以证明其销售的被诉侵权产品具有合法来源。宸某公司未提供其他证据证明被诉侵权产品来源的情况下，推定被诉侵权产品系由宸某公司制造、销售给万某公司。在案证据并不足以证明被诉侵权产品来源于诺某公司，也未有证据证明诺某公司制造了被诉侵权产品。福建省福州市中级人民法院于 2021 年 8 月 18 日作出（2021）闽 01 民初 705 号民事判决：一、万某公司于判决生效之日起立即停止销售被诉侵权产品并销毁库存；二、宸某公司于判决生效之日起立即停止生产、销售被诉侵权产品并销毁库存；三、万某公司于判决生效之日起十日内向周某支付维权合理开支 2000 元；四、宸某公司于判决生效之日起十日内赔偿周某经济损失及维权合理开支 3 万元；五、驳回周某的其他诉讼请求。一审判决生效后，宸某公司以国家知识产权局于 2022 年 11 月 14 日作出的第 59187 号无效宣告请求审查决定书（以下简称第 59187 号决定）宣告涉案专利权全部无效为由，向最高人民法院申请再审。在此期间，周某于 2022 年 3 月 29 日收到万某公司缴纳的执行款 2000 元。2024 年 10 月 31 日，宸某公司向一审法院缴纳款项 35356 元。最高人民法院于 2024 年 12 月 2 日作出（2023）最高法知民申 11 号民事裁定提审本案，经最高人民法院多次向周某释明无效宣告审查决定的法律效力，并向其告知宸某公司因被采取限制消费措施而不能续贷的情况，周某明确表示坚决不撤回针对一审判决的强制执行申请。最高人民法院后于 2024 年 12 月 25 日作出（2024）最高法知民再 1 号民事判决：一、撤销福建省福州市中级人民法院（2021）闽 01 民初 705 号民事判决；二、驳回周某的全部诉讼请求。

【裁判意见】

最高人民法院再审认为：本案的争议焦点为宣告涉案专利权无效的决定对本案一审判决是否具有追溯力。民事诉讼法第二百四十四条规定：“执行完毕后，据以执行的判决、裁定和其他法律文书确有错误，被人民法院撤销的，对已被执行的财产，人民法院应当作出裁定，责令取得财产的人返还；

拒不返还的，强制执行。”《最高人民法院关于人民法院执行工作若干问题的规定（试行）》第六十五条规定：“在执行中或执行完毕后，据以执行的法律文书被人民法院或其他有关机关撤销或变更的，原执行机构应当依照民事诉讼法第二百三十三条的规定，依当事人申请或依职权，按照新的生效法律文书，作出执行回转的裁定，责令原申请执行人返还已取得的财产及其孳息。拒不返还的，强制执行。执行回转应重新立案，适用执行程序的有关规定。”但是，宣告专利权无效的决定对已经生效的专利侵权判决并不当然产生追溯力。2008 年修正的专利法第四十七条第一款规定：“宣告无效的专利权视为自始即不存在。”基于此，权利人基于专利获得的利益属于不当得利，应当予以返还。但是，为维护既有秩序，2008 年修正的专利法第四十七条第二款规定：“宣告专利权无效的决定，对在宣告专利权无效前人法院作出并已执行的专利侵权的判决、调解书，已经履行或者强制执行的专利侵权纠纷处理决定，以及已经履行的专利实施许可合同和专利权转让合同，不具有追溯力。”即将专利权无效前已经履行完毕的不当得利予以正当化。与此同时，2008 年修正的专利法第四十七条第二款但书和第三款又从公平原则出发，对此种正当化范围予以限缩：“但是因专利权人的恶意给他人造成的损失，应当给予赔偿。依照前款规定不返还专利侵权赔偿金、专利使用费、专利权转让费，明显违反公平原则的，应当全部或者部分返还。”本案中，第 59187 号决定宣告涉案专利权全部无效，各方当事人均未就该决定在法定期限内提起行政诉讼。根据专利法第四十七条第一款的规定，涉案专利权视为自始即不存在，周某在本案中的侵权指控因缺乏权利基础而不成立，其诉讼请求应予驳回。一审法院依周某申请已经对被诉侵权人宸某公司和万某公司就一审判决所确定的金钱给付义务执行完毕，对于两被诉侵权人的已被执行款项，人民法院均可以依当事人申请或者依职权进行执行回转，责令周某返还已取得的本金及其孳息。首先，在第 59187 号决定确定生效，涉案专利权自始全部无效的情况下，经反复释明，周某坚决不撤回针对一审判决的强制执行申请，致使宸某公司为解除限制消费措施而缴纳执行款项，进而会引发后续执行回转程序的启动，周某的行为明显有违诉讼诚信。其次，宸某公司系在第 59187 号决定作出日之后向一审法院缴纳了执行款项，即相关执行行为系在无效决定作出日之后完成，不属于专利法第四十七条第二款规定的无效宣告决定对生效的专利侵权判决不具有追溯力的例外情形。宸某公司可在本判决生效后，根据民事诉讼法第二百四十四条、《最高人民法院关于人民法院执行工作若干问题的规定（试行）》第六十五条之规定，向一审法院申请执行回转，或者由一审法院依职权启动执行回转程序，责令周某向宸某公司返还已取得的财产及孳息。最后，万某公司系在第59187号决定作出日之前缴纳了执行款项，即相关执行行为系在无效决定作出日之前完成的，若适用专利法第四十七条第二款的规定，则第59187号决定对一审判决针对万某公司的侵权判项不具有追溯力。由此产生的问题是，较之宸某公司，万某公司对一审判决的积极履行行为反而给其合法权益带来消极影响，使其本不应该缴纳的执行款项不能执行回转，显然有失公平。如前所述，专利法第四十七条第二款立足于社会经济秩序的稳定维护，对已经履行或执行完毕的专利侵权判决、调解书、处理决定、实施许可和转让合同等作出例外规定，使其免受专利无效宣告决定的追溯而被撤销。但是，对于涉及多个被诉侵权人的专利侵权判决，如果仅由于不同被诉侵权人的赔偿义务执行时间不同导致对该条款适用与否的区分，令积极履行者承担不能执行回转的不利后果，客观上会引发鼓励消极履行、迟延履行甚至不履行的效果，既不利于专利权的保护，亦有损诉讼诚信体系的建设。此时，应当从公平原则出发，积极适用专利法第四十七条第三款的规定，启动执行回转程序，平等保护各方当事人的合法权益。本案中，针对万某公司的已被执行的财产，可以适用专利法第四十七条第三款的规定予以执行回转，万某公司亦可在本判决生效后，根据民事诉讼法第二百四十四条、《最高人民法院关于人民法院执行工作若干问题的规定（试行）》第六十五条之规定，向一审法院申请执行回转，或者由一审法院依职权启动执行回转程序，责令周某向万某公司返还已取得的财产及孳息。综上所述，一审判决认定侵权成立的权利基础已经不复存在，本案一审判决应当依法撤销，周某的诉讼请求应当依法驳回，其已经取得的执行财产及孳息应当予以返还。

▶5. 仿制药申请人于专利信息登记前作出一类声明的处理

【裁判要旨】

在药品上市许可持有人于规定期限内正确登记专利信息，但仿制药申请人于专利信息登记前已先行作出一类声明的情况下，药品上市许可持有人应当有机会在合理期限内要求仿制药申请人及时申请变更其声明类型。如仿制药申请人申请将其一类声明变更为四类声明，或在合理期限内拒绝申请变更，或申请变更为其他错误声明，则对于专利权利人提起的药品专利链接诉讼，人民法院应当受理并进行实体审理。

【关键词】

发明专利　确认是否落入专利权保护范围　药品专利链接　一类声明　四类声明

【案号】

（2023）最高法知民终 1593 号

【基本案情】

在上诉人瑞士安某有限责任公司与被上诉人石某药业有限公司确认是否落入专利权保护范围纠纷案①中，瑞士安某有限责任公司诉称：其系名称为"（+）-2-［1-（3-乙氧基-4-甲氧基苯基）-2-甲磺酰基乙基］-4-乙酰氨基异吲哚啉-1，3-二酮、其合成方法及其组合物"的发明专利（以下简称涉案专利）的专利权人。涉案专利作为涉案原研药的相关专利，其专利信息已于 2021 年 9 月 13 日在中国上市药品专利信息登记平台（以下简称专利信息登记平台）进行了登记并于同日公布。2021 年 9 月 10 日，涉案仿制药的上市许可申请被受理。针对涉案仿制药，石某药业有限公司在专利信息登记平台作出了一类声明。该一类声明系错误声明。故请求：确认石某药业有限公司申请注册的涉案仿制药的技术方案落入涉案专利权利要求 15、16、22—27 的保护范围。石某药业有限公司辩称：1. 根据《药品专利纠纷早期解决机制实施办法（试行）》（以下简称药品专利纠纷实施办法）第七条的规定，药品上市许可申请人作出四类声明是本案的起诉条件，而石某药业有限公司在专利信息登记平台作出的是一类声明，不符合立案条件。2. 针对石某药业有限公司申请的涉案仿制药，目前虽有登记公示的专利信息，但该专利信息的公开时间晚于石某药业有限公司声明的作出时间。石某药业有限公司作出一类声明不存在过错。3. 石某药业有限公司已经作出一类声明，在现有法律没有规定需要变更专利声明的情况下，石某药业有限公司没有变更声明的义务。法院经审理查明：涉案原研药的通用名为阿普米司特片，商品名为欧泰乐，化学药品注册分类为 5.1 类，剂型为片剂，规格为 10mg，适应症为银屑病，药品批准证明文件待领取信息于 2021 年 8 月 16 日在国家药品监督管理局官

① 本案裁判文书参见第 150 页。

网发布，批准文号为国药准字 HJ2021＊＊＊＊。专利信息登记平台显示，瑞士安某有限责任公司于 2021 年 9 月 13 日将涉案专利作为涉案原研药的相关专利进行了登记，登记的权利要求为 15、16、22—27。专利信息登记平台显示，针对涉案仿制药，国家药品监督管理局于 2021 年 9 月 10 日受理了石某药业有限公司提出的注册申请，受理号为 CYHS210＊＊＊＊国，剂型为片剂，规格为 10mg。针对涉案专利，石某药业有限公司在专利信息登记平台作出一类声明，即专利信息登记平台中没有涉案原研药的相关专利信息。北京知识产权法院于 2023 年 5 月 19 日作出（2022）京 73 民初 1217 号民事裁定：驳回瑞士安某有限责任公司的起诉。瑞士安某有限责任公司不服，提出上诉。最高人民法院于 2024 年 9 月 9 日作出（2023）最高法知民终 1593 号民事裁定：驳回上诉，维持原裁定。

【裁判意见】

最高人民法院二审认为：《最高人民法院关于审理申请注册的药品相关的专利权纠纷民事案件适用法律若干问题的规定》进一步明确了专利权人或者利害关系人依据专利法第七十六条起诉应当提交药品上市许可申请人（即仿制药申请人）依据药品专利纠纷实施办法作出的四类声明及声明依据。但是，针对药品专利作出声明并非专利权人或者利害关系人的义务，如果因仿制药申请人错误声明等原因导致专利权人或者利害关系人客观上无法提交四类声明及声明依据，专利权人或者利害关系人不应因此丧失诉权。对于药品专利纠纷实施办法第四条和第六条的规定，应当结合第一条关于药品专利纠纷早期解决机制制度目标的规定进行整体和系统理解。上述规定的目的在于，既给予药品上市许可持有人合理的登记期限，又引导仿制药申请人对照专利信息登记平台公开的专利信息如实作出声明，从而实现药品专利纠纷早期解决机制的有效运行。据此，药品专利纠纷实施办法第六条的规定应该理解为，仿制药申请人应当对照药品上市许可持有人于规定期限内在专利信息登记平台登记的专利信息，针对被仿制药每一件相关的药品专利作出声明。在药品上市许可持有人于规定期限内正确登记专利信息，但仿制药申请人于专利信息登记前已先行作出一类声明的情况下，如果简单地以仿制药申请人提交仿制药上市许可申请时涉案专利信息尚未在专利信息登记平台中登记为由，认定仿制药申请人所作一类声明正确，并进一步认定此类案件不符合专利法第七十六条有关起诉条件的规定，不符合上述规定的本意，会导致药品上市许可持有人与仿制药申请人之间的利益失衡，也会导致药品专利纠纷早期解决机制在一定程度上被实质架空，难以全面实现其制度目的。因此，应当在上述对药品专利纠纷实施办法相关规定的正确理解基础上，规范药品上市许可持有人与仿制药申请人的行为，进而对起诉是否符合受理条件等问题进行审查认定。目前，药品专利纠纷实施办法和有关部门的具体操作对此均未给出明确指引，而药品上市许可持有人的登记和仿制药申请人的声明在各自行为作出时形式上亦均无过错可言，这种情况属于药品专利纠纷早期解决机制建立初期难免会遇到的实践操作问题，而药品专利纠纷实施办法本身就是试行办法，需要通过实践来发现问题和解决问题，不断完善我国药品专利纠纷早期解决机制。对于上述情形，药品上市许可持有人应当有机会在合理期限内要求仿制药申请人申请变更其声明类型。对此，也需要有关部门为该种情形下的仿制药申请人声明类型的变更提供条件和操作指引。如仿制药申请人申请将其一类声明变更为四类声明，或在合理期限内拒绝申请变更，或申请变更为其他错误声明，则对于专利权人或者利害关系人提起的确认是否落入专利权保护范围之诉，人民法院应当受理并进行实体审理。本案中，瑞士安某有限责任公司在获得药品注册证书后 30 日内登记涉案专利的信息，符合药品专利纠纷实施办法第四条规定的要求。虽然石某药业有限公司提交仿制药上市许可申请并作出声明的时间早于瑞士安某有限责任公司在专利信息登记平台对涉案专利信息进行登记的时间，但瑞士安某有限责任公司已经以提起诉讼的方式主张石某药业有限公司应更正其已作出的一类声明，在此情况下，若专利权状态未发生变化，则石某药业有限公司应当在合理的期限内申请变更其已作出的一类声明，如石某药业有限公司申请将其声明变更为四类声明，或在合理期限内拒绝申请变更，或申请变更为其他错误声明，一审法院应继续审理本案。但是，鉴于涉案专利权在一审法院审理期间已期限届满，石某药业有限公司针对涉案专利权目前的状态已无法变更为四类声明，故客观上本案已无指令一审法院继续审理之必要。因此，对于一审法院驳回瑞士安某有限责任公司起诉的结论，予以维持。如瑞士安某有限责任公司认为在涉案专利期限届满之前石某药业有限公司还存在专利侵权等其他行为，其仍可另行提起其他案由之诉。

▶6. 药品专利链接纠纷案件中药品技术方案发生变更的处理

【裁判要旨】

药品专利链接纠纷案件中，人民法院应当以药品审评审批部门审查药品能否获批上市的技术方案作为确定是否落入专利权保护范围的审理依据。药品上市许可申请人应当及时、如实向人民法院说明对判断是否落入专利权保护范围有影响的技术方案变更情况，否则应当依法承担不利后果。

【关键词】

专利　药品专利链接　药品上市许可申请　技术方案　变更

【案号】

（2023）京 73 民初 855 号

【基本案情】

在原告某药业集团南京海某药业有限公司（以下简称海某公司）与被告某株式会社确认是否落入专利权保护范围纠纷案[①]中，海某公司是涉案仿制药的上市许可申请人，针对涉案专利作出四类声明。某株式会社作为涉案专利权人，向国家知识产权局提起药品专利纠纷行政裁决请求。在审查过程中，国家药品监督管理总局药品审评中心（以下简称药审中心）向海某公司发出《补充资料通知》，要求海某公司提供涉案仿制药的薄膜包衣预混剂的成分。海某公司向药审中心提交答复，变更了该包衣预混剂的成分，药审中心据该变更后的技术方案完成了技术审评。在此期间，国家知识产权局经审查作出行政裁决，确认涉案仿制药技术方案落入涉案专利权利要求 2 和 11 的保护范围。海某公司不服该行政裁决，向北京知识产权法院提起行政诉讼，同时也向该院提起本案诉讼。本案中，海某公司主张涉案仿制药变更后的技术方案未落入涉案专利权的保护范围，某株式会社辩称：1. 海某公司已就行政裁决提起行政诉讼，不应重复起诉；2. 涉案仿制药技术方案发生变更，已不属于《最高人民法院关于审理申请注册的药品相关的专利权纠纷民事案件适用法律若干问题的规定》（以下简称药品专利纠纷司法解释）第四条规定的可提起确认之诉的“申请注册药品”；3. 海某公司通过主动变更技术方案的方式规避药品专利链接制度实施，其

---

① 本案裁判文书参见第 158 页。

起诉行为不当。北京知识产权法院一审认为，药品注册申请过程中可以变更技术方案，在此基础上，判决确认涉案仿制药变更后的技术方案未落入涉案专利权利要求 2、11 的保护范围。某株式会社不服，提起上诉。最高人民法院于 2024 年 12 月 24 日判决驳回上诉，维持原判。

【裁判意见】

北京知识产权法院认为：本案诉讼系解决当事人就涉案仿制药技术方案是否落入涉案专利权保护范围争议的民事诉讼，与不服药品专利纠纷行政裁决而提起的行政诉讼的当事人、诉讼标的和诉讼请求均不相同，两诉不构成重复诉讼。药审中心制定发布的多份制度文件均规范药品注册申请审评期间的变更行为，所述文件相关内容表明，变更是仿制药审批程序中的正常环节，仿制药申请人在此程序中申请变更具有合理性，其提起确认未落入专利权保护范围之诉的权利，不应仅因正当的变更行为而受到影响。同时，药品专利纠纷司法解释第四条规定的“申请注册药品”指向仿制药，在仿制药的技术方案在审评过程中存在变更可能性的情况下，显然不宜将其仅理解为申请注册“之时”的药品。

▶7. 用途专利发明人身份的认定

【裁判要旨】

用途发明专利是基于已知的化合物，发现其新的用途而形成的发明创造，其核心并不在于已知化合物本身，而在于已知化合物的新用途的发现和应用。如果“老药新用”发明构思的提出在研发活动中起到关键作用，提出发明构思、对具体技术方案的形成或实质性改进以及阶段研发作出实质性贡献的人，均可列为发明人。

【关键词】

专利　发明人署名权　用途专利　创造性贡献　实质性特点

【案号】

（2022）苏 05 民初 925 号

【基本案情】

在原告郭某与被告苏州开某药业股份有限公司（以下简称苏州开某药业公司）发明创造发明人署名权纠纷案中，郭某与周某系当地重点医学科研院所的尖端人才，2020 年年初，郭某与周某着手研究 A 疾病治疗方案。经过前期探索，二人发现可通过抑制雄激素通路来抑制病毒感染途径同时调控重症炎症的用药思路，并将初步研究成果进行发表。在得知苏州开某药业公司生产的一种用于治疗乳腺癌和晚期前列腺癌的名为“普克鲁胺”AR 抑制剂符合其研究要求后，二人与苏州开某药业公司开展合作，并向苏州开某药业公司分享其研究成果。A 疾病因素影响，各方未订立书面合作协议，但郭某仍向苏州开某药业公司提供了大量临床数据。2020 年 7 月，苏州开某药业公司与案外某公司开展普克鲁胺治疗 A 疾病的研究。其间，苏州开某药业公司仍就 AR 抑制剂治疗 A 疾病的受众群体问题向郭某、周某交流请教，双方还共同发表了成果文章。2021 年 6 月 11 日，苏州开某药业公司向国家知识产权局申请名称为“硫代咪唑烷酮药物在治疗 A 疾病中的用途”的发明专利（以下简称涉案专利），发明人未包含郭某、周某。2023 年 4 月 14 日，涉案专利获得授权。诉讼期间，苏州开某药业公司主动对权利要求进行了修改，修改权利要求以技术性规避郭某、周某二人对于涉案专利的创造性贡献。江苏省苏州市中级人民法院一审认为，郭某对涉案专利的实质性特点作出了创造性贡献，是涉案专利的发明人。据此判决确认郭某为涉案专利的发明人。苏州开某药业公司不服，提起上诉。最高人民法院于 2024 年 4 月 24 日判决驳回上诉，维持原判。

【裁判意见】

江苏省苏州市中级人民法院认为，郭某、周某全流程参与了涉案专利的研发和试验，不仅是涉案技术方案的提出者，也是苏州开某药业公司后续试验阶段的参与者和理论技术的指导者。涉案专利属于已知化合物的新的医药用途发明，是基于已知的化合物，发现其新的医药用途而形成的发明创造。其核心并不在于已知化合物本身，而在于已知化合物的新医药用途的发现和应用。就涉案专利的实质性特点及创造性贡献而言，郭某、周某提出了涉案专利的技术构思、验证构思可行性的方案以及修改构思的方案等，在苏州开某药业公司与二人开展技术合作之前，相关方案主要用于治疗乳腺癌和晚期前列腺癌，并无治疗 A 疾病的相关技术方向，苏州开某药业公司也未能举证证明其在与郭某、周某沟通、合作之前，已经发现、了解或者掌握普克鲁胺可能用于 A 疾病的治疗，或者曾经对治疗 A 疾病的药物开展了研发活动，因此郭某、周某提出的发明构思是涉案专利发明创造的起点与关键所在。并且苏州开某药业公司未能证明涉案专利的实质性特点与郭某、周某的技术构思存在实质性差异。因此郭某、周某凭借其深厚的学养及敏锐的洞察力，在A疾病的初始即发现并提出普克鲁胺可以用于A疾病的治疗，并将其发现与科研成果与苏州开某药业公司分享，参与了涉案专利技术方案的研发，作出了实质性贡献，是涉案专利的发明人。

▶8. 使用环境特征的认定和侵权判断

【裁判要旨】

对使用环境特征的认定可以根据涉案专利的发明名称、发明主题、权利要求中有关安装等关系的描述，并结合说明书的内容进行综合判断。在考虑被诉技术方案是否具备涉案专利权利要求相关使用环境特征时，不要求被诉侵权产品必然具有与使用环境特征相关的构件，只要被诉侵权产品能够适用于使用环境特征所限定的使用环境即可。

【关键词】

发明专利　侵权　使用环境特征　侵权判断

【案号】

（2022）沪73知民初223号

【基本案情】

在原告某能株式会社与被告上海某科实业有限公司（以下简称某科公司）、中山某印电子科技有限公司（以下简称某印公司）侵害发明专利权纠纷案①中，原告某能株式会社系名称为“处理盒和成像设备”发明专利的专利权人。涉案专利共有34项权利要求，原告在本案中主张保护权利要求1、26、28，该三项权利要求的主题名称均为“一种处理盒”，权利要求涉及对主组件和处理盒的结构描述。原告向被告某科公司、某印公司购买了8个型号的被诉侵权的硒鼓产品。两被告网站上展示了被诉侵权产品。原告还购买了两台惠普彩色激光打印机。原告主张该打印机包含了涉案专利所记载的使用环境特征（即主组件），被诉侵权产品能够适用于权利要求使用环境特征所限定的使用环境，因而落入涉案专利权的保护范围。遂向法院起诉，请求判令两被告停止侵权；赔偿原告经济损失200万元及合理费用30万元。上海

---

① 本案裁判文书参见第172页。

知识产权法院一审认为，被诉侵权产品使用的技术方案落入涉案专利权的保护范围。两被告共同实施了生产、销售、许诺销售被诉侵权产品的行为，应承担相应的侵权责任。据此判决：两被告停止侵权，赔偿原告经济损失及合理开支 60 万元。两被告不服，提起上诉，后又撤回上诉。最高人民法院二审裁定准许撤回上诉，一审判决生效。

【裁判意见】

上海知识产权法院认为，原告主张的权利要求 1、26、28 的主题名称均为“一种处理盒”，并未涉及“主组件”，可见主组件并不属于涉案专利权利要求主题名称所指向的结构。鉴于主题名称对于独立权利要求的保护范围有限定作用，可初步判断相关权利要求中关于“主组件”的技术特征应为使用环境特征。权利要求 1、26、28 中与“处理盒”有关的技术特征记载了“以可拆卸方式安装于电子照相成像设备的主组件”的描述，可据此判断“处理盒”与“主组件”系安装关系。结合说明书的相关描述及附图，涉案专利中的成像设备包括主组件和处理盒，处理盒以可拆卸的方式安装于主组件，主组件是与处理盒配合的外部部件。因此，权利要求 1、26、28 中与“主组件”相关的技术特征是处理盒的使用条件，并非处理盒构件的组成部分，为使用环境特征。鉴于涉案专利与“主组件”相关的技术特征为使用环境特征，因此，在判断被诉技术特征是否落入涉案专利权利要求的保护范围时，不要求被诉侵权产品必然具有与“主组件”相关的构件，只要被诉侵权产品能够适用于权利要求中使用的环境特征所限定的使用环境即可。经勘验被诉侵权产品能够以可拆卸的方式安装于具有相关使用环境特征的打印机中正常工作，可据此认定与被诉侵权产品相关的技术方案具备了相关权利要求记载的使用环境特征。经比对，被诉侵权产品的技术方案与涉案专利权利要求 1、26、28 记载的技术特征相同，且能够适用于权利要求中使用环境特征（主组件）所限定的使用环境，故落入涉案专利权的保护范围。

（二）专利行政案件审判

▶9. 对违反社会公德、妨害公共利益的祭品房类发明创造不应授予专利权

【裁判要旨】

1. 专利制度旨在保护能够促进科学技术进步和经济社会发展的发明创造。对科学技术进步和经济社会发展并无实质益处的所谓“发明创造”，不应获得专利保护。对包括专利法第五条第一款在内的具体条款的理解与适用，均应当以专利法第一条规定的立法目的为基础。

2. 司法实践中，应当以社会主义核心价值观为引领，倡导和弘扬符合时代要求和人民群众公认的社会公德。即使某种祭祀用品不属于封建迷信的丧葬用品，其仍可能属于专利法第五条第一款规定的违反社会公德或者妨害公共利益的情形。

【关键词】

实用新型专利权　无效程序　专利保护客体　违反社会公德　妨害公共利益　祭祀用品

【案号】

（2023）最高法知行终 2 号

【基本案情】

在上诉人刘某彬与被上诉人国家知识产权局、一审第三人苟某利实用新型专利权无效行政纠纷案中，苟某利系名称为“组合式民俗祭祀用祭品房”的实用新型专利（以下简称本专利）的专利权人。刘某彬于 2021 年 1 月 8 日针对本专利权提出无效宣告请求，国家知识产权局于 2021 年 7 月 20 日作出第 51214 号无效宣告请求审查决定（以下简称被诉决定），认为本专利说明书的文字及附图仅涉及对该用品结构的描述和改进，未对封建迷信进行宣传，不属于《专利审查指南》规定的“宣传封建迷信”的行为，且本专利权利要求 1—8 具备创造性，故维持本专利权有效。刘某彬不服，向北京知识产权法院提起诉讼，请求撤销被诉决定，判令国家知识产权局重新作出决定。北京知识产权法院于 2022 年 7 月 28 日作出（2021）京 73 行初 13874 号行政判决：驳回刘某彬的诉讼请求。刘某彬提起上诉后，最高人民法院经审判委员

会讨论决定，于2024年3月26日作出（2023）最高法知行终2号行政判决：撤销一审判决、被诉决定，由国家知识产权局就刘某彬针对本专利提出的无效宣告请求重新作出审查决定。

【裁判意见】

最高人民法院二审认为：对包括专利法第五条第一款在内的专利法具体规定的理解与适用，均应当以专利法第一条规定的立法目的为基础。专利制度旨在保护能够促进科学技术进步和经济社会发展的发明创造。专利法的立法本意乃是鼓励有益的发明创造。对科学技术进步和经济社会发展并无实质益处的所谓发明创造，不应获得专利保护。本专利涉及祭祀用品，与祭祀文化存在密切关系。在我国，祭祀文化作为民风民俗，是中华传统文化的重要组成部分，对于缅怀先辈、弘扬孝道，强化认同、安定人心，赓续民族血脉、激发奋进力量，增强中华民族的凝聚力和向心力，具有不可替代的功能和价值。祭祀用品作为表达和承载这些情感的一种载体，能够延续至今，有其存在的合理性，故一般情况下祭祀用品并不当然构成封建迷信的丧葬用品。然而，即使某种祭祀用品不属于封建迷信的丧葬用品，其仍可能因属于专利法第五条第一款规定的违反社会公德或者妨害公共利益的情形而不应授予专利权。专利法第五条第一款规定的社会公德，是指公众普遍认为是正当的、并被普遍接受的伦理道德观念和行为准则。社会公德具有一定的时代性和地域性，其内涵随着时间的推移和社会的进步而发展、变化。中国特色社会主义进入新时代，应当以社会主义核心价值观为引领，认定、倡导和弘扬符合时代要求和人民群众公认的社会公德。专利法第五条第一款规定的公共利益，是指社会公众的共同利益，包括公共安全、环境保护、公共秩序等。根据《殡葬管理条例》第一条和第二条的规定，开展祭祀活动要依法依规，以社会主义核心价值观为引领，顺应时代发展变化，遵循“绿色、低碳、环保、文明”的原则，弘扬绿色文明新风尚，培育维护社会公序良俗。随着我国物质文明和精神文明的发展，人民生活得到极大改善，祭祀孝亲文化呈现积极多元化发展。越来越多的民众树时代新风，移风易俗，以敬献鲜花、系丝带、撰写怀念性文章、网络简朴祭祀等更为文明和节俭的方式开展祭祀活动，厚养薄葬的新观念、新风尚正在悄然形成、蔚然成风。也有民众仍沿袭旧俗以诚敬朴素的方式进行祭祀活动，应予尊重。但对于不求祭祀之诚，花样翻新、专治仪文，高价消费、大操大办，焚烧仿真房屋别墅甚至宫殿以及精致纸车、纸牛、纸马、纸人等行为，不仅脱离了祭祀活动慎终追远之本，还容易滋长铺张浪费、盲目攀比等不良之风，既有悖善良风俗，更容易造成资源浪费、环境污染，甚至形成火灾隐患、酿成火灾事故，不应予以支持、鼓励。本专利名称为“组合式民俗祭祀用祭品房”，系用于祭祀活动，其要求保护的是一种具有多层骨架结构的仿真房屋，且根据本专利说明书的记载，本专利产品为一次性使用，使用后焚烧处理。实践中，此类产品往往价格较高且易在民众中引发攀比，也浪费资源、污染环境，违背厚养薄葬、移风易俗的现代殡葬新理念、新风尚。对本专利所涉祭品房这种凸显祭祀活动奢靡铺张的发明创造予以专利保护，与和谐、文明的社会主义核心价值观不一致，与绿色、低碳的新发展理念不一致，不利于弘扬时代新风、培育文明风尚；同时，亦与促进科学技术进步和经济社会发展的专利法立法宗旨不一致。此类发明创造属于专利法第五条第一款规定的违反社会公德、妨害公共利益的发明创造，不应授予专利权。

10. 专利无效审查口审程序中权利要求删除式修改的接受

【裁判要旨】

专利无效审查口头审理程序中，国家知识产权局认为修改后的部分权利要求不能接受时，应当允许专利权人删除当前权利要求书文本中不被接受的权利要求，而以其余可接受的权利要求为审查基础。无论有关删除系专利权人当庭口头提出还是书面提出，国家知识产权局一般应予接受；当庭未提交替换页的，国家知识产权局可以要求其在一定期限内补交；如果未在指定期限内补交替换页，则可视为专利权人未依法修改权利要求，并据此作出相应处理。

【关键词】

发明专利权　无效程序　权利要求修改　删除式修改　限制

【案号】

（2022）最高法知行终 870 号

【基本案情】

在上诉人德国某专利股份有限公司（以下简称某专利公司）与被上诉人国家知识产权局、一审第三人日本某株式会社（以下简称某株式会社）发明专利权无效行政纠纷案[①]中，某专利公司系名称为“液晶显示器和具有垂面取向的液晶介质”的发明专利（以下简称本专利）的专利权人。2017年8月16日，某株式会社针对本专利权提出无效宣告请求。某专利公司于2017年10月9日提交了意见陈述书，同时还提交了权利要求书的全文替换页。之后，国家知识产权局在口头审理程序中当庭告知双方当事人，某专利公司2017年10月9日提交的权利要求书不符合《专利审查指南》中对于无效阶段修改的相关规定。某专利公司当庭表示放弃2017年10月9日提交的权利要求书中的权利要求6、7、24。对此，国家知识产权局当庭告知不予接受，并告知本无效宣告请求案以授权公告文本作为审查基础，双方当事人同意以该文本进行口头审理，但某专利公司表示保留意见。2018年3月5日，国家知识产权局以授权公告文本作为审查基础，作出第34935号无效宣告请求审查决定（以下简称被诉决定），认为本专利不具备新颖性和/或创造性，宣告本专利权全部无效。某专利公司不服，向北京知识产权法院提起诉讼，请求撤销被诉决定，判令国家知识产权局重新作出决定。北京知识产权法院于2021年7月21日作出（2018）京73行初7702号行政判决：驳回某专利公司的诉讼请求。某专利公司不服，提出上诉。最高人民法院于2024年12月25日作出（2022）最高法知行终870号行政判决：撤销一审判决、被诉决定，由国家知识产权局针对某株式会社提出的无效宣告请求重新作出审查决定。

【裁判意见】

最高人民法院二审认为：本案争议的主要问题在于，专利权人在无效宣告审查口头审理程序中以口头方式提出删除不被国家知识产权局接受的权利要求的请求，在程序上是否应予准许。对此，可以从权利要求删除式修改限制的制度考量、有关程序性规定的理解与适用等层面分析。

（一）权利要求删除式修改限制的制度考量

专利确权程序中的权利要求修改制度首要意义在于允许修改。其通过允许修改，避免具有技术贡献的发明创造仅因权利要求撰写不当而得不到保护，从而实现保护专利权人合法权益和实质激励创新的制度目标。当然，专利确权程序中的权利要求修改制度也应当包含对于修改方式、修改时机等的限制

---

① 本案裁判文书参见第185页。

性要求，但对修改的限制并非权利要求修改制度的主要考量，而仅系在允许修改的基础上的利益平衡手段，限制的目的在于避免公众信赖利益的严重减损和行政审查效率的过度拖沓。正因如此，对权利要求的修改限制须确有必要，在法律和行政法规明确规定的限制之外，另行增加限制尤需谨慎，尤其是本不存在公众信赖利益或者行政审查效率减损之可能，亦即本就不存在需予平衡之利益得失时，则限制本身即非必要；对权利要求的修改限制亦须有限度，限制的幅度不应超越利益平衡的合理需要，专利权人因限制而遭受的利益减损与公众信赖利益、行政审查效率因限制而得到的提升不应不成比例，尤其是当限制使得专利权人实质上难以修改权利要求，而因限制带来的公众利益和行政效率提升又较为微茫，则限制可能超过了必要限度。无论是在缺乏必要性时对权利要求的修改予以限制，还是对权利要求的修改限制超过必要限度，都可能使作为利益平衡工具的限制突破前述不得不合理地损及专利权人合法权益的基本要求。

对于确权程序中权利要求删除式修改限制的制度考量。《专利审查指南》明确列举的确权程序中可获准许的权利要求修改方式中，删除式修改较为特殊。删除权利要求或者技术方案意味着对原授予权利的放弃和对技术方案归于公有领域的确认，公众利益将因之而增益；删除权利要求或者技术方案也往往意味着确权程序审查对象数量的减少，行政效率亦将因之得以提升。故一般而言，对权利要求的删除式修改本身不存在需要特别予以平衡之利益得失，对之加以限制亦非必要。如对删除式修改予以限制，一则会减损专利权人修改权利要求的现实程序利益和基于权利要求修改维持专利权的可期待实体利益；二则会减损公众利益确定的增益可能；三则对行政效率的提升并无帮助，至少并无明显助益。故对于权利要求的删除式修改而言，原则上不应予以限制；如确有必要予以限制，亦需审慎为之，既要反复斟酌限制的必要性是否充分，亦要精细衡量限制的程度是否得当。

（二）删除式修改程序性限制规定的理解与适用

1. 对删除式修改提出方式的限制——是否只有提交替换页的修改意见才具有法律意义

在本案中，国家知识产权局依据专利法实施细则第五十二条、第六十一条第二款认为，只有提交替换页的修改意见才具有法律意义，接受关于删除不被接受的权利要求的口头请求，缺乏法律依据。对此，分析如下。

专利法实施细则的上述规定系针对专利授权程序，但无论授权程序还是确权程序，明确审查基础都是推进审查不言而喻的前提条件，故在确权程序中亦应遵循有关提交替换页的要求。但值得注意的是，上述规定隐含了关于修改意见和替换页的区分。一般而言，修改意见是对修改方式和修改内容的说明，用以澄清替换页和作为修改对象文本的区别所在和修改方式等；而替换页则是确认修改内容的结果，即修改的结果。二者互为表里，侧重不同，故通过提交替换页的"书面明确"并非明确审查基础的唯一方式，基于对修改意见理解一致的"观念明确"同样可以及时明确审查基础，有效推进审查。因此，"应当按照规定提交替换页"并不意味着未附替换页的修改意见当然不具有法律意义，也不意味着替换页必须与修改意见一并提交。原则上，只要在正常程序中向国家知识产权局作出明确的修改意思表示，无论是单独口头提出还是书面提交修改意见并单独提交替换页，抑或一并提交修改意见和替换页，只要该意思表示清晰、具体并在规定期限内到达国家知识产权局即可构成具有法律意义的修改。当然，在单独提交修改意见的情况下，依法专利权人还应当及时补交替换页，除非国家知识产权局已经明确拒绝接受该修改意见。

删除式修改是在已有的作为修改对象的权利要求书文本的基础上作出，专利权人、无效宣告请求人和国家知识产权局审查合议组一般很容易形成对审查基础的清晰、一致的认识，因此删除式修改一般而言是最为简单的修改方式，审查的有效推进通常不会受到缺少替换页的影响。审查实践中，允许先行书面提交或者在口头审理程序中口头提出删除权利要求的修改意见，基于该删除式修改后的权利要求书推进审理，同时责令专利权人及时补交替换页的情形并不鲜见。与诉讼程序中当事人可以根据不同阶段的彼此诉辩主张和举证适时调整诉讼策略甚至放弃部分实体或者程序权利一样，专利无效宣告审查程序中随着审查环节的推进，专利权人也可以适时调整限缩其请求保护的范围以尽可能维持专利权有效。这既符合审查规律，也有利于公平合理地保护有价值的发明创造。在并不实质影响审查推进，且审查实践中又有以专利权人在口头审理程序中当庭口头声明删除部分权利要求后的文本为审查基础的情况下，不宜仅以未提前或者当庭书面提交权利要求书替换页为由，不接受其删除式修改。事实上，如果已经能够形成审查基础的"观念明确"，还机械要求先交替换页而后推进审查，反而可能造成程序拖沓延宕；甚或仅因未提交替换页，不予补交机会，即径行视为未提出修改，更不利于对专利权人的公平合理保护。

2. 关于删除式修改的提出时机

《专利审查指南》既是对专利权人、无效宣告请求人参与专利审查的指引，亦是对国家知识产权局履行专利审查职责的约束。《专利审查指南》第四部分“复审与无效请求的审查”的第三章“无效宣告请求的审查”“4.6.3 修改方式的限制”规定，“在专利复审委员会作出审查决定之前，专利权人可以删除权利要求或者权利要求中包括的技术方案。仅在下列三种情形的答复期限内，专利权人可以以删除以外的方式修改权利要求书：（1）针对无效宣告请求书。（2）针对请求人增加的无效宣告理由或者补充的证据。（3）针对专利复审委员会引入的请求人未提及的无效宣告理由或者证据。”可见，区别于其他修改方式，删除式修改既无须是所谓的“回应性修改”，也无明确的答复期限限制。专利权人可以在审查决定作出之前的非明显不合理时间内针对任一权利要求或者技术方案提出删除式修改意见。

口头审理程序中提出的删除式修改并不违反上述时机要求。《专利审查指南》第四部分“复审与无效请求的审查”第四章“复审和无效宣告程序中有关口头审理的规定”“5.3 口头审理第三阶段”中关于“在双方当事人的辩论意见表达完毕后，合议组组长宣布辩论终结，由双方当事人作最后意见陈述。在进行最后意见陈述时，……专利权人……可以声明缩小专利保护范围或者放弃部分权利要求”之规定，亦可为印证。

总体上，对于删除式修改的程序性要求，较其他修改方式而言应相对宽松：其提出方式既可以是书面提交修改意见，也可以是口头审理程序中的口头声明；删除式修改后的完整权利要求书文本既可以随修改意见一并提交替换页，也可以先提交修改意见再补交替换页，还可以先提交替换页再视情说明修改意见；其提出时机可以迟至审查决定作出之前的非明显不合理时间内。同时，鉴于删除式修改并不会导致“修改超范围”问题，即删除式修改既不会导致修改后的文本超过原专利文件记载的范围，也不会导致扩大原专利权利要求的保护范围；又鉴于对删除式修改本就不存在所谓的“回应性修改”之限，其删除对象不限于与无效宣告请求和理由相关内容，故一般而言，只要删除式修改符合前述程序性要求，其一经提出即可接受。

具体到专利确权审查程序中，国家知识产权局于口头审理程序中当庭告知专利权人，其修改后的、当前权利要求书文本中的部分权利要求可以接受、部分权利要求不能接受时，是否允许专利权人口头声明删除不被接受的权利要求，对于专利权人的利益即其专利权效力的维持影响甚巨：如允许删除，则其仍可保留前述可被接受的修改；如不允许删除，则囿于修改时限的要求，其通常无法保留前述本可被接受的修改，而只能退回至上一个可接受的文本，甚至是授权公告文本。对于此类口头声明的删除不予接受，实际上可能导致全部修改机会落空，甚至导致本可部分维持有效或者适当删除式修改后可维持有效的专利权最终被宣告全部无效。

综上，专利无效审查口头审理程序中，国家知识产权局认为修改后的部分权利要求不能接受时，应当给予专利权人审查基础的选择权：其既可以选择以上一个可接受的权利要求书文本为审查基础；也可以选择删除当前权利要求书文本中不被接受的权利要求，仅以其余权利要求为审查基础。如其选择删除当前权利要求书文本中不被接受的权利要求，无论其系当庭口头提出还是书面提出，亦无论其是否一并提交了替换页，国家知识产权局均应予以接受；当庭未提交替换页的，国家知识产权局可以要求其在一定期限内补交；如果未在指定期限内补交替换页，则可视为专利权人未依法修改权利要求，并据此作出相应处理。所保留的权利要求与被删除的权利要求之间的引用关系复杂，如出现多层引用关系，不提交替换页则无法继续推进口头审理的，国家知识产权局也可以要求专利权人立即当庭制作替换页或暂时休庭由其制作替换页，或者允许专利权人在指定合理期限内补交并另择时间口头审理。

▶11. 是否清楚显示要求保护的外观设计的认定

【裁判要旨】

若基于一般消费者的知识水平和认知能力，综合考虑专利视图、使用状态图以及一般常识，该外观设计专利附图所示外观设计仍然存在多种设计可能的，则可以认定外观设计专利文件未能清楚地显示要求专利保护的产品的外观设计。

【关键词】

外观设计专利　无效程序　使用状态图　清楚显示

【案号】

（2024）最高法知行终 672 号

【基本案情】

在上诉人深圳市某电子有限公司（以下简称深圳某公司）与被上诉人国

家知识产权局、一审第三人黄某外观设计专利权无效行政纠纷案[①]中，黄某系名称为“主动式电容笔（Z36）”的外观设计专利（以下简称本专利）的专利权人。2022年10月19日，深圳某公司针对本专利权提出无效宣告请求。国家知识产权局于2023年5月23日作出第560546号无效宣告请求审查决定（以下简称被诉决定），认为本专利使用状态图清楚地显示了本专利产品的外观设计，维持本专利权有效。深圳某公司不服，向北京知识产权法院提起诉讼，请求撤销被诉决定，判令国家知识产权局重新作出决定。北京知识产权法院于2024年6月6日作出（2023）京73行初15607号行政判决：驳回深圳某公司的诉讼请求。深圳某公司不服，提出上诉。最高人民法院于2024年12月23日作出（2024）最高法知行终672号行政判决：撤销一审判决、被诉决定，由国家知识产权局就深圳某公司针对本专利提出的无效宣告请求重新作出审查决定。

【裁判意见】

最高人民法院二审认为：对于立体产品的外观设计，有关图片或者照片满足“清楚地显示”应当符合以下条件：一是产品整体三维形状能够根据申请人提交的视图予以清楚确定；二是基于本专利产品的一般消费者的知识水平和认知能力，视图所表达的各设计特征应当不存在歧义，即申请人提交的视图所表达的产品各部分设计特征能够确定，不存在因表达不清楚而导致产品设计特征出现多种可能性。首先，专利权的保护范围应该清楚，使公众能够清楚地知道实施何种行为会侵害专利权，从而既为专利权人提供有效合理的保护，又确保公众享有使用技术、通过其他方式创新技术的自由。受专利法保护的产品外观设计以其在授权公告图片或照片中的显示为准。对于立体产品的外观设计专利而言，认定其有关视图能否清楚地显示要求专利保护的产品的外观设计时，如基于专利产品的一般消费者的知识水平和认知能力，综合考虑本专利各幅视图以及对该类产品的一般常识，产品设计特征仍然存在多种可能性的，应当认定本专利存在影响清楚表达的实质性缺陷。其次，本专利为“电容笔”产品的外观设计，由主视图、后视图、左视图、右视图、立体图、俯视图、仰视图和使用状态图显示。电容笔为立体产品，综合观察各视图，仅有一张使用状态图显示了电容笔在使用时拉开笔帽后

① 本案裁判文书参见第208页。

露出的杆状部分的具体情况。从该使用状态图中，可以看出笔帽拉开后露出的杆状部分上具有跑道形状的充电口设计，但是杆状部分的形状显示不完全，本专利简要说明对该部分设计也未予以记载。基于一般消费者的知识水平和认知能力，由本专利使用状态图，既可能判断笔帽拉开露出的杆状部分是与笔身一致的带有一平面切面的圆柱形，也可能根据视图中各线条组成的平面情况判断其为六棱柱形，甚至是使用状态图中未露出的杆状部分还可能存在其他特殊设计。国家知识产权局在被诉决定和二审中均认定露出杆状部分的形状是六棱柱形系因被诉决定中存在笔误，实际使用的判断标准与其并不相同。被诉决定中采用的判断标准是与笔身保持一致，按照该判断标准，因笔身实际为类似圆柱形，露出杆状部分也应为类似圆柱形；二审中，国家知识产权局基于直接观察进行判断，因本专利使用状态图显示出了露出杆状部分的四个面，从而认定露出杆状部分为六棱柱形。可见，国家知识产权局的前后判断标准不一致，实际上会导致结论不一致，一般消费者则更无法确定该设计特征的实际具体指向，致使该设计对应的实际产品设计存在多种可能性。最后，本专利的整体形状为电容笔类产品领域内常见的带有一平面切面的圆柱形，根据本专利的使用状态图，笔帽拉开后露出的杆状部分的设计相对于笔身更具有设计感，更易吸引一般消费者的注意力，该设计特征对于本专利产品的整体视觉效果具有显著影响，该设计特征存在多种可能性会导致本专利权的保护范围不清楚，进而应当认定本专利存在影响清楚表达的实质性缺陷。

二、商标案件审判

（一）商标民事案件审判

▶12. 认定侵害地理标志证明商标权需要考虑的因素

【裁判要旨】

判断被诉侵权行为是否构成侵害地理标志证明商标权需要考虑以下因素：一是被诉侵权商品是否具备使用地理标志商标的条件，即商品来源于某特定产地；二是被诉侵权商品是否具有地理标志产品的特定品质；三是被诉侵权行为是否容易导致相关公众对商品的来源及特定品质产生混淆误认。

【关键词】

商标　侵权　地理标志　证明商标　特定品质

【案号】

（2024）最高法民再21号

【基本案情】

在再审申请人某市大米协会与被申请人浙江某农业科技有限公司（以下简称某农业公司）、德惠市某米业有限公司（以下简称某米业公司）侵害商标权及不正当竞争纠纷案①中，某市大米协会系“五常 WUCHANG 及图”“五常大米”证明商标（以下统称涉案证明商标）的注册人。2019年1月1日，某农业公司、某米业公司签订《委托加工合同》，约定：某农业公司委托某米业公司加工生产“粒粒珍硒”品牌系列大米产品，按样品和GB/T 1354的标准验收货品。2021年6月14日的检验报告显示：某米业公司2021年6月2日生产的五常稻香米符合GB/T 1354-2018、GB 2762-2017标准要求，检验结论为合格。某市大米协会在淘宝商城“粒粒珍硒旗舰店”商铺公证购买了“粒粒珍硒新米”“粒粒珍硒五常稻香米”及“粒粒珍硒五常稻香米10kg”“粒粒珍硒五常稻香米2.5kg”。该店铺经营者为某农业公司，商品描述中多处使用“五常”“五常大米”字样。“粒粒珍硒新米”商品外包装仅标注“原粮产地：黑龙江五常市”，“粒粒珍硒五常稻香米”“粒粒珍硒五常稻香米10kg”“粒粒珍硒五常稻香米2.5kg”三款商品的外包装均突出标注“五常稻香米”字样。四款商品的包装袋均标明委托商为某农业公司、生产商为某米业公司。某米业公司与黑龙江省五常市农户签订有收购协议。微信聊天记录、收料单、领料单、入库单等证据显示某米业公司与五常市农户存在真实交易，产品原料稻谷来源于五常市，且种植区域在“五常大米”证明商标的产品生产地区范围内。某市大米协会认为某农业公司、某米业公司的行为构成侵害涉案证明商标权及不正当竞争，起诉请求：判令某农业公司与某米业公司停止侵权、赔偿经济损失及合理开支10万元。吉林省长春市中级人民法院一审判决：某农业公司、某米业公司立即停止生产侵犯涉案证明商标专用权的商品；某农业公司立即停止在其天猫网店中使用侵犯涉案证明商

① 本案裁判文书参见第214页。

标专用权的描述性文字；某农业公司赔偿经济损失和合理开支 7 万元，某米业公司在上述赔偿数额的 4 万元范围内承担连带赔偿责任。某农业公司、某米业公司不服，提起上诉。吉林省高级人民法院二审认为，被诉侵权大米的原料稻谷来源于五常市，且种植区域在涉案证明商标产品的生产地区范围内，某农业公司、某米业公司可以正当使用涉案地理标志证明商标，不承担侵权责任。改判撤销一审判决；驳回某市大米协会的诉讼请求。某市大米协会不服，向最高人民法院申请再审。最高人民法院裁定提审本案，并于 2024 年 9 月 11 日判决撤销二审判决，维持一审判决。

【裁判意见】

最高人民法院再审认为：首先，在案证据可以证明某农业公司委托某米业公司加工生产的被诉侵权大米产地来自五常市。其次，根据《委托加工合同》，双方约定的 GB/T 1354 标准是普通大米的国家标准，是对普通大米的基础质量要求，而地理标志产品五常大米的国家标准为 GB/T 19266-2008 标准。两种国家标准对大米的原料、地理环境、气候条件、种植方式、加工精度等具体要求存在区别，五常大米的品质明显优于普通大米。某农业公司在上述合同中仅要求某米业公司加工生产的被诉侵权大米达到普通大米的品质要求，并不要求具备五常大米 GB/T 19266-2008 国家标准的品质要求。从检验报告内容看，仅能证明某米业公司加工生产的五常稻香米已达到普通大米的品质要求，不能证明该大米具备地理标志产品五常大米 GB/T 19266-2008 国家标准的品质要求。此外，某农业公司、某米业公司未提交其他证据证明其被诉侵权大米符合五常大米地理标志证明商标使用管理规则规定的条件，并履行了该证明商标使用管理规则规定的手续。因此，在案证据不足以证明被诉侵权大米具备五常大米地理标志产品的特定品质。再次，某农业公司在其经营的“粒粒珍硒旗舰店”店铺上，对“粒粒珍硒新米”商品，仅在外包装上标注“原粮产地：黑龙江五常市”，该行为属于对该商品原粮产地的标注，不属于商标使用行为，不构成侵害涉案证明商标的商标权。某农业公司在该旗舰店中对“粒粒珍硒忆口香米东北五常大米”“粒粒珍硒五常长粒香东北大米”“粒粒珍硒五常大米稻花香米正宗东北大米”等商品，则在商品描述中多处使用“五常” “五常大米”字样；在“粒粒珍硒五常稻香米”“粒粒珍硒五常稻香米 10kg”“粒粒珍硒五常稻香米 2. 5kg”商品的外包装均突出标注“五常稻香米”字样，属于商标使用行为。鉴于使用涉案证明商标要求符合五常大米地理标志产品的特定品质，某农业公司的上述使用行为容易导致相关公众对被诉侵权大米的特定品质产生混淆误认，误认为被诉侵权大米具备五常大米的特定品质，其被诉侵权行为构成侵害涉案证明商标的商标权。

▶13. 商标在先使用抗辩的认定

【裁判要旨】

适用商标在先使用抗辩权需要平衡好商标在先使用人和注册商标专用权人之间的利益。对于在先善意地在同一种或类似商品上使用与他人注册商标相同或近似并有一定影响的商标的，在先使用人有权在原有范围内继续使用；如果在先使用虽早于商标申请日，但晚于商标注册人的使用时间，且有证据证明在先使用人存在明知或应知等情形的，不宜认定在先使用抗辩成立。

【关键词】

商标　侵权　在先使用抗辩　商标使用时间　明知或应知

【案号】

（2024）最高法民再 218 号

【基本案情】

在再审申请人某大药房连锁股份有限公司（以下简称某股份公司）与被申请人荆门市某大药堂连锁有限公司（以下简称荆门某公司）侵害商标权及不正当竞争纠纷案[①]中，某股份公司成立于 2005 年 12 月 1 日，经营范围为西药零售、中药材零售等。2003 年 6 月 4 日，湖南某大药房连锁有限公司申请注册第 3579889 号“老百姓”商标，核准注册时间为 2005 年 2 月 21 日，核准服务项目为第 35 类推销（替他人）。2011 年 8 月 10 日，第 3579889 号商标变更注册人名义为某股份公司。2015 年 8 月 14 日，经原国家工商行政管理总局商标局核准，某股份公司注册取得第 11994991 号“老百姓”商标和第 11994995 号“老百姓大药房 LBX　PHARMACY”商标，核定使用服务项目均为第 35 类药品零售或批发服务等。荆门某公司成立于 2002 年 5 月 21 日，经营范围为处方药、非处方药（甲类、乙类）等。荆门某公司于 2002 年多次在《荆门晚报》医苑天地版块对“老百姓大药堂”进行宣传。荆门某

---

① 本案裁判文书参见第 228 页。

公司从2008年10月16日至2020年1月22日在荆门地区陆续开设45家分店。某股份公司以荆门某公司在其开设的门店店招、经营场所及网络公众号中突出使用“老百姓”标识的行为构成商标侵权等为由，起诉到法院。湖北省荆门市中级人民法院一审认为荆门某公司使用“老百姓”字号的时间早于某股份公司涉案三个商标的申请注册时间，荆门某公司使用的“老百姓”字号在荆门地区具有一定影响力，荆门某公司在先使用抗辩成立，不侵害某股份公司商标专用权。遂判决驳回某股份公司的诉讼请求。某股份公司不服，提起上诉。湖北省高级人民法院二审判决驳回上诉，维持原判。某股份公司不服，向最高人民法院申请再审，主张其“老百姓”商标最早使用时间是2001年。最高人民法院裁定提审本案，并于2024年9月20日判决撤销一、二审判决，荆门某公司立即停止侵权行为，赔偿某股份公司经济损失及合理开支共计20万元。

【裁判意见】

最高人民法院再审认为：商标法给予已经使用的未注册商标一定程度的保护，赋予了商标在先使用人针对他人注册商标的在先使用抗辩权。但此种抗辩权不能完全突破商标法的注册原则，在适用中需要平衡好商标在先使用人和注册商标专用权人之间的利益。对于在先善意地在同一种或类似商品上使用与他人注册商标相同或近似并有一定影响的商标的，在先使用人有权在原有范围内继续使用；如果在先使用虽早于商标申请日，但晚于商标注册人的使用时间，且有证据证明在先使用人存在明知或应知等情形的，不宜认定在先使用抗辩成立。本案中，涉案第3579889号商标的申请注册时间为2003年6月4日，荆门某公司于2002年5月21日成立并开始使用“老百姓”标识，早于涉案商标申请日。但根据某股份公司二审中提交的证据，长沙某大药房有限公司于2001年10月25日成立，后该公司名称经过几次变更，现在名称为某医药集团有限公司。本案某股份公司由某医药集团有限公司的前身于2005年12月1日发起设立，成立之时的名称为湖南某医药连锁有限公司，后于2011年4月29日更名为某股份公司。可见，某股份公司对“老百姓”字号和标识的使用时间可以追溯到长沙某大药房有限公司的成立时间2001年10月25日。该时间比荆门某公司成立并开始使用“老百姓”标识的时间2002年5月21日早半年左右。根据某股份公司一审提交的长沙市长沙公证处（2015）湘长市证民字第154号公证书，2001年11月6日《家庭导报》

（头版），2001 年 10 月 28 日《潇湘晨报》，2001 年 11 月 7 日、8 日《湖南日报》，2001 年 10 月 24 日、28 日《长沙晚报》等多家媒体均对老百姓大药房的经营模式等进行了宣传报道。二审中某股份公司提交的国家图书馆《检索报告》，进一步证明自 2001 年起“老百姓”标识被众多媒体宣传报道，如 2001 年 11 月 22 日《中国消费者报》（数字报）报道“老百姓大药房药价降得实在乐坏了百姓吓坏了同行”。据此，在荆门某公司 2002 年 5 月 21 日成立之前，某股份公司的前身已经使用“老百姓”字号和标识，相关媒体已经进行了宣传报道，具有一定影响力。荆门某公司作为同行业经营者，对此理应知晓，仍将“老百姓”标识使用在和某股份公司完全相同的药品服务上。据此，荆门某公司的在先使用抗辩不能成立。某股份公司主张权利的商标为第 3579889 号、第 11994991 号、第 11994995 号商标，根据某股份公司一审提交的公证书，荆门某公司在其开设分公司的店招、经营场所及网络公众号中使用含有“老百姓”标识，如“老百姓大药堂+××店”“老百姓大药堂”等，上述使用方式构成商标性使用，且与上述三个涉案商标均构成近似。荆门某公司未经许可，在相同服务上使用含有“老百姓”的标识，侵犯了某股份公司的涉案商标权。一、二审法院认定荆门某公司在先使用抗辩成立，不构成商标侵权，法律适用错误，应当予以纠正。

▶14. 景区名称正当使用的认定

【裁判要旨】

对于仅将标识用于指代景区名称，或用于说明、描述该景区具有的相关内容和特点，未超出必要限度，相关公众施以一般注意力并结合日常生活经验，并不会对商品或服务的来源产生混淆的，属于对该标识正当、合理的使用，不构成商标侵权。

【关键词】

商标　侵权　景区名称　正当使用

【案号】

（2024）最高法民再 123 号

【基本案情】

在再审申请人赣州某宏文化发展有限公司（以下简称某宏公司）与被申

请人某城演艺发展股份有限公司（以下简称某城演艺公司）侵害商标权及不正当竞争纠纷案中，某城演艺公司系第 919899 号“宋城”、第 939972 号“宋城”、第 21169145 号“宋城”商标权利人。某城演艺公司认为某宏公司在其运营的涉案景区及其相关网站上使用“江南宋城”“江南·宋城”“宋城”等字样或标识的行为构成商标侵权及不正当竞争，遂提起民事诉讼。浙江省杭州市中级人民法院一审认为某宏公司的被诉侵权行为构成商标侵权及不正当竞争，判令某宏公司停止侵权、消除影响并赔偿损失。某宏公司不服，提起上诉。浙江省高级人民法院二审认为某宏公司的被诉侵权行为构成商标侵权但不构成不正当竞争。某宏公司不服，向最高人民法院申请再审。最高人民法院裁定提审本案，并于 2024 年 12 月 23 日判决撤销一、二审判决，驳回某城演艺公司的全部诉讼请求。

【裁判意见】

最高人民法院再审认为，涉案景区所在地赣州市历史悠久，至今保有宋代的城市布局以及众多的宋代文史古迹，被誉为“宋城博物馆”。赣州市政府曾于 1994 年、1995 年举办过“宋城文化节”，《人民日报》等国内主要媒体进行了报道。在案证据显示，涉案景区内包含有多处与宋代历史文化有关的国家级或省市级文物保护单位，以及宋代文化艺术馆、文化研究院等文化体验场所。综合考虑涉案景区上述特殊的历史文化背景，以及该景区的设立系为实施历史文化名城保护规划，具有一定公益性和民生性等因素，某宏公司在涉案景区入口以及景区内的公共设施上使用被诉侵权标识，系向社会公众传达该景区所承载的历史、建筑、人文等信息，亦符合作为景区简称使用的惯例。而某宏公司在宣传、运营该景区的官网、微信公众号上发布的有关宣传文章、视频等载体上使用被诉侵权标识，同样系用于指代该景区，或者用于说明、描述该景区的内容和特点。以社会公众通常理解及日常生活经验，在涉案景区实地或者登录该景区的官网、微信公众号看到被诉侵权标识时，易将其识别为该景区的名称，或将其理解为该景区具有的特色。因此，某宏公司对被诉侵权标识的使用并未超出介绍该景区历史文化特点以及作为景区简称使用的必要限度，属于正当、合理的使用，不构成侵权。

▶15. 有证据证明侵权获利时应优先根据侵权获利确定损害赔偿数额

【裁判要旨】

商标法第六十三条规定了损害赔偿额计算方式的适用顺序，在确定损害赔偿数额时，人民法院应优先适用权利人实际损失、侵权人侵权获利以及合理许可费用作为计算方式。只有在实际损失、侵权获利以及许可使用费均难以确定的情况下，才适用法定赔偿。

【关键词】

商标　侵权　赔偿数额　侵权获利

【案号】

（2023）最高法民再178号

【基本案情】

在再审申请人某甲国际私人有限公司（以下简称某甲公司）与被申请人王某丰、浙江某乙网络有限公司（以下简称某乙公司）侵害商标权纠纷案①中，某甲公司享有核定使用在手提包等商品上的第3216114号“CHARLES&KEITH”商标和第18842791号“CHARLES&KEITH”商标（以下简称涉案商标）。某甲公司从王某丰在淘宝网上经营的店铺上公证购买了两款斜挎包（即被诉侵权产品），两款包的包装袋等位置印有“CHARLES&KEITH”标识。某甲公司起诉请求，王某丰、某乙公司立即停止前述侵害涉案商标的侵权行为，并赔偿经济损失300134元及因维权支出的合理费用22000元等。湖南省郴州市中级人民法院一审认为，被诉侵权产品属于侵犯某甲公司涉案商标专用权的侵权商品。王某丰销售上述被诉侵权商品属于商标侵权行为。某乙公司作为网络服务提供者已尽到合理义务，无须承担赔偿责任。虽然根据某乙公司提供的数据，能够核定王某丰销售被诉侵权商品的销售总额，但无证据证明被诉侵权商品的实际进价及销售成本，尚难以确定某甲公司因侵权所受到的实际损失及王某丰因侵权所获得的利益。一审法院综合考虑涉案商标的知名度、王某丰侵权行为的性质、主观过错程度、某甲公司为制止侵权所支出的合理费用等因素，确定赔偿金额为40000元（含合理费用）。某甲公司不服，提起上诉。湖南省高级人民法院二审判决驳

---

① 本案裁判文书参见第241页。

回上诉，维持原判。某甲公司不服，向最高人民法院申请再审。最高人民法院裁定提审本案，并于2024年5月17日判决王某丰赔偿某甲公司经济损失及为维权支付的合理费用共计302550元等。

【裁判意见】

最高人民法院再审认为：关于王某丰的侵权获利，现有证据足以证明。首先，本案中被诉侵权商品的实际销售额有证据可以证明。根据法院查明的事实，一审法院向某乙公司调取了被诉侵权商品的销售数据，其中交易数量、交易单价、销售金额均可以查明，数据显示侵权商品销售成功6000余笔，销售金额达200余万元。该证据应当作为认定侵权人侵权获利的重要依据。其次，某甲公司亦提供证据证明了侵权商品的成本。一审诉讼中，某甲公司就利润率提出主张并提供了证据，被诉侵权人王某丰未证明其成本及利润率，在此情况下，人民法院应当结合权利人的主张予以认定。某甲公司在再审中进一步提供了同类侵权商品的判决书，可以明确证明被诉侵权商品的进价成本。再次，被诉侵权商品为包类商品，除原料和人工成本外，包类商品的附加值主要来自品牌，品牌对产品销售具有重要影响。最后，某甲公司对侵权获利提出的两种计算方式均具有合理性，计算所得均远超某甲公司主张的金额。值得一提的是，即使在法定赔偿的情况下，人民法院亦应当参考侵权商品的销售情况。另外，本案亦具有其他在赔偿时应予考虑的情节：一是被告店铺名为海外代购实则销售侵害他人商标权的商品；二是王某丰本人开设多个店铺销售侵害某甲公司商标权的商品，这些情节构成了应当加重其赔偿责任而非减轻其赔偿额的理由。

▶16. 零售服务与“替他人推销”服务是否构成类似的判断

【裁判要旨】

商品销售者向终端消费者提供的零售服务，从目的、内容、方式、对象来看，与第35类“替他人推销”服务具有高度类似性。在提供零售服务的过程中，未经授权使用与第35类“替他人推销”商标相同的标识，易使相关公众对服务来源产生混淆误认的，应认定构成商标侵权。

【关键词】

商标　侵权　替他人推销　类似服务

【案号】

（2022）苏民终 356 号

【基本案情】

在上诉人北京某田纺织品有限公司、北京某某良品投资有限公司、北京某某良品家居用品有限公司（以上三公司分别简称为某田公司、北京某某良品投资公司、北京某某良品家居公司，后两公司合称为两北京某某良品公司，三公司合称为某田等三公司）、东台市某润购物广场有限公司（以下简称东台某润公司）与被上诉人株式会社某某计画（以下简称某某计画）、某某良品（上海）商业有限公司（以下简称某某良品上海公司）侵害商标权及不正当竞争纠纷案[①]中，某某计画自 2002 年起开始在中国申请注册商标，陆续在第 16 类、第 35 类等商品和服务类别上获准注册“某某良品”系列商标。2005 年 5 月 18 日某某计画在中国全资设立某某良品上海公司。此后某某良品上海公司开始以“某某良品”为字号在北京、上海等各大城市开设分公司、分店。2000 年 4 月 6 日，案外人在第 24 类毛巾等商品类别上申请注册第 1561046 号“某某良品”商标，2004 年 7 月 21 日，该商标申请人变更为某田公司，该商标最终被核准注册的时间为 2016 年 11 月 28 日。某某计画就第 1561046 号“某某良品”商标提起过异议、撤销和无效程序，但最终均未得到支持。之后某田公司陆续在第 24 类商品类别上申请并获准注册多枚“某某良品”商标，并分别授权两北京某某良品公司使用上述商标。2018 年 5 月，北京某某良品家居公司授权东台某润公司销售其享有商标权的“某某良品”商品并在销售中使用“某某良品”标识。南京市中级人民法院一审认为，某田等三公司、东台某润公司在被诉侵权商品上使用“某某良品”标识的行为构成商标侵权。某某计画通过对注册在第 35 类“推销（替他人）”服务上的第 4471277 号商标持续广泛的使用，在两北京某良品公司成立前已为中国相关公众知晓。两北京某某良品公司将“某某良品”注册为企业字号，具有攀附某某计画驰名商标商誉的故意，极易引起混淆，构成不正当竞争。综上，判令某田等三公司立即停止侵害商标权和不正当竞争行为，两北京某某良品公司限期办理企业名称变更登记，某田等三公司、东台某润公司赔偿 50 万元。四被告皆不服，向江苏省高级人民法院提起上诉。江苏省高级人民法院

① 本案裁判文书参见第 251 页。

于2024年8月8日判决驳回上诉，维持原判。

【裁判意见】

江苏省高级人民法院二审认为：关于商标侵权，某田等三公司、东台某润公司在相同和类似商品上使用与某某计画“某某良品”系列商标相同标识，且使用行为超出了某田公司自有“某某良品”商标的核定使用商品范围，构成对某某计画商品商标的侵权。东台某润公司向终端消费者提供日用百货的零售服务中使用“某某良品”标识，上述服务与第35类“推销（替他人）”服务具有高度类似性，两者仅存在为他人商品作推销还是销售商品的区别，但对普通消费者而言不易区分，易使相关公众产生混淆，误认为其接受的服务来源于某某计画及某某良品上海公司，故构成对某某计画服务商标的侵权。

▶17. 药品商标侵权案件中标识贡献率的计算及惩罚性赔偿的适用

【裁判要旨】

1. 药品商标侵权案件中，应综合考虑药品领域的宏观发展趋势、消费者购买药品的微观视角、进入特定药品行业的不同门槛、原研药和仿制药的技术区分以及药企本身的知名度等因素，合理确定涉案标识对被控侵权药品利润的贡献率。

2. 被诉侵权人作为权利人的股东且属于同行业经营者，在结束持股关系后，在相同商品上申请注册与权利人商标近似的标识进行使用，且在行政判决已认定该商标应予无效宣告后仍未停止被控侵权行为，所涉药品属于高警示、易混淆药物，侵权行为可能危害人身健康的，属于商标法规定的“恶意侵犯商标专用权，情节严重”的情形，可以依法适用惩罚性赔偿。

【关键词】

商标　不正当竞争　侵权　贡献率　惩罚性赔偿

【案号】

（2021）苏05民初437号

【基本案情】

在原告甘某药业股份有限公司（以下简称甘某药业）与被告通化东某药业股份有限公司（以下简称东某药业）、苏州雷某上国药连锁总店有限公司

（以下简称苏州雷某上公司）侵害商标权及不正当竞争纠纷案①中，甘某药业成立于1998年，在生物合成人胰岛素及其类似物的开发、研制和生产方面处于国内外领先地位。甘某药业于2002年研制出“长秀霖”胰岛素注射液。2003年，甘某药业申请在第5类人用药等商品上申请注册“长秀霖”商标，并于2006年2月14日获核准注册。从2005年至2016年长达十多年时间里，“长秀霖”胰岛素注射液一直是中国市场上唯一的国产甘精胰岛素注射液，销售区域覆盖全国几乎所有的省份，市场份额持续增长。“长秀霖”胰岛素注射液的商标、包装、装潢和商品名称，经甘某药业的长期宣传和使用，已具有很高知名度和影响力。东某药业曾作为甘某药业的股东，是生产中、西成药和生物药品的制药企业，主要生产第二代胰岛素产品。自甘某药业2005年开始使用并注册一系列“长秀霖”“速秀霖”“锐秀霖”商标之后，东某药业随后在相关商品类别上注册“长舒霖”“速舒霖”“锐舒霖”商标。2020年2月，东某药业将“长舒霖”商标使用在甘精胰岛素注射液产品上，并使用与甘某药业近似的包装装潢，向全国销售。2021年5月，北京市高级人民法院作出生效行政判决，认定甘某药业的“长秀霖”商标在东某药业的“长舒霖”商标申请之前已构成驰名商标，东某药业申请“长舒霖”商标具有恶意，应对该商标宣告无效。甘某药业认为东某药业等的上述行为构成商标侵权及不正当竞争，故诉至法院，要求二被告停止侵权、赔偿经济损失9000万元及为制止侵权所支出的合理费用816238.8元，并赔礼道歉、消除影响。江苏省苏州市中级人民法院一审认为，东某药业在相同药品上注册与甘某药业“长秀霖”驰名商标近似的“长舒霖”商标，属于恶意注册，并在相同药品上使用与“长秀霖”胰岛素注射液近似的商标、商品名称、包装装潢，造成相关公众混淆、误认，构成商标侵权及不正当竞争，判决东某药业停止侵权、赔偿经济损失6000万元、合理开支816238.8元。东某药业不服，向江苏省高级人民法院上诉。江苏省高级人民法院于2024年12月31日判决驳回上诉，维持原判。

【裁判意见】

江苏省苏州市中级人民法院认为，关于损害赔偿金额，根据东某药业销售被控侵权药品的销售收入×被控侵权药品的营业利润率×涉案标识对被控侵

---

① 本案裁判文书参见第297页。

权药品利润的贡献率进行计算。在案证据显示，销售收入为4.1亿元，被控侵权药品的营业利润率不低于48.51%。涉案标识对被控侵权产品利润的贡献率，从定性和定量两个角度进行考量，具体包括：1. 从药品领域的宏观发展趋势来看，消费者购买行为的选择性不断增强，药品虽然有不同于普通商品的销售模式，但是消费者的选择仍然在其中发挥着很大的作用。2. 从消费者购买药品的微观角度来看，包括商标在内的无形价值已成为决定药品消费者购买行为的重要影响因素。3. 从胰岛素这一行业来看，胰岛素作为一种高端生物药，进入该行业具有较高的技术壁垒、推广壁垒、产品品牌壁垒等。在东某公司将其新上市的甘精胰岛素推向市场的过程中，商品名称、品牌发挥着不可替代的作用。4. 涉案药品属于仿制药并非原研药，对仿制药利润有贡献的因素中技术因素不再占绝对主导地位，而商标、企业字号、市场推广等非技术因素对产品利润发挥的作用将会凸显。5. 除了被控侵权标识外，东某公司的企业名称和"东某"商标对实现涉案药品的利润也发挥了积极作用。6. 虽然被控侵权药品已纳入省级集采，但是挂网销售后仍需要由医疗机构自主选择哪个厂家、哪个品牌、多少采购量，在医疗机构选择药品的过程中商标发挥了区分药品来源的作用。综上，法院在不超过20%的比例范围内确定被控侵权标识和涉案包装、装潢对被控侵权药品的利润贡献率。被告东某药业曾系甘某药业的股东，在结束持股关系后申请注册与甘某药业商标近似的标识使用在相同商品上，在行政判决已认定其申请注册的商标侵害甘某药业在先驰名商标权应予无效宣告后，仍未停止被控侵权行为，且侵权获利大、所涉药品属于高警示、易混淆药物，侵权行为可能危害人身健康，因此被诉侵权行为属于故意侵权且情节严重，应适用惩罚性赔偿。最终在裁量确定的基数基础上考量惩罚性赔偿因素，确定赔偿经济损失6000万元、合理开支816238.8元。

（二）商标行政案件审判

▶18. 以商品外观申请商标注册的显著性判断

【裁判要旨】

以商品外观形式申请的诉争商标，如申请人没有提供充分证据证明，通过其实际使用行为，已经使相关公众能够将诉争商标作为一个用于识别商品来源的标志，而不仅仅为商品外观，则诉争商标不具备显著特征。

【关键词】

商标　驳回复审　显著性　商品外观

【案号】

（2024）最高法行申 5449 号

【基本案情】

在再审申请人某创新有限合伙公司（以下简称某公司）与被申请人国家知识产权局商标申请驳回复审行政纠纷案中，某公司于 2021 年 3 月 11 日在第 25 类鞋（脚上的穿着物）上申请注册第 54225332 号“”商标。国家知识产权局作出商评字［2021］第 379054 号《关于第 54225332 号图形商标驳回复审决定书》（以下简称被诉决定）认定，诉争商标缺乏商标应当具有的显著特征，构成商标法第十一条第一款第三项所指情形，决定对诉争商标在复审商品上的注册申请予以驳回。某公司不服，提起行政诉讼。北京知识产权法院一审判决，驳回某公司的诉讼请求。某公司不服，提起上诉。北京市高级人民法院二审判决驳回上诉，维持原判。某公司不服，向最高人民法院申请再审。最高人民法院于 2024 年 12 月 30 日裁定驳回某公司的再审申请。

【裁判意见】

最高人民法院审查认为，首先，从固有显著性看。某公司主张，诉争商标指向其“Air Jordan 1”高帮鞋款。因此，诉争商标整体仍表现为一个鞋型图案，诉争商标指定使用在鞋类商品上，相关公众容易将其识别为鞋类商品的外观，而不易将其作为识别商品和服务来源的标识。诉争商标中包含某公司其他具有较高知名度商标的事实，也不足以证明诉争商标已经克服了前述所称其固有显著性的缺陷。二审判决认定诉争商标缺乏商标应当具有的显著特征，结论并无不当。其次，从获得显著性看。某公司在商标评审及诉讼程序中提交的相关宣传报道及销售数据等，主要指向“Air Jordan 1”高帮鞋款作为鞋类商品的宣传使用情况，而未能证明除可被识别为鞋类商品外观外，通过某公司的实际使用行为，已经使相关公众能够将诉争商标作为一个用于识别商品来源的标志，从而获得了商标应当具有的显著特征。一审、二审判决及被诉决定认定诉争商标的申请注册构成商标法第十一条第一款第三项之情形并无不当。

▶19. 商标注册损害他人在先域名权的认定

【裁判要旨】

认定诉争商标注册损害他人在先域名权，需要同时满足下列要件：域名注册在先并具有一定知名度，域名经营者提供的商品或者服务与诉争商标核定使用的商品或者服务相同或者类似，并且诉争商标与该域名相同或近似，容易导致相关公众混淆误认。域名经营者提供的商品或者服务上的宣传和使用证据可以作为认定其是否具有一定知名度的事实依据。

【关键词】

商标　无效宣告　域名　在先权利

【案号】

（2024）最高法行再 244 号

【基本案情】

在再审申请人杭州汇某智通科技有限公司（以下简称汇某智通公司）与被申请人国家知识产权局、一审第三人恒某电子股份有限公司（以下简称恒某电子公司）商标权无效宣告请求行政纠纷案[①]中，广州安某软件股份有限公司（以下简称安某公司）系第 39744963 号“DataFocus”商标（以下简称诉争商标）的商标注册人，该商标注册在第 42 类“计算机软件设计；计算机软件维护”等商品上。2020 年 8 月 6 日，安某公司将诉争商标转让给恒某电子公司。汇某智通公司针对诉争商标向国家知识产权局提出无效宣告请求，认为诉争商标损害了其在先域名权。国家知识产权局认为，诉争商标未损害汇某智通公司的在先域名权。汇某智通公司不服，提起行政诉讼。北京知识产权法院一审驳回了汇某智通公司的诉讼请求。汇某智通公司不服，提起上诉。北京市高级人民法院二审判决驳回上诉，维持原判。汇某智通公司不服，向最高人民法院申请再审。最高人民法院裁定提审本案，并于 2024 年 12 月 5 日判决撤销一、二审判决及被诉裁定，国家知识产权局重新作出裁定。

【裁判意见】

最高人民法院再审认为，域名作为在先权利获得保护的条件包括：一是

① 本案裁判文书参见第 346 页。

域名的注册时间早于诉争商标申请注册的时间；二是域名具有一定的知名度；三是域名和诉争商标标识构成相同或近似；四是域名赖以取得一定影响力的商品或服务与诉争商标核定使用的商品或服务构成类似，容易导致相关公众混淆误认。本案中，在诉争商标申请日前，汇某智通公司的法定代表人王某波已经注册了域名“datafocus. ai”，并授权汇某智通公司使用，该域名的主要部分与诉争商标的英文字母完全相同。该域名指向的网站所示内容涉及数据分析、软件应用等，所涉服务与诉争商标核定使用的“计算机编程；计算机软件设计；计算机软件维护”等服务在服务的目的、内容、对象等方面存在关联联系，构成类似服务。在诉争商标申请日前，已有约600人在“datafocus. ai”网站注册，其中包括深圳华为技术有限公司、中国移动等公司的技术人员。经过汇某智通公司的广泛宣传，在诉争商标申请日前，在搜狐网、百度百家号、微信公众号、凤凰新闻、新浪财经头条等平台均有大量涉及DataFocus的文章或视频，部分涉及“datafocus. ai”域名，如2018年11月15日发布在西瓜视频上的世界互联网大会互联网之光DataFocus现场发布会视频显示域名“datafocus. ai”，网易文章“DataFocus. ai创始人访谈”等。在百度、搜狗、360等多个搜索引擎上以“DataFocus”作为关键词进行搜索，均能检索到在诉争商标申请日前存在大量与“datafocus. ai”相关的信息。上述证据可以证明经过汇某智通公司的广泛宣传使用，“datafocus. ai”域名在诉争商标申请日前已经具有一定的知名度。若诉争商标使用在与“datafocus. ai”提供的数据分析及软件应用类似的“计算机软件设计；计算机软件维护”等服务上，相关公众施以一般注意力，易认为相关服务来源于同一主体，或服务提供者之间存在某种关联关系，进而对服务的来源产生混淆误认，故诉争商标的注册损害了汇某智通公司的在先域名权益。

▶20. 商标法第四十四条“以其他不正当手段取得注册”的适用

【裁判要旨】

判断诉争商标是否属于商标法第四十四条第一款规定的“以其他不正当手段取得注册”的情形时，不宜仅凭商标申请人申请商标的数量达到一定规模即认定属于“以其他不正当手段取得注册”。对于能够证明其申请诉争商标具有真实使用意图或者已经将商标实际投入商业使用，且申请诉争商标具有合理性或正当性的，则一般不宜认定诉争商标构成该条所指情形。

【关键词】

商标　无效宣告　其他不正当手段取得注册　真实使用意图

【案号】

（2024）最高法行再 88 号

【基本案情】

在再审申请人陕西某烟工业有限责任公司（以下简称陕西某烟公司）、贵州某酒集团有限公司（以下简称贵州某酒公司）与被申请人国家知识产权局商标权无效宣告请求行政纠纷案[①]中，陕西某烟公司在第 34 类“烟草”等商品上注册有第 18362615 号“招财猫”商标（以下简称诉争商标）。贵州某酒公司以诉争商标违反商标法第四十四条第一款的规定为由，针对诉争商标向国家知识产权局提出无效宣告请求。国家知识产权局认为诉争商标的注册不属于该条所指情形，对诉争商标予以维持。贵州某酒公司不服，提起行政诉讼。北京知识产权法院一审判决驳回贵州某酒公司的诉讼请求。贵州某酒公司不服，提起上诉。北京市高级人民法院二审认为，诉争商标构成商标法第四十四条第一款所指情形，判决撤销被诉裁定及一审判决，责令国家知识产权局重新作出裁定。陕西某烟公司不服，向最高人民法院申请再审。最高人民法院裁定提审本案，并于 2024 年 8 月 16 日判决撤销二审判决，维持一审判决。

【裁判意见】

最高人民法院再审认为：虽然陕西某烟公司于 2015 年至 2021 年 11 月申请注册了一百余件商标，但陕西某烟公司提供的证据能够证明其已将上述商标实际投入商业使用。根据在案证据，诉争商标“招财猫”于 2015 年 11 月申请，核定使用在第 34 类“烟草；嚼烟；雪茄烟”等商品上。“招财猫”卷烟产品自 2016 年上市至 2023 年 6 月，市场销售额总计达到 28 亿元人民币，具有较高市场销量及美誉度。陕西某烟公司还在第 9 类、第 11 类、第 16 类等商品和服务上也注册了“招财猫”图形和文字商标，均使用在“招财猫”烟草产品宣传所使用的周边产品或服务上。陕西某烟公司提供的证据能够证明其对诉争商标在核定使用的商品上进行了持续、大量的使用，其申请注册诉争商标符合生产、经营的实际需要，具有合理性和正当性。故诉争商标的

① 本案裁判文书参见第 356 页。

注册未违反商标法第四十四条第一款的规定。

▶21. 商标连续三年不使用撤销案件中核定使用商品的认定

【裁判要旨】

诉争商标实际使用的商品不属于《类似商品和服务区分表》中的规范商品名称，但其与该商标核定使用的商品本质上属于同一商品，或者实际使用的商品属于核定使用商品的下位概念的，可以认定构成对核定使用商品的使用。《类似商品和服务区分表》在诉争商标注册后发生变化的，不影响上述认定。

【关键词】

商标　撤销复审　下位概念　商标使用　类似商品和服务区分表

【案号】

（2024）最高法行再51号

【基本案情】

在再审申请人中科院某电子技术有限公司（以下简称中科院某电子公司）与被申请人国家知识产权局及一审第三人路某电子公司商标权撤销复审行政纠纷案[①]中，涉及中科院某电子公司第10650811号商标 CAS T 中科院广州电子技术有限公司 GUANGZHOU ELECTRONIC TECHNOLOGY CO.,LTD.,CAS（以下简称诉争商标），该商标注册在第9类“数据处理设备；与计算机联用的打印机；测量仪器；光学器械和仪器；传感器”等商品上。路某电子公司以诉争商标在2015年12月21日至2018年12月20日（以下简称指定期间）在核定商品上三年未使用为由，向国家知识产权局申请对诉争商标予以撤销。国家知识产权局认为，中科院某电子公司提交的证据所显示商品与复审商品指定使用商品不符，不足以证明诉争商标在指定期间内在核定商品上进行了公开、真实、合法的商业使用，对诉争商标予以撤销。中科院某电子公司不服，提起行政诉讼。北京知识产权法院一审驳回了中科院某电子公司的诉讼请求。中科院某电子公司不服，提起上诉。北京市高级人民法院二审判决驳回上诉，维持原判。中科院某电子公司不服，向最高人民法院申请再审。最高人民法院裁定提审

---

① 本案裁判文书参见第365页。

本案，并于 2024 年 6 月 28 日判决撤销一、二审判决及被诉决定，国家知识产权局重新作出决定。

【裁判意见】

最高人民法院再审认为，分布式光纤线型感温火灾探测器用户手册、感温光纤型式检验报告、第二十届中国国际高新技术成果交易会会刊及照片、中科院某电子公司与天津普泰安电子仪器有限公司签订的销售合同及对应发票等证据可以形成证据链，证明诉争商标在指定期间，在分布式光纤线型感温火灾探测器、光纤在线测温系统商品上进行了使用。而分布式光纤线型感温火灾探测器、光纤在线测温系统本质上属于诉争商标核定使用的“测量仪器、光学器械和仪器、传感器”商品，故在案证据可以证明诉争商标在指定期间在“测量仪器、光学器械和仪器、传感器”等商品上进行了公开、真实、有效的商业使用。诉争商标标注在销售合同左上角的方式属于将商标用于商品交易文书的商标使用方式。第二十届中国国际高新技术成果交易会会刊及照片，并结合中科院某电子公司与郑州诺祺电子科技有限公司、新疆嘉颖科技有限公司等公司签订的多份销售合同及对应发票等证据可以形成证据链，证明诉争商标在指定期间，在 3D 打印机、快速成型机商品上进行了使用。虽然在《类似商品和服务区分表——基于尼斯分类第十一版》（2017 年 1 月 1 日实施）中，3D 打印机属于第 7 类商品，但诉争商标申请于 2012 年 3 月 21 日，此时适用的《类似商品和服务区分表——基于尼斯分类第十版》中并无 3D 打印机商品，因此，诉争商标在 2017 年以前在 3D 打印机、快速成型机商品上的使用可以认定是在核定使用的“数据处理设备、与计算机联用的打印机、信息处理机（中央处理装置）”等商品上的使用。

▶22. 游戏直播平台的行为是否构成“替他人推销”服务的认定

【裁判要旨】

游戏直播平台利用自身流量与用户资源优势，通过游戏直播、提供游戏下载及论坛、组织推广活动等方式，对合作游戏进行了宣传推广，从而提升合作游戏的下载量及充值量，并以此获得游戏收入分成的行为，可以认定系为他人销售商品或服务提供了策划、宣传，构成《类似商品和服务区分表》第 35 类“替他人推销”服务。

【关键词】

商标　连续三年不使用撤销　替他人推销　游戏直播

【案号】

（2024）京行终 6099 号

【基本案情】

在上诉人广州虎某信息科技有限公司（以下简称广州虎某公司）与被上诉人国家知识产权局、一审第三人杭州虎某广告有限公司（以下简称杭州虎某公司）商标权撤销复审行政纠纷案中，广州虎某公司于 2014 年 12 月 2 日申请注册第 15842056 号图形商标（以下简称诉争商标），核定使用在第 35 类“通过网站提供商业信息、替他人推销”等服务上。杭州虎某公司以无正当理由连续三年不使用为由向国家知识产权局申请撤销诉争商标在全部核定服务上的注册。国家知识产权局决定诉争商标在“广告”等服务上的注册予以维持；在其余服务上的注册予以撤销。广州虎某公司不服，向国家知识产权局申请复审，国家知识产权局作出商评字〔2023〕第 244099 号《关于第 15842056 号图形商标撤销复审决定书》（以下简称被诉决定），认定在案证据不足以证明诉争商标在指定期间内在“为第三方进行商业贸易的谈判和缔约；通过网站提供商业信息；提供商业和商务联系信息；替他人推销；网站流量优化”服务上进行了真实、有效的商业使用，决定对诉争商标在前述服务上予以撤销。广州虎某公司不服，提起行政诉讼。北京知识产权法院一审认定广州虎牙公司提交的证据无法形成完整的证据链证明诉争商标于指定期间内在“替他人推销”等服务上进行了真实、有效的商业使用，判决驳回其诉讼请求。广州虎某公司不服，提起上诉。北京市高级人民法院二审认为，在案证据可以证明广州虎某公司在指定期间内在核定的“替他人推销”服务上对诉争商标进行了真实、合法、有效的商业使用，一审判决及被诉决定对此认定有误。据此，于 2024 年 10 月 23 日判决撤销一审判决及被诉决定，国家知识产权局重新作出决定。

【裁判意见】

北京市高级人民法院二审认为：《类似商品和服务区分表》第 35 类“替他人推销”是指，为他人销售商品或服务提供建议、策划、宣传、咨询等服务。本案中，广州虎某公司提交的《2020 湖南武冈某节目直播带货活动推广服务合同》《邵阳市“百里脐橙连崀山”网络文化节宣传服务合同》以及相关媒体报道、视频截图等证据可以证明，广州虎某公司在指定期间组织主播对前述活动进行直播并对相关产品进行了宣传推广，以提升相关产品的销量，并获得宣传推广费用。广州虎某公司提交的其与多个游戏研发方/代理方签订的《游戏推广运营合作协议》《合作游戏确认单》以及相关游戏在“虎牙直播”APP中的下载页面、评论、攻略及相关录屏的可信时间戳认证证书、结算确认函及发票等证据可以证明，广州虎某公司利用自身流量与用户资源优势，通过游戏直播、提供游戏下载及论坛、组织推广活动等方式，对合作游戏进行了宣传推广，从而提升合作游戏的下载量及充值量，并获得游戏收入分成。广州虎某公司的上述行为属于为他人销售商品或服务提供策划、宣传等服务，故在案证据可以证明广州虎某公司在指定期间内在核定的“替他人推销”服务上对诉争商标进行了真实、合法、有效的商业使用。

三、著作权案件审判

▶23. 实用艺术作品可作为美术作品受到著作权法保护

【裁判要旨】

对可能兼具实用性和艺术性的造型或设计，当事人可以选择著作权法保护，也可以选择专利法中的外观设计予以保护，保护的重点各有不同。当主张著作权保护时，依照我国著作权法的现有制度安排，应对其主张的作品是否符合美术作品的形式要件以及是否具备独创性的实质要件进行判断，无须在美术作品之外另行确立作品类型，也无须对独创性另行提出要求。

【关键词】

著作权　侵权　实用艺术作品　美术作品　独创性

【案号】

（2023）最高法民再40号

【基本案情】

在再审申请人朱某与被申请人上海某文具股份有限公司（以下简称上海某公司）、义乌市某文具用品有限公司、杭州某文具有限公司侵害著作权纠纷案中，朱某主张其为“皇冠笔”的著作权人，并提交了作品登记证书、制笔模具、杂志广告等证据。朱某公证购买了两款被诉侵权笔，上海某公司认可由其生产销售。朱某起诉请求上海某公司等停止被诉侵权行为，并赔偿经济损失2000万元及为维权支出的合理费用53420元。浙江省杭州市中级人民法院一审认定，“皇冠笔”的表达具有独创性，可作为作品进行保护，朱某是“皇冠笔”的著作权人，被诉侵权产品已构成对其作品的侵害，并判决：上海某公司立即停止制造、销售被诉侵权产品，赔偿朱某经济损失595万元等。朱某、上海某公司均不服，提起上诉。浙江省高级人民法院二审认为，涉案“皇冠笔”属于实用艺术品。将实用艺术品认定为美术作品应当达到较高水准的艺术高度。涉案“皇冠笔”艺术成分主要体现在笔顶端的皇冠和珍珠部分，笔身表面的图案和笔头螺纹设计的相关线条和色彩。该笔造型的整体而言并未达到较高水准的艺术高度，不构成美术作品，不受我国著作权法的保护。据此判决撤销一审判决，驳回朱某的诉讼请求。朱某不服，向最高人民法院申请再审。最高人民法院裁定提审本案。在再审期间，上海某公司提供了大量与皇冠或者皇冠笔造型有关的证据，拟证明涉案皇冠笔的造型特别是皇冠造型不具有独创性。最高人民法院于2024年6月18日判决维持二审判决。

【裁判意见】

最高人民法院再审认为：美术作品的独创性，取决于平面或者立体造型在线条、色彩或者线条与色彩的结合在造型艺术表达上的独特性。朱某主张保护的涉案皇冠笔，系由特定的线条、颜色和造型构成，在形式上属于美术作品的范畴，对于其独创性，朱某应当进一步证明。上海某公司否认涉案皇冠笔的独创性应当提供相反证据。在本案一审、二审以及申请再审的审查阶段，朱某提供了作品登记证书、实物笔、模具、合同、广告等证据证明涉案皇冠笔由其独立创作，上海某公司提供了委托加工合同、部分皇冠图片等证据，尚不足以反驳涉案皇冠笔的独创性。在本案再审审理阶段，上海某公司提供了大量对独创性予以反驳的证据。上海某公司存在没有合理理由超出举证期限举证的情形，最高人民法院依法予以训诫。但鉴于独创性是作品获得著作权保护的前提，属于本案的基本事实，上海某公司提供的证据可能构成足以改变案件基本事实的新证据，最高人民法院组织双方当事人对上海某公司提供的证据材料进行了质证。通过证据出示和质证，最高人民法院认为，就涉案皇冠笔的立体造型而言，其光滑圆柱体的笔身，及其上点缀的浅蓝花样，圆锥形的金色笔尖，笔尖上面的螺纹状线条，均属于公有领域常见造型，不具有独创性。朱某主张独创性主要表现在皇冠上部由八条花瓣状棱围合构成，棱上从上到下点缀一排珠状凸起，下部点缀珠状凸起、云形及三角形凹陷图案，镂空部底部为三叉戟形状，顶部以小圆柱托起一颗珍珠。对此，上海某公司提供的新证据显示，涉案皇冠笔中皇冠的莲花型整体外观与公有领域皇冠的皿字型或半圆造型，八条花瓣状棱与皇冠的拱顶造型，镂空造型与皇冠的拱门造型基本相同，均属于皇冠常见造型，不具有独创性。花瓣棱上、下部的珠状凸起与皇冠拱顶及底座上常见的镶嵌珍珠宝石以及其他点状造型基本相同，不具有独创性。镂空部底部的三叉戟形状、底部云纹与部分皇冠的拱门底部、拱顶底部造型，除线条曲度存在差异外，在线条及造型构成上基本相同。底部的凹凸设计与皇冠底托相比亦不具有实质性的不同。皇冠上高高托举的珍珠造型与在先皇冠顶端嵌有十字架或其他圆形、方形装饰物在托举高度上有所不同，但珍珠托杆长短的不同，尚不构成线条造型以及由此带来的艺术美感上的实质性变化，尚不构成不同的造型表达。应当认定，上海某公司提供的新证据足以反驳涉案皇冠笔在造型艺术上的独创性。因此，涉案皇冠笔可能由朱某独立完成，但尚不足以构成独立创作，朱某主张对涉案皇冠笔给予著作权保护的请求，不能予以支持。二审判决认为涉案皇冠笔属于实用艺术品，实用艺术品必须有较高的艺术水准等表述，法律依据不足，予以纠正。但二审判决认定涉案皇冠笔未构成著作权法意义上的作品，结论正确，予以维持。

▶24. 计算机软件的发行权权利用尽

【裁判要旨】

1. 计算机软件必须与特定硬件配套使用的，权利人配套销售硬件及计算机软件，可视为以交付有形载体形式发行软件，可以视情适用发行权权利用尽原则。买受人支付合理对价后，获得相应软件原件或者复制件的所有权，有权自己使用或者转让他人使用。权利人对前述软件的使用范围、转售等的限制对与其无合同关系的买受人及从该买受人处合法受让软件原件或者复制件的第三人不具有当然约束力。但该买受人或者第三人除为实现合法使用目的外，不得擅自复制软件，亦不得在转让软件原件或者复制件后，再行使用软件复制件。

2. 限定软件合法复制品所有人未经许可不得向任何第三方提供修改后的软件，主要指未经软件著作权人的许可不得以修改后的软件作为主要交易标的的情形。如果交易的主要标的物为硬件，软件仅为配合硬件使用，因配套使用的硬件交易而使修改后的软件所有权一并发生转移的，一般不需要取得软件著作权人的许可。

【关键词】

著作权　侵权　计算机软件　发行权权利用尽　硬件配套使用　修改

【案号】

（2022）最高法知民终 1460 号

【基本案情】

在上诉人深圳市昊某源科技有限公司（以下简称某科技公司）与被上诉人某有限责任公司（以下简称某公司）、一审被告北京华某雨泽商贸有限公司（以下简称某商贸公司）侵害计算机软件著作权纠纷案①中，某公司诉称：其研发了基于 WHDI（Wireless Home Digital Interface，无线家庭数字接口）技术的芯片和配套软件，即 MAC 软件，某科技公司生产并销售、某商贸公司销售的“猛某 2000ft 无线图传 ARRI MINI 秒回 传奇 2000”（以下简称被诉侵权产品）中使用的是某公司生产的 AMN＊＊＊＊型号芯片。作为无线高清视频传输设备厂商，某科技公司有接触 MAC 软件的可能性。某科技公司通过在中国境内生产销售预装有 MAC 软件的被诉侵权产品，并且通过其官方网站向全球多个国家销售被诉侵权产品。某商贸公司在实体店内销售含有被诉侵权软件的产品，还在京东商城上开办的网络专营店销售被诉侵权产品。某公司从未向某科技公司及其关联公司销售过任何芯片或者 MAC 软件，也未授权某科技公司及其关联公司在任何产品中使用 MAC 软件。通过对比发现，被诉侵权产品中使用的软件和 MAC 软件实质性相似。综上，某科技公司未经授权将某公司的 MAC 软件进行复制、修改并预装在印有某公司商标的芯片中以生产被诉侵权产品的行为，侵害了某公司对 MAC 软件享有的修改权、复制权；某科技公司和某商贸公司销售被诉侵权产品的行为，侵害了某公司享有的发行权，两公司应当承担相应的侵权责任。故请求判令：1. 某科技公司和某商贸公司

---

① 本案裁判文书参见第 372 页。

立即停止侵害某公司 MAC 软件著作权中的复制权、修改权、发行权；2. 某科技公司立即停止生产和销售预装有未经授权的 MAC 软件的无线高清视频传输设备产品“猛某 2000”产品（以下简称被诉侵权产品），立即停止以其他方式复制、修改和发行未经授权的 MAC 软件产品及其副本；3. 某商贸公司立即停止销售被诉侵权产品；4. 某科技公司和某商贸公司立即删除其库存的所有介质、芯片、主板、被诉侵权产品及其他产品中预装的未经授权的 MAC 软件，或者销毁其库存的预装有未经授权的 MAC 软件的芯片、主板、被诉侵权产品及其他产品；5. 某科技公司在《法治日报》《中国知识产权报》及其官方网站上刊登致歉声明，消除对某公司商誉的负面影响；6. 某科技公司和某商贸公司共同赔偿某公司经济损失 50 万元以及制止侵权的合理开支 20 万元。某科技公司辩称：（一）某公司无法证明其主张的著作权的实际内容。（二）某科技公司的行为并未构成侵权。1. 某科技公司使用的软件与 AMN 芯片具有特定的对应关系，适用于 AMN＊＊＊＊芯片的软件是作为商品的芯片的必要组成部分，二者具有“锁和钥匙”的匹配关系。某公司在销售芯片的同时，已经默认了包含专用软件的使用。2. 被诉侵权产品的特定软件有合法来源。2014 年，某科技公司向深圳某公司采购某公司生产的 AMN＊＊＊＊芯片。由于 AMN＊＊＊＊芯片需要配合特定的软件方可使用，销售方向某科技公司提供了 AMN＊＊＊＊芯片的专用软件即开发包。3. 特定软件脱离了芯片则不具备任何使用价值，因此某科技公司复制软件的行为目的并不是使用软件，而是使用芯片。某公司软件的商业价值已经通过芯片销售得以实现。（三）某公司提交的对比证据是单方面完成的，对比的客观真实性、结果的科学性无法保证。某商贸公司辩称：某商贸公司销售的被诉侵权产品有合法来源，不应当承担民事责任。

法院经审理查明：某公司提交了 4 个经过公证的标示有“4. x. 19. 1 source”“4. x. 19. 1 object”“4. x. 24. 9 source”“ 4. x. 24. 9 object”（以下统一简称为 MAC 软件 4. x 版本）的 U 盘，并提交了 4. x 版本开发的历史邮件记录。某科技公司售卖的被诉侵权产品价格为 23800 元。某公司的代理人在 2018 年 9 月 14 日购买两台上述商品。某公司将被诉侵权产品中的闪存取下，以某公司专用解密程序解密后，与某公司 MAC 软件 4. 2. 19. 1 版对比，显示被诉侵权产品中的软件版本为 4. 2. 24. 9，创建时间为 2012 年 3 月 15 日。二者显示多处相同。某科技公司向案外人深圳某公司购买了涉案 MAC 软件及 AMN 芯片，深圳某公司在双方签订的《采购框架合同》内称其已获得授权，有权对外出售相关芯片和配套 MAC 软件，且某科技公司支付全部价款后，获得的授权为永久。某公司确认其向深圳某公司出售过包括 AMN 芯片和 MAC 软件在内的芯片套件开发包，且其 AMN 芯片与 MAC 软件必须配套才能工作，某公司的 MAC 软件/AMN 芯片无法与来自其他企业的芯片/软件适配，某公司总是将芯片与 MAC 软件配套销售，不会对芯片和软件分别定价。在技术上，某公司发送给芯片购买方的 MAC 软件是加密保护的目标代码。要修改某公司的 MAC 软件，需要获取 MAC 软件的源代码，或者获知某公司芯片非常具体的内部信息以及密钥。某公司主张其虽向深圳某公司出售上述开发包，但仅供其使用，其在对深圳某公司的报价单中明确附有销售限制条款，即只能将芯片与软件在消费电子市场使用，且不可对外转让，故某科技公司即使购买了芯片，某公司亦未授权其使用 MAC 软件。

北京知识产权法院于 2021 年 12 月 28 日作出（2019）京 73 民初 978 号民事判决：某科技公司立即停止侵权，在《中国知识产权报》刊登道歉声明，赔偿经济损失 30 万元、维权合理开支 113038 元；某商贸公司立即停止侵权。宣判后，某科技公司以某公司的 MAC 软件与 AMN 芯片具有唯一、特定的对应关系，该 MAC 软件复制件经发行后已经权利用尽，某科技公司系合法购买芯片和软件并用于被诉侵权产品，未侵害某公司著作权等为由，提出上诉。最高人民法院于 2024 年 12 月 24 日作出（2022）最高法知民终 1460 号民事判决：撤销一审判决，驳回某公司的全部诉讼请求。

【裁判意见】

最高人民法院二审认为：本案争议焦点在于某科技公司是否侵害某公司就 MAC 软件所享有的复制权、修改权和发行权。

1. 关于某科技公司是否合法获得涉案 AMN 芯片的所有权

第一，涉案 AMN＊＊＊＊芯片初始来源合法。深圳某公司系从某公司处合法购得 AMN2120 芯片和 AMN＊＊＊＊芯片，涉案 AMN＊＊＊＊芯片初始来源合法。第二，某科技公司合法购得涉案 AMN＊＊＊＊芯片。其支付给深圳某公司的转售价格明显高于深圳某公司向某公司支付的购买价格。而且，在某科技公司与深圳某公司签订的《采购框架合同》中，深圳某公司明确其已获得授权，其可以对芯片套片及配套软件、MAC 固件进行合法销售和再次授权。据此，可以认定某科技公司系通过合法渠道支付合理对价从深圳某公司处购得了涉案 AMN＊＊＊＊芯片。第三，某科技公司从深圳某公司合法购得涉案 AMN＊＊＊＊芯片后，已成为涉案 AMN 芯片的所有权人，有权对其所有的财产依法享有占有、使用、收益和处分的权利，包括将其用于被诉侵权产品。某公司在售出涉案 AMN＊＊＊＊芯片后，已获得芯片相应的对价，并丧失对涉案 AMN＊＊＊＊芯片享有的所有权，其无权对他人所有权和有形财产的合法流通及合法使用加以干涉。第四，根据合同相对性原则，某公司不得以其与深圳某公司的合同约定限制合同以外第三方。

2. 关于某公司将 MAC 软件与 AMN 芯片以 WHDI 开发套件包方式配套销售是否适用权利用尽原则

通过发行软件的原件或者复制件获得销售收益与通过许可他人行使软件著作权获得许可费收入是计算机软件著作权人实现软件著作权财产权利的不同方式。对于某公司与深圳某公司的涉案 MAC 软件交易行为，某公司认为其行使的系软件许可使用行为，不能适用发行权权利用尽原则；某科技公司则认为某公司行使的是 MAC 软件复制件的发行行为，应当适用发行权权利用尽原则。对此，作如下分析：

第一，著作权法中的发行权权利用尽原则是指：虽然著作权人享有以所有权转移方式向公众提供作品原件或复制件的发行权，但作品原件和经授权合法制作的作品复制件经著作权人许可，首次向公众销售或赠与之后，著作权人就无权控制该原件或特定复制件的再次流转。当作品与其有形载体不可分割时，适用发行权权利用尽原则，应注意以下问题：其一，作品原件或者作品复制件的初始来源应当合法，即作品原件或合法制作的作品复制件已经著作权人许可或根据法律规定向公众销售或赠与，即作品原件或者特定作品复制件系经著作权人许可而投放市场。其二，第三方买受人系通过购买或者赠予等合法方式获得作品原件或者特定作品复制件。其三，权利用尽原则不能通过合同加以排除、限制，即著作权人向第一手买受人出售作品原件或者作品复制件时，对后续使用范围、转售等约定的限制性条件，对于后续买受人一般没有当然的拘束力。对计算机软件作品而言，还有以下三点需要特别注意：一是软件作品著作权人与第一手买受人之间交易标的系特定软件作品复制件的所有权，其所能获得的系与该特定软件作品复制件经济价值相当的报酬。二是买受人支付对价后通过下载等方式获得的系特定软件作品复制件的所有权，即买受人基于对该特定软件作品复制件的所有权既可以自己使用该特定软件作品复制件，也可以转让该特定软件作品复制件。三是未经著作权人许可，特定作品复制件的买受人除为防止灭失等合理理由外，不得再行复制该软件特定作品复制件。买受人转售该软件作品复制件后，相应的软件作品复制件使用权也同时转让，即不能因再次销售导致同时存在两个软件作品复制件的合法持有人。

第二，某公司将 MAC 软件与 AMN 芯片以 WHDI 开发套件包方式配套销售，实际是把 MAC 软件复制件固化于 AMN 芯片当中，构成以交付有形载体的方式发行 MAC 软件复制件，应当适用发行权权利用尽原则。

其一，深圳某公司系从某公司处合法购得包括涉案 MAC 软件与 AMN 芯片的 WHDI 开发套件，即涉案 MAC 软件初始来源合法。其二，某公司将芯片与 MAC 软件采取“一把钥匙一把锁”的方式，将 AMN 芯片与 MAC 软件复制件按照 AMN 芯片的数量配套销售，即每片 AMN 芯片必须依赖相对应的特定 MAC 软件复制件进行解锁驱动才能使用，使得 AMN 芯片脱离了相应的 MAC 软件复制件将无法使用，同时 MAC 软件复制件脱离了相应的 AMN 芯片也无法实现软件功能。据此，某公司与深圳某公司之间的交易标的包括 AMN 芯片和与之配套的 MAC 软件复制件的所有权，深圳某公司支付对价后，某公司应当完成的交付义务既包括交付 AMN 芯片，还包括交付与 AMN 芯片数量相同的相应 MAC 软件复制件，其所行使的系对该特定软件作品复制件所享有的发行权，且发行的数量与 AMN 芯片的交易数量相同，发行价格包含在 AMN 芯片价格之中。其三，深圳某公司转售 AMN 芯片后，即使保留有 MAC 软件作品复制件，其也不可能再使用该 MAC 软件作品复制件，亦即不可能因再次销售导致同时存在两个 MAC 软件作品复制件的合法持有人。其四，某科技公司获得 MAC 软件复制件具有合法来源。其从深圳某公司处合法购得 AMN2120 芯片和 AMN＊＊＊＊芯片的同时，获得了深圳某公司通过网络发送的 MAC 软件复制件，并支付了包括芯片和相对应的 MAC 软件复制件的价款。某科技公司向深圳某公司交付了相应的芯片和专用 MAC 软件。某公司并未提交证据证明某科技公司用于被诉侵权产品的涉案 AMN＊＊＊＊芯片及 MAC 软件复制件超出某公司出售给深圳某公司的 AMN 芯片及 MAC 软件套件的范围。其五，某公司对深圳某公司的合同限制性条件不能阻却本案发行权权利用尽原则的适用。权利用尽原则不能通过合同加以排除、限制，即某公司将 AMN 芯片及 MAC 软件复制件销售给深圳某公司后，其已经实现了上述 AMN 芯片及 MAC 软件复制件的经济价值，对于上述商品后续市场的自由流通，某公司无权对与其交易的合同相对方以外的第三人进行干涉。其六，某科技公司有权根据购买的 AMN 芯片数量复制 MAC 软件，并将 WHDI 开发套件包用于被诉侵权产品并对外销售。

3. 关于某科技公司是否侵害了某公司就 MAC 软件所享有的修改权

根据《计算机软件保护条例》第八条第一款第三项规定，软件著作权人享有修改权，但同时为了保障软件合法复制品所有人的合法权利，软件著作权的修改权受到必要的限制，即软件的合法复制品所有人为了将软件用于实际的计算机应用环境或者改进其功能、性能而进行的必要修改，不属于软件侵权行为。本案中，在案证据不足以证明某科技公司对某公司 MAC 软件进行了修改。首先，某公司确认，MAC 软件系加密软件，只有某公司自有的特定软件才可以对 MAC 软件予以解密，且其对外销售 MAC 软件时，并未提供源代码，在案证据不足以证实某科技公司破解了某公司的软件加密措施或者获得了某公司特有的解密程序从而获得了源代码。其次，某公司以其于 2011 年 3 月 15 日开发的 4. 2. 19. 1 版本与某科技公司被诉侵权软件 4. 2. 24. 9 版本对比，从 MAC 软件的开发过程看，4. x. 24. 9 版本是 4. 2. 19. 1 版本的升级版，故对比结果中不同的指令语句序列等部分，并不能排除是版本升级导致的区别。退一步讲，即使某科技公司为配套使用 AMN 芯片对 MAC 软件进行了适应性修改，亦不构成对 MAC 软件著作权的侵害。某科技公司系 MAC 软件合法复制件所有人。某科技公司有权将其购买的 AMN * * * * 芯片及配套的 MAC 软件 4. 2. 24. 9 版本用于开发被诉侵权产品且为了将 MAC 软件 4. 2. 24. 9 版本用于被诉侵权产品而对 MAC 软件的功能、性能进行必要的优化和修改，这属于某科技公司作为软件复制件合法所有人享有的权利，是对软件复制件的合法使用，不构成侵权。由于某科技公司对外销售被诉侵权产品时，修改后的被诉侵权 MAC 软件并不是交易的主要标的，而系因被诉侵权产品硬件交易而使修改后的被诉侵权 MAC 软件复制件所有权一并发生转移，不需要取得软件著作权人某公司的许可。

▶25. 美术作品实质性相似的认定

【裁判要旨】

判断美术作品是否构成实质性相似时，通常应以普通观察者的角度，考虑美术作品的视觉形象特征，在构成要素、表现形式、整体视觉效果上对美术作品所体现的艺术造型表达进行整体认定和综合判断。如果二者在整体上仅存在细微差异，以致出现普通观察者除非刻意寻找差异，否则会倾向于忽略这些差异的情形，则可以认定二者构成实质性相似。在进行比对的权利画作与侵权画作均数量较多的情况下，可将全部涉案画作进行整体考量，同时结合作者的创作经历、创作方法、创作风格等因素予以综合判断是否构成侵权。

【关键词】

著作权侵权　美术作品　复制权　侵权责任

【案号】

（2019）京 73 民初 1376 号

【基本案情】

在原告西某诉被告叶某侵害著作权纠纷案[①]中，原告西某主张被告叶某创作的 176 幅画作抄袭其享有权利的 13 幅画作，侵犯其享有的署名权、修改权、复制权、发行权，要求承担停止侵害、消除影响、赔礼道歉、赔偿损失的民事责任。北京知识产权法院经审理认为：被告的部分被诉侵权画作侵害了涉案权利画作的复制权、修改权、署名权、发行权。被告提出诉讼时效抗辩，缺乏事实及法律依据，不予支持，其应当承担停止侵权、赔偿经济损失等民事责任。因双方均未能提供充分证据证明原告因被诉侵权行为所受到的实际损失或被告的侵权获利、许可使用费，故综合考虑涉案权利画作的类型、独创性、创作成本、原告的知名度，以及被告抄袭原告整体涉案权利画作或者其中元素、元素组合的情况等具体侵权情节，被告的主观过错等因素，酌定被告的赔偿金额为人民币 500 万元。对于原告要求停止侵权、赔礼道歉、消除影响的主张亦予以支持。北京知识产权法院判决：一、被告叶某于本判决生效之日起立即停止涉案侵权行为；二、被告叶某于本判决生效之日起十日内在《环球时报》中缝以外版面发表致歉声明，向原告西某赔礼道歉、消除影响；三、被告叶某于本判决生效之日起十日内支付原告西某赔偿金人民币 500 万元；四、驳回原告西某的其他诉讼请求。叶某不服，提起上诉。北京市高级人民法院于 2024 年 12 月 31 日判决驳回上诉，维持原判。

【裁判意见】

北京知识产权法院认为：著作权法保护的是美术作品的表达，而不保护美术作品所蕴含的作者内在情感等思想。在美术作品中区分思想与表达，应

---

① 本案裁判文书参见第 400 页。

根据美术作品的特性和创作规律予以考量。作者对于美术作品所蕴含的内在情感反映最终是通过构图、线条、色彩、形体等因素有机融合的艺术造型这一具体的表达所呈现，故叶某关于美术作品中思想不同而不构成侵害著作权的抗辩意见缺乏法律依据，法院不予采信。判断美术作品是否构成实质性相似时，通常以普通观察者的角度，考虑美术作品的视觉形象特征，在构成要素、表现形式、整体视觉效果上对美术作品所体现的艺术造型表达进行整体认定和综合判断，通过整体感受判断两部美术作品之间整体是否构成实质性相似，而不能将各个组成要素简单割裂开、分别独立进行比对。如果在后作品与在先作品整体上仅存在细微差异，以致出现普通观察者除非刻意寻找差异，否则会倾向于忽略这些差异的情形，则可以认定二者构成实质性相似，在后作品存在构成侵害著作权的可能性。对于使用他人有独创性的表达进行创作美术作品的行为，构成对在先作品的复制或是改编，取决于二者之间存在的视觉差异大小以及在后表达是否形成新作品。考虑到美术作品的视觉形象特征，只有从普通观察者的角度来看，在后表达与在先表达存在足够大的视觉差异的情况下，在后表达才能获得著作权保护，否则有可能构成复制行为。法院针对西某主张构成侵权的具体情况，在遵循上述相似性判断标准的基础上进行比对，认定部分被诉侵权画作分别与涉案权利画作整体或部分内容构成实质性相似。叶某创作侵权画作并进行出版、拍卖等被诉行为，构成西某对涉案权利画作所享有复制权、修改权、署名权和发行权的侵害。

▶26. 中途退出影视作品剧本创作是否享有编剧署名权的认定

【裁判要旨】

中途退出影视作品剧本创作的编剧是否能就该影视作品享有编剧署名权，应当结合其所签订编剧合同的约定、影视作品是否使用该编剧创作剧本的独创性内容以及使用比例是否对影视作品具有实质性贡献等因素进行综合判断。在编剧合同未就解除后编剧署名权的行使进行明确约定时，如影视作品使用该编剧所创作剧本独创性内容的比例达到对该影视作品实质贡献的程度时，应当认定该编剧享有编剧署名权。

【关键词】

著作权　侵权　署名权　编剧　编剧合同　独创性

【案号】

（2020）京 0108 民初 39696 号

【基本案情】

在原告王某某、杨某与被告霍尔果斯万某影业有限公司（以下简称万某公司）、北京爱某科技有限公司（以下简称爱某公司）侵害著作权纠纷案[①]中，二原告与万某公司于 2018 年 11 月 19 日签订《网剧编剧聘用合同》（以下简称涉案合同），并完成了合同约定的部分编剧工作，包括 3 集剧本、分集大纲和人物小传等，后因故终止双方合作。2020 年 6 月，爱某公司出品的知名网剧（以下简称涉案网剧）播出。二原告认为，二被告未经许可擅自在涉案网剧中使用前述二原告独创的内容，但未给二原告署名，侵害了二原告享有的署名权，故诉至法院，请求二被告在涉案网剧中将二原告署名为编剧、赔礼道歉并赔偿合理开支等。万某公司辩称二原告与其约定的署名条件未成就，且二原告是在大量在先作品基础上进行的修改、细化，独创性内容极少，对涉案网剧的贡献程度较低，故不享有涉案网剧编剧署名权。爱某公司辩称其为播放平台，不负责涉案网剧的编剧、署名等，不应承担责任。北京市海淀区人民法院一审认为，本案中涉案编剧合同的约定和履行情况并不影响二原告基于署名权的法定权利要求二被告承担侵权责任的主张。经详细比对，涉案网剧前三集使用了二原告剧本的独创性内容，二原告对涉案网剧成片有实质性贡献，应当享有编剧署名权。据此判决：一、本判决生效之日起三十日内，二被告在涉案网剧第一集、第二集、第三集中将二原告署名为编剧；二、本判决生效之日起三十日内，二被告在涉案微博账号连续四十八小时发表声明，就其未署名行为向二原告赔礼道歉；三、本判决生效之日起十日内，二被告共同赔偿二原告合理开支 8 万元；四、驳回二原告的其他诉讼请求。后二被告提起上诉。北京知识产权法院于 2024 年 10 月 14 日判决驳回上诉，维持原判。

【裁判意见】

北京市海淀区人民法院认为：1. 关于涉案合同的约定及履行情况的影响。从涉案合同的约定内容看，双方仅对二原告履行完毕合同义务后，在涉案网剧中享有编剧署名权进行了约定，未涉及解除合同后二原告署名权行使

---

① 本案裁判文书参见第 480 页。

的明确约定。且二原告在本案中亦仅主张编剧署名权而未涉及其他著作权财产性权利。从涉案合同的履行情况看，本案中并无充分证据证明万某公司主张的二原告交付剧本质量、时间不合格的情况，也无证据显示万某公司因前述理由而要求解除合同、并要求二原告支付违约金等情形。故本案无法认定系因二原告自身原因违反涉案合同约定，导致无法继续履行完毕涉案合同约定的全部义务。据此，如涉案网剧确系使用了二原告剧本的独创性内容，涉案合同的约定及履行情况不会影响二原告基于署名权这一著作权人身权的法定权利要求二被告承担侵权责任的主张。2. 关于涉案网剧是否使用了二原告剧本的独创性表达。结合本案查明的事实，二原告系在万某公司提供原著小说、导演阐述、分幕、分集大纲等素材的基础上改编、创作其剧本。因此，在判断涉案网剧是否使用原告剧本独创性表达时，需排除万某公司所提供在先作品的相关内容；但需明确，二原告如是在万某公司提供在先作品的基础上，改编、创作形成自己独创性的表达，并最终呈现在涉案网剧中，该部分当然属于涉案网剧使用二原告独创性成果的范围。在此基础上，法院就原告剧本与涉案网剧进行比较分析认为，涉案网剧前三集中有五个场景由二原告独创；有二十余个场景系二原告在在先作品基础上，融入自己个性化的选择和安排，形成了具有独创性表达；此外，还有部分场景的人物对话或动作细节多处与二原告剧本对应场景的台词或动作基本一致。据此，涉案网剧前三集大量使用二原告所创作的具有独创性的原创情节、改编情节及对白、动作等，其使用比例足以达到二原告的创作对涉案网剧前三集的成片具有实质性贡献的程度，亦可以认定二原告有权以编剧身份在涉案网剧上署名，其享有对涉案网剧前三集的署名权。

▶27. 车载系统内容提供主体著作权侵权认定

【裁判要旨】

视频平台运营方应对其车载端应用网络服务器中的侵权视频提供行为，承担信息网络传播权侵权责任。车载系统软件的运营方参与了视频平台车载端应用的上线、展示和推广，并提供了套餐服务的，是涉案作品提供行为的参与者、获益者，应依法与视频平台承担连带责任。

【关键词】

著作权　信息网络传播权　直接提供　车联网　共同侵权

【案号】

（2023）京0491民初11731号

【基本案情】

在原告深圳市某计算机系统有限公司（以下简称深圳某计算机公司）、某科技（北京）有限公司（以下简称某科技北京公司）与被告北京某科技有限公司（以下简称北京某科技公司）、肇庆某新能源投资有限公司（以下简称某新能源公司）、广州某车联网科技有限公司（以下简称某车联网公司）侵害作品信息网络传播权纠纷案[①]中，原告深圳某计算机公司、某科技北京公司主张其享有某电视剧的信息网络传播权，被告北京某科技公司、某新能源公司、某车联网公司未经许可，在某品牌汽车上的某视频平台车载端应用提供涉案作品，侵犯了二原告的信息网络传播权，诉请三被告停止侵权、消除影响、赔偿经济损失及合理开支500万元。被告北京某科技公司辩称相关视频系由用户上传，其行为不构成侵权；被告某新能源公司辩称其系某品牌汽车的生产制造商，与案件无关；被告某车联网公司辩称其仅向某品牌汽车车主提供车载移动互联网和某视频平台车载端应用的下载服务，无法控制作品提供行为且已尽到合理注意义务，不应承担著作权侵权责任。北京互联网法院一审认定，北京某科技公司涉案行为构成直接提供行为，某车联网公司作为涉案作品提供行为的参与者、获益者，与北京某科技公司构成共同侵权，应与北京某科技公司承担连带责任。判决被告北京某科技公司、某车联网公司共同赔偿二原告经济损失及合理开支合计50万元。宣判后，双方均未上诉，一审判决已生效。

【裁判意见】

北京互联网法院认为：根据北京某科技公司提交的视频上传信息和用户注册信息，即使该些证据为真实，仅可以初步证明被控的该些侵权视频可能来源于用户上传。但同时段某视频平台车载端应用与应用网页端、手机端呈现的栏目及相关内容并不完全一致，在案证据并未显示某视频平台车载端应用具有用户上传功能，且显示涉案侵权视频过程中也并未显示上传用户的账号、昵称、头像等信息，亦未以适当的方式明确为用户提供信息存储空间的功能。综上，虽然可能侵权视频最初来源于用户上传，但最终由北京某科技

---

① 本案裁判文书参见第510页。

公司将该视频置于某视频平台车载端应用的网络服务器中向用户提供，故北京某科技公司的涉案行为侵害了二原告对涉案作品享有的信息网络传播权。某车联网公司为某品牌汽车的车载系统和应用管理服务的提供方，根据某车联网公司与北京某科技公司签订的《车载视频合作协议》，由北京某科技公司负责某视频平台车载端应用的内容提供，某车联网公司负责在车载系统中上线某视频平台车载端应用并进行展示、推广，车载系统用户使用专有账号，才能使用其车载系统和应用的相关服务，某视频平台车载端应用同时提供了套餐服务，套餐的收款方是某车联网公司，故某车联网公司是涉案作品提供行为的参与者、获益者，应与北京某科技公司承担连带责任。

▶28. 实施算法统一聚合行为提高网络服务提供者的注意义务

【裁判要旨】

在认定视频分享平台是否构成侵害著作权帮助侵权中，应注意区分技术本身的中立性与技术应用的非中立性。平台将大量侵权短视频以权利作品为联结点，整理至某一话题、分类，再统一呈现给所有用户的行为，内含平台的主观意图。实施该算法统一聚合行为将提高网络服务提供者的注意义务，并进而影响对其是否构成应知的认定。

【关键词】

著作权　侵权　信息存储空间服务　算法统一聚合　注意义务　热播

【案号】

（2022）沪 0115 民初 29412 号

【基本案情】

在原告优某信息技术（北京）有限公司与北京快某科技有限公司侵害信息网络传播权纠纷案①中，原告系优酷网经营者，被告经营快手 APP。涉案电视剧《甄嬛传》一经播出即获得很高的收视率及关注度，在商业上取得很大成功。且该剧在长时间内持续存在热度，相关电视台及视频平台近年来反复播放该剧，获得大量长期稳定的传播效力。原告投入 7600 万元取得《甄嬛传》独占的信息网络传播权。在快手 APP 上存在大量涉及原告权利作品《甄嬛传》的短视频，达 4000 余个链接，大部分为直接剪切视频。同时被告

① 本案裁判文书参见第 533 页。

APP 中还存在大量关于“甄嬛传”的话题，在该些话题中集中向用户提供涉案短视频链接。原告还曾就上述涉嫌侵权行为向被告发出侵权通知，但被告未删除全部涉案视频链接。原告认为，被告行为属未经许可，侵害原告就《甄嬛传》享有的信息网络传播权，要求被告赔偿经济损失 400 万元等。上海市浦东新区人民法院一审认为：被控侵权短视频未经原告许可，与涉案电视剧《甄嬛传》构成相同或实质性相似，属侵权视频；被告作为信息存储空间服务提供者，对涉案侵权行为在主观上存在明知及应知，又未采取删除、屏蔽、断开链接等必要措施，应当承担帮助侵权的民事责任。据此判决被告赔偿原告经济损失及合理费用共计 160 万元。北京快某科技有限公司不服，提起上诉。上海知识产权法院于 2024 年 6 月 24 日判决驳回上诉、维持原判。

【裁判意见】

上海市浦东新区人民法院认为：被控侵权短视频未经原告许可，与涉案电视剧《甄嬛传》构成相同或实质性相似，属侵权视频。被告作为信息存储空间服务提供者，本案主要争议焦点在于其被控侵权行为是否构成帮助侵权。若被告明知或应知网络用户利用其 APP 网络服务侵害信息网络传播权，又未采取删除、屏蔽、断开链接等必要措施的，则构成帮助侵权行为。1. 被告是否构成明知。2020 年 3 月至 2022 年 7 月，原告先后 15 次向被告发送通知删除涉案侵权视频，并附相关权利证明及删除链接明细，且其间原告还向法院起诉本案。被告虽删除部分链接，但仍留存大量侵权链接，被告行为属未及时根据初步证据和服务类型采取必要措施，可认定其明知相关侵害信息网络传播权行为。2. 被告是否构成应知。第一，被告 APP 通过相关服务获取经济利益，应对其平台负有较高的注意义务。同时，被告 APP 作为国内知名短视频平台，应当具备相应较高的管理能力。第二，《甄嬛传》具备很高且持久的知名度，属热播作品。被告作为业内重要的短视频平台经营者，应当知道其为权利作品且具有很高价值。第三，被告 APP 页面所呈现的内容包含了“影视”“电视剧”等分类，便于用户有针对性地取得涉案《甄嬛传》短视频。特别是，被告 APP 中还存在“甄嬛传”“电视剧甄嬛传”“一起来追剧吧甄嬛传”“甄嬛传华妃”“甄嬛传全集”“甄嬛传孙俪”“甄嬛传片段”“后宫甄嬛传”“甄嬛传电视剧完整版”“甄嬛传全集高清在线播放”等与《甄嬛传》强关联的话题，使相关公众可以从话题设置中便利且集中地获得涉案侵权视频。事实上，被告对涉案侵权视频实施了干预，采取了选择、推荐等措施。综上，被告对涉案侵权行为在主观上存在明知及应知，又未采取删除、屏蔽、断开链接等必要措施，应当承担帮助侵权的民事责任。

▶29. 生成式人工智能服务提供者的侵权责任认定

【裁判要旨】

1. 当服务提供者提供的是生成式人工智能技术服务时，其是否构成帮助侵权应综合考量服务提供者的盈利模式、权利作品的知名度和影响力、侵权事实的明显程度、人工智能技术的发展水平、避免损害的替代设计的可行性与成本、可以采取的必要措施及其效果、侵权责任的承担对行业的影响等因素，动态地调整过错的认定标准，将服务提供者的注意义务控制在与其信息管理能力相适应的合理程度。

2. 生成式人工智能服务只有在违反诚实信用原则和公认的商业道德，扰乱市场竞争秩序，损害其他经营者或者消费者的合法权益时，才受反不正当竞争法规制。

【关键词】

著作权　不正当竞争　侵权责任　生成式人工智能　网络服务提供者　注意义务

【案号】

一审：(2024) 浙 0192 民初 1587 号

二审：(2024) 浙 01 民终 10332 号

【基本案情】

在上诉人上海新某华文化发展有限公司（以下简称上海新某华公司）与被上诉人杭州某母智能科技有限公司（以下简称杭州某母公司）著作权侵权及不正当竞争纠纷案①中，上海新某华公司获得奥特曼形象相关知识产权的独占性授权。杭州某母公司是某 AI 平台的运营者，提供 Checkpoint 基础模型和 LoRA 模型，支持文生图、图生图、模型在线训练等服务。在该 AI 平台首页及“推荐”“IP 作品”项下存在多个有关奥特曼的智能生成图片及 LoRA 模型，可应用、下载、发布或分享链接。奥特曼 LoRA 模型系由用户上传奥特曼图片，利用平台提供的基础模型，调整参数进行训练后生成。用户可通

① 本案裁判文书参见第 553 页。

过输入提示词、选择基础模型、叠加奥特曼 LoRA 模型进行训练后，生成与奥特曼形象构成实质性相似的图片。上海新某华公司认为杭州某母公司将侵权图片和 LoRA 模型置于信息网络中，侵犯其信息网络传播权，同时杭州某母公司提供可针对奥特曼的定向训练并生成大量似是而非的类奥特曼图片，构成不正当竞争，故上海新某华公司向杭州互联网法院提起诉讼，要求杭州某母公司停止侵权并赔偿经济损失及为制止侵权而支出的合理费用共计 30 万元。杭州互联网法院一审认为，杭州某母公司作为生成式人工智能服务提供者，应当知道网络用户利用其服务侵害他人信息网络传播权而未采取必要措施，未尽到合理注意义务，存在主观过错，构成帮助侵权，故判定杭州某母公司停止侵害涉案奥特曼作品信息网络传播权的行为，赔偿经济损失及合理费用共计 3 万元。同时杭州某母公司被诉的商业模式和经营方式符合市场自由竞争和公平竞争要求，故驳回了上海新某华公司关于不正当竞争的相关诉求。上海新某华公司不服一审法院关于被诉不正当竞争行为的认定，向浙江省杭州市中级人民法院提起上诉，要求改判杭州某母公司构成不正当竞争，并另行赔偿经济损失 15 万元。浙江省杭州市中级人民法院于 2024 年 12 月 30 日判决驳回上诉，维持原判。

【裁判意见】

杭州互联网法院一审认为，判断生成式人工智能服务提供者是否构成侵权，应结合具体应用场景、具体被诉行为，分类分层分别界定侵权责任。当平台提供的是生成式人工智能技术服务时，应综合考量其服务性质、当前人工智能的发展水平、避免损害的替代设计的可行性与成本、可以采取的必要措施及其效果、侵权责任的承担对行业的影响等因素，动态调整过错的认定标准。具体到本案，第一，被诉平台作为应用层直接面向终端用户，并基于定向生成的内容获益，应承担相应的注意义务。第二，奥特曼作品有相当高的知名度和影响力，而被诉平台在首页及“推荐”“IP 作品”项下存在多个侵权模型及图片，侵权信息可明显感知。第三，用户在平台中发布的图片和 LoRA 模型可供其他用户反复使用，用户可叠加奥特曼 LoRA 模型，稳定输出角色形象，平台应预见到侵权行为发生的可能性。第四，杭州某母公司在用户协议中声明不对用户上传和发布内容进行审核，但在收到诉讼通知后采取了屏蔽及后台知识产权审核等举措，证明其有能力却怠于采取必要措施预防侵权。综上，杭州某母公司主观上存在过错，构成侵害信息网络传播权的帮助侵权。

浙江省杭州市中级人民法院二审认为，反不正当竞争法进行灵活的补充性保护，专门法已作穷尽规定的，反法原则上不再提供附加保护。上海新某华公司主张的因叠加奥特曼 LoRA 模型，导致生成似是而非的奥特曼图片，其依据的权利基础仍是权利人对奥特曼作品享有的著作权，仍应以著作权法进行规制，不宜以反法进行重复评价。生成式人工智能服务兼具技术服务与内容供给的双重属性，其过错不能简单套用网络服务提供者注意义务的规定，应审查其是否违反公认的行为标准，同时平衡好版权保护与 AI 技术创新发展的关系，平衡好创作者权益与社会公共利益。因在案证据尚不足以证明杭州某母公司存在违反诚实信用原则和公认商业道德的主观故意，客观上实施了为获取不当竞争优势而损害其他经营者合法权益的行为，故对上海新某华公司的上诉请求予以驳回。

▶30. 网盘服务商直接侵权与采取必要措施的认定

【裁判要旨】

1. 云存储服务商所采用的“相同文件合并存储”技术并不改变作品的来源。判断云存储服务商是否替代第三方向用户提供了所下载的作品，应查明作品下载过程中云盘与第三方网络节点之间有无真实的作品内容数据传输。作品内容数据完全由第三方网络节点向云盘传输的，云盘为下载工具，不构成对作品信息网络传播权的直接侵害。

2. 对于用户分享侵权作品的行为，云存储服务商应采取阻止涉案侵权行为继续、阻止其他与涉案侵权行为相同的行为继续、预防发生与涉案侵权行为相同行为的必要措施。对于非热播的、侵权不严重的作品，断开侵权链接并且屏蔽侵权链接所指向文件的“分享”功能，基本可以达到前述阻止以及预防的效果。

【关键词】

著作权　侵权　信息网络传播权　直接侵权　间接侵权　必要措施

【案号】

（2022）粤民再 59 号

【基本案情】

在再审申请人北京百某网讯科技有限公司（以下简称百某公司）与被申请人上海翡某东方传播有限公司广州分公司（以下简称翡某东方广州分公司）侵害作品信息网络传播权纠纷案①中，翡某东方广州分公司于2017年5月31日至2018年12月31日享有涉案《食为奴》电视剧的独占性信息网络传播权。经测试，百度网盘可以“秒传”“离线下载”“分享”“在线播放”《食为奴》，故翡某东方广州分公司发送《告知函》，要求百某公司删除百度网盘存储的《食为奴》文件数据。百某公司认为《告知函》非有效通知，不予理会。翡某东方广州分公司起诉至法院，请求判令百某公司赔偿其经济损失及合理维权开支共计215万元。翡某东方广州分公司在开庭时向一审法院补充提交了两用户在“百度贴吧”公开分享通过百度网盘生成《食为奴》文件链接的证据，百某公司收到后断开了相应的被诉侵权链接。广州市天河区法院一审认为百某公司不侵权，判决驳回翡某东方广州分公司全部诉讼请求。翡某东方广州分公司不服，提起上诉。广州知识产权法院二审认为百某公司既构成直接侵权又构成间接侵权，判决百某公司赔偿翡某东方广州分公司经济损失及合理开支共计50万元。百某公司不服，向广东省高级人民法院申请再审，广东省高级人民法院裁定提审，并于2024年5月9日改判百某公司赔偿翡某东方广州分公司经济损失及合理开支共计10万元。

【裁判意见】

广东省高级人民法院再审认为，用户使用百度网盘“离线下载”涉案文件，下载页面可显示文件的下载速度和100%的完成进度，证明文件来源于第三方，百度网盘仅充当下载工具。作品下载完成之后，百度网盘为节约存储空间、提高存储效率，对该新下载的文件与服务器中已经存储的相同文件进行“合并存储”的处理，该存储技术并不会改变已经下载到百度网盘服务器的文件来源，不会使得百度网盘替代第三方成为文件的内容提供者。因此，百某公司不构成直接侵权。涉案作品并非高知名度、热播的电视剧，亦未被国家版权局纳入重点保护作品名单，百某公司不负有事先主动审查、采取版权过滤措施的义务。翡某东方广州分公司向百某公司发送的侵权告知函，缺乏证明百度网盘用户构成侵权的初步证据，并非有效通知。对于用户未经许

① 本案裁判文书参见第583页。

可分享涉案作品的行为，翡某东方广州分公司直至一审第一次开庭才补充提交该方面证据，故百某公司在此之前未采取任何措施并无过错。用户利用网盘分享作品的传播行为既迅速又隐蔽，权利人难以监管，百度网盘属于“侵权明显”的区域。百某公司作为云存储服务商，应当采取的必要措施不能停留在足以制止用户涉案侵权行为继续的标准，还要达到足以制止其他与涉案侵权行为相同的行为继续以及预防将来发生与涉案侵权行为相同行为的标准。除断开涉案侵权链接之外，百某公司还应采取屏蔽涉案文件“分享”功能的必要措施，才能达到最基本的制止以及预防与涉案侵权行为相同行为的效果。百某公司自收到补充证据起至涉案作品授权到期日止共四个月期间，未采取上述必要措施，使翡某东方广州分公司遭受的损失扩大。百某公司对此具有主观过错，应当承担赔偿10万元的间接侵权责任。

四、竞争案件审判

（一）反不正当竞争案件审判

▶31. 有一定影响的企业字号的认定

【裁判要旨】

判断是否构成反不正当竞争法第六条第二项规定的“有一定影响的字号”，应以使用被诉侵权字号的起始时间点作为基准，综合考虑中国境内相关公众的知悉程度，商品销售的时间、区域、数额和对象，宣传的持续时间、程度和地域范围，标识受保护的情况等因素进行判断。被诉侵权人已明知他人在先使用字号的，可以视为在先字号的市场知名度已经及于被诉侵权人。

【关键词】

反不正当竞争　仿冒　企业字号　有一定影响

【案号】

（2023）最高法民终418号

【基本案情】

在上诉人兰州某房地产有限公司（以下简称兰州某公司）与被上诉人某

置地（成都）有限公司（以下简称成都某公司）、上海某房地产有限公司（以下简称上海某公司）、南京某企业管理有限公司（以下简称南京某公司）、新加坡某控股有限公司（以下简称新加坡某公司）侵害商标权及不正当竞争纠纷案[①]中，1993年，成都某公司、上海某公司成立，1994年，南京某公司成立，上述公司均自登记成立时开始使用“仁恒”作为企业字号。上述公司自1995年开始分别在上海、南京、成都等地推出房地产项目，并在建筑服务等多个类别上先后获准注册多枚“仁恒”商标。2002年1月，兰州某公司的法定代表人金某认购上海某公司在上海开发的楼盘。兰州某公司于2002年11月26日登记成立，亦开始使用“仁恒”作为企业字号，并先后在兰州地区开发建设了仁恒国际、仁恒美林郡、仁恒晶城楼盘。成都某公司、上海某公司、南京某公司等认为兰州某公司的上述行为构成商标侵权及不正当竞争行为，遂诉至法院。甘肃省高级人民法院一审认为，兰州某公司构成商标侵权和不正当竞争，遂判决兰州某公司停止侵害商标权以及不正当竞争行为，赔偿成都某公司等经济损失及合理维权开支13405992.3元，刊登声明赔礼道歉。兰州某公司不服，提起上诉。最高人民法院于2024年12月26日判决驳回上诉，维持原判。

【裁判意见】

最高人民法院二审认为：成都某公司等主张的被诉侵权行为是兰州某公司登记并持续使用“仁恒”字号的行为，兰州某公司于2002年11月26日登记成立，因此，应当以该时间点为判断基准。成都某公司等应举证证明其在该时间点之前在先享有并具有一定影响的字号权益。根据一审审理查明的事实，上海某公司、南京某公司以及成都某公司的成立时间均早于兰州某公司。而新加坡某公司于2005年4月11日登记注册，晚于兰州某公司登记注册的时间，即兰州某公司先于新加坡某公司获得“仁恒”字号权益。新加坡某公司主张其系承继了上海某公司等三公司“仁恒”字号的竞争性权益，有权就此获得赔偿，但上海某公司等三公司现仍存续，并持续使用“仁恒”字号，且上述三公司已在本案中请求保护其基于字号形成的竞争性权益，故新加坡某公司的上述主张不能成立。因此，一审判决认定兰州某公司使用新加坡某公司的字号构成不正当竞争确有不当，应予纠正。关于上海某公司等三公司

① 本案裁判文书参见第644页。

的“仁恒”字号是否属于有一定影响的字号，认定是否构成有一定影响的字号，应当综合考虑中国境内相关公众的知悉程度，商品销售的时间、区域、数额和对象，宣传的持续时间、程度和地域范围，标识受保护的情况等因素。对于被诉侵权人已明知他人在先使用字号的，可以视为在先字号的市场知名度已经及于被诉侵权人，并将该因素一并予以考虑。本案中，在兰州某公司使用“仁恒”字号之前，上海某公司、南京某公司以及成都某公司均已获得“仁恒”字号的在先权益，且经过上海某公司、南京某公司的使用，“仁恒”字号在房地产开发领域在我国东南沿海地区具有一定知名度。在此后，上海某公司、南京某公司、成都某公司及其关联公司在上海、南京、成都、深圳、苏州、唐山、天津、珠海等多地均有建设开发楼盘。而且，兰州某公司的法定代表人在该公司成立之前就曾购买过上海某公司开发建设的“仁恒滨江园”楼盘的商品房。综合考虑上海某公司、南京某公司以及成都某公司对“仁恒”字号的使用情况，包括兰州某公司明知“仁恒”字号的事实，一审法院认定“仁恒”字号在兰州某公司成立前已构成反不正当竞争法第六条第二项规定的有一定影响的字号并无不当。综上，上海某公司、成都某公司以及南京某公司的“仁恒”字号经大量持续使用，构成有一定影响的在先字号，兰州某公司作为同业经营者理应予以避让，但其仍然登记注册并使用“仁恒”字号从事与被上诉人相同行业的经营活动，容易使得相关公众认为其开发建设的楼盘项目与被上诉人存在特定联系，兰州某公司的上述行为构成不正当竞争。

▶32. 侵害技术秘密行为的整体判断和停止侵害民事责任的具体承担

【裁判要旨】

1. 对于有组织、有计划、大规模挖取其他企业人才及技术资源而引发的被诉侵害技术秘密行为，人民法院在审理时应当作整体分析和综合判断。如果被诉侵权人在明显短于独立研发所需合理时间内即生产出与涉案技术秘密相关的产品，而被诉侵权人有渠道或者机会获取涉案技术秘密，此时因侵权可能性极大，应当进一步减轻技术秘密权利人对于侵害技术秘密行为的证明负担，直接推定被诉侵权人实施了侵害权利人技术秘密的行为。被诉侵权人否认其实施侵害技术秘密行为的，应当提供证据予以反驳。

2. 为有效制止和震慑侵权并增强裁判的可执行性，人民法院在确定停止侵害民事责任的具体承担方式时，既可以根据权利人对停止侵害责任承担的具体主张，必要时也可直接依职权确定停止侵害的具体方式、内容、范围；要在充分考虑受保护权益的性质和侵权行为的恶劣程度特别是侵权行为的现实危害状态以及未来继续侵权可能性的基础上，重点考虑采取有关具体措施对于保护该权益的必要性、合理性、可执行性等因素。

3. 根据案件具体情况，停止侵害技术秘密的具体措施可以包括：停止使用涉案技术秘密自行制造或者委托他人制造相关产品，停止销售使用涉案技术秘密制造的相关产品；未获真正权利人的同意，侵权人不得自己实施、许可他人实施、转让、质押或者以其他方式处分利用非法获取的涉案技术秘密申请的相关专利，包括恶意放弃专利权；在人民法院监督或者权利人见证下销毁侵权人及有关单位和人员持有或控制的载有涉案技术秘密的相关载体或者将其移交技术秘密权利人；以公告和/或内部通知的形式，通知公司股东、高级管理人员、有关员工、关联公司及可能获知涉案技术秘密的上下游厂商等积极配合履行人民法院判决中有关停止侵害的要求，并就企业内部知识产权合规运营作出明确指引；将相关停止侵害的要求逐一通知自技术秘密权利人处离职至侵权人及其关联公司处工作的有关员工、侵权人及其关联公司其他所有负责或者参与相关研发工作的人员（含有关高级管理人员）以及可能获知涉案技术秘密的上下游厂商，并与其签署保守涉案商业秘密及不侵权承诺书。

4. 为确保判决得到及时全面的执行，人民法院可以根据案件具体情况，综合考虑侵权行为性质、情节和违反有关停止侵害等非金钱给付义务可能产生的损害、负面影响以及增强判决的威慑力等因素，对判决所涉非金钱给付义务迟延履行金的计付标准一并予以明确，有关计付标准可视情按日或月等期间计算或者一次性定额计算。

【关键词】

技术秘密　侵权　证明责任　共同侵权　停止侵害责任的具体承担　保守商业秘密及不侵权承诺　惩罚性赔偿　非金钱给付义务迟延履行金

【案号】

（2023）最高法知民终1590号

【基本案情】

在上诉人浙江吉某控股集团有限公司（以下简称吉某集团）、浙江吉某汽车研究院有限公司（以下简称吉某研究院，吉某集团、吉某研究院统称吉某方）与上诉人威某汽车制造温州有限公司（以下简称威某温州公司）、被上诉人威某汽车科技集团有限公司（以下简称威某集团）、威某智慧出行科技（上海）股份有限公司（以下简称威某智慧出行公司）、威某新能源汽车销售（上海）有限公司（以下简称威某销售上海公司，威某温州公司、威某集团、威某智慧出行公司、威某销售上海公司统称威某方）侵害技术秘密纠纷案①中，吉某集团下属的成都高某汽车工业有限公司（以下简称成都高某公司）近40名高级管理人员及技术人员先后离职赴威某集团及其关联公司工作，其中30人于2016年离职后即入职。吉某集团发现威某集团、威某智慧出行公司将上述部分离职人员作为发明人或共同发明人，利用在原单位接触、掌握的有关新能源汽车底盘应用技术以及其中的12套底盘零部件图纸及数模承载的技术信息（以下简称涉案技术秘密）申请了12件实用新型专利，且威某集团、威某温州公司、威某智慧出行公司、威某销售上海公司在没有任何技术积累或合法技术来源的情况下，在短期内即推出威某EX系列型号电动汽车，涉嫌侵害吉某方涉案技术秘密。吉某方向一审法院提起诉讼，请求判令威某方停止侵害并赔偿其经济损失及维权合理开支共21亿元。

法院经审理查明，吉某方在本案中请求保护的涉案新能源汽车底盘应用技术与12套图纸及数模存在关联关系，二者应一体保护。成都高某公司的高级管理人员及技术人员等40人在2016年7月前后陆续离职，加入威某方及其关联公司，从事包括新能源汽车底盘技术研发在内的相关工作，其中侯某靖、周某平、罗某周、向某明、张某魁、冷某虎、宋某等离职人员在成都高某公司任职期间均不同程度地参与了吉某方新能源汽车底盘应用技术研发或者实际接触了吉某方涉案技术秘密。威某方四公司存在关联关系。威某集团已经实际非法获取并使用了全部涉案技术秘密，并将涉案图纸及数模等提供给威某温州公司，威某集团、威某智慧出行公司利用涉案技术秘密申请了12件实用新型专利。威某温州公司成立于2016年5月9日，其首辆EX5型号电动汽车于2018年9月即开始销售。将吉某方的涉案12套图纸及数模与威某方EX5型号电动汽车底盘零部件图纸及数模比较，二者实质性相同，其中包括吉某方特有的技术信息亦实质性相同。威某方的12件实用新型专利文件部分披露了吉某方涉案图纸及数模承载的技术秘密。威某温州公司使用涉案技

① 本案裁判文书参见第673页。

术秘密制造的相关底盘及底盘零部件产品已经用于威某 EX 系列型号（包括 EX5、EX6、E5）电动汽车并大规模上市销售，且威某方的侵权行为在诉讼期间仍未停止。根据威某方招股说明书记载，2018 年 9 月至 2022 年第一季度，威某 EX 系列型号电动汽车总销售数量为 81733 辆，EX5、E5 系威某方主要车型，该两款车建议零售价的平均价格为 175200 元。根据吉某方二审提交的证据，新能源汽车相关代表性企业同期毛利率为 10.6%—17.9%，且吉某方主张涉案技术秘密占底盘技术比例为 80%。威某智慧出行公司以及威某销售上海公司均参与了威某 EX 系列型号电动汽车的销售。

上海市高级人民法院于 2022 年 9 月 5 日作出（2018）沪民初 102 号民事判决：一、威某温州公司自本判决生效之日起立即停止对吉某方商业秘密的侵害，即停止使用吉某方前稳定杆总成、后桥总成安装支架、前悬左下摆臂、前稳定杆左衬套、后桥总成等五个零部件图纸直至前述图纸为公众所知悉为止；二、威某温州公司自本判决生效之日起十五日内赔偿吉某方经济损失 500 万元以及为制止侵权行为所支付的合理开支 200 万元；三驳回吉某方的其他诉讼请求。

最高人民法院于 2024 年 4 月 25 日作出（2023）最高法知民终 1590 号民事判决：一、撤销上海市高级人民法院（2018）沪民初 102 号民事判决；二、威某方应自本判决送达之日起，立即停止披露、使用、允许他人使用吉某方涉案新能源汽车底盘应用技术以及其中的十二套汽车底盘零部件图纸及数模技术秘密。停止侵害的具体方式、内容、范围包括但不限于：1. 自本判决送达之日起，除非获得涉案技术秘密权利人的同意，停止以任何方式披露、使用、允许他人使用涉案技术秘密，包括停止使用该涉案技术秘密自行制造或者委托他人制造汽车底盘及底盘零部件产品、停止销售使用涉案技术秘密制造的汽车底盘及底盘零部件产品；停止侵害的时间持续至涉案技术秘密信息已为公众知悉之日止；2. 自本判决送达之日起，除非获得涉案技术秘密权利人的同意，不得自己实施、许可他人实施、转让、质押或者以其他方式处分涉案十二件实用新型专利，包括在相关专利权利登记依法变更之前，不得以不按期足额缴纳专利年费和不积极应对专利无效宣告请求等方式恶意放弃专利权；3. 自本判决送达后三十日内，在人民法院监督或者涉案技术秘密权利人见证下，将威某方四公司及关联公司和所有在职或者离职员工以及威某 EX 系列型号电动汽车底盘及底盘零部件供应商所持有或控制的所有载有涉案技术秘密的图纸、数模及其他技术资料予以销毁或者移交涉案技术秘密权利人；4. 自本判决送达后十五日内，以在《人民法院报》上发布公告的方式和同时以公司内部通知的方式，将本判决及其中有关停止侵害的要求，通知威某方四公司股东、董事、监事、高级管理人员、所有员工和子公司、分公司、其他有投资关系的关联公司及威某 EX 系列型号电动汽车底盘及底盘零部件供应商，并告知前述受通知对象应当积极配合履行本判决，内部通知应在包含公告内容的基础上依本判决理由部分的相关指引提出更具体的针对性要求；5. 自本判决送达后三十日内，将判决书及其中有关停止侵害的要求，以书面方式（含电子数据方式）逐一专门通知所有从涉案技术秘密权利人及其关联公司（特别是成都高某公司）离职至威某方四公司及关联公司工作的员工和威某方四公司及关联公司其他所有负责或者参与研发威某 EX 系列型号电动汽车底盘及底盘零部件的人员（含有关高级管理人员）以及威某 EX 系列型号电动汽车底盘及底盘零部件供应商，并要求上述人员和单位签署保守商业秘密及不侵权承诺书；6. 自本判决送达后四十五日内，将上述 4 和 5 所要求的报纸刊发公告、公司内部通知、对有关人员和单位的书面通知及其签署的承诺书，提交至上海市高级人民法院，并制作副本提供给吉某方；三、威某方于本判决送达后三十日内，连带赔偿吉某方经济损失 6.375962496 亿元以及为制止侵权行为所支付的合理开支 500 万元；四、驳回吉某方的其他诉讼请求；五、驳回威某温州公司的上诉请求。

【裁判意见】

最高人民法院二审认为：本案的主要争议焦点为：威某方是否侵害了吉某方的涉案技术秘密；如威某方构成侵权，如何确定其依法应承担的停止侵害、赔偿损失的民事责任。

（一）关于威某方是否侵害了吉某方的涉案技术秘密

对于有组织、有计划、大规模挖取其他企业人才及技术资源而引发的被诉侵害技术秘密行为，应作整体分析和综合判断。本案中，成都高某公司相关离职人员近 40 人在短时间内先后离职加入威某方及其关联公司，其在任职期间均不同程度地参与了吉某方新能源汽车底盘应用技术研发或者实际接触了吉某方涉案技术秘密，因此威某方显然具有接触吉某方涉案技术秘密的渠道和机会。威某方的 12 件实用新型专利文件部分披露了吉某方部分涉案技术秘密。威某方 EX5 型号电动汽车底盘零部件图纸及数模与吉某方的涉案 12 套图纸及数模存在大量完全相同的技术信息，其中包括吉某方特有的技术信息，足以证明威某方在其电动汽车底盘及底盘零部件制造中使用了吉某方涉案技术秘密，可以直接推定威某方实际获取、使用了吉某方全部涉案技术秘密。威某方基于产品定位、成本控制以及自身车型的特殊性等因素在吉某方涉案技术秘密基础上对部分技术进行修改、改进，造成二者存在少量技术信息差异，并不影响二者相关技术整体实质性相同的判断，也不影响其行为构成技术秘密侵权的法律性质。威某方不仅实施了以不正当手段获取吉某方全部涉案技术秘密的行为，还实施了以申请专利的方式非法披露部分涉案技术秘密的行为，以及使用全部涉案技术秘密制造威某 EX 系列型号电动汽车底盘及底盘零部件的行为。

（二）关于如何确定威某方依法应承担的停止侵害、赔偿损失的民事责任

1. 威某方应承担共同侵权责任。威某方四公司系关联公司，亦存在研发、生产、销售分工关系，其实质为利益共同体。威某方四公司在实施侵害涉案技术秘密的行为中分工协作、相互配合，其有共同的侵权过错，构成共同侵权，应就其共同侵权行为承担全部连带责任。

2. 停止侵害措施的具体细化。为保障当事人及时实现合法权益，人民法院在依法判令侵权人承担停止侵害民事责任时，结合具体案情，既可以根据权利人有关停止侵害责任承担的具体主张，在必要时也可以直接依职权，尽可能细化停止侵害行为的具体方式、内容、范围等，以切实增强裁判的可执行性和威慑力。本案中，考虑到吉某方及其关联公司（含成都高某公司）近 40 名离职员工到威某方及其关联公司工作，威某方已经实际非法获取并使用了全部涉案技术秘密，以申请专利的方式非法披露了部分涉案技术秘密，使用涉案技术秘密制造的相关底盘及底盘零部件产品已经用于威某 EX 系列型号电动汽车并大规模上市销售，且威某方的侵权行为在诉讼期间仍未停止，在总体判令威某方四公司立即停止披露、使用、允许他人使用吉某方涉案技术秘密的基础上，进一步明确其停止侵害的具体方式、内容、范围等至少应包括以下方面：

第一，除非获得涉案技术秘密权利人的同意，威某方应当承担立即停止披露、使用、允许他人使用涉案技术秘密的义务，包括停止使用涉案技术秘密制造汽车底盘及底盘零部件产品、停止销售使用涉案技术秘密制造的汽车底盘及底盘零部件产品，停止侵害的时间应持续至涉案技术秘密信息已为公众知悉之日止。

第二，威某方未来处分涉案12件专利的行为应受到明确限制。未获得吉某方的同意，威某方不得自己实施、许可他人实施、转让、质押或者以其他方式处分该12件专利。

第三，在人民法院监督或者吉某方见证下，销毁或者向吉某方移交威某方四公司及关联公司和其所有在职或者离职员工以及威某EX系列型号电动汽车底盘及底盘零部件供应商所持有或控制的涉案技术秘密载体。

第四，威某方以发布公告的方式和同时以公司内部通知的方式，将本案判决及其中有关停止侵害的要求，通知威某方四公司股东、董事、监事、高级管理人员、所有员工和子公司、分公司、其他有投资关系的关联公司及威某EX系列型号电动汽车底盘及底盘零部件供应商。

第五，威某方将本案判决书以及其中停止侵害的要求，以书面方式（含电子数据方式）逐一专门通知所有从涉案技术秘密权利人及其关联公司（特别是成都高某公司）离职至威某方四公司及关联公司工作的员工和威某方四公司及关联公司其他所有负责或者参与研发威某EX系列型号电动汽车底盘及底盘零部件的人员（含有关高级管理人员）以及威某EX系列型号电动汽车底盘及底盘零部件供应商，并要求有关人员和单位签署保守商业秘密及不侵权承诺书等。

3. 本案损害赔偿数额的确定。威某方在没有汽车底盘合法技术来源或者技术积累的情况下，通过不正当手段获取吉某方的涉案技术秘密，由此不但节省了本需支出的底盘技术研发费用，同时也大大缩短了产品上市时间，增强了其市场竞争优势。因此，以威某EX系列型号电动汽车的销售额为基础计算的可得利润，可以视为其因侵害吉某方涉案技术秘密所获得的利益，并以威某招股说明书记载的截至2022年第一季度威某EX系列型号电动汽车的销售数据作为计算威某方侵权获利的依据。鉴于本案缺乏计算威某方因侵害涉案技术秘密而减少研发成本或亏损的直接证据，可以新能源汽车代表性企业同期利润为参考，根据威某方自己公布的《招股说明书》中的记载，以威某EX系列型号电动汽车的销售数量及平均销售价格为基础计算其整车销售可得利润，并综合考虑涉案底盘技术秘密利润贡献率等因素，计算威某方侵害涉案技术秘密所获得的利益。同时，考虑威某方具有明显侵权故意、侵权情节恶劣、侵害后果严重等因素，本案以2019年4月修正的反不正当竞争法施行日为界，对2019年5月至2022年第一季度的侵权行为适用惩罚性赔偿。综合考虑威某方具有明显侵权故意、侵权情节恶劣、侵害后果严重等加重责任的考量因素，以及二审中威某方明确放弃合法技术来源抗辩，向着诚信诉讼方向作出努力这一可减轻责任的考量因素，以威某方 2019 年 5 月至 2022 年第一季度销售 EX 系列型号电动汽车的获利为基数，适用 2 倍惩罚性赔偿。该惩罚性赔偿数额加上同期的补偿性赔偿数额，合计 612723456 元。该赔偿数额与 2019 年 4 月之前的仅适用补偿性赔偿部分的侵权获利 24872793.6 元，合计为 637596249.6 元。故此，本案威某方应赔偿吉某方经济损失 637596249.6 元。此外，酌情支持吉某方维权合理开支 500 万元。

4. 关于非金钱义务的履行。本案中，威某方侵权故意明显，侵权情节恶劣，侵权后果严重，为确保威某方及时全面停止侵害，切实防止侵害后果的进一步扩大，以及督促威某方及时履行本判决所确定的非金钱给付义务，综合考虑本案侵权行为性质、情节和违反有关停止侵害义务可能产生的损害、负面影响以及增强判决的威慑力等因素，对本判决所涉非金钱给付义务迟延履行金的计付标准分情形一并予以明确如下：

第一，如威某方违反停止使用涉案技术秘密义务，应以每日 100 万元计付迟延履行金；

第二，如威某方擅自处分涉案 12 件实用新型专利，应针对其中每件专利一次性支付 100 万元；

第三，如威某方未按本案判决指定期限履行销毁或者向吉某方移交涉案技术秘密相关载体、发布公告和内部通知以及与相关人员和单位签署保守涉案技术秘密及不侵权承诺书的义务中任一具体义务，应分别以每日 10 万元计付迟延履行金。

需要特别说明的是，上述迟延履行金并不当然等同于威某方拒不履行本判决给吉某方造成损失的赔偿金，如因威某方未履行本判决有关判项确定的非金钱给付义务给吉某方造成的损失超过前述标准计算的迟延履行金，吉某方仍可另行主张损害赔偿。同时，该迟延履行金也不影响威某方拒不执行本案生效判决所应承担的其他法律责任，包括被采取强制执行措施、被处以罚款等。

▶33. 商业秘密侵权行为及侵权责任的认定

【裁判要旨】

1. 如被诉侵权人基于其在先实施的侵害商业秘密行为，已非法获取和使用了商业秘密，权利人提交的证据可以初步证明被诉侵权人有再次实施行为，而被诉侵权人不能提交足以反驳的证据的，可以认定权利人有关被诉侵权人继续实施侵害商业秘密行为的主张成立。

2. 员工在原单位任职期间，通过配偶等案外人隐名持股的方式设立公司并参与实施侵害商业秘密行为的，该员工与公司构成共同侵权，应当承担连带责任。

3. 如计算机软件与特定数据具有唯一对应关系，二者不能分割使用，根据现有证据足以认定被诉侵权人存在使用特定数据的情形，则可一并认定其同时使用了该计算机软件。

4. 没有证据证明权利人怠于主张权利或者放任侵权行为的，对于被诉侵权人以诉讼时效为由，主张仅计算起诉之日前三年的侵权损害赔偿责任的，人民法院不予支持。

【关键词】

商业秘密　侵权　计算机软件　重复侵权　持续侵权　证明责任　共同侵权　侵权责任　赔偿责任　时效

【案号】

（2022）最高法知民终 1592 号

【基本案情】

在上诉人沈某集团股份有限公司（以下简称沈某集团）、沈阳透某机械股份有限公司（以下简称透某公司）与上诉人沈阳斯某机械有限公司（以下简称斯某公司）、沈阳斯某机械制造有限公司（以下简称斯某机械公司，斯某公司、斯某机械公司统称两斯某公司）、被上诉人孙某良、印某洋、吴某坡侵害计算机软件著作权及商业秘密纠纷案中，沈某集团、透某公司诉称：两公司拥有离心压缩机设计、制造核心技术，研发形成了用于设计、开发离心压缩机的叶轮模型基本级数据（以下简称基本级数据）和案涉软件（以下将基本级数据和案涉软件统称案涉技术秘密）。斯某公司、斯某机械公司是孙某良、印某洋、吴某坡（以下统称三自然人）参与设立并控制的企业，共同实施了非法获取、使用案涉技术秘密的行为，制造并低价销售离心压缩机，获得巨额非法利益。故请求判令：两斯某公司和三自然人停止侵害案涉技术秘密和案涉软件著作权，删除、销毁案涉技术秘密（包括案涉软件）及其载体，连带赔偿经济损失 8 亿元（含惩罚性赔偿）及维权合理开支 500 万元。

两斯某公司辩称：沈某集团、透某公司无权以权利人身份提起本案诉讼，对其主张的技术秘密也未采取合理保密措施。两斯某公司没有实施侵权行为，系使用案外人的 A 软件完成离心压缩机的设计与制造。本案不存在损害事实。沈某集团主张侵权已超过诉讼时效。

法院经审理查明：根据沈某集团、透某公司的举证和二审法院从当地市场监督管理部门和公安机关调取的证据，足以证明在两斯某公司成立之后的 2008 年至 2011 年期间，两斯某公司即以不正当手段实际获取了沈某集团、透某公司的离心压缩机设计制造图纸以及案涉软件和相关基本级数据，设计、制造了多台被诉侵权产品。当时，两斯某公司时任法定代表人对两斯某公司商业秘密侵权行为予以确认，并保证此后不再使用沈某集团的商业秘密，斯某公司也于 2011 年 10 月 17 日承诺停止侵权，取得沈某集团谅解，当地公安机关于 2013 年 6 月 20 日撤案。然而，两斯某公司基于其在先实施的侵害商业秘密行为，非法获取和使用了案涉技术秘密，并持续至今。沈某集团、透某公司根据被诉侵权产品所附 8 份随机资料，详细说明了被诉侵权产品的叶轮代号的命名规律以及与沈某集团、透某公司主张的技术秘密之间的对应关系。沈某集团、透某公司的反推证明能够获得与上述随机资料相同或者实质相同的性能数据。两斯某公司既不能对双方产品的命名规律一致性作出合理解释，也未能提供足以反驳的证据。

辽宁省沈阳市中级人民法院于 2021 年 11 月 15 日作出（2020）辽 01 民初 558 号民事判决：一、斯某公司、斯某机械公司于本判决生效之日起立即停止使用沈某集团、透某公司 B、Q、F、T、U、V、K、LR 叶轮模型基本级数据商业秘密的不正当竞争行为（停止使用持续到该商业秘密已为公众所知悉时为止），并销毁该叶轮模型基本级数据载体，清除其控制的数据信息；二、斯某公司、斯某机械公司于本判决生效之日起十日内，共同赔偿沈某集团、透某公司经济损失及为制止侵权行为支出的合理开支，共计 2500 万元；三、驳回沈某集团、透某公司的其他诉讼请求。沈某集团、透某公司与斯某公司、斯某机械公司均不服，分别提起上诉。最高人民法院于 2024 年 12 月 31 日作出（2022）最高法知民终 1592 号民事判决：一、撤销辽宁省沈阳市中级人民法院（2020）辽 01 民初 558 号民事判决；二、斯某公司、斯某机械公司、孙某良、印某洋、吴某坡立即停止侵害沈某集团、透某公司案涉技术秘密及案涉软件著作权的行为，即立即停止非法获取、披露、使用、允许他人使用案涉软件和叶轮模型基本级数据；三、斯某公司、斯某机械公司、孙某良、印某洋于本判决生效之日起三十日内连带赔偿沈某集团、透某公司经济损失164647802元以及为制止侵权行为所支付的合理开支1500000元，合计166147802元；吴某坡对前述赔偿款在3000000元范围内承担连带赔偿责任；四、驳回沈某集团、透某公司的其他诉讼请求；五、驳回斯某公司、斯某机械公司的上诉请求。二审判决同时明确了停止侵害等非金钱给付义务和赔偿损失金钱给付义务的迟延履行金，以督促侵权人及时全面履行判决。

【裁判意见】

最高人民法院二审认为：（一）关于侵权认定。根据在案证据以及沈某集团、透某公司主张的反推证明方式，足以初步证明沈某集团、透某公司完成了反不正当竞争法第三十二条第二款第一项规定的证明责任，而两斯某公司未能完成“证明其不存在侵犯商业秘密的行为”的举证责任。关于案涉软件，双方当事人均确认案涉软件与基本级数据具有唯一对应关系，二者不能分割使用，斯某公司亦明确主张不存在将基本级数据用于其他软件进行选型设计的情形。据此，基于在案证据足以认定两斯某公司以不正当手段获取、使用了案涉软件和基本级数据，实施了侵害案涉技术秘密的侵权行为；两斯某公司的行为同时也侵害了沈某集团、透某公司对于案涉软件依法享有的著作权。孙某良、印某洋在任职于沈某集团期间，即与他人共同设立斯某公司并通过配偶持股，与沈某集团进行同业竞争、损公肥私，明显有违诚信原则。二人作为两斯某公司的实际股东，知道或者应当知道当地市场监督管理部门和公安机关曾调查处理两斯某公司侵害沈某集团商业秘密案件的情况。在斯某公司承诺停止侵权并取得沈某集团谅解的情形下，孙某良作为两斯某公司的大股东和法定代表人，仍然背信弃义，持续通过两斯某公司实施侵权行为。印某洋在两斯某公司成立时就已经实质介入，后担任斯某公司董事并负责离心压缩机设计。孙某良、印某洋作为两斯某公司的股东和高级管理人员，全程知悉并持续参与两斯某公司的侵权行为，又未能提交任何足以反驳的证据，应认定二人与两斯某公司构成共同侵权，应当与两斯某公司一起承担全部连带责任。吴某坡在任职沈某集团期间担任透某公司设计院副总工程师，参与离心压缩机设计并担任项目负责人，接触并知悉案涉软件和基本级数据，特别是部分基本级数据形成于其任职期间。在案证据足以证明吴某坡一定程度上参与了两斯某公司的侵权行为，提供了侵权帮助，其应当承担相应部分的连带责任。

（二）关于赔偿责任。沈某集团、透某公司二审中最终主张侵权损害赔偿数额应从当地公安机关撤案之日（2013 年 6 月 20 日）起计算至一审法庭辩论终结之日（2021 年 5 月 21 日）。两斯某公司和三自然人则主张双方为同业竞争关系，沈某集团、透某公司明知两斯某公司一直从事离心压缩机生产、销售经营活动，其提起本案诉讼已超过诉讼时效期间。二审法院对此分析如下：沈某集团曾于 2011 年 5 月 10 日向当地工商局投诉两斯某公司和孙某良、印某洋、石某松侵害其商业秘密，斯某公司于 2011 年 10 月 17 日承诺停止侵权，取得沈某集团谅解，当地公安机关于 2013 年 6 月 20 日撤案。但在此之后，两斯某公司罔顾承诺，仍继续实施侵权行为且持续多年，获得巨额非法利益。技术秘密侵权行为和计算机软件侵权行为往往具有很强的隐蔽性，沈某集团、透某公司向一审法院申请律师调查令后，亦未能获取相关侵权证据，也显示出本案客观上存在难以获得与侵权行为有关的直接证据的现实困难。仅以沈某集团、透某公司与两斯某公司均从事离心压缩机生产、销售等为由，尚不足以认定沈某集团、透某公司早就知道或者应当知道其权益受到损害。沈某集团、透某公司于 2020 年 5 月 6 日提起本案诉讼，对发生在 2013 年 6 月 20 日至 2021 年 5 月 21 日的被诉侵权行为主张权利，不违反法律规定，也没有超出其诉讼请求范围。更为重要的是，除非确有证据或合理理由可以认定权利人放任侵权行为的发生与持续，否则不能由于侵权行为持续多年，即导致两斯某公司因"诉讼时效"而获得非法利益。综上，对两斯某公司有关本案诉讼时效的抗辩不予支持。本案可以二审法院从当地市场监督管理部门调取的两斯某公司企业年度报告中的利润总额作为计算本案损害赔偿数额的基础，并相应确定惩罚性赔偿。两斯某公司在 2013 年 6 月 20 日至 2021 年 5 月 21 日期间的利润总额为 30954.53474 万元；其中，自 2019 年 4 月 23 日（2019 年反不正当竞争法修改引入惩罚性赔偿规定的实施日）至 2021 年 5 月 21 日的利润总额为 11964.0329 万元。据此，两斯某公司本案中应承担的赔偿责任为 16464.7802 万元，计算公式为：补偿性赔偿（30954.53474 万元×30%贡献率）+惩罚性赔偿（11964.0329 万元×30%贡献率×2 倍）=16464.7802 万元。孙某良、印某洋对该赔偿金额承担全部连带赔偿责任，吴某坡对其中的 300 万元承担连带赔偿责任。

34. 抢票软件行为不正当性的认定

【裁判要旨】

抢票软件利用技术手段，为目标平台的用户提供不正当抢票优势，破坏了平台的购票规则，损害了平台的竞争利益，同时也损害了消费者的合法权益和长远利益，破坏了公平竞争的市场秩序，应认定构成不正当竞争。

【关键词】

不正当竞争　抢票软件　经营者利益　消费者利益　公共利益

【案号】

（2024）京0101民初4607号

【基本案情】

在原告北京某文化传媒发展有限公司（以下简称某文化公司）与被告郑某不正当竞争纠纷案[①]中，某文化公司系国内较大的综合性票务平台，业务覆盖演唱会、话剧、音乐剧、体育赛事等多个领域。某文化公司主张郑某专门研发了针对原告APP的外挂软件，通过郑某运营的闲鱼店铺对外销售，用以抢购原告平台在售门票，某文化公司主张郑某该行为构成不正当竞争，要求郑某停止侵权、赔偿经济损失及合理开支。郑某辩称其与某文化公司不存在竞争关系，其仅为涉案抢票软件的销售者，并非研发者，其销售抢票软件的行为没有造成某文化公司票务收入减少，亦不会影响公共购票秩序，不构成不正当竞争，某文化公司主张的经济损失没有依据。北京市东城区人民法院一审认为，郑某为某文化公司用户提供抢票服务，以某文化公司的经营活动和用户群体作为自身经营的基础资源，故被诉行为属于市场竞争行为，属于反不正当竞争法调整和规范的范畴。被诉行为实质是由软件代替人工方式为用户抢购原告平台的演出门票，由于软件在短时间内可以重复提交订单，提高了信息提交速度，故使用郑某抢票软件的用户较其他用户而言，在同等条件下具有更高的抢购成功率。被诉行为损害了某文化公司的竞争利益，亦损害了消费者的合法权益和长远利益，破坏了公平竞争的市场秩序，据此认定被诉行为构成不正当竞争。鉴于被诉行为已经停止，不再另行判决停止侵权，判决郑某赔偿某文化公司经济损失及合理开支20000元。宣判后，双方

---

① 本案裁判文书参见第734页。

均未上诉，一审判决已经生效。

【裁判意见】

北京市东城区人民法院认为，被诉行为是否损害了某文化公司的竞争利益，应从以下方面予以考量：其一，被诉行为直接增加了平台的运营成本。涉案抢票软件循环构造订单信息，导致平台访问流量异常增加、系统响应变缓，超出了平台正常运营情况下应当负担的数据量，某文化公司需要使用更高算力的服务器予以应对，亦需定期对后台的异常流量予以清洗，势必会增加某文化公司的经营成本。其二，被诉行为亦会导致某文化公司平台的经营利益受损。某文化公司需采用更复杂的验证方式来排除机刷订单的干扰，从而会增加用户使用某文化公司平台购票的难度，损害了用户的使用体验，导致用户粘性降低。再者，平台流量数据系平台经营者做出经营决策的重要依据，抢票软件的介入将使经营者无法准确判断访问数据的真假，不利于经营者做出正确的经营决策。其三，被诉行为一定程度上会导致某文化公司平台的商誉受损。被诉行为直接影响用户对某文化公司平台的使用评价，易使某文化公司平台与“外挂横行”“黄牛泛滥”之类的负面形象产生关联，会对某文化公司的商业信誉产生不良影响。综上，被诉行为损害了某文化公司的竞争利益。在此基础上，应从竞争效能、消费者利益、公共利益等方面进一步分析被诉行为是否具有不正当性。首先，抢票软件违反了平台用户服务协议规定，在技术含量上并无新创意、新进步，其并未实现对购票系统功能的实质性改进或优化，相反会增加购票系统的运营成本和管理维护难度，在竞争效能上破坏性大于建设性，不具有创新竞争的本质特征。其次，被诉行为损害了消费者的合法权益和长远利益。从短期来看，影响了其他消费者公平购票的机会和自由选择购票的权利，侵害了消费者的平等购票权及知情权；从长期来看，如抢票软件长期泛滥，必然会导致消费者购票成本增加，损害消费者的长远利益。最后，被诉行为破坏了公开、公平、公正的购票秩序，其带来的负面社会影响远远大于该软件的正面价值，降低了社会的整体利益，不利于公平有序的市场竞争秩序及整体社会福祉的提升。综上，被诉行为构成不正当竞争。

▶35. 数据使用行为不正当性的认定

【裁判要旨】

权利人取得用户的同意收集、使用、整理和存储相关信息，并聚集形成了以平台用户信息、作品内容信息为基础的数据集合，其就相关数据享有包括合法控制、使用、经营等权能在内的财产性权益。被诉侵权人擅自通过技术手段获取非公开数据并在自行运营的网站展示，借此开展有偿交易服务，其获取及使用此类数据的方式超出合理限度且有违商业道德，扰乱了市场竞争秩序，具备不正当性。

【关键词】

不正当竞争　数据权益　个人信息　平衡保护　合理范围

【案号】

（2023）沪 0114 民初 13000 号

【基本案情】

在原告上海宽某数码科技有限公司、上海幻某信息科技有限公司与被告上海晓某文化传播有限公司侵犯商标权及不正当竞争纠纷案[①]中，上海宽某数码科技有限公司系某弹幕网（以下简称某站）的运营方，上海幻某信息科技有限公司系某商标的权利人，授权上海宽某数码科技有限公司使用其商标注册某站域名。花某平台是服务于某站用户和品牌主/代理商的商业合作平台，相关权利由上海宽某数码科技有限公司行使。上海晓某文化传播有限公司以代理商身份与花某平台签订协议，入驻花某平台并取得数据查阅权限，双方就协议履行获得的对方财务、用户资料等信息约定保密条款。上海晓某文化传播有限公司注册含有某商标的域名，开办名为某站数据网的网站，设置超链接跳转至其运营的小某数据网，在小某数据网展示从某站和花某平台获取的公开数据（如用户粉丝数、关注数等）和非公开数据（如用户商务报价、粉丝年龄、性别、地区等），并自行以简单求和、百分比等方式整理出衍生数据（如用户增长数、增长趋势等）。小某数据网以会员收费形式向用户分级展示上述数据，又通过促成某站用户和品牌主商务合作的方式收取服务费。上海市嘉定区人民法院认为上海晓某文化传播有限公司的行为构成侵

① 本案裁判文书参见第 743 页。

害商标权及不正当竞争，判决上海晓某文化传播有限公司注册的域名归上海宽某数码科技有限公司所有；上海晓某文化传播有限公司为上海宽某数码科技有限公司、上海幻某信息科技有限公司消除影响，赔偿经济损失及合理开支。宣判后，双方均未上诉，一审判决已生效。

【裁判意见】

上海市嘉定区人民法院认为：上海晓某文化传播有限公司注册含有某商标的域名，易误导用户认为网站与上海幻某信息科技有限公司的注册商标存在关联，侵害了上海幻某信息科技有限公司的注册商标专用权；该域名又使用了某站有一定影响力域名的主要部分，构成对上海宽某数码科技有限公司的不正当竞争。上海宽某数码科技有限公司通过与用户签订使用协议和隐私政策，取得用户的同意收集、使用、整理和存储相关信息，并聚集形成了以平台用户信息、作品内容信息为基础的数据集合，其就相关数据享有包括合法控制、使用、经营等权能在内的财产性权益。对于上海宽某数码科技有限公司在某站提供无差别对待的公开数据，基于数据流通、信息共享的互联网及数据要素市场秩序整体考量，其对于他人的正常处理和竞争行为负有容忍义务。但上海晓某文化传播有限公司获取和使用的除公开数据外，也包含非公开数据。上海宽某数码科技有限公司设置不同条件差别化提供和展示该些数据，又在花某平台以保密条款的形式对该些数据设置保护措施。上海晓某文化传播有限公司在明知保密条款的情况下，仍擅自通过技术手段获取该些数据并在自行运营的网站展示，借此开展有偿交易服务，其获取及使用此类数据的方式超出合理限度且有违商业道德，扰乱了市场竞争秩序，具备不正当性。上海晓某文化传播有限公司在其小某数据网展示的数据中，还包含了用户的大量个人信息。尽管该些信息已经在花某平台公开，但上海晓某文化传播有限公司未征得用户同意处理、展示相关用户个人信息，并借此开展营利性活动，亦超出了“合理处理他人已合法公开的个人信息”之限度，其行为不具有处理个人信息的合法性基础，可能侵害他人合法的个人信息权益。

▶36. 技术秘密非公知性的认定

【裁判要旨】

技术信息每单个步骤或部分参数已经存在于公共领域，但作为多个步骤及参数结合的整体技术方案并未在本行业内众所周知的，仍可作为技术秘密予以保护。认定是否构成技术秘密，应严格依据技术秘密构成要件予以审查，而非借以专利法中对技术方案的新颖性、创造性的评价标准进行评判。

【关键词】

技术秘密　非公知性　专利

【案号】

（2022）鄂 01 知民初 707 号

【基本案情】

在原告艾某泰科诊断有限公司（以下简称艾某公司）与被告武汉博某生物科技有限公司（以下简称博某公司）、孙某侵害商业秘密纠纷案[①]中，艾某公司为新西兰生物制药企业。孙某在艾某公司就职期间，从事过嗜天青颗粒缓冲液的配置提取及 MPO、PR3（蛋白酶 3）、嗜天青颗粒研发工作，可以接触到艾某公司生产 PR3 产品的操作规程，该操作规程记载了艾某公司本案主张的技术秘密，即从人体血液中性粒细胞的嗜天青颗粒中分离纯化天然 PR3 的生产方法。艾某公司与孙某的劳动合同中约定了职务技术成果归属于艾某公司，孙某负有保密义务。艾某公司在实验室区域设置了专门的门禁系统。艾某公司主张的技术秘密具体秘密点为操作规程记载的多个操作步骤组合及相关缓冲液参数。其中，每单个操作步骤及相应效果均属于公开技术，但由单个步骤组成的整体操作步骤及效果并未被相关公开资料披露。孙某从艾某公司离职后，即成为博某公司大股东及法定代表人。博某公司于孙某从艾某公司离职后一年内，向国家知识产权局提出涉案发明专利申请，并获授权，发明人包括孙某。涉案专利整体操作步骤与艾某公司主张技术秘密的整体操作步骤一致。博某公司还对外宣称销售 PR3 产品。湖北省武汉市中级人民法院一审认为，涉案技术信息同时满足“不为公众所知悉、具有商业价值并经权利人采取相应保密措施”的要件，属于技术秘密。博某公司与孙某共同侵害了艾某公司涉案技术秘密。判决博某公司、孙某停止侵权，赔偿艾某公司经济损失 160 万元。双方当事人均不服，提起上诉。最高人民法院于 2024 年 12 月 30 日判决驳回上诉，维持原判。

【裁判意见】

湖北省武汉市中级人民法院认为：非公知性是指特定信息未在本行业内

---

① 本案裁判文书参见第 774 页。

众所周知，即便技术信息中的部分信息已经存在于公共领域，但只要该技术信息组合整体上符合法律要求，仍可以按照技术秘密予以保护。涉案技术信息是多个步骤及相关参数的结合，虽然其中每单个大步骤或部分参数已经存在于公共领域，但作为多个步骤及参数结合的整体技术方案并未在本行业内众所周知。同时，不同的步骤组合或参数选择，对于产品纯度会有影响；因此为达到某特定或最优的生产目的，即便可以通过构想设计出多种组合方案，但仍必须通过使用特定设备、材料，在生产过程中，不断进行调试、改进、总结，才能验证具体方案的实施效果，选择出特定步骤和参数的组合以形成成熟的最终技术方案，他人不经一定努力无法轻易获得。另外，技术秘密保护与专利权保护并不相同，技术秘密并无新颖性、创造性等要求，只要其符合法定的秘密性、价值性、保密性即可；因此，即便涉案专利不具有创造性，也不适宜用来否定涉案技术信息的非公知性。涉案技术信息同时具备非公知性、价值性、保密性条件，属于技术秘密。权利要求书与具体操作规程的撰写要求不同。在判断涉案专利是否使用、披露涉案技术秘密时，不能仅通过权利要求书记载的文字内容与操作规程记载的文字内容进行简单比对，更要从涉案专利申请技术内容是否与涉案技术秘密实质相同的角度来进行判断，判断时主要考虑下列因素：1. 涉案专利与涉案技术秘密的异同程度；2. 涉案专利与涉案技术秘密的用途、使用方式、目的、效果等是否具有实质性差异；3. 公有领域中与涉案技术秘密相关信息的情况。经比对涉案专利的每个步骤均使用、披露了涉案技术秘密对应步骤的实质技术方案及缓冲液成分，两者总的技术方案实质相同。由于孙某在艾某公司工作期间，掌握了涉案技术秘密，且博某公司、孙某未能举证证明涉案专利系自行研发，因此武汉中院认定博某公司与孙某共同实施了披露、使用艾某公司涉案技术秘密的行为。

▶37. 技术中立抗辩是否成立的判断标准

【裁判要旨】

网络不正当竞争纠纷案件中，经营者以技术中立作为抗辩事由的，应当以技术使用方式是否具有正当性以及是否具有实质性非侵权用途作为判断标准。中立性技术的使用突破网络平台用户意愿及绕过网络平台技术设置，具有不正当性；经营者应证明其具有实质性非侵权用途，否则应认定其具有主观过错，承担相应侵权责任。

【关键词】

不正当竞争　中立性技术　正当性　实质性非侵权用途

【案号】

（2024）渝 0192 民初 2546 号

【基本案情】

在原告北京某科技有限公司（以下简称北京某科技公司）与被告重庆某商贸有限公司（以下简称重庆某商贸公司）、成都某网络科技有限公司（以下简称成都某科技公司）等不正当竞争纠纷案[①]中，北京某科技公司运营的APP 系抖音短视频分享平台（以下简称涉案平台），其核心产品模式是向用户分发以原创内容为基础的优质视频内容。原告通过多种手段构建了关于涉案平台的原创保护体系，其中包括开发了禁止视频下载功能（根据原创作者意愿可选择禁止或不禁止）。两被告研发、宣传、推广、运营的“去水印解析器”微信小程序（以下简称涉案小程序），可对多网络平台的视频去水印，但宣传页面有涉案平台 LOGO。原告认为被告利用其知名度，寄生于涉案平台为视频搬运提供技术支持，破坏了涉案平台的正常运营秩序和原创保护机制，构成不正当竞争，请求法院判令被告承担赔偿责任。被告抗辩其基于用户需求利用中立性技术开发涉案小程序，未妨害涉案平台的正常运行，不构成不正当竞争。重庆自由贸易试验区人民法院一审认为，涉案小程序可以突破网络平台用户意愿和网络平台技术设置，实现对网络平台上视频文件的下载并去除水印，具有不正当性。被告亦不能证明涉案小程序的实质性非侵权用途，据此判决被告重庆某商贸公司、成都某科技公司涉案行为构成不正当竞争，应向原告北京某科技公司赔偿经济损失及合理支出共计 3 万元。成都某科技公司等不服，提起上诉。重庆市第一中级人民法院于 2024 年 12 月 11 日判决驳回上诉，维持原判。

【裁判意见】

重庆自由贸易试验区人民法院认为：经营者以技术中立作为抗辩事由的，应当以技术使用方式是否具有正当性以及实质性非侵权用途作为抗辩是否成立的判断标准。北京某科技公司对涉案平台视频标注水印系其经营自主权范畴，可就其他经营者去除水印的行为提出相应主张。涉案小程序，可帮助网

---

① 本案裁判文书参见第 796 页。

络用户实现对涉案平台上视频文件的下载并去除水印。被告虽当庭展示涉案小程序可去水印的过程，即利用中立性技术可找到有水印视频“源头”，但涉案小程序可以突破用户意愿和平台技术设置，不具有正当性；同时，被告亦未能就涉案小程序的正当场景提交有效证据或作出合理解释，故被告不能证明涉案小程序的实质性非侵权用途；作为网络技术提供者，被告知道或应当知道涉案小程序可能产生的后果，仍对该小程序进行宣传运营，具有主观故意。被告重庆某商贸公司系涉案小程序运营主体，被告成都某科技公司系收款主体。据此，被告重庆某商贸公司、成都某科技公司的涉案行为构成不正当竞争。

（二）反垄断案件审判

▶38. 涉联合抵制交易的纵横交错协议构成横向垄断协议

【裁判要旨】

数个经营者合谋抵制具有竞争关系的其他经营者时，通常不仅需要达成联合抵制交易的横向协议，还需要通过联合上、下游经营者的纵向安排来保障或者强化联合抵制这一反竞争效果的实现，该种纵向安排是具有竞争关系的经营者所实施的联合抵制交易行为的重要内容或者手段，一般不影响该联合抵制交易行为构成横向垄断协议行为的认定。

【关键词】

横向垄断协议　有竞争关系的经营者　联合抵制交易　必要共同诉讼

【案号】

（2023）最高法知民终 653 号

【基本案情】

在上诉人云南易某润滇米线股份有限公司（以下简称易某润滇公司）与被上诉人云南润某食品有限公司（以下简称润某公司），昆明林某秋谷食品制造有限责任公司（以下简称林某秋谷公司）、寻甸林某源食品厂（以下简称林某源食品厂）、官渡区龙某精米厂（以下简称龙某精米厂）、张某、郭某、马某、班某（以下统称林某秋谷公司等 7 位被诉垄断行为人）横向垄断协议纠纷案[①]中，易某润滇公司诉称：润某公司联合林某秋谷公司等7位被诉垄断行为人达成并实施了固定商品价格、联合抵制交易的横向垄断协议，导致易某润滇公司经营困难，最终停止米线生产加工，请求赔偿经济损失500万元、合理开支20万元。润某公司辩称：对易某润滇公司的诉讼请求无异议。林某秋谷公司等7位被诉垄断行为人共同辩称：林某秋谷公司等7位被诉垄断行为人与润某公司之间未达成垄断协议。云南省昆明市中级人民法院于2022年9月28日作出（2022）云01知民初17号民事判决：润某公司、林某秋谷公司、龙某精米厂、张某、班某连带支付易某润滇公司维权合理开支2万元。易某润滇公司不服，提出上诉。最高人民法院于2024年8月29日作出（2023）最高法知民终653号民事判决：撤销一审判决，润某公司赔偿经济损失100万元、维权合理开支10万元，林某秋谷公司等7位被诉垄断行为人承担连带赔偿责任。

【裁判意见】

最高人民法院二审认为：关于被诉垄断行为人是否达成并实施了固定商品价格、联合抵制交易的横向垄断协议。（一）润某公司和林某秋谷公司、民某米线厂、林某源食品厂通过签订《鲜米线购销合同书》确定润某公司从上述三家米线厂采购米线的统购价格，润某公司和林某秋谷公司等7位被诉垄断行为人再通过股东会决议、调价通知等形式，固定了向米线摊位销售水米线的零售价格，并根据派送米线的中间商的情况，分类固定了米线厂向中间商提供水米线的供货价格以及米线厂调整价格时中间商可以享受的优惠价格，达成并实施了固定水米线价格的横向垄断协议。（二）联合抵制交易，即集体拒绝交易，是指具有竞争关系的经营者联合起来不与其他竞争对手、供应商或者销售商交易，具体包括联合拒绝向特定经营者供货或销售商品；联合拒绝采购或者销售特定经营者的商品；联合限定特定经营者（交易相对人）不得与同其具有竞争关系的经营者进行交易以及通过其他方式联合抵制交易。联合抵制交易作为横向垄断协议的一种，本质上系在具有竞争关系的竞争者之间达成的协议。实践中，具有竞争关系的数个经营者合谋抵制具有竞争关系的其他经营者时，除了共同达成联合抵制交易的协议外，通常还需要通过联合上、下游经营者（交易相对人）的纵向安排来保障或者强化联合

---

① 本案裁判文书参见第811页。

抵制竞争对手这一反竞争效果的实现。该种纵向安排是横向（具有竞争关系的）经营者所主导的联合抵制竞争对手交易行为的重要内容或者手段，并不影响该联合抵制交易行为构成横向垄断协议的定性。润某公司和林某秋谷公司、民某米线厂、林某源食品厂签订的《鲜米线购销合同书》还约定，林某秋谷公司、民某米线厂、林某源食品厂除自有业务外不得向润某公司之外的第三方销售，并通过润某公司股东会决议、执行通知等形式，要求与润某公司签订该《鲜米线购销合同书》的米线厂不得接受中间商窜厂采购米线，否则处以2—5万元罚金；润某公司股东米线厂联合对拒不签订《供货协议》的米线摊位停止供货，如未停止供货，则对该米线厂处以2—5万元罚款。润某公司和林某秋谷公司等7位被诉垄断行为人还以润某公司的名义与派送米线的中间商达成《合作协议》、与米线摊位经营者达成《供货协议》，在上述协议中要求中间商和米线摊位只能派送或销售协议厂家生产的米线，如果派送或销售协议厂家之外米线厂生产的米线，则须向润某公司支付5万元违约金，同时协议厂家将联合对该中间商、米线摊位实施断供。为引诱中间商、米线摊位经营者与润某公司签订上述协议，协议还约定了对中间商和米线摊位经营者的优惠及违约处罚措施。为达到联合抵制的效果，润某公司和林某秋谷公司等7位被诉垄断行为人采用签订保证书、成立专门工作小组等措施，并通过设置相应的奖惩机制，互相督促确保联合抵制交易协议的实施。上述行为导致协议内的米线厂、米线派送中间商、米线零售摊位经营者相互配合、层层巩固，排除协议厂家之外的米线厂进入当地米线销售市场，且在实施过程中针对性地重点排挤、打压易某润滇公司，实施了联合抵制的横向垄断协议并排除、限制了市场竞争。

▶39. 具有或者可能具有排除、限制竞争效果的经营者集中的司法审查标准

【裁判要旨】

对于具有或者可能具有排除、限制竞争效果的经营者集中，并非以禁止为首选的救济手段，而应根据案件具体情况进行综合评估并作出处理决定。参与集中的经营者提出附加限制性条件承诺方案的，应评估该方案是否具备有效性、可行性、及时性，继而评判其是否能够有效减少集中对竞争产生的不利影响。

【关键词】

垄断　经营者集中　附加限制性条件承诺　评估标准

【案号】

（2024）京 73 行初 5180 号

【基本案情】

在原告北京托某某药业有限公司（以下简称托某某公司）与被告国家市场监督管理总局（以下简称市监总局）、第三人先某药业有限公司（以下简称先某公司）反垄断其他行政行为纠纷①中，市监总局先后收到托某某公司、先某公司自主提交的先某公司收购托某某公司股权的经营者集中（以下简称涉案集中）申报材料。市监总局审查评估后认为，涉案集中未达到申报标准，但对中国境内巴曲酶注射液市场可能具有排除、限制竞争效果，鉴于先某公司提交的附加限制性条件承诺方案可以有效减少涉案集中对竞争的不利影响，符合我国反垄断法等相关法律法规关于附条件批准经营者集中的情形，故决定附加限制性条件批准涉案集中。托某某公司不服该决定，申请行政复议。市监总局作出复议决定，维持前述决定。托某某公司不服被诉决定和被诉复议决定，向北京知识产权法院起诉称：反垄断法对于排除、限制竞争的经营者集中以禁止为法定和首选的救济方式，仅在特殊条件下才适用附加限制性条件批准。本案涉及巴曲酶注射液市场仅有的两个竞争者之间的并购，且集中后会导致独占性垄断，严重损害竞争，故请求撤销被诉决定，责令市监总局重新作出决定。北京知识产权法院经审理后认为，经评估，涉案承诺方案具备有效性、可行性、及时性，能够有效减少集中对竞争产生的不利影响，被诉决定及复议决定正确。遂于 2024 年 12 月 30 日判决：驳回托某某公司的诉讼请求。宣判后，各方当事人均未上诉，一审判决已生效。

【裁判意见】

北京知识产权法院认为：反垄断法虽规定了经营者集中审查制度，但也规定经营者可以通过公平竞争、自愿联合，依法实施集中，扩大经营规模，提高市场竞争能力。反垄断法明确了对经营者集中的“例外干预”原则，同时也没有将禁止作为法定和首选的救济方式，而是规定“对不予禁止的经营者集中，国务院反垄断执法机构可以决定附加减少集中对竞争产生不利影响

① 本案裁判文书参见第 839 页。

的限制性条件”。对于反垄断法的具体规定，应当结合反垄断法“例外干预”原则理解。对于具有或者可能具有排除、限制竞争效果的经营者集中，并非以禁止为首选的救济手段，而应根据案件具体情况进行综合评估并作出处理决定。参与集中的经营者提出附加限制性条件承诺方案的，应评估该方案是否具备有效性、可行性、及时性，继而评判其是否能够有效减少集中对竞争产生的不利影响。本案中，首先，附加限制性条件具有有效性。该方案能解除与 DSM 的独家协议，消除实施原料封锁的能力；承诺下调药品价格、保障用药需求，让集中带来的效率提升传递到消费者；剥离在研业务并保障剥离买方对原料药的采购来源，促进研发开展。此外，方案还采用了比首选方案更加严格的备选方案。其次，附加限制性条件具有可行性。承诺方案中的部分义务与案外人配合有关，为避免先某公司以案外人为借口拖延履行义务，市监总局设置了更加严格的备选方案。最后，附加限制性条件具有及时性。生效日后，先某公司自身即须按时履行解除独家协议约定、剥离相关业务等义务。先某公司和集中后实体明确承诺，完成关键岗位人员变更后立即履行下调价格、保障供应义务，新签署的销售订单立即下调价格，并于 3 个月内申请下调挂网价格，该承诺方案具有及时性。综上，先某公司就涉案集中提出的承诺方案具备有效性、可行性、及时性，能够有效减少涉案集中对竞争产生的不利影响，故被诉决定及复议决定附条件批准涉案集中是正确的。

五、植物新品种案件审判

▶40. 品种同一性的举证义务和鉴定方法的审查

【裁判要旨】

1. 对授权品种与被诉侵权品种进行同一性鉴定或者检测时，品种权人对用于鉴定或者检测的被诉侵权品种待测样品和授权品种对照样品均应当尽力、勤勉举证，善尽合理注意义务，确保来源清晰、保存规范、送检过程真实可信，符合鉴定或者检测要求。

2. 侵害植物新品种权纠纷案件中，对于品种同一性鉴定的分子标记方法是否科学可靠，人民法院应当进行审查。特定植物品种的分子标记检测法尚未建立国家标准或者行业标准的，有相应资质的鉴定机构和鉴定人参照适用其他相关国家标准、行业标准作出鉴定意见，如果其鉴定方法能够科学精准地区分不同品种，具有足够的科学依据和可重复性，则该鉴定意见可以作为认定被诉侵权物与授权品种特征、特性是否相同的证据之一。

【关键词】

植物新品种　侵权　植物品种同一性鉴定　举证义务　鉴定方法

【案号】

（2022）最高法知民终 1362 号

【基本案情】

在上诉人上海鲜花港德某仕植物有限公司（以下简称上海某植物公司）与被上诉人广州市番禺科某农业科技开发有限公司（以下简称广州某农科公司）侵害植物新品种权纠纷案①中，上海某植物公司诉称：其系品种权号为CNA2009＊＊＊＊.8、名称为“红运来”果子蔓属植物新品种的品种权人，广州某农科公司未经许可，以“新红星”为名生产、繁殖、销售的凤梨种苗是其享有植物新品种权的“红运来”果子蔓属品种的繁殖材料，广州某农科公司侵害了其合法权益，故请求判令广州某农科公司停止侵权、赔偿损失。广州某农科公司辩称：广州某农科公司销售的是“新红星”，不是“红运来”，上海某植物公司单方提交的《技术鉴定意见书》是自行委托检测形成，不具有证明力，不能证明广州某农科公司侵害其植物新品种权。法院经审理查明：“红运来”的植物新品种的品种权人是上海某植物公司及案外人上海鲜某公司。2020 年 12 月 21 日，上海鲜某公司出具《确认书》，确认在本案中上海某植物公司可以自己的名义主张权利。2020 年 1 月，上海某植物公司经公证保全取得广州某农科公司销售的“新红星”种苗，经公证保全在农业农村部植物新品种测试（上海）分中心取得授权品种“红运来”的标准样品，并将上述两样品送至宁波某技术公司检测，2020 年 4 月 13 日，宁波某技术公司出具《技术鉴定意见书》，结论为：两品种 AFLP 指纹图谱相似度 95.08%，两品种一致性高度相似。二审程序中，最高人民法院准许上海某植物公司的鉴定申请，并经双方同意，指定江汉大学生物基因检测鉴定中心进行司法鉴定。2024 年 5 月 17 日，江汉大学生物基因检测鉴定中心出具检验

① 本案裁判文书参见第 857 页。

报告，载明送检样品与对照样品遗传相似度99.91%，结论为极近似品种或相同品种。广州知识产权法院未采纳上海某植物公司一审提交的《技术鉴定意见书》，于2022年3月10日作出（2020）粤73知民初961号民事判决：驳回上海某植物公司的全部诉讼请求。上海某植物公司以一审法院举证责任分配错误、广州某农科公司未提出反证且未提出司法鉴定申请，其提交具备同一性结论的检测意见应被采信为由，提出上诉。最高人民法院于2024年8月28日作出（2022）最高法知民终1362号民事判决：一、撤销广州知识产权法院（2020）粤73知民初961号民事判决；二、广州某农科公司于本判决生效之日起立即停止生产、繁殖和销售“红运来”植物新品种繁殖材料的侵权行为；三、广州某农科公司于本判决生效之日起15日内赔偿上海某植物公司经济损失97.5万元、维权合理开支10万元，前述款项合计107.5万元；四、驳回上海某植物公司的其他诉讼请求。

【裁判意见】

最高人民法院二审认为：（一）关于本案所涉鉴定技术与方法问题。对于特定植物品种的分子标记检测法尚未建立国家标准、行业标准时，有相应资质的鉴定机构、鉴定人参照适用其他相关国家标准、行业标准作出鉴定意见，如其鉴定方法足以科学精准区分不同品种，该鉴定意见可以作为认定品种同一性的证据之一。上海某植物公司自行委托检测所涉的鉴定方法为AFLP分子标记法，因尚无国家标准或行业标准，使用该标记法得出的检验结果如何解读缺乏相应标准，相应鉴定人员的证言也证实了此点，故该检测意见不应予以采信。但《植物品种鉴定MNP标记法》已被国家市场监督管理总局、国家标准化管理委员会确立为国家标准，可适用于水稻、玉米、大豆等原始品种鉴定、实质性派生品种鉴定和品种真实性鉴定，且其他植物品种的鉴定亦可予参考。因此，果子蔓属凤梨的品种同一性鉴定可以参照《植物品种鉴定MNP标记法》进行。（二）关于江汉大学生物基因检测鉴定中心鉴定意见的证明力。经审查，被诉侵权的凤梨种苗尚处于种植状态，活性良好，授权品种“红运来”的标准样品保存在农业农村部植物新品种测试（上海）分中心，具备进行司法鉴定的条件。经释明，上海某植物公司申请就被诉侵权种苗与授权品种的同一性进行司法鉴定。最高人民法院调取了公证封存的被诉侵权种苗作为待测样品，并审查了其封存状态，之后送交指定的鉴定机构进行鉴定。经鉴定，被诉侵权种苗与授权品种“红运来”遗传相似度经检测为

99.91%，两者为极相近或相同品种。对此，广州某农科公司未能提交反驳证据，据此可认定被诉侵权种苗属于授权品种“红运来”的繁殖材料。广州某农科公司主张被诉侵权种苗并非其公司所售，与本案不具有关联性，故鉴定报告与本案不具有关联性。广州某农科公司上述意见实际上系对鉴定过程中待测样品的来源提出异议。对此分析认为，首先，品种权人对用于检测的被诉侵权品种待测样品和授权品种对照样品均应尽力、勤勉举证，善尽合理注意义务，确保来源清晰、保存妥善、送检过程真实可信，符合鉴定要求。本案中，上海某植物公司对用于检测的两样品已尽勤勉举证义务。对于被诉侵权种苗的购买、接货、封存以及拆封换盆、再次封存等过程均进行了公证，公证书亦与双方签订的合同、发票、出库单等互相印证，证据链条清晰、完整，能够证明被诉侵权种苗来源于广州某农科公司。同时，上海某植物公司善尽合理注意义务，对于其公证购买的被诉侵权种苗采取了较为妥善的种植方式，亦确保了其符合鉴定要求。其次，法院在鉴定开展阶段亦已经审查了被诉侵权种苗的来源，完全可以确定送检的待测样品即为来源于广州某农科公司的被诉侵权种苗。最后，广州某农科公司作为生产、繁殖者，仅仅质疑被诉侵权种苗的来源，未提供任何反驳证据。因此，对于广州某农科公司的上述主张不予采信。

六、集成电路布图设计案件审判

▶41. 布图设计保护客体和已投入商业利用的认定

【裁判要旨】

1. 布图设计图样中虽不含有源元件，但展示了有源元件与线路的三维配置关系，从而能够明确其与有源元件的接口，且在使用其他标准化元件时即能够实现相应的电路功能的，可以认为该布图设计属于“至少有一个是有源元件的两个以上元件和部分或者全部互连线路的三维配置”，属于布图设计专有权保护的客体。

2. 布图设计完成以后确需通过测试流片以检查和验证性能，但委托制造含有该布图设计的芯片的次数和数量明显超出测试流片所需的，在无相反证据的情况下，对权利人关于该布图设计未投入商业利用的主张不予支持。

【关键词】

集成电路布图设计专有权　侵权　客体　商业利用

【案号】

（2022）最高法知民终 2133 号

【基本案情】

在上诉人凌某科技股份有限公司与被上诉人无锡中某爱芯电子有限公司（以下简称中某电子有限公司）侵害集成电路布图设计专有权纠纷案[①]中，凌某科技股份有限公司系登记号为 BS. 17553＊＊＊＊、名称为"GMM674 芯片"的集成电路布图设计（以下简称涉案布图设计）的权利人。凌某科技股份有限公司诉称：中某电子有限公司制造和销售的被诉侵权芯片布图设计与涉案布图设计完全相同，请求判令中某电子有限公司立即停止侵权行为并赔偿经济损失 2000 万元、维权合理开支 30 万余元。中某电子有限公司辩称：1. 凌某科技股份有限公司的涉案布图设计无法呈现有源器件的三维配置，不符合《集成电路布图设计保护条例》第二条第二项的规定。2. 涉案布图设计的申请日是 2017 年 10 月 24 日，而涉案布图设计对应芯片的商业利用时间早于 2015 年 10 月 24 日，涉案布图设计申请日距离芯片商业利用日已经超过两年，不符合《集成电路布图设计保护条例》第十七条的规定。江苏省苏州市中级人民法院认为，凌某科技股份有限公司提交登记的布图设计图样不含任何一个有源元件，不符合布图设计的基本定义。虽然权利布图设计已获得专有权并仍处于有效状态，但由于不属于为执行某种电子功能而对元件和线路所作的三维配置，因此不能成为布图设计专有权的客体，不能受布图设计专有权保护。故于 2022 年 6 月 30 日作出（2021）苏 05 民初 63 号民事判决：驳回凌某科技股份有限公司的诉讼请求。凌某科技股份有限公司不服，提出上诉。最高人民法院于 2024 年 9 月 12 日作出（2022）最高法知民终 2133 号民事判决：驳回上诉，维持原判。

【裁判意见】

最高人民法院二审认为：（一）权利布图设计是否符合《集成电路布图设计保护条例》关于保护客体的要求。本案中，凌某科技股份有限公司提交

---

① 本案裁判文书参见第 873 页。

的权利布图设计包括 Poly、Contact 层、Metal1 至 Metal5、Via1 至 Via4、Pad 图层，一共 12 层。其中，Pad 图层表示半导体电路中最上层的接口焊盘摆放的位置和大小，Metal1 至 Metal5 图层和 Via1 至 Via4 图层表示除了硅衬底以外的电源和信息信号的金属互连结构，Poly 层表示集成电路中栅极的位置和尺寸。凌某科技股份有限公司提交的上述 12 层布图设计图样中虽不含有源元件，但展示了有源元件与线路在 Poly 层、Contact 层及 Metal1 至 Metal5 层的三维配置关系，从而能够明确其与有源元件的接口，在使用晶圆厂标准化元件的情况下，权利布图设计已经能够实现相应的电路功能，故可以认为权利布图设计属于至少有一个是有源元件的两个元件和部分或者全部互连线路的三维配置。此外，凌某科技股份有限公司在向国家知识产权局登记权利布图设计时提交了样品芯片 GMM674，该芯片已投入商业利用，对该芯片剖片后形成的布图设计具备完整的三维配置，能够进一步说明权利布图设计三维配置的完整性。一审判决关于凌某科技股份有限公司提交登记的布图设计图样不含任何有源元件、不符合布图设计基本定义的认定，有所不当。（二）权利布图设计在本案中能否得到保护。《集成电路布图设计保护条例》规定了明确的登记时限要求，布图设计自其首次商业利用之日起 2 年内未向国务院知识产权行政部门提出登记申请的，则不能获得登记和保护。即便该布图设计获得登记，如果有证据证明其本不应获得登记，则因其明显存在严重的权利瑕疵，其在侵权诉讼中亦不应得到保护。本案中，根据案外人和某公司出具的《关于芯片委托加工单位的说明》，2014 年 3 月 24 日至 2015 年 10 月 13 日，该案外人先后向凌某科技股份有限公司交付了涉及 9 个订单号的 25 个批次的 GMM674 芯片晶圆，总计芯片数量达数百万颗。集成电路布图设计完成以后确需通过流片以检查和验证性能，但因单次流片成本极高，通常情况下流片次数不会太频繁，单次流片的晶圆数量不可能过多。凌某科技股份有限公司在 19 个月左右的时间内持续委托和某公司制造含有涉案布图设计的芯片，从委托次数和芯片数量上看明显超出了测试流片所需，故应当认定涉案布图设计于 2015 年 10 月 24 日前已投入商业利用。凌某科技股份有限公司登记的布图设计因之存在严重的权利瑕疵，故在本案中不能获得保护。国务院知识产权行政部门对于布图设计登记申请仅作初步审查，对于是否符合类似《集成电路布图设计保护条例》第十七条规定的登记时限等授权实质条件，往往是在登记后因有人提出异议并举证才能发现。如人民法院在侵权诉讼中对于当事人提出的权利质疑不作适度审查，则可能导致案件处理的明显不公。人民法院在此情况下所作的适度审查并非认定涉案布图设计应否被撤销，而是仅就该登记布图设计能否在本侵权诉讼中获得保护作出处理。综上，一审判决认定事实及适用法律虽有不当，但不影响裁判结果，予以维持。

七、知识产权诉讼程序与证据

▶42. 移送管辖应受应诉管辖的限制

【裁判要旨】

除违反级别管辖和专属管辖外，当事人未提出管辖异议且应诉答辩的，即使受诉法院认为没有管辖权，也不宜再行移送。

【关键词】

不正当竞争　管辖　应诉管辖　移送管辖

【案号】

（2024）最高法民辖152号

【基本案情】

在原告某服饰股份有限公司诉被告廖某凤不正当竞争纠纷案中，某服饰股份有限公司向广东省广州市番禺区人民法院（以下简称番禺法院）诉称，被告廖某凤使用其字号“比音勒芬”开设淘宝店铺，侵害其字号权，构成不正当竞争纠纷。请求判令：1. 被告立即停止侵害“比音勒芬”企业字号，即被告店铺名称不得使用带有“比音勒芬”的文字；2. 被告赔偿原告经济损失25万元，公证费1000元；3. 被告承担本案的诉讼费用。番禺法院经审查作出（2023）粤0113民初6416号裁定书，将本案移送至浙江省桐乡市人民法院（以下简称桐乡法院）并认为，被告的住所地不在广州市番禺区。被告使用原告字号在网络上销售商品的被诉侵权行为并非信息网络侵权行为，原告住所地广州市番禺区不能认定为侵权结果发生地。番禺法院对该案没有管辖权。本案被诉侵权商品发货地为浙江省桐乡市，应由侵权行为地人民法院即桐乡法院管辖。桐乡法院经审查认为，涉案产品的发货人并非被告，发货地不能直接被认定为侵权行为地，其对本案没有管辖权，遂逐级报请浙江省高级人民法院（以下简称浙江高院）指定管辖。浙江高院审查后认为，本案被告未提出管辖异议且已进行应诉答辩，且不存在违反级别管辖和专属管辖规定的情形，应视为番禺法院对本案具有管辖权，遂函告广东省高级人民法院（以下简称广东高院）协商管辖。广东高院回函认为，番禺法院为依职权移送管辖，不受被告是否提出管辖权异议和是否应诉答辩的影响，番禺法院移送管辖并无不当。两地法院协商未果，浙江高院遂报请最高人民法院指定管辖。最高人民法院于2024年12月24日作出（2024）最高法民辖152号裁定，本案由番禺法院审理。

【裁判意见】

最高人民法院审查认为，根据民事诉讼法第一百三十条第二款的规定，当事人未提出管辖异议且应诉答辩的，视为受诉人民法院有管辖权，但违反级别管辖和专属管辖规定的除外。即如果被告未提出管辖异议且已应诉答辩，即使受诉法院认为自己没有管辖权，也不宜再行移送，除非违反级别管辖和专属管辖规定。本案中，番禺法院于2023年2月10日受理本案后，被告廖某凤于同年7月12日提交答辩状且未提出管辖权异议。在被告已经应诉答辩，且番禺法院受理本案不违反级别管辖和专属管辖规定的情况下，应当视为该院对本案有管辖权，不应再行移送。据此，番禺法院将本案移送桐乡法院处理缺乏事实与法律依据，予以纠正。

审判案例指导

全国法院2024年典型知识产权案件
裁判文书选登

一、专利案件审判

（一）专利民事案件审判

1. 专利权评价报告在侵害专利权纠纷案件中的定性

——再审申请人温州科某机械有限公司与被申请人贵州鑫某液压配件有限公司、赫某辉侵害实用新型专利权纠纷案①

中华人民共和国最高人民法院民事判决书（2024）最高法民再244号

再审申请人（一审原告、二审上诉人）：温州科某机械有限公司。住所地：浙江省温州市永嘉县。

法定代表人：裘某杰。

委托诉讼代理人：张成，北京浩天（贵阳）律师事务所律师。

被申请人（一审被告、二审被上诉人）：贵州鑫某液压配件有限公司。住所地：贵州省贵阳市花溪区。

法定代表人：赫某辉，经理。

委托诉讼代理人：郭俊艳，广东连越律师事务所律师。

委托诉讼代理人：肖潇，广东连越律师事务所律师。

被申请人（一审被告、二审被上诉人）：赫某辉，住所地：河北省沧州市沧县。

---

① 本案在年度报告中的位置为第3页。另，本书收录的裁判文书所引法律法规等均为裁判时有效，以下不再提示。

委托诉讼代理人：郭俊艳，广东连越律师事务所律师。

委托诉讼代理人：肖潇，广东连越律师事务所律师。

再审申请人温州科某机械有限公司（以下简称科某公司）因与被申请人贵州鑫某液压配件有限公司（以下简称鑫某公司）、赫某辉侵害实用新型专利权纠纷一案，不服贵州省高级人民法院（2024）黔民终46号民事裁定，向本院申请再审。本院于2024年7月5日作出（2024）最高法民申2241号民事裁定，提审本案。提审后，本院依法组成合议庭，公开开庭审理了本案。再审申请人科某公司的委托诉讼代理人张成和被申请人鑫某公司、赫某辉的委托诉讼代理人郭俊艳、肖潇到庭参加诉讼。本案现已审理终结。

科某公司申请再审称：1. 专利号为ZL201922349307X、专利名称为“一种多管路接口液压过滤器”的实用新型专利（以下简称涉案专利）合法有效，应受到法律保护，专利权评价报告不是行政决定，不具有法律效力。二审裁定依据专利权评价报告推定涉案专利权暂不符合专利法定授权条件，并据此认定科某公司不具有行使诉权的基础，认定事实及适用法律均有错误。2. 科某公司提交的证据足以证明涉案专利系有效状态，鑫某公司、赫某辉如果对涉案专利效力有异议，应当对涉案专利启动无效宣告程序，二审法院对举证责任的分配错误。3. 被诉侵权产品落入了涉案专利权的保护范围，构成相同侵权，鑫某公司、赫某辉的现有技术抗辩不能成立，故鑫某公司、赫某辉应当承担侵权责任。综上，科某公司依据2021年修正的《中华人民共和国民事诉讼法》第二百零七条第二项、第六项的规定，向本院申请再审，请求：撤销二审裁定及一审判决，改判支持科某公司的全部诉讼请求。

鑫某公司、赫某辉辩称：1. 一、二审法院认定被诉侵权产品使用的是现有技术，未侵害科某公司的涉案专利权，认定事实清楚，适用法律正确。（1）鑫某公司在一审阶段提交的第一组证据公开了在过滤器滤头两侧部和顶部的双进双出接口的高压过滤器；（2）鑫某公司再审阶段提交的证据公开了在过滤器滤头顶部开设分别与一侧进口及出口连通的两个进口和出口，且在滤头侧边连接发讯器，能够进一步证明一审阶段第一组证据公开了双进接口和双出接口的高压过滤器。2. 科某公司在明知涉案专利相关技术方案已经被公开的情况下，依然依据涉案专利进行行政投诉及民事起诉，明显违背诚信原则，二审法院据此给予科某公司的起诉行为否定评价，并无不当。综上，科某公司的再审申请不能成立，应当予以驳回。

科某公司向一审法院起诉请求：1. 判令鑫某公司、赫某辉立即停止销售侵害科某公司涉案专利权产品的行为，并销毁库房产品；2. 判令鑫某公司、赫某辉共同赔偿科某公司经济损失 50 万元；3. 判令鑫某公司、赫某辉共同赔偿科某公司为维权支出的 1.5 万元（包括交通费、购买产品的费用、公证费、律师费等合理费用）；4. 判令鑫某公司、赫某辉承担本案全部的诉讼费用。

一审法院认定事实：

一、涉案专利权的相关事实

涉案专利申请日为 2019 年 12 月 24 日，申请人为科某公司，授权公告日为 2020 年 9 月 29 日，该专利最近一次缴纳专利年费日期为 2023 年 5 月 5 日。根据权利要求书记载，涉案专利权利要求包括：1. 一种多管路接口液压过滤器，其特征在于，包括用于装配过滤机构（1）的阀体（2），阀体（2）上设有配合过滤机构（1）进行过滤的流入通道（21）和流出通道（22），阀体（2）上设有若干个与流入通道（21）相连通的流入接口（3）和若干个与流出通道（22）相连通的流出接口（4）。2. 如权利要求 1 所述的一种多管路接口液压过滤器，其特征在于，所述流入接口（3）和流出接口（4）的数量均为两个。3. 如权利要求 2 所述的一种多管路接口液压过滤器，其特征在于，所述流出接口（4）分别称之为第一流出接口（41）和第二流出接口（42），其中第一流出接口（41）为法兰接口。4. 如权利要求 3 所述的一种多管路接口液压过滤器，其特征在于，所述第二流出接口（42）设有供堵头装配的螺纹。5. 如权利要求 2 所述的一种多管路接口液压过滤器，其特征在于，所述流入接口（3）分别称之为第一流入接口（31）和第二流入接口（32），其中第一流入接口（31）为法兰接口。6. 如权利要求 5 所述的一种多管路接口液压过滤器，其特征在于，所述第二流入接口（32）设有供堵头装配的螺纹。7. 如权利要求 1~6 中任意一项所述的一种多管路接口液压过滤器，其特征在于，包括过滤机构（1），过滤机构（1）与阀体（2）固定装配。

说明书背景技术部分载明："市场上的液压过滤器只有一个进油口和一个出油口，在接多路管路时必须配合三通管等连接元件。"实用新型内容部分载明："本实用新型的有益效果：本实用新型所述的过滤器设有多路进出油口，其中有双进双出、一进双出、双进一出等多种形式，既可以满足多个回路同时使用该过滤器，也可以设置多路出口以满足不同的工作条件，安装简便、结构简单、造价成本低，节省元件，传统过滤器接多管路分支需要用到三通管等元件，而本申请可以将多管路直接连接到过滤器上，使用方便灵活，如果不接多管路结构，可使用密封螺栓堵住多余管路接口，相比于传统的回路，可以节约一部分三通管的使用，大大节省了成本，本实用新型还具有结构简单、加工方便和装配容易的特点，实用性强。”

国家知识产权局于2022年8月5日就涉案专利出具实用新型专利权评价报告，初步结论为“全部权利要求1—7不符合授予专利权条件”。具体结论为“权利要求1—7具备《中华人民共和国专利法》（以下简称专利法）第二十二条第二款规定的新颖性”“权利要求1—7不具备第二十二条第三款规定的创造性”。

二、被诉侵权产品的相关事实

2023年4月11日，科某公司委托诉讼代理人张成通过时间戳取证的方式对鑫某公司门店内销售的被诉侵权产品进行拍照取证，并在庭审中出示其中一件产品。鑫某公司、赫某辉查验后认可科某公司出示的产品系其销售的液压过滤器。科某公司当庭进行侵权比对。科某公司明确主张涉案专利权保护范围为权利要求1。经将被诉侵权产品技术方案与权利要求1所载明的技术方案进行比对，科某公司认为，被诉侵权产品技术方案包含与权利要求1记载的全部技术特征相同的技术特征，构成相同侵权。

三、鑫某公司、赫某辉提出的抗辩理由

鑫某公司、赫某辉认可科某公司的侵权比对意见，但认为被诉侵权产品的技术方案属于现有技术，鑫某公司、赫某辉在涉案专利申请日前已做好制造、使用的准备，具体以第一组证据、第三组证据、第四组证据中的第8—10项证据进行主张：

1. 被诉侵权技术方案是本技术领域的公知常识（第一组证据）。

戴某翼编著2014年1月北京第1版第1次印刷的《实用过滤器技术》书籍（节选），是一本全面介绍过滤器设计、制造和使用状况的工具书，且比涉案专利申请日2019年12月24日早了5年多，为公知常识性证据。该书籍第101页记载：“压力管路高压过滤器简称压力管路高压滤，其结构要比吸油滤结构稍复杂些，它由滤头、滤筒、滤芯组成，必要时它带有旁通阀、发讯器和最后机会过滤器。不同形式的高压过滤器外形及内部结构不同。（1）滤头进出口一般都设在滤头两侧，发讯器设在滤头顶端。材料一般采用球墨铸铁。（2）滤筒包容滤芯，承受系统最大压力（有时瞬间几倍的系统压力）。材料选冷轧钢。（3）旁通阀滤芯堵塞后，未过滤油液从这里通向下游。（4）发讯器滤芯堵塞后，在设定的压差到达后，它向管理者发出讯号（光讯、声讯、仪表指示及形位指示等）……”

2. 在涉案专利申请日前，鑫某公司、赫某辉就被诉侵权产品已完成设计、开模，并已做好制造、使用的必要准备（第三组证据）。

（1）鑫某公司、赫某辉与同行沟通液压过滤器双回油孔的技术问题

2019 年 6 月 16 日，赫某辉（以下简称“赫”）与微信备注为“工厂技术员”（以下简称“技”）沟通制备液压过滤器开两个回油孔，微信聊天记录摘录如下：技：“”，赫：“钻了两个回油孔应该是一样的，两个回油孔一个回油孔”，技：“啊，还有两个回油孔的”，赫：“和一个孔是一样的，他的性质是一样，一个装溢流阀，一个加双回油”“铸的时候留了一个出来是吧，我那会忘了告诉你了。一寸的留两。”技：“对一个溢流阀一个双回油。”“什么时候把模具改改也行，让他改改，应该也能改。”赫：“改得了，我忘了告诉你了，你就开一个，那会应该留两个出来。”技：“一寸二，带俩回油孔的。”

（2）鑫某公司、赫某辉与开模技术人员沟通液压过滤器模具结构

2019 年 11 月 29 日，赫某辉（以下简称“赫”）与微信备注为“河北某某模具厂技术小张”（以下简称“张”）沟通液压过滤器模具结构，微信聊天记录摘录如下：张：“”“”“”“”赫：“这样就行，可以可以。”“箭头别忘留啊，箭头别忘留。”张：“这个孔做出来吧”赫：“孔不用出这孔我们自己打，我们自己打。”

（3）科某公司在涉案专利申请日前已自己公开了液压过滤器的整体形状和结构（第四组证据中的第 8—10 项证据）。

2019 年 10 月 30 日，微信昵称为“A 温州科博液压过滤器（刘某龙）”的微信号在微信朋友圈发布科某公司在青岛农业机械展中展示的液压过滤器样品。

另查明，鑫某公司成立于 2020 年 10 月 29 日，类型为有限责任公司（自然人投资或控股），法定代表人为赫某辉，住所地在贵州省贵阳市花溪区，经营范围为：五金零售；液压动力机械及元件销售；高性能密封材料销售；液气密元件及系统销售；泵及真空设备销售；润滑油销售；齿轮及齿轮减、变速箱销售；轴承、齿轮和传动部件销售。该公司现为经营存续状态。

华某商行成立于2019年12月4日，类型为个体工商户，经营者为赫某辉，经营场所在贵州省贵阳市花溪区，经营范围为销售：油管、破碎锤、挖掘机配件及售后服务；轮胎、润滑油、防冻液、密封圈、油封。该商行于2023年5月4日注销。

一审法院认为，科某公司将赫某辉作为被告、请求赫某辉就被诉侵权行为承担责任的诉讼请求缺乏事实和法律依据；鑫某公司依据第一组证据《实用过滤器技术》提出的现有技术抗辩成立。遂依照2008年修正的专利法第六十二条、《最高人民法院关于审理侵犯专利权纠纷案件应用法律若干问题的解释》第十四条第一款、《最高人民法院关于审理侵犯专利权纠纷案件应用法律若干问题的解释（二）》第二十二条、《中华人民共和国民事诉讼法》第六十七条第一款、《最高人民法院关于适用〈中华人民共和国民事诉讼法〉的解释》第九十条的规定，判决：驳回科某公司的诉讼请求。案件受理费9300元，由科某公司负担。

科某公司不服一审判决，上诉请求：撤销一审判决，并依法改判。

二审法院对一审法院查明的事实予以确认。

二审法院认为，首先，根据国家知识产权局对涉案专利所作的评价报告显示，该专利不具备创造性，不符合授予专利权的条件。其次，专利权评价报告虽然并未对涉案专利的效力作出终局性评价，但要求提交评价报告的主要目的就在于证明涉案专利的稳定性，故对否定性的评价意见不能视而不见，否则法律和司法解释的相关规定将没有任何意义。故本案专利权评价报告应当视为证明涉案专利不符合专利法定授权条件的初步证据。再次，如欲否定涉案专利权评价报告的证明效力，应由主张本案侵害专利权法律关系存在的科某公司举证证明其具有符合专利法授权条件、可受法律保护的权利，但其既未启动对涉案专利权评价报告的更正程序，也未在诉讼中向人民法院提供充分的相反证据，自应承担举证不能的法律后果。二审法院在采信专利权评价报告的基础上，推定涉案专利权暂不符合专利法定授权条件，科某公司不具有行使诉权的基础，其起诉应予驳回。最后，需要说明的是，二审判决并未对涉案专利权的效力作出认定，如果权利人通过更正程序或其他方式推翻涉案专利权评价报告的结论，证明涉案专利符合法定授权条件、具备稳定性，自可对本案被诉侵权行为重新提起诉讼；同时，包括被诉侵权人在内的社会公众亦可以向国务院专利行政部门请求宣告涉案专利权无效。

此外，科某公司在起诉的同时一并向人民法院提交证明其专利权不符合法定授权条件的评价报告，即科某公司明知自身专利权明显缺乏稳定性而仍要提起诉讼，不对评价报告启动更正等程序，而意图将宣告专利无效的巨大负担强加于鑫某公司、赫某辉，这既不符合诚实信用的法律原则，也完全背离了诚信、友善的社会主义核心价值观。科某公司的这一主观明知状态应被认定为对自身权利的滥用，二审法院对此明确给予否定性评价。

另外需要一并指出，在鑫某公司、赫某辉一审举证提出的现有技术方案中，结合双方当事人对堵头技术特征的解释，未安装发讯器的产品构造图已经完整披露了鑫某公司实施的被诉侵权技术方案，因此科某公司关于现有技术抗辩不成立的上诉理由，二审法院亦不予采纳。

综上，二审法院依照《最高人民法院关于适用〈中华人民共和国民事诉讼法〉的解释》第三百二十八条规定，裁定：1. 撤销一审判决；2. 驳回科某公司的起诉。一审案件受理费 8950 元（已预交 9300 元），退还科某公司；二审案件受理费 8950 元，退还科某公司。

再审阶段，鑫某公司、赫某辉向本院提交了案外人黎明液压有限公司产品宣传册及科某公司外观设计专利文本，拟作为一审第一组证据的补强证据，共同证明涉案专利相关技术方案在涉案专利申请日前已经被公开。

科某公司质证认为，一审法院依据一审第一组证据认定鑫某公司、赫某辉的现有技术抗辩成立，均是基于附图上有两个接口，并将该两个接口理解为流入口及流出口，但是上述理解缺乏相应文字记载支持。鑫某公司、赫某辉再审阶段提交的证据亦无法证明其诉讼主张。

在再审庭审中，双方明确表示，对被诉侵权产品落入涉案专利权利要求 1 的保护范围均无异议；鑫某公司对于一审判决仅认定其依据第一组证据提出的现有技术抗辩成立，对于其依据其他证据所主张的另一项现有技术抗辩及在先使用抗辩未予支持，亦表示无异议。

本院对一、二审法院查明的事实予以确认。对于鑫某公司、赫某辉在再审阶段提交的证据，本院将结合案件事实及其他在案证据予以综合评述。

本院再审认为，本案的争议焦点为：1. 二审法院裁定驳回科某公司起诉是否正确；2. 赫某辉是否系本案适格被告；3. 鑫某公司的现有技术抗辩是否成立，应否承担侵权责任。

一、关于二审法院裁定驳回科某公司起诉是否正确的问题

二审法院系依据在案专利评价报告的内容，认定涉案专利权利状态不稳定，进而认定科某公司不具有提起诉讼的权利基础，最终裁定驳回科某公司

的起诉。本院认为，专利权评价报告是国务院专利行政部门应当事人申请，对实用新型专利或者外观设计专利是否符合专利授权标准进行检索、分析和评价后，作出的专业性报告，其系审理、处理专利侵权纠纷的证据之一，仅能作为判断该专利效力稳定状态的证据，而不是国务院专利行政部门行使行政管理职权作出的行政决定。换言之，专利权评价报告的结论并非认定其所涉专利效力状态的唯一依据或绝对依据。在专利侵权纠纷案件中，涉案专利的有效性仍应当依据专利授权文本及国家知识产权局在相关行政授权确权程序中作出的生效决定进行判断。本案中，并无证据证明涉案专利经历无效宣告程序，并被国家知识产权局作出生效决定宣告无效，在科某公司提交的涉案专利证书、授权文本、专利年费收据等证据足以证明其依法取得涉案专利权，且该专利为有效状态的情况下，科某公司有权依据涉案专利提起侵权诉讼。二审法院依据专利权评价报告认定涉案专利不符合法定授权条件，并据此认定科某公司不具有行使诉权的基础，裁定驳回科某公司的起诉有所不当，本院予以纠正。

二、关于赫某辉是否系本案适格被告的问题

本案中，科某公司主张赫某辉应当对被诉侵权行为承担责任，但其并未提交证据证明被诉侵权产品系由赫某辉本人或其经营的个体工商户华某商行销售，且科某公司亦明确认可其购买被诉侵权产品的地点系鑫某公司的门店，故科某公司将赫某辉作为被告缺乏事实及法律依据，一审法院对科某公司请求赫某辉就被诉侵权行为承担责任的诉讼请求予以驳回，并无不当。

三、关于鑫某公司的现有技术抗辩是否成立，应否承担侵权责任的问题

鉴于双方在再审阶段明确表示，对被诉侵权产品落入涉案专利权利要求1的保护范围均无异议；且鑫某公司对于一审判决仅认定其依据第一组证据提出的现有技术抗辩成立，对于其依据其他证据所主张的另一项现有技术抗辩及在先使用抗辩未予支持，亦无异议，本院仅就鑫某公司依据一审第一组证据提出的现有技术抗辩是否成立予以审理。

经查，鑫某公司一审中提交的第一组证据《实用过滤器技术》一书中介绍了液压过滤器中高压过滤器的外形及内部结构，液压过滤器一般由滤头、滤筒、滤芯组成，必要时带有发讯器等构件。进出口一般都设在滤头两侧，发讯器设在滤头顶端。文中图示显示，在高压过滤器滤头内分别置有油液进出通道，滤头两侧的两通道端头各自均设置一紧固件封堵。双方当事人对两通道端头分别为油液进出口均无异议。图中在滤头上端又分别设置有两个开放的通道，根据文字及图示说明，该处系安装发讯器的连接位置，两个通道

一端分别与发讯器连通，另一端分别与滤头内的油液流入、流出通道相连通，当滤芯堵塞，油液入口通道压力值与出口通道压力值达到设定压差后，发讯器将发出报警信号。被诉侵权技术方案在过滤器滤头两侧分别设置了油液进出口，油液从进口经滤头内的流入通道流入，再经流出通道从出口流出，滤头上端分别设置与油液进出通道相连通的两个油液流通通道，与《实用过滤器技术》公开的高压过滤器滤头对应的技术方案基本相同。此外，鑫某公司再审阶段提交的产品宣传册，亦能显示在过滤器滤头顶部开设分别与一侧进口及出口连通的两个进口和出口，且发讯器可在滤头侧边连接，能够进一步证明被诉侵权产品使用的技术方案在涉案专利申请日前已经被公开。科某公司认可产品宣传册图示中显示的高压过滤器必定有出口和入口，但主张顶部两个接口并非流入口及流出口，认为过滤器两侧的堵头为出口和入口，该主张缺乏充分证据证明，本院不予支持。根据上述事实，一审法院认定被诉侵权产品的该项技术方案属于现有技术，鑫某公司的现有技术抗辩成立，并无不当。

综上所述，虽然被诉侵权产品所使用的技术方案已落入涉案专利权的保护范围，但鑫某公司的现有技术抗辩成立，一审法院判决驳回科某公司的诉讼请求结论正确，本院予以维持。二审法院裁定驳回科某公司的起诉错误，本院予以纠正。科某公司的再审申请主张部分成立，本院对该部分予以支持，对其余部分予以驳回。依照《中华人民共和国专利法》第六十七条、《中华人民共和国民事诉讼法》第二百一十八条、《最高人民法院关于适用〈中华人民共和国民事诉讼法〉的解释》第四百零五条的规定，判决如下：

一、撤销贵州省高级人民法院（2024）黔民终46号民事裁定；

二、维持贵州省贵阳市中级人民法院（2023）黔01民初301号民事判决。

一、二审案件受理费各8950元，共计17900元，均由温州科某机械有限公司负担。

本判决为终审判决。

审　判　长　晏　景
审　判　员　戴怡婷
审　判　员　江建中
二〇二四年十月八日
法 官 助 理　曹佳音
书　记　员　焦　媛

2. 关联案件的专利侵权判定协调

——上诉人东莞市斯某电子科技有限公司与被上诉人王某侵害实用新型专利权纠纷案①

中华人民共和国最高人民法院民事判决书（2023）最高法知民终740号

上诉人（一审原告）：东莞市斯某电子科技有限公司。住所地：广东省东莞市。

法定代表人：赵某霞。

委托诉讼代理人：黄文利，广东汇宽律师事务所律师。

委托诉讼代理人：梁松，广东汇宽律师事务所律师。

被上诉人（一审被告）：王某（原景某百货店经营者）。

委托诉讼代理人：杨帆，广东广和律师事务所律师。

上诉人东莞市斯某电子科技有限公司（以下简称斯某公司）因与被上诉人王某侵害实用新型专利权纠纷一案，不服河南省郑州市中级人民法院于2022年2月25日作出的（2022）豫01知民初108号民事判决，向本院提起上诉。本院于2023年4月10日立案后，依法组成合议庭，并于2024年10月23日公开开庭审理了本案。上诉人斯某公司的委托诉讼代理人黄文利、梁松，被上诉人王某的委托诉讼代理人杨帆到庭参加诉讼。本案现已审理终结。

斯某公司向一审法院提起诉讼，一审法院于2022年1月12日立案受理。斯某公司请求判令：1. 景某百货店立即停止许诺销售、销售侵害专利号为202020604172.0、名称为“一种深紫外线风干牙刷消毒盒”实用新型专利（以下简称涉案专利）权的深紫外线风干牙刷消毒盒产品，并销毁库存侵权产品；2. 赔偿经济损失及维权合理开支共计50000元；3. 诉讼费由景某百货店负担。事实和理由：斯某公司享有涉案专利权，景某百货店未经斯某公司许可，擅自销售、许诺销售与涉案专利技术特征完全相同的被诉侵权产品，

---

① 本案在年度报告中的位置为第5页。

主观上具有侵权的故意，属于侵权情节严重的情形，应当判令其承担惩罚性赔偿责任。

景某百货店辩称：景某百货店系淘宝网的小型卖家，被诉侵权产品系在1688平台销售的一键代发商品，具有合法来源，景某百货店没有侵权故意，应当免除赔偿责任。

一审法院认定事实：斯某公司享有涉案专利权，涉案专利申请日为2020年4月21日，授权公告日为2021年2月26日。

斯某公司本案主张保护涉案专利权利要求1："一种深紫外线风干牙刷消毒盒，其特征在于：包括上盖（1）和下盖（2），上盖（1）锁紧或者压紧于下盖（2），上盖（1）和下盖（2）之间设置有一安装座（3），安装座（3）安装有至少一深紫外线LED灯组（30）和至少一烘干风扇（31），安装座（3）与下盖（2）之间形成一横向延伸的牙刷定位通道（4），用于导引牙刷插入消毒盒内。"

2021年4月29日，国家知识产权局针对涉案专利出具专利权评价报告，认为全部权利要求未发现存在不符合授予专利权条件的缺陷。

斯某公司委托案外人南昌市某某知识产权服务有限公司到江西省南昌市大成公证处申请保全证据。在公证员及公证处工作人员的现场监督下，使用公证处电脑连接公证处网络进行如下操作：1. 2021年9月12日，公证处工作人员签收了编号为"×××09"的圆通速递，并当即检查，确认该快递外观无拆封痕迹，后对快递现状、快递详情单以及快递内商品进行拍照，公证人员对上述商品进行密封、加贴封条后进行拍照。2. 2021年9月15日，登录淘宝平台，在"已买到的宝贝"，查看订单号"×××97"查看所购买的产品订单、物流信息，物流信息显示运单号码为"×××09"。店铺名称为"某某百货企业"，网店经营者营业执照信息显示公司名称为"景某百货店"。上述过程由（2021）赣洪大证内字第14738号公证书予以记载。

当庭拆封封存实物，牙刷消毒盒的外包装均为英文字样，该产品具有如下技术特征：1. 包括上盖和下盖，上盖压紧于下盖；2. 上盖和下盖之间设置有一安装座，安装座安装有深紫外线LED灯组和烘干风扇；3. 安装座与下盖之间有一横向延伸的牙刷通道，用于导引牙刷插入消毒盒内。

景某百货店为证明被诉侵权产品具有合法来源，提交了旺旺账号"×××70"在1688平台下单购买被诉侵权产品的订单信息，订单信息显示运单号为"×××09"，供应商系案外人深圳市某五金有限公司（以下简称某乙公司）。

另查明：景某百货店系个体工商户，成立日期2021年4月22日，经营范围包括服装服饰零售；鞋帽零售；化妆品零售；自行车及零配件零售；厨具卫具及日用杂品零售；文具用品零售等。

一审法院认为：斯某公司系涉案专利的权利人，目前涉案专利在有效期内，应受法律保护。本案中，被诉侵权产品采用的技术方案与涉案专利权利要求1记载的全部技术特征完全相同，落入涉案专利权的保护范围，构成侵权。对斯某公司主张景某百货店停止许诺销售、销售被诉侵权产品的诉请予以支持。关于斯某公司主张销毁库存侵权产品的诉请，因其未提供证据证明景某百货店尚有库存产品，故对该诉请不予支持。

本案中，景某百货店提交的某乙公司通过1688平台售出的牙刷消毒盒的物流运单号与本案公证书中记载的被诉侵权产品的物流运单号相同，产品名称相同，足以证明被诉侵权产品来源于某乙公司。且斯某公司并未举证证明景某百货店具有侵权的故意，故一审法院对景某百货店主张合法来源抗辩免除赔偿责任的意见予以采纳，但斯某公司为制止景某百货店的侵权行为支出了一定费用，属维权的合理开支，景某百货店应当承担部分合理开支，一审法院酌定景某百货店承担2000元。

综上，一审法院依照《中华人民共和国专利法》第六十四条、第七十七条，《最高人民法院关于审理侵犯专利权纠纷案件应用法律若干问题的解释》第七条，《中华人民共和国民事诉讼法》（2021年修正）第六十七条、第一百四十七条的规定，判决："一、被告景某百货店（经营者王某）立即停止销售、许诺销售侵犯原告东莞市斯某电子科技有限公司名称为'一种深紫外线风干牙刷消毒盒'、专利号为202020604172.0的实用新型专利权的产品；二、被告景某百货店（经营者王某）于本判决生效之日起十日内赔偿原告东莞市斯某电子科技有限公司为制止被诉侵权行为的合理支出2000元；三、驳回原告东莞市斯某电子科技有限公司的其他诉讼请求。如果未按本判决指定的期间履行给付金钱义务，应当依照《中华人民共和国民事诉讼法》（2021年修正）第二百六十条规定，加倍支付迟延履行期间的债务利息。案件受理费1050元，由原告斯某公司负担400元，景某百货店（经营者王某）负担650元。"

斯某公司上诉请求：维持一审判决第一项，撤销第二项、第三项，改判景某百货店赔偿斯某公司经济损失及维权合理开支共计50000元。事实与理由：1. 被诉侵权产品为"三无"产品，景某百货店未履行销售者应尽的审慎审查义务，违规销售“三无”产品，具有侵权故意，其合法来源抗辩不能成立。2. 一审判决违反法定程序，未经核对证据原件或原始载体，违规采信景某百货店为证明其合法来源所提供的证据。

王某辩称：1. 被诉侵权产品未落入涉案专利权的保护范围；2. 被诉侵权产品使用的是抵触申请公开的技术方案，不构成侵权。

本院二审期间，王某为证明其主张，向本院提交了专利号为202020538736.5、名称为“一种带风扇的牙刷盒”实用新型专利（以下简称736专利），拟证明该专利构成涉案专利的抵触申请，被诉侵权产品使用的技术方案与抵触申请一致，不构成侵权。

斯某公司质证意见为：认可该证据的真实性，不认可其合法性和关联性。该证据不属于在二审诉讼过程中形成的新证据，王某逾期举证，不应采纳。此外，736专利与涉案专利技术方案并不相同，被诉侵权产品与736专利相比至少有一个技术特征不相同也不等同，二者存在差异，王某提出的抵触申请抗辩不能成立。

本院认证意见为：因斯某公司对该证据的真实性无异议，本院对其真实性予以确认，对其证明目的本院将结合其他证据予以评述。

本院于2024年5月31日对与本案关联的（2023）最高法知民终662号案件作出二审判决（以下简称662号判决），本院依职权调取该二审判决。对此，斯某公司认为：虽然662号判决驳回斯某公司的诉讼请求，但并没有认定和本案有关的法律事实，不能直接作为本案的证据和裁判依据；王某认可662号判决的认定。

一审法院查明的事实基本属实，本院予以确认。

本院另查明，662号判决中有以下认定：1. 2021年5月26日，斯某公司经公证取证，自某乙公司处购买了型号为DB805的牙刷盒。2021年9月26日，斯某公司以某乙公司侵害涉案专利权为由，向广东省深圳市中级人民法院另案提起诉讼，该院于2022年11月10日作出（2021）粤03民初6201号民事判决：驳回斯某公司的诉讼请求。斯某公司不服，向本院提起上诉。2023年9月，某乙公司变更企业名称为深圳市纵某科技有限公司（以下简称纵某公司）。2. 该案被诉侵权产品具有以下技术特征：一种深紫外线风干牙刷消毒盒，包括上盖和下盖，上盖压紧于下盖；上盖和下盖之间设置有一卡板，深紫外线LED灯组和烘干风扇安装在上盖内侧；卡板与下盖之间形成一横向延伸的牙刷定位通道，用于导引牙刷插入消毒盒内；上盖和下盖的一方设置有进风口；另一方设置有出风口；进风口和出风口分别对称位于牙刷定位通道相对的上下两侧；在烘干风扇抽风时，进风口和出风口之间形成一竖直方向的风干对流通道。3.736专利的申请日为2020年4月13日，授权公告日为2021年4月16日，其公开了662号案件的被诉侵权技术方案的技术特征，纵某公司的抵触申请抗辩成立。662号判决据此驳回斯某公司的上诉，维持原判。

本院还查明：本案双方当事人均确认本案被诉侵权产品与662号案件中来源于纵某公司的被诉侵权产品相同。关于本案被诉侵权产品的技术方案，二审中双方当事人确认，被诉侵权产品上盖和下盖之间设置有一卡板，深紫外线LED灯组和烘干风扇安装在上盖内侧，与涉案专利权利要求1中的“上盖（1）和下盖（2）之间设置有一安装座（3），安装座（3）安装有至少一深紫外线LED灯组（30）和至少一烘干风扇”不同。一审判决关于被诉侵权产品的“安装座安装有深紫外线LED灯组和烘干风扇”的认定有所不当，本院予以纠正。

本院再查明：景某百货店系个体工商户，于2022年3月26日注销。斯某公司申请将被上诉人景某百货店变更为王某，王某无异议。

上述事实有662号判决、景某百货店企业基本信息、二审询问笔录等在案佐证。

本院认为，《中华人民共和国民事诉讼法》第六十七条第三款规定：“人民法院应当按照法定程序，全面地、客观地审查核实证据。”该法第一百七十五条规定：“第二审人民法院应当对上诉请求的有关事实和适用法律进行审查。”《最高人民法院关于适用〈中华人民共和国民事诉讼法〉的解释》第三百二十一条规定：“第二审人民法院应当围绕当事人的上诉请求进行审理。当事人没有提出请求的，不予审理，但一审判决违反法律禁止性规定，或者损害国家利益、社会公共利益、他人合法权益的除外。”根据上述规定，二审法院应当围绕当事人的上诉请求进行审理，但是，根据二审法院查明的有关事实，一审判决违反法律禁止性规定或者损害国家利益、社会公共利益、他人合法权益的，二审法院应当以事实为依据，依法予以纠正。

根据在案证据，景某百货店在接到斯某公司的订单后，向纵某公司下单，由纵某公司将被诉侵权产品直接发货至购买方斯某公司，故被诉侵权产品同样来源于纵某公司。经对比，本案双方当事人均确认本案被诉侵权产品与662号案件中来源于纵某公司的被诉侵权产品相同。

虽然景某百货店未提起上诉，但在二审期间已依据 736 专利提出抵触申请抗辩。在本院已经作出发生法律效力的 662 号判决且该判决的相关认定与本案密切关联的情况下，本案应当以事实为依据，以 662 号判决的有关认定为本案的定案依据。对于相同的被诉侵权产品、相同的专利权以及相同的抵触申请抗辩，两案的认定应当保持一致，防止出现裁判冲突，并及时实质性解决本案争议，避免损害社会公共利益。

662 号判决认定 736 专利公开了该案被诉侵权产品的技术方案，该案中的抵触申请抗辩成立，且该案中的被诉侵权产品与本案被诉侵权产品相同。因此，在没有相反证据足以推翻生效的 662 号判决的情况下，本院确认景某百货店依据 736 专利提出的抵触申请抗辩同样成立，其销售的本案被诉侵权产品亦不构成侵权。景某百货店已注销，其经营者王某不应承担侵权责任。

综上，本院基于二审新事实以及生效的 662 号判决，依法对一审判决结果予以变更。依照《中华人民共和国民事诉讼法》第六十七条第三款、第一百七十七条第一款第二项，《最高人民法院关于适用〈中华人民共和国民事诉讼法〉的解释》第九十三条第一款第五项、第三百二十一条第二款之规定，判决如下：

一、撤销河南省郑州市中级人民法院（2022）豫 01 知民初 108 号民事判决；

二、驳回东莞市斯某电子科技有限公司的全部诉讼请求。

一审案件受理费 1050 元，由东莞市斯某电子科技有限公司负担。二审案件受理费 1050 元，由东莞市斯某电子科技有限公司负担。

本判决为终审判决。

审　判　长　刘晓梅
审　判　员　焦新慧
审　判　员　张　振
二〇二四年十二月十八日
法官助理　张占平
书　记　员　孙静仪

3. 附履行条件判决及迟延履行期间的债务利息

——上诉人深圳市昊某电子科技发展有限公司与被上诉人深圳市唯某科技有限公司、一审被告罗某侵害实用新型专利权纠纷案①

中华人民共和国最高人民法院民事判决书（2024）最高法知民终370号

上诉人（一审被告）：深圳市昊某电子科技发展有限公司。

法定代表人：罗某。

委托诉讼代理人：杨清宇，北京高沃律师事务所律师。

被上诉人（一审原告）：深圳市唯某科技有限公司。

法定代表人：赵某钦。

委托诉讼代理人：李龙飞，广东广和律师事务所律师。

委托诉讼代理人：许佳洵，广东广和律师事务所律师。

一审被告：罗某。

委托诉讼代理人：杨清宇，北京高沃律师事务所律师。

上诉人深圳市昊某电子科技发展有限公司（以下简称昊某公司）因与被上诉人深圳市唯某科技有限公司（以下简称唯某公司）、一审被告罗某侵害实用新型专利权纠纷一案，不服广东省深圳市中级人民法院（以下简称一审法院）于2023年9月26日作出的（2022）粤03民初7208号民事判决（以下简称一审判决），向本院提起上诉。本院于2024年3月13日立案后，依法组成合议庭，于2024年7月30日公开开庭进行了审理。上诉人昊某公司和一审被告罗某共同的委托诉讼代理人杨清宇，被上诉人唯某公司的委托诉讼代理人李龙飞、许佳洵到庭参加诉讼。本案现已审理终结。

昊某公司上诉请求：1. 撤销一审判决，改判驳回唯某公司的全部诉讼请求；2. 一、二审诉讼费用由唯某公司负担。事实和理由：1. 昊某公司制造、销售的加湿器产品（以下简称被诉侵权产品）未落入专利号为20212133××××.0、

① 本案在年度报告中的位置为第7页。

名称为“一种反重力水滴加湿器”的实用新型专利（以下简称涉案专利）权的保护范围，不构成侵权。被诉侵权产品和涉案专利权利要求1相比，水滴发生组件和加湿组件不同；和权利要求5相比，“上部壳体与所述下部壳体通过柱体连接”的技术特征不同，故被诉侵权产品未落入涉案专利权的保护范围。2. 被诉侵权产品实施的是现有技术，不构成侵权。昊某公司已提交公开日在涉案专利申请日之前的现有技术证据。被诉侵权产品与《Gravity 反重力加湿器》（以下简称“反重力加湿器”）的产品设计图具有完全相同的运行原理和结构，被诉落入涉案专利权保护范围的全部技术特征均被该现有技术公开。3. 涉案专利的权利状况极不稳定，唯某公司无权处置涉案专利。唯某公司因民间借贷纠纷被案外人起诉，涉案专利作为唯某公司的财产被采取保全措施，保全期限自2023年1月10日至2026年1月10日。根据2010年修订的《中华人民共和国专利法实施细则》第八十七条的规定，专利被保全后，将中止被保全的专利申请权或者专利权的有关程序，目的在于避免专利权人恶意处置专利权而损害财产保全案件当事人的权利。在侵害专利权诉讼中，涉及对专利权保护范围的解释和说明，存在因专利权人恶意不当解释而损害保全案件当事人权利的可能。4. 针对涉案专利，多个被诉侵权的被告向国家知识产权局提出无效宣告请求，并使用本案中有关现有技术抗辩的证据，结合其他证据主张涉案专利权缺乏新颖性和创造性。昊某公司针对涉案专利，也已经在答辩期内向国家知识产权局提出无效宣告请求，本案应当中止审理。

唯某公司辩称：1. 被诉侵权产品落入涉案专利权利要求2、3、5—8的保护范围，构成侵权。2. 昊某公司提出的现有技术抗辩不成立。现有技术“反重力加湿器”产品设计图仅公开了产品外观和中间有水滴的现象，没有公开产品内部结构等技术特征。3. 涉案专利虽然被提起无效宣告请求，但仍处于有效状态，不影响本案侵权诉讼的审理。4. 昊某公司存在制造行为，且在唯某公司多次警告以及一审判决之后，仍持续实施侵权行为，侵权恶意明显，一审法院确定的赔偿金额偏低。5. 唯某公司一审已经提交涉案专利的评价报告，证明本案据以主张权利的权利要求稳定，本案没有中止的必要。

一审被告罗某的陈述意见与昊某公司的上诉意见一致。

唯某公司向一审法院提起诉讼，一审法院于2022年11月16日立案受理。唯某公司起诉请求判令：1. 昊某公司、罗某立即停止侵害涉案专利权的行为，并销毁库存侵权产品及生产模具；2. 昊某公司、罗某连带赔偿唯某公司经济损失及维权合理开支共计200000元；3. 诉讼费用由昊某公司、罗某负担。事实和理由：昊某公司擅自制造、许诺销售、销售被诉侵权产品。2022年7月，唯某公司对被诉侵权行为进行了公证取证。昊某公司在其经营的1688平台店铺（以下简称涉案1688平台店铺）中销售、许诺销售的被诉侵权产品的品牌为“风某某启”，系昊某公司的注册商标。在销售被诉侵权产品过程中，通过昊某公司法定代表人罗某个人名下支付宝账户收款。经对比，被诉侵权技术方案落入涉案专利权的保护范围，请求依法保护唯某公司的合法权利。

昊某公司、罗某一审共同辩称：昊某公司对涉案专利提起了无效宣告请求，也提交了现有技术抗辩的证据，请求在无效宣告请求审查决定作出后再行判决。昊某公司生产的被诉侵权产品系实施自己的专利，系在唯某公司起诉后才知道与涉案专利存在冲突。

一审法院认定如下事实：

一、涉案专利权相关情况

涉案专利为实用新型专利，申请日为2021年6月16日，授权公告日为2022年2月11日，专利权人为唯某公司。唯某公司已缴纳专利年费，涉案专利权处于有效状态。

2022年5月12日，国家知识产权局针对涉案专利作出实用新型专利权评价报告，记载：涉案专利的权利要求1、4、9不符合授予专利权的条件，权利要求2、3、5—8未发现存在不符合授予专利权条件的缺陷。

唯某公司在本案中请求保护涉案专利权利要求2、3、5—8。涉案专利的权利要求1—3、5—8为：

1. 一种反重力水滴加湿器，其特征在于，包括：加湿组件，所述加湿组件与出雾孔连接；水滴发生组件，所述水滴发生组件与出水孔连接；闪频灯；其中，所述出雾孔与所述出水孔设于同一垂线。

2. 根据权利要求1所述的一种反重力水滴加湿器，其特征在于，所述出雾孔设于所述出水孔的正上方。

3. 根据权利要求2所述的一种反重力水滴加湿器，其特征在于，所述出雾孔、所述加湿组件、所述水滴发生组件、所述出水孔同一垂线的依次由上到下设置。

5. 根据权利要求1所述的一种反重力水滴加湿器，其特征在于，还包括外壳，所述外壳包括上部壳体和下部壳体，所述出雾孔、所述加湿组件、所述水滴发生组件、所述出水孔和所述闪频灯设于所述上部壳体，所述上部壳体与所述下部壳体通过柱体连接。

6. 根据权利要求 5 所述的一种反重力水滴加湿器，其特征在于，还包括水箱，所述水箱通过水管和水泵与所述加湿组件和所述水滴发生组件连接。

7. 根据权利要求 6 所述的一种反重力水滴加湿器，其特征在于，所述水箱设于下部壳体。

8. 根据权利要求 6 所述的一种反重力水滴加湿器，其特征在于，还包括起水峰，所述起水峰设有尖锐凸起，所述起水峰设于所述出水孔下方，所述起水峰与所述水箱连通。

涉案专利说明书第［0018］段记载：与现有技术相比，本实用新型具有如下有益效果：该种实用新型设计合理，使用方便，通过将加湿器组件的出雾孔设于水滴发生组件的上方，在与闪频灯的配合下，产生反重力水滴升至空中化为云雾的错觉。

二、唯某公司主张的侵权行为

唯某公司主张昊某公司、罗某制造、许诺销售、销售被诉侵权产品。

深圳市先行公证处出具的（2022）深先证字第 40022 号公证书载明，该公证处对唯某公司代理人收取被诉侵权产品的过程进行了证据保全公证，并进入“www. 1688. com”网站，登录账户查看了购买被诉侵权产品的订单信息和被诉侵权产品销售链接。公证书记载，被诉侵权产品销售页面显示，单价根据起批量变化，分别有 140 元、150 元、179 元，30 天内 10+个成交，1 条评价。商品链接下方有“选款定制”和“按需定制”按键。商品详情栏显示，被诉侵权产品货号为 HFJ01，品牌“风某某启”，主要下游平台包括 ebay、亚马逊、wish、速卖通、独立站、LAZADA 等。店铺页面宣传“10 个起订”“清加工”“镭雕”。涉案店铺“工厂档案”载明昊某公司曾使用的注册地址。公证书还附有唯某公司代理人与昊某公司客服的阿里旺旺聊天记录截图，昊某公司表示可以提供产品印制 LOGO 的服务。

唯某公司一审当庭出示公证保全的被诉侵权产品实物，包括三个被诉侵权产品，两个为黑色，一个为白色。三个被诉侵权产品的外包装上均印有“反重力水滴加湿器”“产品型号：HJF-01”“专利号为 20223026××××. X”。昊某公司一审确认前述被诉侵权产品系其制造、许诺销售、销售。

唯某公司、昊某公司均认可唯某公司主张的权利要求 2、3、5—8 分解为如下技术特征：

A. 一种反重力水滴加湿器，其特征在于，包括：加湿组件，所述加湿组件与出雾孔连接；B. 水滴发生组件，所述水滴发生组件与出水孔连接；C. 闪频灯；D. 其中，所述出雾孔与所述出水孔设于同一垂线；E. 所述出雾孔设于所述出水孔的正上方；F. 所述出雾孔、所述加湿组件、所述水滴发生组件、所述出水孔同一垂线的依次由上到下设置；G. 外壳，所述外壳包括上部壳体和下部壳体，所述出雾孔、所述加湿组件、所述水滴发生组件、所述出水孔和所述闪频灯设于所述上部壳体，所述上部壳体与所述下部壳体通过柱体连接；H. 水箱，所述水箱通过水管和水泵与所述加湿组件和所述水滴发生组件连接；I. 所述水箱设于下部壳体；J. 起水峰，所述起水峰设有尖锐凸起；K. 所述起水峰设于所述出水孔下方，所述起水峰与所述水箱连通。前述技术特征 A—D 为权利要求 1 的全部技术特征。

一审法院当庭拆解被诉侵权产品。被诉侵权产品正常工作时，产品形成的水雾通过出雾孔向上喷出，出雾孔正下方的出水孔有水滴向下滴落，在闪频灯的作用下，显示水滴由下向上运动。拆解后的被诉侵权产品具有以下技术特征：a. 反重力水滴加湿器，加湿组件与出雾孔连接；b. 水滴发生组件与出水孔连接；c. 闪频灯；d. 出雾孔与出水孔设于同一垂线；e. 出雾孔设于出水孔的正上方；f. 出雾孔、加湿组件、水滴发生组件、出水孔同一垂线的依次由上到下设置；g. 外壳，外壳包括上部壳体和下部壳体，出雾孔、加湿组件、水滴发生组件、出水孔和闪频灯设于上部壳体，上部壳体与下部壳体通过柱体连接；h. 水箱，水箱通过水管和水泵与加湿组件和水滴发生组件连接；i. 水箱设于下部壳体；j. 起水峰，起水峰设有尖锐凸起；k. 起水峰设于出水孔下方，起水峰与水箱连通。

唯某公司认为：被诉侵权产品包含了涉案专利权利要求 2、3、5—8 的全部技术特征，落入涉案专利权的保护范围。昊某公司认为，被诉侵权产品未落入涉案专利权的保护范围，主要理由是：被诉侵权产品的加湿组件、水滴发生组件与涉案专利说明书附图显示的加湿组件、水滴发生组件的具体结构、形状不同，故被诉侵权产品不具有上述技术特征 A、B；关于其他技术特征的对比，同意唯某公司的意见。

三、昊某公司提出无效宣告请求和现有技术抗辩的情况

昊某公司于 2022 年 8 月 20 日针对涉案专利提出无效宣告请求。

昊某公司主张现有技术抗辩，并提交了以下证据：1. 网址为 www. sheji-jingsai. com/2020/07/519417. html 的 SJJS 设计竞赛网（以下简称设计竞赛网）的网页，于 2020 年 7 月 5 日展示了“反重力加湿器”产品设计图。该证据仅

显示了产品的外观。2. 网址为 www. 163. com/v/video/VKOIPQVIR. html 的网易视频《超自然现象反重力水珠，什么原理啊》，发布时间为 2018 年 11 月 26 日。该证据仅显示反重力水珠的表象。唯某公司认为，上述证据均未公开涉案专利的技术特征 D、E、F、G、H、I、J、K。

四、与侵权损害赔偿相关的事实

唯某公司主张的维权合理开支共计 4730 元，包括公证费 1000 元、产品购买费 730 元，以及唯某公司就涉案专利提起的关联案件共同分摊的律师费，本案中主张律师费 3000 元。唯某公司提交了公证费和律师费发票。

一审庭审时，罗某确认涉案 1688 平台店铺所销售产品的款项入账其个人名下的支付宝账户，其未与昊某公司进行结算。

一审法院认为，被诉侵权行为发生于 2021 年 6 月 1 日之后，本案应适用 2020 年修正的《中华人民共和国专利法》（以下简称专利法）。本案的争议焦点为：1. 被诉侵权产品是否落入涉案专利权的保护范围；2. 昊某公司主张的现有技术抗辩能否成立；3. 唯某公司主张的赔偿金额是否合理。

关于争议焦点一。根据专利法第六十四条第一款、《最高人民法院关于审理侵犯专利权纠纷案件应用法律若干问题的解释》第七条规定，唯某公司请求保护涉案专利权利要求 2、3、5—8，上述权利要求分别构成独立的技术方案，因此，在进行侵权判定时，应当将被诉侵权技术方案分别与涉案专利权利要求 2、3、5—8 进行对比，以判定被诉侵权产品是否分别落入上述权利要求的保护范围。针对有关技术对比的争议，一审法院认为：被诉侵权产品的出雾孔有水雾向上喷出，出雾孔正下方的出水孔有水滴向下滴落，故被诉侵权产品具有与此对应的加湿组件和水滴发生组件。权利要求 1 并未限定加湿组件、水滴发生组件的具体形状与结构，涉案专利说明书中的附图系用来解释、说明权利要求而非限定权利要求，故昊某公司关于被诉侵权产品的加湿组件、水滴发生组件与涉案专利说明书附图的具体结构、形状不同的主张不能成立。被诉侵权产品具有涉案专利权利要求 2、3、5—8 所记载的全部技术特征，落入涉案专利权的保护范围。

关于争议焦点二。昊某公司提交的证据仅显示“反重力加湿器”产品的外观和水珠反重力流动的现象，未公开产品的内部技术特征，昊某公司的现有技术抗辩不能成立。

关于争议焦点三。昊某公司未经唯某公司准许，以营利为目的制造、许诺销售、销售侵害涉案专利权的产品，应当承担停止侵权、销毁库存侵权产品及赔偿损失的民事责任。罗某使用个人账户收取涉案1688平台店铺款项且未与昊某公司进行结算，与昊某公司构成共同侵权。唯某公司未举证证明被诉侵权产品存在专用设备模具，故对相关诉讼请求不予支持。

关于赔偿数额。因唯某公司的损失及昊某公司的获利均难以确定，唯某公司亦未提交证据证明其专利许可费，且唯某公司请求酌定赔偿数额。一审法院综合考虑涉案专利权类型，侵权行为的性质、情节，维权合理开支等因素，酌情确定昊某公司、罗某连带赔偿唯某公司经济损失及维权合理开支合计150000元。

一审法院依照专利法第二条第三款、第十一条第一款、第六十四条第一款、第七十一条，《最高人民法院关于审理侵犯专利权纠纷案件应用法律若干问题的解释》第一条、第七条，2021年修正的《中华人民共和国民事诉讼法》第六十七条之规定，判决："一、被告昊某公司、罗某立即停止侵害原告ZL20212133××××.0号专利权的行为，销毁库存侵权产品；二、被告昊某公司、罗某应于本判决生效之日起十日内向原告唯某公司连带赔偿经济损失及合理维权费用共计150000元；三、驳回原告唯某公司的其他诉讼请求。如未按本判决指定的期间履行给付金钱义务，应当依照《中华人民共和国民事诉讼法》第二百六十条规定，加倍支付迟延履行期间的债务利息。案件受理费4300元，由被告昊某公司、罗某负担。"

本院二审期间，昊某公司、罗某为证明其主张，向本院提交以下新证据：

第一组证据：国家知识产权局针对涉案专利发出的《保全程序开始通知书》、三份《无效宣告请求受理通知书》[无效宣告请求人：昊某公司，案件编号5W129316；无效宣告请求人：案外人深圳市某投资公司（以下简称某投资公司），案件编号5W132929；无效宣告请求人：案外人东莞某科技（东莞市）有限公司（以下简称某电子科技公司），案件编号5W134452]，以及昊某公司、某投资公司、某电子科技公司在专利无效行政程序中向国家知识产权局提交的相关证据。拟证明国家知识产权局已经受理了昊某公司、某投资公司、某电子科技公司针对涉案专利提出的无效宣告请求，涉案专利权的权利状况极不稳定。而且，国家知识产权局已对涉案专利采取财产保全措施，唯某公司无权处置涉案专利，其诉讼请求不应得到支持。

第二组证据：案外人某电子科技公司开具给昊某公司的送货单明细、昊某公司涉案1688平台店铺的销售记录、某电子科技公司制作的被诉侵权产品制造成本明细表。拟证明：1. 被诉侵权产品均由某电子科技公司制造，由昊某公司通过涉案 1688 平台店铺等渠道对外销售；被诉侵权产品制造成本为 42.635 元，每件产品快递费用 10 元；昊某公司线下销售被诉侵权产品单价为 45 元，除去制造成本每件产品销售利润为 2.365 元，涉案 1688 平台店铺销售被诉侵权产品单价为 57 元，除去制造成本和快递费用，每件产品销售利润为 4.365 元；2. 唯某公司在广州知识产权法院以某电子科技公司为被告提起的（2022）粤 73 知民初 1603 号案件中获赔 80000 元，本案一审判决昊某公司承担的 150000 元与上述案件的判赔存在重复。

唯某公司的质证意见为：认可第一组证据的真实性、合法性，不认可关联性及证明目的，涉案专利的无效宣告请求尚处于审查阶段，涉案专利权仍然有效。不认可第二组证据，某电子科技公司和昊某公司均为罗某控制的关联公司，某电子科技公司自行制作的证据缺少其他证据佐证，不具有证明力。

针对昊某公司、罗某提交的证据，本院的认证意见为：唯某公司对第一组的证据真实性无异议，本院确认该组证据的真实性。对第二组证据不予采信，昊某公司未提供原件核对，且某电子科技公司与昊某公司系关联公司，某电子科技公司出具的制造成本明细表等系其单方制作，无其他证据佐证。关于昊某公司和罗某提出的重复判赔问题，本院将根据唯某公司的赔偿请求，确定本案赔偿对应的被诉侵权产品。

唯某公司为证明其主张，向本院提交了 2 份新证据：1. 阿里旺旺聊天记录截图，拟证明昊某公司在本案一审判决作出后仍然在涉案 1688 平台店铺上销售被诉侵权产品。2. 通过可信时间戳认证取证的涉案 1688 平台店铺销售侵权产品的页面截图，拟证明直至 2024 年 3 月 19 日，昊某公司仍在实施侵害涉案专利权的行为。

昊某公司、罗某的质证意见为：认可上述证据的真实性，不认可其关联性，截图里出现的产品未能体现其内部结构，不能证明是构成侵权的产品。

针对唯某公司提交的证据，本院的认证意见为：鉴于昊某公司、罗某对该证据的真实性未提出异议，本院确认其真实性。

二审中，本院要求唯某公司披露全国范围内关联案件情况以及涉案专利被采取保全措施的情况。唯某公司向本院提交了《关联案件信息情况表》，以及一审法院（2023）粤 03 民初 4107 号民事判决书、广东省深圳市龙华区人民法院（以下简称龙华区人民法院）（2022）粤 0309 民初 17187 号（以下简称 17187 号）民事调解书、案外人深圳市移某互联科技有限公司（以下简称移某公司）向唯某公司转款 300000 元的国内支付业务收款回单等证据。昊某公司、罗某对上述证据未提出异议。

一审法院查明的事实基本属实，本院予以确认。

结合在案证据，本院另查明如下与争议焦点相关的事实：

一、与涉案专利有关的事实

昊某公司以及案外人某投资公司、某电子科技公司分别就涉案专利向国家知识产权局提出了无效宣告请求，具体情况如下：

2022 年 8 月 20 日，昊某公司针对涉案专利向国家知识产权局提出无效宣告请求，请求宣告涉案专利权利要求 1—7、9 无效。国家知识产权局于 2022 年 8 月 29 日受理，并于 2023 年 2 月 2 日进行了口头审理。

2023 年 6 月 28 日，案外人某投资公司针对涉案专利向国家知识产权局提出无效宣告请求，某投资公司在无效宣告请求书附页中认为：涉案专利权利要求 1—9 不具备创造性，请求宣告涉案专利权全部无效。针对权利要求 8 的附加技术特征，某投资公司向国家知识产权局提交了授权公告号为 CN20274××××U 的中国实用新型专利（以下简称 529 专利），认为该证据公开了水滴加湿器下壳体设置凹陷用于接收从上壳体滴下的水滴，并且凹陷与水箱连接，本领域技术人员容易想到权利要求 8 的附加技术特征，在其引用的权利要求 6 不具备创造性的基础上，权利要求 8 也不具备创造性。

2023 年 10 月 30 日，案外人某电子科技公司针对涉案专利向国家知识产权局提出无效宣告请求，某电子科技公司在无效宣告请求书附页中认为：涉案专利权利要求 1—9 不具备创造性，请求宣告涉案专利权全部无效。针对权利要求 8 的附加技术特征，某电子科技公司提交了 529 专利以及通过可信时间戳认证取证的网易视频“反重力水滴时钟，这是什么原理”。该视频的发布时间为 2021 年 2 月 17 日，视频下方的多个评论的发布时间均为 2021 年 2 月或 4 月。该视频显示，反重力水滴时钟的底部设置有尖锐凸起的起水峰，起水峰位于出水孔下方。某电子科技公司在无效宣告请求书附页中陈述：1. 529 专利公开的水滴加湿器下壳体设置凹陷用于接收从上壳体滴下的水滴，并且凹陷与水箱连接。在上述公开内容的基础上，本领域技术人员容易想到权利要求 8 的附加技术特征，在其引用的权利要求 6 不具备创造性的基础上，权利要求 8 也不具备创造性。2. “反重力水滴时钟，这是什么原理”视频公开了在下壳体设置起水峰，所述起水峰设有尖锐的凸起，所述起水峰设于出水孔下方。视频显示下落的水滴经过起水峰后流入水箱，因此起水峰必然与水箱连通。因此，上述视频或者视频结合公知常识公开了权利要求 8 的附加技术特征。

唯某公司提交的《关联案件信息情况表》显示，案外人东莞市某某电子科技有限公司、三某某（深圳）有限公司、惠州市某某电子科技有限公司也针对涉案专利，分别向国家知识产权局另案提出无效宣告请求。

案外人移某公司以唯某公司为被告向龙华区人民法院提起民间借贷纠纷，龙华区人民法院于2022年12月5日受理，案号为17187号。移某公司在17187号案中请求判令唯某公司偿还300000元借款。根据移某公司申请，龙华区人民法院作出（2022）粤0309执保7002号执行裁定，裁定对涉案专利采取保全措施。国家知识产权局为执行上述裁定，决定“自2023年1月10日至2026年1月10日对该专利协助执行财产保全”。移某公司和唯某公司在该民间借贷纠纷中达成和解，龙华区人民法院于2023年7月7日出具（2022）粤0309民初17187号民事调解书，主要内容为：唯某公司应于2026年8月1日前分三期将300000元通过银行转账支付给移某公司，第一期100000元于2024年8月1日前支付，第二期100000元于2025年8月1日前支付，第三期100000元于2026年8月1日前支付；移某公司收到全部款项后五个工作日内向龙华区人民法院申请解除财产保全措施。

移某公司向唯某公司转款300000元的国内支付业务收款回单载明，转款的时间为2022年7月8日，用途为借款。

因涉案专利在上述17187号案中被采取财产保全措施，针对涉案专利提起的相关专利无效行政程序目前均已被国家知识产权局中止。

二、被诉侵权产品的技术特征以及现有技术抗辩有关的事实

二审期间，本院组织双方对被诉侵权产品的相关技术特征进行了查明。拆解被诉侵权产品，可以观察到被诉侵权产品的外壳包括上部壳体和下部壳体，上部壳体和下部壳体通过两根对称的柱体连接。观察上部壳体内的结构设置，从上到下依次设有出雾孔、加湿装置、水滴发生装置、出水孔、起水峰、水泵，其中出雾孔、加湿装置、水滴发生装置、出水孔基本处于同一垂线方向。加湿装置与水滴发生装置通过螺钉固定在一起。加湿装置上层为一带有中心孔的圆形结构，中层为连接电线的小圆形部件，下层为连接水滴发生装置的方形部件，方形部件两侧分别设有水管连接其他部件，具体为一侧水管穿过同侧的柱体与水泵连接，一侧水管弯折连接到水滴发生装置。拆下水滴发生装置的螺丝，可以看到水滴发生装置包含一个与加湿装置连接的发生器部件、一个胶圈及一个下沉的容纳腔，容纳腔底部与出水孔相通。在出

水孔底部周边均匀设置有三个闪频灯。在出水孔的正下方设有尖锐凸起的起水峰，起水峰与水箱连通。水箱设置在下部壳体中，水箱通过连接水泵的水管与加湿装置和水滴发生装置连接。

昊某公司一审提交的现有技术抗辩证据包括：2020 年 7 月 5 日设计竞赛网中发布的“鲁某美术学院 2020 毕业季工业设计学院毕业作品”中展示的“反重力加湿器”产品设计图及设计说明。“设计说明”记载：这款 Gravity 加湿器，基于视觉错觉现象为人们带来别具一格的视觉交互体验。……水流柱分为三种模式：视觉上的上流、悬浮和下落。对于结构上的水滴悬浮倒流原理，是利用闪频灯的闪频与视觉暂存效果，通过灯光折射观察水流状态。拍摄以相同视觉间隔下落的水滴，是闪频灯闪动频率与水滴落下间隔时间维持统一频率，就能够得到人眼见到的水滴悬浮特效。

唯某公司认为，上述证据未公开“反重力加湿器”内部技术特征，未观察到或记载有加湿组件、水滴发生组件、闪频灯等技术特征，其中出水孔和出雾孔明显不在同一垂线上，无法与涉案专利技术方案形成一一对应关系。

三、与侵权赔偿有关的事实

唯某公司明确，本案被诉侵权期间为自 2022 年 7 月 7 日（公证购买被诉侵权产品的时间）至 2024 年 5 月 13 日（在案证据证明最晚销售被诉侵权产品的时间），侵权产品范围为昊某公司于前述期间制造并在涉案 1688 平台店铺许诺销售、销售的被诉侵权产品。昊某公司提出，本案只能就一审法庭辩论终结前，即 2023 年 5 月 30 日前的被诉侵权行为进行处理。

一审法院受理的（2023）粤 03 民初 4107 号唯某公司诉某投资公司、昊某公司侵害实用新型专利权纠纷一案中，唯某公司请求保护涉案专利权利要求 5—8，某投资公司自认被诉侵权产品利润率为 15%—30%。一审法院于 2023 年 11 月 13 日作出判决，认定某投资公司与昊某公司构成共同侵权，因另案（本案一审）已对制造行为进行判赔，该案的赔偿数额仅针对某投资公司的侵权产品销量进行计算，判决某投资公司、昊某公司停止侵权，连带赔偿唯某公司经济损失及合理支出 20000 元。某投资公司、昊某公司不服，向广东省高级人民法院提起上诉。广东省高级人民法院于 2024 年 8 月 19 日作出（2024）粤知民终 283 号民事判决：驳回上诉，维持原判。本案中，唯某公司主张参考某投资公司在上述案件中自认的侵权产品利润率来确定本案侵权产品的利润率。

应本院要求，唯某公司披露了涉及涉案专利的关联案件共 30 件。唯某公司二审中明确，将其支出的30000元律师费分摊至上述30件关联案件中，每案主张律师费1000元。本案另主张差旅费500元，公证费按照唯某公司提供的发票确定为1000元。

唯某公司成立于2019年12月30日，经营范围包括家用电器研发、电子产品销售、智能家庭消费设备销售等。本院依职权查明，根据国家知识产权局官网查询结果，唯某公司目前共有17件有效专利，包括发明1件，实用新型12件，外观设计4件。大部分专利涉及加湿器及其部件。

昊某公司成立于2020年5月27日，法定代表人为罗某，经营范围包括电子产品批发与销售；电子产品、电子元器件的批发与销售；经营电子商务等。

某投资公司成立于2010年5月4日，法定代表人郭某倩，经营范围包括电子产品、家用电器、数码产品的销售等。股东包括罗某、刘某胜、李某，罗某持有35%股权，担任公司监事。罗某与郭某倩系夫妻关系。

某电子科技公司成立于2021年4月21日，法定代表人原为罗某，2023年8月20日变更为刘某，公司经营范围包括研发、生产、加工、销售电子产品等。

本院认为：结合审理查明的事实和双方的诉辩主张，本案二审阶段的争议焦点为：1. 被诉侵权技术方案是否落入涉案专利权的保护范围；2. 现有技术抗辩能否成立；3. 如何确定侵权责任；4. 本案判决如何执行。

一、关于被诉侵权技术方案是否落入涉案专利权保护范围的问题

专利法第六十四条第一款规定："发明或者实用新型专利权的保护范围以其权利要求的内容为准，说明书及附图可以用于解释权利要求的内容。"《最高人民法院关于审理侵犯专利权纠纷案件应用法律若干问题的解释》第七条规定："人民法院判定被诉侵权技术方案是否落入专利权的保护范围，应当审查权利人主张的权利要求所记载的全部技术特征。被诉侵权技术方案包含与权利要求记载的全部技术特征相同或者等同的技术特征的，人民法院应当认定其落入专利权的保护范围；被诉侵权技术方案的技术特征与权利要求记载的全部技术特征相比，缺少权利要求记载的一个以上的技术特征，或者有一个以上技术特征不相同也不等同的，人民法院应当认定其没有落入专利权的保护范围。"

唯某公司以涉案专利权利要求2、3、5—8为依据提起本案诉讼。昊某公司主张，被诉侵权产品缺少涉案专利权利要求1中记载的"加湿组件""水

滴发生组件”，以及权利要求 5 中记载的“所述上部壳体与下部壳体通过柱体连接”的技术特征；认可被诉侵权技术方案具备涉案专利权利要求 2、3、5—8 记载的其他技术特征。唯某公司认为被诉侵权产品的上部壳体里存在加湿组件和水滴发生组件。涉案专利权利要求 5 中没有限定上部壳体和下部壳体通过柱体连接的方式是分离或一体成型，被诉侵权产品的上部壳体和下部壳体通过左右两侧柱体连接的方案在专利权的保护范围内。

本院认为，关于技术争点 1“加湿组件”“水滴发生组件”。昊某公司对被诉侵权产品具有加湿装置及水滴发生装置，能够实现出雾孔出雾、出水孔出水的技术效果未提出异议，仅主张其加湿装置与水滴发生装置为整体结构，不存在多个结构组成组件的特征。本院查明，被诉侵权产品具有加湿装置及水滴发生装置，加湿装置上层为一带有中心孔的圆形结构，中层为连接电线的小圆形部件，下层为连接水滴发生装置的方形部件，方形部件两侧分别设有水管连接其他部件，具体为一侧水管穿过同侧的柱体与水泵连接，一侧水管弯折连接到水滴发生装置；水滴发生装置包含一个与加湿装置连接的发生器部件、一个胶圈及一个下沉的容纳腔，容纳腔底部与出水孔相通。涉案专利权利要求 1 并未对“加湿组件”“水滴发生组件”的具体结构进行限定。被诉侵权产品的加湿装置及水滴发生装置，与涉案专利权利要求 1 记载的“加湿组件”“水滴发生组件”技术特征并无不同，故昊某公司关于技术争点 1 的主张不能成立。

关于技术争点 2“所述上部壳体与所述下部壳体通过柱体连接”。被诉侵权产品下部壳体中的水箱通过连接水泵的水管与加湿装置和水滴发生装置连接，而连接水泵的水管系通过一侧柱体自上而下穿行，被诉侵权产品的上部壳体与下部壳体通过柱体连接的方式落入涉案专利权的保护范围。因此，昊某公司的上诉意见不能成立，本院不予支持。

鉴于昊某公司对被诉侵权产品具备涉案专利权利要求 2、3、5—8 的其他技术特征未提出异议，对其他特征的对比意见本院不再赘述。

综上，被诉侵权技术方案包含涉案专利权利要求 2、3、5—8 记载的全部技术特征，落入涉案专利权的保护范围。一审判决对此认定并无不当，本院予以维持。

二、关于现有技术抗辩能否成立的问题

专利法第二十二条第五款规定：“本法所称现有技术，是指申请日以前在国内外为公众所知的技术。”第六十七条规定：“在专利侵权纠纷中，被控侵权人有证据证明其实施的技术或者设计属于现有技术或者现有设计的，不构成侵犯专利权。”《最高人民法院关于审理侵犯专利权纠纷案件应用法律若干问题的解释》第十四条第一款规定：“被诉落入专利权保护范围的全部技术特征，与一项现有技术方案中的相应技术特征相同或者无实质性差异的，人民法院应当认定被诉侵权人实施的技术属于专利法第六十二条规定的现有技术。”

本案中，昊某公司提交的现有技术证据为“反重力加湿器”产品设计图和设计说明，其公开时间为2020年7月，早于涉案专利的申请日2021年6月16日，可以作为现有技术使用。本院在先已经认定，被诉侵权技术方案具备涉案专利权利要求2、3、5—8的全部技术特征，依据上述规定，本案现有技术抗辩是否成立，需要分别审查被诉落入权利要求2、3、5—8保护范围的全部技术特征，与现有技术中的相应技术特征是否构成相同或无实质差异。二审中，本院组织双方对被诉侵权技术方案与现有技术方案进行了对比，围绕双方提出的意见，本院进行如下分析：

1. 关于现有技术中公开内容的认定。“反重力加湿器”产品设计图包含设计图及文字说明部分，公开了其中部有可以外视的水流柱，水流柱分为上流、悬浮和下落三种模式，出水孔周边设置有闪频灯，是利用闪频灯的闪频与视觉暂存效果，通过灯光折射观察水流状态，实现水滴悬浮倒流视觉效果。从产品设计图可以看出，外壳包括上部壳体和下部壳体，出雾孔、出水孔和闪频灯设于上部壳体，上部壳体与下部壳体通过圆形件连接。出雾孔位于出水孔的正上方，可得出出雾孔与出水孔设于同一垂线。此外，该作品为加湿器，顶部排出雾气对空气进行加湿，必然具有加湿组件，为了使得雾化后的水雾进入空气用于加湿空气，加湿组件必然与出雾孔连接。加湿器具有向下流出的水滴，因此，可以直接、毫无疑义地确定该现有设计具有水滴发生器，才能从加湿器顶部形成下落的水滴；水滴发生组件流出的水滴需要通过出水口流出，水滴发生组件必然与出水孔连接。

2. 关于被诉落入涉案专利权利要求2保护范围的全部技术特征。上述认定的内容公开了被诉落入权利要求1保护范围的全部技术特征。权利要求2引用权利要求1，附加技术特征为“出雾孔设于所述出水孔的正上方”，从“反重力加湿器”产品设计图中可以看出，出雾孔位于出水孔的正上方，与被诉落入权利要求2保护范围中的附加技术特征构成相同。可见，现有技术公开了被诉落入权利要求2保护范围的全部技术特征。

3. 关于被诉落入涉案专利权利要求 3 保护范围的全部技术特征。权利要求 3 引用权利要求 2，附加技术特征为“出雾孔、所述加湿组件、所述水滴发生组件、所述出水孔同一垂线的依次由上到下设置”。“反重力加湿器”产品设计图中虽然公开了出雾孔与出水孔同一垂线由上到下设置，但是由于加湿组件、水滴发生组件是内部结构，从产品设计图和文字说明中无法直接、毫无疑义地确定得出出雾孔、加湿组件、水滴发生组件、出水孔位于同一垂线。现有技术中相应技术特征与上述被诉落入权利要求 3 的技术特征不构成相同。但是，从“反重力加湿器”产品的工作原理来看，出雾孔、加湿组件、水滴发生组件、出水孔由上到下设置的方式与位于同一垂线，并无实质差异，而且，涉案专利也没有记载“同一垂线的依次由上到下设置”具有何种技术效果，因此，现有技术中相应技术特征与被诉落入权利要求 3 保护范围的全部技术特征构成相同或无实质差异。

4. 关于被诉落入涉案专利权利要求 5 保护范围的全部技术特征。权利要求 5 引用权利要求 1，附加技术特征为“还包括外壳，所述外壳包括上部壳体和下部壳体，所述出雾孔、所述加湿组件、所述水滴发生组件、所述出水孔和所述闪频灯设于所述上部壳体，所述上部壳体与所述下部壳体通过柱体连接”。“反重力加湿器”产品设计图公开的加湿器包括外壳，外壳包括上部壳体和下部壳体，出雾孔、出水孔和闪频灯设于上部壳体，上部壳体与下部壳体通过圆形件连接。从“反重力加湿器”产品的工作原理可以得出，出雾孔和出水孔必然分别与加湿组件和水滴发生组件连接，故加湿组件和水滴发生组件必然位于上部壳体。至于上部壳体与下部壳体之间，采用柱体连接，或是圆形件连接，二者无实质差异。现有技术中相应技术特征与被诉落入权利要求 5 保护范围的全部技术特征构成相同或无实质差异。

5. 关于被诉落入涉案专利权利要求 6 保护范围的全部技术特征。权利要求 6 引用权利要求 5，附加技术特征为“还包括水箱，所述水箱通过水管和水泵与所述加湿组件和所述水滴发生组件连接”。“反重力加湿器”产品设计图未能直接公开被诉落入权利要求 6 的附加技术特征。但是，根据“反重力加湿器”产品的工作状态，可以毫无疑义地得出加湿器必然具备水箱，以及将水箱里的水抽到上面出水孔的水泵及水管。因此，现有技术中相应技术特征与被诉落入权利要求 6 保护范围的全部技术特征构成相同或无实质差异。

6. 关于被诉落入涉案专利权利要求 7 保护范围的全部技术特征。权利要求 7 引用权利要求 6，附加技术特征为“所述水箱设于下部壳体”。产品设计图虽然没有直接公开被诉落入权利要求 7 的附加技术特征，但是根据“反重力加湿器”产品的整体结构以及使用状态，可以得出其具备位于下壳体内的水箱。因此，现有技术中相应技术特征与被诉落入权利要求 7 保护范围的全部技术特征构成相同或无实质差异。

综上，昊某公司有关权利要求 2、3、5、6、7 的现有技术抗辩成立。但是，“反重力加湿器”产品设计图未能公开被诉落入涉案专利权利要求 8 保护范围的附加技术特征“起水峰”，基于现有证据，昊某公司有关权利要求 8 的现有技术抗辩不能成立。

三、关于如何确定本案侵权责任的问题

专利法第十一条第一款规定：“发明和实用新型专利权被授予后，除本法另有规定的以外，任何单位或者个人未经专利权人许可，都不得实施其专利，即不得为生产经营目的制造、使用、许诺销售、销售、进口其专利产品，或者使用其专利方法以及使用、许诺销售、销售、进口依照该专利方法直接获得的产品。”根据《中华人民共和国民法典》第一百七十九条第一款的规定，承担民事责任的方式包括停止侵害、赔偿损失等。如前所述，昊某公司制造、许诺销售、销售被诉侵权产品，落入涉案专利权利要求 8 的保护范围，且其被诉落入权利要求 8 保护范围内的技术方案的现有技术抗辩不能成立，应认定其侵害了涉案专利权。结合唯某公司的主张，昊某公司、罗某应停止制造、许诺销售、销售被诉侵权产品的行为，销毁库存侵权产品，并承担赔偿唯某公司损失的民事责任。

专利法第七十一条第一款、第二款、第三款规定：“侵犯专利权的赔偿数额按照权利人因被侵权所受到的实际损失或者侵权人因侵权所获得的利益确定；权利人的损失或者侵权人获得的利益难以确定的，参照该专利许可使用费的倍数合理确定。对故意侵犯专利权，情节严重的，可以在按照上述方法确定数额的一倍以上五倍以下确定赔偿数额。权利人的损失、侵权人获得的利益和专利许可使用费均难以确定的，人民法院可以根据专利权的类型、侵权行为的性质和情节等因素，确定给予三万元以上五百万元以下的赔偿。赔偿数额还应当包括权利人为制止侵权行为所支付的合理开支。”

关于损害赔偿数额如何确定的问题。唯某公司二审中进一步明确了其赔偿请求针对的侵权产品。由于昊某公司不同意在二审阶段对一审法庭辩论终结后的被诉侵权行为进行审理，因此，本院仅就昊某公司在一审法庭辩论终结前，即 2023 年 5 月 30 日前制造，并通过涉案 1688 平台店铺销售的被诉侵权产品，确定损害赔偿数额。对于此后的被诉侵权行为，唯某公司可以另行主张权利。

本院在确定本案的赔偿数额时考虑以下因素：1. 关于侵权行为的性质。本案中被诉侵权产品由昊某公司制造，并在其经营的涉案 1688 平台店铺上许诺销售、销售。2. 关于侵权产品的数量。根据在案证据，自唯某公司公证购买被诉侵权产品之日 2022 年 7 月 7 日至 2023 年 5 月 30 日，昊某公司对涉案专利权实施了持续的侵权行为，共计 11 个月。昊某公司主张其在涉案 1688 平台店铺上销售侵权产品的数量很少，但并未提供实际销售数量的证据。故本院参考唯某公司取证当时该店铺的销售数量，即公证取证页面显示的“30 天内 10+个成交”，确定侵权行为发生期间的总的销售数量。3. 关于侵权产品的销售价格和合理利润。根据唯某公司提供的证据，被诉侵权产品在昊某公司经营的涉案 1688 平台店铺的售价根据起批量变化分别有 140 元、150 元、179 元，取其平均价格约为 156 元。由于各方均未提供涉案被诉侵权产品合理的利润率，本院参考加工行业平均利润率及某投资公司自认侵权产品利润率，合理确定侵权产品的利润。此外，还要考虑本案现有技术抗辩的情况，合理确定涉案专利与现有技术的区别及其对整个被诉侵权产品的贡献率。综合考虑上述因素，本院将本案赔偿数额确定为 7500 元。

根据专利法第七十一条第三款规定，赔偿数额还应当包括权利人为制止侵权行为所支付的合理开支。本案中，唯某公司主张律师费 1000 元、差旅费 500 元、公证费 1000 元，共计 2500 元，有相应证据支持，属于唯某公司维权的合理开支，本院予以支持。

综上，本院基于二审进一步查明的事实，将一审判决确定的赔偿数额调整为，昊某公司、罗某连带赔偿唯某公司经济损失 7500 元、合理开支 2500 元，共计 10000 元。

四、关于本判决如何执行的问题

应当指出的是，涉案专利为实用新型专利，没有经过实质审查。对实用新型专利权提起无效宣告请求是被诉侵权人的重要抗辩理由。对于因涉案专利被采取财产保全措施而导致专利无效行政程序中止，使得在专利侵权诉讼二审判决前无法作出无效审查决定的，人民法院可以根据案件具体情况，对二审判决的执行作出相应的安排，包括对停止侵害、赔偿损失等判项的执行附加必要的条件，以合理平衡各方当事人的利益。涉案专利被采取财产保全，虽系因专利权人与案外人的纠纷所引起，但相对于专利权人和被诉侵权人之间的法律关系而言，显然及时解除财产保全的责任在于专利权人，不能让被诉侵权人对此承担可能的不利后果。同时，人民法院也要防止因专利权人自身的原因导致专利无效行政程序被恶意中止等不诚信行为的发生。

考虑本院有关现有技术抗辩的前述认定，以及案外人某投资公司、某电子科技公司在专利无效行政程序中已经针对涉案专利权利要求 8 提出了具体的无效理由和证据，涉案专利权利要求 8 存在被宣告无效的高度可能性。针对涉案专利的无效审查决定的认定可能给相关侵权民事案件的审理以及本案判决的执行造成重大影响。更为重要的是，唯某公司名下拥有 17 项有效专利，而唯某公司完全由于其自身的原因，通过调解书的相关内容将针对涉案专利权的财产保全措施明显不合理地延迟至 2026 年，导致涉案专利的无效行政程序无法进行，必然导致本案当事人的重大利益失衡。唯某公司的此种行为明显不合常理，违背诚信原则，不能被本院认同。因此，本院将唯某公司据以提起诉讼的专利权利要求被国家知识产权局审查后作出维持有效的审查决定作为本案二审判决能够执行的前提条件，并对期间的债务利息等一并安排如下：

第一，国家知识产权局未就针对涉案专利权利要求 8 提出的无效宣告请求作出维持有效的审查决定之前，昊某公司、罗某可以暂不履行本判决确定的停止侵害、赔偿损失等责任。

第二，国家知识产权局就针对涉案专利权利要求 8 提出的无效宣告请求作出维持有效的审查决定后，唯某公司可将该审查决定立即通知昊某公司、罗某，昊某公司、罗某接到通知后应立即履行本判决确定的停止侵害的判项内容，并自通知之日起七日内履行本判决确定的金钱给付义务。

第三，自本判决送达昊某公司、罗某之日起，至昊某公司、罗某依照前述第二项唯某公司通知之日起七日内履行本判决确定的金钱给付义务之日止，昊某公司、罗某应当以全国银行间同业拆借中心公布的同期贷款市场报价利率计付利息。昊某公司、罗某自唯某公司通知之日起七日后，仍未履行本判决确定的金钱给付义务，应当依照《中华人民共和国民事诉讼法》第二百六十四条规定，加倍支付迟延履行期间的债务利息。

第四，如果国家知识产权局就针对涉案专利权利要求 8 提出的无效宣告请求作出宣告无效的审查决定且该审查决定已确定发生法律效力的，本判决不再执行，本案昊某公司、罗某已负担的一、二审案件受理费由唯某公司负责返还。

第五，如果国家知识产权局就针对涉案专利权利要求8提出的无效宣告请求作出维持有效的审查决定，唯某公司可以就昊某公司、罗某自本判决送达后实施的侵权行为另行主张权利。

基于上述安排，对于昊某公司向本院提出的中止诉讼的请求，本院不予支持。

综上所述，昊某公司的上诉请求部分成立，应予部分支持。一审判决认定事实基本清楚，裁判结果并无明显不当，基于二审新查明的事实和涉案专利权的具体情况，本院予以部分改判。依照《中华人民共和国专利法》第十一条第一款，第二十二条第五款，第六十四条第一款，第六十七条，第七十一条第一款、第二款、第三款；《最高人民法院关于审理侵犯专利权纠纷案件应用法律若干问题的解释》第七条，第十四条第一款；《最高人民法院关于审理专利纠纷案件适用法律问题的若干规定》第十四条；《中华人民共和国民事诉讼法》第一百七十七条第一款第二项规定，判决如下：

一、维持广东省深圳市中级人民法院（2022）粤03民初7208号民事判决第三项。

二、变更广东省深圳市中级人民法院（2022）粤03民初7208号民事判决第一项为：深圳市昊某电子科技发展有限公司、罗某应于本判决确定的履行条件成就后，停止侵害专利号为20212133××××.0、名称为“一种反重力水滴加湿器”的实用新型专利权的行为，并销毁库存侵权产品。

三、变更广东省深圳市中级人民法院（2022）粤03民初7208号民事判决第二项为：深圳市昊某电子科技发展有限公司、罗某应于本判决确定的履行条件成就后，向深圳市唯某科技有限公司连带赔偿经济损失7500元、维权合理开支2500元，共计10000元。

四、驳回深圳市昊某电子科技发展有限公司的其他上诉请求。

国家知识产权局未就针对涉案专利权利要求8提出的无效宣告请求作出维持有效的审查决定之前，深圳市昊某电子科技发展有限公司、罗某可以暂不履行本判决第二项、第三项。国家知识产权局就针对涉案专利权利要求8提出的无效宣告请求作出维持有效的审查决定后，深圳市唯某科技有限公司可将该审查决定立即通知深圳市昊某电子科技发展有限公司、罗某，深圳市昊某电子科技发展有限公司、罗某接到通知后应立即履行本判决第二项，并自通知之日起七日内履行本判决第三项。国家知识产权局就针对涉案专利权利要求8提出的无效宣告请求作出宣告无效的审查决定且该审查决定已确定发生法律效力的，本判决不再执行，本案深圳市昊某电子科技发展有限公司、罗某已负担的一、二审案件受理费由深圳市唯某科技有限公司负责返还。

自本判决送达深圳市昊某电子科技发展有限公司、罗某之日起，至深圳市昊某电子科技发展有限公司、罗某在深圳市唯某科技有限公司通知之日起七日内履行本判决第三项之日止，深圳市昊某电子科技发展有限公司、罗某应当以全国银行间同业拆借中心公布的同期贷款市场报价利率计付债务利息。深圳市昊某电子科技发展有限公司、罗某自收到深圳市唯某科技有限公司上述通知之日起七日后，仍未履行本判决第三项，应当依照《中华人民共和国民事诉讼法》第二百六十四条规定，加倍支付迟延履行期间的债务利息。

一审案件受理费4300元，由深圳市唯某科技有限公司负担4085元，深圳市昊某电子科技发展有限公司、罗某负担215元；二审案件受理费3300元，由深圳市唯某科技有限公司负担3080元，深圳市昊某电子科技发展有限公司、罗某负担220元。

本判决为终审判决。

审　判　长　雷艳珍
审　判　员　梁　琼
审　判　员　任小明
二〇二四年十二月二十四日
法官助理　赵如如
书　记　员　任　聪

4. 宣告专利权无效的审查决定作出后已执行的专利侵权判决的处理

——再审申请人东莞市宸某电子科技有限公司与被申请人周某、一审被告福州万某天悦电子科技有限公司、深圳市诺某通讯有限公司侵害实用新型专利权纠纷案①

中华人民共和国最高人民法院民事判决书（2024）最高法知民再1号

再审申请人（一审被告）：东莞市宸某电子科技有限公司。住所地：广东省东莞市清溪镇。

法定代表人：伍某。

被申请人（一审原告）：周某。

委托诉讼代理人：陈洵，江苏苏秦律师事务所律师。

一审被告：福州万某天悦电子科技有限公司。住所地：福建省福州市晋安区。

法定代表人：陈某书。

一审被告：深圳市诺某通讯有限公司。住所地：广东省深圳市龙岗区。

法定代表人：张某萍。

再审申请人东莞市宸某电子科技有限公司（以下简称宸某公司）因与被申请人周某以及一审被告福州万某天悦电子科技有限公司（以下简称万某公司）、深圳市诺某通讯有限公司（以下简称诺某公司）侵害实用新型专利权纠纷一案，不服福建省福州市中级人民法院（以下简称一审法院）于2021年8月18日作出的（2021）闽01民初705号民事判决，向本院申请再审。本院于2024年12月2日作出（2023）最高法知民申11号民事裁定，提审本案。本案提审后，本院依法组成合议庭，于2024年12月21日公开开庭审理

① 本案在年度报告中的位置为第10页。

了本案。再审申请人宸某公司的法定代表人伍某、被申请人周某的委托诉讼代理人陈洵到庭参加诉讼。一审被告万某公司、诺某公司经本院传票传唤无正当理由未到庭参加诉讼，不影响本案的审理。本案现已审理终结。

宸某公司向本院申请再审，请求：1. 依法再审本案，撤销一审判决，驳回周某的诉讼请求；2. 案件受理费由周某负担。事实和理由：国家知识产权局于2022年11月14日作出第59187号无效宣告请求审查决定书（以下简称第59187号决定），宣告专利号为201922432061.6、名称为“可折叠移动终端支架”的实用新型专利（以下简称涉案专利）权全部无效，即涉案专利权自始无效，宸某公司不构成侵权，无须承担侵权责任。

周某辩称：1. 一审法院于2022年2月18日受理本案一审判决执行案件，执行期限最长为6个月，故第59187号决定作出时一审判决已执行，该决定对一审判决不具有追溯力。2. 周某已于2022年3月29日收到万某公司缴纳的执行款，第59187号决定对万某公司亦不具有追溯力。

万某公司未作陈述。

诺某公司未作陈述。

周某向一审法院起诉请求：1. 判令万某公司立即停止销售侵害涉案专利权的产品，并销毁库存侵权产品；2. 判令宸某公司、诺某公司立即停止制造、销售侵害涉案专利权的产品，并销毁库存侵权产品；3. 判令万某公司、宸某公司、诺某公司赔偿周某经济损失及维权合理开支共150000元；4. 判令万某公司、宸某公司、诺某公司负担本案诉讼费用。

一审法院认定事实：

2019年12月30日，周某向国家知识产权局申请涉案专利，2020年10月30日获得授权。

涉案专利的权利要求书载有10项权利要求，本案中，周某以涉案专利权利要求1主张权利。

2021年2月3日，周某的委托代理人陈洵向江苏省苏州市吴江公证处申请对网上购物过程进行证据保全公证。当日，在该公证处公证员的监督下，陈洵使用公证处电脑购买被诉侵权产品，该公证处对整个交易过程进行公证，并出具（2021）苏苏吴江证字第1156号公证书（以下简称第1156号公证书）。第1156号公证书显示“×××专卖店”店铺的经营者为万某公司，公证购买产品页面显示“生产企业：深圳市诺某通讯有限公司”，购买产品付款48元，寄送至“江苏×××丰巢快递柜，收件人：徐某”。

2021年2月5日，陈某向江苏省苏州市吴江公证处申请对现场收货过程进行证据保全公证，并取得照片12张，该公证处据此出具（2021）苏苏吴江证字第1157号公证书（以下简称第1157号公证书）。第1157号公证书所附照片显示：快递包裹面单收件信息为“徐某 江苏省×××丰巢快递柜”；寄件信息为“陈某书——×××闽台创意园10楼×××”。

一审庭审中，周某提供了上述公证封存实物，在确认封存完好的情况下进行了拆封，内装手机壳支架等物品与第1157号公证书对应的封存物品一致，万某公司确认该手机壳支架系其销售。经比对，周某认为，该产品采用的技术方案与涉案专利权利要求1的技术方案相同，落入涉案专利权利要求1的保护范围。万某公司、诺某公司认为，被诉侵权技术方案不落入涉案专利权利要求1的保护范围。

万某公司提出上述手机壳支架来源于宸某公司，并提交《供货合同》《专利许可合同》以及“一种折叠式支架手机壳”的实用新型专利证书、微信聊天记录、对账单、销售单和转账凭证。上述证据材料显示，2020年8月10日，宸某公司作为甲方、万某公司作为乙方签订的《供货合同》，约定由甲方向乙方提供其生产经销的自有专利产品供乙方销售等内容。万某公司提交的2020年8月至10月其与宸某公司的《对账单》显示，8月1日至10月31日销售商品金额共计20775元。2020年11月24日，万某公司向宸某公司指定账户付款20775元。

另查明，万某公司成立于2016年5月27日，类型为有限责任公司，法定代表人为陈某书，经营范围包括通信产品、数码配件等批发、代购代销及网上销售等。宸某公司成立于2019年2月12日，类型为有限责任公司，经营范围包括研发、销售、网上销售电子产品、塑胶制品等。诺某公司成立于2011年3月29日，类型为有限责任公司，经营范围包括销售锂电池、充电器、通信产品等。

一审法院认为，被诉侵权技术方案落入涉案专利权利要求1的保护范围。万某公司未经专利权人许可，以营利为目的在其经营的网店展示、销售了被诉侵权产品，但其提交证据证明其销售的被诉侵权产品来源于宸某公司，在宸某公司未提供其他证据证明被诉侵权产品来源的情况下，一审法院推定被诉侵权产品系由宸某公司制造并销售给万某公司。另，在案证据并不足以证明被诉侵权产品来源于诺某公司，也未有证据证明诺某公司制造了被诉侵权产品，周某针对诺某公司提出的诉讼请求不予支持。

一审法院依照2008年修正的《中华人民共和国专利法》（以下简称专利法）第十一条第一款、第五十九条第一款、第七十条，《中华人民共和国民法典》第一百七十九条，2017年修正的《中华人民共和国民事诉讼法》第一百四十四条之规定，判决："一、福州万某天悦电子科技有限公司应于本判决生效之日起立即停止销售侵害'可折叠移动终端支架'（专利号：201922432061.6）实用新型专利权的产品并销毁库存；二、东莞市宸某电子科技有限公司应于本判决生效之日起立即停止生产、销售侵害'可折叠移动终端支架'（专利号：201922432061.6）实用新型专利权的产品并销毁库存；三、福州万某天悦电子科技有限公司应于本判决生效之日起十日内支付周某为制止侵权所支出的合理费用共计2000元；四、东莞市宸某电子科技有限公司应于本判决生效之日起十日内赔偿周某经济损失以及为制止侵权所支出的合理费用共计30000元；五、驳回周某的其他诉讼请求。如果未按本判决指定的期间履行给付金钱义务，应当依照《中华人民共和国民事诉讼法》第二百五十三条的规定，加倍支付迟延履行期间的债务利息。案件受理费3300元，由周某负担1300元，由东莞市宸某电子科技有限公司负担2000元。"

一审判决送达各方当事人后，各方当事人均未提起上诉。

再审期间，宸某公司向本院提交如下证据：

1.（2022）闽01执284号告知书；2. 云快贷借款合同；3. 微信聊天记录截图；4. 缴纳执行款转款记录；5.（2022）闽01执284号通知书。拟共同证明宸某公司及其法定代表人伍某被采取限制消费的执行措施，为了办理即将到期贷款的续贷业务，向一审法院缴纳了一审判决确定的赔偿款项。6. 中国建设银行付款凭证，拟证明宸某公司已交纳再审案件受理费。

周某的质证意见为：认可证据1—6的真实性、合法性及关联性，对其证明目的不予认可。

万某公司及诺某公司未发表质证意见。

本院的认证意见为：对证据1—5的真实性、合法性、关联性予以认可，对其证明力将结合本案事实作出综合认定。对证据6的真实性、合法性予以认可，但该证据与双方争议事实无关，故对其关联性不予认可。

周某向本院提交如下证据：1.（2022）闽01执284号案件受理通知书；2. 2022年3月29日一审法院向周某账户汇兑入账截图。拟共同证明周某申请执行日早于第59187号决定生效日，且周某于2022年3月29日收到一审法院发放的万某公司缴纳的执行款，第59187号决定对一审判决无追溯力。

宸某公司的质证意见为：认可证据 1、2 的真实性、合法性，但不认可证据 1、2 的关联性及证明目的。

万某公司及诺某公司未发表质证意见。

本院的认证意见为：对证据 1—2 的真实性、合法性及关联性予以认可，对其证明力将结合本案事实作出综合认定。

一审查明的事实基本属实，本院予以确认。

本院另查明：

1. 国家知识产权局于 2022 年 11 月 14 日作出第 59187 号决定，宣告涉案专利权全部无效，各方当事人均未在法定期限内就该决定向人民法院提起行政诉讼。

2. 一审法院于 2021 年 8 月 18 日作出本案一审判决，2021 年 8 月 31 日送达万某公司、诺某公司，2021 年 9 月 1 日送达宸某公司，2021 年 9 月 3 日送达周某，各方当事人均未上诉。

3. 一审法院于 2022 年 2 月 18 日受理周某的执行申请，周某于 2022 年 3 月 29 日收到万某公司缴纳的执行款 2000 元。

4. 2022 年 4 月 2 日，一审法院向宸某公司发出限制消费令，对宸某公司及其法定代表人伍某采取限制消费措施。

5. 针对第 59187 号决定，本院多次向周某释明无效宣告审查决定的法律效力，并向其告知宸某公司因被采取限制消费措施而不能续贷的情况，周某明确表示坚决不撤回针对一审判决的强制执行申请。

6. 2024 年 10 月 31 日，宸某公司向一审法院缴纳款项 35356 元，一审法院于 2024 年 11 月 8 日作出（2022）闽 01 执 284 号通知书，其中载明，被执行人宸某公司的法定代表人伍某向一审法院缴纳款项 35356 元，经与申请执行人周某确认并向周某发放 33356 元后，周某同意结案，（2021）闽 01 民初 705 号民事判决确定的执行款已履行完毕，解除对被执行人宸某公司限制消费措施。2024 年 12 月 25 日，周某收到宸某公司缴纳的执行款 33356 元。

以上事实有第 59187 号决定、一审判决送达记录、（2022）闽 01 执 284 号案件受理通知书、一审法院向周某账户汇兑入账截图、伍某缴纳执行款的转款记录、周某收到宸某公司缴纳执行款 33356 元的情况说明、一审法院（2022）闽 01 执 284 号告知书、（2022）闽 01 执 284 号通知书、本院与周某谈话的电话记录等在案佐证。

本院再审认为，本案被诉侵权行为发生于 2009 年 10 月 1 日以后、2021

年6月1日以前，故本案适用2008年修正的《中华人民共和国专利法》。根据查明的事实和双方当事人的诉辩主张，本案再审的争议焦点是：宣告涉案专利权无效的决定对本案一审判决是否具有追溯力。

《中华人民共和国民事诉讼法》第二百四十四条规定："执行完毕后，据以执行的判决、裁定和其他法律文书确有错误，被人民法院撤销的，对已被执行的财产，人民法院应当作出裁定，责令取得财产的人返还；拒不返还的，强制执行。"《最高人民法院关于人民法院执行工作若干问题的规定（试行）》第六十五条规定："在执行中或执行完毕后，据以执行的法律文书被人民法院或其他有关机关撤销或变更的，原执行机构应当依照民事诉讼法第二百三十三条的规定，依当事人申请或依职权，按照新的生效法律文书，作出执行回转的裁定，责令原申请执行人返还已取得的财产及其孳息。拒不返还的，强制执行。执行回转应重新立案，适用执行程序的有关规定。"但是，宣告专利权无效的决定对已经生效的专利侵权判决并不当然产生追溯力。《中华人民共和国专利法》第四十七条第一款规定："宣告无效的专利权视为自始即不存在。"基于此，权利人基于专利获得的利益属于不当得利，应当予以返还。但是，为维护既有秩序，《中华人民共和国专利法》第四十七条第二款规定："宣告专利权无效的决定，对在宣告专利权无效前人民法院作出并已执行的专利侵权的判决、调解书，已经履行或者强制执行的专利侵权纠纷处理决定，以及已经履行的专利实施许可合同和专利权转让合同，不具有追溯力。"即将专利权无效前已经履行完毕的不当得利予以正当化。与此同时，《中华人民共和国专利法》第四十七条第二款但书和第三款又从公平原则出发，对此种正当化范围予以限缩："但是因专利权人的恶意给他人造成的损失，应当给予赔偿。依照前款规定不返还专利侵权赔偿金、专利使用费、专利权转让费，明显违反公平原则的，应当全部或者部分返还。"

本案中，第59187号决定宣告涉案专利权全部无效，各方当事人均未就该决定在法定期限内提起行政诉讼。根据《中华人民共和国专利法》第四十七条第一款的规定，涉案专利权视为自始即不存在，周某在本案中的侵权指控因缺乏权利基础而不成立，其诉讼请求应予驳回。一审法院依周某申请已经对被诉侵权人宸某公司和万某公司就一审判决所确定的金钱给付义务执行完毕，对于两被诉侵权人的已被执行款项，人民法院均可以依当事人申请或者依职权进行执行回转，责令周某返还已取得的本金及其孳息。

首先，在第59187号决定确定生效，涉案专利权自始全部无效的情况下，经本院反复释明，周某坚决不撤回针对一审判决的强制执行申请，致使宸某公司为解除限制消费措施而缴纳执行款项，进而会引发后续执行回转程序的启动，周某的行为明显有违诉讼诚信。

其次，宸某公司系在第59187号决定作出日之后向一审法院缴纳了执行款项，即相关执行行为系在无效决定作出日之后完成，不属于专利法第四十七条第二款规定的无效宣告决定对生效的专利侵权判决不具有追溯力的例外情形。宸某公司可在本判决生效后，根据《中华人民共和国民事诉讼法》第二百四十四条、《最高人民法院关于人民法院执行工作若干问题的规定（试行）》第六十五条之规定，向一审法院申请执行回转，或者由一审法院依职权启动执行回转程序，责令周某向宸某公司返还已取得的财产及孳息。

最后，万某公司系在第59187号决定作出日之前缴纳了执行款项，即相关执行行为系在无效决定作出日之前完成，若适用专利法第四十七条第二款的规定，则第59187号决定对一审判决针对万某公司的侵权判项不具有追溯力。由此产生的问题是，较之宸某公司，万某公司对一审判决的积极履行行为反而给其合法权益带来消极影响，使其本不应该缴纳的执行款项不能执行回转，显然有失公平。如前所述，《中华人民共和国专利法》第四十七条第二款立足于社会经济秩序稳定性的维护，对已经履行或执行完毕的专利侵权判决、调解书、处理决定、实施许可和转让合同等作出例外规定，使其免受专利无效宣告决定的追溯而被撤销。但是，对于涉及多个被诉侵权人的专利侵权判决，如果仅由于不同被诉侵权人的赔偿义务执行时间不同导致对该条款适用与否的区分，令积极履行者承担不能执行回转的不利后果，客观上会引发鼓励消极履行、迟延履行甚至不履行的效果，既不利于专利权的保护，亦有损诉讼诚信体系的建设。此时，应当从公平原则出发，积极适用专利法第四十七条第三款的规定，启动执行回转程序，平等保护各方当事人的合法权益。本案中，针对万某公司的已被执行的财产，可以适用专利法第四十七条第三款的规定予以执行回转，万某公司亦可在本判决生效后，根据民事诉讼法第二百四十四条、《最高人民法院关于人民法院执行工作若干问题的规定（试行）》第六十五条之规定，向一审法院申请执行回转，或者由一审法院依职权启动执行回转程序，责令周某向万某公司返还已取得的财产及孳息。

综上所述，一审判决认定侵权成立的权利基础已经不复存在，本案一审判决应当依法撤销，周某的诉讼请求应当依法驳回，其已经取得的执行财产及孳息应当予以返还。

本院依照《中华人民共和国专利法》第四十七条，《中华人民共和国民事诉讼法》第二百一十八条、第二百四十四条，《最高人民法院关于适用〈中华人民共和国民事诉讼法〉的解释》第四百零五条、第四百七十四条之规定，判决如下：

一、撤销福建省福州市中级人民法院（2021）闽01民初705号民事判决；

二、驳回周某的全部诉讼请求。

周某应在本判决生效之日起七日内向东莞市宸某电子科技有限公司返还33356元以及资金占用损失（以33356元为基数，自2024年12月25日起至实际付清之日止，按照同期全国银行间同业拆借中心公布的一年期贷款市场报价利率计算）；周某应在本判决生效之日起七日内向福州万某天悦电子科技有限公司返还2000元以及资金占用损失（以2000元为基数，自2022年3月29日起至实际付清之日止，按照同期全国银行间同业拆借中心公布的一年期贷款市场报价利率计算）。

一审案件受理费3300元，由周某负担；东莞市宸某电子科技有限公司交纳的再审案件受理费550元，由周某负担，周某应于本判决生效之日起七日内向本院交纳再审案件受理费。

本判决为终审判决。

审 判 长　吴　蓉
审 判 员　黄　睿
审 判 员　李　晨
二〇二四年十二月二十五日
法官助理　董　红
书 记 员　丁成媛

5. 仿制药申请人于专利信息登记前作出一类声明的处理

——上诉人瑞士安某有限责任公司与被上诉人石某药业有限公司确认是否落入专利权保护范围纠纷案①

中华人民共和国最高人民法院民事裁定书（2023）最高法知民终1593号

上诉人（一审原告）：瑞士安某有限责任公司。住所地：瑞士联邦楚格州。

代表人：吉某，该公司常务董事会主席。

委托诉讼代理人：吴立，北京市立方律师事务所律师。

委托诉讼代理人：刘庆辉，北京安杰世泽律师事务所律师。

被上诉人（一审被告）：石某药业有限公司。住所地：中华人民共和国河北省石家庄市。

法定代表人：孙某，该公司总经理。

委托诉讼代理人：唐铁军，北京市万慧达律师事务所专利代理师。

委托诉讼代理人：胡洪慧，北京市万慧达律师事务所专利代理师。

上诉人瑞士安某有限责任公司因与被上诉人石某药业有限公司确认是否落入专利权保护范围纠纷一案，不服中华人民共和国北京知识产权法院（以下简称一审法院）于2023年5月19日作出的（2022）京73民初1217号民事裁定（以下简称一审裁定），向本院提起上诉。本院于2023年9月1日立案后，依法组成合议庭，并于2023年9月21日询问当事人。上诉人瑞士安某有限责任公司的委托诉讼代理人吴立、刘庆辉及被上诉人石某药业有限公司的委托诉讼代理人唐铁军、胡洪慧到庭参加询问。本案现已审理终结。

瑞士安某有限责任公司向一审法院提起诉讼，请求确认石某药业有限公司申请注册的受理号为CYHS××××721国、规格为10mg的阿普米司特片仿制药（以下简称涉案仿制药）的技术方案落入专利号为2006××××7407.4、名

① 本案在年度报告中的位置为第13页。

称为“（+）-2-［1-（3-乙氧基-4-甲氧基苯基）-2-甲磺酰基乙基］-4-乙酰氨基异吲哚啉-1，3-二酮、其合成方法及其组合物”的发明专利（以下简称涉案专利）权利要求15、16、22—27的保护范围。事实和理由为：瑞士安某有限责任公司系涉案专利的专利权人。瑞士安某有限责任公司向中华人民共和国国家药品监督管理局（以下简称国家药品监督管理局）提出商品名为“欧泰乐”、规格为10mg的阿普米司特片（以下简称涉案原研药）的化学药品上市申请，其药品批准证明文件待领取信息于2021年8月16日在国家药品监督管理局官网上发布。涉案专利作为涉案原研药的相关专利，其专利信息已于2021年9月13日在中国上市药品专利信息登记平台（以下简称专利信息登记平台）进行了登记并于同日公布。石某药业有限公司向国家药品监督管理局提交了涉案仿制药的药品上市许可申请。2021年9月10日，涉案仿制药的上市许可申请被受理。针对涉案仿制药，石某药业有限公司在专利信息登记平台作出了一类声明。2021年9月17日，专利信息登记平台公开了涉案仿制药的专利声明。在涉案专利作为涉案原研药的相关专利已经在专利信息登记平台登记，且石某药业有限公司知晓这一事实的情况下，石某药业有限公司有义务更正其已作出的一类声明，但其并未作出更正，故石某药业有限公司作出的一类声明系错误声明。瑞士安某有限责任公司于2022年10月31日具函询问石某药业有限公司是否有意愿明确承诺在涉案专利权期限届满前暂不上市涉案仿制药。瑞士安某有限责任公司于2022年11月3日收到石某药业有限公司的邮件回复，回复中明确拒绝作出上述承诺。因此，本案不属于三类声明，而应属于四类声明的情形，符合受理条件。

石某药业有限公司一审辩称：1. 根据《药品专利纠纷早期解决机制实施办法（试行）》（以下简称药品专利纠纷实施办法）第七条的规定，药品上市许可申请人作出四类声明是本案的起诉条件，而石某药业有限公司在专利信息登记平台作出的是一类声明，不符合立案条件。2. 针对石某药业有限公司申请的涉案仿制药，目前虽有登记公示的专利信息，但该专利信息的公开时间晚于石某药业有限公司声明的作出时间。石某药业有限公司作出一类声明不存在过错，符合现行相关法律规定，并尽到了合理谨慎的注意义务。3. 石某药业有限公司已经作出一类声明，在现有法律没有规定需要变更专利声明的情况下，石某药业有限公司没有变更声明的义务。综上，瑞士安某有限责任公司的起诉不符合法定条件，请求驳回瑞士安某有限责任公司的起诉。

一审法院认定如下事实：

涉案专利申请日为2003年3月20日，授权公告日为2010年5月12日，专利权人为瑞士安某有限责任公司。一审立案时，涉案专利权处于有效状态。

涉案原研药的通用名为阿普米司特片，商品名为欧泰乐，化学药品注册分类为5.1类，剂型为片剂，规格为10mg，适应症为银屑病，药品批准证明文件待领取信息于2021年8月16日在国家药品监督管理局官网发布，批准文号为国药准字HJ××××0065。

专利信息登记平台显示，瑞士安某有限责任公司于2021年9月13日将涉案专利作为涉案原研药的相关专利进行了登记，登记的权利要求为15、16、22—27。

专利信息登记平台显示，针对涉案仿制药，国家药品监督管理局于2021年9月10日受理了石某药业有限公司提出的注册申请，受理号为CYHS××××721国，剂型为片剂，规格为10mg。针对涉案专利，石某药业有限公司在专利信息登记平台作出一类声明，即专利信息登记平台中没有涉案原研药的相关专利信息。

一审庭审中，石某药业有限公司认可涉案仿制药的技术方案落入涉案专利权利要求15、16、22—27的保护范围。

一审法院认为：本案为瑞士安某有限责任公司依据《中华人民共和国专利法》（以下简称专利法）第七十六条第一款规定提出的确认是否落入专利权保护范围之诉。石某药业有限公司对于涉案仿制药的技术方案落入涉案专利权利要求15、16、22—27的保护范围不持异议，但认为因其在专利信息登记平台上所作声明为一类声明，而非四类声明，故本案不符合受理条件，应驳回瑞士安某有限责任公司的起诉。

根据《最高人民法院关于审理申请注册的药品相关的专利权纠纷民事案件适用法律若干问题的规定》（以下简称药品专利纠纷司法解释）第三条及药品专利纠纷实施办法第六条的规定，四类声明是此类案件的受理条件之一。瑞士安某有限责任公司之所以在药品专利纠纷司法解释明确将四类声明规定为受理条件的情况下仍提起本案诉讼，原因在于其认为石某药业有限公司在专利信息登记平台所作一类声明为错误声明，本案实际上属于四类声明的情形，符合药品专利纠纷司法解释中有关受理条件的规定。

判断瑞士安某有限责任公司这一主张是否成立的关键在于，应将药品专利纠纷司法解释第三条中的四类声明理解为声明的实然状态，还是应然状态。如果是实然状态，则仅需考虑专利信息登记平台的登记信息即可，只要未登记为四类声明，即应认定其不符合受理条件。但如果指的是应然状态，则应依据药品专利纠纷实施办法第六条的规定对于声明类型进行实质判断。如果经判断其属于四类声明的情形，则即使专利信息登记平台中登记的是一类声明，瑞士安某有限责任公司的起诉仍然符合受理条件。

如果在对受理条件的判断中完全以专利信息登记平台中登记的声明类型为准，客观上至少可能导致以下两种情形：仿制药申请人通过有意作出虚假声明以规避诉讼；仿制药申请人因理解错误而导致登记错误，从而使得本应纳入早期解决机制的药品专利纠纷无法被纳入。因无论是上述哪一种情形，均会影响药品专利纠纷早期解决机制的制度价值的充分实现，故为避免上述情形出现，对于受理条件中有关四类声明的要求采用应然标准更为合理。

本案中，石某药业有限公司有关涉案仿制药属于一类声明的理由在于，涉案仿制药符合药品专利纠纷实施办法第六条中有关一类声明的规定。依据该规定，石某药业有限公司可针对涉案专利作出一类声明的前提为，在其提交涉案仿制药上市许可申请时，专利信息登记平台未登记有涉案原研药的相关专利，或者登记的涉案原研药的相关专利中未包括涉案专利。由查明事实可知，涉案专利作为涉案原研药的相关专利，在涉案仿制药提交上市许可申请时，未被登记在专利信息登记平台中。可见，本案情形符合药品专利纠纷实施办法第六条中有关一类声明的规定。

瑞士安某有限责任公司之所以在此情况下仍认为石某药业有限公司不应作出一类声明，原因在于其认为在涉案原研药获批之后的30日内涉案专利的相关情形已被登记在专利信息登记平台中，石某药业有限公司亦知晓这一情形，因此，石某药业有限公司有义务更正其原有的一类声明。瑞士安某有限责任公司这一理由的实质在于其认为石某药业有限公司具有变更声明类型的义务，但因无论是专利法、药品专利纠纷司法解释，还是药品专利纠纷实施办法中，均未规定在本案所涉情况下，仿制药企业应变更其声明类型，故瑞士安某有限责任公司这一主张虽具有一定合理性，但缺少相关依据，对此不予支持。

由于四类声明是确认是否落入专利权保护范围纠纷案件的受理条件之一，在涉案仿制药属于一类声明，而非四类声明的情况下，瑞士安某有限责任公司的起诉不符合受理条件，石某药业有限公司有关本案应驳回瑞士安某有限责任公司起诉的主张成立，对此应予支持。

一审法院依据专利法第七十六条、药品专利纠纷司法解释第三条之规定，裁定："驳回原告瑞士安某有限责任公司的起诉。"

瑞士安某有限责任公司上诉请求：1. 撤销一审裁定；2. 指令一审法院审理本案。事实和理由为：1. 一审裁定认定瑞士安某有限责任公司的起诉不符合受理条件，适用法律错误。涉案仿制药明显属于应当提交四类声明的情形。石某药业有限公司有义务变更其不准确或错误的专利声明。2. 若放任一审裁定生效，将错误地鼓励仿制药申请人利用药品专利纠纷实施办法的漏洞规避药品专利链接诉讼，从而极大地影响到药品专利纠纷早期解决机制的制度价值的实现。

石某药业有限公司辩称：1. 本案属于法律明确规定的一类声明，而非四类声明，故不符合起诉条件。石某药业有限公司作出的一类声明真实准确、合法合理。瑞士安某有限责任公司认为石某药业有限公司应当作出四类声明，于法无据。2. 石某药业有限公司没有变更专利声明的法律义务。3. 瑞士安某有限责任公司没有积极行使其所谓的诉权，与其期望早期解决药品专利纠纷的主张相悖。

二审期间，瑞士安某有限责任公司向本院提交如下证据：关于多家仿制药企业生物等效性试验（BE 试验）完成情况、临床试验默示许可情况、提交 3 类和 4 类化学药品上市许可申请以及申请是否获批情况的证据，拟证明基于现有的仿制药审评审批机制，仿制药企业完全可能在原研药获批后立即提交 4 类化学药品申请，利用制度漏洞规避药品专利链接诉讼，从而极大地影响到药品专利纠纷早期解决机制的制度价值实现。

石某药业有限公司质证意见为：上述证据不属于在二审过程中新出现的证据，不应当作为新证据，且与本案不具有关联性，不应当被采纳。

本院认证意见为：上述证据并非证明本案客观事实的证据，本院不予采纳。对于瑞士安某有限责任公司提出的与药品专利纠纷早期解决机制制度运行相关的主张，本院将予以综合考虑。

本院经审理查明：一审法院查明的事实属实，本院予以确认。

本院另查明：因涉案专利申请日为 2003 年 3 月 20 日，该专利作为发明专利，其保护期为 20 年，在一审法院审理期间专利权期限已届满。

本院认为：本案为确认是否落入专利权保护范围纠纷。本案二审争议焦点为：瑞士安某有限责任公司的起诉是否符合受理条件。

专利法第七十六条第一款规定："药品上市审评审批过程中，药品上市许可申请人与有关专利权人或者利害关系人，因申请注册的药品相关的专利权产生纠纷的，相关当事人可以向人民法院起诉，请求就申请注册的药品相关技术方案是否落入他人药品专利权保护范围作出判决。国务院药品监督管理部门在规定的期限内，可以根据人民法院生效裁判作出是否暂停批准相关药品上市的决定。”据此，当事人的起诉应符合以下条件：1. 系在药品上市审评审批过程中提起诉讼；2. 提起诉讼的主体系药品上市许可申请人与有关专利权人或者利害关系人；3. 系因申请注册的药品相关的专利权产生的纠纷提起诉讼；4. 诉讼请求的内容系确认申请注册的药品相关技术方案是否落入他人药品专利权保护范围。此外，专利权人或者利害关系人提起的该类诉讼还应当以合法有效的专利权为基础。药品专利纠纷司法解释进一步明确了专利权人或者利害关系人依据专利法第七十六条起诉应当提交药品上市许可申请人（仿制药申请人）依据药品专利纠纷实施办法作出的四类声明及声明依据。但是，针对药品专利作出声明并非专利权人或者利害关系人的义务，如果因仿制药申请人错误声明等原因导致专利权人或者利害关系人客观上无法提交四类声明及声明依据，专利权人或者利害关系人不应因此丧失诉权。

药品专利纠纷实施办法第一条规定：“为了保护药品专利权人合法权益，鼓励新药研究和促进高水平仿制药发展，建立药品专利纠纷早期解决机制，制定本办法。”第四条第一款规定：“药品上市许可持有人在获得药品注册证书后 30 日内，自行登记药品名称、剂型、规格、上市许可持有人、相关专利号、专利名称、专利权人、专利被许可人、专利授权日期及保护期限届满日、专利状态、专利类型、药品与相关专利权利要求的对应关系、通讯地址、联系人、联系方式等内容。相关信息发生变化的，药品上市许可持有人应当在信息变更生效后 30 日内完成更新。”第六条第一款规定：“化学仿制药申请人提交药品上市许可申请时，应当对照已在中国上市药品专利信息登记平台公开的专利信息，针对被仿制药每一件相关的药品专利作出声明……”

对于药品专利纠纷实施办法第四条和第六条的规定，应当结合第一条关于药品专利纠纷早期解决机制制度目标的规定进行整体和系统理解。上述规定的目的在于，既给予药品上市许可持有人合理的登记期限，又引导仿制药申请人对照专利信息登记平台公开的专利信息如实作出声明，从而实现药品专利纠纷早期解决机制的有效运行。据此，药品专利纠纷实施办法第六条的规定应该理解为，仿制药申请人应当对照药品上市许可持有人于规定期限内在专利信息登记平台登记的专利信息，针对被仿制药每一件相关的药品专利作出声明。在药品上市许可持有人于规定期限内正确登记专利信息，但仿制药申请人于专利信息登记前已先行作出一类声明的情况下，如果简单地以仿制药申请人提交仿制药上市许可申请时涉案专利信息尚未在专利信息登记平台中登记为由，认定仿制药申请人所作一类声明正确，并进一步认定此类案件不符合专利法第七十六条有关起诉条件的规定，不符合上述规定的本意，会导致药品上市许可持有人与仿制药申请人之间的利益失衡，也会导致药品专利纠纷早期解决机制在一定程度上被实质架空，难以全面实现其制度目的。因此，应当在上述对药品专利纠纷实施办法相关规定的正确理解基础上，规范药品上市许可持有人与仿制药申请人的行为，进而对起诉是否符合受理条件等问题进行审查认定。

目前，药品专利纠纷实施办法和有关部门的具体操作对此均未给出明确指引，而药品上市许可持有人的登记和仿制药申请人的声明在各自行为作出时形式上亦均无过错可言，这种情况属于药品专利纠纷早期解决机制建立初期难免会遇到的实践操作问题，而药品专利纠纷实施办法本身就是试行办法，需要通过实践来发现问题和解决问题，不断完善我国药品专利纠纷早期解决机制。对于上述情形，药品上市许可持有人应当有机会在合理期限内要求仿制药申请人申请变更其声明类型。对此，也需要有关部门为该种情形下的仿制药申请人声明类型的变更提供条件和操作指引。如仿制药申请人申请将其一类声明变更为四类声明，或在合理期限内拒绝申请变更，或申请变更为其他错误声明，则对于专利权人或者利害关系人提起的确认是否落入专利权保护范围之诉，人民法院应当受理并进行实体审理。

本案中，瑞士安某有限责任公司在获得药品注册证书后30日内登记涉案专利的信息，符合药品专利纠纷实施办法第四条规定的要求。虽然石某药业有限公司提交仿制药上市许可申请并作出声明的时间早于瑞士安某有限责任公司在专利信息登记平台对涉案专利信息进行登记的时间，但瑞士安某有限责任公司已经以提起诉讼的方式主张石某药业有限公司应更正其已作出的一类声明，在此情况下，若专利权状态未发生变化，则石某药业有限公司应当在合理的期限内申请变更其已作出的一类声明，如石某药业有限公司申请将其声明变更为四类声明，或在合理期限内拒绝申请变更，或申请变更为其他错误声明，一审法院应继续审理本案。但是，鉴于涉案专利权在一审法院审理期间已期限届满，石某药业有限公司针对涉案专利权目前的状态已无法变更为四类声明，故客观上本案已无指令一审法院继续审理之必要。因此，对于一审法院驳回瑞士安某有限责任公司起诉的结论，本院予以维持。如瑞士安某有限责任公司认为在涉案专利期限届满之前石某药业有限公司还存在专利侵权等其他行为，其仍可另行提起其他案由之诉。

综上所述，瑞士安某有限责任公司的上诉理由基本成立，一审裁定认定事实清楚，适用法律虽有不当，但裁定结果因涉案专利权状态发生变化而可予维持。本院依照《中华人民共和国民事诉讼法》第一百七十七条第一款第一项、《最高人民法院关于适用〈中华人民共和国民事诉讼法〉的解释》第三百三十二条之规定，裁定如下：

驳回上诉，维持原裁定。

本裁定为终审裁定。

审 判 长 崔 宁
审 判 员 顾正义
审 判 员 王 倩
二〇二四年九月九日
法官助理 刘亚男
书 记 员 谭秀娇

6. 药品专利链接纠纷案件中药品技术方案发生变更的处理

——原告某药业集团南京海某药业有限公司与被告某株式会社确认是否落入专利权保护范围纠纷案①

中华人民共和国北京知识产权法院民事判决书（2023）京73民初855号

原告：某药业集团南京海某药业有限公司。住所地：中华人民共和国江苏省南京市栖霞区。

法定代表人：谈某，总经理、董事。

委托诉讼代理人：张秋林，北京允天律师事务所律师。

委托诉讼代理人：贺伊博，北京允天律师事务所律师。

被告：某株式会社。住所地：本国东京都中央区。

法定代表人：奥某，代表董事、总经理兼COO。

委托诉讼代理人：罗菊华，中国贸促会专利商标事务所有限公司专利代理师。

委托诉讼代理人：谭玮，中国贸促会专利商标事务所有限公司专利代理师。

原告某药业集团南京海某药业有限公司（以下简称海某公司）与某株式会社确认是否落入专利权保护范围纠纷一案，本院于2023年7月12日立案后，依法组成合议庭，并适用普通程序于2024年3月27日不公开开庭进行了审理。原告海某公司的委托诉讼代理人张秋林、贺伊博，被告某株式会社的委托诉讼代理人罗菊华、谭玮到庭参加了诉讼。本案现已审理终结。

原告海某公司诉称：

原告是受理号为CYHS220××××国、规格为30mg的仿制药“甲苯磺酸艾

① 本案在年度报告中的位置为第17页。

多沙班片”（以下简称涉案仿制药）的上市许可申请人。针对登记于中国上市药品专利信息登记平台（以下简称登记平台）的专利号为20141046××××.×、名称为“药物组合物”的发明专利（以下简称涉案专利），原告作出了4.1类声明，并于2022年1月14日在登记平台上公开。涉案专利后经无效宣告请求审查程序，中华人民共和国国家知识产权局（以下简称国家知识产权局）于2022年5月18日作出第56057号无效宣告请求审查决定，在权利要求2和11的基础上维持该专利有效。

就被告依据涉案专利提出的药品专利纠纷行政裁决申请，国家知识产权局于2022年10月18日作出（2022）国知药裁0012号药品专利纠纷行政裁决书，确认涉案仿制药相关技术方案落入涉案专利权利要求2和11的保护范围。根据中华人民共和国国家药品监督管理局药品审评中心（以下简称国家药监局药审中心）于2022年10月20日向原告发出的《补充资料通知》［药审补字（2022）第3322号］关于“提供薄膜包衣预混剂（胃溶型）的成分”的要求，原告向国家药监局药审中心提交了《关于甲苯磺酸艾多沙班片补充资料通知的答复》，变更了涉案仿制药薄膜包衣预混剂的成分，变更后的薄膜包衣预混剂不使用××××××××××作为主成分。该变更已被国家药监局药审中心接受，国家药监局药审中心依据变更后的涉案仿制药申报方案完成了技术审评。

因涉案专利权利要求2限定了包衣剂含有选自羟丙基甲基纤维素、乙基纤维素和聚乙烯醇中的1种或2种以上作为主成分；权利要求11限定了用羟丙基甲基纤维素对片剂进行包衣，而涉案仿制药变更后的薄膜包衣预混剂的成膜剂为××××××××××和××××××××××，与涉案专利权利要求2限定的包衣剂主成分既不相同也不等同，与权利要求11限定的使用羟丙基甲基纤维素进行片剂包衣既不相同也不等同。故，变更后的涉案仿制药技术方案未落入涉案专利权利要求2和11的保护范围。

据此，请求法院确认原告申请注册的涉案仿制药变更后的技术方案未落入涉案专利权利要求2和11的保护范围。

被告某株式会社辩称：1. 根据《药品专利纠纷早期解决机制实施办法（试行）》（以下简称药品专利纠纷实施办法）第八条第二款的规定，专利权人或者利害关系人未在规定期限内提起诉讼或者请求行政裁决的，仿制药申请人可以按相关规定提起诉讼或者请求行政裁决。对该办法的政策解读也作同样说明。因本案中被告已经在规定期限内请求行政裁决，国家知识产权局也作出了药品专利纠纷行政裁决，故原告无权再提起确认涉案仿制药技术方案未落入涉案专利权保护范围的诉讼，应当驳回原告起诉。2. 原告已就国家知识产权局作出的药品专利纠纷行政裁决提起行政诉讼，北京知识产权法院已对该行政诉讼立案受理，本案诉讼与该行政诉讼基于相同的仿制药和专利，属于重复诉讼，故本案应当驳回原告起诉。3. 根据《最高人民法院关于审理申请注册的药品相关的专利权纠纷民事案件适用法律若干问题的规定》（以下简称药品专利纠纷司法解释）第四条的规定，专利权人或者利害关系人在衔接办法规定的期限内未向人民法院提起诉讼的，药品上市许可申请人可以向人民法院起诉，请求确认申请注册药品未落入相关专利权保护范围。对该条规定中的“申请注册药品”应作狭义解释，即指“申请注册之时的药品”，本案中涉案仿制药的技术方案进行了重大变更，已经不属于上述司法解释所规定的“申请注册药品”，故原告无权依据该条款提起本案诉讼，应当驳回原告起诉。4. 没有证据表明国家药监局药审中心接受了涉案仿制药的变更，事实上涉案仿制药薄膜包衣成分的变更属于重大变更，根据《药品注册申请审评期间变更工作程序（试行）》的相关规定，国家药监局药审中心不应直接接受该变更，原告应当撤回原注册申请，重新申报。如变更确已被接受，原告亦属通过主动变更技术方案的方式规避药品专利链接制度实施，牟取不正当利益，该做法不应得到人民法院支持，从维护药品专利链接制度的角度出发，应当驳回原告起诉。5. 即使考虑涉案仿制药变更后的技术方案，其变更后薄膜包衣预混剂所包含的有关成分也与涉案专利权利要求 2 限定的包衣剂主成分之聚乙烯醇构成等同的技术特征。关于××××××××××，其与聚乙烯醇均为本领域常见的成膜剂，属于基本相同的技术手段，特别是××××××××，故本领域技术人员容易想到××××××××，且被告提交的反证 7 显示，二者所达到的技术效果也基本相同；关于××××××××××，原告未能证明其为成膜剂，即使视其为成膜剂，其亦××××××××××，构成等同。故，涉案仿制药变更后的技术方案仍落入涉案专利权利要求 2 的保护范围。据此，即便原告有权提起本案诉讼，亦请求法院判决驳回原告的诉讼请求。

本院经审理查明：

涉案专利系专利号为 20141046××××. ×、名称为“药物组合物”的发明专利，其申请日为 2008 年 3 月 28 日，优先权日为 2007 年 3 月 29 日，授权公告日为 2018 年 8 月 28 日，专利权期限截止至 2028 年 3 月 28 日，专利权人为本案原告。涉案专利目前处于有效状态。

针对涉案专利相关信息，原研药“甲苯磺酸艾多沙班片”的药品上市许可持有人D某公司已在登记平台进行了登记，当时登记的权利要求为权利要求1—6、8—12。经查，该原研药是一种口服抗凝药，用于预防非瓣膜性房颤成人患者的卒中和体循环栓塞，治疗成人深静脉血栓和肺栓塞以及预防成人深静脉血栓和肺栓塞复发，其商品名为“里先安©（LIXIANA©）”。

上述专利信息登记后，针对涉案专利，案外人南京正某制药有限公司于2021年10月29日向国家知识产权局提出无效宣告请求，国家知识产权局于2022年5月18日作出第56057号无效宣告请求审查决定，在被告于2022年3月7日提交的权利要求第1—11项的基础上，宣告权利要求1、3—10无效，在权利要求2和11的基础上继续维持该专利权有效。修改后的权利要求2对应于授权公告的权利要求8引用权利要求2的技术方案，修改后的权利要求11对应于授权公告的权利要求12。修改后的权利要求2和11内容如下：

2. 一种包衣片剂，其通过包衣剂对下述片剂进行包衣而得到，其中，包衣剂含有选自羟丙基甲基纤维素、乙基纤维素和聚乙烯醇中的1种或2种以上作为主成分，所述片剂含有：（A）N1-（5-氯吡啶-2-基）-N2-（（1S，2R，4S）-4-［（二甲基氨基）羰基］-2-｛［（5-甲基-4，5，6，7-四氢噻唑并［5，4-c］吡啶-2-基）羰基］氨基｝环己基）乙二酰胺对甲苯磺酸盐1水合物；（B）糖醇类，所述糖醇类选自甘露糖醇、木糖醇和赤藓醇中的1种或2种以上；（C）水溶胀性添加剂，所述水溶胀性添加剂为部分α化淀粉和/或结晶纤维素。

11. 一种包衣片，其用羟丙基甲基纤维素对下述片剂进行包衣而得到，所述片剂含有：下述式（1a）表示的N1-（5-氯吡啶-2-基）-N2-（（1S，2R，4S）-4-［（二甲基氨基）羰基］-2-｛［（5-甲基-4，5，6，7-四氢噻唑并［5，4-c］吡啶-2-基）羰基］氨基｝环己基）乙二酰胺对甲苯磺酸盐1水合物、甘露糖醇以及部分α化淀粉，

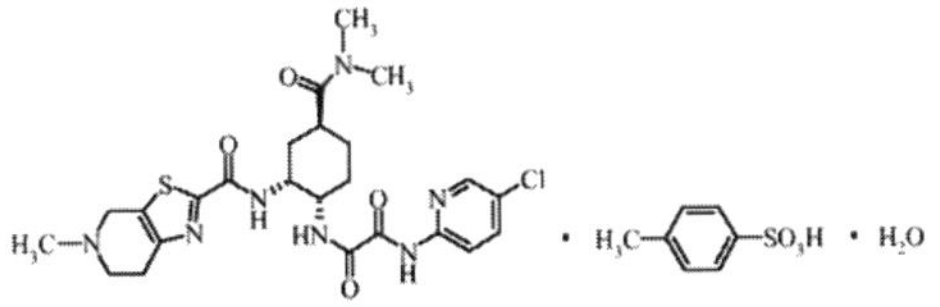

(1a)

。”

2022年1月6日，原告以原研药“甲苯磺酸艾多沙班片”为参比制剂，向中华人民共和国国家药品监督管理局（以下简称国家药监局）提交了涉案仿制药上市许可申请，受理号为CYHS220××××，并针对涉案专利作出4.1类

声明，该申请与声明信息已在登记平台中予以公示。

2022 年 2 月 23 日，被告向国家知识产权局提起药品专利纠纷行政裁决请求，请求确认涉案仿制药技术方案是否落入涉案专利修改后维持有效的权利要求 2 和 11 的保护范围。国家知识产权局于 2022 年 10 月 26 日作出（2022）国知药裁 0012 号药品专利纠纷行政裁决书，裁决确认涉案仿制药技术方案落入涉案专利权利要求 2 和 11 的保护范围。该行政裁决查明，涉案仿制药的包衣剂为薄膜包衣预混剂（胃溶型），是一种特定型号的“欧巴代”产品，成分包含××××××××××、××××、××××、×××、××××，其中××××××××××为水溶性薄膜包衣成膜剂。

原告不服上述行政裁决，于 2023 年 4 月 25 日向本院提交行政起诉状，请求判决撤销该行政裁决，并对该行政裁决予以变更或责令国家知识产局重新作出行政裁决。本院于 2023 年 7 月 27 日对该案予以立案，案号为（2023）京 73 行初 12455 号。

2022 年 10 月 20 日，国家药监局药审中心向原告发出药审补字［2022］第 33××号补充资料通知（以下简称补充资料通知）。该通知记载：“某药业集团南京海某药业有限公司：我中心对贵单位申报的甲苯磺酸艾多沙班片（受理号为 CYHS220××××）品种的申报资料基于当下科学认知进行了认真审评，认为尚需作如下补充，以完善该品种有关安全性、有效性或/和质量控制的要求。兹将有关内容通知如下：建议补充资料，补充资料内容及要求如下：（一）药学 1、生产工艺 1）请提供薄膜包衣预混剂（胃溶型）的成分。……上述资料请于 2023 年 7 月 5 日前一式三份，一次性按要求将全部补充资料提交我中心。逾期未提交补充资料的，我中心将按照《药品注册管理办法》第九十二条第二款第（四）项不予批准。”

2023 年 6 月 19 日，原告向国家药监局药审中心提交了《关于甲苯磺酸艾多沙班片补充资料通知的答复》（以下简称《答复》），称原告按照补充资料通知的要求，对已申报的涉案仿制药进行了补充研究。针对补充资料通知关于“请提供薄膜包衣预混剂（胃溶型）的成分”的要求，原告回复称：“已对我公司使用薄膜包衣预混剂（胃溶型）的成分进行明确，具体内容如下：（1）薄膜包衣预混剂变更……（2）变更前后成分对比 我公司研制的甲苯磺酸艾多沙班片使用的薄膜包衣预混剂（胃溶型）主要成分见下表。”下附的表 1 记载变更前后薄膜包衣预混剂（胃溶型）成分，其中变更后的内容为：“厂家：上海卡某包衣技术有限公司。型号：××××。登记号：××××。成分：××

××。”附件2.2厂家标准部分记载，变更后的薄膜包衣预混剂（胃溶型）是一种“欧巴代”产品。附件2.5产品法规数据表（TSE/BSE声明）部分以英文记载了变更后的薄膜包衣预混剂（胃溶型）的成分、来源、CAS编号和原产国。原告提交了其对应的中文翻译，记载各成分中文名称为：××××××××××××。其中，原告主张成分“××××”即为“××××”。被告对上述中文翻译及名称对应关系无异议。

2023年10月31日，原告通过国家药监局药审中心网站在线提交了涉案仿制药的生产工艺信息表，其中载明薄膜包衣预混剂（胃溶型）（××××）成分为：××××××××××××。

截至本案审理之时，国家药监局药审中心网站“申请人之窗”中显示涉案仿制药申请的专业状态为“专业审评已结束”。

审理过程中，原告和被告共同向本院提交调取证据申请，根据该申请，本院向国家药监局药审中心调取了补充资料通知、《答复》及其附件2.2和2.5、生产工艺信息表第1—2页以及国家药监局药审中心网站“申请人之窗”中涉案仿制药申请的最新状态。庭审中，原、被告对上述调取证据进行了勘验，对证据的真实性均无异议。针对涉案仿制药申请的最新状态，庭审中，被告再次查看了原告出示的“申请人之窗”网站截图，认可涉案仿制药申请已结束专业审评。

为说明变更后薄膜包衣预混剂成分中××××××××××和××××××××××的具体结构，原告提交了《中华人民共和国药典》（2020年版）、《各国药用辅料标准对比手册（美国药典）》相关页。

根据××××××××××的CAS登记号××××××××在《中华人民共和国药典》（2020年版）中检索，所得的化合物名称为“××××××××”，结构式为：××××××××。

以××××××××××的CAS登记号××××××××在《各国药用辅料标准对比手册（美国药典）》中检索，所得的化合物名称为“××××××××”，其定义为：××××××××。结构式为：××××××××。

经查，根据涉案专利说明书第［0078］段的相关记载，在涉案专利中，可以将包衣剂与用于制备包衣液的必要的增塑剂等组合混合。增塑剂列举包括聚乙二醇。

为证明包衣材料对甲苯磺酸艾多沙班片的溶出行为有显著影响，涉案仿制药变更包衣材料的配方属于重大变更，被告提交了国家药监局药审中心发布的《药品注册申请审评期间变更工作程序（试行）》《已上市化学药品药学变更研究技术指导原则（试行）》以及其向日本 PMDA 提交的原研药“甲苯磺酸艾多沙班片”的注册申请资料相关页。其中，《已上市化学药品药学变更研究技术指导原则（试行）》规定，对药品的安全性、有效性或质量可控性产生影响的可能性为重大的变更属于重大变更，对药品的安全性、有效性或质量可控性产生影响的可能性为微小的变更为微小变更。变更制剂处方中的辅料包括变更辅料种类、用量、供应商、技术等级等。一般来说，辅料种类的变更属于重大变更，着色剂、矫味剂的变更除外。普通口服固体制剂变更包衣材料的配方，如已在其他药品中批准使用且不影响制剂的溶出行为、质量和稳定性，属于微小变更。《药品注册申请审评期间变更工作程序（试行）》规定，药品上市许可申请审评期间，发生可能影响药品安全性、有效性和质量可控性的重大变更认定，申请人应当撤回原注册申请，补充研究后重新申报。

庭审中，被告当庭提交了两份反证，用以证明涉案仿制药变更后的薄膜包衣预混剂的成膜剂××××××××与涉案专利权利要求 2 和 11 限定的包衣剂主成分构成等同的技术特征，其中：

反证 7 系申请公布号为 CN112741812A、申请公布日为 2021 年 5 月 4 日的发明专利申请，涉及一种艾多沙班固体药物组合物及其制备方法。其中记载，该发明提供了一种艾多沙班固体药物组合物，其溶出曲线与市售药物组合物 Lixiana©的溶出曲线一致。实施例 2 使用的包衣剂分别是自研包衣剂、Kollicoat IR©、OPADRY© 03F42132（CN104324015B 中所述的以羟丙基甲基纤维素为主成分的包衣剂），进行包衣得到处方 1、处方 2 和处方 3。所述自研包衣剂的制备方法为将一定量的××××、×××、××××和××××××××进行混合得到均匀的黄色固体粉末。参比制剂甲苯磺酸艾多沙班片（Lixiana©）来源于某株式会社。结果显示，处方 2 包衣片剂的溶出速率较处方 1 的溶出偏慢，且与原研溶出数据进行对比发现，处方 1 与原研溶出更接近。

反证 8 系两份发明专利申请的摘要部分，其中均记载××××××××是××××××××××。

经查，××××××××©是巴某公司生产的药用辅料的产品名，其登记名称为××××××××××。

庭审后，原告发表书面代理意见称因被告当庭提交反证 7、8 严重超过举证期限，故该两份反证不应被采信，原告拒绝对上述两份反证发表质证意见。

上述事实，有涉案专利登记薄副本、专利文本、第56057号无效宣告请求审查决定、无效宣告阶段权利要求修改文本、登记平台登记信息、(2022)国知药裁0012号药品专利纠纷行政裁决书、补充资料通知、《答复》及其附件、涉案仿制药生产工艺信息表、国家药监局药审中心网站“申请人之窗”相关页面、原告和被告提交的其他证据和反证以及庭审笔录、庭后代理词在案佐证。

本院认为：

一、关于本案是否符合受理条件

2021年6月1日施行的《中华人民共和国专利法》（简称专利法）第七十六条第一款规定：“药品上市审评审批过程中，药品上市许可申请人与有关专利权人或者利害关系人，因申请注册的药品相关的专利权产生纠纷的，相关当事人可以向人民法院起诉，请求就申请注册的药品相关技术方案是否落入他人药品专利权保护范围作出判决。国务院药品监督管理部门在规定的期限内，可以根据人民法院生效裁判作出是否暂停批准相关药品上市的决定。”

本案为药品上市许可申请人依据专利法该条款提出的确认未落入专利权保护范围之诉。此类诉讼的受理条件应当依据专利法和相关司法解释的规定予以确定。专利法第七十六条第一款原则性规定了因申请注册的药品相关的专利权产生纠纷的相关当事人均可以提起诉讼，以确认仿制药技术方案是否落入相关专利权保护范围，但未明确药品上市许可申请人提起诉讼的具体受理条件。对此，药品专利纠纷司法解释第四条规定：“专利权人或者利害关系人在衔接办法规定的期限内未向人民法院提起诉讼的，药品上市许可申请人可以向人民法院起诉，请求确认申请注册药品未落入相关专利权保护范围。”该条明确规定了确认未落入专利权保护范围之诉的受理条件，即“专利权人或者利害关系人在衔接办法规定的期限内未向人民法院提起诉讼”。所述“衔接办法”即为药品专利纠纷实施办法，该实施办法第七条规定“衔接办法规定的期限”为“自国家药品审评机构公开药品上市许可申请之日起45日内”。

本案中，根据查明事实可知，虽然被告作为涉案专利的专利权人选择向国家知识产权局请求行政裁决，但无论是被告，还是涉案专利权的利害关系人，自国家药品审评机构公开涉案仿制药上市许可申请之日起45日内均未向人民法院提起诉讼。基于此，原告作为涉案仿制药的上市许可申请人提起本案诉讼，符合药品专利纠纷司法解释第四条的规定，亦即本案符合专利法及相关司法解释规定的受理条件。

被告主张本案不符合受理条件，应予驳回原告的起诉，所依据的理由有四点，本院分别回应如下：

（一）被告主张本案起诉不符合药品专利纠纷实施办法第八条第二款规定

药品专利纠纷实施办法第八条第二款规定："专利权人或者利害关系人未在规定期限内提起诉讼或者请求行政裁决的，国务院药品监督管理部门根据技术审评结论和仿制药申请人提交的声明情形，直接作出是否批准上市的决定；仿制药申请人可以按相关规定提起诉讼或者请求行政裁决。"药品专利纠纷实施办法政策解读指出，专利权人或者利害关系人未在规定期限内提起诉讼或者请求行政裁决的，仿制药申请人可以按相关规定提起诉讼或者请求行政裁决，以确认其相关药品技术方案未落入相关专利权保护范围。被告据此认为，本案中被告已在规定期限内请求行政裁决，故原告提起确认仿制药技术方案不落入涉案专利权保护范围之诉的前提不存在。

对此，本院认为，药品专利纠纷司法解释与药品专利纠纷实施办法相互协调、相互衔接。根据药品专利纠纷实施办法第八条第二款的规定，专利权人或者利害关系人未在规定期限内提起诉讼或者请求行政裁决的，仿制药申请人可以按相关规定提起诉讼或者请求行政裁决。其中"相关规定"可以指向药品专利纠纷司法解释。对于人民法院审理的确认未落入专利权保护范围之诉而言，仿制药申请人是否可以提起此类诉讼，应依据药品专利纠纷司法解释的规定进行判断。药品专利纠纷司法解释第四条对仿制药申请人提起确认未落入专利权保护范围之诉作出具体规定，其对药品专利纠纷实施办法第八条第二款在司法案件中如何适用予以明确。基于此，本案起诉在符合药品专利纠纷司法解释第四条的情况下，被告主张不符合药品专利纠纷实施办法第八条第二款规定的理由不能成立。

（二）被告主张本案起诉属重复诉讼

被告认为，原告不服国家知识产权局就涉案仿制药是否落入涉案专利权保护范围所作行政裁决提起行政诉讼，本院业已受理，本案诉讼与所述行政诉讼均基于相同的仿制药与相同的专利，构成重复诉讼，故本案不应予以受理。

对此，本院认为，《最高人民法院关于适用〈中华人民共和国民事诉讼法〉的解释》（2022 年修正）第二百四十七条规定：“当事人就已经提起诉讼的事项在诉讼过程中或者裁判生效后再次起诉，同时符合下列条件的，构成重复起诉：（一）后诉与前诉的当事人相同；（二）后诉与前诉的诉讼标的相同；（三）后诉与前诉的诉讼请求相同，或者后诉的诉讼请求实质上否定前诉裁判结果。当事人重复起诉的，裁定不予受理；已经受理的，裁定驳回起诉，但法律、司法解释另有规定的除外。”

根据该条规定，构成重复诉讼需要同时满足以上三个条件，而本案诉讼所涉仿制药的技术方案与（2023）京 73 行初 12455 号案的技术方案并不相同，且作为行政诉讼，该案针对的是被诉行政裁决的合法性问题，而本案作为民事诉讼则解决当事人就涉案仿制药技术方案是否落入涉案专利权保护范围的争议，故两诉讼的当事人、诉讼标的和诉讼请求均不相同，不构成重复诉讼。基于此，被告主张本案属重复诉讼的理由不能成立。

（三）被告主张本案起诉不符合药品专利纠纷司法解释第四条规定

被告认为，药品专利纠纷司法解释第四条规定的“请求确认申请注册药品未落入相关专利权保护范围”中所谓“申请注册药品”系指申请注册之时的药品，而因本案中涉案仿制药的技术方案发生变更，故其不再是“申请注册药品”，本案因此不应依据该司法解释规定予以受理。

对此，本院认为，药品专利纠纷司法解释中“申请注册药品”的表述与专利法第七十六条保持一致，在专利法及该司法解释的语境中，“申请注册（的）药品”对应于药品专利纠纷实施办法中的仿制药。该司法解释第三条第二项规定，专利权人或者利害关系人提起药品专利纠纷诉讼应当提交的材料包括“国务院有关行政部门依据衔接办法所设平台中公示的申请注册药品的相关信息，包括药品名称、药品类型、注册类别以及申请注册药品与所涉及的上市药品之间的对应关系等”。如前所述，“衔接办法”即为药品专利纠纷实施办法，而根据该实施办法第六条的规定，仿制药申请被受理后 10 个工作日内，国家药品审评机构应当在信息平台向社会公开申请信息和相应声明。据此可见，“申请注册药品”即指仿制药，在仿制药的技术方案在审评过程中存在变更可能性的情况下，被告主张将“申请注册药品”解释为申请注册之时的药品缺乏依据。相应地，以此为由主张本案起诉不符合药品专利纠纷司法解释第四条规定的理由亦不能成立。

（四）被告主张本案起诉属于规避药品专利链接制度实施的不当行为

被告认为，在案证据不足以证明国家药监局药审中心已经接受了原告对涉案仿制药技术方案的重大变更，该中心亦不应直接接受该变更。即使接受变更，原告亦属通过主动变更技术方案的方式规避药品专利链接制度实施，从维护药品专利链接制度的角度出发，不应受理本案。

对此，本院认为，根据《药品技术审评原则和程序》等由国家药监局药审中心制定公布的规范性文件，供申请人查询的申报品种审评状态信息通过国家药监局药审中心网站予以公布。本院依双方当事人申请向国家药监局药审中心调取的证据显示，截至本案审理之时，国家药监局药审中心网站“申请人之窗”中显示涉案仿制药申请的审评状态为“专业审评已结束”，被告对此事实不持异议。专业审评即技术审评，国家药监局药审中心作为药品注册技术审评机构，负责对药品注册申请进行技术审评。技术审评结束后，由国家药监局依据技术审评意见进行行政审批，并制作上市批件。本案中，在涉案仿制药申请的技术审评过程中，原告作为申请人以向国家药监局药审中心答复补充资料通知的方式，变更了涉案仿制药薄膜包衣预混剂的组成，国家药监局药审中心在收悉该变更内容且并未作进一步要求、指示的情况下，继续推进对该仿制药申请的技术审评程序，最终完成技术审评并公布。在没有任何相反证据的情况下，本院认定国家药监局药审中心系以变更后的技术方案为基础完成了对涉案仿制药申请的技术审评，即所述涉案仿制药技术方案的变更已被接受。

是否接受药品注册申请审评期间的变更涉及技术领域的专业意见，国家药监局药审中心作为药品技术审评部门对专业问题享有判断权。本案为确认未落入专利权保护范围的药品专利纠纷，原告对涉案仿制药技术方案的变更是否属于重大变更以及国家药监局药审中心是否应予接受该变更，均不属本案的审理范围。故在已认定国家药监局药审中心接受了所述涉案仿制药技术方案变更的前提之下，本院对被告相关意见主张不再予以评述。

在案证据显示，国家药监局药审中心制定发布的《药品注册申请审评期间变更工作程序（试行）》等文件均规范药品注册申请审评期间的变更行为，以上文件相关内容表明变更是仿制药审批程序中的正常环节，仿制药申请人在此程序中申请变更具有合理性，其提起确认未落入专利权保护范围之诉的权利，不应仅因变更行为而受到影响。本案中，原告提起确认未落入专利权保护范围之诉，符合法律及司法解释规定，亦与药品专利纠纷早期解决机制的制度目的不相冲突。基于此，被告主张本案起诉属于规避药品专利链接制度实施的不当行为，本案不应予以受理的理由不能成立。

综上，被告关于本案不符合受理条件所依据的四点理由均缺乏事实和法律依据，本院不予支持。

二、关于涉案仿制药是否落入涉案专利权利要求 2 和 11 的保护范围

庭审中，双方当事人对涉案仿制药变更后的技术方案予以确认，即涉案仿制药薄膜包衣预混剂由以下成分组成：××××××××××、××××、××××、××××××××××、××××××××、××××。

原告明确主张其中的主成分即成膜剂为××××××××××和××××××××××，其与涉案专利权利要求 2 限定的包衣剂主成分羟丙基甲基纤维素、乙基纤维素、聚乙烯醇既不相同也不等同，与权利要求 11 限定的使用羟丙基甲基纤维素进行片剂包衣既不相同也不等同。被告则主张，在案证据不足以证明××××××××××是主成分成膜剂，而如退一步认可其是成膜剂，则无论是××××××××××，还是××××××××××，均与涉案专利权利要求 2 限定的包衣剂主成分聚乙烯醇构成等同的技术特征，故即使考虑涉案仿制药变更后的技术方案，其也落入了涉案专利权利要求 2 的保护范围。

根据双方当事人的上述主张，本院认为，首先，被告对于涉案仿制药变更后的技术方案不落入涉案专利权利要求 11 并不持异议，故本院仅需判断所述技术方案是否落入权利要求 2 的保护范围；其次，判断涉案仿制药变更后的技术方案是否落入涉案专利权利要求 2 保护范围的焦点问题在于，涉案仿制药薄膜包衣预混剂中使用的成膜剂成分与涉案专利权利要求 2 限定的包衣剂主成分聚乙烯醇是否构成等同技术特征。

与等同技术特征相关的法律规定主要见于《最高人民法院关于审理侵犯专利权纠纷案件应用法律若干问题的解释》（以下简称《专利权纠纷应用法律的解释》）第七条及《最高人民法院关于审理专利纠纷案件适用法律问题的若干规定》（2020 年修正）（以下简称《专利权纠纷适用法律的规定》）第十三条。虽然上述司法解释是适用于专利侵权案件的司法解释，而本案为确认是否落入专利权保护范围纠纷，但因确认被诉侵权产品落入涉案专利权保护范围是认定侵权成立的前提条件，故上述司法解释中与确认是否落入保护范围相关的规则同样适用于本案。

《专利权纠纷应用法律的解释》第七条规定，“人民法院判定被诉侵权技术方案是否落入专利权的保护范围，应当审查权利人主张的权利要求所记载的全部技术特征。被诉侵权技术方案包含与权利要求记载的全部技术特征相同或者等同的技术特征的，人民法院应当认定其落入专利权的保护范围”。

《专利权纠纷适用法律的规定》第十三条规定："专利法第五十九条第一款所称的'发明或者实用新型专利权的保护范围以其权利要求的内容为准，说明书及附图可以用于解释权利要求的内容'，是指专利权的保护范围应当以权利要求记载的全部技术特征所确定的范围为准，也包括与该技术特征相等同的特征所确定的范围。等同特征，是指与所记载的技术特征以基本相同的手段，实现基本相同的功能，达到基本相同的效果，并且本领域普通技术人员在被诉侵权行为发生时无需经过创造性劳动就能够联想到的特征。"

在等同侵权判定中，"基本相同的手段""基本相同的功能""基本相同的效果"和"本领域普通技术人员无须经过创造性劳动就能够联想到"这四个要素之间，首先要考察被诉侵权技术方案区别于涉案专利权利要求的技术特征是否属于"基本相同的手段"。在所述手段已经不同的情况下，无须再判断功能、效果是否基本相同，亦无须考虑本领域技术人员是否能够联想到，即可得出不构成等同侵权的结论。这一规则也同样适用于确认是否落入专利权保护范围纠纷中的等同判定。

本案中，××××××××××是原、被告双方现均认可的成膜剂，亦即涉案仿制药变更后的包衣预混剂的主成分。根据查明事实可知，××××××××××系××××××××××，以××××××××××制备，××××××××××。而聚乙烯醇由醋酸乙烯经聚合反应、醇解而成，系一种高分子聚合物。二者虽均为本领域常用的成膜材料，但化学结构呈现明显区别。特别是××××××××××作为×××××××，其系××××××××××，使得××××××××××，性能上与作为传统成膜材料的聚乙烯醇存在一定区别。从技术手段的角度考量，不能仅因二者均系常用成膜材料，而认定构成"基本相同的手段"，否则将使涉案专利保护范围过分扩张至所有常用成膜材料，这显然于法无据，且与涉案专利的技术贡献并不相当。此处需要指出的是，虽然被告主张涉案专利说明书明确公开了用于制备包衣液的必要的增塑剂包括聚乙二醇，但一方面××××××××××××××××××××，因××××××××××××××××××××；另一方面本领域技术人员是否容易想到××××××××××这一技术特征，亦并不影响对于××××××××××与聚乙烯醇不构成"基本相同的手段"的判断。

原、被告双方对××××××××××这一成分是否属于成膜剂、进而对应于涉案专利中的"主成分"存在分歧。但事实上，不论该成分是否属于成膜剂，即不论涉案仿制药变更后的技术方案中成膜剂是"××××××××××"还是"××××××××××和××××××××××"，因本院已认定涉案仿制药包衣预混剂使用××××××××××的技术特征与涉案专利权利要求 2 限定包衣剂主成分为聚乙烯醇的技术特征不构成“基本相同的手段”，进而不构成等同，则涉案仿制药包衣预混剂使用××××××××××以及另一种成膜剂××××××××××，与前述权利要求 2 技术特征更不可能构成“基本相同的手段”，故同样不构成等同。

此外，被告当庭提交反证 7、8 用以证明××××××××××与聚乙烯醇具有“基本相同的效果”，但该证据提交严重超出举证期限，在原告明确表示对其不予质证，且被告并无逾期举证的正当理由的情况下，本院对该两份证据不予采纳。同时，本院需要指出的是，本院在等同判定时已经认定涉案仿制药技术方案的相关技术特征与涉案专利权利要求 2 的技术特征不属于“基本相同的手段”，故已无须再行判断效果是否基本相同，故该两份证据与案件基本事实的关联性不强，不予采纳并不影响上述裁判理由。

综上，原告申请注册的涉案仿制药变更后的技术方案未落入被告涉案专利权利要求 2 和 11 的保护范围。依据《中华人民共和国专利法》第七十六条、《最高人民法院关于审理申请注册的药品相关的专利权纠纷民事案件适用法律若干问题的规定》第四条、《最高人民法院关于审理侵犯专利权纠纷案件应用法律若干问题的解释》第七条和《最高人民法院关于审理专利纠纷案件适用法律问题的若干规定》（2020 年修正）第十三条之规定，本院判决如下：

确认受理号为 CYHS220××××国的“甲苯磺酸艾多沙班片”仿制药变更后的技术方案未落入 20141046××××. ×号专利权利要求 2、11 的保护范围。

案件受理费人民币七百五十元，由被告某株式会社负担（于本判决生效之日起七日内缴纳）。

如不服本判决，原告某药业集团南京海某药业有限公司可于本判决书送达之日起十五日内，被告某株式会社可于本判决书送达之日起三十日内，向本院提交上诉状，同时交纳上诉案件受理费，上诉于中华人民共和国最高人民法院。

审 判 长 芮松艳

审 判 员 刘欣蕾

审 判 员 刘仁婧

二〇二四年五月二十九日

法官助理 周 迪

书 记 员 金婷婷

8. 使用环境特征的认定和侵权判断

——原告某能株式会社与被告上海某科实业有限公司、中山某印电子科技有限公司侵害发明专利权纠纷案①

中华人民共和国上海知识产权法院民事判决书（2022）沪73知民初223号

原告：某能株式会社。

法定代表人：御某某，董事会会长兼社长首席执行官。

委托诉讼代理人：钱亚卓，中国贸促会专利商标事务所有限公司专利代理师。

委托诉讼代理人：于海涛，中国国际贸易促进委员会推荐人员。

被告：上海某科实业有限公司。

法定代表人：戎某，执行董事。

被告：中山某印电子科技有限公司。

法定代表人：赵某某，执行董事。

上述两被告共同委托诉讼代理人：张凤，德恒（上海）律师事务所律师。

上述两被告共同委托诉讼代理人：王诗杰，德恒（上海）律师事务所律师。

原告某能株式会社与被告上海某科实业有限公司（以下简称某科公司）、中山某印电子科技有限公司（以下简称某印公司）侵害发明专利权纠纷一案，本院于2022年2月7日立案后依法适用普通程序，于2023年3月22日公开开庭进行了审理。原告某能株式会社的委托诉讼代理人钱亚卓、于海涛，被告某科公司、某印公司的共同委托诉讼代理人张凤、王诗杰到庭参加诉讼。本案现已审理终结。

原告某能株式会社向本院提出诉讼请求，请求判令两被告：1. 停止侵害

① 本案在年度报告中的位置为第20页。

原告ZL200780002318.1号发明专利权的行为，包括制造、销售、许诺销售THCB540A/CE320A/CF210X、THCB541A/CE321A/CF211A、THCB542A/CE322A/CF212A、THCB543A/CE323A/CF213A、THCC530A/CE410X/CF380X、THCC531A/CE411A/CF381A、THCC532A/CE412A/CF382A、THCC533A/CE413A/CF383A型号硒鼓的行为；2. 赔偿原告经济损失人民币200万元及合理费用30万元（合理费用包括代理费186765元、调查费92797.7元、打印机样品费7434.84元、公证费20060.50元、运输费343.44元、翻译费10414元，共计317815.48元，本案中仅主张30万元）。

事实和理由：原告某能株式会社是涉案专利的专利权人，致力于光学和图像处理技术和设备的研发，包括打印设备、半导体光刻设备和三维机器视觉系统。原告发现两被告共同生产、销售、许诺销售的相关型号硒鼓落入了涉案发明专利权的保护范围。两被告生产规模大、销量高、出口范围广，给原告造成了巨大经济损失。故诉至法院，请求判如所请。

被告某科公司、某印公司共同辩称：1. 被诉侵权产品所使用的技术方案未落入涉案专利权的保护范围，两被告不构成专利侵权。2. 涉案交易是在原告的积极推动下完成，除公证取证的相关被诉侵权产品外，两被告并无其他制造、销售、许诺销售行为。3. 被诉侵权产品利润率低，与涉案专利相关的技术方案的贡献率也较低，且仅为打印机上的一个耗材，不包括打印机，原告诉请赔偿金额过高。

原、被告围绕诉讼请求依法提交了证据，本院组织原、被告进行了证据交换和质证。本院经审查，查明以下事实：

一、涉案专利情况

原告系专利号为ZL200780002318.1，名称为“处理盒和成像设备”发明专利的专利权人，该专利申请日为2007年1月11日，授权日为2011年7月20日。2022年12月30日，国家知识产权局就该专利作出第59423号无效宣告请求审查决定书，维持涉案专利权有效。

涉案专利权利要求书共有34项权利要求，原告在本案中主张保护权利要求1、26、28：

1. 一种处理盒，其能够以可拆卸方式安装于电子照相成像设备的主组件中，所述主组件包括开口、能够在用于关闭所述开口的关闭位置和打开所述开口的打开位置之间移动的门、能够随着所述门从所述打开位置到所述关闭位置的移动而移动的第一施力部件、以及能够通过来自驱动源的驱动力而移动的第二施力部件，所述处理盒包括：电子照相感光鼓；显影辊，其构造和定位使得形成在所述电子照相感光鼓上的静电潜像显影；支撑所述电子照相感光鼓的鼓框架；显影框架，其支撑所述显影辊，并且相对于所述鼓框架能够移动，从而使得所述显影辊能够在所述显影辊与所述电子照相感光鼓接触的接触位置和所述显影辊与所述电子照相感光鼓分开的分开位置之间移动；以及受力装置，其包括：第一受力部分，所述第一受力部分构造和定位成在所述处理盒通过所述开口安装于设备的主组件的状态下，通过所述门从所述打开位置到所述关闭位置的移动而接受来自所述第一施力部件的力；第二受力部分，通过所述第一受力部分在接受来自所述第一施力部件的力所引起的移动，所述第二受力部分能够相对于所述显影框架从自操作位置缩回的缩回位置移动至所述操作位置，其中所述第二受力部分处在所述操作位置以接受来自第二施力部件的力从而使所述显影框架从所述接触位置移动到所述分开位置，其中所述第二受力部分处在所述缩回位置以允许所述处理盒进入所述主组件。

26. 一种处理盒，其能够以可拆卸方式安装于电子照相成像设备的主组件中，所述主组件包括开口、能够移动的第一施力部件以及能够通过来自驱动源的驱动力而移动的第二施力部件，所述处理盒包括：电子照相感光鼓；显影辊，其构造和定位使得形成在所述电子照相感光鼓上的静电潜像显影；鼓框架，其支撑所述电子照相感光鼓；显影框架，其支撑所述显影辊，并且相对于所述鼓框架能够移动，从而使得所述显影辊能够在所述显影辊与所述电子照相感光鼓接触的接触位置和所述显影辊与所述电子照相感光鼓分开的分开位置之间移动；受力装置，其包括：第一受力部分，所述第一受力部分构造和定位在所述处理盒通过所述开口安装于所述设备的主组件的状态下，通过所述第一施力部件的移动而接受来自所述第一施力部件的力；第二受力部分，通过所述第一受力部分在接受来自所述第一施力部件的力所引起的移动，所述第二受力部分能够相对于所述显影框架从自操作位置缩回的缩回位置移动至所述操作位置，其中所述第二受力部分处在所述操作位置以接受来自第二施力部件的力从而使所述显影框架从所述接触位置移动到所述分开位置，所述第二受力部分处在所述缩回位置以允许所述处理盒进入所述主组件。

28. 一种处理盒，其能够以可拆卸方式安装于电子照相成像设备的主组件中，所述处理盒包括：电子照相感光鼓；显影辊，其用于使得形成在所述电子照相感光鼓上的静电潜像显影；鼓框架，其支撑所述电子照相感光鼓；

显影框架，其支撑所述显影辊，并且所述显影框架相对于所述鼓框架能够绕着旋转轴线在所述显影辊与所述电子照相感光鼓接触的接触位置和所述显影辊与所述电子照相感光鼓分开的分开位置之间转动；受力装置，其包括用于接受第一外力的第一受力部分和用于接受第二外力的第二受力部分，其中，通过所述第一受力部分接受所述第一外力，所述第二受力部分能够相对于所述显影框架从自操作位置缩回的缩回位置移动至所述操作位置，其中在所述操作位置时所述旋转轴线与所述第二受力部分之间的距离大于在所述缩回位置时所述旋转轴线与所述第二受力部分之间的距离，并且，在所述操作位置时，所述第二受力部分通过接受所述第二外力而将所述显影框架从所述接触位置移动到所述分开位置。

二、与被诉侵权行为有关的事实

根据（2021）深坪证字第2858号、第2929号公证书、（2021）京长安内经证字第13753号公证书（以下分别简称2858号公证书、2929号公证书、13753号公证书）及原、被告邮件内容显示：2020年10月30日，原告委托代理人向收件人邮箱发送主题为："北京罗某某贸易有限公司-硒鼓询价单"的邮件，称"想采购贵公司硒鼓系列产品，希望贵公司对附件中产品型号提供报价"。同日，被告某科公司销售人员Vivi就型号THCB540A-THCB543A、THCF210X-THCF213A、THCE320A-THCE323A、THCC530A-THCC533A、THCF380X-THCF383A、THCE410X-THCE413A回复了报价。同年11月2日，原告以308元的价格购买了前述24种型号产品各一个。同年12月18日，马云提出"按照上次的订单，我们需要再购买2套样品，总价308元。"Vivi于同日表示，"不好意思，我们不卖"。2021年3月22日至同年4月1日，双方又就购买涉案产品50套事宜多次进行邮件沟通。后原告以案外人北京罗某某贸易有限公司的名义与被告某印公司签订了购销合同，购销合同产品清单涉及产品型号为THCB540A/CE320A/CF210X、THCB541A/ CE321A/CF211A、THCB542A/CE322A/CF212A、THCB543A/CE323A/CF213A、THCC530A/CE410X/CF380X、THCC531A/CE411A/CF381A、THCC532A/CE412A/ CF382A、THCC533A/CE413A/CF383A，前述8款型号原告各购买50套，总价15400元。在支付全部货款后，某印公司开具了发票。原告于2021年4月7日收到前述产品，并对该些产品进行了拍摄，所摄照片显示，产品包装上标有"SI-NOCOPY"字样。

（2021）深坪证字第2859号公证书记载：2021年5月12日，原告委托代理人马云进入爱企查网站查询“上海勤某实业有限公司”官网及电话，随后拨打该电话，告知某科公司工作人员，其已收到15400元货品，并询问某科公司与某印公司的关系。某科公司工作人员称“我们老板开了一个厂，一个贸易公司，某印公司是厂，我们是贸易公司，某印公司的东西，我们这边就出。某科公司与某印公司是一家公司”。

（2022）京长安内经证字第2232号公证书记载：2021年12月13日，原告委托代理人进入“ICP/IP地址、域名信息备案管理系统”查询到“sino-copy. com”网站的主办单位为被告某科公司。浏览该网站内容显示，网站首页左上角展示有“COPRINT”标识。网站“关于我们”介绍，“6年前成立以来，某印公司致力于将自身打造成一家领先的再制造、兼容专利激光碳粉和墨盒提供商。公司在华南地区和菲律宾建有研究和制造设施，每月能够生产400万件替换墨盒和30万件粉盒，以供主要原始设备制造商品牌打印机使用。目前，公司自主品牌在欧洲、南美和中东市场50多个国家享有盛誉”。“制造工厂”介绍，“于2006年建造，位于中国中山”“3.5万平方米”“1000多名合格工人”“60多名专业技术员和工程师”“碳粉制造工厂”“墨盒生产工厂”。“月生产能力”介绍，“再制造喷墨墨盒20万件”“兼容喷墨墨盒400万件”“再制造、兼容粉盒30万件”。网站还附有工厂和车间照片。网站“联系我们”留有两被告的企业名称及地址、电话。在该网站搜索“TH-CB540A-THCB543A”型号，该型号“适用于惠普彩色激光打印机LaserJet CP1215/CP1515N/CP1518NI/CM1312MFP”；搜索“THCE320A-THCE323A”型号，该型号“适用于惠普彩色激光打印机LaserJet Pro CM1415fnw/惠普La-serJet Pro CP1525”；搜索“THCF210X-THCF213A”型号，该型号“适用于惠普彩色激光打印机LaserJet Pro 200（颜色：M25ln/M25lnw）/惠普LaserJet Pro 200（颜色：MFP M276n/M276nw）”；搜索“THCC530A-THCC533A”型号，该型号“适用于惠普彩色激光打印机LaserJet CP2020/CP2025/CM2320”；搜索“THCE410X-THCE413A”型号，该型号“适用于惠普彩色激光打印机（企业版）Laserjet Enterprise300（颜色：M351/M375nw）/惠普La-serjet Enterprise400（颜色：M451nw/M451dn/M451dw/M475dn/M475dw）”；搜索“THCF380X-THCF383A”型号，该型号“适用于惠普彩色激光打印机La-serJet Pro MFP M476dn/惠普LaserJet Pro MFP M476dw/惠普LaserJet Pro MFP M476nw”。上述各产品型号上架时间均为2015年1月15日，所展示的商品图上标有“COPRINT”标识和涉案网址。

2023 年 2 月 9 日，原告委托代理人再次浏览上述网站，网站展示了 334 个型号的硒鼓产品，包括涉案 THCE410X-THCE413A、THCE320A-THCE323A、THCF380X-THCE383A、THCC530A-THCC533A、THCF210X-THCF213A、THCB540A-THCB543A 型号的硒鼓。

（2021）京长安内经证字第 15750 号、第 15751 号公证书记载：2021 年 2 月 26 日，原告委托代理人在淘宝“绿色心情配件”店铺以 2400 元的价格购买了两台惠普 HP CP2025 彩色激光打印机；在淘宝“诚信办公耗材”店铺以 1600 元的价格购买了两台惠普 HP CP1525n 彩色激光打印机。前述商品运费共计 135 元。同年 3 月 5 日、3 月 8 日，原告委托代理人和公证人员收取了上述货物。

审理中，原告表示 2929 号公证书系因调查取证人员在进行 2858 号公证取证后发现遗漏了部分内容，故在 2858 号公证书内容基础上重新进行了取证。

两被告确认两公司之间存在合作关系，某印公司负责制造产品，某科公司负责销售，但两公司并非关联公司。被告某科公司确认其不出售单个产品，主要销售途径是通过展会或与客户商务洽谈。

三、被诉侵权产品勘验情况

审理中，拆封 13753 号公证书封存产品，被诉侵权产品是硒鼓，即一种电子成像设备中的处理盒。产品包装上均标有“SINOCOPY”标识。各型号产品与涉案专利相关的技术特征均相同，分别可适配于 HP CP2025 和 HP CP1525 两款彩色激光打印机。双方均同意选取型号为 THCB543A/CE323A/CF213A 的硒鼓进行比对，比对结果适用于其余公证购买产品。该型号硒鼓外包装盒显示可适用于 HP CP1525 打印机。当庭拆开原告购买的型号为 HP CP1525n 的打印机。处理盒能够以可拆卸方式安装于打印机主体（电子照相成像设备的主组件）中。打印机主体（主组件）包括开口，有（关闭开口的）关闭位置和（打开开口的）打开位置之间移动的门，能够（随着门从打开位置到关闭位置的移动而）移动的第一施力部件，以及能够通过来自驱动源的驱动力而移动的第二施力部件。

处理盒包括：电子照相感光鼓；显影辊，其构造和定位用于形成在电子照相感光鼓上的静电潜像显影；鼓框架，支撑电子照相感光鼓；显影框架，支撑显影辊，并且显影框架相对于鼓框架能够绕着旋转轴在显影辊与电子照相感光鼓接触的接触位置和显影辊与电子照相感光鼓分开的分开位置之间转动；

受力装置包括：第一受力部分，第一受力部分的构造和定位在处理盒通过开口安装于设备的主组件的状态下，通过门从打开位置到关闭位置的移动而接受来自第一施力部件的力，此过程具体是通过第一施力部件的移动而接受来自第一施力部件的力；第二受力部分，通过第一受力部分接受来自第一施力部件的力所引起的移动，第二受力部分能够相对于显影框架从（自操作位置缩回的）缩回位置移动至操作位置，其中第二受力部分处在操作位置以接受来自第二施力部件的力，从而使显影框架从接触位置移动到分开位置，其中第二受力部分处在缩回位置以允许处理盒进入主组件。第二部件是可旋转部件，其前端是第二受力部分，当由缩回位置至操作位置时，第二受力部分抬升，使得第二受力部分在操作位置时旋转轴线与第二受力部分之间的距离大于在缩回位置时旋转轴线与第二受力部分之间的距离。

经比对，原、被告就“主组件”是否系环境特征及权利要求 28 中“其中在所述操作位置时所述旋转轴线与所述第二受力部分之间的距离大于在所述缩回位置时所述旋转轴线与所述第二受力部分之间的距离”的权利要求保护范围是否清楚的问题存在争议，对其余技术特征各方均确认一致。

四、两被告经营情况

被告某科公司于 2012 年 1 月 20 日成立，注册资本为 300 万元，经营范围为计算机、软件及辅助设备、打印机及配件的销售，商务咨询（除经纪），企业管理，货物及技术进出口业务等。

被告某印公司于 2015 年 6 月 10 日成立，注册资本为 300 万元，经营范围为研发、生产、销售：电子产品、打印机耗材及零部件；批发、零售：打印机、电脑产品；货物及技术进出口等。

某科公司系第 14254097 号“SINOCOPY”注册商标专用权人，该商标于 2015 年 6 月 7 日获准注册，核定使用在第 2 类的打印机、打印机和复印机用已填充的鼓粉盒、激光打印机墨盒等商品上。

上述事实由原告提供的涉案专利登记簿副本及相应文本、专利年费缴纳信息、（2021）深坪证字第 2858 号公证书、（2021）深坪证字第 2859 号公证书、（2021）深坪证字第 2929 号公证书、（2021）京长安内经证字第 13753 号公证书、（2021）京长安内经证字第 15750 号公证书、（2021）京长安内经证字第 15751 号公证书、（2022）京长安内经证字第 2232 号公证书、某科公司及某印公司的企业信用公示信息截图、商标信息查询截图、经时间戳认证的视频，两被告提供的邮件截图及当事人的庭审陈述在案佐证。

双方就以下证据存在争议，本院评析如下：

原告提供以下证据：

1. 湖北鼎某控股股份有限公司、纳某某股份有限公司 2019—2021 年年度报告，以证明行业内打印耗材类产品的利润率。

2. 翻译费、调查费、公证费、运输费、样品费、快递费发票及代理费账单、付款记录，以证明原告为本案支出的费用。

两被告提供以下证据：

1. 某印公司出库单、发票、合同、箱单、出货单，两被告展会照片，以证明两被告除本案原告取证的产品外，并未生产、制造、销售其他被诉侵权产品。两被告主要生产、销售适用于三星、兄弟品牌打印机的硒鼓产品。

2. 珠海欣某科技有限公司、珠海中某打印科技有限公司 2018 年至 2019 年的财务报表及相关网络文章，以证明被诉侵权产品利润率低。

3. 被诉侵权产品拆解表、硒鼓主要部件的专利检索情况，以证明涉案专利在被诉侵权产品中的技术贡献度较低。

经质证，两被告对原告证据的真实性、合法性无异议，但认为证据 1 并不能证明硒鼓产品的利润率，且上市公司的经营情况与两被告不同，故不能达到原告的证明目的；证据 2 不能体现原告的真实维权开支，且该些开支已远超被诉侵权行为对原告造成的损害，金额畸高，远超合理范围。

原告对两被告证据质证意见：不认可证据 1 的真实性，被告未完整提供其实际生产、销售情况；对证据 2 中网络文章真实性予以确认，其余证据来源不明，真实性不予认可。该些证据是案外人的审计报告，审计报告中的数据不真实，与本案无关；对证据 3 真实性、合法性予以确认，但案外专利与本案无关，两被告关于涉案专利的贡献率计算错误，不应作为本案计算损失的依据。

本院认证意见：原告证据 1 中的年度报告中还包括了其他产品的利润率，故不能真实反映被诉侵权产品的行业利润率，本院不予采纳。原告证据 2 的真实性本院予以确认，与本案的关联性由本院在裁判理由中另行评述。

对被告证据，证据 1 与被诉侵权产品并无关联，本院不予确认。证据 2 案外人企业的利润率并非被诉侵权产品或与被诉侵权产品相同产品的利润率，故相关数据与本案缺乏关联性，本院不予采纳。证据 3 中案外专利与本案争议焦点并无关联，本院不予采纳。被诉侵权产品的拆解表并非用于证明案件事实的证据，本院不作证据认定，相关拆解结果可作为本案确定赔偿金额的参考因素。

本院认为，本案系发明专利权侵权纠纷。原告系涉案发明专利权人，任何单位或者个人未经专利权人许可，都不得实施其专利，即不得为生产经营目的制造、使用、许诺销售、销售、进口其专利产品。本案的争议焦点为：一、被诉侵权产品使用的技术方案是否落入涉案专利权的保护范围；二、各被告民事责任如何承担。

关于争议焦点一。本院认为，根据我国专利法及其司法解释的规定，发明或者实用新型专利权的保护范围以其权利要求的内容为准，说明书及附图可以用于解释权利要求的内容。人民法院判定被诉侵权技术方案是否落入专利权的保护范围，应当审查权利人主张的权利要求所记载的全部技术特征。被诉侵权技术方案包含与权利要求记载的全部技术特征相同或者等同的技术特征的，人民法院应当认定其落入专利权的保护范围；被诉侵权技术方案的技术特征与权利要求记载的全部技术特征相比，缺少权利要求记载的一个以上的技术特征，或者有一个以上技术特征不相同也不等同的，人民法院应当认定其没有落入专利权的保护范围。经比对，原、被告就“主组件”是否系环境特征及权利要求 28 中“其中在所述操作位置时所述旋转轴线与所述第二受力部分之间的距离大于在所述缩回位置时所述旋转轴线与所述第二受力部分之间的距离”的权利要求保护范围是否清楚的问题存在争议，对其余技术特征各方均确认一致。本院经审查，对各方无争议的技术特征予以确认；就各方争议的技术特征，本院分别论述如下：

一、与“主组件”有关的技术特征的分析认定

原告认为，涉案专利中与“主组件”有关的技术特征属于使用环境特征，被诉侵权产品能够适用于权利要求中使用环境特征所限定的使用环境，因而落入涉案专利权的保护范围；被告认为，原告主张的各项权利要求均涉及“主组件”中开口、门、第一施力部件、第二施力部件等结构特征及其与“处理盒”之间的相互关系等特征，是必不可少的技术特征，被诉侵权产品因缺少上述技术特征而不构成侵权。

本院认为，与一般技术特征不同，使用环境特征是特殊形式的权利要求。根据我国专利法及其相关司法解释的规定，被诉侵权技术方案不能适用于权利要求中使用环境特征所限定的使用环境的，人民法院应当认定被诉侵权技术方案未落入专利权的保护范围。结合本案具体情况，判断“主组件”是否

为使用环境特征可从以下几个方面考量：

第一，原告主张的权利要求 1、26、28 的主题名称均为“一种处理盒”，并未涉及“主组件”，可见主组件并不属于涉案权利要求主题名称所指向的结构。鉴于主题名称对于独立权利要求的保护范围有限定作用，可初步判断相关权利要求中关于“主组件”的技术特征应为使用环境特征。

第二，权利要求 1、26、28 中与“处理盒”有关的技术特征记载了“以可拆卸方式安装于电子照相成像设备的主组件”的描述，可据此判断“处理盒”与“主组件”系安装关系。

第三，可结合说明书的相关描述及附图加以判断。说明书第［0001］段记载了“本发明涉及一种处理盒……本发明还涉及所述处理盒能够以可拆卸方式安装在其上的电子照相成像设备。”第［0002］段记载，“在利用电子照相成像工艺的成像设备中，处理盒类型是常规的，其中电子照相感光鼓和能够作用于电子照相感光鼓的显影辊整合为处理盒，该处理盒能够以可拆卸方式安装于成像设备的主组件中。”第［0006］段记载，“在这个申请公开文件所公开的设备中，四个处理盒以可拆卸方式安装于成像设备的主组件中。该处理盒包括具有感光鼓的感光部件单元和用于支撑以可摆动方式设置在感光部件单元中的显影辊的显影单元。通过移动设置在成像设备的主组件中的间隔板，设置在显影单元中的受力部分接受来自间隔板的力。”第［0010］段记载，“根据本发明的一方面，提供一种处理盒，其能够以可拆卸方式安装于电子照相成像设备的主组件中”。第［0011］段“根据本发明的另一方面，提供一种用于在记录材料上形成图像的电子照相成像设备，处理盒能够以可拆卸方式安装于其中”。涉案专利说明书附图 1 为本发明第一实施例的电子照相成像设备的总体布置，结合对第一实施例的具体实施方式的说明，附图 1 中包括了处理盒和电子照相成像设备的主组件。因此，涉案专利中的成像设备包括主组件和处理盒，处理盒以可拆卸的方式安装于主组件中，主组件是与处理盒配合的外部部件。权利要求 1、26、28 中与“主组件”相关的技术特征是处理盒的使用条件，并非处理盒构件的组成部分，为使用环境特征。

第四，被诉侵权产品能够适用于使用环境特征限定的使用环境。鉴于涉案专利与“主组件”相关的技术特征为使用环境特征，因此，在考虑被诉技术特征是否落入涉案专利权利要求的保护范围时，被诉侵权产品不必须具有与“主组件”相关的构件，如开口、门及相应位置的第一和第二施力部件等。只要被诉侵权产品能够适用于权利要求中使用的环境特征所限定的使用环境即可。虽然被诉侵权产品缺少电子照相成像设备的主组件，但经勘验被诉侵权产品能够以可拆卸的方式安装于具有相关使用环境特征的打印机中正常工作，可据此认定与被诉侵权产品相关的技术方案具备了相关权利要求记载的使用环境特征。

二、权利要求 28 中部分技术特征保护范围的确定

两被告主张，权利要求 28 中“其中在所述操作位置时所述旋转轴线与所述第二受力部分之间的距离大于在所述缩回位置时所述旋转轴线与所述第二受力部分之间的距离”的含义不清楚，不能确定该技术特征的保护范围。且在进行技术比对时，应当将第二受力部件作为整体进行观察，即以该部件的底部为观测点。因此无论第二受力部分顶部开口如何变化，其底部与旋转轴线的距离均不会发生改变，故被诉侵权产品的技术特征与该技术特征不符。原告则认为，前述技术特征保护范围清楚，鉴于操作时第二施力部件的底部位置不会改变，故比对时应当以该部件的顶部作为观察点。

本院认为，首先，前述技术特征并未将第二受力部分限定为第二受力部件的底部，故应理解为整个第二受力部件。该技术特征还清楚地表明了从缩回位置至操作位置时第二受力部分至旋转轴的距离变大的含义。其次，涉案专利说明书第［0133］段及附图 8、11—14 均清晰地表明，涉案专利的技术方案中，从缩回位置至操作位置，第二受力部件是翘起的过程，第二受力部件的顶端（即第二受力部分）相对于旋转轴距离变大。因此，权利要求 28 中的上述内容能够清楚地确定相应技术特征的保护范围。

经当庭比对，被诉侵权产品受力装置中的第二受力部件从缩回位置至操作位置时，第二受力部件的顶端（即第二受力部分）相对于旋转轴的距离变大，具备前述技术特征。

综上所述，被诉侵权产品的技术方案与涉案专利权利要求 1、26、28 记载的技术特征相同，且能够适用于权利要求中使用环境特征（主组件）所限定的使用环境，故落入涉案专利权的保护范围。

关于争议焦点二。被诉侵权产品外包装上标注被告某科公司注册的商标，商标具有表明商品来源的作用，某科公司对外应承担被诉侵权产品生产商的责任。两被告亦确认某印公司实际生产了被诉侵权产品。故本院认定两被告共同实施了生产行为。被告某科公司官网展示了被诉侵权产品，且其员工实施了销售被诉侵权产品的行为，故某科公司实施了销售和许诺销售行为。被诉侵权产品的购销合同系某印公司签订，某印公司还开具了销售发票，某印

公司亦实施了销售行为。现两被告共同生产、销售的产品侵犯了原告就涉案专利享有的专利权，应当承担停止侵害、赔偿损失的民事责任。

（一）关于两被告实施被诉侵权行为的起始时间

根据某科公司官网商品展示页面标注的上架时间，原告主张两被告于2015年1月15日开始制造、许诺销售、销售被诉侵权产品。两被告认为不能以图片的上传时间确定被诉侵权产品的制造、销售时间。本院认为，该网站对外展示的产品型号包含了被诉侵权产品的型号，两被告虽然否认该些产品为侵权产品，但未能提供相应证据，本院不予采信。根据涉案网站展示内容，可以认定两被告至少在2015年1月15日开始生产、许诺销售被诉侵权产品。

（二）关于赔偿金额的确定问题

本院认为，侵犯专利权的赔偿数额按照权利人因被侵权所受到的实际损失确定；实际损失难以确定的，可以按照侵权人因侵权所获得的利益确定。权利人的损失或者侵权人获得的利益难以确定的，参照该专利许可使用费的倍数合理确定。权利人的损失、侵权人获得的利益和专利许可使用费均难以确定的，人民法院可以根据专利权的类型、侵权行为的性质和情节等因素，确定给予三万元以上五百万元以下的赔偿。赔偿数额还应当包括权利人为制止侵权行为所支付的合理开支。

本案中并无可以证明权利人损失或者侵权人获利的确切证据，亦无专利许可使用费可以参考。本院综合考虑以下因素酌情确定两被告应承担的赔偿额：1. 涉案专利的价值；2. 被告侵权主观故意程度及被告网站对外宣传的经营规模、生产能力、侵权持续时间；3. 侵权产品的获利情况及涉案专利权在实现整体产品利润中的贡献度；4. 侵权行为给原告造成的损失。

关于合理费用，本案原告主张的合理费用包括代理费、调查费（包括购买侵权产品费用）、打印机样品费、公证费、运输费、翻译费。本院认为，专利侵权案件中，专利权人为维护自己合法权益所支出的合理费用应当予以支持。但相关费用应当仅限于合理限度内，明显不合理的费用不应当由侵权人承担。本院注意到，本案中，原告提供的部分公证费发票无法与相应公证建立关联，部分公证因为原告原因而做了重复公证，部分翻译费无相应凭证，部分打印机样品费既无票据也不必要，原告主张的除购买侵权产品费外的调查费亦无法律依据。根据前述因素，再结合本案案情及原告委托诉讼代理人的工作量，两被告应承担的合理费用，由本院根据合理、必要原则予以酌定。

据此，依照《中华人民共和国专利法》第十一条第一款，第六十四条第一款，第七十一条第一款、第二款、第三款；《最高人民法院关于审理侵犯专利权纠纷案件应用法律若干问题的解释》第七条之规定，判决如下：

一、被告上海某科实业有限公司、中山某印电子科技有限公司于本判决生效之日起立即停止侵害原告某能株式会社享有的名称为“处理盒和成像设备”（专利号：ZL200780002318.1）的发明专利权；

二、被告上海某科实业有限公司、中山某印电子科技有限公司于本判决生效之日起十日内赔偿原告某能株式会社经济损失及合理开支人民币60万元；

三、驳回原告某能株式会社的其余诉讼请求。

被告如果未按本判决指定的期间履行给付金钱义务，应当依照《中华人民共和国民事诉讼法》第二百六十四条规定，加倍支付迟延履行期间的债务利息。

案件受理费人民币25200元，由原告某能株式会社负担人民币9313元，被告上海某科实业有限公司、中山某印电子科技有限公司负担人民币15887元。

如不服本判决，原告某能株式会社可在判决书送达之日起三十日内，被告上海某科实业有限公司、中山某印电子科技有限公司可在判决书送达之日起十五日内，向本院递交上诉状，并按照对方当事人的人数提出副本，上诉于中华人民共和国最高人民法院。

审 判 长　陆凤玉
审 判 员　杜灵燕
人民陪审员　徐爱华
二〇二四年四月十八日
法官助理　秦天宁
技术调查官　张银超
书 记 员　沈仕赟

（二）专利行政案件审判

10. 专利无效审查口审程序中权利要求删除式修改的接受

——上诉人德国某专利股份有限公司与被上诉人国家知识产权局、一审第三人日本某株式会社发明专利权无效行政纠纷案①

中华人民共和国最高人民法院行政判决书（2022）最高法知行终870号

上诉人（一审原告、专利权人）：德国某专利股份有限公司。住所地：德意志联邦共和国达姆施塔特。

代表人：沃某，该公司常务董事。

代表人：萨某，该公司高级董事。

委托诉讼代理人：林柏楠，北京市中咨律师事务所律师。

委托诉讼代理人：张雪珍，北京市中咨律师事务所律师。

被上诉人（一审被告）：中华人民共和国国家知识产权局。住所地：中华人民共和国北京市海淀区蓟门桥西土城路6号。

法定代表人：申长雨。

委托诉讼代理人：李某婷，该局审查员。

委托诉讼代理人：宋某，该局审查员。

一审第三人（无效宣告请求人）：日本某株式会社。

代表人：后某。

委托诉讼代理人：庞某成，北京三友知识产权代理有限公司专利代理师。

委托诉讼代理人：褚某杨，北京三友知识产权代理有限公司专利代理师。

上诉人德国某专利股份有限公司（以下简称某专利公司）与被上诉人中

① 本案在年度报告中的位置为第24页。

华人民共和国国家知识产权局（以下简称国家知识产权局）、一审第三人日本某株式会社（以下简称某株式会社）发明专利权无效行政纠纷一案，涉及专利权人为某专利公司、专利号为20118004××××.1、名称为“液晶显示器和具有垂面取向的液晶介质”的发明专利（以下简称本专利）。针对某株式会社就本专利权提出的无效宣告请求，国家知识产权局作出第34935号无效宣告请求审查决定（以下简称被诉决定），宣告本专利权全部无效；某专利公司不服，向中华人民共和国北京知识产权法院（以下简称一审法院）提起诉讼，请求撤销被诉决定，判令国家知识产权局重新作出决定。一审法院于2021年7月21日作出（2018）京73行初7702号行政判决，驳回某专利公司的诉讼请求；某专利公司不服，向本院提起上诉。本院于2022年12月28日立案后，依法组成合议庭，并于2023年4月20日公开开庭审理了本案，上诉人某专利公司及其委托诉讼代理人林柏楠、张雪珍，被上诉人国家知识产权局及其委托诉讼代理人李某婷、宋某到庭参加诉讼；于2024年7月10日询问当事人，上诉人某专利公司及其委托诉讼代理人张雪珍，被上诉人国家知识产权局及其委托诉讼代理人李某婷、宋某到庭参加询问。一审第三人某株式会社经传票传唤无正当理由拒不到庭参加诉讼，不影响本案审理。本案现已审理终结。

一审法院经审理查明如下事实：

本专利申请日为2011年8月29日，优先权日为2010年9月25日，授权公告日为2015年3月11日。本专利授权公告的权利要求书如下：

“1. 包含低分子量液晶组分以及一种或多种有机化合物的液晶介质，其中所述有机化合物的特征在于其包含式MES-R^2的化合物，其中MES表示含有至少一个环体系的介晶基团并且R2表示极性锚固基团，其中所述极性锚固基团包含至少一个OH结构或者在伯、仲或叔氨基中的N原子。

2. 根据权利要求1的液晶介质，特征在于，它另外包含可聚合或者经聚合的组分，其中所述经聚合的组分通过可聚合组分的聚合得到。

3. 根据权利要求1的液晶介质，特征在于，所述有机化合物具有大于100g/mol的相对摩尔质量。

4. 根据权利要求1的液晶介质，特征在于，所述有机化合物的极性锚固基团表示式R^2的基团，其中R^2表示具有1至25个C原子的直链、支化或环状的烷基，其中一个或多个不相邻的CH_2基团也可以被-NR^0-、-O-、-S-、-CO-、-CO-O-、-O-CO-、-O-CO-O-以N、O和/或S原子彼此不直接键接的方式代替，R^0 表示 H 或具有 1 至 12 个 C 原子的烷基，并且其中一个或多个叔碳原子 CH 基团也可以被 N 代替，并且其中一个或多个 H 原子也可以被 F 或者 Cl 代替，

条件是基团 R^2 含有一个或多个选自 N、S 和/或 O 的杂原子。

5. 根据权利要求 1 的液晶介质，其具有负介电各向异性。

6. 根据权利要求 1 的液晶介质，特征在于，所述有机化合物包含下式 I 的化合物：

$R^1-A^1-(Z^2-A^2)_{m1}-R^2$ (I)

其中

A^1 和 A^2 各自彼此独立地表示芳族、杂芳族、环脂族或者杂环基团，其还可以含有稠环，并且其还可以被基团 L 单或者多取代，

L 在每种情况下彼此独立地表示$-OH$、$-(CH_2)_{n1}-OH$、F、Cl、Br、I、$-CN$、$-NO2$、$-NCO$、$-NCS$、$-OCN$、$-SCN$、$-C(=O)N(R^0)_2$、$-C(=O)R^0$、$-N(R^0)_2$、$-(CH_2)_{n1}-N(R^0)_2$，任选取代的甲硅烷基，具有 6 至 20 个 C 原子的任选取代的芳基或环烷基，或者具有 1 至 25 个 C 原子的直链或支链的烷基、烷氧基、烷基羰基、烷氧基羰基、烷基羰氧基或烷氧基羰基氧基，其中一个或多个 H 原子也可以被 F 或 Cl 代替，

Z^2 在每种情况下彼此独立地表示$-O-$、$-S-$、$-CO-$、$-CO-O-$、$-OCO-$、$-O-CO-O-$、$-OCH_2-$、$-CH_2O-$、$-SCH_2-$、$-CH_2S-$、$-CF_2O-$、$-OCF_2-$、$-CF_2S-$、$-SCF_2-$、$-(CH_2)_{n1}-$、$-CF_2CH_2-$、$-CH_2CF_2-$、$-(CF_2)_{n1}-$、$-CH=CH-$、$-CF=CF-$、$-C\equiv C-$、$-CH=CH-COO-$、$-OCO-CH=CH-$、CR^0R^{00} 或者单键，

R^0 和 R^{00} 各自彼此独立地表示 H 或者具有 1 至 12 个 C 原子的烷基，

R^1、R^2 彼此独立地表示 H，卤素，具有 1 至 25 个 C 原子的直链、支链或者环状烷基，其中一个或多个不相邻的 CH2 基团也可以被$-NR^0-$、$-O-$、$-S-$、$-CO-$、$-CO-O-$、$-O-CO-$、$-O-CO-O-$以 N、O 和/或 S 原子彼此不直接键接的方式代替，并且其中一个或多个叔碳原子 CH 基团也可以被 N 代替，并且其中一个或多个 H 原子也可以被 F 或者 Cl 代替，

条件是至少基团 R^2 含有一个或多个选自 N、S 和/或 O 的杂原子，

m1 表示 0、1、2、3、4 或 5，并且

n1 表示 1、2、3 或 4。

7. 根据权利要求 6 的液晶介质，特征在于，对于式 I 的化合物，Z^2 表示

单键。

8. 根据权利要求 6 的液晶介质，特征在于，所述基团 R2 包含子式（A1）的基团

$-Sp-[X^2-Z^3-]_kX^1$　　（A1）

其中

Sp 表示间隔基团或者单键，

X^1 表示基团 $-NH_2$、$-NHR^{11}$、$-NR_2^{11}$、$-OH$、$-(CO)OH$ 或者下式的基团

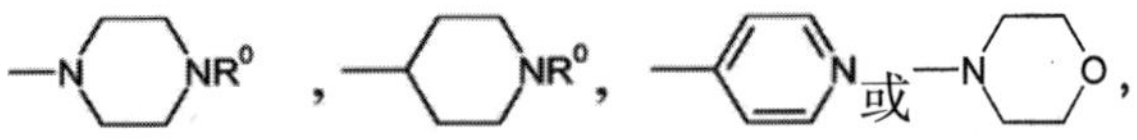

R^0 表示 H 或者具有 1 至 12 个 C 原子的烷基，

X^2 在每种情况下独立地表示 -NH-、$-NR^{11}-$、-O-或者单键，

Z^3 在每种情况下彼此独立地表示具有 1-15 个 C 原子的亚烷基、具有 5 或 6 个 C 原子的碳环，或者一个或多个环与亚烷基的组合，其中在每种情况下氢可以被 -OH、$-OR^{11}$、-（CO）OH、$-NH_2$、$-NHR^{11}$、$-NR_2^{11}$ 或者卤素代替，

R^{11} 在每种情况下独立地表示卤代的或者未取代的具有 1 至 15 个 C 原子的烷基，其中在该基团中的一个或多个 CH2 基团也可以彼此独立地被 -C≡C-、-CH=CH-、-（CO）O-、-O（CO）-、-（CO）-或者-O-以 O 原子彼此不直接键接的方式代替，并且其中两个基团 R^{11} 可以彼此键接形成环，以及

k 表示 0、1、2 或者 3。

9. 根据权利要求 8 的液晶介质，特征在于，在 Z^3 定义中卤素为 F 或 Cl。

10. 根据权利要求 1 至 5 中任一项的液晶介质，特征在于，其包含浓度小于 10wt%的有机化合物。

11. 根据权利要求 6 至 9 中任一项的液晶介质，特征在于，其包含浓度小于 10wt%的式 I 的化合物。

12. 根据权利要求 1 至 9 中任一项的液晶介质，特征在于，其包含一种或多种式 M 的可聚合化合物或者经聚合的组分，其中所述经聚合的组分包含一种或多种以聚合形式的式 M 的化合物：

$P^a-(Sp^a)_{s1}-A^2-(Z^1-A^1)_n-(Sp^b)_{s2}-P^b$　　M

其中各个基团具有下列含义：

P^a、P^b 各自彼此独立地表示可聚合基团，

Sp^a、Sp^b 每次出现时相同或不同地表示间隔基团，

s1、s2 各自彼此独立地表示 0 或 1，

A^1、A^2 各自彼此独立地选自下列基团：

a）反式-1，4-亚环己基、1，4-亚环己烯基和 4，4’-亚二环己基，其中一个或多个不相邻的 CH2 基团也可以被-O-和/或-S-代替，并且其中一个或多个 H 原子也可以被 F 代替，

b）1，4-亚苯基和 1，3-亚苯基，其中一个或两个 CH 基团也可以被 N 代替，并且其中一个或多个 H 原子也可以被 L 代替，

c）四氢吡喃-2，5-二基、1，3-二噁烷-2，5-二基、四氢呋喃-2，5-二基、环丁烷-1，3-二基、哌啶-1，4-二基、噻吩-2，5-二基和硒吩-2，5-二基，其还可以被 L 单或多取代，

d）双环［1.1.1］戊烷-1，3-二基、双环［2.2.2］辛烷-1，4-二基、螺［3.3］庚烷-2，6-二基，

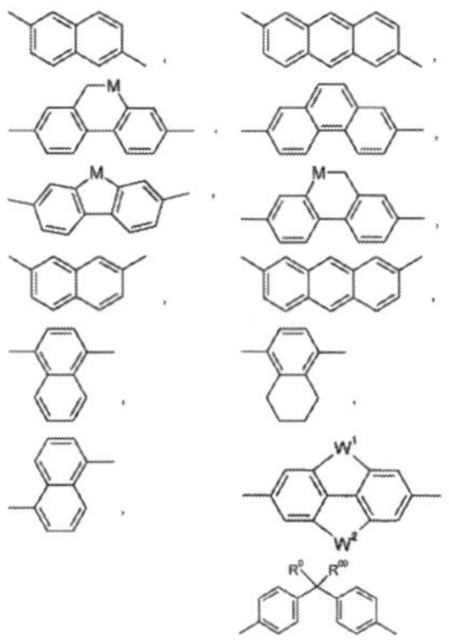

其中这些基团中的一个或多个 H 原子也可被 L 代替，和/或一个或多个双键可以被单键代替，和/或一个或多个 CH 基团可被 N 代替，

n 表示 0、1、2 或 3，

Z^1 在每种情况下彼此独立地表示-CO-O-、-O-CO-、$-CH_2O-$、$-OCH_2-$、$-CF_2O-$、$-OCF_2-$或者-(CH_2) n-，其中 n 是 2、3 或 4，-O-、-CO-、-C（R^cR^d）-、$-CH_2CF_2-$、$-CF_2CF_2-$或者单键，

L 每次出现时相同或不同地表示 F、Cl、CN、SCN、SF_5 或者在每种情况下任选氟代的具有 1 至 12 个 C 原子的直链或支链的烷基、烷氧基、烷基羰基、烷氧基羰基、烷基羰氧基或烷氧基羰基氧基，

R^0、R^{00} 各自彼此独立地表示 H、F 或者具有 1 至 12 个 C 原子的直链或支链的烷基，其中一个或多个 H 原子也可以被 F 代替，

M 表示$-O-$、$-S-$、$-CH_2-$、$-CHY^1-$或者$-CY^1Y^2-$，

Y^1 和 Y^2 各自彼此独立地具有上述为 R^0 所示的含义之一，或者表示 Cl 或 CN，

R^c 和 R^d 各自彼此独立地表示 H 或具有 1 至 6 个 C 原子的烷基，并且

W^1、W^2 各自彼此独立地表示$-CH_2CH_2-$、$-CH=CH-$、$-CH_2-O-$、$-O-CH_2-$、$-C(R^cR^d)-$或者$-O-$。

13. 根据权利要求 12 的液晶介质，特征在于，R^c 和 R^d 各自彼此独立地表示 H、甲基或乙基。

14. 根据权利要求 1 至 5 任一项的液晶介质，特征在于，所述有机化合物含有一种或多种可聚合基团。

15. 根据权利要求 6 至 9 任一项的液晶介质，特征在于，所述式 I 的化合物含有一种或多种可聚合基团。

16. 包含具有两个基板和至少两个电极以及位于所述基板之间的根据权利要求 1 至 15 中任一项的液晶介质的层的液晶盒的液晶显示器，其中至少一个基板对光是透明的并且至少一个基板具有一个或两个电极，

其中所述有机化合物适合于导致液晶介质相对于所述基板表面的垂面取向。

17. 根据权利要求 16 的液晶显示器，特征在于，所述基板没有用于垂面取向的取向层。

18. 根据权利要求 16 的液晶显示器，特征在于，所述基板在一侧或两侧上具有未经摩擦的取向层。

19. 根据权利要求 16 至 18 中任一项的液晶显示器，特征在于，其为 VA 显示器，所述 VA 显示器含有具有负介电各向异性的液晶介质和设置在对置的基板上的电极。

20. 根据权利要求 16 至 18 中任一项的液晶显示器，特征在于，其为 VA-IPS 显示器，所述 VA-IPS 显示器含有具有正介电各向异性的液晶介质和至少设置在一个基板上的交叉指形电极。

21. 制备液晶介质的方法，特征在于，将一种或多种根据权利要求 1 所述的一种或多种有机化合物与低分子量液晶组分混合，并任选加入一种或多

种可聚合化合物和/或添加剂。

22. 式 I 的化合物

R^1-A^1-（Z^2-A^2）$_{m1}$-R^2　　(I)

其中：

R^2 表示式（A1）的基团

-Sp-［X^2-Z^3-］$_k$$X^1$　　（A1）

其中

Sp 为 X"-Sp"，其通过基团 X" 连接到基团 R^1-A^1-（Z^2-A^2）$_{m1}$-，其中，

Sp" 表示具有 1 至 20 个 C 原子的亚烷基，其任选被 F、Cl、Br、I 或 CN 单或多取代，并且其中一个或多个不相邻的 CH2 基团各自彼此独立地可以被 -O-、-S-、-NH-、-N（R^0）-、-Si（$R^{00}R^{000}$）-、-CO-、-CO-O-、-O-CO-、-O-CO-O-、-S-CO-、-CO-S-、-N（R^{00}）-CO-O-、-O-CO-N（R^{00}）-、-N（R^{00}）-CO-N（R^{00}）-、-CH=CH-或者-C≡C-以使得 O 和/或 S 原子不彼此直接连接的方式代替，

X" 表示-O-、-S-、-CO-、-CO-O-、-O-CO-、-O-CO-O-、-CO-N（R^{00}）-、-N（R^{00}）-CO-、-N（R^{00}）-CO-N（R^{00}）-、-OCH_2-、-CH_2O-、-SCH_2-、-CH_2S-、-CF_2O-、-OCF_2-、-CF_2S-、-SCF_2-、-CF_2CH_2-、-CH_2CF_2-、-CF_2CF_2-、-CH=N-、-N=CH-、-N=N-、-CH=CR^0-、-CY^2=CY^3-、-C≡C-、-CH=CH-CO-O-、-O-CO-CH=CH-或者单键，

X^1 表示基团-NH_2、-NHR^{11}、-NR_2^{11}、-OR^{11}、-OH、-（CO）OH 或者下式的基团

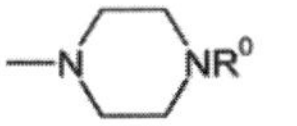，，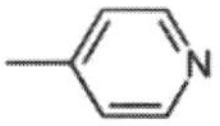 或者 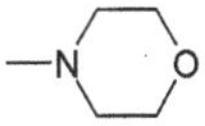，

R^0 表示 H 或者具有 1 至 12 个 C 原子的烷基，

R^{00} 表示 H 或者具有 1 至 12 个 C 原子的烷基，

R^{000} 表示 H 或者具有 1 至 12 个 C 原子的烷基，

X^2 在每种情况下独立地表示-NH-、-NR^{11}-、-O-或者单键，

Z^3 每种情况下彼此独立地表示具有 1-15 个 C 原子的亚烷基、具有 5 或 6 个 C 原子的碳环，或者一个或多个环与亚烷基的组合，其中在每种情况下氢可以被-OH、-OR^{11}、-（CO）OH、-NH2、-NHR^{11}、-NR_2^{11} 或者卤素代替，

R^{11} 在每种情况下独立地表示卤代的或者未取代的具有 1 至 15 个 C 原子

的烷基，其中在该基团中的一个或多个 CH_2 基团也可以彼此独立地被-C≡C-、-CH=CH-、-（CO）O-、-O（CO）-、-（CO）-或者-O-以 O 原子彼此不直接键接的方式代替，并且其中两个 R^{11} 基团可以彼此键接形成环，和

k 表示 0、1、2 或者 3，

A^1 和 A^2 彼此独立地表示芳族、杂芳族、环脂族或者杂环基团，其还可以含有稠环，并且其还可以被基团 L 单或者多取代，

L 在每种情况下彼此独立地表示-OH、-（CH_2）$_{n1}$-OH、F、Cl、Br、I、-CN、-NO_2、-NCO、-NCS、-OCN、-SCN、-C（=O）N（R^0）$_2$、-C（=O）R^0、-N（R^0）$_2$、-（CH_2）$_{n1}$-N（R^0）$_2$，任选取代的甲硅烷基，任选取代的具有 6 至 20 个 C 原子的芳基或者脂环基，或者具有 1 至 25 个 C 原子的直链或支链烷基、烷氧基、烷基羰基、烷氧基羰基、烷基羰氧基或烷氧基羰基氧基，其中一个或多个 H 原子也可以被 F 或 Cl 代替，

Z^2 在每种情况下彼此独立地表示单键、-O-、-S-、-CO-、-CO-O-、-OCO-、-O-CO-O-、-OCH_2-、-CH_2O-、-SCH_2-、-CH_2S-、-CF_2O-、-OCF_2-、-CF_2S-、-SCF_2-、-（CH_2）$_{n1}$-、-CF_2CH_2-、-CH_2CF_2-、-（CF_2）$_{n1}$-、-CH=CH-、-CF=CF-、-C≡C-、-CH=CH-COO-、-OCO-CH=CH-或者 CR^0R^{00}，

R^1 表示 H，卤素，具有 1 至 25 个 C 原子的直链、支化或环状烷基，其中一个或多个不相邻的 CH_2 基团也可以被-NR^0-、-O-、-S-、-CO-、-CO-O-、-O-CO-、-O-CO-O-以 N、O 和/或 S 原子彼此不直接键接的方式代替，并且其中一个或多个叔碳原子 CH 基团也可以被 N 代替，并且其中一个或多个 H 原子也可以被 F 或者 Cl 代替，

R^0 和 R^{00} 各自彼此独立地表示 H 或具有 1 至 12 个 C 原子的烷基，

m1 表示 2、3 或 4，并且

n1 表示 1、2、3 或 4。

23. 根据权利要求 22 的化合物，特征在于，所述 Sp" 表示具有 1 至 12 个 C 原子的亚烷基，其任选被 F、Cl、Br、I 或 CN 单或多取代，并且其中一个或多个不相邻的 CH2 基团各自彼此独立地可以被-O-、-S-、-NH-、-N（R^0）-、-Si（$R^{00}R^{000}$）-、-CO-、-CO-O-、-O-CO-、-O-CO-O-、-S-CO-、-CO-S-、-N（R^{00}）-CO-O-、-O-CO-N（R^{00}）-、-N（R^{00}）-CO-N（R^{00}）-、-CH=CH-或者-C≡C-以使得 O 和/或 S 原子不彼此直接键接

的方式代替。

24. 根据权利要求22的化合物，特征在于，在Z3定义中卤素为F或Cl。

25. 根据权利要求22的化合物，特征在于，

m1表示2或3，并且

A^1和A^2独立地表示1，4-亚苯基或者环己烷-1，4-二基。

26. 权利要求1中所述的有机化合物的用途，作为液晶介质的添加剂用于导致相对于限定液晶介质的表面的垂面取向。

27. 权利要求6中所述的式I化合物的用途，作为液晶介质的添加剂用于导致相对于限定液晶介质的表面的垂面取向。

28. 生产包含具有两个基板和至少两个电极的液晶盒的液晶显示器的方法，其中至少一个基板对光是透明的并且至少一个基板具有一个或两个电极，该方法包含如下方法步骤：

用包含低分子量液晶组分的液晶介质、可聚合组分和权利要求1至15任一项中的有机化合物填充盒，所述有机化合物适合于导致液晶介质相对于基板表面的垂面垂直取向，并且任选地-聚合所述可聚合组分，任选地在向所述盒施加电压或者在电场的作用的情况下。”

2017年8月16日，某株式会社请求国家知识产权局宣告本专利权全部无效。主要理由包括：本专利权利要求1—11、权利要求14和权利要求21—27不具备新颖性；权利要求1—28不具备创造性；权利要求1—21、26—28不清楚，权利要求第1—28得不到说明书支持。无效宣告程序中，某株式会社提交了9份证据。

经形式审查合格，国家知识产权局于2017年8月24日受理了上述无效宣告请求，同时成立合议组对本案进行审查。

某专利公司2017年10月9日提交了意见陈述书，同时还提交了权利要求书的全文替换页（共25项权利要求），其中在授权文本的基础上，作出如下修改：将权利要求2、5和12并入权利要求1中；在权利要求8中并入了权利要求22中有关基团R2的限定；在权利要求9中并入权利要求23和25的特征；删除了权利要求22中有关“X1”的定义中的“-OR11”；在权利要求21中增加了权利要求2和5的特征；在权利要求27中的授权时的权利要求6中所述的式I化合物中引入了授权时的权利要求22的更窄范围；在权利要求28中增加了权利要求5的特征；并对其他权利要求的编号和引用关系作出适应性修改。本专利修改后的权利要求6、7、24为：

“6. 根据权利要求 4 的液晶介质，特征在于，

R^2 表示式（A1）的基团

$-Sp-[X^2-Z^3-]_kX^1$ （A1）

其中

Sp 为 X″-Sp″，其通过基团 X″连接到基团 $R^1-A^1-(Z^2-A^2)_{m1}-$，其中，

Sp″表示具有 1 至 20 个 C 原子的亚烷基，其任选被 F、Cl、Br、I 或 CN 单或多取代，并且其中一个或多个不相邻的 CH_2 基团各自彼此独立地可以被 -O-、-S-、-NH-、$-N(R^0)-$、$-Si(R^{00}R^{000})-$、-CO-、-CO-O-、-O-CO-、-O-CO-O-、-S-CO-、-CO-S-、$-N(R^{00})-CO-O-$、$-O-CO-N(R^{00})-$、$-N(R^{00})-CO-N(R^{00})-$、-CH=CH-或者-C≡C-以使得 O 和/或 S 原子不彼此直接键接的方式代替，

X″表示-O-、-S-、-CO-、-CO-O-、-O-CO-、-O-CO-O-、$-CO-N(R^{00})-$、$-N(R^{00})-CO-$、$-N(R^{00})-CO-N(R^{00})-$、$-OCH_2-$、$-CH_2O-$、$-SCH_2-$、$-CH_2S-$、$-CF_2O-$、$-OCF_2-$、$-CF_2S-$、$-SCF_2-$、$-CF_2CH_2-$、$-CH_2CF_2-$、$-CF_2CF_2-$、-CH=N-、-N=CH-、-N=N-、$-CH=CR^0-$、$-CY^2=CY^3-$、-C≡C-、-CH=CH-CO-O-、-O-CO-CH=CH-或者单键，

X^1 表示基团 $-NH_2$、$-NHR^{11}$、$-NR^{11}_2$、-OH、-(CO)OH 或者下式的基团

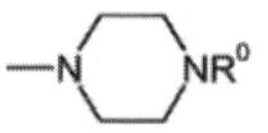，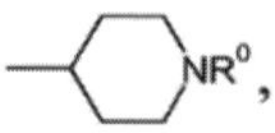，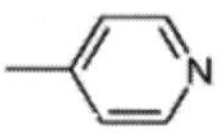 或者 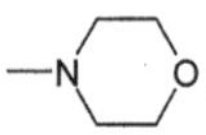，

R^0 表示 H 或者具有 1 至 12 个 C 原子的烷基，

R^{00} 表示 H 或者具有 1 至 12 个 C 原子的烷基，

R^{000} 表示 H 或者具有 1 至 12 个 C 原子的烷基，

X^2 在每种情况下独立地表示-NH-、$-NR^{11}-$、-O-或者单键，

Z^3 每种情况下彼此独立地表示具有 1-15 个 C 原子的亚烷基、具有 5 或 6 个 C 原子的碳环，或者一个或多个环与亚烷基的组合，其中在每种情况下氢可以被-OH、$-OR^{11}$、-(CO)OH、$-NH_2$、$-NHR^{11}$、$-NR^{11}_2$ 或者卤素代替，

R^{11} 在每种情况下独立地表示卤代的或者未取代的具有 1 至 15 个 C 原子的烷基，其中在该基团中的一个或多个 CH_2 基团也可以彼此独立地被-C≡C-、-CH=CH-、-(CO)O-、-O(CO)-、-(CO)-或者-O-以 O 原子彼此不直接键接的方式代替，并且其中两个 R^{11} 基团可以彼此键接形成环，和

k 表示 0、1、2 或者 3，

m1 表示 2、3 或 4，并且

n1 表示 1、2、3 或 4。

7. 根据权利要求 6 的液晶介质，特征在于，所述 Sp″表示具有 1 至 12 个 C 原子的亚烷基，其任选被 F、Cl、Br、I 或 CN 单或多取代，并且其中一个或多个不相邻的 CH2 基团各自彼此独立地可以被-O-、-S-、-NH-、-N（R^0）-、-Si（$R^{00}R^{000}$）-、-CO-、-CO-O-、-O-CO-、-O-CO-O-、-S-CO-、-CO-S-、-N（R^{00}）-CO-O-、-O-CO-N（R^{00}）-、-N（R^{00}）-CO-N（R^{00}）-、-CH=CH-或者-C≡C-以使得 O 和/或 S 原子不彼此直接键接的方式代替；

在 Z^3 定义中卤素为 F 或 Cl；

m1 表示 2 或 3，并且

A^1 和 A^2 独立地表示 1，4-亚苯基或者环己烷-1，4-二基。

24. 权利要求 4 或 19 中所述的式 I 化合物的用途，作为液晶介质的添加剂用于导致相对于限定液晶介质的表面的垂面取向。”

2017 年 10 月 18 日，国家知识产权局将某专利公司上述意见陈述书及相关附件的副本转送给某株式会社。

2017 年 12 月 1 日，某株式会社针对上述转送文件提交意见陈述书认为：权利要求 6 和 7 的修改是授权文本权利要求 8 中 R2 的限定范围和权利要求 6 中 R2 的限定范围的组合，扩大了授权文本权利要求 8 的保护范围；权利要求 24 的修改并没有缩小授权文本权利要求 27 的技术方案，该修改主动增加了独立权利要求，不符合《专利审查指南》中有关无效阶段修改的规定。

2017 年 12 月 7 日，国家知识产权局将某株式会社上述意见陈述书转送给某专利公司。

2018 年 1 月 22 日，某专利公司提交意见陈述书，并提交了修改后的权利要求书的全文替换页，其作出的修改是根据 2017 年 10 月 9 日提交的文本以及说明书记载的内容，对权利要求进行合并以及修改取代基的定义。

2018 年 1 月 24 日，国家知识产权局进行了口头审理。某专利公司因国家知识产权局尚未收到 2018 年 1 月 22 日提交的权利要求修改文本，故当庭放弃该文本，保留以 2017 年 10 月 9 日提交的权利要求书修改文本为审查基础的意见。国家知识产权局当庭告知双方当事人，某专利公司 2017 年 10 月 9 日提交的权利要求书不符合《专利审查指南》中对于无效阶段修改的相关规定。某专利公司当庭表示放弃 2017 年 10 月 9 日提交的权利要求书中的权利要求 6、7、24。对此，国家知识产权局当庭告知不予接受，并告知本无效宣告请求案以授权公告文本作为审查基础，双方当事人同意以该文本进行口头审理，但某专利公司表示保留意见。

2018 年 3 月 5 日，国家知识产权局作出被诉决定认为：第一，本专利修改后的权利要求 6、7、24（即某专利公司于 2017 年 10 月 9 日提交的修改文本中的权利要求 6、7、24，下同）不符合《专利审查指南》对于无效阶段权利要求修改的规定，故某专利公司于 2017 年 10 月 9 日提交的修改文本不能被接受，本无效宣告请求审查决定的审查基础是本专利的授权公告文本。具体理由是：修改后的权利要求 6 相比于授权文本的权利要求 8 扩大了保护范围，修改后的权利要求 7 引用了修改后的权利要求 6，亦基于相同理由扩大了保护范围。修改后的权利要求 24 系基于授权文本权利要求 27 的修改，实际上是分别引用了修改后的权利要求 4 组合物以及权利要求 19 化合物的用途独立权利要求，增加了独立权利要求的数量，且没有缩小原授权文本权利要求 27 的保护范围。第二，本专利授权文本权利要求 1—28 均不具备新颖性和/或创造性。据此，国家知识产权局决定：宣告本专利权全部无效。

某专利公司不服，于 2018 年 7 月 27 日向一审法院提起诉讼，请求：撤销被诉决定，判令国家知识产权局重新作出决定。主要事实和理由为：第一，国家知识产权局在无效宣告程序中违反法定程序。某专利公司在无效宣告程序中修改了权利要求，但是国家知识产权局指出部分权利要求的修改不符合《专利审查指南》的规定，某专利公司当即表示愿意删除不符合《专利审查指南》规定的几项修改后的权利要求，然而国家知识产权局不允许某专利公司对该权利要求书的修改文本作删除式修改，并据此将授权公告的权利要求书文本作为审查基础。第二，被诉决定中有关实体问题认定错误，本专利授权公告文本的全部权利要求均具备新颖性、创造性。

国家知识产权局辩称：被诉决定证据确凿，适用法律、法规正确，审查程序合法，请求判决驳回某专利公司的诉讼请求。

某株式会社述称：被诉决定证据确凿，适用法律、法规正确，审查程序合法，请求判决驳回某专利公司的诉讼请求。

在一审庭审程序中，某专利公司明确表示：对于被诉决定认定权利要求 1 相对于证据 1 不具备新颖性的评述不持异议，仅主张权利要求 1 相对于证据 3 具备新颖性。

一审法院认为：本案应适用 2008 年修正的《中华人民共和国专利法》

（以下简称专利法）。某专利公司于 2017 年 10 月 9 日提交的修改文本中，权利要求 6 相比授权文本的权利要求 8 扩大了保护范围；权利要求 7 引用了权利要求 6，基于相同理由，也是扩大了保护范围；权利要求 24 实际上是分别引用了权利要求 4 组合物以及权利要求 19 化合物的用途独立权利要求，这种撰写方式增加了独立权利要求的个数，并没有缩小授权文本权利要求 27 的保护范围，故不符合《专利审查指南》对无效阶段权利要求修改的规定。因此，某专利公司于 2017 年 10 月 9 日提交的修改文本不符合相关法律规定，不能被接受。

2010 年修订的《中华人民共和国专利法实施细则》（以下简称专利法实施细则）第五十二条规定："发明或者实用新型专利申请的说明书或者权利要求书的修改部分，除个别文字修改或者增删外，应当按照规定格式提交替换页……" 而此规定的例外在于，2010 年修订的专利法实施细则第五十一条第四款规定，国务院专利行政部门可以自行修改专利申请文件中文字和符号的明显错误。尽管上述规定位于 2010 年修订的专利法实施细则第三章"专利申请的审查和批准"部分，通常认为属于对实质审查授权阶段的要求，但是考虑到无效阶段权利要求的公示性，从保护专利权人合法权益，同时保障请求人程序利益、保护社会公众信赖利益的角度出发，国务院专利行政部门对权利要求的修改应当更为严格。本案中，某专利公司主张的上述修改方式大大超出了国务院专利行政部门可以依职权修改的明显错误的范围，故某专利公司应当按照规定格式提交替换页。

尽管依据《专利审查指南》的规定，专利权人可以在口头审理中声明缩小专利权保护范围或者放弃部分权利要求；在国家知识产权局作出审查决定之前，专利权人可以删除权利要求或者权利要求中包括的技术方案。但无论是专利权人通过声明或者修改的方式对权利要求进行限缩、删除和放弃，其均应当提交相应的修改替换页，或者能够依据已有案卷信息获得一份完整的专利文件。其原因在于，只有一份完整而确定的专利文件才能构成整个无效阶段的审查基础，国家知识产权局也只能在此基础上进行相应无效案件的审查，其并无权利也无义务在现有的权利要求书上进行选择并进行后续审查。就本案而言，某专利公司提交的修改文本不符合专利法第三十三条的规定，导致不符合专利法实施细则第六十九条的规定。此时，国家知识产权局只能退回到此前可接受的文本即授权文本进行审查，且在口头审理过程中，国家知识产权局也对此予以了明确。尽管某专利公司在口头审理过程中声明要进行删除，但在口头审理之后直至被诉决定作出前，其并未就该声明提交替换页，故国家知识产权局对此不予确认和审查并无不当。

综上，国家知识产权局以本专利授权公告文本作为审查基础，符合专利法、专利法实施细则以及《专利审查指南》中的相关规定。

此外，经审理，本专利授权公告文本的所有权利要求均不具备新颖性和/或创造性。

综上，被诉决定证据确凿，适用法律、法规正确，审查程序合法。某专利公司的诉讼主张不能成立，不予支持。依据《中华人民共和国行政诉讼法》第六十九条之规定，一审法院判决："驳回原告德国某专利股份有限公司的诉讼请求。一审案件受理费人民币 100 元，由原告德国某专利股份有限公司负担。"

某专利公司不服一审判决，向本院提起上诉，请求：撤销一审判决和被诉决定，判令国家知识产权局重新作出决定。主要事实和理由为：1. 被诉决定存在程序错误。无效宣告请求审查程序中，某专利公司关于删除 2017 年 10 月 9 日提交的修改文本中国家知识产权局不予接受的权利要求的请求应得到准许，国家知识产权局应当以在 2017 年 10 月 9 日提交的修改文本基础上删除权利要求 6、7、24 的文本作为审查基础，作出审查决定。（1）国家知识产权局对于修改的权利要求"按套"审查缺乏法律依据。被诉决定没有明确"按套"审查的法律依据何在；一审判决引入的专利法实施细则第五十二条适用于授权程序中的实质审查阶段，不适用于确权程序。更何况，《专利审查指南》第四部分第三章"无效宣告请求的审查"明确记载"4.6.3 修改方式的限制，在审查决定作出之前，专利权人可以删除权利要求或者权利要求中包括的技术方案"。《专利审查指南》第四部分第四章"复审和无效宣告程序中有关口头审理的规定"明确记载"5.3 口头审理第三阶段……辩论终结……在进行最后意见陈述时……专利权人可以坚持要求驳回无效宣告请求人的无效宣告请求，也可以声明缩小专利保护范围或者放弃部分或全部权利要求……"口头审理结束后，乃至审查决定作出前，仍可放弃权利要求，举重以明轻，口头审理过程中的放弃，更应获得准许。（2）未提交替换页并非国家知识产权局不接受修改的原因，而是其不接受修改的结果。国家知识产权局实践中的做法是，接受口头修改的，则要求庭后提交修改替换页；不接受口头修改的，专利权人庭后自然没有提交替换页的机会和必要。本案中，国家知识产权局已经当庭驳回了专利权人关于删除不被接受的权利要求的申请，且国家知识产权局在被诉决定中并未记载系因专利权人庭后未提交替换页而不接受修改。（3）接受当庭作出的删除式修改声明不会损害无效宣告请求人和社会公众的利益。删除权利要求缩小了保护范围，不影响社会公众预期，无损社会公众利益；减少了无效宣告请求人需要宣告无效的权利要求数量，且无效宣告请求人已针对未删除的修改后权利要求答辩，无损无效宣告请求人利益；也不会导致无效宣告审查程序的拖沓延长。（4）国家知识产权局关于是否“按套”审查的实践并不一致。经初步检索，国家知识产权局作出的第 58310 号、第 57438 号、第 53894 号、第 55419 号、第 567686 号无效宣告请求审查决定书都接受了专利权人关于删除不能接受的修改后权利要求的当庭声明，甚至指导专利权人删除有关不能接受的权利要求。2. 被诉决定存在实体错误。被诉决定关于本专利授权文本的权利要求的新颖性、创造性认定错误，本专利授权文本的权利要求均具备新颖性、创造性，本专利权应维持有效。

国家知识产权局辩称：一审判决认定事实清楚，适用法律、法规正确，审理程序合法，依法应驳回上诉，维持原判。1. 被诉决定所确定的审查基础并无不当。（1）接受关于删除不被接受的权利要求的口头请求，缺乏法律依据。专利法实施细则第五十二条强调了文本修改要提交替换页，第六十一条要求修改的专利申请文件应当提交一式两份，故只有书面提交的权利要求书替换页才具有法律意义。基于以口头方式提出的删除部分权利要求的修改意见确定的文本不具有法律意义，不能作为审查基础。专利权人有义务明确其所主张的审查基础，如接受其以口头方式提出权利要求修改请求，实质是专利权人将明确审查基础的义务转嫁给国家知识产权局。（2）接受关于删除不被接受的权利要求的口头请求，效果欠佳。一是基于权利要求引用关系的复杂性，接受该删除可能导致审查基础不明确；二是该删除对无效宣告请求人不公；三是该删除可能拖沓无效宣告程序；四是该删除可能架空授权程序；五是该删除可能影响社会公众预期。2. 被诉决定并不存在实体认定错误。其关于本专利授权文本权利要求的新颖性、创造性认定均无误。

某株式会社明确表示不参加二审程序，亦未陈述意见。

本案二审程序中，各方当事人均未提交新证据，并对一审判决关于涉案证据的真实性、合法性和关联性的认定均不持异议。某专利公司提交了国家知识产权局作出的第 58310 号、第 57438 号、第 53894 号、第 55419 号、第 567686 号无效宣告请求审查决定书供本院参考，拟说明国家知识产权局在审查实践中亦存在接受专利权人当庭删除不被接受的修改后权利要求的做法。其中，第53894号、第55419号无效宣告请求审查决定书，以专利权人在口头审理程序中当庭提交的删除部分权利要求后的权利要求书替换页文本作为审查基础；第58310号、第567686号无效宣告请求审查决定书，则以专利权人在口头审理程序中，当庭口头声明删除部分权利要求后的文本为审查基础，并要求专利权人在庭后补交权利要求书替换页或者专利权人主动提出在庭后补交权利要求书替换页。国家知识产权局认可上述无效宣告请求审查决定书的真实性、合法性，但认为上述决定所涉案件情况均与本案不同，其均与本案不具有关联性。本院确认第58310号、第53894号、第55419号、第567686号无效宣告请求审查决定书具有真实性和合法性，并将其作为本院评述国家知识产权局对于类型化问题审查实践的参考。

本院经审理查明：一审判决和被诉决定认定的事实属实，本院予以确认。

本院另查明：国家知识产权局二审庭审时确认，某专利公司在2018年1月24日的无效宣告审查口头审理过程中提出了删除其于2017年10月9日提交的权利要求书修改文本中的权利要求6、7和24的请求。

本院认为：本专利优先权日（2010年9月25日）和当事人有争议的权利要求修改时间（2017年10月9日）在2008年修正的专利法施行日（2009年10月1日）和2010年修订的专利法实施细则施行日（2010年2月1日）之后，2020年修正的专利法施行日（2021年6月1日）和2023年修订的专利法实施细则施行日（2024年1月20日）之前，本案应当适用2008年修正的专利法和2010年修订的专利法实施细则。本案二审的争议焦点是：被诉决定直接以授权公告的权利要求书文本作为审查基础是否正确，亦即是否应当准许某专利公司于专利权无效宣告审查口头审理程序中在其2017年10月9日提交的权利要求书修改文本基础上删除当庭未被国家知识产权局接受的权利要求6、7、24的口头请求；如被诉决定以授权公告文本作为审查基础无误，则其对有关权利要求新颖性、创造性的认定是否正确。其中，前一争议焦点为本案二审争议的前提问题，对此，本院重点分析评述如下。

专利无效宣告审查程序即专利确权程序中，国家知识产权局认定专利权人修改后的权利要求部分可以接受、部分不能接受时，专利权人可能请求删除不被接受的权利要求，而以其余权利要求为审查基础。前述“其余权利要求”或为原权利要求，或为国家知识产权局认可接受的修改后的权利要求；前者是当然的审查基础，后者经国家知识产权局接受后也可成为审查基础，故“其余权利要求”可以作为审查基础在实体上并不存在争议。本案争议的主要问题在于，专利权人在无效宣告审查口头审理程序中以口头方式提出删除不被国家知识产权局接受的权利要求的请求，在程序上是否应予准许。对此，可以从权利要求删除式修改限制的制度考量、有关程序性规定的理解与适用、接受无效宣告审查口头审理程序中口头删除式修改的效果考量等层面分析。

一、权利要求删除式修改限制的制度考量

1. 权利要求修改限制的制度考量

根据专利法第一条之规定，专利法的立法目的在于“保护专利权人的合法权益，鼓励发明创造，推动发明创造的应用，提高创新能力，促进科学技术进步和经济社会发展”。其中，保护专利权人合法权益既是专利法的直接目标和首要价值，也是实现鼓励发明创造、推动发明创造应用、提高创新能力等间接目标和深层价值，进而实现促进科学技术进步和经济社会发展这一最终目标和根本价值的基础。对于具体专利法律制度的解读，以及具体法律适用中对于各种利益的平衡，始终应当在上述立法目的的语境下进行。是否真正有利于保护专利权人的合法权益是检验制度解读是否正确的首要考量，是否会不合理地损及专利权人的合法权益是个案利益平衡不可突破的基本要求，对于权利要求修改制度的理解亦不例外。

顾名思义，专利确权程序中的权利要求修改制度首要意义在于允许修改。其通过允许修改，避免具有技术贡献的发明创造仅因权利要求撰写不当而得不到保护，从而实现保护专利权人合法权益和实质激励创新的制度目标。当然，专利确权程序中的权利要求修改制度也应当包含对于修改方式、修改时机等的限制性要求，但对修改的限制并非权利要求修改制度的主要考量，而仅系在允许修改的基础上的利益平衡手段，限制的目的在于避免公众信赖利益的严重减损和行政审查效率的过度拖沓。正因如此，对权利要求的修改限制须确有必要，在法律和行政法规明确规定的限制之外，另行增加限制尤需谨慎，尤其是本不存在公众信赖利益或者行政审查效率减损之可能，亦即本就不存在需要特别予以平衡之利益得失时，则限制本身即非必要；对权利要求的修改限制亦须有限度，限制的幅度不应超越利益平衡的合理需要，专利权人因限制而遭受的利益减损与公众信赖利益、行政审查效率因限制而得到的提升不应不成比例，尤其是当限制使得专利权人实质上难以修改权利要求，而因限制带来的公众利益和行政效率提升又较为微茫，则限制可能超过了必要限度。无论是在缺乏必要性时对权利要求的修改予以限制，还是对权利要求的修改限制超过必要限度，都可能使作为利益平衡工具的限制突破前述不得不合理地损及专利权人合法权益的基本要求。

2. 确权程序中权利要求删除式修改限制的制度考量

《专利审查指南》明确例举的确权程序中可获准许的权利要求修改方式中，删除式修改较为特殊。删除权利要求或者技术方案意味着对原授予权利的放弃和对技术方案归于公有领域的确认，公众利益将因之而增益；删除权利要求或者技术方案也往往意味着确权程序审查对象数量的减少，行政效率亦将因之而得以提升。故一般而言，对权利要求的删除式修改本身不存在需要特别予以平衡之利益得失，对之加以限制亦非必要。如对删除式修改予以限制，一则减损了专利权人修改权利要求的现实程序利益和基于权利要求修改维持专利权的可期待实体利益；二则减损了公众利益确定的增益可能；三则对行政效率的提升并无帮助，至少并无明显助益。故，对于权利要求的删除式修改而言，原则上不应予以限制；如确有必要予以限制，亦需审慎为之，既要反复斟酌限制的必要性是否充分，亦要精细衡量限制的程度是否得当。

二、删除式修改程序性限制规定的理解与适用

关于删除式修改的程序性限制的规定主要出现在专利法实施细则和《专利审查指南》，包括对修改提出方式的限制和对修改提出时机的限制。

1. 对删除式修改提出方式的限制——是否只有提交替换页的修改意见才具有法律意义

专利法实施细则对专利文件修改的提出方式作出了概括性规定。该细则第五十二条规定：“发明或者实用新型专利申请的说明书或者权利要求书的修改部分，除个别文字修改或者增删外，应当按照规定格式提交替换页。外观设计专利申请的图片或者照片的修改，应当按照规定提交替换页。”第六十一条第二款规定：“修改的专利申请文件应当提交一式两份。”国家知识产权局据此在本案中认为，只有提交替换页的修改意见才具有法律意义，接受关于删除不被接受的权利要求的口头请求，缺乏法律依据。

本院认为，专利法实施细则的上述规定系针对专利授权程序，但无论授权程序还是确权程序，明确审查基础都是推进审查不言而喻的前提条件，故在确权程序中亦应遵循有关提交替换页的要求。但值得注意的是，上述规定隐含了关于修改意见和替换页的区分。一般而言，修改意见是对修改方式和

修改内容的说明，用以澄清替换页和作为修改对象文本的区别所在和修改方式等；而替换页则是确认修改内容的结果，即修改的结果。二者互为表里，侧重不同，故通过提交替换页的“书面明确”并非明确审查基础的唯一方式，基于对修改意见理解一致的“观念明确”同样可以及时明确审查基础，有效推进审查。因此，“应当按照规定提交替换页”并不意味着未附替换页的修改意见当然不具有法律意义，也不意味着替换页必须与修改意见一并提交。原则上，只要在正常程序中向国家知识产权局作出明确的修改意思表示，无论是单独口头提出或者书面提交修改意见并单独提交替换页，还是一并提交修改意见和替换页，只要该意思表示清晰、具体并在规定期限内到达国家知识产权局即可构成具有法律意义的修改。当然，在单独提交修改意见的情况下，依法专利权人还应当及时补交替换页，除非国家知识产权局已经明确拒绝接受该修改意见。

删除式修改是在已有的作为修改对象的权利要求书文本的基础上作出的，专利权人、无效宣告请求人和国家知识产权局审查合议组一般很容易形成对审查基础的清晰、一致的认识，因此删除式修改一般而言是最为简单的修改方式，审查的有效推进通常不会受到缺少替换页的影响。审查实践中，允许先行书面提交或者在口头审理程序中口头提出删除权利要求的修改意见，基于该删除式修改后的权利要求书推进审理，同时责令专利权人及时补交替换页的情形并不鲜见。与诉讼程序中当事人可以根据不同阶段的彼此诉辩主张和举证适时调整诉讼策略甚至放弃部分实体或者程序权利一样，专利无效宣告审查程序中随着审查环节的推进，专利权人也可以适时调整限缩其请求保护的范围以尽可能维持专利权有效。这既符合审查规律，也有利于公平合理地保护有价值的发明创造。在并不实质影响审查推进，且审查实践中又有以专利权人在口头审理程序中当庭口头声明删除部分权利要求后的文本为审查基础的情况下，不宜仅以未提前或者当庭书面提交权利要求书替换页为由，不接受其删除式修改。事实上，如果已经能够形成审查基础的“观念明确”，还机械要求先提交替换页而后推进审查，反而可能造成程序拖沓延宕；甚或仅因未提交替换页，不予补交机会，即径行视为未提出修改，更不利于对专利权人的公平合理保护。

2. 关于删除式修改的提出时机

《专利审查指南》既是对专利权人、无效宣告请求人参与专利审查的指引，亦是对国家知识产权局履行专利审查职责的约束。《专利审查指南》第四部分“复审与无效请求的审查”的第三章“无效宣告请求的审查”“4.6.3 修改方式的限制”规定，“在专利复审委员会作出审查决定之前，专利权人可以删除权利要求或者权利要求中包括的技术方案。仅在下列三种情形的答复期限内，专利权人可以以删除以外的方式修改权利要求书：(1) 针对无效宣告请求书。(2) 针对请求人增加的无效宣告理由或者补充的证据。(3) 针对专利复审委员会引入的请求人未提及的无效宣告理由或者证据”。可见，区别于其他修改方式，删除式修改既无须是所谓的“回应性修改”，也无明确的答复期限限制。专利权人可以在审查决定作出之前的非明显不合理时间内针对任一权利要求或者技术方案提出删除式修改意见。

口头审理程序中提出的删除式修改并不违反上述时机要求。《专利审查指南》第四部分“复审与无效请求的审查”第四章“复审和无效宣告程序中有关口头审理的规定”“5.3 口头审理第三阶段”中关于“在双方当事人的辩论意见表达完毕后，合议组组长宣布辩论终结，由双方当事人作最后意见陈述。在进行最后意见陈述时……专利权人……可以声明缩小专利保护范围或者放弃部分权利要求”之规定，亦可为印证。

总体上，对于删除式修改的程序性要求，较其他修改方式而言应相对宽松：其提出方式既可以是书面提交修改意见，也可以是口头审理程序中的口头声明；删除式修改后的完整权利要求书文本既可以随修改意见一并提交替换页，也可以先提交修改意见再补交替换页，还可以先提交替换页再视情说明修改意见；其提出时机可以迟至审查决定作出之前的非明显不合理时间内。同时，鉴于删除式修改并不会导致“修改超范围”问题，即删除式修改既不会导致修改后的文本超过原专利文件记载的范围，也不会导致扩大原专利权利要求的保护范围；又鉴于对删除式修改本就不存在所谓的“回应性修改”之限，其删除对象不限于与无效宣告请求和理由相关内容，故一般而言，只要删除式修改符合前述程序性要求，其一经提出即可接受。

具体到专利确权审查程序中，国家知识产权局于口头审理程序中当庭告知专利权人，其修改后的、当前权利要求书文本中的部分权利要求可以接受、部分权利要求不能接受时，是否允许专利权人口头声明删除不被接受的权利要求，对于专利权人的利益即其专利权效力的维持影响甚巨：如允许删除，则其仍可保留前述可被接受的修改；如不允许删除，则囿于修改时限的要求，其通常无法保留前述本可被接受的修改，而只能退回至上一个可接受的文本，甚至是授权公告文本。对于此类口头声明的删除不予接受，实际上可能导致全部修改机会落空，甚至导致本可部分维持有效或者适当删除式修改后可维持有效的专利权最终被宣告全部无效。

综上，专利无效审查口头审理程序中，国家知识产权局认为修改后的部分权利要求不能接受时，应当给予专利权人审查基础的选择权：其既可以选择以上一个可接受的权利要求书文本为审查基础；也可以选择删除当前权利要求书文本中不被接受的权利要求，仅以其余权利要求为审查基础。如其选择删除当前权利要求书文本中不被接受的权利要求，无论其系当庭口头提出还是书面提出，亦无论其是否一并提交了替换页，国家知识产权局均应予以接受；当庭未提交替换页的，国家知识产权局可以要求其在一定期限内补交；如果未在指定期限内补交替换页，则可视为专利权人未依法修改权利要求，并据此作出相应处理。所保留的权利要求与被删除的权利要求之间的引用关系复杂，如出现多层引用关系，不提交替换页则无法继续推进口头审理的，国家知识产权局也可以要求专利权人立即当庭制作替换页或暂时休庭由其制作替换页，或者允许专利权人在指定合理期限内补交并另择时间口头审理。

三、接受无效宣告审查口头审理程序中口头提出的删除式修改的效果考量

国家知识产权局认为，其不接受某专利公司在口头审理程序中声明放弃不被接受的权利要求的口头声明还基于有关效果考量。如予接受，将导致审查基础不明确、对无效宣告请求人不公、拖沓无效宣告审查程序、架空授权程序、影响社会公众预期。本院认为，接受口头审理程序中口头提出的删除式修改一般不会造成上述不良效果，理由如下。

一是不会导致审查基础不明确。首先，如果拟删除的权利要求并未被其他权利要求引用，则显然不会导致审查基础不清晰。其次，如拟删除的权利要求被其他权利要求所引用，则大概率该其他权利要求亦同样存在不能被接受的问题，亦可能一并被删除；即便其可被接受，亦仅需将引用的权利要求序号替换为该权利要求全文，即可明确其内容。最后，如确实存在多层引用关系，难以实现审查基础的“观念明确”，必须提交替换页才能继续推进审查，则可通过要求专利权人立即当庭制作替换页或暂时休庭由其制作替换页，或者在指定合理期限内补交替换页，明确审查基础。

二是不会造成对无效宣告请求人不公。如专利权人系在修改后的权利要求书替换页交换给无效宣告请求人之前删除权利要求，则权利要求的删除实

质减轻了无效宣告请求人的答辩负担；如系在替换页交换后删除，则因其余权利要求均记载于替换页，亦均为无效宣告请求人所知悉，有关删除并不构成对无效宣告请求人的程序突袭，且亦会减轻其答辩负担。更何况，专利权人请求删除部分权利要求往往就是无效宣告请求人针对权利要求修改答辩的结果，是无效宣告请求人所追求和期待的情形，更无所谓对其不公。

三是不会拖沓无效宣告审查程序。一般而言，删除权利要求将减少无效宣告审查程序需要审查的权利要求数量，进而减轻审查和答辩负担。且如前所述，因一般不存在程序突袭问题，原则上亦无须给予额外的答辩时间，因而并不会导致无效宣告审查程序的拖沓延宕。

四是不会架空授权程序。专利确权程序中的权利要求修改始终受限于授权程序所确定的权利要求保护范围和所公开的信息范围。权利要求的删除既不可能导致对上述保护范围、信息范围的突破，也不可能形成权利要求重构或者优化的结果，不会产生架空授权程序的效果。

五是不会影响社会公众预期。社会公众的预期系基于专利申请公开文本和授权文本而产生，只要专利权人对于权利要求的修改未超出上述保护范围、信息范围，且未“以修改为名，行重构或者优化之实”，原则上就不会产生影响社会公众预期的问题。删除权利要求，实质上意味着公有领域的扩大，恰恰符合公众利益。

综上，某专利公司关于本案国家知识产权局应当以其在 2017 年 10 月 9 日提交的修改文本基础上删除权利要求 6、7、24 的文本作为审查基础的上诉主张，应予支持。鉴于本案被诉决定的审查基础有误，本院已无须对基于该有误的审查基础所作出的新颖性、创造性评价再作进一步审查认定。一审判决认定事实清楚，但适用法律有误，应予撤销。根据《中华人民共和国行政诉讼法》第七十条第二项、第八十九条第一款第二项之规定，判决如下：

一、撤销中华人民共和国北京知识产权法院（2018）京 73 行初 7702 号行政判决；

二、撤销中华人民共和国国家知识产权局第 34935 号无效宣告请求审查决定；

三、中华人民共和国国家知识产权局就某株式会社针对专利号为 20118004××××. 1、名称为“液晶显示器和具有垂面取向的液晶介质”的发明专利提出的无效宣告请求重新作出审查决定。

一审案件受理费人民币 100 元，二审案件受理费人民币 100 元，由中华人民共和国国家知识产权局负担。

本判决为终审判决。

审 判 长 郃中林
审 判 员 吴 蓉
审 判 员 刘晓军
二〇二四年十二月二十五日
法官助理 廖继博
法官助理 高 雪
技术调查官 沙 柯
书 记 员 谢思琳

11. 是否清楚显示要求保护的外观设计的认定

——上诉人深圳市某电子有限公司与被上诉人国家知识产权局、一审第三人黄某外观设计专利权无效行政纠纷案①

中华人民共和国最高人民法院行政判决书（2024）最高法知行终 672 号

上诉人（一审原告、无效宣告请求人）：深圳市某电子有限公司。住所地：广东省深圳市光明区。

法定代表人：邱某。

委托诉讼代理人：阳开亮，广东普罗米修律师事务所律师。

被上诉人（一审被告）：国家知识产权局。住所地：北京市海淀区蓟门桥西城路 6 号。

法定代表人：申长雨。

委托诉讼代理人：吕某。

委托诉讼代理人：王某艳。

一审第三人（专利权人）：黄某。

委托诉讼代理人：张丹华，天津星卓律师事务所律师。

上诉人深圳市某电子有限公司（以下简称深圳某公司）与被上诉人国家知识产权局及一审第三人黄某外观设计专利权无效行政纠纷一案，涉及专利权人为黄某、名称为“主动式电容笔（Z36）”的外观设计专利（以下简称本专利）。针对深圳某公司就本专利权提出的无效宣告请求，国家知识产权局作出第 560546 号无效宣告请求审查决定（以下简称被诉决定），维持本专利权有效；深圳某公司不服，向北京知识产权法院（以下简称一审法院）提起诉讼，请求撤销被诉决定并判令国家知识产权局重新作出决定。一审法院于 2024 年 6 月 6 日作出（2023）京 73 行初 15607 号行政判决：驳回深圳某公司的诉讼请求；深圳某公司不服，向本院提起上诉。本院于 2024 年 7 月 29 日立案后，依法组成

① 本案在年度报告中的位置为第 29 页。

合议庭，并于2024年11月7日询问当事人，上诉人深圳某公司的委托诉讼代理人阳开亮，被上诉人国家知识产权局的委托诉讼代理人吕某、王某艳，一审第三人黄某的委托诉讼代理人张丹华到庭参加询问。本案现已审理终结。

本案基本事实如下：

本专利系名称为“主动式电容笔（Z36）”的外观设计专利，专利权人为黄某，专利号为201930575028.1，申请日为2019年10月22日，授权公告日为2020年4月24日。本专利产品的用途是用于电容屏幕进行触控以及在电容屏幕上进行书写和绘画等；设计要点在于形状；最能表明本专利设计要点的图片或照片为立体图（见本判决后附图）。

2022年10月19日，深圳某公司请求国家知识产权局宣告本专利权全部无效，主要理由包括：本专利不符合2008年修正《中华人民共和国专利法》（以下简称专利法）第二十七条第二款的规定。

2023年5月23日，国家知识产权局作出被诉决定认为：本专利文本包含六面正投影视图、立体图和使用状态图，由六面正投影视图和立体图可知其笔身为六棱柱形，使用状态图中笔帽被拉开，拉开露出的杆状部分的轮廓、棱线均与六棱柱形的笔身相对应，该类产品的一般消费者结合常识，可以确定拉开的部分形状为与笔身外壳嵌套的直径略小的六棱柱形。结合本专利的各幅视图，该使用状态图已经清楚地显示了要求专利保护的产品在使用状态下的外观设计，本专利符合专利法第二十七条第二款的规定。国家知识产权局据此决定：维持本专利权有效。

深圳某公司不服，于2023年9月25日向一审法院提起诉讼，请求：撤销被诉决定，判令国家知识产权局重新作出决定，并由国家知识产权局承担本案诉讼费用。事实和理由为：本专利对于现有设计的主要区别在于使用状态图，但是该使用状态图未以“主视图、后视图、左视图、右视图、俯视图和仰视图”的形式出现，其保护范围不清楚，不符合专利法第二十七条第二款的规定，应当被宣告全部无效。

国家知识产权局一审辩称：被诉决定认定事实清楚，适用法律法规正确，审理程序合法，审查结论正确，深圳某公司的诉讼理由不能成立，请求法院驳回其诉讼请求。

黄某一审述称：同意被诉决定的意见，请求法院驳回深圳某公司的诉讼请求。

一审法院经审理基本认定了上述事实，并另查明：深圳某公司在一审庭审中明确表示对被诉决定作出的程序、被诉决定中“一、案由”部分无异议。

一审法院认为：本专利为立体产品“主动式电容笔（Z36）”，授权公告文本中包含六面正投影视图、立体图及使用状态图等8张附图。综合8张附图及电容笔产品的一般消费者常识可以确定，本专利设计的笔身为六棱柱形，笔帽处于拉开状态时为使用状态，使用状态拉开笔帽露出部分为与笔身六棱柱形相对应的直径略小的六棱柱形，即各幅视图已清楚显示了使用状态时本专利保护产品的外观设计，符合专利法第二十七条第二款的规定。深圳某公司所主张的使用状态中的主视图、后视图、左视图、右视图、俯视图和仰视图并非外观设计授权审查的必要视图，其关于本专利不符合专利法第二十七条第二款规定的主张不成立，一审法院不予支持。

一审法院依据《中华人民共和国行政诉讼法》第六十九条之规定，判决：“驳回原告深圳市某电子有限公司的诉讼请求。案件受理费100元，由原告深圳市某电子有限公司负担（已交纳）。”

深圳某公司不服一审判决，向本院提起上诉，请求：撤销一审判决和被诉决定，判令国家知识产权局重新作出决定，并由国家知识产权局承担本案一审、二审的诉讼费用。事实和理由为：被诉决定和一审判决将本专利笔帽拉开后露出的杆状部分形状认定为六棱柱形是主观臆断得出的错误结论，与事实不符，属于事实认定错误。根据本专利的使用状态图，无法直接确定笔帽拉开状态下显示的杆状部位的具体形状，故在只有一张使用状态图的情况下，本专利笔帽拉开后显示的杆状部分设计是无法确定的。使用状态图显示的是本专利产品的使用状态，而笔帽拉开的使用状态未以“主视图、后视图、左视图、右视图、俯视图和仰视图”的形式出现。本专利的保护范围是不清楚的，不符合专利法第二十七条第二款的规定，应当被宣告全部无效。

国家知识产权局辩称：结合本专利的各幅视图，本专利使用状态图已经清楚地显示了要求专利保护的产品在使用状态下的外观设计，本专利符合专利法第二十七条第二款的规定。

黄某述称：一审判决和被诉决定认定事实清楚，适用法律正确，请求驳回上诉，维持原判。

本院二审期间，当事人均未提交新证据。

本院经审理查明：一审法院认定的事实基本属实，本院予以确认。

本院另查明：二审审理过程中，国家知识产权局确认被诉决定中“由六面正投影视图和立体图可知其笔身为六棱柱形”的“六棱柱形”为笔误，应为“类似圆柱形”；还认为本专利使用状态图显示的露出的杆状部分具有四个面，据此仍可以确定露出的杆状部分为六棱柱形。

上述事实有笔录及当事人陈述等在案佐证。

本院认为：本案为外观设计专利权无效行政纠纷，本专利申请日在2008年修正的专利法施行日（2009年10月1日）之后、2020年修正的专利法施行日（2021年6月1日）之前，本案应适用2008年修正的专利法。本案二审的争议焦点问题是：本专利是否符合专利法第二十七条第二款的规定。

专利法第二十七条第二款规定："申请人提交的有关图片或者照片应当清楚地显示要求专利保护的产品的外观设计。"根据该条规定，判断申请人提交的有关图片或者照片是否清楚地显示要求专利保护的产品的外观设计，应当以有关视图表达的产品的外观设计是否确定、保护范围是否明确为标准。对于立体产品的外观设计，有关图片或者照片满足"清楚地显示"应当符合以下条件：一是产品整体三维形状能够根据申请人提交的视图予以清楚确定；二是基于本专利产品的一般消费者的知识水平和认知能力，视图所表达的各设计特征应当不存在歧义，即申请人提交的视图所表达的产品各部分设计特征能够确定，不存在因表达不清楚而导致产品设计特征出现多种可能性。具体到本案，本院分析如下：

首先，专利权的保护范围应该清楚，使公众能够清楚地知道实施何种行为会侵害专利权，从而既为专利权人提供有效合理的保护，又确保公众享有使用技术、通过其他方式创新技术的自由。受专利法保护的产品外观设计以其在授权公告图片或照片中的显示为准。对于立体产品的外观设计专利而言，认定其有关视图能否清楚地显示要求专利保护的产品的外观设计时，如基于专利产品的一般消费者的知识水平和认知能力，综合考虑本专利各幅视图以及对该类产品的一般常识，产品设计特征仍然存在多种可能性的，应当认定本专利存在影响清楚表达的实质性缺陷。

其次，本专利为"电容笔"产品的外观设计，由主视图、后视图、左视图、右视图、立体图、俯视图、仰视图和使用状态图显示。电容笔为立体产品，综合观察各视图，仅有一张使用状态图显示了电容笔在使用时拉开笔帽后露出的杆状部分的具体情况。从该使用状态图中可以看出笔帽拉开后露出的杆状部分上具有跑道形状的充电口设计，但是杆状部分的形状显示不完全，本专利简要说明对该部分设计也未予以记载。基于一般消费者的知识水平和认知能力，根据本专利使用状态图，既可能将笔帽拉开露出的杆状部分判断为与笔身一致的带有一平面切面的类似圆柱形，也可能根据视图中各线条组成的平面情况判断其为六棱柱形，甚至是认为使用状态图中未露出的杆状部分还可能存在其他特殊设计。虽然国家知识产权局在被诉决定和二审中均认定露出杆状部分的形状是六棱柱形，但被诉决定中的相关认定系因存在将笔身认定为六棱柱形的笔误，二者实际使用的判断标准并不相同。被诉决定中采用的判断标准是与笔身保持一致，按照该判断标准，因笔身实际为类似圆柱形，露出杆状部分也应为类似圆柱形；二审中，国家知识产权局基于直接观察进行判断，因本专利使用状态图示出了露出杆状部分的四个面，从而认定露出杆状部分为六棱柱形。可见，国家知识产权局的前后判断标准不一致，实际上会导致结论不一致，一般消费者则更无法确定该设计特征的实际具体指向，致使该设计对应的实际产品设计存在多种可能性。

最后，本专利笔身的整体形状为电容笔类产品领域内常见的带有一平面切面的类似圆柱形，根据本专利的使用状态图，笔帽拉开后露出的杆状部分的设计相对于笔身更具有设计感，更易吸引一般消费者的注意力，该设计特征对于本专利产品的整体视觉效果具有显著影响，该设计特征存在多种可能性会导致本专利权的保护范围不清楚，进而应当认定本专利存在影响清楚表达的实质性缺陷。

综上，深圳市某电子有限公司的上诉请求成立，应予支持。一审判决适用法律及判决结果错误，应予纠正。根据《中华人民共和国行政诉讼法》第八十六条、第八十九条第一款第二项之规定，判决如下：

一、撤销北京知识产权法院（2023）京 73 行初 15607 号行政判决；

二、撤销国家知识产权局 2023 年 5 月 23 日作出的第 560546 号无效宣告请求审查决定；

三、国家知识产权局就深圳市某电子有限公司针对专利号为 201930575028. 1、名称为“主动式电容笔（Z36）”的外观设计专利权提出的无效宣告请求重新作出审查决定。

一审、二审案件受理费各 100 元，均由国家知识产权局负担。

本判决为终审判决。

审 判 长 刘晓军
审 判 员 毛 涵
审 判 员 米 于
二〇二四年十二月二十三日
法官助理 齐 慧
书 记 员 王芷馨

主视图

俯视图

后视图

仰视图

左视图

立体图

右视图

使用状态图

附图：本专利

二、商标案件审判

（一）商标民事案件审判

12. 认定侵害地理标志证明商标权需要考虑的因素

——再审申请人某市大米协会与被申请人浙江某农业科技有限公司、德惠市某米业有限公司侵害商标权及不正当竞争纠纷案①

中华人民共和国最高人民法院民事判决书（2024）最高法民再21号

再审申请人（一审原告、二审被上诉人）：某市大米协会。住所地：黑龙江省哈尔滨市五常市。

法定代表人：常某。

委托诉讼代理人：王雷，北京市京师律师事务所律师。

委托诉讼代人：石超越，北京市京师律师事务所律师。

被申请人（一审被告、二审上诉人）：浙江某农业科技有限公司。住所地：浙江省杭州市拱墅区。

法定代表人：王某昌。

委托诉讼代理人：鞠博，吉林衡丰律师事务所律师。

被申请人（一审被告、二审上诉人）：德惠市某米业有限公司。住所地：吉林省德惠市松花江镇。

法定代表人：李某。

① 本案在年度报告中的位置为第31页。

委托诉讼代理人：鞠博，吉林衡丰律师事务所律师。

再审申请人某市大米协会因与被申请人浙江某农业科技有限公司（以下简称某农业公司）、德惠市某米业有限公司（以下简称某米业公司）侵害商标权及不正当竞争纠纷一案，不服吉林省高级人民法院（以下简称二审法院）（2022）吉民终687号民事判决，向本院申请再审。本院于2023年12月27日作出（2023）最高法民申1719号民事裁定，依法提审本案。本院依法组成合议庭，于2024年3月28日公开开庭审理了本案。某市大米协会的委托诉讼代理人王雷、石超越，某农业公司的法定代表人王某昌，某农业公司与某米业公司的委托诉讼代理人鞠博到庭参加诉讼。本案现已审理终结。

某市大米协会申请再审称：1. 二审法院适用法律错误。根据《中华人民共和国商标法实施条例》（以下简称商标法实施条例）第四条第二款的规定，仅地理标志集体商标存在正当使用的可能性，本案属于地理标志证明商标，不存在正当使用情形。正规的五常大米拥有特定的执行标准，未经过检验的大米以次充好，可能危害不特定消费者的生命健康。即便含有地名的地理标志证明商标存在正当使用情形，也仅限于地名所在区域内的经营者。某农业公司与某米业公司均非黑龙江省五常市的企业，不属于五常地域范围内的经营者，不符合正当使用情形。2. 某米业公司提交的证据存在伪造的可能性。二审法院认定某米业公司与五常市农户存在真实合法的交易且被诉侵权的商品来源于五常市，属于认定事实错误。即便某米业公司曾经从五常市购入过原粮，也不能证明被诉侵权产品系由五常原粮加工而成，且不能证明其生产、销售的所有大米均系由五常原粮加工而成，还不能证明其生产、销售的被诉侵权大米符合五常大米的特定品质。综上，请求法院判令：1. 撤销二审判决；2. 发回重审或者改判维持吉林省长春市中级人民法院（以下简称一审法院）（2021）吉01民初4792号民事判决；3. 本案全部诉讼费用由某农业公司和某米业公司负担。

某市大米协会向一审法院起诉请求：1. 判令某农业公司、某米业公司立即停止侵权；2. 判令某农业公司、某米业公司赔偿某市大米协会经济损失及合理开支共计人民币10万元；3. 判令本案全部诉讼费用由某农业公司、某米业公司负担。

一审法院经审理查明如下事实：

一、涉案商标权属及知名度情况

某市大米协会系第1607996号“五常 WUCHANG 及图”证明商标、第

5789043号“五常大米”证明商标（以下统称涉案证明商标）的注册人。其中第1607996号“五常WUCHANG及图”商标核定使用在第30类“大米、大米制品”商品上，注册有效期自2001年7月21日至2011年7月20日，经续展至2031年7月20日。第5789043号“五常大米”商标核定使用在第30类“大米（截止）”商品上，注册有效期自2007年12月21日至2017年12月20日，经续展至2027年12月20日。

“五常大米”证明商标使用管理规则载明：“五常大米”是经国家工商行政管理总局商标局注册的证明商标，用于证明“五常大米”的特定品质；“某市大米协会是五常大米”证明商标的注册人，对该商标享有专用权；申请使用“五常大米”证明商标的，应当按照本规则的规定，经某市大米协会审核批准；使用“五常大米”证明商标的产品的生产地域范围是五常市境内“C”字开口盆地以内，龙凤山水库或拉临河、溪浪河水系浇灌的水田。具体地域范围是溪浪河、拉林河流域至红旗乡西城子村以东，苇沙河以西，磨盘山以北，硕大户山以南；使用“五常大米”证明商标的产品的品质特征是米粒饱满，晶莹半透明，表面光亮，脱水性好，米饭绵软略黏，饭粒表面有油光，食味清淡略甜；使用“五常大米”证明商标的产品在加工制造过程中，必须达到五常市质量技术监督局制定的《某市大米协会企业标准》中规定的加工标准；同时符合上述使用条件的产品经营者，可申请使用“五常大米”证明商标；对未经某市大米协会许可，擅自在大米包装上使用与“五常大米”证明商标相同或近似的商标的，某市大米协会将依照《中华人民共和国商标法》（以下简称商标法）及有关法规和规章的规定，提请工商行政管理部门依法查处或向人民法院起诉……

2012年4月27日，国家工商行政管理总局商标局在商标案件中认定并公布的410件驰名商标名单，涉案证明商标中的第1607996号“五常WUCHANG及图”商标位列其中。2016年，“五常大米”被中国优质农产品开发服务协会授予“2016中国十大大米区域公用品牌”。2017年，“五常大米”被第十五届中国国际农产品交易会组委会评为“2017年中国百强农产品区域公用品牌”并参展广州大米展览会。2018年，“五常大米”被中国优质农产品开发服务协会授予“2018中国十大大米区域公用品牌”、在2018年“地理标志产品区域品牌”企业品牌价值评价排行榜中位居第6名。2019年，“五常大米”品牌在“2019品牌农业影响力年度盛典”活动中，被推选为影响力农产品区域公用品牌、在2019年“地理标志产品区域品牌”企业品牌价值评价排行榜中位居第6名、第二届中国优质稻米之乡五常大米节在深圳市坪山区和哈尔滨五常市同步举行。2020年，“五常大米”在“地理标志产品区域品牌”企业品牌价值评价排行榜中位居第5名。另，某市大米协会于2017年至2019年连续三年荣获中华品牌商标博览会金奖。

二、某农业公司、某米业公司的企业信息及合作关系

某农业公司成立于2005年3月1日，企业类型为有限责任公司（自然人投资或控股），经营范围：复合微生物肥料、无公害农产品、有机液肥的技术开发、技术服务、技术咨询、成果转让；预包装食品、肥料、包装种子的销售。

某米业公司成立于2008年9月10日，企业类型为有限责任公司（自然人投资或控股），经营范围：粮食收购、加工、销售。

2019年1月1日，某农业公司（甲方）与某米业公司（乙方）签订《委托加工合同》，约定：甲方按计划分季度委托乙方为其加工生产“粒粒珍硒”品牌系列大米产品，甲方按照双方确定的样品和GB/T 1354的标准进行验收货品；乙方严格按照甲方的委托内容及要求从事代加工活动，严格管理甲方提供的商标、包装及印刷品，因乙方管理不善造成甲方商标和包装等的丢失，应承担相应的经济和法律责任；委托加工合同期限为5年，自2019年1月1日至2024年12月31日止。

由德惠市质量技术监督检验测试中心于2021年6月14日签发的检验报告显示：受检单位为某农业公司、生产单位为某米业公司、产品名称为五常稻香米、生产日期为2021年6月2日，检验结论：该样品本次委托检验所检指标符合GB/T 1354-2018、GB 2762-2017标准要求，检验结论为合格。

三、被诉侵权行为的相关事实

2020年6月10日，知识产权服务公司因受某市大米协会委托，委派代理人张蕊向天津市和信公证处申请对互联网销售平台销售侵权商品的行为进行保全证据公证，天津市和信公证处予以受理。保全过程大体为：2020年12月21日，代理人张蕊在公证处公证员及公证人员的监督下，使用公证处的计算机登入淘宝商城，搜索并进入“粒粒珍硒旗舰店”商铺，在该店铺下单购买了“粒粒珍硒新米”“粒粒珍硒五常稻香米”各一袋，并于2020年12月24日收到该两袋米。天津市和信公证处对上述保全的具体过程出具了（2020）津和信证经字第6436号公证书，并对网络购买商品全程进行截屏、对商品实物进行拍照附于公证书附件中。

2021年1月28日，知识产权服务公司委派代理人张蕊再次来到天津市和信公证处申请对互联网销售平台销售侵权商品的行为进行保全证据公证。代理人张蕊在公证处公证员及公证人员的监督下，使用公证处的计算机登入天猫商城，搜索并进入“粒粒珍硒旗舰店”商铺，在该店铺下单购买了“粒粒珍硒五常稻香米10kg”“粒粒珍硒五常稻香米2.5kg”各一袋，并于2021年2月4日收到该两袋米。天津市和信公证处对上述保全的具体过程出具了（2021）津和信证经字第399号公证书，并对网络购买商品全程进行截屏、对商品实物进行拍照附于公证书附件中。

经一审法院当庭核查二公证书附件内容及公证封存物品可见：1. 天猫商城“粒粒珍硒旗舰店”的经营者相关资质信息显示经营者为某农业公司。2. “粒粒珍硒旗舰店”店铺中对商品描述中多处使用“五常”“五常大米”字样，如“粒粒珍硒忆口香米东北五常大米”“粒粒珍硒五常长粒香东北大米”“粒粒珍硒五常大米稻花香米正宗东北大米”等。3. “粒粒珍硒新米”商品的外包装未标注“五常”“五常大米”字样，仅标注“原粮产地：黑龙江五常市”；“粒粒珍硒五常稻香米”及“粒粒珍硒五常稻香米10kg”“粒粒珍硒五常稻香米2.5kg”商品的外包装均突出标注“五常稻香米”字样。该4款大米商品的包装袋均标明委托商为某农业公司、生产商为某米业公司。

四、被诉侵权商品的原产地

某米业公司受某农业公司全权委托，选择黑龙江省五常市优质水稻种植核心区域与当地农户签订富硒水稻种植收购协议。通过某米业公司与黑龙江省五常市五常镇甲村农户王某海、黑龙江省五常市民意乡乙村农户孙某朋、郭某龙签订的《（稻花香2号）富硒水稻种植收购协议》，承担运载的农户郭某龙的微信聊天记录，某米业公司的收料单、领料单、入库单，某米业公司的运费支出凭证、收购付款凭证，可体现出某米业公司与黑龙江省五常市五常镇、民意乡农户存在真实合法的交易，产品原料稻谷来源于五常市，且种植区域在“五常大米”证明商标的产品的生产地区范围内。

五、其他事实

某市大米协会为此次维权支付差旅费1122元、住宿费201元。某市大米协会主张支付公证费2000元，律师费用5000元，但未提交相应票据。

某市大米协会提交2022年3月1日“粒粒珍硒旗舰店”店铺中“粒粒珍硒五常稻香米10kg”的销售信息，其中销售价格为每袋99.9元，月销量49袋，总销量3000+。某农业公司称网络销售中常使用刷单手段提高商品关注度，所以显示的总销量并非真实销售数量。

一审法院认为，某市大米协会系涉案证明商标的注册人。涉案证明商标均在注册有效期内，故某市大米协会提起本案诉讼符合法律规定，为本案适格主体。

根据商标法第三条第三款、第十六条第二款，商标法实施条例第四条的规定，地理标志证明商标不同于商品、服务商标，其并不指向具体商品或服务的提供者，而是标示商品的原产地及其特定质量、信誉和其他特征。故在判断是否侵害证明商标权利时，应以被诉侵权行为是否容易导致相关公众对商品的原产地等特定品质产生混淆为标准。根据商标法第四十八条规定同理可知，证明商标的使用，是用于识别商品来源于某地区以及具备特定质量、信誉或者其他特征。本案中，被诉侵权的四款大米实为两类：一类是以“硒”元素为“卖点”的“粒粒珍硒新米”，该产品原料稻谷来源于五常市，故其在商品外包装上标注“原粮产地：黑龙江五常市”，属适当使用，不构成侵权；另一类是以“五常稻香米”为“卖点”的“粒粒珍硒五常稻香米”，该产品原料稻谷的种植区域在“五常大米”证明商标产品的生产地区范围内，符合使用该地理标志条件。但该生产者不申请使用“五常大米”证明商标，不受某市大米协会监督。实际上，“五常稻香米”的执行标准为普通大米 GB/T 1354，而五常大米的执行标准为优质大米 GB/T 19266，故其在商品的外包装上应对“五常”“五常大米”的字样予以足够的避让，避免使相关公众认为其符合五常大米的特定品质等特征。现某农业公司、某米业公司所生产的“粒粒珍硒五常稻香米”在外包装上突出标注“五常稻香米”字样，具有识别商品产地、特征的功能，属商标使用行为。同时，该突出使用，容易导致相关公众对商品的特定品质产生混淆，构成侵害某市大米协会涉案证明商标的商标权，某农业公司、某米业公司对此应承担连带赔偿责任。

对于某农业公司在“粒粒珍硒旗舰店”店铺中对商品描述中多处使用“五常”“五常大米”字样，同样具备识别商品产地、特征的功能，容易导致相关公众对商品的特定品质产生混淆，亦构成侵权，某农业公司应对此侵权行为承担赔偿责任。某市大米协会对此亦主张不正当竞争，一审法院不再另行评述，亦不再支持。

关于赔偿数额的问题。根据商标法第六十三条第一款、第三款的规定，双方当事人未向法院举证权利人因被侵权所受的实际损失、侵权人因侵权获得的利益以及注册商标许可使用费数额，但某农业公司在其“粒粒珍硒旗舰店”网店中“粒粒珍硒五常稻香米10kg”的销售数据，在没有相反证据的情况下，可以作为认定侵权商品销售数量和计算销售金额的重要依据，应为本案确定赔偿数额的参考要素。同时，一审法院综合考虑涉案证明商标的商誉、某农业公司与某米业公司的经营规模、主观过错程度以及某市大米协会因制止侵权行为的合理开支等因素，酌情确定某农业公司赔偿某市大米协会经济损失及合理开支共计70000元，某米业公司在40000元的赔偿范围内承担连带赔偿责任。

综上，依照商标法第三条第三款，第十六条第二款，第五十七条第二项、第三项，第六十三条第一款、第三款；《中华人民共和国民法典》第一百七十九条第一项、第八项，第一千一百六十八条；《中华人民共和国民事诉讼法》第六十四条之规定，一审法院判决：“一、某农业公司、某米业公司于判决生效之日起立即停止生产侵害涉案证明商标专用权的商品；二、某农业公司于判决生效之日起立即停止在其‘粒粒珍硒旗舰店’的天猫网店中使用侵害涉案证明商标专用权的描述性文字；三、某农业公司于判决生效之日起十日内赔偿某市大米协会经济损失和合理开支共计70000元，某米业公司在上述赔偿数额的40000元范围内承担连带赔偿责任；四、驳回某市大米协会的其他诉讼请求。一审案件受理费2300元，由某农业公司、某米业公司共同负担。”

某农业公司、某米业公司不服一审判决，向二审法院上诉请求：1. 撤销一审判决，将本案发回重审或依法改判驳回某市大米协会的全部诉讼请求；2. 本案一、二审诉讼费用由某市大米协会负担。事实和理由：1. 某农业公司、某米业公司在被诉侵权大米外包装等处标明的“五常稻香米”字样仅为标明产品种植地及产品类别，不构成侵害涉案证明商标的商标权。一审法院已经认定某农业公司、某米业公司销售的被诉侵权大米的种植区域在涉案证明商标产品的生产地区范围内，某农业公司、某米业公司将其销售的商品外包装上标注“五常”等字样，不存在识别商品特征的情形，更不会导致相关公众对商品的原产地产生误认，故某农业公司、某米业公司不构成侵害涉案证明商标的商标权。2. 某市大米协会未能举证证明被诉侵权的大米不符合五常大米标准，一审法院仅以被诉侵权大米执行的GB/T 1354标准就认定需要对相应字样进行避让，进而认定某农业公司、某米业公司侵权错误。大米作为农产品在生产过程中需要执行国家标准，在同时存在多种推荐性国家标准的情况下，仅需执行其中任意一种推荐性国家标准。被诉侵权的“五常稻香米”生产中已经执行推荐性国家标准 GB/T 1354（大米），故该商品可以进行销售。同时，执行推荐性国家标准 GB/T 1354（大米）的商品并不意味着该商品质量无法到达推荐性国家标准 GB/T 19266（地理标志产品五常大米）。被诉侵权大米的种植地为黑龙江省五常市，产品的质量亦达到了五常大米管理规则中所列的产品品质，故在某市大米协会未能举证证明某农业公司、某米业公司产品未达到相应标准而仅以被诉侵权大米执行推荐性国家标准 GB/T 1354（大米）就认定应对“五常”等字样进行避让，以此认定某农业公司、某米业公司构成侵害涉案证明商标的商标权错误。

某市大米协会辩称，被诉侵权大米的包装和网店商品介绍上突出使用了某市大米协会涉案证明商标的核心文字“五常大米”，该行为构成商标性使用，某农业公司、某米业公司未经某市大米协会许可的使用行为容易造成消费者的混淆和误认，构成侵害涉案证明商标的商标权。即便被诉侵权商品的原粮来源于五常市，某农业公司、某米业公司未证明被诉侵权大米达到五常大米的质量，未能证明商标管理规则所述产品质量标准及生产加工标准，也未能证明被诉侵权大米达到了五常大米的执行标准 GB/T 19266，更未经某市大米协会许可在脱离其控制的情况下对涉案证明商标进行使用。在案证据不能证明某农业公司、某米业公司所销售的被诉侵权大米来源于五常。如果让某农业公司、某米业公司的被诉行为合法化，某市大米协会将如何对其享有的涉案证明商标进行管理？又如何对授权企业进行监督？证明商标法律制度的存在有何意义？如果让被诉行为合法化，任何人与五常某农民签订一份购销合同，就大肆使用五常大米进行宣传，势必导致五常大米市场秩序混乱，消费者的合法权益无法得到保障，将不利于社会诚信体系的建立。某市大米协会涉案证明商标均为地理标志证明商标，不仅仅代表着商品的产地来源于五常，还代表着数代五常农民和水稻科学家辛苦劳动所积累的声誉，更代表消费者对五常大米商标和品牌的信赖，某农业公司、某米业公司的被诉侵权行为不仅侵害某市大米协会的合法权益，还侵害了五常地区广大农民和大米生产加工企业的合法权益，损害了整个五常大米品牌的商誉。

二审法院对一审法院查明的事实予以确认。

二审法院认为，某市大米协会涉案证明商标系由该协会所控制并负责监督管理，用以证明大米的原产地。根据有关证明商标的法律规定，上述两商标的性质属于地理标志证明商标。根据商标法实施条例的规定，以地理标志作为证明商标注册的，其商品符合使用该地理标志条件的自然人、法人或者其他组织可以要求使用该证明商标，控制该证明商标的组织应当允许。同时，由于地理标志证明商标通常对应特定的地域名称，商标注册人也不能剥夺虽没有向其提出使用该证明商标的要求，但商品确产于该特定地域范围的自然人、法人或其他组织正当使用地理标志证明商标中所含地名的权利。地理标志证明商标是用来标识商品的原产地以及该商品所具有的某种特定质量、信誉等，故使用该地理标志条件即为能够证明自己所售商品的产地来源于地理标志证明商标所限定的产地。本案中，涉案证明商标所证明的大米原产地为五常地区，其特定品质源自产区的气候、土壤、良好的生态环境。虽然某农业公司、某米业公司不是某市大米协会的会员，但如某农业公司、某米业公司能够证明其销售的大米确系来源于涉案证明商标限定的特定原产地，某市大米协会不能禁止某农业公司、某米业公司以本案中的方式对其商品进行标示。通过一审法院查明某米业公司与黑龙江省五常市五常镇甲村农户王某海、黑龙江省五常市民意乡乙村农户孙某朋、郭某龙签订的《（稻花香 2 号）富硒水稻种植收购协议》，承担运载的农户郭某龙的微信聊天记录，某米业公司的收料单、领料单、入库单，以及某米业公司的运费支出凭证、收购付款凭证，可体现出某米业公司与黑龙江省五常市五常镇、民意乡农户存在真实合法的交易，能够证明被诉侵权大米的原料稻谷来源于五常市，且种植区域在涉案证明商标产品的生产地区范围内，可以正当使用涉案地理标志，不应承担侵权责任。

综上，某农业公司、某米业公司的上诉请求成立，二审法院予以支持。依照《中华人民共和国民事诉讼法》第一百七十七条第一款第二项之规定，判决如下：1. 撤销一审判决；2. 驳回某市大米协会的诉讼请求。一审案件受理费 2300 元，二审案件受理费 2350 元，均由某市大米协会负担。

再审期间，某农业公司、某米业公司向本院提交了户名为栗某的中国邮政储蓄银行账户对账单，拟证明某农业公司在 2019 年—2020 年分别向栗某转账 209504 元、321574 元。某市大米协会认为上述证据为复印件，对上述证据的真实性、关联性不予认可，不能证明被诉侵权大米的原粮来自五常市。

本院对上述证据认证如下：上述对账单与某农业公司、某米业公司一、二审提交的证据形成了完整的证据链，可以证明某农业公司曾向五常市的农户购买原料稻谷的事实。

本院再审查明，国家质量监督检验检疫总局、国家标准化管理委员会于 2008 年 10 月 22 日发布的《中华人民共和国国家标准地理标志产品五常大米

（GB/T 19266-2008）》规定："本标准规定了地理标志产品五常大米的术语和定义、地理标志产品保护范围、自然环境、要求、试验方法、检验规则及标志、包装、运输和贮存。五常大米在国家质量监督检验检疫行政主管部门批准保护的范围内，使用五优稻、松粳系列及通过审定的其他符合五常种植条件的优质粳稻品种，采用具有五常特色的一段超早育苗及大棚旱育苗等栽培技术生产的粳稻为原料，经加工而成的大米……五常大米地理标志产品保护范围限于国家质量监督检验检疫行政主管部门根据《地理标志产品保护规定》批准的范围。"该标准还对五常大米的原料稻谷、加工工艺、感官指标、加工质量指标、卫生指标等要求作出了规定，其中加工质量指标对加工精度提出了具体要求：背沟无皮，即使有皮也不成线，米胚和粒面皮层基本去净的占85%以上。

国家市场监督管理总局、国家标准化管理委员会于2018年10月10日发布的《中华人民共和国国家标准：大米（GB/T 1354-2018）》系针对"大米"制定的国家标准。该标准对大米的术语和定义、分类、质量要求、检验方法、检验规则及包装、标签、储存和运输的要求作出了规定。该标准适用于以稻谷、糙米或半成品大米为原料经碾磨加工成的食用商品大米。该标准对大米"加工精度"指标设置了上限，突出了适度加工，更多地保留了大米原有的营养价值，更好地引导粮食加工企业从追求加工精度导致的过度加工向生产优质粮油产品的适度加工转变，提高了出粮率。

国家卫生和计划生育委员会、国家食品药品监督管理总局于2017年3月17日发布的《食品安全国家标准 食品中污染物限量（GB2762-2017）》，对食品中污染物的限量指标作出了规定。

另查明，本院庭审中，某农业公司法定代表人王某昌确认如下事实：王某昌认识五常市本地人陶某波及其妻子栗某，栗某与王某海是亲戚关系，均为当地农户。某农业公司从五常地区的农户处收取大米，支付货款给栗某，栗某再将货款支付给农户。

本院认为，本案再审期间的争议焦点为：某农业公司、某米业公司的被诉行为是否构成侵害某市大米协会涉案证明商标的商标专用权及本案民事责任的承担问题。

商标法第三条第三款规定："本法所称证明商标，是指由对某种商品或者服务具有监督能力的组织所控制，而由该组织以外的单位或者个人使用于其商品或者服务，用以证明该商品或者服务的原产地、原料、制造方法、质量或者其他特定品质的标志。”该法第十六条第二款规定：“前款所称地理标志，是指标示某商品来源于某地区，该商品的特定质量、信誉或者其他特征，主要由该地区的自然因素或者人文因素所决定的标志。”商标法实施条例第四条第二款规定：“以地理标志作为证明商标注册的，其商品符合使用该地理标志条件的自然人、法人或者其他组织可以要求使用该证明商标，控制该证明商标的组织应当允许……”地理标志证明商标是指标示某商品或者服务来源于某地区，该商品或者服务具有由该地区的自然因素或者人文因素所决定的特定质量、信誉或者其他特征，由对某种商品或者服务具有监督能力的组织所控制，该组织不得在自己提供的商品或者服务上使用，而由该组织以外的单位或者个人使用于其商品或者服务，用以证明该商品或者服务的原产地、原料、制造方法、质量或者其他特定品质的标志。凡符合证明商标使用管理规则规定条件的，在履行该证明商标使用管理规则规定的手续后，可以使用该证明商标，控制该证明商标的组织不得拒绝办理手续。使用人不得在不符合使用管理规则的商品或者服务上使用该证明商标。判断被诉侵权行为是否构成侵害地理标志证明商标权需要考虑以下因素：一是被诉侵权商品是否具备使用地理标志商标的条件，即商品来源于某特定产地；二是被诉侵权商品是否具有地理标志产品的特定品质；三是被诉侵权行为是否容易导致相关公众对商品的来源及特定品质产生混淆误认。

本案中，关于某农业公司委托某米业公司加工生产的被诉侵权大米产地是否来自黑龙江省五常市。根据各方当事人一、二审提交的证据，某米业公司与黑龙江省五常市五常镇甲村农户王某海、黑龙江省五常市民意乡乙村农户孙某朋、郭某龙签订了《（稻花香2号）富硒水稻种植收购协议》，承担运输大米的农户郭某龙的微信聊天记录及某米业公司的收料单、领料单、入库单、运费支出凭证、收购付款凭证等证据，结合再审期间栗某的中国邮政储蓄银行账户对账单中的转账记录，可以证明某米业公司曾从黑龙江省五常市五常镇、民意乡的农户收购原料稻谷的事实。五常市五常镇、民意乡的种植区域属于国家相关行政主管部门对五常大米地理标志产品批准的保护范围内，故一、二审法院认定本案被诉侵权大米原料稻谷的种植区域在五常大米地理标志产品的生产区域黑龙江省五常市，并无不当。某市大米协会主张某米业公司提交的证据存在伪造的可能，但未提交任何反驳的证据，本院对其该项主张不予支持。

关于被诉侵权大米是否具有五常大米地理标志产品的特定品质。首先，从某农业公司与某米业公司签订《委托加工合同》约定的内容看，某农业公司按计划分季度委托某米业公司为其加工生产“粒粒珍硒”品牌系列大米产品，由某农业公司按照双方确定的样品和 GB/T 1354 的标准进行验收货品。双方在上述合同中约定的 GB/T 1354-2018 标准是国家对普通大米制定的国家标准，是对普通大米的基础质量要求，而国家对于地理标志产品五常大米制定的国家标准为 GB/T 19266-2008 标准。以上两种国家标准对大米的原料、地理环境、气候条件、种植方式、加工精度等具体要求存在区别，五常大米的品质明显优于普通大米。某农业公司在上述合同中仅要求某米业公司加工生产的被诉侵权大米达到普通大米的品质要求，并不要求具备五常大米 GB/T 19266-2008 国家标准的品质要求。其次，从德惠市质量技术监督检验测试中心于 2021 年 6 月 14 日签发的检验报告的内容看，该中心对受检单位为某农业公司、生产单位为某米业公司、产品名称为五常稻香米、生产日期为 2021 年 6 月 2 日的大米产品检验结论为：“该样品本次委托检验所检指标符合 GB/T 1354-2018、GB 2762-2017 标准要求，检验结论为合格。”其中 GB/T 1354-2018 为普通大米的国家标准，GB 2762-2017 为食品安全国家标准。上述检验结论仅能证明某米业公司加工生产的五常稻香米已达到普通大米的品质要求，不能证明该大米具备地理标志产品五常大米 GB/T 19266-2008 国家标准的品质要求。此外，某农业公司、某米业公司未提交其他证据证明其被诉侵权大米符合五常大米地理标志证明商标使用管理规则规定的条件，并履行了该证明商标使用管理规则规定的手续。综上，在案证据不足以证明被诉侵权大米具备五常大米地理标志产品的特定品质。二审法院仅根据被诉侵权大米来源于五常市的事实就直接认定该产品已达到五常大米地理标志产品的特定品质，于法无据，本院予以纠正。

关于某农业公司、某米业公司被诉侵权行为是否容易导致相关公众对商品的来源及特定品质产生混淆误认。商标法第四十八条规定：“本法所称商标的使用，是指将商标用于商品、商品包装或者容器以及商品交易文书上，或者将商标用于广告宣传、展览以及其他商业活动中，用于识别商品来源的行为。”本案中，某农业公司在其经营的“粒粒珍硒旗舰店”店铺上，对“粒粒珍硒新米”商品，仅在外包装上标注“原粮产地：黑龙江五常市”，该行为属于对该商品原粮产地的标注，不属于商标使用行为，不构成侵害涉案证明商标的商标权。某农业公司在该旗舰店中对“粒粒珍硒忆口香米东北五常大米”“粒粒珍硒五常长粒香东北大米”“粒粒珍硒五常大米稻花香米正宗东北大米”等商品，则在商品描述中多处使用“五常”“五常大米”字样；在“粒粒珍硒五常稻香米”“粒粒珍硒五常稻香米10kg”“粒粒珍硒五常稻香米2.5kg”商品的外包装均突出标注“五常稻香米”字样。某农业公司的上述使用行为，属于商标法第四十八条规定的商标使用行为。鉴于使用涉案证明商标要求符合五常大米地理标志产品的特定品质，某农业公司的上述使用行为容易导致相关公众对被诉侵权大米的特定品质产生混淆误认，误认为被诉侵权大米具备五常大米的特定品质。因此，某农业公司、某米业公司未经某市大米协会允许使用涉案证明商标，其被诉侵权行为构成侵害某市大米协会涉案证明商标的商标权。二审法院对此认定有误，本院予以纠正。

关于某农业公司、某米业公司民事责任的承担。商标法第六十三条第一款、第二款、第三款规定：“侵犯商标专用权的赔偿数额，按照权利人因被侵权所受到的实际损失确定；实际损失难以确定的，可以按照侵权人因侵权所获得的利益确定；权利人的损失或者侵权人获得的利益难以确定的，参照该商标许可使用费的倍数合理确定。对恶意侵犯商标专用权，情节严重的，可以在按照上述方法确定数额的一倍以上五倍以下确定赔偿数额。赔偿数额应当包括权利人为制止侵权行为所支付的合理开支。人民法院为确定赔偿数额，在权利人已经尽力举证，而与侵权行为相关的账簿、资料主要由侵权人掌握的情况下，可以责令侵权人提供与侵权行为相关的账簿、资料；侵权人不提供或者提供虚假的账簿、资料的，人民法院可以参考权利人的主张和提供的证据判定赔偿数额。权利人因被侵权所受到的实际损失、侵权人因侵权所获得的利益、注册商标许可使用费难以确定的，由人民法院根据侵权行为的情节判决给予五百万元以下的赔偿。”本案中，鉴于各方当事人均未向本院提交某市大米协会因被侵权所受到的实际损失的证据，亦未提交某农业公司、某米业公司因侵权所获得的利益以及涉案证明商标许可使用费的证据，又未提交某市大米协会为制止侵权行为所支付公证费、律师费的票据，一审法院结合某农业公司在“粒粒珍硒旗舰店”网店中的销售数据，综合考虑涉案证明商标的商誉、某农业公司的经营规模、主观过错程度以及某市大米协会因制止侵权行为的合理开支等因素，酌情确定某农业公司赔偿某市大米协会经济损失及合理费用共计70000元，某米业公司在40000元的赔偿范围内承担连带赔偿责任，并无不当。

综上，某市大米协会的再审理由部分成立，本院予以支持。二审判决认定事实错误，适用法律存在失当之处，本院予以纠正。依照《中华人民共和国商标法》第三条第三款，第十六条第二款，第五十七条第二项、第三项，第六十三条第一款、第二款、第三款；《中华人民共和国民事诉讼法》第一百七十七条第一款第二项之规定，判决如下：

一、撤销吉林省高级人民法院（2022）吉民终687号民事判决；

二、维持吉林省长春市中级人民法院（2021）吉01民初4792号民事判决。

一审案件受理费2300元、二审案件受理费2350元，合计4650元，由某市大米协会负担150元，浙江某农业科技有限公司、德惠市某米业有限公司共同负担4500元。

本判决为终审判决。

审 判 长 李 嵘
审 判 员 傅 蕾
审 判 员 许常海
二〇二四年九月十一日
法官助理 孙冠华
书 记 员 吕姝君

13. 商标在先使用抗辩的认定

——再审申请人某大药房连锁股份有限公司与被申请人荆门市某大药堂连锁有限公司侵害商标权及不正当竞争纠纷案①

中华人民共和国最高人民法院民事判决书（2024）最高法民再218号

再审申请人（一审原告、二审上诉人）：某大药房连锁股份有限公司。住所地：湖南省长沙市开福区。

法定代表人：谢某龙。

委托诉讼代理人：毛阳，湖南智术律师事务所律师。

委托诉讼代理人：田玲琴，湖南智术律师事务所律师。

被申请人（一审被告、二审被上诉人）：荆门市某大药堂连锁有限公司。住所地：湖北省荆门市东宝区。

法定代表人：李某星。

委托诉讼代理人：刘建生，湖北京中金律师事务所律师。

再审申请人某大药房连锁股份有限公司（以下简称某股份公司）因与被申请人荆门市某大药堂连锁有限公司（以下简称荆门某公司）侵害商标权及不正当竞争纠纷一案，不服湖北省高级人民法院（2021）鄂知民终656号民事判决，向本院申请再审。本院于2024年5月27日作出（2023）最高法民申612号民事裁定，依法提审本案。本院依法组成合议庭对本案进行了审理，某股份公司委托诉讼代理人毛阳、田玲琴，荆门某公司法定代表人李某星、委托诉讼代理人刘建生到庭参加诉讼。本案现已审理终结。

某股份公司申请再审称：1. 二审法院认定荆门某公司主张的在先使用抗辩成立，法律适用错误。二审法院以商标申请注册时间作为节点判断是否构成在先使用不当，应以先于商标权人使用标识的时间为判断标准。二审法院认定某股份公司主张的“老百姓”商标最早使用时间是2001年，比荆门某

① 本案在年度报告中的位置为第34页。

公司早半年，荆门某公司的抗辩理由不成立。二审法院认定荆门某公司使用“老百姓大药堂”标识在湖北荆门市范围内具有一定影响不当。荆门某公司在2008年10月之前仅有位于荆门市海慧路的一家门店，且只有一份荣誉证书上显示的时间在权利商标申请注册之前。二审法院认定荆门某公司未超出原有范围使用“老百姓”标识不当。2. 二审法院认定荆门某公司的行为不构成不正当竞争，法律适用错误。某股份公司开始使用“老百姓”字号的时间应追溯至其前身某医药集团有限公司成立之日，即2001年12月25日，且在荆门某公司成立之前已经具有一定影响力。荆门某公司作为同业竞争者，理应知晓“老百姓”字号的知名度，但没有合理避让，还在2008年10月之后陆续开设分支门店，以连锁经营的方式对外使用“老百姓”字号，进一步扩大了侵权范围，具有侵权的故意，构成不正当竞争。综上，本案应撤销一审、二审民事判决，判令支持某股份公司一审诉讼请求。

荆门某公司提交意见称，原审判决认定荆门某公司使用“老百姓”标识在先，在湖北省荆门市范围内已具有一定影响，并且未超出原有范围使用“老百姓”标识，认定事实清楚，适用法律正确。应驳回某股份公司的再审申请。

某股份公司向湖北省荆门市中级人民法院（以下简称一审法院）提起诉讼，请求判令荆门某公司：1. 立即停止实施侵害某股份公司第3579889号“老百姓”、第11994991号“老百姓”、第11994995号“老百姓大药房 LBX PHARMACY”注册商标专用权的行为；2. 立即停止使用带有“老百姓”文字的企业名称，并变更其企业名称，变更后的企业名称不得含有与“老百姓”相同或近似的字样；3. 赔偿某股份公司经济损失及合理维权开支共计150万元（人民币，下同）。

一审法院认定事实：某股份公司成立于2005年12月1日，经营范围为西药零售、中药材零售等。2005年2月21日，经原国家工商行政管理总局商标局核准，湖南某大药房连锁有限公司注册取得第3579889号商标，核准服务项目为第35类推销（替他人）。2008年10月14日，第3579889号商标经核准转让给湖南某医药连锁有限公司。2010年5月12日，第3579889号商标变更注册人为老百姓大药房连锁有限公司。2011年8月10日，第3579889号商标变更注册人名义为某股份公司。现第3579889号商标注册有效期经核准续展至2025年2月20日。2007年4月26日，第3579889号商标被湖南省长沙市中级人民法院判决认定为驰名商标；2011 年 5 月 27 日，原国家工行行政管理总局商标局认定老百姓大药房连锁有限公司使用在商标注册用商品和服务国际分类第 35 类推销（替他人）服务上的注册商标为驰名商标。2015 年 8 月 14 日，经原国家工商行政管理总局商标局核准，某股份公司注册取得第 11994991 号和第 11994995 号商标，商标注册有效期限均至 2025 年 8 月 13 日，核定使用商品/服务项目均为第 35 类：药品零售或批发服务；药用制剂零售或批发服务；卫生制剂零售或批发服务；医疗用品零售或批发服务；自动售货机出租；特许经营的商业管理；替他人推销；广告；职业介绍所；进出口代理。

某股份公司提交的（2020）夏鹭证内字第 123462 号公证书内图片载明，店招标识为“老百姓大药堂九渊路店”，收款小票抬头显示：荆门老百姓大药堂九渊路店，购买商品：医用外科口罩（儿童）18 元，账单详情显示收款单位：荆门某公司。某股份公司提交的（2020）夏鹭证内字第 123475 号公证书内图片载明，店招标识为“老百姓大药堂南台路店”，门店大门玻璃中段张贴有荆门某公司字样，账单详情显示收款单位：荆门某公司，交易金额 10 元，店内悬挂的营业执照显示名称：荆门某公司南台路店。某股份公司提交的（2020）夏鹭证内字第 123478 号公证书内图片载明，店招标识为“老百姓大药堂泉口路店”，店内药架顶端张贴有荆门某公司会员权益介绍，收款小票抬头显示：荆门老百姓大药堂泉口路店，购买商品：一次性使用医用口罩 10 元，账单详情显示收款单位：荆门某公司，店内悬挂的营业执照显示名称：荆门某公司泉口路店。某股份公司提交的（2020）夏鹭证内字第 123480 号公证书内图片载明，店招标识为“老百姓大药堂浦东路店”，店内药架顶端张贴有荆门某公司会员权益介绍，收款小票抬头显示：荆门老百姓大药堂掇刀浦东路分店，购买商品：一次性使用医用口罩（儿童）20 元，账单详情显示收款单位：荆门某公司。某股份公司提交的（2020）夏鹭证内字第 123483 号公证书内图片载明，店招标识为“老百姓大药堂五里店”，门店大门玻璃中段张贴有荆门某公司字样，账单详情显示收款单位：荆门某公司，收款小票抬头显示：荆门老百姓大药堂五里铺店，购买商品：一次性使用医用口罩 10 元。某股份公司提交的（2021）夏鹭证内字第 10477 号公证书内图片载明，店招标识为“老百姓大药堂警苑店”，门店大门玻璃中段张贴有荆门某公司字样，收款小票抬头显示：荆门老百姓大药堂警苑店，购买商品：一次性使用医用口罩（儿童）15 元，店内悬挂的营业执照显示名称：荆门某公司警苑店。某股份公司提交的（2021）夏鹭证内字第 10483 号公证书内图片载明，店招标识为“老百姓大药堂荆门某公司沈集店”，门店大门玻璃中段张贴有荆门某公司字样，收款小票抬头显示：荆门老百姓大药堂沈集店，购买商品：伤痛宁膏、金嗓子喉片 28.5 元。某股份公司提交的（2021）夏鹭证内字第 10488 号公证书内图片载明，店招标识为“老百姓大药堂石牌店”，门店大门玻璃中段张贴有荆门某公司字样，收款小票抬头显示：荆门老百姓大药堂石牌店，购买商品：医用外科口罩（儿童）18 元，店内悬挂的营业执照显示名称：荆门某公司石牌店。某股份公司提交的（2021）夏鹭证内字第 10489 号公证书内图片载明，店招标识为“老百姓大药堂冷水店”，门店大门玻璃中段张贴有荆门某公司字样，收款小票抬头显示：荆门老百姓大药堂冷水店，购买商品：医用外科口罩（儿童）18 元。某股份公司提交的（2021）夏鹭证内字第 10494 号公证书内图片载明，店招标识为“老百姓大药堂荆门某公司月亮湖店”，收款小票抬头显示：荆门老百姓大药堂月亮湖店，购买商品：一次性医用口罩 10 元。某股份公司提交的（2021）夏鹭证内字第 10509 号公证书内图片载明，店招标识为“老百姓大药堂荆门某公司水产路店”，门店大门玻璃中段张贴有荆门某公司字样，收款小票抬头显示：荆门老百姓大药堂水产路店，购买商品：一次性医用口罩 8 元，店内悬挂的营业执照显示名称：荆门某公司水产路店。某股份公司提交的（2021）夏鹭证内字第 10511 号公证书内图片载明，店招标识为“老百姓大药堂葡萄园店”，门店大门玻璃中段张贴有荆门某公司字样，收款小票抬头显示：荆门老百姓大药堂葡萄园店，购买商品：一次性医用口罩 8 元。某股份公司提交的（2021）夏鹭证内字第 10528 号公证书内图片载明，店招标识为“老百姓大药堂军马场分店”，门店大门玻璃中段张贴有荆门某公司字样，收款小票抬头显示：荆门老百姓大药堂军马场分店，购买商品：一次性医用口罩 8 元，店内悬挂的营业执照显示名称：荆门某公司军马场分店。某股份公司提交的（2021）夏鹭证内字第 10535 号公证书内图片载明，店招标识为“老百姓大药堂利民家园店”，门店大门玻璃中段张贴有荆门某公司字样，收款小票抬头显示：荆门老百姓大药堂利民家园店，购买商品：一次性医用口罩 10 元。某股份公司提交的（2021）夏鹭证内字第 10542 号公证书内图片载明，店招标识为“老百姓大药堂南京路店”，门店大门玻璃中段张贴有荆门某公司字样，收款小票抬头显示：荆门老百姓大药堂南京路店，购买商品：酒精消毒湿巾 12 元。某股份公司提交的（2021）夏鹭证内字第 10546 号公证书内图片载明，店招标识为“老百姓大药堂荆门某公司地税路店”，收款小票抬头显示：荆门老百姓大药堂地税路店，购买商品：一次性医用口罩 8 元。（2020）夏鹭证内字第 123462 号、第 123475 号、第 123478 号、第 123480 号、第 123483 号公证书，公证费发票均载明公证费为 1281.25 元。（2021）厦鹭证内字第 10477 号、第 10483 号、第 10488 号、第 10489 号、第 10494 号、第 10509 号、第 10511 号、第 10528 号、第 10535 号、第 10542 号、第 10546 号公证书，公证费发票均载明公证费为 1290.54 元。某股份公司支出交通费 439 元。

荆门某公司成立于 2002 年 5 月 21 日，经营范围为处方药、非处方药（甲类、乙类）等。2002 年 5 月 10 日荆门市工商行政管理局同意预先核准投资人李某星、刘某万在荆门市设立的有限责任公司名称为：荆门市某医药有限责任公司。2004 年 12 月 16 日荆门市工商行政管理局核准荆门市某医药有限责任公司名称变更为荆门市某大药堂有限公司。2009 年 10 月 27 日荆门市工商行政管理局核准荆门市某大药堂有限公司名称变更为荆门某公司。荆门某公司于 2002 年 5 月 29 日、6 月 15 日、6 月 22 日、7 月 6 日、7 月 13 日、7 月 20 日在荆门晚报医苑天地板块对“老百姓大药堂”进行了宣传。2004 年 7 月，荆门某公司获得（2002—2003）年度荆门市“守合同重信用”企业荣誉证书。2004 年 12 月，荆门某公司荣获荆门市 2003—2004 年度消费者信得过单位称号荣誉证书。2005 年 1 月，荆门某公司荣获湖北省 2003—2004 年度消费者满意单位称号荣誉证书。2007 年 1 月荆门某公司荣获 2005—2006 年度湖北省消费者委员会消费者满意单位称号证书。荆门某公司从 2008 年 10 月 16 日至 2020 年 1 月 22 日在荆门地区陆续开设 45 家分店。2011 年 4 月 14 日，经原国家工商行政管理总局商标局核准，荆门某公司取得第 7969819 号注册商标，续展后有效期至 2031 年 4 月 13 日。核定服务项目第 35 类，张贴广告；户外广告；广告传播；广告；电视广告；广告代理；广告策划；替他人推销；替他人采购（替其他企业购买商品或服务）；推销（替他人）。

一审法院认为：

一、关于荆门某公司在其字号中使用“老百姓”文字属于在先使用的抗辩理由是否成立的问题

荆门某公司抗辩成立需满足以下条件：1. 未注册商标使用人的在先使用应当先于商标注册人。本案中，根据查明的事实，某股份公司第 3579889 号商标的注册时间为 2005 年 2 月 21 日，第 11994991 号和第 11994995 号商标的注册时间为 2015 年 8 月 14 日，荆门某公司成立于 2002 年 5 月 21 日，使用“老百姓”字号的时间早于某股份公司涉案三个商标的注册时间。2. 在先使用的商标与在后注册的商标相同或近似，且使用商品或服务相同或者类似。本案中，荆门某公司字号内有“老百姓”文字，某股份公司注册商标内亦均有“老百姓”文字，符合商标相同或近似的条件，且某股份公司、荆门某公司双方的经营范围均主要是医药类产品，亦符合使用商品或服务相同或者类似的条件。3. 在先使用的商标必须具有一定的影响。根据查明的事实，荆门某公司在 2002 年即通过荆门晚报对其公司进行宣传，2002 年至 2005 年期间，荆门某公司多次荣获荆门市、湖北省消费者满意单位称号，可以证实荆门某公司使用的“老百姓”字号在荆门地区具有一定影响力。4. 在先使用的商标是不是在原有范围内使用。根据查明的事实，荆门某公司成立初，荆门某公司企业名称的核准机关为荆门市工商行政管理局，荆门某公司在 2002 年至 2005 年间所做的宣传和获得的荣誉证书可证实其在荆门地域的影响力，荆门某公司开设的 45 家分店亦均未超出荆门市的地域范围。故一审法院认为荆门某公司符合原有范围内使用的条件。综上，一审法院对荆门某公司关于在其字号中使用“老百姓”文字属于在先使用的抗辩理由予以采纳，某股份公司无权禁止荆门某公司在原使用范围内继续使用“老百姓”字号，荆门某公司使用“老百姓”字号的行为不构成侵害某股份公司商标专用权。

另，根据查明的事实，荆门某公司 45 家分店中有部分店招在使用名称上未标识荆门某公司进行区分，应加以改正进行标识区分。

二、关于某股份公司认为荆门某公司的行为构成对其的不正当竞争的问题

一审法院认为，构成不正当竞争行为，行为人主观上要有“擅自”的过错，本案中，某股份公司成立于2005年12月，荆门某公司成立于2002年5月，荆门某公司成立后虽企业名称做过变更，但“老百姓”三字一直存在，且经营范围一直是医药类，不构成擅自使用。且荆门某公司从2002年成立后经营地域均在荆门，某股份公司未提交证据证明其企业名称在荆门地区的知名度和影响力，故对某股份公司主张荆门某公司的行为构成不正当竞争，一审法院不予支持。

综上，一审法院判决驳回某股份公司的诉讼请求；案件受理费18300元，由某股份公司负担。

某股份公司不服，向湖北省高级人民法院（以下简称二审法院）上诉，请求撤销一审判决，改判并支持其一审全部诉讼请求。事实和理由：荆门某公司在各分店门头招牌使用“老百姓”属于在先使用抗辩的理由不成立。荆门某公司未经许可在其经营的各药店门头招牌上突出使用“老百姓”标识，并在日常宣传中使用“老百姓”标识，起到识别服务来源的作用，构成商标侵权。荆门某公司在2008年至2020年间新设立45家药店时仍将具有极高知名度的“老百姓 ”作为其企业字号使用，且不规范使用企业名称，进一步造成了市场混淆，构成不正当竞争。荆门某公司应当承担停止侵权、赔偿损失的法律责任。

荆门某公司答辩称：一审法院认定荆门某公司在先使用抗辩成立，适用法律正确。某股份公司未提交证据证明其企业名称在2002年荆门地区具有知名度和影响力，而“老百姓”属于常用词汇，显著性不强，荆门某公司不存在恶意攀附的主观过错，不构成不正当竞争。某股份公司请求荆门某公司停止侵权、赔偿经济损失及合理费用无法律依据。

二审期间，某股份公司提交两组证据：证据1：湖北省荆门市东宝区市场监督管理局出具的《企业基本信息》，拟证明荆门某公司侵权时间长、侵权规模大，因侵权所获利益巨大；证据2：国家图书馆出具的《检索报告》，拟证明某股份公司自2001年起持续使用“老百姓”标识，且已为相关公众所熟知。荆门某公司提交一组证据：39张门店招牌的照片（注：原45家门店，关停6家），拟证明荆门某公司在湖北省荆门市地域范围内使用“老百姓”字号，并附加荆门某公司注册商标进行区分，不构成商标侵权及不正当

竞争。

二审法院对某股份公司证据 1 的真实性予以确认，但是从该证据的数据来看，并不能证明荆门某公司存在巨大盈利，不能达到其证明目的，二审法院不予采信。证据 2 中在荆门某公司 2002 年 5 月成立前某股份公司发布的新闻数量很少，且报道内容中涉及的地域为湖南省长沙市，不能达到其证明目的，二审法院对该组证据不予采信。对荆门某公司提交的证据，二审法院认为，该组证据系自行制作，部分分店的店招照片（泉口店、南台路店、九渊路店和五里店）与涉案公证书中显示的情况不符，在无其他证据佐证的情况下，二审法院不予采信。

二审法院经审理查明，一审法院查明的事实属实并予以确认。

二审法院认为：

一、关于荆门某公司提出的在先使用抗辩能否成立的问题

某股份公司认为荆门某公司在其开设的门店店招、经营场所及网络公众号突出使用“老百姓”标识的行为构成商标侵权。某股份公司提交的公证书显示，荆门某公司在其开设分公司的店招、经营场所及网络公众号中使用含有“老百姓”标识的具体方式为：“老百姓大药堂+××店”“老百姓大药堂”“荆门市老百姓大药堂连锁有限公司”“老百姓大药堂连锁公司”。而荆门某公司则抗辩，其被诉行为系在先使用，不构成商标侵权。

1. 荆门某公司早于涉案第 3579889 号商标申请注册日，在相同服务上使用与注册商标相同的标识。

（1）荆门某公司于 2002 年 5 月 21 日成立，其成立后即开始进行广泛宣传，分别 6 次（2002 年 5 月 29 日、6 月 15 日、6 月 22 日、7 月 6 日、7 月 13 日、7 月 20 日）在荆门晚报医苑天地板块使用“老百姓大药堂”标识进行宣传，该行为属于商标性使用。涉案第 3579889 号商标的申请注册时间为 2003 年 6 月 4 日，核准注册时间为 2005 年 2 月 21 日。由此可见，荆门某公司使用“老百姓”标识的时间先于涉案商标的申请注册时间。

（2）某股份公司主张长沙某大药房有限公司（以下简称长沙某大药房）是其前身，其于 2001 年 10 月开始使用“老百姓”，新闻报道可以证明。二审法院认为，某股份公司提交的 2001 年 10 月新闻报道的对象是长沙某大药房，宣传报道的内容是长沙某大药房在湖南省长沙市开设店铺，只能证明在荆门某公司 2002 年 5 月成立时使用“老百姓大药堂”的前半年，长沙某大药房的经营区域和影响范围为湖南省长沙市，但“老百姓”标识的影响力和知名度

未延伸至全国或湖北省荆门市，故人民法院对未注册“老百姓”标识的保护力度应与知名度相适应。而2002年12月长沙某大药房被长沙市工商行政管理局和长沙市消费者委员会评为“诚信经营单位”，也只能证明在荆门某公司2002年5月使用“老百姓大药堂”之后，长沙某大药房在湖南省长沙市使用“老百姓”标识的知名度。综上，考虑某股份公司的前身长沙某大药房先于荆门某公司半年使用“老百姓”标识的经营区域和影响范围，以及“老百姓”属于通用词汇，本身的显著性不强等因素，长沙某大药房虽使用“老百姓”标识在先，但并不足以达到限制或者禁止他人使用的程度。

2. 商标注册人申请商标注册前，荆门某公司使用“老百姓大药堂”标识在湖北省荆门市范围内已具有一定影响。荆门某公司于2002年5月成立时即使用“老百姓大药堂”，其获得2002年至2003年度荆门市“守合同重信用”企业荣誉证书，荆门市2003年至2004年度消费者信得过单位称号荣誉证书，湖北省2003年至2004年度消费者满意单位称号荣誉证书。荆门某公司在第3579889号商标申请注册前，不具有恶意攀附该商标商誉的主观故意，且经过其经营，使“老百姓大药堂”标识在湖北省荆门市为公众所知悉。

3. 荆门某公司未超出原有范围使用“老百姓”标识。首先，在认定是否属于在原使用范围内继续使用标识时，一般应当考虑标识使用的地域范围和经营规模，但当享有先用权的标识因持续性的使用行为使得该标识在其影响或商誉所涵盖的地域范围已具备较高知名度，而某股份公司在该地区未开展经营，也未提交证据证明荆门某公司的使用行为造成相关公众混淆误认的情况下，荆门某公司在荆门本地开设分店的行为不属于超出原有使用范围。其次，荆门某公司在微信公众号上使用“老百姓”的方式和目的是宣传报道，系商标性使用的具体方式，而非通过网络进行销售，不是拓展互联网经营方式，不属于超出原有使用方式。

综上，荆门某公司关于在先使用权的抗辩成立。荆门某公司45家分店中有部分店招在使用名称上未标识荆门某公司进行区分，应加以改正进行标识区分。

二、关于荆门某公司的行为是否构成不正当竞争的问题

二审法院认为，构成不正当竞争行为要求经营者主观上具有过错。本案中，某股份公司的成立时间晚于荆门某公司，荆门某公司的企业名称中使用“老百姓”在主观上并无攀附某股份公司字号知名度的恶意，某股份公司也未提交证据证明荆门某公司的行为造成相关公众的混淆和误认，即便造成一

定程度的混淆，也非因荆门某公司实施不正当竞争行为造成，考虑荆门某公司对“老百姓”享有在先权利，具体理由前面已详细论述，此处不再赘述，故荆门某公司的行为不构成不正当竞争。

综上所述，某股份公司的上诉请求不能成立，应予驳回；一审判决认定事实清楚，适用法律正确，应予维持。判决驳回上诉，维持原判。二审案件受理费 18300 元，由某股份公司负担。

本案再审审理期间，某股份公司提交了以下证据：

第一组：证据 1—2，包括荆门某公司分支机构一览表、荆门市行政区划图等，拟证明荆门某公司在权利商标申请注册前只开设一家门店，不具有一定影响；在权利商标申请注册后陆续开设 51 家分支机构，超出了原有范围。

荆门某公司质证认为：对证据 1 的真实性、合法性、关联性、证明目的有异议。该证据与是否存在侵权事实无关。对证据 2 的真实性无异议，关联性和证明目的有异议。恰恰证明荆门某公司使用“老百姓”标识未超出荆门市范围。在没有相反证据的情况下，本院对证据 1、2 的真实性予以确认，上述证据可以证明荆门某公司开设分支机构的情况和荆门市的地域范围。

第二组：证据 3—7，包括某医药集团有限公司信息打印页、湖南某大药房连锁有限公司工商档案、某医药集团有限公司工商变更信息、某大药房连锁股份有限公司工商档案和工商信息，拟证明某股份公司的控股股东某医药集团有限公司早在 2001 年就已将“老百姓”作为其字号使用，“老百姓”字号的使用时间应当追溯到 2001 年。

荆门某公司质证认为：对证据 3—7 的真实性无异议，对关联性、证明目的有异议。某医药集团有限公司与某股份公司系两个独立法人，其企业名称使用情况与本案无关。本院对该组证据的真实性予以确认，该组证据可以证明长沙某大药房于 2001 年 10 月 25 日成立，后该公司名称经过几次变更，现在名称为某医药集团有限公司。某医药集团有限公司前身于 2005 年 12 月 1 日作为发起人之一设立了某股份公司。

第三组：证据 8，湖南某企业管理合作企业（有限合伙）企查查查询结果打印页，拟证明荆门某公司在本案发生后还在某股份公司所在地长沙市从事与医药相关的商业行为。

荆门某公司质证认为：对证据 8 的真实性、合法性、关联性、证明目的有异议。证据来源于第三方检索工具，真实性无法确认。荆门某公司对外投资行为属于正当的商业模式。本院认为，在没有相反证据的情况下，本院确认该证据的真实性，但该证据无法证明荆门某公司使用“老百姓”字号的具体情况。

荆门某公司提交了某银行业务回单，拟证明荆门某公司已经于2023年9月退出湖南某企业管理合作企业（有限合伙）。

某股份公司质证认为：该证据能够证明我方证据8的真实性。回单并不能证明是退伙转款，不能达到证明目的。本院确认该证据的真实性，但银行回单上并未显示转账的具体用途，不能达到其证明目的。

本院再审认为，本案的争议焦点是：荆门某公司提出的在先使用抗辩能否成立；荆门某公司的行为是否构成不正当竞争。

一、关于荆门某公司提出的在先使用抗辩能否成立

《中华人民共和国商标法》第五十九条第三款规定：“商标注册人申请商标注册前，他人已经在同一种商品或者类似商品上先于商标注册人使用与注册商标相同或者近似并有一定影响的商标的，注册商标专用权人无权禁止该使用人在原使用范围内继续使用该商标，但可以要求其附加适当区别标识。”该法给予已经使用的未注册商标一定程度的保护，赋予了商标在先使用人针对他人注册商标的在先使用抗辩权。但此种抗辩权不能完全突破该法的注册原则，在适用中需要平衡好商标在先使用人和注册商标专用权人之间的利益。对于在先善意地在同一种或类似商品上使用与他人注册商标相同或近似并有一定影响的商标的，在先使用人有权在原有范围内继续使用；如果在先使用虽早于商标申请日，但晚于商标注册人的使用时间，且有证据证明在先使用人存在明知或应知等情形的，不宜认定在先使用抗辩成立。

本案中，涉案第3579889号商标的申请注册时间为2003年6月4日，荆门某公司于2002年5月21日成立并开始使用“老百姓”标识，早于涉案商标申请日。但根据某股份公司二审中提交的证据，长沙某大药房于2001年10月25日成立，后该公司名称经过几次变更，现在名称为某医药集团有限公司。本案某股份公司由某医药集团有限公司的前身于2005年12月1日发起设立，成立之时的名称为湖南某医药连锁有限公司，后于2011年4月29日更名为某股份公司。可见，某股份公司对“老百姓”字号和标识的使用时间可以追溯到长沙某大药房的成立时间2001年10月25日。该时间比荆门某公司成立并开始使用“老百姓”标识的时间2002年5月21日早半年左右。根据某股份公司一审提交的长沙市长沙公证处（2015）湘长市证民字第154号公证书，2001年11月6日《家庭导报》（头版），2001年10月28日《潇

湘晨报》，2001年11月7日、8日《湖南日报》，2001年10月24日、28日《长沙晚报》等多家媒体均对老百姓大药房的经营模式等进行了宣传报道。二审中某股份公司提交的国家图书馆《检索报告》，进一步证明自2001年起“老百姓”标识被众多媒体宣传报道，如2001年11月22日《中国消费者报（数字报）》报道“老百姓大药房药价降得实在乐坏了百姓吓坏了同行”。据此，在荆门某公司2002年5月21日成立之前，某股份公司的前身已经使用“老百姓”字号和标识，相关媒体已经进行了宣传报道，具有一定影响力。荆门某公司作为同行业经营者，对此理应知晓，仍将“老百姓”标识使用在和某股份公司完全相同的药品服务上。据此，荆门某公司的在先使用抗辩不能成立。

某股份公司主张权利的商标为第3579889号、第11994991号、第11994995号商标，根据某股份公司一审提交的公证书，荆门某公司在其开设分公司的店招、经营场所及网络公众号中使用含有“老百姓”标识，如“老百姓大药堂+××店”“老百姓大药堂”等，上述使用方式构成商标性使用，且与上述三个涉案商标均构成近似。荆门某公司未经许可，在相同服务上使用含有“老百姓”的标识，侵犯了某股份公司的涉案商标权。一、二审法院认定荆门某公司在先使用抗辩成立，不构成商标侵权，法律适用错误，本院予以纠正。

二、关于荆门某公司的行为是否构成不正当竞争

在荆门某公司2002年5月21日成立之前，某股份公司的前身长沙某大药房已经于2001年10月25日使用“老百姓”字号和标识，相关媒体已经进行了宣传报道，具有一定影响力。荆门某公司作为同行业经营者，对此理应知晓，仍注册“老百姓”字号并使用在和某股份公司完全相同的药品服务上，容易导致相关公众的混淆误认。荆门某公司的行为构成《中华人民共和国反不正当竞争法》第六条第二项规定的不正当竞争行为。因此，一、二审法院认定荆门某公司的行为不构成不正当竞争，法律适用错误，本院予以纠正。

本案中，荆门某公司的行为构成商标侵权和不正当竞争，应当承担停止侵权和赔偿损失的法律责任。由于在案证据不足以证明涉案侵权行为给某股份公司造成的实际损失或者荆门某公司的侵权获利。综合考虑涉案商标的显著性、知名度及荆门某公司的经营规模、侵权行为的性质后果，特别是荆门某公司开设众多分支机构等因素，对荆门某公司应当支付的赔偿数额（含某

股份公司为制止侵权行为所支付的合理支出）予以酌定。

综上所述，一、二审法院认定荆门某公司在先使用抗辩成立，不构成商标侵权和不正当竞争，法律适用错误，应当予以纠正。某大药房连锁股份有限公司再审诉讼请求成立，本院予以支持。依照《中华人民共和国商标法》第五十七条第二项、第五十九条第三款、第六十三条第三款，《中华人民共和国反不正当竞争法》第六条第二项、第十七条第三款，《中华人民共和国民事诉讼法》第一百七十七条第一款第二项、第二百一十八条第一款的规定，判决如下：

一、撤销湖北省高级人民法院（2021）鄂知民终 656 号民事判决和湖北省荆门市中级人民法院（2021）鄂 08 民初 13 号民事判决；

二、自本判决生效之日起，荆门市某大药堂连锁有限公司立即停止侵害第 3579889 号、第 11994991 号、第 11994995 号注册商标专用权的行为；

三、自本判决生效之日起，荆门市某大药堂连锁有限公司立即停止使用“老百姓”字号；

四、自本判决生效之日起十日内，荆门市某大药堂连锁有限公司赔偿某大药房连锁股份有限公司经济损失及为本案诉讼支出的合理费用共计 200000 元。

五、驳回某大药房连锁股份有限公司的其他诉讼请求。

如果未按本判决指定的期间履行给付金钱义务，应当按照《中华人民共和国民事诉讼法》第二百六十四条规定，加倍支付迟延履行期间的债务利息。

一审案件受理费 18300 元、二审案件受理费 18300 元，由荆门市某大药堂连锁有限公司负担 18300 元，由某大药房连锁股份有限公司负担 18300 元。

本判决为终审判决。

审 判 长　许常海
审 判 员　张玲玲
审 判 员　江建中
二〇二四年九月二十日
法官助理　张　博
书 记 员　吴　娱

15. 有证据证明侵权获利时应优先根据侵权获利确定损害赔偿数额

——再审申请人某甲国际私人有限公司与被申请人王某丰、浙江某乙网络有限公司侵害商标权纠纷案[①]

中华人民共和国最高人民法院民事判决书（2023）最高法民再178号

再审申请人（一审原告、二审上诉人）：某甲国际私人有限公司。住所地：新加坡共和国。

法定代表人：FONG××。

委托诉讼代理人：张文娟，浙江泰杭（囊谦）律师事务所律师。

委托诉讼代理人：余振，浙江泰杭律师事务所律师。

被申请人（一审被告、二审被上诉人）：王某丰，住所地：中华人民共和国湖南省郴州市苏仙区。

被申请人（一审被告、二审被上诉人）：浙江某乙网络有限公司。住所地：中华人民共和国浙江省杭州市余杭区。

法定代表人：谌某业。

委托诉讼代理人：甘嘉祺，上海金茂凯德（北京）律师事务所律师。

再审申请人某甲国际私人有限公司（以下简称某甲公司）因与被申请人王某丰、浙江某乙网络有限公司（以下简称某乙公司）侵害商标权纠纷一案，不服湖南省高级人民法院（2021）湘知民终190号民事判决，向本院申请再审。本院作出（2021）最高法民申7580号民事裁定，依法提审本案。本院依法组成合议庭，公开开庭审理了本案。再审申请人某甲公司的委托诉讼代理人张文娟、余振，被申请人某乙公司的委托诉讼代理人甘嘉祺到庭参加诉讼，被申请人王某丰经本院合法传唤未到庭参加诉讼。本案现已审理

---

① 本案在年度报告中的位置为第38页。

终结。

某甲公司申请再审称，在本案一审诉讼中，一审法院到某乙公司调取了侵权店铺的销售数据，查明了侵权店铺销售侵权商品的情况。经对查明的销售数据进行筛选汇总可知：1. 王某丰销售本案 29 款侵权商品，销售成功 6458 笔，销售额 2044303.8 元。2. 销售侵权商品的时间集中在 2018 年 10 月至 2019 年 12 月，侵权时间至少持续 1 年。3. 王某丰不仅向个人消费者销售侵权商品，更涉嫌向其他消费者批量销售，以侵权为业。4. 王某丰通过网络销售侵权商品，影响范围广，侵权行为恶劣。王某丰因侵权获利远远超过 100 万元。而一审法院判令王某丰赔偿经济损失及合理费用共 4 万元畸低。请求再审，支持某甲公司的诉讼请求。

王某丰提交书面答辩意见称，是从广东省广州市花都区某镇某村的门面店铺、路边摊进货，以市场价购买，不知道自己侵权。销售时间较短，没有库存商品。某甲公司没有证据证明其损失，也没有证据证明侵权获利。我已保证不再销售侵权商品。请驳回某甲公司的再审申请。

某乙公司辩称，我公司收到诉状后已关闭侵权店铺，并按照法院要求提供了王某丰店铺的交易记录。我公司对一审、二审判决没有意见。

某甲公司向一审法院起诉请求：1. 王某丰立即停止销售侵犯某甲公司商标专用权的商品并关闭侵权店铺（某海外代购）、销毁库存侵权商品；某乙公司立即删除侵犯某甲公司商标专用权的商品链接。2. 王某丰、某乙公司赔偿某甲公司经济损失人民币 300134 元。3. 王某丰、某乙公司赔偿某甲公司因维权支出的律师费、公证费等合理费用人民币 22000 元。4. 本案诉讼费用由王某丰、某乙公司承担。

一审法院查明，某（新加坡）公司经中华人民共和国国家市场监督管理总局商标局（以下简称商标局）核准注册第 3216114 号“CHARLES&KEITH”商标，核定使用商品为第 18 类，包括手提包，注册有效期自 2003 年 10 月 28 日至 2013 年 10 月 27 日止，后经续展注册有效期至 2023 年 10 月 27 日。2013 年 8 月 13 日，该商标经核准转让，受让人为某甲公司。某甲公司经商标局核准注册第 18842791 号“CHARLES&KEITH”商标，核定使用商品为第 18 类，包括包、背包、帆布背包、（女式）钱包等，有效期自 2017 年 2 月 14 日至 2027 年 2 月 13 日。

2018 年 1 月 31 日，某甲公司授权知识产权服务公司在中国进行有关知识产权保护及制止侵权等活动。代理权限包括但不限于：在中国国内进行市场调查，委托公证等；被授权方有权代表授权方提起诉讼及委托律师代为诉讼，在诉讼中的委托权限为特别授权。2019 年 1 月 17 日，知识产权服务公司委托代理人丁某通过某网站从店铺名称为“某海外代购”购买了商品名称为“新加坡女包丝绒酒神包小 CK2-2018 秋冬毛呢小方包单肩斜挎包婚包”“新加坡手提包女小 CK 大包时尚秋冬菱格链条单肩斜挎大包大容量”的斜挎包两个。某甲公司为维权支付公证费 2100 元，购买被诉侵权商品 316 元。浙江省杭州市之江公证处出具（2019）浙杭之证字第 661 号公证书对上述购买过程进行了记载。

当庭拆封公证实物，系两款斜挎包。其中一款包的内外包装袋及拉链、吊牌上均印有“CHARLES&KEITH”标识；另一款包的内包装袋及包的正面均印有“CHARLES&KEITH”标识。该标识与某甲公司第 3216114 号、第 18842791 号商标相同。经与某甲公司提供的正品包包当庭比对，且经某甲公司确认，被诉侵权商品非某甲公司生产，某甲公司从未授权王某丰及“某海外代购”使用涉案商标，也从未直接或间接向王某丰及“某海外代购”供货。

王某丰在网上经营的店铺名称为“某海外代购”。

某乙公司作为网络交易平台的运营商，具有增值电信业务经营许可证，从事互联网信息服务业务，该上述购物网站由某乙公司经营。在某乙公司网站注册为用户均需签订《服务协议》。《服务协议》规定不得发布涉嫌侵犯他人知识产权或其他合法权益的商品或服务信息。某乙公司在收到某甲公司的起诉状后，已经对涉案店铺某海外代购进行了核查处理，确认该店铺已经退出平台。

某甲公司向一审法院申请查询王某丰经营的店铺“某海外代购”近 3 年内实际销售数量和销售单价。一审法院于 2020 年 11 月 16 日发函至某乙公司调取证据。某乙公司于 2020 年 11 月 19 日向一审法院提供的数据显示，店铺“某海外代购”近 3 年销售总金额为 2643067. 83 元。经核对，某甲公司主张的 29 款被诉侵权商品实际交易成功 6458 笔，共计销售金额为 2044303. 8 元。

一审法院认为，本案系涉外侵害商标权纠纷。根据《中华人民共和国涉外民事关系法律适用法》第五十条规定：“知识产权的侵权责任，适用被请求保护地法律，当事人也可以在侵权行为发生后协议选择适用法院地法律。”本案中，双方当事人未就法律适用进行约定，且某甲公司于中华人民共和国境内提出涉案知识产权保护请求，故本案适用中华人民共和国法律作为准据法。关于某甲公司的原告主体资格问题。根据查明的事实可知，虽然起诉状未加盖某甲公司的公章，但某甲公司作为涉案商标的专用权人已经授权知识产权服务公司在中国进行有关知识产权保护及制止侵权等活动，代理权限包括但不限于：在中国国内进行市场调查，委托公证等；被授权方有权代表授权方提起诉讼及委托律师代为诉讼，在诉讼中的委托权限为特别授权，故知识产权服务公司有权代理某甲公司进行知识产权维权并以某甲公司的名义起诉，这符合某甲公司的真实意思。王某丰关于某甲公司作为本案原告不适格的主张，一审法院不予支持。本案的争议焦点为：王某丰销售被诉侵权商品以及某乙公司未及时删除商品链接是否构成商标侵权；若构成，应当如何承担民事责任。

第一，《中华人民共和国商标法》（以下简称《商标法》）第五十七条规定，未经商标注册人的许可，在同一种商品或类似商品上使用与其注册商标相同或近似的商标，容易导致混淆的行为以及销售侵犯注册商标专用权的商品的行为均属侵犯注册商标专用权的行为。本案中，某甲公司系第3216114号、第18842791号“CHARLES&KEITH”注册商标专用权人，上述商标尚在有效期内，应受法律保护。涉案商标核定使用商品包括包类，被诉侵权商品（女包）与涉案商标核定使用的商品属于同类商品。被诉侵权商品及吊牌、包装袋上标注的“CHARLES&KEITH”标识，起到识别商品来源的作用，属于商标使用行为。经比对，被诉侵权商品及吊牌、包装袋上的“CHARLES&KEITH”标识与涉案商标完全一致，构成相同商标。被诉侵权商品并非某甲公司生产或授权生产，某甲公司也未授权王某丰及某海外代购店使用涉案商标，亦未向王某丰及某海外代购店供货，某甲公司当庭就被诉侵权商品与正品发表比对意见，指出了二者的区别，故被诉侵权商品属于侵犯某甲公司第3216114号和第18842791号商标专用权的侵权商品。王某丰销售上述被诉侵权商品属于商标侵权行为，应承担停止侵权、销毁库存并赔偿损失的民事责任。

第二，《中华人民共和国侵权责任法》第三十六条规定：“网络用户、网络服务提供者利用网络侵害他人民事权益的，应当承担侵权责任。网络用户利用网络服务实施侵权行为的，被侵权人有权通知网络服务提供者采取删除、屏蔽、断开链接等必要措施。网络服务提供者接到通知后未及时采取必要措施的，对损害的扩大部分与该网络用户承担连带责任。网络服务提供者知道网络用户利用其网络服务侵害他人民事权益，未采取必要措施的，与该网络用户承担连带责任。”本案中，某乙公司作为提供互联网信息服务的第三方交易平台，仅为王某丰提供网络交易平台服务，并未参与王某丰的销售经营，且在王某丰注册账户开设店铺时已尽到必要审查义务，并按照某甲公司的要求提供了王某丰的真实身份信息，某乙公司对王某丰的涉案销售行为不存在明知或者应知的情形，并无过错，且某乙公司在收到本案的起诉状后及时对涉案店铺进行核查，确认该店铺已退出平台，故某乙公司作为网络服务提供者已尽到合理义务，无须承担赔偿责任。因王某丰经营的涉案店铺已退出案涉网络销售平台，故某甲公司关于某乙公司立即删除侵犯涉案注册商标专用权的商品链接的诉讼请求，一审法院不予支持。

第三，关于赔偿损失的数额。虽然根据某乙公司提供的数据，能够核定王某丰销售被诉侵权商品的销售总额，但无证据证明被诉侵权商品的实际进价及销售成本，尚难以确定某甲公司因侵权所受到的实际损失及王某丰因侵权所获得的利益，故本案只能根据《中华人民共和国商标法》第六十三条的规定适用法定赔偿。综合考虑涉案商标的知名度、王某丰侵权行为的性质、主观过错程度、某甲公司为制止侵权所支出的合理费用等因素，一审法院酌定赔偿金额为人民币 40000 元（含合理费用）。

综上，依照《中华人民共和国侵权责任法》第十五条第一款第一项、第六项，《中华人民共和国商标法》第五十七条第二项、第六十三条第三款，《中华人民共和国涉外民事关系法律适用法》第五十条，《中华人民共和国民事诉讼法》第一百四十二条和第一百四十四条的规定，一审法院判决：“一、王某丰立即停止销售侵犯某甲公司第 3216114 号和第 18842791 号注册商标专用权的商品，并销毁库存侵权商品；二、王某丰于一审判决生效之日起十日内赔偿某甲公司经济损失（含合理费用）人民币 40000 元；三、驳回某甲公司的其他诉讼请求。”

某甲公司不服一审判决，提起上诉。

二审法院对一审查明的事实予以确认。

二审法院认为：王某丰虽主张被诉侵权商品具有合法来源，但并未就此提起上诉，故对其该项主张不予审查。根据当事人的诉辩意见、原卷材料及询问情况，本案二审的争议焦点为：1. 某甲公司提起本案诉讼是否符合法律规定；2. 一审判赔是否合理；3. 某乙公司是否应承担连带责任。

第一，某甲公司提起本案诉讼是否符合法律规定。本案中，某甲公司系新加坡公司，其授权浙江泰杭律师事务所律师张文娟代理本案，该授权经过了新加坡公证处以及我国驻该国大使馆认证，符合民事诉讼法第二百六十四条的规定。考虑到境外当事人维权的实际，不应苛求境外权利人在起诉书上签章，对于凡经权利人明确授权代为提起诉讼的律师，均可以权利人的名义提起诉讼，以增强司法救济的有效性。故某甲公司提交载有张文娟签名的起诉状，其起诉符合法律规定。

第二，一审判赔是否合理。某甲公司认为涉案店铺销售额达 2044303.8 元，根据 2020 年规模以上皮革制品 6.3%的收益率，一审判赔过低。对此，法院认为：1. 销售金额应包含王某丰为经营所支出的成本和费用，不能直接与侵权获利等同，还应剔除交易关闭以及退款等情形；2. 某甲公司并无证据证明涉案店铺属于规模以上企业，其所主张的 6.3%的收益率亦无相应的证据证明且不适用于本案；3. 根据公证书记载的购买事实，可以认定王某丰仅是零售商；4. 某甲公司没有提供曾经发过警告函等可以证明侵权人故意侵权、重复侵权的相关证据，其提供的证据也不足以证明被诉侵权行为情节严重；5. 对于权利人提起多起关联案件的，应当坚持总量分析、个案衡量，综合考量权利人在同一地区因侵权行为的整体获赔能否弥补其总体经济损失和合理维权开支；既要让侵权人付出侵权代价，也要避免损害赔偿叠加导致权利人多重得利。本案属于某甲公司针对同一区域零售商同时提起的系列诉讼之一，调查取证费、差旅费、律师费等合理开支应由多起案件分摊等因素。一审判决酌情确定的赔偿数额（含合理维权开支）在合理自由裁量权范围内，应予维持。

第三，某乙公司是否应承担连带责任。《信息网络传播权保护条例》第二十三条规定："网络服务提供者为服务对象提供搜索或者链接服务，在接到权利人的通知书后，根据本条例规定断开与侵权的作品、表演、录音录像制品的链接的，不承担赔偿责任；但是，明知或者应知所链接的作品、表演、录音录像制品侵权的，应当承担共同侵权责任。"本案中，某乙公司系网络服务提供者，并不参与被诉侵权商品的销售，对被诉侵权行为也不存在明知或者应知的情形，且在收到本案的起诉状后及时对涉案店铺进行核查，确认该店铺已退出平台，故某乙公司作为网络服务提供者已尽到合理义务，无须承担连带赔偿责任。

综上所述，某甲公司的上诉请求不能成立，应予驳回。一审判决认定事实清楚，适用法律正确，应予维持。依照《中华人民共和国民事诉讼法》第一百七十条第一款第一项规定，二审判决：驳回上诉，维持原判。

本院再审对一审、二审法院查明的事实予以确认。

另查明，王某丰在书面意见中陈述产品来源于广东省广州市花都区某镇。

某甲公司提供了 2020 粤民终 1702 号判决等判决书证明在同类案件中，同在广州市花都区某镇进货的同类侵权商品的成本在 30 元、40 元至 70 元。

某甲公司主张按照侵权人的获利赔偿损失。具体计算方式包括两种：一是按照实际交易数据显示的侵权商品件数 6782 件和最高成本价 70 元计算被诉侵权商品的成本约为 47 万元，用总销售额 204 万元减去成本的获利约为 150 万元；另一种计算方式是，按实际销售价格 158 元，最高成本 70 元计算，被诉侵权商品的利润率约为 55.69%，销售额乘以利润率计算的获利约为 113 万元。

本院再审认为，本案中，被诉侵权商品系侵害某甲公司注册商标权的商品，当事人并无争议。本案再审争议的焦点是：王某丰销售被诉侵权商品的行为应当承担的法律责任，包括赔偿数额应当如何确定。

一、被诉行为属于销售侵害商标权产品的侵权行为

《中华人民共和国商标法》（2013 年修正）第五十七条规定：有下列行为之一的，均属侵犯注册商标专用权：……（三）销售侵犯注册商标专用权的商品的。本案中，王某丰通过淘宝店铺销售侵害某甲公司商标权的商品，构成对某甲公司商标权的侵犯。一审法院适用商标法第五十七条第二项有误，本院予以纠正。

二、某甲公司主张按照侵权获利计算赔偿数额应予采纳

商标法第六十四条第二款规定：销售不知道是侵犯注册商标专用权的商品，能证明该商品是自己合法取得并说明提供者的，不承担赔偿责任。依照商标法的规定，销售侵犯商标权的商品的，应当承担停止侵权、赔偿损失等法律责任。销售者不知道销售的是侵害商标权商品的，且能证明合法来源的可不承担赔偿责任。本案中，王某丰自述从路边摊等处进货，且售价明显低于正品价格，其主观上应当知道所销售的是侵害他人商标权的商品，应当承担赔偿责任。

关于赔偿数额的确定，商标法第六十三条规定：侵犯商标专用权的赔偿数额，按照权利人因被侵权所受到的实际损失确定；实际损失难以确定的，可以按照侵权人因侵权所获得的利益确定；权利人的损失或者侵权人获得的利益难以确定的，参照该商标许可使用费的倍数合理确定。对恶意侵犯商标专用权，情节严重的，可以在按照上述方法确定数额的一倍以上三倍以下确

定赔偿数额。赔偿数额应当包括权利人为制止侵权行为所支付的合理开支。人民法院为确定赔偿数额，在权利人已经尽力举证，而与侵权行为相关的账簿、资料主要由侵权人掌握的情况下，可以责令侵权人提供与侵权行为相关的账簿、资料；侵权人不提供或者提供虚假的账簿、资料的，人民法院可以参考权利人的主张和提供的证据判定赔偿数额。权利人因被侵权所受到的实际损失、侵权人因侵权所获得的利益、注册商标许可使用费难以确定的，由人民法院根据侵权行为的情节判决给予三百万元以下的赔偿。

《最高人民法院关于审理商标民事纠纷案件适用法律若干问题的解释》(以下简称司法解释）第十六条第一款和第二款规定，权利人因被侵权所受到的实际损失、侵权人因侵权所获得的利益、注册商标使用许可费均难以确定的，人民法院可以根据当事人的请求或者依职权适用商标法第六十三条第三款的规定确定赔偿数额。人民法院在适用商标法第六十三条第三款规定确定赔偿数额时，应当考虑侵权行为的性质、期间、后果，侵权人的主观过错程度，商标的声誉及制止侵权行为的合理开支等因素综合确定。

依照商标法以及司法解释的规定，侵犯商标权的赔偿数额应当按照权利人实际损失确定，在实际损失难以查明的情况下按照侵权人侵权获利或者商标许可费的合理倍数确定。为了合理确定赔偿损失的数额，公平地弥补权利人因侵权所造成的损失，让侵权人不因侵权而获利，人民法院鼓励当事人尽可能举证证明权利人的实际损失，或者侵权人的侵权获利，以及合理的许可费用。只有在实际损失和侵权获利以及商标许可费均难以确定的情况下，人民法院才适用法定赔偿的方式，综合考虑案件情节予以酌定。本案中，某甲公司主张按照侵权人的侵权获利确定赔偿数额，且侵权获利有充分的证据予以证明，应予优先采纳。一审、二审法院径行适用法定赔偿的规定有误，本院予以纠正。

三、某甲公司主张的赔偿数额具有事实和法律依据

司法解释第十四条规定，商标法第六十三条第一款规定的侵权所获得的利益，可以根据侵权商品销售量与该商品单位利润乘积计算；该商品单位利润无法查明的，按照注册商标商品的单位利润计算。

关于王某丰的侵权获利，现有证据足以证明。首先，本案中被诉侵权商品的实际销售额有证据可以证明。根据法院查明的事实，一审法院向某乙公司调取了被诉侵权商品的销售数据，其中交易数量、交易单价、销售金额均可以查明，数据显示侵权商品销售成功 6000 余笔，销售金额达 200 余万元。

该证据应当作为认定侵权人侵权获利的重要依据。其次，某甲公司亦提供证据证明了侵权商品的成本。一审诉讼中，某甲公司就利润率提出主张并提供了证据，被诉侵权人王某丰未证明其成本及利润率，在此情况下，人民法院应当结合权利人的主张予以认定。某甲公司在再审中进一步提供了同类侵权商品的判决书，可以明确证明被诉侵权商品的进价成本。再次，被诉侵权商品为包类商品，除原料和人工成本外，包类商品的附加值主要来自品牌，品牌对产品销售具有重要影响。最后，某甲公司对侵权获利提出的两种计算方式均具有合理性，计算所得均远超某甲公司主张的金额。

值得一提的是，即使在法定赔偿的情况下，人民法院亦应当参考侵权商品的销售情况。另外，本案亦具有其他在赔偿时应予考虑的情节。一是被告店铺名为海外代购实则销售侵害他人商标权的商品；二是王某丰本人开设多个店铺销售侵害某甲公司商标权的商品，这些情节构成了应当加重其赔偿责任而非减轻其赔偿额的理由。二审判决提到了对赔偿额总量进行控制，本院认为，在本案中，被诉侵权商品是实体物，有实际发生的交易，有明确的销售价格、数量和成本，无论是从实际损失还是侵权获利的角度，侵权行为给权利人造成的利润的减少，侵权行为给侵权人带来的利润的增加，都是实际发生并且明确具体的，因此不存在在损失或获利难以确定的情况下，对赔偿额进行估算时可能会涉及所谓总量控制的问题。某甲公司主张赔偿损失300134元，事实和法律依据充分，本院予以支持。某甲公司对其主张的公证费和购买侵权商品的支出提供了票据，该部分支出具有合理性，本院亦予以支持。

综上，依照《中华人民共和国商标法》（2013年修正）第五十七条第三项、第六十三条，《中华人民共和国民事诉讼法》第二百一十八条，《最高人民法院关于适用〈中华人民共和国民事诉讼法〉的解释》第四百零五条规定，判决如下：

一、撤销湖南省高级人民法院（2021）湘知民终190号民事判决；

二、撤销湖南省郴州市中级人民法院（2020）湘10知民初13号民事判决第二项；

三、维持湖南省郴州市中级人民法院（2020）湘10知民初13号民事判决第一项、第三项；

四、本判决生效之日起十日内，王某丰赔偿某甲国际私人有限公司经济损失及为维权支付的合理费用共计302550元。

如果未按本判决指定的期间履行给付金钱义务的，应当依照《中华人民共和国民事诉讼法》第二百六十四条之规定，加倍支付迟延履行期间的债务利息。

一审案件受理费5532元，二审案件受理费5532元，由王某丰负担。

本判决为终审判决。

审 判 长 佟 姝
审 判 员 马秀荣
审 判 员 李 丽
二〇二四年五月十七日
法官助理 刘海珠
书 记 员 杨钰桐

16. 零售服务与“替他人推销”服务是否构成类似的判断

——上诉人北京某田纺织品有限公司、北京某某良品投资有限公司、北京某某良品家居用品有限公司、东台市某润购物广场有限公司与被上诉人株式会社某某计画、某某良品（上海）商业有限公司侵害商标权及不正当竞争纠纷案①

中华人民共和国江苏省高级人民法院民事判决书（2022）苏民终356号

上诉人（一审被告）：北京某田纺织品有限公司。住所地：中华人民共和国北京市朝阳区。

法定代表人：马某。

委托诉讼代理人：袁远，北京市高朋律师事务所律师。

委托诉讼代理人：王威，江苏创策律师事务所律师。

上诉人（一审被告）：北京某某良品投资有限公司。住所地：中华人民共和国北京市朝阳区。

法定代表人：徐某。

委托诉讼代理人：袁远，北京市高朋律师事务所律师。

委托诉讼代理人：张梦茹，北京市高朋律师事务所律师。

上诉人（一审被告）：北京某某良品家居用品有限公司。住所地：中华人民共和国北京市朝阳区。

法定代表人：徐某。

委托诉讼代理人：袁远，北京市高朋律师事务所律师。

委托诉讼代理人：张梦茹，北京市高朋律师事务所律师。

上诉人（一审被告）：东台市某润购物广场有限公司。住所地：中华人

① 本案在年度报告中的位置为第39页。

民共和国江苏省东台市。

法定代表人：缪某春。

委托诉讼代理人：虞银春，江苏天全律师事务所律师。

委托诉讼代理人：臧申秋，江苏天全律师事务所律师。

被上诉人（一审原告）：株式会社某某计画。住所地：日本国东京都丰岛区。

授权代表：松崎某。

委托诉讼代理人：黄义彪，北京观永律师事务所律师。

委托诉讼代理人：庞磊，北京观永律师事务所律师。

被上诉人（一审原告）：某某良品（上海）商业有限公司。住所地：中华人民共和国上海市静安区。

法定代表人：清水某。

委托诉讼代理人：黄义彪，北京观永律师事务所律师。

委托诉讼代理人：杨敏锋，北京观永律师事务所律师。

上诉人北京某田纺织品有限公司（以下简称某田公司）、北京某某良品投资有限公司（以下简称北京某某良品投资公司）、北京某某良品家居用品有限公司（以下简称北京某某良品家居公司）、东台市某润购物广场有限公司（以下简称东台某润公司）因与被上诉人株式会社某某计画（以下简称某某计画）、某某良品（上海）商业有限公司（以下简称某某良品上海公司）侵害商标权及不正当竞争纠纷一案，不服中华人民共和国江苏省南京市中级人民法院（2019）苏01民初727号民事判决，向本院提起上诉。本院于2022年3月8日受理后依法组成合议庭，并于2023年2月21日、3月24日、5月26日公开开庭进行了审理。上诉人某田公司的委托诉讼代理人袁远、王威，北京某某良品投资公司、北京某某良品家居公司的共同委托诉讼代理人袁远、张梦茹，东台某润公司委托诉讼代理人臧申秋，被上诉人某某计画的委托诉讼代理人黄义彪、庞磊（其中，黄义彪仅参加第一次庭审），某某良品上海公司委托诉讼代理人黄义彪、杨敏峰到庭参加诉讼（其中，黄义彪参加第一次庭审、杨敏锋参加第二、三次庭审）。本案现已审理终结。

某田公司、北京某某良品投资公司、北京某某良品家居公司（以下合称某田等三公司）上诉请求：撤销一审判决，驳回某某计画、某某良品上海公司的全部诉讼请求。事实与理由：1. 某某良品上海公司不具备原告主体资格。某某计画同意某某良品上海公司以自己名义提起诉讼的声明并非由松崎某本人当公证员面签署，该份声明不具有授权诉讼的效力，某某良品上海公司不具备原告主体资格。2. 一审判决关于驰名商标的相关认定错误。（1）本案没有认定驰名商标的必要性。北京某某良品投资公司、北京某某良品家居公司（以下合称两北京某某良品公司）的企业字号是否构成侵权，无须以某某计画第35类上第4471277号“某某良品”商标驰名为前提，可以通过与商标和不正当竞争相关的法律规定保护权利，且本案不存在需要跨类保护的情形。根据相关司法解释规定，本案中，对第4471277号商标是否构成驰名商标不应予以审查。（2）一审判决错误理解第35类服务商标的内涵和外延。《中华人民共和国商标法》（以下简称商标法）意义上的第35类服务商标中的“推销（替他人）”服务是指帮助他人销售商品，不包括经营者自己通过零售方式直接向消费者出售商品。（3）本案缺乏认定第4471277号商标为驰名商标的事实。某某计画、某某良品上海公司提交的证据主要反映的是相关商品商标的使用及知名度情况，不能证明第4471277号商标在“替他人推销”服务上的使用和知名度情况。3. 一审判决关于相关商标的侵权判定有误。（1）关于第4471268号“某某良品”商标（第20类）。被诉侵权U型枕上使用“某某良品”标识系对某田公司注册申请在先的第1561046号“某某良品”商标的合法合理使用，不构成侵权。某某计画、某某良品上海公司并未提交此前三年关于第4471268号“某某良品”商标在其核定的“枕头”商品上实际使用的证据，故即便被诉侵权U型枕上使用“某某良品”标识构成对第4471268号“某某良品”商标的侵害，北京某某良品投资公司也无须承担赔偿责任。另一被诉侵权商品长条枕上使用的是某田公司享有权利的“某某工坊”商标，只是在销售发票上显示为“某某良品枕头”，这是开票系统对商品归类错误造成的，不属于商标性使用，也不会造成误认，并且该行为系东台某润公司所为，与某田公司、北京某某良品家居公司无关。（2）关于第4471267号“某某良品”商标（第21类）。被诉侵权隔热手套从其功能、外观、原料等方面来看，与第4471267号商标核定使用的21类“清洁器具（手工操作）、扫帚”等商品不属于相同或类似商品。被诉侵权隔热手套更接近于某田公司注册的第24类第14621213号“某某良品”商标核定使用的“餐具垫（非纸制）”商品，在被诉侵权隔热手套上使用“某某良品”标识系对自有商标的合法合理使用。某某计画、某某良品上海公司并未提交此前三年关于第4471267号“某某良品”商标在其核定的第21类商品上实际使用的证据，故即便被诉侵权隔热手套上使用“某某良品”标识构成对第

4471267号“某某良品”商标的侵害，北京某某良品投资公司也无须承担赔偿责任。(3) 关于第4471270号“某某良品”商标（第16类）。被诉侵权婴幼儿无纺布多用巾（湿用）、无纺布多用巾（柔巾）与第4471270号商标核定使用的16类“纸巾”等商品不属于相同或类似商品。被诉侵权婴幼儿无纺布多用巾（湿用）、无纺布多用巾（柔巾）上使用“某某良品”标识系对某田公司注册申请的第24类第7494239号、第13036632A号“某某良品”商标的合法合理使用，不构成侵权。(4) 关于第4833852号“某某良品”商标（第25类）。被诉侵权拖鞋上使用的系“某某工坊”标识，只是在销售发票上显示为“某某良品拖鞋”，这是开票系统对商品归类错误造成的，不属于商标性使用，也不会造成误认，并且该行为系东台某润公司所为，与某田等三公司无关。4. 一审判决关于相关企业名称构成不正当竞争的认定有误。(1) 两北京某某良品公司的企业名称均来自对某田公司注册的第1561046号“某某良品”商标授权的合法使用行为，无攀附故意。(2) 两北京某某良品公司的企业名称已经相关生效裁判认定，不构成不正当竞争。(3) 某某计画2014年就曾诉请北京某某良品投资公司变更企业名称，但没有被法院支持。现再提起变更企业名称的诉讼，已超过诉讼时效。5. 一审判决确定的民事责任承担有误。(1) 某田公司在本案中仅有合法授权商标的行为，且与两北京某某良品公司没有实施被诉侵权行为的意思联络，不存在共同侵权行为，不应承担连带赔偿责任。(2) 某田公司与两北京某某良品公司不存在关联公司关系，即便法院认定存在关联关系，仍应严格按照《中华人民共和国公司法》第二十条第三款规定的各项要件进行审查，不能仅以关联公司为由将法人人格否认制度的范围扩展至关联公司。(3) 一审判决认定东台某润公司侵害某某计画6个商标专用权，而某田等三公司共同侵害某某计画5个商标专用权，侵权行为不同，但均被判决承担50万元赔偿责任，责任分配不当。(4) 某某计画、某某良品上海公司一审诉讼请求实质是各被诉侵权人分别承担侵权责任，一审也判决两北京某某良品公司就各自侵害的不同商标权分别承担停止侵害责任，但同时又判决两北京某某良品公司连同某田公司承担连带赔偿责任，明显超出诉请，且判项相互矛盾。

东台某润公司上诉请求：发回重审或依法改判驳回某某计画、某某良品上海公司对东台某润公司的全部诉讼请求；一、二审诉讼费用由某某计画、某某良品上海公司承担。事实和理由：东台某润公司没有侵权的主观故意，其与某田等三公司除被授权开设被诉侵权店铺之外，没有其他事项联系，不具有共同侵权故意，不构成共同侵权，其销售的被诉侵权商品具有合法来源，不应当承担连带赔偿责任。

某某计画、某某良品上海公司二审辩称，1. 某某良品上海公司作为被许可人，经过商标权人某某计画明确授权情况下，可以提起本案诉讼，具备原告主体资格。2. 在本案中认定第 4471277 号“某某良品”商标为驰名商标具有必要性，一审判决关于被诉侵权人实施的相关行为构成商标侵权及不正当竞争的相关认定正确。3. 某田等三公司存在共同侵权行为，应承担连带赔偿责任。4. 某某计画及其品牌“某某良品”知名度高，东台某润公司作为同行从业者，在知晓相关情况下开设被诉侵权店铺，具有较为明显的主观故意，合法来源抗辩不能成立。其店内销售的被诉侵权商品侵害了某某计画相应类别的商标专用权，与某田等三公司等构成共同侵权，应当承担连带赔偿责任。综上，一审判决认定事实清楚，适用法律正确，请求驳回上诉，维持原判。

某某计画、某某良品上海公司向一审法院起诉，请求判令：1. 某田等三公司、东台某润公司停止侵害第 4471277 号、第 12128806 号、第 15098155 号、第 16240403 号、第 4471268 号、第 4471270 号、第 4471267 号、第 4833852 号“某某良品”商标、第 1707559 号“無印良品 MUJI”商标专用权。2. 东台某润公司、两北京某某良品公司停止侵害“某某良品”字号权，包括东台某润公司停止在店铺内外使用“某某良品”；两北京某某良品公司停止将“某某良品”作为企业名称字号，并变更企业名称。3. 某田等三公司、东台某润公司停止模仿使用某某计画、某某良品上海公司知名服务特有装潢装饰。4. 某田等三公司、东台某润公司连带赔偿某某计画、某某良品上海公司经济损失 300 万元，其中包括某某计画、某某良品上海公司为制止侵权行为所支付的合理开支。5. 某田等三公司、东台某润公司在《中国知识产权报》及其名下公众号（包括微信及其他平台上的公众号）上刊登 30 天的道歉声明，就其侵权行为消除影响。6. 本案诉讼费由某田等三公司、东台某润公司共同承担。一审审理中，某某计画、某某良品上海公司进一步明确诉讼请求：1. 诉讼请求 1 中，第 35 类上第 4471277 号、第 12128806 号、第 15098155 号、第 16240403 号“某某良品”商标，第 1707559 号“無印良品 MUJI”商标，第 20 类上第 4471268 号“某某良品”商标涉及东台某润公司、两北京某某良品公司；第 16 类上第 4471270 号“某某良品”商标涉及东台某润公司、北京某某良品家居公司；第 21 类上第 4471267 号“某某良品”商标涉及东台某润公司、北京某某良品投资公司；第 25 类上第 4833852 号“某某良品”商标涉及东台某润公司、某田公司、北京某某良品家居公司。2. 诉讼请求 4 中本案的赔偿范围限于东台某润公司销售、宣传使用涉案标识所造成的损失。3. 第 5 项诉讼请求中公众号（包括微信及其他平台上的公众号）是北京某某良品投资公司开设的微信公众号。

一审法院查明：

一、与权利人及其所主张的权利相关的事实

某某计画于 1979 年 5 月 18 日在日本成立。某某良品上海公司系成立于 2005 年 5 月 18 日的有限责任公司（外国法人独资），由某某计画全资设立。

2002 年 1 月 28 日，某某计画获准注册第 1707559 号“無印良品 MUJI”商标，核定服务项目第 35 类：涉及在线零售的商业管理辅助服务，涉及邮购的商业管理辅助服务，通过全球计算机网络对商品和服务进行广告宣传，通过全球计算机网络替他人推销商品和服务。经续展，有效期至 2022 年 1 月 27 日。

2008 年 4 月 21 日，某某计画获准注册第 4471267 号“某某良品”商标，核定使用商品第 21 类：烹饪锅；烤盘（烹调用具）；炸锅；非电和非贵重金属制咖啡壶；非电热壶；非贵重金属杯；饮水玻璃杯；非贵重金属碟；瓶；饭盒；非贵重金属餐具（刀、叉、匙除外）；瓷制餐具（刀、叉、匙除外）；梳；盥洗室器具；水桶；扫帚；拖把；刷子；家具掸；垃圾桶；喷壶；鞋拔；粉扑；非贵重金属制随身携带的粉饼盒；梳妆海绵；牙刷；毛刷；熨衣板；花盆；非贵重金属烛台；非贵重金属花瓶；非贵重金属家用托盘；筷子；厨房用切菜板；开瓶刀；饭勺；擦菜板（家庭用具）；漆器餐具（刀、叉、匙除外）；清洁器具（手工操作）；纸制餐具（刀、叉、匙除外）；洗衣器具（手工具）（截止）。经续展，有效期至 2028 年 4 月 20 日。

2008 年 4 月 21 日，某某计画获准注册第 4471268 号“某某良品”商标，核定使用商品第 20 类：有抽屉的橱；写字台（家具）；桌子；椅子（座椅）；镜子（玻璃镜）；木制包装容器；竹制包装容器；塑料包装容器；垫子（靠垫）；枕头；垫褥（亚麻制品除外）；垫子（床垫）；个人用扇（非电动）；购物用非金属筐；相框；非金属工具箱（空）；杂志架；书架；非纺织品制窗帘圈；窗帘轨；百叶窗；床；家具非金属脚轮；挂衣架；沙发；装有脚轮的台车（家具）；婴儿学步车（截止）。经续展，有效期至 2028 年 4 月 20 日。

2008年4月21日，某某计画获准注册第4471270号“某某良品”商标，核定使用商品第16类：纸；纸制包装盒；纸巾；纸桌布；纸餐巾；日历；日记本；照相架；纸制文具；书写工具；文具或家用粘合剂（胶水）；纸盒；橡皮擦；办公用夹；印章（印）；直角尺；文件夹；文具或家用胶条；文具；笔盒；信封（文具）；钢笔盒；手压订书机（办公用品）；笔记本；记事簿；杂志（期刊）；目录册；包装纸；包装用纸袋或塑料袋（信封、小袋）；非纺织品标签；皮质行李标签；贺卡；海报；广告招贴画；卡纸板；印刷品；书籍装订材料；笔；铅笔；彩色铅笔；影集（截止）。经续展，有效期至2028年4月20日。

2008年8月28日，某某计画获准注册第4471277号“某某良品”商标，核定服务项目第35类：广告；市场研究；进出口代理；通过互联网推销商品和服务（替他人）；推销食品、饮料、棉制品、服装、服装配件、文具、家具、室内装饰、装饰品、硬件、家庭日用品、医药制剂、文化教育用品、钟表、眼镜、电和电子设备、珠宝、贵重金属、摄影器具、化妆品、娱乐和休闲产品、机械设备、自行车及其零件、三轮车及其零部件、洗浴用品、毛巾、卧室用品（替他人）；邮寄订单广告；在线替他人推销浴室用品、服装及其附件、个人保养用品、旅行用具、玩具、桌子附件、文具、家庭用品、电器、厨房用具、餐具、贮存；在线推销（替他人）；推销（替他人）（截止）。经续展，有效期至2028年8月27日。

2009年3月7日，某某计画获准注册第4833852号“某某良品”商标，核定使用商品第25类：服装；羊毛衫；服装袋（衣服）；袖口（衣服）；鞋；靴；凉鞋；茄克（服装）；衬衫；童装；T恤衫；女式紧身衣；女用背心；汗衫；带兜帽的风雪大衣；套服；裤子；外套；女士衬衫；绒衣；睡衣；帽；帽子（头戴）；内衣；雨衣；领带；运动鞋；拖鞋；围巾；袜子；围裙（衣服）；裙子；长筒袜；手套（服装）；紧身衣裤（截止）。经续展，有效期至2019年3月6日。

2015年3月21日，某某计画获准注册第12128806号“某某良品”商标，核定使用商品/服务项目第35类：药用、兽医用、卫生用制剂和医疗用品的零售或批发服务；药品零售或批发服务；药用制剂零售或批发服务；卫生制剂零售或批发服务；医疗用品零售或批发服务；兽药零售或批发服务；兽医用制剂零售或批发服务；市场营销；电话市场营销；人员招收；商业企业迁徙；对购买订单进行行政处理；会计（截止）。经续展，有效期至2025

年3月20日。

2016年3月28日，某某计画获准注册第16240403号“某某良品”商标，核定使用商品/服务项目第35类：广告材料设计；广告牌出租；为公司提供外包行政管理；补偿项目的商业管理（替他人）；为商品和服务的买卖双方提供在线市场；替他人写简历；税务申报服务；为零售目的在通信媒体上展示商品；替他人推销；市场营销（截止）。经续展，有效期至2026年3月27日。

2017年4月14日，某某计画获准注册第15098155号“某某良品”商标，核定使用商品/服务项目第35类：广告；为零售目的在通信媒体上展示商品；计算机网络上的在线广告；商业管理辅助；组织商业或广告交易会；进出口代理；职业介绍所；自动售货机出租；寻找赞助；销售展示架出租（截止）。经续展，有效期至2027年4月13日。

某某计画在中国获准注册除上述商标外多项“某某良品”“MUJI”等商标，涵盖多项商品和服务类别。

2012年1月1日，某某计画、某某良品上海公司签订商标许可使用合同，约定某某计画将其持有的商标（以下统称“某某良品”）在中华人民共和国的使用权授予某某良品上海公司。商标许可使用合同第2条第1款约定：“株式会社某某计画就‘某某良品品牌专卖店’经营的相关事宜，赋予某某良品上海公司在中华人民共和国对‘某某良品’商标的使用权，以及在某某良品上海公司牌匾、宣传资料、产品包装上使用‘MUJI’和‘某某良品’字样的权利。”

2019年10月8日，某某计画出具声明：某某良品上海公司是其在中国大陆（内地）境内所有注册商标“某某良品”的普通使用许可的被许可人，某某计画同意某某良品上海公司以自己的名义就侵害某某计画公司在中国大陆（内地）境内注册商标“某某良品”“MUJI”的商标专用权的商标侵权和不正当竞争行为提起诉讼。

书籍《设计中的设计》记载“某某良品的概念，是田中一光先生从日常生活的审美意识中提炼而成”“某某良品在1980年的秋天得以创立”。书籍《某某良品的改革》记载“1980年12月，某某良品作为大型超市西友的自有品牌（private brand）问世了”。一审审理中，某某计画解释“某某良品”的来源：该品牌来自日本，在日本文字中前两个字是没有品牌，良品是好的产品，组合起来即为没有品牌的好产品之意。该品牌在日本的最初经营模式是百货杂货店，店里的所有产品均不打标签。品牌创意与最初的经营模式一致。

广西师范大学出版社2010年出版的《某某良品MUJI》，对某某良品的诞生、产品特点、空间设计特点进行介绍，图片显示：部分店铺店招为红色底色上白色“某某良品”，部分店铺的装潢、产品陈设大量使用木质结构。购物袋为牛皮纸色，上有“MUJI 某某良品”红色文字。标签底色为白色或牛皮纸色，上有红色条纹。该书还印有名为“地平线”的图片。一审审理中某某计画提交的图片显示其店铺中购物筐为灰色，上有白色的“MUJI 某某良品”字样。

某某计画在中国以“某某良品”为字号的子公司、分公司已达100余家，区域覆盖中国30个省份的多个大中型城市。

自2000年至2018年，《人民日报（市场版）》《北京青年报》《环球时报》《中国商报》《中国证券报》《新快报》《申江服务导报》《中国纺织报》《新民晚报》《南方都市报（全国版）》《中国服饰报》《钱江晚报》等百余家报纸对某某计画的“某某良品”进行宣传报道。报道显示，某某计画在中国自2005年起以开设直营店模式从事经营，至2010年，已经在上海、北京、南京、苏州、成都等地开设“某某良品店”，2014年某某计画在中国第100家“某某良品店”开业，至2018年店铺数量已达200多家。

1994年至2018年，百余家期刊对某某计画“某某良品”进行宣传报道。其中《企业销售》1994年刊载“‘某某良品’就是‘没有牌子的优质产品’”。《中国物流与采购》2003年刊载“某某良品1980年诞生时，经营的品种只有40种，20多年内迅猛发展到包括日用品、服装、家用电器、家具及装饰用品等领域的5000多个品种”。《互联网周刊》2017—2018年中记载“2016年度知名大众品牌数字营销价值排行榜”中“某某良品”居第7位，“2017快时尚品牌TOP100”排行中，“某某良品MUJI”居第23位，“2017知名时尚品牌数字营销价值排行榜”中“某某良品”居第7位，“2018年快时尚品牌排行榜”中“MUJI 某某良品”位居第32位。其中数篇文章中有“地平线”图片。

世界品牌实验室发布的排行榜中，“某某良品”2005年至2010年均在世界500强之列；2006—2015年、2017年、2018年均在亚洲500强之列，且除2014年外均在前300名之内。

某某良品上海公司在天猫、京东平台开设“某某良品MUJI”旗舰店，销售商品涵盖服装、服饰、鞋帽、日用品、化妆品、玩具、文具、家用电器等日用百货。

2005 年、2010 年、2015 年、2018 年某某计画有价证券报告书显示，2009 年 3 月 1 日至 2010 年 2 月 28 日年度中国直营店的销售额为 16.78 亿日元（约 1.087 亿元人民币），同比增长 247.7%；2014 年 3 月 1 日至 2015 年 2 月 28 日年度中国直营店的销售额为 306.01 亿日元（约 19.83 亿元人民币），同比增长 162.2%。《第一财经周刊》2016 年刊载“中国某某良品近年营收状况，2013 年 15.9 亿日元，2014 年 17.19 亿日元，2015 年 19.22 亿日元”。某某良品上海公司 2005—2018 年审计报告显示，营业总收入 2005 年 351 万余元，2011 年 4 亿余元，2017 年 40 亿余元。某某良品（北京）商业有限公司 2008—2011 年度审计报告显示，该公司 2008 年 1 月成立，是某某计画全资子公司。营业总收入 2008 年 2299 万余元，2011 年 3826 万余元。

原国家工商行政管理总局商标评审委员会（以下简称国家商评委）2015 年 7 月 22 日作出商评字〔2015〕第 49719 号《关于第 8883703 号“无名良品”商标异议复审裁定书》：“被异议商标于 2010 年 11 月 29 日申请注册”“根据以上查明的事实引证商标二（第 4471277 号“某某良品”商标）在被异议商标申请日前已在中国进行了持续、广泛的使用和大量宣传，‘某某良品’品牌销售范围广泛，‘某某良品’商标已为相关公众所熟知，据此，申请人注册并使用在‘推销（替他人）’等服务上的引证商标二‘某某良品’已成为《商标法》第十四条所指的驰名商标。”

国家商评委 2015 年 8 月 31 日作出商评字〔2015〕59535 号《关于第 8882970 号“无名良品”商标异议复审裁定书》：“被异议商标由被申请人于 2010 年 11 月 25 日提出注册申请注册”“申请人提交的证据可以证明引证商标二（即第 4471277 号“某某良品”商标）于被异议商标注册申请日前，在第 35 类‘推销（替他人）’服务上经过长期使用和广泛宣传，已为中国相关公众广泛知晓并享有较高声誉”“认定第 4471277 号‘某某良品’商标为‘推销（替他人）’服务上的驰名商标。”

国家商评委 2017 年 8 月 1 日作出商评字〔2017〕第 99125 号第 14062931 号“某某本然及图”商标不予注册决定书和不予注册复审决定书：“申请人的行为已构成《商标法》第十三条第三款所指的在非类似服务上复制、摹仿和翻译他人已注册驰名商标”，引证商标中包含某某计画的第 4471277 号“某某良品”。

原国家工商行政管理总局商标局（以下简称国家商标局）作出的第

12993982 号“某某优品”商标、第 13732771 号“某某良品 MUJI”商标、第 13480408 号“某某居品”商标、第 15320587 号“某某良品”商标、第 15449603 号“某某山房”商标、第 20911269 号“觅渡某某良品”商标、第 21511945 号“谷沐某某良品”商标、第 21819026 号“某某风”商标不予注册决定书均载明：“异议人（即某某计画）注册并使用在‘推销（替他人）’服务上的‘某某良品’商标享有较高知名度并曾被商标评审委员会认定为驰名商标”。

某某计画针对北京某某良品投资公司提起民事诉讼，北京知识产权法院（以下简称北京知产法院）分别作出（2014）京知民初字第 59 号、第 60 号、第 61 号、第 62 号、第 63 号民事判决，认定北京某某良品投资公司行为构成商标侵权及不正当竞争，判令其承担侵权责任。其中第 59 号案涉及第 4471268 号“某某良品”商标，第 60 号案涉及第 4833852 号“某某良品”商标，某某计画均主张北京某某良品投资公司立即停止使用含有“某某良品”文字的企业名称，并将其变更为不含有“某某良品”文字的企业名称，两判决未支持更名的诉讼请求，判令北京某某良品投资公司停止在相关商品及其包装上使用含“某某良品”文字的中文企业名称。北京某某良品投资公司就 5 案均上诉至北京市高级人民法院（以下简称北京高院），该院分别作出（2017）京民终第 690 号、第 688 号、第 614 号、第 691 号、第 689 号民事判决，对一审判决予以维持。

成都武侯市场监督工商处字〔2018〕0033 号行政处罚决定书及回函、沪监管闵处字〔2018〕第 122018001461 号行政处罚决定书、重庆荣昌工商函〔2019〕21 号关于投诉事项的回复函，均依据《中华人民共和国反不正当竞争法》（以下简称反不正当竞争法）第六条第一项规定的“有一定影响的商品名称、包装、装潢”认定相关当事人构成对某某计画或某某良品上海公司的不正当竞争。某某计画和某某良品上海公司提交北京、包头工商行政管理机关出具的实施行政强制措施决定书，对北京某某良品家居公司朝阳销售分公司销售“长条舒适颈部枕套”“颈部枕套（旅行枕）”，案外人销售北京某某良品投资公司生产的“某某良品隔热餐具垫”等侵害某某计画“某某良品”商标权的行为采取行政强制措施。

一审审理中，某田公司、北京某某某某良品投资公司、北京某某良品家居公司认可曾以连续三年不使用为由向中华人民共和国国家知识产权局（以下简称国家知识产权局，2019 年，根据中国机构改革部署，国家商标局、国家商评委的相关职责由国家知识产权局统一行使）申请撤销某某计画第4471277号“某某良品”商标，国家知识产权局作出维持该商标有效的决定。

某某计画、某某良品上海公司请求在本案中认定第4471277号“某某良品”商标为驰名商标。

二、与被诉侵权行为相关的事实

2019年2月25日，某某良品上海公司向江苏省盐城市亭湖公证处（以下简称亭湖公证处）申请证据保全公证。当日，某某良品上海公司委托代理人庞磊、李娟与公证人员来到东台市海陵北路某广场一楼内开设的“某某良品| Natural Mill”店铺内，对该店铺的店铺商标、装潢、商品摆设情况等进行了现场拍照。针对上述过程，亭湖公证处出具了（2019）盐亭证经内字第1616号公证书。公证书附件显示：内外店招均为红底上白色“某某良品| Natural Mill”，店铺内收银台的背景墙及另一侧有“某某良品”字样，广告牌、收银台桌牌、购物筐上标有“某某良品”字样。店铺外侧大幅图片上有“某某良品”字样。

2019年3月9日，某某良品上海公司向亭湖公证处申请证据保全公证。当日，某某良品上海公司委托代理人王丰与公证人员来到东台市海陵北路×号（东台市海陵北路某广场一楼开设的“某某良品| Natural Mill”店铺内），王丰以普通消费者的身份分两次购买了店内出售的部分商品，商品名称分别为：“颈部枕套（旅行者）灰色、大号舒适长条枕湖蓝色、某某工坊凉拖鞋男款280深蓝格、某某良品婴幼儿无纺多用巾（湿用）80枚装、全棉无纺布多用巾（柔巾）小盒装、某某良品马桶O型套绿色、某某良品隔热织物灰色、某某小鹿点点收纳袋小号米白、1421圈G黑卡灰本、某某良品环保纸袋大号”，并取得了该店出具的两张购物小票，以及东台某润公司出具的编号为35624343的《江苏增值税普通发票》一张。针对上述过程，亭湖公证处出具（2019）盐亭证经内字第1617号公证书。公证书附件显示：店铺店招为红底上白色“某某良品| Natural Mill”。东台某润公司出具的购物小票上记录：“某某良品婴幼儿无纺多用巾（湿用）80枚装”“某某良品马桶O型套绿色”“某某良品隔热织物灰色”“某某良品环保纸袋大号”等。东台某润公司出具的《江苏增值税普通发票》记载：“某某良品枕头”“某某良品拖鞋”“某某良品湿巾”“某某良品马桶垫”“某某良品织物”“某某良品收纳袋”“某某良品纸袋”“某某良品笔记本”等。

2019年3月13日，某某良品上海公司向上海市静安公证处（以下简称静安公证处）申请证据保全公证。当日，委托代理人曹春香、王浩飞、钱诚卿与公证人员来到位于上海市崧泽大道上的国家会展中心某展馆内的外观标识为“某某良品 Natural Mill”的“G46”展位进行取证。针对上述过程，静安公证处出具（2019）沪静证经字第532号公证书。公证书附件显示：在中国国际家用纺织品及辅料（春夏）博览会上，北京某某良品家居公司展位显示的《加盟政策》记载：“投资政策……7. 公司工程部免费提供店铺设计平面图、效果图、施工图；店内道具由公司统一供应。”

一审庭审中，当庭拆封（2019）盐亭证经内字第1617号公证书所附实物，内有：1. 牛皮纸包装袋一个，印有红色“Natural Mill”，侧方二维码中有“某某良品”字样。2. 拖鞋一双，吊牌显示某田公司出品，北京某某良品家居公司经销。3. U型枕一个，牛皮纸色吊牌上有“某某良品”“颈部枕套”标识以及四道横杠，并标有北京某某良品投资公司名称。4. 蓝色长条枕一个，吊牌显示某田公司出品，北京某某良品家居公司经销。5. 隔热手套一副，水标上有“某某良品”“隔热餐具垫”标识及北京某某良品投资公司名称。6. 婴幼儿无纺布多用巾（湿用）一盒，正面有“某某良品”标识，背面显示北京某某良品家居公司名称。7. 纯棉无纺布多用巾（柔巾）一盒，正面标有“某某良品”标识，背面标有北京某某良品家居公司名称。8. 黑色笔记本一本，封底粘贴的标签为牛皮纸色上有四道暗红横杠，标有某田公司名称。9. 马桶垫一个，包装为米白色，上有两条红色横杠，标有北京某某良品家居公司名称。

就以上两公证书附件显示的涉案店铺中，店招、店内张贴的宣传画、收银台背景墙、购物袋、购物筐、宣传海报，发票，以及当庭拆封实物上使用的“某某良品”“某某良品”标识，两北京某某良品公司的企业名称，某某计画、某某良品上海公司发表商标侵权比对意见：上述“某某良品”标识与涉案主张权利的“某某良品”系列商标仅有汉字繁简体的不同，两者为相同商标。就商品和服务类别而言：1. U型枕和蓝色长条枕，与第20类上第4471268号商标的“枕头”为相同商品。2. 婴幼儿无纺布多用巾（湿用）、纯棉无纺布多用巾（柔巾），与第16类上第4471270号商标的“纸巾”为类似商品。3. 隔热手套，与第21类上第4471267号商标的“家具掸；清洁器具（手工操作）；扫帚；拖把”均属家务用具，商品用途、消费群体等相同或类似，构成类似商品。4. 拖鞋，与第25类上第4833852号商标的“凉鞋；拖鞋”为相同、类似商品。5. 两北京某某良品公司均主要从事日用杂货商品的零售服务，与第35类上第4471277号驰名商标上“替他人推销”为同类服务，属于某某计画、某某良品上海公司的同业竞争者。两北京某某良品公司注册使用“北京某某良品投资有限公司”“北京某某良品家居用品有限公司”企业名称，侵害了涉案第4471277号“某某良品”驰名商标权。6. 东台某润公司开设的涉案店铺中，从事的服务与涉案第35类上五商标尤其是其中第4471277号“某某良品”驰名商标的核定使用服务构成相同、类似服务。由此可见，各被诉侵权人在相同或类似的服务和商品上使用与某某计画涉案主张权利的系列商标相同的标识，构成商标侵权。

某田等三公司发表商标侵权比对意见：认可其使用的“某某良品”标识与某某计画涉案主张权利的商标为相同标识。1. 关于涉案主张权利的商品商标。（1）U型枕、蓝色长条枕：被诉侵权商品是枕套，与第4471268号“某某良品”商标（第20类）核定使用的商品“枕头”不是类似商品。（2）隔热手套：被诉侵权商品是隔热垫，与第4471267号“某某良品”商标（第21类）核定使用的“清洁器具（手工操作）；扫帚；拖把”等商品不属类似商品。（3）婴幼儿无纺布多用巾（湿用）、纯棉无纺布多用巾（柔巾）：被诉侵权商品属于第24类中的纺织品餐巾、纺织品手帕、纺织品洗脸巾、卸妆用纺织物，与涉案第4471270号“某某良品”商标（第16类）核定使用的“纸巾”不属类似商品。（4）拖鞋：被诉侵权商品实物上没有“某某良品”标识。2. 关于涉案主张权利的第35类商标。被诉侵权人销售的是自己的商品，与某某计画本案主张权利的第35类商标上“替他人推销”服务不属同类服务。故某田等三公司的涉案行为不构成商标侵权。

东台某润公司发表商标侵权比对意见：其销售商品的名称应当以品牌名称或挂牌名称为准，而不能以发票名称为准。其他意见同某田等三公司。

一审审理中，东台某润公司主张涉案店铺已于2019年4月28日关闭，某某计画、某某良品上海公司认可该店铺已关闭。

另，某某计画向上海市普陀区人民法院提起诉讼，请求判令两北京某某良品公司承担商标侵权责任，纠纷涉及2019年3月北京某某良品家居公司在上海国家会展中心举办的中国国际纺织品面料及辅料博览会上参加展会的行为。该案已获受理，案号为（2019）沪0107民初6794号。

三、与被诉侵权人及其抗辩相关的事实

东台某润公司系成立于2011年2月23日的有限责任公司，注册资本2000万元。

某田公司系成立于2000年7月27日的有限责任公司，注册资本1100万元。

北京某某良品投资公司系成立于2011年6月21日的有限责任公司，股东为徐某、马某、某田公司，注册资本1260万元。

北京某某良品家居公司系成立于2017年12月31日的有限责任公司，股东为某田公司、徐某、马某，注册资本500万元。

案外人海南某实业贸易公司（以下简称实业公司）成立于1993年2月26日，法定代表人马某。2017年6月28日被吊销（未注销）。

2001年4月28日，实业公司获准注册第1561046号“某某良品”商标，核定使用商品第24类：棉织品；毛巾；毛巾被；浴巾；枕巾；地巾；床单；枕套；被子；被罩；盖垫；坐垫罩；（截止）。经续展，有效期至2021年4月27日。2004年7月21日，某田公司受让该商标。

2011年7月21日，某田公司获准注册第7494239号“某某良品”商标，核定使用商品第24类：织物；印花丝织品；印花棉布；家用亚麻布；丝绸（布料）；纺织品餐巾；纺织品手帕；床罩；床垫遮盖物；鸭绒被；褥垫套；蚊帐；床上用覆盖物；睡袋（被子替代物）；床上用毯；被絮；褥子；棉毯；毛毯；丝毯；定做的马桶盖罩（纤维）（截止）。经续展，有效期至2021年7月20日。

2015年7月28日，某田公司获准注册第14621213号“某某良品”商标，核定使用商品/服务项目第24类：法兰绒（织物）；布棚；非文具用胶布；布制标签；金属棉（太空棉）；过滤布；油布（作桌用布）；桌布（非纸制）；杯垫（餐桌用布）；餐具垫（非纸制）（截止）。经续展，有效期至2025年7月27日。

2015年9月7日，某田公司获准注册第13036632A号“某某良品”商标，核定使用商品/服务项目第24类：装饰织品；挂毯和刺绣用粗帆布；丝绒；缎子；内衣用织物；粗斜纹布；平针织物（纤维）；毛织物；人造丝织品；绳绒线织物；牛津布；帆布；毛巾布；夏布罗纹；卫生绒布；纺织品洗脸巾；卸妆用纺织物；旅行毯（盖膝用毯）；被面；床沿；狭长桌布；家用塑料遮盖物；杯盘垫（非纸质）；旗帜；搓澡巾（截止）。经续展，有效期至2025年9月6日。

某田公司还获准注册了多枚第24类商品上的“某某良品”商标。

自2006年起，某田公司获准注册多枚“某某工坊”“Natural Mill”商标，类别涉及第 16 类、第 24 类、第 25 类、第 35 类。

2011 年 6 月 22 日，某田公司授权北京某某良品投资公司使用第 1561046 号、第 7494239 号“某某良品”商标项下全部商品，并负责该品牌的生产、销售及宣传工作。商标使用期限十年（2011 年 6 月 22 日至 2021 年 6 月 21 日）。2018 年 1 月 1 日，某田公司授权北京某某良品家居公司在中国使用以某田公司为商标权人的“某某良品”“某某良品”“某某工坊”“Natural Mill”“某某工坊 Natural Mill”注册商标，使用范围为注册商标核定使用的全部商品（具体以商标注册证核准的商品为准）。北京某某良品家居公司有权以自己的名义对相关商标进行再许可等。授权期限自 2018 年 1 月 1 日至 2027 年 12 月 31 日。

一审中东台某润公司提交了北京某某良品家居公司出具的《授权书》《营业执照》，第 1561046 号、第 7494239 号、第 13036632A 号、第 13130423 号、第 3766949 号商标注册资料，某田公司授权北京某某良品家居公司的《授权书》，航空货运单复印件、电脑系统打印件等，某某计画认可上述证据的真实性。北京某某良品家居公司于 2018 年 5 月 11 日出具的《授权书》载明：“授权缪某春为我公司在江苏省盐城市东台市某购物广场销售某某良品、Natural Mill、某某良品、某某工坊品牌的全部商品，相关业务委托其全权负责”，授权期限为 2018 年 5 月 11 日至 2019 年 5 月 10 日。

1999 年至 2000 年，《北京晚报》《上海青年报》《扬子晚报》《南方都市报（全国版）》《河南日报》等报纸对“某某良品”乐队进行报道。一审审理中，某田公司对其使用的“某某良品”的由来解释为：1. 20 世纪 90 年代歌星组合“某某良品”在中国有较高的知名度，“某某良品”作为一个文化符号已为中国公众所知晓。2. 某田公司的关联公司实业公司是从事纺织品业务的公司，其法定代表人马某想打造无化学印染的纺织品，就借用该歌星组合的名称，于 2000 年申请注册“某某良品”商标。

2006 年 5 月 11 日的《羊城晚报（全国版）》娱乐新闻栏目中“劲歌王歌手专访系列之 3：光某称和品某从没‘组合’过”一文记载：“公司从我们的两张专辑中挑了些歌做成一张专辑在我国台湾地区发行，为了方便媒体炒作，又给我们套用一个日本品牌的名字‘某某良品’。”网站 360 问答上“某某良品是组合吗？有多少人~都是谁了！”一文记载：“1995 年光某和品某在马来西亚出的专辑大受好评，于是唱片公司便以日本品牌某某良品来命名他们的组合名字”。360 个人图书馆相关问题回答网页显示“现有的 MUJI

某某良品这个牌子。印象中是光某、品某组成乐团，两个人的风格跟某某良品的产品那种清新自然的风格很相似，而且涵盖了两个人的名字，于是就叫这个名字了。”

《类似商品和服务区分表——基于尼斯分类第十一版（2019 文本）》（以下简称尼斯分类 2019 文本）中，第 20 类部分记载，2013 垫、枕：注：1. 枕头，羽绒枕头与 2406 床单和枕套，枕套，装饰用枕套类似。第 24 类部分记载，本类尤其不包括：纸制桌布和餐巾（第 16 类）。第 35 类部分记载，主要包括由个人或组织提供的服务，其主要目的在于：（1）对商业企业的经营或者管理进行帮助。（2）对工商企业的业务活动或者商业职能的管理进行帮助……本类尤其包括：为他人将各类商品（运输除外）归类，以便客户浏览和购买；这种服务可由零售商店、批发商店、自动售货机、邮购目录或借助电子媒介提供，如通过网站或电子电视购物节目。

2019 年 6 月 26 日，中国家用纺织品行业协会出具证明：纺织品是纺织纤维经过加工织造而成的一种产品，按工艺分为梭织、针织和非织造。无纺布洗脸巾俗称多用巾、柔巾、洗脸巾等，是非织造纺织品，不是纸制品。

某某良品上海公司向科技公司购买自行车，在“MUJI 某某良品”店铺中进行销售。“银河”自行车（700Bike）网页介绍：“可以看出，MUJI 款银河折叠车在配置方面与 700Bike 普通款并无差异，但因为是 MUJI 的定制款……而且售价上采用了 MUJI 的定价系……”

某田等三公司提供的照片显示：某某计画、某某良品上海公司开设的店铺中，部分店铺的店招没有采用红底白字的形式，部分店铺的货架以木色为主，也有店铺货架采用其他色调；多家案外企业和品牌的店招使用红底白字的形式，购物袋为印有文字或商标的牛皮纸袋。

2019 年 11 月 28 日，北京知产法院作出（2019）京 73 行初 7730 号行政判决，认定某某计画“某某良品”商标虽具有一定知名度，但仅凭在案证据仍不足以证明引证商标二（即第 4471277 号“某某良品”商标）在诉争商标注册日（即 2009 年 6 月 24 日）之前已达到驰名商标的知名程度。

四、与权利人主张的损失相关的事实

上海上会会计师事务所出具的《审计报告》显示，某某良品上海公司无限度广场店 2011 年营业收入 18457728. 81 元，利润 3604273. 58 元。

某某计画、某某良品上海公司因本案纠纷支出律师费 15 万元、公证费 6000 元、样品购买费 507 元。

一审法院认为：

一、某某良品上海公司为适格原告

普通使用许可合同的被许可人经商标注册人明确授权，可以提起诉讼，某某计画是涉案“某某良品”商标的注册人。2012 年 1 月 1 日，某某计画与某某良品上海公司签订商标许可使用合同，将其持有的包括涉案“某某良品”在内的商标授予某某良品上海公司使用。2019 年 10 月 8 日，某某计画出具声明，同意某某良品上海公司以自己的名义就侵害某某计画在中国注册商标“某某良品”等商标专用权的商标侵权和不正当竞争行为提起诉讼。

某某良品上海公司的字号为“某某良品”，某某计画和某某良品上海公司在本案中诉请对“某某良品”字号权予以保护。

综上，某某良品上海公司可以就本案所涉纠纷提起诉讼，何况某某计画、某某良品上海公司作为共同原告提起本案诉讼。某某良品上海公司为本案适格原告。

二、第 4471277 号“某某良品”商标为驰名商标

（一）认定驰名商标的必要性

本案情形符合《最高人民法院关于审理涉及驰名商标保护的民事纠纷案件应用法律若干问题的解释》（以下简称驰名商标司法解释）第二条第二项的规定。两北京某某良品公司的股东某田公司持有第 24 类商品上的“某某良品”商标，且其中的第 1561046 号“某某良品”商标于 2001 年即获准注册。因此两北京某某良品公司设立时第 4471277 号“某某良品”商标是否达到驰名状态对于判断两公司将“某某良品”注册为企业名称是否具有攀附某某计画该商标的商誉的故意，以及是否会导致混淆误认有重要影响，故确有驰名商标认定的必要性。

（二）驰名与否的认定

根据尼斯分类 2019 文本，零售商店提供的服务属于第 35 类商标服务类别，某某计画在国内开设的直营店以及东台某润公司开设的被诉侵权店铺均从事日用百货零售。随着经济发展，零售商业企业的经营活动越来越频繁，其中既有替他人推销，亦有如本案某某计画一方经营的直营店及被诉侵权店铺这种以自己的产品为主的店铺。但不论是否销售他人品牌产品，该种零售服务所获得的商标保护显然不可能依靠其销售的某一类或几类商品类别的商标来实现。在服务类商标中，无疑第 35 类商标上的“推销（替他人）”适合于对商品零售企业提供商标保护。作为一般消费者，通常亦不对这两种零

售商提供的服务加以区分，视之为同一类服务。某田等三公司以某某良品上海公司等销售的是自有品牌商品而非他人商品为由否认其对第 4471277 号商标使用的主张不能成立。

国家商评委、国家商标局等在众多案件中已依据某某计画提交的“某某良品”专卖店的宣传、销售等证据认定其第 4471277 号注册商标构成“推销（替他人）”等服务上的驰名商标，且在北京某某良品投资公司对该商标提起的连续三年不使用撤销案中，国家知识产权局维持该商标有效。

综上，某某计画从事的日用百货零售业务，属于第 35 类商标中“推销（替他人）”服务。某某计画、某某良品上海公司在从事日用百货零售业务的过程中使用“某某良品”标识，系使用第 4471277 号“某某良品”商标的行为。

“某某良品”品牌 1980 年在日本创立，为日文汉字，非中文固有词汇，具有很强的独特性和显著性。2005 年 5 月正式进入国内，至 2010 年，已经在上海、北京、南京、苏州、成都等地开设“某某良品店”，截至 2018 年年底，“某某良品”专卖店在中国已覆盖 30 个省几乎所有大中型城市，店铺数量达 200 多家，除实体店铺外，还设有“某某良品 MUJI”天猫旗舰店、京东旗舰店，店铺营收增长迅速。自 2005 年起，某某计画的“某某良品”连续多年入选世界品牌 500 强、亚洲品牌 500 强。某某计画“某某良品”在中国获得持续、广泛的宣传和报道。国家商评委曾认为第 4471277 号“某某良品”商标在 2010 年 11 月 25 日、11 月 29 日之前已为中国相关公众广泛知晓并享有较高声誉，认定该商标为驰名商标。第 4471277 号“某某良品”商标多次获得相关行政、司法机关的保护。

综上，某某计画第 4471277 号“某某良品”商标在 2011 年 6 月 21 日即北京某某良品投资公司成立日之前已经在中国境内为相关公众广泛知晓，系驰名商标，并且持续至今。

三、被诉侵权行为构成商标侵权和不正当竞争

某某计画主张 2019 年 3 月北京某某良品家居公司在上海国家会展中心举办的中国国际纺织品面料及辅料博览会上，以“某某良品”为参展字号参加展会，该公司及北京某某良品投资公司相关行为构成侵权，因某某计画已就上述行为另案提起诉讼，本案不予处理。

（一）商品商标

1. 第 20 类上第 4471268 号“某某良品”商标。U 型枕标签上印有“某某良品”标识，U 型枕、蓝色长条枕在发票的商品名称中均记载为“某某良品枕头”。两被诉侵权商品与第 4471268 号商标核定使用商品“枕头”为同类商品。公证购买的被诉侵权实物是枕头而非枕套，且商品销售小票和发票也明确记载商品为“枕头”，某田等三公司辩称其生产销售的是枕套，与事实不符，不予采信。

2. 第 16 类上第 4471270 号“某某良品”商标。婴幼儿无纺布多用巾（湿用）、无纺布多用巾（柔巾）的外包装上均标有“某某良品”字样，购物小票的商品名称处记载“某某良品无纺布多用巾（湿用）”，发票记载“某某良品湿巾”。两款多用巾的材质虽为无纺布，与某某计画第 4471270 号商标核定使用商品“纸巾”的材质不同，但两者在功能、用途、销售渠道、消费对象等方面相同，相关公众一般认为其存在特定联系，因此属于类似商品。

3. 第 21 类上第 4471267 号“某某良品”商标。被诉侵权隔热手套的水标上使用“某某良品”标识。“隔热手套”与第 4471267 号“某某良品”商标的核定使用商品“家具掸；清洁器具（手工操作）；扫帚；拖把”均属家务用具，两者商品用途、消费群体等相同或类似，构成类似商品。某田等三公司称被诉侵权商品为隔热垫而非手套，明显与实物的形态、结构不符，不予采信。

4. 第 25 类上第 4833852 号“某某良品”商标。被诉侵权拖鞋发票上的商品名称记载“某某良品拖鞋”。该商品与第 4833852 号“某某良品”商标核定使用商品“凉鞋”属类似商品，与“拖鞋”属同类商品。

上述被诉侵权标识“某某良品”与某某计画涉案商标“某某良品”相比，仅存在部分汉字的繁简体之别，为相同标识。关于是否构成商标侵权，分别认定如下：（1）以上被诉侵权商品的吊牌或包装显示：U 型枕、隔热手套由北京某某良品投资公司生产，婴幼儿无纺布多用巾（湿用）、无纺布多用巾（柔巾）由北京某某良品家居公司生产。以上两被诉侵权人未经许可，在相同或类似商品上使用与某某计画涉案“某某良品”商标相同的商标，容易导致混淆和误认，其中北京某某良品投资公司侵害了某某计画第 20 类上第 4471268 号、第 21 类上第 4471267 号“某某良品”注册商标专用权，北京某某良品家居公司侵害了某某计画第 16 类上第 4471270 号“某某良品”注册商标专用权。某田公司第1561046号、第7494239号、第13036632A号、第14621213号“某某良品”商标相关核定使用商品分别为“枕套”“纺织品餐巾、纺织品手帕”“纺织品洗脸巾、卸妆用纺织物”“杯垫、餐具垫”等，两北京某某良品公司在本案中将“某某良品”标识使用在枕头、婴幼儿无纺布多用巾（湿用）、无纺布多用巾（柔巾）、隔热手套上，超出了上述商标核定使用商品范围，故某田等三公司使用自有商标的抗辩不能成立。（2）东台某润公司销售上述商品，构成商标侵权。东台某润公司在发票中“蓝色长条枕”“拖鞋”的商品名称中使用了“某某良品”标识，该标识的使用起到了识别商品来源的作用，属于商标性使用。东台某润公司未经许可，在相同或类似商品上使用与涉案“某某良品”商标相同的商标，容易导致混淆和误认，亦构成侵权。东台某润公司侵害了某某计画第20类上第4471268号、第16类上第4471270号、第21类上第4471267号、第25类上第4833852号“某某良品”注册商标专用权。（3）因被诉侵权蓝色长条枕、拖鞋上均无“某某良品”标识，某某计画、某某良品上海公司主张某田公司作为出品商，北京某某良品家居公司作为销售商，实施了侵害其第20类上第4471268号、第25类上第4833852号“某某良品”注册商标专用权的行为，证据不足，不予采信。

（二）服务商标

1. 被诉侵权店铺对“某某良品”标识的使用

东台某润公司开设的被诉侵权店铺在店招、店内张贴的宣传画、收银台背景墙、购物袋、购物筐、宣传海报等上使用“某某良品”“某某良品”。该店铺提供文具、洗漱卫生用品、床上用品、拖鞋等日用百货的展示、销售等服务，属于日用百货零售服务。如前所述，该类服务属于第35类商标上“替他人推销”服务，因此与涉案第35类上第4471277号“某某良品”商标核定使用的“推销（替他人）”，第16240403号“某某良品”商标核定使用的“替他人推销”构成相同类别服务。东台某润公司开设被诉侵权店铺，未经许可，在相同类别的服务上，使用与涉案第4471277号、第16240403号商标相同的商标，且消费者施以一般注意义务，看到被诉侵权“某某良品”店时，极易认为该店属于某某计画的“某某良品”店铺，或与某某计画之间存在授权、加盟等特定关联。东台某润公司侵害了第4471277号、第16240403号“某某良品”注册商标专用权。某某计画、某某良品上海公司现有证据不足以证明东台某润公司实施了与第1707559号“無印良品 MUJI”，第12128806号、第15098155号“某某良品”注册商标核定使用类别相同或类似的服务，某某计画、某某良品上海公司主张某田等三公司侵害其上述三商标权，不予采信。

北京某某良品家居公司授权东台某润公司在江苏省东台市某购物广场销售某某良品等商品，且（2019）沪静证经字第532号公证书显示，北京某某良品家居公司展位显示的《加盟政策》记载：“投资政策……7. 公司工程部免费提供店铺设计平面图、效果图、施工图；店内道具由公司统一供应”，故东台某润公司对以上被诉侵权标识的使用，来源于北京某某良品家居公司的授权许可。由此，北京某某良品家居公司亦侵害了某某计画第4471277号、第16240403号“某某良品”注册商标专用权。

某田等三公司辩称以上被诉侵权标识的使用是对其持有的第24类商标的使用，基于以下理由不予采纳：其一，本案被诉侵权店铺在店招、收银台背景墙、购物筐、宣传海报等上使用的“某某良品”文字与第24类商品之间不具有明确的指向或联系，仅是表明销售商品的服务提供者。其二，被诉侵权人在店招、背景墙、购物筐、宣传海报等上使用“某某良品”商标，属于在服务场所、服务招牌、服务工具等物品上使用商标的行为，应视为服务商标的使用行为。其三，被诉侵权店铺中，销售商品包括诸多类别，不限于某田公司第24类商标核定使用范围。

2. 两北京某某良品公司将“某某良品”注册为企业字号并使用

某某计画曾以第4471268号、第4833852号“某某良品”商标为权利基础，主张北京某某良品投资公司立即停止使用含有“某某良品”文字的企业名称，并将其变更为不含有“某某良品”文字的企业名称。业已生效的（2014）京知民初字第59号、第60号、（2017）京民终第690号、第688号民事判决对该争议进行了处理。本案中，某某计画、某某良品上海公司以第4471277号“某某良品”注册商标为权利基础，主张两北京某某良品公司将“某某良品”注册为企业名称并进行使用，以及授权东台某润公司使用的行为侵害其商标权及构成不正当竞争，因权利基础不同，与前案不属重复诉讼，对该项争议依法进行审理。

公证购买的被诉侵权商品中，U型枕、隔热手套标有北京某某良品投资公司的全称，蓝色长条枕、婴幼儿无纺布多用巾（湿用）、无纺布多用巾（柔巾）、拖鞋、马桶垫标有北京某某良品家居公司的全称。某某计画、某某良品上海公司主张两北京某某良品公司在以上商品上将第 4471277 号“某某良品”驰名商标作为商号使用，侵害了其第 4471277 号“某某良品”驰名商标专用权，并构成不正当竞争。一审法院认为：首先，将与他人注册商标相同或近似的文字作为企业字号在相同或者类似商品上突出使用，容易使相关公众产生误认的，构成商标侵权。本案上述被诉侵权行为均非突出使用“某某良品”的行为，因此某某计画、某某良品上海公司要求就此按商标侵权追究两北京某某良品公司的民事责任，不予支持。其次，虽然两北京某某良品公司的股东某田公司自实业公司受让的第 1561046 号“某某良品”商标于 2001 年获准注册，但某某计画第 4471277 号“某某良品”注册商标在 2011 年 6 月 21 日前已经驰名。在不同主体分别持有不同种类上的“某某良品”“某某良品”商标的情况下，两北京某某良品公司在注册企业名称时应注意合理避让，避免引起混淆和误认，但两公司仍注册包含与某某计画第 4471277 号“某某良品”驰名商标相同的“某某良品”文字的企业字号并进行使用，主观上具有攀附某某计画第 4471277 号“某某良品”驰名商标商誉的故意，客观上极易引起市场混淆，构成不正当竞争。

东台某润公司销售以上商品，亦构成侵权。

（三）有一定影响的企业字号和服务名称

某某计画、某某良品上海公司主张其字号权受侵害的行为有：1. 两北京某某良品公司将“某某良品”作为企业字号进行注册并予以使用；2. 被诉侵权店铺店招、宣传画、背景墙、购物筐、前台摆放物标有“某某良品”。某某计画、某某良品上海公司主张其有一定影响的服务名称受侵害系被诉侵权店铺将“某某良品”作为店招。一审法院认为，某某计画、某某良品上海公司主张的字号权受侵害行为 1 与前述两北京某某良品公司将某某计画第 4471277 号“某某良品”商标作为企业字号进行注册并予以使用为同一行为，某某计画、某某良品上海公司主张的字号权受侵害行为 2 以及其服务名称受侵害的行为，与某某计画主张的被诉侵权店铺使用“某某良品”商标侵害其第 35 类商标权为同一行为。因对以上侵权行为均已依法予以处理，不再依擅自使用有一定影响的企业字号和服务名称重复处理。

（四）有一定影响的包装装潢

某某计画、某某良品上海公司主张其经营的店铺基本采用统一的装潢：采用日式装修风格。店招为红色背景，其上反白书有“某某良品”文字。购物纸袋采用浅黄色牛皮纸，其上印有红色字体的“某某良品”文字。购物筐是深灰色的硬质塑料材质，其上反白印有“某某良品”文字。商品按照功能分区摆放。所售商品标签统一采用硬质略微带黄的牛皮纸色，上有四条红色横线，其中第一、三、四条线相对较粗，第二条相对纤细。以上营业元素通过“某某良品”店铺在中国的长期持续经营已形成相对稳定的营业形象，并与某某计画之间建立唯一对应关系。某某计画认为，东台某润公司经北京某某良品家居公司授权开设的被诉侵权店铺使用了与以上包装装潢相同的装潢元素，甚至使用了与某某计画“地平线”图片近似的大幅图片，所形成的整体营业形象与某某计画在中国设立的店铺整体形象一致；北京某某良品投资公司生产的U型枕的吊牌，某田公司生产的笔记本的标签，北京某某良品家居公司生产的马桶垫的包装，均与某某计画的标签一致。

被诉侵权店铺在前述包装装潢中使用“某某良品”标识的行为，已按商标侵权进行处理。就去除该标识后其余包装装潢元素及其构成的整体营业形象而言，首先，日式简约风为当前较为常见的装修风格。其次，某某计画于国内开设的各店铺在装修上存在差异，如某田等三公司提交的某某计画开设的店铺照片显示在店招、货架上有不同的表现形式。最后，红底白字的店招、规则货架、牛皮纸色附带文字的购物袋、牛皮纸色带有横线的标签为诸多店家采用。综上，某某计画所举证据不足以证明其整体营业形象，以及其中的标签、纸袋与其具有唯一的对应关系，故其主张的包装装潢不构成法律上有一定影响的包装装潢，相关被诉侵权行为不构成不正当竞争。

四、侵权责任的承担

某田等三公司、东台某润公司侵害了涉案商标权且构成不正当竞争，应依法承担侵权责任。

（一）停止侵害

某田等三公司、东台某润公司应立即停止其实施的涉案商标侵权及不正当竞争行为。

东台某润公司涉案店铺已于2019年4月28日关闭，其被诉侵权行为已经停止。某某计画、某某良品上海公司要求其停止侵害的诉讼请求已经实现，无须再就此作出判决。

如两北京某某良品公司继续使用包含“某某良品”字号企业名称，与涉案第4471277号“某某良品”驰名商标共存，即使规范使用，对于市场而言，尤其是潜在购买者，仍极易发生混淆或者误认为两者之间存在投资或者合作等关联关系，因此应立即停止在企业名称中使用“某某良品”的不正当竞争行为，并向主管机关申请变更企业名称。

（二）损害赔偿

东台某润公司虽获北京某某良品家居公司授权，但仅能在授权商标的核定使用范围内使用相关标识，其作为经营者，对于所售商品上的商标是否规范使用负有注意义务。第4471277号“某某良品”商标为驰名商标，东台某润公司作为销售日用百货的经营者，应知晓该商标，仍在其经营场所内外多处使用“某某良品”标识，在销售带有“某某良品”标识的被诉侵权商品的同时，还实施了将不带“某某良品”标识的商品在发票商品品名上标注“某某良品”的行为。东台某润公司的行为与合法来源抗辩的法律规定不符，其合法来源抗辩不能成立，应依法承担赔偿责任。

被诉侵权“某某良品”店铺由北京某某良品家居公司授权东台某润公司开设，店内所售被诉侵权商品来源于某田等三公司。某田等三公司从其股东构成、法定代表人及相互间的授权许可关系显示，属于关联公司。某田等三公司、东台某润公司对于本案被诉侵权行为具有共同侵权故意，构成共同侵权，应就涉案损失承担连带赔偿责任。

某某计画未举证证明其因侵权所受损害及某田等三公司、东台某润公司的侵权获利，请求适用法定赔偿，予以准许。综合考虑以下因素确定赔偿额：1. 涉案商标享有较高的知名度，其中第4471277号“某某良品”商标为驰名商标。2. 某田等三公司、东台某润公司侵害了某某计画多枚商标权，且实施了不正当竞争行为。3. 某某计画、某某良品上海公司明确本案中的赔偿范围限于东台某润公司涉案店铺所产生的损害。某某计画、某某良品上海公司举证证明了某某良品上海公司无限度广场店2011年的利润为360万元，该数据有一定参考价值，同时需考虑到该店铺与被诉侵权店铺在区域及规模上的差异。4. 某某计画、某某良品上海公司为维权支出了律师费、公证费、样品购买费等合理费用。

（三）赔礼道歉、消除影响

因已判令某田等三公司、东台某润公司承担了赔偿和停止侵害的责任，足以制止被诉侵权行为的后续影响。某某计画、某某良品上海公司主张某田等三公司、东台某润公司赔礼道歉、消除影响，依据不足，不予支持。

综上，依照《中华人民共和国商标法》第十四条，第五十六条，第五十七条第一项、第二项、第三项，第五十八条，第六十三条第三款；《最高人民法院关于审理商标民事纠纷案件适用法律若干问题的解释》第四条第二款，第十二条；《最高人民法院关于审理涉及驰名商标保护的民事纠纷案件应用法律若干问题的解释》第二条第二项，第五条；《中华人民共和国反不正当竞争法》第六条第四项，第十七条第四款，第十八条；《中华人民共和国民事诉讼法》（2017年修正）第一百四十二条之规定，一审法院判决：“一、北京某某良品投资公司立即停止侵害某某计画、某某良品上海公司第20类上第4471268号、第21类上第4471267号“某某良品”注册商标专用权的行为；二、某某良品上海公司立即停止侵害某某计画、某某良品上海公司第16类上第4471270号和第35类上第4471277号、第16240403号“某某良品”注册商标专用权的行为；三、北京某某良品投资公司、某某良品上海公司立即停止在企业名称中使用“某某良品”的不正当竞争行为，并于判决生效之日起三十日内办理企业名称变更登记；四、东台某润公司、某田公司、北京某某良品投资公司、北京某某良品家居公司于判决生效之日起十日内连带赔偿某某计画、某某良品上海公司经济损失（含维权合理开支）50万元；五、驳回某某计画、某某良品上海公司的其他诉讼请求。如果未按判决指定的期间履行给付金钱义务，应当依照《中华人民共和国民事诉讼法》（2017年修正）第二百五十三条之规定，加倍支付迟延履行期间的债务利息。一审案件受理费人民币30800元，由某某计画、某某良品上海公司负担5800元，由东台某润公司、某田公司、北京某某良品投资公司、北京某某良品家居公司共同负担25000元。”

二审中，东台某润公司未提交证据。某某计画、某某良品上海公司提交了（2014）沪高民三（知）终字第104号民事判决书和《美国商标审理指南》，后在诉讼中撤回上述证据，本院予以准许。

某田等三公司提供以下证据：

1. 国家商标局“关于国际分类第35类是否包括商场、超市服务问题的批复”（商标申字〔2004〕第171号）。

2. （2017）最高法行申81号行政裁定书。

3. （2015）民提字第38号民事判决书。

证据1—3用以证明第35类“推销（替他人）”服务不包括“销售、零售商品”服务。

4. 《北京市高级人民法院商标授权确权行政案件审理指南》，用以证明相关司法判决对“大润发”“乐购”“好又多”等大型超市从事的经营行为属于第35类“推销（替他人）”服务，是因为这些大型超市均是向销售商提供场地，并通过为销售商销售其品牌商品提供建议、策划、宣传、咨询服务获得服务费用，某某计画、某某良品上海公司通过直营店铺销售自有品牌商品的行为不应被认定为属于第35类“推销（替他人）”服务。

5. 商评字〔2021〕第0000131108号商标撤销复审决定书，用以证明在商标撤销复审程序中，国家知识产权局未将某某计画提交的在其直营店铺开业及店内使用第4471277号商标、销售自有品牌商品的销售额与销售记录的相关证据材料作为第35类“推销（替他人）”服务项目上使用的证明；国家知识产权局已撤销第4471277号商标在“广告、市场研究、邮寄订单广告”服务项目上的注册。

6. 商评字〔2021〕第0000256081号商标撤销复审决定书，用以证明国家知识产权局已撤销第1707559号商标在“涉及在线零售的商业管理辅助服务；涉及邮购的商业管理辅助服务；通过全球计算机网络对商品和服务进行广告宣传”服务项目上的注册。

7. （2019）川01民初2802号民事判决书，用以证明第35类中的“推销（替他人）”服务不包括经营者自己作为销售主体通过零售或者批发直接向消费者出售商品（服务）以价格的差异获取商业利润的情形；两北京某某良品公司在涉案商品上标注企业字号，并未构成突出使用，不构成不正当竞争；被诉侵权婴幼儿无纺布多用巾（湿用）、无纺布多用巾（柔巾）的原料不是纸，而是无纺布，两者不构成类似商品，上述被诉侵权商品上使用“某某良品”是对某田公司自有第24类商标核定范围内的使用。

8. （2019）沪0107民初6794号民事判决书，用以证明某某计画在其直营店中销售700Bike MUJI款银河折叠车，是以其自有品牌商品的名义进行的销售，该行为显然不属于第35类“推销（替他人）”服务范畴。

9. （2012）行提字2号行政判决书。

10. （2019）京行终8563号行政判决书。

11. （2021）京73行初4926号行政判决书。

12. （2020）京行终1737号行政判决书。

证据9—12用以证明在相关商标异议、无效宣告程序中，某某计画要求认定第4471277号商标为驰名商标的主张均未得到支持。某田公司持有的第1561046号、第7494239号商标经历各种行政司法程序后均被认定为有效。

13. 国家图书馆检索报告，用以证明某某计画在申请注册商标时，其商品尚未进入中国市场，“某某良品”仅是作为一个乐队组合的名称被公众知晓，不会被公众视为商标。

14. 系列商标的商标注册证（涉及注册在第 24 类上的第 1561046 号“某某良品”、第 7494239 号“某某良品”、第 14130423 号“某某良品”、第 14621213 号“某某良品”、第 13036632A 号“某某良品”商标）。

15. 系列商标的商标注册证（注册在第 16 类上第 4495746 号“某某工坊”、第 5512197 号“Natural Mill”商标，注册在第 20 类上第 4375157 号“某某工坊”、第 5512210 号“Natural Mill”商标，注册在第 24 类上第 3766947 号“某某工坊”、第 4541940 号“Natural Mill”商标，注册在第 25 类上的第 3766948 号“某某工坊”、第 4541939 号“Natural Mill”商标，注册在第 35 类上的第 3766949 号“某某工坊”、第 5371646 号“Natural Mill”商标）。

证据 14、15 用以证明北京某某良品投资公司等在自有品牌商品专卖店铺内的店招、背景墙、购物筐等店内装饰装潢上同时使用“某某良品”与“Natural Mill”，是对自有商品商标的使用；某某计画在枕头商品上持有第 4471268 号商标的申请注册时间晚于某田公司持有的第 1561046 号商标 5 年，属于在类似商品上申请相同商标的恶意注册；某田公司持有的第 7494239 号、第 13036632A 号“某某良品”商标均是对在先申请的第 1561046 号商标延续注册行为。

16. 中国家用纺织品行业协会出具的《证明》，用以证明无纺布洗脸巾俗称多用巾、柔巾、洗脸巾，是非织造纺织品，不是纸制品。

17. 国家知识产权局发布的《关于启用尼斯分类第十一版 2022 文本的通知》（以下简称尼斯分类 2022 文本）以及世界知识产权组织官网上显示的关于尼斯分类第 35 类服务的说明及翻译，用以证明第 35 类服务对象必须是“他人”，即商品（服务）的经销商（含提供者），而不是作为顾客的普通消费者。

18. （2017）京行终 1436 号行政判决书。

19. （2015）京知民终字第 1828 号民事判决书。

证据 18、19 用以证明“替他人推销”服务仅是指为他人销售商品（服务）提供建议、策划、宣传、咨询等服务，该服务对象应为商品（服务）的经销商（含提供者），通过零售或者批发直接向消费者出售商品（服务）以价格差方式获得商业利润的销售商品（服务）的行为不属于“替他人推销”服务。

20.（2016）津01民终5791号民事判决书，用以证明零售店在销售商品的门店店招、店内装潢、包装袋、宣传材料上使用商标的行为容易让消费者将商标与商品联系在一起，而不是与“替他人推销”的服务提供者联系在一起。

21.（2021）京73行初11532号行政判决书，用以证明在针对某某计画第4471277号“某某良品”商标的连续三年不使用撤销案的一审中，法院并未将某某计画在其直营店中销售自有品牌自行车的行为认定为该商标在第35类服务项目上的使用。

22.《美国商标审查指南》，用以证明某某计画提供的证据并不能够证明其在开设的直营店铺中销售自有品牌商品的行为符合《美国商标审查指南》有关服务认定的标准，同时该指南在中国不具有法律效力。

23.《关于第35类服务商标申请注册与使用的指引》，证明目的与证据1—4、8、17—21证明目的相同。

24.某某良品上海公司官网上关于“过去的历史信息”界面网页截图，用以证明某某计画第4471277号商标在2011年6月21日之前不可能构成在“替他人推销”服务项目上的驰名商标。

25.（2022）京行终1718号行政判决书，证明目的与证据1—4、17—21、24证明目的相同。

26.某田公司名下有效的“某某良品”“Natural Mill”商标注册证书及统计表。

27.（2020）京方圆内民证字第00705号公证书及2000年3月实业公司携“某某良品”品牌商品参加展会的照片。

28.实业公司及其“某某良品”毛巾商品获奖证书。

29.某田公司及其“某某良品”商品的获奖信息统计表、获奖证书58份。

30.某某良品北京投资公司的获奖信息统计表、获奖证书12份。

31.某某良品北京家居公司的获奖证书。

证据26—31用以证明某田公司最早注册的第1561046号“某某良品”商标取得时间早于某某计画的相关商标，持有的多个注册在第24类上的“某某良品”商标以及注册在第3类、第16类、第20类、第21类、第23类、第24类、第25类、第28类、第29类、第31类、第43类上的“Natural Mill”商标核准使用范围覆盖了被诉侵权商标，某田公司持续使用“某某良品”的时间长达25年，并且积累了较高的商誉和稳定的消费群体，被诉侵权行为系合法授权使用商标行为，不构成商标侵权和不正当竞争。

32.《一次性纯棉洗脸巾》团体标准（T/HOMETEX 9-2019）。

33.《纸巾》国家标准（GB/T 20808-2022）。

34. 尼斯分类2022文本中第16类、第24类的内容。

证据32—34用以证明被诉侵权的婴幼儿无纺布多用巾（湿用）、无纺布多用巾（柔巾）与第4471270号商标核定使用的第16类“纸巾”不属类似商品，上述商品上使用的“某某良品”标识系对某田公司持有的第7494239号、第13036632A号商标在核定范围内的使用。

东台某润公司对某田等三公司提交的上述证据材料的真实性、合法性及关联性均无异议。

某某计画、某某良品上海公司的质证意见为：对某田等三公司提交所有证据的真实性无异议，对证据1—3、9—20、22、23、25—34的关联性不予认可，证据4—8、21、24无法达到其证明目的。

本院认证意见：1. 对某田等三公司二审提交所有证据的真实性予以确认。2. 证据4、9、12—16、26中部分商标注册证书、证据27中实业公司携“某某良品”品牌商品参加展会的照片、证据28—31中部分获奖证书系某田等三公司在一审中提交，某田等三公司引用证据8中的事实已为一审判决所查明记载，故以上证据不属于二审新证据，本院不予重复接受。3. 证据2、3、18、19、20所涉当事人及案情与本案不同，与本案没有关联性；一审判决并未认定某田等三公司侵害了证据6所涉某某计画第1707559号商标，且某某计画、某某良品上海公司也未就此提起上诉，故证据6与本案二审争议无关联性；证据7系未生效的一审判决；证据22系域外国家商标审查规范，在我国不具有法律效力；证据24仅为某某良品上海公司官方网站其中一个页面的截图，信息内容并不完整，该证据中另附的一页显示的内容系“21世纪商业评论”期刊“2010年6月号”第63页的内容打印件，该页内容所属的文章及其标题、撰写者身份均未显示，该打印页面中关于“直到2008年，才以上海南京路店为起点重新进入中国市场”的记载与本案其他大量正规媒体报道、某某良品上海公司的工商登记信息、审计报告等证据记载的某某计画自2005年进入中国市场的事实不一致，该证据缺乏证明力，本院不予采纳；证据32系团体标准，且某田公司系起草单位之一，证据证明力较弱，故上述证据本院不予采纳。4. 对其余证据的关联性及证明力将在判决理由部分阐述。

一审法院除对某田公司第 1561046 号“某某良品”商标的获准注册时间查明有误外，其余事实查明无误，本院予以确认。

本院另查明：

一、关于第 1561046 号“某某良品”商标的获准注册时间

某田公司一审提交的第 1561046 号商标信息和商标流程显示，第 1561046 号“某某良品”商标的初审公告日期为 2001 年 1 月 28 日，注册公告日为 2016 年 11 月 28 日。

二、某田等三公司的企业基本信息

某田公司法定代表人为马某，股东为徐某（持股比例 50%）、马某（持股比例 50%），经营范围：销售针纺织品、化妆品、I 类医疗器械；销售食品。两北京某某良品公司的法定代表人均为徐某。

三、北京某某良品投资公司设立前，某某良品上海公司在中国开设分公司情况

北京某某良品投资公司成立于 2011 年 6 月 21 日，在此之前，某某良品上海公司在中国开设了如下分公司和分店：杭州分公司（2009 年 7 月 7 日）、杭州万象城店（2010 年 4 月 13 日）、苏州姑苏区分公司（2011 年 4 月 12 日）、南京分公司（2008 年 10 月 7 日）、厦门分公司（2010 年 12 月 2 日）、苏州分公司（2009 年 8 月 20 日）、无限度广场店（2009 年 2 月 4 日）、西藏北路店（2010 年 12 月 17 日）、北京东城第一分公司（2010 年 12 月 13 日）、宁波银泰百货店（2010 年 7 月 16 日）、青岛百丽广场店（2010 年 6 月 12 日）、北京东城第二分公司（2010 年 12 月 13 日）、北京西城第一分公司（2010 年 12 月 13 日）、南京西路店（2009 年 10 月 16 日）。

四、某某计画、某某良品上海公司主张两北京某某良品公司企业名称构成不正当竞争的理由

某某计画、某某良品上海公司在一审庭审中明确，其主张两北京某某良品公司将“某某良品”作为企业名称中的字号使用构成不正当竞争，理由是上述行为侵害了其享有商标权且构成驰名的第 4471277 号商标、有一定影响的“某某良品”字号以及“某某良品”服务名称。

五、某某计画与某田等三公司之间的纠纷情况

1. 某某计画针对某田公司第 1561046 号“某某良品”商标异议申请的情况

2001 年 4 月 26 日，某某计画对第 1561046 号“某某良品”商标注册向

国家商标局提出异议。2004 年 1 月 7 日，国家商标局作出〔2004〕商标异字第 00020 号《“某某良品”商标异议裁定书》，裁定第 1561046 号“某某良品”商标予以核准注册。某某计画不服上述裁定，向国家商评委提出异议复审申请。2009 年 3 月 9 日，国家商评委作出商评字〔2009〕第 04991 号《关于第 1561046 号“某某良品”商标异议复审裁定书》，裁定被异议商标予以核准注册。某某计画不服上述裁定，提起行政诉讼。北京市第一中级人民法院作出（2009）一中行初字第 1810 号行政判决，判决维持该裁定。某某计画不服上述判决，提起上诉，2010 年 9 月 20 日，北京高院作出（2010）高行终字第 338 号行政判决：驳回上诉、维持原判。某某计画不服，申请再审。最高人民法院于 2011 年 11 月 23 日作出（2011）知行字第 13 号行政裁定，决定提审。2012 年 6 月 29 日，最高人民法院作出（2012）行提字第 2 号行政判决，认定：某某计画提供的证据只能证明 2000 年 4 月 6 日之前其“某某良品”商标在日本、中国（香港地区）等地宣传使用及知名度情况，并不能证明“某某良品”商标在中国实际使用在第 24 类毛巾等商品上并具有一定影响的事实，据此，维持北京高院（2010）高行终字第 338 号行政判决。

2. 某某计画以连续三年不使用为由对某田公司第 1561046 号“某某良品”商标申请撤销情况

2014 年 2 月 7 日，某某计画针对第 1561046 号“某某良品”商标提起连续三年不使用撤销申请。国家商标局经审查，认为某田公司提供的商标使用证据有效，某某计画申请撤销理由不能成立，于 2015 年 2 月 13 日作出关于第 1561046 号“某某良品”商标不予撤销的决定。某某计画不服上述决定，于 2015 年 3 月 20 日向国家商评委申请复审，2016 年 5 月 26 日国家商评委作出商评字〔2016〕第 47675 号《关于第 1561046 号“某某良品”商标撤销复审决定书》，决定该商标在“毛巾、毛巾被、浴巾、枕巾、地巾、床单、枕套、被子、被罩”商品上予以维持，在“棉织品、盖垫、坐垫罩”商品上予以撤销。某某计画不服上述决定，向北京知产法院提起行政诉讼，案号为（2016）京 73 行初 5434 号。在该案中，某田公司辩称，第 1561046 号“某某良品”商标是在 2016 年 11 月 28 日才进行注册公告，提起商标三年不使用的撤销程序应当自商标注册公告之日起三年后，但某某计画是在 2014 年 2 月 7 日提出的商标撤销申请，明显违反法定程序。北京知产法院认为，第 1561046 号“某某良品”商标的注册公告日为 2016 年 11 月 28 日，后又于 2017 年 2 月 27 日对该商标予以更正公告。因此，某某计画于 2014 年 2 月 7 日向国家商标局提出撤销该商标的申请时，某田公司尚未取得该商标的专用权，某某计画尚无权以该商标连续三年不使用为由提起商标撤销申请。故国家商标局本不应当受理某某计画针对该商标的撤销申请，而国家商评委在上述商标撤销复审程序中对此亦未予纠正，属程序违法。2019 年 5 月 30 日，北京知产法院判决：撤销商评字〔2016〕第 47675 号《关于第 1561046 号“某某良品”商标撤销复审决定书》，由国家知识产权局重新作出行政行为。某某计画不服，向北京高院提起上诉，案号为（2019）京行终 8563 号。北京高院经审理认为，虽然国家商标局曾于 2001 年 4 月 28 日发布了第 1561046 号“某某良品”商标的注册公告，但由于某某计画已于此前的 2001 年 4 月 26 日针对第 1561046 号“某某良品”商标提出了异议申请，故该商标的注册公告之日不能以 2001 年 4 月 28 日为准。此后，该商标经过异议、异议复审、一审、二审以及再审，最终被注册公告的时间为 2016 年 11 月 28 日。因此，某某计画针对第 1561046 号“某某良品”商标提起连续三年不使用撤销申请的起算日应为 2016 年 11 月 28 日。某某计画于 2014 年 2 月 7 日提出连续三年不使用撤销申请时，该商标尚未被注册公告，故北京知产法院认定正确，遂于 2020 年 7 月 30 日作出判决：驳回上诉，维持原判。

3. 北京某某良品投资公司以连续三年不使用为由针对某某计画第 4471277 号“某某良品”等商标申请撤销情况

在北京某某良品投资公司针对第 4471277 号“某某良品”商标以连续三年不使用为由提起的商标权撤销程序中，国家知识产权局于 2021 年 5 月 18 日作出商评字〔2021〕第 131108 号《关于第 4471277 号“某某良品”商标撤销复审决定书》，认定“在案证据足以证明诉争商标在 2017 年 1 月 20 日至 2020 年 1 月 19 日期间（简称指定期间）内在‘推销（替他人）’服务上进行实际使用，诉争商标在‘广告；市场研究；邮寄订单广告’服务上的注册予以撤销，在其余核定服务上予以维持”。北京某某良品投资公司不服该决定，提起行政诉讼。北京知产法院作出（2021）京 73 行初 11532 号行政判决，驳回北京某某良品投资公司的诉讼请求。北京某某良品投资公司不服，提起上诉。2023 年 3 月 1 日北京高院作出（2022）京行终 1718 号行政判决，认为：某某计画提交的其他证据显示，其在指定期间内通过线上的方式对“日本手工品牌 SUNFELT”“新星出版社 清酒”“太平猴魁”等其他主体的商品进行了宣传介绍，并安排讲师、提供活动场地组织线下活动，且显示有第 4471277 号“某某良品”商标；此外，某某计画提交的宣传报道以及他人名下的“荒岛书店”注册商标信息等证据显示，在某某良品门店内通过提供场地、摆放宣传海报的方式对他人的“荒岛书店”商品进行了宣传和推销，其门店显示有第4471277号“某某良品”商标，上述证据可以证明在指定期间内某某计划在“推销（替他人）”服务上对第4471277号“某某良品”商标进行了真实、合法、有效的商业使用。

4. 涉及企业名称的不正当竞争纠纷的前案处理情况

2014年，某某计划以北京某某良品投资公司相关行为构成商标侵权及不正当竞争为由，向北京知产法院提起5起诉讼，立案案号分别为（2014）京知民初字第59号、第60号、第61号、第62号、第63号。在其中的（2014）京知民初字第59号、第60号两案中，某某计划主张权利的商标分别为第4471268号“某某良品”商标（第20类）、第4833852号“某某良品”商标（第25类），除请求法院认定相关行为构成商标侵权并请求判令停止侵害外，某某计划诉讼请求还包括北京某某良品投资公司立即停止使用含有“某某良品”文字的企业名称，并将其变更为不含有“某某良品”文字的企业名称。该两案中，某某计划提交的若干公证书显示，线上线下的消费者已经对北京某某良品投资公司和某某计划的主体形成了混淆和误认。比如，取证人员张某波与北京某某良品投资公司开设在“王府井百货（大兴店）”五层的“某某良品”实体店的线下消费者的对话摘录如下：“张某波：这是个什么牌子？这是中国的牌子还是？男顾客：我记得是日本的，因为我媳妇就喜欢这个东西。她跟我说是北京的。”“张某波：您知道某某良品这个品牌吗？女顾客：是日本的应该是。张某波：这个是日本的牌子？您觉得上边五楼的某某良品是日本牌子的专卖店？女顾客：啊，不是吗？”又如，北京某某良品投资公司开设在淘宝网上的“某某良品旗舰店”的线上消费者的评价留言内容部分摘录如下：“质量很好没有气味，但厂家是北京某某良品，不知和日本的某某良品是一家吗？日本好多城市都有某某良品店，但商品种类很多。”“此某某良品非比（彼）某某良品，各位客观（官）看仔细了，东西倒是没什么问题，但心里很不舒服！”“买的时候以为是日本的某某良品，结果不是，名字打了一个擦边球。比较贵，袖子超大，质量还行吧。还有售后服务短信。”“太坑了 某某良品！还以为是muji！原来是山寨！！！”“第一次在网上买muji 十分不错的枕头”此外，取证人员还登录北京某某良品投资公司在京东商城开设的“某某良品官方旗舰店”（http：//mujihome. jd. com）进行了公证取证，以证明北京某某良品投资公司使用行为已经对消费者形成了混淆误认。

北京知产法院认为，北京某某良品投资公司在该案的被诉侵权商品上使用中文企业名称“北京某某良品投资有限公司”，主观上具有攀附某某计画第 4471268 号、第 4833852 号“某某良品”商标知名度的目的，客观上也容易使相关公众对某某计画和北京某某良品投资公司提供商品的来源产生混淆误认，或误认为二者存在关联关系，违反了诚实信用原则，构成不正当竞争行为，故应停止该行为。至于某某计画关于“将企业名称变更为不含有‘某某良品’文字的企业名称”的诉讼请求，考虑到北京某某良品投资公司在第 24 类商品上享有第 1561046 号商标和第 7494239 号商标的相关权利，且第 1561046 号商标早在 2000 年 4 月 6 日就已经提出注册申请，故北京某某良品投资公司注册并使用中文企业名称“北京某某良品投资有限公司”具有相应的权利基础，但北京某某良品投资公司应遵循诚实信用原则，不能以不正当竞争的方式使用该中文企业名称。2017 年 7 月 24 日，北京知产法院对上述二案作出判决，判项除了北京某某良品投资公司立即停止相关侵犯商标权的行为、在相关电子商城上发表消除侵权影响的声明以及赔偿损失外，还包含北京某某良品投资公司立即停止在被诉侵权商品及其包装上使用含“某某良品”文字的中文企业名称，但对某某计画关于“将企业名称变更为不含有‘某某良品’文字的企业名称”的诉讼请求未予支持。北京某某良品投资公司不服，提起上诉，北京高院于 2017 年 12 月 5 日作出（2017）京民终 690 号、688 号民事判决：驳回上诉，维持原判。

5. 某田公司、北京某某良品投资公司诉某某计画、某某良品上海公司侵害商标权纠纷案

2015 年，某田公司、北京某某良品投资公司以某某计画、某某良品上海公司为被告，以其生产销售的抹布、面巾、浴巾等商品和在床褥、毛毯等商品上使用的“某某良品”“某某良品”，分别侵害其第 1561046 号和第 7494239 号“某某良品”商标为由向北京知产法院提起诉讼。北京知产法院于 2017 年 12 月 25 日分别作出（2015）京知民初字第 763 号、第 764 号民事判决，判决某某计画、某某良品上海公司立即停止侵权并赔偿损失。北京高院于 2019 年 11 月 4 日作出的（2018）京民终 171 号、172 号民事判决维持了前述判决。在上述两判决中，北京高院正告双方：在某田公司、北京某某良品投资公司名下包括涉案商标在内的多个“某某良品”商标与某某计画、某某良品上海公司名下多个“某某良品”已在不同类别商品上分别予以核准注册的情况

下，作为分别拥有两商标的不同市场主体，应当尊重业已形成的市场秩序，在各自商标专用权项下规范行使权利，尽量划清商业标志之间的界限，避免造成相关公众的混淆误认。对于超出己方商标专用权边界、侵犯对方商标标志专用权的行为均应予以制止并承担相应法律责任。

6. 其他纠纷情况

除本案及前述纠纷外，某某计画、某某良品上海公司与某田等三公司还有多起互为原被告的商标行政授权确权纠纷、侵害商标权和不正当竞争纠纷。另外，双方之间还曾就相关域名产生纠纷。2014 年 5 月 28 日，中国国际经济贸易仲裁委员会域名争议解决中心作出裁决，裁决北京某某良品投资公司注册的争议域名 mujihome. cn、mujihome. com. cn、mujihome. net. cn、mujihome. 中国应转移给某某计画。同年 6 月 10 日，亚洲域名争议解决中心作出裁决，裁决将北京某某良品投资公司注册的 mujihome. com、mujihome. net 转移给某某计画。

六、北京某某良品投资公司使用“某某良品”标识情况

某某计画、某某良品上海公司一审提交的（2015）京长安内经证字第 21514 号公证书记载和显示：北京某某良品投资公司在天猫购物平台开设“某某良品中国官方旗舰店”，该网店店铺内展示了各个系列的“毛巾”“枕芯”“浴巾”“枕巾”“头巾”“小方巾”“床上用品四件套”“马桶垫”“被芯”“浴袍”等商品，在上述商品名称前，各自冠有“某某良品”“某某良品正品”“某某良品官方正品”或“良品企划”等文字标识。该网上店铺中销售的一款“某某良品正品 森林夏季纯棉素色毛巾 吸水洗脸加厚成人男士面巾”商品月成交记录 233 件，累计评价 1945。评价内容绝大部分为简单评价，如“特别好”“好”“看着不错”“不错，质量很好”“很好，喜欢!”“还行吧”“实物颜色比图片里偏暗一些，手感不错，整体满意”“的确比较薄。看看使用情况吧……希望不会掉毛”等，也有部分对商品和品牌质疑的评论，如“很不满意，之前没用过某某良品的毛巾，不敢随便评判，我也不知道是真货还是假货，但是能确定的是，这个毛巾真的很差劲，和酒店毛巾差不多，毛巾边上的线缝合很粗糙，不像大品牌的质量，所以真的很怀疑是真货还是假货”，又如“包装让人看上去，严重怀疑这不是 muji，而且毛巾很薄，色差也严重，这明显不是桃粉色，而是橡皮粉色”“质量倒是还可以，懒得折腾所以没退，但是不是上海的某某良品”。对于上述负面和质疑的评价，网店客服基本作如下统一解释：“感谢亲购买‘某某良品’产品，我们

是中国的某某良品，与其他品牌没有关系，所有中国市场销售的某某良品的纺织品及家用纺织品大都为我公司出品，‘某某良品’的理念来源于中国古代‘大染某某 大爱无疆’的道家思想，这一思想被亚洲汉字国家广泛运用到文学、艺术和经营之中。中国是某某良品品牌的原创国，于20世纪以来就广泛在纺织品领域内使用，只是在2005年某国品牌进入中国后在相关领域大量非法盗用和曲解其义，给广大消费者带来了很大误解，对此我们深感遗憾和愤怒，我们已通过合法渠道责令其停止侵权，还原‘某某良品’品牌的真实面貌，也希望亲一如既往地支持正宗‘某某良品’，热爱原创‘某某良品’”。

七、某田公司、北京某某良品投资公司申请注册其他商标的情况

根据某某计画一审提交的中国商标网查询结果，在2000—2019年期间，某田公司、北京某某良品投资公司除在多个类别上申请注册“某某良品”“某某良品”“某某工坊”“Natural Mill”“某某工坊 Natural Mill”等百余件商标外，还在多个类别上大量申请注册“某某良品风”“某某良品道”“某某良品 HOME”“某某”“良品企划 C-CREATION”“良品优选”“良品建设”“MUJIHOME-CN”等商标，还在2012年申请了“江南 STYLE”商标、在2016—2019年期间大量申请“每日优选”“每日优选 BEAUTIFULDAY”商标。

本案二审争议焦点：1. 某某良品上海公司原告主体资格是否适格；2. 被诉侵权标识是否构成商标侵权；3. 两北京某某良品公司使用“某某良品”字号是否构成不正当竞争；4. 东台某润公司主张的合法来源抗辩能否成立；5. 一审判决确定的民事责任是否正确。

本院认为：

一、关于某某良品上海公司是否具备原告主体资格

某田等三公司认为，某某计画同意某某良品上海公司以自己的名义提起诉讼的声明并非由松崎某本人当公证员面签署，该份声明不具有授权诉讼的效力，故某某良品上海公司不具备原告主体资格，对此本院认为，《最高人民法院关于审理商标民事纠纷案件适用法律若干问题的解释》第四条第二款规定，普通使用许可合同的被许可人经商标注册人明确授权，可以提起诉讼。本案中，某某良品上海公司作为普通许可的被许可人，并非单独提起诉讼，而是与商标注册人某某计画共同提起诉讼，且在整个诉讼过程中，某某计画从未对某某良品上海公司作为共同原告提出过异议，故某某计画与某某良品上海公司共同起诉行为本身即已表明，某某计画已明确授权某某良品上海公司可针对涉案被诉侵权行为提起诉讼，其在本案中具备原告主体资格。关于

某田等三公司质疑的相关公证声明，无论是否具备授权诉讼的效力，均不影响某某良品上海公司在本案中具有原告主体资格的认定。此外，某田公司还以某某良品上海公司原告主体资格存疑为由主张本案中止审理，因缺乏事实和法律依据，本院不予支持。

二、关于被诉侵权标识是否构成商标侵权

（一）关于第 4471268 号“某某良品”商标（第 20 类）

首先，关于被诉侵权 U 型枕。某田等三公司上诉认为其在被诉侵权 U 型枕上使用“某某良品”标识系对某田公司注册申请在先的第 1561046 号“某某良品”商标的合法合理使用，不构成侵权。对此本院认为，某某计画拥有的第 4471268 号“某某良品”商标核定使用在包括枕头在内的第 20 类商品上，而某田公司拥有的第 1561046“某某良品”商标核定使用商品为第 24 类，包括棉织品、枕套。在此情况下，本案中应当结合被诉侵权商品实际销售状态以确定被诉侵权商品的类别，并在此基础上判断侵权与否。被诉侵权 U 型枕随附标签载明的商品名称为颈部枕套，但其实际销售时系已经填充枕芯的枕套，故被诉侵权 U 型枕并非单独销售的枕套，而是以枕套、枕芯预先配套填充完毕以整体出售的方式销售，在此情况下，应认定在被诉侵权 U 型枕上使用“某某良品”标识，超出了第 1561046 号商标核定使用的商品范围，而属于在某某计画第 4471268 号商标核定的枕头商品上的使用，故北京某某良品投资公司生产、东台某润公司销售被诉侵权 U 型枕侵害了某某计画的第 4471268 号注册商标专用权。

其次，关于被诉侵权长条枕。某田等三公司上诉认为被诉侵权长条枕上使用的是某田公司享有权利的“某某工坊”商标，只是在销售发票上显示为“某某良品枕头”，这是开票系统对商品归类错误造成的，不属于商标性使用，不会造成误认，且仅是东台某润公司的行为，与某田公司、北京某某良品家居公司无关。对此本院认为，发票作为商业交易的正式凭证，上面标注的商标文字或图形能够明确指示商品或服务的提供商，从而发挥商标的区别和标识功能。本案中，被诉侵权长条枕在发票的商品名称明细列表记载为“某某良品枕头”，该种使用方式起到了指示和识别商品来源的作用，属于商标性使用。在未经许可的情况下，东台某润公司在相同和类似商品上使用与某某计画“某某良品”商标相同的商标，容易导致混淆和误认，构成侵权。需要指出的是，一审判决也因被诉侵权长条枕上没有“某某良品”标识，未认定某田公司、北京某某良品家居公司实施了侵害第 4471268 号“某某良品”商标的行为。

（二）关于第4471267号“某某良品”商标（第21类）

某田等三公司上诉认为，被诉侵权隔热手套从其功能、外观、原料等方面来看，与第4471267号商标核定使用的第21类“清洁器具（手工操作）、扫帚”等商品不属于相同或类似商品。被诉侵权隔热手套更接近于某田公司注册的第24类上第14621213号“某某良品”商标核定使用的“餐具垫（非纸制）”商品，在被诉侵权隔热手套上使用“某某良品”标识系对自有商标的合法合理使用。对此本院认为，虽然被诉侵权隔热手套的标签标注商品名称为“隔热餐具垫”，但从该商品实物的形状、功能、用途来看，被诉侵权隔热手套整体呈手套状，可以在需要端持或移动高温餐、厨具的场合下佩戴在手上使用。至于将隔热手套置于餐具底部用作隔热垫使用，并非其应有用途。因此，被诉侵权隔热手套作为家务用具，与某某计画第4471267号商标核定使用的第21类“清洁器具（手工操作）、扫帚”等商品在功能、用途、消费群体等方面具有相似性，构成类似商品，而与某田公司第14621213号商标核定使用的第24类“餐具垫（非纸制）”商品在功能和用途方面不同，不属于相同或类似商品。被诉侵权隔热手套上使用“某某良品”标识，超出了第14621213号商标核定使用的商品范围，构成商标侵权，某田等三公司关于被诉侵权隔热手套上使用“某某良品”标识系对自有商标的合法合理使用的上诉主张不能成立。

（三）关于第4471270号“某某良品”商标（第16类）

某田等三公司上诉认为，被诉侵权婴幼儿无纺布多用巾（湿用）、无纺布多用巾（柔巾）与第4471270号商标核定使用的16类“纸巾”等商品不属于相同或类似商品。被诉侵权婴幼儿无纺布多用巾（湿用）、无纺布多用巾（柔巾）上使用“某某良品”标识系对某田公司注册的第24类上第7494239号、第13036632A号“某某良品”商标的合理使用，不构成侵权。对此，本院认为，首先，北京某某良品家居公司及东台某润公司在其生产、销售的被诉侵权婴幼儿无纺布多用巾（湿用）、无纺布多用巾（柔巾）商品外包装上使用“某某良品”标识，上述商品在功能、用途、销售渠道以及消费群体方面与某某计画第4471270号商标核定使用的“纸巾、湿纸巾”等商品存在极大重合，构成类似商品。其次，虽然北京某某良品家居公司经授权许可，有权使用第7494239号、第13036632A号“某某良品”注册商标，但第7494239号、第13036632A号“某某良品”商标核定使用的商品“纺织品餐巾；纺织品手帕等”“纺织品洗脸巾；卸妆用纺织物等”并不包含被诉侵权商品，故应认定被诉侵权商品上的“某某良品”标识系不规范使用。需指出的是，本院并未将被诉侵权婴幼儿无纺布多用巾（湿用）、无纺布多用巾（柔巾）认定为纸巾，且上述两款被诉侵权商品并不在尼斯分类2022文本第24类列明的商品类目之内，故某田等三公司二审提交的证据33《纸巾》国家标准以及证据34尼斯分类2022文本关于第16类、第24类的内容达不到证明目的，本院不予采信。综上，被诉侵权行为侵害了某某计画核定在第16类“纸巾”等商品上的第4471270号“某某良品”注册商标专用权，某田等三公司对此主张的上诉理由不能成立。

（四）关于第4833852号“某某良品”商标（第25类）

某田等三公司上诉认为，被诉侵权拖鞋上使用的系“某某工坊”标识，只是在销售发票上显示为“某某良品拖鞋”，这是开票系统对商品归类错误造成的，不属于商标性使用，不会造成误认，且仅是东台某润公司的行为，与某田等三公司无关。对此本院认为，东台某润公司在被诉侵权拖鞋的销售发票上使用“某某良品”标识构成对第4833852号商标的侵犯，具体理由同前述本院针对被诉侵权长条枕商品构成侵权的回应，此处不再赘述。同样地，一审判决也因被诉侵权拖鞋上并未标注“某某良品”，未认定某田公司、北京某某良品家居公司实施了侵害第4833852号“某某良品”商标的行为。

综上，某田等三公司关于一审判决对相关被诉侵权商品的商标侵权判定错误的上诉主张均不能成立，本院不予支持，某田等三公司以及东台某润公司的相关被诉行为构成商标侵权。

另需要指出的是，关于第4471277号、第16240403号“某某良品”服务商标（第35类）。本案中，东台某润公司向终端消费者提供文具、洗漱卫生用品、床上用品、拖鞋等日用百货的零售服务，从服务目的、内容、方式、对象来看，该服务与某某计画第4471277号、第16240403号“某某良品”商标所核定使用的“推销（替他人）”服务具有高度类似性，两者仅存在为他人商品作推销还是销售商品的区分，但对普通消费者而言不易区分。东台某润公司在提供上述零售服务的过程中，在经营场所的店招、店内的宣传画、收银台背景墙、购物袋、购物筐、宣传海报等上使用与第4471277号、第16240403号“某某良品”商标相同的标识，易使相关公众产生混淆，误认为其所接受的服务来源于某某计画及某某良品上海公司，构成商标侵权。东台某润公司在提供被诉侵权服务过程中使用的被诉侵权标识及其布置方式，均由北京某某良品家居公司授权、设计和提供，北京某某良品家居公司亦侵害了某某计画第4471277号、第16240403号“某某良品”注册商标专用权。

三、关于两北京某某良品公司使用“某某良品”字号是否构成不正当竞争

某某计画、某某良品上海公司本案中主张两北京某某良品公司将“某某良品”作为企业名称中的字号使用构成不正当竞争，理由是上述行为侵害其构成驰名商标的第4471277号注册商标专用权、有一定影响的“某某良品”字号以及“某某良品”服务名称。对此，本院认为：

（一）在北京某某良品投资公司设立前，某某良品上海公司的企业字号和零售服务名称已经具有极高的知名度和市场影响力

首先，某某良品上海公司系某某计画在中国开设的全资子公司，自2005年起就开始以“某某良品”为字号在中国各大城市开设分公司、分店，至北京某某良品投资公司成立的2011年6月21日，某某良品上海公司开设的各分公司、分店已遍布北京、上海、杭州、南京、青岛、宁波、苏州、厦门等城市，尤其是在两北京某某良品公司的注册地北京市，某某良品上海公司在2011年6月21日之前就开设了三家分公司。因此，上海某某良品公司的“某某良品”企业字号的影响力已覆盖中国众多重要城市。其次，某某良品上海公司在中国开设的各分公司、分店均使用“某某良品”字号，并在其经营场所经营的商品或服务上广泛持续使用“某某良品”。再次，从某某计画的“某某良品”系列商标的知名度来看，从20世纪90年代开始，国内就有相关期刊媒体对某某计画名下的“某某良品”系列商标进行持续而广泛的报道和宣传。在相关机构发布的品牌排名中，2005年至2010年，某某计画的“某某良品”商标已经处于亚洲地区和世界品牌榜的前列，包括第4471277号商标在内的系列“某某良品”商标早已为中国消费者所熟知。综上，鉴于某某良品上海公司的实际经营活动和某某计画“某某良品”系列商标知名度，某某良品上海公司的“某某良品”企业字号以及“某某良品”零售服务名称在两北京某某良品公司成立前就已经具有知名度和影响力。

（二）两北京某某良品公司使用某某良品作为企业字号容易造成相关公众的混淆与误认

两北京某某良品公司使用与某某良品上海公司相同的企业字号对外进行招商加盟，北京某某良品公司开设的线上、线下店铺提供的零售服务中大量不规范使用“某某良品”“某某良品”标识，以及两北京某某良品公司在其

生产、销售的商品上标注企业名称的行为，容易使相关公众误认为两北京某某良品公司与某某计画、某某良品上海公司之间存在特定联系，造成混淆。事实上，从前案涉及企业名称的不正当竞争纠纷案以及本案中某某计画提供的证据来看，已经存在消费者将北京某某良品投资公司开设的线上、线下店铺误认为是某某计画和某某良品上海公司开设的店铺，存在事实上的混淆和误认。

（三）两北京某某良品公司将某某良品作为企业字号使用的主观目的更多地是出于攀附

在北京某某良品投资公司设立之前，即 2011 年 6 月 21 日之前，某某良品上海公司及其在国内众多城市开设的分公司和分店已开展多年经营活动，其“某某良品”企业字号以及其从事的“某某良品”零售服务名称已为中国相关公众广为知晓并享有较高声誉，作为同行业经营者，北京某某良品投资公司在确定并注册企业名称时理应知晓某某计画以及某某良品上海公司的企业字号以及其所从事的零售服务的知名度，在此情况下，为避免显而易见会发生的混淆和误认，北京某某良品投资公司在确定企业名称时理应合理避让。结合北京某某良品投资公司及其创始股东某田公司在 2000 年—2019 年期间围绕“某某”“良品”“企划”等关键词申请了大量商标、还将时事热点中的关键词“每日优选”“江南 STYLE”申请商标的行为等因素一并考虑分析，本院有理由认为，北京某某良品投资公司及此后成立的北京某某良品家居公司将“某某良品”作为企业字号使用的目的，更多的是为攀附当时已有一定影响力的某某良品上海公司的企业字号以及“某某良品”零售服务名称的知名度，而非仅是对授权使用的第 1561046 号“某某良品”商标的合理使用。

（四）第 1561046 号“某某良品”商标不具备成为北京某某良品投资公司企业字号正当性来源的前提条件

某田公司第 1561046 号“某某良品”商标于 2000 年 4 月 6 日申请、2001 年 1 月 28 日初审公告，之后经过异议、异议复审、一审、二审以及再审，最终被核准注册的时间为 2016 年 11 月 28 日。根据商标法第三十六条第二款规定，某田公司取得该商标专用权的起算时间为初步审定公告三个月期满之日，即 2001 年 4 月 28 日，但同时，上述条款还作如下规定：自该商标公告期满之日起至准予注册决定作出前，对他人在同一种或者类似商品上使用与该商标相同或者近似的标志的行为不具有追溯力，故在 2016 年 11 月 28 日第 1561046 号“某某良品”商标核准注册之前，该商标在商标法领域内尚未受到完全保护，难以成为北京某某良品投资公司的企业字号的正当性来源。某田公司第7494239号、第14621213号、第13036632A号等“某某良品”商标获准注册时间均晚于北京某某良品投资公司的设立时间，故均不足以成为北京某某良品投资公司企业字号正当性的依据。北京某某良品家居公司设立时间晚于北京某某良品投资公司，某田公司第1561046号“某某良品”商标及其他相关商标亦不足以成为其企业字号正当性的来源。

综上，根据反不正当竞争法第六条第一项、第二项的相关规定，两北京某某良品公司擅自使用某某计画和某某良品上海公司有一定影响的“某某良品”零售服务名称和企业名称，造成相关公众的混淆与误认，构成不正当竞争。鉴于本院已通过反不正当竞争法关于有一定影响的服务名称和企业字号的规定，对两北京某某良品公司将“某某良品”作为企业字号使用构成不正当竞争进行了认定，故对于两北京某某良品公司企业名称是否构成对第4471277号商标的侵害不再予以重复处理，某田等三公司针对第4471277号商标是否具有认定驰名商标的必要性及驰名与否的上诉理由，本院不再予以评述。

此外，在前两案［（2014）京知民初字第59号、60号］中，法院根据北京某某良品投资公司的攀附故意和混淆与误认的客观事实，认定北京某某良品投资公司将“某某良品”作为企业字号构成不正当竞争，故并不存在某田等三公司上诉主张的“早已有生效判决认定两北京某某良品公司的企业名称不构成不正当竞争”的事实。由于两北京某某良品公司的企业字号侵权行为一直在持续，故针对该持续侵权行为提起的变更企业字号的诉讼请求，不适用诉讼时效。

四、关于东台某润公司主张的合法来源抗辩能否成立

东台某润公司上诉主张，其销售的被诉侵权商品具有合法来源，不应当承担赔偿责任。对此本院认为，商标法规定的被诉侵权人合法来源抗辩的成立需同时满足三个要件：一是主体身份限于被诉侵权商品的销售者，对于其他侵权主体不适用合法来源抗辩；二是无主观过错，销售者必须能够证明自己在销售商品时并不知道，或者没有合理的理由应当知道该商品侵犯了他人的商标权，也就是说销售者对其销售的商品须尽到合理的注意义务；三是提供明确的来源，销售者应披露侵权商品的供应商信息，以便于权利人进一步追溯源头侵权者。本案中，首先，在主观过错方面，东台某润公司成立于2011年2月23日，注册资本为2000万元，作为具有一定经营规模并专门从

事商场经营的企业，对于授权使用的商标权利状况负有较高注意义务，尤其是在经销的商品和提供的服务上使用与某某计画具有极高知名度的“某某良品”商标、字号等商业标识相同标识时，应对被授权商标核定使用的商品范围、被授权商标是否存在诉讼进行相应审查。然而，本案二审开庭中，东台某润公司表示，其对于某某计画与某田等三公司存在的争议一概不知，反映其对所售商品和提供的服务是否与授权相符、是否侵害他人商标权未尽审查义务，持漠视心态，存在主观过错。因此，东台某润公司虽提供了被诉侵权商品的明确来源，但其主张的合法来源抗辩不能成立。

五、关于一审判决确定的民事责任是否正确

（一）关于两北京某某良品公司是否应变更企业名称

《最高人民法院关于审理注册商标、企业名称与在先权利冲突的民事纠纷案件若干问题的规定》第四条规定：“被诉企业名称侵犯注册商标专用权或者构成不正当竞争的，人民法院可以根据原告的诉讼请求和案件具体情况，确定被告承担停止使用、规范使用等民事责任”。本案中，某某计画与某田公司在不同类别的商品和服务上各自核准注册了字形上无实质性差异的“某某良品”和“某某良品”商标，即便在核定范围内规范使用各自商标的情况下，也难以保证不会引起相关公众的混淆与误认。事实上，在本案之前的纠纷处理中，人民法院曾不止一次在判决中正告双方当事人应当尊重业已形成的市场秩序，在各自商标专用权项下规范行使权利，尽量划清商业标志之间的界限，避免造成相关公众的混淆与误认。在前两案中，法院认定北京某某良品投资公司使用“某某良品”作为企业字号构成不正当竞争，并判令北京某某良品投资公司立即停止在被诉侵权商品及其包装上使用含“某某良品”文字的企业名称，但双方之间关于“某某良品”商标和企业名称的纠纷并未因此而平息。再结合北京某某良品投资公司在天猫、京东上经营“某某良品中国官方旗舰店”“某某良品官方旗舰店”，以及两北京某某良品公司在微信公众号、大型展会上对外招商，吸引投资者加盟其品牌等情况，如果再允许两北京某某良品公司继续使用“某某良品”字号和包含有“某某良品”文字的企业名称，与某某计画开设在中国的某某良品上海公司及各地直营店的字号共存，对于潜在消费者以及潜在加盟合作经销商，将更容易产生混淆，误认为两北京某某良品公司与某某计画之间存在投资或者合作等关联关系，不仅无谓地提高了相关公众的识别成本，也会使得双方市场界限越来越模糊，从而引发更多的纠纷。因此，两北京某某良品公司立即停止使用并变更企业名称是防止进一步混淆与误认、划清市场边界和降低纠纷发生可能性的必要措施。

另需指出的是，本案与前两案相比，所涉及的权利基础不相同。前两案中，某某计画主张的权利基础是第4471268号、第4833852号“某某良品”商标，本案中某某计画主张的权利基础是第4471277号“某某良品”商标和有一定影响的服务名称和企业字号；所涉及的诉讼主体存在差异，本案被诉侵权人还增加了北京某某良品家居公司以及东台某润公司，故本案应基于某某计画主张的权利基础和具体案情对被诉不正当竞争行为的侵权定性和民事责任的承担方式作出裁判，前两案判决就该案中的侵权事实所确定的侵权判定以及民事责任的承担方式，并不当然影响本案的裁判。

（二）关于某田公司、东台某润公司是否应承担连带赔偿责任

首先，两北京某某良品公司的法定代表人均为徐某，股东成员也相同，均为某田公司、徐某、马某；而某田公司的法定代表人为马某，股东为徐某、马某，由此可见，某田等三公司的股东和公司法定代表人身份存在高度重合，再加上某田公司与两北京某某良品公司之间还存在商标授权许可关系，在此情况下，可以推定这三个公司在日常经营管理、行动决策和公司及股东利益方面存在高度关联性和一致性，由此决定了其在实施本案侵权行为方面具有意志与行为上的共通性与协调性。

其次，东台某润公司对于其经营场所销售的商品未尽基本的注意和审查义务，同时其还存在其他未经许可使用某某计画涉案注册商标的侵权行为，其主张合法来源抗辩不能成立，应承担赔偿责任。由于东台某润公司销售的被诉侵权商品以及店铺内被诉侵权标识来源于某田公司等，其在本案中与某田公司等在各自实施的被诉侵权行为和损害结果上存在关联性。

综上，虽然从表面上看某田等三公司和东台某润公司各自实施被诉侵权行为，但实际上四被诉侵权人主观上具有共同侵权的故意，客观上共同实施了侵权行为，构成共同侵权，一审判决某田等三公司与东台某润公司承担连带赔偿责任，并无不当。某田公司认为其与两北京某某良品公司之间没有关联关系，且本案不能将法人人格否认制度的范围扩展至关联公司，但其仅是向本院提出上述简单的抗辩理由而未提交证据予以证明或者推翻本院前述推定，故本院对其上述主张不予支持。

（三）关于一审判决确定的赔偿责任是否适当

某田等三公司主张，一审判决认定东台某润公司侵害某某计画6个商标

专用权，而某田等三公司共同侵害某某计画5个商标专用权，侵权行为不同，但均被判决承担50万元赔偿责任，责任分配不当；另外，某某计画、某某良品上海公司并未提交此前三年关于第4471268号、第4471267号“某某良品”商标在各自核准的第20类、第21类上使用的证据，故其即便构成侵权，也无须承担赔偿责任。对此本院认为，一审判决并非根据各被诉侵权人侵害商标权的商标数量确定本案赔偿额，也未在逐一计算单件被侵权商标应获赔偿额的基础上累加确定总赔偿额，而是在各被诉侵权人构成共同侵权的基础上，根据某某计画适用法定赔偿的请求，综合考虑某某计画主张商标的知名度、被诉商标侵权及不正当竞争行为、商标权人店铺获利的参考价值与被诉侵权店铺在区域和规模上的差异、权利人维权支出的合理开支等因素，酌情确定东台某润公司、某田等三公司连带赔偿某某计画、某某良品上海公司50万元经济损失，并无不当。某田等三公司对此提出的主张不能成立，本院不予支持。

综上，北京某田纺织品有限公司、北京某某良品投资有限公司、北京某某良品家居用品有限公司、东台市某润购物广场有限公司的上诉理由均不能成立，上诉请求均应予驳回。一审判决认定事实清楚，判决结果正确，应予维持。依照《中华人民共和国民事诉讼法》第一百七十七条第一款第一项之规定，判决如下：

驳回上诉，维持原判。

二审案件受理费8800元，由北京某田纺织品有限公司、北京某某良品投资有限公司、北京某某良品家居用品有限公司和东台市某润购物广场有限公司共同负担。

本判决为终审判决。

审 判 长 袁 滔
审 判 员 张晓阳
审 判 员 刘 莉
二〇二四年八月八日
法官助理 韩文津
书 记 员 石慧君

17. 药品商标侵权案件中标识贡献率的计算及惩罚性赔偿的适用

——原告甘某药业股份有限公司与被告通化东某药业股份有限公司、苏州雷某上国药连锁总店有限公司侵害商标权及不正当竞争纠纷案①

中华人民共和国江苏省苏州市中级人民法院民事判决书

（2021）苏05民初437号

原告：甘某药业股份有限公司。住所地：北京市通州区。

法定代表人：甘忠某。

委托诉讼代理人：明星楠，北京市万慧达律师事务所律师。

委托诉讼代理人：何京，北京植德律师事务所律师。

被告：通化东某药业股份有限公司。住所地：吉林省通化县。

法定代表人：冷某生。

委托诉讼代理人：韩鑫海，北京市金杜律师事务所律师。

委托诉讼代理人：李宜轩，北京市金杜律师事务所实习律师。

被告：苏州雷某上国药连锁总店有限公司。住所地：江苏省苏州市。

法定代表人：张某国。

委托诉讼代理人：屈小春，北京铸成律师事务所律师。

原告甘某药业股份有限公司（以下简称甘某药业）与被告通化东某药业股份有限公司（以下简称东某药业）、苏州雷某上国药连锁总店有限公司（以下简称苏州雷某上公司）侵害商标权及不正当竞争纠纷一案，本院于2021年3月4日立案受理后，依法适用普通程序，于2021年5月10日、2021年9月10日、2022年1月13日三次进行听证，并于2022年3月10日公开开庭进行了审理。原告甘某药业委托诉讼代理人明星楠、何京；被告东某药业委托诉讼代理人韩鑫海、李宜轩；被告苏州雷某上公司委托诉讼代理

① 本案在年度报告中的位置为第41页。

人屈小春到庭参加诉讼。本案现已审理终结。

原告甘某药业向本院提出诉讼请求，请求判令：1. 二被告立即停止侵害原告第3733232号“长秀霖”注册商标专用权。2. 东某药业立即停止生产、销售具有与原告“长秀霖”重组甘精胰岛素注射液（以下简称“长秀霖”胰岛素注射液）商品名称近似的名称的商品；苏州雷某上公司立即停止销售具有与原告“长秀霖”胰岛素注射液商品名称近似的名称的商品。3. 东某药业立即停止生产、销售、许诺销售具有与原告“长秀霖”胰岛素注射液商品包装、装潢近似的包装、装潢的商品；苏州雷某上公司立即停止销售具有与原告“长秀霖”胰岛素注射液商品包装、装潢近似的包装、装潢的商品。4. 东某药业在中国制药网、人民网、新浪财经网、吉林电视台网站、药智网、米内网、丁香园网内分泌频道首页显著位置，在《吉林日报》《通化日报》《法治日报》《中国知识产权报》《医药经济报》《糖尿病天地》《中国糖尿病杂志》《中华内分泌代谢杂志》《国际内分泌代谢杂志》第一版显著位置，在微信公众号“东宝舒霖关怀”，持续刊登声明30日，就本案商标侵权及不正当竞争行为向原告赔礼道歉、澄清事实、消除影响。5. 判令被告东某药业、苏州雷某上公司连带赔偿原告甘某药业经济损失1000万元，以及为制止侵权所支出的合理费用712481.6元。诉讼中，原告将诉讼请求5变更为：判令被告东某药业、苏州雷某上公司连带赔偿原告甘某药业经济损失9000万元，以及为制止侵权所支出的合理费用816238.80元。事实与理由：1. 甘某药业的“长秀霖”商标具有较高知名度，涉案药品的包装、装潢具有一定影响力。甘某药业成立于1998年，在生物合成人胰岛素及其类似物的开发、研制和生产方面均处于国内外领先地位。甘某药业于2002年研制出“长秀霖”胰岛素注射液，商品名为“长秀霖”（通用名称为重组甘精胰岛素注射液，一种用于治疗糖尿病的人用药）。长秀霖是首个国产第三代胰岛素注射液，打破了跨国企业对中国第三代胰岛素市场的垄断。东某药业是生产中、西成药和生物药品的制药企业，主要生产第二代胰岛素产品。2003年9月26日，甘某药业在第5类“生化药品；化学药制剂；医用药物；人用药；原料药”等商品上申请注册第3733232号“长秀霖”商标，并于2006年2月14日获核准注册。自2005年开始，甘某药业开始使用“长秀霖”商标及商品名称。从2005年至2016年十多年的时间里，“长秀霖”胰岛素注射液一直是中国市场上唯一的国产甘精胰岛素注射液，销售区域覆盖全国几乎所有的省份，市场份额持续增长，是第三代胰岛素市场份额前五品牌中唯一的国产品牌。

“长秀霖”商标先后获得大量的奖项，在胰岛素产品中具有极高知名度，已成为相关公众广为知晓的驰名商标。“长秀霖”胰岛素注射液自上市以来一直持续使用涉案包装、装潢，其包装、装潢经甘某药业的长期宣传和使用，已成为具有一定影响的商品包装、装潢。“长秀霖”胰岛素注射液一直被相关公众称为“长秀霖”，“长秀霖”已成为具有一定影响力的商品名称。2. 东某药业生产、销售的“长舒霖”牌甘精胰岛素注射液于 2019 年 12 月 6 日获得国家药品监督管理局批准注册。随后，东某药业以与原告“长秀霖”胰岛素注射液商标、包装、装潢极为近似的“长舒霖”胰岛素注射液参加了湖北省药品采购项目、北京市药品阳光采购项目，同时还在雷某上实体药店、康某大药房线上平台等进行销售。此外，东某药业及其关联公司还在各自官方网站、微信公众号、吉林电视台、新浪财经、《通化日报》、人民网等各大媒体广泛宣传“长舒霖”胰岛素注射液。原告认为东某药业注册并使用“长舒霖”商标具有明显的恶意。自原告 2005 年开始使用并注册了一系列“长秀霖”“速秀霖”“锐秀霖”商标之后，东某药业随后在相关商品类别上注册“长舒霖”“速舒霖”“锐舒霖”商标，其意图搭原告品牌商誉、造成相关公众混淆。因此，原告认为二被告的行为构成商标侵权及不正当竞争。3. 原告认为本案被控侵权产品生产、销售规模极大，地域范围极广，且被告故意实施被控侵权行为，情节严重，应当承担惩罚性赔偿责任。综上，为维护原告的合法权益，特提起诉讼，请求判如所请。

被告东某药业答辩称，1. 原告关于被告构成商标侵权的主张不能成立。第一，“长舒霖”商标至今仍为有效注册商标。北京市高级人民法院作出（2021）京行终 1691 号判决后，国家知识产权局至今尚未作出重审裁定，故东某药业的第 10472074 号“长舒霖”商标至今仍为有效注册状态。并且，（2021）京行终 1691 号判决书中的事实认定和法律适用均存在明显错误，因此，国家知识产权局依据查明的新的事实和理由作出的重审裁定仍可能继续维持第 10472074 号“长舒霖”商标的效力；更何况，重审裁定作出后，东某药业仍有权利提起诉讼。此外，最高人民法院已于 2021 年 11 月 24 日正式立案受理东某药业针对（2021）京行终 1691 号行政判决书提起的再审申请，前述判决书极有可能被撤销。综上，东某药业的第 10472074 号“长舒霖”商标至今仍为有效注册商标。第二，本案系两个注册商标之间的争议，在原告未能举证证明“长秀霖”商标在 2012 年 2 月 9 日之前已达驰名的情况下，原告主张被告构成商标侵权的主张不应获得支持。第三，“长秀霖”与“长舒霖”不近似，故东某药业不构成商标侵权。第四，本案不存在商标法第五十七条第二项规定的“容易导致混淆”的情形。“长舒霖”系对东某药业“甘舒霖”商标的延续性注册，原、被告双方的“X 秀霖”和“X 舒霖”系列商标长期共存已近二十年，相关公众早已形成清晰的市场认知。在没有客观证据证明的情况下，不应简单以尚不确定的“损害患者利益”为由，否定一个已形成稳定运行的市场。处方药的特定流通渠道和方式决定了相关公众不会发生混淆误认。虽然商标的主要作用在于区分商品或者服务的来源，但除商标外，包括企业名称及字号等其他商业标志也可以一并起到区分来源的作用。特别是在药品领域，相关公众更关注企业字号作为区别标识，因此，药品包装上突出显示东某药业的企业字号等标志，可以有效避免相关公众混淆误认。至今没有发生一起因用错药而导致的医疗事故，反而证明现实中没有患者会混淆误认。2. 即便法院认为东某药业构成商标侵权，但原告未能举证证明其因被侵权所受到的实际损失，或东某药业因侵权所获得的利益，更未举证“长秀霖”商标的许可使用费。同时，考虑到原告未能举证其商标贡献率大小，故本案原告诉请的赔偿金额不应获得支持。相较于商品房，处方药和高警示药的商标对其销售利润的贡献率更低。除考虑上述因素外，法院在法定额范围内酌定本案判赔金额时，还应考虑本案存在的相关事实因素，根据诚信和公平原则，合理平衡双方的责任。此外，原告仅有权主张起诉前产生的经济损失（若有），起诉后的损失其应另案起诉主张，否则允许原告起诉后不断变更损害赔偿的请求范围，会损害被告的答辩权利。3. “长秀霖”不能作为商品名称依据反不正当竞争法获得保护。第一，“长秀霖”被注册为商标之后，原告不得再将其作为“商品名称”依据反不正当竞争法获得保护。商品名称所获得的商誉已经与注册商标承载的商誉密不可分，难以在商标权之外再独立构成知名商品特有名称民事权益。“长秀霖”即便构成“商品名称”，也不满足“具有一定影响”的条件。4. “长秀霖”药品包装并非原告首创使用，也不具备显著特征和识别性，同时与东某药业“长舒霖”药品包装不相同、不近似。5. 本案不满足惩罚性赔偿的适用条件。东某药业不具有侵权故意，在本案审理期间，东某药业已经及时主动停止使用“长舒霖”商标。即便法院认定东某药业的行为构成侵权，也远不能达到“情节严重”的标准。综上所述，原告的诉讼请求均不能成立，请求依法驳回原告的全部诉讼请求。

被告苏州雷某上公司答辩称，1. 被告的行为不构成商标侵权。第一，本案是两个注册商标之间的纠纷，不具备起诉条件，原告应当向商标行政主管机关申请解决。原告如果认为东某药业使用的注册商标与原告注册商标相同或近似，应当先向国家知识产权局针对东某药业的注册商标采取商标无效宣告等行动，待东某药业的注册商标确权结束之后，再提起本案的民事诉讼。如果原告直接向法院提起民事诉讼，应驳回起诉。2. 本案不具备认定驰名商标的必要性，原告关于两被告侵犯其驰名商标的请求不应予以支持。原告主张的是一个已注册商标，并且由于本案诉争商标使用的商品与原告注册商标核定使用的商品属于相同或类似商品，因此不符合商标法第十三条的适用条件。本案东某药业的“长舒霖”商标注册日是 2013 年 9 月 14 日，在原告起诉的时候早就已经满五年了，超过了法律规定的五年期限，因此法院应当驳回原告的诉讼请求。东某药业提出注册“长舒霖”商标申请时，原告的“长秀霖”商标并不驰名。东某药业的“长舒霖”商标申请日是 2012 年 2 月 9 日，原告在本案中显然没有提交证据证明原告的“长秀霖”商标在 2012 年 2 月 9 日之前是驰名商标的事实。3. 被告的行为不构成不正当竞争。第一，就“长秀霖”这个名称不应当同时存在注册商标权和有一定影响的商品名称权，这两个请求权基础共存没有依据。根据我国的商标注册制度，商标一旦获准注册即具有专用权，排斥他人在相同或类似商品上使用相同、近似商标。反不正当竞争法对于知名商品特有名称的保护，本质上是对未注册商标的保护，相对于商标法对注册商标的保护而言具有补充性。商标核准注册后，在其核定使用的商品范围内，与其相同或者近似的标识，不能再通过实际使用行为而产生未注册商标权或者知名商品特有名称权，否则将损害商标注册制度的基本价值。所以本案原告既主张两被告侵犯其注册商标权，同时还对“长秀霖”主张有一定影响的商品名称权，不能成立。第二，反不正当竞争法第六条规定的“使用”行为并不包括销售行为。苏州雷某上公司作为销售被控侵权产品的销售商，在产品采购和销售环节不存在任何帮助侵权的主观故意，因此苏州雷某上公司的行为不构成不正当竞争。综上，请求驳回原告的诉讼请求。

当事人围绕诉讼请求依法提交了证据，本院组织当事人进行了证据交换和质证（双方当事人的证据详见附件证据目录）。对当事人真实性无异议的证据，本院予以确认并在卷佐证。对有争议的证据，本院认定如下：

对双方当事人提交原件的证据及提交的证据系互联网上公开资料的证据，在无相反证据的情况下，本院对上述证据的真实性均予以认定。甘某药业提交的证据 6 采购合同，虽为电子打印件，但能与案件其他证据互相印证，故对其真实性予以认定；证据 54“长秀霖”胰岛素注射液于 2010 年中标进入国家基本药物目录的网页截图，虽然目前无法登录原网址进行核验，但该证据能与案件其他证据互相印证，故对其真实性予以认定；甘某药业提交的证据 38“长秀霖”胰岛素注册液广告宣传合同及发票（2005—2012 年）、证据 41“长秀霖”胰岛素注射液参加各大展览会的合同及发票（2005—2012 年）、证据 47“长秀霖”胰岛素注射液中标信息（2005—2012 年）、证据 48“长秀霖”品牌、“长秀霖”胰岛素注射液及甘某药业获得的荣誉奖项（2005—2012 年）、证据 60—证据 73“长秀霖”胰岛素注射液在各省市的商品流向表及发票、证据 74“长秀霖”胰岛素注射液在全国各大药店销售记录及发票、证据 80“长秀霖”胰岛素注射液广告宣传合同及发票、证据 83“长秀霖”及甘某药业参加各大展览会、学术会议的合同及发票（2012—2019 年）、证据 88“长秀霖”胰岛素注射液中标信息（2012—2019 年）、证据 89“长秀霖”品牌、“长秀霖”胰岛素注射液及甘某药业获得的荣誉奖项（2012—2019 年），上述证据中部分页面没有原件，对其没有原件的页面真实性不予认定；证据 140 京东网站上医生问诊过程的页面，该证据系网页证据，网页已无法登录核实，故对其真实性不予认定。

东某药业提交的证据 72、73 为复印件，未有其他证据予以佐证，故对其真实性不予认定；证据 87 为来源于米内网数据库的数据信息，在无相反证据的情形下，对该证据的真实性予以认定。

对于各方当事人提交的证据与本案的关联性及证明力问题结合案件事实综合认定。

根据当事人陈述和经审查确认的证据，本院认定事实如下：

一、原告甘某药业主体情况及主张的相关权利基础

（一）原告主体情况

甘某药业成立于 1998 年 6 月，注册资本 56154 万元，原企业名称为北京甘某生物技术有限公司、甘某药业有限公司，于 2012 年 9 月变更为现名称，经营范围包括研制生物制品、生物原料药、小容量重组产品注射剂；开发生物制品；销售自产产品；货物专用运输；批发医疗器械Ⅱ类；批发和零售医疗器械等。

（二）“长秀霖”商标注册情况

甘某药业于 2003 年 9 月 26 日申请注册“长秀霖”商标，于 2006 年 2 月

14 日核准注册，注册号为第 3733232 号，经续展有效期至 2026 年 2 月 13 日，核定使用的商品为第 5 类，包括生化药品、化学药制剂、药用制剂、医用药物、药物胶囊、针剂、片剂、医用营养制剂、人用药、原料药。

（三）“长秀霖”商品名称使用情况

2005 年 5 月 10 日，甘某药业的重组甘精胰岛素注射液获得国家食品药品监督管理局颁发的药品注册批件，在《药品注册批件》中载明：甘某药业的重组甘精胰岛素注射液的“药品通用名称”为“重组甘精胰岛素注射液”，“商品名称”为“长秀霖”。后经多次再注册申请及补充申请，在药品再注册批件中均载明甘某药业的重组甘精胰岛素注射液的“商品名”“商品名称”为“长秀霖”。“长秀霖”重组甘精胰岛素注射液的说明书中，“【药品名称】”项下载明：“商品名称”为“长秀霖”。

“长秀霖”重组甘精胰岛素注射液（以下简称“长秀霖”胰岛素注射液）的广告批准文号显示甘某药业的重组甘精胰岛素注射液的“商品名称”为“长秀霖”。在甘某药业的《首次公开发行股票（A）股招股说明书》，《中国糖尿病药物注射技术指南 2011 版》《中国常用药品集》等专业类书籍、文章，证券机构等发布的关于胰岛素行业的研究报告，甘某药业参加的各学术会议手册及各类糖尿病杂志的广告宣传中，均将“长秀霖”作为甘某药业生产的重组甘精胰岛素注射液的“商品名”“商品名称”使用。

（四）甘某药业“长秀霖”胰岛素注射液的包装、装潢情况

甘某药业“长秀霖”胰岛素注射液（3ml）包装实物，“长秀霖”胰岛素注射液（3ml）包装盒历年印刷标准，“长秀霖”胰岛素注射液历年生产批记录等证据显示：甘某药业自 2005 年 11 月 16 日至 2020 年在“长秀霖”胰岛素注射液产品的包装盒上使用的包装、装潢略有细微变动，但大体相同。“长秀霖”胰岛素注射液包装盒整体为规则的长方形，包装盒正面左边为长方形蓝色色块，包装盒正面中间偏上为“重组甘精胰岛素注射液”药品中英文通用名称，通用名称上方为长方形蓝底色块加白色字体的“长秀霖”商标，包装盒正面底部为甘某药业企业名称及药品规格。甘某药业“长秀霖”胰岛素注射液外包装如图 1：

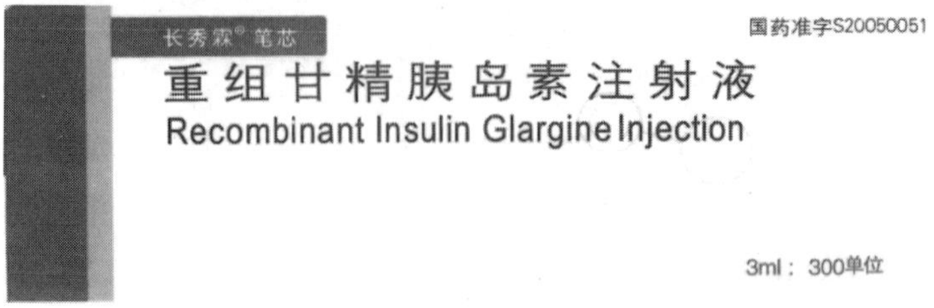

图1 外包装图

“长秀霖”甘精胰岛素注射液（3ml）包装盒历年印刷标准，“长秀霖”胰岛素注射液历年生产批记录等证据显示，甘某药业在使用“长秀霖”胰岛素注射液包装盒期间，包装盒正面的包装、装潢经历过3次细微变更，主要为：

第一次，2011年12月9日，包装盒正面的中文通用名称“重组甘精胰岛素注射液”下面增加了“Recombinant Insulin Glargine Injection”英文通用名称；

第二次，2012年9月28日，包装盒正面的企业名称由“甘某药业有限公司”变更为“甘某药业股份有限公司”；

第三次，2016年1月18日，包装盒正面的“3ml：300单位”字样的颜色由黑色变成蓝色。

关于胰岛素行业其他厂商产品的包装、装潢设计，甘某药业出示了丹麦诺某公司、诺某制药公司、联某制药公司生产的多款不同胰岛素的包装盒。不同公司胰岛素注射液的包装盒差异较大，在包装盒底色都为白色的基础上，配色有橙色、绿色、紫色等不同设计，有颜色的线条或色块的大小、位置设计也各不相同。

二、甘某药业“长秀霖”商标的知名度

（一）“长舒霖”商标申请（2012年2月9日）以前“长秀霖”商标的知名度

1. 关于“长秀霖”胰岛素注射液的最早使用情况

2001年，甘某药业开始研发人胰岛素类似物（第三代胰岛素），2002年研制出中国第一支长效人胰岛素类似物。2005年5月10日，“长秀霖”重组甘精胰岛素注射液获得国家食品药品监督管理局药品注册批件，注册批件中核准的重组甘精胰岛素注射液的注册商标为“长秀霖”。2005年7月20日，“长秀霖”胰岛素注射液获得药品GMP证书。“长秀霖”胰岛素注射液是一种治疗糖尿病的胰岛素类似物，用于糖尿病患者基础血糖的控制。2005—2012 年“长秀霖”胰岛素注射液包装盒印制标准及生产批次记录显示，自 2005 年“长秀霖”胰岛素注射液上市以来，甘某药业即开始并一直将“长秀霖”使用在原告生产的重组甘精胰岛素注射液药品上。2009 年，“长秀霖”胰岛素注射液被纳入国家医保及各地医保。

2. 关于“长秀霖”胰岛素注射液的销售情况

互某会计师事务所出具的《甘某药业“长秀霖”品牌审计报告（2009 年—2012 年）》（以下简称《品牌审计报告》）、安某会计师事务所出具的《甘某药业“长秀霖”品牌专项审计报告及商品地域流向统计表、发票明细列表（2005 年—2019 年）》（以下简称《专项审计报告》）显示：“长秀霖”胰岛素注射液是甘某药业的主要产品，在 2005 年至 2012 年，其销售收入占甘某药业总销售收入的比率分别为：96. 8996%、57. 4657%、90. 1987%、97. 6074%、96. 4485%、96. 0321%、88. 7765%、91. 2880%；2005 年至 2012 年，“长秀霖”胰岛素注射液销售收入分别为：985745. 28 元、4859928. 36 元、25727065. 85 元、49504925. 84 元、77805821. 51 元、157791749. 27 元、287352989. 78 元、486875064. 35 元，总计约 11 亿元。2008 年，甘某药业“长秀霖”胰岛素注射液产品开始盈利，2008 年至 2012 年，“长秀霖”胰岛素注射液产品国内净利润分别为：5691365. 36 元、15093450. 53 元、22884147. 76 元、53915102. 74、134008572. 61 元，总计约 2. 3 亿元。北京医药行业协会出具的《证明》显示，2011 年至 2013 年，“长秀霖”胰岛素注射液销售收入分别为：29281 万元、48698 万元、59015 万元；利税分别为 10734 万元、23543 万元、29462 万元；在全国基础胰岛素市场的占有率分别为 14. 25%、17. 19%、21. 35%。互某会计师事务所出具的《品牌审计报告》及安某会计师事务所出具的《专项审计报告》显示：2005 年至 2012 年，“长秀霖”胰岛素注射液纳税总额分别为：4691. 83 元、23076. 31 元、289467. 65 元、588785. 4 元、930182. 45 元、106285. 68 元、3555310. 16 元、7496812. 25 元，总计约 1300 万元；2005 年至 2012 年，“长秀霖”胰岛素注射液在全国各地的销售量分别为：7700 支、37556 支、203670 支、44480 支、614710 支、1257328 支、2251164 支、2380477 支，总计 6797085 支。《品牌审计报告》《专项审计报告》及“长秀霖”胰岛素注射液的中标通知书显示，在 2005 年至 2012 年，“长秀霖”胰岛素注射液销售地域遍布北京市、上海市、广东省、河南省、山东省、浙江省等全国 20 多个省、直辖市及自治区。

3. 关于“长秀霖”胰岛素注射液的市场占有率问题

医药信息公司发布的《第三代胰岛素市场研究报告》显示，以我国城市样本医院终端零售数据为统计基础，自2009—2017年“长秀霖”产品在第三代胰岛素（重组甘精胰岛素）市场上的市场占有率一直处于增长的态势，从2009年的3.95%增长到2017年的10.09%。在2016年之前，我国市场上只有赛某（来得时）和甘某药业（长秀霖）两家企业具有甘精胰岛素这一品类的生产能力，而赛某（来得时）的市场占有率从2009年的40.91%降到2017年的31.64%，其市场份额主要由“长秀霖”取代。农业部农业转基因生物安全管理办公室、中国农业科学院生物技术研究所、中国农业生物技术学会发布的《转基因30年实践》（2011年），中华医学会糖尿病学分会发布的《中国糖尿病药物注射技术指南2011版》，包括招商证券、国金证券、东吴证券等在内的多家证券公司发布的近二十份关于胰岛素的行业报告显示：2005年至2015年，甘某药业的“长秀霖”胰岛素注射液一直是中国市场上唯一的国产第三代胰岛素，在样本医院销售额从2005年的478万元上升到了2015年的5.69亿元，增长迅速。2009年至2012年，甘某药业的“长秀霖”胰岛素注射液在第三代胰岛素中的市场份额一直位于中国厂商第一位，全球厂商前四位。中国标准物质网、家庭医生在线网等第三方媒体对“长秀霖”产品的报道，多次提及“长秀霖产品替代进口”“打破跨国公司垄断”“减轻患者经济负担和医保支出负担”“降低了患者的医疗费用”“国内首个在美申报并开展临床的生物类似物”“在国际市场与外资企业竞争”等评价。

4. 关于“长秀霖”胰岛素注射液的宣传情况

自2005年“长秀霖”胰岛素注射液上市销售以来，甘某药业在《国内内分泌代谢杂志》《糖尿病天地》《中国糖尿病杂志》《中华内分泌代谢杂志》《国际内分泌代谢杂志》《大众健康报》《实用临床医药杂志》等在行业内具有权威性和影响力的医学、药学相关刊物、报纸等多种媒介发布广告。甘某药业通过赞助2010年、2011年、2012年“北大糖尿病论坛”“全国内分泌学术会议”“蓝光行动”等糖尿病领域的学术研讨会及各类展览会、活动的形式宣传“长秀霖”商标。

《品牌审计报告》《专项审计报告》显示，2005年至2012年，“长秀霖”胰岛素注射液国内广告费及业务宣传费用分别为：28511.12元、237436.66元、686613.56元、1293574.9元、6883460.41元、20222843.69元、39420487.25元、55261126.95元，总计约1.2亿元。

关于“长秀霖”胰岛素注射液的媒体报道情况。上海图书馆出具的《“长秀霖”等图书馆检索证明》显示：自1998年1月1日至2012年12月31日，与甘某药业“长秀霖”胰岛素注射液相关的学术文章有589篇。在甜蜜家园中以“长秀霖”作为关键词进行检索，显示与“长秀霖”相关的信息有410条，其中，发布于2006年12月5日至2012年12月31日的信息约有215条。在“百度搜索”中以“长秀霖”作为关键词进行检索，显示发布于1998年1月1日至2012年12月31日的信息约有477条。在“百度文库”中以“长秀霖”作为关键词进行检索，显示与“长秀霖”相关的信息约有46条。在“百度学术”中以“长秀霖”作为关键词进行检索，显示与“长秀霖”相关的信息约有140条。在知乎网站中以“长秀霖”作为关键词进行检索，显示与“长秀霖”相关的信息约有120条。在搜狗搜索微信模块中以“长秀霖”作为关键词进行检索，显示与“长秀霖”相关的信息约有100条。在豆丁网中以“长秀霖”作为关键词进行检索，显示与“长秀霖”相关的信息约有80条。在“丁香搜索”中以“长秀霖”作为关键词进行检索，显示与“长秀霖”相关的信息约有67条。中华医学会糖尿病学分会官网、中国新闻网、中国网络电视台、中国医药123网、健康频道、医药网、搜狐健康网、腾讯财经等网络媒体发布的文章中对“长秀霖”胰岛素注射液进行了相关报道。其中，2005年8月29日，中国医药123网、搜狐网报道：“长秀霖的上市，标志着我国本土企业以技术革命的方式打破了胰岛素药品领域长期外商垄断的市场格局”。2007年4月9日，搜狐健康报道：“目前，甘某药业的两种胰岛素类似物已在中国市场全面上市……预计甘精胰岛素（长秀霖）在未来三五年内必将成为糖尿病领域的‘重磅炸弹’。”2008年12月30日，中华医学会糖尿病分会报道：“目前，北京甘某生物技术有限公司自我研发和生产的拥有独立专利的甘精胰岛素（长秀霖）获得了国家生产批准，并全面上市……同时甘某药业的产品正积极进入国际市场，势必大大冲击跨国公司在人工合成胰岛素行业上的垄断。”

5. 关于甘某药业和“长秀霖”胰岛素注射液获得的荣誉和奖项情况

“长秀霖”胰岛素先后获得北京市自主创新产品、通州区科学技术一等奖、北京市科学技术奖，“长秀霖”商标被北京市工商行政管理局评定为北京市著名商标。甘某药业先后获得“通州区区级企业技术中心”“2010年通州区科学技术一等奖”“2011中国医疗健康产业最具投资价值企业Top10”“2011中关村新锐企业百强”“2012年药品质量管理示范单位”“2011中关村高成长企业 TOP100”“2012 年通州区优秀科技企业”“2012 年中关村国家自主创新示范区‘十百千工程’企业”“2012 年北京生物医药产业跨越发展工程 G20 工程杰出成长企业”等。

（二）“长舒霖”商标申请（2012 年 2 月 9 日）以后至今，“长秀霖”商标的知名度

1. “长秀霖”商标的使用情况

从 2012 年开始的“长秀霖”胰岛素注射液历年包装盒印刷标准、生产批次记录及甘某药业的经销商出具的商品流向表及发票显示，自 2012 年至今，甘某药业一直持续将“长秀霖”使用在重组甘精胰岛素注射液药品上。2014 年，北京医药企业管理协会出具《推荐函》，推荐“长秀霖”申报北京市著名商标，以树立品牌形象，维护企业合法权益。

2. 关于“长秀霖”胰岛素注射液的销售情况

安某会计师事务所出具的《专项审计报告》显示，2013 年至 2019 年，甘某药业的主营业务为“长秀霖”胰岛素注射液，其销售收入占甘某药业总销售收入的比率分别为：87.4687%、85.3351%、93.4931%、94.8886%、93.1300%、95.1637%、88.3862%。2013 年至 2019 年，“长秀霖”胰岛素注射液产品销售收入分别为：597653857.33 元、773390104.26 元、998282057.68 元、1579147121.30 元、2118970556.77 元、2242981615.56 元、2535364662.12 元，总计约 108 亿元。安某会计师事务所出具的《专项审计报告》显示，2013 年至 2019 年，“长秀霖”胰岛素注射液纳税总额分别为：8882193.42 元、11646636.54 元、8007942.60 元、7257853.91 元、10009883.22 元、12182 908.53 元、14191020.09 元，总计约 7218 万元；2013 年至 2019 年，“长秀霖”胰岛素注射液在全国各地的销售量分别为：4356150 支、2743727 支、8567557 支、13001364 支、17370320 支、18050285 支、20500699 支，总计 84590102 支。安某会计师事务所出具的《专项审计报告》显示，“长秀霖”胰岛素注射液自 2017 年起销售地域遍布全国 30 多个省、直辖市及自治区。截至 2020 年，甘某药业与全国各地数十家医药经销商建立了经销合作关系，其中包括国药控股某公司、新疆某公司、福建某公司、重庆某公司、吉林某公司等医药销售公司。

3. 关于“长秀霖”胰岛素注射液的市场占有率问题

招商证券等证券公司发布的关于胰岛素的一系列市场研究报告、医药信息公司出具的第三代胰岛素市场研究报告等证据中的内容显示：截至 2016

年，国内的第三代胰岛素主要由赛某、诺某、礼某及甘某药业四家企业所垄断，甘某药业是唯一一家国产第三代胰岛素生产企业；截至 2019 年 6 月，我国市场上第三代胰岛素的生产厂家总计 5 家，中国生产厂家仅 2 家，甘某药业是其中之一。2005 年至 2015 年，国外胰岛素的市场份额趋于缓慢下降，从 2005 年的 95.43%下降到 2015 年 89.80%，减少的份额主要由甘某药业获得，甘某药业的“长秀霖”胰岛素注射液在样本医院销售额从 2005 年的 478 万元上升到了 2015 年的 5.69 亿元，复合年均增长率为 61.28%。2013 年至 2015 年，甘某药业收入年化复合增速达到 33%，净利润年化复合增速达到 48%。2012 年“长秀霖”胰岛素注射液的市场份额占 27%，2016 年增至 38%。2009 年至 2017 年，一直位于我国第三代胰岛素市场第二名的赛某公司市场份额由 2009 年的 40.91%下降至 2017 年的 31.64%，其下降的市场份额主要由甘某药业的“长秀霖”胰岛素注射液取代，“长秀霖”胰岛素注射液在我国城市样本医院中的销售额及市场份额呈现逐年上升的趋势，9 年的年复合增长率达到 38.04%，且 9 年的增长率均高于第三代胰岛素整体市场的增长率，总销售额一直位于中国厂商第一位，也是唯一的国产品牌，2016 年前位于全球厂商前四位。

4. 关于“长秀霖”胰岛素注射液的宣传情况

甘某药业在各大医学、药学相关刊物、报纸、网络等多种媒介发布广告，持续通过赞助“北大糖尿病论坛”“全国内分泌学术会议”等学术研讨会、学术推广会议、内分泌学术会议及各类展览会、活动的形式宣传“长秀霖”商标。安某会计师事务所出具的《专项审计报告》显示，2013 年至 2019 年，“长秀霖”胰岛素注射液国内广告费及业务宣传费用分别为：50383814.47 元、57978766.75 元、87783722.94 元、83644750.23 元、77354684.99 元、86475775.06 元、155485245.82 元，总计约 6 亿元。

关于“长秀霖”胰岛素注射液的媒体报道情况。上海图书馆出具的《“长秀霖”等图书馆检索证明》显示：自 2013 年 1 月 1 日至 2021 年 5 月 26 日，与甘某药业“长秀霖”相关的学术文章有 831 篇。北京市方圆公证处出具的［2021］京方圆内经证字第 07547 号公证书中的内容显示，在甜蜜家园中以“长秀霖”作为关键词进行检索，显示与“长秀霖”相关的信息有 410 条，其中，发布于 2013 年 1 月 1 日至今的信息约有 195 条。在“百度搜索”中以“长秀霖”作为关键词进行检索，显示发布于 2013 年 1 月 1 日至今的信息约有 769 条。2012 年至今，《中国糖尿病杂志》、人民日报、人民网、今日头条、新浪微博、搜狐网、澎湃网、凤凰网、中国网、新浪财经、道客巴巴、智研咨询、经济日报、京华时报、金融界、知乎、北京青年报、东方财富快讯、新华网、一点资讯等杂志及网络媒体发布的文章中均对“长秀霖”胰岛素注射液进行了相关的报道。其中，2016 年 7 月 3 日，招商证券“招商医讯”公众号发布文章《【招商医药】胰岛素药物行业深度报告—行业竞争格局好、国产逐步发力》，称“第三代产品是胰岛素市场稳定增长的引擎……2015 年胰岛素类似物占胰岛素市场比例为 86%，处于绝对主导的地位”；2018 年 8 月 24 日，“米内网”发布文章《国内胰岛素 TOP10 品种曝光》，称“赛某的‘来得时’占据国内甘精胰岛素 75. 83%，甘某药业的‘长秀霖’从 2012 年的 15. 17%比重提升到 2017 年的 24. 17%的比重，呈现出快速增长态势”；2020 年 12 月 7 日，“智研咨询”发布文章《2020 年中国胰岛素市场规模及格局分析：国产胰岛素市场份额逐步扩大》，称“目前（2018 年）国内胰岛素市场集中度较高，主要由三家外资企业（诺某、赛某、礼某）和四家国内企业（通化东某、甘某药业、万某生化、联某制药）占据国内胰岛素主要市场”。2016 年 11 月 8 日，“中国投资咨询网”发布的《引领中国生物制品市场的 Top10 品种与企业》报道提到：中康 CMH 数据的分析，在生物制品中销售规模排名前 10 的企业中，诺某的胰岛素注射液单品诺和灵、诺和锐，诺和灵销售收入为 10 亿元级别；礼某销售额排名首位的重组人胰岛素混合注射液销售收入为 10 亿元规模；赛某排名首位的甘精胰岛素注射液销售收入为 20 亿元规模。而甘某药业的“长秀霖”胰岛素注射液单品，2015 年的销售收入达到 9. 98 亿元，接近礼某；2016 年达到 15. 79 亿元；2017 年，“长秀霖”胰岛素注射液也成为 20 亿元级别单品，销售收入达到 21. 18 亿元。

5. 关于甘某药业或“长秀霖”胰岛素注射液获得的荣誉或奖项情况

甘某药业或“长秀霖”胰岛素注射液先后获得“2013 年至 2015 年 G20 工程突出贡献大品种”“中国专利金奖”“通州区科学技术一等奖”“2015 年中关村高新技术企业”“北京市专利示范单位”“北京生物医药产业跨越发展工程（G20 工程）—行业领军企业”“国家药学会科学技术一等奖”“2018 北京民营企业百强榜单”“北京市级企业科技研究开发机构”“2018 中国化学制药行业工业企业综合实力百强”“2018 中国化学制药行业成长型优秀企业品牌”“2018 中国化学制药行业绿色制药特设奖”“2018 中国化学制药行业生物生化制品优秀产品品牌”“2019 中国化学制药行业环保、绿色制药特设奖”“2019 中国化学制药行业内分泌及激素类优化产品品牌”“2019 中国化学制药行业生物生化制品优秀产品品牌”“2019 中国化学制药行业环保、绿色制药特设奖”，“长秀霖”注册商标被第 28 届全国医药经济信息发布会组委会评选进入“中国制药品牌榜”等。

6. 行政及司法保护情况

2021 年 5 月 31 日，北京市高级人民法院（2021）京行终 1691 号行政判决书认定，在“长舒霖”商标申请日之前，通过甘某药业长期、广泛、持续地宣传和使用，“长秀霖”商标使用于重组甘精胰岛素注射液商品上，在中国境内已为相关公众广泛知晓，“长秀霖”商标使用在人用药商品领域具有较高声誉，已达到驰名程度。

三、被告主体情况及被控侵权行为

（一）被告主体情况

东某药业成立于 1992 年 12 月，注册资本为 203398.8517 万元，原名称为中国通化东某实业股份有限公司，1994 年 1 月变更为中国通化东某药业股份有限公司，后变更为现名称。经营范围包括药品批发、药品零售、药品进出口、药品委托生产、医学研究和试验发展、硬胶囊剂、片剂（含激素类）、颗粒剂、小容量注射剂、原料药、生物工程产品等。

苏州雷某上公司成立于 1997 年 1 月，注册资本为 2079 万元，原名称为苏州雷某上国药连锁总店，1997 年 1 月变更至现名称。经营范围包括药品零售；食品经营（销售预包装食品）；保健食品销售；婴幼儿配方乳粉销售；第三类医疗器械经营；特殊医学用途配方食品销售。

（二）被控侵权行为

1. 使用与原告“长秀霖”甘精胰岛素注射液近似的商标及包装、装潢

2012 年 2 月 9 日，东某药业申请第 10472074 号“长舒霖”商标，于 2013 年 9 月 14 日获准注册，核定使用的商品类别为国际分类第 5 类，包括人用药；人参；化学药物制剂；中药成药；生化药品；医用营养品；净化剂；消毒纸巾；医用保健袋。

2019 年 1 月 17 日，东某药业申请第 35995925 号“长舒霖”商标，于 2021 年 3 月 6 日获准注册，核定使用的商品类别为国际分类第 5 类，包括医用营养品；中药材；人参；消毒剂；消毒纸巾；人用药；化学药物制剂；中药成药；生化药品；营养补充剂。

2019 年 5 月 10 日，甘某药业对东某药业第 10472074 号“长舒霖”商标向国家知识产权局提起无效宣告请求，2020 年 7 月 24 日国家知识产权局作

出裁定维持商标注册。甘某药业向北京知识产权法院提起行政诉讼，2020 年 11 月 26 日，北京知识产权法院作出行政一审判决书，驳回甘某药业诉讼请求。随后，甘某药业向北京市高级人民法院提起上诉，2021 年 5 月 31 日，北京市高级人民法院作出（2021）京行终 1691 号行政判决书，认定“长秀霖”在“长舒霖”申请之前已构成驰名商标，东某药业申请“长舒霖”商标具有恶意，第 10472074 号“长舒霖”商标的注册违反 2001 年商标法第十三条第二款的规定，撤销北京知识产权法院（2020）京 73 行初 12117 号一审行政判决书及国家知识产权局的商评字〔2020〕第 197633 号《关于第 10472074 号“长舒霖”商标无效宣告请求裁定书》，并要求国家知识产权局就甘某药业针对第 10472074 号“长舒霖”商标提出的无效宣告申请重新作出裁定。目前，东某药业已就北京市高级人民法院的二审判决提出再审申请。

2019 年 12 月 6 日，东某药业生产的甘精胰岛素注射液产品获得国家药品监督管理局的药品注册批件，使用的商标为“长舒霖”。

北京市方圆公证处出具的（2020）京方圆内经证字第 00591 号公证书显示，2020 年 1 月 14 日，访问“湖北省医药价格和招标采购管理服务网”，登录“湖北省药品采购准入系统”，可以看到东某药业以“长舒霖”甘精胰岛素注射液（以下简称“长舒霖”胰岛素注射液）参与湖北省药品集中采购招标，在招标的相关信息中，可以看到东某药业生产的甘精胰岛素注射液产品获得的国家药品监督管理局的药品注册批件，并可以看到“长舒霖”胰岛素注射液的包装盒照片显示：“长舒霖”胰岛素注射液使用了“长舒霖”商标；“长舒霖”胰岛素注射液包装盒整体为规则的长方形，包装盒正面左边为长方形蓝色色块，包装盒正面中间偏上为“甘精胰岛素注射液”药品中英文通用名称，通用名称下方为“长舒霖”商标及商品名称，包装盒正面底部为东某药业企业名称及药品规格。

北京市国信公证处出具的（2020）京国信内经证字第 00773 号公证书显示：2020 年 2 月 6 日，吉林卫视官方网站“吉林新闻联播”频道播出东某集团正在大量生产“长舒霖”胰岛素注射液；2020 年 2 月 7 日，吉林卫视官方网站“都市频道”“守望都市”播出东某药业正在大量生产“长舒霖”胰岛素注射液；2020 年 2 月 7 日，《通化日报》官方网站发布新闻《我市重点项目通化东某甘精胰岛素注射液（长舒霖）首批产品投放市场》；2020 年 2 月 5 日，新浪财经网发布新闻《通化重点项目：第三代胰岛素上市》；2020 年 2 月 5 日，人民网发布新闻《通化重点项目：第三代胰岛素上市》。根据以上报道的内容，2020 年 2 月 4 日，东某药业“长舒霖”胰岛素注射液首批产品上市销售，东某药业称“长舒霖”胰岛素注射液每年可为东某药业带来 40 亿元的利润。

北京市方圆公证处出具的（2020）京方圆内经证字第 05354 号公证书中的内容显示：2020 年 5 月，东某药业以 3ml：300 单位规格的甘精胰岛素注射液参与北京市药品阳光采购；东某药业及东某集团在各自官方网站展示、宣传使用“长舒霖”注册商标及涉案包装、装潢的被诉侵权产品“长舒霖”胰岛素注射液；东某集团经营的公众号“东宝舒霖关怀”在 2020 年 2 月 15 日发布文章《听说你们喜欢一天只用打一针的胰岛素?》，2020 年 5 月 1 日发布文章《舒霖家族又添新成员啦!》，该两篇文章中展示了使用“长舒霖”注册商标及涉案包装的被诉侵权产品“长舒霖”胰岛素注射液；康某大药房在其官方网站售卖使用“长舒霖”注册商标及涉案包装的“长舒霖”胰岛素注射液。

江苏省常州市常州公证处出具的（2021）苏常常州证字第 10536 号公证书显示，2021 年 7 月 30 日，甘某药业的代理人在公证员的见证下，在位于江苏省常州市金坛区直茅路×号的某医院门诊就诊，并购买了东某药业生产的“长舒霖”甘精胰岛素注射液。该公证处封存了购买到的“长舒霖”甘精胰岛素注射液产品实物并拍摄照片。包装盒侧面显示药品生产日期为 2020 年 12 月 24 日。

河北省石家庄市燕赵公证处出具的（2021）冀石燕赵证民字第 6934 号公证书显示，2021 年 8 月 3 日，甘某药业的代理人在位于河北省石家庄市槐中路×号的神某大药房公证购买了东某药业生产的“长舒霖”甘精胰岛素注射液。该公证处封存了购买到的“长舒霖”甘精胰岛素注射液产品实物并拍摄照片。

广东省广州市中南公证处出具的（2021）粤广中南第 10969 号公证书显示，2021 年 8 月 4 日，甘某药业的代理人在公证员的见证下，在广东省广州市天河区黄村街社区卫生服务中心就诊，并取得东某药业生产的“长舒霖”甘精胰岛素注射液。该公证处封存了购买到的“长舒霖”甘精胰岛素注射液产品实物并拍摄照片。包装盒侧面显示药品生产日期为 2020 年 10 月 28 日。

北京市海诚公证处出具的（2021）京海诚内民证字第 09956 号公证书显示，2021 年 8 月 4 日，甘某药业的代理人在位于北京市朝阳区安贞西里五区新华金融大厦底层的北京德某医保全新大药房安贞西里店公证购买了东某药业生产的“长舒霖”甘精胰岛素注射液。该公证处封存了购买到的“长舒霖”甘精胰岛素注射液产品实物并拍摄照片。包装盒侧面显示药品生产日期为2020年10月26日。

广东省深圳市罗湖公证处出具的（2021）深罗证字第13568号公证书显示，2021年8月4日，甘某药业的代理人在广东省深圳市罗湖区梅园路×号医药大厦1层的中某大药房公证购买了东某药业生产的标有“长舒霖”商标的甘精胰岛素注射液，包装盒侧面显示药品生产日期为2021年2月26日。

云南省昆明市国正公证处出具的（2021）云昆国正证字第17971号公证书显示，2021年8月4日，甘某药业的代理人在位于云南省昆明市的一某堂昆明丹霞路连锁三店公证购买了东某药业生产的“长舒霖”甘精胰岛素注射液。该公证处封存了购买到的“长舒霖”甘精胰岛素注射液产品实物并拍摄照片。

北京市海诚公证处出具的（2021）京海诚内民证字第10409号公证书显示，2021年8月5日，甘某药业的代理人在京东网站查询长舒霖甘精胰岛素注射液，共检索到8个商品链接，由卜某大药房旗舰店、潇某大药房旗舰店、优某大药房旗舰店、艺某大药房旗舰店4个主体药房进行销售，商品单价153—1245元不等，评论数1—20条不等，商品上均使用了“长舒霖”商标及涉案包装、装潢。甘某药业的代理人对上述每家店铺销售的“长舒霖甘精胰岛素注射液”分别进行了详细查看。

广东省佛山市岭南公证处出具的（2021）粤佛岭南第5035号公证书显示，2021年8月5日，甘某药业的代理人在广东省佛山市顺德区的顺德明某糖尿病医院实名挂号，并在医师的指导下公证购买了东某药业生产的“长舒霖”甘精胰岛素注射液。该公证处对购买到的“长舒霖”甘精胰岛素注射液产品实物进行了封存，并拍摄了包装盒照片。包装盒侧面显示药品生产日期为2020年10月30日。

吉林省长春市国民公证处出具的（2021）吉长国民证内民字第6300号公证书显示，2021年8月9日，甘某药业的代理人在吉林省长春市的吉某大药房红旗街连锁店公证购买了东某药业生产的“长舒霖”甘精胰岛素注射液。该公证处封存了购买到的“长舒霖”甘精胰岛素注射液产品实物并拍摄照片。包装盒侧面显示药品生产日期为2021年2月27日。

北京市海诚公证处出具的（2021）京海诚内民证字第10410号公证书显示，2021年8月9日，甘某药业的代理人对东某药业官网进行证据保全。可以看到，东某药业继续在其官方网站展示和宣传带有“长舒霖”商标的被诉侵权产品甘精胰岛素注射液，并使用了涉案包装、装潢。

四川省德阳市旌湖公证处出具的（2021）川德市旌证民字第5756号公证书显示，2021年8月10日，甘某药业的代理人在位于四川省德阳市旌阳区岷江西路一段×号的文某大药房公证购买了东某药业生产的“长舒霖”甘精胰岛素注射液。该公证处封存了购买到的“长舒霖”甘精胰岛素注射液产品实物并拍摄照片。包装盒侧面显示药品生产日期为2020年12月26日。

2021年9月27日，原告访问东某药业的官方网站发现，东某药业仍继续在其官方网站的“我们的产品—生物药”板块，展示和宣传带有“长舒霖”商标并使用涉案包装、装潢的被诉侵权产品“长舒霖”甘精胰岛素注射液。

湖南省常德市德城区公证处出具的（2021）湘常德证民字第2736号公证书显示，2021年11月26日，甘某药业的代理人在位于湖南省常德市武陵区人民中路×号的九某吉春堂药店公证购买了东某药业生产的“长舒霖”甘精胰岛素注射液。该公证处对购买到的“长舒霖”甘精胰岛素注射液产品实物进行了封存，并拍摄了照片。包装盒侧面显示药品生产日期为2021年8月19日。

甘某药业上述通过公证购买的被控侵权产品上所使用的商标均为“长舒霖”，产品的包装装潢基本相同：包装盒整体为规则的长方形，包装盒正面左边为蓝色色块，包装盒正面中间偏上为“甘精胰岛素注射液”药品中英文通用名称，通用名称下方为长方形蓝底加白色字体的“长舒霖”商标，包装盒正面底部为东某药业企业名称及药品规格。包装盒如图2：

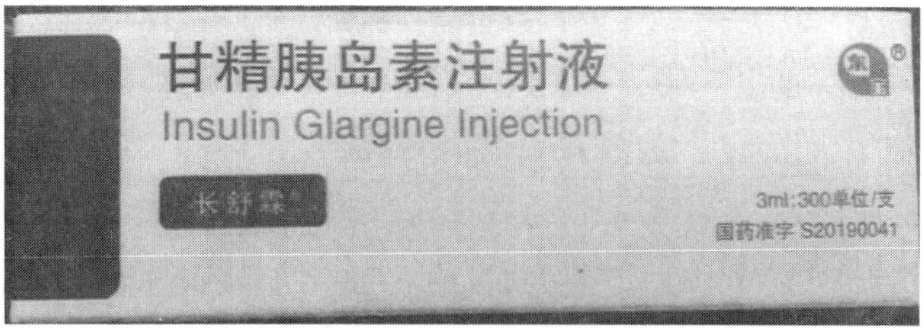

图2 外包装图

东某药业在其2020年半年度年度报告中披露“基于重组人胰岛素（商品名：甘舒霖）、甘精胰岛素（商品名：长舒霖）的销售专业性强……甘精胰岛素注射液（商品名：长舒霖）获批上市，成为国内第三家甘精胰岛素获批上市的公司”。

头豹研究院、兴业证券等各大研究机构、证券机构关于糖尿病诊疗、胰岛素行业的研究报告中都将“长舒霖”作为东某药业甘精胰岛素注射液的商品名称。

北京市海诚公证处出具（2021）京海诚内民证字第10408号公证书显示，2021年8月9日，甘某药业的代理人对相关媒体报道进行了网页证据保全，证明媒体报道中都将“长舒霖”作为被控侵权产品的商品名。

《环球老虎财经》2019年11月13日发布《降价大潮下的通化东某，“李氏家族”渐生去意?》，报道提到：资料显示，通化东某……公司于2011年开始进行4种胰岛素类似物的研究，包括甘精胰岛素（商品名：长舒霖）、门冬胰岛素及其预混制剂（商品名：锐舒霖）、地特胰岛素（商品名：平舒霖）、赖脯胰岛素及其预混制剂（商品名：速舒霖），至今已提交12个品种的注册申请。

《信息早报》2021年4月28日发布《通化东某：一季度甘精放量加速，创新转型推动高质量发展》，报道提到：通化东某……主要产品包括重组人胰岛素原料药、重组人胰岛素注射剂（商品名：甘舒霖）、甘精胰岛素原料药、甘精胰岛素注射剂（商品名：长舒霖）……

《时代周报》2021年4月29日发布《收入、利润增速齐回暖，通化东某董事长冷某生：争取每年都有新增量》，报道提到：通化东某的甘精胰岛素（商品名：长舒霖）于2019年12月获国家药监局批准上市，2020年2月开始投入市场。财报数据显示，2020年度，通化东某的重组人胰岛素销售收入22.07亿元，同比增长5%；甘精胰岛素实现收入1.31亿元。

东方财富网2021年5月1日发布《通化东某：创新转型推动高质量发展》，报道提到：通化东某……主要产品包括重组人胰岛素原料药、重组人胰岛素注射剂（商品名：甘舒霖）、甘精胰岛素原料药、甘精胰岛素注射剂（商品名：长舒霖）……

《电鳗快报》发布《解质押后再质押，通化东某质押率下降，业绩增长能否改善财务状况?》，报道提到：年报显示，通化东某……公司的主要产品包括重组人胰岛素原料药、重组人胰岛素注射剂（商品名：甘舒霖）、甘精胰岛素原料药、甘精胰岛素注射剂（商品名：长舒霖）……

2. 苏州雷某上公司销售被控侵权产品的相关事实

江苏省苏州市苏州公证处出具的公证书显示，2020年12月28日，甘某药业的代理人在江苏省苏州市姑苏区十梓街东小桥下塘×号2幢底楼雷某上新特药定点药房（以下简称雷某上药店）公证购买了“长舒霖”胰岛素注射液。被控侵权产品的包装、装潢以及产品上的标识情况与甘某药业在其他店铺公证购买的相同。在苏州雷某上公司销售被控侵权产品的价格标签上标注的商品品名为：甘精胰岛素注射液（长舒霖）。

苏州雷某上公司确认上述被控侵权产品系其销售，其主张被控侵权产品系通过合法渠道、合理价格从上某控股江苏公司处购买，由东某药业合法生产。苏州雷某上公司为此提交了“长舒霖”甘精胰岛素注射液首营资料（包括药品质量档案、说明书、药品注册批件、质量标准、检验报告、物价、包装备案、商标注册证、发明专利证书等）、购销合同、销货清单、购买记录、验收记录、发票等证据。东某药业对苏州雷某上公司销售的被控侵权产品系其所生产没有异议。其中，在药品质量档案中显示，商品名为甘精胰岛素注射液（长舒霖）；在首营品种审批表中显示药品通用名为甘精胰岛素注射液（长舒霖）。

根据苏州雷某上公司提交的销售明细显示，其共计销售被控侵权产品72支，总销售收入10209.6元。2021年3月26日，苏州雷某上公司向各门店发送通知，要求对被控侵权产品进行下架退货，并向供货商上某控股江苏公司发送《通知函》，要求对被控侵权产品予以退货处理，并在同日对尚未销售的被控侵权产品办理退货手续。

3. 关于混淆误认的有关事实

2020年5月28日，网友“谓某”在雪球网站发布：（东某药业）公司甘精胰岛素名字“长舒霖”，甘李的甘精胰岛素名字“长秀霖”，辨识度很低。虽然有渊源，但能否改一下商品名，让患者清晰区别开来。

2020年11月8日，网友在“微医·乌镇互联网医院”平台，询问：长舒霖就是长秀霖吗。医生您好，我向您发起了在线咨询，请及时接诊。医生回答：是的，一样的药物。

4. 东某药业主张已停止使用涉案商标和涉案包装、装潢的相关事实

东某药业主张自2021年8月25日起，已停止使用“长舒霖”商标，在其生产的甘精胰岛素注射液上使用“平舒霖”商标，并对甘精胰岛素注射液的外包装进行了更改，为此东某药业提交了标注生产日期为2021年8月25日的甘精胰岛素注射液实物。东某药业于2021年8月27日向吉林省食品药品监督管理局办理了甘精胰岛素注射液的药品包装备案手续。根据备案的包

装图片显示，甘精胰岛素注射液上使用了“平舒霖”商标，对外包装左边的蓝色色块进行了去除，并在包装盒的上方和下方各增加了紫色条状的色块。

甘某药业认为截至2021年11月26日其仍然从药店公证购买到了生产日期为2021年8月19日的被控侵权产品，因此东某药业所称的其自2021年8月25日已停止被控侵权行为的主张不能成立。东某药业对此回应称，药品的换标、更换包装都需要履行相应的备案手续，因此整个换标的过程需要一段过渡期，甘某药业公证购买到的产品是在其过渡期间内生产的。

四、甘某药业主张损害赔偿的相关事实

本案中，甘某药业主张按照被告侵权获利计算损害赔偿并请求适用3倍惩罚性赔偿。甘某药业指控被告的侵权期间为2020年至本案判决之前，为了计算方便，甘某药业选取2020年2月至2021年9月30日东某药业的侵权获利作为计算本案损害赔偿的基数。

（一）被告东某药业实施被控侵权行为的获利数额

1. 关于被控侵权产品的销售收入问题

《东某药业2020年半年度报告》《东某药业2020年度业绩快报公告》显示，2020年1—6月，东某药业的营业收入为1474803815.08元，其中，“长舒霖”甘精胰岛素注射液收入4051.16万元，东某药业的利润总额为112265.88万元。

《东某药业2020年年度报告》显示，2020年1—12月，东某药业整体的营业收入为2892169238.81元，利润总额为1108127164.72元，利润率为38.3%，主营业务涉及医药行业、建材行业和房地产行业。其中，“甘精胰岛素注射液”的生产量达到136.55万支，销售量达到107.16万支，营业收入为131498398.56元，营业成本为12748444.98元，毛利率为90.31%，在东某药业所有产品中毛利率最高。东某药业主营业务分产品的平均毛利率为51.53%。报告亦显示，东某药业的甘精胰岛素在2020年实现了25个省、市的挂网及备案工作，已开发的二级以上医院有2900多家。

《东某药业2021年第一季度报告》显示，2021年1—3月，东某药业整体的营业收入为822877442.06元。

21世纪经济报道于2021年4月27日发布名为《通化东某业绩裂变：一季度甘精胰岛素放量加速，牵手药某开展三个创新药项目》的报道。报道中提到，在东某药业于2021年4月27日举办的业绩交流会上，公司董事长冷某生告诉记者，东某药业的甘精胰岛素注射液在2021年第一季度实现7000

多万元的收入。

《东某药业2021年半年度报告》显示，2021年1—6月，东某药业治疗糖尿病的药品主要为6种，分别为：精蛋白人胰岛素混合注射液（30R）、精蛋白重组人胰岛素混合注射液（40/60）、精蛋白人胰岛素混合注射液（50R）、人胰岛素注射液、精蛋白人胰岛素注射液和甘精胰岛素注射液。上述信息记载在东某药业半年度报告“主要产品及其用途”列表中。东某药业2021年上半年整体的营业收入为1662299182.59元，利润总额为793470052.16元，利润率为47.7%。其中，“胰岛素类似物原料药及注射剂产品”的营业收入为158751544.93元，比上年同期增长291.87%，营业成本为12633410.78元，毛利率为92.04 %，在东某药业所有的产品中毛利润率最高。东某药业主营业务分产品的平均毛利率为54.12%。

2021年10月27日，东某药业在其微信公众号一篇名为《通化东某：业绩大增！前三季度归母净利润同比增长41.28%》的文章中称“（东某药业）发布了2021年三季度报告。2021年前三季度，东某药业实现营业收入24.55亿元，同比增长12.33%……收入增长主要来源于公司主营业务——胰岛素产品的收入，其中人胰岛素原料药及注射剂产品销售收入稳步提升……甘精胰岛素原料药及注射剂产品加速放量，单第三季度实现销售收入超1.2亿元……公司毛利率持续攀升，单第三季度综合毛利率达到83.09%，净利率达到49.69%，同比提升19.77个百分点”。东某药业2021年三季度报告显示，东某药业2021年前三季度营业利润为1259768211.82元，营业利润率为51.31%。

东某药业在其年度报告中就其药品的销售模式进行了披露：基于人胰岛素（注册商标：甘舒霖）、甘精胰岛素（注册商标：长舒霖）的销售专业性比较强，公司自建专业化销售团队，在糖尿病领域创立自身运营模式。以学术活动引导的专业化市场推广等形式，按照所有市场活动需要不断提高地区覆盖率和市场占有率。另外，公司自建商务团队，负责和商业公司签订销售合同，提供相应服务，负责回款等。产品再由商业公司配售到医院，完成整个销售。

甘某药业认为，被控侵权产品的销售收入=东某药业2020年年报中披露的“甘精胰岛素注射液”的营业收入131498398.56元+东某药业2021年上半年年报中披露的“胰岛素类似物原料药及注射剂产品”的营业收入158751544.93元+东某药业2021年第三季度“甘精胰岛素”收入超1.2亿元，总计为410249943.49元。

东某药业只认可 2020 年其销售被控侵权产品的收入为 1.3 亿元，对于 2021 年被控侵权产品的销售收入不认可。东某药业认为 2021 年上半年年报中“胰岛素类似物原料药及注射剂产品”的营业收入并不全部是被控侵权产品的营业收入，基于胰岛素类似物的原料药没有使用“长舒霖”商标，因此胰岛素类似物原料药的营业收入应从中扣除，由于公司没有对原料药和注射液的具体销售收入进行过审计，所以无法明确两者的具体金额。对于东某药业 2021 年第三季度销售被控侵权产品的营业收入问题，东某药业也表示没有这方面的数据，无法提供。

2. 关于被控产品的营业利润率问题

甘某药业认为被控侵权产品的营业利润率应当参照甘某药业 2016—2020 年公司整体利润率，并不低于 50.12%的数值。具体原因为：第一，本案涉及同一种商品上的侵权行为，涉案的甘精胰岛素占甘某药业营收 90%以上，公司整体营业利润率基本可代表甘精胰岛素这一品类的营业利润率；第二，同行业的东某药业和联某制药公司的整体营业利润率低于甘某药业，但甘精胰岛素只占两个公司总营业收入不到 5%，其产品主要为二代胰岛素、中西成药、房地产等众多业务，因此不应当以该两个公司的营业利润率作为参考。

2016 年至 2020 年，甘某药业的营业收入分别为：1771493417.62 元、2370529473.78 元、2387386515.67 元、2895062095.07 元、3361881875.15 元；营业利润分别为：900000915.50 元、1269690953.87 元、1114086942.65 元、1397905238.82 元、1452904513.06 元。经计算，甘某药业 2016 年至 2020 年，营业利润率分别为 50.80%、53.56%、46.67%、48.29%、43.22%，前三年的利润均值为 50.12%，五年的利润均值为 48.51%。甘某药业认为综合考虑市场营业利润率以及东某药业毛利率两个因素，被控产品的营业利润率应不低于 50.12%。

东某药业认为甘某药业的主张缺乏证据支持，不能成立，其认为被控侵权产品的营业利润率应低于 2020 年其公司的净利润率 32%，因为被控侵权产品属于刚上市的药品，前期推广成本非常高，所以利润率应低于公司整体的净利润率。

3. 关于商标贡献率问题

甘某药业认为虽然被控侵权产品中可能涉及相应专利或者生产工艺技术秘密等多项附加因素，但考虑其作为仿制药，专利和技术秘密贡献度远达不到 50%。作为进入市场流通领域的药品而言，除了药品品种本身的功效之外，商标和企业字号同样起到区分识别的作用。国家大集采中，仍需要医院等医疗机构先对各品种报需求量，对于同品种的甘精胰岛素，医疗机构对甘某药业的“长秀霖”胰岛素注射液的需求量是 12769557 支，对珠海联某的优乐灵甘精胰岛素的需求量是 1918060 支，二者需求量的差异，即体现了商标和字号的价值。因而，考虑到侵权包装上亦标注有“东宝”商标，将两个商标的因素均考虑在内，“长舒霖”商标贡献率的占比在 25%—35%区间。结合上述各种参考因素，甘某药业认为本案的赔偿基数计算公式为：赔偿基数=被控侵权产品营业收入×涉案产品营业利润率×商标贡献率 = 410249943.49 元×50.12%×（25%至 35%）= 51404317.92 元至 71966045.09 元。

东某药业认为涉案的甘精胰岛素属于药品，处方药和高警示药的商标对其销售利润的贡献度极低，甚至几乎没有贡献。90%的胰岛素注射剂系通过医疗机构销售给患者，而医疗机构是通过集采方式采购药品，商标对于一款药品能否通过集采审查入库没有任何贡献。患者凭借医生处方直接到医院药房拿药，在这个环节中患者也不具有药品品牌的选择权，即商标也不会产生贡献。剩余 10%通过零售药店销售给患者的渠道中，患者仍需要凭借医生的处方购药，绝大部分处方并不注明药品商标，商标不会影响患者购药的选择，因此也没有贡献。影响医生开具一款药的决定性因素是“对症下药”，考虑的是患者的病情、药物的特性，药的质量及价格，因此，商标不是医生开具某一款药品的考虑因素，对该药品的销售没有贡献。在药品领域起到识别功能的商业标识不只有商标，相关公众更多的是从企业字号识别区分一款药物。因此，东某药业认为涉案商标对被控侵权产品利润贡献度极低，对被控侵权产品利润发挥作用的主要是东某药业的企业字号、“东宝”商标、在先“甘舒霖”商标的知名度、被控侵权产品本身的价值和公司的运营管理等。

（二）关于甘某药业主张适用惩罚性赔偿的相关事实

甘某药业的“长秀霖”商标用于其生产的甘精胰岛素，“速秀霖”商标用于赖脯胰岛素，“锐秀霖”用于门冬胰岛素。

东某药业在 2020 年年度报告中披露“公司于 2011 年开始胰岛素类似物的研究，包括甘精胰岛素（注册商标：长舒霖）、门冬胰岛素及其预混制剂（注册商标：锐舒霖）、赖脯胰岛素及其预混制剂（注册商标：速舒霖），德谷胰岛素等”。

甘某药业认为综合考虑被控侵权行为对原告合法权利造成的严重损害，对药品管理秩序的扰乱，以及对广大患者生命健康安全的潜在危害，请求适用3倍惩罚性赔偿。经过计算，甘某药业认为东某药业应当赔偿如下数额：51404317.92元至71966045.09元×4倍=205617271.68元至287864180.35元。在本案中，甘某药业仅主张东某药业赔偿经济损失9000万元。

另，甘某药业主张为本案支出公证费、审计费、检索费等共计314238.8元，支出律师费50.2万元。

五、其他事实

（一）东某药业与甘某药业的历史关系

1. 甘某药业与东某药业及其他关联公司股权变化的历史沿革

1992年12月28日，东某药业成立，成立时公司法定代表人李某奎，东某集团为其大股东，经营范围包括药品生产、药品批发、药品零售、药品进出口、药品委托生产、第二类医疗器械生产、第三类医疗器械经营等。1994年8月，东某药业上市。东某药业公司现任法定代表人为冷某生。

1994年，甘忠某在美国成立了美国安某公司，甘忠某持有该公司100%的股权。1994年11月30日，美国安某公司与东某集团共同成立中外合资企业——通化安某生物工程有限公司（以下简称通化安某），主营业务为生化药研究。其中，美国安某公司持有51.7%的股份，东某集团持有48.3%的股份。通化安某公司研发成功的第二代重组人胰岛素制备技术于1997年转让给东某药业，该产品于1998年上市销售。

1998年6月17日，甘某药业成立，公司成立时注册资本50万元，股东分别为甘忠某（79%）、甘喜某（16%）、甘一某（5%）。

2003年，北京东某生物技术有限公司（以下简称北京东某）成立，由东某药业（出资额3370万元，79.86%）、通化安某（18.96%）、甘某药业（1.18%）出资设立。2004年12月，东某药业将所持北京东某1290.85万元出资额转让予甘忠某；通化安某将所持北京东某出资额中的468.34万元转让予甘忠某，37.58万元转让予甘一某，92.2万元转让予甘喜某；甘某药业将所持北京东某全部出资额50万元转让给甘忠某。

2005年1月27日，甘某药业吸收合并北京东某，至此东某药业成为甘某药业股东，持股比例为41.5%（出资额为2079.15万元）。后经多次增资，截至2011年4月14日，东某药业的持股比例降至29.43%。2011年7月，东某药业将持有的甘某药业股份以45616.50万元的价格全部转让完毕。2012年1月6日，通化安某将其持有的甘某药业股份全部转让完毕。2012年1月10日，甘某药业召开董事会通过决议，东某集团将其持有的甘某药业股份全部转让，于当天签署股权转让协议并生效。2012 年 2 月 13 日，甘某药业完成了本次股权转让的工商登记变更手续。自此次股权转让完成后，甘某药业与东某药业及其关联公司无任何股权关系。

2. 甘某药业与东某药业关于专利及技术秘密的相关合作与授权

1998 年 3 月 31 日，甘忠某作为发明人，通化安某作为专利权人申请了名为“含有分子内伴侣样序列的嵌合蛋白及其在胰岛素生产中的应用”的发明专利，专利号为 ZL98813941.3，并于 2005 年 4 月 20 日获得授权。

1997 年 3 月 10 日，通化安某与东某药业签订《重组人胰岛素技术转让合同书》。1997 年 8 月 8 日，双方签署《技术秘密转让合同书》。2005 年 12 月 22 日，双方签订《关于技术转让合同的补充协议》。通过以上协议，通化安某与东某药业约定通化安某将其研制的重组人胰岛素的原料药及各种剂型的规模化生产技术转让给东某药业，允许东某药业在全世界各国家及地区范围内使用并生产销售，同时授权东某药业无偿使用第 ZL98813941.3 号专利，东某药业应每年支付通化安某专利维持费 100 万元。

2006 年 1 月 14 日，甘某药业与通化安某签署了《关于专利权使用等事宜的补充协议》，约定由通化安某授权甘某药业使用第 ZL98813941.3 号专利。

2011 年 2 月 23 日，通化安某与甘某药业、东某药业三方签署《关于专利实施许可及专有技术授权使用的协议》。协议中约定：2011 年 2 月 23 日之前，通化安某排他性的许可甘某药业实施 ZL98813941.3 专利用于重组胰岛素类似物的生产，排他性的许可东某药业实施 ZL98813941.3 专利用于重组人胰岛素的生产。自 2011 年 2 月 23 日起，通化安某许可甘某药业实施 ZL98813941.3 专利用于重组人胰岛素，但自 2011 年 2 月 23 日起 42 个月内，不得在境内外销售通过实施该专利所得到的重组人胰岛素中间体、原料药及制剂（二代胰岛素）；许可东某药业实施 ZL98813941.3 专利用于重组胰岛素类似物，但自 2011 年 2 月 23 日起 42 个月内，不得在境内外销售通过实施该专利所得到的重组胰岛素类似物中间体、原料药及制剂（三代胰岛素）。

（二）甘某药业和东某药业相关商标的情况

1. 甘某药业的相关商标

2004 年 3 月 17 日，甘某药业申请注册“速秀霖”商标，于 2006 年 10 月 14 日核准注册，注册号为第 3692202 号，核定使用的商品类别为第 5 类，包括人用药；化学药物制剂；生化药品等。

2006年12月6日，甘某药业申请注册“锐秀霖”商标，于2009年12月7日核准注册，注册号为第5768476号，核定使用的商品类别为第5类，包括人用药；化学药；药用制剂等。

2014年4月21日，甘某药业申请注册“恒秀霖”商标，于2015年6月28日核准注册，注册号为第14416243号，核定使用的商品类别为第5类。后，该商标因三年未使用被撤销。

2020年4月23日，甘某药业申请注册“恒秀霖”商标，于2021年1月7日核准注册，注册号为第45735592号，核定使用的商品类别为第5类，包括人用药；原料药；生化药品；药用制剂等。东某药业于2021年4月6日对甘某药业的第45735592号“恒秀霖”商标提起无效宣告申请，被驳回。

2. 东某药业的相关商标

2012年2月9日至2021年7月8日，东某药业共申请注册28件包含“长舒霖”“速舒霖”“锐舒霖”的商标。

2012年2月9日，东某药业公司申请注册“速舒霖”商标，于2013年5月21日核准注册，商标注册号为第10472123号，核定使用的商品类别为第5类，包括人用药；人参；化学药物制剂；中药成药；生化药品；消毒剂；医用营养品；净化剂；消毒纸巾；医用保健袋等。

2012年2月9日，东某药业公司申请注册“锐舒霖”商标，于2013年5月21日核准注册，商标注册号为第10472109号，核定使用的商品类别为第5类，包括人用药；人参；化学药物制剂；中药成药；生化药品；消毒剂；医用营养品；净化剂等。

2019年1月17日，东某药业公司申请注册“锐舒霖”商标，于2020年12月28日核准注册，商标注册号为第36002031号，核定使用的商品类别为第5类，包括人用药；化学药物制剂；中药成药；生化药品；营养补充剂；医用营养品；中药材；人参；消毒剂；消毒纸巾等。

2019年4月29日，东某药业公司申请注册“速舒霖”商标，于2021年6月7日核准注册，商标注册号为第37881624号，核定使用的商品类别为第5类，包括人用药；人参；化学药物制剂；中药成药；生化药品；消毒剂；医用营养品等。

2019年9月16日，东某药业公司申请注册“恒舒霖”商标，于2020年5月7日核准注册，商标注册号为第41059373号，核定使用的商品类别为第5类，包括针剂；片剂；人用药；生化药品；人参；医用营养品；胶丸；化学药物制剂；中药成药；医用保健袋等。甘某药业于2021年10月2日对东某药业的第41059373号“恒舒霖”商标提起无效宣告申请。

2021年2月5日，东某药业公司申请注册9件包含有“锐舒霖”字样的商标，申请使用的商品类别包含第5类、第10类、第35类等。

2021年7月8日，东某药业公司又申请注册了3件“长舒霖”商标，申请使用的商品类别包含第5类、第10类、第35类。

2021年7月8日，东某药业公司申请注册9件包含有“速舒霖”字样的商标，申请使用的商品类别包含第5类、第10类、第35类等。

（三）关于胰岛素产品的相关事实

中国药学会发布《医疗机构胰岛素安全使用管理规范》明确：胰岛素种类多，剂型多，制剂通用名、商品名相近，包装相似，是一类典型的易混淆药物，并被多国纳入高警示药品目录。该药相对于其他药物更容易发生安全使用问题，且更容易产生不良后果。2017年一项针对我国19个省市657家医疗机构的11792例用药错误报告的分析结果显示，胰岛素是除氯化钠溶液外用药错误发生率最高的药品，其中胰岛素的外观、药名、拼音缩写相似导致的用药错误占18.9%，而引起用药错误的前10位看似听似药品中有5种是胰岛素制剂。

自2012年，中国药学会已经将“胰岛素”列为A级高危药品，并列入2012年版的《高危药品分级管理策略及推荐目录》、2015年版及2019年版的《高警示药品推荐目录》。A级高危药品，是高危药品管理的最高级别，一旦用药错误，患者死亡风险最高。

药学领域《高警示药品用药错误防范技术指导原则》《JCI理念下高警示药品管理方法的探讨》等多篇论文强调，药品读音、外观相似是导致药品混淆、用药错误的主要因素。

本院认为，结合当事人诉辩主张及当庭陈述，本案的双方争议焦点为：1. 甘某药业指控东某药业注册、使用“长舒霖”商标侵犯甘某药业“长秀霖”驰名商标专用权的行为是否能成立；2. 甘某药业指控的不正当竞争行为能否成立；3. 如构成侵权，相应的民事责任如何承担。

一、东某药业注册、使用“长舒霖”商标的行为，是否侵害甘某药业“长秀霖”注册商标专用权

甘某药业指控东某药业在生产、销售的胰岛素产品和对外宣传中注册、使用“长舒霖”商标侵犯其“长秀霖”驰名商标专用权。东某药业抗辩实施

上述行为的合法性基础系其拥有的“长舒霖”注册商标。东某药业认为虽然北京市高级人民法院已作出（2021）京行终1691号行政判决，但国家知识产权局至今未作出重审裁定，故东某药业的第10472074号“长舒霖”商标至今仍为有效注册状态；且（2021）京行终1691号判决书在事实认定和法律适用方面均存在明显错误，东某药业已就此申请再审，前述判决书极有可能被撤销，国家知识产权局作出的重审裁定仍可能维持第10472074号“长舒霖”商标的效力。

关于本案是否构成商标侵权的问题，本院从以下三个方面进行分析：第一，本案是否具备个案认定“长秀霖”商标为驰名商标的必要性；第二，甘某药业主张保护的“长秀霖”商标是否构成驰名商标；第三，东某药业注册、使用“长舒霖”商标是否构成侵害甘某药业“长秀霖”驰名商标的行为。

（一）本案具备认定驰名商标的必要性

《中华人民共和国商标法》（以下简称商标法）第十三条规定：“为相关公众所熟知的商标，持有人认为其权利受到侵害时，可以依照本法规定请求驰名商标保护。就相同或者类似商品申请注册的商标是复制、摹仿或者翻译他人未在中国注册的驰名商标，容易导致混淆的，不予注册并禁止使用。就不相同或者不相类似商品申请注册的商标是复制、摹仿或者翻译他人已经在中国注册的驰名商标，误导公众，致使该驰名商标注册人的利益可能受到损害的，不予注册并禁止使用。”第十四条第四款规定：“在商标民事、行政案件审理过程中，当事人依照本法第十三条规定主张权利的，最高人民法院指定的人民法院根据审理案件的需要，可以对商标驰名情况作出认定。”《最高人民法院关于审理涉及驰名商标保护的民事纠纷案件应用法律若干问题的解释》（以下简称驰名商标司法解释）第十一条规定：“被告使用的注册商标违反商标法第十三条的规定，复制、摹仿或者翻译原告驰名商标，构成侵犯商标权的，人民法院应当根据原告的请求，依法判决禁止被告使用该商标，但被告的注册商标有下列情形之一的，人民法院对原告的请求不予支持：（一）已经超过商标法第四十五条第一款规定的请求宣告无效期限的；（二）被告提出注册申请时，原告的商标并不驰名的。”

虽然商标法第十三条第三款规定的字面解释是针对在中国已经注册的驰名商标给予不相同或者不相类似商品上的保护，但是基于商标法第十三条意在为驰名商标提供强度和范围大于普通商标的特别保护，故在其第二款中明确将未注册驰名商标纳入保护范围内，在第三款中突破商品和服务类别的限制，将对注册驰名商标的保护延及不相同或不相类似商品上。因此，商标法第十三条的保护包括对于注册驰名商标在相同或类似商品上的保护属于商标法第十三条的应有之义。当被控侵权人使用的商标系经依法核准注册，并在其核定使用商品范围内规范进行的使用，此时属于典型的注册商标专用权之间产生的权利冲突。因上述法律和司法解释已明确规定了具体的禁止性规定，即使被控侵权人使用的为已获准注册的商标，但由于驰名商标更宽的保护范围和更强的保护力度，只要不超过商标法所规定的撤销期限及被控侵权人的注册商标申请时在先要求保护的商标已构成驰名，人民法院就可以据此解决不同注册商标之间的权利冲突问题，并根据案件情况认定是否驰名。

本案中，东某药业在第 5 类人用药、化学药物制剂等商品上拥有第 10472074 号“长舒霖”、第 35995925 号“长舒霖”商标，虽然 2012 年申请注册的第 10472074 号“长舒霖”注册商标已被宣告无效，但其仍然在第 5 类商品上持有第 35995925 号“长舒霖”商标。东某药业“长舒霖”商标核定使用的商品类别与甘某药业“长秀霖”商标相同。甘某药业主张东某药业在胰岛素等商品上使用“长舒霖”商标的侵权行为，实际上形成了“长秀霖”商标与“长舒霖”商标之间注册商标专用权的权利冲突问题。在对甘某药业提出诉讼主张中注册商标专用权的权利冲突问题进行具体认定时，必然要涉及对甘某药业“长秀霖”商标是否构成驰名的相关认定。因此，本案存在个案认定驰名商标的必要性。

（二）甘某药业主张的“长秀霖”商标经过多年使用和广泛宣传，客观上已具有较高知名度，为公众所熟知

商标法第十四条第一款规定：“驰名商标应当根据当事人的请求，作为处理涉及商标案件需要认定的事实进行认定。认定驰名商标应当考虑下列因素：（一）相关公众对该商标的知晓程度；（二）该商标使用的持续时间；（三）该商标的任何宣传工作的持续时间、程度和地理范围；（四）该商标作为驰名商标受保护的记录；（五）该商标驰名的其他因素。”驰名商标司法解释第五条规定：“当事人主张商标驰名的，应当根据案件具体情况，提供下列证据，证明被诉侵犯商标权或者不正当竞争行为发生时，其商标已属驰名：（一）使用该商标的商品的市场份额、销售区域、利税等；（二）该商标的持续使用时间；（三）该商标的宣传或者促销活动的方式、持续时间、程度、资金投入和地域范围；（四）该商标曾被作为驰名商标受保护的记录；（五）该

商标享有的市场声誉；（六）证明该商标已属驰名的其他事实。前款所涉及的商标使用的时间、范围、方式等，包括其核准注册前持续使用的情形。对于商标使用时间长短、行业排名、市场调查报告、市场价值评估报告、是否曾被认定为著名商标等证据，人民法院应当结合认定商标驰名的其他证据，客观、全面地进行审查。”

本案中，原告主张“长秀霖”商标自2005年开始经过持续、大量、广泛地使用，在2012年2月9日之前，即东某药业申请第10472074号“长舒霖”商标之时已经具有极高的知名度和影响力，已达到了驰名程度，并且驰名程度延续至今。

为证明涉案“长秀霖”商标已达到驰名程度，甘某药业从媒体报道、广告宣传、销售情况、荣誉奖项、利税情况、行业发展分析等方面提交了大量证据。从甘某药业提交的证据可见，甘某药业自2005年起开始使用“长秀霖”商标后，一直持续不间断地在重组甘精胰岛素注射液产品上使用“长秀霖”商标。“长秀霖”胰岛素注射液销量情况良好，呈逐年增长的趋势。截至2012年2月9日，甘某药业是我国唯一一个生产甘精胰岛素的国内厂家，一直位于国内厂商第一位，全球厂商前五位。“长秀霖”胰岛素注射液在甘精胰岛素市场的市场份额、市场销售额均为国内企业第一，抢占了国外厂商在中国国内的市场份额，其销售范围覆盖全国20多个省、直辖市及自治区，销售6797085只，销售收入年均增长率143%，总计销售收入约11亿元，纳税约1300万元，净利润超过2.3亿元。甘某药业对“长秀霖”商标进行了广泛宣传。2005年至2012年，甘某药业在《国内内分泌代谢杂志》《糖尿病天地》《中国糖尿病杂志》《大众健康报》等专业期刊、杂志上持续发布关于“长秀霖”胰岛素的介绍，参加全国内分泌学术会议、北大糖尿病论坛、糖尿病日蓝光行动等医学研讨会和活动向公众介绍“长秀霖”胰岛素，“长秀霖”胰岛素被中华医学会糖尿病学分会官网、中国新闻网、中国网络电视台、中国医药123网、医药网、搜狐健康网、腾讯财经等媒体发布的文章报道。该期间内，甘某药业就“长秀霖”胰岛素注射液投入的国内广告费及业务宣传费用总计约1.2亿元。“长秀霖”胰岛素注射液已被纳入国家基本药物目录，先后在全国大多省市的常用药集中采购评标活动中中标。在此期间，“长秀霖”甘精胰岛素产品获北京市高新技术成果转化项目认定证书、北京市自主创新产品、通州区科学技术一等奖，“长秀霖”商标被评定为北京市著名商标等。

综上，根据甘某药业使用“长秀霖”商标的胰岛素注射液的市场份额、销售收入、纳税、净利润、销售量、销售范围和“长秀霖”商标的持续使用时间、广告宣传方式、宣传时间、地域范围、深度、受众及涉案商标享有的市场声誉等事实，足以认定“长秀霖”商标在2012年2月9日之前已在中国境内为相关公众广为知晓，符合商标法第十四条第一款和驰名商标司法解释第五条规定的商标驰名条件，属于驰名商标。但两被告认为原告甘某药业的涉案商标不驰名依据不足，不能成立。

自2013年至2019年，“长秀霖”胰岛素注射液的销售额、市场份额在甘精胰岛素市场仍然稳居国内产品第一名，其仅2019年的销售收入就超过25亿元，总销售额超过108亿元，总纳税超过7200万元，国内总净利润约46亿元，销售量超过8400万只，销售范围遍布全国的30多个省、直辖市及自治区。甘某药业持续通过各种方式宣传推广“长秀霖”胰岛素，“长秀霖”胰岛素注射液国内广告费及业务宣传总计约6亿元。“长秀霖”商标也获得了多项荣誉和奖项，包括被认定为北京市著名商标，被评为“2019中国化学制药行业内分泌及激素类优化产品品牌”“2019中国化学制药行业生物生化制品优秀产品品牌”，进入“中国制药品牌榜”等。2021年5月31日，北京市高级人民法院在第（2021）京行终1691号“长舒霖”无效二审案中认定，“长秀霖”商标在2012年2月9日“长舒霖”商标的申请日前已经构成驰名商标。

综上可见，“长秀霖”商标在2012年2月9日之后知名度不断提升，长期稳定保持驰名状态。

（三）东某药业注册、使用“长舒霖”商标侵犯甘某药业“长秀霖”驰名商标专用权

本案中，东某药业以其第10472074号“长舒霖”商标和第35995925号“长舒霖”商标作为其不侵权抗辩的基础。本院认为，东某药业的抗辩不能成立，具体分析如下：

1.“长舒霖”与“长秀霖”属于使用在相同商品上的近似商标

东某药业的第10472074号“长舒霖”商标和第35995925号“长舒霖”商标与甘某药业“长秀霖”商标均使用在人用药甘精胰岛素注射液产品上，属于使用在相同商品上的商标。“长舒霖”与“长秀霖”均为文字商标，在文字组成上，“长舒霖”与“长秀霖”的第一个文字与第三个文字相同，只有中间文字不同，但两者整体无含义或含义无明显区别，故“长舒霖”商标

与“长秀霖”商标构成近似。

2. 东某药业申请注册第10472074号“长舒霖”商标属于恶意注册

第一，东某药业曾是甘某药业的股东，东某药业持有甘某药业股份长达数年，甘某药业的“长秀霖”商标就是在此期间获准注册的，东某药业作为甘某药业的股东，应当知晓甘某药业“长秀霖”胰岛素的存在及其知名度和影响力。

第二，东某药业申请注册“长舒霖”商标是在东某药业及其关联公司彻底退出甘某药业之后，并在同一天申请注册了多个与甘某药业在先商标首字和末字完全相同、核定使用在同一种商品上的商标。2003年至2006年，甘某药业在研发甘精胰岛素期间，相继申请注册“长秀霖”“速秀霖”“锐秀霖”商标。“长秀霖”商标用于重组甘精胰岛素注射液，“速秀霖”商标用于重组赖脯胰岛素注射液，“锐秀霖”商标用于门冬胰岛素注射液。2012年2月9日，东某药业在同一天申请注册“长舒霖”“速舒霖”“锐舒霖”，2019年东某药业再次在第5类“人用药”商品上申请“长舒霖”“速舒霖”“锐舒霖”。2020年2月4日，东某药业将“长舒霖”商标使用在甘精胰岛素注射液产品上，并上市销售。东某药业计划将“速舒霖”商标使用在重组赖脯胰岛素注射液产品上，将“锐舒霖”商标使用在门冬胰岛素注射液产品上。

第三，甘某药业的“长秀霖”胰岛素注射液是甘某药业最重要的核心产品，平均营收占比超过90%。东某药业在甘某药业的出资额为2079.15万元，东某药业在2012年从甘某药业退出时获得了相当于出资额21.9倍即45616.50万元的股权转让款。东某药业出资额溢价的绝大部分来自甘某药业“长秀霖”胰岛素的价值。东某药业已因甘某药业“长秀霖”胰岛素产品的知名度和影响力获得了高额的股权转让款，因此其必然知晓甘某药业“长秀霖”商标及产品的价值。

综上，东某药业作为具有关联关系的主体及同行业经营者，其对甘某药业注册使用“长秀霖”商标理应知晓，在此情况下，东某药业在相同商品类别上申请注册使用与甘某药业“长秀霖”商标近似的“长舒霖”商标，属于恶意注册。

也正是出于上述考虑，北京市高级人民法院已在（2021）京行终1691号判决中认定东某药业注册第10472074号“长舒霖”商标构成恶意注册，应对该商标不予注册。

3. 东某药业使用“长舒霖”商标容易误导公众，致使甘某药业的利益受损

第一，胰岛素是极易发生混淆的药品，胰岛素用药错误将导致患者生命危险。中国药学会发布《医疗机构胰岛素安全使用管理规范》明确，胰岛素是一类典型的易混淆药物，是除氯化钠溶液外用药错误发生率最高的药品。且胰岛素被列为A级高危药品，一旦用药错误，患者死亡风险最高。相关公众如对被控侵权产品的来源与甘某药业的产品发生混淆，将直接危及患者的人身安全。因此，应该在各品牌的胰岛素标识上有更为严格或更易区分的要求，防止医生、患者等相关公众的混淆和误认。

第二，东某药业作为胰岛素产品的同行业经营者，其必然清楚胰岛素属于A级高危药品以及胰岛素用药错误的后果，其也早已知晓甘某药业“长秀霖”胰岛素的知名度，在此情况下，东某药业应履行合理避让义务，使其商标与其他公司的商标区分出来，以避免用药错误，维护用药安全，保障患者的生命健康。

第三，东某药业注册使用“长舒霖”商标，极易导致且已经导致相关公众将“长秀霖”胰岛素注射液与“长舒霖”胰岛素注射液相混淆。根据驰名商标司法解释第九条第一款规定：足以使相关公众对使用驰名商标和被诉商标的商品来源产生误认，或者足以使相关公众认为使用驰名商标和被诉商标的经营者之间具有许可使用、关联企业关系等特定联系的，属于商标法第十三条第二款规定的“容易导致混淆”。本案中，甘某药业经过多年的经营，“长秀霖”商标已在全国范围内具有了极高的知名度，与甘某药业间形成了稳定的对应关系。基于“长秀霖”和“长舒霖”商标均用于胰岛素产品上，而胰岛素是极易发生混淆的药品，在此情况下，东某药业在相同商品上使用与“长秀霖”商标近似的“长舒霖”标识，极易使相关公众对两者的商品来源产生混淆或误认为经营者之间具备某种关联。且在案证据显示，已经有相关公众将“长舒霖”与“长秀霖”相混淆。

综上，药品不是普通商品，其关乎患者的生命健康，尤其是胰岛素这一类高危极易混淆的药品，更应该严格把握各品牌的商业标识，防止相关公众产生混淆和误认。东某药业使用“长舒霖”商标容易误导公众，致使甘某药业的利益受损。

4. 东某药业关于本案不构成商标侵权的抗辩不能成立

第一，东某药业认为被控侵权产品属于处方药，不会导致患者混淆误认，对此，本院认为，东某药业的此种抗辩一方面是对相关公众范围的不当限缩；

另一方面也是对已经发生的相关公众难以将“长舒霖”与“长秀霖”产品进行区分这一客观情况的忽视。东某药业的这一抗辩难以成立。

第二，东某药业称“长舒霖”是其“舒霖”系列商标的延续性注册，因此其具有合法性基础。对此，本院认为，首先，在甘某药业涉案“长秀霖”商标2003年9月26日申请注册之前，东某药业仅申请了一枚“甘舒霖”商标，且仅使用在第二代重组人胰岛素产品上，因此并不存在东某药业“舒霖”系列商标。其次，“长舒霖”商标并不符合延续性注册的条件。我国商标法的法条及理论均没有“基础商标”的概念，无法定的“商标延续注册制度”，每一件注册商标申请注册时的主观状态都应当根据其申请前后的事实作出具体判断。鉴于首尾字在商标中发挥着重要的识别作用，“长舒霖”相较于“甘舒霖”，与甘某药业的“长秀霖”更加近似。且“甘舒霖”商标实际使用在第二代重组人胰岛素产品上，而“长舒霖”和“长秀霖”均使用在第三代胰岛素类似物甘精胰岛素上。基于二代和三代两类胰岛素在诸多方面存在较大差异，因此“长舒霖”商标实际使用的商品也明显与“长秀霖”实际使用的商品相同而与“甘舒霖”使用的商品不同。因此，在“长舒霖”商标与“长秀霖”商标高度近似，并且在已经发生实际混淆的情况下，“长舒霖”商标并不会因为“甘舒霖”商标有一定知名度而具有正当性。

第三，东某药业抗辩称其“舒霖”系列商标已与甘某药业的“秀霖”系列商标长期共存近20年，相关公众已形成清晰的市场认知。对此，本院认为，对于恶意注册的商标，不应承认市场区分格局。东某药业在2012年2月9日申请注册“长舒霖”商标后，直至2020年2月4日才上市销售相关药品，在长达8年的时间里未将其投入使用，未经使用的商标无法形成稳定的市场格局。而且，甘某药业的“长秀霖”商标在先注册并已经达到驰名程度，东某药业作为曾有持股关系的同业竞争者，明知甘某药业“长秀霖”商标具有较高知名度和显著性，仍然申请注册并使用“长舒霖”商标，主观上难谓善意。在此情况下，即便东某药业已对“长舒霖”商标投入使用，从有效区分市场、净化商标、注册使用环境、保护在先商标权人的合法权益以及广大消费者权益的角度出发，也不应承认由此形成的市场秩序或知名度，不能为“长舒霖”商标赋予正当性。至于东某药业所称的双方商标已共存近20年，这一抗辩没有事实依据，本院不予采信。

综上，东某药业在相同商品上使用“长舒霖”商标的行为属于复制、模仿甘某药业已经在中国注册的“长秀霖”驰名商标的行为，误导公众，致使驰名商标注册人的利益受到损害，应予禁止使用。

二、甘某药业指控的不正当竞争行为能否成立

甘某药业指控的不正当竞争行为共有两项：擅自使用与“长秀霖”胰岛素注射液商品名称近似的商品名称，极易导致混淆、引人误以为被告与原告之间存在特定联系，构成不正当竞争；擅自使用与“长秀霖”胰岛素注射液近似的包装、装潢，极易导致相关公众将“长秀霖”胰岛素注射液与“长舒霖”胰岛素注射液的来源混淆、误认，或者误认为被告与原告之间存在关联关系，构成不正当竞争。

《中华人民共和国反不正当竞争法》（以下简称反不正当竞争法）第六条第一项规定：“经营者不得实施下列混淆行为，引人误认为是他人商品或者与他人存在特定联系：（一）擅自使用与他人有一定影响的商品名称、包装、装潢等相同或者近似的标识。”根据该条规定，此种不正当竞争行为需要符合以下构成要件：1. 他人的商品名称或包装、装潢等具有一定影响；2. 被控侵权人擅自使用了与他人的商品名称、包装、装潢相同或近似的标识；3. 被控侵权人的行为引人误认为是他人商品或者与他人存在特定联系。对此，本院具体分析如下：

（一）东某药业擅自使用与“长秀霖”胰岛素注射液商品名称近似的商品名称，构成不正当竞争

1. “长秀霖”商品名称经甘某药业大量、广泛的使用已经构成具有一定影响的商品名称

《最高人民法院关于适用〈中华人民共和国反不正当竞争法〉若干问题的解释》（以下简称反不正当竞争法司法解释）第四条规定：“具有一定的市场知名度并具有区别商品来源的显著特征的标识，人民法院可以认定为反不正当竞争法第六条规定的‘有一定影响的’标识。人民法院认定反不正当竞争法第六条规定的标识是否具有一定的市场知名度，应当综合考虑中国境内相关公众的知悉程度，商品销售的时间、区域、数额和对象，宣传的持续时间、程度和地域范围，标识受保护的情况等因素。”

首先，“长秀霖”属于甘某药业生产的甘精胰岛素注射液的商品名称。2005 年 5 月 10 日，甘某药业的重组甘精胰岛素注射液获得药监局的药品注册批件，商品名称为“长秀霖”，后续多次的药品再注册申请，批件中商品名称也为“长秀霖”。“长秀霖”胰岛素注射液的药品说明书、广告批准文号中载明的商品名称为“长秀霖”。药品领域的专业书籍、文章、行业研究报告及学

术会议中均将“长秀霖”作为甘某药业生产的甘精胰岛素注射液的商品名称。

其次，从“长秀霖”胰岛素注射液的销售情况、持续使用时间、宣传推广情况、获奖情况等，足可见“长秀霖”胰岛素注射液的商品名称已经构成反不正当竞争法第六条规定的“有一定影响的商品名称”，应当获得反不正当竞争法的保护。

最后，两被告抗辩称“长秀霖”为注册商标，不能将其作为“商品名称”依据反不正当竞争法获得保护。对此，本院认为，商品名称与注册商标属于两个不同的权利客体，可分别获得相关法律的保护，相关知识产权法也并不禁止同一客体同时受到不同知识产权法的保护。本案中，“长秀霖”作为注册商标，可以受到商标法的保护，而“长秀霖”同时亦为商品名称，在其作为商品名称获得了识别商品来源的显著性之后，也就是“具有一定影响”之后，可以同时获得反不正当竞争法的保护。故两被告的抗辩意见无法律依据，本院不予采信。

综上，“长秀霖”商品名称经甘某药业大量、广泛的使用已经构成具有一定影响的商品名称。

2. 东某药业擅自使用与“长秀霖”商品名称近似的标识，引人误认为是他人商品或者与他人存在特定联系

反不正当竞争法司法解释第十二条规定：“人民法院认定与反不正当竞争法第六条规定的‘有一定影响的’标识相同或者近似，可以参照商标相同或者近似的判断原则和方法。反不正当竞争法第六条规定的‘引人误认为是他人商品或者与他人存在特定联系’，包括误认为与他人具有商业联合、许可使用、商业冠名、广告代言等特定联系。在相同商品上使用相同或者视觉上基本无差别的商品名称、包装、装潢等标识，应当视为足以造成与他人有一定影响的标识相混淆。”

本案中，东某药业作为甘某药业曾经的股东和同业经营者，在明知“长秀霖”胰岛素注射液的知名度和影响力，也清楚了解胰岛素属于极易混淆的高危药品，却仍在相同商品上使用与“长秀霖”近似的“长舒霖”商品名称，在甘某药业“长秀霖”的商品名称已经具备一定影响的情况下，东某药业的行为极易导致相关公众将“长秀霖”胰岛素注射液与“长舒霖”胰岛素注射液的来源产生混淆和误认，或者误认为两被告与原告之间存在关联关系，因此东某药业的行为构成不正当竞争。

（二）东某药业擅自使用与“长秀霖”胰岛素注射液近似的包装、装潢，构成不正当竞争

1.“长秀霖”胰岛素注射液的商品包装、装潢经甘某药业长期、广泛使用已成为具有一定影响的商品包装、装潢

甘某药业“长秀霖”胰岛素注射液自2005年开始在中国市场销售，经过十多年的经营，从销售时间、销售区域、销售额、宣传推广情况、获奖情况以及品牌受保护的情况来看，都足以认定“长秀霖”胰岛素注射液在中国市场上已为相关公众知晓。

甘某药业的“长秀霖”胰岛素注射液的包装、装潢整体为规则的长方形，正面左边为蓝色色块，中间偏上为“重组甘精胰岛素注射液”药品通用名称，通用名称上方为长方形蓝底、白色字体的“长秀霖”商标，底部为企业名称及药品规格。上述包装、装潢的配色、布局、标识等方面的排列组合具有独特性，形成了显著的整体形象，且与商品功能无关，在十多年的使用过程中虽先后有细微的改版，但整体风格、构成元素、颜色配置、设计要点都未有变化，与同行业其他厂家甘精胰岛素注射液的包装、装潢存在较大差异。因此，甘某药业“长秀霖”胰岛素注射的包装、装潢经过长时间的使用和大量宣传，已足以使相关公众将上述包装、装潢的整体形象与甘某药业的“长秀霖”胰岛素注射液联系起来，具有识别商品来源的作用，属于反不正当竞争法第六条第一项所保护的“有一定影响的商品包装、装潢”。

2. 东某药业擅自使用与“长秀霖”胰岛素注射液近似的包装、装潢，相关公众容易对“长舒霖”胰岛素注射液与“长秀霖”胰岛素注射液引起混淆、误认

本案中，“长舒霖”胰岛素注射液与“长秀霖”胰岛素注射液属于同一种药品，药品的通用名称相同。两者的包装、装潢均为规则的长方体，正面左侧为长方形蓝色色块，长方形中间偏上位置为“甘精胰岛素注射液”商品通用名称，通用名称一侧为长方形蓝底色块加白色字体的“长舒霖”商标，底部为企业名称及药品规格。两者包装、装潢色块的排列位置、颜色搭配一样，设计布局、文字排列、文字内容、大小比例等高度近似，整体外观和视觉效果差别不大。故“长舒霖”胰岛素注射液与“长秀霖”胰岛素注射液的包装、装潢构成近似。

因甘某药业“长秀霖”胰岛素注射液所使用的包装、装潢的整体形象具有区别商品来源的显著特征，而“长舒霖”胰岛素注射液使用的包装、装潢

与“长秀霖”胰岛素注射液达到视觉上近似的程度，容易导致相关公众对二者产生混淆或者误认，因此东某药业的行为构成不正当竞争。

三、如构成侵权，相应的民事责任如何承担

（一）关于东某药业应承担的责任问题

本案中，东某药业在相同药品上注册并使用与“长秀霖”驰名商标近似的商标，在相同药品上使用与“长秀霖”胰岛素注射液近似的商品名称、包装、装潢，造成相关公众混淆、误认，构成商标侵权及不正当竞争，应当承担停止侵权、赔偿损失等法律责任。鉴于东某药业自2021年8月25日起已更换了甘精胰岛素注射液的商标和药品包装，并已由食品药品监督管理局办理了药品包装备案手续，因此甘某药业主张的停止生产的被控侵权行为已停止。但市场上仍然有被控侵权产品在流通销售，对于该部分产品东某药业亦应积极采取措施将其从流通领域移除、停止销售，以完全履行其停止侵权的义务，防止被控侵权产品的进一步流通扩大损害后果，彻底消除有可能给患者带来的人身安全隐患。

关于甘某药业主张东某药业在多平台澄清事实、消除影响的诉讼请求，基于东某药业停止侵权已能对甘某药业的权利进行救济，甘某药业也未提交证据证明东某药业的行为对其商誉产生影响，故对甘某药业要求东某药业在多平台澄清事实、消除影响的诉讼请求不予支持。关于甘某药业要求东某药业赔礼道歉的诉讼请求，基于赔礼道歉的民事责任仅限于侵犯人身权的场合，而本案属于侵犯财产权的案件，因此不适用赔礼道歉的责任方式。

关于赔偿数额的确定，甘某药业主张以东某药业的侵权获利进行计算，计算公式为：被控侵权产品营业收入×涉案产品营业利润率×商标贡献率，并要求适用3倍惩罚性赔偿。东某药业认为本案销售收入、利润率以及贡献率都无法确定，因此不能适用侵权获利的计算方式，只能根据法定赔偿酌定赔偿金额。对此，本院认为，虽然甘某药业提交了充分的证据证明东某药业销售侵权产品的营业收入，但是基于本案标识的贡献率无法准确判定，而在涉及药品的商标侵权案件中，商标贡献率对于合理确定损害赔偿金额至关重要。药品不同于普通商品，在销售过程中，消费者一般会对药品质量、价格、安全性、疗效、副作用的大小、药品的知名度、美誉度、企业规模等因素予以考虑，上述因素对于消费者最终购买药品具有决定性影响，而商标或者药品的包装、装潢仅是其中一个因素，因此在计算涉及药品标识侵权案件损害赔偿额时需考虑商业标识贡献率，正确评估商业标识对产品的价值增量，将标识以外的其他因素产生的产品利润排除。而本案并无可以直接证明商标贡献率的证据，而且计算商标贡献率存在诸多不确定因素，因此本案无法适用侵权获利的计赔方式。尤其是甘某药业还主张适用惩罚性赔偿，惩罚性赔偿的适用会将因贡献率确定不当而引发的赔偿基数不准确问题等倍放大，从而导致双方之间的利益失衡。为合理确定本案的损害赔偿金额，也体现最严格知识产权司法保护的裁判导向，本院适用裁量性赔偿确定本案的损害赔偿金额，关于裁判性赔偿方法的运用具体分析如下：

1. 东某药业销售被控侵权产品的营业收入

东某药业的"长舒霖"甘精胰岛素注射液于2020年2月上市销售，至本案诉讼过程中仍在生产、销售。甘某药业主张赔偿期间自2020年2月至2021年9月30日。根据东某药业年度报告披露的信息显示，2020年东某药业销售被控侵权产品的营业收入为131498398.56元，2021年上半年销售被控侵权产品的营业收入为158751544.93元。另，据东某药业在官方微信公众号公布的数据显示，2021年第三季度东某药业销售被控侵权产品的营业收入超过1.2亿元。综上，东某药业自2020年2月至2021年9月底，销售被控侵权产品的营业收入超过410249943.49元。

东某药业对被控侵权产品2021年的销售收入不予认可，同时主张要扣减原料药的销售收入。对此，本院认为，根据商标法第六十三条第二款规定：人民法院为确定赔偿数额，在权利人已经尽力举证，而与侵权行为相关的账簿、资料主要由侵权人掌握的情况下，可以责令侵权人提供与侵权行为相关的账簿、资料；侵权人不提供或者提供虚假的账簿、资料的，人民法院可以参考权利人的主张和提供的证据判定赔偿数额。本案中，东某药业作为被控侵权产品的生产销售方，完全掌握被控侵权产品的销售数据，并且作为上市公司，其具有完善的财务制度体系，也需定期向社会公众披露其经营和财务状况，但在诉讼过程中东某药业对其对外发布的年度报告中的数据不认可，也不提交被控侵权产品销售情况的其他证据，故本院对东某药业的上述抗辩意见不予采信。

关于甘精胰岛素原料药的问题，一方面，东某药业未提交任何证据证明其在胰岛素类似物原料药上使用其他商标的证据，也未提供胰岛素类似物原料药与注射剂产品的占比份额证据；另一方面，在东某药业2021年上半年年度报告的"主要产品及其用途"列表中只记载了"甘精胰岛素注射液"，并未显示有原料药，且按照"胰岛素类似物原料药及注射剂产品"的营业收入指甘精胰岛素注射液的营业收入进行计算，正好能与东某药业2021年上半年年报中披露的该产品的增幅数据相吻合。因此，东某药业主张应扣减原料药销售收入的抗辩无事实依据，本院不予采信。

2. 被控侵权产品的营业利润率

甘某药业主张被控侵权产品的利润率可参考甘某药业2016—2020年公司整体利润率，按照不低于50.12%来计算。关于被控侵权产品的利润率问题本院分析如下：

本案中，无法通过证据直接确定被控侵权产品的具体利润率数值。基于东某药业发布的年度报告中只有公司整体利润率的数据，没有关于被控侵权产品单独的营业利润率，在诉讼过程中，东某药业亦确认其没有对被控侵权产品营业利润率进行单独统计。而东某药业的公司整体利润率数据不能作为被控侵权产品的利润率数据。根据东某药业的年度报告显示，东某药业除经营医药行业外，还经营建材行业和房地产行业，并且其建材行业和房地产行业的利润率明显低于医药行业的利润率，且被控侵权产品的销售收入占东某药业总营业收入的比例不大，故东某药业公司的整体利润率无法作为被控侵权产品的利润率。因此，本案中被控侵权产品的单位利润无法精确查明。

在被控侵权产品的单位利润无法精确查明时，可以按照权利人注册商标商品的单位利润进行计算。本案中，甘精胰岛素是甘某药业的主要产品，其销售收入平均占甘某药业总营业收入的90%，因此甘某药业的整体营业利润率基本可代表甘精胰岛素这一品类产品的营业利润率。甘某药业提供了其公司自2016年至2020年五年的营业利润率，五年的平均营业利润率为48.51%。该数据体现了甘某药业在没有侵权介入和在侵权行为已经发生的情况下的平均利润率水平，对于本案确定被控侵权产品单位利润具有重要价值。

同时，本院注意到，从东某药业发布的年度报告可见，被控侵权产品的毛利润率远高于东某药业其他产品的毛利率，是东某药业所有产品中毛利率最高的，并且随着被控侵权产品销售量的增加，东某药业的综合毛利率显著提高，营业利润率也明显提升，由此可见，被控侵权产品的营业利润率应高于东某药业整体营业利润率。东某药业在2021年第三季度的公司净利润率已经达到49.69%，前三季度的营业利润率超50%，由此可以认定，被控侵权产品在2021年前三季度的营业利润率必然也不低于50%。

东某药业认为应该按照低于东某药业2020年净利润率32%的数据确定被控侵权产品的利润率。本院认为东某药业此种主张不能成立，该种主张不仅与东某药业发布的2021年上半年和第三季度报告所披露的公司营业利润率情况明显不符，而且未考虑到占比较小的被控侵权产品的利润率与公司整体利润率之间的关系，亦未注意到被控侵权产品的毛利率为东某药业所有产品中最高这一事实。因此，在东某药业未提交被控侵权产品利润率的证据，也未提交相关反证推翻其年度报告内容的情况下，本院对东某药业的上述主张不予采信。

综合上述分析，虽然被控侵权产品的营业利润率无法精确查明，但是根据甘某药业的平均营业利润率，结合东某药业年度报告、官方微信披露的相关数据，可以认定被控侵权产品的营业利润率应不低于48.51%。

3. 涉案标识对被控侵权产品利润的贡献率

甘某药业主张涉案标识的贡献率占比在25%—35%之间。东某药业认为涉案标识对被控侵权产品利润几乎不起作用。本案双方当事人都未提交证据证明涉案标识在实现药品利润中的贡献率，只对这一问题作了相关陈述。在此情形下，本院也无法直接确定涉案标识贡献率的具体数值，只能从以下两个角度对涉案标识的贡献率进行综合把握。

（1）定性角度的考量

从定性角度来看，涉案标识对产品利润的贡献率可从以下几个方面进行考虑：

第一，从药品领域的宏观发展趋势来看，消费者购买行为的选择性不断增强。随着我国医疗体制改革，消费者的医药消费地位得到明显提高，消费者由原来的完全被动购买转变成更多的主动购买。原来消费什么药品由医师决定，消费者没有选择余地，现在消费者有更多的选择自由。消费者在医院诊断后，可以在医院买药，也可以到其他零售药店买药。先进的信息交流渠道也打破了传统信息来源和地理环境的局限，药品消费者可以通过信息化手段选择更符合自己需求的厂商和药品。药品消费者的购买模式也不再局限于医院、零售药店等传统渠道，而延伸到了网络空间，如本案中涉及的京东药房等网上购药平台，药品消费者可以主动利用现代通信网络寻找合适的产品，表达对特定产品的欲望和服务要求。因此，药品虽然有不同于普通商品的销售模式，但是消费者的选择仍然在其中发挥着很大的作用，而在此过程中，商标、商品名称即发挥着区分药品来源的重要作用，并非如东某药业所言消费者不具有药品品牌选择权，商标在此环节不发挥作用。

第二，从消费者购买药品的微观角度来看，在上述大背景之下，消费者购买药品时除关注药品质量、价格、疗效外，同时也综合考虑药品的无形价值，包括药品的科技成分、品牌满意度、药品的设计形象、生产企业的声誉以及文化内涵等，药品名称、品牌口碑会对消费者的观念和认知产生很大影响，尤其在商品名称和商标相同的情况下，发挥的作用更为重要。因此，包括商标在内的无形价值已成为决定药品消费者购买行为的重要影响因素。东某药业称医生不考虑药品品牌，患者无权选择药品品牌，这一主张明显不符合实际，难以成立。

第三，从胰岛素这一特定行业来看，胰岛素作为一种高端生物药，进入该行业具有较高的技术壁垒、政策壁垒、资金壁垒、学术推广壁垒和产品品牌壁垒。对于胰岛素等这类创新性生物药而言，多数采用学术推广的营销模式，这一推广模式不同于普通的宣传营销，而是需要建立一支具备高水平专业素养的学术推广团队，需要企业大量投入以及一定时间的积累。胰岛素作为用于治疗慢性疾病的药品，患者用药习惯形成后较少更换产品，产品忠诚度高，新的胰岛素生产企业进入市场后想要取得一定市场份额难度很高。本案中，甘某药业和东某药业都通过学术推广模式宣传推广各自的甘精胰岛素，其中甘某药业自 2005 年起，经过十多年的不断经营，已投入巨额资金用于甘精胰岛素的推广，截至 2019 年宣传推广费用就已超过 7 亿元，这才逐渐积累了“长秀霖”甘精胰岛素的市场信誉和口碑，收获了相关公众的信赖与认可。东某药业要将其新上市的产品甘精胰岛素推向市场，获得患者的认可和市场的信赖，也得经过不断地宣传推广和品牌信誉的积累。在这个过程中，东某药业甘精胰岛素的商品名称、商标品牌亦发挥着不可替代的作用。

（2）定量角度的考量

从定量角度来看，涉案标识对产品利润的贡献从以下几个方面进行考虑：

第一，甘某药业认为专利技术或生产工艺技术秘密对被控侵权产品利润的贡献在 50%以内。东某药业也认为被控侵权产品本身的价值及质量、疗效对产品利润有贡献。对此，本院认为，从技术角度而言，药品的科技含量、质量、疗效、副作用大小等均由生产药品的专利技术和技术秘密等技术因素决定，技术因素对药品利润而言无疑起到最重要作用。但是药品分为原研药和仿制药，原研药和仿制药在技术投入上相差明显。仿制药虽然也可能涉及相应专利技术或者生产工艺技术秘密等多项技术附加因素，但仿制药中技术对产品利润率的贡献率远不如原研药那么高。本案被控侵权产品甘精胰岛素就属于仿制药并非原研药，对于被控侵权产品利润有贡献的因素中技术因素不再占绝对主导地位，反而商标、企业字号、市场推广等非技术因素对产品利润所发挥的作用会凸显。

第二，甘某药业认为被控侵权产品“东宝”企业字号、“东宝”商标对产品利润有贡献，但基于被控侵权产品在宣传推广时是将“长舒霖”作为主商标进行推广的，因此“长舒霖”商标对产品利润的贡献率应在25%至35%区间内。东某药业也认为“东宝”企业字号和“东宝”商标对产品利润有贡献。对此，本院认为，从标识角度来看，本案被控侵权产品上除了标注被控侵权商标以外，还标注了东某药业的企业名称和“东宝”商标，同时，被控侵权产品还采用了特定的包装、装潢，以区别于行业内其他药品。对于被控侵权产品而言，东某药业的企业名称和“东宝”商标起到了区分识别来源的作用，“东宝”商标也积累了较高的知名度，这代表着企业的信誉和实力，尤其是东某药业作为行业内起步较早的胰岛素企业，其在全国各地具有较为成熟和完善的营销体系和一支专业化的营销人才，这对于实现被控产品的利润发挥了积极作用。涉案的“长舒霖”标识作为被控侵权产品在宣传过程中的商品名称和主推商标进行了凸显和强调，各大研究公司、证券机构和媒体都将东某药业的被控侵权产品称为“长舒霖”，这无疑对被控侵权产品作为东某药业旗下众多药品中的一款更好更快地树立自身品牌形象起到了作用。同时，被控侵权产品使用了涉案的包装、装潢，药品的外包装设计形象对于相关公众选购此款药品无疑也发挥了作用。

第三，从东某药业的举证和抗辩来看，东某药业称90%的被控侵权产品系通过集采方式销售，在集采过程中商标不产生任何作用，相关公众不会对产品来源产生混淆。对此，东某药业一方面未提交证据证明被控侵权产品通过哪些集采平台实现了多少销售收入，也未举证证明被控侵权产品在集采过程中不使用商标、商标不发挥作用；另一方面东某药业的上述陈述明显与其在年度报告中披露的“自建销售团队和商务团队”进行运营销售的模式不相符。实际上，省级集采属于不带量集采，挂网销售后仍需要由医疗机构自主选择哪个厂家哪个品牌多少采购量，在医疗机构选择药品的过程中商标势必发挥了区分药品来源的作用。东某药业还认为“东宝”商标对产品利润有贡献，但不认为“长舒霖”商标对产品利润有贡献，对于两个共同使用在同一产品上的商标，为何一个对产品利润有贡献，而另一个却没有贡献，东某药业未能举证予以证明，也未对此有合理解释，因此这一主张在逻辑上无法自洽，不能成立。

综上，本院从定性和定量两个维度对双方当事人提出的各个因素进行了评判，采信了其中合理之处，对于缺乏依据或不合理之处也都进行了明确回应。关于本案标识贡献率问题，法院确实无法进行精确厘定，但是法律要求的也并不是数学意义上的精确，而是进行合理的概算，故本案综合考虑上述因素后最终在不超过20%的比例范围内确定“长舒霖”标识和涉案包装、装潢对被控侵权产品的利润贡献率。

4. 考虑惩罚性赔偿因素

虽然本案未使用数量型计赔方式，不能直接在基数的基础上乘以惩罚性赔偿倍数，但是本院在进行裁量性赔偿时仍可以考虑惩罚性赔偿因素。本案考虑的惩罚性赔偿因素主要包括以下两个方面：

（1）东某药业的行为属于恶意侵权

第一，甘某药业的“长秀霖”商标从2005年开始长期、稳定地使用在其研发的甘精胰岛素注射液产品上，是国产第一支胰岛素类似物，“长秀霖”商标在东某药业申请涉案“长舒霖”商标时就已积累了较高的知名度，截至本案被控侵权产品2020年2月上市销售时，知名度更是得到了进一步提升。

第二，东某药业曾作为甘某药业的股东且同属于胰岛素行业的经营者，明确知晓原告“长秀霖”商标的存在，也明确知晓该商标使用在甘精胰岛素注射液产品上。东某药业不仅未进行避让，反而在结束持股关系后立即申请注册与甘某药业“长秀霖”商标近似的“长舒霖”商标，并在相同商品上使用与甘某药业产品相近似的包装、装潢。东某药业主观上系基于对甘某药业商业标识的了解实施的涉案行为。

第三，北京市高级人民法院在（2021）京行终1691号判决中，已经认定东某药业申请注册“长舒霖”商标时具有恶意，侵害了甘某药业“长秀霖”商标的驰名商标权利，并判令国家知识产权局裁定对“长舒霖”商标予以无效宣告。东某药业在已明知上述事实的情况下，仍持续实施被控侵权行为，在本案诉讼中仍未完全停止。且在第10472074号“长舒霖”商标被判决宣告无效后，东某药业在2021年7月8日，又在第5类、第10类、第35类等商品类别上申请注册“长舒霖”商标。

第四，东某药业在持股关系结束后，不仅注册了“长舒霖”商标，而且注册了“速舒霖”“锐舒霖”商标，与甘某药业的“速秀霖”“锐秀霖”商标一一对应，还相应地作为同种胰岛素产品的商标。

（2）东某药业的行为属于侵权情节严重

第一，东某药业侵权规模大、范围广、获利巨大。被控侵权产品在不到一年的时间销售收入就超过 1.3 亿元，销售范围覆盖全国多个省、市，产品毛利润率在 90%以上，侵权获利巨大。且被控侵权产品的销售规模增长迅速，2021 年第三季度单一个季度的销售收入就超过了 1.2 亿元。

第二，东某药业不仅实施了商标侵权行为，还实施了不正当竞争行为，已经导致相关公众难以将“长舒霖”与“长秀霖”产品进行区分。

第三，胰岛素是一类典型的易混淆药物，并被多国纳入高警示药品目录，其用法用量特殊复杂，药剂量或血药浓度有微小差异就可能危及生命健康安全。不同厂家生产的胰岛素产品在成分、杂质含量、剂型和规格、配套用笔和用法等方面均存在不同。本案被控侵权产品，在商标标志、包装盒外观上均与甘某药业“长秀霖”产品高度近似，极易造成混淆，如因混淆发生用药错误可能导致药物失能，甚至危及患者生命。

综合上述两个方面的分析，本案在确定赔偿额时将充分考虑上述惩罚性赔偿因素。

5. 对东某药业赔偿金额的确定

根据上述分析，本院认为东某药业的侵权获利已远远高于法定赔偿的最高限额 500 万元，因此本院参考东某药业销售被控侵权产品的销售收入，综合考虑上述因素，尤其是惩罚性赔偿因素，确定本案的损害赔偿金额为 6000 万元。

需要说明的是，东某药业在被控侵权产品上标注“长舒霖”标识的行为，不仅构成商标侵权，而且属于不正当竞争行为。虽然本院在侵权认定上将东某药业的上述行为分别进行了评判，但考虑到上述行为本质上是同一行为导致了相同的损害后果，故在损害赔偿责任的承担上只作了一次评价。

6. 关于本案的维权合理支出问题

甘某药业主张为本案诉讼支出律师代理费 502000 元，公证费、审计费、检索费等合计 314238.8 元，并均提交了相应的票据。本院认为，公证费、审计费、检索费用均属于为本案诉讼必然支出的费用，应予全额支持。对于律师费的支出，本院认为应参考司法行政部门规定的律师费收费标准、实际判赔额与请求赔偿额、案件的复杂程度、律师在案件中付出的智力劳动等因素酌情确定。本案历经多次听证及庭审，甘某药业委托的律师为本案的审理付出了大量智力劳动，不仅提供了多份详尽的代理意见，还提交了类案检索报告，本院对甘某药业委托代理人为本案作付出的劳动予以充分肯定，因此本院对甘某药业主张的律师费予以全额支持，即维权合理开支为816238.8元。

（二）关于苏州雷某上公司的责任承担问题

本案中，苏州雷某上公司销售被控侵权商品，其行为构成商标侵权和不正当竞争，应承担停止侵权、赔偿损失等民事责任。

关于停止侵权的民事责任。鉴于苏州雷某上公司在本案诉讼过程中已停止销售被控侵权产品，甘某药业要求苏州雷某上公司停止侵权的诉讼请求已实现，故本院对该项诉讼请求不再予以判决。

关于赔偿损失的民事责任。商标法第六十四条第二款规定："销售不知道是侵犯注册商标专用权的商品，能证明该商品是自己合法取得并说明提供者的，不承担赔偿责任。"反不正当竞争法司法解释第十四条规定："经营者销售带有违反反不正当竞争法第六条规定的标识的商品，引人误认为是他人商品或者与他人存在特定联系，当事人主张构成反不正当竞争法第六条规定的情形的，人民法院应予支持。销售不知道是前款规定的侵权商品，能证明该商品是自己合法取得并说明提供者，经营者主张不承担赔偿责任的，人民法院应予支持。"根据我国商标法和反不正当竞争法的规定，销售不知道是侵权商品的，能证明该商品是自己合法取得并说明提供者的，不承担赔偿责任。本案中，苏州雷某上公司已提供证据证明被控侵权药品系其合法取得并说明了提供者，东某药业也对此事实予以认可。根据苏州雷某上公司提交的证据可知，苏州雷某上公司遵从合法、正常的市场交易规则，取得被控侵权产品的来源清晰、渠道合法、价格合理，其销售行为符合诚信原则、合乎交易惯例。据此，可以认定苏州雷某上公司主观上无过错，客观上被控侵权产品具有合法来源，其主张的合法来源抗辩成立，依法可不承担赔偿损失的民事责任。因此，本院对甘某药业要求苏州雷某上公司共同承担赔偿责任的主张不予支持。

综上，依照《中华人民共和国民法典》第一百七十九条，《中华人民共和国商标法》第三条第一款、第十三条、第十四条、第五十七条、第六十三条、第六十四条第二款，《中华人民共和国反不正当竞争法》第二条、第六条第一项、第十七条，《最高人民法院关于审理商标民事纠纷案件适用法律若干问题的解释》第一条、第九条、第十条、第十七条，《最高人民法院关于审理涉及驰名商标保护的民事纠纷案件应用法律若干问题的解释》第二条、第四条、第五条、第九条、第十一条，《最高人民法院关于适用〈中华人民共和国反不正当竞争法〉若干问题的解释》第四条、第五条、第十二条、第十四条，《中华人民共和国民事诉讼法》第六十七条规定，判决如下：

一、被告通化东某药业股份有限公司立即停止涉案侵犯甘某药业股份有限公司第3733232号“长秀霖”注册商标专用权的行为；

二、被告通化东某药业股份有限公司立即停止涉案不正当竞争行为；

三、被告通化东某药业股份有限公司于本判决生效后十日内赔偿原告甘某药业股份有限公司经济损失6000万元，维权合理开支816238.8元，合计60816238.8元；

四、驳回原告甘某药业股份有限公司的其他诉讼请求。

如果未按本判决指定的期间履行金钱给付义务，应当依照《中华人民共和国民事诉讼法》第二百六十条之规定，加倍支付迟延履行期间的债务利息。

案件受理费495881.19元，由被告通化东某药业股份有限公司负担，被告通化东某药业股份有限公司在履行本判决时将上述案件受理费一并支付给原告甘某药业股份有限公司，原告甘某药业股份有限公司已预交的诉讼费用本院不再予以退还。

如不服本判决，可在判决书送达之日起十五日内向本院递交上诉状，并按对方当事人的人数提出副本，上诉于江苏省高级人民法院。根据国务院《诉讼费用交纳办法》，同时应向江苏省高级人民法院预交上诉案件受理费。

审 判 长　徐飞云
审 判 员　王小丰
审 判 员　严常海
二〇二二年九月二日
法官助理　胡　亮
书 记 员　石敬瑀

（二）商标行政案件审判

19. 商标注册损害他人在先域名权的认定

——再审申请人杭州汇某智通科技有限公司与被申请人国家知识产权局、一审第三人恒某电子股份有限公司商标权无效宣告请求行政纠纷案①

中华人民共和国最高人民法院行政判决书（2024）最高法行再244号

再审申请人（一审原告、二审上诉人）：杭州汇某智通科技有限公司。住所地：浙江省杭州市滨江区。

法定代表人：王某波。

委托诉讼代理人：夏志泽，北京融理律师事务所律师。

被申请人（一审被告、二审被上诉人）：国家知识产权局。住所地：北京市海淀区。

法定代表人：申长雨。

委托诉讼代理人：赵玉红，该局审查员。

一审第三人：恒某电子股份有限公司。住所地：浙江省杭州市滨江区。

法定代表人：刘某峰。

委托诉讼代理人：欧阳某。

再审申请人杭州汇某智通科技有限公司（以下简称汇某智通公司）因与被申请人国家知识产权局、一审第三人恒某电子股份有限公司（以下简称恒某电子公司）商标权无效宣告请求行政纠纷一案，不服北京市高级人民法院（2023）京行终3987号行政判决，向本院申请再审。本院于2024年6月20日作出（2024）最高法行申238号行政裁定，提审本案。本院依法组成合议庭进行了审理，汇某智通公司、国家知识产权局、恒某电子公司均提交了书

① 本案在年度报告中的位置为第45页。

面审理申请，本案现已审理终结。

汇某智通公司申请再审称，1. 汇某智通公司注册的域名经过使用已在相关公众中具有一定影响，诉争商标的注册构成《中华人民共和国商标法》（以下简称商标法）第三十二条所指“损害他人现有的在先权利”之情形；2. “DataFoucs”标志由汇某智通公司独创，经过使用已在第42类服务上具有一定影响，诉争商标的申请注册构成商标法第三十二条所指“不得以不正当手段抢先注册他人已经使用并有一定影响的商标”；3. 诉争商标原申请人广州安某软件股份有限公司（以下简称安某公司）没有使用诉争商标的意图，其申请注册违反商标法第四条之规定。综上，请求撤销一审、二审判决及被诉决定，判令国家知识产权局重新作出审查决定，由国家知识产权局承担本案诉讼费。

国家知识产权局提交意见称，同意一、二审判决。

恒某电子公司提交意见称，1. 诉争商标系该公司合法受让的商标。2. 域名注册不属于商标领域的在先权利，诉争商标的注册不构成“损害他人现有的在先权利”的情形；3. 诉争商标不构成“不得以不正当手段抢先注册他人已经使用并具有一定影响的商标”；4. 汇某智通公司主张诉争商标原申请人安某公司没有使用诉争商标的意图、申请注册违反商标法第四条之规定无法律及事实依据；5. 恒某电子公司未有任何出售诉争商标的意图和行动，并已实际使用该商标。综上，请求驳回汇某智通公司的再审申请。

汇某智通公司一审起诉称，1. 汇某智通公司注册的域名经过使用已经具有一定影响，诉争商标的注册构成了“损害他人现有的在先权利”的规定；2. 诉争商标的注册构成以不正当手段抢先注册他人已经使用并有一定影响的商标的情形；3. 诉争商标原申请人安某公司没有使用意图，其申请注册违反了商标法第四条的规定。因此，请求法院依法撤销该被诉裁定，判令国家知识产权局重新作出裁定。

北京知识产权法院（以下简称一审法院）审理查明：

一、诉争商标

1. 注册人：安某公司。

2. 注册号：39744963。

3. 申请日期：2019年7月18日。

4. 专用期限至：2030年5月13日。

5. 标志：DataFocus

6. 核定使用服务（第 42 类）：网络服务器出租；提供互联网搜索引擎；计算机编程；计算机软件设计；计算机软件维护等。

二、被诉裁定：商评字［2021］第 79496 号《关于第 39744963 号“DataFocus”商标无效宣告请求裁定书》。

被诉裁定作出时间：2021 年 3 月 25 日。

国家知识产权局认定：诉争商标的注册未违反商标法第四条，第十条第一款第七项、第八项，第三十二条，的规定，裁定：诉争商标予以维持。

一审法院查明，安某公司将诉争商标于 2020 年 8 月 6 日转让给恒某电子公司。

一审法院认为，汇某智通公司提交的证据虽可以证明“datafocus. io”“datafocus. ai”等域名已注册使用，但难以证明上述域名在诉争商标申请日之前已具有一定影响，故诉争商标的注册未违反商标法第三十二条关于在先权利的规定。汇某智通公司对于“以不正当手段抢先注册他人已经使用并有一定影响的商标”的主张，该主张成立的条件是在先商标经过使用具有一定的知名度。汇某智通公司提交的证据证明力较弱，未达到该证明标准。汇某智通公司主张诉争商标的注册违反了商标法第四条的规定，但该主张缺乏事实依据。一审法院判决：驳回汇某智通公司的诉讼请求。

汇某智通公司不服一审判决，向北京市高级人民法院（以下简称二审法院）提起上诉。

二审法院认为，汇某智通公司主张诉争商标损害其在先域名权益。根据已查明的事实，汇某智通公司虽注册使用了“datafocus. ai”等域名，但汇某智通公司提交的产品资料、微信公众号文章、销售合同、公证书等证据尚不足以证明上述域名在诉争商标申请日之前经使用宣传已具有一定的知名度，难以认定诉争商标的注册和使用易使相关公众将之与汇某智通公司的域名相联系，从而对服务来源产生混淆误认，故诉争商标的注册未违反商标法第三十二条关于在先权利的规定。汇某智通公司提交的证据亦不足以证明在诉争商标申请日之前，汇某智通公司的“datafocus”标志通过广泛宣传使用已在计算机软件设计等服务上具有一定知名度和影响力，故诉争商标的注册未违反商标法第三十二条“不得以不正当手段抢先注册他人已经使用并有一定影响的商标”的规定。诉争商标标志是否为汇某智通公司所独创，不影响本案对诉争商标是否应予核准注册的判断。此外，汇某智通公司提交的证据尚无法证明安某公司是不以使用为目的恶意申请注册诉争商标，故诉争商标的注册未构成商标法第四条规定的情形。二审法院判决：驳回上诉，维持原判。

在再审阶段，汇某智通公司向本院提交了以下证据材料：

1. 第66318663号商标信息，拟证明恒某电子公司在2022年8月1日重新申请注册“DataFoucs”商标被驳回。

2. 百度搜索“datafocus”截图，拟证明搜索“datafocus”显示的全是汇某智通公司的“datafocus”相关的信息。

3. 国际域名注册证书，拟证明datafocus. ai域名于2017年7月5日注册，处于有效期内。

4. 互联网上关于datafocus. ai、datafocus. io的网页，拟证明datafocus. ai、datafocus. io域名的使用情况。

5. 关于datafocus. ai域名的说明，拟证明王某波将其购买的datafocus. ai等域名授权给汇某智通公司使用。

6.《关于恒生提议售卖datafocus商标给汇某智通公司的说明》及录音，拟证明本案一审开庭后，恒某电子公司拟将诉争商标卖给汇某智通公司。

7. 连续三年不使用注册商标申请受理通知书，拟证明汇某智通公司申请撤销诉争商标，国家知识产权局已经受理。

国家知识产权局质证认为，对证据1—4的真实性、合法性、关联性认可，证明目的不认可。恒某电子公司质证认为，对证据1—4的真实性、合法性、关联性认可，证明目的不认可。对证据6的真实性不予认可。证据7不影响诉争商标的有效性，亦不影响恒某电子公司对该商标的合法使用。本院认证认为，对证据1—4的真实性、合法性予以认可，关联性及证明目的将结合本案的争议焦点进行论述。王某波是汇某智通公司的法定代表人，也是datafocus. ai域名的注册人，在无相反证据的情况下，对证据5的真实性予以认可。由于证据6的来源不明，且恒某电子公司不予认可，故对其真实性不予认可。对证据7的真实性、合法性予以认可，但诉争商标目前仍为有效商标。

在再审阶段，恒某电子公司向本院提交以下证据材料：

证据1.“DATAFOCUS（统一资讯云）”的销售合同及其发票，拟证明恒某电子公司使用诉争商标作为统一资讯云产品名，已经与案外人签订销售合同，进行有效使用。

证据2—4. 恒某电子公司微信公众号宣传文章《是它，十几家金融机构都用上了》《中国数谷！恒生首批入选!》《这场世界级论坛，恒生亮相!》，拟证明恒某电子公司推出统一资讯云服务 Datafocus 等产品。

汇某智通公司质证认为，证据 1 为复印件，无法确认真实性，关联性和证明目的也不予认可；对证据 2—4，微信公众号发布的文章系恒某电子公司自制材料，无法确认真实性，且无法确认发布时间是否真实，文章中也未显示 Datafocus 商标的使用。国家知识产权局未提交质证意见。本院认证认为，恒某电子公司是否对诉争商标进行了使用与本案争议焦点无关，故对证据 1 不予采信；证据 2—4 为恒某电子公司发布的宣传文章，其中不涉及诉争商标，与本案无关。

本院再审查明：

（一）关于汇某智通公司在诉争商标申请日前注册 datafocus. ai 域名，及宣传使用“DataFocus”的情况

1. 2017 年 7 月 5 日，王某波注册域名 datafocus. ai。王某波作为汇某智通公司的法定代表人，授权汇某智通公司使用该域名。

2. 在诉争商标申请日前，约有 600 人在网址为 https：//www. datafocus. ai/的网站注册，注册用户包括深圳华为技术有限公司技术人员、中国移动技术人员等。

3. 在诉争商标申请日前，https：//www. datafocus. ai/网站发布了多篇文章，包括 2019 年 3 月 11 日标题为“DataFocus：自助式数据分析助你跨越数据分析门槛”；2019 年 3 月 5 日标题为“DataFocus 在集团公司中的应用”；2018 年 5 月 3 日标题为“DataFocus 教程”。

4. 在百度、搜狗、360、bing 等搜索引擎以“datafocus”作为关键词进行搜索，显示的均是与汇某智通公司的“datafocus”相关的信息，且其中有多条信息为汇某智通公司 www. datafocus. ai 网站上的信息，如百度搜索显示的“DataFocus 资料库”，搜狗搜索显示的“DataFocus 教程——DataFocus”等。

5. 在诉争商标申请日前，汇某智通公司在互联网上发布的视频资料显示了 datafocus. ai 或 datafocus，如 2018 年 11 月 15 日发布在西瓜视频上的世界互联网大会互联网之光 DataFocus 现场发布会视频显示域名 datafocus. ai；汇某智通公司以账户 DataFocus 作为大鱼号认证用户在“YOUKU 优酷”上发布 20 多个视频，涉及“可视化大屏导出”“公式叠加嵌套”等内容。

6. 在诉争商标申请日前，汇某智通公司在搜狐网上发表了百余篇文章，账户为“汇数智通”或“DataFocus”，如 2018 年 8 月 6 日发表的“DataFocus 在杭州发布：比 Tableau 更好用，比 PowerBI 更……”；2018 年 7 月 25 日发表

的“DataFocus—BI 新定义，全球首个中文自然语言数据分析系统”等。

7. 在诉争商标申请日前，汇某智通公司在百度百家号上发表了近百篇文章，账号为 DataFocus，如 2019 年 3 月 1 日发布的“数据可视化的佼佼者——DataFocus”；2018 年 10 月 30 日发布的“DataFocus 为什么不做成纯粹的自然语言问答形式呢?”等。

8. 在诉争商标申请日前，汇某智通公司在新浪财经头条上发表了 10 多篇涉及 DataFocus 的文章，账号为“敏感的某某君”，如 2018 年 7 月 25 日发表的“DataFocus—全球首个中文自然语言数据分析系统，BI 新定义”，2018 年 7 月 30 日发布的“DataFocus 发布全球首个中文自然语言数据分析系统”等。

9. 在诉争商标申请日前，账号为 DataFocus 的微信公众号发布了 70 余篇文章，如 2018 年 11 月 20 日发布的“如何利用数据分析来使公司收益”，2019 年 4 月 24 日发布的“可视化大屏的数据呈现能力精准到惊人”等。

10. 在诉争商标申请日前，网易上发布了 10 多篇涉及 DataFocus 的文章，账号为“某某君”，如 2018 年 8 月 23 日发表的“DataFocus. ai 创始人访谈”，2018 年 10 月 16 日发表的“［重磅来袭］DataFocus 发布全新 UI”等。

11. 在诉争商标申请日前，凤凰新闻上发布了 50 多篇涉及 DataFocus 的文章，部分显示账号为“某某君”，如 2018 年 11 月 29 日发布的“2018 年大数据将以五种方式对电子商务产生影响”，2019 年 2 月 26 日发布的“DataFocus 版本更新啦~快来围观!”等。

二、关于诉争商标的权利状态

2024 年 6 月 29 日，国家知识产权局作出商标撤三字［2024］第 Y024620 号《关于第 39744963 号第 42 类“DATAFOCUS”注册商标连续三年不使用撤销申请的决定》，决定第 39744963 号第 42 类“DATAFOCUS”注册商标不予撤销。

此外，汇某智通公司在再审阶段中确认安某公司不存在大量注册软件商标的情况。

本院认为，本案再审阶段的争议焦点是：诉争商标的注册是否违反商标法第四条、第三十二条的规定。

（一）关于诉争商标的注册是否违反商标法第三十二条的规定

商标法第三十二条规定：“申请商标注册不得损害他人现有的在先权利，也不得以不正当手段抢先注册他人已经使用并有一定影响的商标。”本院将分别从以下两个方面进行具体分析：

1. 关于诉争商标的注册是否损害他人现有的在先权利

（1）域名能否作为商标法第三十二条规定的在先民事权益获得保护。

本院认为，首先，《最高人民法院关于审理商标授权确权行政案件若干问题的规定》（以下简称商标授权确权司法解释）第十八条规定："商标法第三十二条规定的在先权利，包括当事人在诉争商标申请日之前享有的民事权利或者其他应予保护的合法权益。诉争商标核准注册时在先权利已不存在的，不影响诉争商标的注册。"根据该规定，从时间节点上看，"在先权利"应在诉争商标申请日之前享有，且在诉争商标核准注册时仍然存在；从范围上看，"在先权利"包括"民事权利"和"其他应予保护的合法权益"。因此，诉争商标申请日前当事人合法享有的民事权益应受保护。

其次，《最高人民法院关于审理涉及计算机网络域名民事纠纷案件适用法律若干问题的解释》第四条规定："人民法院审理域名纠纷案件，对符合以下各项条件的，应当认定被告注册、使用域名等行为构成侵权或者不正当竞争：（一）原告请求保护的民事权益合法有效；（二）被告域名或其主要部分构成对原告驰名商标的复制、模仿、翻译或音译；或者与原告的注册商标、域名等相同或近似，足以造成相关公众的误认；（三）被告对该域名或其主要部分不享有权益，也无注册、使用该域名的正当理由；（四）被告对该域名的注册、使用具有恶意。"《最高人民法院关于适用〈中华人民共和国反不正当竞争法〉若干问题的解释》第十一条规定："经营者擅自使用与他人有一定影响的企业名称（包括简称、字号等）、社会组织名称（包括简称等）、姓名（包括笔名、艺名、译名等）、域名主体部分、网站名称、网页等近似的标识，引人误认为是他人商品或者与他人存在特定联系，当事人主张属于反不正当竞争法第六条第二项、第三项规定的情形的，人民法院应予支持。"根据上述司法解释的规定，域名属于一种受法律保护的民事权益。当域名的注册日早于诉争商标申请日时，其可以作为商标法第三十二条规定的在先民事权益获得保护。

（2）域名作为在先民事权益获得商标法保护的条件。

在对姓名权、字号权益、作品名称以及角色名称作为商标法第三十二条规定的"在先权利"进行保护时，商标授权确权司法解释明确规定，这些权利或权益要获得保护需要满足一定的条件，如字号需要有一定知名度，作品名称、作品中的角色名称需具有较高知名度。本院认为，域名作为商标法第三十二条规定的在先民事权益，只有当该域名注册在先并具有一定知名度时，相关公众才能将该域名与特定的商品或服务建立一定的联系。在此基础上，如果域名对应的商品或服务与诉争商标核定使用的商品与服务构成类似，并且标识近似，才可能导致相关公众对商品或服务的来源产生混淆，因此，只有当域名满足下列条件时，才能作为在先权利获得商标法的保护：一是域名的注册时间早于诉争商标申请注册的时间；二是域名具有一定的知名度；三是域名和诉争商标标识构成相同或近似；四是域名赖以取得一定影响力的商品或服务与诉争商标核定使用的商品或服务构成类似，容易导致相关公众混淆误认。

（3）诉争商标的注册是否损害了汇某智通公司的在先域名权益。

本案中，根据本院查明的事实，在诉争商标申请日前，汇某智通公司的法定代表人王某波就已经注册了域名“datafocus. ai”，并授权汇某智通公司使用，该域名的主要部分与诉争商标的英文字母完全相同。该域名指向的网站所示内容涉及数据分析、软件应用等，所涉服务与诉争商标核定使用的“计算机编程；计算机软件设计；计算机软件维护”等服务在服务的目的、内容、对象等方面存在关联联系，构成类似服务。汇某智通公司一审阶段提交的证据显示，在诉争商标申请日前，已有约600人在“datafocus. ai”网站注册，其中包括深圳华为技术有限公司、中国移动等公司的技术人员。经过汇某智通公司的广泛宣传，在诉争商标申请日前，在搜狐网、百度百家号、微信公众号、凤凰新闻、新浪财经头条等平台均有大量涉及DataFocus的文章或视频，部分涉及“datafocus. ai”域名，如2018年11月15日发布在西瓜视频上的世界互联网大会互联网之光DataFocus现场发布会视频显示域名“datafocus. ai”，网易文章“DataFocus. ai创始人访谈”等。在百度、搜狗、360等多个搜索引擎上以“DataFocus”作为关键词进行搜索，均能检索到在诉争商标申请日前存在大量与“datafocus. ai”相关的信息。上述证据可以证明经过汇某智通公司的广泛宣传使用，“datafocus. ai”域名在诉争商标申请日前已经具有一定的知名度。若诉争商标使用在与“datafocus. ai”提供的数据分析及软件应用类似的“计算机软件设计；计算机软件维护”等服务上，相关公众施以一般注意力，易认为相关服务来源于同一主体，或服务提供者之间存在某种关联关系，进而对服务的来源产生混淆误认，故诉争商标的注册损害了汇某智通公司的在先域名权益。

2. 关于诉争商标的注册是否构成以不正当手段抢先注册他人已经使用并有一定影响的商标

商标授权确权司法解释第二十三条第一款规定："在先使用人主张商标申请人以不正当手段抢先注册其在先使用并有一定影响的商标的，如果在先使用商标已经有一定影响，而商标申请人明知或者应知该商标，即可推定其构成'以不正当手段抢先注册'。但商标申请人举证证明其没有利用在先使用商标商誉的恶意的除外。"根据前述规定，该条款的适用应同时具备下列四个要件：一是未注册商标在诉争商标申请日之前已经使用并有一定影响；二是诉争商标与在先使用的未注册商标构成相同或近似商标；三是诉争商标指定使用的商品与在先使用的未注册商标所使用的商品相同或类似；四是诉争商标申请人明知或者应知他人在先使用商标。对于不正当手段的理解，本质上是指商标申请人具有占用他人在先使用商标商誉的恶意。

本案中，首先，根据汇某智通公司一审提交的证据显示，经过汇某智通公司的广泛宣传，在诉争商标申请日前，搜狐网、百度百家号、微信公众号、凤凰新闻、新浪财经头条等平台有大量涉及汇某智通公司 DataFocus 软件的文章，如搜狐网上发布的"DataFocus-BI 新定义，全球首个中文自然语言数据分析系统"，百度百家号上发布的"数据可视化的佼佼者——DataFocus"等，上述证据均可以证明在诉争商标申请日前，汇某智通公司在数据分析、软件应用服务上已在先使用"DataFocus"商标，并具有一定的知名度和影响力。其次，诉争商标标志为"DataFocus"，与汇某智通公司在先使用商标"DataFocus"的英文元素相同，且诉争商标核定使用的"计算机软件设计；计算机软件维护"等服务与汇某智通公司"DataFocus"商标在先使用的数据分析、软件应用服务在服务的目的、内容、对象等方面相同或存在特定联系，构成类似服务。最后，汇某智通公司的在先商标"DataFocus"经过宣传、使用已经具有一定的知名度，诉争商标申请人安某公司作为计算机软件服务的同行业经营者，在应知或者明知该商标存在的情况下，未合理避让，仍然在同一种或类似服务上注册与该商标完全相同的诉争商标，主观上难言正当，且客观上容易导致相关公众混淆误认，故诉争商标的注册构成以不正当手段抢先注册他人已经使用并有一定影响的商标。

综上，一、二审判决及被诉裁定关于诉争商标的注册未违反商标法第三十二条规定的认定有误，本院予以纠正。汇某智通公司的该项再审申请主张成立，本院予以支持。

（二）关于诉争商标的注册是否违反商标法第四条的规定

商标法第四条第一款中的“不以使用为目的的恶意商标注册申请”是指“申请人并非基于生产经营活动的需要，而提交大量商标注册申请，缺乏真实使用意图，不正当占用商标资源，扰乱商标注册秩序的行为”。“不以使用为目的的恶意”中的“恶意”是指不以使用为目的大量申请商标和意欲借此牟利的意图。本案中，现有证据尚无法证明诉争商标原申请人安某公司是否以使用为目的大量囤积商标并借此牟利，且汇某智通公司也认可安某公司不存在大量注册软件商标的情况，故诉争商标的注册未构成商标法第四条规定的情形。一、二审判决及被诉裁定的相关认定并无不当，本院予以维持。汇某智通公司的该项再审申请主张不能成立，本院不予支持。

综上，一、二审判决及被诉裁定关于诉争商标的注册未违反商标法第三十二条规定的认定事实有误、适用法律错误。杭州汇某智通科技有限公司的该项申请再审理由成立，故本院对该项请求予以支持。依照《中华人民共和国商标法》第三十二条、《最高人民法院关于审理商标授权确权行政案件若干问题的规定》第十八条和第二十三条、《中华人民共和国行政诉讼法》第八十九条第一款第二项、《最高人民法院关于适用〈中华人民共和国行政诉讼法〉的解释》第一百一十九条第一款、第一百二十二条的规定，判决如下：

一、撤销北京市高级人民法院（2023）京行终 3987 号行政判决；

二、撤销北京知识产权法院（2021）京 73 行初 7495 号行政判决；

三、撤销国家知识产权局商评字〔2021〕第 79496 号《关于第 39744963 号“DataFocus”商标无效宣告请求裁定书》；

四、国家知识产权局就第 39744963 号“DataFocus”商标重新作出裁定。

一审案件受理费 100 元、二审案件受理费 100 元，均由国家知识产权局负担。

本判决为终审判决。

审 判 长　傅　蕾
审 判 员　马秀荣
审 判 员　戴怡婷
二〇二四年十二月五日
法官助理　耿慧茹
书 记 员　吕姝君

20. 商标法第四十四条“以其他不正当手段取得注册”的适用

——再审申请人陕西某烟工业有限责任公司、贵州某酒集团有限公司与被申请人国家知识产权局商标权无效宣告请求行政纠纷案①

中华人民共和国最高人民法院行政判决书（2024）最高法行再88号

再审申请人（一审第三人）：陕西某烟工业有限责任公司。住所地：陕西省西安市高新区。

法定代表人：王某林。

委托诉讼代理人：张颖，北京金诚同达律师事务所律师。

委托诉讼代理人：滕晓，北京金诚同达律师事务所律师。

再审申请人（一审原告、二审上诉人）：贵州某酒集团有限公司。住所地：贵州省遵义市仁怀市。

法定代表人：周某明。

委托诉讼代理人：李祥，北京市光明律师事务所律师。

被申请人（一审被告、二审被上诉人）：国家知识产权局。住所地：北京市海淀区蓟门桥西城路6号。

法定代表人：申长雨。

委托诉讼代理人：周某兵。

再审申请人陕西某烟工业有限责任公司（以下简称陕西某烟公司）、贵州某酒集团有限公司（以下简称贵州某酒公司）因与被申请人国家知识产权局商标权无效宣告请求行政纠纷一案，不服北京市高级人民法院（以下简称二审法院）（2023）京行终350号行政判决，向本院申请再审。本院于2024年3月28日作出（2023）最高法行申1796号行政裁定，提审本案。提审后，

① 本案在年度报告中的位置为第46页。

本院依法组成合议庭对本案进行了审理。本案现已审理终结。

陕西某烟公司申请再审称，二审法院认定第18362615号“招财猫”商标（以下简称诉争商标）构成2013年修正的《中华人民共和国商标法》（以下简称2013年商标法）第四十四条第一款所指情形，存在错误。1. 二审法院选取陕西某烟公司在2015年至2021年11月申请商标的情况，用于评判诉争商标是否违反2013年商标法第四十四条第一款规定，缺乏法律依据；且二审法院仅审查陕西某烟公司商标申请的数量，未充分考虑陕西某烟公司的经营需求和商标实际使用情况，适用法律错误；2. 二审判决改变了国家知识产权局以及一审判决的结论，却未开庭审理，未给予陕西某烟公司对其商标申请行为解释和提交补充证据的机会，也未给予国家知识产权局对其认定进行解释的机会，程序违法；3. 二审法院认定陕西某烟公司在上述期间申请了300余件商标，认定事实错误。陕西某烟公司自1981年至诉争商标申请日前，仅申请了160余件商标，且对商标的申请均系出于对企业品牌布局和实际使用的考虑，未超出生产、经营的实际需要，对其申请注册的各系列商标均进行了实际使用或具有使用意图，并非抢注或囤积商标；4. 诉争商标“招财猫”为固有词汇，系陕西某烟公司在自有的“好猫”品牌基础之上独创的系列子品牌，“招财猫”香烟自2016年上市以来，具有极高的销量，积累了较高的知名度。综上，请求依法对本案再审，撤销二审判决，维持一审判决。

贵州某酒公司答辩称，1. 贵州某酒公司持有的第3440834号“招财猫”商标（以下简称引证商标一）具有极高的显著性和知名度，诉争商标构成对引证商标一的恶意摹仿和抄袭，诉争商标的注册、使用会导致消费者的混淆、误认；2. 二审判决认定陕西某烟公司大量囤积商标，违反2013年商标法第四十四条第一款的规定正确，应予维持。综上，请求驳回陕西某烟公司的再审申请。

贵州某酒公司申请再审称，诉争商标与引证商标一构成类似商品上的近似商标，二审判决对此未予认定，适用法律错误。综上，请求撤销二审判决关于诉争商标不构成2013年商标法第三十条所指情形的认定，维持二审判决的结论。

陕西某烟公司答辩称，贵州某酒公司曾就本案向二审法院提出再审申请，二审法院已立案并审查。后，因陕西某烟公司向最高人民法院申请再审，贵州某酒公司撤回了其在二审法院的再审申请，又向最高人民法院提出再审申请，属于混用诉权，其再审申请不应被立案。综上，请求驳回贵州某酒公司的再审申请。

国家知识产权局针对上述两方当事人的再审申请答辩称，二审判决认定事实清楚，适用法律正确，应予维持。请求驳回陕西某烟公司、贵州某酒公司的再审申请。

贵州某酒公司不服国家知识产权局商评字〔2022〕第14932号《关于第18362615号“招财猫”商标无效宣告请求裁定书》（以下简称被诉裁定）关于对诉争商标予以维持的结论，向北京知识产权法院（以下简称一审法院）提起行政诉讼，请求依法撤销被诉裁定并责令国家知识产权局重新作出裁定。

一审法院经审理查明：

一、诉争商标

1. 注册人：陕西某烟公司。

2. 注册号：18362615。

3. 申请日期：2015年11月18日。

4. 专用权期限至：2029年8月27日。

5. 标志：“招财猫”。

6. 核定使用商品（第34类，类似群3401）：烟草；嚼烟；雪茄烟；非医用含烟草代用品的香烟；香烟；小雪茄烟；烟用药草；鼻烟；烟丝；烟末。

二、引证商标一

1. 注册人：贵州某酒公司。

2. 注册号：3440834。

3. 申请日期：2003年1月20日。

4. 专用权期限至：2024年4月27日。

5. 标志：“招财猫”。

6. 核定使用商品（第33类，类似群3301）：果酒（含酒精）；烧酒；蒸馏酒精饮料；蒸馏饮料；鸡尾酒；葡萄酒；酒（饮料）；酒精饮料（啤酒除外）；汽酒；黄酒。

三、被诉裁定

2022年1月21日，国家知识产权局作出商评字〔2022〕第14932号《关于第18362615号“招财猫”商标无效宣告请求裁定书》，对诉争商标予以维持。

贵州某酒公司不服被诉裁定，在法定期限内向一审法院提起行政诉讼。

四、其他事实

在一审诉讼阶段，贵州某酒公司向一审法院提交了京东商品销售页截图、部分企业的经营范围、陕西某烟公司在他案中提交的上诉状、贵州某酒公司对“招财猫”商标的实际使用及所获荣誉、陕西某烟公司名下商标的信息等证据。

一审法院另查，根据中央机构改革部署，商标局、原国家工商行政管理总局商标评审委员会的相关职责由国家知识产权局统一行使。

一审法院认定：诉争商标的注册未构成2013年商标法第三十条、第三十二条、第四十四条第一款、第十条第一款第八项规定的情形。依照《中华人民共和国行政诉讼法》第六十九条之规定，判决驳回贵州某酒公司的诉讼请求。案件受理费一百元，由贵州某酒公司负担。

贵州某酒公司不服一审判决，向二审法院提起上诉，请求撤销一审判决及被诉裁定，判令国家知识产权局重新作出裁定。

国家知识产权局、陕西某烟公司均服从一审判决。

二审法院经审理查明：一审法院查明的事实属实，证据采信得当，且有被诉裁定、诉争商标和引证商标一的商标档案、各方当事人在商标评审阶段和一审诉讼阶段提交的证据以及当事人陈述等在案佐证，二审法院予以确认。

二审法院另查，除诉争商标外，陕西某烟公司自2015年至2021年11月，在第11类、第14类、第34类等商品和服务类别上注册了包括“招财进宝”“福 招财进宝”商标等在内的300余件商标。

以上事实，有陕西某烟公司名下注册商标的商标档案在案佐证。

二审法院认为：1. 诉争商标与引证商标一均为“招财猫”文字商标，二者在文字构成、呼叫、含义、整体视觉效果等方面均基本一致。但诉争商标核定使用的商品与引证商标一核定使用的商品不构成类似商品，且在案证据不能证明引证商标一使用在其核定使用的商品上已具有较高知名度。因此，诉争商标的注册未违反2013年商标法第三十条的规定。一审法院对此认定正确，贵州某酒公司的相关上诉理由不能成立，二审法院不予支持。

2. 贵州某酒公司未明确诉争商标的注册侵害了其除引证商标一外的何种其他在先权利；在案证据亦不足以证明引证商标一在诉争商标申请日前在与诉争商标核定使用的商品相同或类似的商品上已经使用并有一定影响。因此，诉争商标的注册未违反2013年商标法第三十二条的规定。一审法院对此认定正确，贵州某酒公司的相关上诉理由不能成立，二审法院不予支持。

3. 在诉争商标申请日前后，陕西某烟公司在多个商品和服务类别上申请注册了包括“招财进宝”“福招财进宝”商标等在内的300余件商标。陕西某烟公司申请注册前述商标数量明显超出了正常生产经营需要，且其未对申请注册诉争商标以及大量申请注册其他商标的行为作出合理解释或说明，行为难谓善意。因此，陕西某烟公司的前述行为扰乱了正常的商标注册管理秩序，有损公平竞争的市场环境，违反公序良俗原则，损害公共利益，构成2013年商标法第四十四条第一款所指“以其他不正当手段取得注册”的情形，诉争商标在核定使用的全部商品上应予无效宣告。国家知识产权局和一审法院对此认定有误，二审法院予以纠正。

2013年商标法第四条的相关精神已体现在该法第四十四条第一款等具体条款中，二审法院对诉争商标的注册是否违反2013年商标法第四条的规定不再评述。

综上，二审法院依据《中华人民共和国行政诉讼法》第七十条第一项、第二项，第八十九条第一款第二项、第三款之规定，判决：“一、撤销北京知识产权法院（2022）京73行初5888号行政判决；二、撤销国家知识产权局作出的商评字〔2022〕第14932号《关于第18362615号“招财猫”商标无效宣告请求裁定书》；三、国家知识产权局就贵州某酒公司针对第18362615号“招财猫”商标提出的无效宣告申请重新作出裁定。一审、二审案件受理费各一百元，均由国家知识产权局负担。”

再审阶段，陕西某烟公司向本院提交了如下证据：

第一组，2015年至2021年11月，陕西某烟公司申请商标情况列表，用以证明二审法院查明事实错误；

第二组，诉争商标申请日前，陕西某烟公司申请注册的商标，“招财进宝”“福招财进宝”等商标档案及使用情况，用以证明二审法院适用法律错误；

第三组，陕西某烟公司企业信息档案、烟草全流程专卖管理介绍，陕西某烟公司获得的部分荣誉材料，陕西某烟公司下辖的某卷烟厂等资料，用以证明陕西某烟公司的生产规模；

第四组，陕西某烟公司名下商标总表，商标转让公告；在第34类烟草商品上申请注册的商标；陕西某烟公司名下“长安”“好猫”“猴王”“金丝猴”“大圣归来”“延安”等核心烟标情况介绍、报道、产品图片、销售发票、荣誉等，用以证明陕西某烟公司的商标申请是出于企业品牌布局和实际使用考虑，绝大多数商标均已进行使用；其余部分商标是核心品牌在关联类别上的防御性注册；

第五组，招财猫百度百科，关于发现“招财猫”石雕的报道，陕西某烟公司发布征集好猫（招财猫 1600）烟标设计的征文及其报道，陕西某烟公司“招财猫”卷烟产品实拍图片，“招财猫”系列商标列表，国家烟草专卖局同意陕西某烟公司开发生产“招财猫”卷烟的批复，陕西某烟公司“招财猫”卷烟销售数据统计表，陕西某烟公司“招财猫”卷烟的部分销售合同和发票，关于陕西某烟公司“招财猫”卷烟的报道，陕西某烟公司“招财猫”卷烟宣传所用的周边衍生品照片，陕西某烟公司“招财猫”卷烟获得的部分荣誉，用以证明诉争商标“招财猫”是于 2016 年在原有“好猫”品牌上开发出来的新品牌，陕西某烟公司持续、大量地在第 34 类商品上使用诉争商标；

第六组，贵州某酒公司企业信息，贵州某酒公司名下商标总数及涉嫌抢注的商标信息，贵州某酒公司抢注品牌介绍，贵州某酒公司名下第 5297164 号“招财猫”商标档案、撤销公告等，用以证明本案是陕西某烟公司与贵州某酒公司作为特定主体之间的纠纷，不涉及“公权益”。

贵州某酒公司质证认为，1. 陕西某烟公司提供的上述证据在一、二审阶段均未提出，属于可以提交但未提交，不应予以采信；2. 陕西某烟公司在第 34 类商品上申请的“招财猫”文字商标共 15 件，因此上述证据中发票所显示的“招财猫”并不唯一指向本案诉争商标；3. 陕西某烟公司申请的商标涉及地名、民生工程、知名电影名称等，数量大、范围广，足以证明其行为严重扰乱商标注册秩序。

贵州某酒公司向本院提交了（2024）苏宁紫证字第 5228 号公证书以及以烟和酒为主题的检索报告，用以证明烟和酒关系密切，二者属于类似商品。

陕西某烟公司质证认为，贵州某酒公司未提供上述证据的原件，对其真实性均不予认可；且公证书所记载的内容为烟酒超市摆放烟和酒产品的照片，而检索报告并非全部检索结果，均无法证明烟与酒构成类似商品。

对于陕西某烟公司和贵州某酒公司再审阶段提供的证据，本院将在下文予以分析评判。

本院再审查明：陕西某烟公司于 2015 年至 2021 年 11 月，共申请商标 155 件，其中在第 34 类商品上申请了 73 件商标，其余商标分别指定使用在第 9 类、第 41 类、第 32 类等 20 多个商品和服务类别上。以上事实有国家知识产权局提供的商标注册列表在案予以佐证。二审法院认定陕西某烟公司在上述时间段共申请了 300 余件商标，且未就上述事实听取各方当事人意见，有所不当，本院予以纠正。

本院认为，本案主要有以下争议焦点：

一、诉争商标是否构成 2013 年商标法第三十条规定的情形

2013 年商标法第三十条规定："申请注册的商标，凡不符合本法有关规定或者同他人在同一种商品或者类似商品上已经注册的或者初步审定的商标相同或者近似的，由商标局驳回申请，不予公告。"本案中，诉争商标与引证商标一均为文字"招财猫"，文字组成、发音、含义均相同，构成近似商标标志。但诉争商标核定使用的"烟草"等商品与引证商标一核定使用的"果酒（含酒精）"等商品在《类似商品与服务区分表》中不属于同一类别，在功能、用途、生产部门、销售渠道、销售对象等方面也存在较大差异，不构成同一种或者类似商品。贵州某酒公司提供的证据不足以证明二者构成类似商品。在此情形下，诉争商标与引证商标一即使共存于市场，相关公众仍能够基于不同的消费需求而对商品来源予以正确识别，不会产生混淆、误认。故二审法院认定诉争商标的注册未构成 2013 年商标法第三十条规定之情形，并无不当。贵州某酒公司的相应再审申请主张缺乏事实和法律依据，本院不予支持。

二、诉争商标是否构成 2013 年商标法第四十四条第一款规定的"以其他不正当手段取得注册"的情形

2013 年商标法第四十四条第一款规定："已经注册的商标，违反本法第十条、第十一条、第十二条规定的，或者是以欺骗手段或者其他不正当手段取得注册的，由商标局宣告该注册商标无效；其他单位或者个人可以请求商标评审委员会宣告该注册商标无效。"《最高人民法院关于审理商标授权确权行政案件若干问题的规定》第二十四条规定："以欺骗手段以外的其他方式扰乱商标注册秩序、损害公共利益、不正当占用公共资源或者谋取不正当利益的，人民法院可以认定其属于商标法第四十四条第一款规定的'其他不正当手段'。"

审查判断商标的注册是否属于"以其他不正当手段取得注册"的情形，要考虑其是否属于以欺骗手段以外的扰乱商标注册秩序、损害公共利益、不正当占用公共资源或者以其他方式谋取不正当利益的手段。申请注册商标，应当具有使用的真实意图，申请商标的行为应当具有合理性或正当性。超过正常生产经营需要，注册大量商标，无法证明注册目的正当性的，可以认定

其构成 2013 年商标法第四十四条第一款规定的“以其他不正当手段取得注册”的情形。在商标申请人申请商标的数量达到一定规模的情况下，不宜仅凭数量认定其申请注册商标的行为属于“以其他不正当手段取得注册”，还需结合其生产经营等实际情况综合考量其申请商标是否具有真实使用的意图，是否具有合理性或正当性；对于能够证明其申请商标具有真实使用意图或者已经将商标实际投入商业使用的，则不宜认定其申请注册行为构成 2013 年商标法第四十四条第一款规定的上述情形。具体到本案：

（一）关于诉争商标申请人陕西某烟公司申请商标的总体情况及其生产、经营的实际情况

根据陕西某烟公司提供的证据，该公司成立于 1993 年 6 月，经营范围包括“卷烟、雪茄烟的生产、销售”等，注册资本约 24.51 亿元人民币。该公司下辖 5 个卷烟厂，生产规模大，除生产“招财猫”系列卷烟产品外，还生产“猴王”“金丝猴”“大圣归来”“延安”等几十种烟草产品。陕西某烟公司于 2015 年至 2021 年 11 月申请注册的 155 件商标，主要使用在第 34 类烟草产品上及其宣传所使用的周边产品或服务上。上述事实有陕西某烟公司提供的营业执照、企业信息档案、烟草全流程专卖管理介绍、陕西某烟公司获得的部分荣誉材料，陕西某烟公司下辖卷烟厂的有关资料、产品的外包装照片等在案予以佐证。陕西某烟公司提供的上述证据不仅能够证明其已将上述商标实际投入商业使用，其申请注册上述商标符合生产、经营的实际需要，而且具有合理性和正当性。

（二）关于诉争商标的申请注册及使用情况

根据在案证据，诉争商标“招财猫”系陕西某烟公司于 2015 年 11 月申请，核定使用在第 34 类“烟草；嚼烟；雪茄烟”等商品上。陕西某烟公司经国家烟草专卖局批准，在其原有“好猫”品牌烟草产品的基础上生产、开发“招财猫”卷烟产品。“招财猫”卷烟自 2016 年上市至 2023 年 6 月，市场销售额总计达到 28 亿元人民币，具有较高的市场销量及美誉度。此外，陕西某烟公司还在第 9 类、第 11 类、第 16 类等商品和服务上也注册了“招财猫”图形和文字商标，均使用在“招财猫”烟草产品宣传中所使用的周边产品或服务上。上述事实有陕西某烟公司提供的国家烟草专卖局办公室批复、“招财猫”卷烟产品的销售合同、发票、公开报道以及 2016 年 8 月“招财猫 1600”获得“十大标烟称号”的荣誉证书、“招财猫”卷烟宣传活动照片等在案予以佐证。陕西某烟公司提供的上述证据能够证明其对诉争商标在核定

的第34类商品上进行了持续、大量的使用，其申请注册诉争商标符合生产、经营的实际需要，具有合理性和正当性。

综上所述，陕西某烟公司提供的证据足以证明其申请注册包括诉争商标在内的大量商标并未超出生产经营的实际需要，且已将诉争商标长期、大量地使用在核定使用的商品上。故诉争商标的注册未违反2013年商标法第四十四条第一款的规定，二审法院适用法律有所不当，本院予以纠正。被诉裁定及一审判决结论正确，本院予以维持。陕西某烟公司的再审申请主张具有事实和法律依据，本院予以支持。

综上，陕西某烟工业有限责任公司的再审申请符合《中华人民共和国行政诉讼法》第九十一条规定的情形。依照《中华人民共和国行政诉讼法》第八十九条第一款第二项、《最高人民法院关于适用〈中华人民共和国行政诉讼法〉的解释》第一百一十九条第一款的规定，判决如下：

一、撤销北京市高级人民法院（2023）京行终350号行政判决；

二、维持北京知识产权法院（2022）京73行初5888号行政判决。

一审、二审案件受理费各一百元，均由贵州某酒集团有限公司负担。

本判决为终审判决。

审 判 长 白雅丽
审 判 员 李 丽
审 判 员 马秀荣
二〇二四年八月十六日
法官助理 包 硕
书 记 员 高云萱

21. 商标连续三年不使用撤销案件中核定使用商品的认定

——再审申请人中科院某电子技术有限公司与被申请人国家知识产权局及一审第三人路某电子公司商标权撤销复审行政纠纷案①

中华人民共和国最高人民法院行政判决书（2024）最高法行再51号

再审申请人（一审原告、二审上诉人）：中科院某电子技术有限公司。住所地：中华人民共和国广东省广州市越秀区。

法定代表人：沈某。

委托诉讼代理人：房宝盛，北京德和衡律师事务所律师。

被申请人（一审被告、二审被上诉人）：国家知识产权局。住所地：中华人民共和国北京市海淀区蓟门桥西城路6号。

法定代表人：申长雨。

委托诉讼代理人：黄某。

一审第三人：路某电子公司。住所地：美利坚合众国宾夕法尼亚州。

代表人：××·S·皮克。

委托诉讼代理人：黄嘉怡，北京瀚理律师事务所律师。

委托诉讼代理人：马子阳，北京瀚理律师事务所律师。

再审申请人中科院某电子技术有限公司（以下简称中科院某电子公司）因与被申请人国家知识产权局及一审第三人路某电子公司商标权撤销复审行政纠纷一案，不服北京市高级人民法院（2022）京行终4004号行政判决，向本院申请再审。本院于2024年2月29日作出（2023）最高法行申973号行政裁定，提审本案。本院依法组成合议庭进行了审理，中科院某电子公司、国家知识产权局及路某电子公司均提交书面审理申请，本案现已审理终结。

① 本案在年度报告中的位置为第48页。

中科院某电子公司申请再审称，1. 该公司提交的销售合同及发票等证据所涉及的交易商品与诉争商标核定使用的商品本质上属于同一商品。销售合同所涉的商品不仅包括分布式光纤测温主体系统、3D 打印机、分布式光纤线型感温火灾探测器等，还包括光纤接线盒、尾纤、感温光纤等，这些商品与诉争商标核定使用的多个商品相对应。2. 该公司二审阶段提供的产品质量检测报告、用户手册、展会照片等证据可以证明诉争商标在 2015 年 12 月 21 日至 2018 年 12 月 20 日（以下简称指定期间）在核定商品上的使用。3. 诉争商标具有较强的显著性，并与中科院某电子公司形成了对应关系。综上，请求本院：撤销一、二审判决及被诉决定；判令国家知识产权局重新作出决定。

国家知识产权局辩称，二审判决认定事实清楚，适用法律正确，应予维持。

路某电子公司述称，中科院某电子公司提交的证据不能证明诉争商标于指定期间在核定商品上进行了公开、真实、合法有效的商业使用。二审判决认定事实清楚、适用法律正确，作出程序合法，请求驳回中科院某电子公司的再审申请。

北京知识产权法院（以下简称一审法院）审理查明：

一、诉争商标

1. 注册人：中科院某电子公司。

2. 注册号：10650811。

3. 申请日期：2012 年 3 月 21 日。

4. 专用权期限至：2024 年 5 月 13 日。

5. 标志：

CAS T 中科院广州电子技术有限公司 GUANGZHOU ELECTRONIC TECHNOLOGY CO. LTD.,CAS

6. 核定使用商品（第 9 类，类似群 0901；0907；0910-0911；0913）：数据处理设备；与计算机联用的打印机；信息处理机（中央处理装置）；集成电路卡；车辆用导航仪器（随车计算机）；测量仪器；光学器械和仪器；变压器（电）；电动调节设备；整流器；调光器（电的）；照明设备用镇流器；传感器；稳压电源；低压电源。

二、行政阶段证据提交情况

路某电子公司于 2018 年 12 月 21 日以诉争商标在指定期间在核定商品上三年未使用为由，向国家知识产权局申请对诉争商标予以撤销。中科院某电子公司在撤销阶段提交了产品合同书及相关公证资料、产品质量监督检测报告、产品部分宣传图片等证据。国家知识产权局审查后决定对诉争商标不予撤销。路某电子公司提出撤销复审，中科院某电子公司在撤销复审阶段未提交证据。

三、被诉决定：商评字〔2020〕第 63112 号《关于第 10650811 号“中科院某电子技术有限公司 CASET GUANGZHOU ELECTRONIC TECHNOLOGY CO.”商标撤销复审决定书》。

作出时间：2020 年 3 月 30 日。

该决定认为：中科院某电子公司提交的证据或为单方证据，或所显示商品与复审商品指定使用商品不符，或未显示形成时间，或无法证明已经进入实际流通领域，不足以证明在指定期间内其对诉争商标在核定商品上进行了公开、真实、合法的商业使用。国家知识产权局依照 2013 年修正的《中华人民共和国商标法》（以下简称 2013 年商标法）第四十九条第二款、第五十四条、第五十五条，决定：诉争商标予以撤销。

中科院某电子公司不服被诉决定，于法定期限内向一审法院提起行政诉讼。

中科院某电子公司在一审诉讼阶段补充提交了中科院某电子公司与科技公司、消防设备公司、消防安全技术公司的《供货合同》及发票、企业宣传册、中科院某电子公司与甲教育科技公司、电子公司、乙教育科技公司等签订的合同书共 2 组证据。

一审法院认为，中科院某电子公司在撤销阶段提交的产品合同书及相关公证资料、产品质量监督检测报告、产品部分宣传图片等证据均未提供原件。产品质量监督检测资料等不属于使用证据，其他证据则不能证明真实的使用时间，或商品已进入市场流通环节。中科院某电子公司在一审诉讼阶段提交的证据亦未提供证据原件，交易的商品不是诉争商标核定使用商品，合同及发票中也没有显示诉争商标。另外，在合同书左上角出现的标志，其使用方式不能视为涉案交易使用的商标，尤其是在中科院某电子公司与甲教育科技公司、电子公司等签订的合同书中，明确约定使用的品牌是“中科广电”，并非诉争商标。因此，现有证据不能证明中科院某电子公司在指定期间内在核定商品上对诉争商标进行了真实、有效的商业使用。被诉决定认定事实清楚，处理结论正确，程序合法。一审判决：驳回中科院某电子公司的诉讼请求。

中科院某电子公司不服一审判决，向北京市高级人民法院（以下简称二审法院）提起上诉。

二审法院对一审查明的事实予以确认。

中科院某电子公司在二审诉讼阶段提交了如下证据：1. 桌面级、工业级 3D 打印机产品彩页图片及图片的 Exif 信息；2. 分布式光纤线型感温火灾探测器的用户手册和检验报告；3. 包装中科院某电子公司光纤产品的纸箱及纸箱的来源信息；4. 第十八届深圳高交会的展会现场照片及参展项目通知，展示材料涉及桌面级 3D 打印机；5. 第二十届深圳高交会的展会现场照片、部分参展产品外观图、宣传材料及第二十届中国国际高新技术成果交易会材料，展示材料涉及分布式光纤线型感温火灾探测器；6. 中科院某电子公司与不同主体签订的商品销售合同。

二审法院认为，中科院某电子公司提供的合同及发票证据所涉及的交易商品均未显示诉争商标核定使用商品的商品名称，现有证据亦不足以证明中科院某电子公司所主张的分布式光纤测温主机系统、3D 打印机、分布式光纤线型感温火灾探测器等商品与诉争商标核定使用的商品本质上属于同一商品，故无法证明诉争商标在核定使用商品上的使用；中科院某电子公司提供的产品质量监督检测报告、产品宣传图片、企业宣传册、产品彩页图片及图片 Exif 信息、用户手册和检验报告、包装纸箱及纸箱来源信息、展会照片及参展产品材料等证据亦未体现诉争商标在核定使用商品上的使用，一审判决和被诉决定认定在案证据尚不足以证明诉争商标于指定期间在核定使用商品上进行了真实有效的使用并无不当。二审判决：驳回上诉，维持原判。

在再审审查阶段，中科院某电子公司向本院提交了该公司部分销售合同对应的发票，拟证明诉争商标于指定期间在核定使用商品上进行了真实有效的使用。国家知识产权局明确不发表质证意见。路某电子公司质证认为，发票对应的产品并非诉争商标核定使用的商品，且与诉争商标核定的商品均不属于同一类别或类似群组，故不能证明诉争商标在指定期间在核定使用商品上进行了有效使用。

本院经审理查明，在《类似商品和服务区分表—基于尼斯分类第十版》中，并无 3D 打印机商品，第 9 类商品上有与计算机联用的打印机商品。《类似商品和服务区分表—基于尼斯分类第十一版》中，第 7 类商品上有 3D 打印机，第 9 类商品上有与计算机联用的打印机商品。

本院认为，本案的争议焦点是，诉争商标在指定期间是否在核定商品上进行了公开、真实、有效的商业使用。

2013 年商标法第四十八条规定："本法所称商标的使用，是指将商标用于商品、商品包装或者容器以及商品交易文书上，或者将商标用于广告宣传、展览以及其他商业活动中，用于识别商品来源的行为。"第四十九条第二款规定："注册商标成为其核定使用的商品的通用名称或者没有正当理由连续三年不使用的，任何单位或者个人可以向商标局申请撤销该注册商标。商标局应当自收到申请之日起九个月内做出决定。有特殊情况需要延长的，经国务院工商行政管理部门批准，可以延长三个月。"商标连续三年不使用撤销制度的目的在于促使商标注册人对其商标进行使用，发挥其商标功能，避免商标资源的闲置及浪费。商标的使用是指商标的商业使用，包括将商标用于商品、商品包装或者容器以及商品交易文书上，或者将商标用于广告宣传、展览以及其他商业活动中，用于识别商品来源的行为。判断所涉行为是否构成商标使用，应结合在案证据综合考量使用者在主观上是否具有真实使用商标的意图，以及所涉行为在客观上是否能使相关公众在商标与其所标识的商品或服务之间建立联系。

本案的诉争商标系第 10650811 号 CAS T 中科院广州电子技术有限公司 GUANGZHOU ELECTRONIC TECHNOLOGY CO. LTD. CAS 商标，由中科院某电子公司于 2012 年 3 月 21 日提出注册申请，核定使用在第 9 类"数据处理设备；与计算机联用的打印机；信息处理机（中央处理装置）；集成电路卡；车辆用导航仪器（随车计算机）；测量仪器；光学器械和仪器；变压器（电）；电动调节设备；整流器；调光器（电的）；照明设备用镇流器；传感器；稳压电源；低压电源"商品上。中科院某电子公司为了证明诉争商标在 2015 年 12 月 21 日至 2018 年 12 月 20 日进行了实际的使用，在二审阶段提交了分布式光纤线型感温火灾探测器用户手册、感温光纤型式检验报告、第十八届和二十届中国国际高新技术成果交易会会刊及照片、2015—2018 年中科院某电子公司的销售合同等证据，并在再审阶段补充提交了前述销售合同的对应发票。

首先，分布式光纤线型感温火灾探测器用户手册、感温光纤型式检验报告、第二十届中国国际高新技术成果交易会会刊及照片、中科院某电子公司与天津普泰安电子仪器有限公司签订的销售合同及对应发票等证据可以形成证据链，证明诉争商标在指定期间，在分布式光纤线型感温火灾探测器、光纤在线测温系统商品上进行了使用。而分布式光纤线型感温火灾探测器、光纤在线测温系统与诉争商标核定使用的测量仪器、光学器械和仪器、传感器等商品属于相同或者类似商品，可以证明诉争商标在指定期间在测量仪器、光学器械和仪器、传感器等商品上进行了公开、真实、有效的商业使用。路某电子公司认为诉争商标出现在销售合同左上角的方式不属于商标性使用。对此，本院认为，根据2013年商标法第四十八条的规定，诉争商标出现在销售合同左上角的方式属于将商标用于商品交易文书的商标使用方式，因此路某电子公司的主张不能成立。

其次，第二十届中国国际高新技术成果交易会会刊及照片，并结合中科院某电子公司与郑州诺祺电子科技有限公司、新疆嘉颖科技有限公司等公司签订的多份销售合同及对应发票等证据可以形成证据链，证明诉争商标在指定期间，在3D打印机、快速成型机商品上进行了使用。虽然在《类似商品和服务区分表——基于尼斯分类第十一版》（2017年1月1日实施）中，3D打印机属于第7类商品，但本案的诉争商标申请于2012年3月21日，此时适用的《类似商品和服务区分表——基于尼斯分类第十版》中并无3D打印机商品，因此，诉争商标在2017年以前在3D打印机、快速成型机商品上的使用可以认定是在核定使用的数据处理设备、与计算机联用的打印机、信息处理机（中央处理装置）等商品上的使用。

最后，中科院某电子公司与金属制品公司签订的销售合同与对应的发票，还涉及手持光学测量仪商品，可以证明诉争商标在指定期间在核定使用的光学器械和仪器等商品上进行了公开、真实、有效的商业使用。

综上，在案证据能够证明诉争商标在指定期间内，在“数据处理设备、与计算机联用的打印机、信息处理机（中央处理装置）、测量仪器、光学器械和仪器、传感器”等商品上进行了公开、真实、有效的商业使用，因此，诉争商标在上述商品上的注册应当予以保留。一、二审判决及被诉决定对此认定有误，本院予以纠正。

依照2013年修正的《中华人民共和国商标法》第四十八条、第四十九条第二款、《中华人民共和国行政诉讼法》第八十九条第一款第二项、《最高人民法院关于适用〈中华人民共和国行政诉讼法〉的解释》第一百一十九条第一款、第一百二十二条的规定，判决如下：

一、撤销北京市高级人民法院（2022）京行终4004号行政判决；

二、撤销北京知识产权法院（2020）京73行初10612号行政判决；

三、撤销国家知识产权局商评字〔2020〕第63112号《关于第10650811

号“中科院某电子技术有限公司 CASET GUANGZHOU ELECTRONIC TECHNOLOGY CO.”商标撤销复审决定书》；

四、国家知识产权局就第10650811号“中科院某电子技术有限公司 CASET GUANGZHOU ELECTRONIC TECHNOLOGY CO. LTD.，CAS. 及图”商标重新作出撤销复审决定。

一审案件受理费100元、二审案件受理费100元，均由国家知识产权局负担。

本判决为终审判决。

审 判 长 白雅丽
审 判 员 傅 蕾
审 判 员 张玲玲
二〇二四年六月二十八日
法官助理 陈泽宇
书 记 员 高云萱

三、著作权案件审判

24. 计算机软件的发行权权利用尽

——上诉人深圳市昊某源科技有限公司与被上诉人某有限责任公司、一审被告北京华某雨泽商贸有限公司侵害计算机软件著作权纠纷案①

中华人民共和国最高人民法院民事判决书（2022）最高法知民终1460号

上诉人（一审被告）：深圳市昊某源科技有限公司。

法定代表人：文某民，该公司执行董事。

委托诉讼代理人：马某，该公司员工。

委托诉讼代理人：刘建伟，北京市盈科律师事务所律师。

被上诉人（一审原告）：某有限责任公司。

代表人：塔某，该公司首席执行官。

委托诉讼代理人：张小英，北京市联德律师事务所律师。

委托诉讼代理人：蒋洪义，北京市联德律师事务所律师。

一审被告：北京华某雨泽商贸有限公司。

法定代表人：王某亮，该公司执行董事。

委托诉讼代理人：郭子龙，北京乾成律师事务所律师。

委托诉讼代理人：丁亚琪，北京乾成律师事务所律师。

上诉人深圳市昊某源科技有限公司（以下简称某科技公司）因与被上诉人某有限责任公司（以下简称某公司）、一审被告北京华某雨泽商贸有限公

---

① 本案在年度报告中的位置为第53页。

司（以下简称某商贸公司）侵害计算机软件著作权纠纷一案，不服中华人民共和国北京知识产权法院于2021年12月28日作出的（2019）京73民初978号民事判决，向本院提起上诉。本院于2022年7月19日立案后，依法组成合议庭，并于2023年10月9日询问当事人。上诉人某科技公司的委托诉讼代理人马某、刘建伟，被上诉人某公司的委托诉讼代理人张小英，一审被告某商贸公司的委托诉讼代理人郭子龙、丁亚琪到庭参加询问。本案现已审理终结。

某公司向一审法院提起诉讼，一审法院于2019年6月27日立案受理。某公司请求判令：1. 某科技公司和某商贸公司立即停止侵害某公司MAC软件著作权中的复制权、修改权、发行权。2. 某科技公司立即停止生产和销售预装有未经授权的MAC软件的无线高清视频传输设备产品“猛某2000”产品（以下简称被诉侵权产品），立即停止以其他方式复制、修改和发行未经授权的MAC软件产品及其副本。3. 某商贸公司立即停止销售被诉侵权产品。4. 某科技公司和某商贸公司立即删除其库存的所有介质、芯片、主板、被诉侵权产品及其他产品中预装的未经授权的MAC软件，或者销毁其库存的预装有未经授权的MAC软件的芯片、主板、被诉侵权产品及其他产品。5. 某科技公司在《法治日报》《中国知识产权报》及其官方网站上刊登致歉声明，消除对某公司商誉的负面影响。6. 某科技公司和某商贸公司共同赔偿某公司经济损失人民币500000元（本判决书所涉货币，除特别注明为外币外，均指人民币）以及制止侵权的合理开支200000元。事实和理由：1. 某公司是一家专注于无线高清视频传输技术的高科技公司，研发了基于WHDI（Whirless Home Digital Interface，无线家庭数字接口）技术的芯片和配套软件，即MAC软件，在2007年就已经在A国完成了权利软件的开发工作、芯片使用及上市销售，MAC软件作为职务作品，著作权由某公司享有且目前仍然有效。2. 某科技公司生产并销售、某商贸公司销售的被诉侵权产品中使用的是某公司生产的AMN＊＊＊＊型号芯片。3. 某公司早在2007年就已经在包括中国在内的全球范围内生产销售与MAC软件和芯片配套的WHDI开发套件包，某科技公司在2013年2月5日成立，被诉侵权产品在2018年1月才上市销售。作为无线高清视频传输设备厂商，某科技公司有接触MAC软件的可能性。4. 某科技公司通过在中国境内生产销售预装有MAC软件的被诉侵权产品，并且通过其官方网站向全球多个国家销售被诉侵权产品。某商贸公司在北京市海淀区的实体店内销售含有被诉侵权软件的产品，还在京东商城上开办的网络专营店销售被诉侵权产品。某公司从未向某科技公司及其关联公司销售过任何芯片或者 MAC 软件，也未授权某科技公司及其关联公司在任何产品中使用 MAC 软件。通过对比发现，被诉侵权产品中使用的软件和 MAC 软件实质性相似。综上，某科技公司未经授权将某公司的 MAC 软件进行复制、修改并预装在印有某公司商标的芯片中以生产被诉侵权产品的行为，侵害了某公司对 MAC 软件享有的修改权、复制权；某科技公司和某商贸公司销售被诉侵权产品的行为，侵害了某公司享有的发行权，两公司应当承担相应的侵权责任。

某科技公司一审辩称：1. 某公司无法证明其主张的著作权的实际内容。MAC 软件并未进行登记；某公司提交的开发记录及相关邮件也不能证明实际内容；U 盘证据也不能证明来源以及存储文件的真实来源。2. 某科技公司的行为并未构成侵权。（1）某科技公司使用的软件与 AMN 芯片具有特定的对应关系，适用于 AMN＊＊＊＊芯片的软件是作为商品的芯片的必要组成部分，二者具有“锁和钥匙”的匹配关系。某科技公司提交的公证书显示，某公司在 2009 年 4 月 9 日对外销售 AMN＊＊＊＊/3210 芯片的价格为 25 美元，且并未提出任何著作权的要求，某公司在销售芯片的同时，已经默认了包含专用软件的使用。（2）某公司因企业被收购、经营的业务发生重大变化才不顾客观事实向某科技公司主张侵权责任。某公司被美国公司收购，该公司与某科技公司具有竞争关系，导致某科技公司由原来某公司芯片的购买方、使用方变成了收购方的竞争对手。某公司的诉讼违反了基本的商业信用和诚实信用的法律原则。（3）被诉侵权产品的特定软件有合法来源。2014 年，某科技公司向案外人深圳市得某科技有限公司（以下简称深圳某公司）采购某公司生产的 AMN＊＊＊＊芯片。由于 AMN＊＊＊＊芯片需要配合特定的软件方可使用，销售方向某科技公司提供了 AMN＊＊＊＊芯片的专用软件即开发包。某科技公司虽未直接向某公司采购芯片及软件，但其向供应商合法采购的行为未违反任何法律规定，也未侵权。（4）某科技公司的行为并未给某公司带来任何损失。由于特定软件脱离了芯片则不具备任何使用价值，因此某科技公司复制软件的行为目的并不是使用软件，而是使用芯片。某公司软件的商业价值已经通过芯片销售得以实现。3. 某公司提交的对比证据是单方面完成的，其采用的对比工具不是软件对比的通用工具，因此对比的客观真实性、结果的科学性无法保证。综上，某科技公司不同意某公司的诉讼请求，请求驳回某公司的全部诉讼请求。

某商贸公司一审辩称：某商贸公司销售的被诉侵权产品有合法来源，不应当承担民事责任。

一审法院查明以下事实：

一、某公司主张权利软件的相关事实

中华人民共和国北京市方圆公证处出具的（2019）京方圆内经证字第25394号公证书（以下简称第25394号公证书）记载：2019年8月12日，某公司的委托代理人AGIV、RAFAEL向公证处提供了4个U盘，标示有“4.x.19.1 source”“4.x.19.1 object”“4.x.24.9 source”“ 4.x.24.9 object”（以下统一简称为MAC软件4.x版本），公证处将四个U盘中的内容复制到公证处的电脑中，刻录了光盘；将4个U盘进行密封返还给某公司的委托代理人。

某公司提交了4.x版本开发的历史邮件记录，载明：2010年3月11日，塔某·芬戈尔德向软件团队、QAR等人发送邮件，日期：2010年3月11日，发布版本：4.0.0，硬件兼容性：shaldagA4，启动版本：0x3b，编译器名称：SDE GCC 3.4.4，SVN资源库……SVN路径：主干，发布版本……新特点……2011年3月15日，莎某·塔尔莫向软件—发布、QAR、软件团队等人发送邮件，日期：2011年3月15日，发布版本：4.x.19.1，启动版本：0x3b，编译器名称：SDE GCC 3.4.4，SVN资源库……SVN路径：主干，发布版本……新特点：HDCP同步密钥交换、STICK一个PHY天线支架。错误修复……已知问题……说明：要从SF下载该版本，请执行以下操作……2012年2月7日，埃某·伊扎克向奥某·卡梅尔曼、软件团队等人发送邮件，日期：2012年2月7日，发布版本：4.x.24.9，启动版本：0x3b，编译器名称：SDE GCC 3.4.4，JIRA资源库……新特点：实施了新的活动数据长度视频不稳定性检测。

某公司提交了齐某·罗滕贝格2018年8月21日撰写的《备忘录—根据该国法律确立某公司对MAC SW的版权所有权》（以下简称所有权备忘录）的文件，载明：关于参与编写MAC SW的个人与某公司的关系，所有三位主要作者均是某公司的员工，其中，埃某·伊扎克于2010年3月14日至2013年1月31日就职于某公司，担任软件工程师；奥某·卡梅尔曼于2007年11月8日至2013年4月25日就职于某公司，担任软件工程师、软件开发经理；拉某·艾格夫于2008年3月23日起至今在某公司工作，担任软件工程师。在某公司与员工签订的《某有限责任公司私密与保密协议》（以下简称保密协议）中约定：“3财产和权利所有权（a）专有财产，本员工在此确认，所有保密信息目前和未来仍为本公司的专有财产。由本员工保存或者制备、与本公司的业务和事务有关的所有商业记录、文书和文件均为本公司的财产……（b）让与。在本公司无须向本员工支付任何额外对价的情况下，本员工对于其在劳动雇佣关系存续期间自行或委托他人构思或投入实践的任何创意、发明、原始著作权作品、开发、改进、修改、商业秘密，以及任何文书、软件、硬件、固件、创意产品、专有技术和信息（全部或部分），无论是否可以受到专利保护、版权保护或者其他保护，本员工在此将针对上述项目的所有权利、所有权和权益让与至本公司；同时，如上文所述，本员工将针对上述项目所享有的或者基于上述项目产生的专有权利所享有的完整权利、所有权和权益，让与至本公司。”

某公司提交 MAC 软件的 0.1 版本设计文档，包括系统中的软硬件工作及模块概述、MAC 软件的设计准则、组成部分等，以及 MAC 软件 3.x 版本开发的历史邮件记录；其另提交商标查询网页截图，显示“AMIMON”申请人为 AMIMON LTD.，申请日期为 2011 年 7 月 16 日，核定使用商品为集成电路和半导体、嵌入式软件、芯片集等。

二、被诉侵权行为的相关事实

中华人民共和国北京市长安公证处出具的（2018）京长安内经证字第 42640 号公证书记载，ICP 备案管理系统显示，网站 www.szmoma-tech.com 的主办单位为某科技公司，该网站品牌介绍称：某科技公司集研发、生产、销售、服务于一体，致力于为全球客户提供数字高清视频传输整体解决方案，拥有子品牌四个（Hollyland、光速通、Comedee、猛某）……猛某产品在音视频分配、转换、延长器领域中成长为国内专业的品牌之一。产品广泛应用于学校、公共娱乐设施、展馆、银行、办公、电信、工业等各个领域，产品在国内外市场有较高的占有率。该网站称猛某传奇 2000 产品售价 23800 元。京东商城“猛某旗舰店”网店经营者资质信息公示显示，该店的经营者为某科技公司，售卖的“猛某 2000ft 无线图传 ARRI MINI 秒回 传奇 2000”的价格为 23800 元。某公司的代理人汪某于 2018 年 9 月 14 日购买两台上述商品。（2018）京长安内经证字第 42641、42642 号公证书记载，某公司从京东猛某旗舰店购买的产品在邮寄中途召回并转寄，网店给出收回产品的理由是软件版本不对。

（2018）京长安内经证字第 53755 号公证书记载，京东商城“华某影视器材专营店”的经营者为某商贸公司，该店销售的“猛某 MOMA 传奇 2000ft

无线图传 ARRI MINI 秒回猛某无线图传 600 米传输距离标配”产品，售价 23800 元。

（2018）京长安内经证字第 53754 号公证书（以下简称第 53754 号公证书）记载，2018 年 10 月 26 日，北京市联德律师事务所的委托代理人陈凯在北京市海淀区某器械城内一层“A10 华某”店铺，购买了两台“猛某传奇 2000ft 无线图传”设备，价格共 42000 元，某商贸公司收取货款，该设备的外壳及用户手册上标有“Hollyland Technology”。公证处对购买的设备及票据、名片进行拍照和封存。（2019）京长安内经证字第 27560 号公证书（以下简称第 27560 号公证书）记载，将第 53754 号公证书封存的物品进行拆封，对其中一台设备进行拆解，确认情况后再次加封。对拆封过程及拆解的设备进行拍照，产品的芯片组显示 Amimon。

（2019）京方圆内经证字第 26148 号公证书记载，2019 年 8 月 13 日，某公司的委托代理人 AGIV、RAFAEL 和路某，申请公证处对相关设备中预装的软件进行对比的过程进行公证。将第 27560 号公证书中保全的设备进行拆封，将闪存拆解下来，读取其中的文件“Moma_ RX_ Flash. bin”并保存，使用解密程序“bindecryption_ program”进行解密，得到两个文件“Moma_ RX_ Flash. bin_ Decrypt_ Correct”（文件 1）和“Moma_ RX_ Flash. bin_ Decrypt_ Wrong”（文件 2）。将目标代码文件“MAC_ GRIZZLY. alf”使用解密程序“bindecryption_ program”进行解密，得到两个文件“MAC_ GRIZZLY. alf_ Decrypt_ Correct_ RX（文件 3）”和“MAC_ GRIZZLY. alf_ Decrypt_ Wrong_ RX”（文件 4）。使用软件“Beyond Compare”打开文件 1 和文件 3，记录相关结果，显示部分连续内容相同，部分特征语句相同；打开文件 2 和文件 4，记录相关结果。随后，将“MAC_ GRIZZLY. alf”加载到电路板，连接到计算机上，打开 putty. exe 软件，设置参数，运行，读出“MAC_ GRIZZLY. alf”中的 LOG 信息，并保存到“Amimon_ SW. txt”（文件 5）中；将闪存取下，再将第 27560 号公证书中拆解下的闪存焊接到电路板上，连接计算机，打开 putty. exe 软件，设置同样的参数，运行，读出其中的 LOG 信息，并保存到“FlashMoma. txt”（文件 6）中。对比文件 5 和文件 6，文件 5 显示：INF〉〉Version：4. 2. 19. 1 Build：809 INF〉〉Date：Mar 15 2011 16：39：14，INF〉〉RFDL build time：20046 hours from 30/11/08，10：00am。文件 6 显示：INF〉〉Version ：4. 2. 24. 9 Build ：977INF〉〉Date：Mar 15 2012 12：00：01，INF〉〉RFDL build time：39001 hours from 30/11/08，10：

00 am。两文件均显示多处 MAC Interface Error：8。

某公司为证明某科技公司有接触到其 MAC 软件的可能性，提交了如下证据：1. 某公司对史某公司出具的 2007 年 7 月 5 日的报价单，显示包含 WHDI 硬件开发套装升级到基于 AMN2110/AMN2210 开发套件，并明确了其享有的知识产权，即在无许可协议的条件下，买方禁止转化、改编、整理、反编译或其他方式将产品中的软件还原为源代码；也禁止出售、转让、出租、出借、再许可、复制或其他方式转让产品中的软件。2. 某公司向家居智能电子公司出售 WHDI 开发套件包的单据，时间为 2009 年 12 月。3. 某公司与深圳某公司的业务往来邮件，2010 年 9 月 13 日向深圳某公司销售芯片的报价单及所附“WHDI 开发套件销售条款和条件”，其中涉及 AMN 芯片以及 WHDI 开发套件销售条款和条件关于所有权和通知的规定；2011 年 5 月 5 日内部确认深圳某公司支付 WHDI 会员费邮件；2013 年 3 月 20 日某公司发给深圳某公司的订单确认单。4. 2011 年《电脑与电信》新闻报道：“新的海信配件利用 AMIMON WHDI 技术将高清内容从笔记本和 iPhone 无线映射至电视。”5. 某科技公司在 www. szmoma-tech. com 上介绍 WHDI 技术的文章，称 WHDI 技术是由芯片商公司根据 WHDI 协会公布的标准所开发的技术，宣传“猛某传奇 2000”可以实现 1080p 高清源码流音视频无压缩、无延时传输。

三、其他事实

某公司为证明其为制止侵权行为所支付的合理开支，提交如下证据：1. 某公司在某商贸公司购买被诉侵权产品的收据，金额为 42000 元；2. 公证费发票七张，合计 17840 元；3. 检索费发票一张，合计 198 元；4. 律师费发票两张，合计 199998 元；5. 口译费用发票一张，合计 3000 元。

某科技公司为证明其使用的芯片有合法来源，其行为并未侵权，提交了如下证据：1. 其与深圳市欣某电子有限公司（以下简称欣某公司）签订的订购合同两份及某银行客户通知书两份，载明销售的产品为 AMN2120_ A4、AMN3110_ B1、AMN＊＊＊＊ A4、AMN3210 B1，订购时间为 2013 年 3 月 20 日、2013 年 4 月 3 日，无签章和签字。2. 深圳某公司 WHDI 认证证书以及付款凭证。3. 深圳某公司 2021 年 8 月 20 日提供的《情况说明》，记载：该公司取得 WHDI Specification 特许授权，通过关联公司从某公司购买基于 WHDI 技术的 AMN＊＊＊＊芯片。自 2014 年 10 月起，某科技公司向深圳某公司购买 AMN＊＊＊＊芯片，为使某科技公司正常使用 AMN＊＊＊＊芯片，深圳某公司向某科技公司提供了 AMN＊＊＊＊芯片的专用软件即开发套件包。

某科技公司提交中华人民共和国广东省深圳市深圳公证处出具的（2021）深证字第90700号公证书，以证明互联网上关于某公司芯片的新闻，说明某公司销售芯片产品并不需要另外授权使用，某公司被收购后与某科技公司构成竞争关系。某科技公司提交（2021）深证字第90667号公证书，以证明AMN＊＊＊＊芯片可以通过合法销售渠道购买。

某公司申请证人拉某·艾格夫出庭，拉某·艾格夫当庭陈述了如下内容：其国籍是A国，自2008年起是某公司的员工，担任软件开发经理。某公司从未向某科技公司提供软件，某科技公司修改和复制某公司的软件用于自己的产品。其从某科技公司处获得了猛某设备查看了软件，二进制图像显示有相似的部分，说明猛某设备中使用的软件是基于某公司的软件。此外，还比较了软件的运行日志，发现也有相似的地方。某公司生产芯片组和专门用于软件的芯片，MAC软件是不可修改的，芯片是有密码的，需要某公司特有的密钥进行激活，不知道信息的人是无法写出密钥的。通过比较闪存中的二进制和输出的日志，发现MAC软件被篡改，因此其认为这是一种对于软件的非法修改行为，毫无疑问某科技公司的软件是建立在某公司软件的基础之上，是非官方的软件，是由其他的生产商复制或者是发行的。

一审法院另查明，中华人民共和国和A国均为《保护文学和艺术作品伯尔尼公约》（以下简称伯尔尼公约）的成员国。

一审法院认为：

一、关于本案的法律适用

某公司是注册地址位于A国的公司，主张对权利软件享有著作权。关于外国主体作品的保护问题，因中华人民共和国和A国共同参加了伯尔尼公约，故本案应当适用《中华人民共和国著作权法》（以下简称著作权法）的相关规定。

二、关于权利软件权属的认定

某公司提交了MAC软件各个版本开发过程的邮件、其与软件开发人员签订的相关协议等证据，并对相关事实进行了公证，同时结合证人证言的内容，在无相反证据推翻的情况下，应当认定某公司是MAC软件的著作权人，其对MAC软件享有的著作权受到中国著作权法保护。

三、某科技公司、某商贸公司的行为是否构成侵权

从接触的可能性上来看，某科技公司与某公司经营业务同属无线高清视

频传输技术领域，某科技公司在其官方网站上介绍 WHDI 技术，称 WHDI 技术是由某公司根据 WHDI 协会公布的标准所开发的技术，某科技公司亦表示其从深圳某公司购买了某公司的芯片，而 MAC 软件是基于 WHDI 技术开发的程序，与芯片配套使用。因此，某科技公司有接触到 MAC 软件的可能性。

某公司在某商贸公司经营的店铺购买了某科技公司生产的含有被诉侵权软件的产品，利用工具读取产品上闪存中的被诉侵权软件，利用解密程序解密，将 MAC 软件用相同的解密程序解密，通过对比软件对解密后的文件进行对比，结果显示了若干连续相同的内容，以及若干相同的独特特征语句。另外，对两个软件进行一致地处理后，比较二者的运行日志，MAC 软件显示 Version：4.2.19.1，Date：Mar 15 2011 16：39：14，RFDL build time：20046 hours from 30/11/08，10：00 am；被诉侵权软件显示 Version：4.2.24.9，Date：Mar 15 2012 12：00：01，RFDL build time：39001 hours from 30/11/08，10：00 am。从日志中可以看出，MAC 软件的版本为 4.2.19.1，被诉侵权软件的开发日期晚于 MAC 软件 4.2.19.1，且两个软件的初始版本时间相同，二者运行日志亦显示了多处相同的 MAC Interface Error。综合以上事实，能够认定被诉侵权软件与 MAC 软件 4.2.19.1 具备高度一致性，故两个软件构成实质性相似。

综上，某科技公司未经权利人某公司的许可，生产、销售包含与 MAC 软件高度相似的软件的产品，其行为构成侵权。某商贸公司未经权利人某公司的许可，销售包含与 MAC 软件高度相似的软件的产品，其行为亦构成侵权。

某科技公司和某商贸公司均提出合法来源抗辩。某商贸公司销售的含有 MAC 软件的被诉侵权产品来自某科技公司，且某公司未能证明某商贸公司具有侵权故意，故某商贸公司提出的合法来源抗辩成立，某商贸公司除应当停止销售被诉侵权产品外，并不承担其他法律责任。某科技公司提交了深圳某公司出具的《情况说明》以及合同等证据，主张其使用的被诉侵权软件来自第三方公司，其不应承担责任。据查，某科技公司从深圳某公司处购买了芯片，但其未提供明确的软件授权方面的证据，故在案证据不足以支持某科技公司合法来源抗辩主张。

关于侵权的具体权项，某科技公司在其生产制造的设备中预装被诉侵权软件，并向公众出售，且被诉侵权软件与 MAC 软件 4.2.19.1 存在不同的指令语句序列，故某科技公司的被诉侵权行为侵害了某公司对于 MAC 软件享有的修改权、复制权、发行权。

四、某科技公司承担的法律责任

某科技公司对于侵害某公司软件修改权、复制权、发行权的行为，应当承担赔礼道歉、停止侵害、赔偿损失的民事责任。

关于停止侵权，某科技公司应当停止生产和销售被诉侵权产品，停止以其他方式复制、修改和发行未经授权的MAC软件的产品。

关于赔偿损失，某公司并未提交充足的证据证明其实际损失或某科技公司的侵权获利，一审法院根据MAC软件的创作高度、某科技公司的侵权情节等因素，酌情确定300000元的侵权损害赔偿数额。此外，某公司主张了合理支出，包括购买被诉侵权产品的费用42000元、公证费17840元、检索费198元、口译费3000元。上述费用主张的理由正当合理，且某公司提交了发票等证据佐证，一审法院予以支持。关于律师费用，某公司提交律师费发票两张，共计199998元，但并未有相关的代理合同支持。一审法院考虑到某公司委托律师出庭应诉，酌情确定律师费合理支出为50000元。综上，某科技公司应当向某公司支付维权合理支出共计113038元。

另外，某公司提出销毁含有MAC软件的产品等主张，考虑到停止侵权的责任承担方式已经足以保护其软件著作权，该主张一审法院不予支持。

一审法院依据2010年修正的著作权法第二条第二款、第四十九条；《计算机软件保护条例》第八条第一款第三项、第四项、第五项，第九条，第二十三条第五项，第二十四条第一款第一项、第二项，第二十五条，第二十八条之规定，判决："一、自本判决生效之日起，某科技公司立即停止侵害某公司MAC软件的修改权、复制权、发行权的行为。二、自本判决生效之日起十五日内，某科技公司在《中国知识产权报》刊登道歉声明（声明内容须经本院审核，逾期如未履行上述行为的，本院将选择相关媒体刊登本判决主要内容，费用由某科技公司负担）。三、自本判决生效之日起十日内，某科技公司赔偿某公司经济损失人民币300000元。四、自本判决生效之日起十日内，某科技公司赔偿某公司合理支出人民币113038元。五、自本判决生效之日起，某商贸公司立即停止发行含有涉案侵权软件的'猛某2000'产品。六、驳回某公司的其他诉讼请求。如果未按本判决指定的期间履行给付金钱义务，应当依照2017年修正的《中华人民共和国民事诉讼法》第二百五十三条之规定，加倍支付迟延履行期间的债务利息。案件受理费人民币10800元，由某公司负担人民币3000元（已交纳）；由某科技公司负担人民币7600元（于本判决生效之日起七日内交纳）；由某商贸公司负担人民币200元

(于本判决生效之日起七日内交纳)。”

某科技公司不服一审判决并向本院提起上诉，请求：1. 撤销一审判决，改判驳回某公司的全部诉讼请求；2. 本案一审、二审案件受理费由某公司承担。事实与理由：1. 一审法院认定事实错误，某科技公司未侵害某公司包括软件著作权在内的任何权利。（1）某公司成套出售的芯片套件包括芯片硬件、软件，某公司的 MAC 软件与 AMN 芯片具有唯一、特定的对应关系，该软件著作权并非一项独立的财产性权利。即若正常使用 AMN＊＊＊＊芯片则必须使用特定软件，应用于 AMN＊＊＊＊芯片的特定软件在离开 AMN＊＊＊＊芯片后则不具有其他任何使用价值。某科技公司使用 MAC 软件是正常使用合法购买的 AMN＊＊＊＊芯片的必然的、唯一的选择，否则无法实现芯片采购合同目的。(2) 某公司将 MAC 软件与 AMN 芯片配套出售，购买方通过 MAC 软件实现 AMN 芯片的基本功能，某公司已经自认向深圳某公司出售成套开发软件，明确载明出售的产品包括 AMN＊＊＊＊芯片硬件、固件和 MAC 软件，且芯片套件售价高于普通芯片的价格，足以证明该芯片套件售价包含 MAC 软件价格，某公司在销售芯片的过程中实现了对应 MAC 软件的商业价值，且某公司从未单独收取过 MAC 软件的费用，证明其认可套件价格包含 MAC 软件价格，深圳某公司合法享有芯片套件包括芯片硬件、固件及 MAC 软件的所有权，有权处分涉案芯片套件。（3）某公司通过芯片销售“许可”购买方使用软件，某科技公司使用被诉侵权软件的行为并未给某公司造成任何损失。某公司通过各种渠道销售 AMN＊＊＊＊芯片，其必然知道芯片的使用方必须使用与之配套的 MAC 软件，因此某公司销售芯片的行为即为对于芯片使用方使用 MAC 软件的许可。（4）计算机软件复制件经过合法发行后，复制件的所有权人可以依法再次发行，某公司将芯片套件出售给深圳某公司后，发行权已用尽，某科技公司合法取得的所有权不构成侵权。2. 某公司提交的证据存在重大瑕疵，无法证明证据来源的真实性，不能作为认定事实的合法证据。(1) 某公司提交的关键证据第 25394 号公证书，即封存装有某公司源代码以及对应目标程序的 U 盘，因无法证明其来源而不具备基本的真实性。(2) 某公司提交存储有软件的 U 盘来源不明、不具备真实性，因此该 U 盘载体所存储的软件无法证明是某公司主张被侵权的 MAC 软件，某公司也无法证明其主张享有著作权的软件的具体内容，进而也无法确定某公司软件著作权的具体保护范围。(3) 某公司采用第 25394 号公证书的 U 盘中存储的软件与某科技公司使用的软件进行对比，基于 U 盘本身不具备真实性，因此采用该U盘内存储软件进行对比的过程及结果皆不具备真实性，不能作为判断某科技公司是否侵权的依据。3. 一审法院不应依据某公司单方作出的对比结果作为认定某科技公司存在复制、修改行为的依据。某公司采用来源不明的软件进行对比、对比过程由单方操作完成、对比过程使用的解密工具也并非软件解密的通用工具，在此情况下其对比过程的客观真实性、对比结果的科学性完全无法保证。4. 某公司的软件对比过程存在重大瑕疵，其对比结论不应用于认定案件事实。首先，某公司提交的软件开发证据中并未包括与某科技公司使用软件相同的Version：4.2.24.9，且无法证明某科技公司使用的软件是由某公司所开发。其次，某公司提交的软件对比证据中明确记载，某公司采用了Version：4.2.19.1与某科技公司使用的Version：4.2.24.9进行对比，鉴于软件的版本号不同，其不具备可比性，无法通过对比证明某科技公司存在修改、复制行为。最后，4.2.24.9版芯片套件系某科技公司自深圳某公司处合法购买，购买后使用无须修改软件，某科技公司也没有软件修改能力。在某公司未提供证据证明某科技公司对MAC软件修改的情形下，一审判决认定某科技公司侵害MAC软件修改权无事实依据。某科技公司成立于2013年2月5日，最早向深圳某公司购买涉案芯片套件的时间为2014年10月28日，上述时间均晚于MAC软件4.2.24.9版本的创建时间，一审判决认定某科技公司修改该版本软件有违时间逻辑。5. 一审法院未批准某科技公司的司法鉴定申请，非法剥夺了其合法诉讼权利。

某公司辩称：1. 某公司依法享有MAC软件的著作权，某科技公司未经许可使用某公司MAC软件，且该行为不构成合理使用，属于侵权行为。某公司已经举证证明某科技公司使用的被诉侵权软件系来自某公司的MAC软件，某公司在芯片交易中明确约定在无许可协议的条件下，禁止买方以转化、改变、整理、反编译或其他方式将产品中的软件还原成源代码，也禁止出售、转让、再许可、复制或其他方式转让产品中的软件。某公司在销售芯片时并未许可芯片购买方使用配套软件，某科技公司提交的证据亦无法证明其获得著作权人的许可。2. 某公司已经提交充分证据证明MAC软件由某公司开发且提交了存贮源代码和目标程序的U盘，某科技公司未就其质疑U盘真实性的主张提出合理理由和证据，该主张显然不能成立。某公司提供了MAC软件的4.0.0至4.x.24.19版本开发历史邮件，其中包括与4.2.24.9版本相同的4.x.24.9版本，能够证明某科技公司使用的被诉侵权软件系某公司开发。3. 某公司提供的软件对比过程具有真实性和客观性，其对比结果能够证明某科技公司对 MAC 软件进行了复制和修改。软件对比的基础是某公司提交的公证封存的 MAC 软件目标程序及从公证封存的被诉侵权产品中导出的被诉侵权软件目标程序，对比使用的软件“Beyond Compare”系常用的第三方对比软件，且被诉侵权软件的导出过程以及软件对比的全过程均在公证人员的监督下进行，被诉侵权软件可以使用 MAC 软件的密钥成功解密，并且被诉侵权软件的 4. 2. 24. 9 版本与 MAC 软件的 4. 2. 19. 1 版本对应的初始版本时间完全相同，解密后的目标程序存在大量与 MAC 软件相同的语句及相同的特征语句。同时，被诉侵权软件的运行日志亦显示与 MAC 软件初始版本时间相同以及多处相同的 MAC interface Error。可见，软件对比结果能够证明被诉侵权软件与 MAC 软件构成实质性相似，某科技公司对 MAC 软件进行了修改和复制。4. 某公司的 MAC 软件为加密软件，解密软件是某公司自己开发，只有该解密软件才能打开被诉侵权软件和某公司的 MAC 软件，某科技公司拒绝提供被诉侵权软件源代码，导致本案不具有委托鉴定的基本条件，一审法院据此未批准某科技公司的司法鉴定申请符合法律规定。5. 某公司曾向深圳某公司销售过 MAC 软件，软件和芯片配套使用，但软件使用存在市场范围，用于快速电子消费品，与高速零延迟视频传输系统不同用途，且销售合同明确约定软件不得转让，无论某科技公司如何获得软件，都构成侵权。经过对比显示被诉侵权软件经过了修改和复制，从快速电子消费品进行修改后用于更昂贵的电子视频传输系统，某科技公司的行为侵害了某公司对 MAC 软件享有的修改权、复制权和发行权。6. 对软件修改和复制不适用著作权权利用尽原则。7. 某科技公司从深圳某公司购买的软件无法证明合法来源，被诉侵权软件确实经过修改和复制，且存在于某科技公司的产品中。

某商贸公司述称：某商贸公司仅为含有被诉侵权软件的产品的销售商，并已明确说明其产品来源。某商贸公司是否应就其行为承担所谓停止侵权的法律责任，客观上需基于二审生效判决对于被诉侵权软件是否构成侵权的最终认定。因此，虽然某商贸公司未提起上诉，但并不代表其认可一审判决对其作出的判项。相反，正是基于某科技公司已提起上诉的考量才未提起上诉，某商贸公司认可某科技公司的上诉请求。

二审审理中，某科技公司为证明其主张，向本院提交两组证据：

第一组证据：某科技公司与深圳某公司签订的《采购框架合同》及香港上海汇丰银行有限公司开具的汇款通知，拟证明某科技公司从深圳某公司采购了被诉侵权芯片及软件并支付了包含被诉侵权软件在内的授权费用，获得了被诉侵权软件的合法授权。

第二组证据：（2022）深证字第 48445 号、第 49041 号、第 52181 号公证书，拟证明某科技公司从淘宝第三方店铺购买了视晶无限幻影 PR0200，并对该产品中的软件与被诉侵权软件进行对比，两软件相关信息一致。这表明市场上存在第三方生产的与被诉侵权软件一致的软件，故无法证明某科技公司修改了被诉侵权软件。

某公司的质证意见为：对第一组证据的形式真实性及盖章的真实性予以认可，但对其合法性和关联性不予认可，该证据无法证明协议的实际签订日期为 2014 年，且并未提交供货和发货的相关证据予以佐证。HOLLYLAND TECHNOLOGY CO. LIMITED（以下简称香港某科技公司）虽提供了付款凭证，但未提交进出口的相关证据。对第二组证据真实性、合法性予以认可，但对该组证据的关联性不予认可，该组证据无法证明某科技公司未修改某公司的 MAC 软件。

某商贸公司的质证意见为：对两组证据的真实性、合法性和关联性均予以认可。

本院认证意见为：第一组证据为某科技公司与深圳某公司关于 AMN **** 芯片套件的采购合同及汇款凭证，与一审中深圳某公司出具的《情况说明》的内容能够相互印证，本院对该组证据予以采信；本院对第二组证据的真实性、合法性予以认可，但该组证据与本案事实无关，本院对该组证据的关联性及证明目的不予认可，对该组证据不予采信。

某公司为证明其主张，向本院提交三份证据，均为 2022 年 8 月 16 日的时间戳网页截屏：证据 1. 某商贸公司仍在其京东网店上销售被诉侵权产品的时间戳网页截屏；证据 2. 某科技公司仍在其官网上销售被诉侵权产品的时间戳网页截屏；证据 3. 某科技公司在 2019 年 8 月 12 日中标“南阳电视台高清电视采编设备政府采购项目”的时间戳截屏。上述证据拟共同证明一审判决作出后，某科技公司和某商贸公司仍在持续侵权。

某科技公司的质证意见：对证据 1—3 的真实性、合法性和关联性均不予认可，该组证据未经公证，均为单方制作；且不认可该组证据的证明目的，该组证据的网页没有清理缓存，亦无法证明证据 1—3 中显示的产品系被诉侵权产品。此外，证据 3 的公告日期为 2019 年 8 月 12 日至 13 日，此时一审判决尚未作出，且在一审判决生效之前，即使被诉侵权产品仍在销售，也不属于侵权行为。

某商贸公司的质证意见：认可某科技公司的质证意见。对证据 1 的真实性、合法性和关联性及证明目的均不予认可。某商贸公司已于一审判决作出后下架被诉侵权产品，即使其仍在销售被诉侵权产品，在一审判决未生效的情况下，亦不构成侵权，此外，某公司未提起上诉，该组证据与本案无关。

本院认证意见为：某公司提交的上述证据均欲证明一审判决作出后，某科技公司、某商贸公司的被诉侵权行为仍在继续，鉴于某公司未对一审判决提出上诉，亦未要求将其主张的赔偿期限延长至一审判决作出后，故上述证据与本案二审审理内容无关，本院对上述证据不予采信。

某科技公司主张一审判决第十一页“某科技公司提交了如下证据，以证明其使用的芯片有合法来源，其行为并未侵权：1. 其与欣某公司签订的订购合同两份及某银行客户通知书两份……”存在笔误，应当将第 1 点中的“其”改为某公司，该份合同为某公司与欣某公司签订。经审查，该份证据由某科技公司一审提交，载明合同买方为“深圳市欣某电子有限公司”，卖方为“AMIMON LTD.”。双方当事人均确认上述第 1 点中的“其”字为笔误，应为某公司，本院对一审判决该处笔误予以纠正。

一审法院认定的其他事实基本属实，本院予以确认。

本院另查明：

一、关于某公司 MAC 软件开发情况的补充查明

某公司一审时提交的 MAC 软件的 0.1 版本设计文档，综述部分载明：1.1 高清晰度电视基础设施由两种主要类型的元件组成，即视频源和视频显示器。1.2 文件编写目的载明“本文档将描述 MAC 的软件设计”。2.2.2 综述部分载明 MAC 的所有组件分为以下几类：内核、外围设备、硬件接口、服务和管理器。

根据某公司一审时提交的 MAC 软件 3.x 版本、4.x 版本开发的历史邮件记录，MAC 软件 3.x 版本修改完善时间主要在 2009 年至 2010 年，MAC 软件 4.x 版本修改完善时间主要在 2010 年至 2012 年，最后修订版本为 MAC 4.x.24.19。

二、关于某公司向深圳某公司销售 AMN2120 和 AMN＊＊＊＊芯片的补充查明

一审中某公司为证明某科技公司具有接触 MAC 软件的可能性，提供了经公证的某公司与深圳某公司的业务往来邮件的保密证据，其中 2010 年报价单载明深圳某公司向某公司购买 AMN2120_A4 和 AMN＊＊＊＊_A4 芯片的套数、单价

和总价，其中总价中还包含开发套件价格，该报价单后附有“此报价单受所附的销售条款和条件的约束”，包含如下内容：“这些销售条款和条件（‘T&C’）适用于以下签署人（‘买方’）购买WHDI开发套件，包括某公司（Amimon Ltd.）（‘卖方’）在所附报价中列出的此类套件包含的所有硬件、固件和软件（‘套件’）。1. 使用权。卖方授予买方在［消费电子］市场（‘授权市场’）拥有非独占、不可转让之权利，以（i）将套件用于测试和评估卖方芯片组的WHDI技术特征和性能以及开发买方产品的唯一目的，以及（ii）由买方仅用于组装卖方的芯片组，并仅在授权市场内使用，使用卖方的生产文件、原理图、格柏（gerber）文件和软件样本代码（‘参考设计’），并将此类参考设计提供给第三方制造商，以制造买方的产品……3. 所有权和通知。卖方为自己及其供应商保留套件和卖方的相关文档有关的所有设计、工程细节和其他有关数据的所有权（包括但不限于专利、布图设计、版权、商业秘密、服务标记、商标、商号和商誉下的）。该套件是为销售而提供的，并且该套件的固件和软件（如果适用）是由卖方许可的，且在任何情况下都受制于这一条件，即该买卖并不给予以下任何许可（明示或暗示、禁止反言或其他方式）：（i）通过反向工程或任何其他方式制造、仿造或以其他方式复制或修改套件或固件或软件的任何部分，或更改或修改套件或任何软件组件的任何部分（除非本T&C明确允许），（ii）对于卖方可授予许可的、任何覆盖完整的设备或任何此类货物作为组件的装置、电路组合、方法或工艺的专利权利要求，卖方明确保留其在该专利权利要求项下的所有权利。买方不得从套件或任何相关材料或文档中删除任何所有权声明的任何标识或通知。”

2013年订单载明深圳某公司向某公司购买AMN2120_ A4W和AMN＊＊＊＊_ A4W芯片的套数和单价，该订单后未附有销售条款和条件。

三、关于某科技公司与深圳某公司签订《采购框架合同》的补充查明

某科技公司及香港某科技公司（甲方）与深圳某公司（乙方）于2014年10月28日签订的《采购框架合同》载明如下内容：“一、合作内容：1. 乙方协助甲方验证基于AMN2120和AMN＊＊＊＊芯片（以下简称‘芯片套片’），AMN2120固件版本号：4.3.24.9，AMN＊＊＊＊固件版本号：4.2.24.9（以下简称‘MAC固件’）的长距离广播模式的无线图传产品（以下简称‘图传产品’）的功能与性能。2. 甲方验证通过后，一次性向乙方支付60000美金，购买乙方芯片套片。二、时间进度与要求 1. 自合同签订

起7个工作日内，乙方向甲方提供如下物品和资料：a. 免费芯片套片样品10套；b. 图传产品硬件设计相关资料；c. 图传产品生产相关测试工装和测试软件；d. MAC固件；e. WHDI的Adopter Certification证明文件。2. 甲方收到乙方物品和资料后3个自然月内，需自行完成如下功能与性能验证工作：a. 图传产品硬件验证板的设计和制作；b. 图传产品射频指标的确认；c. 图传产品图像指标的确认；d. 图传产品可生产性的确认。3. 甲方验证通过后，向乙方一次性付款60000美金，购买芯片套片1500套。三、乙方收款账号 银行名称：BANK OF CHINA（HONG KONG）LTD，HONG KONG……账户名称：WINSTARS TECHNOLOGY LIMITED……五、乙方权利和义务 1. 乙方需确保已获得WHDI的Adopter Certification授权，可以对芯片套片及配套软件、MAC固件进行合法销售和再次授权。2. 乙方仅向甲方提供MAC固件。因为乙方没有固件的源代码和改进固件性能的研发能力，所以针对此固件的任何功能与性能委托，乙方不提供任何优化或改进服务。若甲方功能与性能验证通过后，提出任何针对固件功能与性能的改进要求，乙方有权利拒绝。六、知识产权 1. 乙方授权甲方使用芯片套片和专用软件。MAC固件验证产品性能，授权期限为乙方提供图传产品相关物品和资料后的3个自然月，当甲方完成60000美金的货款支付后，乙方授权甲方使用芯片套片及专用软件、MAC固件开发、生产和销售图传产品，授权期限为永久。2. 乙方提供的芯片套片及软件、MAC固件涉及知识产权侵权，包括但不限于著作权、专利、版权等侵权行为，由乙方承担相关全部责任。”

香港上海汇丰银行有限公司汇款通知显示，2015年1月13日，香港某科技公司向《采购框架合同》载明的账户汇入60000美元。

四、关于某公司MAC软件与AMN芯片配套销售情况的补充查明

二审审理期间，某公司确认如下内容：1. 某公司AMN芯片与MAC软件必须配套才能工作，某公司的MAC软件/AMN芯片无法与来自其他企业的芯片/软件适配，某公司总是将芯片与MAC软件配套销售，不会对芯片和软件分别定价。MAC软件并不在AMN芯片中，而是存在AMN芯片之外的闪存中。2. 某公司销售给深圳某公司及其他客户的用于消费电子市场的开发套件由两部分组成：一是已内置模块的一块开发电路板，供客户在其电子消费产品（如电视机）上进行相应的适配开发，该电路板仅由硬纸盒简单包装以保证运输安全，外观上没有软件使用授权限制声明；二是以电子邮件形式向客户发放的开发套件附件，包括生产文件、原理图、软件示例代码等文件。在

其向包括深圳某公司在内的芯片购买方发送 MAC 软件时，除在邮件中附有对芯片使用范围及软件权利限制声明外，在芯片外包装上并没有软件使用授权限制声明。软件使用授权限制声明内容包括但不限于：买方仅被授予在消费电子市场享有的非独占、不可转让之使用权；不得通过反向工程或者其他方式制造、仿造或以其他方式复制或重现套件或固件或软件的任何部分，或更改或修改套件或任何软件的组成部分等。3. 在技术上，MAC 软件使用 C 语言编写，某公司发送给芯片购买方的 MAC 软件是加密保护的目标代码。要修改某公司的 MAC 软件，需要获取 MAC 软件的源代码，或者获知某公司芯片非常具体的内部信息以及用于加密保护二进制目标程序的密钥。4. 2012 年之前，某公司主要关注消费电子市场，2012 年之后，某公司的业务主要转向了专业传输市场，当前某公司的主要业务集中于影视行业的专业传输市场，并逐渐扩展到工业等专业传输市场。

此外，某公司还确认 WHDI 是一种能够实现低时延稳定传输全高清图像质量和 3D 内容的技术。WHDI 协会是由 WHDI 创立者某公司联合“三星、索尼、摩托罗拉”等公司成立的行业协会，其先后发布了 WHDI1. 0 标准和 WHDI2. 0 标准。

二审审理期间，某科技公司确认如下内容：MAC 是英文 Medium Access Control 的缩写，中文翻译为介质访问控制，其中介质指的就是芯片。MAC 软件是能够访问芯片的一种特殊专用软件。MAC 软件需要和硬件芯片一同工作，并不能单独在电脑上工作。MAC 软件是让芯片工作的必要条件，没有 MAC 软件，芯片就无法工作，也没有办法开发或者生产产品。按照行业惯例，MAC 软件有与芯片配套使用的，也有单独销售的。针对嵌入式产品，如 DVD 机、电子琴等为了某种具体功能设计的产品的专用芯片一般都是为了实现产品的特定功能而开发的，行业惯例都是销售芯片的同时，配套赠送加密后的 MAC 软件，本案涉及的就是嵌入式产品。对于如电脑、手机、CPU（主处理器）等产品，用的并不是专用芯片，而是通用芯片，为这种产品开发的 MAC 软件，一般会有很多第三方企业，且芯片和软件可以分开销售。某科技公司向深圳某公司购买芯片后，包含 MAC 软件的开发套件是以网络传输方式获得，不存在软件外包装，软件中亦没有任何关于使用权利限制的声明。

上述事实，有《采购框架合同》、汇款通知、某公司与某科技公司的答复意见等证据在案佐证。

本院认为，某公司住所地为 A 国，依据《最高人民法院关于适用〈中华人民共和国涉外民事关系法律适用法〉若干问题的解释（一）》第一条第一项的规定，本案属于涉外民事纠纷。《涉外民事关系法律适用法》第四十八条规定：“知识产权的归属和内容，适用被请求保护地法律。”第五十条规定：“知识产权的侵权责任，适用被请求保护地法律，当事人也可以在侵权行为发生后协议选择适用法院地法律。”本案中，对于双方当事人之间的侵害计算机软件著作权纠纷，因属于知识产权侵权纠纷，应当适用中华人民共和国法律进行审理。本案被诉侵权行为的存续时间在2010年修正的著作权法施行日（2010年4月1日）之后、2020年修正的著作权法施行日（2021年6月1日）之前，本案应适用2010年修正的著作权法。2010年修正的著作权法五十九条规定：“计算机软件、信息网络传播权的保护办法由国务院另行规定。”《计算机软件保护条例》第五条第三款规定：“外国人、无国籍人的软件，依照其开发者所属国或者经常居住地国同中国签订的协议或者依照中国参加的国际条约享有的著作权，受本条例保护。”某公司住所地位于A国，因中华人民共和国和A国均系伯尔尼公约成员国，故本案应适用2010年修正的著作权法及《计算机软件保护条例》的相关规定。

根据双方当事人的诉辩主张，本案的二审争议焦点为：1. 某公司主张的MAC软件保护范围是否明确；2. 某科技公司是否侵害某公司就MAC软件所享有的复制权、修改权和发行权。

一、关于某公司主张的MAC软件保护范围是否明确的问题

《计算机软件保护条例》第二条规定：“本条例所称计算机软件（以下简称软件），是指计算机程序及其有关文档。”第三条第一项规定：“计算机程序，是指为了得到某种结果而可以由计算机等具有信息处理能力的装置执行的代码化指令序列，或者可以被自动转换成代码化指令序列的符号化指令序列或者符号化语句序列。同一计算机程序的源程序和目标程序为同一作品。”第三条第二项规定：“文档，是指用来描述程序的内容、组成、设计、功能规格、开发情况、测试结果及使用方法的文字资料和图表等，如程序设计说明书、流程图、用户手册等。”本案中，某科技公司认为某公司提交的公证保全的封存装有某公司源代码以及对应目标程序的U盘，来源不明、不具备真实性，无法据此确定某公司请求保护的软件的具体内容。对此，本院分析如下：

首先，某公司提交的第25394号公证书，记载了某公司的委托代理人向公证处提供的标示为MAC软件4. x版本的4个U盘所刻录的具体内容，包括

计算机程序及有关文档，应当认定某公司主张权利的计算机软件内容具体明确。

其次，某公司为证明上述4个U盘中所刻录的计算机软件来源于某公司的研发团队：一是提交了MAC软件的0.1版本设计文档、MAC软件3.x版本开发的历史邮件记录，以及2010年3月至2012年2月MAC软件4.0.0版本、4.x.19.1版本、4.x.24.9版本开发的历史邮件记录，上述证据已形成完整的证据链条，能够证明某公司的软件开发团队完成MAC软件4.x版本开发过程；二是提交了所有权备忘录、保密协议等证据，能够证明参与MAC软件开发的三位主要研发人员埃某·伊扎克、奥某·卡梅尔曼、拉某·艾格夫均系某公司员工，且通过与某公司签订保密协议，明确认可作为员工参与研发的所有软件著作权均归某公司所有。

综上，根据在案证据可以认定某公司先后研发了MAC软件的0.1版本、3.x版本以及本案要求保护的MAC软件4.x版本，且MAC软件4.x版本内容确定、范围清晰，在无相反证据推翻的情况下，应当认定某公司是MAC软件4.x版本的著作权人。法院认为，某科技公司主张某公司请求保护的MAC软件4.x版本权利范围不清楚、来源不明的上诉理由，与在案事实不符，本院不予支持。

二、关于某科技公司是否侵害某公司就MAC软件所享有的复制权、修改权和发行权的问题

某公司主张，其曾向深圳某公司销售过需要配套使用的AMN芯片和MAC软件，且销售合同明确约定AMN芯片和MAC软件用于快速电子消费品，MAC软件不得转让，无论某科技公司如何获得使用于高速零延迟视频传输系统的MAC软件，都构成侵权。某科技公司认为，某公司成套出售的MAC软件与AMN芯片具有唯一、特定的对应关系，某公司就MAC软件享有的著作权并非一项独立的财产性权利，某公司在AMN芯片套件出售给深圳某公司后，发行权已用尽，故某科技公司属于合法取得所有权，不构成侵权。对此，本院分析如下：

（一）关于某科技公司是否合法获得涉案AMN芯片的所有权

第一，涉案AMN＊＊＊＊芯片初始来源合法。从某公司与深圳某公司的业务往来邮件中的2010年报价单和2013年订单可知，深圳某公司向某公司购买过AMN2120芯片和AMN＊＊＊＊芯片若干套。由此可见，深圳某公司系从某公司处合法购得AMN2120芯片和AMN＊＊＊＊芯片，涉案AMN＊＊

＊＊芯片初始来源合法。

第二，某科技公司合法购得涉案 AMN＊＊＊＊芯片。根据某科技公司提供的其与深圳某公司签订的《采购框架合同》、香港某科技公司付款情况以及深圳某公司《情况说明》等，可以证实某科技公司系从深圳某公司处合法购得 AMN2120 芯片以及 AMN＊＊＊＊芯片，并以平均每套 40 美元的价格支付价款。且根据已查明事实，某科技公司支付给深圳某公司的转售价格明显高于某公司与深圳某公司的业务往来邮件中载明的深圳某公司向某公司支付的购买价格（保密证据中所载明的价格）。而且，在深圳某公司与某科技公司签订的《采购框架合同》中，深圳某公司明确其已获得 WHDI 的 Adopter Certification 授权，提供了 WHDI 会员认证，并提交了相应的会员费用支付证据，表示深圳某公司可以对芯片套片及配套软件、MAC 固件进行合法销售和再次授权。据此，可以认定某科技公司系通过合法渠道支付合理对价后从深圳某公司处购得了涉案 AMN＊＊＊＊芯片。

第三，某科技公司从深圳某公司合法购得涉案 AMN＊＊＊＊芯片后，已成为涉案 AMN 芯片的所有权人，有权对其所有的财产依法享有占有、使用、收益和处分的权利，包括将其用于被诉侵权产品。某公司在售出涉案 AMN＊＊＊＊芯片后，已获得芯片相应的对价，并丧失了对涉案 AMN＊＊＊＊芯片享有的所有权，其无权对他人所有权和有形财产的合法流通及合法使用加以干涉，否则将明显违反合法商品自由流通和物尽其用的市场经济基本原则。

第四，根据合同相对性原则，某公司不得以其与深圳某公司的合同约定限制合同以外第三方。某公司主张其在向深圳某公司销售 AMN2120 芯片和 AMN＊＊＊＊芯片时，限定仅能将上述芯片用于消费电子市场，不能用于被诉侵权产品等专业传输市场。对此，姑且不论某公司在与深圳某公司的合同中对于芯片用途的限制是否合法有效，基于合同相对性原则，某公司对合同相对方的权利限制，仅对合同相对方有拘束力，一般不能当然约束合同当事人外的其他人。某公司以其与深圳某公司之间合同约定的内容对某科技公司的权利进行限制，缺乏法律依据。

综上，某公司将涉案 AMN＊＊＊＊芯片对外销售后，某科技公司从市场交易中合法购得涉案 AMN＊＊＊＊芯片，成为涉案 AMN＊＊＊＊芯片的所有权人，有权将其用于被诉侵权产品。

（二）关于某公司将 MAC 软件与 AMN 芯片以 WHDI 开发套件包方式配套销售是否适用权利用尽原则

《计算机软件保护条例》第八条第一款第五项规定："发行权，即以出售或者赠与方式向公众提供软件的原件或者复制件的权利。"第二款规定："软件著作权人可以许可他人行使其软件著作权，并有权获得报酬。"依据上述规定，通过发行软件的原件或者复制件获得销售收益与通过许可他人行使软件著作权获得许可费收入是计算机软件著作权人实现软件著作权财产权利的不同方式。本案中，某公司主张在涉案 AMN 芯片交易中其明确约定在无许可协议的条件下，深圳某公司不得转让、再许可、复制或其他方式转让产品中的 MAC 软件，某科技公司未经许可使用某公司 MAC 软件，属于侵权行为。某科技公司认为某公司将 MAC 软件与 AMN 芯片以 WHDI 开发套件包方式配套销售给深圳某公司后，应当适用发行权权利用尽原则，某科技公司合法取得 MAC 软件复制件，不构成侵权。显然，对于某公司与深圳某公司的涉案 MAC 软件交易行为，某公司认为其行使的系软件许可使用行为，不能适用发行权权利用尽原则；某科技公司则认为某公司行使的是 MAC 软件复制件的发行行为，应当适用发行权权利用尽原则。对此，本院分析如下：

第一，著作权法中的发行权权利用尽原则，又称"首次销售原则"，或称"权利穷竭原则"，是著作权法中限制著作权人专有权利的重要原则。其含义是：虽然著作权人享有以所有权转移方式向公众提供作品原件或复制件的发行权，但作品原件和经授权合法制作的作品复制件经著作权人许可，首次向公众销售或赠与之后，著作权人就无权控制该原件或特定复制件的再次流转。合法获得该作品原件或复制件所有权的权利人可以不经著作权人许可将其再次出售或赠与。换言之，著作权人对作品原件或复制件的发行权在该特定原件或复制件首次被合法向公众销售或赠与后即"穷竭"或"用尽"。由于著作权法创设发行权的主要目的在于防止他人出售作品的非法复制件，在作品原件或特定复制件已经经过著作权人授权并在市场公开流通的情况下，如果允许著作权人限制买受人转售其购得的作品原件或特定复制件，就偏离了发行权的立法目的，而演变为授权著作权人对他人所有权和有形财产的合法流通加以干涉，这将严重损害保护合法商品自由流通的市场经济基本原则。因此，著作权法中的发行权权利用尽原则对于保证商品自由流通具有重要意义。

第二，发行权权利用尽原则适用时应注意的问题。当作品与其有形载体不可分割时，适用发行权权利用尽原则，应注意以下问题：其一，作品原件或者作品复制件的初始来源应当合法，即作品原件或合法制作的作品复制件已经经过著作权人许可或根据法律规定向公众销售或赠与，即作品原件或者特定作品复制件系经著作权人许可而投放市场。对于非法制作的作品复制件，如盗版软件等，由于其在市场上的销售不可能经过著作权人许可，所以即便第三方买受人通过正当途径购买获得，也不能适用发行权权利用尽原则。其二，第三方买受人系通过购买或者赠与等合法方式获得作品原件或者特定作品复制件，即主张发行权权利用尽的作品持有人应当证明其合法来源。其三，权利用尽原则不能通过合同加以排除、限制，即著作权人向第一手买受人出售作品原件或者作品复制件时，对后续使用范围、转售等约定的限制性条件，对于后续买受人一般没有当然的拘束力。至于第一手买受人是否需要对著作权人承担违约责任应根据合同法等相关法律规定另行处理。对计算机软件作品而言，还有以下三点需要特别注意：一是软件作品著作权人与第一手买受人之间交易标的系特定软件作品复制件的所有权，其所能获得的系与该特定软件作品复制件经济价值相当的报酬。二是买受人支付对价后通过下载等方式获得的系特定软件作品复制件的所有权，即买受人基于对该特定软件作品复制件的所有权既可以自己使用该特定软件作品复制件，也可以转让该特定软件作品复制件。三是未经著作权人许可，特定作品复制件的买受人除为防止灭失等合理理由外，不得再行复制该软件特定作品复制件。买受人转售该软件作品复制件后，相应的软件作品复制件使用权也同时转让，即不能因再次销售导致同时存在两个软件作品复制件的合法持有人。

第三，某公司将 MAC 软件与 AMN 芯片以 WHDI 开发套件包方式配套销售，实际是把 MAC 软件复制件固化于 AMN 芯片当中，构成以交付有形载体的方式发行 MAC 软件复制件，应当适用发行权权利用尽原则。

其一，关于涉案 MAC 软件初始来源是否合法。根据某公司提交的其与深圳某公司的业务往来邮件，能够证实深圳某公司系从某公司处合法购得包括涉案 MAC 软件与 AMN 芯片的 WHDI 开发套件，即涉案 MAC 软件初始来源合法。

其二，关于某公司以电子邮件形式向深圳某公司交付涉案 MAC 软件复制件的性质。（1）根据某公司提供的其与深圳某公司的业务往来邮件中载明的 2010 年报价单、2013 年订单表明，某公司对外销售 WHDI 开发套件均系以 AMN 芯片标示价格和数量，2010 年报价单所附“WHDI 开发套件销售条款和条件”中明确载明“该套件是为销售而提供的”，且某公司在二审审理期间也确认其总是将芯片与 MAC 软件配套销售，不会对芯片和软件分别定价。（2）某公司在二审审理期间还确认，销售给深圳某公司及其他客户的 WHDI 开发套件由两部分组成：一是已内置模块的一块开发电路板，该电路板仅由硬纸盒简单包装以保证运输安全，外观上没有软件使用授权限制声明；二是以电子邮件形式向客户发放的开发套件附件，包括生产文件、原理图、软件示例代码等文件。某公司同时确认其 MAC 软件/AMN 芯片无法与来自其他企业的芯片/软件适配，MAC 软件并不在 AMN 芯片中，而是存在 AMN 芯片之外的闪存中，某公司系以电子邮件形式向客户发送 MAC 软件。显然，某公司系采取“一把钥匙一把锁”的方式，将 AMN 芯片与 MAC 软件复制件按照 AMN 芯片的数量配套销售，即每片 AMN 芯片必须依赖相对应的特定 MAC 软件复制件进行解锁驱动才能使用，使得 AMN 芯片脱离了相应的 MAC 软件复制件将无法使用，同时 MAC 软件复制件脱离了相应的 AMN 芯片也无法实现软件功能。据此，某公司与深圳某公司之间交易标的包括 AMN 芯片和与之配套的 MAC 软件复制件的所有权，深圳某公司按照 2010 年报价单、2013 年订单支付 WHDI 开发套件对价后，某公司应当完成的交付义务既包括交付 AMN 芯片，还包括交付与 AMN 芯片数量相同的相应 MAC 软件复制件，即某公司以提供软件下载的方式交付了 MAC 软件作品复制件，其所行使的系对该特定软件作品复制件所享有的发行权，且发行的数量与 AMN 芯片的交易数量相同，发行价格包含在 AMN 芯片价格之中。

其三，深圳某公司转售 AMN 芯片时与之配套的 MAC 软件复制件的所有权必须同时转让。因 AMN 芯片和与之配套的 MAC 软件复制件具有“一把钥匙一把锁”的关系，深圳某公司转售 AMN 芯片后，即使保留有 MAC 软件作品复制件，其也不可能再使用该 MAC 软件作品复制件，亦即不可能因再次销售导致同时存在两个 MAC 软件作品复制件的合法持有人。

其四，关于某科技公司获得 MAC 软件复制件是否具有合法来源。（1）根据某科技公司提供的其与深圳某公司签订的《采购框架合同》以及香港某科技公司付款情况，可以证实某科技公司系从深圳某公司处合法购得 AMN2120 芯片和 AMN＊＊＊＊芯片的同时，获得了深圳某公司通过网络发送的 MAC 软件复制件，某科技公司支付的总价 60000 美元的芯片套件价款，其中既包括芯片的价格也包括相对应的 MAC 软件复制件的价格。（2）在某科技公司支付合同全部对价后，深圳某公司向某科技公司交付的芯片套件包括两部分：

一部分是 AMN 芯片；另一部分是专用 MAC 软件。深圳某公司需协助某科技公司验证基于 AMN2120 和 AMN＊＊＊＊芯片，及相应的 4.3.24.9 版本和 4.2.24.9 版本的 MAC 软件的长距离广播模式的无线图传产品的功能与性能，即深圳某公司不仅明确知晓某科技公司购买 AMN2120 和 AMN＊＊＊＊芯片的用途，而且深圳某公司需确保已获得 WHDI 的授权认证，可以对芯片套件及配套软件、MAC 软件进行合法销售和再次授权，显然，根据某科技公司使用 AMN2120 和 AMN＊＊＊＊芯片的产品需求，交付 MAC 软件的相关版本是深圳某公司的合同义务。根据深圳某公司 2021 年 8 月 20 日提供的《情况说明》，深圳某公司认可其系从某公司购买基于 WHDI 技术的 AMN＊＊＊＊芯片并销售给某科技公司，且为使某科技公司正常使用 AMN＊＊＊＊芯片，深圳某公司还提供了 AMN＊＊＊＊芯片的专用软件即开发套件包。（3）某公司并未提交证据证明某科技公司用于被诉侵权产品的涉案 AMN＊＊＊＊芯片及 MAC 软件复制件超出某公司出售给深圳某公司的 AMN 芯片及 MAC 软件套件的范围。因此，在案证据可以证明某科技公司系从深圳某公司处合法获得与 AMN2120 和 AMN＊＊＊＊芯片相对应的 MAC 软件 4.3.24.9 版本复制件和 MAC 软件 4.2.24.9 版本复制件。

其五，关于某公司对深圳某公司的合同限制性条件能否阻却本案发行权权利用尽原则的适用。根据某公司提供的 2010 年报价单所附“WHDI 开发套件销售条款和条件”以及二审审理期间某公司的自认，某公司在向深圳某公司销售 WHDI 开发套件时约定使用权性质为“非独占、不可转让之权利”，且限定只能用于深圳某公司自身的消费电子市场产品。但依据著作权法发行权权利用尽原则的基本理论，权利用尽原则不能通过合同加以排除、限制，即某公司将 AMN 芯片及 MAC 软件复制件销售给深圳某公司后，其已经实现了上述 AMN 芯片及 MAC 软件复制件的经济价值，对于上述商品后续市场的自由流通，某公司无权对与其交易的合同相对方以外的第三人进行干涉。某公司认为，基于其对深圳某公司的合同限制，无论某科技公司如何获得使用于高速零延迟视频传输系统的 MAC 软件都构成侵权的主张，不应得到支持。

其六，某科技公司有权根据购买的 AMN 芯片数量复制 MAC 软件，并将 WHDI 开发套件包用于被诉侵权产品并对外销售。如前所述，某科技公司已从深圳某公司处合法获得了包含 AMN 芯片和 MAC 软件在内的 WHDI 开发套件包的所有权和使用权。无论是从某公司出售给深圳某公司芯片套件的相关事实来看，还是从某科技公司向深圳某公司购买芯片套件的事实来看，某公司出售芯片时，只提供一套软件开发包，深圳某公司向某科技公司出售芯片和软件时，亦只提供一套软件开发包。由此可知，包括某科技公司在内的AMN芯片购买方如想正常使用AMN芯片，就必须在取得与之相配套的MAC软件复制件后，按照AMN芯片数量予以复制，故某科技公司根据深圳某公司提供的下载地址下载MAC软件进行复制，并将WHDI开发套件包用于被诉侵权产品并对外销售，本身就是通过转售方式购买WHDI开发套件并支付价款后所依法享有的合同权利。某公司主张WHDI开发套件包合法购买方某科技公司复制MAC软件的行为侵害其MAC软件复制权，系对某科技公司行使其合法权利的不当限制，某公司的主张缺乏法律依据，不能成立。

综上所述，某公司将MAC软件与AMN芯片以WHDI开发套件包方式配套销售，属于向公众提供MAC软件复制件的发行行为，可以适用发行权权利用尽原则。根据在案证据应当认定某科技公司销售或者委托某商贸公司销售被诉侵权产品的行为未侵害某公司所享有的发行权，某科技公司用于被诉侵权产品的MAC软件复制件并未侵害某公司所享有的复制权。

（三）关于某科技公司是否侵害了某公司就MAC软件所享有的修改权

《计算机软件保护条例》第八条第一款第三项规定，软件著作权人享有修改权，即对软件进行增补、删节，或者改变指令、语句顺序的权利。第十六条第三项规定，软件的合法复制品所有人享有为了把该软件用于实际的计算机应用环境或者改进其功能、性能而进行必要的修改；但是，除合同另有约定外，未经该软件著作权人许可，不得向任何第三方提供修改后的软件。依据上述规定，软件著作权人享有修改权，但同时为了保障软件合法复制品所有人的合法权利，软件著作权的修改权受到必要的限制，即软件的合法复制品所有人为了将软件用于实际的计算机应用环境或者改进其功能、性能而进行的必要的修改，不属于软件侵权行为；而限定合法复制品所有人未经许可不得向任何第三方提供修改后的软件，主要指未经软件著作权人的许可不得以修改后的软件作为主要交易标的的情形，如果交易的主要标的物为硬件，软件仅为配合硬件使用，因配套使用的硬件交易而使修改后的软件所有权一并发生转移的，一般并不需要取得软件著作权人的许可。

本案中，在案证据不足以证明某科技公司对某公司MAC软件进行了修改。首先，某公司确认，MAC软件系加密软件，只有某公司自有的特定软件才可以对MAC软件予以解密，且其对外销售MAC软件时，并未提供源代码，在案证据不足以证实某科技公司破解了某公司的软件加密措施或者获得了某公司特有的解密程序从而获得了源代码。其次，在案证据显示，某科技公司于2014年10月28日向深圳某公司购买的AMN＊＊＊＊芯片其固件版本号为4.2.24.9，被诉侵权软件4.2.24.9版本的开发日为2022年3月15日。本案应以某公司于2022年2月7日开发的MAC软件相对应的4.x.24.9等更为相近的版本进行对比，而某公司以其于2011年3月15日开发的4.2.19.1版本与某科技公司被诉侵权软件4.2.24.9版本对比，从MAC软件的开发过程看，4.x.24.9版本是4.2.19.1版本的升级版，某公司必然已经对4.2.19.1版本进行了修改，故对比结果中不同的指令语句序列等部分，并不能排除是版本升级导致的区别。最后，某科技公司注册成立时间为2013年2月，而被诉侵权软件显示其创建时间为2012年3月15日，此时某科技公司尚未注册成立，其对MAC软件进行修改亦与常理不符。综上，在案证据尚不足以证明某科技公司侵害了某公司对MAC软件享有的修改权。

退一步讲，即使某科技公司为配套使用AMN芯片对MAC软件进行了适应性修改，亦不构成对MAC软件著作权的侵害。如前所述，某科技公司系因从深圳某公司处合法购买AMN2120和AMN＊＊＊＊芯片套片，而获得相对应的MAC软件4.3.24.9版本复制件和MAC软件4.2.24.9版本复制件，某科技公司系MAC软件合法复制件所有人。某科技公司有权将所购买的AMN＊＊＊＊芯片及配套的MAC软件4.2.24.9版本用于开发被诉侵权产品，即"猛某2000"；且为了将MAC软件4.2.24.9版本用于被诉侵权产品而对MAC软件的功能、性能进行必要的优化和修改，属于某科技公司作为软件复制件合法所有人享有的权利，是对软件复制件的合法使用，不构成侵权。由于某科技公司对外销售被诉侵权产品时，修改后的被诉侵权MAC软件并不是交易的主要标的，而系因被诉侵权产品硬件交易而使修改后的被诉侵权MAC软件复制件所有权一并发生转移，因此不需要取得软件著作权人某公司的许可。

综上所述，某科技公司并未侵害某公司对MAC软件享有的复制权、发行权和修改权，不应承担侵权责任；某商贸公司所销售的被诉侵权产品系购买自某科技公司，由于某科技公司并未侵权，故某商贸公司亦无须承担停止侵权责任。一审判决认定某科技公司构成侵权并承担停止侵权、赔偿损失、赔礼道歉的民事责任，某商贸公司合法来源抗辩成立应承担停止侵权的民事责任，均缺乏事实和法律依据，本院予以纠正。

综上，某科技公司的上诉请求成立，本院予以支持；一审判决认定事实不完整，适用法律错误，本院予以纠正。依照《中华人民共和国涉外民事关系法律适用法》第四十八条、第五十条，2010 年修正的《中华人民共和国著作权法》第五十九条，《计算机软件保护条例》第二条、第三条、第五条第三款、第八条、第十六条，《最高人民法院关于适用〈中华人民共和国涉外民事关系法律适用法〉若干问题的解释（一）》第一条第一项，《中华人民共和国民事诉讼法》第一百七十七条第一款第二项之规定，判决如下：

一、撤销中华人民共和国北京知识产权法院（2019）京 73 民初 978 号民事判决；

二、驳回某有限责任公司的全部诉讼请求。

一审案件受理费人民币 10800 元，由某有限责任公司负担；二审案件受理费人民币 7496 元，由某有限责任公司负担。

本判决为终审判决。

审 判 长 周 翔
审 判 员 原晓爽
审 判 员 朱 燕
二〇二四年十二月二十四日
法官助理 耿 希
法官助理 郝小娟
书 记 员 汪 妮

25. 美术作品实质性相似的认定

——原告西某与被告叶某侵害著作权纠纷案①

中华人民共和国北京知识产权法院民事判决书（2019）京73民初1376号

原告：西某。

委托诉讼代理人：吴涛，上海段和段（临港新片区）律师事务所律师。

委托诉讼代理人：马健，北京盈科（重庆）律师事务所律师。

被告：叶某。

委托诉讼代理人：晋长明，泰和泰（北京）律师事务所律师。

委托诉讼代理人：苏晓，泰和泰（北京）律师事务所律师。

原告西某诉被告叶某侵害著作权纠纷一案，本院受理后，依法组成合议庭，公开开庭进行了审理。西某的委托诉讼代理人吴涛、马健，叶某的委托诉讼代理人晋长明、苏晓通过互联网庭审平台在线参加了诉讼。本案现已审理终结。

西某向本院提出诉讼请求：1. 判令叶某立即停止署名、修改、复制、发行西某享有著作权的《落叶》《月亮和藏在森林里的飞机》《马修和黑鸟》《爱的睡梦中的花园》《天空中的信》《一个沉睡的天空》《观察者》《所有的孩子都穿着蓝色大衣》《给我爸爸的信》《一个天使和鸟儿们说话》《飞机停在红点上》《更高》《我和上帝在树边》共计13幅具有独创性表达的作品（统称涉案权利画作），并销毁未出售的《冬日记忆》《无题》《星期天》《旧故事》《迁徙的季节 无题》《迁徙的季节》《迁徙的日子》《生日》《生日蛋糕》《记忆碎片》《小妹妹》《情人节》《冬天里的九个鸟笼之一》《伦敦日记》《涂鸦系列之一/之二》《无题》《大理手帖—冬日手稿》《无题》《涂鸦系列-离家出走》《人间三月天》《无题》《涂鸦系列2》（2幅）、《预言碎片》《大理手帖》《出走》《坏图画》《黑树》《手帖》《大理手帖—礼物》《独行》

① 本案在年度报告中的位置为第59页。

（2 幅）、《独行 野鹤》《一只鸟》《父与女》《父与子》《大鸟小鸟》《父子》《手稿》《冬天的手稿》《回家》《慕尼黑画廊区》（2 幅）、《大理手帖—爱情休克》《爱情休克 NO. 1》《日记》《美丽图画》《鸟和笼子》《木板拼贴》《无题》《野鹤》（2 幅）、《鹤》《醉鸟》《功夫小子》《木板拼贴》《老张的心事》《大鸟》《手稿》《大理手帖—环保者》《你每次都忘记带伞》（2 幅）、《Waiting》《Life》《冬季》《鸟 NO1》《鸟》《大鸟》（3 幅）、《冬天的手稿》《学拼音，唱儿歌》《无题》（3 幅）、《鹤》共计 77 幅被诉侵权复制品。2. 判令叶某在新浪、搜狐、腾讯、网易、凤凰、澎湃网站首页显著位置及《人民日报》《法治日报》《环球时报》报刊上中缝以外版面显著位置发表致歉声明，并向西某赔礼道歉、消除影响。3. 判令叶某赔偿西某人民币 62559516. 07 元（其中，非法获利人民币 52271916. 07 元，推定非法获利人民币 1287600 元，法定赔偿人民币 9000000 元）。

事实与理由：西某系比利时著名艺术家，自 20 世纪 80 年代开始，创作出包含“鸟、鸟巢、鸟笼、红十字架、飞机”等元素，且以方格结构、涂鸦独特艺术风格为表现形式的一系列美术作品，并于 1990 年 3 月 14 日通过法国某画廊出版了一本名为《落叶》的画册，其中包含构成具有独创性美术作品的 13 幅涉案权利画作。西某作为涉案权利画作的作者，享有的著作权受《保护文学和艺术作品伯尔尼公约》及《著作权法》的保护。2019 年年初，西某意外发现叶某发表、出版、拍卖的一系列画作严重侵害了其对涉案权利画作享有的著作权。经了解，叶某为中国知名艺术家，其自 1990 年起曾多次前往欧洲各国进行交流，并在此过程中接触到西某的涉案权利画作。西某已发现叶某剽窃所形成的被诉侵权画作包括《溜冰者》《小妹妹今日没功课》《冬天里的九个鸟笼》等已达 176 幅（其中，内容不同的画作 124 幅，另有内容相同但规格或表现形式不同的画作 52 幅）。经详细比对，叶某擅自复制、修改西某作品、未指明原作者及出处，并对被诉侵权画作进行拍卖、出版，严重侵害了西某对 13 幅涉案权利画作的署名权、修改权、复制权、发行权。西某曾多次尝试要求叶某停止侵权并赔礼道歉，但始终无果。叶某在 1993 年后成为中国知名画家，画作被多家美术馆收藏。经统计，叶某通过公开拍卖直接获得违法所得人民币 52271916. 07 元（涉及 99 幅次被诉侵权画作，均价超过 50 万元/幅次）；推定违法所得人民币 1287600 元（叶某形成 58 版次《手稿 1》，单次成交价格为人民币 16800 元，推定违法所得为人民币 16800 元×57 次；形成 26 版次《大鸟》，单次成交价格为人民币 13200 元，推定违法所得为人民币13200元×25次）；另有77幅被诉侵权画作虽暂无法确定违法所得，其中18幅画作《老张的心事》《手稿》《黑树》《慕尼黑画廊区》《木板拼贴》《日记》《迁徙的季节 无题》《手稿》《无题》《迁徙的季节》《大理手帖—爱情休克》《小妹妹》《无题》《记忆碎片》《慕尼黑画廊区》《你每次都忘记带伞》《大理手帖—礼物》《回家》通过出版等方式严重侵害了西某基于权利作品所形成的18个具有独创性表达的著作权，对于该18幅画作，再结合叶某已拍卖被诉侵权画作的均价，综合考虑叶某剽窃行为的次数、时间跨度、主观故意等因素，叶某至少应按照每个作品人民币50万元的标准给予西某赔偿，共计人民币9000000元。根据公开信息显示，叶某从1993年到2018年，已持续25年剽窃西某涉案权利画作，且侵权画作数量巨大，侵权主观恶意明显，严重侵害了西某的著作权，应依法承担停止侵害、消除影响、赔礼道歉、赔偿损失的民事责任。综上，西某为维护自身合法权益，根据《著作权法》《民事诉讼法》的相关规定，特提起诉讼。

叶某辩称，不同意西某的全部诉讼请求。1. 西某主张叶某创作的被诉侵权画作数量及未售出的被诉侵权画作数量与事实不符。叶某并非创作了176幅被诉侵权画作，对于内容相同的被诉侵权画作仅创作了1次，故不存在西某所主张的创作内容相同但规格或表现形式不同的52幅被诉侵权画作，西某根据同一幅画作的多次拍卖记录将同一幅画作统计为多幅，计算有误。叶某未售出的被诉侵权画作只有16幅，遗失画作5幅，赠送画作7幅，遗失或赠送的画作客观上也无法销毁，并且这些画作均未侵害西某的著作权。2. 叶某独立创作的被诉侵权画作未侵害西某的著作权。124幅被诉侵权画作中，仅7幅画作在整体构图形式上与西某援引的涉案权利画作存在相似，其余117幅画作在整体构图形式与涉案权利画作均不相同。上述相似的7幅画作，均系叶某独立创作，且部分相似元素及构图方式本身并非著作权法保护的客体，西某主张的构图方式也早已被其他人包括叶某开始使用；部分存在相似的表达来源于公有领域；部分存在相似的表达来源于在先的其他作品，具有合法来源；双方画作的表达方式均相当有限，均是对公有领域元素或借鉴前人作品中的元素进行的不同形式的排列组合，两者之间不可避免地会产生相似的表达。3. 被诉侵权行为不属于西某主张的权利控制范围，其关于侵害署名权、修改权、复制权、发行权的主张不能成立。被诉侵权画作均由叶某独立创作，二者未构成实质性相似，叶某并未冒用西某的署名，不存在侵害复制权、署名权的情形。行使修改权并不产生新的作品，只是作者本人或者授权他人对作品进行修饰、改进或使其更加完善，被诉侵权画作不存在侵害修改权的情形。本案中，亦不涉及叶某向公众提供西某作品原件或复制件的情形。4. 西某主张的损失没有事实和法律依据。西某以被诉侵权画作的拍卖记录作为叶某获利的依据有误。叶某除一件画作参与慈善义拍外，从未将被诉侵权画作通过拍卖方式出售或转让，亦未通过拍卖获取任何利益。西某证据显示存在同一幅被诉侵权画作有多次拍卖记录的情形，其将同一幅作品的多次拍卖金额总和作为叶某在该幅画作中的获利金额明显不符合常理，且网页记载的拍卖记录金额的真实性无法确定，西某负有进一步举证证明叶某为被诉侵权画作的拍卖委托人及因多版画作获利的举证责任。西某关于在涉案权利画作基础上另形成18个独创性表达的主张不能成立，且在此项法定赔偿的主张中，西某认为叶某同一幅画作侵害了其多幅涉案权利画作，并将定额赔偿按侵害画作的数量累计计算，没有相应的法律依据。五、西某的起诉已超过法定诉讼时效期间。西某称其于1996年发现被诉侵权画作，但直至2019年才提起本案诉讼，西某的诉讼请求中除5幅被诉侵权画作外，其余均已明显超过了法定诉讼时效期间，丧失胜诉权。

各方当事人围绕诉讼请求及答辩意见依法提交了证据，本院组织当事人进行了证据交换和质证。根据当事人陈述和经审查确认的证据，本院认定事实如下：

一、关于涉案权利画作创作及发表的事实

西某称涉案权利画作系其创作于1989年至1990年，1990年3月首次发表于法国巴黎的某画廊。某画廊系当时西某的代理画廊，为西某该时期的画作举办画展作宣传，出版了一本封面为其画作《落叶》的画册，并提交经过公证认定的画册予以佐证。

该画册扉页记载：克里斯蒂安·西某（CHRISTIAN SILVAIN），某画廊（Galerie du Centre）；后一页附西某照片；画册内容包含涉案权利画作《落叶》（简称涉案权利画作A）、《月亮和藏在森林里的飞机》（简称涉案权利画作B）、《马修和黑鸟》（简称涉案权利画作C）、《爱的睡梦中的花园》（简称涉案权利画作D）、《天空中的信》（简称涉案权利画作E）、《一个沉睡的天空》（简称涉案权利画作F）、《观察者》（简称涉案权利画作G）、《所有的孩子都穿着蓝色大衣》（简称涉案权利画作H）、《给我爸爸的信》（简称涉案权利画作I）、《一个天使和鸟儿们说话》（简称涉案权利画作J）、《飞机停在红点上》（简称涉案权利画作K）、《更高》（简称涉案权利画作L）、《我和上帝在树边》（简称涉案权利画作 M）共计 13 幅画作；画册末页记载：由布鲁塞尔某印刷公司于 1990 年 3 月 14 日在比利时印刷完成。

该画册的前言部分记载：西某对理想的描绘手法令人钦佩，其完美程度达到了一种完全同化的轻松程度，这可能源于艺术家对博世的崇拜，或受格杜勒的悲伤情绪或丢勒的可怕的悲观情绪的影响，这也表明西某涉猎超级写实主义的整个范围，他用一个非常灵活的方式处理其中的焦虑和孤独！我们很容易感觉到，目前推动他前进的魔力是超现实主义的，并赋予了他一种神奇的灵感力量。他的主题的灵魂是卡夫卡式的，借用了劳特拉蒙的元素。然而，更值得欣赏的是，这位艺术家超越了他的受启发原型。无论是达利、米罗、克利还是德尔沃，都无法让他臣服。他抛弃了启蒙运动的赫尔墨斯主义，很少有艺术家树立了独有的天空，独有的材料，独有的主题和独有的调色板，而西某做到了。他探索原始艺术的奥秘，发自内心的疯狂，召唤也他心中的鸟和意象。不可否认，西某再一次与他的童年联系在一起。西某的作品战胜了死亡、焦虑和孤独，打开了我们的心扉，告诉我们一个不可思议的真理“做一个孩子吧，哪怕只是最后一次！”该画册中亦记载了西某作品于 1970 年至 1990 年在多个国家进行多次个展、群展的情况，以及机构收藏、画册传记情况介绍。

关于涉案权利画作的创作过程，西某称涉案权利画作均由综合材料组成，即画作中除西某绘画部分外，还包括西某使用现成的或亲手绘制或制作的材料诸如纸质标签、信封及明信片、修剪后的树枝、制作的木质鸟笼、蕾丝布料、画有蓝白条的硬质纸、涂有颜色的布料、铁牌、搪瓷门牌号等实物元素共同构成涉案权利画作的内容。

叶某对于涉案权利画作系由西某创作的事实无异议。

二、西某主张被诉侵权画作创作及表现形式的事实

本案中，西某主张叶某侵害其著作权的被诉侵权画作共计 176 幅。其中，内容不同的画作有 124 幅，其余 52 幅画作系与上述 124 幅画作中的 34 幅画作内容重复，但在西某提交的被诉侵权画作的拍卖及出版证据中关于画作名称、画作尺寸、创作年代、表现形式、拍卖时间存在不同记载的画作。西某据此认为，该 52 幅画作应为独立于 124 幅画作之外的被诉侵权画作。

具体地，根据西某在本案中的主张，为方便论述，本院以编号 Y1 至 Y124 对西某主张内容不重复的 124 幅被诉侵权画作进行顺序标注，画作名称以其中一个进行标注，并将西某主张的内容相同、但涉及不同信息记载的被

诉侵权画作的具体数量在该幅画作编号后进行标注。在此基础上，将西某主张的 176 幅被诉侵权画作列明如下：《溜冰者》（编号 Y1）、《小妹妹今日没功课》（编号 Y2，3 幅）、《小妹妹》（编号 Y3）、《冬日记忆》（编号 Y4）、《冬天里的九个鸟笼》（编号 Y5）、《环保日》（编号 Y6，2 幅）、《无题》（编号 Y7）、《星期天》（编号 Y8）、《无题》（编号 Y9）、《环保日》（编号 Y10，2 幅）、《灯笼》（编号 Y11）、《黑树干》（编号 Y12）、《旧故事》（编号 Y13）、《冬日的记忆》（编号 Y14）、《冬天里的九个鸟笼之一》（编号 Y15）、《冬天的回忆—凯斯·哈林》（编号 Y16）、《无题》（编号 Y17，2 幅）、《城市和鸟笼子》（编号 Y18）、《鸟无其巢》（编号 Y19）、《朋友》（编号 Y20，2 幅）、《冬天里的九个鸟笼（之一）》（编号 Y21，2 幅）、《迁徙的季节 无题》（编号 Y22）、《迁徙的季节》（编号 Y23，2 幅）、《生日》（编号 Y24，2 幅）、《记忆碎片》（编号 Y25）、《小妹妹》（编号 Y26，2 幅）、《青春日记》（编号 Y27）、《冬天里的九个鸟笼之一》（编号 Y28，2 幅）、《滑水人》（编号 Y29）、《生活在幸福中》（编号 Y30，2 幅）、《无题》（编号 Y31，3 幅）、《无题》（编号 Y32）、《灯笼》（编号 Y33，5 幅）、《涂鸦系列之一/之二》（编号 Y34）、《无题》（编号 Y35）、《大理手帖—冬日手稿》（编号 Y36）、《涂鸦—时光消逝》（编号 Y37，4 幅）、《涂鸦系列—离家出走》（编号 Y38，3 幅）、《冬天的九个鸟笼之一》（编号 Y39，2 幅）、《人间三月天》（编号 Y40）、《涂鸦进行曲》（编号 Y41）、《涂鸦两件》（编号 Y42）、《手稿 1》（编号 Y43）、《朋友》（编号 Y44，4 幅）、《涂鸦系列 2》（编号 Y45，5 幅）、《诗人散步》（编号 Y46，3 幅）、《季节之书》（编号 Y47）、《完美生活》（编号 Y48）、《遥远的消息》（编号 Y49）、《预言碎片》（编号 Y50）、《无题》（编号 Y51）、《大理手帖》（编号 Y52）、《出走》（编号 Y53）、《坏图画》（编号 Y54）、《黑树》（编号 Y55）、《手帖》（编号 Y56）、《大理手帖—礼物》（编号 Y57）、《独行》（编号 Y58，3 幅）、《小小鸟》（编号 Y59）、《独行 野鹤》（编号 Y60）、《一只鸟》（编号 Y61）、《父与女》（编号 Y62）、《父与子》（编号 Y63）、《大鸟小鸟》（编号 Y64）、《父子》（编号 Y65）、《我爱你》（编号 Y66）、《香蕉》（编号 Y67）、《无题》（编号 Y68）、《新加坡之夏》（编号 Y69）、《手稿》（编号 Y70）、《冬天的手稿》（编号 Y71）、《黑树干》（编号 Y72，2 幅）、《糟糕的周末假期》（编号 Y73，2 幅）、《黑树干》（编号 Y74）、《冬天里的九个鸟笼（之一）》（编号 Y75，2 幅）、《回家》（编号 Y76）、《慕尼黑画廊区》（编号 Y77，2 幅）、《大理手帖—爱情休克》

（编号 Y78）、《爱情休克》（编号 Y79，2 幅）、《日记》（编号 Y80）、《涂鸦系列 1》（编号 Y81）、《美丽图画》（编号 Y82）、《鸟和笼子》（编号 Y83）、《木板拼贴》（编号 Y84）、《涂鸦》（编号 Y85）、《老张的激情》（编号 Y86）、《无题》（编号 Y87）、《鹤》（编号 Y88）、《野鹤》（编号 Y89，2 幅）、《鹤》（编号 Y90）、《醉鸟》（编号 Y91）、《无题》（编号 Y92，2 幅）、《无题》（编号 Y93）、《无题》（编号 Y94）、《功夫小子》（编号 Y95）、《木板拼贴》（编号 Y96）、《老张的心事》（编号 Y97）、《大鸟》（编号 Y98，2 幅）、《涂鸦》（编号 Y99）、《手稿》（编号 Y100）、《大理手帖—环保者》（编号 Y101）、《你每次都忘记带伞》（编号 Y102，2 幅）、《Waiting》（编号 Y103）、《Life》（编号 Y104）、《冬季》（编号 Y105）、《鸟 NO1》（编号 Y106，2 幅）、《大鸟》（编号 Y107，2 幅）、《大鸟》（编号 Y108）、《大鸟》（编号 Y109）、《野鹤》（编号 Y110）、《大鸟》（编号 Y111，3 幅）、《冬天的手稿》（编号 Y112）、《成长的烦恼》（编号 Y113）、《蓝笼子》（编号 Y114）、《蓝水池》（编号 Y115）、《群体两幅》（编号 Y116）、《飞鸟集》（编号 Y117）、《大理手帖—老张的思念》（编号 Y118）、《阅读兴趣》（编号 Y119）、《巴黎教堂和绿水果》（编号 Y120）、《学拼音，唱儿歌》（编号 Y121，2 幅）、《无题》（编号 Y122，4 幅）、《鹤》（编号 Y123）、《日记系列》（编号 Y124）。

三、西某主张涉案权利画作与被诉侵权画作比对的事实

关于接触的事实，西某主张涉案权利画作曾在多家杂志上刊登，并在世界多地进行展览，叶某具有接触涉案权利画作的客观条件。叶某认可 1993 年曾接触过涉案权利画作。

关于被诉侵权画作与涉案权利画作的侵权比对，西某主张，除 13 幅涉案权利画作整体构成作品外，每一幅涉案权利画作中均包含若干有独创性表达的构成元素或构成元素组合，故叶某的侵权行为既包括对 13 幅涉案权利画作的整体侵权，也包括对涉案权利画作的局部侵权。此外，西某在诉讼中明确，其未对涉案权利画作中的下列单一构成元素——红叉、砖墙文字、红血滴、红色方块、蓝白条方框、黑箭头及分格式构图方式单独主张著作权。

本案中，西某主张被诉侵权画作与涉案权利画作构成实质性相似的情形主要表现为以下三种情况：（1）整体画作构成近似；（2）被诉侵权画作的部分内容与涉案权利画作的多个构成元素组合部分构成近似；（3）被诉侵权画作的部分内容与涉案权利画作的单一构成元素部分构成近似。

根据西某主张实质性相似的具体内容，本院将13幅涉案权利画作的比对情况列明如下：

（一）针对《落叶》（涉案权利画作A）

1. 西某主张该画作构成元素的事实

西某主张，该画作主要包含如下构成元素：蓝白条边框（简称元素A1），信封、细密文字、树枝组合（简称元素A2），短的黑树干（简称元素A3），红叉（简称元素A4），笼中人1号（简称元素A5），红血滴、红圈（简称元素A6），条纹背景上的照片（简称元素A7），带把手的鸟笼（简称元素A8），怪蜻蜓（简称元素A9），丑小鸡（简称元素A10），隐形机翼战斗机（简称元素A11）。

2. 西某主张被诉侵权画作与该画作整体构成近似的情况

2.1 与被诉侵权画作《冬日的记忆》（编号Y14）的比对

主要表现在：二者整体上都由三条平行横线和三条平行竖线约等分为16格，同时这16格的规整又被画面中央极具冲击力的“血滴状墨点”所打破。二者整体轮廓、构图及相同位置的元素基本一致。画面的左上角都绘有一架隐形机翼战斗机，而战斗机的机头都在一个彩色的圆圈里，战斗机尾翼处都绘有一封平铺在密密麻麻文字上的打开的信封。打开的信封对应的底部位置，占据画面上下两格位置处，都绘有一个笼中人，笼中人左侧从上到下都绘有怪蜻蜓和对叉。怪蜻蜓左侧的小方格中都绘有一个带把手的鸟笼。在画面的右侧从上到下都绘有短的黑树干、条纹背景上的照片。在画面相同的位置上都有几滴血滴状墨点。被诉侵权画作对怪蜻蜓、条纹背景上的照片、对叉以及血滴状墨点均只改变了颜色，或者局部改变了颜色。

2.2 与被诉侵权画作《冬天里的九个鸟笼之一》（编号Y15）的比对

主要表现在：二者整体上都由多条平行横线和平行竖线约等分为若干格，同时其规整又被画面中央极具冲击力的“红血滴”所打破，二者整体轮廓、构图，以及相同位置的元素高度相似。画面的左上角都绘有一架隐形机翼战斗机，而战斗机的机头都在一个彩色的圆圈里，战斗机下方都有丑小鸡，丑小鸡下方是带把手的鸟笼。在画面相同的位置上都有几滴红血滴。被诉侵权画作只是改变了丑小鸡的朝向。

2.3 与被诉侵权画作《冬天的回忆—凯斯·哈林》（编号Y16）的比对

主要表现在：二者整体上都由多条平行横线和平行竖线约等分为若干格，同时其规整又被画面中央极具冲击力的“红血滴”所打破。二者整体轮廓、构图，以及相同位置的元素高度相似。画面的左上角都绘有一架隐形机翼战斗机，而战斗机的机头都在一个彩色的圆圈里。战斗机尾翼处都绘有一封平铺在密密麻麻的文字上的打开的信封。打开的信封对应的底部位置，占据画面上下两格位置处，两幅作品都绘有一个笼中人，笼中人左侧从上到下都绘有怪蜻蜓。怪蜻蜓左侧的小方格中都绘有一个带把手的鸟笼。在画面的右侧都绘有短的黑树干。被诉侵权画作只是把局部元素的颜色改变，如把怪蜻蜓的蓝白条纹的双翼变成了红白条纹，把红叉变成了蓝叉。

2.4 与被诉侵权画作《记忆碎片》（编号 Y25）的比对

主要表现在：二者整体上都有绘制的蓝白条纹的边框框住整幅画面，画面都由三条平行横线和三条平行竖线约等分为 16 格，同时这 16 格的规整又被画面中央极具冲击力的“红血滴”所打破。二者整体轮廓、构图，以及相同位置的元素高度相似。被诉侵权画作只是在涉案权利画作的基础上给笼中人添加了两个小辫。

3. 西某主张被诉侵权画作的部分内容与涉案权利画作多个元素组合构成近似的情况

3.1 元素 A3、A4、A5、A8、A9、A10、A11 的组合与被诉侵权画作《预言碎片》（编号 Y50）的比对

主要表现在：被诉侵权画作截取了涉案权利画作中的短的黑树干、红叉、笼中人 1 号、带把手的鸟笼、怪蜻蜓、丑小鸡、隐形机翼战斗机元素，并将上述元素任意割裂，分布在不同的位置。其中，关于短的黑树干，呈现的是树干中央的一段，无树叶，树枝与树干都是纯黑色，树干笔直，树枝左右分布较平衡；关于笼中人 1 号，蓝色细的竖条纹覆盖在娃娃的半身相上，约占组合画中上下两格，面部由简笔黑色线条勾勒，顶部有少量黑线条勾勒的头发，不遮挡面部，没有耳朵，两只圆点状小眼睛靠近头顶，娃娃的额头短，戴圆框眼镜，鼻子长，嘴巴上翘，嘴唇微开，可见细线条勾勒出的牙齿，娃娃身体上画有花纹的衣服；关于带把手的鸟笼，整体呈现出一个不规则的圆形，由黑色细线条勾勒，顶部和底部之间有数根细的竖线条相连，画面中鸟笼的右部中间有一个竖立的把手，鸟笼底部有两个黑色的短线条，为鸟笼的两只脚；关于怪蜻蜓，蜻蜓头朝左，尾部朝右，头部及身体躯干为纯黑色。蜻蜓的眼睛是透明的，前翼由蓝白条纹构成，上下展开，由黑色线条描边，后翼简化为上下两笔黑色线条；关于丑小鸡，身体接近于方形，头部接近半圆，从鸡嘴到鸡尾看到的是一个完全的侧面图，但小鸡头部两只等距分布眼

睛和鸡身下两个鸡爪的分布，又呈现出完全的正面图；关于隐形机翼战斗机，出现在画面左上角，机身与地面接近平行，机翼与地面接近于45度角，机头朝左，机翼是透明的，机身以及尾翼为白色，驾驶舱为白色，战斗机前后各有一个轮，前轮大，后轮小，前后各有一个螺旋桨，头部螺旋桨表现为上下两片螺旋桨片，尾部为四片桨片，飞机背景里有个大大的红色圆圈。

3.2 元素A3、A4、A5、A7、A8、A9、A10的组合与被诉侵权画作《我爱你》（编号Y66）的比对

主要表现在：被诉侵权画作截取了涉案权利画作中的上述元素，并且将上述元素组合任意割裂，分布在不同的位置。其中，关于条纹背景上的照片，是蓝黑相间的竖条纹背景占满了组合图中的一格，条纹背景中央覆盖有一张看似全家出游的照片的图片。

3.3 元素A3、A4、A5、A8、A10的组合与被诉侵权画作《手稿1》（编号Y43）的比对

主要表现在：二者关于上述元素组合的整体轮廓、线条基本一致。被诉侵权画作仅改变了丑小鸡的朝向，给其中一只小鸡添加了蓝白相间竖条覆盖，将笼中人的头部朝向相反的方向，将带把手的鸟笼的比例拉长。

3.4 元素A4、A6、A10、A11的组合与被诉侵权画作《冬天里的九个鸟笼之一》（编号Y28）的比对

主要表现在：被诉侵权画作完全采用了涉案权利画作中的红叉、红血滴、丑小鸡、隐形机翼战斗机元素，且二者各元素整体轮廓、线条基本一致。

3.5 元素A4、A8、A9、A10的组合与被诉侵权画作《无题》（编号Y31）、《无题》（编号Y32）的比对

均主要表现在：被诉侵权画作完全采用了涉案权利作品中的红叉、带把手的鸟笼、怪蜻蜓、丑小鸡元素，整体上与涉案权利画作的轮廓、线条基本一致。Y31只是把怪蜻蜓的蓝白条纹的双翼改成了红白条纹。Y32省去了前翼的条纹部分，只保留了黑色轮廓。两幅被诉侵权画作中均改变了小鸡的朝向。

3.6 元素A3、A4、A6、A10的组合与被诉侵权画作《青春日记》（编号Y27）的比对

主要表现在：被控侵权画作同样选择了短的黑树干、丑小鸡、红血滴、红叉的元素组合，轮廓基本一致，被诉侵权画作仅将红血滴移动到丑小鸡的后面，但是其数量、血滴滴落的造型、位置均一致，同样都在第三滴血滴的

下方画上大大的红叉。

3.7 元素 A3、A6、A8、A9 的组合与被诉侵权画作《冬天的手稿》（编号 Y71）的比对

主要表现在：被诉侵权画作中的怪蜻蜓、短的黑树丫、红圈、带把手的鸟笼与涉案权利画作中的基本轮廓、线条基本一致。被诉侵权画作仅对短的黑树干的底色进行修改，改变了鸟笼的颜色和角度，将怪蜻蜓的双翼由蓝白条纹改为黑色条纹。

3.8 元素 A3、A4、A5、A8 的组合与被诉侵权画作《黑树》（编号 Y55）的比对

主要表现在：二者整体轮廓、线条基本一致。被诉侵权画作仅将笼中人 1 号的头部朝向相反的方向，将黑树干的比例拉长，将带把手的鸟笼的比例拉长，改变背景颜色，用白线勾勒。

3.8 元素 A3、A4、A5、A10 的组合与被诉侵权画作《老张的心事》（编号 Y97）的比对

主要表现在：被诉侵权画作截取了涉案权利画作中的上述元素，并且将其任意割裂，分布在不同的位置。被诉侵权画作仅对短的黑树干右边最下边的一条树枝进行删除，其余树枝的数量、造型枝丫完全一致，将西某作品中的树干部分画得微微弯曲，其余均完全保留，并且移动了笼中人 1 号的鼻子在脸部的位置。

3.9 元素 A2、A9、A10 的组合与被诉侵权画作《迁徙的季节》（编号 Y23）的比对

主要表现在：被诉侵权画作中的怪蜻蜓、信封、细密文字、树枝组合、丑小鸡与涉案权利画作的基本轮廓、线条基本一致。被诉侵权画作仅将怪蜻蜓的双翼由蓝白条纹改为红白条纹，将小鸡的方向进行了修改。

3.10 元素 A4、A8、A10 的组合与被诉侵权画作《涂鸦进行曲》（编号 Y41）、《涂鸦两件》（编号 Y42）的比对

均主要表现在：被诉侵权画作截取了涉案权利画作中的上述元素，并且将其任意割裂，分布在不同的位置。被诉侵权画作仅将丑小鸡的方向进行了修改。

3.11 元素 A3、A4、A10 的组合与被诉侵权画作《无题》（编号 Y93）、《木板拼贴》（编号 Y96）、《涂鸦》（编号 Y99）的比对

均主要表现在：被诉侵权画作截取了涉案权利画作中的上述元素，并且

将其任意割裂，分布在不同的位置。Y93、Y99 仅对涉案权利画作右边最下边的一条树枝进行删除，并将树干部分拉长，其余树枝的数量、造型枝丫完全一致；Y93、Y96 仅将丑小鸡的方向进行了修改；Y99 给丑小鸡添加了蓝白条纹的底色。

3.12 元素 A3、A8、A9 的组合与被诉侵权画作《迁徙的季节 无题》（编号 Y22）的比对

主要表现在：二者对于短的黑树干的整体造型、轮廓、线条完全一致，被诉侵权画作仅对涉案权利画作右边最下边的一条树枝进行删除，将涉案权利画作中的树干部分画得微微弯曲，其余均完全保留；被诉侵权画作把怪蜻蜓前翼的条纹由蓝白条换成了红白条；保留了涉案权利画作中带把手的鸟笼的所有细节，只是简单将其拉长。

3.13 元素 A1、A6、A8 的组合与被诉侵权画作《滑水人》（编号 Y29）的比对

主要表现在：被诉侵权画作完全截取了涉案权利画作中的上述元素，并将这些元素置于画面中相对相似的位置，只是在颜色上做出了对应改变，如把涉案权利画作的黑色线条勾勒的鸟笼改为白色线条，把蓝白条边框改为红白条，把红血滴改为蓝色等。

3.14 元素 A4、A6、A10 的组合与被诉侵权画作《无题》（编号 Y87）的比对

主要表现在：被诉侵权画作同样选择了丑小鸡、红血滴、红叉的元素，轮廓基本一致。被诉侵权画作仅对丑小鸡的朝向进行了修改。

3.15 元素 A3、A4、A5 的组合与被诉侵权画作《无题》（编号 Y44）的比对

主要表现在：被诉侵权画作中的短的黑树干、红叉、笼中人与涉案权利画作的基本轮廓、线条基本一致。被诉侵权画作仅将笼中人 1 号的蓝色条纹距离加宽，省去了衣服上的花纹。

3.16 元素 A2、A4、A7 的组合与被诉侵权画作《爱情休克》（编号 Y79）的比对

主要表现在：被诉侵权画作截取了涉案权利画作中的信封、细密文字、树枝组合，红叉及条纹背景上的照片元素，并且将这些元素置于画面中相似的位置，仅将条纹背景蓝黑条纹改为蓝白条纹。

3. 17 元素 A8、A9 的组合与被诉侵权画作《黑树干》（编号 Y12）、《朋友》（编号 Y20）、《冬天里的九个鸟笼之一》（编号 Y21）、《灯笼》（编号 Y11）的比对

均主要表现在：被诉侵权画作中的带把手的鸟笼、怪蜻蜓整体上与涉案权利画作的轮廓、线条基本一致。其中，Y11 中带把手的鸟笼和怪蜻蜓均与涉案权利画作一致；Y12 的画面背景为纯黑色，鸟笼和蜻蜓主体部分相应改成了白色；Y20 中只是把怪蜻蜓的蓝白条纹的双翼改成了红白条纹；Y21 中的鸟笼背景为纯黑色，其主体部分相应改成了白色。被诉侵权画作将两个元素间隔开，中间加入了其他侵权作品。

3. 18 元素 A8、A10 的组合与被诉侵权画作《涂鸦—时光消逝》（编号 Y37）、《涂鸦—离家出走》（编号 Y38）、《日记》（编号 Y80）、《出走》（编号 Y53）的比对

3. 18. 1 与被诉侵权画作 Y37、Y38 的比对

主要表现在：被诉侵权画作中的带把手的鸟笼、丑小鸡整体上与涉案权利画作的轮廓、线条基本一致，被诉侵权画作均改变了小鸡的朝向。其中，Y37 给小鸡覆盖了蓝白条；Y38 的画面背景为纯黑色，鸟笼主体部分为白色线条，删掉了短线条的两只脚，给小鸡添加了灰白色背景。

3. 18. 2 与被诉侵权画作 Y80、Y53 的比对

主要表现在：被诉侵权画作截取了涉案权利画作中的元素，并且将上述元素任意割裂，分布在不同的位置，元素整体上与涉案权利画作的轮廓、线条基本一致，被诉侵权画作仅将小鸡的朝向进行了修改，改变了鸟笼的颜色。

3. 19 元素 A9、A10 的组合与被诉侵权画作《手稿》（编号 Y70）的比对

主要表现在：被诉侵权画作中的丑小鸡、怪蜻蜓整体上与涉案权利画作的轮廓、线条基本一致，被诉侵权画作仅将丑小鸡的朝向进行了修改，把怪蜻蜓前翼的条纹由涉案权利作品中的蓝白条换成了红白条。

3. 20 元素 A4、A10 的组合与被诉侵权画作《涂鸦系列 1》（编号 Y81）、《飞鸟集》（编号 Y117）的比对

主要表现在：被诉侵权画作截取了涉案权利画作中的红叉、丑小鸡元素，并且将其分布在不同的位置，仅将丑小鸡的朝向进行了修改。

3. 21 元素 A4、A8 的组合与被诉侵权画作《群体两幅》（编号 Y116）的比对

主要表现在：被诉侵权画作中的红叉、带把手的鸟笼元素在整体构图、

线条与原作高度一致，只是把背景色换成了黑色。

3.22 元素 A2、A5 的组合与被诉侵权画作《城市和鸟笼子》（编号 Y18）的比对

主要表现在：被诉侵权画作中的信封、细密文字、树枝组合和笼中人整体上与涉案权利画作的轮廓、线条基本一致。被诉侵权画作仅将笼中人的头部朝向相反的方向，并截取了信封、细密文字、树枝组合中的文字和信封部分。

3.23 元素 A2、A11 的组合与被诉侵权画作《慕尼黑画廊区》（编号 Y77）的比对

主要表现在：被诉侵权画作中的信封、细密文字、树枝组合和隐形机翼战斗机整体上与涉案权利画作的轮廓、线条基本一致，被诉侵权画作仅将隐形机翼战斗机的机身做了透明状态处理，将信封、细密文字、树枝组合中的断树枝进行删除。

3.24 元素 A1、A6 的组合与被诉侵权画作《蓝笼子》（编号 Y114）的比对

主要表现在：被诉侵权画作中的红血滴和蓝白条边框在整体构图、线条和色彩上与涉案权利画作高度一致。

3.25 元素 A3、A8 的组合与被诉侵权画作《完美生活》（编号 Y48）的比对

主要表现在：被诉侵权画作中的短的黑树干整体造型、轮廓、线条与涉案权利画作完全一致，仅对涉案权利画作右边最下边的一条树枝进行了删除，将树干部分画得微微弯曲。被诉侵权画作保留了涉案权利画作中的带把手的鸟笼元素的所有细节，只是将其拉长。

3.26 元素 A4、A7 的组合与被诉侵权画作《无题》（编号 Y68）的比对

主要表现在：被诉侵权画作同样在画面右下角的一格由蓝黑相间的条纹背景占满，条纹背景中央覆盖有一张看似照片的图片，在相对同样的位置有一格由红色对叉占据。

4. 西某主张被诉侵权画作的部分内容与涉案权利画作单一元素构成近似的情况

4.1 元素 A9 与被诉侵权画作《新加坡之夏》（编号 Y69）、《大理手帖—冬日手稿》（编号 Y36）、《涂鸦系列之一/之二》（编号 Y34）、《季节之书》（编号 Y47）的比对

均主要表现在：被诉侵权画作中的怪蜻蜓与涉案权利画作的轮廓、线条

基本一致。其中，Y69 只是把怪蜻蜓的蓝白条纹的双翼改成了红白条纹；Y36、Y34 将蜻蜓的双翼由蓝白条纹改为纯白色。

4.2 元素 A10 与被诉侵权画作《无题》（编号 Y94）、《手帖》（编号 Y56）、《功夫小子》（编号 Y95）、《坏图画》（编号 Y54）、《大鸟》（编号 Y98）的比对

均主要表现在：二者在小鸡的整体造型上一致，被诉侵权画作仅将小鸡的朝向进行了修改。

4.3 元素 A3 与被诉侵权画作《木板拼贴》（编号 Y84）、《大理手帖—礼物》（编号 Y57）的比对

均主要表现在：二者对于短的黑树干的整体造型、轮廓、线条完全一致，都是树干部分，而且二者树枝部分的造型、弯曲度也近似，被诉侵权画作仅对涉案权利画作该元素右边最下边的一条树枝进行了删除，其余树枝的数量、造型枝丫则完全一致，并将树干部分画得微微弯曲，其余均完全保留。

4.4 元素 A11 与被诉侵权画作《糟糕的周末假期》（编号 Y73）、的比对

主要表现在：二者均描绘了战斗机，飞机的整体造型、轮廓、线条基本一致，出现在画面的左上角，被诉侵权画作仅将机身做了透明状态处理。

4.5 元素 A2 与被诉侵权画作《灯笼》（编号 Y33）的比对

主要表现在：二者整体轮廓线条一致，均为打开的信封，下方均有一段弯曲的树枝，被诉侵权画作仅将细密的文字进行了删除。

4.6 元素 A8 与被诉侵权画作《蓝水池》（编号 Y115）的比对

主要表现在：被诉侵权画作中的鸟笼与涉案权利画作中的鸟笼主体几乎完全一致，只是少了一个把手。

（二）关于《月亮和藏在森林里的飞机》（涉案权利画作 B）

1. 西某主张该画作构成元素的事实

西某主张，该画作主要包含如下构成元素：分叉黑树干（简称元素 B1），简易蓝鸟笼（简称元素 B2），数字蓝鸟笼（简称元素 B3），带把手的鸟笼（简称元素 B4），黑箭头（简称元素 B5），红圈（简称元素 B6），蓝白条（简称元素 B7），双子鸟（简称元素 B8），细密文字（简称元素 B9），红血滴（简称元素 B10），三角形纹路鸟（简称元素 B11），树枝上的两只栖息鸟（简称元素 B12）。

2. 西某主张被诉侵权画作与该画作整体构成近似的情况

2.1 与被诉侵权画作《灯笼》（编号 Y11）的比对

主要表现在：二者整体轮廓、线条、结构、各相同元素的排列基本一致。画面的右上角都有红圈和蓝色字母的组合，在画面的中部位置都有一个十分显眼的分叉黑树干。在分叉黑树干的附近都有几滴色彩鲜艳的红血滴。在分叉黑树干的顶部方格中都填满了细密文字。在分叉黑树干的左下方都有一条从右往左指的黑色箭头线，而黑色箭头线的箭头都恰好与带把手的鸟笼相交，且紧挨着箭头线下的位置都有一行黑色的字母文字。在分叉黑树干的右下方都有一个蓝鸟笼。在画面上都有几滴红血滴。二者选择细节诸如红圈和蓝色字母、分叉黑树干、细密文字、双子鸟、数字蓝鸟笼（只是将数字修改）、简易蓝鸟笼、带把手的鸟笼在各自画布中的位置基本一致，即二者的结构布局的选择一致。

2.2 与被诉侵权画作《黑树干》（编号 Y12）的比对

主要表现在：二者整体轮廓、线条、结构、各相同元素的排列基本一致。在画面的右上角都绘有一个红圈，在画面的中部位置都有一个十分显眼的分叉黑树干。在分叉黑树干的附近都有几滴色彩鲜艳的红血滴。在分叉黑树干的顶部方格中都填满了细密文字。在分叉黑树干的左下方都有一条从右往左指的箭头线。而箭头线的箭头都恰好与带把手的鸟笼相交，且紧挨着箭头线下的位置都有一行字母文字。在分叉黑树干的右下方都有一个蓝鸟笼。在画面上都有几滴红血滴。二者选择细节诸如红血滴、红圈、分叉黑树干、细密文字、双子鸟、数字蓝鸟笼、简易蓝鸟笼、带把手的鸟笼、黑箭头和三角形纹路鸟以及树枝上的两只栖息鸟在各自画布中的位置基本一致，即二者的结构布局的选择一致。

3. 西某主张被诉侵权画作的部分内容与涉案权利画作多个元素组合构成近似的情况

3.1 元素 B1、B2、B6、B9 的组合与被诉侵权画作《我爱你》（编号 Y66）的比对

主要表现在：被诉侵权画作截取了涉案权利画作中的分叉黑树干、简易蓝鸟笼、红圈、细密文字元素组合，并且将其任意割裂，分布在不同的位置。其中，关于分叉黑树干，呈现的是树干中央呈瘦长形较直的一段，约占纵向 4 格，下不见树根，上不见树梢，不见一片叶子，树枝与树干都呈现纯黑色，树干较直，在上半部分出叉来；关于简易蓝鸟笼，呈现的是方形鸟笼的一面，

是由上中下三横条与黑色细线竖条连接构成，竖线平行等距，横竖垂直，上下横条为蓝色，较粗，中间为黑色细线；关于红圈，一个完整的红色圆圈或者圆圈的一部分出现在画面的左上角，红圈里还写有蓝色字母，并且字母超出红圈外；关于细密文字，在分叉黑树干上方的一个小方格中写满了密密麻麻几乎占据整个小方格的小字。

3.2 元素 B2、B4、B6、B9 的组合与被诉侵权画作《手稿 1》（编号 Y43）、《黑树干》（编号 Y72）、《黑树干》（编号 Y74）、《涂鸦》（编号 Y85）的比对

均主要表现在：被诉侵权画作与涉案权利画作的上述元素轮廓、线条基本一致，其中关于带把手的鸟笼，整体呈现一个不规则的圆形，由黑色细线条勾勒，顶部中央有一个圆圈，顶部和底部之间有数根细的竖线条相连，画面中鸟笼的右部中间画有一个竖立的把手，鸟笼底部有两个黑色的短线条，为鸟笼的两只脚。其中，Y43 将鸟笼的比例拉长，Y72、Y74、Y85 中的带把手的鸟笼略长，且将简易鸟笼上下边框的颜色变为红色，只是对涉案权利画作的简单拉伸。

3.3 元素 B2、B6、B9 的组合与被诉侵权画作《大理手帖—冬日手稿》（编号 Y36）、《涂鸦系列之一/之二》（编号 Y34）、《无题》（编号 Y35）、《季节之书》（编号 Y47）的比对

均主要表现在：被诉侵权画作与涉案权利画作的简易蓝鸟笼、红圈、细密文字元素轮廓、线条高度一致。

3.4 元素 B1、B3、B12 的组合与被诉侵权画作《无题》（编号 Y68）的比对

主要表现在：被诉侵权画作与涉案权利画作的分叉黑树干、数字蓝鸟笼、树枝上的两只栖息鸟元素轮廓、线条基本一致。其中，关于数字蓝鸟笼，是方形鸟笼的一面，四周为蓝色边框，从上至下由深色细线连接，高度比宽度略长，鸟笼的上边框呈向上拱起的弧形，中央小拱门状的弧形镂空，鸟笼拦腰由横条分为上下两部分，与边框同色，鸟笼上部中央，在拱门形镂空下方有米黄色的方块，上面写有阿拉伯数字 4；关于树枝上的两只栖息鸟，呈现的是两只并排站立在树枝上的鸟，形态相似，都成栖息状态，翅膀收紧，鸟尾下垂，鸟头小，身体大，鸟嘴又尖又长，稍有向下弯曲的弧度，鸟腹部、翅膀和尾部有多根细密的平行线条修饰。被诉侵权画作只是改变了数字鸟笼的颜色。

3.5 元素 B2、B3、B12 的组合与被诉侵权画作《木板拼贴》（编号 Y84）的比对

主要表现在：被诉侵权画作与涉案权利画作的上述元素轮廓、线条高度一致。

3.6 元素 B2、B12 的组合与被诉侵权画作《爱情休克》（编号 Y79）的比对

主要表现在：被诉侵权画作与涉案权利画作的上述元素轮廓、线条高度一致，唯一不同的是被诉侵权画作给树枝上的两只栖息鸟加上了颜色。

4. 西某主张被诉侵权画作的部分内容与涉案权利画作单一元素构成近似的情况

4.1 元素 B2 与被诉侵权画作《环保日》（编号 Y6）、《城市和鸟笼子》（编号 Y18）、《冬天里的九个鸟笼之一》（编号 Y28）、《冬天的九个鸟笼之一》（编号 Y39）、《涂鸦—时光消逝》（编号 Y37）、《涂鸦系列 1》（编号 Y81）、《美丽图画》（编号 Y82）、《鸟和笼子》（编号 Y83）、《蓝笼子》（编号 Y114）、《预言碎片》（编号 Y50）、《无题》（编号 Y9）、《冬天的回忆—凯斯·哈林》（编号 Y16）的比对

4.1.1 与被诉侵权画作 Y6、Y18、Y28、Y39、Y37、Y81、Y82、Y83、Y114、Y50 的比对

均主要表现在：被诉侵权画作与涉案权利画作的蓝鸟笼轮廓、线条基本一致，都是呈现出方形鸟笼的一面，是由上中下三横条与黑色细线竖条连接构成，竖线平行等距，横竖垂直，上下横条为蓝色，较粗，中间为黑色细线。

4.1.2 与被诉侵权画作 Y9、Y16 的比对

均主要表现在：二者的基本轮廓、线条一致，唯一的区别在于被诉侵权画作将鸟笼的上下横条的颜色改为红色。

4.2 元素 B3 与被诉侵权画作《无题》（编号 Y92）、《你每次都忘记带伞》（编号 Y102）、《木板拼贴》（编号 Y96）的比对

均主要表现在：被诉侵权画作与涉案权利画作的数字蓝鸟笼整体轮廓线条完全一致。其中，Y92 将涉案权利画作边框颜色改为黄色；Y102、Y96 将涉案权利画作中上部分的数字移动到了鸟笼的下部分。

4.3 元素 B4 与被诉侵权画作《无题》（编号 Y51）、《涂鸦系列 2》（编号 Y45）的比对

均主要表现在：被诉侵权画作中的带把手的鸟笼与涉案权利画作的该元

素整体线条、构图一致。虽然被诉侵权画作中的鸟笼略长，但只是对该元素的简单拉伸。

4.4 元素 B1 与被诉侵权画作《香蕉》（编号 Y67）的比对

主要表现在：二者对于分叉黑树干元素的基本轮廓、线条基本一致，树枝分叉的造型、弧度也基本一致。

（三）关于《马修和黑鸟》（涉案权利画作 C）

1. 西某主张涉案权利画作构成元素的事实

西某主张，该画作主要包含如下构成元素：笼中鸟（简称元素 C1），带把手的鸟笼和鸟（简称元素 C2），大嘴黑鸟（简称元素 C3），鸟巢和蛋（简称元素 C4），红色方块（简称元素 C5），黑箭头（简称元素 C6），轮廓长腿大嘴鸟（简称元素 C7），红血滴（简称元素 C8），高鸟笼（简称元素 C9），黑色方块白线涂鸦（简称元素 C10），插翅鸟笼人（简称元素 C11），两张明信片和文字（简称元素 C12），五指草（简称元素 C13），砖墙文字（简称元素 C14），独轮小鸟（简称元素 C15），长梯（简称元素 C16），无身娃娃头（简称元素 C17），笼中照片（简称元素 C18）。

2. 西某主张被诉侵权画作与该画作整体构成近似的情况

2.1 与被诉侵权画作《冬日记忆》（编号 Y4）的比对

主要表现在：整体上，被诉侵权画作采用与涉案权利画作同样的方法将画面分为 24 格，并且同时在与涉案权利画作相同的位置使用了轮廓、线条画法基本一致的所有细节。二者画面中部偏下的位置都有一条从右往左指的黑色箭头线，在相同的位置上都有形状、大小几乎一致的五个红血滴。二者整体都包含鸟巢和蛋、红色方块、轮廓长腿大嘴鸟、大嘴黑鸟、五指草、无身娃娃头、带把手的鸟笼和鸟、独轮小鸟、字母、长梯、高鸟笼、黑色方块白线涂鸦、插翅鸟笼人、两张明信片和文字、笼中照片，并且二者所选择的细节在各自画布中的位置即结构布局的选择基本一致。

2.2 与被诉侵权画作《冬天里的九个鸟笼》（编号 Y5）的比对

主要表现在：整体上，二者构图和色调都和涉案权利画作高度一致，细节上都包含了鸟巢和蛋、红色方块、轮廓长腿大嘴鸟、大嘴黑鸟、五指草、字母、高鸟笼、黑色方块白线涂鸦、插翅鸟笼人、两张明信片和文字、笼中照片、红血滴，二者所选择的细节在各自画布中的位置基本一致。

3. 西某主张被诉侵权画作的部分内容与涉案权利画作多个元素组合构成近似的情况

3.1 元素C1、C3、C4、C5、C7、C14的组合与被诉侵权画作《我爱你》（编号Y66）的比对

主要表现在：被诉侵权画作选取涉案权利画作的笼中鸟、大嘴黑鸟、鸟巢和蛋、红色方块、轮廓长腿大嘴鸟、砖墙文字元素，并且将其任意地割裂分布，但是每一部分的轮廓、线条、造型都基本一致。其中，关于笼中鸟，是用简笔勾勒的小鸟的侧面轮廓，有下垂的小尾巴和两条细线勾勒的双腿；关于大嘴黑鸟，从嘴尖到尾巴全身都为黑色，头部有一只眼睛，为黑色圆圈，鸟喙朝下，形状大而怪异，下喙中上部隆起，略显突兀，喙尖收缩变尖锐且略带弧度向内弯曲，身体接近长方形，双翅呈展开状，分别错落于身体上下，上翅位于鸟脖处，下翅位于中腹部，翅膀与尾部呈锯齿状，短尾，三叉戟似的双腿如同两支箭一上一下成45度角插入身体；关于鸟巢和蛋，是一个鸟巢的俯视图，粗细不一的黑色弯曲线条互相缠绕交织，勾勒出树枝搭建的鸟巢，鸟巢中有5个鸟蛋，三大两小，中央有一个最小的鸟蛋介于圆和椭圆之间，四个较大的鸟蛋围绕在其四周，大头朝上；关于红色方块，占组合图画中的一格，边缘不规整；关于轮廓长腿大嘴鸟，是黑色线条勾勒出的鸟的侧面轮廓，鸟喙朝下，形状大而怪异；关于砖墙文字，淡淡的砖墙背景占满了组合画中的一格，在画面的右上角，砖墙中央有深色细线条勾勒的单词，单词上有同色线的一个叉。被诉侵权画作将涉案权利画作中的笼中鸟单独摘抄，并覆盖于涉案权利画作经常使用的蓝白条纹表达方式之下，仅对鸟巢中蛋的数量进行了改变。

3.2 元素C3、C4、C5、C7、C14的组合与被诉侵权画作《预言碎片》（编号Y50）的比对

主要表现在：被诉侵权画作与涉案权利画作中的大嘴黑鸟、鸟巢和蛋、红色方块、轮廓长腿大嘴鸟、砖墙文字的整体轮廓、线条完全一致，被诉侵权画作仅将大嘴黑鸟身体上半部分的翅膀移动到身体的正上方，将鸟巢和鸟巢中蛋的数量增加了两颗，并将大嘴黑鸟、鸟巢和蛋的组合排列在相隔较远的位置。

3.3 元素C4、C5、C14、C16的组合与被诉侵权画作《涂鸦系列2》（编号Y45）的比对

主要表现在：被诉侵权画作截取了涉案权利画作中的上述元素，只是省略了砖墙文字上的单词，改变了鸟巢和鸟巢中蛋的数量。

3.4 元素C1、C4、C5、C7的组合与被诉侵权画作《人间三月天》（编号Y40）的比对

主要表现在：被诉侵权画作截取了涉案权利画作中的上述元素，并且将涉案权利画作任意割裂，只是改变了鸟巢中蛋的数量和轮廓长腿大嘴鸟的颜色。

3.5 元素C2、C3、C4的组合与被诉侵权画作《鸟无其巢》（编号Y19）的比对

主要表现在：二者均包含带把手的鸟笼和鸟、大嘴黑鸟、鸟巢和蛋的组合，并且整体轮廓、线条基本一致。其中，关于带把手的鸟笼和鸟，鸟笼整体呈现出一个不规则的圆形，由黑色细线条勾勒，顶部中央有一个圆圈，顶部和底部之间有数根细的竖线条相连，画面中鸟笼的右部中间画有一个竖立的把手，鸟笼底部有两个黑色的短线条，为鸟笼的两只脚，笼中有只简笔勾勒的小鸟的侧面轮廓，有下垂的小尾巴，有两条细线勾勒的双腿。

3.6 元素C4、C5、C14的组合与被诉侵权画作《日记》（编号Y80）的比对

主要表现在：被诉侵权画作同样采用鸟巢加蛋、红色方块、砖墙的组合进行画作，上述元素在画面中的各自位置相同，唯一的区别在于被诉侵权画作将鸟巢中蛋的数量和位置进行了改变。

3.7 元素C2、C5、C12的组合与《冬天里的九个鸟笼（之一）》（编号Y21）的比对

主要表现在：被诉侵权画作同样采用红色方块、带把手的鸟笼、两张明信片和文字的这种组合，并且线条基本一致。

3.8 元素C6、C7、C16的组合与《朋友》（编号Y44）的比对

主要表现在：被诉侵权画作与涉案权利画作中的黑箭头、轮廓长腿大嘴鸟、长梯元素的整体轮廓、线条基本一致，在作品中的相对位置一致。其中，关于黑箭头，作品的下三分之一位置有个大大的黑箭头，从画面右边生出，直直地指向左边，贯穿整个画作；关于长梯，绘有一架向上一直延伸到画面顶部，向下一直延伸到蓝色字母顶部的长梯，长梯的每一阶都是由相同的如同字母连写般的简易线条组合而成。被诉侵权画作中仅对鸟的尾部和站位有细微改动。

3.9 元素C5、C6、C7的组合与《手稿1》（编号Y43）的比对

主要表现在：被诉侵权画作与涉案权利画作中的黑箭头、轮廓长腿大嘴

鸟、红色方块元素的整体轮廓、线条基本一致，在作品中的相对位置一致。被诉侵权画作中仅对鸟的尾部和站位有细微改动。

3.10 元素 C6、C7、C14 的组合与《无题》（编号 Y68）的比对

主要表现在：被诉侵权画作与涉案权利画作中的箭头、轮廓长腿大嘴鸟、砖墙文字元素的整体轮廓、线条基本一致，在作品中的相对位置一致。被诉侵权画作中仅对鸟的尾部和站位有细微改动，把黑箭头改为粉色箭头。

3.11 元素 C4、C6、C7 的组合与《老张的激情》（编号 Y86）的比对

主要表现在：被控侵权画作截取西某作品中的鸟巢和蛋、黑箭头、轮廓长腿大嘴鸟元素，并且连元素在画作中的相对位置和绝对位置也高度相似。

3.12 元素 C4、C5 的组合与《朋友》（编号 Y20）、《迁徙的季节》（编号 Y23）、《迁徙的季节 无题》（编号 Y22）、《无题》（编号 Y31）、《无题》（编号 Y32）、《手稿》（编号 Y70）的比对

均主要表现在：被诉侵权画作均同样采用了鸟巢加蛋、红色方块的元素组合进行画作。其中，Y20 将鸟巢中蛋的位置进行了改变，红色方块和鸟巢加蛋的中间增加了其他侵权画作用于隔离；Y23、Y22 将鸟巢中蛋的数量和位置进行了改变；Y31、Y32、Y70 将鸟巢中蛋的数量和位置进行了改变，红色方块和鸟巢加蛋的中间增加了其他侵权画作用于隔离。

3.13 元素 C6、C7 的组合与被诉侵权画作《巴黎教堂和绿水果》（编号 Y120）、《大理手帖—老张的思念》（编号 Y118）、《大理手帖—礼物》（编号 Y57）、《无题》（编号 Y122）、《回家》（编号 Y76）、《生日》（编号 Y24）的比对

均主要表现在：被诉侵权画作均与涉案权利画作中的黑箭头、轮廓长腿大嘴鸟的整体轮廓、线条基本一致。被诉侵权画作中仅有对鸟的尾部有细微改动，其中，Y120 为黑底，箭头和长腿大嘴鸟为白色线条勾勒；Y76 的长腿大嘴鸟全身为纯黑色。

3.14 元素 C2、C3 的组合与被诉侵权画作《无题》（编号 Y94）的比对

主要表现在：两幅画作的带把手的鸟笼和鸟、大嘴黑鸟的组合均位于整幅画作的下方，被诉侵权画作中带把手的鸟笼和鸟的轮廓线条、颜色、鸟的形象与涉案权利作品基本一致，仅大小有所改变，大嘴黑鸟也只是大小比例的修改。

3.15 元素 C8、C16 的组合与被诉侵权画作《蓝笼子》（编号 Y114）的比对

主要表现在：被诉侵权画作与涉案权利画作中的红血滴、长梯元素的整

体轮廓、线条基本一致，在画作中的相对位置一致。

4. 西某主张被诉侵权画作的部分内容与涉案权利画作单一元素构成近似的情况

4.1 元素C7与被诉侵权画作《糟糕的周末假期》（编号Y73）、《鹤》（编号Y123）、《独行 野鹤》（编号Y60）、《鹤》（编号Y90）、《野鹤》（编号Y89）的比对

均主要表现在：被诉侵权画作与涉案权利画作中的轮廓长腿大嘴鸟的整体轮廓、线条基本一致，被诉侵权画作仅对鸟的尾部有细微改动。

4.2 元素C1与被诉侵权画作《冬天的九个鸟笼之一》（编号Y39）、《无题》（编号Y9）的比对

均主要表现在：整体上二者对于笼中鸟的轮廓、线条基本一致。

4.3 元素C4与被诉侵权画作《Life》（编号Y104）、《冬季》（编号Y105）的比对

均主要表现在：Y104仅将鸟巢的线条简单化处理，添加了黄色背景，但是整体的线条和轮廓都一致，蛋的数量、形状均一致；Y105与涉案权利画作对于鸟巢和蛋元素的表达完全一致。

4.4 元素C3与被诉侵权画作《冬天的手稿》（编号Y112）的比对

主要表现在：被诉侵权画作中鸟的整体形象与涉案权利画作中的大嘴黑鸟基本一致，鸟嘴的形态、喙尖部位、身体的形状、双翅展开状态及形状、短尾与涉案权利画作基本一致，虽然翅膀的位置略有不同，但只是简单的物理移动，被诉侵权作品中鸟的颜色有蓝色、红色，只是对涉案权利画作色彩的简单改变。

（四）关于《爱的睡梦中的花园》涉案权利画作D）

1. 西某主张涉案权利画作构成元素的事实

西某主张，该画作主要包含如下构成元素：红圈（简称元素D1），方鸟（简称元素D2），父子鸟（简称元素D3），隐形机翼战斗机（简称元素D4），笼中人1号（简称元素D5），黑底棕色鸟笼（简称元素D6），红叉（简称元素D7），红血滴（简称元素D8），黑底带把手的鸟笼（简称元素D9），黑箭头（简称元素D10），蓝白条（简称元素D11），细密文字（简称元素D12），白底群娃玩耍线稿图（简称元素D13），站立怪腿鸟（简称元素D14），鸟笼、字牌和树枝（简称元素D15），字母句子（简称元素D16），涂鸦明信片和信封（简称元素D17），红圈字母组合（简称元素D18）。

2. 西某主张被诉侵权画作与该画作整体构成近似的情况

2.1 与被诉侵权画作《环保日》（编号 Y6）的比对

主要表现在：整体上，二者的整体轮廓、线条、结构、各相同元素的排列基本一致。二者画面的顶部和底部都有一排并列的同色系背景的涂鸦明信片和信封，在顶部明信片的下方都有一条从右往左指的黑色箭头线。黑色箭头线的箭头下方，即画面左上角的位置都有一条蓝白相间的纵向条柱。蓝白条柱的左侧都有一个字母和红圈的组合。画面中央都有一幅白底群娃玩耍线稿图。在画面的底部的明信片上方都有一行用字母写的一句话。在画面相同的位置上都有几滴红血滴。二者选择细节诸如涂鸦明信片和信封、细密文字、站立怪腿鸟、鸟笼、字牌和树枝、父子鸟、白底群娃玩耍线稿图、方鸟、红叉、黑底带把手的鸟笼、黑底棕色鸟笼、笼中人的线条及轮廓基本一致，且在各自画布中的位置即结构布局的选择基本一致。

2.2 与被诉侵权画作《无题》（编号 Y7）的比对

主要表现在：整体上，二者的整体轮廓、线条、结构、各相同元素的排列基本一致。在画面的顶部都有一排并列的同色系背景的明信片和信封，在顶部明信片的下方都有一条从右往左指的黑色箭头线。在黑色箭头线的箭头下方，即画面左上角的位置都有一条竖直向下的蓝白条纹。蓝白条纹的左侧都有一个字母和红圈的组合。画面中央都有一幅白底的由数个简笔小人组成的白底群娃玩耍线稿图。在画面的底部位置都有一行用字母写的一句话。在画面相同的位置上都有几滴红血滴。二者选择细节诸如明信片、细密文字、鸟笼，字牌和树枝、白底群娃玩耍线稿图、红叉、鸟笼的线条及轮廓基本一致，且在各自画布中的位置即结构布局的选择基本一致。

2.3 与被诉侵权画作《星期天》（编号 Y8）的比对

主要表现在：整体上，二者的整体轮廓、线条、结构、各相同元素的排列基本一致。在画面左上角的位置都有一条竖直向下的蓝白条纹。画面中央都有一幅白底的由数个简笔小人组成的人物简笔故事画。在画面相同的位置上都有几滴红血滴。二者选择细节诸如细密文字、群娃玩耍线稿图、红叉、笼中人的线条及轮廓基本一致，且在各自画布中的位置即结构布局的选择基本一致。

2.4 与被诉侵权画作《无题》（编号 Y9）的比对

主要表现在：整体上，二者的整体轮廓、线条、结构、各相同元素的排列基本一致。在画面的顶部都有一排并列的同色系背景的明信片和信封，在画面左上角的位置都有一条竖直向下的蓝白条纹。蓝白条纹的左侧都有一个字母和圆圈的组合。画面中央都有一幅群娃玩耍线稿图。在画面的底部都有一行用字母写的一句话。在画面相同的位置上都有几滴墨点。二者选择细节诸如明信片和信封、群娃玩耍线稿图的线条及轮廓基本一致，且在各自画布中的位置即结构布局的选择基本一致。

2.5 与被诉侵权画作《环保日》（编号 Y10）的比对

主要表现在：整体上，二者的整体轮廓、线条、结构、各相同元素的排列基本一致。在画面的顶部和底部都有一排并列的同色系背景的明信片，在顶部明信片的下方都有一条从右往左指的黑色箭头线。画面中央都有一幅白底群娃玩耍线稿图。在画面的底部都有一行用字母写的一句话。在画面相同的位置上都有几滴墨点。二者选择细节诸如明信片、白底群娃玩耍线稿图、黑底简笔画、对叉的线条及轮廓基本一致，且在各自画布中的位置即结构布局的选择基本一致。

2.6 与被诉侵权画作《大理手贴—环保者》（编号 Y101）的比对

主要表现在：被诉侵权画作中选取了涉案权利画作中的元素，对于这部分元素的排列、位置的选择完全遵从涉案权利画作的排列和位置选择。从整体上看，被诉侵权画作是将涉案权利画作的飞机替换成豹子，并对中间白框中的人物形象进行删减，对下半部分的文字表达进行删除，只是简单机械的替换和删减。从元素细节上看，被诉侵权画作仅将父子鸟的方向改变，颜色改变，轮廓的线条完全一致；笼中人 1 号的整体轮廓、眼睛、神态与涉案权利画作基本一致；黑底棕色鸟笼和鸟的线条底色与涉案权利画作完全一致；被诉侵权画作中的黑底简易鸟笼只是将鸟笼稍稍拉长；方形鸟的轮廓的线条与涉案权利画作基本一致。

3. 西某主张被诉侵权画作的部分内容与涉案权利画作多个元素组合构成近似的情况

3.1 元素 D1、D2、D3、D4、D5、D6、D7、D8、D11、D12 的组合与被诉侵权画作《冬天里的九个鸟笼之一》（编号 Y28）的比对

主要表现在：二者均包含红圈、方鸟、父子鸟、隐形机翼战斗机、笼中人、黑底棕色鸟笼、红叉、红血滴、蓝白条、细密文字的组合，被诉侵权画作中的上述元素与涉案权利画作中的对应元素的整体轮廓、线条基本一致。其中，关于方鸟，二者均是以纯黑的方块构成这个细节的底色，黑底上有白色细线条勾勒的抽象的鸟，鸟的身体呈方形，两个鸟腿是身体两边线条的向

下延伸，鸟腿尽头分出一个三叉戟形状的鸟爪，鸟的头是一个小小的圆圈，在方形身体的左上角，圆圈里又有两个更小的圆圈代表眼睛，鸟嘴是一个尖尖的三角形呈四十五度角朝上，看似在仰望天空，鸟尾呈竖波浪形附在长方形的身体上。关于父子鸟，二者均是身体为扁扁的椭圆形，涉案权利画作有蓝白相间的竖条，被诉侵权画作中为全白色，头部接近于圆形，眼睛为两个小圆圈和圆圈中的黑点，两只眼睛上下排列，鸟嘴长在头部的正前方，嘴尖不尖，两条细的黑线条勾勒出鸟的双腿，垂在身体下方，在双腿尽头是三叉戟形状的鸟爪，没有双翅，若干细细的波浪形黑线条在身体末端勾勒出鸟尾，二者基本轮廓线条一致，被诉侵权画作仅改变鸟的方向、颜色。关于黑底棕色鸟笼，二者均描绘了以黑色为底的一个棕色鸟笼，鸟笼呈方形，四周为棕色边框，下边框较粗，两条竖边在上下两头稍微冒出。被诉侵权画作仅改变了各元素之间的位置，故不能体现独创性。

3.2 元素 D2、D3、D12、D6、D9 的组合与被诉侵权画作《迁徙的季节无题》（编号 Y22）的比对

主要表现在：二者均包含方鸟、父子鸟、细密文字、黑底棕色鸟笼、带把手的鸟笼的组合，被诉侵权画作中的上述元素与涉案权利画作中的对应元素的基本轮廓、线条基本一致。被诉侵权画作仅改变了方鸟的鸟腿长度和朝向，改变了父子鸟的方向、颜色，改变了鸟笼的颜色，拉长了鸟笼的比例。

3.3 元素 D1、D2、D7、D10、D11 的组合与被诉侵权画作《手稿》（编号 Y100）的比对

主要表现在：被诉侵权画作完全采用了涉案权利画作中的红圈、方鸟、蓝白条、黑箭头、红叉元素，并且上述元素的排列、位置选择也完全遵从涉案权利画作的排列方式和位置选择。其中，二者对于方鸟的具体轮廓、线条也是基本一致，都采用黑底白线条的表达方式。

3.4 元素 D1、D3、D7、D12 的组合与被诉侵权画作《朋友》（编号 Y44）的比对

主要表现在：二者均包含红圈、父子鸟、红叉、细密文字的组合，被诉侵权画作中的上述元素与涉案权利画作中的对应元素的整体轮廓、线条基本一致。被诉侵权画作改变了其中一只鸟的身体颜色。

3.5 元素 D1、D5、D7、D12 的组合与被诉侵权画作《巴黎教堂和绿水果》（编号 Y120）的比对

主要表现在：被诉侵权画作中的红圈、红叉在画面的相对位置、颜色与

涉案权利画作高度一致，细密文字在画面的相对位置，字体大小与涉案权利画作相似，鸟笼人与涉案权利画作中的笼中人 1 号轮廓线条高度一致，只是面部朝向不同，头发多几根。

3.6 元素 D1、D11、D16 的组合与被诉侵权画作《慕尼黑画廊区》（编号 Y77）的比对

主要表现在：被诉侵权画作均采用了红圈和蓝白条纹，与涉案权利画作中选取的元素一致，而且两个元素在整幅画作中的位置与涉案权利画作一致，画面底部有字母句子元素，细节也高度一致。

3.7 元素 D1、D10、D11 的组合与被诉侵权画作《爱情休克》（编号 Y79）、《涂鸦—时光消逝》（编号 Y37）、《涂鸦系列 1》（编号 Y81）的比对

3.7.1 与被诉侵权画作 Y79 的比对

主要表现在：被诉侵权画作采用了涉案权利画作中的红圈和蓝白条纹，且红圈和蓝白条纹在整幅画作中的位置完全遵从涉案权利画作的位置排列。

3.7.2 与被诉侵权画作 Y37、Y81 的比对

主要表现在：被诉侵权画作采用了涉案权利画作中的红圈和黑箭头，且红圈和黑箭头在整幅画作中的位置完全遵从涉案权利画作的位置排列。

3.8 元素 D3、D7、D12 的组合与被诉侵权画作《涂鸦进行曲》（编号 Y41）、《涂鸦两件》（编号 Y42）的比对

均主要表现在：二者均包含父子鸟、红叉、细密文字的组合，被诉侵权画作中的上述元素与涉案权利画作中的对应元素的整体轮廓、线条基本一致。被诉侵权画作改变了鸟的身体颜色，并将两只鸟减少为一只。

3.9 元素 D1、D2、D11 的组合与被诉侵权画作《冬天里的九个鸟笼》（编号 Y5）的比对

主要表现在：两幅画作的左上方都有红色圆圈加竖直的蓝白条纹的组合，且红色圆圈都位于蓝白条纹的左上方，被诉侵权画作使用了涉案权利画作有独创性表达的组合排列方式。而画面的右侧都有一个黑色方块，在黑色方块上有以白色线条绘出的简笔画鸟类形象，两幅画作的鸟类形象均以 45 度斜向上的三角形代表鸟喙，竖直向下的波浪条纹代表翅膀，两只鸟腿之间的宽度均与鸟身等距，在鸟腿的尽头的鸟爪也均画成了垂直向下的三叉戟形状。被诉侵权画作仅对鸟的方向进行镜面方向的改变。

3. 10 元素 D3、D6、D9 的组合与被诉侵权画作《滑水人》（编号 Y29）的比对

主要表现在：被诉侵权画作中的父子鸟的轮廓、黑底带把手的鸟笼的轮廓线条都与涉案权利画作基本一致，两个鸟笼也都采用纯黑色的底色。被诉侵权画作仅将父子鸟的颜色改为红白条纹，改变了红血滴的颜色和位置。

3. 11 元素 D1、D3、D8 的组合与被诉侵权画作《灯笼》（编号 Y33）的比对

主要表现在：被诉侵权画作中的红圈、父子鸟、红血滴的轮廓线条都与涉案权利画作基本一致，被诉侵权画作仅改变了父子鸟的方向、颜色。

3. 12 元素 D3、D12、D16 的组合与被诉侵权画作《大理手帖—礼物》（编号 Y57）的比对

主要表现在：被诉侵权画作截取涉案权利画作中的元素，并且各元素之间的相对位置和在画面中的绝对位置也与涉案权利画作高度相似。

3. 13 元素 D1、D3、D10 的组合与被诉侵权画作《日记》（编号 Y80）的比对

主要表现在：被诉侵权画作中红圈、箭头在整幅画作中的位置完全遵从涉案权利画作的位置排列，被诉侵权画作画面底色为黑色，把黑箭头改为白色。二者均描绘了线条、轮廓形态基本一致的鸟，被诉侵权画作只描绘了其中一只鸟，并将鸟的身体改为红色。

3. 14 元素 D2、D3 的组合与被诉侵权画作《手稿 1》（编号 Y43）的比对

主要表现在：被诉侵权画作中的方鸟、父子鸟的整体轮廓线条都与涉案权利画作基本一致，被诉侵权画作仅将父子鸟增加为三只，并将鸟的身体改为黑色。

3. 15 元素 D1、D6 的组合与被诉侵权画作《无题》（编号 Y87）的比对

主要表现在：被诉侵权画作中的圆圈、鸟笼在画面的相对位置颜色与涉案权利画作中的红圈、黑色棕色鸟笼高度一致。

4. 西某主张被诉侵权画作的部分内容与涉案权利画作单一元素构成近似的情况

4. 1 元素 D3 与被诉侵权画作《季节之书》（编号 Y47）、《完美生活》（编号 Y48）、《遥远的消息》（编号 Y49）、《预言碎片》（编号 Y50）、《诗人散步》（编号 Y46）、《无题》（编号 Y51）、《大理手帖》（编号 Y52）、《出走》（编号 Y53）、《坏图画》（编号 Y54）、《黑树》（编号 Y55）、《手帖》

（编号 Y56）、《黑树干》（编号 Y12）、《独行》（编号 Y58）、《小小鸟》（编号 Y59）、《独行野鹤》（编号 Y60）、《一只鸟》（编号 Y61）、《父与女》（编号 Y62）、《父与子》（编号 Y63）、《大鸟小鸟》（编号 Y64）、《父子》（编号 Y65）的比对

均主要表现在：被诉侵权画作与涉案权利画作中的父子鸟，二者的基本轮廓线条一致，部分被诉侵权画作仅改变鸟的方向、鸟的颜色，或者背景颜色，或者截取单只鸟放大为整幅图。其中，Y47、Y48、Y50、Y46、Y51、Y52、Y53、Y54 仅将鸟的颜色改为纯黑色，Y48、Y52 还改变了鸟的朝向；Y49、Y55、Y56 仅画出其中一只鸟，只是简单的删减，改变了鸟的颜色；Y12 改变了鸟的朝向；Y58、Y59、Y60、Y61 只描绘了一只鸟，将鸟的身体改为黑色；Y62、Y63、Y64、Y65 仅将鸟的身体改为黑色。

4.2 元素 D9 与被诉侵权画作《阅读兴趣》（编号 Y119）的比对

主要表现在：两幅画作中的黑底带把手的鸟笼的主体及背景几乎完全一致。

（五）关于《天空中的信》（涉案权利画作 E）

1. 西某主张涉案权利画作构成元素的事实

西某主张，该画作主要包含如下构成元素：仙鹤（简称元素 E1），跳房子（简称元素 E2），白鸟笼（简称元素 E3），被囚禁的娃娃（简称元素 E4），明信片和文字边框（简称元素 E5），黑箭头（简称元素 E6），蓝白条（简称元素 E7），胖鸟（简称元素 E8），红血滴（简称元素 E9），撕裂的图片和蓝色字词（简称元素 E10），红圈（简称元素 E11），方鸟（简称元素 E12）。

2. 西某主张被诉侵权画作与该画作整体构成近似的情况

2.1 与被诉侵权画作《鸟无其巢》（编号 Y19）的比对

主要表现在：整体上，二者的整体轮廓、线条、结构、各相同元素的排列基本一致。画面中央几乎相同的位置都有极具冲击力的红血滴，画面左上角都绘有红圈，右上角都绘有蓝白相间的纵向条柱，画面的右侧都绘有跳房子的图案。二者选择细节诸如仙鹤、明信片和文字边框、胖鸟、方鸟、撕裂的图片和蓝色字词、跳房子、白鸟笼、被囚禁的娃娃的线条及轮廓基本一致，且在各自画布中的位置即结构布局的选择基本一致。

2.2 与被诉侵权画作《朋友》（编号 Y20）的比对

主要表现在：整体上，二者的整体轮廓、线条、结构、各相同元素的排列基本一致。画面中央几乎相同的位置都有极具冲击力的彩色墨点，画面左

上角都绘有彩色线圈，右上角都绘有两种色彩相间的纵向条柱，画面的右侧都绘有跳房子的图案。二者选择细节诸如仙鹤、明信片、方鸟、撕裂的图片和彩色字词、跳房子、白鸟笼、被囚禁的娃娃的线条及轮廓基本一致，且在各自画布中的位置即结构布局的选择基本一致。被诉侵权作品只是将蓝白条改成了红白条，把红血滴换成了蓝色。

2.3 与被诉侵权画作《冬天里的九个鸟笼（之一）》（编号 Y21）的比对

主要表现在：整体上，二者的整体轮廓、线条、结构基本一致。画面中央几乎相同的位置都有极具冲击力的红血滴，画面左上角都绘有红圈，画面的右侧都绘有跳房子的图案。二者选择细节诸如仙鹤、胖鸟、撕裂的图片和蓝色字词、跳房子、白鸟笼、被囚禁的娃娃的线条及轮廓基本一致，且在各自画布中的位置即结构布局的选择基本一致。

3. 西某主张被诉侵权画作的部分内容与涉案权利画作多个元素组合构成近似的情况

3.1 元素 E1、E2、E3、E4、E7、E8 的组合与被诉侵权画作《迁徙的季节 无题》（编号 Y22）的比对

主要表现在：被诉侵权画作是由两幅画作拼接在一起，此处主要比对左边部分的画作。经比对，被诉侵权画作采用了涉案权利画作中的仙鹤、跳房子、白鸟笼、被囚禁的娃娃、蓝白条、胖鸟元素，且上述元素与涉案权利画作中的对应元素的整体轮廓、线条、构图甚至文字都基本一致。被诉侵权画作仅将文字的颜色由蓝色修改为红色，不具有独创性。其中，关于仙鹤，均是位于两幅画作的左上角，呈现黑色线条勾勒出的一只类似仙鹤的飞行中的侧面轮廓，鸟朝左边水平飞行，长长的鸟嘴朝下，眼睛是黑色的小圆圈和圆圈内的圆点，大大的双翅呈展开状，分别位于身体上下，翅膀和尾巴呈锯齿状。有一个彩色线圈位于鸟头处。关于胖鸟，两幅画作右上方的一格均呈现一只体型失调的胖鸟，鸟的头部身体和翅膀都由大小不一的不规则椭圆形组成，身体部分最大，小小的翅膀分别位于身体的上下，头部紧贴身体，几乎看不到脖颈，两条短短的细线勾勒的双腿飘在胖胖的身体后，没有尾巴。关于跳房子，均位于在胖鸟的下方，占据上下两格，涉案权利画作中呈现的“跳房子”是当地传统画法，离起跳点最近的是一个长方形，被 8 条折线分成 9 个三角形的格子，分别由近到远标注有数字 1—9，第 10 格和 11 格为并列的两个扁长方形，第 12 格是一个窄的长方形，之后是休息格，用法语 ciel

标示。关于白鸟笼，在画面底部靠左的位置，两幅作品都绘有一个白鸟笼，呈现的都是方形鸟笼的一面，四周都为白色边框，从上至下都由深色细线连接，鸟笼的上边框的中央都有弧形凸起。鸟笼内部都有用黑色墨水写的阿拉伯数字。关于被囚禁的娃娃，占组合画中的一格，表现为两种色彩相间的竖条纹覆盖在娃娃的面部，娃娃面部由简笔黑色线条勾勒，顶部有少量黑线条勾勒的头发，头发不遮挡面部，面部有两个圆点状小眼睛，眼睛下有两条弯曲的黑线代表两行泪水，没有鼻子和嘴巴。

3.2 元素 E1、E2、E3、E5、E7、E8 的组合与被诉侵权画作《迁徙的季节》（编号 Y23）的比对

主要表现在：被诉侵权画作采用了涉案权利画作中的仙鹤、跳房子、白鸟笼、明信片和文字边框、蓝白条、胖鸟元素，且上述元素的组合与涉案权利画作的组合表达一致，被诉侵权画作中的上述元素与涉案权利画作中的对应元素的整体轮廓、线条都基本一致，被诉侵权画作仅将蓝白条纹改为红白条纹。

3.3 元素 E1、E3、E4、E5、E6、E7 的组合与被诉侵权画作《无题》（编号 Y31）的比对

主要表现在：被诉侵权画作采用了涉案权利画作中的仙鹤、白鸟笼、被囚禁的娃娃、明信片和文字边框、黑箭头、蓝白条元素，且上述元素的组合与涉案权利画作的组合表达一致，被诉侵权画作中的上述元素与涉案权利画作中的对应元素的整体轮廓、线条都基本一致，被诉侵权画作仅将蓝白条纹改成红白条纹，并将箭头的方向改变。

3.4 元素 E1、E3、E4 的组合与被诉侵权画作《无题》（编号 Y32）的比对

主要表现在：被诉侵权画作采用了涉案权利画作中的仙鹤、白鸟笼、被囚禁的娃娃元素。被诉侵权画作同样选取了红圈加仙鹤的组合，并且都在画布的左上角，仙鹤的整体轮廓、线条基本一致。被诉侵权画作同样选取了白鸟笼、被囚禁的娃娃，二者基本一致，只是位置略有不同。

3.5 元素 E2、E8 的组合与被诉侵权画作《手稿》（编号 Y70）的比对

主要表现在：被诉侵权画作采用了涉案权利画作中的跳房子、胖鸟元素，诉侵权画作中的上述元素与涉案权利画作中的对应元素的整体轮廓、线条都基本一致。二者中的胖鸟均位于画作的右上角，被诉侵权画作将涉案权利画作中的长方形修改为梯形。被诉侵权画作将胖鸟和跳房子分开放置在画作的两边。

4. 西某主张被诉侵权画作的部分内容与涉案权利画作单一元素构成近似的情况

4.1 元素 E2 与被诉侵权画作《涂鸦系列 2》（编号 Y45）的比对

主要表现在：两幅画作中的跳房子轮廓基本一致，而且均占满画作中的一格。被诉侵权画作将涉案权利画作中的长方形修改为梯形，数字标注改为字母标注。

4.2 元素 E4 与被诉侵权画作《你每次都忘记带伞》（编号 Y102）、《季节之书》（编号 Y47）、《诗人散步》（编号 Y46）的比对

均主要表现在：两幅画作中的被囚禁的娃娃整体轮廓线条基本一致。在蓝白相间的竖条底上绘有娃娃的面部，头顶少量黑线条勾勒的头发，不遮挡面部。面部有两个圆圈状小眼睛，眼睛下有两条弯曲的黑线代表两行泪水，耳朵靠近头顶，没有鼻子和嘴巴。

4.3 元素 E1 与被诉侵权画作《大理手帖—爱情休克》（编号 Y78）的比对

主要表现在：两幅画作中的仙鹤整体轮廓线条及所处画布位置基本一致，被诉侵权画作仅对仙鹤头部圆圈颜色进行了改变。

4.4 元素 E3 与被诉侵权画作《蓝笼子》（编号 Y114）的比对

主要表现在：两幅画作中的白鸟笼主体及背景均高度相似。

（六）关于《一个沉睡的天空》（涉案权利画作 F）

1. 西某主张涉案权利画作构成元素的事实

西某主张，该画作主要包含如下构成元素：三层房子（简称元素 F1），插翅鸟笼人（简称元素 F2），长鼻露齿娃娃头（简称元素 F3），大嘴鸟（简称元素 F4），黑箭头（简称元素 F5），蓝白条（简称元素 F6），红血滴（简称元素 F7），黑底鸟笼照片（简称元素 F8），黑底糖葫芦树（简称元素 F9），蓝底白字门牌号（简称元素 F10）。

2. 西某主张被诉侵权画作与该画作整体构成近似的情况

2.1 与被诉侵权画作《溜冰者》（编号 Y1）的比对

主要表现在：整体上，二者的构图、颜色高度一致。二幅画作的左上角位置均画有一个外形及结构采用黑色线条勾勒的三层房子，房子在作品中的位置完全相同，均在画作中左上角的位置，房子的外形及结构均采用黑色线条勾勒。房子下方均有一只大嘴鸟，画作的中部位置均有一只插翅鸟笼人，鸟笼人身体上方有蓝白相间竖条的倒三角形状，在插翅鸟笼人的尾端，有一个黑底鸟笼照片。在插翅鸟笼人的头部正下方，均有一个黑色方块，其上均

用白色线条绘出了两棵并排的树，在黑色方块右侧，均绘有一个长鼻露齿娃娃头。画作的中央位置，均有从上到下四滴红色血滴状圆点，均有一条从上至下的蓝白相间的纵向条柱，在画作的下方均绘有一个从画面右边指向左边的大大的黑箭头，画作中均有蓝底白字椭圆形的门牌。二者选择细节诸如三层房子、大嘴鸟、黑箭头、插翅鸟笼人、黑底糖葫芦树、黑底鸟笼照片、长鼻露齿娃娃头、红血滴和蓝白条的线条及轮廓基本一致，且在各自画布中的位置即结构布局的选择基本一致。

3. 西某主张被诉侵权画作的部分内容与涉案权利画作多个元素组合构成近似的情况

3.1 元素 F1、F2、F7 的组合与被诉侵权画作《小妹妹》（编号 Y26）的比对

主要表现在：被诉侵权画作采用了涉案权利画作中的三层房子、红血滴、插翅鸟笼人的元素组合，并且整体线条、轮廓基本一致。其中，关于三层房子，均是占了画作左上角上下两格，房子以及房子下方的栅栏都由黑色线条勾勒，栅栏由上中下三排横线构成，呈现的是房子四面中的两面，一楼墙面上有长方形的十字格窗户，一侧的墙面有方形的门，门上方有蓝白条的遮阳板；二楼墙面上有瘦长的田字格窗户；三楼侧面墙体有个小小的带圆弧顶的窗口，斜坡屋顶有平行的竖线勾勒的瓦片。关于插翅鸟笼人，鸟笼人身体部分是一个不规则形状大鸟笼，由若干条平行的黑色线条上下相连，身体上方有蓝白相间竖条的倒三角形状，像翅膀一样插在鸟笼形状的躯体上，鸟笼人的头部是黑色线条勾勒的椭圆，有 6 只眼睛，脸部上方有个月牙形状的耳朵。被诉侵权画作只是改变了红血滴的大小，及三层房子中遮阳板的颜色。

3.2 元素 F1、F5、F6 的组合与被诉侵权画作《日记系列》（编号 Y124）的比对

主要表现在：被诉侵权画作采用了涉案权利画作中的三层房子、蓝白条和黑箭头元素，被诉侵权画作中的上述元素的轮廓线条和涉案权利画作高度一致，在画面中的相对位置和相互关系也雷同。

3.3 元素 F1、F4 的组合与被诉侵权画作《无题》（编号 Y87）的比对

主要表现在：被诉侵权画作采用了涉案权利画作中的三层房子和大嘴鸟元素，被诉侵权画作中的上述元素的轮廓线条和涉案权利画作高度一致，在画面中的相对位置也雷同。

3.4 元素 F3、F7 的组合与被诉侵权画作《冬天的九个鸟笼之一》（编号 Y39）的比对

主要表现在：被诉侵权画作采用了涉案权利画作中的长鼻露齿娃娃头、红血滴元素，二者基本轮廓线条一致。两幅画作都绘有一个长鼻露齿娃娃头，娃娃面部都由简笔黑色线条勾勒，顶部都有少量黑线条勾勒的头发，头发不遮挡面部。面部都有圆点状小眼睛，眼睛靠近头顶（额头短），都是长鼻子，都有上翘的香蕉形嘴巴，嘴唇微开，都可见细线条勾勒出的牙齿，都是脖颈部短，身体其余部分不可见。被诉侵权画作仅改变鼻子的画法以及对娃娃的面部做了条纹遮挡。

4. 西某主张被诉侵权画作的部分内容与涉案权利画作单一元素构成近似的情况

4.1 元素 F4 与被诉侵权画作《涂鸦》（编号 Y85）、《涂鸦两件》（编号 Y42）、《鹤》（编号 Y88）、《醉鸟》（编号 Y91）的比对

4.1.1 与被诉侵权画作 Y85、Y42、Y91 的比对

均主要表现在：二者中的大嘴鸟的整体轮廓、形态、线条完全一致。被诉侵权画作中的鸟的头部、眼睛与涉案权利画作完全一致；两只鸟的大嘴轮廓基本一致，都是上面部分平滑，到最中间部位凸起圆形，然后嘴尖向内扣；两只鸟的翅膀都是在身体的两侧，两只鸟的翅膀分别在鸟身体上的位置都一样，都是上翅位于鸟脖处，下翅位于中腹部，并且翅膀呈锯齿状；尾巴也都是往上翘，呈锯齿状态，都长在身体尾部的上方。

4.1.2 与被诉侵权画作 Y88 的比对

主要表现在：被诉侵权画作截取了涉案权利画作中大嘴鸟的鸟头部分。二者中的鸟的头部轮廓，眼睛位置，以及神态完全一致；两只鸟的大嘴轮廓基本一致，都是上面部分平滑，到最中间部位凸起圆形，然后嘴尖向内扣。

4.2 元素 F1 与被诉侵权画作《无题》（编号 Y94）、《你每次都忘记带伞》（编号 Y102）、《老张的心事》（编号 Y97）、《环保日》（编号 Y10）、《预言碎片》（编号 Y50）、《木板拼贴》（编号 Y96）、《群体两幅》（编号 Y116）的比对

均主要表现在：二者中房子的房屋轮廓、造型、线条基本一致。其中，Y94 中的房屋仅删掉中间一层的栅栏，并将同样位置的遮阳板由蓝白条纹修改为红白条纹，其余屋顶、窗户、瓦片的造型、弧度等完全一致；Y102 加上了底色，房屋删掉了中间一层的栅栏，将同样位置的遮阳板由蓝白条纹修改

为红白条纹，其余屋顶、窗户、瓦片的造型、弧度等完全一致；Y97 的房屋仅删掉中间一层的栅栏，将同样位置的遮阳板由蓝白条纹修改为红白格子花纹；Y10 加上了底色，把涉案权利画作中的蓝白条纹遮阳板改为红白条纹；Y50、Y96 加上了底色，把涉案权利画作中的蓝白条纹遮阳板改为蓝白格子花纹；Y116 加上了黑底色，改用白色线条勾勒，把涉案权利画作的蓝白条纹遮阳板改为红色方块。

4.3 元素 F2 与被诉侵权画作《冬天里的九个鸟笼之一》（编号 Y28）、《冬天里的九个鸟笼（之一）》（编号 Y75）、《冬日记忆》（编号 Y4）、《冬天里的九个鸟笼》（编号 Y5）的比对

均主要表现在：二者中的插翅鸟笼人的整体形象、线条、轮廓基本一致。其中，Y75 截取了涉案权利画作中鸟笼人的头部形象。

（七）关于《观察者》（涉案权利画作 G）

1. 西某主张涉案权利画作构成元素的事实

西某主张，该画作主要包含如下构成元素：蓝白条长鼻露齿娃娃头（简称元素 G1）。

2. 西某主张被诉侵权画作的部分内容与涉案权利画作单一元素构成近似的情况

2.1 元素 G1 与被诉侵权画作《滑水人》（编号 Y29）的比对

主要表现在：二者中的娃娃头整体轮廓、线条基本一致，均是娃娃头部用黑色线条勾勒出头发，并未遮挡面部，嘴巴微微咧开，同样只有右边的一只耳朵，并用黑色线条简单勾勒出牙齿的形状。被诉侵权画作仅将娃娃面部涂成白色。

（八）关于《所有的孩子都穿着蓝色大衣》（涉案权利画作 H）

1. 西某主张涉案权利画作构成元素的事实

西某主张，主要包含如下构成元素：大头鸟（简称元素 H1），黑底无翅双鸟（简称元素 H2），蓝白条长鼻露齿娃娃头（简称元素 H3），砖墙文字（简称元素 H4），鸟笼明信片（简称元素 H5），三角形纹路鸟（简称元素 H6），红血滴（简称元素 H7）。

2. 西某主张被诉侵权画作与该画作整体构成近似的情况

2.1 与被诉侵权画作《小妹妹今日没功课》（编号 Y2）的比对

主要表现在：整体上，两幅画作都被等分为十六个小方格，两幅画作的底色都是蓝灰色，二者选择细节在各自画布中的位置即二者的结构布局的选

择一致。两幅画作中的全身娃娃像都在作品的左上角，所占画作的比例完全相同，在人物的右脸下方都有几道竖直的蓝条；两幅画作的下方都有占据整个画作四分之一位置的一面蓝灰色砖墙，砖墙最右侧都有黑色文字涂鸦；砖墙从左往右第三格位置上都绘有一张被蓝白条纹遮住的大头露齿娃娃头；在蓝白条露齿娃娃头的正上方，都绘有一个占据两格位置的方形两层鸟笼；在鸟笼左侧第一个方格中都绘有一只由简笔黑线头勾勒的体型失调的大头鸟；该鸟正下方的方格中都写有四行字母，前三行用黑色签字笔写就，最后一行用蓝色墨水写就；在置物架右侧第一个方格中都绘有一只向左侧身站立的尖嘴鸟，该鸟正下方的方格中依次绘有一只大肚无尾鸟、两只黑底无翅鸟；二者在相同的位置有大小、形状和数量一样的红色血滴状圆点。

2.2 与被诉侵权画作《小妹妹》（编号 Y3）的比对

主要表现在：整体上，两幅画作都被等分为十六个小方格，二者选择细节在各自画布中的位置即二者的结构布局的选择一致。两幅画作中的全身娃娃像都在作品的左上角，所占画作的比例完全相同，在人物的右脸下方都有几道竖直的彩色线条；两幅画作的下方都有占据整个画作四分之一位置的一面与整个画作同色系的砖墙，砖墙最右侧都有黑色文字涂鸦；砖墙从左往右第三格位置上都绘有一张被竖直条纹遮住的大头娃娃脸；在大头娃娃脸的正上方，都绘有一个占据两格位置的方形两层鸟笼；在鸟笼左侧第一个方格中都绘有一只由简笔黑线头勾勒的体型失调的大头鸟；该鸟正下方的方格中都写有几行字母，前几行用黑色笔写就，最后一行用与整个画作同色系的颜色写就；在鸟笼右侧的第三个方格都绘有黑底的一黄一蓝两只无翅鸟；二者在相同的位置有大小、形状和数量一样的彩色墨点。被诉侵权画作只是改变了涉案权利画作的底色和局部元素的色彩。

3. 西某主张被诉侵权画作的部分内容与涉案权利画作多个元素组合构成近似的情况

3.1 元素 H2、H3、H4、H5 的组合与被诉侵权画作《我爱你》（编号 Y66）的比对

主要表现在：被诉侵权画作采用了涉案权利画作中的黑底无翅双鸟、蓝白条长鼻露齿娃娃头、砖墙文字、鸟笼明信片的元素组合，将涉案权利画作任意割裂，分布在被诉侵权画作的不同位置，并且每个单独元素与涉案权利画作实质相同。其中，关于黑底无翅双鸟，均是纯黑的方块占据了组合画中的一格，构成这个细节的底色，黑底中央有两只小鸟，最显著的特征是没有

翅膀，身体细长，像两只蚯蚓，两只小鸟上下平行排列，头朝左，圆圆的头上有上下两个黑点作为眼睛，尖尖的嘴巴朝前，身体与头约在同一直线上；上边的鸟为纯黄色，下边的鸟为渐变深蓝色。关于蓝白条长鼻露齿娃娃头，蓝白相间的粗线条作为背景，中央有简笔黑色线条勾勒的娃娃面部，顶部有少量黑线条勾勒的头发，头发不遮挡面部，面部有圆点状小眼睛，眼睛靠近头顶（额头短），一只眼睛偏上，一只眼睛偏下，长鼻子，鼻根处线条交叉，鼻头较窄，没有鼻孔，上翘的香蕉形嘴巴，嘴唇微开，可见细线条勾勒出的牙齿。关于砖墙文字，一面蓝灰色砖墙最右侧的地方有黑色的文字涂鸦。关于鸟笼明信片，方形鸟笼的一面鸟笼占了组合画中的两格，四周为蓝色边框，从上至下由深色细线连接，由与边框同色的横条等分为上下两部分，两部分在靠近下边框的中央都有一个小门，表现为与底边平行的小横条，在鸟笼上部分的中央有一张明信片的正面，画面显示为家庭海滩度假的画面，在鸟笼下部分竖着贴有三张明信片的背面，即有字有邮戳的那一面。

3.2 元素 H1、H2、H3 的组合与被诉侵权画作《无题》（编号 Y35）、《大理手帖—冬日手稿》（编号 Y36）的比对

均主要表现在：被诉侵权画作采用了涉案权利画作中的大头鸟、黑底无翅双鸟、蓝白条长鼻露齿娃娃头的元素组合，整体线条、轮廓基本一致。其中，关于大头鸟，是由简笔黑线头勾勒，鸟的头部呈不规则椭圆形，比身体其余部分加起来还要大，头部前方有尖细的嘴，上半部有两只眼睛，分别由两个同心圆的线条头勒，左右排列；身体最小，像一个横躺的小红薯，紧贴在头部，没有脖子；翅膀分别位于身体的上下，上翅较大，下翅较小，线条笨拙，不圆滑，更接近几何图形，双翅为白色；两条细线勾勒的双腿连着三叉戟式的双脚支撑着身体，后腿前弯，没有尾巴，被诉侵权画作仅增加了一只无翅鸟。

3.3 元素 H1、H2 的组合与被诉侵权画作《无题》（编号 Y17）、《灯笼》（编号 Y33）、《涂鸦系列之一/之二》（编号 Y34）的比对

均主要表现在：被诉侵权画作采用了涉案权利画作中的大头鸟、黑底无翅双鸟的元素组合，整体线条、轮廓基本一致。其中，Y17、Y34 仅在此基础上增加一只无翅黑鸟。

3.4 元素 H2、H4 的组合与被诉侵权画作《大理手帖—爱情休克》（编号 Y78）的比对

主要表现在：被诉侵权画作采用了涉案权利画作中的黑底无翅双鸟、砖

墙文字的元素组合，被诉侵权画作仅在黑底无翅双鸟的基础上增加了三只鸟。

3.5 元素 H2、H5 的组合与被诉侵权画作《无题》（编号 Y31）的比对

主要表现在：被诉侵权画作采用了涉案权利画作中的黑底无翅双鸟、鸟笼明信片的元素组合，被诉侵权画作仅在黑底无翅双鸟的基础上增加了一只其他颜色的鸟，改变了鸟笼边框的颜色。

4. 西某主张被诉侵权画作的部分内容与涉案权利画作单一元素构成近似的情况

4.1 元素 H2 与被诉侵权画作《记忆碎片》（编号 Y25）、《生活在幸福中》（编号 Y30）、《黑树干》（编号 Y72）、《黑树干》（编号 Y74）、《糟糕的周末假期》（编号 Y73）、《无题》（编号 Y32）、《冬天里的九个鸟笼（之一）》（编号 Y75）、《涂鸦系列—离家出走》（编号 Y38）、《人间三月天》（编号 Y40）、《预言碎片》（编号 Y50）、《回家》（编号 Y76）、《慕尼黑画廊区》（编号 Y77）、《爱情休克》（编号 Y79）的比对

均主要表现在：被诉侵权画作中黑底无翅双鸟的两只鸟轮廓与涉案权利画作基本一致。其中，Y25 舍弃了黑色底部，并将两只鸟涂成黑色；Y30、Y72、Y73、Y32、Y74、Y40、Y76、Y77、Y79 增加了一只其他颜色的鸟；Y50 舍弃了黑色底部，增加了鸟的数量和颜色；Y75、Y38 仅改变了双鸟的颜色。

4.2 元素 H1 与被诉侵权画作《城市和鸟笼子》（编号 Y18）、《手稿 1》（编号 Y43）的比对

均主要表现在：被诉侵权画作中的大头鸟的整体轮廓、线条、表情与涉案权利画作完全一致，唯一的区别在于被诉侵权画作在尾部画了一条不明显的往上翘的线条。

4.3 元素 H3 与被诉侵权画作《无题》（编号 Y94）的比对

主要表现在：被诉侵权画作中的蓝白条长鼻露齿娃娃头的整体轮廓、线条与涉案权利画作基本一致，唯一的区别在于被诉侵权画作仅将条纹颜色进行了改变。

（九）关于《给我爸爸的信》（涉案权利画作 I）

1. 西某主张涉案权利画作构成元素的事实

西某主张，该画作主要包含如下构成元素：后仰娃娃（简称元素 I1），蓝白圆肚娃娃（简称元素 I2），红血滴（简称元素 I3），简易蓝鸟笼（简称元素 I4），简笔娃娃全身相（简称元素 I5），简笔眼镜娃娃半身相（简称元素

I6)，黑箭头（简称元素 I7）。

2. 西某主张被诉侵权画作的部分内容与涉案权利画作多个元素组合构成近似的情况

2.1 元素 I1、I2、I3 的组合与被诉侵权画作《青春日记》（编号 Y27）的比对

主要表现在：被诉侵权画作采用了涉案权利画作中的后仰娃娃、蓝白圆肚娃娃、红血滴的元素，轮廓、线条基本一致。其中，关于后仰娃娃，均是头部为圆形，身体为鸡腿形，整个体态呈后仰状，身体上有两排对称黑点，单根细线条勾勒出手臂，圆圈勾勒出手掌，短细线勾画出手指，腿部由两条柱状线条勾勒；娃娃面部由简笔黑色线条勾勒，顶部有少量黑线头发，头发不遮挡面部，面部有圆点状小眼睛，眼睛靠近头顶，戴眼镜，额头短，长鼻子，扁平嘴巴，嘴唇大张，可见上下两排细线条勾勒的牙齿。关于蓝白圆肚娃娃，均是头和身体由约为同等大小的圆形线条，娃娃面部由简笔黑色线条勾勒，顶部有少量黑线头发，头发不遮挡面部；面部有圆点状小眼睛，眼睛靠近头顶，额头短，长鼻子，扁平嘴巴，嘴唇微开，可见细线条勾勒出的牙齿；重点是圆形身体上画有蓝白相间竖条纹。被诉侵权画作仅改变了蓝白圆肚娃娃的位置和大小，给后仰娃娃的身体添加了蓝条纹。

2.2 元素 I4、I7 的组合与被诉侵权画作《回家》（编号 Y76）、《老张的激情》（编号 Y86）的比对

均主要表现在：被诉侵权画作中的简易蓝鸟笼、黑箭头的整体形象、线条与涉案权利画作基本一致。两个蓝鸟笼都是方形鸟笼的一面，是由上中下三个横条与黑色细线竖条连接构成，竖线平行等距，横竖垂直，横条为蓝色，较粗。其中，Y76 仅将蓝色鸟笼的中间横线条移动到更上面的部位，黑箭头在整幅画作中的位置、方向与涉案权利画作均一致。Y86 将黑箭头改成了白色。

2.3 元素 I5、I6 的组合与被诉侵权画作《阅读兴趣》（编号 Y119）的比对

主要表现在：被诉侵权画作中的简笔眼镜娃娃半身像、简笔娃娃全身像与涉案权利画作的构成要素高度相似。其中，关于简笔眼镜娃娃半身像，娃娃面部由简笔黑色线条勾勒，顶部有少量黑线条勾勒的头发，头发不遮挡面部。面部有圆点状小眼睛，眼睛靠近头顶（额头短），戴圆框眼镜，长鼻子，上翘的香蕉形嘴巴，嘴唇微开，可见细线条勾勒出的牙齿。娃娃上半身简笔弧线勾勒，没有细节，没有脖颈，没有手臂。关于简笔娃娃全身像，娃娃面

部由简笔黑色线条勾勒，顶部有少量黑线头发，头发不遮挡面部。面部有圆点状小眼睛，眼睛靠近头顶，额头短，长鼻子，扁平嘴巴，嘴唇微开，可见细线条勾勒出的牙齿。椭圆形身体上没有细节，四肢由单根细线勾勒。被诉侵权画作仅是在涉案权利画作简笔眼镜娃娃半身像的娃娃头部一侧添加了耳朵，身体部分添加了扣子；将简笔娃娃全身像中表示娃娃腿部的黑色线条拉得更长。

3. 西某主张被诉侵权画作的部分内容与涉案权利画作单一元素构成近似的情况

3.1 元素 I4 与被诉侵权画作《无题》/《学拼音，唱儿歌》（编号 Y121）的比对

主要表现在：被诉侵权画作中的简易蓝鸟笼的轮廓、线条与涉案权利画作基本一致。被诉侵权画作仅给鸟笼换了底色，改变了边框的颜色。

3.2 元素 I1 与被诉侵权画作《鸟无其巢》（编号 Y19）的比对

主要表现在：被诉侵权画作中的后仰娃娃的轮廓、线条与涉案权利画作基本一致。

（十）关于《一个天使和鸟儿们说话》（涉案权利画作 J）

1. 西某主张涉案权利画作构成元素的事实

西某主张，该画作主要包含如下构成元素：红血滴（简称元素 J1），蓝白条（简称元素 J2），细密文字（简称元素 J3），红叉（简称元素 J4），蓝白条长鼻露齿娃娃头（简称元素 J5），鸟笼女孩、门牌（简称元素 J6），字母句子（简称元素 J7），明信片和信封（简称元素 J8），十字房子（简称元素 J9），跳房子（简称元素 J10），插翅鸟笼人（简称元素 J11）。

2. 西某主张被诉侵权画作与该画作整体构成近似的情况

2.1 与被诉侵权画作《小妹妹》/《情人节》（编号 Y26）的比对

主要表现在：整体上，两幅作品在整体排版上一致，都可以看作上中下三个部分。画面的顶部都有一排横向等距排列的明信片，底部都有横贯整个画面的外文句子，都是手写黑色字体，背景都颜色斑驳，不均匀。中部的画面都由 10 个同等的小格画面和一个占 2 格的较大画面整齐排列组成。而较大的画面都为左下角占上下两格的房子。两幅作品都包含蓝白条、红血滴、插翅鸟笼人、红叉、蓝白条长鼻娃娃头、鸟笼女孩，门牌细节，并且二者的选择细节在各自画布中的位置即二者的结构布局的选择一致。其中，诸如细节部分，关于蓝白条长鼻露齿娃娃头，均是由蓝白相间的粗线条占了满组合画中的一格作为背景，中央有简笔黑色线条勾勒的娃娃面部，顶部有少量黑线

条勾勒的头发，头发不遮挡面部。面部有圆点状小眼睛，眼睛靠近头顶（额头短），一只眼睛偏上，一只眼睛偏下，长鼻子，鼻根处线条交叉，鼻头较窄，没有鼻孔，上翘的香蕉形嘴巴，嘴唇微开，可见细线条勾勒出的牙齿。关于鸟笼女孩、门牌，均是纯黑的方块占据了组合画中的一格，构成这个细节的底色，黑底中央有个是方形的鸟笼，由若干平行的黑色线条连接着上下两条蓝色边框，上框较窄，下框较粗，在鸟笼的中央有一个女孩的头像的剪影；在鸟笼下方均有蓝底白字椭圆形的门牌，是西某居住的小镇上门牌号的基础风格。关于字母句子，在画面的底部位置，均有用字母写就的一句话，字体颜色为黑色，背景颜色斑驳且不均匀，这句话横贯整个作品底部位置。

2.2 与被诉侵权画作《青春日记》（编号 Y27）的比对

主要表现在：整体上，被诉侵权画作完全使用了涉案权利画作中的全部元素，而且各个元素的轮廓、线条基本一致，而各元素采用镜面对应复制的方式，这种修改并不具有独创性。其中，诸如细节部分，关于明信片和信封，上部为 5 个信封和明信片横向等距排列，皆呈现出写有地址和贴有邮票的一面，部分明信片上有涂鸦。关于十字房子，均是占据画面上下两格，房子以及房子下方的栅栏都由黑色线条勾勒，栅栏由上中下三排横木构成，中排横木把栅栏分为上下两排，上下两排各有若干条短的纵木相对，画面呈现的是房子看不出清晰的楼层，房子的墙面纵向由两条竖线分为左中右三部分，左边部分最窄，中间部分最宽，其下部有黑线条勾勒的方框形的门，门上的十字架是房子最显眼的特征。

3. 西某主张被诉侵权画作的部分内容与涉案权利画作多个元素组合构成近似的情况

3.1 元素 J3、J10 的组合与被诉侵权画作《我爱你》（编号 Y66）的比对

主要表现在：两幅画作整体均采用小格子的形式进行画作，其中两个跳房子轮廓基本一致，而且均占满画作中的一格。两幅画作中都有占满一整格的细密文字。

4. 西某主张被诉侵权画作的部分内容与涉案权利画作单一元素构成近似的情况

4.1 元素 J9 与被诉侵权画作《冬天里的九个鸟笼之一》（编号 Y15）、《手稿》（编号 Y100）、《无题》（编号 Y68）、《大理手帖—环保者》（编号 Y101）的比对

均主要表现在：被诉侵权画作与涉案权利画作中房子的轮廓、线条基本

一致，都在中间部分的下部有黑线条勾勒的方框形的门，门之上有十字架，是房子最显眼的特征，有斜坡形的屋顶，形状不规整，底部有一排栅栏。

4.2 元素 J6 与被诉侵权画作《朋友》/《无题》（编号 Y44）、《大理手帖—礼物》（编号 Y57）的比对

均主要表现在：两幅画作中的鸟笼照片和门牌的整体轮廓、线条均一致，均在黑色底部上面，均在整幅画作的底部。鸟笼均为方形，由若干平行的黑色线条连接着上下两条蓝色边框，上框较窄，下框较粗，在鸟笼的中央贴有照片，在鸟笼下方有蓝底白字椭圆形的门牌，是西某居住的小镇上门牌号的基础风格，在被诉侵权画作 Y57 中是一个阿拉伯数字 2 代替。被诉侵权画作仅对鸟笼里面的照片进行了替换，对门牌数字进行了修改。

（十一）关于《飞机停在红点上》（涉案权利画作 K）

1. 西某主张涉案权利画作构成元素的事实

西某主张，该画作主要包含如下构成元素：红血滴、红圈、蓝白条（简称元素 K1），父子鸟（简称元素 K2），黑箭头（简称元素 K3），蓝底白字门牌号（简称元素 K4），白底红叉和红竖线（简称元素 K5），长鼻露齿娃娃头（简称元素 K6），五指草（简称元素 K7），黑底鸟笼照片（简称元素 K8），黄底糖葫芦树（简称元素 K9），小头圆肚鸟（简称元素 K10），错乱房子（简称元素 K11），红叉（简称元素 K12），黑底白鸟笼（简称元素 K13），无身娃娃头（简称元素 K14），插翅鸟笼人（简称元素 K15），细密文字（简称元素 K16）。

2. 西某主张被诉侵权画作与该画作整体构成近似的情况

2.1 与被诉侵权画作《旧故事》（编号 Y13）的比对

主要表现在：整体上，被诉侵权画作完全复制涉案权利画作中的全部细节部分，并且各个单独元素的位置都是一致的，整体的轮廓、线条、颜色亦完全一致。两幅作品都有一根黑色箭头线从右往左贯穿了画面的下半部分。在黑色箭头线下方都有无身娃娃头、黑底鸟笼照片和黄底糖葫芦树。在黑色箭头线上方都有父子鸟、蓝底白字门牌号、白底红叉和红竖线以及黑底白鸟笼，且黑色箭头都恰好与父子鸟中父鸟的头部相交。在画面的中部位置，两幅作品都绘了长鼻露齿娃娃头和插翅鸟笼人。画面左侧都绘了错乱房子，画面右侧都绘了细密文字和小头圆肚鸟。二者选择的上述细节在各自画布中的位置基本一致，即二者的结构布局的选择一致。

2.2 与被诉侵权画作《生日》（编号 Y24）的比对

主要表现在：被诉侵权画作完全采用了涉案权利画作中的全部元素，并且对其各元素之间的组合表达，在相同的位置放置相同的元素，二者在整体的轮廓、线条上基本一致。两幅画作中的细节部分，诸如被诉侵权画作中的红圈，红血滴、黑箭头、蓝底白字门牌号、五指草、父子鸟、黑底鸟笼照片、黄底糖葫芦树、红叉和红竖线，细密文字均与涉案权利画作一致。

2.3 与被诉侵权画作《生日》（编号 Y122）的比对

主要表现在：被诉侵权画作完全采用了涉案权利画作中的元素，并且对其各元素之间的组合表达，在相同的位置放置相同的元素，二者在整体的轮廓、线条上基本一致。两幅画作中的细节部分，诸如被诉侵权画作中的红圈，蓝白条、黑箭头、蓝底白字门牌号、父子鸟、黄底糖葫芦树、白底红叉和红竖线均与涉案权利画作一致。

3. 西某主张被诉侵权画作的部分内容与涉案权利画作多个元素组合构成近似的情况

3.1 元素 K1、K4、K6、K10、K11、K12 的组合与被诉侵权画作《记忆碎片》（编号 Y25）的比对

主要表现在：被诉侵权画作完全采用了涉案权利画作中的上述元素，并且在相同的位置放置相同的元素，二者在整体的轮廓、线条上基本一致。两幅画作中的细节部分，诸如被诉侵权画作中的红圈、红血滴、错乱房子、长鼻露齿娃娃头、蓝底白字门牌号、小头圆肚鸟，红叉均属于对涉案权利画作的复制。其中，关于小头圆肚鸟，均是在画作右上角绘制，由黑色线条勾勒出的一只鸟的侧面轮廓，鸟头朝左，尾巴朝右，头部是一个小小的圆，尖尖的鸟嘴朝左，身体是一个大大的圆，头和身体相连，没有线条上的隔断，看起来像一个躺倒的葫芦，头部有一个更小的圆圈勾勒的眼睛，双翅呈展开状，分别位于身体上下，双翅上有无数根细密的黑线条勾勒的羽毛，尾巴稍稍下垂，和翅膀一样展开，有细密的黑线条勾勒，三叉戟似的双腿笔直地垂在身体下方，支撑圆圆的肚子。关于错乱房子，均是占了画面左边上下两格，房子以及房子下方的栅栏都由黑色线条勾勒，画面呈现的房子看不出清晰的楼层，好像房子的三面墙平铺在一个平面上，纵向由两条竖线分为左中右三部分，左边部分的顶部，靠近房顶的部分有一个小小的黑色方框，中间部分的下部有黑线条勾勒的方框形的门，门之上有田字格的窗户，较窄。右边部分的上方有一个方框形小窗，有斜坡形的屋顶，形状不规整，左短，右长，屋

顶有平行的竖线勾勒的瓦片。

3.2 元素 K1、K3、K4、K8、K9、K16 的组合与被诉侵权画作《大理手帖—礼物》（编号 Y57）的比对

主要表现在：被诉侵权画作完全采用了涉案权利画作中的上述元素，并且在相同的位置放置相同的元素，二者在整体的轮廓、线条上基本一致。两幅画作中的细节部分，诸如被诉侵权画作将左上部的红圈进行缩小处理，改变了红色血滴的位置；两幅画面都在画作下三分之一位置描绘了一个长长的黑箭头，从画面右边生出，直直地指向左边，贯穿整个画作；两幅画面都在画作相同的位置出现了细密文字和同样风格的门牌号；黑箭头的位置下方同样是黑底鸟笼照片、黄底糖葫芦树，其中黑底鸟笼照片的轮廓、颜色、线条均一致，黄底糖葫芦树的底色均为黄色，只是在于底色颜色深浅的区别，树木的数量也都为四棵，树枝和树叶的形象均一致。

3.3 元素 K1、K3、K10、K12、K16 的组合与被诉侵权画作《老张的激情》（编号 Y86）的比对

主要表现在：被诉侵权画作采用了涉案权利画作中的红圈、红叉、箭头、细密文字、小头圆肚鸟元素的组合，二者整体的轮廓、线条基本一致。

3.4 元素 K1、K4、K9、K12、K16 的组合与被诉侵权画作《大理手帖—老张的思念》（编号 Y118）的比对

主要表现在：被诉侵权画作中同样出现了红圈、蓝底白字门牌号、红叉、糖葫芦树、细密文字等元素。门牌的形状、颜色以及在画面中的相对位置和涉案权利画作高度一致，只是数字不一样，糖葫芦树只是颜色和数量不一样。

3.5 元素 K2、K4、K12、K16 的组合与被诉侵权画作《涂鸦系列 2》（编号 Y45）的比对

主要表现在：整体上二者都包含了父子鸟、蓝底白字门牌号、红叉、细密文字等元素，并且二者整体的轮廓、线条基本一致。被诉侵权画作只是把涉案权利画作中父子鸟的身体的蓝白条纹改为红白条纹，改变了鸟的朝向。

3.6 元素 K2、K3、K4、K16 的组合与被诉侵权画作《你每次都忘记带伞》（编号 Y102）的比对

主要表现在：被控侵权画作对西某作品父子鸟、黑箭头、蓝底白字门牌号的组合进行直接的抄袭，并且将该组合同样位于整幅画作的下方。父子鸟的形象、轮廓、线条完全一致，都是一大一小，大的驮着小的，身体为扁扁的椭圆形，头部接近于圆形，眼睛为两个小圆圈和圆圈中的黑点，两只眼睛

上下排列，鸟嘴长在头部的正前方，嘴尖不尖，两条细的黑线条勾勒出鸟的双腿，垂在身体下方，在双腿尽头是三叉戟形状的鸟爪，没有双翅。被诉侵权画作底色是黑色，箭头和父子鸟只是简单改变了颜色。

3.7 元素 K1、K10、K11 的组合与被诉侵权画作《慕尼黑画廊区》（编号 Y77）的比对

主要表现在：被诉侵权画作采用了涉案权利画作中的红圈、小头圆肚鸟、错乱房子元素，二者整体的轮廓、线条基本一致。被诉侵权画作只是将画作的底色改为黑色。

3.8 元素 K1、K9、K10 的组合与被诉侵权画作《预言碎片》（编号 Y50）的比对

主要表现在：被诉侵权画作采用了涉案权利画作中的红圈、小头圆肚鸟、糖葫芦树元素，并且将上述元素组合任意割裂，分布在不同的位置，唯一不同的是糖葫芦树的背景颜色与涉案权利画作不同，且删减了糖葫芦树的数量。

3.9 元素 K2、K4、K9 的组合与被诉侵权画作《我爱你》（编号 Y66）的比对

主要表现在：被诉侵权画作采用了涉案权利画作中的父子鸟、蓝底白字门牌号、糖葫芦树元素，二者基本轮廓线条一致，唯一的区别在于被诉侵权画作把父子鸟的身体改为纯黑色。

3.10 元素 K2、K3、K11 的组合与被诉侵权画作《无题》（编号 Y92）的比对

主要表现在：被诉侵权画作中的错乱房子、父子鸟、箭头与涉案权利画作中的相对应元素整体的轮廓、线条基本一致，被诉侵权画作只是给房子添加了底色，把父子鸟身体涂黑，把箭头改为红色。

4. 西某主张被诉侵权画作的部分内容与涉案权利画作单一元素构成近似的情况

4.1 元素 K9 与被诉侵权画作《人间三月天》（编号 Y40）、《Waiting》（编号 Y103）、《大理手帖》（编号 Y52）的比对

均主要表现在：被诉侵权画作截取涉案权利画作中的黄底糖葫芦树的其中一部分，但对于树干、树根、树叶的轮廓、线条完全照搬，被诉侵权画作只是将树干缩短、修改底色、删减数量。

4.2 元素 K10 与被诉侵权画作《伦敦日记》（编号 Y31）、《黑树干》（编号 Y72）、《糟糕的周末假期》（编号 Y73）、《无题》（编号 Y32）、《黑树干》

（编号 Y74）、《涂鸦》（编号 Y85）、《涂鸦两件》（编号 Y42）、《手稿 1》（编号 Y43）、《冬天里的九个鸟笼（之一）》（编号 Y75）、《美丽图画》（编号 Y82）、《鸟和笼子》（编号 Y83）、《回家》（编号 Y76）、《鸟 NO1》（编号 Y106）、《大鸟》（编号 Y107）、《大鸟》（编号 Y108）、《大鸟》（编号 Y109）、《大鸟》（编号 Y111）、《野鹤》（编号 Y110）的比对

均主要表现在：被诉侵权画作的鸟与涉案权利画作中的小头圆肚鸟整体轮廓线条基本一致，鸟头方向，翅膀、尾巴的延展，鸟腿的位置、线条完全一致。其中，Y31、Y72 给鸟涂上了白色；Y73 给鸟涂上了棕色；Y82 是黑色的底色，鸟为白色线条勾勒；Y83 是棕色的底色，鸟为白色线条勾勒；其余被诉侵权画作中的鸟翅膀和尾巴线条潦草，腿部或潦草或省去。

4.3 元素 K15 与被诉侵权画作《鸟无其巢》（编号 Y19）的比对

主要表现在：被诉侵权画作采用了涉案权利画作中的插翅鸟笼人元素，二者基本轮廓线条一致，身体部分是一个不规则形状的大鸟笼，由若干条平行的蓝白相间的线条上下相连，身体上方有黑线勾勒的倒三角形状，像翅膀一样插在鸟笼形状的躯体上，鸟笼人的头部是黑色线条勾勒的椭圆，有 6 只眼睛，脸部上方有个月牙形状的耳朵，两条黑线勾勒的双腿垂在身体下方，另外还有短短的两条黑线飘在身体后方。

4.4 元素 K2 与被诉侵权画作《成长的烦恼》（编号 Y113）的比对

主要表现在：被诉侵权画作采用了涉案权利画作中的父子鸟元素，二者基本轮廓线条一致，被诉侵权画作仅改变了鸟的方向、颜色。

（十二）关于《更高》（涉案权利画作 L）

1. 西某主张涉案权利画作构成元素的事实

西某主张，该画作主要包含如下构成元素：鸟笼（简称元素 L1），黑色边框、黑色文字、红点（简称元素 L2），黑树干（简称元素 L3），蓝白条边框（简称元素 L4），幽灵（简称元素 L5），笼中人 2 号（简称元素 L6），怪鸟（简称元素 L7），蓝色单词和加号（简称元素 L8），红血滴（简称元素 L9）。

2. 西某主张被诉侵权画作与该画作整体构成近似的情况

2.1 与被诉侵权画作《无题》（编号 Y17）的比对

主要表现在：整体上，二者的整体轮廓、线条、结构、各相同元素的排列基本一致。在画面四周都有蓝白相间条纹的边框，且画面中央的一个小方格都是以四周的蓝白相间的条纹边框同样的色彩作为背景。画面的左上角都

有一个显眼的红圈，且该红圈都与画面左上角方格中所绘的图案相交。在画面的右下角都绘有一株黑树干。并且二者选择的细节诸如蓝色单词和加号、笼中人、幽灵、黑色边框，黑色文字和红点、黑树干、鸟笼、照片和红点在各自画布中的位置即二者的结构布局的选择一致。

2.2 与被诉侵权画作《城市和鸟笼子》（编号 Y18）的比对

主要表现在：整体上，画面中央的一个小方格都是以蓝白相间的条纹作为背景。画面的左上角都有一个显眼的红圈，且该红圈都与画面左上角方格中所绘的图案相交。在画面的右侧都绘有一株黑树干。并且二者选择的细节诸如蓝色单词和加号、笼中人、幽灵、黑色边框，黑色文字和红点、黑树干、照片和红点在各自画布中的位置即二者的结构布局的选择一致。

3. 西某主张被诉侵权画作的部分内容与涉案权利画作多个元素组合构成近似的情况

3.1 元素 L2、L3、L4 的组合与被诉侵权画作《生活在幸福中》（编号 Y30）的比对

主要表现在：被诉侵权画作采用了涉案权利画作中的黑色边框，黑色文字，红点及黑树干、蓝白条边框元素，且二者的整体结构、轮廓、线条基本一致。组合画中的一格由黑色线条勾勒边框，内含多行文字，左上角空白处有红点。红点是红血滴中从上至下，由大到小的第二点。涉案权利画作的画面右边描绘的是树干中央的一段，呈瘦长形，约占上中下三格，不见树根，上不见树梢，不见一片叶子，树枝与树干都呈现纯黑色，好像经过火烧碳化，不可筑巢，也不能遮风挡雨。树干较直，由下至上的第一、二节树枝在树干左边，第三、四节树枝在树干的右边，之后的树枝左右均匀排列。被诉侵权画作将左边的黑色边框，黑色文字，红点整体移动到了画作顶部。

3.2 元素 L2、L3 的组合与被诉侵权画作《灯笼》/《冬天里的鸟笼 mixed media on silk》/《冬天的九个鸟笼之一》（编号 Y33）的比对

主要表现在：被诉侵权画作采用了涉案权利画作中的黑色边框，黑色文字，红点及黑树干元素，并且对其各元素之间的组合表达，在相同的位置放置相同的元素，二者在整体的轮廓、线条、颜色上基本一致。

3.3 元素 L1、L3、L6 的组合与被诉侵权画作《成长的烦恼》（编号 Y113）的比对

主要表现在：被诉侵权画作采用了涉案权利画作中的鸟笼、黑树干、笼中人 2 号元素，且黑树干主体及背景几乎完全一致，被诉侵权画作只是将鸟

笼整体比例拉长，将涉案权利画作中笼中人 2 号元素的蓝色条纹换成了红色条纹。

3.4 元素 L3、L6 的组合与被诉侵权画作《大理手帖—老张的思念》（编号 Y118）的比对

主要表现在：被诉侵权画作采用了涉案权利画作中的黑树干、笼中人 2 号元素，且黑树干主体及背景几乎完全一致。被诉侵权画作只是给涉案权利画作中的笼中人加了顶帽子。

4. 西某主张被诉侵权画作的部分内容与涉案权利画作单一元素构成近似的情况

4.1 元素 L1 与被诉侵权画作《小妹妹今日没功课》（编号 Y2）、《小妹妹》（编号 Y3）的比对

均主要表现在：整体上，两幅画作中都绘有一个鸟笼，但是被诉侵权画作中的鸟笼与涉案权利画作中的鸟笼在构图、线条和布局上几乎一致。二者都是以顶部一个小圆来代表鸟笼的挂钩，左侧的鸟笼线条带着弧度平滑向下再竖直向下，右侧的鸟笼线条则是故意与左侧的鸟笼不对称，且整个鸟笼都画在画面方格的最中心的位置，鸟笼的大小几乎占据了整个方格。被诉侵权画作仅改变了鸟笼的线条幅度或者底色。

4.2 元素 L2 与被诉侵权画作《无题》（编号 Y35）、《大理手帖—冬日手稿》（编号 Y36）、《手稿 1》（编号 Y43）、《季节之书》（编号 Y47）、《黑树干》（编号 Y72）、《黑树干》（编号 Y74）、《木板拼贴》（编号 Y84）、《无题》（编号 Y92）、《我爱你》（编号 Y66）的比对

均主要表现在：上述被诉侵权画作完全采用了涉案权利画作中的黑色边框、黑色文字、红点元素，在整体的构图、颜色，线条上一致。唯一不同的是被诉侵权画作 Y72 中在黑色边框左上角的空白处画了蓝点。

4.3 元素 L5 与被诉侵权画作《冬天的九个鸟笼之一》（编号 Y39）的比对

主要表现在：整体上，两幅画作中的幽灵轮廓、线条基本一致。两幅作品均是在方格中央用黑色细线条勾勒出一个幽灵的形象，幽灵形象都由圆形头部和一个不规则的展开的蝙蝠状躯体两部分构成，头部都有两个圆圈来代表双眼，展开的蝙蝠状右臂上都有三个手指头朝上，左臂上都没有手指。

4.4 元素 L6 与被诉侵权画作《回家》（编号 Y76）的比对

主要表现在：整体上，两幅画作中的笼中人的整体形象、线条一致，均是由蓝色条纹覆盖娃娃，并且娃娃在条文中的位置基本一致。两个娃娃的具

体形象，均表现为蓝色细的竖条纹覆盖在娃娃的半身像上，整个元素约占组合画中上下两格，其中娃娃的头部占上格，娃娃的柱状身体占下格，娃娃的头都是圆形，圆柱状身体，头顶简单勾勒头发，头发不遮挡面部，面部眼睛均为圆点状，并且均靠近头部，都是额头短、长鼻子。

4.5 元素 L7 与被诉侵权画作《回家》（编号 Y115）的比对

主要表现在：被诉侵权画作中的鸟与涉案权利画作中的鸟在鸟头、躯干的表达几乎完全一致，均是由简笔黑线条勾勒而成，鸟头朝左，为一个小圆，身体躯干为一个长条形的椭圆，头部及身体躯干与水平面垂直，两翼展开，在躯干正中一上一下，相对而生；鸟的眼睛为头部靠前的上下两个小圆点。被诉侵权画作只是在躯干后方添加了两条直线的鸟腿。

（十三）关于《我和上帝在树边》（涉案权利画作 M）

1. 西某主张涉案权利画作构成元素的事实

西某主张，该画作主要包含如下构成元素：长鼻露齿娃娃头（简称元素 M1）。

2. 西某主张被诉侵权画作的部分内容与涉案权利画作单一元素构成近似的情况

2.1 元素 M1 与被诉侵权画作《完美生活》（编号 Y48）的比对

主要表现在：两幅画作中的娃娃都是由简笔黑线条勾勒，整体轮廓、线条基本一致，均是头顶部的头发用少量黑线条勾勒，并且头发不遮挡面部，二者的眼睛都是睁大的圆形大眼睛，再点缀黑色小眼珠，眼睛的位置均靠近头顶（额头短），二者都为长鼻子、咧开嘴，露出牙齿，其线条基本一致。

四、西某主张被诉侵权行为的具体表现及被侵害的著作权权项

本案中，西某主张，叶某以唯一作者的名义发表被诉侵权画作，未表明被诉侵权画作的形成来源于西某，侵害了其署名权；叶某对涉案权利画作（整体或局部）进行不同程度细微修改的方式形成被诉侵权画作，侵害了其修改权；叶某剽窃复制涉案权利画作（整体或局部），形成不具有独创性的被诉侵权画作，实为涉案权利画作的复制件，侵害了其复制权；叶某将部分被诉侵权画作通过公开拍卖、出版的方式向公众提供，侵害了其发行权。

西某主张，176 幅被诉侵权画作中，涉嫌侵害其署名权、修改权、复制权、发行权的被诉侵权画作共 161 幅；涉嫌侵害其署名权、修改权、复制权的被诉侵权画作共 15 幅，即对于不存在出版、拍卖行为的被诉侵权画作，不主张发行权。为此，西某提交（2019）川律公证内民字第 49137 号、第

36972 号、第 36973 号、第 36974 号公证书，（2022）川成蜀证内字第 33362 号、第 34634 号、第 92927 号公证书及 14 本出版物实物予以佐证。叶某认可出版物实物及第 92927 号公证书的真实性，对其余公证书内容的真实性无法确认。上述证据主要记载内容如下：

1. 被诉侵权画作的拍卖情况

西某将被诉侵权画作在某拍卖网站和某网站的拍卖情况和成交量进行了统计。其中，被诉侵权画作的最早拍卖时间为 1997 年，拍卖成交数量合计为 99 幅，拍卖金额合计为人民币 52271916.07 元。

其中，被拍卖过 1 次的被诉侵权画作有：Y1、Y3、Y5、Y9、Y11、Y12、Y14、Y15、Y16、Y18、Y19、Y27、Y28、Y29、Y32、Y41、Y42、Y43、Y47、Y48、Y49、Y51、Y58、Y59、Y66、Y67、Y68、Y69、Y74、Y79、Y81、Y85、Y86、Y88、Y89、Y93、Y94、Y98、Y99、Y106、Y107、Y109、Y110、Y113、Y114、Y115、Y116、Y117、Y118、Y119、Y120、Y121、Y122、Y124。被拍卖过 2 次的被诉侵权画作有：Y6、Y10、Y17、Y20、Y21、Y30、Y31、Y38、Y39、Y72、Y73、Y75、Y92。被拍卖过 3 次的被诉侵权画作有：Y2、Y37、Y44、Y45、Y46。被拍卖过 5 次的被诉侵权画作有：Y33。

2. 被诉侵权画作的出版情况

西某主张被诉侵权画作的出版信息涉及 21 本出版物，并提交了其中 14 本出版物实物，其余 7 本出版物名称系在拍卖网站关于被诉侵权画作的介绍信息中所记载。14 本出版物实物中，有 2 本出版物标注为叶某编著，其他出版物虽未记载叶某编著，但西某认为也是由叶某授权许可出版，且其中有些是配合叶某的被诉侵权画作展览而出版。

其中，被诉侵权画作 Y8、Y23、Y33、Y43、Y44、Y54、Y58、Y62、Y64、Y77、Y89、Y91、Y97、Y98、Y100、Y111、Y120 出现在 2007 年 6 月群某出版社出版发行的《画个“鸟”!》一书中，该书记载叶某编著。

被诉侵权画作 Y23、Y36、Y57、Y65、Y78、Y101、Y118 出现在 2011 年 3 月形某画廊出版的《叶某 非关鸟事》一书中，该书记载作者为叶某。

被诉侵权画作 Y4、Y33、Y43、Y58、Y62、Y89、Y91、Y100、Y108、Y110 出现在 2011 年 7 月某基金会、环某出版社出版的《叶某_ 断裂的流动》一书中，该书记载著者为巫某。

被诉侵权画作 Y6、Y14、Y23、Y33、Y38、Y58、Y72、Y89 出现在 2007 年 12 月四某出版集团、四某出版社出版发行的《当代艺术家丛书 第四辑 才情画家叶某》一书中，该书记载主编为吕某。

被诉侵权画作 Y6、Y14、Y23、Y26、Y33、Y58、Y72、Y89 出现在 2012 年 11 月青某出版社出版发行的《历史的幸存者——叶某艺术档案》一书中，该书记载王某编。

被诉侵权画作 Y102、Y118、Y120 出现在 2013 年某出版中心、某杂志社出版发行的《艺术跟踪 34》一书中，该书主编为徐某。

被诉侵权画作 Y6 出现在 2000 年 6 月广某出版社出版的《20 世纪中国油画展作品集》中，该画册记载中国油画学会编。

被诉侵权画作 Y21、Y28、Y33 出现在 1996 年出版的《96 上海美术双年展》画册中，其中记载责任编辑为胡某。

被诉侵权画作 Y4、Y24、Y25、Y31、Y33、Y49、Y53、Y58、Y61、Y76、Y84、Y95、Y96、Y98、Y102、Y111 出现在《叶某艺术之旅》画册中，其中记载：本画册为配合《迷涂症：叶某艺术之旅》展览而出版，展览于 2008 年 4 月 5 日至 19 日于某艺术中心举行。

被诉侵权画作 Y2、Y14、Y17、Y18、Y82 出现在 2007 年主办方为红某画廊、策展人为子某的《新界面 3 搜索未来》画册中。

被诉侵权画作 Y103、Y104 出现在现某画廊于 2009 年 9 月 25 日至同年 10 月 31 日展出的《象不象——叶某个展》画册中。

被诉侵权画作 Y55、Y70、Y80、Y111 出现在 2007 年以韩文、英文出版的《YE YONGQING / A Hurtful Bird》（2007. 11. 14—12. 4）画册中，该书扉页上记载有叶某签名。

被诉侵权画作 Y12、Y23、Y26、Y31、Y37、Y43、Y46、Y47、Y48、Y73、Y79、Y82、Y86、Y96、Y100 出现在 2005 年某文化艺术公司出品的《涂你个鸦 叶某作品集》中。

被诉侵权画作 Y43、Y100 出现在《雀神怪鸟 叶某 2012》一书中，该书记载出版人为李某。

综上，出版过 1 次的被诉侵权画作有：Y2、Y8、Y10、Y17、Y21、Y22、Y24、Y25、Y28、Y30、Y36、Y37、Y38、Y44、Y46、Y47、Y48、Y49、Y53、Y54、Y55、Y57、Y61、Y64、Y65、Y70、Y73、Y76、Y77、Y78、Y79、Y80、Y84、Y86、Y95、Y97、Y101、Y103、Y104、Y108、Y110；出版过 2 次的被诉侵权画作有：Y4、Y12、Y18、Y31、Y62、Y72、Y82、Y91、Y96、Y102、Y118、Y120；出版过 3 次的被诉侵权画作有：Y26、Y98、Y111；

出版过 4 次的被诉侵权画作有：Y14、Y43、Y89、Y100；出版过 5 次的被诉侵权画作有：Y6、Y23、Y58；出版过 6 次的被诉侵权画作有：Y33。

五、关于西某要求叶某承担侵权责任的事实

本案中，西某认为，其已发现叶某剽窃其涉案权利画作所形成被诉侵权画作 176 幅中的 99 幅存在拍卖成交记录，剩余 77 幅（包含流拍的 20 个被诉侵权画作在内）尚未发现有拍卖成交记录，西某有理由认为该 77 幅画作未对外出售或未成功出售，仍由叶某所占有，故主张要求叶某销毁该 77 幅未出售的被诉侵权画作。该 77 幅被诉侵权画作有：《冬日记忆》（编号 Y4）、《无题》（编号 Y7）、《星期天》（编号 Y8）、《旧故事》（编号 Y13）、《迁徙的季节 无题》（编号 Y22）、《迁徙的季节》（编号 Y23，2 幅）、《生日》（编号 Y24，2 幅）、《记忆碎片》（编号 Y25）、《小妹妹》（编号 Y26，2 幅）、《冬天里的九个鸟笼之一》（编号 Y28）、《伦敦日记》（编号 Y31）、《涂鸦系列之一/之二》（编号 Y34）、《无题》（编号 Y35）、《大理手帖—冬日手稿》（编号 Y36）、《无题》（编号 Y37）、《涂鸦系列—离家出走》（编号 Y38）、《人间三月天》（编号 Y40）、《无题》（编号 Y44）、《涂鸦系列 2》（编号 Y45，2 幅）、《预言碎片》（编号 Y50）、《大理手帖》（编号 Y52）、《出走》（编号 Y53）、《坏图画》（编号 Y54）、《黑树》（编号 Y55）、《手帖》（编号 Y56）、《大理手帖—礼物》（编号 Y57）、《独行》（编号 Y58，2 幅）、《独行 野鹤》（编号 Y60）、《一只鸟》（编号 Y61）、《父与女》（编号 Y62）、《父与子》（编号 Y63）、《大鸟小鸟》（编号 Y64）、《父子》（编号 Y65）、《手稿》（编号 Y70）、《冬天的手稿》（编号 Y71）、《回家》（编号 Y76）、《慕尼黑画廊区》（编号 Y77，2 幅）、《大理手帖—爱情休克》（编号 Y78）、《爱情休克 NO. 1》（编号 Y79）、《日记》（编号 Y80）、《美丽图画》（编号 Y82）、《鸟和笼子》（编号 Y83）、《木板拼贴》（编号 Y84）、《无题》（编号 Y87）、《野鹤》（编号 Y89，2 幅）、《鹤》（编号 Y90）、《醉鸟》（编号 Y91）、《功夫小子》（编号 Y95）、《木板拼贴》（编号 Y96）、《老张的心事》（编号 Y97）、《大鸟》（编号 Y98）、《手稿》（编号 Y100）、《大理手帖—环保者》（编号 Y101）、《你每次都忘记带伞》（编号 Y102，2 幅）、《Waiting》（编号 Y103）、《Life》（编号 Y104）、《冬季》（编号 Y105）、《鸟 NO1》（编号 Y106）、《鸟》（编号 Y107）、《大鸟》（编号 Y108）、《大鸟》（编号 Y111，3 幅）、《冬天的手稿》（编号 Y112）、《学拼音，唱儿歌》（编号 Y121）、《无题》（编号 Y122，3 幅）、《鹤》（编号 Y123）。

关于赔偿金额，西某在本案中主张的具体赔偿金额分为三个部分：一是99幅被诉侵权画作通过公开拍卖直接获得的违法所得总和，合计人民币52271916.07元；二是通过公开拍卖的99幅被诉侵权画作中，有2幅被诉侵权画作《手稿1》（编号Y43）、《大鸟》（编号Y109）在公证书中的拍品信息中记载，Y43“说明：版次24/58”，Y109“说明：签名：《大鸟》26/26”，故该两幅画作具有多版次，本案中的该两幅被诉侵权画作仅是众多版次中的一个，且已被拍卖处置，鉴于西某在第一部分的违法所得赔偿金额中已主张过一次，故推定其余版次亦相同获利，该2幅被诉侵权画作的推定非法获利应以单次拍卖成交价格×（版次总数-1）计算，合计人民币1287600元；三是未发现有拍卖成交记录的77幅被诉侵权画作中有18幅侵害了西某基于权利作品所形成的18个具有独创性表达的著作权，按照每幅画作人民币50万元的标准主张法定赔偿，合计人民币9000000元。

其中，关于西某主张的被诉侵权画作《手稿1》（编号Y43）、《大鸟》（编号Y109）存在多版次的情况，其提交的公证书中某拍卖网关于被诉侵权画作《手稿1》（编号Y43）的拍卖信息记载：“您的位置：〈荣某拍卖公司2011春季艺术品拍卖会〉中国油画及雕塑专场，01522007年作 手稿1 纸本丝网版画，作品分类：版画，成交价：人民币16800元，出版：《当代名家版画》，签名：手稿24/58叶某 Ye Yong Qing 07，版次24/58。”关于被诉侵权画作《大鸟》（编号Y109）的拍卖信息记载：“您的位置：〈保某拍卖公司2007年冬季艺术品拍卖会〉中国油画 雕塑，0111 2004年作 大鸟 丝网 版画，作品分类：版画，成交价：人民币13200元，签名：《大鸟》26/26叶某 Ye YongQing 2004.9（正面）。”

六、叶某抗辩的相关事实

（一）关于被诉侵权画作的范围和具体内容的相关事实

叶某认可被诉侵权画作均由其创作，称被诉侵权画作的创作时间始于1994年，被诉侵权画作中部分涉及综合材料，但多数是平面画作，涉及布料、纸张材料，并不像涉案权利画作中使用纯实物如木材这样的材料。叶某认为，其并非创作了176幅被诉侵权画作，对于内容相同的被诉侵权画作仅创作了1次，故不存在西某所主张的创作内容相同但规格或表现形式不同的52幅被诉侵权画作。关于西某主张存在52幅内容相同但规格或表现形式等不同的被诉侵权画作的情况，叶某认为西某关于上述被诉侵权画作的信息来源于第三方网站，而第三方网站记载的信息可能存在误差或记录不详的情况。

其中，对于画作规格记载不同的情况，叶某认为不同拍卖公司所测量的画作尺寸可能存在测量误差或记录误差，创作完成时的画作尺寸因时间久远已不能确定。对于画作名称记载不同的情况，叶某认为西某提交的证据中的记载并不准确，画作不会像书籍一样标注名称，且画作在后续流转的过程中名称不受叶某的控制，有可能发生变化。对于画作的创作时间，叶某则是根据回忆的创作时间作了修订。

此外，叶某辩称，被诉侵权画作《涂鸦两件》（编号 Y42）与《涂鸦进行曲》（编号 Y41）、《涂鸦》（编号 Y85）应为一幅作品，并非其另行创作，亦非另行组合；被诉侵权画作《木板拼贴》（编号 Y84、编号 Y96）实际为一套作品；被诉侵权画作《冬天里的九个鸟笼之一》（编号 Y15）、《冬天的回忆-凯斯·哈林》（编号 Y16）、《冬天里的九个鸟笼（之一）》（编号 Y21）、《冬天里的九个鸟笼之一》（编号 Y28）、《灯笼》（编号 Y33）、《冬天的九个鸟笼之一》（编号 Y39）、《冬天里的九个鸟笼（之一）》（编号 Y75），上述画作均为叶某创作的一幅立体装置作品《九个鸟笼》中的一部分。被诉侵权画作《冬季》（编号 Y105）实际为《冬日记忆》（编号 Y4）的局部作品，并非另行创作，亦非另行组合；对于被诉侵权画作《手稿 1》（编号 Y43）、《大鸟》（编号 Y109），叶某仅创作了一幅，分别为手工纸和平面绘画，不是版画，故不存在多版次的情况。

对此，西某认为，根据证据显示，虽然 Y42 在形式上是由 Y41、Y85 两幅被诉侵权画作内容相同的画作组成，但 Y42 是在 Y41、Y85 的基础上进行了内容组合，亦构成了独立的画作，具有侵权的事实基础，西某坚持在本案中主张 Y41、Y42、Y85 三幅被诉侵权画作均分别侵害了涉案权利画作。鉴于对 Y105 的形成时期、规格等内容暂无法确定，且 Y105 的内容与 Y4 的部分内容重复，故其在本案中不再对 Y105 进行侵权比对，不在本案中作相应的权利主张，所有侵权比对、权利主张以 Y4 的侵权比对、权利主张为准。

（二）关于被诉侵权画作与涉案权利画作不构成实质性相似的事实

本案中，叶某认可有 7 幅被诉侵权画作在整体分格式构图形式及其中的个别元素与西某主张的相应涉案权利画作存在相似，但涉案权利画作是由众多元素在分格式构图中通过不同的排列组合构成，被诉侵权画作也是由不同的元素在分格式构图中通过不同的排列组合构成，此种创作方式的局限性必然导致部分涉案权利画作和被诉侵权画作在外观上存在相似的可能。其余 117 幅画作无论是在细节还是在整体视觉外观等方面与涉案权利画作均不存在相似性。此外，叶某认为，鉴于被诉侵权画作中的个别元素或者部分元素的组合从来没有单独作为一个作品的整体公开呈现过，故西某通过其作品中的个别元素与被诉侵权画作中的个别元素进行比对的方式主张侵权不能成立，侵权比对时应以整幅画作进行比对。

对于上述7幅被诉侵权画作，叶某认为，均系其独立创作，虽然部分元素及构图方式相似，但元素的细节、画作的整体表达等方面均不相同，而且该7幅画作与涉案权利画作存在相似的表达部分来源于公有领域及在先作品，并非来源于西某。

具体地，叶某对于该7幅画作的比对意见如下：

1. 关于权利画作F与被诉侵权画作Y1的比对

叶某认为，构图方式存在相似性，具体指两幅画作中均有房子、蓝白条、蓝白格、黑箭头、主体人物、树木、照片等元素，这些元素在作品中的位置也大致近似，但这些相似元素中包含来自布伦的蓝条纹，杜布菲的旧房子，米罗的红点和恩斯特的圆眼鸟、木框相片元素的结合。此外，蓝白条，黑箭头也属于公有领域范畴；而且这些相似元素的具体细节并不相同，内容也为不同表达。特别是主体人物形象细节并不相同，被诉侵权画作中是一个戴军帽穿溜冰鞋的男人，正努力从笼子里挣脱出来，中文和涂写有“总是正确和不乱吐痰”的训诫，与一个教务主任形象的胖子和关在笼子里的杰夫·昆斯图片构成了一个故事的线索。

2. 关于权利画作H与被诉侵权画作Y2、Y3的比对

叶某认为，构图方式存在相似性，具体指两幅画作中均有人物、鸟笼、蓝白格、呆鸟、旧照片、砖墙等元素，这些元素在作品中的位置也大致相同，但这些相似元素部分分别来自布伦的蓝白条，米罗的双色鱼，阿佩尔的呆鸟，马克思恩斯特的鸟笼，同时砖墙、旧照片来源于公有领域，而且这些元素的具体细节也不相同，内容均为不同表达。此外，这两件时隔一年的被诉侵权画作安排了同样的吸烟逃课的小女主角，以及相应的故事细节：围墙、牢笼、发电厂的烟灰、历史碎照片、破袜子、呆鸟和藏在墙角的男生、色调，构成特殊的空间意义。

3. 关于权利画作D与被诉侵权画作Y6的比对

叶某认为，构图方式存在相似性，具体指两幅画作中均有旧信封、黑箭头、蓝白纹、红叉、红点、黑色块、圆圈、歪头人物、鸟笼、文字等元素，这些元素在作品中的位置也大致相似，但这些相似元素中包含恩斯特的木框

鸟笼，山本悍右的鸟笼等元素的结合，此外，就信封、蓝白纹、黑箭头、红点、红叉、文字、圆圈等元素也属于公有领域范畴；而且这些相似元素的具体细节并不相同，无论从内容到色调、线条的表现都区别于涉案权利画作。

4. 关于权利画作 K 与被诉侵权画作 Y13 的比对

叶某认为，构图方式存在相似性，具体表现为两幅画作中均有红叉、黑箭头、红点、怪鸟、四棵树、鸟笼、数字蓝牌、蓝框照片，蓝白双色小人等元素，这些元素在作品中的位置也相似，但这些元素中有杜布菲的旧房子，柯奈尔的怪鸟，阿佩尔的蓝白双色小人，马克思恩斯特的蓝框照片，山本悍右的鸟笼，以及在先元素红叉、黑箭头、红点、数字蓝牌等构成。而且这些相似元素的具体细节也不相同，内容表达也不同。

5. 关于权利画作 L 与被诉侵权画作 Y17 的比对

叶某认为，构图方式存在相似性，具体指两幅画作中都包含黑树干、鸟笼、蓝白条、呆鸟、红点、有文字的图片等元素，这些元素在作品中的位置也基本相同，但这些元素分别来源于布伦的蓝白框，山本悍右的鸟笼，阿佩尔的呆鸟，其他如黑树干，红点、有文字的图片等均来源于公有领域。而且这些元素的具体细节也不相同，内容表达也不同。

6. 关于权利画作 E 与被诉侵权画作 Y19 的比对

叶某认为，构图方式存在相似性，具体指两幅画作中均包含跳房子、旧信封、圆圈、大鸟、旧照片、胖鸟（右上角）、蓝白条纹人物、红点等元素，这些元素在作品中的位置也相似，但这些元素中分别来源于布伦的蓝白条纹，毕加索的大鸟，阿佩尔的胖鸟，其他如跳房子、旧信封、圆圈、旧照片、红点等均属于公有领域，而且这些元素通过细节比对也不相同，内容表达也不同。

（三）关于抗辩存在艺术先例的事实

本案中，叶某认为西某主张的涉案权利画作中存在相似表达的内容来源于在先的其他作品，并向本院提交部分中文及外文书籍的内容予以佐证，艺术先例的资料主要查阅于伦敦大学图书馆内书籍及《图解西方艺术史》。其中，叶某主要列举了以下艺术家的先例：1. 马克斯·恩斯特（1891—1976）的元素——鸟和鸟笼的组合、鸟笼实物拼贴、长嘴鸟形象、变形鸟的处理、抽象圆圈的运用。2. 胡安·米罗（1893—1983）的元素——圆点、昆虫、大头鸟、鸟与虫的变形符号处理。3. 卡雷尔·阿佩尔（1921—2006）的元素——变形鸟人、鸟首兽身、大头鸟、双鸟组合的形象。4. 基劳姆·柯奈尔的元素

（1922 年出生）——大鸡、呆鸟、回纹鸟、小白鸟。5. 保罗·克利（1879—1940）的元素——抽象的黑底白线、箭头、红点、鸟儿符号化处理。6. 巴勃罗·毕加索（1881—1973）的元素——飞鸟、黑底白线和儿童造型。7. 山本悍右（1914—1987）的元素——以鸟笼为符号。8. 让·杜布菲（1901—1985）的元素——原生与儿童化的造型，旧房子、小人、面孔、关在笼子里的人、开花的树。9. 皮埃尔·阿莱辛斯基（1927 年出生）的元素——分格构图和图案化的处理结合，树与回纹、蛇和动物形象。10. 华金·托雷斯·加西亚（1874—1949）的元素——分格构图、房子、时钟、灯、家具。11. 勒内·马格里特（1898—1967）的元素——鸟巢与蛋、鸟笼、砖墙。12. 卡西米尔·塞文洛维奇·马列维奇（1878—1935）的元素——方块、箭头、方框和红布拼贴。13. 丹尼尔·布伦（1938 年出生）的元素——蓝条纹和标尺。14. 赛·托姆布雷（1928—2011）的元素——手写体的文字、拼贴信封、方框分格、开花的树。15. 彼得·勃鲁盖尔（约 1525—1569）的元素——树干的造型和黑白化处理。16. 莱昂·斯皮里亚特（1881—1946）的元素——黑树的造型和处理。17. 皮特·科内利斯·蒙德里安（1872—1944）的元素——构图的分格和构成。18. 罗伯特·劳森伯格（1925—2008）的元素——分格式构图和实物拼贴。19. 约瑟夫·康奈尔（1903—1972）的元素——实物和现成品的组合。20. 横尾忠则（1936 年出生）的元素——红叉、文字、印刷品拼贴。

西某不认可叶某提交的关于艺术先例的证据的真实性、合法性、关联性。首先，该证据中含有大量外文出版物，无中文翻译件，不符合《民事诉讼法》的相关规定；其次，该证据严重不清晰，无法清晰辨别证据中图片所含的具体内容、关键信息等；再次，该证据来源无法确定，叶某未提供任何证明材料证明该材料查阅于伦敦大学图书馆，未经公证或相关使领馆认证，不应予以采信；最后，叶某举示的系列所谓艺术先例，与西某作品及被诉侵权画作毫无关联，也不是叶某抄袭西某作品的正当理由。

（四）关于侵权责任承担的抗辩事实

1. 关于被诉侵权画作流向的事实

对于被诉侵权画作的流向，叶某称 124 幅被诉侵权画作中，有 16 幅画作自藏，5 幅画作遗失，7 幅画作赠送，1 幅画作即《小小鸟》（Y59）为慈善义拍，除此之外，其未通过拍卖公司以拍卖形式出售其余被诉侵权画作，其余画作中的部分画作由美术馆、画廊等机构收藏，并提交作品流出一览表、被诉侵权画作明细表及重庆华人当代美术馆馆长出具的证明予以佐证，西某对该证据不予认可。

其中，16幅自藏画作有：《冬日记忆》（Y4）、《旧故事》（Y13）、《生日》（Y24）、《人间三月天》（Y40）、《预言碎片》（Y50）、《出走》（Y53）、《手帖》（Y56）、《一只鸟》（Y61）、《大鸟小鸟》（Y64）、《冬天的手稿》（Y71）、《回家》（Y76）、《醉鸟》（Y91）、《功夫小子》（Y95）、《老张的心事》（Y97）、《你每次都忘记带伞》（Y102）、《大鸟》（Y108）。5幅遗失画作有：《无题》（Y7）、星期天（Y8）、《无题》（Y17）、《记忆碎片》（Y25）、《小妹妹》（Y26）。7幅赠送画作有：《黑树干》（Y12）、《涂鸦系列—离家出走》（Y38）、《遥远的消息》（Y49）、《大理手帖》（Y52）、《慕尼黑画廊区》（Y77）、《老张的激情》（Y86）、《巴黎教堂和绿水果》（Y120）。1幅送拍画作为《小小鸟》（Y59），叶某用于2008年5.12地震捐款，捐出画作后由保利拍卖公司拍卖，拍卖金额为32万元，并提交中国红十字会总会于2009年7月13日出具的收据予以佐证，该收据上记载：捐赠者为红十字扶贫开发服务中心叶某转来，捐赠项目为5.12地震捐款。

此外，对于西某主张未售出的77幅被诉侵权画作，叶某认为，因其中存在内容相同的画作，故西某主张未售出的被诉侵权画作实际应为65幅，其中，除16幅叶某自藏、4幅遗失、3幅赠送他人外，其余被诉侵权画作均售出。

2. 关于被诉侵权画作出版的意见

叶某认为，西某提交的出版物中，只有《画个“鸟”!》《当代艺术家丛书 第四辑 才情画家叶某》《历史的幸存者——叶某艺术档案》《YE YONGQING /A Hurtful Bird》4本书的出版物中使用被诉侵权画作的图片虽得到了叶某的许可，但叶某并非出版方，不应承担责任；除前述4本书外的其他出版物，均系拍卖公司、画廊或其他主办机构基于销售、拍卖目的制作的图录、场刊等，并非正式出版物，亦未征求叶某的意见，与叶某无关。

3. 关于西某主张赔偿金额的抗辩意见

对于西某提交的被诉侵权画作的拍卖证据及据此主张的赔偿金额，叶某认为：第一，叶某并非委托拍卖人，被诉侵权画作在拍卖市场的拍卖交易与其无关，拍卖交易所得与其亦无关联，叶某无从掌握被诉侵权画作的任何拍卖信息；第二，西某提交的拍卖数据来源于第三方拍卖信息搜集平台，并非拍卖公司，且根据拍卖市场交易惯例，拍卖成交后，往往存在取消交易的常态，故西某提交的拍卖信息真实性无法确认；第三，西某提交的证据中显示同一幅画作有多次被拍卖的记录，也进一步证明叶某不可能是拍卖委托人；第四，西某依据拍卖的交易金额作为叶某获利的证据，西某对此负有进一步举证叶某为拍卖委托人及拍卖数据为真实数据的责任；第五，假设某拍卖网的数据是真实的，2021 年统计数据时，被诉侵权画作的拍卖金额仅占叶某全部画作拍卖总金额的 37%，历时 24 年，其他和西某没有关系的画作拍卖金额占比是 63%，叶某 1993 年之前的作品就已经占到了 41%，说明叶某并不是依据西某作品出名或者获利的。

此外，西某因被诉侵权画作 Y43、Y109 存在多版次而主张推定违法所得，叶某不予认可，称其对于被诉侵权画作 Y43、Y109 仅创作一幅，不存在多版次的情况。

（五）关于叶某主张诉讼时效抗辩的相关事实

本案中，叶某主张，西某在本案中主张的被诉侵权画作仅《涂鸦系列 2》（Y45）、《父与子》（Y63）、《冬天的手稿》（Y71）、《冬天的手稿》（Y112）、《飞鸟集》（Y117）共计 5 幅画作没有超过诉讼时效，并提交（2020）京长安内经证字第 9479 号公证书予以佐证。

该公证书记载，叶某的委托代理人于 2020 年 4 月 16 日到北京市长安公证处，在公证员的现场监督下，使用其自行携带的手机，主要进行了如下操作：进入并登录微信，在微信中输入并搜索“荐见美学”公众号，点击关注公众号后进入相应界面，点击往期精选，显示相应界面，其中一篇发表时间为 2019 年 3 月 1 日、题目为“荐见 | 独家采访比利时艺术家，71 页证据指控叶某抄袭”的文章中记载：“日前，荐见在收到比利时艺术家克里斯蒂安·西某公开谴责中国知名艺术家叶某抄袭其画作 30 年的消息后，第一时间联系到了西某本人，并针对该事件对他作一采访。1996 年我就看到了那些抄袭我的作品，2018 年它们还在上拍。荐见：你是怎么发现叶某一直在抄袭你的画作的？能具体展开说说细节吗？西某：1996 年，我当时在阿姆斯特丹的画廊工作人员去博恩参加了一个中国艺术展。他在展览上看到了几幅画，乍一看还以为是我的作品，但又觉得画作有失水准，他就发传真把现场情况告诉了我……几年前，我在巴黎的画廊工作人员又电话联系我，说他在伦敦一家画廊举办的中国艺术展上看到了我的作品，这次的画自然也不是我的——又是叶某。我的基金会叫停了这两次展览……但直到 2018 年，这批作品依然在拍卖状态。”返回微信搜索界面，搜索“比利时德尚杂志”，点击关注公众

号后进入相应界面，在公众号内搜索“西某”，显示一篇发表时间为2019年3月19日，题目为“西某独家访谈：抄袭与否自有公论，不会与叶某和解”的文章中记载：“此文并不是西某先生对3月18日叶某公开信的回复，也不回答公开信中的任何问题，完全是《德尚杂志》3月16日下午对西某先生采访内容的整理……为什么现在才发现抄袭事件？西某说，叶某抄袭事件，今年这是第三次遇到。第一次是在1996年。西某接到安特卫普照博物馆的电话，说德国波恩在类似他作品但有失他水准的作品，并以传真的形式把图片发给西某确认。西某通过比利时作家、作曲家和出版商协会交涉后，结果是波恩的展品被撤下了，然后就没有了下文……第二次是过了几年，西某在巴黎的代理画廊通知他，一个叫Ye Yongqing的中国人在伦敦办个展，画作风格类似他。西某于是又通过法国作家、作曲家及音乐编辑协会去交涉，没想到第二天，这个个展完全消失了，找不到任何痕迹……第三次是在2019年2月，在阿姆斯特丹的画廊朋友提醒西某，在波恩展出与他的画高度类似的作品。这一次，他选择告知比利时的媒体。”

西某对此不予认可，认为其在本案的全部主张均未超过诉讼时效。叶某提交的证据中体现西某明确表示在1996年有一个展览看到了涉案作品，但没有看到涉案作品的作家，第二次1999年听说存在涉案作品在巴黎传播，并没有看到涉案侵权作品，西某于2019年年初才知晓侵权人及所有的侵权行为，诉讼时效期间是自权利人知道或者应当知道具体的行为之时起算，西某于2019年向法院提起诉讼，诉讼主张均未超过诉讼时效期间。

七、其他相关事实

比利时于1887年12月5日成为《保护文学和艺术作品伯尔尼公约》成员国，于1995年1月1日加入世界贸易组织，是《与贸易有关的知识产权协定》的成员方。1971《伯尔尼公约》第六条规定，作品得在本联盟所有成员国内享受保护。此种保护应为作者及其权利继受人的利益而行使。《与贸易有关的知识产权协定》第三条之一规定，在服从分别在1967《巴黎公约》、1971《伯尔尼公约》《罗马公约》或《有关集成电路知识产权条约》中已作的例外规定的条件下，在保护知识产权方面，每一成员方应给予其他成员方的待遇其优惠不得少于它基于自己国民的优惠。第九条之一规定，各成员方应遵守1971《伯尔尼公约》第一条至第二十一条以及附件的规定。

中华人民共和国重庆市第一中级人民法院于2019年8月8日立案受理了西某与叶某侵害著作权纠纷一案，后因叶某户籍所在地位于北京市，故裁定移送本院管辖。本院立案受理后，西某向本院提出财产保全申请，本院依法查封了叶某名下相应财产，西某支付保全费人民币 5000 元。因采取多种方式无法向叶某送达诉讼文书，故本院于 2020 年 10 月 13 日对叶某进行公告送达，西某支付公告费用人民币 260 元。叶某于 2020 年 12 月 21 日向本院提出管辖权异议申请，本院裁定驳回叶某对本案管辖权提出的异议，叶某提出上诉，中华人民共和国北京市高级人民法院于 2021 年 8 月 24 日作出裁定：驳回上诉，维持原裁定。

上述事实，有西某提交的画册及其翻译、被诉侵权画作明细表、(2019) 川律公证内民字第 49137 号、第 36972 号、第 36973 号、第 36974 号公证书，(2022) 川成蜀证内字第 33362 号、第 34634 号、第 92927 号公证书、14 本出版物实物、作品比对列表等，叶某提交的艺术先例、被诉侵权画作流出表、叶某简历及各时期作品图例、(2020) 京长安内经证字第 9479 号公证书、被诉侵权画作明细表及当事人陈述等证据在案佐证。

本院认为：

鉴于本案原告西某为外国自然人，故本案为涉外知识产权民事纠纷案件。根据《中华人民共和国涉外民事关系法律适用法》第四十八条规定，知识产权的归属和内容，适用被请求保护地法律。第五十条规定，知识产权的侵权责任，适用被请求保护地法律，当事人也可以在侵权行为发生后协议选择适用法院地法律。本案中，被请求保护地为中华人民共和国，因此，关于涉案权利画作是否构成作品、是否受《中华人民共和国著作权法》（以下简称《著作权法》）保护、权利归属和内容以及侵权责任等问题均应适用中华人民共和国法律。

鉴于本案中西某主张的被诉侵权行为为署名、修改、复制、发行行为，根据已查明事实，本案应适用《中华人民共和国民法典》（以下简称《民法典》）及 2020 年修正的《著作权法》。《著作权法》第二条第二款规定，外国人、无国籍人的作品根据其作者所属国或者经常居住地国同中国签订的协议或者共同参加的国际条约享有的著作权，受本法保护。《最高人民法院关于审理著作权民事纠纷案件适用法律若干问题的解释》第七条规定，当事人提供的涉及著作权的底稿、原件、合法出版物、著作权登记证书、认证机构出具的证明、取得权利的合同等，可以作为证据。本案中，在无相反证据的情况下，西某提交的画册可以证明其系涉案权利画作的作者。鉴于西某系比利时王国公民，而中国与比利时王国均为《保护文学和艺术作品伯尔尼公约》成员国和《与贸易有关的知识产权协定》成员方，且上述两个国际条约中均规定了国民待遇原则，故西某主张的涉案权利画作受《著作权法》保护。

《著作权法实施条例》第二条规定，著作权法所称作品，是指文学、艺术和科学领域内具有独创性并能以某种有形形式复制的智力成果。第四条第八项规定，美术作品，是指绘画、书法、雕塑等以线条、色彩或者其他方式构成的有审美意义的平面或者立体的造型艺术作品。其中，独创性是作品构成要件中最重要的要件。独创性的判断包括两个方面：一是作品由作者独立创作完成，强调创作成果源于作者本人；二是作品表达的安排体现作者的选择、判断，即作品应当体现作者的智力创作。著作权法上的独创性，应体现最低限度的智力创造性。对于美术作品而言，著作权法除要求具备独创性外，还应具备"审美意义"。本案中，涉案权利画作是由平面的绘画部分与明信片、制作的木质鸟笼实物等立体材料共同构成涉案权利画作的内容，但上述材料均为艺术表达的媒介，西某对其中创作材料、创作要素、色彩搭配、构图比例、位置布局等所做的个性化选择，最终在物质载体上以可视的艺术形式表现出来，形成以线条、色彩等方式构成的有审美意义的艺术造型，符合著作权法对于美术作品创造性的要求，涉案权利画作构成著作权法意义上的美术作品。

本案的审理焦点为：1. 被诉侵权画作范围的认定；2. 被诉侵权画作是否侵害涉案权利画作的复制权；3. 被诉侵权画作是否侵害涉案权利画作的修改权；4. 被诉侵权画作是否侵害涉案权利画作的署名权；5. 被诉侵权画作是否侵害涉案权利画作的发行权及侵权主体的认定；6. 有关侵权行为民事责任的认定。

一、被诉侵权画作范围的认定

《中华人民共和国民事诉讼法》（以下简称《民事诉讼法》）第六十七条第一款规定，当事人对自己提出的主张，有责任提供证据。《最高人民法院关于适用〈中华人民共和国民事诉讼法〉的解释》第九十条第二款规定，在作出判决前，当事人未能提供证据或者证据不足以证明其事实主张的，由负有举证证明责任的当事人承担不利的后果。

本案中，西某主张叶某侵害其著作权的被诉侵权画作共计 176 幅。其中，内容不同的画作有 124 幅，其余 52 幅画作系与上述 124 幅画作中的 34 幅画作内容重复，但在画作名称、画作尺寸、创作年代等方面存在不同记载的画作。叶某对此不予认可，辩称其对于内容相同的被诉侵权画作仅创作了 1 次，不存在西某所主张的创作内容相同但规格或表现形式不同的 52 幅被诉侵权画作。对此，本院认为，西某应对其主张的叶某存在创作了 52 幅内容相同的画作的事实承担举证责任，综合考虑在案证据，西某提交的证据不足以证明叶某存在创作了 52 幅内容相同的被诉侵权画作的事实，故本院对西某的该项主张不予支持。

此外，对于叶某辩称被诉侵权画作《涂鸦两件》（编号 Y42）与《涂鸦进行曲》（编号 Y41）、《涂鸦》（编号 Y85）应为同一幅作品的意见，本院认为，被诉侵权画作 Y42 由两部分组成，其中，上半部分画作内容与 Y41 相同，下半部分画作内容与 Y85 相同，且关于西某主张的被诉侵权画作 Y42，相应公证书中记载，拍卖标题为“0737 2005 年作 涂鸦（二件）拼贴 综合材料”，规格为 53×25cm×2，再结合 Y41、Y85 的规格尺寸等信息，本院对叶某的该意见予以采信，西某提交的证据不足以认定 Y42 与 Y41、Y85 为不同的作品，故本院认定 Y42 系 Y41、Y85 作品的集合，在侵权比对时以西某主张的 Y41、Y85 进行比对，不再对 Y42 进行侵权比对。对于叶某辩称被诉侵权画作《木板拼贴》（编号 Y84）与《木板拼贴》（编号 Y96）实际为一套作品的意见，鉴于两幅被诉侵权画作的内容均不同，且叶某未能举证证明二者为一套作品的证据，故本院认定为 2 幅不同的被诉侵权画作，对叶某的该意见不予采信。对于叶某辩称被诉侵权画作《冬天里的九个鸟笼之一》（编号 Y15）、《冬天的回忆—凯斯·哈林》（编号 Y16）、《冬天里的九个鸟笼（之一）》（编号 Y21）、《冬天里的九个鸟笼之一》（编号 Y28）、《灯笼》（编号 Y33）、《冬天的九个鸟笼之一》（编号 Y39）、《冬天里的九个鸟笼（之一）》（编号 Y75）实际均为叶某创作的一幅立体装置作品《九个鸟笼》中的一部分的意见，根据西某在本案提交的部分出版物中《九个鸟笼》系立体装置作品，且每个装置的画面均不相同，故本院对叶某的该意见不予采信。对于叶某辩称被诉侵权画作《冬季》（编号 Y105）为《冬日记忆》（编号 Y4）的局部作品的意见，鉴于西某认为 Y105 的内容与 Y4 的部分内容重复，故在本案中明确不再对 Y105 作相应的权利主张及侵权比对，本院对此不持异议。

综合上述情况，本案中被诉侵权画作的范围确定为 122 幅。

二、被诉侵权画作是否侵害涉案权利画作的复制权

（一）叶某是否接触了涉案权利画作

侵害著作权的构成要件为接触加实质相似。可见，接触是侵害著作权的

构成要件之一。接触可以分为两种情况：一是作品未发表但有证据证明叶某实际接触了该作品；二是作品已发表，处于公之于众的状态。

本案中，西某提交包含涉案权利作品的画册作为创作完成并发表的证据，其上记载了该画册于 1990 年 3 月在比利时印刷完成，用于该时期西某画作的画展宣传，叶某亦认可于 1993 年接触过涉案权利画作，故满足侵害著作权认定的接触要件。

（二）美术作品中的思想与表达及其区分

著作权法对作品的保护是对作品中作者独创性表达的保护，即思想或情感的表现形式，不包括作品中所反映的思想或情感本身。一般来说，思想是指概念、术语、原则、客观事实、创意、发现等。表达则是指对于思想观念的各种形式或方式的表述，如文字的、音符的、数字的、线条的、色彩的、造型的、形体动作的表述或传达等。从这个意义上来说，表达所形成的就是作品。

关于在美术作品中如何区分思想与表达。首先，应根据美术作品的创作规律予以考量。作者在创作美术作品时，一般方式是先搜集素材之后进行艺术构思，最后进行艺术表达。创作素材的搜集，包含着作者对生活的体验和观察。艺术构思是在此基础上心灵影像积极活跃地运动，最终获得较稳定的心灵审美意象。艺术表达则是运用媒介和表现手段，把尚处于意识领域中尚不确切的审美意象确定下来，使其不断明确，最终形成确定无疑的展示于面前的艺术造型成果。故通常情况下，美术作品中所蕴含的作者的思想感情、艺术构思、素材搜集等属于著作权法中的思想范畴，最终形成的艺术造型成果，包括各个创作阶段形成的创作成果，则属于著作权法所要保护的表达。

其次，应根据美术作品的特性予以考量。美术作品作为造型艺术作品，其艺术形象体现为视觉形象，由此产生不同于其他类型作品如文字作品等的形象的直观性、确定性与可视性特点。美术作品的表达就在于由构图、线条、色彩、形体等美学因素的有机融合所客观呈现的艺术造型，这也是著作权法所保护的内容。而美术作品的主题、风格和素材的选择本身只是美术作品中的思想，并不受著作权法的保护。从著作权法所保护的具体表达内容来看，美术作品与其他类型作品如文字作品存在明显不同，美术作品受保护的表达在于外部的表现形态而不是绘制的内容，而文字作品受保护的表达更注重其表达的内容而不是表现形式。同时，过于简单的线条与色彩的组合、常见图形等一般不作为作品给予保护。

本案中，西某主张涉案权利画作是其根据小时候在孤儿院的回忆等形成的具有独创性的表达，而叶某辩称，以被诉侵权画作 Y3 为例，该幅画作是叶某对于年轻和童年的自己女儿的回忆，用褐色来表示，用女儿的照片和带箭头的红心来表示叶某的情绪，通过线条和颜色来表达自己的感情，艺术家的表现力是综合的反映，是透过整体来看的。对此，本院认为，作者对于美术作品所蕴含的内在情感反映最终是通过构图、线条、色彩、形体等因素有机融合的艺术造型这一具体的表达所呈现，著作权法保护的是美术作品的表达，而不保护美术作品所蕴含的作者内在情感等思想，因此，判断两幅美术作品是否构成表达上的近似，应以二者视觉形象上的外部艺术造型表现为判断依据。故，叶某关于美术作品中思想不同而不构成侵害著作权的抗辩意见，缺乏法律依据，本院不予采信。

（三）侵害复制权的实质性相似判断标准

判断是否构成实质性相似时，应比较作者在作品表达中的选择、取舍、安排、设计等是否相同或相似。著作权法对著作权权利人的保护是通过赋予其专有权的方式实现的，著作权法第十条所规定的每项权利均是赋予著作权权利人控制特定行为的权利。根据著作权法第十条第一款第五项规定，复制权，即以印刷、复印、拓印、录音、录像、翻录、翻拍、数字化等方式将作品制作一份或者多份的权利。复制并不等同于原样复制。从作品内容的角度来看，复制行为不仅包括原封不动照搬他人作品的复制行为，也包括保留原作品基本内容、仅作非实质性改动的复制行为。复制行为仅是单纯再现了原作品或者保留了原作品的基本表达，复制者在该过程中没有付出独创性的劳动。

对于美术作品而言，美术作品的价值就在于通过独创表达在整体上给公众呈现的一种视觉审美冲击和享受，整体独创表达和美感是美术作品的基本属性。因此，在判断是否构成实质性相似时，通常以普通观察者的角度，考虑美术作品的视觉形象特征，在构成要素、表现形式、整体视觉效果上对美术作品所体现的艺术造型表达进行整体认定和综合判断，通过整体感受判断两部美术作品之间整体是否构成实质性相似，而不能将各个组成要素简单割裂开来，分别独立进行比对。如果二者在整体上视觉感受完全不相同，可以认定在后作品不构成侵权；反之，如果在后作品与在先作品整体上仅存在细微差异，以致出现普通观察者除非刻意寻找差异，否则会倾向于忽略这些差异的情形，则可以认定二者构成实质性相似，在后作品则存在构成侵害著作权的可能性。

（四）本案中实质性相似比对的具体情况

本案中，叶某辩称被诉侵权画作系其独立创作，未构成对涉案权利画作的侵权。对此，本院认为，独创性只是判断一种劳动成果是否构成作品、是否受著作权法保护的标准，并非认定该成果是否构成侵害著作权的标准。因此，对于被诉侵权画作是否构成侵害著作权，仍应遵循接触加实质相似的判断标准进行个案具体判断。

根据西某主张的实质性相似比对的具体情况，在遵循上节所述相似性判断标准的基础上，本院针对西某主张的实质性相似比对所涉及的内容进行逐一比对，并结合叶某的举证情况认定如下：

1. 关于西某主张的涉案权利画作与被诉侵权画作的整体比对

以西某主张的涉案权利画作 A 与被诉侵权画作 Y14 的整体比对为例（见附图 1）：

涉案权利画作 A 由蓝白相间的条纹作为四周外框，上方及下方的外框上贴有纸质标签，框内画面整体上由三条平行横线和三条平行竖线约等分为四行四列的 16 格构图，画面左上角即第一行的两格位置绘有一架隐形机翼战斗机，机身与地面呈现微小角度，机翼与地面都接近于 45 度角，机头朝左，机翼透明，机身、驾驶舱、尾翼都为白色，战斗机前后各有一个大前轮和一个小后轮，战斗机头部螺旋桨为上下两片螺旋桨片，尾部螺旋桨为四片桨片，战斗机的机头在一个彩色的圆圈里；在战斗机尾翼处有一封平铺在密密麻麻的文字上的打开信封，信封下方置有一段修剪后并涂有深蓝色的树枝；第二行第四列的格里从上到下绘有一截短的直的黑树干，下不见树根，上不见树梢，亦不见一片叶子，树枝与树干都呈现纯黑色，树枝左右分布较平衡；第三行从左侧开始的两格里绘有带把手的鸟笼及怪蜻蜓，紧邻右侧占据画面上下两格位置处绘有一个笼中人，其中人的头部及肩部占上格，柱状身体占下格，头顶部都有少量黑线条勾勒的头发，头发不遮挡面部，彩色细的竖条纹覆盖在上半身，柱状身体上的衣服由布料粘贴而成；第四行第二列的格里绘制有占满一格的对叉，对叉的两笔都粗细均匀，在中心位置相交；第四行第四列即右下角的格里以黑色为底，在其上绘了数条蓝色条纹，在蓝色条纹正中间覆盖一张看似老照片的图片；在画面中央第二行第二列与第三行第二列的位置，从上到下，从大到小绘有三滴红色血滴状墨点。西某的涉案权利画作 A 与被诉侵权画作 Y14 相对比，整体上二者的轮廓、构图基本一致，细节如隐形机翼战斗机、细密文字和信封、短的黑树干、带把手的鸟笼、怪蜻蜓、笼中人、对叉、条纹背景上的照片、血滴状墨点部分的整体轮廓、线条及所处画面的位置亦基本一致，不同之处主要在于：画作的背景色不同，怪蜻蜓前翼的填充颜色改为红白条纹，血滴状墨点改为蓝色，对叉的颜色改为蓝色，带把手的鸟笼上放置有一张图片，条纹背景上的照片中的条纹颜色及图片内容有改变，笼中人衣服及面部存在差别，占画作极少数比例的构成元素表达不一致。

本院认为，鉴于被诉侵权画作与涉案权利画作所选取的大部分具体构成元素内容的表达存在相似性，涉案权利画作与被诉侵权画作整体视觉感受非常相近，二者之间只存在微小的视觉差异，如画作的背景色、怪蜻蜓前翼的填充颜色、血滴状墨点的颜色以及占画作极少数比例的构成元素表达不一致等，但上述差异并不能改变二者的实质性相似程度，且上述差异所反映的智力创造程度过低，不能构成具有独创性的表达，故被诉侵权画作 Y14 构成对涉案权利画作 A 复制权的侵害。

此外，西某的主张中构成实质性相似，侵害涉案权利画作复制权的还有：被诉侵权画作 Y15、Y16、Y25 侵害了涉案权利画作 A 的复制权；被诉侵权画作 Y11、Y12 侵害了涉案权利画作 B 的复制权；被诉侵权画作 Y4、Y5 侵害了涉案权利画作 C 的复制权；被诉侵权画作 Y6、Y7、Y8 侵害了涉案权利画作 D 的复制权；被诉侵权画作 Y19、Y20 侵害了涉案权利画作 E 的复制权；被诉侵权画作 Y1 侵害了涉案权利画作 F 的复制权；被诉侵权画作 Y2、Y3 侵害了涉案权利画作 H 的复制权；被诉侵权画作 Y26、Y27 侵害了涉案权利画作 J 的复制权；被诉侵权画作 Y13、Y24、Y122 侵害了涉案权利画作 K 的复制权；被诉侵权画作 Y17 侵害了涉案权利画作 L 的复制权。

除了上述列明的以外，西某关于其余整体画作构成实质性相似，构成对涉案权利画作复制权侵害的主张均不成立，本院不予支持。

2. 关于西某主张的涉案权利画作与被诉侵权画作的局部（元素组合）比对

以西某主张的涉案权利画作 A 中的元素 A8、A9 的组合与被诉侵权画作 Y12 中的相对应部分内容比对为例（见附图 2）：

涉案权利画作在靠近画面底部的左侧位置绘制了一个带把手的鸟笼（A8），整体上是由黑色细线条勾勒的一个不规则的圆形，顶部中央都有一个圆圈，顶部和底部之间都有数根细的竖线条相连，鸟笼的右部中间都画有一个竖立的把手，鸟笼底部都有两个短线条，作为鸟笼的两只脚；在带把手的鸟笼的右侧，两幅作品都以俯视的视角描绘有一只怪蜻蜓（A9），头部及身体躯干为纯黑色，头部朝左，尾部朝右，眼睛透明，蜻蜓前翼由条纹构成，上下展开，由黑色线条描边，后翼都简化为上下两笔黑色线条。西某主张构成近似的内容与被诉侵权画作 Y12 中的相对应内容相对比，二者整体轮廓、线条、所处的画面位置基本一致，不同之处仅在于：二者所采用的背景色不同，被诉侵权画作的画面背景为纯黑色，鸟笼的主体部分改为白色线条勾勒，怪蜻蜓的头部、身体躯干、后翼改为白色、黄色相间填充并勾勒。

本院认为，涉案权利画作中带把手的鸟笼、怪蜻蜓的组合表达体现了西某的个性化的取舍、选择、安排、设计，应受著作权法的保护，被诉侵权画作 Y12 中相对应部分均保留了涉案权利画作中上述元素组合表达的基本内容，进行的非实质性的细微改动并未产生新的独创性表达，二者构成实质性相似，被诉侵权画作 Y12 中的部分内容构成对涉案权利画作 A 复制权的侵害。

此外，西某的主张中构成实质性相似，侵害涉案权利画作复制权的还有：被诉侵权画作 Y50、Y66、Y28、Y31、Y32、Y27、Y55、Y97、Y23、Y93、Y96、Y99、Y22、Y44、Y20、Y21、Y11、Y70、Y18、Y77、Y48 侵害了涉案权利画作 A 中部分内容的复制权；被诉侵权画作 Y66、Y43、Y72、Y74、Y85、Y36、Y34、Y35、Y47、Y68、Y84 侵害了涉案权利画作 B 中部分内容的复制权；被诉侵权画作 Y66、Y50、Y19、Y80、Y21、Y94 侵害了涉案权利画作 C 中部分内容的复制权；被诉侵权画作 Y100、Y44、Y120、Y29、Y33、Y57、Y80、Y43 侵害了涉案权利画作 D 中部分内容的复制权；被诉侵权画作 Y22、Y23、Y31、Y32、Y70 侵害了涉案权利画作 E 中部分内容的复制权；被诉侵权画作 Y26、Y124、Y87 侵害了涉案权利画作 F 中部分内容的复制权；被诉侵权画作 Y35、Y36、Y17、Y33、Y34、Y78、Y31 侵害了涉案权利画作 H 中部分内容的复制权；被诉侵权画作 Y27 侵害了涉案权利画作 I 中部分内容的复制权；被诉侵权画作 Y25、Y57、Y86、Y118、Y45、Y77、Y50、Y66、Y92 侵害了涉案权利画作 K 中部分内容的复制权；被诉侵权画作 Y30、Y33、Y113、Y118 侵害了涉案权利画作 L 中部分内容的复制权。

除了上述列明的以外，西某关于其余元素组合构成实质性相似，构成对涉案权利画作复制权侵害的主张均不成立，本院不予支持。

3. 关于西某主张的涉案权利画作与被诉侵权画作的局部（单一构成元素）比对

以西某主张的涉案权利画作 A 中的单一构成元素 A9“怪蜻蜓”与被诉侵权画作 Y69、Y36、Y34、Y47 中的相对应部分内容比对为例（见附图 3）：

涉案权利画作中的该元素描绘了一只怪蜻蜓，蜻蜓头部朝左，尾部朝右，头部及身体躯干为纯黑色，眼睛透明，蜻蜓前翼由蓝白条纹构成，上下展开，由黑色线条描边，后翼简化为上下两笔黑色线条，蜻蜓头部和尾部各有一条由细长笔直的黑线勾勒的脚垂在身体下方。西某主张构成近似的内容与被诉侵权画作 Y69、Y36、Y34、Y47 中的相对应内容相对比，二者整体上对于怪蜻蜓的造型外观表达基本一致，不同之处仅在于 Y69、Y36、Y34 改变了怪蜻蜓前翼的填充颜色，以及 Y69、Y47 中去除了怪蜻蜓垂在身体下方的脚。

本院认为，鉴于涉案权利画作所表达的怪蜻蜓造型并非针对事物本身的客观表达，而是体现了西某对该要素中各组成部分的个性化的取舍、选择、安排、设计，故涉案权利画作中的该单一构成元素属于独创性的表达，上述被诉侵权画作中相对应部分均保留了涉案权利画作中元素表达的基本内容，进行的非实质性的细微改动并未产生新的独创性表达，二者构成实质性相似，被诉侵权画作 Y69、Y36、Y34、Y47 中的部分内容构成对涉案权利画作 A 中单一构成元素 A9 元素复制权的侵害。

此外，西某的主张中构成实质性相似，侵害涉案权利画作复制权的还有：被诉侵权画作 Y94、Y84、Y57、Y73、Y33 侵害了涉案权利画作 A 中部分内容的复制权；被诉侵权画作 Y102、Y96、Y67 侵害了涉案权利画作 B 中部分内容的复制权；被诉侵权画作 Y112 侵害了涉案权利画作 C 中部分内容的复制权；被诉侵权画作 Y47、Y48、Y49、Y50、Y46、Y51、Y52、Y53、Y54、Y55、Y56、Y12、Y58、Y59、Y60、Y61、Y62、Y63、Y64、Y65 侵害了涉案权利画作 D 中部分内容的复制权；被诉侵权画作 Y45、Y102、Y78、Y114 侵害了涉案权利画作 E 中部分内容的复制权；被诉侵权画作 Y85、Y88、Y91、Y94、Y102、Y28、Y4、Y5 侵害了涉案权利画作 F 中部分内容的复制权；被诉侵权画作 Y25、Y30、Y72、Y74、Y73、Y32、Y75、Y38、Y40、Y50、Y76、Y77、Y79、Y18、Y43 侵害了涉案权利画作 H 中部分内容的复制权；被诉侵权画作 Y19 侵害了涉案权利画作 I 中部分内容的复制权；被诉侵权画作 Y31、Y72、Y73、Y32、Y74、Y85、Y43、Y75、Y82、Y83、Y76、Y106、Y107、Y108、Y109、Y111、Y110、Y19、Y113 侵害了涉案权利画作 K 中部分内容的复制权；被诉侵权画作 Y2、Y3、Y39、Y115 侵害了涉案权利画作 L 中部分内容的复制权。

除了上述列明的以外，西某关于其余单一元素构成实质性相似，构成对涉案权利画作复制权侵害的主张均不成立，本院不予支持。

（五）关于叶某不侵权的抗辩意见是否成立

本案中，叶某抗辩其不侵权的理由包括合理借鉴、存在艺术先例、来源于公有领域素材。

关于合理借鉴的抗辩意见是否成立。本院认为，著作权法的最终立法目的在于通过保护作者的合法权利，来鼓励作品的创作和促进作品的传播。人类精神文明发展至今，作品创作很难完全做到从零到一的突破，而是在知识积累的过程中，或多或少地受到他人作品的启发，因此，著作权法允许人们借鉴他人的作品，但是著作权法亦禁止抄袭行为。著作权法意义上所称的“抄袭”，是指将他人作品或者作品的片段占为己有的行为，即未经著作权人许可对作品进行的非法复制行为。实践中，抄袭行为一般表现为机械地照搬和复制在先作品已有的独创性表达，或者对在先作品中的独创性表达经过加工的模仿和挪用，且在客观上未形成区别于在先作品的可以被识别的差异化且独创性的表达。借鉴是通过汲取他人作品在创作风格、形式、内容等方面的经验和教训而进行的再创作行为，可能是单纯思想上的借鉴，也可能是表达上的借鉴，也可能构成合理使用。对于思想上的借鉴，主要涉及思想与表达的边界划分。如前所述，鉴于著作权法并不保护美术作品的创作主题、风格、手法等思想范畴，故对该类思想的借鉴通常并不涉及侵害著作权的情形。对于具体表达上的借鉴是否构成抄袭，则需结合具体案件情况进行个案分析判断，具体考量借鉴内容在原作品以及在新作品中的所占比例，而这个比例的衡量，不仅要在量的维度上进行考量，也要从借鉴内容的重要性、表达独创性角度，即质的维度上考量。

本案中，叶某辩称有 7 幅被诉侵权画作 Y1、Y2、Y3、Y6、Y13、Y17、Y19 在整体构图形式上与西某主张的相应涉案权利画作存在相似，但细节却完全不同，对于构图形式上的相似应属于合理借鉴的范围。对此，本院认为，该 7 幅被诉侵权画作在整体视觉效果上与相应的涉案权利画作非常相近，且被诉侵权画作与涉案权利画作中的大部分具体构成元素内容的表达存在相似性，二者之间仅存在微小的视觉差异，因此，叶某对涉案权利画作具体表达上的借鉴已超出了合理范围，构成著作权法意义上所称的抄袭，侵害了西某享有的著作权。关于叶某合理借鉴的抗辩意见，缺乏法律依据，本院不予采信。

关于存在艺术先例的抗辩意见是否成立。若侵权人系复制权利人在借鉴在先作品的基础上形成的演绎作品，则该行为仍构成侵害著作权。因此，判断被诉侵权画作是否侵害涉案权利画作的复制权，需通过在先作品、涉案权利画作和被诉侵权画作三者之间实质性近似关系的基础上进行认定。

具体到本案中，西某主张的涉案权利画作中有独创性表达的部分与叶某提交的艺术先例证据相比并不构成实质性相似，同时西某主张的被诉侵权画作中构成侵权的部分与叶某提交的艺术先例证据相比，亦不构成实质性相似。因此，本院对叶某关于存在艺术先例的抗辩意见不予采信。

关于来源于公有领域素材的抗辩意见是否成立。本院认为，所谓公有领域素材，是指已经进入公有领域、不再受著作权法保护的作品、素材或客观事实。虽然公有领域素材的使用不受著作权法限制，但在此基础上经作者独立创作形成的作品内容仍可受著作权法保护，其保护范围为作品中作者的独创性表达部分。因此，结合本案中被诉侵权画作的具体表达，叶某抗辩被诉侵权画作因使用公有领域的素材而不构成侵害著作权的意见，缺乏事实依据，本院不予支持。

三、被诉侵权画作是否侵害涉案权利画作的修改权

著作权法第十条第一款第三项规定，修改权，即修改或者授权他人修改作品的权利。修改权属于作者，修改与否、怎么修改以及是否授权他人修改，都应根据作者的意愿。

本案中，对于构成侵害涉案权利画作复制权的被诉侵权画作而言，鉴于叶某未经许可对相应的涉案权利画作进行改动，且这些被诉侵权画作对涉案权利画作的整体或部分内容的改动属于细微差异，因此，叶某对该部分被诉侵权画作所进行的修改行为，均构成对涉案权利画作修改权的侵害。

四、被诉侵权画作是否侵害涉案权利画作的署名权

著作权法第十条第一款第二项规定，署名权，即表明作者身份，在作品上署名的权利。《著作权法实施条例》第十九条规定："使用他人作品的，应当指明作者姓名、作品名称；但是，当事人另有约定或者由于作品使用方式的特性无法指明的除外。"署名权是作者基于其创作的作品而享有的人身性权利，是作者享有的决定是否表明作者身份以及以何种方式表明作者身份的权利，其要义在于赋予作者通过署名来表明其作者身份，以彰显作品与作者之间的联系。

本案中，对于构成侵害涉案权利画作复制权的被诉侵权画作而言，叶某使用了涉案权利画作中的具体表达内容，但未以适合的方式表明其所使用的涉案权利画作的作者身份。因此，叶某的被诉行为侵害了西某对涉案权利画作享有的署名权。

五、被诉侵权画作是否侵害涉案权利画作的发行权及侵权主体的认定

著作权法第十条第一款第六项规定，发行权，即以出售或者赠与方式向公众提供作品的原件或者复制件的权利。著作权法意义上的发行是指向公众提供作品原件或复制件的行为，构成发行并不要求必须以营利为目的，通过赠送方式向公众提供作品原件或复制件的，与出售一样均属于对作品的发行行为。发行权所控制的发行行为，包括两个方面要件：其一，该行为是面向公众提供作品的原件或者复制件；其二，该行为是以作品有形载体的所有权转移的方式提供作品原件或者复制件。

本案中，西某明确主张叶某侵害其发行权的行为指叶某将部分被诉侵权画作通过公开拍卖、出版的方式向公众提供的行为。因此，本院将在“被诉侵权画作是否侵害涉案权利画作的复制权”一节中所认定部分被诉侵权画作侵害西某复制权的基础上，结合西某提交的拍卖、出版证据，针对该部分被诉侵权画作进行论述本案中西某主张的拍卖、出版行为是否侵害了其发行权。

第一，关于拍卖行为是否侵害西某的发行权。本院认为，一方面，拍卖是指以公开竞价的形式，将特定物品或者财产权利转让给最高应价者的买卖方式，针对已构成侵害涉案权利画作复制权的被诉侵权画作的拍卖行为，属于对侵权复制件的出售行为，构成著作权法上的发行行为。另一方面，拍卖行为是基于委托人将其所有或者依法可以处分的物品等交由拍卖人，并与拍卖人签订书面委托拍卖合同而启动，故委托人作为拍卖行为的发起人，也是著作权法上发行行为的主体，应对以拍卖形式出售侵权复制件这一侵害著作权人发行权的行为承担责任。本案中，西某主张的拍卖标的为美术作品，美术作品创作完成后，可能存在赠送友人、自行出售等多种流通情况，从作者处获得美术作品的人后续可能会将美术作品再次出售或者委托拍卖公司进行拍卖。根据已查明的事实，对于西某主张叶某对《小小鸟》（Y59）实施了拍卖行为，本院予以支持。对于其他西某主张叶某实施了被诉侵权画作的拍卖行为，在叶某予以否认的情况下，西某未能进一步对叶某系拍卖行为的实施主体提交相应证据予以证明，故西某的该部分主张，缺乏事实依据，本院不予支持。

第二，关于出版行为是否侵害西某的发行权。本院认为，本案中西某主张有21本出版物，但其中7本系在拍卖网站关于被诉侵权画作的介绍信息中所记载，西某未提供该7本出版物实物及内容，叶某亦对此不予认可，故西某针对该7本出版物中存在叶某侵权行为的主张，缺乏事实依据，本院不予支持。对于西某已提交实物的14本出版物，其中，叶某认可《画个“鸟”!》《当代艺术家丛书 第四辑 才情画家叶某》《历史的幸存者——叶某艺术档案》《YE YONGQING / A Hurtful Bird》中使用被诉侵权画作的图片得到了其许可，故对于该4本出版物中涉及已经本院认定侵害西某复制权的相应被诉侵权画作，本院认为其亦侵害了西某对相应涉案权利画作享有的发行权；《叶某 非关鸟事》中记载作者为叶某，故本院认定该书中涉及本院已认定侵害西某复制权的被诉侵权画作，亦侵害了西某的发行权；对于出版物《叶某_ 断裂的流动》《艺术跟踪34》《20世纪中国油画展作品集》《96上海美术双年展》《叶某艺术之旅》《新界面3 搜索未来》《象不象——叶某个展》《涂你个鸦 叶某作品集》《雀神怪鸟 叶某2012》，其中部分是配合叶某个人画作展览而出版并向不特定的公众提供，部分内容包含对叶某的采访内容以及叶某的个人照片及叶某签名，故在叶某无其他证据予以反驳的情况下，本院推定上述出版物中对被诉侵权画作的出版系得到了叶某的许可，故本院认定其中涉及本院已认定侵害西某复制权的被诉侵权画作，亦侵害了西某的发行权。

综上，被诉侵权画作Y2、Y4、Y6、Y8、Y12、Y14、Y17、Y18、Y21、Y23、Y24、Y25、Y26、Y28、Y31、Y33、Y36、Y38、Y43、Y44、Y46、Y47、Y48、Y49、Y53、Y54、Y55、Y57、Y58、Y61、Y62、Y64、Y65、Y70、Y72、Y73、Y76、Y77、Y78、Y79、Y80、Y82、Y84、Y86、Y91、Y96、Y97、Y100、Y102、Y108、Y110、Y111、Y118、Y120侵害了涉案权利画作的发行权。

六、有关侵权行为民事责任的认定

根据上述论述，叶某的部分被诉侵权画作侵害了西某针对涉案权利画作而享有的署名权、修改权、复制权、发行权，叶某依法应承担停止侵害、消除影响、赔礼道歉、赔偿损失的民事责任。关于叶某提出诉讼时效的抗辩，经审查，西某主张的涉案侵权行为处于持续中，故叶某的该项抗辩理由，缺乏事实及法律依据，本院不予采信。

关于侵权损害赔偿金额的确定。西某在本案中主张的具体赔偿金额构成可分为三个部分，叶某对各部分的计算方式均不予认可。第一，关于西某主张的通过公开拍卖直接获得的违法所得部分。本院认为，首先，物权保护的客体是物，而著作权保护的客体只是物质载体所承载或体现的作品本身，著作权保护的客体与其物质载体具有可分离性，即同一作品可以在不同的物质载体上得以体现。因此，不能单纯以画作本身即作品有形物质载体的拍卖价格来衡量其中所承载的美术作品的价值，尤其要考虑著作权所保护的独创性劳动成果对于作品有形物质载体流通价格的贡献度。其次，画作的拍卖价格通常受多种因素影响，如拍卖企业营销或售卖的方式、市场供需关系、社会公众对美术作品艺术价值的认可程度以及作者在艺术领域的影响力、声誉、学术造诣等。因此，综合考虑上述因素，本院对西某以被诉侵权画作的拍卖价格作为确定叶某侵权获利依据的主张不予支持。第二，关于西某主张的推定非法获利赔偿部分，由于西某提交的现有证据不足以证明被诉侵权画作Y43、Y109存在多版次的情形，故本院对其该部分主张不予支持。第三，关于西某主张的法定赔偿部分，本院将结合侵权比对结果和侵害著作权权项的具体情况予以综合认定。综上，因双方均未能提供充分证据证明西某因被诉侵权行为所受到的实际损失、叶某的侵权获利或权利使用费情况，故本院综合考虑涉案权利画作的类型、独创性、创作成本、西某的知名度，以及叶某抄袭西某整体涉案权利画作或者其中元素、元素组合的情况等具体侵权情节、叶某的主观过错等因素予以酌情确定叶某的赔偿金额。

对于西某要求停止侵权的主张，于法有据，本院予以支持。

对于西某要求赔礼道歉、消除影响的主张，本院认为，如前所述，叶某的部分被诉侵权画作侵害了西某涉案权利画作的修改权、署名权，淡化了西某与涉案权利画作之间的联系，并在一定范围内给西某造成了不利影响，理应承担赔礼道歉、消除影响的民事责任。考虑到本案中被诉侵权行为所造成影响的范围，本院对西某该项诉讼请求中的合理部分予以支持。

对于西某要求销毁未出售的77幅被诉侵权画作的主张，本院认为，本案中已判令叶某承担停止侵害、赔礼道歉、消除影响、赔偿损失的民事责任，已足以弥补叶某的行为给西某带来的损害，故本院对西某的该项诉讼请求不予支持。

综上，依照《中华人民共和国民法典》第一百八十八条、第一百九十六条，《中华人民共和国著作权法》（2020年修正）第五十二条、第五十四条，《中华人民共和国民事诉讼法》第六十七条第一款规定，《中华人民共和国著作权法实施条例》第二条、第四条第八项，《最高人民法院关于审理著作权民事纠纷案件适用法律若干问题的解释》第二十七条、第二十九条之规定，判决如下：

一、被告叶某于本判决生效之日起立即停止涉案侵权行为；

二、被告叶某于本判决生效之日起十日内在《环球时报》中缝以外版面发表致歉声明，向原告西某赔礼道歉、消除影响（声明内容须经本院核实，逾期不履行，本院将根据原告西某的申请，选择一家全国发行的报刊，刊登判决主要内容，费用由被告叶某承担）；

三、被告叶某于本判决生效之日起十日内支付原告西某赔偿金人民币5000000元；

四、驳回原告西某的其他诉讼请求。

如果未按本判决指定的期间履行给付金钱义务，应当依照《中华人民共和国民事诉讼法》第二百六十条之规定，加倍支付迟延履行期间的债务利息。

案件受理费人民币354595元，由原告西某负担人民币134595元（已交纳），由被告叶某负担人民币220000元（于本判决生效后七日内交纳）；保全费人民币5000元，公告费人民币260元，由被告叶某负担（于本判决生效后七日内交纳）。

如不服本判决，原告西某可于本判决书送达之日起三十日内，被告叶某可于本判决书送达之日起十五日内向本院递交上诉状，并按照对方当事人的人数提出副本，上诉于中华人民共和国北京市高级人民法院。

审 判 长　宋鱼水
审 判 员　冯　刚
审 判 员　李志峰
二〇二三年八月十七日
法官助理　刘　琳
书 记 员　项　童

附图 1：

涉案权利画作 A：

被诉侵权画作 Y14：

附图 2：

涉案权利画作 A（红色框线内为元素 A8、A9 的组合）：

被诉侵权画作 Y12（红色框线内为原告主张相似的部分）：

附图 3：

涉案权利画作 A（红色框线内为元素 A9）：

被诉侵权画作 Y69（红色框线内为原告主张相似的部分）：

被诉侵权画作 Y36（红色框线内为原告主张相似的部分）：

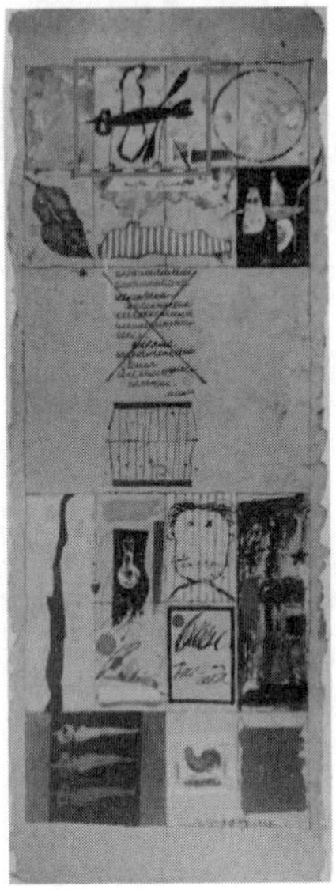

被诉侵权画作 Y34（红色框线内为原告主张相似的部分）：

被诉侵权画作 Y47（红色框线内为原告主张相似的部分）：

26. 中途退出影视作品剧本创作是否享有编剧署名权的认定

——原告王某某、杨某与被告霍尔果斯万某影业有限公司、北京爱某科技有限公司侵害著作权纠纷案[①]

中华人民共和国北京市海淀区人民法院民事判决书

（2020）京0108民初39696号

原告：王某某。

委托诉讼代理人：宁晓林，北京展达律师事务所律师。

委托诉讼代理人：陆海天，北京展达律师事务所律师。

原告：杨某。

委托诉讼代理人：宁晓林，北京展达律师事务所律师。

委托诉讼代理人：苌冬梅，北京展达律师事务所律师。

被告：霍尔果斯万某影业有限公司。

委托诉讼代理人：何玮，北京市汉坤（深圳）律师事务所律师。

委托诉讼代理人：陈绮新，北京市汉坤（深圳）律师事务所律师。

被告：北京爱某科技有限公司。

委托诉讼代理人：王某，北京爱某科技有限公司员工。

原告王某某、原告杨某与被告霍尔果斯万某影业有限公司（以下简称万某公司）、被告北京爱某科技有限公司（以下简称爱某公司）侵害著作权纠纷一案，本院受理后，依法适用普通程序，公开开庭进行了审理。原告王某某及其委托诉讼代理人宁晓林、陆海天，原告杨某及其委托诉讼代理人宁晓林、苌冬梅，万某公司的委托诉讼代理人何玮、陈绮新，爱某公司的委托诉讼代理人王某到庭参加诉讼。本案现已审理终结。

二原告向本院提出如下诉讼请求：1. 二被告在网剧《隐秘的角落》及官

---

① 本案在年度报告中的位置为第61页。

方信息处为二原告署名为编剧；2. 万某公司在其认证的微博账号“网剧隐秘的角落”“万某影业”、爱某公司在其官方微博账号及网站显著位置连续十五日刊登更正编剧署名的声明并赔礼道歉；3. 二被告共同赔偿二原告合理开支8万元。事实与理由：二原告与万某公司于2018年11月19日签订《网剧编剧聘用合同》（以下简称涉案合同），约定万某公司聘请二原告担任网剧《坏小孩》（暂定名）的编剧。涉案合同签订后，二原告完成了合同约定的编剧工作，包括分集大纲及3集剧本、人物小传等。2019年1月31日，万某公司因自身原因终止双方合作，并明确表示最终播出的网剧不会使用二原告的工作成果。2020年6月，爱某公司出品的《隐秘的角落》（以下简称涉案网剧）播出，二原告发现，二被告未经许可擅自在涉案网剧中使用前述二原告独创的内容，但未给二原告署名，侵害了二原告享有的署名权，故诉至法院。

万某公司辩称，不同意二原告的全部诉讼请求。理由为：1. 根据双方约定，只有在二原告履行完毕涉案合同义务后才享有涉案网剧的编剧署名权。但二原告未履行约定、未满足署名条件，故无法享有署名权。2. 根据行业惯例，编剧应当对剧集的成片达到一定贡献度后方可享有署名权。二原告对涉案网剧成片的贡献较少，故无法享有编剧署名权。3. 即便二原告享有涉案网剧的署名权，万某公司也已在涉案网剧片尾给予二原告“特别鸣谢”的署名，故万某公司并未侵害二原告的署名权。4. 即使法院认为二原告享有涉案网剧的署名权，二原告也仅参与了前三集的创作，故二原告无权要求署名为全12集的编剧。5. 即使法院认为二原告享有署名权，二原告也没有对署名方式、署名位置、署名顺序等具体署名安排提出要求的权利基础，署名安排应由万某公司独立决定。综上，二原告与万某公司约定的署名条件并未成就，且二原告对涉案网剧的贡献程度较低，万某公司在综合考虑双方的约定和二原告的贡献度后，没有在涉案网剧上为二原告进行编剧署名，不存在不当之处，不构成侵害二原告署名权，故请求驳回二原告的全部诉讼请求。

爱某公司辩称，不同意二原告的全部诉讼请求。理由为：爱某公司仅为涉案网剧的播放平台，涉案网剧的摄制、署名等均由万某公司负责，爱某公司不应承担相应责任。爱某公司的其他答辩意见与万某公司一致。

当事人围绕诉讼请求提交了证据，本院组织当事人进行了证据交换和质证。结合举证质证情况及当事人陈述，本院认定如下：

一、与双方合作情况相关的事实

（一）关于双方合同

2018 年 11 月 19 日，万某公司（甲方）与赤某影视文化（北京）有限公司（乙方，以下简称赤某公司）、王某某（乙方编剧一）、杨某（乙方编剧二）签订了《网剧编剧聘用合同》（涉案合同），合同约定甲方拟投资开发网络剧项目《坏小孩》（以下简称涉案项目），有意聘请乙方编剧王某某、杨某担任网络剧《坏小孩》的编剧，乙方同意接受甲方的聘请。聘用合同约定：一、工作内容和方式：1. 乙方同意按照本合同约定创作、修改、完善并向甲方交付人物小传、分集大纲、剧本等相关内容。2. 创作方式：改编，乙方需依照甲方要求改编、策划、创作、修改本网剧的剧本。3. 本网剧剧本应由乙方编剧本人作为编剧完成全部修改及创作的工作；经甲方事先书面同意，乙方可以将剧本创作的辅助性工作交由第三方负责，但剧本创作的主体工作应由编剧完成，同时乙方应就第三方的工作质量承担责任。4. 编剧应根据甲方要求参加甲方组织召开的与剧本有关的工作会议，并根据甲方提出的修改意见对剧本予以修改，并达到甲方认可的标准。二、剧本质量标准及要求：1. 剧本创作要求：a）剧本名称：《坏小孩》（暂定）……d）剧本字数不应少于120000 字。2. 剧本应符合本网剧制作的要求。本网剧共 12 集，单集片长 60 分钟（不含片头片尾）。编剧负责创作其中 8 集分集大纲及剧本。3. 整体剧本质量应以甲方签字认可为准。4. 编剧交付的剧本除使用甲方提供的素材外，应为原创而非改编、篡改他人作品，无论是否经过原作品著作权权利人许可。三、工作期限：编剧应于 2018 年 11 月 19 日起开始文学剧本的创作工作。编剧应在 2019 年 2 月 15 日之前完成剧本并经甲方审核通过。四、剧本交付时间及方式：1. 剧本交付时间：第一阶段：在 2018 年 11 月 30 日前，编剧应完成经甲方认可的 8 集分集大纲（每集不少于 2000 字），并提交至甲方指定接收人。第二阶段：在 2019 年 1 月 10 日前，编剧应当完成经甲方认可的 8 集剧本初稿，并提交至甲方指定接收人。第三阶段：在 2019 年 1 月 31 日前，编剧应当完成经甲方认可的 8 集剧本二稿，并提交至甲方指定接收人。第四阶段：第三阶段创作完成后，编剧应当根据甲方的修改意见，在甲方提出修改意见后，于 2019 年 2 月 15 日前完成剧本修改工作并提交终稿。五、剧本的认可与修改……5. 编剧每阶段提交稿件经过两次修改仍未达到甲方质量要求的，甲方有权解除本协议并有权聘请其他单位或个人完成该部分剧本或剩余部分剧本的创作并不视为对乙方及编剧权利的侵犯，对相关人员予以编剧署名并不再支付乙方剩余部分报酬。六、报酬金额：1. 报酬金额：乙方接受聘请进行本网剧剧本改编创作，甲方应当向其支付相应报酬含税总金额264000 元。2. 报酬支付进度如下：（1）本合同生效之日起 7 个工作日内，甲方向乙方支付合同总款的 10%作为定金，即 26400 元。（2）乙方编剧完成第一阶段 8 集分集大纲，经甲方签字认可之日起 20 个工作日内，向乙方支付合同总款项的 5%，即 13200 元。（3）乙方编剧完成第二阶段 8 集剧本一稿工作，经甲方签字认可之日起 20 个工作日内，向乙方支付合同总款项的 25%，即 66000 元。（4）乙方编剧完成第三阶段剧本二稿工作，经甲方签字认可之日起 20 个工作日内，向乙方支付合同总款项的 30%，即 79200 元。（5）乙方编剧完成最终定稿的剧本，经甲方签字认可之日起 20 个工作日内，向乙方支付合同总款项的 20%，即 52800 元。（6）本网剧拍摄完成后，甲方向乙方支付合同总款项的 10%，即 26400 元。七、剧本著作权及衍生作品的权利归属：1. 甲方永久性享有本网剧剧本（包括但不限于在剧本创作过程中形成的创意阐述、简单大纲、角色小传、分集大纲及未完成之部分剧本、素材等）的全部著作权和根据剧本拍摄的本网剧作品的全部著作权、商标申请权以及相关衍生品的所有合法权利（包括但不限于影视作品录像带、录音带、VCD、DVD 及其他形式载体，及一切与剧本有关的角色名称、人物造型、肖像、对白、动作、剧照、音乐、歌曲等图文、音频及视频等）；未经甲方书面同意，乙方及编剧不得将创作的剧本全部或部分内容以任何形式使用，或利用该剧本通过其他方式获取收益。2. 甲方自主享有该剧本及根据该剧本拍摄的本网剧作品的完全处置权及发行宣传等权利，乙方及编剧不得干涉。3. 乙方及编剧履行了本合同约定的全部义务后，编剧有权在根据剧本拍摄的本网剧作品及相关衍生产品上享有编剧署名权，具体署名顺序视贡献程度由甲方决定。4. 甲方若对本合同项下的网络剧进行翻拍、续拍，无须取得乙方及编剧的许可……十一、合同终止：任何一方解除合同，并不影响已交付剧本（整体或部分）的著作权归属甲方所有，并且甲方有权委托其他编剧完成剧本继续创作。十二、违约责任……2. 若编剧未能在合同约定时间内交付创作稿件，并经过甲方催告后 10 日之内仍未交付；编剧每阶段提交稿件经过两次修改仍未达到甲方质量要求；或者编剧无故拒绝、拖延修改剧本稿件，甲方有权单方解除合同，并有权按照每逾期一日当期应付款项 1%的计算方式要求乙方支付违约金。甲方因此要求解除合同的，已支付的报酬不再退回，已交付剧本（整体或部分）的著作权归属甲方所有，已经完成但尚未交付的部分应当交付甲方。”

二原告表示，其以赤某公司的名义签订涉案合同是为开具发票方便，实际履行与该公司无关。万某公司表示，涉案合同对赤某公司与二原告的权利义务进行了区分。双方确认，万某公司于 2018 年 11 月 20 日、2019 年 1 月 18 日分别支付了涉案合同约定的第一笔、第二笔款项共计 39600 元。

（二）关于原告主张其剧本的创作过程

诉讼中，二原告明确其创作的内容包括《坏小孩》第 1 集、第 2 集、第 3 集剧本及第 1 集至第 12 集分集大纲、人物小传。为证明其完成了前述内容，二原告提交了：

1. 双方电子邮件往来内容。其中显示，二原告通过杨某的电子邮箱向万某公司的指定邮箱于 2018 年 11 月 21 日发送了名为“20181121《坏小孩》全 12 集分集大纲”的邮件，其中包括“20181121《坏小孩 1—7》”“20181121《坏小孩 08—12》”两个文档（以下简称 1121 版分集大纲）；于 2018 年 11 月 27 日发送了名为“《坏小孩》人物阐述 1127”的文档（以下简称 1127 版人物阐述）；于 2018 年 11 月 30 日发送了名为“《坏小孩》1—8 集分集二稿”的邮件，其中包括“《坏小孩》第一集分集 1130”“《坏小孩》第二集分集 1129”“《坏小孩》第三集分集 1129”“《坏小孩》第四集分集 1129”“《坏小孩》第五集分集 1130”“《坏小孩》第六集分集 1129”“《坏小孩》第七集分集 1129”“《坏小孩》第八集分集 1129”八个文档（以下简称 1130 版分集大纲）。

2. 二原告与万某公司《坏小孩》制片人卢某、执行制片人宋某某、时任导演才某某、时任编剧韩某的微信群聊（以下简称涉案微信群聊）聊天记录。其中显示，2018 年 11 月 25 日至 2019 年 1 月 24 日，二原告在微信群聊中发送了多个《坏小孩》人物阐述、分集内容、梗概等文件；2019 年 1 月 23 日，王某某在涉案微信群聊中发送了名为“《坏小孩》（网剧）剧本—E01 审阅版—20190123”“《坏小孩》（网剧）剧本—E02 审阅版—20190122”“《坏小孩》（网剧）剧本—E03 审阅版—20190122”的三个文档（以下简称原告剧本第 1 集、第 2 集、第 3 集）。

万某公司认可收到前述文档，但表示根据涉案合同约定，只有在二原告履行完涉案合同全部义务的情况下，才享有编剧署名权，但二原告的创作成果未获得万某公司的认可，未履行涉案合同约定的全部义务，故不享有署名权。为此，万某公司提交了如下证据：

1. 经公证的涉案微信群聊聊天记录。万某公司表示，二原告于2019年1月23日才提交了原告剧本第1集、第2集、第3集，远晚于涉案合同约定的需在2019年1月10日前完成经其认可的8集剧本初稿的要求，且表示二原告仅提交了前三集剧本，未完成涉案合同约定的全部8集剧本，未完成涉案合同约定的全部义务。聊天记录显示，2018年11月21日，王某某提交了分集大纲，后各方协商剧本会时间；2018年11月22日，卢某曾表示“后几集没完成的抓紧完成，月底必须定稿”，二原告表示知晓。2018年11月24日开剧本讨论会，杨某、王某某迟到，后杨某在群聊中发送了会议记录，会议记录中提到卢某表示“前三集OK”，导演等对分集大纲提出了一些方向性意见。2018年11月25日，杨某在涉案微信群聊中发送了“《坏小孩》人物阐述”，又根据卢某等人的要求补充了王瑶、徐静的人物阐述，聊天中，卢某觉得“大人们年龄有问题”，各方就年龄问题进行了讨论。杨某表示“我们都OK啊，合理范围内，年龄都好调，都可以修改”。才某某于2018年11月26日就前述人物阐述提了意见。后杨某在群聊中发送了“《坏小孩》人物阐述1126修订版”，并表示根据才某某的意见“修改了措辞，增删了内容”，后才某某又反馈部分意见，王某某表示“好的好的，等我们统完提纲，稍后继续调整”。才某某还表示“修改稿的意思我看到了，意思都对。但有些杂乱，建议重整一下叙述。描述背景和性格，描述发生在他身上的情况以及他做出的选择，描述他做出这些选择的原因（即每个角色的关键词）”杨某针对才某某反馈的人物修改意见亦表示“嗯嗯，我们改一下，还有别人的问题不？”才某某表示“没有其他的了”。卢某要求二原告按照导演要求落实人物阐述并尽快定稿。2018年11月27日，杨某在群聊中发送了“《坏小孩》人物阐述1127”文件，与二原告交付的电子邮件对应文件一致。2018年11月30日，卢某表示“编剧老师们，把写完的分集扔群里，让导演帮忙过一遍吧”，二原告发送了第1集到第3集的分集。卢某看完后提了一些意见并表示“总体来说，第一集还是比较好的”，杨某表示“好的，我明天跟导演讨论一下”。卢某表示没时间讨论，让导演直接上手帮忙改，先完成后面的分集大纲。才某某表示“你们往下写着，发出来的我就直接改了，过了这稿我们再回头来讨论”。后续二原告又在群聊中陆续提交了根据各方意见修改的分集大纲。2019年1月15日，卢某让才某某与二原告抓紧聊第二集，王某某表示“第二集初稿明天就写完了”。卢某表示“嗯，你们写得挺快的，写完了得跟导演聊啊，至少改一稿，你们仨明天必须把第二集聊了”。2019年1月

21日，王某某发送了第二集前两幕第二稿，才某某在群聊中表示“今天放下手头第三幕。先改第一集”，“问题我们都聊过。角色分阶段目标补出来”。王某某表示“好”。杨某询问“我们第一集的 deadline 是哪天？如果特急，可能只能改个大概”。才某某表示“到明晚吧。能改多少改多少”。2019年1月23日，王某某在群聊中发送了原告剧本第1集、第2集、第3集，宋某某表示“收到”，卢某表示“辛苦啦”。

此外，万某公司还主张聊天记录中显示二原告参加剧本会曾多次出现迟到情况。其中显示，2018年11月26日，卢某曾在涉案微信群群聊分集大纲定稿前提到韩某迟到、拖稿，王某某和杨某迟到需受罚。

2. 经公证的才某某与卢某、才某某与宋某某的微信聊天记录显示，2018年11月26日，卢某在与才某某的聊天记录中表示“你多调一调没事，调到准确为止，我也想看看这两个编剧能不能理解你的意思，需要多长时间能理解”。才某某表示“好的。人物小传我看完了，基本意思差不多。主要就是他俩有些写作习惯我不太喜欢。逻辑重整了之后也只是调换了段落顺序，实际还是很难读。喜欢用大词，措辞草率，冗长不够精练，这是我的感觉。我建议不要抠了，我再抠就得手把手教他俩写东西了。让他们先弄分集吧，这个意思对可以用”。2018年11月28日至2018年12月27日，才某某在与卢某的聊天中曾表示“王某某新稿你看了吗，他们找我约电话，我咋聊呀”，卢某表示“你该咋聊咋聊呗，聊到改到你满意”。才某某表示“就还让他俩改，改这三场？”卢某表示“对呀”“人家才写了一次”“还没开始改呢”“那不得先拿一场找感觉吗，不然不知道你要什么”，才某某表示“所以然后呢，让他俩重写这仨还是写第三集？”卢某表示“先把这次写完的聊明白了”“人家很认真啊”“你要认为可以了就让他们写第三集其他的，要不行就接着磨”“直到认为他们可以写剧本一稿的程度”。才某某表示“他俩（二原告）写不了剧本一稿”“上次已经上了半天课了”。卢某表示“你能不能有点耐心”“你能不能拿出我和宋某某对你的耐心对待一下他们？”才某某表示“反正我再咋和他俩说”“写出来的我也得重写”“我可以聊，这两人不是确定要走了吗，咱们跟这儿耗什么工夫呢？”卢某表示“谁跟你说非要走了”“也可能写一稿啊”。才某某表示“我那天不是和你和宋某某解释了为啥他俩不行了吗？”“我一句一句教他俩第一集哪儿有问题”“上次你们可不是这么跟我说的，说要开他俩，吃了顿饭没开掉，让我再和他们说一次要求，完不成就开，我认真给他们讲了一次了，写出来东西不行，今天又换了，又说没别的人，让我手把手教他俩”。2019 年 1 月 20 日，才某某表示“我跟王某某、杨某第三幕过一半，杨某明早飞机就先散了。明晚接着开。他们前两幕今晚改完给我。明天开始改第三集”。2019 年 1 月 6 日，才某某与宋某某的聊天记录显示“我还得给王某某和杨某接着开会吗，再聊他俩这破剧本儿我感觉我自己都不会写了”。后宋某某和才某某进行了语音通话，才某某之后表示“我聊完了，三个小时，周二交重写的第二幕，留完任务了，看这一稿能改咋样吧”。万某公司据此主张二原告提交的成果难以符合时任导演认可的标准，难以胜任编剧职位。

万某公司表示，原告剧本是在原著小说《坏小孩》、项目策划书、导演阐述、人物小传、故事大纲、分集大纲、分幕等在先作品基础上进行的修改、细化，独创性内容极少。为此，万某公司提交了如下证据：1. 原著小说《坏小孩》，封面署名作者紫某。2. 聘用编剧韩某、导演才某某等的编剧、导演聘用合同，签约时间均在 2018 年 8 月。3. 经公证的《韩某〈坏小孩〉大纲 0522—3》、《〈坏小孩〉导演才某某阐述 180523》（以下简称《导演阐述》）、《坏小孩项目策划书 180610》、《韩某〈坏小孩〉人物小传 0722》、王某某与韩某创作完成的 1 至 3 集分集大纲初稿及修订稿、《〈坏小孩〉分集大纲》第 1 至 5 集及第 7 至 11 集》、《坏小孩 1—12 分幕 draft1020》、《〈坏小孩〉故事大纲 FOR 王某某》、《〈坏小孩〉1—12 集分幕 1026FOR 王某某》（以下简称《分幕》）、《人物关系图》、《1124 开会》、《坏小孩新提纲》等文件内容、相关发送记录及微信聊天记录等。万某公司表示，二原告系在前述文件的基础上进行的创作，且与卢某、宋某某、才某某、韩某共同参加剧本会、通过微信群聊等方式讨论、确认涉案网剧的人物关系、故事情节、具体台词等，是基于剧本会议中其他人整理的思路和提纲进行写作和修改，创作空间非常有限。二原告认可万某公司提交前述证据的真实性，但否认证明目的。二原告强调，编剧基于原著的剧本进行二次创作，不可能脱离原著基本内容，且编剧在创作之初与制片人、导演等进行深入探讨、获取创作资料，在创作过程中汇总各方需求和意见，最终完成剧本创作是行业通常的创作模式，而原告剧本与前述内容有显著差别，具有大量独创性表达。

此外，万某公司还主张在二原告发出 1130 版分集大纲后，由于其内容存在严重不足，故才某某、韩某等人进行了大量修改，形成了《〈坏小孩〉1—12 集分集大纲 181216》（以下简称 1216 版分集大纲），该大纲非二原告创作成果。为此，万某公司提交了 2018 年 12 月 10 日至 14 日韩某、才某某、宋某某、卢某关于创作1216版分集大纲的聊天记录以及2018年12月20日宋某某将该大纲发送给王某某的聊天记录。二原告表示，该版大纲形成时间为二原告担任编剧期间，创作时间晚于二原告提交的1130版大纲，无法排除该版大纲中二原告的创作和贡献，且系为了二原告可以根据相关人员的意见进一步创作剧本，属于涉案合同约定的“甲方提供的素材”。

（三）关于二原告退出涉案项目的情况

万某公司表示，因二原告创作内容不佳，无法满足其要求，万某公司希望引进新编剧参与到涉案项目中，但由于二原告不同意与新编剧进行合作，故经沟通退出了涉案项目，涉案合同事实上已经解除。为此，万某公司提交了卢某于2019年1月31日与二原告沟通的聊天记录，涉案微信群聊聊天记录等予以证明。涉案微信群群聊记录显示：2019年1月26日，卢某在群聊中提到“谢谢才哥”，韩某提到“各位老师们辛苦！加油！等着你们的好消息！”2019年1月31日凌晨1点多，杨某跟王某某表示卢某要和他们打电话，王某某询问能否等他20分钟，称其在外面手机马上没电。卢某和宋某某均表示“不着急”。后卢某与王某某聊天记录显示卢某与其于2点46分、3点53分、16点56分进行了音视频通话。二原告表示，其未能完成全部剧本的原因在于卢某表示因更换导演、引进新编剧等原因不再让二原告提供后续工作，且“无法保证二人署名”，故二原告无法与万某公司继续合作，不存在未达到其要求的情况，沟通中卢某明确表示后续工作不会采用二原告的成果。

二、关于网剧《隐秘的角落》

网剧《隐秘的角落》（涉案网剧）于2020年6月16日首次独家播出，全集12集。片头署名：编剧潘某某、孙某某；片尾署名：编剧潘某某、孙某某，编剧团队陈某、辛某、韩某。导演为辛某。片尾“特别鸣谢”处有二原告名字。片尾显示摄制单位为万某公司，出品公司为爱某公司。

二原告表示，涉案网剧上映后，其发现涉案网剧包含二原告创作的大量独创性内容，但未为二原告署名编剧，侵害了二原告享有的署名权。万某公司作为涉案网剧的摄制单位、爱某公司作为涉案网剧的出品方及播放平台，应共同承担侵权责任。庭审过程中，各方均认可万某公司为涉案网剧摄制单位，拍摄制作完成了涉案网剧，爱某公司为涉案网剧著作权人，系涉案网剧的在线播放平台。

万某公司否认其侵害署名权，除前述其主张二原告未完成涉案合同义务依约无法署名，二原告是在大量在先作品基础上进行的修改、细化，原告剧本独创性内容极少的抗辩意见外，其还主张二原告对涉案网剧即成片的贡献较少，故不享有涉案网剧编剧署名权：

一方面，从行业惯例看，影视行业中的编剧应当对剧集成片达到一定比例的贡献度后方可享有署名权。为此，万某公司提交了相关新闻报道等证据予以证明。前述部分证据显示：1. 编剧、制片人白某在接受采访时提及“一些人在署名、酬金上得不到保证，很多时候并不代表他们被欺负了，而是确实写得不好……大编剧通常会直接梳理一些重要的故事脉络、台词，助理编剧则需要记录、整理之后给大编剧看。好的编剧助理可以通过会议记录，把这集剧本的大概脉络写出来，这时候自然会受到重视。但很多编剧不仅写不出脉络，连记录都不全。我经常在看会议记录的时候发现，上次我说过很重要的剧情没有了。这时候我是不是还应该给 TA 保留署名?”。2. 编剧宋某在接受采访时提及“一部电影，写作的比例超过百分之三十，就应该署名编剧。以三十集的电视剧来说，至少要超过五集的比例才能署名编剧。不能说贡献了几场戏就署名编剧。达不到比例的，可以署名文学统筹或文学编辑等，以示贡献”。3. 编剧、中国电视剧编剧委员会副秘书长在接受采访时提及“不一定所有编剧都有署名权。如果剧本或者大纲质量非常好，或者作者加进去了很多新的更好的创意，是可以有署名权的。《法医秦明 2》的电视剧是基于原著小说，所以都是看你提供的劳动，如果剧本的质和量都高，独创的部分也很不错，就是可以谈署名的”“很多制片方与编剧签订的合同都只说明了署名，但并未对创作内容在成片中的比例做出详细规定，如一个 40 集的电视剧，一位编剧创作了 2 集，另一个编剧创作了 38 集，如果两位编剧并列署名的话显然是不公平的，这就要求制片方应将编剧创作的内容在成片中达到一定比例才能署名写进合同”。4. 新浪新闻 2020 年 5 月 26 日发布的文章《“直播卖剧本”靠谱吗?给影视作品创作有何启示?》一文提及“许多有名的影视剧编剧多次谈到，业内缺少一些真正的行业规则……以国内争议较多的编剧署名权纠纷为例，基础协议规定一个编剧对最终剧本的贡献需要超过30%才有资格署名，低于 30%则没有署名权。一个剧本，编剧一般不会超过3 位。遇到署名权纠纷，由于没有细化的规则，就只能靠人情来解决了”。此外，万某公司还强调，除影视行业外，学术行业也对作者身份的确定提出了贡献度要求，并非只要对文章进行了任何写作协助和编辑的人都可以享有署名权，并为此提交了国际医学期刊编辑委员会官方网站颁布的作者署名要求规范等。二原告认可前述证据真实性，但否认证明目的。

另一方面，二原告退出项目后，万某公司聘请了包括胡某、潘某某和孙某某等其他编剧持续修改创作剧本，前述人员为涉案网剧剧本的创作投入了极大的时间和精力，其贡献度远远超过二原告。为此，万某公司提交了2019年4月至5月与策划胡某、编剧潘某某及孙某某的聘用合同及经公证的相关微信聊天记录予以证明。二原告认为前述证据与本案无关。另，万某公司表示，韩某独立创作、完善了第9集至第12集分集大纲，对涉案网剧起到较大贡献，并提交了其完成的分集大纲内容及微信群聊记录。二原告表示其经常与韩某讨论如何进行剧本创作，第9集至第12集分集大纲是韩某、二原告共同讨论、创作，由韩某执笔提交给万某公司，属于三人共同的劳动成果。

爱某公司强调，其仅为投资方，涉案网剧的内容由万某公司制作，其并不知晓涉案网剧的具体情况，如法院最终认定涉案网剧涉及侵害署名权，其可以署名，但需要万某公司提供更改后的相应介质。

为查明涉案网剧拍摄使用剧本的情况，本院依法向北京市广播电视局调取了备案于该单位的网剧《隐秘的角落》剧本（以下简称备案剧本），双方均认可备案剧本的真实性。

万某公司表示，备案剧本仅为送审稿，拍摄过程中进行了大量修改，与涉案网剧最终成片存在差异。二原告认可涉案网剧制作过程中存在对备案剧本的调整与变化，但表示涉案网剧系按照备案剧本拍摄，无论最终是否实际使用了备案剧本，只要备案剧本采用了原告剧本，均需要在涉案网剧上体现其署名。

另，庭审中，二原告明确其第一项诉讼请求的署名方式为在涉案网剧片头及片尾的编剧一栏处、在爱某平台（全端口）网剧《隐秘的角落》播放详情介绍中加入二原告编剧署名，并表示无顺序要求，署名编剧即可。

三、关于比对情况

本案中，双方就二原告主张的原告剧本第1集、第2集、第3集与网剧《隐秘的角落》（涉案网剧）前3集，原告剧本第1集、第2集、第3集与备案剧本前三集进行了比对。二原告另表示，除前3集外，虽后期剧集中会出现人物小传、第1集至第12集分集大纲的内容，但其不再就较少使用其创作内容的部分进行单独比对。

（一）原告剧本与涉案网剧前三集的比对

二原告主张，原告剧本首次将相关场景进行了剧本化创作，呈现了完整的场景、人物、动作和对白，而涉案网剧的对应场景与原告剧本基本一致。具体体现在：

1. 涉案网剧第1集有23个场景使用了原告剧本内容，包括场景一主角朱朝阳首次登场考试交卷（对应涉案网剧第1集03分56秒至04分17秒）；场景二篮球场上朱朝阳因球技不佳引同学嘲笑（对应涉案网剧第1集04分38秒至05分25秒）；场景三朱朝阳喝到有橡皮渣的水并喷在同学身上（对应涉案网剧第1集05分31秒至05分58秒）；场景四家长会上，周春红因其儿子朱朝阳被表扬而自豪（对应涉案网剧第1集20分45秒至22分10秒）；场景五老师提示周春红、朱朝阳不合群，但周春红不以为然（对应涉案网剧第1集22分15秒至24分16秒）；场景六叶驰敏在教室发脾气扔纸团（对应涉案网剧第1集24分18秒至24分59秒）；场景七周春红离开学校前嘱咐朱朝阳好好吃饭（对应涉案网剧第1集25分05秒至26分18秒）；场景八朱朝阳自己在家煮饭，严良、普普来找朱朝阳（对应涉案网剧第1集26分24秒至27分30秒）；场景九老陈想去找严良，其老伴不满（对应涉案网剧第1集32分51秒至34分05秒）；场景十朱朝阳在家门口遇到临时回家的周春红，朱朝阳紧张，周春红让朱朝阳去找其父亲朱永平取生活费（对应涉案网剧第1集38分01秒）；场景十一严良、普普表示朱朝阳不在家其也不会留在家里，朱朝阳开始信任该二人（对应涉案网剧第1集41分47秒至43分30秒）；场景十二朱永平与牌友一起玩，牌友表示其牌运和家门运都旺（对应涉案网剧第1集43分32秒至44分40秒）；场景十三朱朝阳找朱永平取生活费，朱永平决定带朱朝阳购物（对应涉案网剧第1集44分42秒至46分48秒）；场景十四朱永平带朱朝阳去商场购物的路上接到王瑶电话，王瑶表示要带朱晶晶一起购物（对应涉案网剧第1集46分49秒至49分18秒）；场景十五商场里朱永平带朱朝阳买新鞋并讲述小时候故事，王瑶和朱晶晶来会合（对应涉案网剧第1集49分20秒至51分04秒）；场景十六朱永平去取车，朱晶晶踩了朱朝阳新鞋，朱朝阳离开（对应涉案网剧第1集51分04秒至52分23秒）；场景十七朱朝阳因鞋上脚印郁闷，朱朝阳与严良、普普到天台发泄（对应涉案网剧第1集56分37秒至56分46秒、58分43秒至60分59秒）；场景十八朱朝阳发现普普为自己擦鞋（对应涉案网剧第1集61分16秒至62分24秒）；场景十九张东升和徐静父母爬山，在凉亭与朱朝阳、普普、严良三人遇见（对应涉案网剧第1集62分25秒至62分53秒、65分26秒至65分32秒）；场景二十朱朝阳一行三人拍照、唱《小白船》并录像（对应涉案网剧第 1 集 66 分 01 秒至 67 分 35 秒）；场景二十一因周春红要回家，朱朝阳送别普普、严良（对应涉案网剧第 1 集 67 分 37 秒至 68 分 46 秒）；场景二十二周春红告知朱朝阳因景区出事不回家，朱朝阳飞奔追普普、严良回来（对应涉案网剧第 1 集 68 分 47 秒至 71 分 12 秒）；场景二十三朱朝阳三人在家中查看相机，发现视频中张东升杀人一幕（对应涉案网剧第 1 集 71 分 14 秒至 73 分 12 秒）。

例如：（1）场景二

原告剧本对应场景描述了体育课上，朱朝阳被一个突然飞来的篮球砸到；在与其他同学打篮球的过程中，对方球员带球向篮筐冲了过来，朱朝阳防守被摔在地上，围观同学发出嘘声。

涉案网剧第 1 集场景二描述了朱朝阳在篮球场独自打篮球，有人往朱朝阳身上砸了一个篮球，其在与该男生争球过程中，该男生带球冲向篮筐，朱朝阳防守，被撞倒在地上，周围同学都哄笑起来。

二原告主张，涉案网剧在朱朝阳和同学打球的情节设计、朱朝阳在球场的动作和行为，及展现人物的性格、同学对朱朝阳的态度与原告剧本一致。万某公司则认为二者仅有“朱朝阳被球砸到”“他人带球进攻、朱朝阳防守失败摔倒”两处共计 9 秒一致，其余的“篮球场”场景、人物设置等均在《分幕》中出现。《分幕》对应场景为：“操场，男生在打篮球，瘦小的朱朝阳在球场中显得格格不入，被人戏耍般晃过，遭到队员一阵奚落。好不容易拿到了球，却因一个女士投篮遭到了更强烈的嘲笑。散场后，朱朝阳面对嘲弄一言不发，沉默地离开球场”。

（2）场景三

原告剧本对应场景描述了叶驰敏和杨某等几个女生在私底下取笑朱朝阳，见朱朝阳进教室后不再说话。朱朝阳回到自己座位上拿出水瓶喝水，突然将水连同橡皮的小块从嘴里喷了出来，喷在叶驰敏身上。叶驰敏不高兴，朱朝阳表示对不起并解释有人往其水杯里放橡皮渣子。

涉案网剧第 1 集场景三描述了叶驰敏和前桌女生聊天，见朱朝阳进教室后不再说话，收拾自己的书包。朱朝阳从抽屉里拿出自己的水壶，喝到一半突然把水喷了出来，喷到前桌女生。前桌女生不高兴，朱朝阳表示对不起并解释水里有橡皮渣。

二原告主张，涉案网剧中同学在教室里嘲笑朱朝阳、往朱朝阳杯子里放橡皮渣的情节、朱朝阳面对同学嘲笑和戏弄的态度所体现的人物性格与原告剧本一致。二原告还提出，“杨某”这一角色是原告之一本人的名字，在先作品中未出现过该角色，涉案网剧采用了该角色，其还出现在了片尾角色表中。万某公司则认为二者仅有朱朝阳水壶中有橡皮渣的部分共计 17 秒一致。其余的场景、人物等均在《分幕》中出现，而“杨某”人物名称本身并非著作权法保护的对象。《分幕》对应场景为：“朱朝阳从后门进了教室，叶驰敏和几个女生叽叽喳喳聊着八卦，正聊到朱朝阳，叶驰敏说了不少取笑朱朝阳的话，背后叫他‘只会学习的怪胎’，并没有注意到朱朝阳从后门进来。同学踢了一下叶驰敏的腿，示意叶驰敏回头，叶驰敏才看到朱朝阳，吐了吐舌头，几个人哄笑着出了教室。朱朝阳也不理会，独自拿出一本书翻开”。

（3）场景六

原告剧本描述了叶驰敏进入教室，看到朱朝阳正在扫地，故意把手里用完的纸巾撒在朱朝阳已经扫过的地方。叶军指责叶驰敏，朱朝阳表示叶驰敏并不是故意的。

涉案网剧第 1 集场景六描述了朱朝阳在教室里扫地，叶驰敏生气地将自己的成绩单扔到朱朝阳旁边。叶军指责叶驰敏，朱朝阳表示叶驰敏不是故意的。

万某公司认可该场景主要情节相似，但认为叶驰敏扔纸团的起因不同，扣除相应时长后仅为 19 秒。

（4）场景二十二

原告剧本描述了朱朝阳进屋接到周春红电话，周春红询问其这么晚去哪里，周春红交代景区出事，其无法回家。朱朝阳心中狂喜、露出微笑，匆忙挂电话飞奔下楼冲向街道，寻找普普和严良。在一个马路口，三人互相看到对方，朱朝阳气喘吁吁，手撑在膝盖上喘气，看着普普、严良笑了。

涉案网剧第 1 集场景二十二描述了基本一致的场景。

万某公司认可该场景主要情节、部分台词和动作相似，但认为相关场景、人物等均在《分幕》中出现，扣除已有场景、台词后剩余相似时长为 84 秒。《分幕》对应场景为：“离开时周春红对朱朝阳说景区出事，今天晚上没法回家了，让朱朝阳自己回去。朱朝阳留严良和普普再住一晚，第二天再离开”。

此外，二原告主张第 1 集中的其他场景，如场景四至七中班主任老师在家长会上所说的内容、班主任老师与周春红的对话、叶军请教周春红等情节，场景十二至十四中朱永平与朱朝阳在牌桌上的场景、带朱朝阳去商场、路上接到王瑶电话等情节，均与原告剧本基本一致。

针对第1集所涉场景，万某公司仅认可涉案网剧与原告剧本构成实质性相似时长为420秒，占比10%。万某公司认为，其余的内容均在其在先作品《分幕》、1216版分集大纲、《坏小孩》小说中已经有相应的场景、人物、情节等内容。

2. 涉案网剧第2集有22个场景使用了原告剧本内容，包括场景一张东升向警察解释事情经过（对应涉案网剧第2集38秒至02分09秒）；场景二朱朝阳、严良、普普三人试图报警（对应涉案网剧第2集03分18秒至03分52秒）；场景三徐静责备张东升（对应涉案网剧第2集03分53秒至04分57秒）；场景四朱朝阳报警被阻止（对应涉案网剧第2集04分57秒至07分24秒）；场景五朱朝阳、严良、普普三人决定写警告信（对应涉案网剧第2集08分02秒至09分40秒）；场景六朱朝阳、严良、普普三人在家吃饭，接到周春红回家电话（对应涉案网剧第2集10分35秒至11分47秒）；场景七马主任送别周春红（对应涉案网剧第2集11分53秒至12分51秒）；场景八严良、普普在工地找工作（对应涉案网剧第2集13分08秒至14分05秒）；场景九周春红做饭、朱朝阳写日记（对应涉案网剧第2集14分07秒至14分29秒）；场景十周春红与朱朝阳吃饭聊天（对应涉案网剧第2集14分29秒至16分36秒）；场景十一严良与普普睡前聊天（对应涉案网剧第2集19分45秒至20分38秒）；场景十二徐静父母葬礼，徐静哭泣（对应涉案网剧第2集20分46秒至22分19秒）；场景十三普普被工地工人欺负，严良与工人打架（对应涉案网剧第2集22分19秒至23分29秒）；场景十四严良、普普打暗号叫朱朝阳处理伤口（对应涉案网剧第2集24分26秒至25分51秒）；场景十五朱朝阳、严良、普普处理伤口（对应涉案网剧第2集25分53秒至26分43秒）；场景十六朱朝阳在书店偶遇张东升，普普认出（对应涉案网剧第2集28分41秒至29分32秒）；场景十七普普假装登记会员找张东升要电话，严良偷张东升手机（对应涉案网剧第2集30分03秒至31分33秒）；场景十八朱朝阳解不开张东升手机，张东升打电话来要手机，朱朝阳决定去送警告信（对应涉案网剧第2集31分38秒至34分55秒）；场景十九朱朝阳三人发现嘟噜蟹（对应涉案网剧第2集36分49秒至38分16秒）；场景二十严良、普普送朱朝阳进少年宫（对应涉案网剧第2集39分37秒至40分08秒）；场景二十一三人在少年宫门口看见朱晶晶母女，普普单独进少年宫（对应涉案网剧第二集40分08秒至41分09秒）；场景二十二老陈在少年宫旁小卖部偶遇严良，二者展开追逐，朱晶晶坠楼（对应涉案网剧第2集41分10秒至45

分32秒）。

例如：（1）场景六

原告剧本对应场景描述了朱朝阳、严良、普普三人在朱朝阳家中一起吃面，突然电话铃声响起，朱朝阳立刻接电话“喂，妈”。周春红（画外）询问其在干吗，朱朝阳表示刚吃完饭准备学习，周春红（画外）询问其想吃什么，朱朝阳表示“那你待会去菜场的话，买条鱼回来吧”。普普询问“阿姨要回来了？”朱朝阳慢慢点点头。

涉案网剧第2集场景六描述了朱朝阳、严良、普普三人在朱朝阳家中一起吃粥，电话铃声响起，朱朝阳起身接电话说道，“喂，妈……我上午去书店看书了”“那就吃鱼吧，妈再见”。普普询问“阿姨要回来了吧”，朱朝阳轻轻点了点头。

二原告主张，该情节为其原创。万某公司则认为二者仅有一处台词共计6秒相似。其余场景、人物、情节、台词与动作均在1216版分集大纲中出现，且部分相似之处如午饭时接到周春红来电、朱朝阳接起电话说道“喂，妈”、吃鱼的情节以及普普询问“阿姨要回来了？”等内容均为有限表达。1216版分集大纲对应场景为：“中午，朱朝阳突然接到周春红的电话，问他晚上想吃什么，得知她当天要回家。严良赶忙要带着普普出门……朱朝阳在窗口目送二人走……”

（2）场景八

原告剧本对应场景描述严良和普普到码头渔场找工作。工头叼着烟说一天五十，工头询问严良身份证号码，严良结结巴巴背了前半段，普普在一旁提醒多次，工头抬头看严良，普普提示还差两位，严良说完后工头表示可以开始干活了。两人离开。

涉案网剧第2集场景八描述了严良和普普到码头渔场找工作，询问是否招工，工头叼着烟说其不招童工。严良表示有个住的地方就行。工头询问身份证号码，严良结结巴巴背了前半段，工头抬头看严良，普普在一旁提醒还差两位，严良说完后工头表示让他们去找另一位师傅，两人相视一笑离开。

二原告主张，其在1121版分集大纲、1130版分集大纲中即设计了严良带着普普找工作，且二人合起来编身份证号码试图欺骗对方的情节。万某公司则认为二者仅有一处动作、一处情节共计10秒相似。其余场景如码头渔场为有限表达，人物及相关情节如严良、普普另寻住处，严良报身份证号码少几位等情节在在先作品中已体现，且涉案网剧具体表达与原告剧本差异较大。

（3）场景十三

原告剧本对应场景描述严良看到普普被工人欺负，问道“你干吗呢”，并与工人们打架，普普在一旁着急喊道“你们别打了”，但严良仍被工人围殴，普普举着开水壶用开水泼工人帮严良脱险。

涉案网剧第2集场景十三描述了普普在工地被四个少年抢走铁盒，严良踢了少年并问道“你干吗呢”，四人对严良拳打脚踢，普普在一旁喊道“你们别打了”。四人围殴严良，普普举着开水壶用开水泼少年帮严良脱险。

二原告主张，原著中并无此剧情，系二原告首次将该场景进行剧本化创作，且1121版分集大纲中即第一次出现了普普浇开水解救严良的情节。万某公司则认为二者仅有一处动作共计14秒相似。其余场景、人物等均在《分幕》中已体现。《分幕》中的对应内容为：“严良看到普普被工人追，不分青红皂白飞奔上去对着工人就是一脚，和工人厮打起来。见到有人打架，工人们自然向着工友，几个工人围着严良一顿殴打，严良却像红了眼一般，不顾加在身上的拳脚，压在欺负普普的工人身上死盯着一个打，普普躲在一旁哭喊”。万某公司强调，严良的话“你干吗呢”、普普多次喊严良的名字以及“别打了”的台词均属于有限表达。

（4）场景十九

原告剧本对应场景描述严良、普普、朱朝阳在小白船内。普普被小螃蟹吸引，说道“我好久没见到嘟噜蟹了”，朱朝阳说他们管它叫蟛蜞，普普提到“我爸以前跟我说过，荆轲刺秦王的时候，嘟噜蟹还成群结队地挖洞救人呢”。普普后讲述了其父母的情况。

涉案网剧第2集场景十九描述了严良、普普、朱朝阳在沙滩的船边，朱朝阳被小螃蟹吸引，说道“嘟噜蟹”。普普提到“我们那儿都管它叫蟛蜞。我爸爸说，荆轲刺秦王的时候，嘟噜蟹还成群结队挖地洞救人呢”。看船老人发现三人，赶三人走，普普用母亲方言潮汕话向老人求情，老人同意三人在船上住几天。

二原告主张，原著中并无此剧情，该场景为二原告原创，涉案网剧系采用了原告剧本内容后进行了删改。万某公司则认为二者仅有2句台词共计14秒相似，涉案网剧与原告剧本场景不同，且主要情节不同，原告剧本中普普向朱朝阳讲述了父母情况，涉案网剧中则是三人在沙滩上被守船老人赶，普普用母亲方言潮汕话向老人求情被允许在船上住几天，二者不构成相似。

此外，二原告主张第2集中的其他场景，如场景一至四张东升独自接受询问、朱朝阳三人试图报警、徐静责备张东升、朱朝阳报警被阻止的情节、场景表达、场景穿插顺序等均与原告剧本一致；场景十六至十八、二十至二十一，情节展开的逻辑、对话逻辑及部分动作均与原告剧本高度一致；场景五中普普提出车标线索；场景二十二中严良与老陈的厕所追逐戏、老陈误认川剧脸谱男孩等均与原告剧本一致。

针对第 2 集所涉场景，万某公司仅认可涉案网剧与原告剧本构成实质性相似时长为 135 秒，占比 5%。万某公司认为，其余内容均在其在先作品《分幕》、1216 版分集大纲、《坏小孩》小说中已有相应场景、人物、情节等内容，且涉案网剧还有更多其他情节和细节。原告剧本中独创的内容包括普普提出车标线索、普普泼开水、沙滩嘟噜蟹细节、厕所追逐戏和川剧男孩等情节都属于小细节，不构成第 2 集主要的情节及人物关系。

3. 涉案网剧第 3 集有 26 个场景使用了原告剧本内容，包括场景一普普跟踪朱晶晶到其教室（对应涉案网剧第 3 集 26 秒至 01 分 32 秒）；场景二普普听到小白船想起自己家人（对应涉案网剧第 3 集 01 分 33 秒至 02 分 21 秒）；场景三朱朝阳来到张东升课堂上借机送警告信（对应涉案网剧第 3 集 03 分 26 秒至 5 分）；场景四朱晶晶离开教室，普普跟踪朱晶晶（对应涉案网剧第 3 集 05 分 02 秒至 05 分 16 秒）；场景五张东升让大家进行模拟测试（对应涉案网剧第 3 集 05 分 18 秒至 05 分 40 秒）；场景六朱朝阳看到朱晶晶上楼，其交上警告信（对应涉案网剧第 3 集 06 分 20 秒至 07 分 05 秒）；场景七普普打算教育朱晶晶不要欺负朱朝阳，朱晶晶激怒朱朝阳，爬窗台不小心坠楼（对应涉案网剧第 3 集 07 分 04 秒至 10 分 09 秒）；场景八朱朝阳发现朱晶晶坠楼后陷入呆滞（对应涉案网剧第 3 集 13 分 08 秒至 14 分 05 秒）；场景九、十一老陈查看朱晶晶情况，报警、驱散人群（对应涉案网剧第 3 集 10 分 08 秒至 10 分 23 秒、10 分 27 秒至 10 分 31 秒）；场景十普普建议二人分头离开现场（对应涉案网剧第 3 集 10 分 31 秒至 10 分 45 秒）；场景十二朱朝阳、普普、严良相遇后决定先离开现场（对应涉案网剧第 3 集 11 分 35 秒至 12 分 09 秒）；场景十三叶军查看案发地点（对应涉案网剧第 3 集 13 分 12 秒至 13 分 49 秒）；场景十四周春红回家带朱朝阳出门（对应涉案网剧第 3 集 17 分 36 秒至 18 分 19 秒）；场景十五周春红带朱朝阳来到医院安抚朱永平（对应涉案网剧第 3 集 18 分 20 秒至 20 分 16 秒）；场景十六周春红安抚王瑶（对应涉案网剧第 3 集 20 分 17 秒至 21 分 32 秒）；场景十七严良、普普着急等待朱朝阳（对应涉案网剧第 3 集 21 分 33 秒至 21 分 53 秒）；场景十八周春红、朱朝阳从医院回来后心情沉重（对应涉案网剧第 3 集 21 分 55 秒至 23 分 22 秒）；场景十九朱朝阳看严良和普普的纸条（对应涉案网剧第 3 集 23 分 35 秒至 24 分 18 秒）；场景二十叶军接到电话发现朱晶晶牙齿有他人血迹等（对应涉案网剧第 3 集 24 分 25 秒至 25 分 50 秒）；场景二十一张东升提出朱晶晶坠楼地点疑问（对应涉案网剧第 3 集 26 分至 26 分 28 秒）；场景二十二叶军发现当日少年宫有朱朝阳（对应涉案网剧第 3 集 26 分 32 秒至 27 分 16 秒）；场景二十三叶军突然到访，严良、普普逃离，叶军询问朱朝阳，提取朱朝阳 DNA（对应涉案网剧第 3 集 27 分 18 秒至 40 分 08 秒）；场景二十四朱朝阳三人互相道别，张东升突然出现（对应涉案网剧第 3 集 32 分 15 秒至 33 分 10 秒）；补充场景一叶军来到朱晶晶坠楼现场，老陈向叶军介绍自己看到的情况，叶军上楼查看（对应涉案网剧第 3 集 12 分 20 秒至 13 分 08 秒）；补充场景二周春红带朱朝阳到医院，走廊里遇到警察，朱朝阳紧张的眼神回避（对应涉案网剧第 3 集 18 分 19 秒至 18 分 34 秒）。

例如：（1）场景三

原告剧本对应场景描述在少年宫奥数班教室内，同学们三五成群地在聊天，朱朝阳从教室后门进入。上课铃响起后，张东升进入课堂进行自我介绍。张东升在黑板上画了十字，并询问是否有人知道谁发明了直角坐标系。朱朝阳小声回答“笛卡尔”，张东升介绍了直角坐标系又称为笛卡尔坐标系，并提到笛卡尔发明坐标系故事的一个版本是为了追求公主。在原告剧本中还备注了笛卡尔话题可以作为张东升与朱朝阳之间的重要话题一直延续下去。

涉案网剧第 3 集场景三描述了少年宫奥数班教室内，教室里有人聊天、有人阅读，朱朝阳从教室后门进入坐下。上课铃声响起，张东升走进教室进行自我介绍并说明数学重要性。张东升询问是否有人知道谁发明了直角坐标系。朱朝阳小声回答“笛卡尔”，张东升介绍直角坐标系又称为笛卡尔坐标系，并提到笛卡尔发明坐标系故事的一个版本是为了追求公主。

二原告主张，原著中并无此剧情，该情节为二原告原创，并首次提出以笛卡尔的故事作为全剧线索贯穿始终，属于其独创性表达和重要的智力成果。二原告强调，第 3 集开篇至 10 分 9 秒处的情节，在此前分幕版本、分集大纲中均是作为第二集的三分之二幕或结点，并且与严良躲老陈的情节平行交叉进行。而二原告剧本首次切开了平行推进的两条行动线，进行时空倒叙，重新设计了第二集和第三集的通篇结构，单独以朱朝阳进入奥数课堂作为第三集正片的开场，并采用穿插叙事的方式。涉案网剧均采用了前述结构调整和情节。万某公司则认为二者仅有 1 处台词共计 29 秒相似，其余场景、人物、情节等均在 1216 版分集大纲和《坏小孩新提纲》中已有。其余的相似之处如朱朝阳从后门进入、张东升随上课铃响走进教室等都是必要场景或人物的个人习惯及性格导致。万某公司表示，虽"笛卡尔"的创意是二原告提出，但涉案网剧中对笛卡尔元素的使用除该场景中对笛卡尔故事介绍的台词外，与二原告提出的创意不同，因此二原告对于涉案网剧中精彩呈现的"笛卡尔"元素贡献十分有限。万某公司另强调，对于时空倒叙的设计并非二原告原创，早在《导演阐述》和 1216 版分集大纲中均体现了倒叙设计。

（2）场景九/场景十一

原告剧本对应场景描述在少年宫一楼，老陈挤开人群，看到朱晶晶，一边开始做心肺复苏，一边大喊着驱散人群："散开散开，都回教室！"后老陈掏出手机打电话报警。朱朝阳从一侧看到了穿警服的老陈，又紧张起来，随后从侧门走了出去。老陈脱下自己的警服外套盖住朱晶晶。

涉案网剧第 3 集场景九/十一描述了少年宫一楼，老陈蹲下查看朱晶晶的尸体（画面回到普普劝朱朝阳离开现场），老陈喊道："进去了进去了……别看了别看了。"（画面回到普普、朱朝阳下楼），老陈脱下自己的外套盖住朱晶晶尸体，并打电话报警。大量学生涌向一楼，老陈说道："别看了别看了，走了走了"。朱朝阳随人群一同迅速下楼，到达一楼时看到了老陈，随后跑出少年宫。

二原告主张，老陈报警、老陈驱赶人群、朱朝阳匆匆路过、老陈用自己的衣服盖住朱晶晶尸体等情节均为二原告原创。万某公司则认为二者仅有 1 处动作和 1 处情节细节设计相似共计 9 秒，其余场景、人物、情节等均在《分幕》中已体现。而老陈驱赶人群应属于有限表达。《分幕》对应内容为："严良愣在原地，老陈扔下严良冲过去查看朱晶晶伤势。楼下已经聚集起围观人群……老陈检查着朱晶晶的伤势，可是眼看朱晶晶已经断了气，再抬头时，人群里已经找不到严良了。老陈顾不上严良，打电话报警"。

（3）场景十六

原告剧本对应场景描述在夜里，医院停尸间外，周春红来到王瑶身边，努力自然地坐在她旁边，周春红从腰包掏出一张纸巾，递给王瑶。王瑶伸手去接纸巾，碰到了周春红的手，顿了一两秒，抬头给了周春红一个极短的有谢意的眼神，然后低下头埋起脸开始抽泣。

涉案网剧第 3 集场景十六描述在夜里、医院里，周春红走到王瑶身边，站着有些局促。周春红从包里拿出一包纸巾，取出一张递给王瑶，王瑶没反应，周春红弯下腰把纸巾放到王瑶手里，王瑶缓慢地抬起脸看周春红，周春红侧开脸躲避王瑶眼神，王瑶开始抽泣起来，用手掩住脸。

二原告主张，二原告剧本中将该情节改为周春红给王瑶递纸巾，并呈现了完整的场景、人物、动作等。万某公司则认为涉案网剧基本未使用二原告独创性内容，相关场景、人物、情节、动作等均在1216版分集大纲中已出现。而周春红递纸巾给王瑶，王瑶抬头看周春红属于有限表达。1216版分集大纲对应内容为："周春红拉着朱朝阳到了医院……正碰上朱永平扶着王瑶从尽头的一个发着白光的房间走出来。朱永平把王瑶安顿在一个椅子上，自己再也站不住，跪在她膝盖旁边……周春红坚定地走了过去……坐在王瑶身边，伸出手扶住王瑶的肩膀。王瑶没有反应，周春红不再犹豫，把王瑶拉进自己的怀里。王瑶开始号啕大哭"。

此外，二原告主张第3集中的其他场景，如场景一普普单独追踪朱晶晶；场景二中普普看到朱晶晶上课闪回想起父母；场景六朱朝阳看到朱晶晶上楼，其交上警告信离开教室跟上；场景十二中三人在少年宫外依次碰头、叶军和朱朝阳出现在同一画面；场景十四中周春红带朱朝阳去医院看望朱永平；场景十七至十九严良、普普着急等待朱朝阳，周春红、朱朝阳从医院回来后心情沉重，严良和普普用纸条安慰朱朝阳；场景二十到二十二叶军要求查清朱家社会关系、朱晶晶行踪，张东升提出朱晶晶在四楼上课但在五楼坠楼疑点，叶军发现并怀疑朱朝阳；补充场景中叶军与老陈的对话、朱朝阳在医院看到警察眼神回避等情节及内容均与二原告剧本基本一致；场景八至十一的情节切换顺序、第二集场景二十至第三集场景七之间的倒叙穿插顺序、逻辑和时间节点与二原告剧本高度一致。

针对第3集所涉场景，万某公司仅认可涉案网剧与原告剧本构成实质性相似时长为100秒，占比5.2%。万某公司认为，其余内容均在其在先作品《分幕》、1216版分集大纲、《坏小孩》小说等中已有相应场景、人物、情节等内容，相关相似的细节并不构成整个剧中的重要内容或对故事发展、人物情节推进的重要内容。

针对原告剧本与涉案网剧的比对，万某公司强调，涉案网剧在人物塑造、情节设计、场景切换、叙事顺序、剧情节奏、台词、动作等方面均是在先作品已经确立的，排除前述在先作品的内容，原告剧本中原创的场景和情节很少，且大部分属于常见表达，或不会对已有人物关系、人物设定和剧情发展产生影响的内容，其独创性和创作质量极其有限。

（二）原告剧本与涉案网剧备案剧本前三集的比对

二原告主张，涉案网剧备案剧本的对应场景亦与原告剧本基本一致，其中包括第 1 集的 21 个场景、第 2 集的 20 个场景、第 3 集的 24 个场景，其中大部分场景均在涉案网剧成片中体现，亦有部分场景仅在备案剧本中体现，最终未呈现在涉案网剧成片中。万某公司则认为，因备案剧本与涉案网剧最终成片存在差异，而二原告主张的是在涉案网剧上署名编剧，故应排除备案剧本中采用而在成片中未采用的场景。

万某公司另表示，即使法院认为二原告享有涉案网剧的署名权，二原告也仅参与了前三集的创作，故二原告无权要求署名为全 12 集的编剧，应分集署名，且分集署名亦具有合理性。为此，万某公司提交了相关网页打印件。前述证据显示，微信公众号“新剧观察”于 2022 年 12 月 5 日曾发布《国产连续剧的“单集结构”思维正在萌芽》一文中提及国内部分网络剧的每集片头都附有一个小标题，已经有“单集结构”思维，美剧则在分工上体现为单集执导、单集编剧；《老友记》等多部美剧的演职员信息显示单集署名编剧不同。对此，二原告表示，涉案网剧有较强的连续性，不存在独立分割的可能，二原告作为前三集编剧，在进行创作时就全剧的连贯性、合理性、全剧人物关系如何展开、剧情如何安排等问题均进行大量的工作和考量，且二原告也提交了全剧的 1121 版分集大纲和 1130 版分集大纲，故二原告应享有全剧编剧署名，而不能仅署名前三集编剧。

庭审中，爱某公司认可万某公司的比对意见及其他意见。

四、其他

二原告主张为本案支出 8 万元律师费，并提交了相关的律师费发票及委托代理合同。二被告认可前述证据真实性，但不认可证明目的。

以上事实，有二原告提交的涉案合同、网页打印件、聊天记录打印件、涉案网剧、原告剧本、比对材料、委托代理合同及发票，万某公司提交的涉案合同、聘用合同、聊天记录、公证书、网页打印件、可信时间戳认证证书及翻译、《坏小孩》小说等，本院调取的涉案网剧备案剧本，以及本院的证据交换笔录、庭前会议笔录、开庭笔录等在案佐证。

本院认为：

鉴于二原告主张的涉案被诉行为持续至今，故本案应适用现行《中华人民共和国著作权法》（以下简称著作权法）。

根据我国著作权法第十条第一款第二项、第十七条之规定，署名权是表明作者身份，在作品上署名的权利；视听作品的编剧等作者享有署名权。编剧一般指视听作品摄制时所依据的剧本作者，而编剧署名权指在上述作品上表明剧本作者的权利。

结合本案查明的事实及双方的诉辩意见，本案的争议焦点在于：第一，涉案合同的约定及履行情况是否会影响二原告署名权的行使；第二，涉案网剧是否使用了原告剧本的独创性表达，是否应为二原告署名编剧；第三，二被告应当承担的法律责任。

一、涉案合同的约定及履行情况的影响

在影视剧创作拍摄过程中存在多方主体的分工协作，各方参与者往往会对署名权的行使方式进行相关约定，基于意思自治原则，在不违反法律强制性规定和行业惯例的情况下，法律对于该种约定一般均予以尊重和保护。本案中，二原告主张的创作行为源于其与万某公司签订的涉案合同，因此，在署名权的问题上，首先应审查涉案合同的约定内容和履行情况。

从涉案合同的约定内容看，涉案合同对于剧本的认可与修改、权利归属及违约责任等内容进行了相应约定，其中包括如二原告提交的稿件经两次修改未达到质量要求的，万某公司有权解除本协议并有权聘请其他单位或个人完成该部分剧本或剩余部分剧本的创作，并不视为对其编剧权利的侵犯，对相关人员予以编剧署名并不再支付二原告剩余部分报酬，且有权按照每逾期一日当期应付款项1%的计算方式要求二原告支付违约金；编剧履行了本合同约定的全部义务后，编剧有权在根据剧本拍摄的本网剧作品及相关衍生产品上享有编剧署名权。可见，双方仅对二原告履行完毕合同义务后，在涉案网剧上享有编剧署名权进行了约定，未涉及解除合同后二原告署名权行使的明确约定。本案中，二原告亦仅主张编剧署名权而未涉及其他著作权财产性权利。

从涉案合同的履行情况看，二原告与万某公司签订了涉案合同，约定由二原告依照万某公司的要求改编、策划、创作、修改涉案网剧剧本，作为编剧完成涉案网剧剧本的全部创作及修改工作。二原告于2018年11月21日交付了1121版分集大纲，于2018年11月30日交付了1130版分集大纲，于2019年1月23日交付了原告剧本第1集至第3集，万某公司亦认可收到前述文档，并于2018年11月20日、2019年1月18日支付了涉案合同第一笔、第二笔款项。双方就二原告创作完成原告剧本第1集至第3集并无异议。在二原告交付完原告剧本后不久，二原告退出涉案项目，涉案合同事实上未再继续履行。双方对二原告退出涉案项目的原因各执一词。万某公司主张因二原告创作内容不佳，其欲引进新编剧参与涉案项目，但二原告不同意，故经沟通退出涉案项目。二原告则表示因万某公司表示要更换导演、引进新编剧等原因不再让二原告提供后续工作，且“无法保证二人署名”，故双方无法继续合作，不存在二原告未达到其要求的情况，同时万某公司亦承诺后续工作不会采用二原告的成果。

对此，本院认为，从双方聊天记录来看，仅有万某公司及相关工作人员单方聊天中有时任导演提及二原告“写不了剧本一稿”等表述且万某公司工作人员还表示“人家很认真”，让其有点耐心。而从万某公司与二原告的沟通中可以看出，万某公司及相关工作人员从未表示过二原告提交的分集大纲、人物小传、原告剧本质量不合格，反而有针对分集大纲所提到的“总体来说第一集还是比较好的”、针对人物小传提到的“意思都对，但有些杂乱”等内容，亦在2019年1月18日支付了涉案合同第二笔款项，在2019年1月23日交付完原告剧本后，亦无其他就原告剧本质量的沟通证据，故本案目前无充分证据体现万某公司提出二原告交付的原告剧本存在质量不合格等情况。从时间来看，虽二原告交付原告剧本的时间晚于涉案合同约定，但从聊天中可以看出，二原告系根据涉案合同的要求，按照时任导演等工作人员的要求进行修改并交付，相关工作人员并未提出其时间晚于涉案合同约定进度等情况，在工作人员表述必须交付的时间节点，如“（分集大纲）月底必须定稿”、人物阐述必须尽快定稿等，二原告也进行了交付。此外，在2019年1月23日二原告交付完原告剧本后，相关聊天记录仅有卢某、韩某表示感谢等内容，无其他双方沟通证据，而客观上涉案网剧确存在导演更换的情形，因导演更换变更编剧人员亦更符合常理。

综合以上，本案中并无充分证据证明万某公司主张的二原告交付剧本质量、时间不合格的情况，也无证据显示万某公司因前述理由而要求解除合同、并要求二原告支付违约金等情形。故本案无法认定系因二原告自身原因违反涉案合同约定，导致无法继续履行完毕涉案合同约定的全部义务。

据此，本案中，如涉案网剧确系使用了原告剧本的独创性内容，涉案合同的约定及履行情况不会影响二原告基于署名权这一著作权人身权的法定权利要求二被告承担侵权责任的主张。万某公司辩称二原告未履行涉案合同约定、未满足双方约定署名条件故不享有署名权的抗辩，本院不予采信。

二、涉案网剧是否使用了原告剧本的独创性表达

作为文学作品的影视剧本受著作权法保护的，不仅是完整的剧本本身，即以特定的人物关系设置为基础，通过一系列特定场景下的矛盾冲突所形成的具体情节，由人物语言、场景描写以及服务于拍摄电影所需要的独特角度、手法等的说明，完成故事发展的叙事结构和逻辑并反映作者创作主旨的作品整体；同时也是剧本中基于特定逻辑编排需要涉及的各类表达元素，包括具体的人物设置、人物关系、人物语言、情节事件、叙事手法、故事桥段、场景设置等，只要是融入了作者的独创性智慧，都属于可受著作权法保护的独创性表达。当然，常见的、概括性的人物关系以及概括的情节或者故事内容，不宜认定为某个人独创性成果而被个人所垄断。只有将具体人物放置于具体的情节中予以展开并与故事情节达到紧密结合的程度，以彰显出角色的性格特点，发展出不同的故事脉络，方能产生作品的个性与区分度，让读者或者观者产生不同的欣赏体验。

结合本案查明的事实，二原告系依据涉案合同在万某公司提供原著小说、导演阐述、分幕、分集大纲等素材的基础上改编、创作其剧本。因此，在判断涉案网剧是否使用原告剧本独创性表达时，需排除万某公司所提供在先作品的相关内容；但需明确，二原告如是在万某公司提供在先作品的基础上，改编、创作形成自己独创性的表达，并最终呈现在涉案网剧中，该部分当然属于涉案网剧使用二原告独创性成果的范围。在此基础上，本院结合双方的比对情况就原告剧本与涉案网剧进行比较分析。

（一）独创情节

将原告剧本与涉案网剧进行比较分析，涉案网剧使用了二原告如下新增的、独创的情节及场景：第 1 集场景六叶驰敏在教室发脾气扔纸团；第 1 集场景十八朱朝阳发现普普为自己擦鞋；第 1 集场景十九张东升和徐静父母爬山、在凉亭与朱朝阳三人擦肩而过；第 1 集场景二十一因周春红要回家，朱朝阳送别普普、严良；第 1 集场景二十二周春红告知朱朝阳因景区出事不回家，朱朝阳飞奔追普普、严良回来；第 2 集场景十九朱朝阳三人发现嘟噜蟹；第 3 集补充场景二周春红带朱朝阳到医院，走廊里遇到警察，朱朝阳紧张的眼神回避。

本院认为，前述场景及情节均未在在先作品中出现，首次出现在原告剧本中，而涉案网剧成片中亦使用相同或实质性相似的前述场景和情节，这些特定的场景及情节既有对主角、配角人物性格特点的塑造，亦有体现三位主

角之间人物关系的细节，既有对故事主场戏的铺垫和布局，又有推动主要情节的关键场景，故对于人物关系设计、人物性格特点的塑造、故事主线情节的推进起到了重要的作用。二被告主张前述情节和场景是基于在先作品的扩充，不构成主要的情节、人物关系的抗辩，本院不予采信。

（二）改编情节

将原告剧本与涉案网剧进行比较分析，涉案网剧的如下情节及场景与二原告在在先作品基础上改编的情节及场景构成相同或实质性相似：

涉案网剧第 1 集场景一主角朱朝阳首次登场考试交卷，叶驰敏与其前桌女孩的不满眼神；场景二篮球场上朱朝阳被球砸到、因球技不佳摔倒在地引同学嘲笑；场景三朱朝阳喝到有橡皮渣的水并喷在同学身上；场景五老师提示周春红，朱朝阳不合群，但周春红不以为然，叶军找周春红取经；场景八朱朝阳自己在家煮饭，严良、普普来找朱朝阳；场景十四朱永平带朱朝阳去商场购物的路上接到王瑶电话，王瑶表示要带朱晶晶一起购物；场景十五商场里朱永平带朱朝阳买新鞋并讲述小时候故事，王瑶和朱晶晶来会合；场景十七朱朝阳因鞋上脚印郁闷，朱朝阳与严良、普普到天台发泄。

涉案网剧第 2 集场景三张东升看到徐静进来，徐静打了张东升一耳光；场景六朱朝阳、严良、普普三人在家吃饭，接到周春红要回家的电话；场景八严良普普在工地找工作；场景十三普普被工地工人欺负，严良与工人打架；场景十八朱朝阳解不开张东升手机，张东升打电话来要手机，朱朝阳决定去送警告信；场景二十二老陈在少年宫旁小卖部偶遇严良，二者展开追逐，老陈逐一查看厕所隔间，朱晶晶坠楼。

涉案网剧第 3 集场景一普普跟踪朱晶晶到其教室；场景二普普听到小白船想起自己家人；场景三朱朝阳来到张东升课堂上借机送警告信，张东升介绍笛卡尔故事；场景六朱朝阳看到朱晶晶上楼，其交上警告信，张东升表示对数学不感兴趣可退课；场景七普普打算教育朱晶晶不要欺负朱朝阳，朱晶晶激怒朱朝阳，爬窗台不小心坠楼；场景九、十一老陈查看朱晶晶情况，报警、驱散人群；场景十三叶军查看案发地点；场景十五周春红带朱朝阳来到医院安抚朱永平；场景十六周春红安抚王瑶；场景十九朱朝阳看严良和普普的纸条；场景二十二叶军发现当日少年宫有朱朝阳；补充场景一叶军来到朱晶晶坠楼现场，老陈向叶军介绍自己看到的情况，叶军上楼查看。

本院认为，原告剧本中对应的前述场景及情节属于在万某公司提供的在先作品的基础上，通过其具体的文字表达，改编形成了完整的人物、场景、动作、对白等，使之形成可供影视作品拍摄所使用的剧本，服务于拍摄影视作品所需要的独特角度、手法等，属于著作权法应予保护的独创性表达。例如，通过设计朱朝阳被同学恶作剧喝到有橡皮渣的水，更突出体现其被同学讨厌、孤立的细节；通过朱永平车上的挂坠、朱永平与王瑶在车上的对话等，引出朱永平父子与其新家庭之间的尴尬和矛盾；通过老陈揭下川剧男孩脸谱、逐一查看厕所隔间，使得老陈与严良的追逐戏更加紧张和扣人心弦；通过张东升提出笛卡尔直角坐标系的故事暗示张东升与朱朝阳的对照关系。这些改编后形成的独创性表达对于故事背景的引入、人物关系的呈现、人物性格的塑造、重点情节的凸显和推动起到了重要的作用。而涉案网剧中采用了前述相同或实质性相似的场景和情节，或在前述基础上进一步改编，二被告提出前述情节及场景均为在先作品已有的场景、人物、情节等内容的抗辩，本院不予采信。

（三）其他台词、动作

除前述独创情节和改编情节外，涉案网剧中还有部分场景中的人物对话台词或动作细节与原告剧本对应场景的台词或动作细节基本一致。具体体现在：涉案网剧第 1 集场景四家长会上老师的讲话；场景九老陈老伴将白粥油条端上桌，与老陈的对话；场景十朱朝阳在家门口遇到临时回家的周春红，朱朝阳紧张，二人之间的对话及动作；场景十一严良、普普表示不给朱朝阳添麻烦、朱朝阳留二人对话；场景十二朱永平与牌友一起玩，牌友表示其牌运和家门运都旺的对话；场景十三朱朝阳找朱永平取生活费，牌友、朱永平与朱朝阳的对话；场景二十朱朝阳一行三人拍照、唱《小白船》并录像的对话及动作。涉案网剧第 2 集场景五普普提及张东升车标引出线索；场景十二徐静父母葬礼，徐静哭泣，张东升假装关心徐静的动作；场景十五朱朝阳、严良、普普处理伤口的对话；场景二十严良、普普送朱朝阳进少年宫；场景二十一三人在少年宫门口看见朱晶晶母女的角度、动作。涉案网剧第 3 集场景八朱朝阳发现朱晶晶坠楼后陷入呆滞，普普要其冷静别慌；场景十普普建议二人分头离开现场；场景十二朱朝阳、普普、严良相遇后决定先离开现场，叶军进入现场；场景十四周春红回家带朱朝阳出门的对话；场景二十叶军要求查询朱家家庭社会关系及朱晶晶行踪；场景二十一张东升提出朱晶晶坠楼地点疑问；场景二十三叶军突然到访，与朱朝阳之间的对话；场景二十四朱朝阳三人互相道别，张东升突然出现的对话。

本院认为，涉案网剧与原告剧本中对应场景的前述对白或动作基本相同或近似，二被告虽表示前述对白或动作属于特定场景的有限表达，但并未提交充分证据予以证明。且双方对白、动作的相同或近似之处并非仅有个别场景、对白或动作，而是存在于涉案网剧前 3 集的多处，对应场景、情节逻辑关系、细节表达等亦基本一致，故对二被告的前述抗辩，本院亦不予采信。

（四）其他

二原告还主张其作为编剧对相关情节的顺序进行重新设计，采用穿插、时空倒叙等叙事手法，系其独创性表达，涉案网剧采用了前述的结构调整和叙事手法。本院认为，虽原告剧本与涉案网剧均采用了穿插、时空倒叙等叙事手法，但具体的场景设计、编排顺序并不完全一致，且本院亦注意到原告剧本中穿插有未体现在涉案网剧中的其他场景，故在现有证据尚无法证明二原告对相关情节和场景结构、顺序有自己独特的设计、编排顺序或讲述方式的情况下，本院对二原告针对叙事手法的相关主张，不予支持。

关于二原告主张其首次提出以笛卡尔的故事作为全剧线索贯穿始终，系其独创性的表达和智力成果。本院认为，不可否认，涉案网剧中“笛卡尔”元素系贯穿始终的重要线索，且二原告亦付出了诸多努力选取并提出该主线，但提出该元素或线索属于创意、思想层面，需要与具体的剧情、场景、人物设置结合并形成独创性表达才属于我国著作权法保护的范围。本案中，除了涉案网剧第 3 集场景三中张东升在课堂介绍笛卡尔故事的情节外，二原告并未进一步举证涉案网剧中的其他与“笛卡尔”元素相关的场景或情节与原告剧本的具体表达一致，故对于二原告前述其他主张不再予以支持。

关于二原告主张的其他场景、情节、台词相同或近似的情况，本院不再予以支持。至于二原告提出涉案网剧备案剧本第 1 集至第 3 集亦使用与原告剧本相同或近似场景的主张，本院认为，双方均认可涉案网剧在拍摄过程中对备案剧本进行了调整与变化，故涉案网剧并非完全依据备案剧本进行拍摄，备案剧本与成片之间存在差异，而二原告的诉讼请求是在涉案网剧成片上进行署名，故本院不再就原告剧本与涉案网剧备案剧本进行比对。

针对二被告主张编剧应当对涉案网剧成片达到一定贡献度后方可享有署名权，而二原告的贡献未达到署名标准的抗辩意见，本院认为，诚然，视听作品编剧署名权的实现应当与参与涉案网剧剧本创作的程度和深度相匹配，但本案中通过比对可知，涉案网剧前三集使用了大量二原告的独创情节、改编情节及相关对白、动作等，并非仅是使用少量的、零星的、有限的必要场景等，故对其该项抗辩，本院不予采信。

综上，本院认定涉案网剧前三集使用了原告剧本的独创性表达，二原告应当享有涉案网剧前三集的编剧署名权。二原告虽主张在涉案网剧全剧署名编剧，但结合双方比对可知，涉案网剧仅有前3集使用了原告剧本独创性的表达，二原告并未举证证明涉案网剧的其他剧集使用了其12集分集大纲或人物小传等内容，且庭审中二原告亦表示不再就较少使用其创作内容的部分进行比对，故本院对二原告要求在全剧署名编剧的主张不予支持。二被告虽抗辩其已经在涉案网剧片尾给予二原告“特别鸣谢”的署名，但“特别鸣谢”显然并非著作权法意义上编剧的署名，对二被告的该项抗辩，本院亦不予采信。

三、二被告应承担的法律责任

涉案网剧未将二原告署名为前三集编剧，侵害了二原告依法享有的署名权。万某公司作为涉案网剧的摄制单位、爱某公司作为涉案网剧的出品单位，应当对上述侵权行为承担相应的法律责任。二原告要求二被告将其署名为编剧的诉讼请求，于法有据，本院予以支持。二被告应在涉案网剧第一集、第二集、第三集为原告杨某、原告王某某署名为编剧，即在编剧一栏处加入二原告署名。因涉案网剧侵害了二原告享有的署名权，故二原告要求二被告赔礼道歉的诉讼请求，本院予以支持。关于赔礼道歉的具体平台、方式，本院将结合涉案行为的具体情况、二原告的请求及平台传播方式和特点等因素予以确定。二原告主张的合理开支，于法有据，本院予以支持。

综上，本院依照《中华人民共和国著作权法》第十条第一款第二项、第十七条，《中华人民共和国民事诉讼法》第六十七条第一款之规定，判决如下：

一、本判决生效之日起三十日内，被告霍尔果斯万某影业有限公司、被告北京爱某科技有限公司在涉案网剧《隐秘的角落》第一集、第二集、第三集为原告杨某、原告王某某署名为编剧；

二、本判决生效之日起三十日内，被告霍尔果斯万某影业有限公司、被告北京爱某科技有限公司在微博账号“网剧隐秘的角落”连续四十八小时发表声明，就其未署名行为为原告王某某、原告杨某赔礼道歉（声明内容须经本院审核，逾期不履行，本院将根据原告王某某、原告杨某申请，在相关媒体公布判决主要内容，费用由被告霍尔果斯万某影业有限公司、被告北京爱某科技有限公司负担）；

三、本判决生效之日起十日内，被告霍尔果斯万某影业有限公司、被告北京爱某科技有限公司共同赔偿原告王某某、原告杨某合理开支 8 万元；

四、驳回原告杨某、原告王某某的其他诉讼请求。

如果未按本判决指定的期间履行给付金钱义务，应当依照《中华人民共和国民事诉讼法》第二百六十条之规定，加倍支付迟延履行期间的债务利息。

案件受理费 1800 元（二原告已预交），由被告霍尔果斯万某影业有限公司、被告北京爱某科技有限公司共同负担。

如不服本判决，可于判决书送达之日起十五日内，向本院递交上诉状，并按对方当事人的人数提交副本，交纳上诉案件受理费，上诉于北京知识产权法院。

审　判　长　李莉莎
审　判　员　尹　斐
审　判　员　李思頔
二〇二三年六月三十日
书　记　员　德　文

27. 车载系统内容提供主体著作权侵权认定

——原告深圳市某计算机系统有限公司、某科技（北京）有限公司与被告北京某科技有限公司、肇庆某新能源投资有限公司、广州某车联网科技有限公司侵害作品信息网络传播权纠纷案①

中华人民共和国北京互联网法院民事判决书

（2023）京0491民初11731号

原告：深圳市某计算机系统有限公司。住所地：广东省深圳市南山区。

法定代表人：马某，董事长兼总经理。

委托诉讼代理人：张孟春，北京隆诺律师事务所律师。

委托诉讼代理人：郑理，北京隆诺律师事务所律师。

原告：某科技（北京）有限公司。住所地：北京市海淀区。

法定代表人：奚某，董事长兼总经理。

委托诉讼代理人：张孟春，北京隆诺律师事务所律师。

委托诉讼代理人：包某，该公司员工。

被告：北京某科技有限公司。住所地：北京市海淀区。

法定代表人：耿某，执行董事。

委托诉讼代理人：徐大圣，北京仁知律师事务所律师。

委托诉讼代理人：翁某，该公司员工。

被告：肇庆某新能源投资有限公司。住所地：广东省肇庆市肇庆高新区。

法定代表人：夏某，执行董事。

委托诉讼代理人：徐大圣，北京仁知律师事务所律师。

被告：广州某车联网科技有限公司。住所地：广东省广州市天河区。

法定代表人：何某，执行董事兼经理。

委托诉讼代理人：徐大圣，北京仁知律师事务所律师。

委托诉讼代理人：刘某，该公司员工。

---

① 本案在年度报告中的位置为第63页。

原告深圳市某计算机系统有限公司（以下简称深圳某计算机公司）、某科技（北京）有限公司（以下简称某科技北京公司）与被告北京某科技有限公司（以下简称北京某科技公司）、肇庆某新能源投资有限公司（以下简称某新能源公司）、广州某车联网科技有限公司（以下简称某车联网公司）侵害作品信息网络传播权纠纷一案，本院于2023年6月5日立案后，依法适用普通程序，由审判员独任并公开开庭审理。原告深圳某计算机公司的委托诉讼代理人张孟春、郑理，原告某科技北京公司的委托诉讼代理人张孟春、包某，被告北京某科技公司的委托诉讼代理人徐大圣、翁某，被告某新能源公司委托诉讼代理人徐大圣，被告某车联网公司的委托诉讼代理人徐大圣、刘某通过本院电子诉讼平台参加诉讼。本案现已审理终结。

二原告向本院提出诉讼请求：1. 判令被告北京某科技公司、被告某新能源公司、被告某车联网公司立即停止侵害原告《我只喜欢你》视听作品信息网络传播权的行为。2. 判令被告北京某科技公司立即以显著方式连续一个月在车载爱奇艺APP、爱奇艺官网中刊登声明（刊登方式和内容需经法院审核），以消除其因侵权行为给原告带来的不良影响，刊登费用和其他相关费用由被告北京某科技公司承担。3. 判令被告某新能源公司、被告某车联网公司立即以显著方式连续一个月在小鹏汽车（www. xiaopeng. com）首页刊登声明（刊登方式和内容需经法院审核），以消除其因侵权行为给原告带来的不良影响，刊登费用和其他相关费用由被告某新能源公司、被告某车联网公司共同承担。4. 判令被告北京某科技公司、被告某新能源公司、被告某车联网公司共同赔偿原告经济损失及为维权所支出的合理费用，共计5000000元。5. 判令被告北京某科技公司、被告某新能源公司、被告某车联网公司共同承担包括但不限于本案诉讼费、保全费等费用。事实与理由：1. 原告依法享有涉案作品的信息网络传播权。原告一深圳市某计算机系统有限公司享有电视剧作品《我只喜欢你》（又名《我不喜欢这世界我只喜欢你》，以下简称“涉案作品”）的独占信息网络传播权和独占维权权利，并有权进行转授权，原告二某科技（北京）有限公司经原告一授权，享有涉案作品非独占的信息网络传播权及维权权利，有权单独或与原告一共同维权。以下原告一、原告二合称为原告。涉案作品于2019年4月29日在腾讯视频首播，并由知名演员担任主演，一经播出即受到广泛关注，收视率超过五亿，并入选“华鼎奖：2018—2019中国电视剧满意度调查百强榜单”等重要奖项，具有极高的知名度和市场价值。2. 被告一、被告二、被告三的行为侵害了涉案作品的信息网络传播权。被告一开发的爱奇艺车联网在全国与多家车企品牌展开了智能座舱视频娱乐的深度合作，被告一为车企品牌提供适配汽车系统的车载端爱奇艺 APP，其中存在大量未经授权使用涉案作品的视频。被告二为小鹏汽车的制造商，被告三为小鹏汽车提供车载系统和应用管理服务。原告发现，小鹏汽车车机屏的爱奇艺车载 APP 中提供了大量涉案作品的侵权视频。以上被告一、被告二、被告三的行为侵害了原告对涉案作品享有的信息网络传播权。3. 三被告应承担的法律责任。《中华人民共和国著作权法》第五十三条规定，未经著作权人许可，复制、发行、表演、放映、广播、汇编、通过信息网络向公众传播其作品的，应当根据情况，承担停止侵害、消除影响、赔礼道歉、赔偿损失等民事责任。本案中，被告一、被告二和被告三的行为侵害了原告对涉案作品享有的信息网络传播权，应当承担停止侵权、赔偿经济损失及维权合理支出、发布声明以消除影响等法律责任。根据《中华人民共和国著作权法》《最高人民法院关于审理侵害信息网络传播权民事纠纷案件适用法律若干问题的规定》及其他相关法律规定，为维护原告合法权益，原告特诉至贵院，望判如所请。

被告北京某科技公司答辩称，被答辩人的诉讼请求没有事实和法律依据，依法应予驳回。具体理由如下：1. 被答辩人诉讼主体不适格，未获得涉案作品的独家信息网络传播权和维权权利，无权提起本案诉讼。（1）被答辩人未取得联合摄制、联合出品方中南天使（湖南）文化传媒有限公司的授权。依据《中华人民共和国著作权法》第十七条，视听作品中的电影作品、电视剧作品的著作权由制作者享有。经答辩人核实，电视剧《我只喜欢你》片尾署名信息为“联合摄制浙江华策影视股份有限公司、中南天使（湖南）文化传媒有限公司”，预告片的署名联合出品方含有“中南天使（湖南）文化传媒有限公司”。被答辩人举证的《声明书》中确认的是华策公司授权原告深圳某计算机公司享有《我只喜欢你》作品发行的相关权利，并非信息网络传播权。被答辩人未取得联合摄制、联合出品方“中南天使（湖南）文化传媒有限公司”的授权，故被答辩人无权提起本案诉讼。（2）被答辩人提供的涉及浙江华策影视股份有限公司的授权合同与本案无关，授权作品的名称、集数、导演、演员与涉案作品明显不同。依据被答辩人证据第 2 页、第 5 页，浙江华策影视股份有限公司签署、出具的《影视节目独占授权合同》《授权书》所载明的授权作品名称为《我不喜欢这世界我只喜欢你》，作品集数为 40 集。然而，被答辩人在本案中主张的涉案作品名称为《我只喜欢你》，作品集数是35集。因此，被答辩人主张的涉案作品与其提交的授权件文件，在授权作品的名称、集数、导演、演员等方面存在明显差异，被答辩人未举证证明其获得涉案作品的合法授权，应当承担举证不能的不利后果。（3）涉案作品是在腾讯网、优酷网同时上线，被答辩人不是涉案作品的独家信息网络传播权所有人。依据涉案作品的官方微博，涉案作品在优酷网上线，明显不符合被答辩人享有涉案作品的独占信息网络传播权这一事实。2. 被答辩人的侵权取证存在严重问题，不应被采信。第一，在取证中显示取证开始查询的时间与结束时的时间是一样的，不符合日常经验法则，被答辩人的取证存在预制内容。第二，取证没有对涉案小鹏汽车的系统进行清洁性检查，未恢复出厂设置，被答辩人的取证存在预制内容。依据《最高人民法院关于民事诉讼证据的若干规定》第九十三条等规定，对信息网络环境下的电子数据进行保全，未检查取证设备的清洁性及网络接入情况，且无其他证据证明电子数据的真实性的，该证据不能作为认定事实的根据。3. 北京某科技公司的行为不构成侵权。（1）涉案视频内容涉及合理使用，不能对作品进行实质性替代。①被答辩人不能证明取证视频是涉案作品内容。被答辩人取证整集视频内容时采用的是拖拽的方式，无法比对证明取证视频是涉案作品的对应的整集内容，被答辩人对111个短视频内容也并未进行视频比对，无法证明取证视频内容是涉案作品。②涉案取证视频内容涉及合理使用，不构成侵权。第一，被答辩人取证的短视频均是评论内容，是为介绍评论某一作品引用他人已发表的作品。取证的15个整集内容是拖拽取证的方式，并未对视频完整播放，无法证明视频内容是整片，不含用户的评论；在取证的短视频的开头和视频水印均存在“小懒猫乐剧”“菠萝说剧”“樱桃乐剧”的标志，且视频内容均是用户对作品进行评论，构成为介绍评论某一作品引用他人已发表作品。第二，被答辩人取证的短视频时长极短，是适当引用。涉案取证的短视频内容时长极短，均未超过2分钟。综上，涉案取证的视频内容是用户上传的，用户对视频进行了剪辑，加入了片头、片尾和评论的内容，构成合理使用。依据《中华人民共和国著作权法》第二十四条第一款第二项，为介绍、评论某一作品或者说明某一问题，在作品中适当引用他人已经发表的作品。涉案行为构成合理使用。③涉案取证视频内容不能对涉案作品进行实质性替代。被答辩人的举证无法证明涉案的15个视频内容是整集内容，且15个视频中第1集的剧集内容存在重复，应当予以删除。111个短视频内容存在较多重复的情况，含有大量用户的评论内容，情节并不连续，111个短视频总时长不足3小时，并不能覆盖完整的剧情，无法对涉案作品进行实质性替代。(2) 涉案内容不是北京某科技公司直接提供，应当适用避风港条款。①涉案取证视频内容均为用户上传。涉案内容是用户上传，不是北京某科技公司直接提供的。取证到的整集内容的剧集不全，在第3集的播放过程中，播放页面中会出现“请认准唯一更新公众号：剧榜榜”，在22集播放时右上角显示“youku”水印等情况足以证明涉案视频内容是由用户上传的。涉案的111个短视频均是用户上传，短视频的开头均出现了“小懒猫乐剧”“菠萝说剧”“樱桃乐剧”的标志，且播放过程中的视频画面内均有对应的水印，足以说明涉案内容均为用户上传。用户根据作品的上线时间设置了作品合集名称，该时间不能证明涉案视频在爱奇艺平台中的上线时间，更不能证明其在小鹏汽车中的爱奇艺软件中的上线时间。②北京某科技公司作为网络服务提供者，不构成直接侵权，涉案视频内容由用户上传，不是北京某科技公司直接提供。从根本上讲，北京某科技公司提供的是信息网络存储服务，对用户上传内容是否存在著作权侵权，没有法定的审查义务。第一，涉案取证的视频内容是由网友上传，在爱奇艺平台中明确标识为网络空间服务提供者。第二，北京某科技公司并未改变取证视频内容。第三，北京某科技公司不知道也没有合理理由知道取证视频是侵权内容。第四，北京某科技公司也未从取证视频内容中直接获得经济利益。依据《信息网络传播权保护条例》第二十二条，北京某科技公司不构成侵权。③北京某科技公司没有主观过错，不存在应知和明知，不构成帮助侵权。北京某科技公司不构成明知过错。第一，涉案视频内容由用户上传，北京某科技公司并不明知。第二，在取证之后，北京某科技公司并未收到过被答辩人发送的有效通知。被答辩人声称于2023年4月18日至26日向北京某科技公司发送过通知，但其未证明投诉的视频链接是涉案的取证视频内容，故对于涉案取证的短视频内容，北京某科技公司不构成明知。依据《北京市高级人民法院侵害著作权案件审理指南》第9.9条，被告实施教唆、帮助行为应承担侵权责任的，主观上应当具有“明知”或者“应知”的主观过错。“明知”指实际知道侵权行为存在；“应知”指因存在着明显侵权行为的事实，应当意识到侵权行为的存在。上述过错的判断应当以网络服务提供者的预见能力和预见范围为基础，又要区别通常预见水平和专业预见水平等情况。因此，北京某科技公司作为网络服务提供者不构成明知。北京某科技公司不构成应知过错。第一，涉案视频内容均由用户通过爱奇艺平台上传。第二，涉案作品名称《我只喜欢你》的显著性不高，存在多个同名的作品，北京某科技公司难以区分。第三，涉案作品于 2019 年上线，早已经过热播期，作品热度低，价值不高，知名度较低，不符合红旗原则。第四，被诉侵权视频内容均是通过搜索关键词获得，北京某科技公司没有进行选择、编辑、修改、整理或推荐，也未为其设立专门的排行榜，未将其放置在可被明显感知的位置。第五，北京某科技公司设有便捷的投诉通道，且与被答辩人沟通频繁，北京某科技公司并未收到被答辩人发出的有效通知。第六，在收到本案案件材料后，北京某科技公司已经积极采取有效措施，在 7 月 19 日已无法在爱奇艺平台中搜索到“我只喜欢你”的内容，履行了通知—删除义务，不应当认定具有过错。综上，依据《北京市高级人民法院侵害著作权案件审理指南》第 9. 12 条，北京某科技公司不构成应知，且能够证明已采取合理、有效的技术措施，仍难以发现网络用户侵害信息网络传播权行为，不应认定具有过错。④取证视频是合理使用，判断侵权标准超出北京某科技公司的合理注意义务。第一，因被答辩人并未举证证明取证视频是涉案作品的正片内容，北京某科技公司无法从短视频、拖拽播放的内容中识别与涉案作品相对应的内容，被答辩人无权要求北京某科技公司承担内容审查的义务。第二，取证视频中都是评论的内容，存在用户二次创作和合理使用，判断是否侵权的标准已超出北京某科技公司可以实现的合理注意义务。⑤被答辩人未进行视频比对，北京某科技公司已积极配合下线。第一，被答辩人未将取证视频与正片内容进行比对，未确定其主张权利的内容，取证视频内容很有可能构成合理使用。第二，被答辩人的补充证据已经证明于 2023 年 8 月 15 日涉案行为已经停止。4. 北京某科技公司不应承担法律责任。（1）如前所述，北京某科技公司没有实施信息网络传播权的侵权行为，不应当承担赔偿责任。（2）退一步讲，即便贵院认定北京某科技公司应当承担法律责任，被答辩人要求赔礼道歉、消除影响的诉请仍然缺乏依据。涉案行为不侵害作品的著作人身权，无权要求被告承担赔礼道歉、消除影响的义务。依据《北京市高级人民法院侵害著作权案件审理指南》第 8. 15 条明确规定：“侵害著作人身权或者表演者人身权的，可以判令被告承担赔礼道歉的民事责任。”但如侵权人仅实施了侵犯他人信息网络传播权等财产性权利的行为时，则不能要求适用赔礼道歉。本案案由是侵害作品信息网络传播权，被答辩人无权要求被告承担赔礼道歉的法律责任。消除影响一般是指当侵权人所实施的行为导致社会公众产生了混淆、误认或造成了不良的社会影响时，侵权人应当通过一定方式澄清混淆、误认，或消除这种负面影响。涉案行为不会造成社会公众的混淆、误认，不会对被答辩人造成不良的社会影响，故被答辩人无权要求北京某科技公司承担消除影响的法律责任。（3）退一步讲，即便贵院认定北京某科技公司应当承担法律责任，原告诉讼请求的赔偿金额过高，于法无据。①被答辩人并未证明因涉案行为的被答辩人的实际损失或北京某科技公司实际获利。关于腾讯视频会员。第一，涉案作品虽然从第三集开始是会员作品，但在其平台中存在涉案作品的大量短视频内容，与涉案取证的用户上传的短视频内容类似，均是免费的内容。第二，不同档次会员收费并不一样，且该收费并非购买涉案作品播放权的费用，而是观看腾讯视频平台上所有作品的费用，涉案影视作品仅为腾讯视频平台庞大资源库其中的作品之一，该会员收费并不能直接对应涉案作品在腾讯视频平台上的收益，腾讯视频的作品库中有至少超过 100 万部的作品，将所有的会员收入定为涉案作品的损失是没有事实依据的。第三，腾讯视频平台会员收费分为按月、季、年进行收费，按照一般商业逻辑，影视作品在网络上观看应是“一次付费、重复观看”的消费模式。综上，因此该证据无法证明涉案作品在腾讯平台上的收益。关于取证过程并未收费。依据被答辩人的取证，涉案行为全程未进行过任何付费行为，故涉案的取证视频是免费播放的，北京某科技公司并未因此获得直接的利益。涉案软件中存在北京某科技公司获得授权的海量正版内容，涉案取证中的侵权内容时间短，播放量较小。②本案适用法定赔偿，原告请求赔偿金额过高。依据《北京市高级人民法院关于侵害知识产权及不正当竞争案件确定损害赔偿的指导意见及法定赔偿的裁判标准》第 6.5 条规定，涉案行为的赔偿数额是 3 万元。这 3 万元的标准还包含了所有终端，具体到本案判赔金额应当更低。涉案作品价值不高，作品于 2019 年 4 月 29 日上线，取证日期是 2023 年 3 月 9 日，距离热播期超过 3 年 11 个月。用户对涉案作品的评价并不高。北京某科技公司并无侵权故意。涉案内容并非由北京某科技公司直接提供，北京某科技公司不构成应知和明知，没有主观向公众提供取证视频的故意；取证视频中含大量构成合理使用的内容，超出北京某科技公司的合理注意义务。被答辩人怠于向北京某科技公司发送有效的通知，导致侵权行为扩大，而北京某科技公司在收到通知后已经及时对投诉内容进行了下线。于 2023 年 7 月 19 日在爱奇艺平台搜索涉案作品名称已经没有结果，涉案行为已经停止。即便认定构成侵权，损害后果也极小。小鹏 P7 汽车的用户量较少，用户通过爱奇艺软件想要享受的是爱奇艺提供的海量正版完整作品的观看服务，而不是对涉案短视频、涉案不完整剧集内容的观看服务。小鹏 P7

汽车的用户与腾讯视频的用户有可能存在交叉，用户转化为造成的损害后果极小。③被答辩人主张的计算方式有误，不具有参考价值。被答辩人主张经济损失 500 万元的计算依据有 4 种，均没有任何事实与法律依据，不具有参考价值：第一，被答辩人计算损害赔偿的前提有误。1. 依据被答辩人的证据，涉案视频在爱奇艺软件中并非收费内容，取证过程并未涉及收费行为，北京某科技公司未因涉案行为获得直接利益。2. 涉案视频并不能覆盖全部作品内容，被答辩人并未进行视频比对，无法证明涉案视频内容足以覆盖 35 集的完整作品，无法证明可以对涉案作品进行实质性替代。依据时长计算，111 个短视频的时长不足 3 小时，相当于 3 个整集的时长，加上 14 个长视频，总共 17 集的时长内容，至多占 35 集作品时长的一半，更何况还存在重复的内容，更加无法覆盖所有的作品内容。3. 原告的取证是在小鹏 P7 这一车型之中，被答辩人并未证明其他车型中同样有涉案行为，被答辩人不能证明 30 万辆已交付的小鹏汽车当中均存在涉案行为。这是因为并非全部小鹏汽车均搭载了 XmartOS 系统；有 XmartOS 系统也不意味着有小鹏汽车应用商店；有小鹏汽车应用商店也不意味着提供爱奇艺软件；有爱奇艺软件也不意味着用户必然通过爱奇艺软件观看了涉案视频。因此，小鹏汽车的已交付数量，与本案无关。4. 本案中被答辩人明确的主张范围是小鹏汽车，又同时在其证据 4—5 中主张爱奇艺与宝马、蔚来、理想、小鹏等超过 30 家车企进行合作。如果贵院针对单一的小鹏汽车品牌，判决北京某科技公司承担过高的赔偿责任，那么北京某科技公司可能最终整体的赔偿金额将扩大 30 倍，违背了比例原则。5. 被答辩人能证明涉案取证视频自其取证之时起在涉案平台当中，自取证之日起至涉案行为停止的时长仅 4 个月。6. 按照正常的使用方式，驾驶过程中没有观看视频的需求，因此，爱奇艺软件在车载端的使用频率不高，具体观看涉案视频人数更是极为有限。第二，被答辩人计算损害赔偿的 4 种方法没有事实与法律依据。第一种：通过流量包的费用尽享版 2980 元，舒享版 398 元乘以 30 万台汽车。（1）在被答辩人取证过程中，并没有因播放作品而付费的行为，包括流量包，由此可知，流量包收费与涉案行为无关。（2）流量包的收费类似于手机的移动、电信、联通公司收取流量的使用费用，涉案行为如果将此作为依据，意味着其他案件中可以将网络的费用计入视频网站的损失当中，移动等电信公司也需要承担侵权责任，将流量包的收费全部算成本案被答辩人的损失是明显不合理的。（3）依据被答辩人的取证，应用市场中并不仅有爱奇艺这一个软件，还有其他的软件内容，依据驾车人的用户习惯，对于车载的导航、音乐的使用频率是远远高于涉案的视频播放行为的，将所有的流量包费用归于涉案行为被告的收益是明显不符合比例原则的。（4）即便按照这种收费方式计算，被告的获益也是极低的。在被答辩人的取证过程中可以看到，应用市场中至少有 15 个应用，排除流量费用用于导航等其他事项，取证的视频时长至多占作品总时长的一半，爱奇艺等头部视频平台的片库数量至少有 100 万，2980 元是车辆终身的费用，车辆报废年限是至少 20 年，由此可知涉案行为的收益至多为：2980×30 万÷15 个应用÷100 万作品数量÷20 年使用寿命÷12 个月×4 个月÷2 作品时长占比＝0. 49 元。第二种：报道爱奇艺车载软件的授权费 2000—3000 元，乘以 30 万台。（1）新闻报道的数据来源不明，该授权费用与实际不符，没有事实的依据。（2）报道当中所注明的软件授权费用是出售 IP 和客户的软件开发授权的费用，爱奇艺软件授权是北京某科技公司独立运营的，报道中所陈述的软件授权费与涉案行为无关，被答辩人的计算方式是明显没有事实依据的。（3）即便按照这种收费方式计算，被告的获益也是极低的。即便按照最高的授权费用计算，被答辩人未考虑到授权费用应当均摊至每部作品之中的情况，由此可知涉案行为的收益至多为：3000×30 万÷100 万÷20 年÷12 个月×4 个月＝15 元。第三种：被答辩人主张会员损失，每台汽车腾讯公司损失一个会员，一个月会员费，保守估计 900 万至 5900 万之间。（1）被答辩人主张每台汽车其损失一个月的会员费是极其不合适的。首先，涉案取证的视频内容并不能完整覆盖所有作品剧集，不能实质性替代涉案作品内容，按所有时长计算也仅能覆盖作品的一半。其次，被答辩人并未考虑到会员转化率的情况，且被答辩人平台的会员账户是可以共用的，还应当考虑会员通用的平台数量至少是 8 个（电脑端、安卓手机端、iPhone 端、iPad 端、安卓平板电脑端、电视端、车载端、飞机端等），也应当考虑腾讯视频的片库中的作品数量至少有 100 万。再次，被答辩人并未举证证明涉案作品是会员作品，即便是会员作品，在其网站中有大量免费的短视频能覆盖涉案取证的视频内容，故非会员也是可以获得涉案的取证视频内容的。最后，涉案视频的播放量极低，给被答辩人造成的损失极低，短视频内容反而有推广作品的作用的。（2）即便按照此种计算方式，原告因涉案行为的损失也是极低的，至多为：16 元会员费×30 万÷100 万÷16 个终端÷2 作品覆盖＝0. 15 元。第四种：许可费计算，40 集授权费 1 亿 6800 万元，考虑侵权时间 1. 9 年，损失至少为 6417 万元，参照《三十而已》，考虑侵权时间 1. 9 年，预估 2692 万元。（1）被答辩人主张其是涉案作品的权利人，在举证时却拿出《庆余年》《三十而已》《咱们相爱吧》这三个不相干作品的许可授权合同，《庆余年》《咱们相爱吧》是全平台、多种使用方式的非独占信息网络传播权的授权合同，《三十而已》是电视剧播映权的授权合同，与涉案作品的使用方式、授权范围都相去甚远，上述授权费用的授权作品、权项、平台、性质、内容与涉案行为均不相同，完全不具有参考价值。(2) 与普通视频网站其他端口的用户量相比，涉案行为涉及的小鹏 P7 汽车的车载端的用户量极少，而且小鹏汽车的用户不能单纯计算都会转化为腾讯视频的会员，存在小鹏汽车的用户已经是腾讯视频会员的情况，单独授权这一个端口的授权费用极少。(3) 被答辩人取证的时间到作品下线的时间之间的持续时间并非 1.9 年而是 4 个月。(4) 即便按照此种计算方式，原告因涉案行为的损失也是极低的，至多为：168000000÷46 集×17 集÷5 年÷12 个月×4 个月÷16 个终端÷3 个授权方÷7 种使用方式÷30 家车企＝410 元。综上，依据《北京市高级人民法院侵害著作权案件审理指南》第 8.5 条第 4 项，合理的许可使用费可以作为权利人的实际损失的依据。依据答辩人举证的事实，被答辩人在可以提供涉案作品的采购合同而拒绝提供，并且其向优酷有分销作品的行为，应当提供分销涉案作品的合同作为合理的许可使用费，而其并未提供，故其提供的分销合同对本案的损害赔偿的计算没有任何参考价值。(5) 本案涉及新兴行业，判赔过高不利于新兴行业的发展。本案涉及车载软件行业，北京某科技公司与某车联网公司的技术合作是实质性非侵权合作，双方技术合作推出的爱奇艺软件能够向用户提供更好的服务体验，也获得了用户的认可。涉案行为给被答辩人造成的损害极小，判赔过高势必会阻碍新兴行业的发展，损害消费者的利益。

被告某新能源公司答辩称，1. 被告某新能源公司是小鹏汽车的生产制造商，和本案无直接关联。被告某新能源公司与被告北京某科技公司没有任何的直接合作关系，与本案原告所主张的涉案作品也无直接关联，被告某新能源公司不直接提供网络服务，也不是内容提供方，不应知也不明知涉案作品侵权的事实。被告某车联网公司与被告北京某科技公司签订《车载视频合作协议》，协议约定爱奇艺车载端应用中的视频内容仅存在被告爱奇艺的服务器上，由被告北京某科技公司决定爱奇艺应用中的视频内容的播放、根据自身运营及版权情况对视频内容进行调整。被告北京某科技公司是内容提供方，应由被告北京某科技公司直接承担全部侵权责任。2. 被告某新能源公司已尽合理注意义务。被告某新能源公司在收到本案的应诉通知后，即与被告某车联网公司共同通知被告北京某科技公司对涉案作品的权属和侵权事实进行核查，并要求被告北京某科技公司在核查无授权的情况下，在合理的时间内下架侵权内容，避免进一步扩大损失。被告某新能源公司作为汽车生产制造商，已尽到合理注意义务，不构成侵害原告的信息网络传播权。请求驳回原告的全部诉讼请求。

被告某车联网公司答辩称，1. 被告某车联网公司仅向小鹏汽车车主提供车载移动互联网和爱奇艺应用的下载。被告某车联网公司是小鹏汽车的成员企业，致力于小鹏汽车智能化、网联化，为车主提供车载移动互联网，以便车主可在车载移动智能终端上使用包括爱奇艺在内的诸多应用，使得智能网联汽车成为等同手机的移动智能终端，成为车主的“第三生活空间”。被告某车联网公司于2021年10月1日与被告北京某科技公司签订《车载视频合作协议》，被告北京某科技公司授权被告某车联网公司在协议合作期内在小鹏汽车车载应用商店内上架非定制的爱奇艺应用程序，供小鹏汽车车主下载与使用，小鹏汽车车主自主选择下载与使用与否。被告某车联网公司与被告北京某科技公司的合作仅为技术性合作，即被告北京某科技公司授权被告某车联网公司在车载应用商店上架爱奇艺应用，供小鹏汽车车主选择下载与使用，并负责提供爱奇艺客户端视频播放所需服务器、带宽等运营环境及IDC资源，负责爱奇艺客户端在小鹏汽车车载智能终端的运营维护和升级管理。爱奇艺应用中的视频内容仅通过爱奇艺客户端播放、仅存在于被告北京某科技公司的服务器上，被告北京某科技公司决定爱奇艺应用中的视频内容，根据自身运营及版权情况对视频内容做上线或下线调整。在小鹏汽车车载智能终端上使用爱奇艺应用时，显著位置标注爱奇艺的logo、icon等品牌信息。小鹏汽车车主在车载智能终端下载与使用爱奇艺应用，接受或同意被告北京某科技公司的用户协议、隐私政策等内容，并向被告北京某科技公司付费，小鹏汽车车主与被告北京某科技公司是爱奇艺应用的使用者和提供者，被告某车联网公司仅提供与网络信道相关服务，供车主接入车载移动互联网。2. 爱奇艺应用中的内容由被告北京某科技公司决定与控制，且被告北京某科技公司承诺保证享有合法有效知识产权，只有被告北京某科技公司能对包括案涉作品在内的视频内容进行上线下线调整，与被告北京某科技公司的《车载视频合作协议》没有赋予被告某车联网公司审查爱奇艺应用程序中的内容是否侵犯第三方权利的合同权利，根据双方《车载视频合作协议》，被告北京某科技公司负责爱奇艺应用中的视频版权，并独立决定和控制爱奇艺应用中的视频内容、分类页、专题、栏目、广告投放等运营内容，根据自身运营及版权情况对视频内容做上线或下线调整，被告某车联网公司无权干涉。同时，爱奇艺应用中的视频内容仅存在于被告北京某科技公司的服务器上，被告北京某科技公司才可以对视频内容做上线或下线调整，被告某车联网公司无法干涉。与此同时，对提供给被告某车联网公司、供小鹏汽车车主下载使用的爱奇艺应用中的音视频等内容，被告北京某科技公司向被告某车联网公司承诺保证享有合法有效知识产权、不侵犯任何第三方的权利。并且，对于因爱奇艺应用程序中的内容侵犯第三方知识产权等合法权益而引起的针对被告某车联网公司的诉讼或索赔等争议纠纷，被告北京某科技公司承诺确保被告某车联网公司免责、负责为被告某车联网公司解决，保障被告某车联网公司的利益不受损害的同时，采取必要手段排除协议履行的障碍。3. 被告某车联网公司已尽合理注意义务。被告某车联网公司收到本案应诉通知后，即通知被告北京某科技公司核查爱奇艺小鹏汽车客户端是否有《我只喜欢你》视听作品以及被告北京某科技公司对相关内容是否有合法有效的权利，并要求被告北京某科技公司删除或下线包括《我只喜欢你》视听作品在内的涉嫌侵害第三方权利的内容，被告某车联网公司已尽相关注意义务，不构成侵害两原告《我只喜欢你》作品信息网络传播权。综上，根据《最高人民法院关于审理侵害信息网络传播权民事纠纷案件适用法律若干问题的规定》第六条，被告某车联网公司仅提供网络服务且没有过错，被告某车联网公司没有侵害两原告《我只喜欢你》作品信息网络传播权，两原告对被告某车联网公司的诉讼请求没有事实和法律依据，依法应予全部驳回，恳请法院采纳。

当事人围绕诉讼请求依法提交了证据，本院组织当事人进行了证据交换和质证。根据当事人陈述和经审查确认的证据，本院认定事实如下：

一、关于二原告主张的涉案作品权利所涉事实

二原告提交《我只喜欢你》片尾截图，片尾有“本剧信息网络传播权归深圳市某计算机系统有限公司独家所有”字样。

被告北京某科技公司提交《我只喜欢你》片尾截图，片尾有“联合摄制 浙江华策影视股份有限公司 中南天使（湖南）文化传媒有限公司”“拍摄制作许可证号：甲第 228 号”字样。

被告北京某科技公司提交腾讯视频平台《我只喜欢你》多个预告片截图，均有“联合出品 浙江华策影视股份有限公司 中南天使（湖南）文化传媒有限公司 深圳市某计算机系统有限公司”字样。

被告北京某科技公司提交新浪微博平台用户“青春剧我只喜欢你”发布的微博截图，微博内容有“今晚20点@腾讯视频@优酷全网首播，会员一次性看……”，所附视频中有“联合出品 浙江华策影视股份有限公司 中南天使（湖南）文化传媒有限公司 深圳市某计算机系统有限公司”字样。

被告北京某科技公司提交国家电影局备案公示查询结果截图，备案立项号：影剧备字［2016］第855号；片名：我不喜欢这世界，我只喜欢你；备案单位：中南天使（湖南）文化传媒有限公司。

被告北京某科技公司提交微信公众号文章截图，文章标题《【立项通知】国家广电总局2016年3月（上旬）全国电视剧本（梗概）备案》，其中第42项，备案立项号：影剧备字［2016］第855号；片名：我不喜欢这世界，我只喜欢你；备案单位：中南天使（湖南）文化传媒有限公司。

被告北京某科技公司提交艺恩网站（域名：endata. com. cn）截图，影片《我只喜欢你（2019）》制作公司为浙江华策影视股份有限公司、中南天使（湖南）文化传媒有限公司、上海腾讯企鹅影视文化传播有限公司。

二原告提交《影视节目独占授权合同》，甲方为浙江华策影视股份有限公司，乙方为深圳市某计算机系统有限公司，载明：授权内容：电视剧《我不喜欢这世界我只喜欢你》，40集……（注：授权内容名称以发行许可证载明的名称为准，若有变更的，以变更后名称为准，不影响合同的有效性）……授权权利：（1）独占信息网络传播权……（2）独占维权权利……（3）转授权权利……授权期限：为【伍】年，自相应授权内容在授权平台上线之日起伍年……授权范围……

二原告提交长沙天使文化股份有限公司出具的《声明书》，载明：电视剧《我只喜欢你》（曾用名“我不喜欢这世界我只喜欢你”；由我司与浙江华策影视股份有限公司（简称华策公司）联合摄制，我司曾用名为中南天使（湖南）文化传媒有限公司。我司同意并确认，华策公司授权深圳市某计算机系统有限公司享有该作品在授权范围内全媒体发行的相关权利（包括但不限于信息网络传播权、广播权等，及相应维权和转授权权利）授权性质：独占。授权期限：自2019年4月29日起至2024年4月28日。深圳市某计算机系统有限公司在授权范围内按约定使用授权权利时无须再取得第三方的授权。

二原告提交长沙天使文化股份有限公司的天眼查企业信用报告，该公司曾用名中南天使（湖南）文化传媒有限公司。

二原告提交《授权书》，授权人为深圳市某计算机系统有限公司，被授权人为腾讯数码（天津）有限公司、某科技（北京）有限公司，载明：授权人享有电视剧《我只喜欢你》（以下简称“该作品”）……现授权人授权被授权人享有该作品非独占的信息网络传播权及维权权利。授权范围：中华人民共和国大陆（内地）境内；授权期限：自本授权书作出之日起至授权人权利终止之日起……落款日期：2019 年 4 月 29 日。

二、关于被控侵权行为

二原告提交（2023）渝信证字第 4977 号公证书，记载如下取证内容：2023 年 3 月 7 日，在重庆市渝信公证处公证员以及该处工作人员的监督下，进行以下操作：1. 查看手机的设备信息，打开手机“WLAN”，连接本处 Wi-Fi；2. 点击打开手机“图库”进行浏览，对手机进行清洁性检查；3. 点击打开“百度浏览器”，在搜索栏中输入“北京时间”，校准手机时间；4. 返回手机主界面，点击打开手机“应用市场”，搜索并点击“哈啰”，对跳转后的页面进行浏览，并下载安装；5. 打开“哈啰”APP，点击“法律条款及隐私政策”，页面跳转后依次对“哈啰平台服务及软件使用协议”、“个人信息保护及隐私政策”进行浏览；6. 进入“哈啰”APP，以本机号码短信验证码的方式登录账号，并对账号信息进行浏览；7. 返回“哈啰”APP 首页，点击“哈啰租车”，选择取车城市为“重庆”、取车地点为“双子座”、取还车时间为“3 月 9 日 9 时 30 分-3 月 10 日 9 时 30 分”，点击“立即选车”；页面跳转后选择“小鹏 P7”-“共资租车”，对当前页面进行浏览后点击“提交订单”，使用支付宝支付后对订单号为“RC202303071633037646504845312”的“订单详情”进行浏览；8. 返回手机主界面，点击打开“百度浏览器”，在搜索栏中输入“北京时间”，校准手机时间。

二原告提交（2023）渝信证字第 4979 号公证书，记载如下取证内容：2023 年 3 月 9 日，在重庆市渝信公证处公证员以及该处工作人员的监督下，对“哈啰”APP 上租赁的订单号为“RC202303071633037646504845312”的汽车进行交接，车型为“小鹏 P7”，车牌号为“渝 AD0××××”，车辆识别代号为“L1NSPGHB0MA00××××”，并进行以下操作：1. 对租赁车辆外观、车辆型号等进行拍摄；2. 进入车内，对租赁车辆的中央控制屏幕进行相关操作：（1）打开“系统设置”，点击“关于系统”，对“小鹏汽车隐私政策”“车载系统用户协议”进行浏览，并查看汽车网络情况；（2）打开“应用商店”，点击“爱奇艺”APP，对“爱奇艺”APP 应用介绍以及《小鹏汽车应用商店用户协议》进行浏览后点击“下载”；（3）点击打开“爱奇艺”APP，对《爱奇艺服务协议》《爱奇艺隐私政策》进行浏览；点击“同意并继续”，并点击“我的”-“设置”对《爱奇艺服务协议》《爱奇艺隐私政策》进行浏览；（4）返回“爱奇艺”APP 首页，在搜索栏中输入“我只喜欢你”，对搜索页面进行浏览后根据申请人的需求对相关视频进行播放。搜索页面最左侧为“我只喜欢你”的宣传图片，图片下方有“我只喜欢你 青春偶像剧 07-25 期”字样，图片右侧显示“20190725 我只喜欢你 28”“20190725 我只喜欢你 20”“20190725 我只喜欢你 01”“20190725 我只喜欢你 25”“20190725 我只喜欢你 12”“20190725 我只喜欢你 03”“20190725 我只喜欢你 22”“20190725 我只喜欢你 04”，点击最左侧图片，自动进入视频播放页面，播放视频名称为“我只喜欢你 01”，时长 44 分 48 秒，拖动下方进度条均可进行播放，点击视频播放页面，右侧弹出“选集”浮窗，浮窗中显示“我只喜欢你 01”“我只喜欢你 03”“我只喜欢你 04”“我只喜欢你 12”“我只喜欢你 20”，点击“下一集”按钮，跳转至“我只喜欢你 03”视频播放页面，时长 45 分 43 秒，拖动下方进度条均可进行播放，重复以上操作，“我只喜欢你 04”“我只喜欢你 12”“我只喜欢你 20”“我只喜欢你 22”“我只喜欢你 25”“我只喜欢你 28”均可进行播放，时长均为 45 分钟左右；返回至搜索页面，向左滑动，出现下一张“我只喜欢你”的宣传图片，图片上有“我只喜欢你 全集 07—17 期”字样，图片右侧显示“20190717 我只喜欢你 30”“20190717 我只喜欢你 29”等字样，点击图片，自动进入视频播放页面，播放视频名称为“我只喜欢你 29”，重复以上操作，“我只喜欢你 30”“我只喜欢你 17”“我只喜欢你 13”“我只喜欢你 14”“我只喜欢你 01”“我只喜欢你 05”均可进行播放，时长均为 45 分钟左右；返回至搜索页面，继续播放“我只喜欢你：言默和乔一从校服到婚纱，终成眷属的爱情故事 2019-05-23 期”，视频名称包括“言默抱娇妻幸福感爆棚，乔一一语遭言默嫌弃，画风突变”“言默乔一蜜月旅行，带任务来到这地方，乔一惊艳现身言默看呆”等，视频共计 111 个，时长基本在 1 分 30 秒左右。其中“我只喜欢你 03”中视频画面短暂显示“请认准唯一更新公众号：剧榜榜”字样，短视频的开头存在“小懒猫乐剧”或“菠萝说剧”或“樱桃乐剧”的标志。

二原告提交（2023）京方圆内经证字第 24770 号公证书，记载如下取证内容：2023 年 8 月 15 日，在北京方圆公证处公证员与工作人员的监督下，某科技北京公司的代理人对其租赁的小鹏 P7 汽车（该车辆整车型号为“NHQ7000BEVEG”，车辆识别代号为“L1NSPGHB-2NA177034”）进行以下操作：1. 在影音系统中点击“我的应用”，点击“爱奇艺”，在搜索栏中输入“言默”进行查看。2. 在搜索栏中输入“言默搂抱娇妻”进行查看。3. 在搜索栏中输入“言默乔一蜜月旅行”进行查看。4. 搜索栏中输入“言默乔一解除误会”进行查看。以上搜索均无搜索结果。

二原告提交（2023）京方圆内经证字第24780号公证书，记载如下取证内容：2023年8月15日，在北京方圆公证处公证员与工作人员的监督下，进行以下操作：1. 将手机恢复出厂设置，按照提示进行开机设置，并连接至公证处WiFi。2. 点击“关于本机”“版本信息”进行查看。对上述操作过程进行截图。3. 在手机浏览器搜索栏中输入“北京时间”进行查看并截图。4. 打开软件商店，在搜索栏中输入“爱奇艺”查看详情并截图，之后进行下载安装。5. 运行爱奇艺APP，点击“我的”，点击“关于我们”，点击“牌照资质”，点击“营业执照”进行查看。对上述操作过程进行截图。6. 点击“设置”，点击“服务协议”进行查看。对上述操作过程进行截图。7. 在爱奇艺搜索栏中输入“言默”，在“综合”栏中播放相关视频。对上述操作过程进行截图。8. 在爱奇艺搜索栏中输入“言默搂抱娇妻”，在“综合”栏中播放相关视频。对上述操作过程进行截图。9. 在爱奇艺搜索栏中输入“言默乔一蜜月旅行”，在“综合”栏中播放相关视频。对上述操作过程进行截图。10. 在爱奇艺搜索栏中输入“言默乔一解除误会”，在“综合”栏中播放相关视频。对上述操作过程进行截图。以上搜索均出现大量视频内容，显示上传用户有“热剧西北风”“探房之变”等。

原告提供上述两个公证书，欲证明同一时段爱奇艺车载端视频内容与手机端并不同步，车载端视频系其直接提供。

三、关于被告抗辩的事实

被告北京某科技公司提交取证数据保全证书，证书编号：FY……0038，取证时间2023年7月19日，取证内容：在爱奇艺平台搜索“我只喜欢你”显示无搜索结果。

被告北京某科技公司提交涉案视频相关的“合集名称”“视频名称”“上传者”“uid链接”“视频时长”“uid”信息，上传者有“piupiu酱子（uid：1723954134）”“秋名山解说（uid：1676824127）”“热剧西北风（uid：1215989626）”。

被告北京某科技公司提交uid为1215989626、1676824127、1723954134用户的注册信息，包括姓名、联系方式等。

被告北京某科技公司提交取证数据保全证书，证书编号：FY……0094，取证时间2023年8月15日，取证内容：用户在爱奇艺平台可以自行上传视频、自行设置合集。

被告某车联网公司提交《车载视频合作协议》，甲方为某车联网公司、乙方为北京某科技公司，协议载明：1.1乙方客户端指由乙方提供的，可以在车载移动智能终端上实现视频播放功能的非定制公版软件产品。本协议项下仅指爱奇艺客户端。1.2甲方车载移动智能终端：由甲方或甲方委托第三方基于安卓系统开发、设计、加工、生产的带有甲方标识且甲方享有完全权利的车载智能终端，或简称甲方智能终端。1.3推广：指甲方通过终端页面展示，使得甲方车载移动智能终端上的乙方产品客户端下载和使用数量以及频率不断提升的服务……2.6乙方客户端中的视频内容仅存在乙方服务器上，通过乙方的播放器进行播放，乙方有权决定最终上线的视频内容，乙方可根据自身运营及版权情况对视频内容进行上线及下线调整。本协议项下的合作仅为双方技术性合作，双方不存在任何视频内容及版权及邻接权的授权……2.9甲乙双方在符合网络安全相关法律法规的基础上对合作产品所产生的相关的数据共享，乙方提供客户端在甲方渠道的相关用户使用情况的统计数据，如DAU、MAU、人均使用时长、用户付费数据等，甲方书面提供乙方客户端在甲方渠道的应用安装率……3.6乙方负责乙方客户端软件内的视频版权的相关内容（包括“播放”“下载链接”“基本信息”数据等）。乙方客户端软件的内容运营包括但不限于视频内容、分类页、专题、栏目、广告投放产品形态、会员权益和价格等均由乙方不受任何干扰地自主决定和控制……4.1基于本协议双方开展的合作，乙方不向甲方收取客户端软件的技术服务费用等任何费用……4.2甲方根据后续车型的需要，将为每台装备选装音乐舱配置一张爱奇艺黄金年卡会员权益以及音效增值服务包，将年卡会员权益与音效增值服务作为产品包向甲方用户销售。乙方有义务向甲方提供该服务，乙方将通过乙方会员直接充接口为选购音乐舱配置包的甲方用户开通年卡会员权益。会员权益及音效增值服务包的结算价格、结算周期……以双方另行签订的会员协议为准……签订日期2021年10月1日。

四、其他相关事实

被告北京某科技公司提交取证数据保全证书，证书编号：FY……0006，取证时间2023年9月7日，取证内容：腾讯视频会员体系及会员服务协议，拟证明腾讯视频会员权益中的作品数量巨大，权益涉及至少16个终端。

被告某车联网公司提交邮件截图，主要内容为要求爱奇艺方确认就涉案作品是否涉嫌侵权，如侵权立即下架小鹏汽车的车载 APP 上的所有侵权作品，根据《车载视频合作协议》，因爱奇艺提供视频侵犯第三方知识产权的诉讼由爱奇艺承担责任。

二原告提交爱奇艺车载端《爱奇艺隐私政策》照片以及《爱奇艺隐私政策》截图，内容包括“（五）信息制作、发布、交流互动功能 当您在我们的部分产品与/或服务中使用视频剪辑创作、上传、发布、直播、泡泡社区发帖、平台内交流互动、弹幕、点赞、评论、分享等服务/功能时，除注册登录账户之外，您可能会主动提供相关图文/视频内容、互动信息（包括但不限于帖子、弹幕、点赞/评论/分享/交流互动信息）。我们会自动收集您的上述信息，并展示您的昵称、头像、发布的信息内容”等。

二原告提交（2023）京方圆内经证字第 24702 号公证书，记载如下取证内容：2023 年 8 月 12 日，在北京方圆公证处公证员与工作人员的监督下，某科技北京公司的代理人对其租赁的小鹏 P7 汽车（该车辆整车型号为“CC6460AZ22A”，车辆识别代号为“LGWFF6A58-MH011123”，某新能源公司制造）进行以下操作：1. 在影音系统中点击“我的应用”，点击“系统设置”，点击“用户协议”进行查看，显示协议当事方是用户与某车联网公司及其关联公司。2. 点击“个人中心”，点击“剩余流量”，点击“智联车载服务当月体验包”，点击“立即支付”，用手机扫描屏幕上的微信、支付宝二维码进行查看，显示收款方为某车联网公司。3. 点击“智联车载服务舒享版”进行查看。4. 点击“智联车载服务尽享版”进行查看。5. 点击“应用商店”，点击“爱奇艺”，显示开发者为北京某科技公司，点击“用户协议”“隐私政策”进行查看，之后点击“下载”。6. 打开爱奇艺，滑动页面进行浏览。7. 点击“观看历史”进行查看。8. 点击“个人中心”，点击“设置”，点击“服务协议”“隐私政策”进行查看。9. 点击“清除系统缓存”。10. 点击“观看历史”进行查看。11. 点击“登录”，打开手机爱奇艺，扫描屏幕上的二维码进行登录。12. 点击“观看历史”“我的收藏”进行查看。13. 点击“观看历史”进行查看。14. 浏览爱奇艺推荐栏、电视剧栏、电影、儿童、综艺、动漫、纪录片、云影院页面内容。其中，智联车载服务有多个版本选项，包括“当月体验包”“舒享版”“尽享版”等，价格分别为 15 元、398 元、2980 元等，收款方为某车联网公司；登录爱奇艺应用车载端后，页面右上方为“搜索”“历史记录”“个人账户”按钮。

二原告提交IP360取证数据保全证书，证书编号：ZX……2131，取证内容：标题《iQIYI爱奇艺车联》，具体内容包括：爱奇艺车联网是中国第一的车载视频娱乐服务方，已经与48家车企品牌展开了智能座舱视频娱乐的深度合作……产品输出：提供适配于不同车机屏的爱奇艺车载APP。或者输出SDK+API，由合作方自定义车载应用。

二原告提交可信时间戳认证证书，证书编号：TSA……3726，取证内容：标题《智能座舱下的视频娱乐怎么做？我们和爱奇艺聊了聊》，具体内容包括：爱奇艺智能家居与车联网业务部总经理黄某某在采访中透露：视频娱乐应用上车，并不是从手机端到车载端的简单搬运过程，黄某某告诉品玩，汽车平台的多样性，以及不同车型的屏幕数量、尺寸和交互方式等都存在差异，这就意味着视频娱乐上车需要在场景定义、产品定制、内容呈现等方面进行精细化开发与适配……汽车区别于手机的地方在于，它的屏幕更多更大，交互方式也更为复杂（比如语音、触控甚至遥控）。就爱奇艺来说，会针对汽车提供独立的车载端APP，这是完全考虑了车载座舱场景下屏幕尺寸、位置和交互方式等定制的APP……在车载APP开发过程中，需要针对不同车企提供更深度的定制和适配服务，以确保用户在不同车型都能拥有最佳体验。同样地，爱奇艺也会协同车企进行一系列深化产品运营等相关工作……“这其实是个B2B2C的业务，车企在当中扮演着关键的角色，他们对于车载视频娱乐服务也会有长期诉求，所以我们也会协同他们来做后续的产品运营，这就形成了个双赢且可持续的商业模式。”黄某某说。

二原告提交可信时间戳认证证书，证书编号：TSA……2036、TSA……8712、TSA……2036、TSA……3457、TSA……5842，取证内容：原告深圳某计算机公司通过爱奇艺侵权举报投诉渠道向北京某科技公司就《我只喜欢你》发出侵权通知，时间分别为2023年4月18日、4月20日、4月24日、4月26日。

二原告提交IP360取证数据保全证书，证书编号：ZX……4685，取证内容：《第26届华鼎奖百强电视剧排名曝光，“小欢喜”占据榜首》网页；证书编号：ZX……4952，取证内容：《〈我只喜欢你〉收视破五亿》，拟证明涉案作品具有较高的知名度和影响力。

二原告提交小鹏汽车销量、车型，车载端爱奇艺，智联车载服务的相关报道截图及取证证书；二原告提交腾讯VIP会员费截图及取证证书；二原告提交《影视节目授权合同》《电视剧播映权转让合同书》各一份。以上证据拟作为损害赔偿依据。

二原告提交律师发票抵扣联、发票联，发票号码后 4 位 5405，销售方名称北京隆诺律师事务所，金额 30000 元。

二原告提交公证费电子发票 2 张，发票号码后 4 位 9045、8818，备注分别为“2023 渝信证字第（4977）号”“2023 渝信证字第（4979）号”，金额分别 1000 元、3000 元。

以上事实，有《影视节目独占授权合同》、《声明书》、公证书、网页截图、《车载视频合作协议》、发票、《影视节目授权合同》、《电视剧播映权转让合同书》、当事人陈述以及庭审视频等在案佐证。

本院认为，《中华人民共和国著作权法》（以下简称著作权法）第三条规定，本法所称的作品，是指文学、艺术和科学领域内具有独创性并能以一定形式表现的智力成果，包括：（一）文字作品；（二）口述作品；（三）音乐、戏剧、曲艺、舞蹈、杂技艺术作品；（四）美术、建筑作品；（五）摄影作品；（六）视听作品；（七）工程设计图、产品设计图、地图、示意图等图形作品和模型作品；（八）计算机软件；（九）符合作品特征的其他智力成果。本案中，《我只喜欢你》电视剧（以下简称涉案作品）符合由一系列有伴音或者无伴音的画面组成，并且借助适当装置放映或者以其他方式传播的构成要件，属于视听作品。

在作品或者制品上署名的自然人、法人或者其他组织视为著作权、与著作权有关权益的权利人，但有相反证明的除外；当事人提供的涉及著作权的底稿、原件、合法出版物、著作权登记证书、认证机构出具的证明、取得权利的合同等，可以作为著作权权利的证据。《我只喜欢你》片尾截图显示“联合摄制 浙江华策影视股份有限公司 中南天使（湖南）文化传媒有限公司”“本剧信息网络传播权归深圳市某计算机系统有限公司独家所有”，根据浙江华策影视股份有限公司出具的《影视节目独占授权合同》、中南天使（湖南）文化传媒有限公司出具的《声明书》，在无相反证据情况下，本院认定，原告深圳某计算机公司在授权范围、授权区域及期间内享有涉案作品《我只喜欢你》电视剧的相应著作权。原告某科技北京公司经原告深圳某计算机公司授权，取得了涉案作品的非独占信息网络传播权和共同维权的权利。故二原告是适格主体，有权以自身名义提起本案诉讼。

信息网络传播权即以有线或者无线方式向公众提供，使公众可以在其个人选定的时间和地点获得作品的权利。信息网络传播权作为一项法定著作权，是由权利人享有的专有权利，凡是未经权利人许可，亦无法定或约定除外情形的，实施受该专有权利控制的信息网络传播行为，构成侵权。本案中，根据二原告提交的公证书显示，爱奇艺在小鹏品牌汽车车载端提供涉案作品的在线点播服务，使用户可以在选定的时间和地点获得涉案作品节目的视频。依据原告取证公证书记载的侵权的视频，其中长视频内容与涉案作品节目相对应部分的内容相同，二者播放画面一致；短视频内容为涉案作品对应片段剪辑而成，涵盖了涉案作品的对应片段的画面和情节，系对涉案作品独创性内容的传播。涉案平台通过信息网络向公众提供涉案节目，使得公众可以在其个人选定的时间、地点获得涉案作品，其行为属于信息网络传播行为，受信息网络传播权控制。

被告北京某科技公司抗辩被控侵权视频由用户上传，其仅是网络服务提供者。对此，本院认为，网络服务提供者能够证明其仅提供自动接入、自动传输、信息存储空间、搜索、链接、文件分享技术等网络服务，主张其不构成共同侵权行为的，人民法院应予支持。根据北京某科技公司提交的视频上传信息和用户注册信息，即使该些证据为真实，仅可以初步证明被控的该些侵权视频可能来源于用户上传。但是，根据在案证据，同时段爱奇艺车载端应用与爱奇艺网页端、手机端呈现的栏目及相关内容并不完全一致，在案证据并未显示案涉车载端爱奇艺应用具有用户上传功能，且显示涉案侵权视频过程中也并未显示上传用户的账号、昵称、头像等信息，亦未以适当的方式明确为用户提供信息存储空间的功能。综上，本院认定，爱奇艺车载端用户可获取的内容由北京某科技公司进行提供，虽然可能被控侵权视频最初来源于用户上传，但最终由北京某科技公司将该视频置于爱奇艺车载端应用的网络服务器中向用户提供，故，被告北京某科技公司的涉案行为侵害了二原告对涉案作品享有的信息网络传播权。

关于二原告主张被告某新能源公司、某车联网公司与被告北京某科技公司构成共同侵权的主张，本院认为，《中华人民共和国民法典》第一千一百六十八条规定，二人以上共同实施侵权行为，造成他人损害的，应当承担连带责任。上述规定是最为典型的有意思联络的共同侵权行为，即共同加害行为。共同加害行为通常可以考虑以下构成要件：第一，加害人的多数性，即加害人必须二人或者二人以上；第二，加害人之间具有共同过错；第三，加害行为的关联性，即各加害人的加害行为指向同一对象，结合起来共同造成了损害后果的发生；第四，加害行为须造成了同一的损害后果。本案中，某新能源公司为小鹏汽车的生产方，根据在案证据，其主要负责小鹏汽车的硬件制造，并无证据表明其参与了涉案车载系统及应用的相关业务，其并不参与涉案侵权内容的提供，故其不应就涉案侵权行为承担侵权责任。某车联网公司为小鹏汽车的车载系统和应用管理服务的提供方，根据某车联网公司与北京某科技公司签订的《车载视频合作协议》，由北京某科技公司负责爱奇艺应用车载端的内容提供，某车联网公司负责车载系统中上线爱奇艺应用车载端并进行展示、推广，在原告的取证过程中可以看出，小鹏汽车车载端用户使用专有账号，才能使用其车载系统和应用的相关服务，并同时提供了套餐服务，该些套餐的收款方是某车联网公司，其是涉案作品提供行为的参与者、获益者，应与被告北京某科技公司承担连带责任。

关于二原告主张的停止侵权，于法有据，但鉴于在案证据，爱奇艺车载端应用已无法点播涉案侵权视频，故原告的该项诉求已经实现，本院不予处理。

关于二原告主张的消除影响，二原告享有的系著作财产权，无权要求被告赔礼道歉、消除影响，该项诉求于法无据，本院不予支持。

关于赔偿损失，根据著作权法第五十四条的规定，权利人的实际损失、侵权人的违法所得、权利使用费难以计算的，由人民法院根据侵权行为的情节，判决给予五百元以上五百万元以下的赔偿。本案中，依据原告提交的证据及计算方法，无法直接计算出因涉案侵权行为实际损失、违法所得、权利使用费的具体数额。因此，在权利人的实际损失和被告因侵权行为的违法所得均难以确定，本院将综合考虑涉案作品知名度，侵权行为的持续时间、方式、性质和过错程度等因素适用法定赔偿方式确定赔偿数额。关于合理开支，原告提交了律师费发票但未提交代理协议，本院对律师费不予支持；原告提交了公证书及公证书发票，本院对公证费予以支持。

综上所述，根据《中华人民共和国著作权法》第十条第一款第十二项、第十一条、第五十三条第一项、第五十四条之规定，判决如下：

一、被告北京某科技有限公司、广州某车联网科技有限公司于本判决生效之日起十日内共同赔偿原告深圳市某计算机系统有限公司、某科技（北京）有限公司的经济损失及合理开支合计 500000 元；

二、驳回原告深圳市某计算机系统有限公司、某科技（北京）有限公司的其他诉讼请求。

如果未按本判决指定的期间履行给付金钱义务，应当依照《中华人民共和国民事诉讼法》第二百六十条之规定，加倍支付迟延履行期间的债务利息。

案件受理费46800元，由原告深圳市某计算机系统有限公司、某科技（北京）有限公司负担16800元（已交纳），由被告北京某科技有限公司、广州某车联网科技有限公司共同负担30000元（于本判决生效后十日内交纳）。

如不服本判决，可在本判决书送达之日起十五日内，向本院递交上诉状，上诉于北京知识产权法院。

审 判 员 张连勇

二〇二三年十二月二十九日

法官助理 陈肖润东

书 记 员 王 怡

28. 实施算法统一聚合行为提高网络服务提供者的注意义务

——原告优某信息技术（北京）有限公司与被告北京快某科技有限公司侵害信息网络传播权纠纷案①

中华人民共和国上海市浦东新区人民法院民事判决书

（2022）沪0115民初29412号

原告：优某信息技术（北京）有限公司。住所地：北京市海淀区。

法定代表人：李某，执行董事。

委托诉讼代理人：李浩，上海融力天闻律师事务所律师。

被告：北京快某科技有限公司。住所地：北京市海淀区。

法定代表人：银某，经理。

委托诉讼代理人：孙茂成，北京高文律师事务所律师。

委托诉讼代理人：张清格，北京高文律师事务所律师。

原告优某信息技术（北京）有限公司（以下简称优某公司）与被告北京快某科技有限公司（以下简称快某公司）、上海某移动科技有限公司（以下简称某科技公司）侵害作品信息网络传播权纠纷一案，本院于2022年3月17日立案后，依法适用普通程序，由审判员杨捷独任审理，于2022年12月1日公开开庭进行了审理。审理中，原告优某公司申请撤回对被告某科技公司的全部诉讼请求，本院予以准许。原告优某公司的委托诉讼代理人李浩及被告快某公司的委托诉讼代理人张清格到庭参加诉讼。本案现已审理终结。

原告优某公司向本院提出诉讼请求：1. 判令被告快某公司立即停止侵害原告著作权，即立即删除手机软件“快手”中关于电视剧《甄嬛传》的侵权视频。2. 判令被告某科技公司立即停止在“2345手机助手”中提供手机软件“快手”的下载、安装服务。3. 判令被告快某公司赔偿原告经济损失及为

① 本案在年度报告中的位置为第65页。

调查被告侵权行为和起诉被告所支出合理费用共计400万元（其中律师费为10万元，公证费为33000元）。审理中，因已下架“快手”软件，故原告申请撤回对被告某科技公司的全部诉讼请求。因被告已删除涉案链接，原告后又申请撤回第1项诉讼请求。

事实和理由：原告是知名新媒体平台“优酷”的经营者。业务范围覆盖PC、电视、移动三大视频服务终端，兼具影视、综艺、资讯三大内容形态。通过长期的巨资投入购买影视作品版权，“优酷”已成为国内最大的视频资源库之一。“优酷”的主要经营模式是面向终端用户提供在线网络视频点播服务，同时面向行业广告客户提供在线网络视频的广告发布服务，对用户所点播的网络视频合法且适当投放贴片广告，付费会员用户可观看没有广告的视频内容，VIP会员费和广告费是原告的主要收入来源。《甄嬛传》是由郑晓龙执导，流潋紫、王小平编剧，孙俪、陈建斌、蔡少芬、刘雪华、李天柱、蒋欣、李东学、陶昕然等主演的清装宫斗剧。原告投入巨资取得了电视剧《甄嬛传》在中国境内独占的信息网络传播权，并且有权以自身名义向侵权人主张权利。经调查，原告发现被告快某公司运营的手机软件“快手”中存在大量关于电视剧《甄嬛传》的侵权视频片段，被告快某公司作为专业的短视频平台，明知、应知涉案侵权内容的存在，仍然为用户提供涉案侵权短视频的在线播放及下载服务，分流了“优酷”平台的观看用户，造成原告的广告费收入及会员充值收入减少等损失。被告某科技公司在其运营的“2345手机助手”中提供了涉案手机软件“快手”的下载、安装服务。两被告的行为严重侵犯了原告的合法权益，给原告造成了重大经济损失。为此，原告依据《中华人民共和国著作权法》及相关法律法规，请求法院判令被告承担停止侵害、赔偿损失等民事责任，维护原告的合法权益。

北京快某公司辩称，1. 原告优某公司主体不适格，其无权单独作为原告提起诉讼。《甄嬛传》片尾署名与电视剧发行许可证公示的权利人不一致。根据现有证据，涉案作品《甄嬛传》的权利人无法确认。东阳市花某影视文化有限公司（以下简称花某公司）给原告的授权书没有权利人盖章、签字，是无效授权。同时，该公司给原告的授权是普通许可，并不是专有授权，案外人乐视视频对《甄嬛传》亦享有同样的信息网络传播权，原告无独立诉权。2. 被告提供的是平台服务，仅为网络用户提供信息存储空间服务，不提供内容，不构成直接侵权。3. 被告对网络用户何时上传视频、上传什么视频既不明知也不应知，故被告不存在过错，不构成间接侵权，依法不应承担赔偿责任。被告事先主动积极采取了预防侵权的合理措施，无法定义务也没有能力对海量用户上传的海量视频内容进行事先主动筛查和屏蔽，被告没有过错。4. 原告主张的搜索结果展示页面，是快手 APP 自身功能自动呈现的结果，没有人为干预行为。被告不存在选择、编辑、整理、推荐、设置榜单、置于首页等行为，也不存在诱导、鼓励等教唆行为或分工合作、提供技术支持等帮助行为。原告所有的取证都是需要通过定向搜索才能发现存在涉案侵权视频，这足以证明，被告没有选择、推荐或设置榜单、置于首页等帮助行为。原告提到的所谓“搜索联想词”“搜索结果展示页面的‘电视剧’‘影视’所谓分类”“‘#话题’标签”“搜索结果中部分视频未带有‘#甄爆传’标签”“所谓的‘发现’项下的‘影视’向用户主动‘推荐’有关电视剧的视频”“综艺榜、剧集榜”等均是 APP 自身功能的呈现，没有任何人为干预。原告也没有证据证明被告对于网络用户上传的短视频采取了人工干预。5. 原告主张删除关于电视剧《甄嬛传》的侵权视频指向不明，实际上是要求快手平台判断所谓的“侵权内容”，超出快手平台的义务和能力。除危害国家安全、涉恐怖、色情等国家明确规定要求采取关键词过滤外，对于普通视听作品，法律法规和政策都没有要求网络服务提供者要采取关键词过滤、封号等管控措施防止或制止用户侵权。因网络用户上传时间、上传内容无法预测，也不可能预测，用户发布的视频内容海量，原告的前述主张指向具体内容不明，被告无能力逐一进行有效筛查处理。6. 北京版权监测中心、12426 版权监测中心所发出的删除通知是无效通知。7. 被告在接到通知后，均第一时间进行了断链，已经依法履行了平台管理义务。同时，被告在陆续接到原告取证材料后，还采取了超越法定义务的相关措施，如对部分用户进行封号处理、并以“甄嬛传”为关键词进行了全平台关键词管控、话题屏蔽。需要特别强调的是，采用关键词进行全平台管控这种“一刀切”的方式进行概括性处理，已导致对快手平台产生了大量误杀，造成无关网络用户和链接被清理，比如平台上名为“甄媛传”字样但未提供侵权内容的网络用户或不涉及作品《甄嬛传》的内容均被封禁或断链，严重侵害普通网民正常使用互联网的权利，损害了快手平台的利益和商誉，造成了无辜网民的大量投诉。被告牺牲了巨大的合法权利和利益去制止网络用户侵权，已尽到最大善意维护权利人的权益，此种情况下，如再判决被告赔偿，则不仅于法无据，于理也不通。8. 原告自身亦通过快手 APP 宣传推广作品，故原告应认可被告的平台属性，依法应适用“避风港”原则。原告在类案起诉时，在获取网络用户信息后均撤回了对被告的诉讼。9. 因被告已经全面制止了网络用户侵权，故原告的停止侵权诉请已无事实基础，请法院向原告释明撤回该项诉请或依法予以驳回。10. 原告的经济损失和合理支出的请求，缺乏事实和法律依据，应被驳回。

当事人围绕诉讼请求依法提交了证据，本院组织当事人进行了证据交换和质证。对原告优某公司提交《甄嬛传》的截图等当事人无异议的证据，本院予以确认并在卷佐证。对有争议的证据和事实，本院认定如下：

1. 原告提交了（2018）京求是内经证字第 89 号、第 90 号、第 91 号及第 92 号公证书、星某影视文化传播有限公司出具的版权证明、花某影视文化有限公司（即花某公司，其于 2015 年变更为该企业名称）向原告出具的授权书及该公司的企业信息查询打印件，用以证明原告已取得涉案作品的信息网络传播权，并有权向第三人主张权利。被告对其证明内容有异议，认为根据上述证据，《甄嬛传》片尾署名与电视剧发行许可证公示的权利人不一致，涉案作品《甄嬛传》的权利人无法确认。花某公司给原告的授权书没有权利人盖章、签字，是无效授权，且花某公司给原告的授权是普通许可，并非专有授权，案外人乐视视频对《甄嬛传》亦享有同样的信息网络传播权，原告无独立诉权。本院认为，上述证据可以证明相关事实，至于原告是否因此享有涉案作品在本案中的相关著作权并可向被告主张权利，则由本院依据可证事实认定。关于花某公司向原告出具的授权书落款处虽未盖章，但在其他处盖有花某公司的骑缝章，且有原告提交的《影视作品独家授权协议》可予补充证明相关事实。

2. 原告提交了（2021）沪静证经字第 2664 号、第 1393 号、第 1457 号、第 1483 号、第 1789 号、第 1830 号、第 1819 号、第 2785 号、第 3669 号、第 3703 号、第 3774 号及第 3787 号公证书，（2022）沪静证经字第 131 号、第 143 号、第 188 号、第 1756 号及第 1765 号公证书，用以证明案涉侵权行为。被告对其真实性无异议，但对其合法性、关联性及证明目的不认可。本院认为，上述证据为公证所得，一般情况下，其具备真实性及合法性，至于其关联性，则需由公证内容所证事实确定。原告还提交了（2022）沪经证经字第 1226 号公证书，用以证明侵权行为。被告不认可其真实性，认为公证词页显示使用公证处已经恢复出厂设置的手机取证，而公证页面又显示原告卸载快手 APP，再次下载快手 APP。被告认为，如果恢复出厂设置就无须卸载快手 APP，因此该情况很可能是使用原告自行携带的手机取证，若无反证，该证据应当排除。本院认为，该公证书公证词与后续截屏页面内容相符，且不能排除公证处手机出厂时已预装快手 APP 的可能性，在被告没有充分证据可以推翻该公证书的情况下，该公证书可以作为定案证据。

3. 原告提交了发函通知邮件、（2021）京 73 民初 1016 号民事裁定书、时间戳（快手推广），用以证明原告曾向被告通知侵权，被告有能力在短期内停止侵害以及被告用户可以通过付费提高曝光次数。被告认可上述证据真实性，但不认可其证明目的。本院认为，上述证据能够证明所载事实，就其与本案的关联性，则由本院认定。

4. 原告提交了时间戳（优酷官网查询）、优酷 APP 截图、时间戳（易观千帆数据查询）、慧聪广电网文章、新浪网文章、时间戳（快手官网查询）、时间戳（应用市场下载量统计）、百度百科（甄嬛传）、豆瓣（甄嬛传）、多篇新浪网、搜狐网、人民网、中国新闻网、央视网、中新网、中国质量新闻网、网易、凤凰网及中国作家网等文章，用以证明原、被告用户数等信息以及《甄嬛传》的知名度及价值。被告对上述证据无异议，但对其证明目的不认可。本院认为，上述证据可以证明相关事实。

5. 原告提交了影视作品独家授权协议、银行回单、联合制作与出品合作协议书、《司藤》《公园没有年轻人》影视节目授权合同、剧集委托制作协议之补充协议及《你微笑时很美》影视节目授权合同，用以证明权利作品的许可费用。被告对上述证据的真实性、合法性及关联性均不认可。本院认为，原告提交了影视作品独家授权协议及银行回单的原件，且该协议涉《甄嬛传》，具备关联性，因此可以作为定案证据。其他证据则涉其他影视剧，与本案无关，不作为定案证据。

6. 原告提交了广告合同、公证费发票及税务局官网查询截图及上海市司法局、上海市发展和改革委员会于 2017 年 1 月 26 日颁发的《上海市律师服务收费管理办法》，用以证明其实际损失与合理开支。被告认可上述证据的真实性，但不认可其证明目的。本院认为，上述证据可以证明相关联事实。

7. 原告提交了首都版权协会登记证书、首都版权协会官网截图、首都版权协议说明、上海冠某信息科技有限公司（以下简称冠某公司）营业执照及冠某公司说明，用以证明其侵权通知的效力。被告认可证据的真实性，但不认可其证明目的。本院认为，上述证据可以证明关联事实。

8. 被告提交了快手的用户协议、快手投诉渠道及投诉办法及快手的社区管理规范，用以证明被告系信息存储空间服务商且已采取相关措施以避免侵权。原告认可上述证据的真实性，但不认可关联性。本院认为，上述证据可以证实被告经营模式的相关事实。

9. 被告提交了北京版权监测中心、12426版权监测中心在事业单位在线官网、国家企业信用信息公示系统、组织机构代码查询官网的查询结果，用以证明原告侵权通知的发送主体北京版权监测中心及12426版权监测中心未经依法登记，为非法组织，其通知不具合法性，不应作为证据采纳，侵权通知无效。原告认可其真实性，但不认可其关联性。本院认为，上述证据与原告提交的首都版权协会登记证书、首都版权协会官网截图、首都版权协议说明、冠某公司营业执照及冠某公司说明等证据所证内容并不矛盾，因此可以证明相关事实。

10. 被告提交了（2018）京73民终301号民事判决书，认为该案与本案案情相同，应同案同判。原告认可其真实性，但认为该案与本案案情不同，本院赞同原告该观点。

11. 被告提交了《甄嬛传》投诉视频处理情况说明、《甄嬛传》涉案用户信息及可信时间戳取证，用以证明被告在收到投诉后及时删除全部视频链接。原告认可上述证据的真实性，但认为被告尚未全部删除视频链接。本院认为，被告确未提交删除全部视频链接事实的证据，且原告所做公证亦证实此节事实。

12. 被告提交了原告在快手APP上的多个官方账号及官方指定账号宣推内容截图，用以证明原告明知被告信息存储空间服务商的业务性质并在快手中推广自身产品。原告认可其真实性，但不认可其关联性。本院认为，原告是否在快手平台上推广自身产品与案涉纠纷无关。

13. 被告提交了在原告优酷平台搜索《2020年欧洲杯》《2020年东京奥运会》《北京2022年冬奥会》及其他关键字搜索结果截图，用以证明无法采取过滤关键词等来制止侵权，同时原告也未采取相应措施避免侵权。原告认可其真实性，但认为原告平台行为与被告的案涉行为不同。本院认为，本案案涉行为系被告平台实施，与原告平台无关。若原告平台亦涉侵权，则可由相关权利人向原告主张权利。

14. 被告提交了必应搜索框输入“甄嬛”截图、百度搜索框输入“甄嬛”截图，用以证明在必应及百度搜索框中输入“甄嬛”字样，分别会出现联想词“甄嬛传免费在线观看”“甄嬛传在线观看免费全集”“甄嬛传在线观看”“甄嬛传”“甄嬛传电视剧免费版全集在线观看高清”“甄嬛传在线播放免费版”等，即原告所谓的搜索联想词，是 APP 系统自身功能的呈现。原告认可其真实性，但不认可其关联性。本院认为，上述证据中所涉及其他软件行为，不能与被告行为形成必然联系，因此与本案事实没有关联性。

15. 被告提交了在原告优酷平台搜索“2022 北京冬奥会”搜索结果截图，用以证明随机在原告优酷平台上输入“2022 北京冬奥会”（优某公司并未获得《北京 2022 年冬奥会》的转授权)，搜索结果展示的视频只有一个带有“#2022 北京冬奥会”话题/标签，绝大多数视频未带有“#2022 北京冬奥会”话题及标签，即原告提到的搜索结果中部分视频未带有“#甄嬛传”话题及标签，是 APP 系统自身功能的呈现，不是主动进行识别归类。原告认可其真实性，不认可其关联性。本院认为，本案案涉行为系被告平台实施，与原告平台无关。

16. 被告提交了类案的原告起诉状、快手平台披露的用户信息及原告撤诉裁定书，用以证明原告在类案起诉时，在获取网络用户信息后即撤回了对被告的诉讼，原告对被告的平台属性是认可的，且明知在现有事实情况和证据下，依法应适用“避风港”原则。原告认可上述证据的真实性，但认为撤诉是其诉讼策略。本院认为，被告提交的上述类案与本案事实无关。

17. 被告提交了人民日报发文批评后宫剧将“煽、色、腥”发挥到极致的网页打印件、对《甄嬛传》的不负责任吐槽的网页打印件、《甄嬛传》违背历史被喷，追剧不应该太较真、伪历史剧在毁掉传承的网页打印件、强烈要求禁止播放《甄嬛传》三观不正的电视剧的网页打印件，用以证明《甄嬛传》的负面评价。原告认可上述证据的真实性，但仍坚持《甄嬛传》版权费及价值很高。本院认为，上述证据具备真实性，可以在一定层面证明社会对《甄嬛传》的评价。

18. 被告提交了《长安十二时辰》《战狼 2》《我不是药神》《甄嬛传》《你好，李焕英》等影视剧判决书，认为应类案类判，同案同判。原告认可上述证据的真实性，但不认可其关联性。本院认为，上述判决与本案案情存在差异，故与本案没有关联。

根据上述证据，原、被告的诉、辩称意见及当事人陈述，本院认定以下事实。

一、原告优某公司的基本经营模式

原告优某公司成立于 2006 年 2 月 24 日，注册资本 6000 万元，经营范围为电信业务、广播电视节目制作、互联网文化活动、出版业务等。原告运营的优酷视频平台是包含影视剧集综艺等播放的在线视频平台，该平台采取会员制，按月、季、年等不同时长设置会员收费档次。其主要经营模式是面向终端用户提供在线网络视频点播服务，同时面向行业广告客户提供在线网络视频的广告发布服务。其主要收入来源为 VIP 会员费和广告费。其中，VIP 会员价格为 15 元每月、198 元每年；15 秒贴片广告的平均价格为 83 元/cpm（每点击 1000 次）。

二、原告就涉案作品《甄嬛传》享有的著作权相关权利

涉案作品《甄嬛传》是由孙俪、陈建斌、蔡少芬等主演的古装剧，首播于 2011 年 11 月，共 76 集，单集时长约为 45 分钟。其国产电视剧发行许可证中载明，制作机构为北京电视艺术中心，合作机构为花某公司及北京香格拉影视文化传播有限公司。其片尾字幕显示联合出品方为北京电视艺术中心有限公司、上海尚世影业有限公司、北京香格拉影视文化传播有限公司及花某公司，该作品所有版权归属单位为花某公司。

2011 年 5 月 10 日，北京电视艺术中心出具授权书，称：全权授权花某公司独家向国内外发行涉案作品，授权期限为永久。

2011 年 10 月 28 日，北京电视艺术中心有限公司出具版权证明，称：由北京电视艺术中心、花某公司等单位联合出品的涉案作品，所有版权和著作权归花某公司所有；北京电视艺术中心，因改制现已更名为北京电视艺术中心有限公司，其只拥有涉案作品署名权，不拥有版权。

2011 年 11 月 21 日及 2017 年 12 月 10 日，上海尚世影业有限公司及北京香格拉影视文化传播有限公司分别出具版权证明，称：涉案作品所有版权和著作权归花某公司所有，其只拥有署名权，不拥有版权。

2017 年，花某公司向原告出具授权书，将涉案作品的信息网络传播权及维权权利授予原告，权利为独占专有（独家），授权期限为 2018 年 3 月 27 日起 10 年，并明确了授权区域。同年 12 月 26 日，双方签订的《影视作品独家授权协议》中亦明确上述约定，同时明确花某公司保留平台：乐视视频（www. le. com，仅限乐视视频 PC 端网页和移动端的 APP 播放，不含 OTT、数字电视、互联网电视、IP 电视等其他形式）享有非独家信息网络传播权；东方卫视授权的限上海市地区内的百视通 IPTV 数字回放（仅限在东方卫视每集播放后，百视通 IPTV 在三日之内回放东方卫视已播出的内容）除外；上述保留平台不得再转授权；本协议项下的授权费用为《甄嬛传》电视剧 1 部，合计 7600 万元。后原告支付了上述授权费用 7600 万元。

《甄嬛传》在优酷 APP 中显示，其前 5 集可免费观看，但需收看约 90 秒片前广告。剩余集数均需购买优酷 VIP 会员方能观看。

三、被告快某公司的基本经营模式

被告快某公司成立于 2015 年 3 月 20 日，注册资本 1 亿元，经营范围为发布广告、电影制作、电影发行、从事互联网文化活动等，系快手 APP 的开发者、经营者。被告在《用户服务协议》中告知用户应当尊重知识产权，上传的视频、音频不得侵犯第三方知识产权、名誉权等合法权利；在《快手社区管理规范》中告知用户不得未经授权盗用、转载、搬运他人作品。（2022）沪静证经字第 1226 号公证书内容显示：快手全球用户超 7 亿；快手 APP 首页显示“快手剧集榜”“快手综艺榜”；进入“快手剧集榜”，可见热度由大至小的每日剧集排名；点击进入剧集，页面顶端为对应电视剧的快手百科介绍，后为该电视剧全部短视频内容。2022 年 7 月 12 日，原告的委托代理人通过联合信任时间戳对被告快手 APP 内容进行保全，显示：该平台用户可以享受付费增加视频播放量的服务，付费档次分为“80 快币、160 快币、240 快币、400 快币、800 快币及自定义”，其中，每 80 快币，预计“涨粉 1 到 8，增加展示人数 400 到 1200，增加播放数 114 到 266，增加点赞评论数 5 到 266”，花费 12 元可购买 84 快币；花费 400 快币则可以帮助他人视频上热门，预计可增加 1600 到 4800 展示人数，涨粉 5 到 40。

四、原告在本案中所诉侵权行为

据（2021）沪静证经字第 1393 号公证书，2021 年 7 月 1 日在手机中安装快手 APP 后进行了以下操作：1. 进入快手 APP，在搜索框内键入“甄嬛传”，可见大量的短视频搜索结果，该些视频显示点击量从数百到数百万不等；2. 点击打开其中部分视频，该些视频由快手用户“珊 6112”“雪儿影视剧场（完整版）”“影视剪辑-保明（破十万）”“好剧分享【精彩判断】”“艳儿爱追剧”等上传，其中部分视频还附有“#甄嬛传”“#电视剧甄嬛传”“#甄嬛传电视剧完整版”“#甄嬛传片段”“#一起来追剧吧甄嬛传”等包含“甄嬛传”字样的标签，部分视频则没有上述标签；3. 该些视频内容中大多数直接上传了《甄嬛传》视频片段，也有部分使用《甄嬛传》视频片段并加入字幕或其他文字、语音介绍；4. 在搜索栏中输入“甄嬛”，会弹出“甄嬛传电视连续剧”“甄嬛传”“甄嬛传在线观看”“甄嬛传直播”“甄嬛传第 76 集”“甄嬛传直播在线观看”“甄嬛传大结局”等联想词。

在其后的 2021 年 7 月 6 日至 2022 年 1 月 24 日，原告又对被告快手 APP

案涉行为先后进行了13次证据保全公证，上海市静安公证处分别出具13份公证书，其公证内容与（2021）沪静证经字第1393号公证书载明内容大致相同。有所不同或增加的行为是：

1. 2021年7月6日公证时，快手APP在首页“发现”项下的“影视”栏目中推荐了《甄嬛传》相关短视频，其中部分视频未附“甄嬛传”标签。

2. 2021年7月7日公证时，在快手APP首页搜索栏搜索“甄嬛传”，在“话题”项下显示“甄嬛传”（4.7万个作品）、“电视剧甄嬛传”（6381个作品）、“一起来追剧吧甄嬛传”（2951个作品）、“甄嬛传华妃”（2130个作品）、“甄嬛传全集”（1031个作品）、“甄嬛传孙俪”（30个作品）、“甄嬛传片段”（27个作品）、“后宫甄嬛传”（33个作品）等话题，点击其中“甄嬛传”的话题，显示存在4.7万个作品，15.9亿播放。

3. 2021年7月28日公证时，在快手APP首页搜索栏搜索“甄嬛传”时，搜索结果“综合”“默认排序”项下存在“电视剧”分类，在该分类下有大量《甄嬛传》短视频，其中部分视频未附有“甄嬛传”或“电视剧”标签。

4. 2021年7月30日公证时，在快手APP首页搜索栏搜索“甄嬛传”，在“话题”项下显示“甄嬛传”（5.0万个作品）、“电视剧甄嬛传”（6685个作品）、“一起来追剧吧甄嬛传”（3407个作品）、“甄嬛传华妃”（2134个作品）、“甄嬛传全集”（1122个作品）、“甄嬛传孙俪”（622个作品）、“甄嬛传片段”（684个作品）、“后宫甄嬛传”（380个作品）等话题，点击其中“电视剧甄嬛传”的话题，显示存在6685个作品，6213.8万播放；在搜索栏输入“zhenhu”，会弹出“甄嬛传”“甄嬛传电视连续剧”等联想词。

5. 2021年7月31日公证时，在快手APP中点击涉案短视频时会有广告弹出；在搜索栏中输入“甄嬛”，会弹出联想词“甄嬛传”“甄嬛传电视连续剧”“甄嬛传在线观看”“甄嬛传76集”“甄嬛传讲解”“甄嬛传经典片段”等。

6. 2021年10月9日公证时，在快手APP搜索栏搜索“甄嬛传”，在“话题”项下显示“甄嬛传”（5.9万个作品）、“电视剧甄嬛传”（9808个作品）、“一起来追剧吧甄嬛传”（4722个作品）、“甄嬛传华妃”（6428个作品）、“甄嬛传全集”（2145个作品）、“甄嬛传孙俪”（713个作品）、“甄嬛传片段”（1080个作品）、“后宫甄嬛传”（495个作品）等话题，点击其中“电视剧甄嬛传”的话题，显示存在9808个作品，1.1亿播放；点击该话题下的《甄嬛传》短视频后，返回快手APP首页，其“发现”项下影视栏目中推荐了《甄嬛传》相关短视频，点击该些短视频，部分存在“甄嬛传”标签，部分不存在“甄嬛传”标签。

7. 2021年10月19日公证时，在快手APP首页“发现”项下的“影视”栏目中推荐了《甄嬛传》短视频，点击打开其中的短视频，部分存在有关“甄嬛传”标签，部分不存在上述标签。

8. 2021年12月14日公证时，在快手APP搜索栏输入“甄嬛传”时会弹出“甄嬛传电视连续剧”“甄嬛传直播在线观看”“甄嬛传76集连续剧”“甄嬛传解说”“甄嬛传大结局”等联想词；在快手APP首页搜索栏搜索“甄嬛传”时，搜索结果“综合”“默认排序”项下存在“电视剧”分类，在该分类下有大量《甄嬛传》短视频，其中部分视频未附有“电视剧”标签；在快手APP搜索栏搜索“甄嬛传”，在“话题”项下显示“甄嬛传”（7.5万个作品）、“电视剧甄嬛传”（1.8万个作品）、“一起来追剧吧甄嬛传”（6175个作品）、“甄嬛传华妃”（1.3万个作品）、“甄嬛传全集”（3267个作品）、“甄嬛传孙俪”（877个作品）、“甄嬛传片段”（1545个作品）、“后宫甄嬛传”（664个作品）、“甄嬛传电视剧完整版”（1001个作品）及“甄嬛传全集高清在线播放”（551个作品）等话题，点击其中“甄嬛传”的话题，显示存在7.5万个作品，37.4亿播放，与之前公证时不同的是，在该话题的内容中还添加了海报、故事梗概、演职人员及相关作品等内容；点击另一话题“电视剧甄嬛传”，显示存在1.9万个作品，2.7亿播放，同样也添加了前一个话题的相关内容。

9. 2021年12月20日公证时，在快手APP搜索栏搜索“甄嬛传”，在“话题”项下显示“甄嬛传”（7.8万个作品）、“电视剧甄嬛传”（1.9万个作品）、“一起来追剧吧甄嬛传”（6352个作品）、“甄嬛传华妃”（1.3万个作品）、“甄嬛传全集”（3497个作品）、“甄嬛传片段”（1606个作品）、“后宫甄嬛传”（696个作品）、“甄嬛传电视剧完整版”（1056个作品）及“甄嬛传持续更新”（164个作品）等话题，点击其中“甄嬛传”的话题，显示存在7.8万个作品，39亿播放；在快手APP首页搜索栏搜索“甄嬛传”时，搜索结果“综合”“默认排序”项下存在“电视剧”分类，在该分类下有大量《甄嬛传》短视频，其中部分视频未附有“电视剧”标签。

10. 2021年12月21日公证时，在快手APP搜索栏搜索“甄嬛传”，在“话题”项下显示“甄嬛传”（7.8万个作品）、“电视剧甄嬛传”（2.0万个作品)、“一起来追剧吧甄嬛传”(6364个作品)、“甄嬛传华妃”(1.3万个作品)、“甄嬛传全集”(3496个作品)、“甄嬛传片段”(1612个作品)、“后宫甄嬛传”(691个作品)、“甄嬛传电视剧完整版”(1070个作品)及“甄嬛传持续更新”(170个作品)等话题,点击其中“电视剧甄嬛传”的话题,显示存在2万个作品,2.8亿播放;在快手APP首页搜索栏搜索“甄嬛传”时,搜索结果“综合”“默认排序”项下存在“电视剧”分类,在该分类下有大量《甄嬛传》短视频,其中部分视频未附有“电视剧”标签。

11. 2022年1月14日公证时,在快手APP搜索框中输入“甄嬛传”会出现搜索联想词“甄嬛传”“甄嬛传电视连续剧”“甄嬛传在线观看”“甄嬛传76集”“甄嬛传大结局”等;在快手APP首页搜索栏搜索“甄嬛传”时,搜索结果“综合”“默认排序”项下存在“电视剧”分类,其中第一条搜索结果列明“甄嬛传”,并附有1至76集每集剧集链接按钮及“立即观看”按钮,其中显示74、75及76集为VIP剧集,同时标明来源为乐视视频小程序;在该搜索结果下还存在大量其他《甄嬛传》短视频,其中部分视频未附有“电视剧”标签。

12. 2022年1月18日公证时,在快手APP搜索栏输入“zh”,会弹出联想词“甄嬛传”;在快手APP首页搜索栏搜索“甄嬛传”时,搜索结果“综合”“默认排序”项下存在“电视剧”分类,其中第一条搜索结果列明“甄嬛传”,并附有1至76集每集剧集链接按钮及“立即观看”按钮,其中显示74、75及76集为VIP剧集,同时标明来源为乐视视频小程序,在该搜索结果下还存在大量其他《甄嬛传》短视频;在快手APP搜索栏搜索“甄嬛传”,在“话题”项下显示“甄嬛传”(8.5万个作品)、“电视剧甄嬛传”(2.3万个作品)、“一起来追剧吧甄嬛传”(6761个作品)、“甄嬛传华妃”(1.5万个作品)、“甄嬛传全集”(4152个作品)、“甄嬛传片段”(2374个作品)、“甄嬛传电视剧完整版”(1207个作品)及“甄嬛传全集高清版”(395个作品)等话题,点击其中“电视剧甄嬛传”的话题,显示存在2.3万个作品,4亿播放。

13. 2022年1月24日公证时,在快手APP搜索栏输入“zh”,会弹出联想词“甄嬛传”;在快手APP首页搜索栏搜索“甄嬛传”时,搜索结果“综合”“默认排序”项下存在“电视剧”分类,其中第一条搜索结果列明“甄嬛传”,并附有1至76集每集剧集链接按钮及“立即观看”按钮,其中显示74、75及76集为VIP剧集,同时标明来源为乐视视频小程序,点击播放后会跳转至乐视视频；在该搜索结果下还存在大量其他《甄嬛传》短视频；在快手APP搜索栏搜索“甄嬛传”，在“话题”项下显示“甄嬛传”（8.7万个作品）、“电视剧甄嬛传”（2.4万个作品）、“一起来追剧吧甄嬛传”（6856个作品）、“甄嬛传华妃”（1.5万个作品）、“甄嬛传全集”（4267个作品）、“甄嬛传片段”（2607个作品）、“甄嬛传更新中”（117个作品）及“甄嬛传孙俪”（937个作品）等话题；点击其中“甄嬛传”的话题，显示存在8.7万个作品，49.5亿播放，点击其中“后宫甄嬛传”的话题，显示存在724个作品，433.9万播放，点击其中“电视剧甄嬛传”的话题，显示存在2.4万个作品，4.2亿播放。

本案诉讼后，原告又申请办理两次公证。2022年9月8日公证时，在快手APP搜索栏搜索“甄嬛传”，话题项下显示“无相关内容”；再搜索“孙俪”，话题项下显示“孙俪”“甄嬛传孙俪”等话题，点击进入其中的话题“孙俪”，页面显示相关作品有《后宫甄嬛传》；再点击《后宫甄嬛传》，显示“后宫甄嬛传”的专题页面，其中有评分、剧情简介、演职人员、相关合集、相关话题等内容，还显示有1306个作品，3432.6万播放；在其相关话题中有“甄嬛传电视剧”“甄嬛传说唱”等话题，下方还设置“热门”“最新”，“热门”项下存在大量《甄嬛传》的短视频，点击其中部分视频，存在“甄嬛传”“后宫甄嬛”“电视剧甄嬛传”“后宫甄嬛传”“甄嬛”“甄嬛传片段”等标签；点击进入“甄嬛传”（14万个作品，128.7亿次播放）、“电视剧甄嬛传”（3.3万个作品，10.5亿播放）等话题，其页面设置与前述“后宫甄嬛传”的话题一致，页面下方存在大量的《甄嬛传》短视频。次日再次公证时，在其他APP的搜索栏中搜索影视节目，其搜索结果的页面、栏目设置与快手APP中不一致。

经原、被告比对，原告自认删除重复及无关短视频，最终确认在本案中主张的侵权短视频共计约4140个。

五、原告向被告发送侵权通知及被告删除链接的情况

案外人首都版权协会系社会团体法人，成立于2021年10月20日，注册资金50万元整，业务范围为政策宣传、行业规范、咨询服务、承办委托等。该协会官网显示北京版权监测中心系其内设机构，并注明北京版权监测中心是北京市版权局主管、首都版权协会主办的非营利性版权服务机构。其前身为北京市版权局网络版权信息监控中心，主营业务是为行政、司法部门和各类权利人提供网络版权监测和代理维权服务。2021年4月26日，首都版权

协会与北京版权监测中心共同出具《说明》，称2020年8月，经北京市民政局批准，首都版权产业联盟正式更名为首都版权协会。北京版权监测中心是首都版权协会主办的非营利性版权服务机构，系2020年10月由北京网络版权监测中心更名而来。鉴于版权方在北京网络版权监测中心更名前已出具相关授权委托书，为避免更名影响维权工作开展，在2020年10月之后仍有部分版权方委托的对外投诉使用北京网络版权监测中心名义进行。首都版权协会和北京版权监测中心确认，在2020年10月之后以北京网络版权监测中心名义进行的投诉系北京版权监测中心执行，北京版权监测中心和北京网络版权监测中心两名义并行投诉的过渡期截至2021年6月30日。首都版权协会为统一对外展示，将原网站内容中涉及北京网络版权监测中心的表述统一调整为北京版权监测中心，发文时间仍保留原内容最早发文时间不变。

案外人冠某公司成立于2011年4月12日，经营范围为从事信息科技、计算机科技、知识产权代理（专利除外）。2021年12月29日，该公司出具《声明》，称12426版权监测中心，前身为中国版权协会版权监测中心，已于2019年12月转移至该司，对以该司名义进行注册认证的监测中心账号，该司皆予以确认该账号合法且有权进行维权相关事宜。

2020年3月4日、3月9日、3月10日、5月7日、11月17日、12月9日，2021年1月5日、2月26日、7月19日、8月25日、9月14日、10月21日、11月3日、12月6日及2022年7月5日，12426版权监测中心、北京版权监测中心等分别受原告及其关联公司的委托授权，先后15次向被告发送电子邮件，称其为公众提供涉案电视剧《甄嬛传》影视作品的在线播放、下载、资源存储或推送服务，严重侵害了权利人的合法权益，要求其于24小时内删除相关侵权链接并采取有效措施阻止涉案作品及其片段等侵权内容上传至快手平台。邮件随附委托书、片尾截图、《甄嬛传》权属证明、侵权链接、上传者ID等。

2020年3月4日、3月9日、3月10日、5月7日、11月17日、12月9日，2021年1月5日、2月26日、7月19日、8月25日、9月14日、10月20日、11月3日、12月6日及2022年7月5日，被告分别删除部分涉《甄嬛传》短视频链接。2022年12月1日，原告确认被告已删除全部的涉案视频链接。

2022年8月5日，被告申请办理可信时间戳认证中，在快手APP中搜索“甄嬛传”，显示有少量与原告主张权利无关的涉及《甄嬛传》短视频，且

“话题”项下显示无相关内容。

六、其他涉及被告承担民事责任的相关事实

（一）原、被告平台数据情况

2022 年 3 月，慧聪广电网、新浪网均发文报道原告优酷视频平台月度活跃用户量达 2.67 亿。

2022 年 6 月 13 日，原告的委托代理人通过联合信任时间戳服务中心，运用易观千帆数据查询平台分别对 2020 年 8 月至 2021 年 12 月原被告平台活跃用户量进行时间戳保全认证，数据显示：2020 年 8 月，原告平台活跃用户量为 28163 万，被告平台活跃用户量为 47185 万；2021 年 1 月，原告平台活跃用户量为 23907 万，被告平台活跃用户量为 43661 万；2021 年 5 月，原告平台活跃用户量为 21708 万、被告平台活跃用户量为 41106 万；2021 年 8 月，原告平台活跃用户量为 19493 万、被告平台活跃用户量为 43931 万；2021 年 12 月原告平台活跃用户量为 17432 万、被告平台活跃用户量为 45292 万。

2022 年 6 月 16 日，原告的委托代理人通过联合信任时间戳服务中心，就被告运营的快手 APP 在全国各大应用市场的下载量情况进行时间戳保全认证，数据显示：快手 APP 在腾讯应用宝的下载次数为 23 亿次；在百度手机助手的下载次数为 15.2 亿次；在华为应用市场下载次数为 233 亿次；在 Flyme（魅族应用商店）的下载次数为 14.6 亿次；在搜狗应用市场的下载次数为 21.47 亿次；快手 APP 安卓端在各应用市场的累计下载次数达到 565 亿次。

2022 年 6 月 26 日，原告的委托代理人通过联合信任时间戳服务中心，进入被告快某公司官网，就其平台相关数据信息进行时间戳保全认证，显示：2020 年上半年，被告运营的“快手”中国应用程序及小程序的平均日活跃用户数突破 3 亿；2021 年度“快手”应用平均日活跃用户为 3.082 亿，平均月活跃用户为 5.442 亿；2022 年第 1 季度“快手”应用平均日活跃用户为 3.455 亿，月活跃用户为 5.979 亿。

（二）《甄嬛传》的商业价值及评价

《甄嬛传》一经播出，获得了很高的收视率及关注度，在商业上获得很大成功。其获得第 26 届中国电视金鹰奖优秀电视剧、2012 华鼎奖最佳电视剧男演员及女演员、第 16 届上海电视节白玉兰奖最佳导演及最佳女演员、第 3 届澳门国际电视节最佳电视剧奖、最佳电视剧导演奖及最佳电视剧女演员等数十项荣誉。《甄嬛传》的豆瓣评分为 9.3。

2013年4月，人民网及中国质量新闻网均报道，《甄嬛传》网络播放量达68亿多。其还获数艺智库公布的2012年度收视总热度榜榜首，在首播时位列同时段各地电视剧收视率之首。

《甄嬛传》在播出后，也受到了一定的负面评价。2012年5月，《人民日报》曾发文批评后宫剧，称将“煽、色、腥”发挥到极致。网络上，也存在对该剧的负面评价，主要包括了不符史实、三观不正等。

（三）原告为本案支出的合理费用

原告为本案诉讼聘请了律师。原告还举证证明其为本案所办理的15次公证支出的公证费合计33000元，扣除其中涉其他剧的公证内容，涉本案的公证费约为26400元。

本院认为，原告优某公司申请撤回部分诉讼请求，系其对诉讼权利的合法处分，自可准许。根据原、被告诉辩称意见，本案争议焦点为：1. 原告是否有权对本案提起诉讼；2. 若有权起诉，被告快某公司是否侵害了原告对《甄嬛传》享有的信息网络传播权；3. 若构成侵权，被告应当承担的民事责任。

一、原告优某公司是否有权对本案提起诉讼

本院认为，根据我国著作权法的规定，视听作品中的电影作品、电视剧作品的著作权由制片者享有。同时规定，如无相反证明，在作品上署名的自然人、法人或者其他组织视为著作权、与著作权有关权益的权利人。本案中，涉案电视剧《甄嬛传》播放过程中的署名及相关系列授权材料，可以证明原告已获得涉案电视剧在授权范围内的信息网络传播权及维权权利，且原告在本案主张权利的期间在其获得授权期限范围内，故就侵犯涉案电视剧信息网络传播权的行为，原告有权提起诉讼。

二、被告快某公司是否侵犯了原告对涉案作品享有的信息网络传播权

被告辩称，其未构成侵权，主要理由为：1. 其仅系为网络用户提供信息存储空间的网络服务平台，其对于网络用户上传的涉案短视频均不明知、应知，亦未对涉案视频进行编辑，不存在选择、编辑、修改、整理、推荐或设置榜单的行为，且已向法院披露网络用户信息、及时删除涉嫌侵权的短视频，依照“避风港”原则，其不构成帮助侵权；2. 原告所主张的涉案短视频，逾1600条存在取证重复，逾500条为网络用户二次创作短视频，系合理使用；3. 原告主张的搜索结果展示页面，是快手APP自身功能自动呈现的结果，被告没有人为干预行为；4. 北京版权监测中心、12426版权监测中心的通知删

除行为无效等。

对此，本院分析如下：

首先，被告虽对原告主张的侵权视频提出异议，但并未完整指出 1600 余条重复视频及 500 余条构成合理使用的视频清单明细，基于此，原告自行筛查，并对被告提出的数十条重复视频进行二次筛查，共计删除重复视频 8 个。对于原告取证的涉案涉嫌侵权视频，本院经审查认为，该些视频根据内容主要可分为三类：其一，连续剧集部分内容的持续上传，该类视频在涉案短视频中的占比较大，其剧情连贯、原版原音、对剧集内容进行浓缩或切分、时长多为十分钟及以上，以合集形式呈现，若完整拼凑，可直接替代《甄嬛传》正片的传播；其二，对剧集内容的解说，该类视频或加入剧集画外音或加入简单字幕等，但剧情、画面均来自原剧；其三，对剧集某一主题表达的混剪，该类视频通过截取剧集片段进行内容重组，旨在表达某一剧情或主题，而该剧情或主题并未偏离剧集本身。显然，无论上述视频内容为何，皆系围绕剧集本身的情节及艺术表达展开，部分视频即使加入了画外音、字幕、解说，也仅是对涉案作品具体情节或其表达的某一主题的浓缩讲解，并非剧评。故该些视频均已超出合理使用的范畴，侵害了原告对涉案作品所享有的信息网络传播权，系侵权视频。

其次，在案证据显示，涉案侵权视频系由用户上传至快手 APP，被告系网络服务提供者，原告亦主张被告构成帮助侵权。根据《最高人民法院关于审理侵害信息网络传播权民事纠纷案件适用法律若干问题的规定》第七条第三款规定，网络服务提供者明知或者应知网络用户利用网络服务侵害信息网络传播权，未采取删除、屏蔽、断开链接等必要措施，或者提供技术支持等帮助行为的，人民法院应当认定其构成帮助侵权行为。因此，若被告明知或应知网络用户利用其快手 APP 网络服务侵害信息网络传播权，又未采取删除、屏蔽、断开链接等必要措施的，则构成帮助侵权行为。

本院认为，本案中依据法律规定，结合案件事实，足以认定被告构成帮助侵权行为，理由如下：第一，快手 APP 通过为用户提供付费购买快币以增加视频播放量及相关权益的服务获取经济利益，应对其平台用户侵害信息网络传播权的行为负有较高的注意义务。同时，快手 APP 作为国内知名短视频平台，应当具备相应较高的管理能力，就其用户对涉案侵权视频持续上传、以合集形式上传、时间跨度长等行为予以制止。第二，《甄嬛传》具备很高且持久的知名度，被告作为业内重要的短视频平台经营者，应当知道其为权利作品且具有很高价值。从原告所作公证中亦可知，自2022年1月14日始在快手APP首页搜索栏搜索“甄嬛传”时，搜索结果“综合”“默认排序”项下存在“电视剧”分类，其中第一条搜索结果列明“甄嬛传”，并附有1至76集每集剧集链接按钮及“立即观看”按钮，其中显示74、75及76集为VIP剧集，同时标明来源为乐视视频小程序。亦即被告在其快手APP中提供了《甄嬛传》正版资源的链接，可见被告明知《甄嬛传》存在权利人。第三，快手APP页面所呈现的内容包含了“影视”“电视剧”等分类，便于用户有针对性地获取涉案《甄嬛传》短视频。特别是，快手APP中还存在“甄嬛传”“电视剧甄嬛传”“一起来追剧吧甄嬛传”“甄嬛传华妃”“甄嬛传全集”“甄嬛传孙俪”“甄嬛传片段”“后宫甄嬛传”“甄嬛传电视剧完整版”“甄嬛传全集高清在线播放”等与《甄嬛传》强关联的话题，使相关公众可以从话题设置中便利且集中地获得涉案侵权视频。被告辩称，上述设置为用户所为，但没有证据证明，故本院难以采纳上述辩称。事实上，被告对涉案侵权视频实施了干预，采取了选择、推荐等措施。第四，2020年3月至2022年7月，原告先后15次委托相关机构向被告发送电子邮件通知删除涉案侵权视频，并附相关权利证明及删除链接明细，且期间原告还向本院起诉本案。被告虽删除了部分链接，但仍留存了大量侵权链接，被告行为属未及时根据初步证据和服务类型采取必要措施，可认定其明知相关侵害信息网络传播权行为。

综上，被告作为网络服务提供者，明知网络用户利用网络服务侵害信息网络传播权，未采取删除、屏蔽、断开链接等必要措施，已构成帮助侵权行为。事实上，本案是近年来典型的“长短视频”之争的著作权纠纷案件。人民法院审理侵害信息网络传播权民事纠纷案件，在依法行使裁量权时，应当兼顾权利人、网络服务提供者和社会公众的利益。因此，利益平衡原则在本案裁判中应予体现。作为长视频网站代表之一的原告，以及短视频网站代表之一的被告，均应在经营视听作品过程中恪守行为边界，不能逾界蚕食、侵害对方利益，更不能长此以往最终侵害社会公众的利益。本案被告明知其及网络用户未取得《甄嬛传》权利人授权，却任由网络用户上传大量涉《甄嬛传》短视频，其中的部分视频更是直接剪切片段，拼凑上传，直接替代了长视频网站的正当传播。被告甚至还通过话题、分类等形式向网络用户进一步推荐涉案侵权视频。在原告多次向被告主张权利之下，被告仍不予纠正，其意在借《甄嬛传》攫取巨大流量，过错明显。若此行为不予规制，短期损害权利人利益，长期将抑制“长视频”创作者的创作积极性，最终将影响社会公众获得更多更优秀的“长视频”作品，损害社会公众的利益。基于此，被告涉案行为亦应予以负面评价。

三、被告应当承担的民事责任

原告主张，涉案的《甄嬛传》短视频中部分有点赞量及播放量，部分有播放量，部分则既无点赞量，也无播放量，推算得出涉案短视频的总播放量约为2.96亿次。按照以下方式计算赔偿金额：1. 原告许可费用损失。涉案剧集的版权采购费为7600万元，快手APP月活用户约为4亿，优酷月活用户为2.67亿，会员数为5000万，原告的损失应为上述版权采购费与快手用户量之积除以快手用户量与优酷会员量之和，即为6755.6万元。2. 原告广告费损失。涉案侵权视频链接共计约4140个，总播放量2.96亿，优酷网每个视频的片前贴片广告平均为15秒，价格为83元/cpm（每点击1000次），每点击一次会出现4段共计60秒的广告内容，故原告截至取证时的广告费损失应为2.96亿点击量除以1000，乘以60秒广告价格332元，共计9811.28万元。若以话题播放量计，仅以“甄嬛传”“电视剧甄嬛传”播放量按上述公式计算，受损共计46.2亿元。3. 被告推广费获益。被告推广费为每增加114到266次播放需要80快币，12元可购买84快币，故根据近2.96亿的点击量，被告可获益范围为6.28亿至13.92亿。

本院认为，上述计算方式中的基础数据2.96亿播放量系推算所得，同时各种损失计算方式不具备科学性和实证性，本院不能据此确定原告的实际损失。鉴于本案中原被告均无法证明权利人损失及侵权人获益，本院依法适用法定赔偿确定赔偿损失金额，并参考如下因素：1. 涉案电视剧知名度很高，维持热度时间较长，获得较多奖项，但仍存在一定负面评价。2. 原告支付《甄嬛传》的版权许可费用较高。3. 涉案侵权视频系网络用户持续上传，被告系网络服务提供者。4. 涉案侵权取证视频播放量、涉案剧话题播放量，大部分用户系对全部剧集的切割、编辑、发布，涵盖涉案电视剧的故事梗概、部分及完整剧情，已对涉案电视剧产生实质替代性作用，对原告影响较大。5. 被告在本案中实施了选择、整理、推荐等行为。6. 被告平台影响力及用户量皆巨大，被告的商业运营模式为流量经济，即除通过直接向用户收取平台推广服务费获取利益外，还通过用户上传的视频内容所带来的流量获取广告、直播、电子商务等方面的收益。7. 在较长的时间内，经原告多次主张权利，被告仍未能采取积极措施及时删除全部侵权视频，明知网络用户侵权，其过错明显等。

关于合理费用，原告主张为本案支付的公证费为33000元，本院认为，其所举证的部分公证书中还包含案外剧目的取证内容，不应在本案中进行一并主张，本院仅支持涉及本案的公证费用26400元。原告另主张律师费10万元，本院结合本案案情、律师工作量以及相关律师收费标准酌定为6万元。

综上，依照《中华人民共和国民法典》第一千一百九十四条、第一千一百九十七条，《中华人民共和国著作权法》第五十二条、第五十三条第一项、第五十四条第二款和第三款，《最高人民法院关于审理侵害信息网络传播权民事纠纷案件适用法律若干问题的规定》第七条第一款和第三款、第八条第一款、第十三条、第十四条之规定，判决如下：

一、被告北京快某科技有限公司于本判决生效之日起十日内赔偿原告优某信息技术（北京）有限公司经济损失及合理费用共计160万元；

二、驳回原告优某信息技术（北京）有限公司的其余诉讼请求。

如果未按本判决指定的期间履行给付金钱义务，应当依照《中华人民共和国民事诉讼法》第二百六十条规定，加倍支付迟延履行期间的债务利息。

案件受理费38800元，由原告优某信息技术（北京）有限公司负担11640元，被告北京快某科技有限公司负担27160元。

如不服本判决，可以在判决书送达之日起十五日内，向本院递交上诉状，并按照对方当事人或者代表人的人数提出副本，上诉于上海知识产权法院。

审 判 员 杨 捷

二〇二三年二月二十日

书 记 员 阮文楚

29. 生成式人工智能服务提供者的侵权责任认定

——上诉人上海新某华文化发展有限公司与被上诉人杭州某母智能科技有限公司著作权侵权及不正当竞争纠纷案①

中华人民共和国浙江省杭州市中级人民法院民事判决书

（2024）浙01民终10332号

上诉人（一审原告）：上海新某华文化发展有限公司，住所地：中国（上海）自由贸易试验区。

法定代表人：孙某，执行董事。

委托诉讼代理人：张延来，浙江垦丁律师事务所律师。

委托诉讼代理人：柴玲，浙江垦丁（上海）律师事务所律师。

被上诉人（一审被告）：杭州某母智能科技有限公司，住所地：浙江省杭州市余杭区。

法定代表人：苗某，董事兼经理。

委托诉讼代理人：曹宇广，北京天驰君泰律师事务所律师。

委托诉讼代理人：李孝霖，北京天驰君泰律师事务所律师。

上诉人上海新某华文化发展有限公司（以下简称上海新某华公司）因与被上诉人杭州某母智能科技有限公司（以下简称杭州某母公司）著作权侵权及不正当竞争纠纷一案，不服杭州互联网法院（2024）浙0192民初1587号民事判决，向本院提起上诉。本院于2024年10月28日立案后，依法组成合议庭审理。本案现已审理终结。

上海新某华公司上诉请求（变更后）：1. 变更杭州互联网法院（2024）浙0192民初1587号民事判决第三项，依法改判杭州某母公司涉案行为（向用户提供的可针对奥特曼进行定向训练的生成以及发布活动）构成不正当竞争，并基于不正当竞争行为另行赔偿上海新某华公司经济损失15万元；2. 本案一审、二审诉讼费用由杭州某母公司承担。

---

① 本案在年度报告中的位置为第67页。

事实与理由：1. 上海新某华公司在一审中未主张杭州某母公司商业模式和经营方式本身构成或存在不正当竞争，人民法院应就具体场景功能具体分析，而非一概而论地评价商业模式和经营方式不存在不正当竞争。上海新某华公司主张不正当竞争的涉案行为系杭州某母公司向用户提供的可针对奥特曼进行定向训练的生成以及发布活动，而非上海新某华公司 LoRA 模型训练服务和参考生图服务等生成式人工智能服务本身。具体而言，除一审法院民事判决书附图所示的与上海新某华公司奥特曼作品形象一致或构成高度近似的涉案侵权图片外，杭州某母公司涉案平台上还存在着大量与上海新某华公司奥特曼有一定相似之处、但实际上又存在一定区别的模型与作品，对于这部分难以适用著作权法保护的大量模型与作品，上海新某华公司主张适用《中华人民共和国反不正当竞争法》进行规制。人民法院应当充分认识到新型人工智能服务模式的特殊性，即允许用户自行上传未获得许可的作品进行开放式数据训练，容易导致服务被滥用，例如，造成平台假借用户之手进行作品与数据的非法挖掘和训练行为。2. 技术中立并非实施不正当竞争行为的理由，新作品的创作和完成不应损害著作权人对在先作品所享有的合法权利。本案中杭州某母公司平台提供的定向模型训练服务所采用的原始图片均为未授权作品，且在模型生成和应用的过程中不可避免地对上海新某华公司享有合法权利的奥特曼作品造成损害，明显损害权利人合法权益。杭州某母公司模型被用于定向训练和生成奥特曼模型及作品，产生大量似是而非的作品，并不具有中立性。且技术中立应同时符合技术本身中立和技术提供者中立，杭州某母公司作为人工智能服务提供者，向用户提供定向模型训练和生成服务，因该定向技术服务直接获利并积累竞争优势，并在平台广场上专门设置“IP 作品”分类，足以说明其能够预见该技术服务易造成滥用和侵权，但是却对如奥特曼之类知名 IP 作品未采取任何注意义务。3. 杭州某母公司放任平台用户擅自、任意通过上传奥特曼作品来定向训练奥特曼模型并生成作品，导致除出现众多构成著作权侵权的生成内容外，还出现大量似是而非的类奥特曼生成内容，这些内容的存在易导致奥特曼美术作品具有独创性的特征被逐渐模糊弱化，与原著精神内核相背，系典型的对经典 IP 进行魔改的行为，易造成公众难以准确分辨正版奥特曼形象，最终损害上海新某华公司的竞争性权益。上述行为难以适用《中华人民共和国著作权法》认定构成著作权侵权，应当单独适用《中华人民共和国反不正当竞争法》规制。4. 平台及用户对奥特曼定向训练和生成的行为，也不构成“合理使用”。合理使用的范围所列举之具体情形并不包括人工智能发展所必须的文本图片等作品输入与数据挖掘等情形，《生成式人工智能服务管理暂行办法》第七条明确提到生成式人工智能服务提供者应当依法开展预训练、优化训练等训练数据处理活动，使用具有合法来源的数据和基础模型；对于涉及知识产权的，不得侵害他人依法享有的知识产权。本案中杭州某母公司平台用户未经权利人授权，擅自使用奥特曼作品进行定向训练并生成各类与奥特曼作品形象构成近似或含有奥特曼特征的各类生成内容，显然不能纳入法定的合理使用范围。综上，上海新某华公司认为一审法院未就不正当竞争部分进行正确裁判，且错误界定“合理使用”，请求依法支持上海新某华公司的全部上诉请求。

杭州某母公司答辩称：1. 上海新某华公司称杭州某母公司针对奥特曼进行“定向训练”的说法与客观事实不符。“定向”意味着行为对象指向的内容被行为主体所特定化。本案中，触手 AI 平台向用户提供的 LoRA 模型训练和生图的算法服务，并非针对奥特曼或其他特定 IP 形象，使用什么素材图片进行模型训练完全由用户自主决定，LoRA 模型训练的效果也取决于用户的训练参数配置，触手 AI 平台未作任何特定化引导或干预；上海新某华公司将被诉行为贴上“定向训练”的标签，无异于“有罪推定”。2. 商业模式、经营方式仅仅是对被诉行为的评价角度，一审法院就训练和生图的被诉行为进行评述，不存在模糊案件焦点问题。上海新某华公司提出被诉行为违反《中华人民共和国反不正当竞争法》第二条，针对本案被诉行为是否违反“诚信”和“商业道德”问题，一审法院未将商业模式和经营方式视为被诉行为，其论述均是针对上海新某华公司主张的 LoRA 模型训练、生图等焦点展开，无任何不当认定。3. 一审法院关于“基础模型和 LoRA 模型训练、参考生图的技术本身具有中立性”的认定并无不当。此消彼长的竞争才符合《中华人民共和国反不正当竞争法》要保护的竞争秩序，不能认为所有对在先作品产生不利影响、冲击甚至损害的行为都需要受《中华人民共和国反不正当竞争法》规制，也不能套用著作权法规则来评价行为是否构成不正当竞争；本案被诉行为是一种建立在 AI 创作平台基础上的新型生成式人工智能服务模式，触手 AI 平台提供服务的目的是满足用户使用 AIGC 创作的需求，提升创作效率，绝大多数用户按照平台服务协议开展的 AI 训练、生图等行为，是尊重他人知识产权的，这些用户并不存在侵犯知识产权的情况，不能因少数涉嫌侵权的用户行为而否定触手 AI 平台的实质性非侵权商业用途，对此，最高人民法院也曾提出“技术中立”的内涵是技术所具有的“实质性非侵权商业用途”“不能把技术所带来的侵权后果无条件地归责于技术提供者，窒息技术创新和发展”。本案杭州某母公司提供的模型训练和生图服务，不具备任何扰乱市场竞争秩序的属性，并非《中华人民共和国反不正当竞争法》意义上的不正当竞争行为。4. 上海新某华公司主张应单独适用《中华人民共和国反不正当竞争法》规制所谓“似是而非”的图片，于法无据。所谓“似是而非”关键是“非”，所谓“既像又不像”其实也从未“像”过，这类 AI 图片在人物形态、穿着、颜色、动作等特征上已完全无法与奥特曼形象建立联想和对应关系，不会导致公众对奥特曼形象的认知混淆，更谈不上损害奥特曼独创性特征和在市场中享有的竞争性权益。上海新某华公司上诉主张所谓“似是而非”的 AI 图片应单独适用《中华人民共和国反不正当竞争法》第二条，但案涉 AI 图片已经过《中华人民共和国著作权法》评价，且因不构成实质相似而难以认定著作权侵权，已不具备适用《中华人民共和国反不正当竞争法》第二条的余地，故不能以不受著作权法保护为由适用《中华人民共和国反不正当竞争法》二次评价。上海新某华公司提出“似是而非”的 AI 图片会“导致奥特曼美术作品具有独创性的特征被逐渐模糊弱化”，这种以著作权的独创性要件来套用反不正当竞争法的观点，既无法律依据也不符合法律基本适用规则。5. 一审判决认定“合理使用”相关内容系在查明本案事实的基础上针对著作权间接侵权的责任承担问题的评述，一审法院以严苛条件设定了用户在“个人学习、研究、欣赏”的目的下存储其生成的图片，且不得对外传播，该认定未扩大合理使用的范围，更不会损害人工智能产业的长期健康发展，且与本案二审审理的“不正当竞争问题”无关。综上，一审法院认定事实清楚、适用法律正确，请求依法驳回上海新某华公司全部上诉请求，维持原判。

上海新某华公司向一审法院提起诉讼，请求判令：1. 杭州某母公司立即停止侵权行为，包括：停止提供奥特曼有关模型的训练和发布服务，并删除已有奥特曼训练模型、图片等跟奥特曼有关的全部物料和相关数据，对奥特曼及相关关键词在全平台的未授权使用行为进行屏蔽；2. 杭州某母公司赔偿上海新某华公司经济损失及为制止侵权而支出的合理费用共计 30 万元；3. 杭州某母公司承担一审全部诉讼费用。

一审法院认定下列事实：

一、上海新某华公司主张权利的相关事实

2019 年至 2023 年，国家版权局颁发 8 份涉案《作品登记证书》，作品类别均为美术作品，作者及著作权人均为圆谷制作株式会社。证书后附图包含上海新某华公司主张权利的涉案动漫形象。2019 年 4 月 1 日，圆谷制作株式会社出具《授权证明》，载明：圆谷制作株式会社拥有系列影视作品及其作品名称、角色名称、角色形象、标志符号、道具、场景等艺术元素合法、完整的知识产权。现将授权作品及其作品名称、角色名称、角色形象、标志符号、道具、场景等艺术形象和元素的复制权、发行权、出租权、展览权、表演权、放映权、广播权、信息网络传播权、改编权、翻译权、汇编权、影音制品化权、修改权、商标使用权（包括以圆谷制作株式会社名义已注册及将来申请注册的与授权作品有关的全部商标）、商品化权、游戏化权、宣传推广权、将授权作品通过有线和/或无线网络传播的有关权利【包括但不限于通过局域网、互联网在网吧、电视终端（包括互联网电视、手机电视、数字电视、IPTV、OTT 等）以点播、直播、下载及其他各种形式向公众传播的权利】及前述权利的再许可权在授权期间、授权范围内，独占性地授予上海新某华公司。授权期限自 2019 年 4 月 1 日起至 2024 年 3 月 31 日止，授权范围包括涉案地区。在授权地域范围内，上海新某华公司有权以自己的名义独立追究侵权人的法律与赔偿责任。2023 年 2 月 10 日，圆谷制作株式会社出具《补充授权证明九》，补充授权“布莱泽奥特曼”等相关内容，其授权权利范围、授权地域与前述《授权证明》一致，授权期限为首次发表时间起至 2029 年 3 月 31 日。经核查，《授权证明》及《补充授权证明九》所涉签名或印章经由日本公证员公证以及我国驻日本大使馆领事部确认，上述授权内容包括涉案 9 幅奥特曼动漫形象。

二、上海新某华公司及奥特曼系列形象的知名度相关事实

上海新某华公司成立于 2014 年 6 月 9 日，注册资本为 500 万元，经营范围包括知识产权代理、动漫设计、利用信息网络经营音乐娱乐产品、文艺创作与表演出版物经营、广播电视节目制作、音像制品制作、电子出版物制作等。

奥特曼系列动漫形象获 2014 年度中国动漫授权业十大海外品牌、2017 年度中国授权展人气 IP 奖、2018 年中国授权金星奖卓越人气 IP 奖、2020 年中国授权金星奖卓越人气 IP 奖、2020 年度中国版权最佳内容创作奖、2021 年度市场之星等。在 2022 年阿里 IP 库产品介绍及百大 IP 排名中，“宇宙英雄奥特曼”系列作品排名第一。奥特曼特摄系列作品被吉尼斯世界纪录认证为“衍生系列剧最多的电视节目”。奥特曼词条在微博、抖音、今日头条等

客户端屡次上热搜，在平台榜单中排名靠前，阅读量、播放量高且在榜时间长。以奥特曼形象为载体举办或参加的社会公益活动具有较高的社会影响力。

三、杭州某母公司被诉侵权事实

（一）网站浏览及图片生成过程取证

2024 年 1 月 24 日，上海新某华公司进行数据保全取证并取得数据保全证书，取证视频载明以下内容：1. 域名 smalld. cn（水母智能网）的 ICP 备案主体为杭州某母公司。2. 点击 smalld. cn（水母智能网）首页进入触手 AI 平台，网页上方载有广场、AI 创作、创建模型、身份权益等栏目，页面中部载有作品、叠加模型 LoRA、基础模型 Checkpoint 等栏目；《触手 AI 用户服务协议》载明相关服务条款，其中第 5 条知识产权条款内容包括："5. 1……在使用本服务时应当尊重他人知识产权，不得侵害他人权益……本平台不对您上传、发布的内容进行审核，您承诺在使用本服务时，所发布、提供、使用的图片、文字、文本、字体、音频、视频、图表等内容已获得了充分、必要且有效的合法许可及授权。""5. 2……除非我们另行说明，在法律允许的范围内，您免费授予我们及我们的关联公司非排他的、无地域限制的许可使用（包括存储、使用、复制、修订、编辑、发布、展示、翻译、分发上述信息或制作派生作品，以已知或未来新出现的形式、媒体或技术将上述信息纳入其他作品内等）及可再许可第三方使用的权利，以及可以自身名义对第三方侵权行为取证及提起诉讼的权利。""5. 4……本服务中所产生内容的知识产权归用户或相关权利人所有，同时您对本服务所产生的内容负有审慎审核的义务，若进行传播或商业化使用，请您依照所属和/或所处国家或地区的法律法规审慎判断风险，因此产生的所有责任，由您自行承担。"3. 登录后弹窗显示"……平台内有丰富且优质的基础风格模型，LoRA 叠加模型以及 AI 绘图作品……""平台亮点：（1）支持文生图输入一句关键词文字描述，即可生成精美画作；（2）支持图生图上传参考图片，输入关键词描述语再进行创作；……（5）支持自训练模型；（6）支持在基础风格模型上，使用叠加模型；（7）支持在模型广场收藏各类画风、IP、场景、人物、设计类模型；"。4. 在 AI 创作界面中有极简模式、专业模式、文生图（旧版）、图生图（旧版）等功能，其中专业模式操作界面中包括基础模型 Checkpoint、叠加模型 LoRA、图生图 img2img、参考生图 controlnet 以及包含绘画步数 Steps、跳过层数 Clip skip、随机种子 Seed 在内的参数设置栏。5. 点击身份权益中的平台会员，显示触手 AI · 平台会员中心相关内容，载明免费版与付费会员之间的权益和功能对比，相较而言会员拥有更丰富、更多的功能和权益，在作图和LoRA模型训练方面设有会员通道，充值成为会员后跳转账户界面，可查看历史作图、已发布等内容。6. 在广场的作品界面中搜索“奥特曼”，在推荐项下包括多幅与奥特曼相关的图片（可点赞、收藏、下载、分享），包括用户“起早贪黑”发布的奥特曼举手臂站姿图、奥特曼大楼前蹲姿图、奥特曼街道站姿图、奥特曼海边蹲姿图，用户“33333333333333”发布的奥特曼半身图等。7. 用户“起早贪黑”发布的图片详情中均显示使用了4个模型（1个基础模型，3个LoRA模型），均包括2个名为“迪迦”的LoRA模型，其中用户“是小星光呀”发布的“迪迦”LoRA模型封面图为奥特曼战斗姿势半身图，用户“金币的想法”发布的“迪迦”LoRA模型的封面图为昏黄背景奥特曼上半身图。奥特曼街道站姿图中显示使用了3个模型（1个基础模型，2个LoRA模型），其中包括用户“一只笑白”发布的“布莱泽奥特曼”LoRA模型，该模型封面图为奥特曼侧身站姿图。奥特曼海边蹲姿图的图片详情中显示使用了2个模型（1个基础模型，1个LoRA模型），包括前述名为“布莱泽奥特曼”的LoRA模型。8. 用户“33333333333333”发布的奥特曼半身图的图片详情中显示使用了1个基础模型，提示词中包含奥特曼字样。9. 在广场中的叠加模型LoRA栏目中搜索“奥特曼”，在推荐项下包括用户“一只笑白”发布的“布莱泽奥特曼”LoRA模型、用户“33333333333333”发布的“奥特曼”LoRA模型、用户“超多模型”发布的“啊奥特曼?”LoRA模型、用户“月神”发布的“奥特曼皮套人”LoRA模型、用户“poDqWUazWf”发布的“格利乔奥特曼v1”LoRA模型、用户“7E4+DLXkqQ”发布的“奥特曼hjy”LoRA模型（模型均可应用、收藏、分享、点赞）；用户“poDqWUazWf”发布的“格利乔奥特曼v1”LoRA模型的封面图为山峰背景奥特曼战斗姿势半身图；用户“33333333333333”发布的“奥特曼”LoRA模型封面图同为奥特曼半身图；用户“7E4+DLXkqQ”发布的“奥特曼hjy”LoRA模型封面图为奥特曼战斗姿势全身图，示例图为奥特曼斗篷图、奥特曼红白站姿全身图，奥特曼战斗姿势全身图、奥特曼红白站姿全身图均标有“百度百科”字样水印，触发词为“奥特曼”。10. 在AI创作的极简模式中，右侧界面设置有基础模型Checkpoint、叠加模型LoRA以及出图设置、高级参数、高清精绘等参数；在基础模型Checkpoint的推荐中包含“CG综合模型-触手版MJ”“二次元模型”“胶片写真-majicMIX realistic”等，在叠加模型LoRA的推荐中包含“网图真人（很甜）2”“Niji-动漫模型优化器”“精美少女插画丨超复杂”“真实摄影-目前全网最真”“少女感脸型”“赛博朋克”等；选择“CG综合模型-触手版MJ”基础模型，在文本框中输入“布莱泽奥特曼站在城市中间，全身，奥特曼，ultraman，male”字样，通过使用会员优先队列生成一张与奥特曼无关的男性图片，随后在“叠加模型LoRA”中点击查看已收藏的模型，选择其中的“布莱泽奥特曼”LoRA模型，可生成一张奥特曼站在城市中间的全身图；随后调整部分参数，可生成与前述生成图片不同的奥特曼站在城市中间的全身图；在前述基础上再同时叠加收藏中的“奥特曼hjy”LoRA模型，并在前述文本框中增加“和盖亚奥特曼”字样，生成一张与前述生成图片不同的奥特曼站在城市中间的全身图；选择“CG综合模型-触手版MJ”基础模型和“奥特曼hjy”LoRA模型，并将前述文本框中的文字删去“布莱泽奥特曼和”字样，随即生成一张与前述生成图片不同的奥特曼站在城市中间的全身图；调整参数并在文本框中增加“red”字样，随即生成的图片在楼宇和奥特曼服装上的红色区域明显增多；同时叠加“布莱泽奥特曼”“奥特曼hjy”LoRA模型，将文本框中文字修改为“奥特曼站在城市中间，全身，奥特曼，ultraman，male，round eyes”字样，随即生成一张奥特曼站在山峰和楼宇前的全身图。

经比对，上述在作品和叠加模型LoRA中展现的12张被诉侵权图片与上海新某华公司主张权利的奥特曼形象在人物形象、服饰细节、色彩搭配等方面基本一致，仅在肢体动作和人物背景方面存在差异，故12张被诉侵权图片与上海新某华公司主张权利的奥特曼形象构成实质性相似。

（二）通过触手AI平台训练LoRA模型及应用过程的取证

2024年1月24日，上海新某华公司进行数据保全取证并取得数据保全证书，取证视频载明以下内容：登录触手AI平台选择创建模型的在线训练（自制模型）栏目，将在百度图片中搜索“迪迦奥特曼”下载的8张图片上传，将模型名称命名为“迪迦奥特曼”，版本名称填写“1.0”，基础模型选择“CG综合模型（适合多种风格）”，调整参数后开始训练，训练完成的LoRA模型详情左侧为奥特曼单手举起的示例图，右侧显示有应用、发布到广场及分享按钮。点击发布到广场，弹窗显示“模型发布后分享链接，成功邀请好友体验即享触手PLUS优先特权（点击了解特权），是否去发布?”字样；点击分享按钮显示“分享链接已复制，快去分享吧”字样。点击模型详情中的应用按钮进入专业模式，在左侧基础模型Checkpoint栏目中选择“CG综合模型-触手版MJ”，在“叠加模型LoRA”中显示已选择前述生成的“迪迦奥特曼 1.0”LoRA 模型，通过输入文本，调整参数等方式获得不同的带有奥特曼形象的图片。

（三）浏览 IP 作品分类及图生图取证过程

2024 年 2 月 6 日，上海新某华公司进行数据保全取证并取得数据保全证书，取证视频载明以下内容：1. 登录触手 AI 平台，首页叠加模型 LoRA 的 IP 作品栏目中显示有用户“7E4+DLXkqQ”发布的“奥特曼 hjy”LoRA 模型和用户“金币的想法”发布的“迪迦”LoRA 模型。2. 点击应用用户“7E4+DLXkqQ”发布的“奥特曼 hjy”LoRA 模型，在参考生图 controlnet 操作区中上传在百度中下载的芭蕾舞舞姿图片，基础模型为“写实模型-奇幻写真 1”，调整参数后，在文本框中输入“奥特曼在跳舞”，随即生成一张四个奥特曼一起跳舞的图片。3. 点击发布按钮，可填写作品描述、选择作品分类、权限设置，作品分类包括插画、人物、艺术、设计、二次元等基本分类，权限设置中包含创作参数的可见范围以及禁止下载的勾选选项；在作品描述中填写“奥特曼在跳舞”、作品分类选择二次元、创作参数所有人可见、不勾选禁止下载选项后进行发布。4. 触手 AI 平台首页显示有“邀新即享会员权益”按钮，点击后显示邀请新注册用户可享受的会员权益、充值返现及复制邀请链接、生成邀请海报按钮。在账户界面选择积分充值并查看《积分充值协议》后扫码支付 6 元，其他证据中相应的微信支付截图显示商户全称为“杭州某母智能科技有限公司”。

（四）LoRA 模型训练取证过程

2024 年 3 月 11 日，上海新某华公司进行数据保全取证并取得数据保全证书，取证视频载明以下内容：1. 登录触手 AI 平台，在首页广场的叠加模型 LoRA 和作品中分别搜索“奥特曼”，显示无搜索结果或显示较多与奥特曼无关的图片；在作品中搜索“Ultraman”显示多张奥特曼相关图片。2. 在创建模型栏目中选择极简训练，点击上传在百度图片中下载的 5 张奥特曼图片，选择基础模型后进行训练；将前述 5 张奥特曼训练用图存为训练集，并命名为“迪迦奥特曼训练集”，在训练集页面选择去训练可进行 LoRA 模型训练。3. 在用户自己的账号中可查看历史作图、收藏等内容，历史作图可进行二次操作，收藏的 LoRA 模型可直接点击应用。查看账户中作品的已发布栏目，显示有多张奥特曼形象图片，右上角均有“审核未通过”字样。4. 对历史作图中的一张奥特曼形象图片进行二次操作，将该图片的作品描述填写为“布莱泽奥特曼”并选择二次元分类进行发布，弹出提示“文字存在违规内容，请调整后发布”，后将作品描述中的“奥特曼”字样删除方可发布。在前一步生成图片后的操作界面中对文本进行修改并生成奥特曼形象图片，将该图片的作品描述填写为“布莱泽 2”并选择二次元分类后发布。在触手 AI 平台首页广场的作品中搜索布莱泽，显示有前述发布的两张奥特曼形象图片。查看前述发布的作品描述为“布莱泽”的图片详情，显示该图片所使用的“布莱泽奥特曼”LoRA 模型为未发布状态。

2024 年 3 月 12 日，上海新某华公司进行数据保全取证并取得数据保全证书，取证视频载明以下内容：1. 登录触手 AI 平台，选择账号训练集栏目中的“迪迦奥特曼训练集”进行训练，选择“美漫模型 V03”基础模型后开始训练。LoRA 模型训练完成后，保存 3 张奥特曼示例图并进行发布，填写模型说明为“迪迦奥特曼”，分类选择 IP 作品/单个角色，并分别填入触发词“奥特曼”“奥特战士”“光之国”，均弹出提示“内容存在敏感词，请重新输入”，后未成功发布。2. 保存 2 张示例图并应用该训练完成的 LoRA 模型，在文本框中输入“在空中，手持武器，打怪兽”字样，只选择 LoRA 模型但未选择基础模型时点击开始绘图会弹出提示“基础模型和叠加模型的 sd 版本不匹配”，在“基础模型 Checkpoint”中选择“二次元模型”，后修改文本生成一张机甲战士背面蹲姿图，再次修改文本后生成一张城市背景的奥特曼正面蹲姿图，随后进行发布。3. 在 AI 创作的文生图（旧版）栏目中，选择“二次元模型”基础模型，在文本框中输入“Ultraman”字样，随即生成一张与奥特曼无关的机甲战士图片；在前述机甲战士图片的基础上选择“奥特曼 hjy”LoRA 模型，输入文本“三个战士并肩站在一起，身后是城市”，生成一张三个机甲战士并肩站立的正面图，服饰配色、整体风格与奥特曼有相似之处，将该图片选择分类为二次元后发布。4. 分别点击已训练完成的模型，均弹窗显示“模型发布”“模型发布后分享链接，成功邀请好友体验即享触手 PLUS 优先特权（点击了解特权），是否去发布？”字样，将两模型进行发布，发布过程中分类分别选择 IP 作品/作品画风和 IP 作品/单个角色，发布后均弹窗显示“模型分享”“发布成功，现在分享链接成功邀请好友体验即享触手 PLUS 有限特权”字样。5. 在触手 AI 平台首页的广场、叠加模型 LoRA 栏目，选择“IP 作品”，浏览可见前述发布的 LoRA 模型，且均可点击应用。

四、杭州某母公司抗辩所依据的事实

2024 年 3 月 21 日，杭州某母公司进行数据保全取证并取得数据保全证书，取证视频显示：登录触手 AI 平台，在广场的作品和叠加模型 LoRA 中分别搜索“Ultraman”“奥特曼”，均未显示与奥特曼有关的动漫形象；在 AI 创作中分别输入文本“奥特曼”“Ultraman”“迪迦”“赛文”“雷欧”“奥特”，点击开始绘图，分别弹出提醒上述输入文本“存在非法词汇”；在广场的叠加模型 LoRA 中已无 IP 作品的分类。

2024 年 4 月 24 日，杭州某母公司进行多次数据保全取证并取得数据保全证书，取证视频显示：1. 登录阿里云微服务引擎栏目，点击进入管理控制台中的注册配置中心后进入服务列表，查看“translate-service. sensitive2”的编辑选项，左侧下方显示配置描述为“敏感词词库-可扩展版本”，右侧显示配置内容，浏览可见包含“奥特曼”“奥特”“迪迦”“ultraman”“盖亚”“欧布”“格丽乔”“梦比优斯”“赛罗”等大量奥特曼相关词汇。2. 登录触手 AI 平台，在 AI 创作中分别输入文本“奥特曼”“Ultraman”，分别弹出提醒上述输入文本“存在非法词汇”；在广场的叠加模型 LoRA 中搜索“奥特曼”，显示“暂无数据”字样。3. 登录水母智能后台管理系统，进入 AIGC 管理后台及 Superset 系统查询，“布莱泽奥特曼”LoRA 模型显示使用数量为 1000 次，该 LoRA 模型训练任务中有 8 条图片上传记录，且其所上传的部分图片存在百度水印。4. 在触手 AI 平台中点击查看作品、LoRA 模型详情，可进行侵权反馈，反馈后进入人工处理流程并可审核下架。在触手 AI 平台模型训练和 AI 创作生图界面中，有深色小字提示“上传的内容不得侵害他人知识产权”并可查看用户服务协议。经核查，因上海新某华公司侵权取证时未点击相应按钮，故无法确认在侵权取证时是否在作品和 LoRA 模型详情界面设有投诉反馈渠道。

2024 年 5 月 6 日，杭州某母公司进行数据保全取证并取得数据保全证书，取证视频显示：在水母智能后台管理系统动态审核中可见其审核内容，主要包括发布图片、描述、垫图、提示词等内容。杭州某母公司在阿里云购买了内容安全和内容审核服务，服务内容不包含知识产权审核。

2024 年 5 月 7 日，杭州某母公司进行数据保全取证并取得数据保全证书，取证视频显示：登录水母智能后台管理系统，进入 AIGC 管理后台，在动态审核中以“奥特曼”和“审核拒绝”为条件搜索可得 401 条记录，其中包含大量与奥特曼动漫形象相似的图片。在模型管理的用户版本审核（新版）中，以“审核拒绝”为条件进行搜索，显示有多个与奥特曼动漫形象相似的用户训练模型。

五、技术勘验所涉事实

2024 年 7 月 11 日，一审法院与技术专家共同进行技术勘验，确认以下内容：1. 杭州某母公司所提供的涉案图片生成服务系调用了 SD 模型代码。2. 触手 AI 平台上 Checkpoint 基础模型的来源包括三种：一是 SD 模型分享社区中第三方提供的 Checkpoint 基础模型；二是杭州某母公司自训练的 Checkpoint 基础模型；三是 SD 官方发布的 Checkpoint 基础模型。被诉侵权图片及被诉 LoRA 模型涉及的 Checkpoint 基础模型均来自 SD 模型分享社区中的第三方。3. 杭州某母公司所提供的 LoRA 模型训练服务系在调用 SD 模型代码的基础上，调用了 LoRA 模型训练架构代码，该 LoRA 模型训练架构代码也来源于 SD 模型分享社区中的第三方 Kohya。4. 杭州某母公司通过调用 SD 模型代码、LoRA 模型训练架构代码等内容，并对其进行工程化改造和封装后向用户提供涉案服务。提供服务的过程中源代码托管采用阿里云代码仓库服务，并将仓库代码镜像部署至 AutoDL 云算力服务器，用户通过杭州某母公司设计的网页界面输入指令后，将参数传至云算力服务器调用源代码进行 AI 生成及训练，传参过程风控采用阿里云风控服务。

一审法院认为，根据已查明的事实，结合当事人的诉讼主张，一审争议焦点为：1. 上海新某华公司是否有权提起一审诉讼；2. 杭州某母公司的涉案行为是否构成信息网络传播权侵权；3. 杭州某母公司的涉案行为是否构成不正当竞争；4. 一审民事责任的确定。

一、上海新某华公司是否有权提起一审诉讼

涉案奥特曼动漫形象在线条、色彩、形象设计等方面体现了具有个性的选择和安排，具有审美意义，符合《中华人民共和国著作权法》《中华人民共和国著作权法实施条例》对于美术作品独创性的要求，均属于美术作品。2019 年至 2023 年，圆谷制作株式会社陆续从中华人民共和国国家版权局取得涉案 9 个奥特曼动漫形象的《作品登记证书》，均载明作者及著作权人为圆谷制作株式会社。根据《中华人民共和国著作权法》第二条第二款规定："外国人、无国籍人的作品根据其作者所属国或者经常居住地国同中国签订的协议或者共同参加的国际条约享有的著作权，受本法保护。"圆谷制作株式会社为在日本注册的法人组织，日本与我国均为《伯尔尼保护文学和艺术作品公约》的成员国，故著作权人就该动漫形象享有的美术作品著作权，应受《中华人民共和国著作权法》的保护。

根据《最高人民法院关于审理著作权民事纠纷案件适用法律若干问题的

解释》第七条第一款规定："当事人提供的涉及著作权的底稿、原件、合法出版物、著作权登记证书、认证机构出具的证明、取得权利的合同等，可以作为证据。"一审中，上海新某华公司提交了涉案作品的《作品登记证书》及相关授权证明，可以证明圆谷制作株式会社授权上海新某华公司在授权期限及授权范围内独占性享有涉案作品包括信息网络传播权、改编权在内的相关著作权权利，以及商标使用权、商品化权、游戏化权、宣传推广权、将授权作品通过有线或无线网络传播的有关权利，并可以自己的名义独立进行诉讼。综上，上海新某华公司具有提起一审诉讼的主体资格。

关于杭州某母公司认为上海新某华公司就涉案作品的权属来源链条不完整的抗辩意见，一审法院认为：其一，一审中圆谷制作株式会社对涉案美术作品享有著作权的事实与湖北省高级人民法院（2012）鄂民三终字第 23 号民事判决书中认定的影视作品的著作权人不能依据享有影视作品的著作权而当然享有角色形象著作权的事实不同，圆谷制作株式会社对涉案奥特曼动漫形象享有著作权的基础并非相关影视剧的著作权，而是独立的美术作品著作权，故上海新某华公司获得的授权有效；其二，一审中不涉及广东省高级人民法院（2010）粤高法民三终字第 63 号民事判决书和最高人民法院（2011）民申字第 259 号民事裁定书中的奥特曼形象，故上述两案中奥特曼形象的相关著作权人与一审无关。在无有效相反证据的情况下，应当认定圆谷制作株式会社对涉案作品享有著作权，上海新某华公司经授权就涉案作品享有相关知识产权权利。故，杭州某母公司的该项抗辩意见无事实和法律依据，一审法院不予采纳。

二、杭州某母公司的涉案行为是否构成信息网络传播权侵权

上海新某华公司主张，杭州某母公司系触手 AI 平台的备案主体和运营主体，其通过触手 AI 平台提供基础模型和 LoRA 模型，支持文生图、图生图、模型在线训练等功能。用户在该平台上可通过上传在其他网站下载的奥特曼图片并使用基础模型训练出奥特曼 LoRA 模型，训练完成后的奥特曼 LoRA 模型可被用户反复使用并在此基础上生成其他奥特曼侵权图片并发布在平台上。以奥特曼相关关键词进行搜索，可以在其平台广场上以浏览或下载等方式获得涉案 5 张奥特曼图片以及 8 个奥特曼 LoRA 模型（其中 1 张奥特曼图片亦为另一奥特曼 LoRA 模型的封面图）。杭州某母公司作为生成式人工智能服务提供者，通过输入图片等数据进行训练后生成的方式将侵权图片和侵权模型置于信息网络中，直接侵害了上海新某华公司享有的信息网络传播权。此外，

即便无法认定直接侵权，鉴于平台明知或应知存在侵权，主观上放任侵权，未尽到管理责任和注意义务，也应认定杭州某母公司构成间接侵权。

杭州某母公司抗辩认为，其系网络服务提供者，用户可以在其触手 AI 平台提供的基础模型上叠加 LoRA 模型进行训练，训练素材均系用户上传，其不存在侵权行为。用户使用平台创作的行为包括上传素材图片、用户训练模型、发布模型、输入文本指令和调整参数、生成图片、发布和分享生成图片六个行为。针对用户将上传的素材图片作为 LoRA 模型封面图，以及用户生成后发布或分享的生成图，杭州某母公司提供的仅仅是信息存储空间服务，属于“避风港”规则下的平台免责范围；针对用户的 AI 训练和 AI 生图行为，杭州某母公司通过调用 SD 模型代码为用户提供 AI 运算和 AI 生成的网络技术服务，其本身并不提供奥特曼训练数据和训练模型，不符合信息网络传播权提供作品和使公众获得作品的构成要件。

一审法院认为，根据已查明的事实，上海新某华公司主张的杭州某母公司侵害作品信息网络传播权的被诉侵权 LoRA 模型或被诉侵权图片在触手 AI 平台上一般通过以下方式生成：一是用户选择创建模型，上传奥特曼相关图片，选择基础模型，调整参数后进行训练，训练完成后生成与奥特曼作品风格相似的 LoRA 模型，该模型的封面图和示例图与奥特曼形象实质性相似，该模型可收藏、应用、发布或分享链接；二是用户通过输入奥特曼相关提示词，选择基础模型、叠加奥特曼 LoRA 模型，调整参数后生成与奥特曼形象实质性相似的图片，生成的图片可收藏、发布、下载或分享链接；三是用户通过上传奥特曼相关图片、输入奥特曼相关提示词、选择基础模型，调整参数后生成与奥特曼形象实质性相似的图片，生成的图片亦可收藏、发布、下载或分享链接。涉案 8 个被诉侵权奥特曼 LoRA 模型通过上述第一种方式生成，其中包含涉案 8 张封面图或示例图；4 张被诉侵权图片通过上述第二种方式生成；1 张被诉侵权图片通过上述第三种方式生成。经比对，上海新某华公司主张的被诉侵权图片以及被诉侵权奥特曼 LoRA 模型（封面图或示例图）系在涉案奥特曼权利作品的基础上结合文本提示做了相关改动，但这些由 AI 运算进行的改动仅仅是对奥特曼形象的肢体动作等方面做了简单修改，主要作用在于使图片的背景内容按照提示词的指令进行呈现，被诉侵权内容与权利作品在奥特曼人物形象、色彩搭配、服饰细节等方面具有较高相似度，整体构成实质性相似。

根据我国《生成式人工智能服务管理暂行办法》第二十二条第一项、第二项规定，生成式人工智能技术，是指具有文本、图片、音频、视频等内容生成能力的模型及相关技术；生成式人工智能服务提供者，是指利用生成式人工智能技术提供生成式人工智能服务（包括通过提供可编程接口等方式提供生成式人工智能服务）的组织、个人。一审案件中，结合双方当事人的举证及陈述，杭州某母公司使用的生成式人工智能技术的运作原理为：触手 AI 平台通过调用第三方 SD 开源模型，在 SD 文生图、图生图、LoRA 模型训练的代码框架下，结合平台需求和使用场景进行界面设计、技术整合、数据管理、应用部署，完成封装、传输、存储等一系列工程化操作，提供用户 AI 生图及训练功能，并通过云算力服务器向用户提供 AI 运算。其中，在其平台部署的 Checkpoint 基础模型大多来自第三方 SD 模型分享社区，是基于 SD 原模型进行参数微调、风格拆分后得到的模型，主要用于 AI 图像生成以及 LoRA 叠加模型训练，使其平台能够向用户提供动漫、写实或设计等多种风格、场景的设计工具，能够根据用户给定的提示词、上传图片及选择模型等条件，生成多样化的图像内容，从而满足平台用户的创作需求。Checkpoint 基础模型通过深度学习算法学习图像特征并生成符合要求的图像，是生成图像所必需的模型。LoRA 技术（Low-Rank Adaptation，低秩适配技术）的作用是用户通过上传训练图片，在基础模型上训练得到 LoRA 叠加模型，用于补充基础模型无法生成的内容，或者强化某些特定图像特征，从而实现对生成的图像进行精细化和个性化处理，使其更加符合特定的艺术风格和创作需求。综上，杭州某母公司通过触手 AI 平台应用生成式人工智能技术向用户提供在线 AI 图像生成、LoRA 模型训练等生成式人工智能服务，因此，杭州某母公司属于生成式人工智能服务提供者。

（一）杭州某母公司是否构成直接侵权

根据《中华人民共和国著作权法》第十条第一款第十二项规定："信息网络传播权，即以有线或者无线方式向公众提供，使公众可以在其选定的时间和地点获得作品的权利。"又根据《最高人民法院关于审理侵害信息网络传播权民事纠纷案件适用法律若干问题的规定》第三条第一款规定："网络用户、网络服务提供者未经许可，通过信息网络提供权利人享有信息网络传播权的作品、表演、录音录像制品，除法律、行政法规另有规定外，人民法院应当认定其构成侵害信息网络传播权行为。"一审法院认为，若要认定构成信息网络传播权直接侵权行为，应存在以下情形：原审被告系网络传播内容的提供者，或者与用户分工合作、协同配合，从而构成网络传播内容的共同提供者。如生成式人工智能服务者提供参考图片等训练语料进行数据训练，进而生成并传播侵权内容时，生成式人工智能服务提供者可能直接实施了受著作权专有权控制的行为。但一审案件中，上海新某华公司主张的侵权图片中用于数据训练的奥特曼图片由用户上传，主张侵权的 LoRA 模型的封面图或示例图亦由用户上传，尽管用户实施生成图片的行为利用了杭州某母公司提供的生成式人工智能服务，涉案侵权图片亦通过用户在平台发布或分享实现了信息网络传播，但从客观方面来看，下达指令决定生成内容及其受众的是人工智能服务的使用者即用户，杭州某母公司作为运营者，并未参与到用户实施的上传参考图片、发布和分享生成图片的行为之中；从主观方面来看，亦缺乏证据证明杭州某母公司在用户的涉案行为中，与用户之间存在共同提供作品的意思联络，因此，杭州某母公司不是网络传播内容的提供者，未直接实施受信息网络传播权控制的行为，不构成直接侵权。对于上海新某华公司认为杭州某母公司直接侵害其信息网络传播权的主张，一审法院不予支持。

（二）杭州某母公司是否构成帮助侵权

上海新某华公司主张杭州某母公司作为应用层人工智能服务提供者，本质上是生成式人工智能技术提供者，对平台具有非常强的管控能力，其将数据上传、数据采集都交给用户使用，主观上明知或应知存在侵权，但却放任侵权，未尽到注意义务，也未采取任何有效措施，构成间接侵权。

杭州某母公司抗辩认为，涉案 AI 训练、生图的行为不受信息网络传播权控制，触手 AI 平台及其接入的 SD 模型本身不提供奥特曼训练数据和奥特曼模型，训练素材图片均由用户上传供触手 AI 平台进行学习，最终生成的图片与用户提供的图片不一致，无法通过其平台向公众传播用户提供的图片。其作为仅提供信息存储空间的网络服务提供者，只承担一般的注意义务即“通知—删除”义务，不构成帮助侵权。

一审法院认为，人工智能是基于算力、算法和数据等关键要素发展起来的、引领新一轮科技革命和产业变革的战略性技术，是发展新质生产力的主要阵地。在我国人工智能产业迅猛发展之际，应坚持发展和安全并重、促进创新和依法治理相结合的原则，对生成式人工智能服务实行包容审慎，兼顾权利保障和服务产业健康高效发展，推动形成公平合理、开放包容的人工智能治理体系。生成式人工智能主要包括四个重要阶段：数据输入、数据训练、内容输出、内容使用，从促进生成式人工智能技术发展的角度来看，对于大模型的数据输入、数据训练行为的侵权认定，宜采取相对宽松包容的认定标准，对大模型的生成内容输出、生成内容使用行为的侵权认定，则宜采取相对从严的认定标准，通过分类施策实现发展与保护的平衡。

鉴于生成式人工智能本身的技术特征，在判断生成式人工智能服务提供者是否构成侵权时，应结合具体应用场景、具体被诉行为，分类分层分别界定侵权责任。应当注意到，生成式人工智能服务提供者提供的网络服务有别于传统的网络内容提供行为、网络存储空间服务提供行为和搜索链接服务提供行为等，生成式人工智能服务提供者兼具内容生产者与平台管理者的双重身份，属于一种新型的网络服务。一方面，如前所述，若生成式人工智能服务提供者直接实施了受著作权专有权控制的行为，可构成直接侵权。另一方面，如一审案件中，在由用户输入提示词、上传侵权图片等训练语料并决定是否生成及公开传播时，生成式人工智能服务提供者既没有提供侵权训练语料，也不能对输出的内容以及输出的过程进行完全的控制和干预，此时，生成式人工智能服务提供者系提供生成式人工智能技术服务，对用户输入的提示词、训练图片等数据内容，以及生成物的传播等行为并不当然负有事先审查的义务，只有当其对具体侵权行为具有过错时，才可能构成帮助侵权。对于过错的认定规则，应综合考量生成式人工智能服务的性质、当前人工智能技术的发展水平、避免损害的替代设计的可行性与成本、可以采取的必要措施及其效果、侵权责任的承担对行业的影响等因素，通过动态地调整过错的认定标准，将平台注意义务控制在合理的程度。具体而言，即以同质行业理性人标准予以考量，当生成式人工智能服务提供者可以证明施以同业一般服务提供者注意力难以发现该生成内容可能构成侵权，或者能够证明自身已经采取了符合损害发生时技术水平的必要措施来预防损害，但仍无法防止损害的发生，应认定其已尽到合理的注意义务，不具有过错。反之，则应认定其具有过错。

根据《最高人民法院关于审理侵害信息网络传播权民事纠纷案件适用法律若干问题的规定》第七条第三款规定："网络服务提供者明知或者应知网络用户利用网络服务侵害信息网络传播权，未采取删除、屏蔽、断开链接等必要措施，或者提供技术支持等帮助行为的，人民法院应当认定其构成帮助侵权行为。"结合上述法律规定，对杭州某母公司被诉侵权行为是否构成信息网络传播权的帮助侵权，一审法院具体评述如下：

1. 触手 AI 平台提供生成式人工智能服务的性质

杭州某母公司运营的触手 AI 平台通过调用 SD 开源模型，结合平台需求和使用场景进行技术整合和应用部署，完成封装、传输、存储等一系列工程化操作，最终集合成可供用户直接应用的生成式人工智能平台。开源生态是人工智能产业的重要组成部分，开源模型的提供者提供的是通用的基础算法逻辑，实际上难以有效约束二次利用行为。而作为应用层面的直接面向终端用户提供生成式人工智能服务的提供者，其在开源模型的基础上结合特定应用场景进行了针对性的优化修改和完善，提供直接满足使用需求的解决方案和结果。该类生成式人工智能服务提供者直接参与商业实践并基于定向生成的内容获益，从服务类型、商业逻辑和防范成本角度看，应当对具体应用场景下的内容保持足够的了解，承担相应的注意义务。

2. 权利作品的知名度和被诉侵权事实的明显程度

涉案奥特曼作品在全球范围内具有相当高的知名度和影响力。在触手 AI 平台首页“广场”界面的“作品”“叠加模型 LoRA”栏目中，分别存在多个与奥特曼形象实质性相似的动漫形象图片，在部分图片的提示词、LoRA 模型的触发词、名称中直接包含“奥特曼”字样，用户可通过搜索在“推荐”项下查看或在“IP 作品”分类中浏览查看被诉侵权内容，“叠加模型 LoRA”项下设置了“IP 作品”等分类，用户在发布 LoRA 模型时可以自行选择“IP 作品”分类，且 LoRA 模型封面图或示例图直接展示侵权内容，部分封面图或示例图上显示“百度百科”水印，后经与杭州某母公司核实，被诉侵权 LoRA 模型的封面图或示例图来自用户选择的训练图片，如用户未选择，杭州某母公司则将用户上传的第一张训练图片作为封面图。由此可见，涉案侵权图片和侵权 LoRA 模型属于可以较为明显感知的侵权信息，故杭州某母公司系将具有较高知名度的动漫作品的侵权内容置于其平台中能够为其较为明显感知的位置，杭州某母公司应当知道相关内容具有较大侵权可能性。

3. 涉案生成式人工智能可能引发的侵权后果

根据保全证据显示，当用户仅输入奥特曼文本提示词并选择平台上的 Checkpoint 基础模型进行训练，无法直接生成奥特曼具体形象，但同时叠加奥特曼 LoRA 模型进行训练，则生成奥特曼图片。一般而言，生成式人工智能对于用户使用行为的结果并不具有可识别性、可干预性，生成的图片亦具有随机性，但一审案件中因为叠加奥特曼 LoRA 模型，可以稳定输出图片角色形象的特征，此时生成式人工智能对于用户使用行为的结果增强了可识别性、可干预性。同时，因生成式人工智能的便捷性，用户生成上传的奥特曼 LoRA 模型可以被其他用户反复使用，如“布莱泽奥特曼”LoRA 模型使用次数已达1000次，其他用户再叠加奥特曼LoRA模型后又会不断生成出更多的侵权内容，其引发侵害权利人信息网络传播权后果的态势已相当明显，侵权内容扩散风险较高，因此，杭州某母公司应当就相关侵权内容的生成承担更高的注意义务，应当预见到在其提供生成式人工智能服务的过程中著作权侵权行为发生的可能性。

4. 触手AI平台的营利模式

涉案用户生成发布的图片和LoRA模型可被其他用户以画同款和叠加应用等方式使用，事实上杭州某母公司已将用户发布的内容转化为平台向其他用户提供创作服务的重要组成部分。触手AI平台付费会员拥有更丰富、更多的功能和权益，在作图和LoRA模型训练过程中设有会员快速通道；平台通过用户充值会员和积分获取收益，并通过会员特权、积分等奖励措施对用户进行引导，如在用户训练生成模型后鼓励用户发布并分享链接和邀请好友，即可享有触手PLUS优先特权；数据训练时提示开通会员，享会员通道及积分；积分可在创作过程中使用，作图免消耗积分等。综上，可以认为杭州某母公司可从触手AI平台提供的AI创作服务中直接获得经济利益。

5. 杭州某母公司是否积极采取了预防侵权的合理措施

基于前述提供生成式人工智能服务的性质、被诉侵权事实的明显程度、平台营利模式和可能引发的侵权后果，杭州某母公司应当承担与其信息管理能力相应的注意义务，采取预防侵权的合理措施。但杭州某母公司在平台用户服务协议中声明不对用户上传和发布的内容进行审核，且诉讼前保全证据中未明确显示杭州某母公司在网站相对明显的位置设置投诉举报渠道。杭州某母公司在收到诉讼通知后已在网站中将奥特曼相关内容进行屏蔽、在后台进行知识产权审核，证明在网站首页检索、浏览以及图片发布、LoRA模型发布过程中可以通过未明显增加过重成本负担的技术措施控制、过滤相关侵权信息，说明杭州某母公司有能力采取却怠于采取符合侵权损害发生时技术水平的必要措施来预防侵权。

综上，一审法院认为，涉案触手AI平台提供涉案作品的在线浏览、下载、分享等服务，使公众能够在其个人选定的时间和地点以浏览、应用等方式获得涉案作品，且无证据证明该涉案内容经过合法授权，侵害了上海新某华公司对涉案作品享有的信息网络传播权。杭州某母公司作为生成式人工智能服务提供者，应当知道网络用户利用其网络服务侵害涉案作品信息网络传播权而未采取必要措施，其未尽到合理注意义务，主观上存在过错，应当认定构成侵害上海新某华公司信息网络传播权的帮助侵权行为。上海新某华公司的该项诉讼请求，一审法院予以支持。

三、杭州某母公司的涉案行为是否构成不正当竞争

上海新某华公司主张，杭州某母公司未经许可，通过其运营的触手 AI 平台提供 LoRA 模型训练、参考生图等功能，使得用户可以上传奥特曼作品来定向训练奥特曼 LoRA 模型，训练完成的奥特曼 LoRA 模型可无限制地用来复制、改编从而形成更多侵权内容，具体表现为 2024 年 1 月 24 日（第二次取证）、2 月 6 日、3 月 11 日及 3 月 12 日由上海新某华公司进行数据保全，自行在触手 AI 平台进行训练模型、生成及发布图片的取证相关内容。上海新某华公司基于奥特曼的稳定、高辨识度的形象而享有竞争性权益，触手 AI 平台上的侵权图片和侵权模型大量存在并不断生成，造成全平台侵权内容泛滥，不仅会严重扰乱和冲击上海新某华公司的正常授权链路，也会导致上海新某华公司涉案作品形象的独创性特征受到严重破坏和稀释，造成用户混淆，从而损害其长期形成的竞争性权益。杭州某母公司明知其平台存在可能侵害 IP 作品的内容，但不仅未对此采取审核和控制措施，还主动引导用户充值成为付费会员、分享传播侵权内容，以此获得非法收益和流量曝光，其行为违反了诚信原则，严重损害了上海新某华公司依法享有的合法权益，构成不正当竞争。

杭州某母公司抗辩认为，杭州某母公司的被诉侵权行为是触手 AI 平台的生图和模型训练行为，反不正当竞争法只能在其他知识产权法律没有规定的情况下才有适用可能性，如果属于著作权法规定的情形，则不再适用反不正当竞争法。且用户在平台进行 AI 创作过程中使用涉案作品，并未用于商业用途，杭州某母公司并未侵犯上海新某华公司的合法权益，未违反不正当竞争法规定的诚信原则。

一审法院认为，根据《中华人民共和国反不正当竞争法》第二条第一款、第二款之规定：“经营者在生产经营活动中，应当遵循自愿、平等、公平、诚信的原则，遵守法律和商业道德。本法所称的不正当竞争行为，是指经营者在生产经营活动中，违反本法规定，扰乱市场竞争秩序，损害其他经营者或者消费者的合法权益的行为。”《中华人民共和国反不正当竞争法》作为行为规制法不同于权利保护法，其所规制的不正当竞争行为是指经营者在生产经营活动中因扰乱市场竞争秩序而致其他经营者合法权益遭受损害的行为，并非经营者任何生产经营活动致其他经营者权益损害的都可以构成不正

当竞争。故而判断生产经营活动是否构成不正当竞争，评判的首要前提则是该行为是否已经扰乱了市场竞争秩序。维护自由竞争与公平竞争构成反不正当竞争法的整体价值取向，如何规制不正当竞争行为以维护正常的市场竞争秩序也应从自由竞争与公平竞争两个维度加以考量。

本案中，杭州某母公司通过其经营的触手 AI 平台，在生成式人工智能基础模型的支持下，向用户提供 LoRA 模型训练服务和参考生图服务，使得用户可以上传图片来训练 LoRA 模型，训练完成的 LoRA 模型可以持续应用于生成图片，以及为参考生图提供 AI 计算。对于杭州某母公司主张的涉案行为是否构成不正当竞争，一审法院评判如下：

首先，从杭州某母公司的商业模式和经营方式本身来看，LoRA 模型训练服务和参考生图服务旨在为用户在生成扩散式模型的基础上提供更具有个性化的“内容定制”，以便更好地满足用户使用生成式人工智能进行创作的需求，提升用户使用生成式人工智能进行创作的效率，是一种建立在人工智能创作平台基础上的新型生成式人工智能服务模式。从该商业模式本身来看，其旨在扩展生成式人工智能的应用场景和功能，让生成式人工智能技术更好地服务于用户创作，极大方便了用户的作品创作活动，在给用户带来较多福祉的同时亦有利于文学、艺术创作的繁荣，有助于文化事业的发展，符合“效率优先”的自由竞争要求，并未违反诚信原则和商业道德。

其次，从该商业模式和经营方式可能会给著作权人、消费者、社会公众的利益产生的影响方面看，基础模型和 LoRA 模型训练、参考生图的技术本身具有中立性，一方面，如果用户按照平台服务协议在尊重他人知识产权的前提下进行生成式人工智能创作，一般不会侵害著作权人的合法权益；另一方面，在此种新型商业模式和经营方式下所生成的新作品，虽然可能对于在先作品的影响力会产生一定冲击，但新旧作品间此种影响力的此消彼长是竞争的常态化结果，并非对在先作品著作权人合法权益的实质性损害，并不具备不合理损害其他主体竞争权益和消费者权益的特征，符合公平竞争要求。

最后，从《中华人民共和国反不正当竞争法》和《中华人民共和国著作权法》等专门法的关系上看，著作权法是对于作品创作和传播中产生的专有权利的保护，而《中华人民共和国反不正当竞争法》是对经营活动中产生的竞争利益的保护，二者保护的利益并不重合。在人工智能生成物生成后，可检视用户上传的训练素材是用于“单纯学习训练”还是“再现他人作品”，如用户发布的生成图片或 LoRA 模型中包含侵权内容，达到再现他人作品独创性表达的程度，则属于著作权法规制的范围，在著作权法可进行规制且可以对受损害的法益进行充分救济的情况下，《反不正当竞争法》作为补充性保护法律规定，不应对同一侵权行为进行重复评价。

综上，一审法院认为，杭州某母公司被诉的商业模式和经营方式符合市场自由竞争与公平竞争的要求，并无不当。如在该商业模式运行过程中产生了侵权行为，可依据专门法律对受侵害的权利予以救济，但并不能因此而否定其商业模式本身的正当性。对于上海新某华公司提出的杭州某母公司涉案行为构成不正当竞争的主张，一审法院不予支持。

四、民事责任的确定

根据《中华人民共和国著作权法》第五十二条规定："有下列侵权行为的，应当根据情况，承担停止侵害、消除影响、赔礼道歉、赔偿损失等民事责任：……"第五十三条规定："有下列侵权行为的，应当根据情况，承担本法第五十二条规定的民事责任……：（一）未经著作权人许可，复制、发行、表演、放映、广播、汇编、通过信息网络向公众传播其作品的，本法另有规定的除外；……"一审案件中，杭州某母公司的涉案行为侵害了上海新某华公司的信息网络传播权，结合上海新某华公司的主张，杭州某母公司应承担停止侵权、赔偿损失的民事责任。

关于停止侵权。上海新某华公司主张要求杭州某母公司立即停止侵权行为，包括：停止提供奥特曼有关模型的训练和发布服务，删除已有奥特曼训练模型、图片等跟奥特曼有关的全部物料和相关数据，对奥特曼及相关关键词在全平台的未授权使用行为进行屏蔽。杭州某母公司认为，上海新某华公司奥特曼角色形象的著作权授权期限截止于2024年3月31日，杭州某母公司对触手AI平台的奥特曼图片、模型、关键词已采取必要的屏蔽措施，已将被诉侵权内容全部删除，并将"奥特曼"设置为平台的限制用语，避免用户再行使用，但上海新某华公司主张的删除用户图片、模型等诉请，鉴于数据安全法规定平台还负有对用户数据的安全保障义务，应采取对用户数据损害"最小、必要"方式。

一审法院认为，从双方当事人提交的证据来看，杭州某母公司已在触手AI平台提供的服务中屏蔽了"奥特曼""奥特""迪迦""ultraman""盖亚""欧布""格丽乔""梦比优斯""赛罗"等大量奥特曼相关的关键词，但一方面目前提交的有效证据无法验证全部的屏蔽效果，另一方面实际上杭州某母公司目前所列词汇也不能明确其是否已穷尽所有涉案奥特曼相关词汇，因此，一审法院仍需判令杭州某母公司承担停止侵权的民事责任。但上海新某华公司在诉讼请求中要求判令杭州某母公司停止提供与奥特曼有关模型的训练和发布服务，并删除已有奥特曼训练模型、图片等与奥特曼有关的全部物料和相关数据，对奥特曼及相关关键词在全平台的未授权使用行为进行屏蔽的诉请，一审法院认为应区分情形予以判定。首先，生成式人工智能服务提供者应严格履行依法应承担的知识产权保护义务，在输出端需防范最终生成内容侵犯他人著作权结果的发生。如果最终生成内容构成侵权内容的，生成式人工智能服务提供者应当承担删除相关侵权内容并停止提供相关发布服务的责任。故，对于上海新某华公司要求判令杭州某母公司删除涉案生成的奥特曼图片并停止提供与生成奥特曼图片的发布服务之诉请予以支持。其次，关于奥特曼 LoRA 模型部分，虽然一审案件认定构成侵权的内容系被诉侵权 LoRA 模型的示例图、封面图，但由于被诉侵权 LoRA 模型本身系由用户下载的奥特曼图片进行投喂训练而成，其中难免包含能够体现奥特曼形象独创性的设计特征，且被诉侵权 LoRA 模型发布后可以由用户便捷、随意地使用，进而不断扩大侵权影响，故仅删除 LoRA 模型的封面图、示例图并不足以达到制止侵权的效果，对于被诉侵权的奥特曼 LoRA 模型，杭州某母公司均应予以删除，并应停止提供相关奥特曼 LoRA 模型的发布和应用服务。对于上海新某华公司的相关诉请，一审法院予以支持。最后，对于生成式人工智能应持审慎包容的态度，鼓励技术进步和商业发展。生成式人工智能的创设与发展，需要在输入端引入巨量的训练数据，其中不可避免会使用他人作品。鉴于生成式人工智能在数据训练阶段使用他人作品的目的，原则上应是用于学习分析在先作品所表达的思想感情、语言特征、特色风格等内容，从中提取出相应的规则、结构、模式、趋势，便于后续转换性创作新作品。该种使用行为聚合大量作品作为分析样本数据进行提高作品创作能力训练，并非以再现作品的独创性表达为目的，且一般情况下数据训练只是对语料数据作结构特征分析时暂时保留了在先作品，数据训练及生成过程中也未将在先作品展示给公众，因此，一审法院认为，在无证据证明生成式人工智能是以使用权利作品的独创性表达为目的、已影响到权利作品正常使用或者不合理地损害相关著作权人的合法利益等情形下，可以被认为是合理使用。在用户仍可以学习、研究、欣赏自己存储在平台中的相关图片或者对该图片进行其他合理使用且并未对外传播，或者存在权利人或其授权人自行使用相关图片等情形下，对于上海新某华公司概括性地要求判令杭州某母公司删除与奥特曼有关的全部物料和相关数据的诉请，超出了杭州某母公司应负担的义务，一审法院对此不予支持。但杭州某母公司作为生成式人工智能服务提供者，应当承担前述与其信息管理能力相应的注意义务，应立即停止侵权，并采取必要措施有效制止侵权行为，在提供服务的过程中防止用户生成并发布侵害上海新某华公司信息网络传播权的图片或 LoRA 模型。

关于赔偿数额。根据《中华人民共和国著作权法》第五十四条规定："侵犯著作权或者与著作权有关的权利的，侵权人应当按照权利人因此受到的实际损失或者侵权人的违法所得给予赔偿；权利人的实际损失或者侵权人的违法所得难以计算的，可以参照该权利使用费给予赔偿……权利人的实际损失、侵权人的违法所得、权利使用费难以计算的，由人民法院根据侵权行为的情节，判决给予五百元以上五百万元以下的赔偿。赔偿数额还应当包括权利人为制止侵权行为所支付的合理开支……"根据《最高人民法院关于审理著作权民事纠纷案件适用法律若干问题的解释》第二十五条规定："权利人的实际损失或者侵权人的违法所得无法确定的，人民法院根据当事人的请求或者依职权适用著作权法第四十九条第二款的规定确定赔偿数额。人民法院在确定赔偿数额时，应当考虑作品类型、合理使用费、侵权行为性质、后果等情节综合确定。当事人按照本条第一款的规定就赔偿数额达成协议的，应当准许。"一审案件中，上海新某华公司未提交证据证明其实际损失或杭州某母公司的违法所得，一审法院综合考虑以下因素酌情确定赔偿数额：1. 奥特曼系列动漫知名度高，多次获得人气奖项，且奥特曼词条在微博、抖音、今日头条等客户端屡次上热搜，在多个平台热度榜单中排名靠前，阅读量、播放量高且在榜时间长。2. 被诉侵权图片涉及上海新某华公司多个经典奥特曼形象，包括迪迦奥特曼、赛罗奥特曼、布莱泽奥特曼、欧布奥特曼、盖亚奥特曼等。3. 杭州某母公司的侵权行为系通过结合第三方通用模型的生成式人工智能技术实施，侵权训练图片系用户上传，其对平台算法已进行备案，并在平台用户协议中进行了知识产权保护提示。4. 杭州某母公司在收到上海新某华公司诉讼材料后已及时将"奥特曼""奥特""迪迦""盖亚""欧布""格丽乔"等字样设置为网站屏蔽关键词，采取了一定程度的合理措施，但未将侵权内容彻底删除。5. 触手 AI 平台可通过购买付费会员或积分的方式使用更加便捷、丰富的网站功能，而侵权行为所涉及的内容发布及图像生成服务系杭州某母公司触手 AI 平台的主营服务，现有证据显示涉案部分奥特曼 LoRA 模型的使用次数较多等情况。6. 关于律师费、取证费用等合理维权费用，综合考虑案件难易程度、实际工作量等因素予以酌定。

综上，一审法院依照《中华人民共和国著作权法》第二条、第三条、第十条、第十一条、第十二条、第五十二条、第五十三条、第五十四条，《中华人民共和国反不正当竞争法》第二条，《最高人民法院关于审理著作权民事纠纷案件适用法律若干问题的解释》第七条、第二十五条、第二十六条，《最高人民法院关于审理侵害信息网络传播权民事纠纷案件适用法律若干问题的规定》第三条、第七条、第九条，《中华人民共和国民事诉讼法》第六十七条第一款，《最高人民法院关于适用〈中华人民共和国民事诉讼法〉的解释》第九十条之规定，于2024年9月25日判决如下：一、杭州某母公司立即停止侵害上海新某华公司涉案奥特曼作品信息网络传播权的行为，包括但不限于立即删除已生成并发布的涉案奥特曼图片、奥特曼LoRA模型，停止提供相关奥特曼LoRA模型的发布和应用服务，并采取必要措施有效制止侵权行为等；二、杭州某母公司于判决生效之日起十日内赔偿上海新某华公司经济损失及为制止侵权而支出的合理费用共计30000元；三、驳回上海新某华公司其他诉讼请求。如果未按照判决指定的期间履行给付金钱义务，应当按照《中华人民共和国民事诉讼法》第二百六十四条之规定，加倍支付迟延履行期间的债务利息。案件受理费5800元，由上海新某华公司负担2610元，杭州某母公司负担3190元。

二审中，杭州某母公司未向本院提交新证据。上海新某华公司向本院提交"广电视界"于2024年12月7日发布的新闻稿《广电总局再发管理提示，"AI"魔改须有边界》，拟证明司法审判应关注到魔改现象，对于IP的伤害非著作权能够覆盖，对涉案不正当竞争行为的认定应与行政监管意见保持一致。经质证，杭州某母公司对该份证据的真实性、合法性予以认可，对其关联性不予认可。本院认为，上述证据与本案诉争内容无关，与本案不具有关联性，对其证据效力不予认定。

一审判决查明的事实属实，本院予以确认。本院二审根据一审已提交并经质证的证据另查明，杭州某母公司成立于2020年11月10日，系有限责任公司（港澳台投资、非独资），注册资本7480551元，经营范围包括人工智能公共服务平台技术咨询服务，技术服务、技术开发、技术咨询、技术交流、技术转让、技术推广，软件开发等。2024年1月24日，上海新某华公司取证人员登录触手AI平台，"AI创作"栏目项下展示有图片或模型中有部分带有奥特曼形象特点的AI图片或模型。2024年3月11日，在首页"广场"搜索“Ultraman”，显示有部分带有奥特曼形象特点的AI图片或模型。2024年3月12日，上海新某华公司取证人员登录触手AI平台查看账号，在“历史作图”中可查看到历史作图信息，在“训练集”中可查看上海新某华公司取证过程中保存的“迪迦奥特曼训练集”，在收藏的“叠加模型LoRA”页面，可查看到收藏的其他用户发布的模型，上述图片或模型部分包含带有奥特曼形象特点的AI图片。点击选择“去训练”并选择“极简训练”，选择基础模型“美漫模型V03”点击“开始训练”，显示正在生成“LoRA叠加模型-1-0312”，并显示“LoRA叠加模型-1-0311”已完成，查看已完成的“LoRA叠加模型-1-0311”，显示有两张带有奥特曼形象特点的生成模型。查看生成完成后的“LoRA叠加模型-1-0312”，显示有三张带有奥特曼形象特点的生成模型。勾选上述图片“保存”按键，显示保存成功。保存后，选择“应用”上述生成的模型，可进入应用页面，在应用页面输入描述词并绘图后，可以生成并发布新生成的AI作品。进入模型信息填写页面，选择分类“IP作品”，点击“发布”后，相关图片或模型可被“发布到广场”，并可复制、分享相关发布链接。点击菜单栏“广场”选择“IP作品”，可查看到经发布到广场的图片或模型。上海新某华公司主张前述页面中与带有奥特曼形象特点但又与奥特曼形象不构成实质性相似的AI图片或模型（即与奥特曼形象“似是而非”的作品）影响广大公众对奥特曼形象的稳定认知，损害上海新某华公司长期经营、运营奥特曼作品形象而形成的竞争性权益，故主张构成不正当竞争。二审中，上海新某华公司明确前述取证页面中有18张图片及模型系由不正当竞争行为产生，但认可杭州某母公司商业模式和经营方式的合法性。

本院认为，结合双方诉辩意见，二审的争议焦点在于杭州某母公司的涉案行为是否构成不正当竞争，若构成，则一审确认的民事责任是否合理。对此本院分析如下：

知识产权专门法遵循知识产权法定原则，对于各类法定知识产权进行边界清晰的强保护。反不正当竞争法具有开放性，可以不断适应知识产权法益保护的新发展，进行灵活的补充性知识产权法益保护，但其补充性保护不能抵触专门法的立法政策，凡专门法已作穷尽规定的，反不正当竞争法原则上不再提供附加保护。该种补充保护并非兜底保护，更不是任意选择适用的平行保护，故《中华人民共和国反不正当竞争法》第二条规定的适用前提应是专门法未作特别规定且不抵触知识产权专门法的立法政策。具体到本案中，针对杭州某母公司的同一侵权行为当《中华人民共和国著作权法》足以规制时，应优先适用《中华人民共和国著作权法》保护。虽然上海新某华公司主张其基于奥特曼作品形象的稳定、高辨识度而享有竞争性权益，并援引《中华人民共和国反不正当竞争法》第二条作为请求权基础，但其主张杭州某母公司构成不正当竞争的理由系18张图片及模型损害了奥特曼的作品形象，所依据的权利基础是权利人基于奥特曼系列作品所享有的著作权，仍应适用著作权法予以规制，反不正当竞争法原则上不再进行重复评价。综上，上海新某华公司以18张图片及模型与奥特曼作品形象"似是而非"为由，主张杭州某母公司通过触手AI平台训练、生成并发布前述内容构成不正当竞争，于法无据，本院依法不予支持。

本案中，上海新某华公司另主张杭州某母公司向用户提供的可针对奥特曼进行定向训练的生成以及发布活动构成不正当竞争。关于被诉行为是否构成对奥特曼作品的"定向训练"，根据在案证据，触手AI平台包含参考生图、Lora模型训练、模型广场等模块，从输入端看，涉及奥特曼的图像或文字指令均由用户录入，而非由平台功能限定，平台未针对奥特曼或其他特定IP设定前述模块功能，故用户不一定必然使用奥特曼图片。从输出端看，平台上所发布的作品或模型由用户发布，仅当特定用户使用了涉及奥特曼的特定图文素材，才可能生成与奥特曼相关的作品或模型。同时，Lora模型训练的效果受用户上传训练参数配置等因素影响，生成结果具有一定的不可预测性，其生成的作品和模型并不必然具有与奥特曼相关的特征，故无法体现"定向"性。上海新某华公司将被诉行为称之为"定向训练奥特曼模型"并不准确，本院依法不予采信。综上，本院认为，上海新某华公司所主张的不正当竞争行为实为指控杭州某母公司未经许可，通过其运营的触手AI平台向用户提供可针对奥特曼进行训练、生成及发布的人工智能服务。

《中华人民共和国反不正当竞争法》第二条第一款规定："经营者在生产经营活动中，应当遵循自愿、平等、公平、诚信的原则，遵守法律和商业道德。"商业模式、经营方式本身不属于《中华人民共和国反不正当竞争法》规制的对象，《中华人民共和国反不正当竞争法》救济的对象是被破坏的市场秩序，保护的权益是市场竞争秩序、经营者和消费者的合法利益，属于行为规制法。只有商业模式、经营方式违反诚实信用原则和公认的商业道德，扰乱市场竞争秩序，损害其他经营者或者消费者的合法权益时，才为《中华人民共和国反不正当竞争法》所禁止。

本案中，杭州某母公司通过触手AI平台应用生成式人工智能技术向用户提供生成式人工智能服务，根据《生成式人工智能服务管理暂行办法》第二十二条的规定，系生成式人工智能服务提供者，属于《中华人民共和国反不正当竞争法》规定的“经营者”。与传统的搜索链接服务提供者和网络内容服务提供者不同，人工智能作为知识创造工具，其生成内容的行为兼具技术服务与内容供给的双重属性。在生成式人工智能服务中，创作行为需要用户提示予以激发，模型与人类用户之间的交叠增强，服务提供者对于生成的内容控制力降低，属于新型网络服务提供者。

主观上，认定生成式人工智能服务提供者的过错一般有输入端的注意义务和输出端的注意义务两个维度。人工智能服务提供者与网络服务提供者在本质上具有不同的功能和属性，其过错认定不能简单套用网络服务提供者注意义务的相关规定，更多地应依据是否违反公认的行为标准，同时需平衡好版权保护与AI技术创新发展的关系，平衡好创作者权益与社会公共利益。从输入端看，生成式人工智能服务提供者应当依法开展预训练、优化训练等训练数据活动，使用具有合法来源的数据和模型，并采取有效措施提高训练数据质量，增强训练数据的真实性、准确性、客观性、多样性。但是生成式人工智能的数据来源不仅有平台自己输入的训练数据库，还有平台在服务用户过程中，由用户输入的数据。当服务提供者向公众提供由用户参与训练的模型服务时，有来自全球各地的海量用户对模型进行数据“投喂”，这些数据的合法性和版权状态可能各不相同。在此情况下，若严格要求服务提供者对用户输入端的每一份数据进行逐一审查和验证，既不具有可行性，也与其法律属性不相适应，无疑会加重开发监管负担，势必阻碍生成式人工智能的发展，因此服务提供者的注意义务应当与其身份及信息管理能力相适应。本案中，杭州某母公司在《触手AI用户服务协议》中明确载明“使用本服务时应当尊重他人知识产权，不得侵害他人权益”。针对输出端，杭州某母公司对经过AI算法运算处理后进行发布和链接分享的训练模型及生成图片采取了人工审核机制，付费购买了阿里云“内容安全”审核服务，对于已经发布的作品和模型，网站内亦设置有反馈通道，用户可在“模型”详细页面中进行投诉举报，触手AI平台接收到投诉举报后可对相关情况进行审核并进行下架处理。故，在案证据尚不足以证明杭州某母公司存在违反诚实信用原则和公认的商业道德、通过平台获取不当的竞争优势或损害其他经营者的合法权益的主观故意。

客观上，如前所述，杭州某母公司提供的训练和发布服务并非针对奥特曼等特定 IP，就上海新某华公司针对杭州某母公司的不正当竞争指控，必然要对杭州某母公司提供的生成式人工智能服务行为本身进行评价。一审法院从自由竞争与公平竞争两个维度对建立在 AI 创作平台基础上的新型生成式人工智能服务模式评述已涵盖上海新某华公司所主张的触手 AI 平台提供的具体服务行为，该论述合理且未脱离杭州某母公司的具体行为。二审中，上海新某华公司亦明确认可杭州某母公司商业模式和经营方式的合法性与正当性，对此本院不再作重复评述。对于杭州某母公司平台用户未经权利人授权，擅自使用奥特曼作品是否构成合理使用的问题，系著作权法评价范围，本案二审中上海新某华公司明确其仅就不正当竞争行为提起上诉，且前述行为实施主体为平台用户而非杭州某母公司，故本院不再评述。

从损害结果上看，生成式人工智能平台可以通过设定合理的使用条款、用户指南以及有效的监控机制等必要措施，及时识别并移除可能侵权的内容，防止非法内容产生和传播。本案中，杭州某母公司在《触手 AI 用户服务协议》中提示平台用户尊重他人知识产权，设置了内容审核机制及反馈通道，在收到上海新某华公司诉讼材料后，屏蔽了大量与奥特曼相关的关键词，以减少对上海新某华公司带来的损害结果，这一系列举措表明杭州某母公司积极应对潜在问题的态度，显示出其商业模式本身并未意图扰乱市场竞争秩序或获取不正当竞争优势。因此，不宜仅因平台部分用户的“投喂”行为可能导致生成内容侵权而认定杭州某母公司的商业模式构成不正当竞争。进一步而言，《中华人民共和国反不正当竞争法》旨在维护公平、有序的市场环境，保护合法的商业利益和消费者权益。在本案中，对于杭州某母公司怠于采取符合侵权损害发生时技术水平的必要措施来预防侵权，导致部分用户使用触手 AI 平台生成了侵犯到上海新某华公司著作权的内容，已通过著作权法进行规制，无须再由《中华人民共和国反不正当竞争法》进行重复规制。综上，考虑到杭州某母公司主观上没有违反诚实信用原则和商业道德的故意，客观上未实施获取不当的竞争优势或损害其他经营者合法权益的行为，同时采取了正向的管控措施，并未扰乱市场竞争秩序，故本院对上海新某华公司主张杭州某母公司构成不正当竞争的上诉请求，不予支持。

需要特别指出的是，原创作品不仅是艺术家个人才华的结晶，更是文化传承和社会进步的重要基石。在文化创意蓬勃发展的今天，社会各界应共同尊重和保护知识产权，珍视每一位创作者的心血与智慧。AI 的发展导致可能出现针对经典 IP 进行“魔改”（对原作品进行大幅度修改或改编，特别是在没有得到版权持有人授权的情况下）的不良行为，过度或不当的“魔改”可能扭曲历史记忆、文化遗产以及社会共识。对于提供用户生成内容（UGC）的服务平台，应不断优化技术手段，利用先进的算法和技术工具建立有效的管理和监督机制，重视识别潜在侵权风险点，重视挖掘 AI 作品的正向价值，合理平衡创作者的表达自由与权利人的合法权益之间的关系，确保其服务不会成为非法活动的温床。同时，也呼吁所有创意工作者、平台运营者及广大用户，在享受科技带来的便利时，务必遵守相关法律法规，充分尊重原创作品的知识产权，共同促进文化创意产业的健康、可持续发展，为推动人机良性互动，推动文化大繁荣、大发展承担起相应的社会责任。

综上所述，上海新某华公司的上诉理由不能成立，本院对其上诉请求不予支持。一审判决认定事实清楚，适用法律正确，应予维持。依照《中华人民共和国民事诉讼法》第一百七十七条第一款第一项之规定，判决如下：

驳回上诉，维持原判。

二审案件受理费 3300 元，由上诉人上海新某华文化发展有限公司负担。

本判决为终审判决。

审 判 长 吴媛媛

审 判 员 徐 珺

审 判 员 吕后旺

二〇二四年十二月三十日

法官助理 虞艳雪

书 记 员 黄君君

30. 网盘服务商直接侵权与采取必要措施的认定

——再审申请人北京百某网讯科技有限公司与被申请人上海翡某东方传播有限公司广州分公司侵害作品信息网络传播权纠纷案①

中华人民共和国广东省高级人民法院民事判决书（2022）粤民再59号

再审申请人（一审被告、二审被上诉人）：北京百某网讯科技有限公司。住所地：北京市海淀区。

法定代表人：梁某，该公司经理。

委托诉讼代理人：崔军，北京德恒（深圳）律师事务所律师。

委托诉讼代理人：邵小龙，北京德恒（深圳）律师事务所律师。

被申请人（一审原告、二审上诉人）：上海翡某东方传播有限公司广州分公司。住所地：广东省广州市天河区。

负责人：彭某。

委托诉讼代理人：孙黎卿，上海融力天闻律师事务所律师。

委托诉讼代理人：杨阳，上海融力天闻（杭州）律师事务所律师。

再审申请人北京百某网讯科技有限公司（以下简称百某公司）因与被申请人上海翡某东方传播有限公司广州分公司（以下简称翡某东方广州分公司）侵害作品信息网络传播权纠纷一案，不服广州知识产权法院（2019）粤73民终3881号民事判决，向本院申请再审。本院于2021年11月2日作出（2021）粤民申1442号民事裁定提审本案，并依法组成合议庭对本案进行审理。本案现已审理终结。

百某公司申请再审称，二审判决认定事实与适用法律错误，并且有新的证据足以推翻。事实与理由：1. 二审判决对百度网盘离线下载的实现方式和百度网盘构成直接侵权的事实认定完全错误。（1）百度网盘提供的离线下载服务是一种基于P2P技术的下载解析服务，用户使用该服务可以将文件下载

① 本案在年度报告中的位置为第69页。

并存储到自己的网盘空间。百度网盘的离线下载步骤为：①用户通过离线下载向百度网盘提交一个从其他网站获得的 BT 种子或者磁力链接的下载请求。②百度网盘根据用户的下载请求，解析种子文件的 Tracker 服务器列表、获取 Peer 节点列表，并检查 Peer 节点是否在线。③如果种子探活过程失败，即通过解析检查种子 Peer 节点不在线，则无法完成离线下载；如果通过解析检查种子 Peer 节点在线，则开启多线程实施下载并展现在用户的网盘空间。（2）从上述百度网盘离线下载的过程可知，离线下载是由用户自行决定。百度网盘为中立的技术服务平台。用户也可以使用其他具有下载解析能力的工具来解析从其他网站获得的 BT 种子或磁力链接。用户通过百度网盘离线下载的任何文件都来自 BT 种子或磁力链接所指向的第三方网络节点。如该第三方网络节点的种子不在线，百度网盘无法解析 BT 种子或者磁力链接指向的文件，无法完成离线下载，不能实现“使用户可以在其个人选定的时间和地点获得作品”的结果。（3）北京正德泽丰科技咨询有限公司司法鉴定所出具的京正泽〔2020〕电鉴字第 0296 号司法鉴定意见书表明，百度网盘下载的磁力链接所对应的源文件并非由百度网盘服务器提供，而是由其他第三方存储设备提供。（4）二审判决关于百度网盘离线下载不发生数据的真实传输以及只要网盘中有匹配的文件，用户均可以获得该文件的链接的认定缺乏依据。2. 二审判决关于文件控制权完全属于百某公司，百度网盘的分享功能超出信息存储服务范畴、具有将信息在网络中传播的意图等认定错误。（1）百度网盘采用的“相同文件合并存储”技术为云存储行业的通用技术。该技术只是改变了文件的存储方式，并没有改变信息的控制权归属。二审判决认定“即便是第一个上传文件至网盘服务器的用户也无法真正删除该文件，而文件控制权完全归属于百度网盘”，混同了存储和控制的概念，违背基本事实与常理。（2）从用户实施删除、清空数据的操作，到网盘服务器执行删除数据指令，会有一定合理时间间隔，这是客观的技术限制所致，完全不存在百某公司控制用户文件、延迟数据删除的情形。二审判决未查明云存储的技术原理，作出了“所有在其网盘空间拥有该文件链接的百度用户均无法真正删除该文件”的错误结论。（3）百度网盘通过了中国质量认证中心的两项安全认证，其在数据安全管理方面已经达到国际顶尖水平，不存在用户数据由百度网盘控制的情形。（4）存储和传输都是个人网盘产品的基本技术服务，分享实质是一种数据传输服务。百度网盘的分享仅指定特定数据接收方可见，并非当然全网可见的内容发布行为。二审判决对分享的认定混淆了传输与发布的区别。（5）百度网盘通过各种技术措施禁止包括百某公司在内的任何互联网搜索引擎及其他各类平台抓取用户分享的内容。除非用户再将分享链接发布在论坛、微博等第三方网络平台上，否则用户的分享链接不会被指定接收者之外的其他人看到。（6）百度网盘就特定文件的分享不代表有传播的意图，在用户未将作品分享链接另行发布给不特定公众的情况下，单纯的分享行为不构成信息网络传播。3. 二审判决认定《告知函》具有明确的指向，百某公司未尽合理谨慎的注意义务构成帮助侵权，在事实认定和法律适用上完全错误。根据《信息网络传播权保护条例》的规定，通知的作用在于使网络服务提供者知晓其网络上存在侵害信息网络传播权的信息并准确定位侵权内容。翡某东方广州分公司有义务告知百某公司具体的侵权行为表现方式及网络地址，以便百某公司能对侵权行为进行定位、核实和处理。但是，翡某东方广州分公司于2017年8月30日向百某公司发出《告知函》时，提供的材料不足以证明百度网盘中存在侵害涉案《食为奴》作品信息网络传播权的事实，也不足以证明其主张删除的文件仅用于侵权。此外，《告知函》只提供了涉案作品的MD5、SHA1、CRC32等哈希值以及作品名称，没有提供百度网盘中涉及侵权的具体网络地址，也没有提供其他能使百某公司定位侵权传播行为及实施人的信息。MD5值是一种防篡改的信息摘要算法，其目的在于通过比对文件是否被篡改确保信息传输的安全，其不具备对互联网信息进行定位的功能。用标准方式计算完整文件只能得到唯一的标准MD5值，但各公司通常不会使用标准MD5值存储文件。百度网盘作为私密的数据存储平台，基于数据安全和隐私保护的需要，并未存储文件的标准MD5值，而是通过对文件进行切片的方式计算多段MD5值形成百度网盘自己的哈希值。因此，百某公司无法通过标准MD5值定位百度网盘中的文件，《告知函》不构成有效的通知。4. 本案应依据客观事实，兼顾考量云存储产业发展，准确适用法律，平衡著作权人权利保护与产业发展、社会公共利益维护之间的关系。综上，请求法院再审判令：（1）撤销广州知识产权法院（2019）粤73民终3881号民事判决；（2）维持广东省广州市天河区人民法院（2017）粤0106民初25288号民事判决，即：驳回翡某东方广州分公司全部诉讼请求；（3）由翡某东方广州分公司承担本案全部诉讼费用。

翡某东方广州分公司辩称，1. 百某公司对于离线下载的解释与其此前的陈述以及事实均不符。本案中，无论是离线下载的文件、秒传的文件、分享的文件，实际都是相同的文件。在本案一、二审阶段，百某公司当庭陈述，为了提高存储效率，相同文件在其服务器中仅存储一份；如果能够秒传成功，则不发生数据传输。但是，按照百某公司在再审阶段的陈述，将会出现离线下载的相同文件重复存储在其服务器的情况。根据翡某东方广州分公司在二审补充的证据，对于相同的下载链接，其他第三方软件无法离线下载，百度网盘却可以成功离线下载。这亦与百某公司主张的百度网盘需查找第三方网络节点进行离线下载的说法矛盾。二审现场勘验显示，无论是使用我方账号还是使用百某公司的账号，均可实现文件的秒传，说明文件控制权不在用户手中、百某公司公证的证据系伪造。百某公司的司法鉴定书模糊不清，没有明确的鉴定思路。其鉴定书展示了链接背后的地址，却没有展示文件的来源，明显是刻意为之。并且，上述证据形成于二审判决之后，百某公司有充足的时间修改百度网盘离线下载的逻辑。2.《告知函》有明显的指向性。百度网盘的文件调用地址有明确的标识，该标识指向文件 MD5 值。可见。百某公司识别文件的途径就是通过 MD5 值。而在优酷诉百度网盘案件中，法院已明确，依靠 MD5 值进行文件定位是一种行业惯例，毫无技术难度。（2018）浙杭钱证内字第 18860 号公证书证明，百某公司只是在网页源代码中使用了一串命令符号获取一个计算公式，进行加密 MD5 值与标准 MD5 值之间的转换。3. 在诉讼开始后，百某公司未删除、屏蔽侵权文件。在本案起诉之后，百某公司已获知文件信息以及文件来源链接，其依然未删除或者屏蔽侵权文件。而百度网盘以文件为运营核心，断开链接并不能彻底消除侵权。可见，百某公司只是借发函一事逃避责任。

翡某东方广州分公司向一审法院起诉请求：1. 百某公司立即删除存储于其开发运营维护的百度网盘中所有涉案《食为奴》作品的视频文件，并停止以包括分享、秒传、离线下载、在线播放等在内的各种以信息网络传播形式在百度网盘传播涉案作品；2. 百某公司赔偿翡某东方广州分公司经济损失 200 万元及合理费用 15 万元，共计 215 万元；3. 百某公司承担本案全部诉讼费用。

一审法院认定事实：

一、涉案影视作品《食为奴》的版权及授权情况

2014 年 5 月 20 日，香港影业协会颁发证书号码为 T0529 的《版权证明书》，载明：电视广播有限公司是食为奴（GILDEDOPSTICKS）（共 25 集，以下简称涉案影视作品）电视节目的出品公司，每集片长约 45 分钟，该节目于 2013 年在中华人民共和国香港特别行政区完成，并于 2014 年首次在该地

发表。翡某东方广州分公司提交的涉案影视作品的片尾署名截图显示的信息亦为电视广播有限公司。

2016年8月19日，电视广播有限公司（授权方）向上海翡某东方传播有限公司（领权方）出具《授权证明书》，载明：电视广播有限公司制作以下授权节目，并拥有该等节目的版权及发行授权，兹证明领权方是获授权使用授权节目，并确认领权方具体获授权情况如下：1. 授权节目：(1) 在供片期限内于香港TVB电视频道首次播出及/或于海外首次发行的TVB剧集类、综艺类、情景类及娱乐新闻类节目；(2) 库存的TVB剧集类、综艺类、情景类及娱乐新闻类节目；2. 授权性质：独家授权及转授权；3. 授权语种：普通话及粤语；4. 授权地区：中华人民共和国大陆（内地）境内；5. 授权类别：无线、有线及卫星电视播映权（仅限于在电视机屏幕展示）、所有新媒体平台播映权（即信息网络传播权）等；6. 领权方有权独立以自己的名义追究非法使用授权节目侵权者的法律责任；7. 领权方有权转授权第三方，并有权许可第三方再行授权及维权；8. 授权期限：自2016年1月1日起至2018年3月31日止（含首尾两日）。授权证明书附件一《剧集类、情景类节目》列表中包含涉案影视作品。

2017年5月31日，上海翡某东方传播有限公司（授权方）向翡某东方广州分公司（被授权方）出具《授权书》，载明：授权方将涉案影视作品在中华人民共和国境内（除港澳台外）的独占性信息网络传播权和维权权利以及前述两项权利的转授权权利授予翡某东方广州分公司，翡某东方广州分公司有权以自己的名义对非法使用授权节目信息网络传播权的行为进行维权，授权期限为2017年5月31日至2018年12月31日。

二、使用百度网盘对涉案影视作品进行离线下载、秒传、分享及在线播放的公证取证情况

2017年8月2日，上海翡某东方传播有限公司向上海市静安公证处申请证据保全公证。在公证员和工作人员的监督下，申请人的委托代理人邱政谈使用计算机进行如下操作：在桌面上新建一个名为“20170802. docx”的word文档，并将自带的U盘“谈笑（F:）”接入计算机端口，将U盘中的“（已搜片）百度网盘操作片单 . xlsx”Excel表格复制至计算机桌面；在计算机桌面新建一个名为“20170802种子文件”的文件夹，打开IE浏览器，将上述表格中“食为奴”B列中的网址链接复制至IE地址栏中并进入页面，将相关文件保存至“20170802种子文件”的文件夹内；下载并安装“百度网盘PC

版”，在百度网盘内新建一个名为“20170802 离线下载”的文件夹，点击离线下载后的展开图标，点击“新建 BT 任务”，选择路径为“20170802 种子文件”的文件夹，选中“食为奴 . torrent”，点击“存入百度网盘”，在弹出的“新建离线 BT 任务”对话框中点击“开始下载”；打开 IE 浏览器，将表格中“食为奴”B 列中的网址链接复制至 IE 地址栏中并进入相关页面，点击“复制链接”；打开“百度网盘”窗口，点击离线下载，弹出“新建下载任务”对话框后，将上述复制的链接粘贴至“支持 HTTP、FTP、磁力链接、电驴链接下载”空白框内，点击“开始下载”；关闭上述网页窗口，在计算机桌面新建一个名为“20170802 下载”的文件夹，将“百度网盘”窗口最大化，打开“食为奴”文件夹，选中“食为奴-03 电影…”并点击“下载”，选择下载路径为“20170802 下载”后点击“下载”；按照上述步骤依次对“食为奴”文件夹内其他 24 个剧集进行下载。上海市静安公证处就上述操作过程出具了（2017）沪静证经字第 2965 号公证书。

2017 年 9 月 20 日，上海翡某东方传播有限公司向上海市静安公证处申请证据保全公证。在公证员和工作人员的监督下，申请人的委托代理人邱政谈使用计算机进行如下操作：在桌面上新建一个名为“20170920 翡翠—百度网盘截屏”的 word 文档，并将公证处封存的移动硬盘接入计算机端口，打开“这台电脑”中的“Elements（F:）”，内含“1”“2”“3”三个文件夹；百度搜索“百度网盘”，点击“百度网盘—享你所想官网”，点击“客户端下载”，进入页面点击“帮助中心”，显示相关信息，其中“什么是秒传”标题下有关于“秒传是将上传的文件与百度网盘服务器中的文件进行比对，若云端存在相同文件，则百度网盘将直接把文件保存到你的网盘，大大节省了上传时间”的说明；下载并安装“百度网盘 PC 版”，登录后将“百度网盘”最小化；再次打开 IE 浏览器，百度搜索“软媒魔方”，点击“软媒魔方官网—支持 Win10、Win8. 1、Win7、Windows XP，…官网”，下载“完整绿色版”，将下载后“PCMaster”文件夹内名为“radar. exe”的应用程序拖动至计算机桌面并打开；最大化“百度网盘”窗口，设置传输速度后，打开秒传文件夹，内含“1”“2”“3”三个文件夹，在“3”文件夹内新建名为“食为奴”的文件夹，打开该文件夹后点击“上传文件”，选择路径为“Elements（F:）”，打开“Elements（F:）”中“3”文件夹内的“食为奴”文件夹，全选所有文件并点击“存入百度网盘”进行文件上传。上海市静安公证处就上述操作过程出具了（2017）沪静证经字第 3555 号公证书。

2017 年 9 月 26 日，上海翡某东方传播有限公司向上海市静安公证处申请证据保全公证。在公证员和工作人员的监督下，申请人的委托代理人邱政谈使用计算机进行如下操作：将自带的 U 盘“谈笑（H）”与计算机连接，将 U 盘中的“20170925 翡翠—百度网盘取证清单”表格复制至电脑桌面；百度搜索“百度网盘”，下载并安装“百度网盘 PC 版”后登录百度网盘，复制上述表格中《食为奴》对应 B 列中的链接，通过离线下载的方式将涉案影视作品相关剧集保存至百度网盘。在计算机桌面新建一个名为“分享链接”的文本文档，打开“百度网盘”窗口，使用“fcdftwsd1”百度网盘账号进行登录，打开秒传文件夹中的“3”文件夹，点击“食为奴”文件夹右侧的“创建分享”图标，在弹出的窗口中选择“公开”分享形式，点击“创建链接”，在弹出的窗口中选择“复制链接”，将分享链接复制至桌面的“分享链接”文本文档内；注销上述百度网盘账号，使用“fcdftwsd2”账号登录“百度网盘”，新建一个名为“分享保存”的文件夹；将桌面上“分享链接”文本文档内的链接复制至 IE 浏览器地址栏中并进入相关页面，页面显示“此链接分享内容可能因为涉及侵权、色情、反动、低俗等信息，无法访问”。上海市静安公证处就上述操作过程出具了（2017）沪静证经字第 3640 号公证书。

2018 年 4 月 20 日，上海翡某东方传播有限公司向上海市静安公证处申请证据保全公证。在公证员与工作人员的监督下，申请人的委托代理人邱政谈使用计算机进行如下操作：下载“百度网盘”应用程序；将其自带的移动硬盘“Elements（F:）”及 U 盘“JAGZC（H:）”与计算机连接；打开“JAGZC（H:）”中名为“20170925 翡翠—百度网盘取证清单 .xls”的文件；打开百度网盘，将“Elements（F:）”中的文件（含涉案影视作品）进行秒传操作，点击秒传完成后的相关剧集进行播放；打开“百度网盘”进行离线下载，点击涉案影视作品对应的链接进入页面；点击复制链接，复制至百度网盘下载地址框内，点击离线下载，对离线下载好的文件进行在线播放；在计算机桌面新建名为“分享保存链接 .txt”的文本文档；将“百度网盘”中分享的链接复制保存至“分享保存链接 .txt”的文件中；打开上述文本文件，将文件中的链接依次复制至 IE 地址栏内，按回车键进入页面，保存至百度网盘后，进行在线查看及播放。上海市静安公证处就上述操作过程出具了（2018）沪静证经字第 963 号公证书。

2018 年 8 月 7 日，上海翡某东方传播有限公司向上海市静安公证处申请证据保全公证。在公证员与工作人员的监督下，申请人的委托代理人邱政谈使用计算机进行如下操作：打开 IE 浏览器，进行清洁性操作；百度搜索关键词“食为奴 百度网盘”，点击搜索结果“【食为奴全集】HDTV HDTV-1080i 食为奴吧 百度贴吧”进入百度贴吧网页，点击由网络用户“lanyufei6”发布的“百度网盘 http：//yun. baidu. com/s/1sjLdCDZ”，跳转至百度网盘页面，登录百度网盘，将页面中“Gilded Chopsticks”文件夹保存至百度网盘中的“20180807 取证文件夹”，保存后点击上述文件夹中的任意文件，可在线播放涉案影视作品相关剧集；返回百度搜索页面，点击“『爱聪如命』食为奴粤语百度云，谢谢【张继聪吧】百度贴吧”进入百度贴吧，点击由网络用户“饭锅锅摩羯”发布的网址“http：//pan. baidu. com/share/link？shareid=1069545056&uk=2118294037”，跳转至百度网盘页面，登录百度网盘，将页面中“Gilded Chopsticks”文件夹保存至百度网盘中的“20180807 取证文件夹”，保存后点击上述文件夹中的任意文件，亦可在线播放涉案影视作品相关剧集。上海市静安公证处就上述操作过程出具了（2018）沪静证经字第 2027 号公证书。

三、翡某东方广州分公司就视频文件、音频文件、文档文件的哈希值（MD5、SHA1、CRC32）申请司法鉴定以及对涉案影视作品哈希值的公证取证情况

2017 年 4 月 12 日，翡某东方广州分公司的委托代理人上海天闻世代（杭州）律师事务所委托上海东方计算机司法鉴定所进行鉴定，鉴定事项为鉴定同一个文件在更改存储位置、文件名称、后缀格式后，其对应的 MD5、SHA1、CRC32 数值是否会发生变化。经鉴定，上海东方计算机司法鉴定所出具沪东方 IT 司鉴所〔2017〕鉴字第 37 号司法鉴定意见书，意见如下：仅改变文件存储位置、文件名称和后缀名，不修改文件的内容，该文件的哈希值是不会发生变化的；存储在不同位置、不同文件名称、不同后缀名的多个文件，只要哈希值一致，则为相同文件。

2017 年 8 月 23 日，上海翡某东方传播有限公司向上海市静安公证处申请证据保全公证。在公证员与工作人员的监督下，申请人的委托代理人邱政谈使用计算机进行如下操作：在计算机桌面新建一个名为“20170823 翡翠—百度网盘文件读取 . docx”的 word 文档，将公证处封存的移动硬盘接入计算机端口后，打开“Elements（F:）”中的“3”文件夹，内含“食为奴”等文件夹；关闭上述窗口，打开 IE 浏览器，在百度网站搜索“软媒”，点击“软媒魔方官网—支持 Win10、Win8. 1、Win7、Windows XP，软媒魔方 6……”，下

载“完整绿色版”，将名为“pcmaster-6.2.1.0-full.zip”的文件夹保存至计算机桌面，点击该文件，选中“PCMaster”，将文件解压至桌面后，打开该文件夹，将“filemaster.exe”文件夹拖动至计算机桌面并打开，点击“浏览（B）…”，选择路径为“Elements（F:）”，打开“3”文件夹，点击“食为奴”，全选查看 25 个文件并点击“打开”，显现文件大小、MD5、SHA1、CRC32 等“文件校验”信息，将上述文件校验信息复制至桌面“20170823 翡翠—百度网盘文件读取 .docx”文档内。上海市静安公证处就上述操作过程出具了（2017）沪静证经字第 3179 号公证书。

四、翡某东方广州分公司通知百某公司删除涉案影视作品的情况

2017 年 8 月 30 日，翡某东方广州分公司向百某公司出具《告知函》，载明：“我公司在日常侵权信息网络监测中发现，我公司享有独家信息网络传播权的影视作品，正在通过百度网盘进行传播，这些侵权文件不仅存储于百度网盘之中，也通过百度网盘的公开分享进行传播，严重损害了我公司的合法权益，为此，我公司希望贵公司在收到本告知函之日起 7 日内彻底删除贵公司百度网盘服务器中的侵权文件（包括但不限于附件所列文件以及影视作品的中文名称及其相对应的拼音、拼音首字母和英文名称的文件），断开、删除此类侵权文件（包括但不限于附件所列文件以及影视作品的中文名称及其相对应的拼音、拼音首字母和英文名称的文件）的分享链接，并不得通过百度网盘服务器向互联网用户以上传、下载、分享或通过百度网盘进行在线播放、离线下载等方式提供此类侵权文件（包括但不限于附件所列文件，以及影视作品的中文名称及其相对应的拼音、拼音首字母和英文名称的文件）。同时，我公司向贵公司提供所监测到的侵权哈希值，以及我公司享有独家信息网络传播权的影视作品的名称以便于贵公司进行删除。”《告知函》附件 1 哈希值中列出了《食为奴》自 01—25 集的 MD5、SHA1、CRC32 值；附件 2 影视作品中英文名称第 129 项为“食为奴—Gilded Chopsticks”；附件 3 为电视广播有限公司出具的《授权证明书》。

2017 年 9 月 1 日，翡某东方广州分公司的委托代理人邱政谈向百某公司法务部邮寄上述《告知函》及附件，收件地址为百某公司住所地北京市海淀区上地十街百度大厦 2 层，邮件编号为 1034256945925。上海市静安公证处就上述邮寄过程出具了（2017）沪静证经字第 3298 号公证书。翡某东方广州分公司提交的邮件查询打印件显示，该邮件于 2017 年 9 月 2 日妥投。

五、翡某东方广州分公司主张的合理费用和经济损失

翡某东方广州分公司提交了律师费、公证费等票据，主张其为本次维权支出律师费、公证费、差旅费等合理费用共计 15 万元。其中：律师费为 10 万元；（2017）沪静证经字第 2965、3555、3640、3298、3179 号公证书的公证费分别为 2000 元、3000 元、3000 元、1000 元、2000 元，取证的作品数量分别为 52、58、129、129、23；（2018）沪静证经字第 2027、963 号公证书的公证费分别为 2000 元、2300 元，取证的作品数量分别为 1、11；以上取证作品数量均包含对涉案影视作品的取证。至于经济损失 200 万元的主张，翡某东方广州分公司没有提交证据证明。

六、百某公司的举证情况及相关陈述

百某公司主张其属于信息存储空间服务提供者，若翡某东方广州分公司认为百度网盘存在侵害涉案影视作品的情况，应当按照法律规定和百度网盘公示的要求进行投诉，为此提交了北京市方正公证处出具的（2016）京方正内经证字第 17793 号公证书证明其已尽到提示义务和合理的注意义务。该公证书载明：2016 年 10 月 20 日，百某公司的委托代理人王洁在北京市方正公证处公证人员的监督下，对使用公证处计算机的相关操作进行证据保全公证。主要内容包括：通过 Chrome 浏览器分别打开百度网盘的首页、服务协议、权利声明、版权投诉页面，并对页面进行截屏、保存至新建的名为“20161020 百度-1”的 word 文档中；登录百度网盘，将登录过程截屏保存至上述 word 文档中，登录后打开版权投诉页面内的机构投诉、个人投诉、更多投诉以及意见反馈下的反馈侵权信息、产品建议、侵权投诉页面，对上述页面进行截屏、保存至名为“20161020 百度-1”的 word 文档中。2016 年 10 月 21 日，并将上述保存在“20161020 百度-1”word 文档中的截屏打印件 42 页作为附件，与公证书相粘连。其中，附件第 5—9 页显示百度网盘服务协议网页截图；第 11—13 页显示百度网盘权利声明网页截图；第 15 页显示百度网盘版权投诉网页截图；因进行投诉需要登录百度网盘账号，附件第 16—20 页显示百度网盘登录过程的网页截图；附件第 21—25 页显示机构投诉填写内容的网页截图；附件第 29 页显示点击个人投诉的网页截图；附件第 31—35 页显示更多投诉的网页截图；附件第 36—37 页显示反馈侵权信息的网页截图；附件第 38—41 页显示产品建议的网页截图；附件第 42 页显示侵权投诉对应的网页截图。“权利声明”中记载：“百度网盘是一个向广大用户提供上传空间和技术信息存储空间服务平台，通过云存储技术为用户提供基础的在线存储及

其他各类互联网在线服务。百度网盘本身不直接上传、提供内容，对用户传输的内容不做任何修改或编辑。百度一贯高度重视知识产权保护并遵守中国各项知识产权法律、法规和具有约束力的规范性文件。重视正版、打击盗版。根据法律、法规和规范性文件要求，百度制定了旨在保护权利人的合法权益的措施和步骤，当权利人发现有百度网盘用户利用百度网盘及其服务侵犯其合法权益时，权利人应事先向百度发出'权利通知'，百度将根据中国法律法规和政府规范性文件采取相应的措施予以处理。"具体措施和步骤如下：任何个人或单位如果符合以下条件可发出权利通知，即权利人发现百度网盘用户利用百度网盘及其服务侵害其合法权益；请上述个人或单位务必以书面的通讯方式向百度提交权利通知。为了百度有效处理上述个人或单位的权利通知，请使用以下格式（包括各条款的序号）："1. 权利人对涉嫌侵权内容拥有商标权、著作权和/或其他依法可以行使权利的权属证明。2. 请充分、明确地描述确信被侵犯了权利人合法权益的内容并提供非法登载该作品的百度网盘访问地址。3. 请指明涉嫌侵权百度网盘地址下的哪些内容侵犯了第 2 项中列明的权利人的合法权益。4. 请提供权利人具体的联络信息，包括姓名、身份证或护照复印件（对自然人）、单位登记证明复印件（对单位）、通信地址、电话号码、传真和电子邮件。5. 请提供涉嫌侵权内容在信息网络上的位置（如指明您举报的含有侵权内容的出处，即指百度网盘访问地址）以便我们与您举报的含有侵权内容的百度网盘账号的所有权人/管理人联系。6. 请在权利通知中加入如下关于通知内容真实性的声明：a. 我本人为所投诉内容的合法权利人；b. 在我举报的百度网盘访问地址下登载的内容侵犯了本人相应的合法权益；c. 本人确认：如果本权利通知内容不完全属实，本人将承担由此产生的一切法律责任。7. 请在权利通知中加入以下陈述：我保证，本通知中所述信息是充分、真实、准确的，我是所投诉内容的合法权利人，或我已授权，有权行使第 2 项中列明内容的权益；8. 请您签署该文件，如果您是依法成立的机构或组织，请您加盖公章。"

本案中，百某公司提交沪辰司鉴中心〔2018〕计鉴字第 342 号司法鉴定意见书，证明百度网盘文件的 MD5 值与一般文件的标准 MD5 值不同；还提交《专家意见书》，证明其他网盘经营者都有不同于标准 MD5 值的加密技术，且网盘中的上传、分享、离线下载等网盘行业通用技术均具有实质非侵权用途；同时提交（2018）京方正内经证字第 00366 号公证书和（2017）京方正内经证字第 00368 号公证书，证明百度网盘所采用的 MD5 值加密方法与标准 MD5 值加密方法不同，并主张 MD5 值具有多样性，且同一作品不同版本的 MD5 值计算结果不同，因此翡某东方广州分公司以 MD5 值进行投诉，百某公司无法准确定位侵权内容，不属于法律规定的有效通知；此外还提交（2018）京方正内经证字第 04014 号公证书，证明百某公司为保护版权、用户隐私和数据安全，已在百度网盘设置了 Robots 协议，禁止任何搜索引擎抓取百度网盘内容，百某公司已依法履行了注意义务。针对百某公司上述关于 MD5 值的主张，翡某东方广州分公司提交了（2018）浙杭钱证内字第 18860 号公证书予以反驳，并称百度网盘没有所谓的自有加密方式，且（2018）京方正内经证字第 00366 号公证书内容不真实，其公证过程操作步骤不可复现，而第 00366 号公证书中的文件在百度网盘服务器中即是采用的标准的 MD5 值进行甄别定位。

另外，百某公司提交（2019）京方正内经证字第 01593 号公证书，证明使用非 URL 地址方式（如中文名称、英文名称、MD5 值等）不能对百度网盘中的文件进行定位查找。翡某东方广州分公司认为上述公证书中的操作人员是在分享相关项下的外链基本信息之中对相关信息进行输入查询，但该查询是用来确认分享链接的，所以在输入框中输入有效的文本应当是百度网盘的分享链接，再输入其他格式的文本之后是无法实现查找的。对此，百某公司表示，该公证书展示的是百度网盘的审核后台，当用户对百度网盘进行投诉时，百某公司在投诉平台中审核处理使用非 URL 链接地址的方式是无法进行任何查询的，即只能直接对分享定位链接进行查询；对于其他用户自定义的如作品名称、中英文名、哈希值等是不能进行定位查找的；且百度网盘服务器本身不存储文件的 MD5 值，而 MD5 值本身也只具备校验功能，并不具备定位查找功能；所以翡某东方广州分公司以涉案影视作品的 MD5 值通知百某公司删除文件，百某公司无法进行定位删除。

此外，针对翡某东方广州分公司提交的（2018）沪静证经字第 2027 号公证书中所涉及的分享链接，百某公司提交了百度网盘网页截图证明其在收到上述公证书后已及时删除了相关分享链接，依法履行了注意义务，不存在过错。翡某东方广州分公司对百某公司删除分享链接的事实予以确认，但认为该证据并无法证明百某公司已将百度网盘服务器中存储的涉案影视作品删除。

对于百度网盘的离线下载、秒传、分享等功能，百某公司作了如下陈述：1. 百度网盘的离线下载功能，实际上是通过解析下载链接实现相关操作，本案中翡某东方广州分公司将磁力链接放入百度网盘，就是利用百度网盘的解析功能实现离线下载，因此实施侵权的主体正是翡某东方广州分公司自己而非百某公司。2. 百度网盘的秒传功能，是一种在网盘上的上传方式和技术，网盘中对于相同的文件只会保存一份，即当用户上传的文件与网盘中的文件相同时，服务器会判断是重复文件，只需要复制副本保存到网盘上即可，不需要重新保存，于是很快完成上传任务，当用户需要下载时，将原有文件的下载地址放出，实现了服务器的高效运作，而百度网盘的上传行为均为用户行为，与百某公司无关。3. 百度网盘的分享功能，是用户将自己百度网盘中的文件生成分享链接实现相关操作，该行为也是用户行为，与百某公司无关。综上，百度网盘的离线下载、秒传、分享等功能均具有实质性非侵权用途，且内容均来源于网络用户的上传和存储，百某公司已经尽到了提示和合理注意的义务，应当适用“避风港”原则。

七、其他查明事实

百某公司系有限责任公司，成立于2001年6月5日，注册资本为642128万元，经营范围为技术服务、技术培训、技术推广，包括设计、开发、销售计算机软件，因特网信息服务业务等。

一审法院认为，本案为侵害作品信息网络传播权纠纷。本案的争议焦点是：1. 翡某东方广州分公司就涉案影视作品是否享有信息网络传播权；2. 百某公司是否侵害了翡某东方广州分公司涉案影视作品的信息网络传播权。

关于翡某东方广州分公司主体是否适格的问题。电影作品和以类似摄制电影的方法创作的作品的著作权由制片者享有，且在无相反证据证明的情况下，在作品上署名的公民、法人或者其他组织为作者。根据翡某东方广州分公司提交的《版权证明书》以及涉案影视作品的片尾署名截图，在无相反证明的情况下，一审法院认定电视广播有限公司系涉案影视作品的著作权人。结合《授权证明书》《授权书》等其他证据，一审法院认定翡某东方广州分公司经授权取得了涉案影视作品的信息网络传播权及维权权利，有权提起本案诉讼。

关于百某公司是否侵权的问题。根据《中华人民共和国著作权法》第十条第一款第十二项的规定，信息网络传播权，即以有线或者无线方式向公众提供作品，使公众可以在其个人选定的时间和地点获得作品的权利。本案中，翡某东方广州分公司主张百某公司侵害涉案影视作品信息网络传播权的行为包括两种：一是百某公司通过百度网盘以离线下载、秒传、分享三种形式传播涉案影视作品，并通过百度网盘向互联网用户提供该作品的在线播放服务，构成直接侵权；二是百某公司经翡某东方广州分公司书面通知后，未删除百度网盘中的侵权文件，构成间接侵权。对此，一审法院评析如下：

第一，翡某东方广州分公司主张百某公司百度网盘的秒传、离线下载、分享、在线播放等功能均构成对涉案影视作品的直接侵权，应承担直接侵权的责任，理由是百度网盘服务器中早已存储有涉案影视作品文件，只要用户上传的文件与涉案影视作品文件匹配一致，或输入的下载链接与涉案影视作品的内容相对应，即可实现秒传、离线下载的功能；而分享功能则是百某公司基于服务器中原有的涉案影视作品生成分享链接将文件向公众公开，公众只要打开分享链接即可下载涉案影视作品或直接将文件存储于百度网盘中；用户通过上述功能拥有涉案影视作品后即可进行在线播放；翡某东方广州分公司还认为用户上传、下载、分享文件的本意，是将用户本地文件上传，将下载链接对应的文件通过网络传输下载，将分享文件复制到用户自己的百度网盘，而百某公司实际上是从其控制的百度网盘服务器中将涉案影视作品直接传输给用户，非用户真实意图。对此，一审法院认为，根据《最高人民法院关于审理侵害信息网络传播权民事纠纷案件适用法律若干问题的规定》第三条规定：“网络用户、网络服务提供者未经许可，通过信息网络提供权利人享有信息网络传播权的作品、表演、录音录像制品，除法律、行政法规另有规定外，人民法院应当认定其构成侵害信息网络传播权行为。通过上传到网络服务器、设置共享文件或者利用文件分享软件等方式，将作品、表演、录音录像制品置于信息网络中，使公众能够在个人选定的时间和地点以下载、浏览或者其他方式获得的，人民法院应当认定其实施了前款规定的提供行为。”现有证据显示，翡某东方广州分公司使用百度网盘的离线下载功能是利用百度网盘的解析功能对其他网站的下载链接进行解析并获取涉案影视作品文件完成相应操作，或者是将其自行携带的移动硬盘中存储的涉案影视作品上传至百度网盘后再进行离线下载；使用百度网盘的秒传功能，是将前述通过其他网站链接离线下载的涉案影视作品重新上传至百度网盘当中，或者是将其自行携带的移动硬盘中存储的涉案影视作品上传至百度网盘；使用百度网盘的分享功能，是将前述通过离线下载或秒传的涉案影视作品生成分享链接进行相应操作；使用百度网盘的在线播放功能，是将前述通过离线下载、秒传、分享的涉案影视作品进行相应操作。综上可知，百度网盘确实具备离线下载、秒传、分享、在线播放等功能，但翡某东方广州分公司实施上述行为均系基于其通过其他网站链接离线下载的涉案影视作品或是其自行携带的移动硬盘中保存的涉案影视作品才完成相应操作，现有证据不足以证明翡某东方广州分公司是从百度网盘服务器已上传的文件中直接获取涉案影视作品；另根据百某公司对百度网盘秒传功能的解释，可以确认百度网盘中存在与涉案影视作品相同的文件，但该文件是由百度网盘的用户自行上传，还是由百度网盘的网络服务提供者即百某公司所上传，翡某东方广州分公司并未提供证据予以证明。因此，翡某东方广州分公司关于百某公司百度网盘的秒传、离线下载、分享、在线播放等功能均构成对涉案影视作品的直接侵权的主张不能成立，一审法院对此不予支持。

第二，翡某东方广州分公司主张百某公司明知百度网盘中存在涉及侵权的涉案影视作品而未采取任何措施，且在其通过寄送《告知函》和提起诉讼等方式通知的情况下仍未对百度网盘中的涉案影视作品进行删除，已构成帮助侵权，要求百某公司承担间接侵权的责任。对此，一审法院认为，根据《最高人民法院关于审理侵害信息网络传播权民事纠纷案件适用法律若干问题的规定》第七条规定："网络服务提供者在提供网络服务时教唆或者帮助网络用户实施侵害信息网络传播权行为的，人民法院应当判令其承担侵权责任。网络服务提供者以言语、推介技术支持、奖励积分等方式诱导、鼓励网络用户实施侵害信息网络传播权行为的，人民法院应当认定其构成教唆侵权行为。网络服务提供者明知或者应知网络用户利用网络服务侵害信息网络传播权，未采取删除、屏蔽、断开链接等必要措施，或者提供技术支持等帮助行为的，人民法院应当认定其构成帮助侵权行为。"第八条规定："人民法院应当根据网络服务提供者的过错，确定其是否承担教唆、帮助侵权责任。网络服务提供者的过错包括对于网络用户侵害信息网络传播权行为的明知或者应知。网络服务提供者未对网络用户侵害信息网络传播权的行为主动进行审查的，人民法院不应据此认定其具有过错。网络服务提供者能够证明已采取合理、有效的技术措施，仍难以发现网络用户侵害信息网络传播权行为的，人民法院应当认定其不具有过错。"第十三条规定："网络服务提供者接到权利人以书信、传真、电子邮件等方式提交的通知，未及时采取删除、屏蔽、断开链接等必要措施的，人民法院应当认定其明知相关侵害信息网络传播权的行为。"《信息网络传播权保护条例》第十四条第一款规定："对提供信息存储空间或者提供搜索、链接服务的网络服务提供者，权利人认为其服务所涉及的作品、表演、录音录像制品，侵犯自己的信息网络传播权或者被删除、改变了自己的权利管理电子信息的，可以向该网络服务提供者提交书面通知，要求网络服务提供者删除该作品、表演、录音录像制品，或者断开与该作品、表演、录音录像制品的链接。通知书应当包含下列内容：（一）权利人的姓名（名称）、联系方式和地址；（二）要求删除或者断开链接的侵权作品、表演、录音录像制品的名称和网络地址；（三）构成侵权的初步证明材料。”本案中，百度网盘作为一个向广大用户提供上传空间和技术信息存储空间服务平台，用户数量十分庞大，存储的信息量也十分庞大，要求百某公司对百度网盘每个用户操作每个文件的行为进行主动审查显然不现实，且根据上述法律规定，百某公司作为网络服务提供者也不需要对网络用户侵害信息网络传播权的行为主动进行审查；现有证据也不能证明百某公司存在以言语、推介技术支持、奖励积分等方式诱导、鼓励网络用户实施侵害信息网络传播权的教唆行为；而翡某东方广州分公司发出的《告知函》及在本案诉讼中所提交的证据材料，也仅提供了涉案影视作品的哈希值数据及作品名称，并未提供百度网盘中涉及侵权的涉案影视作品的具体链接地址，无法指向现存在于百度网盘中的涉案影视作品的上传者，且该上传者是否对涉案影视作品享有相关权利的情况也不可知，在具体侵权人不明、具体侵权网络地址不明的情况下，翡某东方广州分公司的通知不能构成有效通知，一审法院认为百某公司未对百度网盘中的涉案影视作品进行删除、屏蔽、断开链接，不构成帮助侵权。因此，翡某东方广州分公司关于百某公司对涉案影视作品构成间接侵权的主张不能成立，一审法院对此亦不予支持。

此外，翡某东方广州分公司一直以涉案影视作品的每一集对应只有一个哈希值为由，主张通过哈希值可以锁定百度网盘中的涉案影视作品，并要求百某公司将其全部删除。一审法院认为，即使翡某东方广州分公司对哈希值的相关主张能够成立，但每一个哈希值只能对应每一个固定的文件，而不能判断该文件是否属于侵权文件；百度网盘作为网盘最主要的功能，是向广大用户提供上传空间和技术信息存储空间服务平台，用户获得相关文件的途径多种多样，仅凭哈希值无法断定用户获取相关文件是否合法；假设百某公司就翡某东方广州分公司提供的哈希值删除涉案影视作品，那么根据百度网盘的存储原理，百度网盘上所有的涉案影视作品将全部被删除，也就是说，在未确定具体侵权人的情况下，百某公司对可能已经取得合法授权的其他用户的相关文件也进行了删除，显然将侵害其他用户的合法权利。即使用户可以行使“反通知”的权利，但用户使用网盘的体验感将大打折扣，最终不利于网盘技术的进一步发展。当然，包括涉案影视作品在内的相关文件的合法权益应当予以保护，然而目前并非只有哈希值一个技术手段可以实施，且文件的哈希值是否具备定位查找功能，而经过网盘技术加密之后又是否仍为同一个哈希值，目前本案尚无权威证据可以证明。事实上，翡某东方广州分公司完全可以向百某公司提供具体侵权链接以供百某公司锁定具体侵权人，并由作为网络服务提供者的百某公司将百度网盘中涉及侵害涉案影视作品信息网络传播权的文件及时删除，以保护翡某东方广州分公司的合法权益。

综上，由于一审法院认定百某公司对涉案影视作品既不构成直接侵权，也不构成间接侵权，因此对翡某东方广州分公司要求百某公司立即删除存储于其开发运营维护的百度网盘中所有涉案影视作品的视频文件，并停止以包括分享、秒传、离线下载、在线播放等在内的各种以信息网络传播形式在百度网盘传播涉案影视作品的诉讼请求，以及要求百某公司赔偿经济损失 200 万元及合理费用 15 万元的诉讼请求，一审法院均不予支持。

一审法院依照《中华人民共和国著作权法》第十条第一款第十二项，《最高人民法院关于审理侵害信息网络传播权民事纠纷案件适用法律若干问题的规定》第三条、第七条、第八条、第十三条，《信息网络传播权保护条例》第十四条，《中华人民共和国民事诉讼法》第六十四条第一款之规定，判决：驳回翡某东方广州分公司的全部诉讼请求。一审案件受理费 24000 元，由翡某东方广州分公司负担。

翡某东方广州分公司不服一审判决，上诉请求：1. 撤销一审判决；2. 改判支持翡某东方广州分公司全部诉讼请求；3. 由百某公司承担本案一、二审诉讼费用。

二审法院认定事实：一审法院查明的事实基本属实，二审法院予以确认。

二审程序中，翡某东方广州分公司补充提交以下证据：1. （2019）浙杭网证内字第 8441 号公证书，内容为：2019 年 8 月 21 日，上海融力天闻（杭州）律师事务所向浙江省杭州市杭州互联网公证处申请保全证据公证。在该公证处公证员及工作人员的监督下，申请人的指派律师杨阳使用该公证处计算机进行如下操作：使用百度浏览器输入“www. xunlei. com”进入迅雷官网，下载并安装迅雷 X 软件；在地址栏输入“www. jsr9. com”进入相关网站搜索“食为奴”并选中“食为奴”下载链接，复制该链接并使用迅雷 X 软件进行下载操作；使用百度网盘离线下载功能对上述链接进行下载操作，下载任务完成后播放相关剧集，该过程中迅雷一直处于“连接资源”状态；使用该公证处手机重置后，任意拍摄一段摄像（文件命名为“IMG_ 0001”）；将该文件上传至百度网盘，播放后删除并清空回收站；将上传速度限制为10KB/s，再次上传该文件，上传成功并显示“极速秒传”，播放该文件后删除并清空回收站，退出百度网盘后卸载相关软件。2. （2019）浙杭网证内字第8442号公证书，内容为：2019年8月28日，上海融力天闻（杭州）律师事务所向浙江省杭州市杭州互联网公证处申请保全证据公证。在该公证处公证员及工作人员的监督下，申请人的指派律师杨阳使用该公证处计算机进行如下操作：将存储于该公证处存储设备中的上述IMG_ 0001文件复制至计算机，安装百度网盘PC版，将上传速度限制为10KB/s，上传该文件，上传成功并显示“极速秒传”，播放该文件后删除并清空回收站。3. （2019）浙杭网证内字第8443号公证书，内容为：2019年8月21日，上海融力天闻（杭州）律师事务所向浙江省杭州市杭州互联网公证处申请保全证据公证。8月30日，在该公证处公证员及工作人员的监督下，申请人的指派律师杨阳使用该公证处计算机进行如下操作：将存储于该公证处存储设备中的上述IMG_ 0001文件复制至计算机，安装百度网盘PC版，将上传速度限制为10KB/s，上传该文件，上传成功并显示“极速秒传”，播放该文件后删除并清空回收站。4. （2020）浙杭网证内字第1953号公证书，内容为：2020年3月2日，上海融力天闻（杭州）律师事务所向浙江省杭州市杭州互联网公证处申请保全证据公证。在该公证处公证员及工作人员的监督下，申请人的指派律师杨阳使用该公证处计算机进行如下操作：登录百度网盘账户，勾选“时间戳.mp4”，点击“分享”“创建链接”“复制链接及提取码”；进入百度网页，将复制的内容粘贴至地址栏内，按下回车键，输入提取码，点击“提取文件”，显示播放页面；回到百度网盘页面，分别将“时间戳.mp4”重命名为“匆匆那年.mp4”“猫屎妈妈.mp4”“舌尖上的公堂.mp4”“食为奴.mp4”，再以上述方式打开相关链接，均显示“此链接内容可能因为涉及侵权、色情、反动、低俗等信息，无法访问!”。5. 电视广播有限公司与上海翡某东方传播有限公司于2018年5月9日签订的《授权证明书》，内容包括：电视广播有限公司将涉案影视作品的所有新媒体平台播映权独家授权给上海翡某东方传播有限公司，期限为2018年4月1日至2020年3月31日。

针对上述补充证据，百某公司质证意见如下：1. 对上述公证书的真实性认可，不认可证明目的，上述证据2、3中百度网盘删除文件后再次上传触发秒传的情况与本案无关，上述证据4的内容亦与本案无关。2. 上述证据1中采用迅雷下载提示资源正在寻找中，不能说明下载失败。从迅雷软件设置中心显示的内容看，若迅雷下载失败会在右下角弹窗提示。我方采用该证据中的 BT 种子链接使用迅雷实现了成功下载，说明该 BT 种子并非假链接。为此，百某公司于二审提交（2019）京方正内经证字第 07625 号公证书，内容为：2019 年 11 月 27 日，百某公司向北京市方正公证处申请保全证据公证。在该公证处公证员及工作人员的监督下，百某公司的委托代理人张某某使用该公证处计算机进行如下操作：将自带 U 盘中名为“种子地址 . txt”的文件复制至桌面并打开；使用 IE 浏览器输入“www. xunlei. com”进入并下载、安装迅雷 X 软件；将“种子地址 . txt”中的相关内容复制并使用迅雷 X 软件进行下载操作，下载后打开名为“TVB 食为奴高清版双语”的文件夹，浏览相关内容后删除。对此，翡某东方广州分公司认为，该公证书仅反映 2019 年 11 月 27 日的情形，此链接能否下载成功取决于其背后的服务器是否开启、是否正常运行，故 2019 年 11 月 27 日能够下载只能说明当时该链接背后的服务器正常运行；在（2019）浙杭网证内字第 8441 号公证书中，在所有公证时间段内该链接背后的服务器均未开启，迅雷无法从该服务器获取资源，故显示资源寻找中，但百度网盘的离线下载却可以在该链接背后的服务器未开启、无法从该服务器获取资源的情况下直接完成下载，可见百度网盘的离线下载仅识别读取下载链接中的文件信息并与自己服务器中的文件进行比对确认即可完成下载。

二审庭审中，翡某东方广州分公司因其授权于 2018 年年底到期，故不再主张停止侵权，明确本案诉讼请求为：1. 百某公司赔偿其经济损失 200 万元、合理费用 15 万元；2. 由百某公司承担全部诉讼费用。其中的 200 万元经济损失，翡某东方广州分公司要求法院根据本案情况酌定。

二审法院认为，根据《中华人民共和国民事诉讼法》第一百六十八条规定，第二审人民法院应当对上诉请求的有关事实和适用法律进行审查。结合双方当事人二审的诉辩意见和案件事实，本案二审主要的争议焦点为：百某公司是否侵害了翡某东方广州分公司对涉案影视作品享有的信息网络传播权。具体分为三个层次：1. 百度网盘的秒传、离线下载、分享及在线播放功能的实现方式；2. 被诉百度网盘的秒传、离线下载、分享及在线播放涉案影视作品的行为性质；3. 百某公司的法律责任承担。

关于第一个层次，根据双方提交的多份公证书及双方的陈述，二审法院认定如下：首先，百度网盘是一个向广大用户提供信息存储空间服务的平台。

当网盘用户上传其存储介质中的目标文件时，百度网盘先对该文件进行解析，然后与网盘中的已有文件进行匹配。若网盘中没有与其匹配的相同文件，则网盘执行上传，将目标文件存于网盘服务器内，并在用户自己的网盘空间形成该文件的链接；若网盘中已有相同文件，则网盘不真正上传，即不发生数据的真实传输，而仅在用户空间形成特定链接。也就是说，不管有多少用户上传，只要是相同文件，网盘服务器仅存储第一个用户上传的文件；用户的空间内并不真实存储有文件，用户上传的文件存储于网盘服务器中，用户仅掌握指向特定文件的链接。其次，基于上述工作原理，百度网盘在信息存储空间服务的基础之上为用户提供秒传、离线下载、分享及在线播放的功能服务。关于秒传，如果网盘服务器中存储有与目标文件值相匹配的文件，则当用户上传目标文件时，不发生数据的真实传输，网盘通过解析、匹配后直接在用户空间中形成该文件的链接。关于离线下载，当用户在信息网络中寻找到目标文件的下载链接，即可使用网盘的离线下载功能，网盘对该下载链接进行解析、匹配后，只要网盘服务器中存储有与之相匹配的文件，网盘便可直接在该用户空间中形成该文件的链接，不发生数据的真实传输。值得注意的是，无论用户提供的下载链接能否实际找到资源或实现下载，但由于网盘无须真正下载文件而仅需解析下载链接进行匹配，故只要网盘中有相匹配的文件，用户同样可以获得该文件的链接。获得目标文件链接的用户，可以通过在线播放功能浏览该文件，亦可通过该链接下载该文件，还可通过分享功能令其他网络用户获得该文件。最后，对于存储于百度网盘服务器中的目标文件，网盘用户只拥有该文件的链接，其可以任意处置该链接包括删除，但断开链接对目标文件不会产生任何影响。也就是说，即使是第一个上传该文件至网盘的用户，该用户在将该文件存储于网盘服务器之后，该文件的控制权便完全归属于百某公司，包括该用户在内的所有在其网盘空间中拥有该文件链接的百度用户均无法真正删除该文件。

关于第二个层次，二审法院认定如下：1. 关于秒传的性质。前已述及，对于相同文件，百度网盘仅保存一份，这样可以最大限度节省存储空间。在用户实现秒传的过程中，不发生真实的数据传输，百度网盘对用户存储介质中的上传文件解析后进行匹配，并在用户的网盘空间中建立目标文件的链接。整个过程虽未发生真实的存储，但并不影响用户的体验，而且方便快捷。虽然用户最终获得的是百度网盘服务器已经存储的目标文件链接，但秒传以用户的存储介质中已保存有相同文件为前提，与真实的上传存储相比，在技术上存在区别，在本质上并未超出用户存储行为的范畴。百某公司在其中所扮演的角色仍然可以理解为信息存储空间服务的提供者，而非内容提供者，不宜认定为信息网络传播行为。翡某东方广州分公司以涉案影视作品可以实现秒传为由主张百某公司构成直接侵权，理据不足，二审法院不予支持。于用户而言，其将涉案影视作品上传存储于自己的网盘空间，该行为本身不构成侵权，百某公司亦不可能构成帮助侵权。2. 关于离线下载的性质。与秒传不同，用户在使用离线下载功能时无须保存有涉案影视作品，而只需拥有该文件对应的下载链接，即可通过百度网盘的离线下载功能获得涉案影视作品。在用户实现离线下载的过程中，百度网盘对用户提供的下载链接进行解析并在网盘存储的文件中进行匹配，使用户直接获得涉案影视作品而不发生真实的数据传输，且不论用户使用其他工具通过该下载链接能否获得涉案影视作品。也就是说，只要用户提供相应的下载链接并使用百度网盘的离线下载功能，百某公司便将存储于百度网盘并由其控制的涉案影视作品提供给用户，使用户可以在其个人选定的时间和地点获得涉案影视作品。由此可见，百某公司的上述行为已经超出了存储服务的范畴，完全符合《中华人民共和国著作权法》第十条第一款第十二项、《最高人民法院关于审理侵害信息网络传播权民事纠纷案件适用法律若干问题的规定》第三条所规定的提供行为，侵害了翡某东方广州分公司对涉案影视作品享有的信息网络传播权。虽然公众通过离线下载功能从百度网盘获得涉案影视作品，需要首先成为百度网盘用户并能够提供涉案影视作品的下载链接，但这只是为用户获得涉案影视作品设置了一定的条件而已，并不影响对百某公司上述行为性质的认定。3. 关于分享的性质。所谓分享，不管是公开分享，还是私密分享，均已超出信息存储服务的范畴，本身就具有将信息在网络中传播的意图。百某公司为百度网盘用户提供信息存储空间服务及文件分享技术支持，若网盘中存储有侵权文件，分享功能的设置将令该文件极易在信息网络中传播，具有极大的侵权风险。百某公司对此应当有足够的认识，并施以相当的注意义务，采取必要的防范措施，如进行必要的审查和分类管理，尤其对于如本案中的影视作品等，应给予重点关注，谨防侵权的发生。本案中，百度网盘用户通过分享功能可以将涉案影视作品在信息网络中进行传播，使其他用户可以在其个人选定的时间和地点获得涉案影视作品，构成侵害信息网络传播权。若百某公司明知或应当知道用户侵权而未采取相应措施，依法构成帮助侵权。经查，翡某东方广州分公司于 2017 年 8 月 30 日向百某公司发出《告知函》，该函具有明确的指向，百某公司根据该函的内容完全有能力且应当有能力采取必要、合理、有效的措施防止侵权进一步发生。翡某东方广州分公司于二审补充提交的(2020)浙杭网证内字第1953号公证书显示，百某公司仅通过文件名称即可以实现定位。事实上，翡某东方广州分公司于2017年9月26日所作（2017）沪静证经字第3640号公证书显示，涉案影视作品的分享链接已经无法访问，足以说明百某公司在收到上述《告知函》之后曾经采取了相应措施，同时也证明百某公司对百度网盘中存储有涉案影视作品处于明知状态。但是，翡某东方广州分公司于2018年4月20日所作（2018）沪静证经字第963号公证书及2018年8月7日所作（2018）沪静证经字第2027号公证书均显示，百度网盘用户于上述时间段仍然可以通过分享功能传播或通过他人发布的分享链接获得涉案影视作品，可以证明百某公司在明知的情况下仍在为存储于百度网盘服务器中的涉案影视作品提供分享技术支持，并为获得涉案影视作品分享链接的用户提供该作品，构成帮助侵权。况且，分享功能并非信息存储服务所必需，如前所述，其侵权风险巨大。严格而言，在无证据显示百某公司对存储于百度网盘服务器中的涉案影视作品设置分享功能已尽到合理、谨慎的注意义务的情况下，即便翡某东方广州分公司没有发函通知，亦难谓百某公司没有过错。4. 关于在线播放的性质。百度网盘用户使用在线播放功能可以欣赏以链接形式存在于其用户空间中的涉案影视作品，属于合理使用。但于百某公司而言，其为已建立涉案影视作品链接的用户提供在线播放服务是否侵权，关键在于该用户是以何种方式获得该链接。如上所述，若用户通过上传或秒传方式获得涉案影视作品链接，百某公司为其提供在线播放服务并不侵权；如用户通过离线下载或分享方式获得链接，百某公司则分别构成直接侵权和帮助侵权。

关于第三个层次。百某公司为存储于百度网盘服务器中的涉案影视作品设置离线下载、分享功能，侵害了翡某东方广州分公司享有的信息网络传播权，依法应承担相应的侵权责任。鉴于翡某东方广州分公司的授权已于2018年12月31日到期终止，其不再主张百某公司停止侵权，故二审法院对此不予调处。但百某公司仍需对其侵权行为承担相应的民事赔偿责任。关于赔偿数额，由于翡某东方广州分公司的实际损失或者百某公司的违法所得均不能确定，二审法院依法根据本案作品类型、侵权行为的性质和情节及维权合理开支等予以酌定。具体主要考量以下因素：1. 涉案作品类型为电影作品和以类似摄制电影的方法创作的作品，共25集，每集时长约45分钟，为电视广播有限公司出品，2014 年发表，系剧集类、情景类节目；2. 翡某东方广州分公司获得涉案作品授权的期限为 2017 年 5 月 31 日至 2018 年 12 月 31 日，该期间可认定为侵权持续的时间；3. 百某公司实施信息网络传播行为，既有直接侵权，又有帮助侵权，且主观上明知；4. 翡某东方广州分公司于 2017 年开始取证并起诉至一审法院，聘请律师并多次公证，维权时间长、难度大。据此，二审法院确定百某公司赔偿翡某东方广州分公司经济损失及维权合理开支共 50 万元。

综上所述，翡某东方广州分公司的上诉请求部分成立，二审法院予以支持；一审判决有误，二审法院予以改判。二审法院依照《中华人民共和国著作权法》第三条第六项、第十条第一款第十二项、第四十八条第一项、第四十九条，《最高人民法院关于审理侵害信息网络传播权民事纠纷案件适用法律若干问题的规定》第三条、第七条、第八条、第九条、第十三条，《最高人民法院关于审理著作权民事纠纷案件适用法律若干问题的解释》第二十五条、第二十六条，《中华人民共和国民事诉讼法》第一百七十七条第一款第二项之规定，判决：一、撤销广东省广州市天河区人民法院（2017）粤 0106 民初 25288 号民事判决；二、百某公司于本判决发生法律效力起十日内赔偿翡某东方广州分公司经济损失及维权合理开支共 50 万元；三、驳回翡某东方广州分公司的其他诉讼请求。一、二审案件受理费各 24000 元，由百某公司各负担 5582 元，由翡某东方广州分公司各负担 18418 元。

再审中，百某公司向本院提交了以下二十四份新证据：1.（2019）京方正内经字第 07624 号公证书，拟证明百度网盘不控制用户文件，用户对其上传至百度网盘的文件有完全自主的控制权。2. 京正泽〔2020〕电鉴字第 0296 号司法鉴定意见书，拟证明百度网盘不直接向用户提供作品。当用户使用磁力链接进行离线下载时，百度网盘需先从第三方网络节点下载对应文件“缓存”，下载过程存在真实的数据传输。3.《信息安全管理体系认证证书》《个人可识别信息　信息安全管理体系认证证书》，拟证明百度网盘不能控制用户数据并采取措施保护用户数据与信息安全。4. 专家论证意见书，证明学术界专家在本案焦点问题上的观点。5. GB/T 377732-2019 信息技术-云计算-云储存系统服务接口功能，拟证明百度网盘的“相同文件合并存储”技术符合国家标准规定的云存储逻辑，为行业通用技术。6. 百度网盘八周年数据报告，拟证明：（1）百度网盘用户群庞大，存储文件数量巨大；（2）百度网盘的分享功能具有实质性非侵权用途；（3）百度网盘具有重要的行业影响力。

7. 京正泽（2021）电鉴字第0143号司法鉴定意见书，拟证明：（1）百度网盘无法通过文件名称对侵权文件进行准确定位；（2）百度网盘无法通过“关键词屏蔽”方式有效禁止对侵权作品的分享，否则将严重影响用户的正常使用。8. GB/T 22080-2016 信息技术—安全技术—信息安全管理体系要求，拟证明百度网盘不控制网盘内存储的文件，其本质是封闭、私密的存储空间。9.《云存储中密文数据的客户端安全去重方案》，拟证明标准MD5值作为算法公开、单一的文件哈希值，若用于百度网盘文件的存储，将存在重大安全隐患，容易被攻击者获取文件，百度网盘不可能采用标准MD5值存储文件。百度网盘是通过文件分块加密的方式存储文件，百度网盘以独有的算法对文件进行切片形成文件分块，形成文件加密MD5值。10. 360安全云盘的功能简介，11. Dropbox数据安全的简介，以上两份证据拟证明出于数据安全考虑，网盘类产品不可能采用标准MD5值存储文件，此已形成行业标准与共识。不同的网盘产品都有自身独有的切分文件的方法，以不同的综合文件哈希值存储文件。12.《基于加密算法的数据安全传输的研究与设计》，拟证明相比于文件的加密存储，标准MD5值更多用于文件传输过程中对于文件数据完整性的校验。通过本地电脑浏览器上网浏览、获取网站服务器文件资源时，本地浏览器与网站服务器发生数据传输，即须用到标准MD5值来验证本地接收到的文件数据的完整性。这与百度网盘服务器使用综合文件哈希值加密存储文件是完全不同、不相关的两个过程。13. 京正泽〔2021〕电鉴字第0272号司法鉴定意见书，拟证明百度网盘离线下载所解析并下载的磁力链接或者BT种子对应的源文件，并非由百度网盘提供，而是来自第三方网络节点。14. 京正泽〔2020〕电鉴字第1618号司法鉴定意见书，拟证明：（1）百度网盘采用的加密MD5值与标准MD5值不同；（2）翡某东方广州分公司以标准MD5值进行投诉，百某公司无法准确定位侵权内容，《告知函》不属于法定的有效通知。15.《关于广州知识产权法院当庭勘验情况的说明》。16.《百度网盘内文件上传时间取证保全证书》，以上两份证据拟证明翡某东方广州分公司代理人不仅在2020年5月19日广州知识产权法院当庭勘验时误导法官，直至本案再审仍否认（2019）浙杭网证内字第8441—8443号公证书所附的视频文件给过百某公司，刻意作出与客观事实相悖的虚假陈述。17.（2017）京方正内经证字07408号公证书，拟证明百度网盘是一个封闭的信息存储空间，其采用了限制用户分享的产品模式，为预防侵权采取了技术措施。18. 招商银行电子付款回单，拟证明百某公司已经依照法律规定履行本案二审判决，但并不认可该判决的结果。19.《百度网盘海外注册登录机制说明》。20. 中国香港特别行政区及日本用户使用百度网盘的过程视频。21. 内地以外用户上传视频文件后台查询截图，以上三份证据拟证明中国内地以外的用户，可以登录并使用百度网盘。22.《关于百度网盘上传文件相关代码的勘验说明》，拟证明百度网盘在计算最终加密 MD5 值过程中，除了中间态 MD5 值这一影响因子之外，影响因子还包括“superfile2？method = upload”向服务器上传的多个切片文件信息，百度网盘存储文件的最终加密 MD5 值并不会在浏览器前端代码中展示，且与该文件的标准 MD5 值、中间态 MD5 值均不相同。23.《关于核实用户的说明》以及用户注册信息，拟证明（2018）沪静经证字第 2027 号公证书涉及的分享链接为网络用户生成并发布，百某公司在 2019 年 3 月 12 日本案一审过程中提交了相关截图证据证明，百某公司收到翡某东方广州分公司的公证书证据之后，已经对上述链接进行了处理，没有过错。24. 京正泽〔2022〕电鉴字第 0964 号司法鉴定意见书，拟证明根据翡某东方广州分公司的鉴定程序，百某公司对上传到百度网盘的文件的 MD5 值进行比对，上传文件的标准 MD5 值、网页前端代码中的中间态 MD5 值均与百度网盘后台的加密 MD5 值不一致。翡某东方广州分公司对上述证据的质证意见为：1. 证据 1 不属于新证据，对于证据 1 的形式真实性确认，内容真实性以及关联性、合法性不确认。（2019）浙杭网证内字第 8441—8443 号公证书以及二审当庭勘验结果均证实，百某公司对文件有控制权，文件不因唯一用户删除而无法秒传。2. 对于证据 2 的形式真实性确认，内容真实性、关联性及合法性不确认。该证据的内容与百某公司在二审中对于离线下载的陈述以及事实均不符。无论离线下载的步骤是识别、缓存、比对，还是识别、比对，关键点都在于比对。3. 证据 3 不属于新证据，对于证据 3 的真实性与合法性确认，关联性与证明目的不确认。该认证是针对信息安全与个人隐私安全的认证，不是针对百度网盘存储逻辑的认证，与本案争议的问题无关。4. 对于证据 4 的真实性、关联性、合法性以及证明目的均不确认。5. 对于证据 5 的真实性、合法性、关联性确认，证明目的不确认。该标准明确要求云存储必须采用哈希值校验法，包括本案《告知函》涉及的 MD5、SHA1、CRC32 系列；删除链接只是添加标记，不是真正的删除文件。文件的最终控制权在百某公司手中。6. 对于证据 6 的真实性、合法性确认，关联性和证明目的不确认。百度网盘存储的是文件，适用“通知-删除”规则应该删除文件。7. 对于证据 7 的形式真实性确认，内容真实性、关联性以及合法性、证明目的均不确认。该鉴定指向的文件均是图片类型或者文档，当然属于误伤，而从鉴定书展现的后台来看，可以完整看到文件的路径、文件名称。该鉴定完全是为了达到其目的进行的虚假鉴定。8. 对于证据 8—12 的真实性、合法性确认，关联性及证明目的不确认。该组文章所描述的内容并非本案所涉及的百度网盘是否使用了 MD5 值、文件名称可否进行文件定位的问题。9. 对于证据 13 的形式真实性确认，内容真实性、关联性、合法性以及证明目的不确认。该证据明显系百某公司为达成其鉴定结果修正了离线下载的逻辑，完全无法反映离线下载的真实本质。10. 对于证据 14 的真实性、关联性、合法性不确认。百度网盘采用的是标准 MD5 值。11. 对于证据 15—16 的真实性、关联性以及合法性均不认可。百某公司并未回应用户操作删除指令后，文件在百度网盘中还存留多久。12. 对于证据 17 的形式真实性认可，内容真实性、关联性、合法性及证明目的不认可。用户在前台操作的只是百度网盘的虚拟界面，并非真实的文件。百某公司对文件有绝对的控制权。13. 对于证据 18 的真实性、关联性以及合法性确认，证明目的不确认。14. 对于证据 19—21 的真实性、关联性、合法性以及证明目的均确认。15. 对于证据 22 的真实性、关联性、合法性和证明目的均不确认。百某公司所称的加密 MD5 值就是标准 MD5 值。其只是在计算文件标准 MD5 值之后，调用文件函数进行了加密，并且可以逆向还原。16. 对于证据 23《关于核实用户的说明》的真实性、合法性、关联性以及证明目的均不确认。该证据为百某公司单方陈述，缺少后台记录佐证。在本案中，百某公司并未在力所能及的范围内采取任何有效措施阻断侵权。证据 23 的用户注册信息，已经超出举证期限，且不属于新证据，不应被采纳。该证据展示的用户信息同百某公司侵权行为之间没有关联性。本案是百某公司在明知文件侵权的情况下，依然通过百度网盘服务器进行离线下载和分享。用户的分享行为实际是百度网盘在开放侵权文件的访问权限，文件的控制权在百某公司而并非用户。17. 对于证据 24 的形式真实性确认，内容真实性、关联性、合法性及证明目的不确认。该证据明显回避了加密 MD5 值与标准 MD5 值之间可以转换的事实。

翡某东方广州分公司亦在再审中向本院提交了以下四份新证据：1.《过程取证保全书》。2. DHT 的百度百科，以上两份证据拟证明：（1）对于翡某东方广州分公司制作的关闭 DHT 网络、删除源文件、卸载 BT 分享软件、源文件未上传到任何网络服务器且仅包含文件名称、文件大小、文件哈希值的虚假 BT 种子，使用百度网盘可以正常离线下载；（2）下载到本地的文件与源文件为完全相同的文件；（3）百某公司在再审中关于离线下载的陈述与事实不符，百度网盘离线下载仅有识别与比对两个步骤。3. 在线保全截屏及证书，拟证明：（1）百某公司在其平台开放的《技术文档》中，详细描述了如何调用、利用 MD5 值作为文件函数获取文件信息，如何识别 BT 种子中包含的文件大小、文件名称、文件 MD5 值等信息以完成离线下载，以及如何在网盘内进行文件搜索；（2）百某公司完全有能力在收到《告知函》后，定位并处理相关文件。4. 司鉴院〔2022〕数鉴字第 371 号鉴定意见书，拟证明：（1）百度网盘在上传文件时会比对文件的标准 MD5 值，并通过函数加密成其所称的特有 MD5 值，但该加密之后的 MD5 值与标准 MD5 值可相互转换；（2）预览文件（在线播放）、下载文件时也会调用文件的 MD5 值；（3）创建文件分享链接时不会进行调用，说明文件分享不发生数据传输，实际只是百度网盘开发权限的过程。对于上述证据，百某公司的质证意见如下：1. 对于证据 1 的形式真实性确认，内容真实性、合法性以及关联性不确认。该证据的证明过程与证明事项自相矛盾。该证据的证明事项称是在关闭 DHT 网络状态下制作的种子，但是录屏显示其 DHT 状态为启用；证明事项称其源文件未上传到任何网络服务器，但制作种子前在公开网络中原本就有相同的种子文件。并且，在 DHT 网络下用户叫作节点，节点之间相互有路由记录，因此只要和任何一个已经在 DHT 网络中的节点连接上，客户端就可以寻找到更多的节点，从而连入网络。翡某东方广州分公司在进行保全前，可能已经将相同的 BT 种子上传至公开网络。按照翡某东方广州分公司在线保全的步骤进行鉴定，无法复现其操作结果。2. 对于证据 2 的真实性、合法性、关联性确认。3. 对于证据 3 的真实性、合法性无异议，关联性与证明目的不确认。百度网盘的《技术文档》中多处提到的 MD5 值，不是标准 MD5 值，而是百度网盘存储系统的 PCS_ MD5 值。《技术文档》获取 BT 列表的技术场景，仍是对存储文件调用查看的过程，并非完成离线下载。响应参数、响应示例中提到的 MD5 值，指的是 BT 种子文件本身在百度网盘存储系统中的 PCS_ MD5 值，而并非标准 MD5 值。标准 MD5 值算法为公开的密码散列函数，相同文件的标准 MD5 值唯一。4. 对于证据 4 的真实性、合法性无异议，关联性及证明目的不确认。百度网盘调用函数“_ encryptMD5”加密后的字符串，仅是文件上传过程中计算的中间态 MD5 值，是计算百度网盘存储文件最终加密 MD5 值的一个影响因子。百度网盘计算最终加密 MD5 值，影响因子还包括“superfile2？method=upload”向服务器上传的多个切片文件信息，加密 MD5

值与标准 MD5 值的算法不可逆。基于安全考虑，百度网盘存储文件的最终加密 MD5 值不会在浏览器前端代码展示，且与该文件的标准 MD5 值、中间态 MD5 值均不相同。

鉴于专家咨询意见仅可作为法院认定事实的参考，本院对于百某公司提交的“4. 专家论证意见书”不作为证据进行认定。结合双方当事人的质证意见，本院对上述再审阶段提交的证据认定如下：1. 关于百某公司提交的 24 份证据。证据 1—3、7、13—14、16—18、24 为公证书、鉴定书、国家机关出具的证书、标准文件或者银行机构凭证等，真实性可以确认，且与本案事实相关，本院予以采信。证据 6 系百某公司对外发布的有关公司经营状况的报告，其并非因本案诉讼产生，可信度较高，本院予以采信。证据 5、8—9、12 的内容与本案事实无关联，本院不予采信。证据 10—11 系 360 安全云盘、Dropbox 的介绍，证据 15 系百某公司的陈述，形式上的真实性可以确认，但内容是否可信，本院将结合其他案件事实进行综合认定。对于证据 19—21，翡某东方广州分公司无异议，本院对该三份证据予以采信。证据 22 与 23 系百某公司对争议问题自行进行勘验或者核实的结果，其内容是否可信，本院将结合其他案件事实进行综合认定。2. 关于翡某东方广州分公司提交的四份证据。该四份证据的真实性可以确认，内容与本案事实相关，本院对其予以采信。

在再审庭审中，本院询问双方是否同意当庭录制一段视频上传至第三方网站再删除，测试使用百度网盘可否离线下载该视频文件。翡某东方广州分公司以百某公司在纠纷发生之后已经对百度网盘的离线下载逻辑进行修改、被诉侵权行为发生时的情况已经无法再现为由，不予同意。

本院责令翡某东方广州分公司核实涉案《食为奴》作品的权属及许可情况。翡某东方广州分公司在庭后提交书面意见称：该作品著作权归属电视广播有限公司。电视广播有限公司曾于 2014 年 2 月 10 日至 2015 年 3 月 31 日授权优酷网中国内地的独家信息网络传播权，此后中国内地的独家信息网络传播权归属上海翡某东方传播有限公司。自 2017 年 5 月 31 日至 2020 年 3 月 31 日期间，除在中国内地进行了许可之外，其他地区无许可情况。

本院经审理查明，2017 年 8 月 30 日，向百某公司出具并邮寄《告知函》的是上海翡某东方传播有限公司，不是翡某东方广州分公司。除此之外，一、二审法院查明的其他事实属实。本院另查明以下事实：

电视广播有限公司授权上海翡某东方传播有限公司的授权类别为：无线、

有线及卫星电视播映权（仅限于在电视机屏幕展示）；生产、发行及销售载有授权节目的音像制品；所有新媒体平台播映权（信息网络传播权）；为制止侵权的权利；转授权的权利。

一审法院分别于 2018 年 8 月 22 日、2019 年 3 月 13 日两次开庭审理本案。每次庭审，一审法院均责令翡某东方广州分公司固定其诉讼请求。第一次庭审时，翡某东方广州分公司当庭提交（2018）沪静证经字第 2027 号公证书作为证据，百某公司确认其尚未对翡某东方广州分公司的投诉进行处理。第二次庭审时，百某公司称其在第一次庭审后即删除了（2018）沪静证经字第 2027 号公证书所载明的侵权链接。

2020 年 5 月 19 日，二审法院组织双方当事人进行证据交换。翡某东方广州分公司当庭演示，现场仍可使用百度网盘对（2019）浙杭网证内字第 8441 号公证书所涉的视频文件进行秒传。

百某公司与百度个人云部云服务相关的信息安全管理活动，于 2019 年 12 月获得了中国质量认证中心颁发的《信息安全管理体系认证证书》《个人可识别信息　信息安全管理体系认证证书》。

发表于 2020 年 11 月 27 日的《百度网盘八周年数据：95 后是云端青年，人均网盘存储量超过 1TB》文章介绍，百度网盘当日发布八周年数据报告，百度网盘的数据文件在 2017 年已经累计 8000 亿。过去一年百度网盘用户生成的链接数超过 6 亿。

360 安全云盘的宣传资料称，其数据采用“加密存储”来保障数据的安全。Dropbox 的宣传资料称，对于传输的文件以及存储的文件，其系统会将每个文件分为独立的块并使用密码加密。

（2017）京方正内经证字第 07408 号公证书显示，2017 年 4 月 24 日，百某公司的委托代理人在公证人员的监督下，操作公证处的电脑运行百度网盘。在未使用账号登录之前，界面未显示任何可使用的功能。使用“freecielo”的账号并输入密码登录之后，网盘有上传、新建文件夹、离线下载、我的分享、回收站等功能键。点击“分享”，界面提示“简单操作即可与好友轻松分享上百张图片”，并有“给好友分享文件”的按钮。点击“更多”，查看分享动态，无分享的记录。

（2017）沪静证经字第 2965、3640 号公证书显示，离线下载所复制的表格中《食为奴》B 列中的网址均为“www. ciliba. org”。根据（2017）沪静证经字第 2965 号公证书，离线下载得到的文件列表显示的《食为奴》文件路径为：电影天堂 www. dy2018. com，文件格式为 rmvb。

（2017）沪静证经字第 3179 号公证书打印的附件一载明了《食为奴》文件的路径为：F：\ 3 \ 食为奴 \ 电影天堂 www. dy2018. com，文件格式为 rmvb。另外还列明了文件的大小、修改时间以及 MD5、SHA1、CRC32 等哈希值。上述关于《食为奴》的文件路径、文件格式、文件大小、修改时间以及哈希值等信息均基本与上海翡某东方传播有限公司于 2017 年 8 月 30 日向百某公司发送的《告知函》附件上载明的信息一致。

（2018）浙杭网证内字第 8441 号公证书所录制的取证视频显示，使用百度网盘从“www. jsr9. com”离线下载《食为奴》时，百度网盘的“离线下载列表”状态一栏显示了文件从“0%”到“100%”的下载过程，并且还同步显示了文件的下载速度，例如：“6M/S”“6. 1M/S”等。

（2019）京方正内经证字第 07624 号公证书显示，百某公司的委托代理人于 2019 年 11 月 27 日在公证人员的监督下，使用经过清洁性检查的手机，对周边环境进行拍摄，录制一段名为“20191127”的视频文件。再以手机下载百度网盘 APP，并使用手机号码登录“北极的鱼耶”的百度网盘用户账号。上传名为“20191127”的视频文件，点击可以正常播放。播放之后删除该文件，退出网盘账号。重新登录该网盘账号，未查到有该视频文件。再上传该视频文件，仍有完整的文件上传过程，未触发百度网盘的秒传功能。

2020 年 11 月 13 日，北京正德泽丰科技咨询有限公司司法鉴定所出具的京正泽〔2020〕电鉴字第 0296 号司法鉴定意见书显示，该鉴定机构随机选取两个网站的三个磁力链接，同时通过百度网盘和 qBittorrent 下载磁力链接对应的文件进行检验。对比百度网盘后台系统日志和 qBittorrent 展示的源文件信息，两个文件下载同一磁力链接存在相同的源文件 IP 地址。该鉴定机构分析，使用互联网 IP 资源查询系统并参考全球互联网 IP 地址分配规则，对以上软件解析得到的源文件 IP 地址进行定位，即对存储源文件的存储设备的网络地址进行定位，未发现有指向百度网盘存储服务器的 IP 地址。该鉴定机构的鉴定意见为：本次鉴定工作检验了百度网盘离线下载磁力链接的功能，参考对比第三方下载工具，对从网络上随机选取的磁力链接所下载文件的源文件服务器 IP 地址进行溯源。检验表明百度网盘下载磁力链接所对应的源文件并非由百度网盘的存储服务器提供，而是由其他第三方存储设备提供。

2021 年 4 月 7 日，百某公司委托北京正德泽丰科技咨询有限公司对百度网盘后台关键词检索系统的准确性以及百度网盘系统通过关键词限制内容分享的有效性进行检验。该鉴定机构于 2021 年 4 月 10 日作出京正泽〔2021〕电鉴字第 0143 号司法鉴定意见书。该鉴定意见书显示，使用百某公司提供的账号登录百度网盘，对指定文件创建外链分享，分享链接创建成功。此后，将指定文件名称作为关键词屏蔽条件添加到百度网盘后台管理系统，再次对文件进行外链分享，分享链接创建失败，关键词屏蔽效果产生。修改被分享文件的文件名称，再次尝试进行外链分享，分享链接创建成功。鉴定机构分析认为，通过关键词屏蔽方式可以实现对文件分享的限制，但是误伤率极高并且关键词只针对文件名称，相同内容以非关键词命名仍可实现外链分享。鉴定结论为：1. 通过文件名称作为关键词对百度网盘内用户分享的文件进行核验，匹配、命中的文件里存在大量完全不相关的文件，导致了对用户正常使用分享功能传输文件的极高误伤率，无法达到对特定内容或文件精准定位的效果。2. 通过文件名称作为关键词限制分享，客观上无法达到有效阻止用户分享特定文件的效果。

百某公司于 2021 年 5 月 25 日委托北京正德泽丰科技咨询有限公司对与网盘 UID 号为 190329590 的用户下载行为对应的系统日志进行固定以及对创建文件种子并进行下载的行为进行模拟。该鉴定机构于 2021 年 6 月 17 日出具的京正泽〔2021〕电鉴字第 0272 号司法鉴定意见书显示，使用百某公司提供的用户权限，对 UID 号为 190329590、用户名为 yy8086180 的百度网盘账号下载行为的后台服务日志进行固定。日志记录表明，此用户在 2021 年 4 月 30 日先后三次在网盘创建离线下载任务，时间分别为 2021 年 4 月 30 日的 13：24：35、13：41：45、15：13：20。此外，三次下载使用的种子文件的哈希值相同，即下载解析的是同一种子文件。在“电影港”网站使用迅雷软件通过磁力链接方式下载《天下第一》视频文件。该磁力链接指向种子文件的哈希值与 UID 号为 190329590、用户名为 yy8086180 的百度网盘账号三次离线下载使用的种子文件的哈希值相同，即下载解析的是同一种子文件。鉴定机构对使用百度网盘离线下载《天下第一》的过程进行了如下模拟：使用迅雷软件在“电影港”网站通过磁力链接成功下载《天下第一》视频文件后，卸载迅雷。经比对，该文件的哈希值与 UID 号为 190329590、用户名为 yy8086180 的百度网盘账号前三次离线下载的文件哈希值相同。下载安装第三方下载工具 qBittorrent，使用其新创建对应《天下第一》视频文件的种子文件，在创建种子文件时手动勾选“关闭 DHT 网络”。卸载 qBittorrent 并删除《天下第一》原始视频文件，使用百度网盘离线下载功能解析以上自创种子文件。在关闭了DHT网络、删除了源文件、卸载其他网络BT分享软件、自创种子文件未上传到任何网络服务器的情况下，网络软件前端和系统后台日志均表明，百度网盘无法解析此自创的种子实现对其对应视频文件的下载。鉴定机构的结论为：1. UID号为190329590、用户名为yy8086180的百度网盘账号在2021年4月30日三次离线下载操作的种子文件与“电影港”磁力链接对应的种子文件哈希值相同，下载解析的是相同文件。2. 在关闭了DHT网络、删除了源文件、卸载其他网络BT分享软件、自创种子文件未上传到任何网络服务器的情况下，百度网盘对自创种子无法实现离线下载。

2021年9月15日，百某公司委托北京正德泽丰科技咨询有限公司对标准MD5值算法和百度网盘开放平台存储系统MD5值算法是否一致进行鉴定。北京正德泽丰科技咨询有限公司于2021年9月27日出具京正泽〔2020〕电鉴字第1618号司法鉴定意见书。该鉴定机构登录百度网盘并上传三个被创建文件，通过授权的网盘开放平台接口查看百度网盘开放平台存储系统记录的此三个文件的网盘MD5值。其结论为：经比对，三个随机创建文件的标准MD5值和百度网盘开放平台中对应存储文件的MD5值不一致。标准MD5值算法为公开的密码散列函数，相同文件的标准MD5值为唯一值。百度网盘开放平台中存储、调用文件的MD5值并非该文件的标准MD5值。

百某公司提交的《关于广州知识产权法院当庭勘验情况的说明》称：关于翡某东方广州分公司在（2019）浙杭网证内字第8441—8443号公证书中提到的“使用公证处的手机随意拍了一个232M大小的视频（IMG_0001. MOV）并上传至百度网盘，将该文件删除清空再次上传触发秒传”的问题，经核实，百某公司法务张伟玲在2019年10月收到了二审法院交换的上述三份公证书及光盘，并通过诉讼代理律师谭某某将该三份公证书及光盘转交公司法务张某某。张某某分别于2019年10月25日15：49、16：00、16：12将该公证书上传至百度网盘，再于2019年10月25日17：11将该三份公证书通过百度网盘分享链接发送给谭某某。该证据已经受到污染，但翡某东方广州分公司在2020年5月19日二审法院组织的现场勘验中否认上述事实，从而误导了法官。

为证明上述事实，百某公司提交了于2021年9月28日作出的《取证数据保全证书》。保全证书所保全的视频文件显示，百某公司登录百度网盘账号，该百度网盘中存储的“IMG_ 0001. MOV”文件，修改时间为“2019年10月25日16：34”。

百某公司出具《百度网盘海外注册登录机制说明》称：百度平台的各个产品线之间的账号体系相通，用户有一个百度账号即可登录百度平台所有产品。百度账号体系目前具备向境外手机号提供注册的能力，各个产品线是否接入该能力，由各产品线自行决定。百度网盘尚未接入该能力，无法在境外使用境内手机号码注册百度网盘（但不排除境外用户使用 VPN 注册），也无法使用境外手机号码注册。登录与注册不具有相关性，只要已有账号就能登录使用。内地以外的用户如果登录百度网盘，目前有如下两种途径：1. 在其他接入境外注册能力的百度产品内（比如好看视频），使用手机号注册百度账号，然后使用该百度账号登录百度网盘。2. 关联登录：使用微信、QQ、微博授权后，判断微信是否已经绑定百度账号。如果已经绑定的，可以直接登录。如果未绑定，则可在绑定成功之后登录。为验证上述内容，百某公司使用归属地为日本的手机，注册百度网盘账号并登录使用百度网盘。在注册百度网盘账户时，系统提示“暂不支持海外注册”；但已有账户可以在海外登录并使用百度网盘。

百某公司于 2022 年 9 月 23 日作出的《关于百度网盘上传文件相关代码的勘验说明》称：在百度网盘中下载翡某东方广州分公司提交的司鉴院〔2022〕数鉴字第 371 号鉴定意见书所附的“屏幕录像——2022. 08. 09——10. 08. 36. 102. mkv”视频文件至本地磁盘，并使用第三方工具计算出该文件的标准 MD5 值。再将本地电脑磁盘中的文件“屏幕录像——2022. 08. 09——10. 08. 36. 102. mkv”上传至百度网盘，秒传成功并找到该文件的中间态 MD5 值。最后打开百度网盘后台，查询该文件的加密 MD5 值。根据其记录，该三个数值均不相同。对于该勘验过程的视频，百度提供了下载地址及提取码供翡某东方广州分公司及本院核实。

百某公司向本院提交《关于对（2018）沪经证字第 2027 号公证书百度网盘用户核实的说明》，称经其核实：1. 在百度贴吧发帖的用户“lanyufei6”与生成分享链接的百度网盘用户“lanyufei6”为同一用户；2. 在百度贴吧发帖的用户“饭锅锅摩羯”与在百度网盘生成分享链接的用户“饭锅锅摩羯”为同一用户。百某公司还向本院提交了该两用户的注册信息，包括绑定的手机号码、个人邮箱以及注册的时间、IP 地址等。

2021 年 4 月 30 日，翡某东方广州分公司的委托代理人对其视频录制过程进行区块链证据保全。在 14 时 54 分左右，下载并安装百度网盘以及迅雷。登录 www. dygang. com“电影港”网站，选中电影“天下第一 . 1080p. HD 中字.mp4”的磁力链接，使用迅雷下载并保存到电脑桌面。卸载迅雷。下载并安装比特精灵。点击电脑桌面的“天下第一.1080p. HD 中字.mp4”视频，可正常播放。选中桌面保存的“天下第一.1080p. HD 中字.mp4”视频文件，使用比特精灵制作为种子文件并将该种子文件保存到电脑桌面，重命名为“天下第一.1080p. HD 中字”。在制作过程中不勾选“为种子文件启用 DHT 支持”选项。在比特精灵运行队列中选中“天下第一.1080p. HD 中字”，“服务列表”开始显示“DHT”的状态为“启用”、最小更新为“30S”，稍后显示“正在通过 DHT 网络查找可用连接”并且最小更新为“30S”。该文件的大小及完成量均为“129GB”，上传量、下载量以及种子/连接等项目显示的均为“0”。选择比特精灵的“删除”按钮，执行“从任务列表中删除任务、删除已下载文件、删除添加任务时所使用的种子文件、删除备份在 Readable 目录下的种子文件”。删除之后，电脑桌面仍有前述“天下第一.1080p. HD 中字”种子文件。再下载并安装迅雷软件。使用迅雷从 www. dygang. com“电影港”网站选中磁力链接“天下第一.1080p. HD 中字.mp4”下载到电脑桌面。删除任务，再退出迅雷。将前述通过迅雷下载的文件重命名为“天下第一.1080p. HD 原始”。点击该视频，可正常播放。卸载迅雷与比特精灵。使用手机号码登录百度网盘账号，以“天下第一”作为关键词进行搜索，未在“我的网盘”搜索到相关结果。双击桌面的“天下第一. 1080p. HD 中字”种子文件，新建 BT 离线下载任务，离线下载成功并保存至“我的网盘”。充值成为付费会员之后，在百度网盘中点击该离线下载的视频，可以正常播放。将该文件下载至电脑桌面，命名为“天下第一.1080p. HD 百度网盘”，点击可正常播放。下载并安装“软媒魔方”软件，查看“天下第一.1080p. HD 原始”与“天下第一.1080p. HD 百度网盘”，两者的 MD5 值、SHA1 值、CRC32 值一致。

百度百科对“DHT”的介绍为，其全称叫分布式哈希表，是一种分布式存储方法。在不需要服务器的情况下，每个客户端负责一个小范围的路由，并负责存储一小部分数据，从而实现整个“DHT”网络的寻址和存储。新版 BITcomet 允许同时连接“DHT”网络和 Tracker。在完全不连上 Tracker 服务器的情况下，也可以很好地下载。因为其可以在“DHT”网络中寻找下载相同文件的其他用户。在 BITcomet 中，无须做任何设置即可自动连接并使用 DHT 网络。如果要完全禁用该网络，可以在高级选项中选择禁用 DHT 网络。对于种子制作者，可以参考：种子文件制作。

2021 年 8 月 18 日，翡某东方广州分公司的委托代理人申请联合信任时间戳服务中心对其登录百度网盘查看相关网页的过程进行认证。百度网盘的开发者技术文档介绍，“获取文件列表”“递归获取文件列表”“获取文档列表”“获取图片列表”“获取视频列表”“获取 bt 列表”“获取分类列表文件”“搜索文件”“查询文件信息”“预上传”“分片上传”“创建文件”等处的响应参数或者响应示例均包括文件的 MD5 值。

2022 年 8 月 5 日，翡某东方广州分公司的委托代理人委托司法鉴定科学院对：1. 百度网盘网页版在检材上传过程中，是否基于 MD5 值完成，百度网盘的自有哈希值是否基于某种算法得出，该算法所得值与 MD5 值之间的关系；2. 百度网盘网页版在检测上传过程中，是否存在文件秒传的现象，即无须上传完整版本即可完成上传；3. 百度网盘网页版对文件的调用，包括预览、下载、分享，其调用定位文件的方式是否与 MD5 值相关。司法鉴定科学研究院于 2022 年 8 月 19 日作出司鉴院〔2022〕数鉴字第 371 号鉴定意见书。该意见书对于鉴定过程分析称：在百度网盘网页版上传检材 2 至 5 过程中，在浏览器开发者模式下，查看文件的源代码，函数“_ encryptMD5”的功能为对上传文件的 MD5 值进行加密；函数“_ rapidUpload”的功能为判断上传文件是否进行秒传操作。预览检材 2 与 3，在浏览器开发者模式中，均发现预览图片请求参数与图 12 中的 MD5 值加密后的字符串相同 …… 该鉴定机构的鉴定结论为：1. 百度网盘网页版在检材 2 至检材 5 上传过程中会分别计算整个文件和上传前 256kb 的 MD5 值，并调用函数“_ encryptMD5”对 MD5 值进行加密。加密后的 MD5 值可通过算法逆向还原。2. 百度网盘网页版的旧版在检材 2 至 5 上传过程中，能够实现秒传，并显示秒传字样；新版能够实现秒传，但不显示秒传字样。3. 百度网盘网页版对于检材文件的预览或者下载，请求参数包括文件 MD5 值加密后的字符串；对于检材文件的分享，请求参数未检见与文件的 MD5 值或其加密后的字符串相关。

2020 年 8 月 20 日，百某公司通过招商银行向翡某东方广州分公司支付 51.1164 万元。

百某公司在再审庭审中陈述：1. 经其核实，“lanyufei6”“饭锅锅摩羯”两用户上传被诉侵权作品的时间分别为 2014 年 3 月 21 日、2017 年 7 月 1 日。2. 离线下载的前提是第三方制作种子文件且发布到公开的网络中，由用户通过种子文件下载资源。百度网盘离线下载是从第三方服务器下载文件到百度网盘的“缓存”服务器“缓存”，再“生成”加密的 MD5 值进行识别、比对。若百度网盘已存储该文件则触发秒传，直接给用户一个映射并删除“缓存”的文件。若百度网盘未存储该文件，则将“缓存”服务器中的完整文件传输到百度网盘服务器中，并同时向用户提供提取该文件的映射。3. 秒传是不再对文件进行上传，但是仍有数据交流。4. 对于存储在百度网盘中的相同文件，只要有一个用户没有删除文件，即可触发秒传。所有用户均删除文件之后，百度网盘服务器存储的文件才会被删除。百度网盘删除文件的“等待时间”根据拟删除文件的排队数量决定，时间从几分钟到十几天不等。

翡某东方广州分公司在再审庭审中陈述：百度网盘离线下载不存在下载文件到百度网盘服务器进行“缓存”的过程，其只对链接所包含的文件信息进行识别、比对，就可以实现下载。

本院认为，本案系侵害信息网络传播权纠纷。《最高人民法院关于适用〈中华人民共和国民事诉讼法〉的解释》第四百零五条第一款规定“人民法院审理再审案件应当围绕再审请求进行。当事人的再审请求超过原审诉讼请求的，不予审理；符合另案诉讼条件的，告知当事人可以另行起诉。”一、二审法院均认定，翡某东方广州分公司经转授权，有权针对侵害涉案《食为奴》作品信息网络传播权的行为提起诉讼，各方当事人对此无异议，本院予以确认。虽然本案被诉侵权行为发生于2017年并处于持续状态；但是，翡某东方广州分公司关于信息网络传播权的授权于2018年年底到期，一审法庭辩论终结时间甚至一审判决作出时间亦均在2019年，故本案应适用《中华人民共和国侵权责任法》以及2010年修正的《中华人民共和国著作权法》。根据百某公司的再审请求，本案再审争议的焦点问题是：1. 百某公司是否构成直接侵权；2. 百某公司是否构成间接侵权；3. 若百某公司构成侵权，其赔偿责任应如何承担。

一、关于百某公司是否构成直接侵权的问题

根据《中华人民共和国著作权法》第十条第一款第十二项的规定，信息网络传播权是指以有线或无线方式向公众提供作品，使公众可以在其个人选定的时间和地点获得作品的权利。同时，根据《最高人民法院关于审理侵害信息网络传播权民事纠纷案件适用法律若干问题的规定》第三条的规定，侵害信息网络传播权的行为不仅包括未经许可通过信息网络向公众提供权利人作品的行为，也包括未经许可上传到网络服务器、设置共享文件或者利用文件分享软件等其他将权利人作品置于信息网络之中使得公众可以在个人选定的时间和地点以下载、浏览或者其他方式获得作品的行为。

本案中，百某公司并未获得权利人关于《食为奴》作品信息网络传播方面的授权，故判断百某公司是否构成直接侵权，应查明的是：其是否通过信息网络传播了《食为奴》作品，即百某公司是否通过信息网络向公众提供了《食为奴》作品或者将《食为奴》作品置于信息网络之中使得公众可以在其个人选定的时间和地点获得该作品。从理论上而言，百某公司既可通过信息网络向百度网盘用户传播该作品，也可将百度网盘中的该作品通过信息网络向外界传播。虽然翡某东方广州分公司起诉百某公司直接侵权包括上述两种行为，但二审法院仅认定百某公司向百度网盘用户提供了该作品，翡某东方广州分公司再审中对此未提出异议，故本院仅在该情形下评述该问题。翡某东方广州分公司为证明该事实存在，百某公司为反证该事实不存在，均向一、二审法院以及本院提交了大量证据。本院经对双方所提交的证据进行逐一分析，认为本案不足以认定百某公司实施了法律所规定的前述直接侵害信息网络传播权的行为。具体理由如下：

根据已查明的事实，百度网盘可以提供秒传、离线下载、分享、在线播放服务。秒传、离线下载服务，让用户可从不同途径将文件“输入”百度网盘；分享、在线播放服务，让用户可向外“输出”存储于百度网盘的文件或者文件上承载的信息。百度网盘的分享、在线播放服务与其他分享软件、网络播放器的分享、在线播放服务所采用的技术并无二致；但为节省存储空间，百度网盘采用了“相同文件合并储存”的技术，该技术使得其形成了与一般上传、离线下载不同的秒传与“秒传式”离线下载服务。具体而言：通常的上传，是用户将文件存储至网络服务商的服务器；通常的离线下载，是网络服务商先将第三方网站或者网络节点的文件下载存储到自己的服务器，用户再将文件从该服务器下载至其个人计算机设备。在采用“相同文件合并储存”技术的情况下，相同文件在百度网盘的服务器只存储一份。故，对于用户上传的文件或离线下载的文件，百度网盘服务器均会自动将该文件与其已存储的文件进行比对。若比对结果为“不相同”，百度网盘将该文件另行独立存入服务器并向用户提供提取该文件的映射，此时系通常的上传与离线下载。若比对结果为“相同”，百度网盘对相同文件进行“合并存储”并向用户提供提取该文件的映射，此时即秒传与“秒传式”离线下载。对于百度网盘的上述四项服务，二审法院仅认定离线下载以及在线播放通过离线下载方式获得的作品，即离线下载以及基于离线下载的在线播放，构成直接侵权。从前述技术原理可知，百度网盘的“非秒传式”离线下载，本身就是在百度网盘服务器未存储相同文件的情形下才发生，此时不存在百某公司通过百度网盘向公众提供该文件的可能性。并且，“非秒传式”离线下载仅仅是文件的下载需经历存储到百度网盘服务器的中间环节，文件的来源不受任何影响，亦不会令人产生该文件是否系由百某公司提供的质疑。而百度网盘的“秒传式”离线下载，是在百度网盘服务器存在“相同文件”情形下发生的，用户最终获得的为提取该文件的映射，故会令人质疑通过该方式下载的文件是否来源于百某公司。由此可见，二审法院关于直接侵权的上述认定，实质针对的系百度网盘的“秒传式”离线下载以及基于“秒传式”离线下载的在线播放服务。百某公司再审认为，百度网盘的上述任何一项服务均不会使其构成直接侵权。鉴于在直接侵权的认定中，在线播放对离线下载具有依附关系，故本问题再审争议的核心为：可否从百度网盘的“秒传式”离线下载服务，推定百某公司通过信息网络传播了涉案的《食为奴》作品，构成直接侵权。

经查，无论是翡某东方广州分公司还是百某公司提交的关于离线下载的证据保全书均清楚显示，用户使用百度网盘进行离线下载有两种方式：第一种是通过选中种子文件或者磁力链接等包含文件在第三方网络节点存储地址信息的索引文件，在百度网盘中新建离线下载任务进行下载；第二种是通过复制第三方网站的网址链接，在百度网盘中新建离线下载任务进行下载。上述两种离线下载方式均显示，用户使用百度网盘进行离线下载时，存在指向明确的存储了待下载文件的第三方网站或者网络节点。依照常理，此时若要认定百某公司直接侵权，至少应存在以下情形之一种：百某公司替代该第三方网站或者网络节点向用户提供了所下载的文件，从而成为网络传播内容的提供者；百某公司存在特殊情形，从而应被视为网络传播内容的提供者；百某公司与该第三方网站或者网络节点分工合作、协同配合，从而构成网络传播内容的共同提供者。

（一）关于百某公司是否替代第三方网站或者网络节点向用户提供了所下载的文件，从而成为网络传播内容的提供者的问题

从逻辑上分析，该问题要证成，需要同时具备以下四个方面条件：1. 用户在百度网盘存储了《食为奴》作品；2. 上述《食为奴》作品至少有一份是通过百度网盘离线下载获得的；3. 该作品离线下载的时候，百度网盘服务器已经存储了相同文件，从而触发了“秒传式”离线下载；4. 在“秒传式”离线下载状态下，百某公司并未从第三方网站或者网络节点下载该作品，而是自行向用户提供该作品。本院结合全案事实，对此分述如下：

1. 关于用户是否在百度网盘存储了《食为奴》作品的问题

根据翡某东方广州分公司提交的（2018）沪静证经字第2027号公证书，2018年8月7日，翡某东方广州分公司在公证人员的监督下，点击百度贴吧网友“lanyufei6”“饭锅锅摩羯”发布的分享链接之后，跳转至百度网盘页面，登录百度网盘即可获取并在线播放文件夹中存储的《食为奴》作品。据百某公司核实，上述百度贴吧网友“lanyufei6”“饭锅锅摩羯”即为通过百度网盘分享《食为奴》作品的用户；该两用户分别于2014年3月21日以及2017年7月1日将《食为奴》作品存储至百度网盘。由此证明，用户确实在百度网盘存储了《食为奴》作品。

2. 关于用户存储在百度网盘的《食为奴》作品是否至少有一份是通过离线下载获得的问题

根据百度网盘的功能，用户可以从本地设备上传文件到百度网盘，也可以从第三方网站或者网络节点离线下载文件到百度网盘。对于前述“lanyufei6”“饭锅锅摩羯”两用户，翡某东方广州分公司无证据证明其存储在百度网盘的《食为奴》作品具体是通过何种方式获得的。翡某东方广州分公司提交的（2017）沪静证经字第2965号公证书、（2017）沪静证经字第3640号公证书、（2018）沪静证经字第963号公证书、（2019）浙杭网证内字第8441号公证书等证据，均是翡某东方广州分公司为证明百某公司实施了侵权行为反复使用百度网盘离线下载《食为奴》作品所进行的证据保全。该组证据仅能证明用户可以使用百度网盘离线下载《食为奴》作品，但不能证明用户存储在百度网盘的《食为奴》作品是通过离线下载获得的。

3. 关于用户使用百度网盘离线下载《食为奴》作品时，是否触发了“秒传式”离线下载的问题

如前所述，“非秒传式”离线下载改变的仅仅是文件的初始存储位置，与文件的来源无涉，进而与“文件内容提供”“直接侵权”问题亦无涉。对于未触发“秒传式”离线下载的，用户使用百度网盘下载的文件毫无疑义系来源于第三方网站或者网络节点；只有对于触发了“秒传式”离线下载的，才需进一步讨论文件是否系由百某公司提供。因此，即便本院假定“lanyufei6”“饭锅锅摩羯”两用户均系通过百度网盘将《食为奴》作品离线下载至百度网盘的；翡某东方广州分公司若主张该作品应视为百某公司提供的，仍需进一步举证证明：该用户触发了百度网盘的“秒传式”离线下载。换言之，翡某东方广州分公司需证明：该用户在下载《食为奴》作品时，百

度网盘服务器早已存储了相同文件。此处的“相同文件”，并非通过文件名称、内容让人类肉眼识别为相同文件，而是通过读取文件的具体版本让服务器识别为相同文件。但是，迄今为止，翡某东方广州分公司未举证证明“lanyufei6”“饭锅锅摩羯”两用户分享的《食为奴》为相同文件，亦未举证证明“lanyufei6”“饭锅锅摩羯”分享的《食为奴》与百度网盘服务器在先存储的其他《食为奴》为相同文件。综上，就现有证据而言，不能断定上述两用户存储在百度网盘的《食为奴》作品系通过“秒传式”离线下载获得的。

4. 关于触发“秒传式”离线下载的情况下，是否系由百某公司替代第三方网站或者网络节点向用户提供《食为奴》作品的问题

在前述“2”与“3”无证据证实的情况下，本案本可不再对此问题进行评述。但考虑到双方当事人在一审、二审以及再审程序中均认为该问题系双方争议的核心所在并对此进行了大量举证，为彻底定分止争，本院先假定“2”与“3”所述问题证成，再继续对本问题评述如下：

（1）查明通过百度网盘“秒传式”离线下载所获得文件的具体来源，系判断百度网盘是否为文件内容提供者最直接的途径。京正泽〔2020〕电鉴字第0296号司法鉴定意见书，即百某公司为证明通过百度网盘离线下载所获得的文件的来源所作的鉴定。但是，鉴定机构在该次鉴定过程中，只是选取两个网站的三个磁力链接，同时使用百度网盘与qBittorrent软件进行下载。鉴定意见书未提及，鉴定机构使用百度网盘对相同文件进行了两次以上的下载或在本次测试之前百度网盘服务器已经存储与待下载文件相同的文件，故无法判断本次鉴定触发的是百度网盘的“非秒传式”离线下载，还是“秒传式”离线下载。进而，该鉴定意见书关于使用百度网盘与使用qBittorrent软件对同一源文件进行离线下载所获得的文件系来源于同一第三方网络节点的鉴定结论，不能证明通过“秒传式”离线下载的文件并非来源于百某公司。

（2）查明百度网盘在“秒传式”离线下载时是否有真实的文件内容数据传输，亦可以判断百度网盘是否为文件内容提供者。理由在于：在用户通过“秒传式”离线下载功能下载文件到百度网盘时，百度网盘若与第三方网站或者网络节点之间无真实的文件内容数据传输，则其根本未从第三方网站或者网络节点下载该文件，而是通过“识别”“比对”两个步骤，解析索引文件识别出待下载文件的MD5值并与服务器中存储的文件进行比对，再根据比对结果调取服务器中存储的相同文件并向用户提供提取该文件的映射；百度

网盘若与第三方网站或者网络节点有真实的文件内容数据传输，则其系先从第三方网站或者网络节点下载该文件至百度网盘“缓存”服务器“缓存”，再通过“识别”“比对”两个步骤确定“缓存”的文件与服务器中其他文件为相同文件，最后再进行“合并存储”的处理并向用户提供提取该文件的映射。对于前者，百度网盘实际上已经替代第三方网站或者网络节点向用户提供文件，故应当视百某公司为内容提供者。对于后者，文件仍是由第三方网站或者网络节点向用户提供；即便百度网盘在“识别”“比对”之后删除“缓存”服务器中“缓存”的相同文件，也仅仅是为了释放存储空间、提高存储效率采用了“合并存储”的特殊存储技术。该存储技术并不改变文件的来源，百某公司不因采取了特殊的文件存储技术而被视为内容提供者。百某公司再审中主张百度网盘的离线下载分为“缓存”“识别”“比对”三步骤。对于此节所述内容，翡某东方广州分公司提交的（2019）浙杭网证内字第8441号公证书所附的视频有涉及。翡某东方广州分公司主张此公证书可证明“百度网盘可成功离线下载迅雷无法离线下载的文件”，意味着其认可该次公证保全的离线下载系“秒传式”离线下载。而该视频内容显示，使用百度网盘离线下载《食为奴》作品时，下载任务列表的状态栏显示了“6M/S”“6.1M/S”等下载速度以及“0%”到“100%”的下载进度。由此表明，即便触发“秒传式”离线下载的，百度网盘与第三方网站或者网络节点之间仍存在真实的文件内容数据传输，下载的过程有“缓存”步骤、下载的文件确实是来源于第三方网站或者网络节点。对于“秒传式”离线下载为何必须经过“缓存”步骤，百某公司亦给出了如下解释：通过解析种子文件或者磁力链接，获得的是文件的标准MD5值；而百度网盘服务器存储文件使用的是加密MD5值。百度网盘须先将文件下载到“缓存”服务器，通过对文件切片“生成”该文件的加密MD5值，再与其存储在服务器中的文件进行比对。

（3）若通过百度网盘“秒传式”离线下载所下载的文件系来源于第三方网站或网络节点，是否与翡某东方广州分公司在（2019）浙杭网证内字第8441号公证书以及《过程取证保全书》中展示的以下现象矛盾：一是翡某东方广州分公司于2019年8月21日使用百度网盘与迅雷做对比实验，百度网盘可以离线下载到迅雷一直显示处于“连接资源”状态的文件；二是翡某东方广州分公司于2021年4月30日，在制作种子文件时未勾选“为种子文件启用DHT支持”以及删除了源文件、任务列表中的任务、添加任务时所使用的种子文件、备份在Readable目录下的种子文件的情况下，使用百度网盘对上述自制的种子文件进行离线下载，仍可成功下载该种子文件对应的《天下第一》视频文件。针对前述现象，百某公司分别于2019年11月27日、2021年5月25日依照相同的条件与步骤进行了模拟实验，但实验的结果显示：一是使用迅雷亦成功下载了相同文件；二是在DHT网络关闭时，卸载下载工具并删除源文件，百度网盘不能成功离线下载。也就是说，百某公司依据翡某东方广州分公司给出的条件与步骤，再次进行相同的实验，得到的实验结果却与翡某东方广州分公司完全相反。

对此，本院认为，首先，关于百度网盘与迅雷的对比实验。一方面，因两次实验的操作时间不同，故即便百某公司在后进行的实验结果为真，亦不能断定翡某东方广州分公司在先实验的结果为假；但另一方面，上述情况至少表明，使用迅雷作为下载工具，以翡某东方广州分公司选取的链接能否成功离线下载测试文件，实验结果不稳定。更为重要的是，在2019年8月21日翡某东方广州分公司进行实验时，迅雷提示的是处于“连接资源”状态中，而并非“资源连接失败”或者“下载任务失败”。翡某东方广州分公司未举证证明，对于迅雷而言，处于“连接资源”状态中就是无法下载。依照字面解释，处于“连接资源”状态中，是指文件下载还在进行中。故翡某东方广州分公司该对比实验不能说明百度网盘可以成功离线下载迅雷无法下载的文件，而仅能说明此时百度网盘的下载速度比迅雷更快。其次，关于使用百度网盘对自制种子《天下第一》进行离线下载的实验。翡某东方广州分公司提交的区块链证据保全证书显示，2021年4月30日14时54分，名为yy8086180的用户使用百度网盘离线下载测试视频《天下第一》并保存至百度网盘；其后，无证据证明该文件被删除。2021年5月25日，百某公司委托鉴定机构再次离线下载该同一测试视频文件。而百某公司提交的京正泽〔2021〕电鉴字第0272号司法鉴定意见书显示，经查看百度网盘后台服务日志，用户yy8086180在2021年4月30日14时54分之前，已经两次使用百度网盘离线下载该同一测试文件。故，翡某东方广州分公司与百某公司使用百度网盘离线下载时，均会触发“秒传式”离线下载。对于翡某东方广州分公司的该项实验，虽然其在制作种子文件时未勾选“为种子文件启用DHT支持”，但是查看该种子文件的“服务列表”，又显示“DHT”的状态为“开启”。百某公司据此认为，翡某东方广州分公司在实验中并未关闭“DHT”网络。根据翡某东方广州分公司提交的百度百科关于“DHT”的介绍可知，未关闭“DHT”网络的，即便源文件删除，离线下载工具仍可以从“DHT”

网络中下载该文件。因此，若翡某东方广州分公司在实验时未关闭“DHT”网络，其实验结果就不能证明系百某公司向用户提供了用于测试的《天下第一》视频文件。而对于百某公司的该项实验，因百某公司系百度网盘的经营者，其确实可以通过变更后台操作系统修正“秒传式”离线下载的逻辑，造成其实验数据失真。本院考虑到，即便百某公司修改百度网盘“秒传式”离线下载的逻辑，亦应是为应对取证进行的暂时性操作，否则就意味着百度网盘自 2021 年 5 月 25 日起丧失了部分原有功能。翡某东方广州分公司或者其他用户均可在百度网盘使用过程中发现该事实，但翡某东方广州分公司并未提交证据证实有该情况发生。故，为查清在 DHT 网络关闭时，卸载下载工具并删除源文件，百度网盘是否可对自制的种子文件进行离线下载，本院在再审庭审中提议由双方现场录制一段视频进行验证，但是翡某东方广州分公司当庭表示反对。而依据现有证据，本案无法判断翡某东方广州分公司与百某公司针对自制种子的离线下载实验，究竟哪一方的实验数据更为科学、可信。翡某东方广州分公司作为该事实的主张者，对此应承担举证不能的不利后果。

综上，翡某东方广州分公司除证明百度网盘上有用户存储的《食为奴》作品之外，未举证证明上述作品系用户使用百度网盘离线下载获得的，更未举证证明用户在使用百度网盘进行离线下载时，触发了“秒传式”离线下载。并且，翡某东方广州分公司自己提交的证据显示，使用百度网盘“秒传式”离线下载文件时，百度网盘与第三方网站或者网络节点之间存在真实的文件内容数据传输。翡某东方广州分公司为验证此时系由百度网盘替代第三方网站或者网络节点向用户提供文件所进行的两次测试，事后再重复相同的实验均无法获得同一实验结果，其实验结果欠缺稳定性。并且，对于翡某东方广州分公司的实验结果，亦存在多样化解读，不能从其推导出系由百度网盘替代第三方网站或者网络节点向用户提供下载文件的确定结论。对于从“百度网盘提供离线下载服务”的前提推导出“百度网盘替代第三方网站或者网络节点向公众提供了《食为奴》作品”之结论，二审法院忽略了两个必不可少的环节，即前述“2”与“3”，导致在没有任何证据的情况下默认用户是通过离线下载中的“秒传式”离线下载将《食为奴》作品下载到百度网盘。可见，二审法院论证的逻辑链条缺失不全、论证结论不具有科学性。即便对此先搁置不论，单纯从技术上考查，用户通过百度网盘“秒传式”离线下载的文件，究竟是由百某公司提供还是由第三方网站或者网络节点提供，关键在于离线下载过程中，百度网盘与第三方网站或者网络节点之间是否存在真实的文件内容数据传输，而并非百度网盘与用户个人存储空间之间是否存在真实的文件内容数据传输。二审法院未注意到此关键点并查明相应事实，而是根据翡某东方广州分公司次数有限的“验证实验”所呈现的现象，归纳出使用百度网盘离线下载的文件来源于百某公司的结论。该结论本身逻辑基础欠牢固且已经被再审新查明的事实推翻。因此，二审法院从百度网盘可提供离线下载服务推定百某公司替代第三方网站或者网络节点成为《食为奴》作品的内容提供者的认定有误，应当予以纠正。

（二）关于百某公司是否存在特殊情形，从而应被视为网络传播内容提供者的问题

二审法院认定，用户使用百度网盘进行离线下载时，百某公司便将存储于百度网盘并由其控制的文件提供给用户。百某公司再审认为，其并未控制存储在百度网盘中的文件，亦未将该文件提供给用户。可见，就本案而言，双方当事人争议的“特殊情形”，指的是：百某公司对文件享有控制权。对此，本院认为，百某公司对用户存储在百度网盘的文件是否有控制权的问题，留待后节再述。但是，就用户使用百度网盘离线下载文件至百度网盘一事，百度网盘对所存储的文件是否有控制权与百某公司是否构成在信息网络中传播《食为奴》作品毫无关联。理由在于：百某公司在上述场景下是否构成在信息网络中传播《食为奴》作品，考察的是百某公司是否通过提供离线下载服务替代第三方网站或者网络节点向用户提供《食为奴》作品供用户存储至其百度网盘。该问题对应的时间段，是用户将《食为奴》作品存储到百度网盘之前。而百某公司对用户存储在网盘的文件是否有控制权，考察的是对已经存储在百度网盘的文件，支配权归属于谁。该问题对应的时间段，是用户将文件存储到百度网盘之后。可见，该两个问题针对的是不同时间段发生的不同情形，两者之间无任何必然的逻辑关系。无论百某公司对于百度网盘中存储的文件是否有控制权，对认定其是否通过百度网盘离线下载服务向用户提供《食为奴》作品的判断不产生影响，百某公司均不会因此被视为内容提供者。

（三）关于百某公司是否与第三方网站或者网络节点分工合作、协同配合，从而构成网络传播内容的共同提供者的问题

本案中，翡某东方广州分公司以及百某公司使用百度网盘离线下载《食为奴》作品时，下载链接、磁力链接、种子文件所指向的提供下载文件的第三方网站或者网络节点，均与百某公司无任何关联关系。翡某东方广州分公

司既未主张、更未提供证据证明，百某公司与上述第三方网站或者网络节点存在分工合作、协同配合的情形。因此，百某公司亦未与第三方网站或者网络节点共同构成《食为奴》作品的内容提供者。

综上，百度网盘可向用户提供秒传、分享、离线下载、在线播放等服务。就直接侵权问题，再审中双方当事人对秒传与分享未提出争议，争议仅为离线下载以及基于离线下载的在线播放。翡某东方广州分公司的证据不能证明百度网盘的离线下载服务业已让百某公司演变为《食为奴》作品的内容提供者或者共同提供者。进而，翡某东方广州分公司的证据亦不能证明百度网盘基于离线下载的在线播放服务业已让百某公司演变为《食为奴》作品的内容提供者或者共同提供者。百某公司关于其未通过信息网络传播《食为奴》作品、不构成直接侵权的再审理由成立，本院予以支持。一审法院对此认定正确，本院予以维持；二审法院对此认定有误，本院予以纠正。

二、关于百某公司是否构成间接侵权的问题

根据《中华人民共和国侵权责任法》第九条的规定，教唆、帮助他人实施侵权行为的，应当与行为人承担连带责任。《最高人民法院关于审理侵害信息网络传播权民事纠纷案件适用法律若干问题的规定》第七条规定，网络服务提供者在提供网络服务时教唆或者帮助网络用户实施侵害信息网络传播权行为的，人民法院应当判令其承担侵权责任。网络服务提供者以言语、推荐技术支持、奖励积分等方式诱导、鼓励网络用户实施侵害信息网络传播权行为的，人民法院应当认定其构成教唆侵权。网络服务提供者明知或者应知网络用户利用网络服务侵害信息网络传播权，未采取删除、屏蔽、断开链接等必要措施，或者提供技术支持等帮助行为的，人民法院应当认定其构成帮助侵权。由上述规定可知，网络服务提供者教唆用户实施侵害信息网络传播权行为或者为用户实施侵害信息网络传播权的行为提供帮助，可以构成对信息网络传播权的间接侵害。

本案中，鉴于百某公司的离线下载以及基于离线下载的在线播放服务并不构成直接侵权，本案本还应进一步审查百某公司是否因上述服务构成间接侵权。但无论是对于翡某东方广州分公司验证过可以使用百度网盘从第三方网站或者网络节点离线下载的《食为奴》文件，还是对于“lanyufei6”“饭锅锅摩羯”两用户在百度网盘存储的《食为奴》文件，翡某东方广州分公司均无证据证明系用户通过离线下载方式获得的，从而不足以断定百某公司就该作品向用户提供过离线下载以及基于离线下载的在线播放服务，进而不存在进一步审查百某公司上述服务是否构成间接侵权的事实基础。

就间接侵权而言，二审法院仅认定百某公司为网盘用户分享作品以及在线播放通过分享获得的作品提供了帮助，翡某东方广州分公司对此亦未提出再审请求，故本院仅对百某公司的上述服务是否构成帮助侵权进行审查。与前述离线下载与“在线播放”的关系同理，双方当事人就本问题所争议的核心为：百度网盘的分享服务是否构成帮助侵权。根据百某公司提交的（2017）京方正内证经字07408号公证书，用户仅能在登录百度网盘账号之后将自己存储于网盘的文件与他人分享。该分享服务，既包括针对特定对象的，也包括面向不特定对象的。用户使用百度网盘提供的技术生成分享链接，将其存储在百度网盘的作品向不特定对象分享明显属于向公众提供作品，应纳入信息网络传播权控制范围。百度网盘为该类分享提供生成链接的技术服务，可能构成双方在本案中所争议的帮助侵权。然而，此时拟传播该作品的是实施了信息网络传播行为的用户，而非提供链接生成技术服务的百某公司。二审法院关于百某公司的分享服务具有将信息在网络中公开传播意图的表述不妥，应当纠正。同时，百某公司关于百度网盘的分享服务均属于不应纳入信息网络传播权控制范围的文件传输服务的再审理由亦不成立，本院不予支持。

根据《最高人民法院关于审理侵害信息网络传播权民事纠纷案件适用法律若干问题的规定》第八条第一款的规定可知，帮助侵权系以用户实施了直接侵害信息网络传播权的行为以及网络服务提供者对用户上述行为存在明知或者应知的主观过错为构成要件。

（一）关于本案是否存在直接侵权行为的问题

用户“lanyufei6”“饭锅锅摩羯”通过在“百度贴吧”中发布经百度网盘生成的分享链接之方式向公众提供涉案的《食为奴》作品，其行为持续至百某公司断开链接。翡某东方广州分公司称据其核实，《食为奴》作品自创作完成之日起，著作权一直归属电视广播有限公司；2014年2月10日至2015年3月31日由优酷网取得内地的独家信息网络传播权；2016年1月1日至2020年3月31日由上海翡某东方传播有限公司取得内地的信息网络传播权，其中2017年5月31日至2018年12月31日转授权翡某东方广州分公司；自2017年5月31日至2020年3月31日，电视广播有限公司未在其他地区进行过许可。“lanyufei6”“饭锅锅摩羯”两用户在注册百度网盘时绑定的系个人邮箱或者手机号码，在无相反证据的情况下，本院推定该两用户系未经许可将存储在百度网盘的《食为奴》作品通过信息网络向公众传播，实施了直接侵害翡某东方广州分公司信息网络传播权的行为。

（二）关于百某公司是否存在过错的问题

二审法院以百某公司既未在权利人发出侵权警告前尽到合理防范侵权行为发生的义务，亦未在权利人发出侵权警告后尽到及时阻断侵权行为继续的义务为由，认定其存在过错。百某公司再审主张，二审法院的上述认定错误。再审中，双方当事人对该问题的争议可归结为：在收到翡某东方广州分公司的侵权警示信息之前，百某公司是否本应事先采取必要措施阻止用户使用百度网盘分享功能传播《食为奴》作品而未采取，从而具有主观过错；在收到翡某东方广州分公司的侵权警示信息之后，百某公司是否采取了必要措施、是否具有主观过错。本院对此分述如下：

1. 关于在收到翡某东方广州分公司的侵权警示信息之前，百某公司是否本应事先采取必要措施阻止用户使用百度网盘分享功能传播《食为奴》作品而未采取，从而具有主观过错的问题

根据《中华人民共和国侵权责任法》第三十六条第三款的规定，网络服务提供者知道网络用户利用其网络服务侵害他人民事权益，未采取必要措施的，与该网络用户承担连带责任。由该规定可知，网络服务提供者主动采取必要措施，必须以其“知道”用户实施了侵权行为为前提。网络服务提供者若“知道”用户实施了侵权行为而不主动采取必要措施，消极怠工等待权利人的侵权警告，则应视为有主观过错。另根据《最高人民法院关于审理侵害信息网络传播权民事纠纷案件适用法律若干问题的规定》第八条第二款以及第三款的规定可知，网络服务提供者并不负有对网络用户的行为进行主动审查的义务；若网络服务提供者已经采取合理、有效的技术措施，仍难发现网络用户侵害信息网络传播权行为的，则不应认定网络服务者有主观过错。百某公司虽然并未事先采取技术措施阻止用户通过百度网盘分享功能传播《食为奴》作品；但是，其在百度网盘发布了“权利声明”要求用户尊重知识产权，并设置了专门的版权投诉区域告知权利人投诉的具体措施和步骤，尽到了业内通行的侵权警示义务。用户通过百度网盘分享的文件，既可能是受著作权法保护的作品，也可能是不受著作权法保护的其他内容。使用百度网盘分享作品的用户，既可能是权利人或者经权利人授权的人，也可能是未经权利人许可的人。根据百某公司再审提交的证据，百度网盘的数据文件在 2017 年已经累计达到 8000 亿，一年生成的网盘链接数也是数亿。境外用户亦可以

通过注册百某公司其他接入境外注册能力产品的账号或者使用已经在境内注册的百度网盘账号使用百度网盘。对于用户所分享的文件，百某公司既非内容提供者，也非分享链接设置者，而仅仅是生成分享链接的技术服务提供者。在收到翡某东方广州分公司的侵权警示信息之前，面对海量的文件、庞大而复杂的用户群体，要求生成分享链接的技术服务提供者对用户拟分享的文件一律采取事先的识别、分类、审查、过滤措施，实质上是赋予其对网络用户的行为进行主动审查的义务，不符合《最高人民法院关于审理侵害信息网络传播权民事纠纷案件适用法律若干问题的规定》第八条的前述规定，也难谓合理。况且，本案中翡某东方广州分公司未提交证据证明《食为奴》作品的知名度、影响力，也未提交证据证明在“lanyufei6”“饭锅锅摩羯”两用户向公众分享该作品时，该作品正处于热播期间或者被国家版权局列入重点保护作品预警名单。百某公司未将该作品置于百度网盘首页或者其他显眼位置，也未对其有过选择、编辑、修改、整理、推荐、设定排行榜或者其他任何主动行为。在案证据亦未显示，通过其他事实可以推定百某公司在翡某东方广州分公司送达《告知函》之前已经知悉其网盘用户实施了侵害《食为奴》作品信息网络传播权的行为。百某公司对此不负有主动采取必要措施的义务，进而也不会因未主动采取必要措施而具有主观过错。百度网盘的分享功能本身只是一项中立性技术，其既可以被用于侵权用途，也可以被用于非侵权用途。二审法院以百度网盘的分享功能具有极大侵权风险为由，认定百某公司对于涉案《食为奴》作品应当事先进行必要的审查和分类管理、主动采取必要措施阻止侵权发生依据不足。

2. 关于在收到翡某东方广州分公司的侵权警示信息之后，百某公司是否本应采取必要措施而未采取，从而具有主观过错的问题

根据《信息网络传播权保护条例》第十三条、第十四条、第十五条、第十六条、第十七条的规定，对于权利人以真实有效的书面通知告知网络服务提供者其服务对象涉嫌侵害作品信息网络传播权的，网络服务提供者可以删除涉嫌侵权作品或者断开与该涉嫌侵权作品的链接并同时将权利人的通知转送服务对象；但服务对象若认为自己不侵权并提交真实有效的书面说明的，网络服务提供者应当立即恢复被删除的作品或者作品链接并同时将书面说明转交权利人。此即针对信息网络传播权的“通知–删除”规则。根据《中华人民共和国侵权责任法》第三十六条第二款的规定，网络用户利用网络服务实施侵权行为的，被侵权人有权通知网络服务提供者采取删除、屏蔽、断开

链接等必要措施。网络服务提供者接到通知后未及时采取必要措施的，对损害的扩大部分与该网络用户承担连带责任。此系针对网络侵权纠纷的“通知-必要措施”规则，其固然亦适用于侵害信息网络传播权纠纷。“通知-必要措施”规则以抽象的“必要措施”替代“通知-删除”规则中具体列举的“删除涉嫌侵权作品或者断开与该涉嫌侵权作品的链接”两项措施，新增“屏蔽”作为必要措施，并且还以“等”兜底表明“必要措施”的开放性，提升了“通知-删除”规则的适用空间。根据“通知-必要措施”规则，网络服务提供者可以采取的“必要措施”不限于删除、屏蔽、断开链接，还可以根据制止侵权的需要采取其他合理措施。同时，删除、屏蔽、断开链接三者亦是选择关系而不是并列关系，具体采取何种措施，应根据个案情况确定。

经查，一审法院两次开庭审理本案，而翡某东方广州分公司的诉讼请求最终固定于第二次庭审。此外，翡某东方广州分公司关于涉案作品信息网络传播权的授权在一审法院组织第二次庭审之前已到期。综合考虑上述两个方面情况，本院认为百某公司在翡某东方广州分公司涉案作品授权到期日之前的被诉侵权行为，均应纳入本案的评述范围。翡某东方广州分公司于 2017 年 9 月 2 日向百某公司送达了《告知函》，告知百某公司包括《食为奴》在内的部分存储于百度网盘并通过百度网盘分享功能进行传播的作品，侵害了其享有的独家信息网络传播权，故要求百某公司在收到函件 7 日之内“彻底删除”存储在百度网盘中的侵权文件、断开以及删除该类侵权文件的分享链接、禁止通过百度网盘服务器或百度网盘向用户提供该类侵权文件。对于《食为奴》作品，其向百某公司提供的材料包括 25 集视频的 MD5、SHA1、CRC32 等哈希值，文件格式、文件大小、修改时间、中英文名称以及电视广播有限公司出具的《授权证明书》。2018 年 8 月 22 日，一审法院第一次开庭审理本案，翡某东方广州分公司当庭补充提交（2018）沪证经字第 2027 号公证书等证据，证明“lanyufei6”“饭锅锅摩羯”两用户向公众分享《食为奴》作品。根据双方在再审中的诉辩意见，此问题分成以下两个阶段：第一个阶段，百某公司收到《告知函》后未及时采取必要措施，是否有过错；第二个阶段，百某公司收到（2018）沪证经字第 2027 号公证书之后是否采取了必要措施以及对此是否有过错。对此，本院分述如下：

（1）关于百某公司收到《告知函》后未及时采取必要措施，是否有过错的问题。“通知-必要措施”规则是一个完整的闭环体系，网络服务提供者作为连接服务对象与权利人的桥梁，对于该规则的正常运行起关键作用。为确保网络服务提供者正常履行该规则赋予的程序以及实体义务，权利人的通知应当包含必须向网络服务提供者披露的必要信息。对于该必要信息，《信息网络传播权保护条例》第十三条规定为：权利人的姓名（名称）、联系方式和地址；要求删除或者断开链接的侵权作品的名称和网络地址；构成侵权的初步证据。如权利人的通知缺乏必要信息，其通知就不是有效通知，就不能苛求网络服务提供者采取必要措施。如前所述，翡某东方广州分公司在2017年9月2日通知百某公司时，提交的材料只有25集视频的MD5、SHA1、CRC32等哈希值，文件格式、文件大小、修改时间、中英文名称以及电视广播有限公司出具的《授权证明书》。通过MD5、SHA1、CRC32等哈希值以及文件格式、文件大小、修改时间、中英文名称能否准确定位翡某东方广州分公司拟要求百某公司采取措施的《食为奴》作品，本院留待下节再论。但是，即便先假定通过上述信息可以实现准确定位，翡某东方广州分公司送达给百某公司的上述材料只能显示彼时其总公司上海翡某东方传播有限公司系《食为奴》作品信息网络传播权在中国内地的独家被许可人，而并未显示该作品未经许可通过百度网盘在信息网络中进行了传播。根据其《告知函》，百某公司无法判断《食为奴》作品的信息网络传播权是否被百度网盘用户侵害，即翡某东方广州分公司没有向百某公司提供其权利被侵害的初步证据。此时要求百某公司以文件名称、哈希值等去后台逐一排查是否有用户通过百度网盘的分享功能向公众传播了该作品，明显不合理。翡某东方广州分公司以其于2017年9月26日创建的《食为奴》分享链接无法成功访问为由，主张百某公司此时应当知道被诉侵权行为已经发生理据不足。《告知函》不构成法律意义上的有效通知。百某公司在收到《告知函》后未及时采取阻止侵权的必要措施，不能谓之主观上存在过错。

（2）关于百某公司收到（2018）沪证经字第2027号公证书之后是否采取了必要措施以及对此是否有过错的问题。（2018）沪静证经字第2027号公证书可初步证明涉案《食为奴》作品的信息网络传播权被百度网盘用户侵害。其后，百某公司断开了该公证书涉及的“lanyufei6”“饭锅锅摩羯”两用户向公众分享《食为奴》作品的网盘链接。百某公司据此在再审中提出，其在知道上述用户涉嫌侵权之后及时采取了必要措施，主观上无过错。翡某东方广州分公司对于上述分享链接已经断开的事实并无异议，但其认为，百某公司以文件为运营核心并且对存储在百度网盘中的文件具有绝对的控制权，断开链接并不能彻底消除侵权。

对此，本院认为，根据《最高人民法院关于审理侵害信息网络传播权民事纠纷案件适用法律若干问题的规定》第一条的规定，人民法院审理侵害信息网络传播权民事纠纷案件，在依法行使裁量权时，应当兼顾权利人、网络服务提供者和社会公众的利益。由此可见，利益平衡是处理信息网络传播权纠纷的重要原则。在有效保护作品信息网络传播权的前提下，能否在权利人、信息网络服务提供者、用户之间实现“利益平衡”，是评判必要措施的重要标准。“必要措施”一般指足以阻止涉案侵权行为继续和足以防止涉案侵权行为造成的损害后果扩大并且不会对网络服务提供者、用户造成不成比例损害的措施。但是，针对“明显侵权”的，亦包括采取足以制止他人已经实施的与涉案侵权行为相同的行为以及预防再次发生与涉案侵权行为相同行为的措施，如对于反复多次上传侵权作品的用户进行“冻结账号”“封号”处理，对于已有初步证据证明被侵害的热播剧以通过设置各类关键词采取版权过滤措施等。归根到底，翡某东方广州分公司并非否认百某公司已经采取的断开涉嫌侵权分享链接措施的必要性；而是认为，百度网盘经营模式特殊，侵权频次高，百某公司仅通过断开涉嫌侵权分享链接阻止涉案侵权行为继续还不够，还必须制止他人已经实施的与涉案侵权行为相同的行为继续以及预防再次发生与涉案侵权行为相同的行为，还应该采取删除、屏蔽文件的措施。百某公司亦并非否认删除、屏蔽文件能起到有效制止侵权的效果，而是认为该两项措施在技术上不可行、成本上不合理，会给百某公司造成不合理的负担或者过度损害百某公司与用户的合法权益，造成权利人、网络服务提供者、用户三者利益的严重失衡。对此，本院分述如下：

首先，关于百某公司断开涉嫌侵权分享链接是否足以制止侵权的问题。翡某东方广州分公司出示的证据表明的用户侵权行为，只有前述“lanyufei6”“饭锅锅摩羯”两用户在“百度贴吧”公开发布分享链接，通过信息网络传播《食为奴》作品。百某公司删除该两用户发布的前述涉嫌侵权分享链接之后，公众无法再通过该分享链接获得《食为奴》作品，因此，该两用户的涉案侵权行为已经被有效阻止。百度网盘的核心业务系为用户提供文件存储服务。文件只是其为用户服务的客体，而并非其为用户提供的服务本身。百度网盘以文件为运营核心的主张，是从经营管理层面看待百度网盘的特征，而并非从法律层面看待百度网盘的特征。百度网盘以文件为运营核心并不影响其与用户、权利人三者之间的法律权利义务关系。但是，本院注意到：第一，涉案的《食为奴》系经专业影视团队制作且内容完整的电视剧。该类作品具有投资大、市场价值高的特点。通常情况下，权利人不会通过百度网盘免费向公众分享该类作品，也不会授权其他用户通过百度网盘免费向公众分享该类作品。第二，在本案诉争行为发生期间，对该作品享有信息网络传播权的只有电视广播有限公司与上海翡某东方传播有限公司（含其分公司）。故，翡某东方广州分公司有能力对百度网盘用户是否为“未经许可”传播作品进行判断。第三，用户可以自由上传、下载《食为奴》视频文件至百度网盘并与公众分享其存储的视频文件，而百度网盘用户群体庞大、用户创建的文件分享链接繁多、百度网盘用户通过不断创建新的链接反复非法公开“分享”相同文件的现象频发。若百某公司仅简单、机械地断开权利人公证书中载明的涉嫌侵权分享链接，即便权利人永无止境地奔赴在公证取证与投诉的路上，用户的侵权行为也会此起彼伏、无法消停。“通知-必要措施”规则就会在“侵权-通知-删除-再侵权-再通知-再删除”无限循环中丧失应有的法律功效。在案证据未证明涉案《食为奴》系热播剧或被国家版权局列入重点保护作品预警名单的作品。但是，根据百度网盘的前述特点，阻止以及预防其他通过百度网盘对涉案侵权链接所指向的文件进行分享，系百某公司作为云存储服务商应采取的最基本的“阻止以及预防其他与涉案侵权行为相同行为”措施。否则，百某公司就并非采取了可有效制止侵权发生的必要措施。综上，本院认为，百某公司关于其在收到翡某东方广州分公司载明涉嫌侵权分享链接的证据之后，采取的措施足以制止侵权的再审理由不成立，本院不予支持。

其次，关于删除、屏蔽文件是否必要、可行，是否将不合理增加网络服务提供者负担或者过度损害网络服务提供者、用户的合法权益，导致权利人、网络服务提供者、用户利益严重失衡的问题。

关于必要性的问题。一是关于信息网络传播权侵权指向的客体问题。即便是经权利人合法授权发行的正版《食为奴》视频，用户未经许可擅自通过信息网络传播亦可以构成侵权；相反，即便是未经权利人合法授权发行的盗版《食为奴》视频，权利人或者经权利人授权的人在信息网络中传播该视频亦不构成侵权。因此，就信息网络传播权而言，侵权的是“未经许可的传播行为”，而非存储在百度网盘的“文件”。无论前述“lanyufei6”“饭锅锅摩羯”两用户，还是其他用户，其若侵害翡某东方广州分公司《食为奴》作品信息网络传播权，原因均系其未经许可在信息网络中传播了该作品。存储在百度网盘的《食为奴》作品，若仅用于个人学习、研究、欣赏，而不通过分享链接在信息网络中传播，并不侵害翡某东方广州分公司的信息网络传播权。

二是关于文件控制权的问题。为证明百某公司对存储在百度网盘的文件具有控制权，翡某东方广州分公司向二审法院提交了（2018）浙杭网证内字第8441—8443号公证书，还在二审庭审中对上述公证书所涉事实进行了当庭验证。上述三份公证书以及当庭验证的结果显示，翡某东方广州分公司于2019年8月21日将公证处拍摄的测试视频上传至百度网盘，删除后再上传可以触发秒传；2019年8月28日、2019年8月30日乃至2020年5月19日二审庭审时再重复上述测试，仍可触发秒传。翡某东方广州分公司根据百度网盘触发秒传的“相同文件合并存储”原理反向推论出，即便用户进行了删除操作，其删除的也仅仅是指向该文件的映射，真正的文件数据由百度网盘服务器控制，用户无法删除。为反驳翡某东方广州分公司的主张，百某公司亦提交了（2019）京方正内经字第07624号公证书。该公证书显示，其于2019年11月27日将自行拍摄的测试视频上传至百度网盘，删除之后再上传，未触发秒传。对于百某公司的该次相反测试，与前述“秒传式”离线下载问题同理，百某公司作为百度网盘的经营者，可能为配合取证，通过变更后台操作暂时性修正秒传的逻辑，造成其实验数据失真。对于翡某东方广州分公司在二审中的当庭验证，百某公司再审中向本院提交的证据显示，其收到翡某东方广州分公司交换的证据之后，于2019年10月25日将上述测试视频保存至百度网盘，故翡某东方广州分公司在2020年5月19日上传该测试文件还能触发秒传，不能认定系因百某公司未删除与翡某东方广州分公司在2019年8月21日至30日上传并执行了删除操作的测试视频相对应的后台数据导致的。而对于翡某东方广州分公司于2019年8月21日、28日、30日进行的三次秒传测试，经本院核实，第一次是删除当天再上传触发秒传，第二次是删除之后七天再上传触发秒传，第三次是删除之后两天再上传触发秒传。百某公司解释称，百度网盘服务器后台需排队执行用户下达的文件删除指令，排队时间由待删除文件的数量确定，可能从几分钟到十几天不等。对于按照技术原理或者行业惯例，在用户执行删除文件操作之后，云存储服务商应当在多长时间内删除对应的后台数据，双方均未提交证据证实。但是，百某公司提交的证据显示，其“个人云”的安全性系经中国质量认证中心认证的。若上传至百度网盘的文件，控制权即由用户转移至百某公司，用户的文件数据安全及个人隐私保护均会存在严重的漏洞。对于文件存储数量上千亿级的云存储空间，其数天之内未删除后台数据可能是技术原因，也可能是出于数据管理需要考虑所作的特殊设置，例如：为用户恢复误删除数据预留“缓冲”时间等。在翡某东方广州分公司无其他证据佐证的情况下，仅以此推定百度网盘存储的文件系由百某公司控制，理据欠充分。三是关于删除与屏蔽的实际需求性。根据百某公司提交的证据，百某公司对用户存储在网盘中的文件采取了较为严格的安全保护措施，他人无法通过技术手段搜索或者抓取用户存储在百度网盘的文件。对于用户不主动向公众分享的文件，即便不删除百度网盘的后台文件数据，亦不存在通过信息网络被动传播的风险。即便依据“阻止以及预防其他与涉案侵权行为相同行为”标准判断，删除文件亦是没有必要的。本案用户的侵权行为为通过百度网盘向公众分享涉案作品，屏蔽该文件的分享功能，系阻止以及预防其他通过百度网盘向公众分享“相同文件”所必需。对于百某公司是否还应屏蔽用户对该文件的秒传、离线下载、在线播放功能，本院认为，首先，在二审法院关于间接侵权的认定中，在线播放系依附于分享。在《食为奴》视频文件的分享功能被禁止之后，用户自然无法再基于分享对其进行在线播放，无法再侵害翡某东方广州分公司涉案作品的信息网络传播权，故百某公司没有必要再另行“屏蔽”该视频文件的在线播放功能。其次，对于用户上传《食为奴》视频文件至自己百度网盘空间的行为，无论是否触发秒传，一、二审法院均未认定构成侵权，各方当事人对此亦未提出再审，故文件秒传不在百某公司应当采取屏蔽措施的行列。最后，用户离线下载文件与分享文件系不同的行为。对于用户使用百度网盘进行离线下载是否侵害翡某东方广州分公司涉案作品的信息网络传播权的问题，本院未在本案进行过认定，禁止离线下载《食为奴》视频文件超出了“阻止以及预防其他与涉案侵权行为相同行为”的界限，更超出了阻止以及预防其他通过百度网盘向公众分享“相同文件”的界限。因此，本案百某公司有必要采取的措施为屏蔽《食为奴》视频文件在百度网盘中的分享功能，而非对该视频文件采取禁止在线播放、秒传、离线下载的“全面屏蔽”措施。

关于可行性的问题。翡某东方广州分公司在《告知函》中列举了其认为侵权的视频文件的 MD5、SHA1、CRC32 等哈希值以及文件格式、文件大小、修改时间、中英文名字，要求百某公司以上述信息定位百度网盘服务器存储的相应文件并予以删除、屏蔽。一是关于以哈希值删除、屏蔽《食为奴》视频文件的问题。结合双方的陈述以及向一、二审法院以及本院提交的公证书、鉴定书，可认定以下事实：标准 MD5 值具有唯一性，相同文件的标准 MD5 值相同，不同文件的标准 MD5 值不同；标准 MD5 值可以借助“软媒魔方”等工具计算得出并作为判断文件是否相同的工具；翡某东方广州分公司提供的是文件的标准 MD5 值，但百度网盘存储文件时采用的是文件的加密 MD5 值；加密 MD5 值由百度网盘后台服务器调用函数生成，外界无法轻易获悉。因此，若要依据翡某东方广州分公司提供的标准 MD5 值删除、屏蔽《食为奴》视频，百某公司先要将标准 MD5 值转换成加密 MD5 值，再以加密 MD5 值进行搜索定位，最后再对搜索结果进行删除、屏蔽。对于第一个步骤，根据加密 MD5 值的生成原理以及翡某东方广州分公司提交的司鉴院〔2022〕数鉴字第 371 号鉴定意见书关于百度网盘加密后的 MD5 值可通过算法逆向还原为标准 MD5 值的鉴定结论，本院认为从理论上而言，标准 MD5 值具有转换成加密 MD5 值的可能性。对于第二个步骤，虽然百某公司一直坚称，哈希值只用于检验文件完整性，不能用于搜索定位文件。但是，哈希值系区分不同文件的“身份证”，其与文件之间具有对应关系。翡某东方广州分公司于 2021 年 8 月 18 日对其登录百度网盘查看相关网页过程所作的时间戳证据亦显示，百度网盘调用文件的响应参数均包括文件的 MD5 值。因此，百某公司关于哈希值不能用于搜索定位文件的主张理据不足，不能成立。对于第三个步骤，若已经定位到《食为奴》视频文件，再对其进行删除、屏蔽，已系常规操作，不存在任何可行性方面的障碍。二是关于以文件名称删除、屏蔽《食为奴》视频文件的问题。翡某东方广州分公司向二审法院提交的（2020）浙杭网证内字第 1953 号公证书证实，百某公司曾经依据文件名称对百度网盘的其他文件进行过屏蔽。百某公司提交的京正泽〔2021〕电鉴字第 0143 号司法鉴定意见书亦显示使用文件名称作为关键词可以进行屏蔽。同理，依据文件名称对百度网盘的文件进行删除，技术上亦是可行的。此外，本院必须指出的是，翡某东方广州分公司在一审庭审中提交的（2018）沪静证经字第 2027 号公证书，已载明“lanyufei6”“饭锅锅摩羯”两用户在“百度贴吧”发布的涉嫌侵权分享链接。对于该两涉嫌侵权分享链接所指向的存储在百度网盘服务器中的文件，百某公司完全有能力通过查询后台数据“顺藤摸瓜”找到。换言之，由百某公司删除、屏蔽该两侵权链接所指向的存储在百度网盘服务器中的《食为奴》视频文件，技术上亦具有可行性。

最后，关于是否将不合理增加网络服务提供者负担或者过度损害网络服务提供者、用户的合法权益，导致权利人、网络服务提供者、用户利益严重失衡的问题。一是关于删除文件的问题。根据百度网盘“相同文件合并存储”的原理，百某公司删除存储在服务器的《食为奴》文件之后，所有存储该文件的用户数据都会丢失。对于仅仅是存储于百度网盘用于个人学习、欣赏、研究的用户而言，其并未侵害翡某东方广州分公司的信息网络传播权，却因他人的擅自分享行为无辜受累。百某公司亦可能因无故丢失用户数据导致百度网盘关于数据安全方面的信誉受损，甚至为此被用户追责。因此，删除文件会过度损害百某公司及用户的合法权益。二是关于屏蔽文件的分享功能。任何人未经许可，均不得通过百度网盘分享功能擅自向公众提供翡某东方广州分公司享有独家信息网络传播权的作品。屏蔽掉百度网盘服务器存储的《食为奴》视频文件的分享功能，用户仍可以学习、研究、欣赏自己存储在百度网盘的《食为奴》视频文件或者对该视频文件进行其他合理使用，其只是失去了实施侵权行为的可能，合法权益并不会遭受损害。百某公司作为百度网盘的经营者，其有义务协助权利人制止侵权，故对《食为奴》视频文件的分享功能进行“屏蔽”亦不会损害其合法权益。

虽然对百度网盘服务器存储的《食为奴》视频文件的分享功能进行“屏蔽”系合理的必要措施，但是如实施“屏蔽”的具体方式方法不当，仍可能造成权利人与网络服务提供者、用户三者的利益失衡。在本案中，对于如何实施“屏蔽”，如前所述，有以下三种可能：通过翡某东方广州分公司列明的文件标准 MD5 值等哈希值定位“屏蔽”对象、通过文件名称定位“屏蔽”对象、通过涉嫌侵权分享链接定位“屏蔽”对象。对于第一种方法。根据（2019）沪静证经字第 3179 号公证书，翡某东方广州分公司主张用于定位文件的标准 MD5 值等哈希值，系通过“软媒魔方”工具读取公证封存在移动硬盘中的《食为奴》文件获得。经对该公证封存文件的路径“电影天堂 www.dy2018.com”进行溯源，可知该文件系由翡某东方广州分公司于 2017 年 8 月 2 日使用百度网盘从第三方网站或者网络节点离线下载的，即，翡某东方广州分公司所提供的文件标准 MD5 值等哈希值并非与“lanyufei6”“饭锅锅摩羯”两用户或其他用户通过百度网盘分享的《食为奴》视频文件相对应，而是与其使用百度网盘自行从第三方网站或者网络节点下载的、无证据证明被除其自己控制的账号之外的其他用户通过百度网盘分享传播的视频文件相对应。况且，虽然标准 MD5 值具有转换为加密 MD5 值的可能性；但是，从百度网盘离线下载需经历“缓存”“识别”“比对”三步骤而不是“识别”“比对”两步骤推测，以百度网盘的现有技术模式，其完成哈希值转换的具体方式系：获取与标准 MD5 值相对应的文件，再将该文件切片，调用函数“生成”加密 MD5 值。在案证据并未证明，百某公司可以在缺乏文件的情况下，直接将标准 MD5 值通过算法“换算”成加密 MD5 值。对于百某公司而言，上述直接“换算”可能并非轻而易举；否则其在离线下载时完全没必要舍近求远先“缓存”，再从“缓存”的文件中“生成”加密 MD5 值进行比对。经本院核实，翡某东方广州分公司未主动、明确地将与其主张的标准 MD5 值相对应的视频文件提交给百某公司。一言概之：本案中，翡某东方广州分公司向百某公司提供的系与本案有证据证明的侵权事实不对应的其他《食为奴》文件的标准 MD5 值等文件哈希值，还要求百某公司将其直接通过算法“换算”成加密 MD5 值等哈希值进行定位，显然将不合理地增加百某公司作为网络服务提供者的负担。对于第二种方法，即通过文件名称定位“屏蔽”对象。文件的命名具有一定的随意性，文件名称的更改也较为容易。百某公司向本院提交的〔2021〕电鉴字第 0143 号鉴定意见书载明，经鉴定机构鉴定，使用文件名称作为关键词在百度网盘中进行“屏蔽”的误伤率非常高，无法精准定位“屏蔽”对象。如前所述，涉案的《食为奴》非热播剧或者被国家版权局列入重点保护作品预警名单的作品，翡某东方广州分公司提交的证据也不足以证明百度网盘用户对该剧的公开分享已经泛滥成灾到可以忽略对他人文件误伤的程度，故翡某东方广州分公司还应向百某公司提供文件格式、文件大小等更多可进一步限定“屏蔽”范围的文件属性信息来配合其主张的文件名称，以降低误伤率、实现精准定位。翡某东方广州分公司虽然在《告知函》以及（2017）沪静证经字第 3179 号公证书中均提供了文件格式、文件大小等文件名称之外的文件属性信息；但与前述标准 MD5 值问题同理，其提供的文件格式、文件大小等文件属性信息对应的均不是“lanyufei6”“饭锅锅摩羯”两用户通过百度网盘传播的《食为奴》文件，而是其自己用于测试百度网盘各种功能的、无证据证明被除其自己控制的账号之外的其他用户通过百度网盘分享链接擅自进行了传播的《食为奴》文件。对于“lanyufei6”“饭锅锅摩羯”两用户通过百度网盘传播的《食为奴》，翡某东方广州分公司并未提供除文件名称之外的更为详尽的文件属性信息用于限定“屏蔽”范围。百某公司若单纯以文件名称为依据定位“屏蔽”对象，可能导致大量其他文件被限制传播，损害无关用户的合法权益。对于第三种方法，通过涉嫌侵权分享链接定位“屏蔽”对象。毫无疑问，该方法可以实现对“屏蔽”对象精准定位，亦不会给百某公司增加难以承受的经营成本，能够较好地平衡权利人、网络服务提供者、用户三者的利益。

经过上述分析，本院认为，百某公司删除（2018）沪静证经字第 2027 号公证书载明的涉嫌侵权分享链接，可以定向阻止该侵权行为继续，但是无法有效阻止以及预防其他通过百度网盘向公众分享“相同文件”的行为，从而无法达到最基本的“阻止及预防其他与涉案侵权行为相同行为”的效果。从必要性、可行性以及合理性三个维度综合考量，就本案而言：第一，删除文件不是百某公司应当采取的必要措施。第二，以文件名称与文件格式、大小等文件属性信息共同进行限定，才能精准定位“屏蔽”对象，避免“误伤”其他并非涉案电视剧的同名文件。对于用户通过百度网盘分享链接擅自传播的《食为奴》文件，翡某东方广州分公司未提供格式、大小等文件属性信息进行限定，故以文件名称进行屏蔽，不是百某公司应当采取的必要措施。第三，权利人主张以标准MD5值等哈希值定位屏蔽对象的，还应提供与该哈希值相匹配的文件，供百某公司切片“生成”存储文件的特有加密MD5值等哈希值。翡某东方广州分公司未向百某公司提供与用户通过百度网盘分享链接擅自传播的《食为奴》文件相一致的标准MD5值等哈希值，亦未向百某公司提供与其主张的标准MD5值等哈希值相匹配的文件，故以翡某东方广州分公司主张的标准MD5值等哈希值进行屏蔽，亦不是百某公司应当采取的必要措施。第四，屏蔽上述两用户涉嫌侵权分享链接所指向的视频文件的分享功能，是百某公司应当采取的必要措施。

综上，“lanyufei6”“饭锅锅摩羯”两用户通过百度网盘生成分享链接，向公众提供其存储在百度网盘的视频文件，使公众可以下载保存以及在线播放该视频文件。百某公司作为信息网络服务提供者，无主动审查用户分享内容的义务，其未事先采取制止侵权的措施不具有过错；翡某东方广州分公司发送的《告知函》并非有效通知，百某公司接到该通知后未采取制止侵权的措施亦不具有过错。但是，在收到翡某东方广州分公司可以初步证明侵权存在的（2018）沪静证经字第2027号公证书之后，其仅断开上述两用户涉嫌侵权的分享链接，而未对上述两用户涉嫌侵权链接所指向的存储在百度网盘服务器中的《食为奴》视频文件的分享功能采取“屏蔽”的必要措施，不足以有效制止侵权。面对翡某东方广州分公司坚持不懈地“屏蔽”请求，百某公司未进行充分研究，不假思索地予以拒绝，未尽到一个理性经济人的合理注意义务，主观上具有过错，构成对翡某东方广州分公司《食为奴》作品信息网络传播权的间接侵害。百某公司该项再审理由不成立，本院不予支持。一审法院忽略了在第一次开庭之后至翡某东方广州分公司涉案作品到期日之前百某公司未采取充分、合理的必要措施，认定百某公司完全无过错，不构成间接侵权；二审法院对各种复杂情形不加区分、一律认定百某公司存在过错，均是错误的，本院予以纠正。但是，二审法院关于百某公司构成间接侵权的结论正确，本院对该结论予以维持。

三、关于百某公司的赔偿责任应如何承担的问题

数字经济催生了巨大的数据存储需求，云存储已经成为承载数字经济转型的基础性产业。但是，健康发展的云存储产业，权利人、信息网络服务提供者、用户应良性互动、共存共赢。偏离知识产权保护轨道的云存储产业发展，既非国家所希冀，亦非法律所允许。任何企业不得以云存储产业发展为由，忽略对权利人知识产权的保护。百某公司作为国内从事个人云存储服务的知名企业，更应恪尽网络服务提供者的职守、履行网络平台商应尽的义务。其因未尽到合理注意义务，侵害涉案《食为奴》作品的信息网络传播权，依法应承担相应的民事责任。翡某东方广州分公司在二审中撤回了关于停止侵权的诉讼请求，仅请求百某公司承担赔偿损失的民事责任。其该项诉请于法有据，一审法院驳回翡某东方广州分公司全部诉讼请求有误，应当予以纠正。

关于赔偿的具体数额。根据《中华人民共和国著作权法》第四十九条的规定，侵害著作权或者与著作权有关的权利，侵权人应当按照权利人的实际损失给予赔偿；实际损失难以计算的，可以按照侵权人的违法所得给予赔偿。赔偿数额还应当包括权利人为制止侵权行为所支付的合理开支。权利人的实际损失或者侵权人的违法所得不能确定的，由人民法院根据侵权行为的情节，判决给予五十万元以下的赔偿。本案中，翡某东方广州分公司起诉请求判决百某公司赔偿其经济损失 200 万元，合理维权费用 15 万元，共计 215 万元，但其未提交证据证明其因侵权受到的实际损失或者百某公司因侵权的违法所得。二审法院基于百某公司同时构成直接侵权与间接侵权的认定，综合考虑作品类型、百某公司侵权行为的性质和情节以及维权合理开支等因素，以法定赔偿方式确定百某公司赔偿翡某东方广州分公司经济损失及合理维权开支共计 50 万元。鉴于本院对百某公司的侵权定性作出了改判，故对于二审法院确定的上述赔偿金额需一并予以调整。本院认为，除作品的类型、知名度之外，确定本案赔偿金额还需重点考虑：

（一）侵权与损害的具体情形

百某公司并不构成直接侵权；在翡某东方广州分公司起诉时百某公司亦不构成间接侵权。本院认定百某公司构成间接侵权，系因 2018 年 8 月 22 日一审法院组织第一次庭审时，百某公司通过翡某东方广州分公司提交的公证书知晓了用户的具体涉嫌侵权行为，仅断开分享链接，未屏蔽服务器中与该

链接相对应文件的分享功能，所采取的必要措施不充分、不适当。因此，百某公司并非对用户造成的全部损害承担连带赔偿责任，而仅对损害的扩大部分承担连带赔偿责任。鉴于翡某东方广州分公司的授权于 2018 年 12 月 31 日到期，该损害扩大赔偿责任对应的侵权时间仅 4 个月左右。

（二）主观方面

百某公司固然有过错。但是，百某公司未采取“屏蔽”的必要措施，与翡某东方广州分公司过于强调以与涉嫌侵权事实不对应的文件标准 MD5 值定位“屏蔽”对象或者以缺乏与侵权事实相对应的文件格式、大小等属性信息进行配合的文件名称定位“屏蔽”对象，而未明确提出以涉嫌侵权分享链接定位“屏蔽”对象的主张，亦有一定关系。虽然百某公司作为网络服务提供者，在判断需采取何种必要措施时，不能局限于权利人提出具体路径，而应尽到网络服务提供者应尽的合理注意义务，积极采取充分、合理的必要措施制止侵权；但与权利人明确主张了的情形相比，百某公司的主观过错程度相对要轻。

（三）翡某东方广州分公司的合理维权开支

翡某东方广州分公司主张的维权开支高达 15 万元。但是，翡某东方广州分公司大量取证工作以及律师诉讼代理工作是围绕直接侵权、与涉嫌侵权事实不对应的视频文件的标准 MD5 值问题进行的，并且其所取得的证据涉及大量其他作品，故本院需适度考虑取证成本的分摊并结合案件的复杂程度、律师实际工作量、翡某东方广州分公司诉请获得支持的情况，对维权支出中合理的部分在本案中予以支持。

综合上述因素，本院酌定百某公司赔偿翡某东方广州分公司经济损失及合理维权开支共计 10 万元。对翡某东方广州分公司超出该范围的诉讼请求，本院不予支持。

综上所述，百某公司的再审请求部分成立，本院对该部分予以支持。依照《中华人民共和国民事诉讼法》第二百一十八条第二款、第一百七十七条第一款第二项，《中华人民共和国侵权责任法》第九条、第三十六条，《中华人民共和国著作权法》（2010 修正）第十条、第四十七条、第四十九条，《信息网络传播权保护条例》第二条、第十四条、第十五条、第十六条、第十七条、第二十三条、第二十六条，《最高人民法院关于审理侵害信息网络传播权民事纠纷案件适用法律若干问题的规定》第一条、第三条、第四条、第六条、第七条、第八条、第九条、第十条、第十三条之规定，判决如下：

一、维持广州知识产权法院（2019）粤73民终3881号民事判决第一项；

二、撤销广州知识产权法院（2019）粤73民终3881号民事判决第三项；

三、变更广州知识产权法院（2019）粤73民终3881号民事判决第二项为：北京百某网讯科技有限公司于本判决发生法律效力之日起十日内，赔偿上海翡某东方传播有限公司广州分公司经济损失及维权合理开支共计10万元；

四、驳回上海翡某东方传播有限公司广州分公司其他诉讼请求。

如未按判决指定的期间履行给付金钱义务，应当依照《中华人民共和国民事诉讼法》第二百六十四条之规定加倍支付迟延履行期间的债务利息。

一、二审案件受理费各24000元，均由上海翡某东方传播有限公司广州分公司负担2400元，北京百某网讯科技有限公司负担21600元。

本判决为终审判决。

审　判　长　欧丽华
审　判　员　肖少杨
审　判　员　李　艳
二〇二四年五月九日
书　记　员　严思敏

四、竞争案件审判

（一）反不正当竞争案件审判

31. 有一定影响的企业字号的认定

——上诉人兰州某房地产有限公司与被上诉人某置地（成都）有限公司、上海某房地产有限公司、南京某企业管理有限公司、新加坡某控股有限公司侵害商标权及不正当竞争纠纷案①

中华人民共和国最高人民法院民事判决书（2023）最高法民终418号

上诉人（一审被告）：兰州某房地产有限公司。住所地：中华人民共和国甘肃省兰州市城关区。

法定代表人：金某，该公司董事长。

委托诉讼代理人：李科峰，北京市集佳律师事务所律师。

委托诉讼代理人：张琪，北京市集佳律师事务所律师。

被上诉人（一审原告）：某置地（成都）有限公司。住所地：中华人民共和国四川省成都市锦江区。

法定代表人：魏某，该公司董事长。

委托诉讼代理人：李静传，泰和泰（北京）律师事务所律师。

委托诉讼代理人：张荣康，泰和泰（北京）律师事务所律师。

被上诉人（一审原告）：上海某房地产有限公司。住所地：中华人民共

---

① 本案在年度报告中的位置为第71页。

和国上海市自由贸易试验区。

法定代表人：魏某，该公司董事长。

委托诉讼代理人：李静传，泰和泰（北京）律师事务所律师。

委托诉讼代理人：沈志君，泰和泰（北京）律师事务所律师。

被上诉人（一审原告）：南京某企业管理有限公司。住所地：中华人民共和国江苏省南京市建邺区。

法定代表人：钟某，该公司董事长。

委托诉讼代理人：李静传，泰和泰（北京）律师事务所律师。

委托诉讼代理人：沈志君，泰和泰（北京）律师事务所律师。

被上诉人（一审原告）：新加坡某控股有限公司。住所地：新加坡共和国淡马锡林荫道。

法定代表人：钟某坚，该公司董事。

委托诉讼代理人：李静传，泰和泰（北京）律师事务所律师。

委托诉讼代理人：舒勇攀，泰和泰律师事务所律师。

上诉人兰州某房地产有限公司（以下简称兰州某公司）因与被上诉人某置地（成都）有限公司（以下简称成都某公司）、上海某房地产有限公司（以下简称上海某公司）、南京某企业管理有限公司（以下简称南京某公司）、新加坡某控股有限公司（以下简称新加坡某公司）侵害商标权及不正当竞争纠纷一案，不服甘肃省高级人民法院作出的（2020）甘民初1号民事判决，向本院提起上诉。本院于2023年12月20日立案受理后，依法组成合议庭，于2024年2月27日公开开庭进行了审理，本案当事人的委托诉讼代理人均到庭参加诉讼，本案现已审理终结。

兰州某公司不服一审判决，向本院提起上诉，请求撤销一审判决第一、二、三项，改判驳回被上诉人的全部诉讼请求。事实与理由如下：

1. 被诉侵权行为不构成商标侵权。（1）兰州某公司将自己的“仁恒”字号与“国际”“晶城”“美林郡”文字组合使用在项目名称上，是房地产行业的普遍做法，属于非商标性使用，兰州某公司对“仁恒”文字的使用是正当使用。兰州某公司在其开发的楼盘上使用了多枚其申请注册的商标，未利用四被上诉人“仁恒”商标的知名度。（2）商品房具有特殊性和地域性，被诉侵权产品不会引起消费者的混淆误认。（3）兰州某公司依靠自身多年的奋斗和努力，在兰州甚至甘肃地区的相关公众中建立了良好的形象和美誉，并无攀附意图。（4）一审判决关于兰州某公司主张的先用权抗辩不能成立的认定显失公平，不应机械适用《中华人民共和国商标法》（以下简称商标法）第五十九条第三款，还应考虑抗辩人的主观状态，一审判决片面理解上述法律规定，相关认定错误。

2. 兰州某公司使用“仁恒”字样作为企业名称，不构成不正当竞争。（1）兰州某公司的企业名称经国家工商行政管理机关依法核准注册，其与被上诉人在不同行政区域内各自经营，应合法共存。（2）被上诉人新加坡某公司成立时间晚于上诉人兰州某公司，新加坡某公司不享有在先企业名称权益，不应获得《中华人民共和国反不正当竞争法》（以下简称反不正当竞争法）第六条第二项的保护。（3）南京某公司、上海某公司以及成都某公司未提供证据证明兰州某公司被核准使用“仁恒”字号时，其“仁恒”标识具有市场知名度，为中国相关公众知悉。四被上诉人在2002年仅涉足上海、南京个别楼盘，市场份额有限，兰州某公司所在的兰州市及全国绝大多数地域的相关公众对被上诉人的“仁恒”标识和商品并不熟悉。因此，上述被上诉人不具有反不正当竞争法第六条第二项保护的企业名称权益。（4）兰州某公司的“仁恒”字号核准登记时，被上诉人并无核准注册的“仁恒”商标，也无相关未注册驰名商标，因此，兰州某公司登记注册“仁恒”字号的行为不属于商标法第五十八条及反不正当竞争法第六条第四项规定的不正当竞争。而且本案应适用2001年修正的商标法，该法未禁止将他人注册商标或者未注册驰名商标登记为企业字号。同时，四被上诉人未提出以“仁恒”商标作为权利基础，主张兰州某公司登记注册“仁恒”字号的行为构成不正当竞争。因此，一审法院将被上诉人的未注册商标作为注册商标予以保护错误，且属于超范围审查。

3. 一审判决关于“仁恒”标识对兰州某公司的获利具有贡献以及损害赔偿数额的认定与事实不符。（1）兰州某公司与被上诉人从未在同一区域开发与经营，未形成行业、产品、服务等竞争，被诉侵权行为未给被上诉人造成经济损失。（2）涉案“仁恒”商标在兰州鲜为人知，对兰州某公司的利润并无贡献，一审判决认定3%的品牌贡献率错误。（3）被上诉人提起本案诉讼不符合法律相关规定，其为维权支出的费用应自行承担。（4）根据兰州某公司在二审审理期间提交的证据，可以证明各大媒体自兰州某公司成立时就对其经营进行了持续报道，被上诉人作为同业经营者应知晓。一审判决以2002年11月26日至2016年5月作为损害赔偿计算期间，超出了《最高人民法院关于审理商标民事纠纷案件适用法律若干问题的解释》（以下简称商标民事纠纷司法解释）第十八条关于侵权损害赔偿数额向前推算三年的规定。（5）一审法院对系列“真彩仁恒”商标相关证据的认定，以及对《关于“仁恒”中文标识对兰州某房地产有限公司的收入、利润贡献率评估项目执行商定程序的追溯评估报告书》（以下简称涉案评估报告）的采信均有不当。

成都某公司、南京某公司、上海某公司及新加坡某公司辩称：1. 被诉侵权行为构成商标侵权。兰州某公司使用“仁恒”标识的行为构成商标性使用，其使用行为造成相关公众混淆误认。2. 兰州某公司将“仁恒”作为企业名称使用，侵害四被上诉人在先权利，构成不正当竞争。（1）成都某公司、上海某公司、南京某公司成立并使用“仁恒”字号，进行商标性使用的时间为 1993 年、1994 年，均早于兰州某公司。而且，兰州某公司主张其使用“仁恒”作为字号并非商标性使用，其主张先用权抗辩不能成立。（2）兰州某公司核准登记的企业名称与被上诉人的在先权利发生冲突，应当优先保护被上诉人的在先权利。兰州某公司明知“仁恒”商标的知名度及使用情况，仍以此作为企业字号，具有主观恶意，兰州某公司与被上诉人是否处于同一行政区域并不影响其侵权行为成立，而且，被上诉人的“仁恒”商标具有极高知名度，为中国相关公众知悉。3. 根据被上诉人提交的证据，“仁恒”标识对兰州某公司的净利润贡献率为 16.32%，因此，兰州某公司通过攀附“仁恒”商标获得巨额利润。一审法院认定被上诉人的“仁恒”商标对兰州某公司收入有贡献，并以侵权获利作为损害赔偿数额的计算标准及对合理开支的认定具有事实和法律依据。一审法院综合考虑在案证据中兰州某公司的利润率情况，酌定 3%的净利润率贡献率，已经考虑了兰州某公司自身经营因素。被上诉人为制止侵权而支出的费用属于其合理支出，一审判决认定应由兰州某公司承担亦无不当。4. 一审法院证据采信并无不当。（1）兰州某公司提交第 6069262 号“真彩仁恒”商标用以证明并非所有含有仁恒字样的标识都构成侵权，一审法院的相关认定仅是对事实情况的客观描述，未超出审理范围。而且第 6069262 号“真彩仁恒”商标已被依法撤销。法院有权自行调查取证，一审法院对第 46547289 号、第 46562465 号“真彩仁恒”商标情况的认定不违反法律规定。（2）一审法院对涉案评估报告的采信及认定正确。据此，请求驳回上诉、维持原判。

成都某公司、上海某公司、南京某公司及新加坡某公司向一审法院提出诉讼请求：1. 判令兰州某公司立即停止商标侵权及不正当竞争行为。包括：立即变更其楼盘名称且变更后的名称不得含有“仁恒”字样、其尚未出售和将来拟开发的楼盘上不得以“仁恒”字样作为楼盘名称；立即变更其公司名称且变更后的名称中不得含有“仁恒”字样；立即变更其网站宣传用语且不得含有“仁恒”字样；立即停止使用“renhenggroup. com”域名；立即销毁含有“仁恒”字样的宣传资料。2. 判令兰州某公司在全国性媒体或报刊的显著位置刊登致歉声明（内容需经成都某公司、上海某公司、南京某公司及新加坡某公司审查同意）并消除影响。3. 判令兰州某公司赔偿成都某公司、上海某公司、南京某公司及新加坡某公司 10050 万元（包括为制止侵权支付的公证费 10 万元、律师代理费暂计 40 万元）。4. 由兰州某公司承担本案全部诉讼费用。

一审法院认定事实：

成都某公司、上海某公司、南京某公司及新加坡某公司分别于 1993 年 1 月 21 日、1993 年 3 月 22 日、1994 年 5 月 19 日、2005 年 4 月 11 日相继成立。成都某公司、南京某公司的唯一股东以及上海某公司的控股股东均为案外人仁恒置地有限公司，该公司的唯一股东为仁恒置地集团有限公司，新加坡某公司则是仁恒置地集团有限公司第一大股东，涉案四公司系关联公司。自 1993 年 3 月始，成都某公司、上海某公司、南京某公司、新加坡某公司及其关联公司分别在上海、南京、成都、珠海、苏州、深圳、天津、唐山等地相继推出“仁恒广场”“仁恒滨江园”“仁恒双湖湾”等“仁恒”系列房地产。

2003 年 3 月 28 日，南京某公司取得第 3018262 号“仁恒”文字注册商标，核定使用类别为第 19 类非金属建筑物，专用权期限自 2003 年 3 月 28 日至 2013 年 3 月 27 日；2003 年 5 月 14 日，南京某公司取得第 3018260 号“仁恒”文字注册商标，核定使用类别为第 37 类建筑，专用权期限自 2003 年 5 月 14 日至 2013 年 5 月 13 日，后经续展专用权期限至 2033 年 5 月 13 日；2005 年 6 月 28 日，上海某公司取得第 3559621 号“仁恒”文字注册商标，核定使用类别为第 36 类不动产出租、不动产代理、住房代理、不动产中介和评估、办公室（不动产）出租、不动产管理、公寓管理、公寓出租及住所（公寓），专用权期限自 2005 年 6 月 28 日至 2015 年 6 月 27 日，后经续展专用权期限至 2025 年 6 月 27 日；2008 年 3 月 14 日，新加坡某公司取得第 4284741 号“仁恒”文字注册商标，核定使用类别为第 36 类商品房销售服务，专用权期限自 2008 年 3 月 14 日至 2018 年 3 月 13 日，后经续展专用权期限至 2028 年 3 月 13 日；2014 年 7 月 14 日，新加坡某公司取得第 10044739

号“仁恒”文字注册商标，核定使用类别为第37类建筑、商品房建造、游泳池维护、娱乐体育设备的安装和修理，专用权期限自2014年7月14日至2024年7月13日；2015年5月28日，新加坡某公司取得第13742927号“仁恒”文字注册商标，核定使用类别为第37类建筑信息、室内装潢、清洁建筑物（内部）、清洁建筑物（外表面）、机械安装、保养和修理、电梯安装和修理，专用权期限自2015年5月28日至2025年5月27日。2007年5月8日，南京某公司将前述第3018262、3018260号“仁恒”商标转让至新加坡某公司名下；2007年4月28日，上海某公司将前述第3559621号“仁恒”商标转让至新加坡某公司名下。

2016年3月24日，新加坡某公司授权成都某公司于2010年12月28日至2016年12月27日在四川省使用其包括授权前、授权时和授权期间所有的全部商标，许可费为被授权商标经营收入总额的0.5%；于2016年3月24日至2020年3月23日在包括甘肃省在内的中国西部地区使用其授权前、授权时和授权期间取得的所有注册商标，许可使用费为成都某公司使用被授权商标全部营业收入总额的2%。同日，新加坡某公司授权成都某公司有权以自己的名义就涉案“仁恒”商标的侵权行为申请证据保全公证、提起商标侵权诉讼。涉案第3018260、3559621、4284741、10044739、13742927号“仁恒”商标均经过许可使用备案。

1995年至2002年，上海某公司先后获得“重合同守信用单位”“销售百强”“AAA级企业”等奖项，以“仁恒”命名的楼盘先后获得“全国物业管理示范住宅小区”“住宅性能认定等级3A级”“优秀住宅金奖”“四高优秀小区”等奖项。“仁恒”品牌分别被国务院发展研究中心企业研究所、清华大学房地产研究所、中国指数研究院共同组成的中国房地产TOP10研究组鉴定为在华投资房地产公司品牌价值TOP10、品牌价值50.49亿元；被中国房地产研究会、中国房地产协会和中国房地产勘测中心评定为“中国房地产上市公司百强”“中国房地产上市公司综合实力五十强”；被上海房地产交易中心评定为“1999—2008十年楼市影响力品牌”。仁恒置地集团有限公司在《扬子晚报》《新民晚报》《南京日报》《新闻晚报》《东方早报》及搜房网、新浪乐居、搜狐焦点等媒体上对其品牌进行了大量宣传。

2016年3月18日，成都某公司提交“兰州仁恒置地有限公司”企业名称预核准申请，同年4月14日，市场监督管理部门以“字号重名”为由未予核准。

本案诉讼中，经成都某公司、上海某公司、南京某公司、新加坡某公司委托，北京名牌资产评估有限公司于 2017 年 2 月 10 日出具涉案评估报告，该报告载明：如果以兰州某公司 2002 年 11 月 26 日至 2016 年 6 月 30 日的工商年检、纳税信息和兰州市住房保障和房地产管理局网站公示的销售数据为基础，“仁恒”中文标识在 2002 年 11 月 26 日至 2016 年 6 月 30 日对兰州某公司的净利润贡献率为 16.32%、净利润贡献额为 12576 万元。

2015 年 12 月，成都某公司、上海某公司、南京某公司及新加坡某公司向公证机关申请证据保全，四川省成都市国力公证处出具（2015）川国公证字第 132528、133264 号《公证书》，载明兰州某公司在其网页宣传、广告传单、售楼部及所开发的楼盘项目中突出使用了“仁恒”标识。

2019 年 11 月 7 日，南京某公司变更原企业名称“仁恒投资（南京）有限公司”为“南京某企业管理有限公司”。

成都某公司、上海某公司、南京某公司及新加坡某公司因本案诉讼支付代理费 40 万元、公证费 1.318 万元、“仁恒”标识贡献率评估费 25 万元、两次一审财产保全费 1 万元、财产保全担保费 15.075 万元并预交诉讼费 54.43 万元，合计 136.823 万元。

2002 年 1 月 27 日，兰州某公司的法定代表人金某在上海认购了上海某公司开发的“仁恒滨江园”7#24 层 02 室并交付定金 5 万元，后于同年 2 月 1 日将该房换购为同楼盘 7#29 层 02 室。

2002 年 11 月 26 日，兰州仁恒置业有限公司成立。2006 年 5 月 22 日，该公司变更企业名称为“兰州某房地产有限公司”（兰州某公司），经营范围为房地产开发、商品房销售和物业管理。自 2004 年开始，兰州某公司先后开发并对外销售了“仁恒国际”“仁恒美林郡”及“仁恒晶城”楼盘。

2005 年 2 月 7 日，兰州某公司申请注册“仁恒国际”图文商标未予获准。2016 年 9 月 14 日，兰州某公司申请“仁恒美林郡 RENHENGMEILINJUN”“仁恒晶城 RENHENGJINGCHENG”在第 37 类建筑和第 36 类不动产代理、公寓管理服务上的商标注册未予获准。兰州某公司提出不予注册复审申请，国家知识产权局商标评审部门决定不予核准注册，兰州某公司遂以国家知识产权局为被告向北京知识产权法院提起商标不予注册复审行政诉讼，该院经审理于 2020 年 8 月 26 日分别以（2020）京 73 行初 6858、6878、6875、6877 号行政判决书驳回其诉讼请求。兰州某公司不服，向北京市高级人民法院提起上诉。该院经审理于 2021 年 5 月 31 日、6 月 9 日分别以（2021）京行终2253、2255、2258、2567号行政判决驳回上诉，维持原判。后兰州某公司就前述（2021）京行终2253号行政判决向北京市高级人民法院提起再审，该院于2022年2月10日以（2021）京行申2483号行政裁定驳回其再审申请。

兰州某公司开发的“仁恒国际”楼盘于2004年获得“中国国际花园社区”大奖、2005年获得“中国住宅100强”、2007年被甘肃省消费者协会评为诚信单位、2008年分别被甘肃省房地产协会和兰州城市建设管理委员会授予“诚信企业”“诚信房地产开发企业”称号、同年被中国房地产监测中心评为“中国房地产开发企业500强”、2009年获得“甘肃地产20年生活方式影响力最高成就奖”。

一审法院认为：本案系商标侵权及不正当竞争纠纷涉外案件。《中华人民共和国涉外民事关系法律适用法》第四十四条规定：侵权责任适用侵权行为地法律……。该法第五十条规定：知识产权的侵权责任，适用被请求保护地法律。本案中，被诉侵权行为地和被请求保护地均在中华人民共和国境内，各方当事人对本案适用中华人民共和国法律亦无异议，故本案应适用中华人民共和国法律。商标法和反不正当竞争法分别于2019年11月1日、2019年4月23日起修正施行。被诉侵权行为持续到修正后的两部法律实施之后，故相关被诉侵权行为是否构成商标侵权及不正当竞争的认定应适用前述2019年修正的商标法和反不正当竞争法。

前述商标中，除第3018262号“仁恒”商标已于2013年3月27日到期，第3018260、3559621、4284741、10044739、13742927号“仁恒”文字商标均在注册或续展有效期内，法律状态稳定，其权利人对该五枚“仁恒”注册商标享有的专用权应受法律保护。此次一审中，各被上诉人主张其注册在第36类商品房销售等服务上的第17337871号“仁恒”商标亦属被侵权商标。因该枚商标注册于2016年8月14日，晚于本案起诉日期，故该枚商标不再纳入本案诉请保护商标范围。新加坡某公司经合法注册或受让，涉案第3018262、3018260、3559621、4284741、10044739、13742927号“仁恒”文字注册商标持有人，成都某公司、上海某公司和南京某公司分别系前述注册商标的被许可人和企业名称权人，作为涉案“仁恒”商标的利害关系人，有权与新加坡某公司共同提起本案诉讼。

本案一审争议焦点为：兰州某公司以“仁恒”字样命名其楼盘名称并进行商业宣传是否侵犯涉案“仁恒”商标专用权；兰州某公司以“仁恒”为字

号注册企业名称是否构成不正当竞争；兰州某公司注册使用“renhenggroup.com”域名是否构成侵权；若侵权成立，兰州某公司应如何承担民事责任。

关于兰州某公司以“仁恒”字样命名其楼盘名称并进行商业宣传是否侵犯涉案“仁恒”商标专用权的问题。商标法第五十六条规定，注册商标的专用权，以核准注册的商标和核定使用的商品为限。第3018260、3559621、4284741、10044739、13742927号“仁恒”商标中，除第13742927号“仁恒”商标核定使用类别“建筑信息、室内装潢、清洁建筑物、机械安装、保养和修理、电梯安装和修理”与兰州某公司经营范围中的“房地产开发、商品房销售”不相同或不相类似外，其余商标的核定使用类别“建筑”“商品房销售”“商品房建造”“不动产代/管理”“住所（公寓）”均与兰州某公司经营范围中的“房地产开发、商品房销售”在功能、用途、消费对象等方面存在相同或包容关系，构成类似服务。因此，一审法院仅以前述第3018260、3559621、4284741、10044739号“仁恒”注册商标（以下统称涉案四商标）为限进行审查。

涉案四商标均核定使用于服务类别，其保护范围并不包括承载该服务的楼盘本身，而楼盘名称则使用于楼盘这一特殊商品之上。楼盘作为商品，是“建筑、商品房建造、商品房销售、不动产代/管理”等服务的标的，二者在功能、用途、销售渠道、消费对象等方面存在特定联系，应当认定为商品与服务之间的类似。

商标的核心属性在于指示商品或服务来源并使之区别于其他经营者的商品或服务。本案庭审中，兰州某公司辩称其“晶城”楼盘的命名方式为自有图形商标与“晶城”二字的组合，不包含“仁恒”标识。在卷证据显示，该楼盘在其小区门牌、治安室窗户、经公证证据保全的兰州某公司网站页面、兰州市住房保障和房地产管理局网页以及兰州某公司答辩状中的标识和陈述均显示为“仁恒晶城”，故兰州某公司此项抗辩理由不能成立。兰州某公司将其楼盘命名为“仁恒国际”“仁恒美林郡”“仁恒晶城”并将其附着或使用在楼盘外立面、小区入口牌石、小区门牌、售楼中心门头及装潢、员工名片、手提袋、治安室窗户及《置业预算表》等处，还将前述楼盘名称与“仁恒房地产”“仁恒集团”“仁恒物业”等字样用于其网站页面、宣传手册等处。该种使用方式起到了指示和区分商品或服务来源的作用，其实质在整体外观、传递含义上并非单纯对企业名称字号的使用，而是将“仁恒”标识用于商品销售和商业推广，以达成商业交易为目的，构成商标法意义上的商标性使用。

前已述及，涉案“仁恒”商标核定使用的服务与楼盘这一商品存在关联，构成服务与商品之间的类似。将被诉侵权标识“仁恒国际”“仁恒美林郡”“仁恒晶城”与涉案“仁恒”商标相比对，“国际”“美林郡”“晶城”仅是兰州某公司旗下楼盘系列名称的一般用语，“仁恒”则构成前述标识中的主要识别部分，该识别部分与涉案“仁恒”商标在字形、读音、含义方面完全一致。

兰州某公司辩称其楼盘名称中的“仁恒”标识系其对企业名称字号的正当使用。兰州某公司将与涉案“仁恒”商标相同的文字作为企业字号在与该商标核定使用服务类别相类似的商品上突出使用，不构成对其企业字号的正当使用。

兰州某公司另辩称其所售楼盘上的标识系其自有图形商标等与“仁恒”文字+拼音以及“国际”“美林郡”“晶城”字样的图文组合并用。一方面，兰州某公司在持有自有图形商标的情形下，仍使用“仁恒国际”“仁恒美林郡”“仁恒晶城”文字及“仁恒”拼音与其图形商标组合使用，属于对其注册商标的不规范使用行为；另一方面，根据一般认知习惯，图文组合标识中的汉字部分相较于图形往往更易于识别，更易使相关公众产生较为深刻的印象。对房地产行业而言，文字部分才是其识别楼盘的直接来源。因此，即便兰州某公司在其楼盘标识中添加了自有图形商标和“Renheng”拼音，“仁恒国际”“仁恒美林郡”“仁恒晶城”文字仍构成其楼盘名称的主要识别元素和显著识别部分。该种使用方式完整包含了涉案“仁恒”商标且与上海某公司开发的“仁恒滨江园”等楼盘名称在文字结构、整体外观、视觉效果上整体构成近似，易使相关公众产生混淆误认。

在先使用含有“仁恒”字号的企业名称，是兰州某公司据以主张其行为属于对涉案“仁恒”商标正当使用的另一事实基础。但本案中，涉案第3018260号“仁恒”商标注册申请日为2001年11月15日，而兰州某公司成立于2002年11月16日，且成都某公司、上海某公司和南京某公司均明显早于兰州某公司成立，因此，兰州某公司关于其对“仁恒”标识的使用构成“在先使用”的抗辩不能成立。

兰州某公司举证称其自案外人兰州海润公用设施有限公司处受让第6069262号“真彩仁恒”商标的事实说明，并非所有含有“仁恒”字样的标识都构成侵权。首先，该“真彩仁恒”商标不属本案被诉侵权标识，其显著性和独创性的认定与本案不具关联性；其次，该商标于2019年转让给兰州某公司，晚于本案起诉日期；最后，该商标目前处于撤销复审行政纠纷审理阶段，兰州某公司是否能够最终享有该商标在第36类“商品房销售、不动产管理”等服务上的权利尚不确定。即使兰州某公司最终胜诉，也只能规范使用“真彩仁恒”字样，而非“仁恒”二字；另外，国家知识产权局已分别于2022年2月18日、2022年3月18日以（2022）商标异字第20691、35436号决定书对第46547289、46562465号“真彩仁恒”商标在“商品房销售、不动产管理、商品房建造”等服务上不予注册。该两枚商标均处于“驳回复审完成”状态，兰州某公司亦未提交其对该两枚商标提起商标行政诉讼的证据。故，一审法院对兰州某公司此项辩称不予支持。

兰州某公司法定代表人金某于2002年1月认购上海“仁恒滨江园”房产，2005年2月申请注册“仁恒国际”图文商标被驳回，2016年5月，各被上诉人提起本案诉讼。上述事实意味着，兰州某公司已明知或应当知道各被上诉人已对“仁恒”商标享有相关权利，但其仍于2016年9月14日以“仁恒”二字为核心要素，实施了一系列商标注册申请行为，申请被驳回后提起的商标复审和商标行政一审、二审、再审诉讼均败诉。此情形下，兰州某公司对于含有“仁恒”字号的企业名称、楼盘命名及商业宣传的使用仍持续至今。

综上，兰州某公司在与涉案“仁恒”商标核定服务类别相类似的商品上，将与涉案“仁恒”商标相同的文字作为商品标识，割裂了各被上诉人与其注册商标之间的特定联系，构成对涉案四商标注册商标专用权的侵害。

关于兰州某公司以“仁恒”为字号注册企业名称是否构成不正当竞争的问题。本案中，兰州某公司企业名称中的“仁恒”字样与涉案“仁恒”商标存在权利冲突。对于兰州某公司而言，“仁恒”二字就是其用以区分不同市场主体的主要标志，而“兰州、房地产、有限公司”等则仅是对兰州某公司经营区划、行业归属及公司性质的一般性描述，故“仁恒”字样构成兰州某公司企业名称的字号和主要识别部分。较之涉案“仁恒”商标，二者在字形、读音方面完全一致。商标法第五十八条规定：“将他人注册商标、未注册的驰名商标作为企业名称中的字号使用，误导公众，构成不正当竞争行为的，依照《中华人民共和国反不正当竞争法》处理。”因此，企业名称虽经相关行政机关核准登记，但在企业名称的形式合法性与在先权利相冲突，可能引起混淆的情形下，人民法院仍应按照诚实信用、保护在先权利、维护公平竞争和避免混淆等原则，认定其是否构成侵犯在先合法权利。如果注册使用企业名称的行为本身缺乏正当性，不正当地将他人具有较高知名度的在先注册商标作为字号注册登记为企业名称，即使规范使用仍容易产生市场混淆的，可以按照不正当竞争行为处理。本案中，即应结合兰州某公司将“仁恒”二字用于其企业名称是否具有正当性、涉案“仁恒”商标的知名度等因素予以综合考虑。

在案证据显示，成都某公司、上海某公司、南京某公司及新加坡某公司1993年始即已分别在上海、南京、成都、珠海、苏州、深圳、天津、唐山等地相继推出“仁恒”品牌系列楼盘并先后获得诸多奖项，通过广泛商业宣传，其购房客户来源亦不仅限于上述地区。北京市高级人民法院（2021）京行终2253、2255、2258、2567号行政判决、（2021）京行申2483号行政裁定均认定：“仁恒”系列品牌在不动产服务行业经使用已具有一定知名度，相关公众容易将兰州某公司旗下的不动产服务误认为成都某公司、新加坡某公司“仁恒”品牌下的项目。

本案中，兰州某公司法定代表人金某于2002年1月27日、2月1日认购、换购上海某公司开发的“仁恒滨江园”房产，同年11月26日即在甘肃省兰州市投资成立“兰州仁恒置地有限公司”。此事实说明，金某在注册兰州某公司之前，至迟应于购房当时接触并知悉上海某公司的企业名称及“仁恒”商标。“仁恒”商标中的“仁”“恒”二字虽均为常用汉字，但二者组合使用之后却形成了臆造词且具有较强的固有显著性。兰州某公司对其使用“仁恒”二字的创意亦未作出合理解释。作为在后同业经营者和市场竞争者，兰州某公司理应尊重在先权利并进行合理避让，但其仍使用与各被上诉人相同的“仁恒”字号注册企业名称，从事与各被上诉人在销售渠道、消费对象等方面存在重叠的商品房建造和销售行为，使其成为指引消费者判断服务来源的识别依据。因兰州某公司的企业名称注册行为，成都某公司2016年3月申请注册成立“兰州仁恒置地有限公司”未予获准，致其在兰州地区设立关联公司、拓展“仁恒”品牌的市场空间受到抑制。

在案证据显示，兰州某公司在其网站宣传、商业推广中并未完整、规范使用其企业名称全称，而是通过简化企业名称方式使用“仁恒地产”“仁恒集团”“仁恒物业”等标识，以达到突出“仁恒”字样的目的。花旗银行、德意志银行曾于2015年致函成都某公司，要求参观访问“仁恒美林郡”项目的事实以及经公证证据保全的相关网页内容均表明，兰州某公司的行为已使相关公众对商品或服务来源产生混淆和误认。

兰州某公司在接触并知悉“仁恒”商标的情形下，以与涉案“仁恒”商标相同的“仁恒”字样为字号注册企业名称并将其用于网站宣传、商业推广等，从事与各被上诉人经营范围相同的房地产开发与销售，二者在销售渠道、消费对象等方面存在重叠，足以使相关公众对其服务或商品来源产生混淆。该行为有违诚实信用的市场交易原则和公认的商业道德，难谓正当，同时亦减损了各被上诉人的市场交易机会，扰乱了正常的市场竞争秩序，构成不正当竞争。

为避免消费者的混淆，维护公平的市场竞争秩序，各被上诉人诉请兰州某公司立即变更其企业名称和网站宣传用语并不得含有“仁恒”字样的诉讼请求具有事实和法律依据，一审法院予以支持。各被上诉人另诉请兰州某公司变更其已开发的楼盘名称且变更后的名称中不得含有“仁恒”字样。本案中，兰州某公司经批准将小区命名为“仁恒国际”“仁恒美林郡”“仁恒晶城”，小区居民已入住多年，且无证据证明小区居民购买该房产时知晓小区名称侵犯了涉案“仁恒”商标的相关权利，如果判令停止使用该小区名称，将导致知识产权与公共利益以及小区居民利益的失衡，因此，对该项诉讼请求不予支持，但兰州某公司在其尚未出售的楼盘和将来拟开发的楼盘上均不得使用“仁恒”标识。

关于各被上诉人要求兰州某公司在全国性媒体或报刊上刊登声明的诉讼请求应否支持的问题。如前所述，兰州某公司对于前述商标侵权和不正当竞争行为在主观上存在故意，客观上容易导致消费者对服务来源或商品产生混淆，故各被上诉人诉请其在媒体或报刊显著位置刊登声明具有事实和法律依据，但综合考虑兰州某公司的侵权情节、性质及其使用涉案“仁恒”商标的地域状况，判令其在兰州市主要媒体或报刊上刊登声明以消除影响。

关于兰州某公司注册使用“renhenggroup. com”域名是否构成侵权的问题。兰州某公司所用域名为“renhenggroup. com”，其中的“renheng”标识虽与涉案“仁恒”商标读音相同，但并非“仁恒”文字本身，故不构成侵权，但兰州某公司应立即停止使用其网站中含有“仁恒”标识的相关宣传用语。

关于兰州某公司对其商标侵权和不正当竞争行为应如何承担赔偿责任的问题。兰州某公司应就其侵害涉案“仁恒”商标专用权及不正当竞争的行为承担停止侵权、赔偿损失和消除影响的民事责任。

关于本案侵权损害赔偿数额的认定问题。因成都某公司、南京某公司、上海某公司及新加坡某公司在诉讼请求中将商标侵权与不正当竞争的损害赔偿数额一并予以主张，故综合考虑兰州某公司的侵权情况对此一并予以认定。

本案中，各被上诉人以兰州某公司的侵权获利主张损害赔偿。成都某公司、南京某公司、上海某公司及新加坡某公司在原一审中提交的自兰州市市场监督管理局调取的兰州某公司 2002 年—2012 年《工商年检报告》可证明：其在此期间的累计营业总收入为 14.91 亿元、净利润合计 2.12 亿元。2014 年 3 月 1 日起，国家取消企业年检制度，实行市场主体年度报告公示制度，即企业按年度在规定期限内，通过商事主体登记及信用信息公示平台，向市场监督管理部门提交年度报告并向社会公示，企业对年度报告的真实性、合法性负责，市场监督管理部门仅对企业年度报告进行抽查而非之前的年检审核。此情形下，各被上诉人未能调取到兰州某公司 2013 年 1 月 1 日至 2016 年 6 月 30 日的工商年检资料，仅提交了此期间兰州某公司的企业纳税信息，并拟以“企业所得税税率为 25%、营业税税率为 5%”为据倒推出兰州某公司此期间内的累计营业总收入为 20.26 亿、净利润为 2.91 亿元。因该数据为倒推数据，一审法院根据申请，依职权向甘肃省市场监督管理局调取了兰州某公司 2013 年至 2016 年的企业年报信息，该局出具的《关于提供企业年报公示信息的函》及相关明细载明：兰州某公司 2013 年营业总收入 38759 万元、净利润-439 万元；2014 年营业总收入 39668 万元、净利润 8651 万元；2015 年营业总收入 66564.47 万元、利润总额 11046.64 万元、净利润 8349.54 万元；2016 年营业总收入 75001 万元、利润总额 17556 万元、净利润 12182 万元。经质证，兰州某公司对该证据的真实性无异议，唯认为 2013 年其营业总收入应为 5783 万元，但并未提交相关证据予以证明，故一审法院不予采信。各被上诉人对该证据的真实性、合法性、关联性均无异议，并认为该组企业年报信息与其调取的税务信息相匹配。

前已述及，工商年检制度改革后，市场监督管理部门对于企业自主申报的年度数据除抽查外不再进行年检审核，而企业税务申报制度并未改变，一审法院遂依职权向国家税务总局兰州市税务局第二税务分局调取了兰州某公司 2013—2016 年的税务年报信息和企业所得税完税证明。该局出具的《调取纳税人涉税保密信息情况说明》《入库查询》《企业所得税年度纳税申报表》等载明，兰州某公司 2015 年申报营业收入 665644736.26 元、缴纳企业所得税 26971056.57 元；2016 年申报营业收入 750014372.03 元、缴纳企业所得税 53732740.69 元。因数据权限原因，该局另提供了自国家税务总局甘肃省税务局数据库中导出的兰州某公司2013年、2014年的企业纳税信息明细。经质证，兰州某公司对该证据的真实性无异议。

一审法院认为，经将上述企业年报信息与税务信息相比对，兰州某公司2015年、2016年税务申报信息所反映的2015年营业收入、2016年营业收入以及2015年利润总额、2016年利润总额与其工商年报信息所载2015年、2016年营业收入和利润总额数据均一致。净利润虽未直接反映在《企业所得税年度纳税申报表》中，但按照“净利润=利润总额-企业所得税总额”的会计核算关系，《企业所得税年度纳税申报表》中“利润总额-企业所得税额”数据为：2015年净利润=利润总额110466489.93元-企业所得税额26971056.57元=83495433.36元、2016年净利润=利润总额175561481元-企业所得税额53732740.69元=121828740.31元，此数据与企业年报中的2015年净利润8349.54万元、2016年净利润12182万元一致。因此，虽2013年开始企业年报信息由企业自主申报，但根据前述一审法院依职权调取的兰州某公司相关税务信息可知，兰州某公司自行申报的2015年、2016年企业年报信息与其同期税务申报信息相匹配，一审法院予以确认。因各被上诉人主张兰州某公司2013年、2014年的经营数据以其同期企业年报信息为据，故一审法院确认兰州某公司2013年营业总收入38759万元、净利润-439万元；2014年营业总收入39668万元、净利润8651万元。

一审审理过程中，关于成都某公司提交《责令提交证据申请书》，因一审法院依职权调取的证据已全面涵盖和反映该申请指向的兰州某公司2013年至2016年5月的侵权获利情况，故一审法院不再责令兰州某公司予以提交。

本案中，兰州某公司两次一审中均未对各被上诉人的诉讼时效提出抗辩，因此，本案损害赔偿数额的计算不适用商标民事纠纷司法解释第十八条的规定。

综合以上，根据被上诉人调取的兰州某公司2002年—2012年《企业年检报告》以及一审法院依职权调取的兰州某公司2013年—2016年企业年报信息、税务年报信息和企业所得税完税情况，兰州某公司自2002年11月26日至2016年5月（本案于2016年6月6日立案，故2016年仅计算1—5月金额）的净利润合计为428068743.05元（其中2002年252197.65元、2003年5093685.06元、2004年6508164.21元、2005年67305000元、2006年38752890.26元、2007年62922644.89元、2008年12019486.08元、2009年126172786.6元、2010年45575455.84元、2011年8971590.67元、2012年

11713464.57 元、2013 年 4390000 元、2014 年 86510000 元、2015 年 83495400 元、2016 年 1 月至 5 月 50758333 元），净利润率为 13.1%（2016 年营业总收入以当年 1—5 月金额为据）。

对于侵权获利的计算，应当考虑侵权人获利与侵权行为之间的因果关系。实践中，对于消费者而言，其在购买商品房这一特殊大宗商品时，需考察、关注的因素相较一般商品交易应更为谨慎、严苛。开发商品牌或楼盘命名固然是影响商品房消费者购买与否的因素，但绝非唯一因素，房屋售价、房屋地段、楼盘品质、周边配套及小区环境等亦可影响房地产消费者的选择甚至是更为重要的考量因素。另一方面，在案证据显示，兰州某公司自成立以来已获得诸多奖项和荣誉，客观上对于“仁恒”品牌的推广和提升亦起到一定作用，故不能排除消费者在兰州购买“仁恒”系列楼盘时对其楼盘品质和服务等的考量，因此，兰州某公司的经营收入、利润获得并非全部来源于对涉案“仁恒”商标的使用，成都某公司、南京某公司、上海某公司及新加坡某公司仅能就兰州某公司因侵权行为直接获得的利益进行主张。

成都某公司、南京某公司、上海某公司及新加坡某公司提交的北京名牌资产评估有限公司出具的涉案评估报告虽系单方委托，但原一审质证时，兰州某公司拒绝向该评估公司到庭人员发问，且其未在向法庭承诺的日期内提交相关财务资料，亦未提交足以推翻该报告的证据，故该报告可作为考量“仁恒”标识对兰州某公司利润贡献率的依据，但结合 2002 年 11 月 26 日至 2016 年 5 月兰州某公司净利润率为 13.1%的实际，该评估报告所载“仁恒”标识的净利润贡献率 16.32%明显过高，综合考虑案件具体情况，酌定以 3%为宜。因此，兰州某公司应承担的侵权赔偿数额为 428068743.05 元×3% = 12842062.3 元。

各被上诉人另主张其因维权支出的合理费用为律师费 40 万元、公证费 13180 元、诉讼保全担保费 15.075 万元、仁恒标识贡献率评估费 25 万元计 813930 元。本案因兰州某公司的侵权行为而起，各被上诉人为此向中国平安财产保险股份有限公司四川分公司缴纳的诉讼保全担保保险费用属其损失部分，应由兰州某公司承担。兰州某公司原一审质证时对评估费 25 万元之外的三项合理维权开支亦不持异议，法院予以支持；根据《诉讼费用交纳办法》第六条的规定，诉讼保全费用属于诉讼费用范畴。本案原一审判决诉讼费分担部分对各被上诉人缴纳的保全费 5000 元未予涉及，一审法院将其与此次一审诉讼保全费用一并予以处理；因各被上诉人提交的涉案评估报告系其单方委托，对该报告所涉25万元评估费用不予支持。故，各被上诉人支出的各项合理维权费用合计为563930元。

综合以上，兰州某公司应承担的侵权损害赔偿数额合计为：12842062.3元+563930元=13405992.3元。

综上所述，成都某公司、上海某公司、南京某公司及新加坡某公司的部分诉讼请求成立，予以支持。依照《中华人民共和国涉外民事关系法律适用法》第四十四条、第五十条，商标法第四十八条、第四十九条、第五十六条、第五十七条第二项、第五十八条、第五十九条第三款、第六十三条第一款，反不正当竞争法第二条、第六条第四项、第十七条第一款、第三款，商标民事纠纷司法解释第一条第一项、第四条、第十一条第三款、第二十一条第一款，《最高人民法院关于审理注册商标、企业名称与在先权利冲突的民事纠纷案件若干问题的规定》第四条，《最高人民法院关于适用〈中华人民共和国反不正当竞争法〉若干问题的解释》（以下简称反不正当竞争法司法解释）第十三条，《中华人民共和国民法典》第一千一百六十五条第一款的规定，判决：一、兰州某公司于本判决生效之日起立即停止对被上诉人享有的第3018260号、第3559621号、第4284741号、第10044739号“仁恒”注册商标专用权的侵害以及不正当竞争行为，包括：立即停止使用其企业名称并于本判决生效后三十日内变更其企业名称且变更后的名称不得含有“仁恒”字样、在其尚未出售和将来拟开发的楼盘上不得以“仁恒”字样命名楼盘名称、立即变更其网站宣传用语且不得含有“仁恒”字样、立即销毁含有“仁恒”字样的宣传资料。二、兰州某公司于本判决生效后三十日内赔偿成都某公司、南京某公司、上海某公司及新加坡某公司经济损失及合理维权开支13405992.3元。三、兰州某公司在兰州市主要媒体或报刊的显著位置刊登经成都某公司、南京某公司、上海某公司及新加坡某公司同意的声明。四、驳回成都某公司、南京某公司、上海某公司及新加坡某公司的其他诉讼请求。案件受理费544300元、两次一审保全费10000元，合计554300元，由成都某公司、南京某公司、上海某公司及新加坡某公司负担443400元，由兰州某公司负担110860元。

二审审理期间，兰州某公司向本院提交如下证据：

1. 国家图书馆官方网站关于兰州某公司的检索结果打印件。该份证据显示自2003年1月起，《西部商报》《兰州日报》《甘肃日报》《兰州晨报》《科技鑫报》等报刊对兰州某公司、仁恒美林郡、仁恒国际、仁恒晶城等楼盘进行了报道。

2. 网络媒体的报道截图打印件。该报道显示自2004年9月起新浪网、搜狐网以及央视网等网络媒体陆续刊登了对兰州某公司以及仁恒国际、仁恒美林郡等楼盘的报道。

3. 新加坡某公司申请注册“仁恒美林城”“仁恒美林郡”“仁恒晶城”等商标的商标档案截图打印件。该份证据显示新加坡某公司于2017年、2019年分别在不动产出租、不动产管理等服务类别上申请注册了“仁恒美林城”“仁恒美林郡”“仁恒晶城”等商标，其中仅两枚“仁恒晶城”商标的状态显示为“注册”，其余商标状态均为“驳回复审中”。

兰州某公司提交证据1、2用以证明该公司自成立以来诚信经营，没有攀附恶意；证据3用以证明被上诉人恶意攀附兰州某公司的商誉。成都某公司、南京某公司、上海某公司以及新加坡某公司对上述证据的真实性、合法性以及关联性不予认可。本院经审查认为，关于证据1，兰州某公司未提交完整的国家图书馆出具的检索报告，仅提交了检索结果的打印件，其真实性难以确认，本院不予采信。关于证据2、3，兰州某公司仅提交了网页截图打印件，在四被上诉人对证据真实性持有异议的情况下，其真实性难以确认，本院不予采信。

四被上诉人向本院提交了如下证据：

1. 第3018260号商标的《商标续展证明》，该证明显示第3018260号商标专用权续展至2033年5月13日。

2. 《关于第6069262号“真彩仁恒”商标撤销复审决定书》、（2023）京73行初1157号行政判决书、（2024）京行终2418号行政判决书。上述裁判文书显示，新加坡某公司以连续三年停止使用为由对该第6069262号“真彩仁恒”商标提出撤销申请，国家知识产权局决定撤销该商标在信托、经纪服务上的注册，在其余服务上的注册予以维持。新加坡某公司不服该决定，提起行政诉讼，北京知识产权法院经审理作出（2023）京73行初1157号行政判决，认为该“真彩仁恒”商标在其余核定服务上的注册也应予撤销，遂判决撤销了国家知识产权局的上述决定，责令其重新作出决定。兰州某公司不服该判决，提起上诉，北京市高级人民法院作出（2024）京行终2418号行政判决：驳回上诉，维持原判。

四被上诉人提交证据1用以证明第3018260号“仁恒”商标已经续展，权利状态稳定；证据2用以证明第6069262号“真彩仁恒”商标的权利状态已经由生效判决确定，不能成为兰州某公司实施被诉侵权行为的抗辩理由。兰州某公司对上述证据的真实性、合法性不持异议，但对关联性持有异议。本院经审查对上述证据的真实性予以确认，并将结合本案二审审理过程中的争议焦点对上述证据应否予以采信进行评述。

本院经审理查明，一审审理查明的事实基本属实，本院予以确认。对当事人二审争议的事实，本院另查明：

一、关于四被上诉人在一审审理过程中的诉讼主张

本案起诉书载明，“被告及其实际控制人在明知原告在先使用仁恒字号并使用仁恒品牌具有较高商誉和市场影响力的情况下，仍将仁恒作为其企业字号并作为楼盘名称的行为，具有明显的搭便车故意，引人误认为是原告的商品，构成不正当竞争”。2020 年 12 月 15 日，四被上诉人提交的《补充代理意见》在“不正当竞争方面”一节援引了反不正当竞争法第二条、第六条第二项以及商标法第五十八条，并载明“兰州某公司将原告‘仁恒’注册商标作为企业字号的行为，违反了商标法第五十八条规定，构成不正当竞争，而前述兰州某公司的诸多商标性使用行为，一方面违背诚实信用的商业道德，另一方面擅自使用原告在先‘仁恒’企业名称（包括字号），同样构成不正当竞争”。

在一审开庭审理过程中，四被上诉人明确主张兰州某公司在登记注册后，在其楼盘、销售资料中使用“仁恒”字号，同时构成商标侵权行为和不正当竞争行为。

上述事实有起诉书、一审开庭笔录以及当事人陈述等证据在案佐证。

二、关于涉案商标的情况

第 3018260 号“仁恒”商标系南京某公司于 2001 年 11 月 15 日申请注册，2003 年 5 月 14 日核准注册，核定使用在第 37 类建筑服务上，商标专用权期限至 2033 年 5 月 13 日；第 3559621 号“仁恒”商标系上海某公司于 2003 年 5 月 19 日申请注册；第 4284741 号“仁恒”商标系新加坡某公司于 2004 年 9 月 24 日申请注册。

上述事实有《商标续展证明》、国家知识产权局商标局网站打印件截图及当事人陈述在案佐证。

三、关于兰州某公司成立前被上诉人“仁恒”字号的使用情况

1995 年，上海某公司获得“仁恒广场”第三座商品房预售许可证。1999 年，上海某公司开发建设的“仁恒滨江园”项目的部分住宅楼竣工并验收合

格，2000 年至 2002 年上海某公司先后获批“仁恒滨江园”项目多栋住宅楼的预售许可证，“仁恒滨江园”一期工程、二期工程绿化配套竣工验收证明单以及该项目三期工程的建设工程规划许可证。

被上诉人对其“仁恒”字号进行了宣传推广，1997 年 11 月的《上海消防杂志》，刊登了题为“浦东新区举办‘97 仁恒杯’市民消防知识竞赛，该文记载，上海某公司协办的消防竞赛随当日《新民晚报》分发到浦东新区 15 万订户手中。2002 年 5 月，新浪新闻中心栏目发布《设施日趋完善上海浦东“洋居民”超过 2 万人》，该文载明，“陆家嘴金融贸易区的数百幢高档写字楼，是海外人士出入最频繁、最集中的地方。陆家嘴仁恒滨江园的业主来自 40 多个国家和地区”。2000 年 11 月，新浪财经栏目发布《香港仁恒集团参与南京最大新区建设》一文，该文载明，“香港仁恒集团投资南京房地产再挥大手笔，该集团斥资十多亿元开发的玉兰山庄、翠竹园今天奠基开工”。2001 年南京某公司就开始以其名义进行广告宣传。南京某公司先后订立多份广告合同，约定在《扬子晚报》、南京电视台《南京楼市》栏目等媒体发布广告，在南京市房地产交易市场设立展台，并为配合南京市第一届商品房住宅交易会的宣传活动，出资协助《金陵晚报》举办征文活动。

1995 年起，上海某公司及其开发的楼盘项目先后获得多项荣誉。上海市统计局颁发的证书表明，上海某公司入选 1995 年上海产品销售收入前 20 家外国和港澳台地区投资房地产企业，排名第 9 名。1996 年进入上海房地产企业销售百强企业。2001 年，上海某公司开发建设的滨江园一期通过 3A 级商品住宅性能认定，获得“上海住宅销售面积五十强”称号。

上述事实有《商品房预售许可证》《上海市商品房预售许可证》《上海市浦东新区建设项目绿化配套竣工验收证明单》《建设工程规划许可证》《上海市建设工程竣工规划验收合格证明》《上海消防》《广告客户发布委托合同书》《协议》《南京市房地产交易市场精品楼盘展示厅开发企业进场协议》《〈南京楼市〉电视广告发布业务合同》《三维动画广告业务合同》、（2017）京长安内经证字第 45545 号公证书以及上海某公司提供的荣誉证书等证据在案佐证。

本院认为，根据当事人的诉辩意见，本案争议焦点在于：1. 被诉侵权行为是否构成商标侵权；2. 被诉侵权行为是否构成不正当竞争；3. 一审判决认定的损害赔偿数额是否适当。

一、关于被诉侵权行为是否构成商标侵权

兰州某公司上诉主张其使用“仁恒”字号与其他要素结合的方式作为楼盘项目名称，符合行业惯例，构成正当使用，被诉侵权行为不会引起相关公众的混淆误认，不构成商标侵权。其在先使用“仁恒”标识符合商标法第五十九条第三款规定的情形。对此，本院分述如下：

1. 关于被诉侵权行为是否属于商标使用的问题

商标法第四十八条规定，本法所称商标的使用，是指将商标用于商品、商品包装或者容器以及商品交易文书上，或者将商标用于广告宣传、展览以及其他商业活动中，用于识别商品来源的行为。

本院认为，商标使用行为的核心在于发挥识别商品来源的作用，其形式不限于上述法律规定列举的情形。本案中，根据一审审理查明的事实，兰州某公司在其开发的楼盘建筑物外侧、售楼部、销售文件、宣传资料以及网页中使用了“仁恒美林郡”“仁恒晶城”“仁恒国际”等文字标识以及上述文字与其获准注册的图形商标的组合标识。在上述标识中，“仁恒”或与其他要素分行排列，或大小比例不同，因此构成上述标识的显著识别部分，具有指示商品或服务来源的作用。此外，兰州某公司还在经营活动中突出使用了“仁恒物业”“仁恒置地”等标识，上述标识中“物业”“置地”等文字使用在建筑服务中显著特征较弱，故“仁恒”同样是上述标识中发挥识别商品或服务来源作用的部分。因此，兰州某公司上述使用被诉侵权标识的行为属于商标法第四十八条规定的商标使用。

兰州某公司虽主张其使用“仁恒”标识是对其企业字号的正当使用，但其使用方式并不符合商标法第五十九条第一款关于正当使用的相关规定，其相关上诉理由不能成立。

2. 关于被诉侵权行为是否容易导致混淆的问题

商标法第五十七条第二项、第三项规定，未经商标注册人的许可，在同一种商品上使用与其注册商标近似的商标，或者在类似商品上使用与其注册商标相同或者近似的商标，容易导致混淆的，或者销售侵犯注册商标专用权的商品的，均属侵犯注册商标专用权的行为。

本案中，涉案四商标由中文“仁恒”构成，兰州某公司于2004年起先后在其建设和销售楼盘的过程中使用的被诉侵权标识完整包含了“仁恒”，且“仁恒”构成被诉侵权标识的显著识别部分。因此，涉案四商标与被诉侵权标识在文字构成、含义、呼叫等方面均相近，分别构成近似商标。

兰州某公司建设和销售相关楼盘的行为系提供建筑及商品房销售服务的行为，上述服务与涉案四商标核定使用的服务在目的、内容、方式、对象等方面相同或具有较大关联，构成同一种或类似服务。将服务商标使用于服务所涉商品及宣传资料是服务商标的使用方式之一，因此，兰州某公司将被诉侵权标识实际使用在楼盘的建筑物及宣传资料中的行为亦属于其在提供建筑及商品房销售服务中使用被诉侵权标识的行为，兰州某公司关于其将被诉侵权标识使用在商品而非服务上的上诉理由不能成立。而且，即使兰州某公司将被诉侵权标识使用在楼盘建筑物上的行为属于商品商标的使用行为，兰州某公司使用被诉侵权标识的房屋商品与涉案四商标核定使用的建筑、不动产销售等服务之间也存在特定联系，容易使相关公众产生混淆，构成类似的商品与服务。

根据在案证据，上海某公司自 1995 年就开始在其开发建设的楼盘中使用“仁恒”标识。上海、南京、成都、深圳、苏州、唐山、天津、珠海等多地均有四被上诉人开发建设的楼盘。《中国物业管理》《南方都市报》《东方早报》《新闻晨报》等报刊媒体对被上诉人的“仁恒”商标以及相关楼盘均有报道，并且部分报道还使用了“销售冠军”“高端住宅”“地标性建筑”等词汇。由此可见，涉案四商标经过使用具有一定知名度。此外，根据在案证据，兰州某公司的管理人员在接受媒体采访时，称其“在上海有一个写字楼项目，在深圳有个别墅项目”，并在采访中均以“仁恒”指代该公司。因此，兰州某公司对被诉侵权标识的实际使用方式亦容易使相关公众产生混淆。而且，在案证据显示，花旗银行、德意志银行曾要求成都某公司安排参观在兰州的“仁恒美林郡”项目，由此可见，部分相关公众已产生混淆。

综上，虽然兰州某公司仅在兰州地区使用被诉侵权标识，但考虑被诉侵权标识与涉案四商标的近似程度，所使用服务与商品的关联程度、涉案四商标的知名程度，兰州某公司的实际使用方式及实际混淆的情况等因素，可以认定兰州某公司在其开发建设的楼盘项目中使用被诉侵权标识容易使相关公众认为该建设项目与涉案四商标指示的服务来源相同或者具有关联关系。兰州某公司的被诉侵权行为系未经四被上诉人同意，在与涉案四商标核定使用的服务同一种或者类似的商品与服务上使用相同或近似商标，容易导致相关公众混淆，构成商标法第五十七条第二项、第三项规定的侵犯商标权的行为。兰州某公司关于房产作为大宗商品且具有地域性，相关公众通常施以较高注意力，被诉侵权行为不会引起相关公众混淆误认，不构成商标侵权行为的上诉理由不能成立。

此外，一审判决以兰州某公司第 6069262 号“真彩仁恒”商标权利状态不稳定为由认定其据此提出的不侵权抗辩难以成立，兰州某公司上诉称一审判决对上述证据的认定不当。然而，根据四被上诉人在本案二审审理期间提交的证据，生效判决认定兰州某公司的上述“真彩仁恒”商标因连续三年停止使用应予撤销。故，一审判决的相关认定并无不当。此外，一审判决还认定兰州某公司的其他系列“真彩仁恒”商标不予注册，兰州某公司未提交证据证明该认定与事实不符，一审法院依职权审查兰州某公司申请注册商标的相关情况，不违反法律规定。兰州某公司关于一审判决对相关事实认定不当的上诉理由不能成立。

3. 关于兰州某公司的在先使用抗辩是否成立的问题。

根据商标法第五十九条第三款规定，商标注册人申请商标注册前，他人已经在同一种商品或者类似商品上先于商标注册人使用与注册商标相同或者近似并有一定影响的商标的，注册商标专用权人无权禁止该使用人在原使用范围内继续使用该商标，但可以要求其附加适当区别标识。亦即，主张在先使用抗辩的主体，其商标使用行为应当早于涉案商标的申请注册日，并先于涉案商标权人使用该标识。本案中，南京某公司、成都某公司于 1993 年成立，第 3018260 号“仁恒”商标于 2001 年 11 月 15 日申请注册。而根据在案证据，兰州某公司于 2002 年成立，于 2004 年首次对其以“仁恒”命名的楼盘“仁恒国际”进行宣传报道，并于当年才取得预售许可证，开始进行商品房销售。因此，兰州某公司使用“仁恒”标识的行为晚于上述涉案商标的申请日和被上诉人使用“仁恒”标识的时间，不符合商标法第五十九条第三款规定的情形，兰州某公司据此主张在先使用抗辩，缺乏事实及法律依据，其相关上诉理由不能成立。

二、关于被诉侵权行为是否构成不正当竞争

四被上诉人在一审审理过程中主张兰州某公司擅自使用其在先“仁恒”字号，并将其“仁恒”注册商标作为企业字号使用构成不正当竞争。一审判决认定兰州某公司的上述被诉侵权行为构成不正当竞争行为。兰州某公司上诉称一审判决认定错误，且存在超出诉讼请求的程序问题。四被上诉人在二审审理过程中，明确其依据反不正当竞争法第六条第二项、第四项主张被诉侵权行为构成不正当竞争。对此，本院分述如下：

1. 关于被诉侵权行为是否违反反不正当竞争法第六条第二项规定的问题

反不正当竞争法第六条第二项、第四项规定，经营者不得实施擅自使用他人有一定影响的企业名称（包括简称、字号等）、社会组织名称（包括简称等）、姓名（包括笔名、艺名、译名等）的混淆行为，引人误认为是他人商品或者与他人存在特定联系。本院认为，适用该项法律规定，需满足以下要件：1. 原告在先获得字号权益，且该字号经过使用具有一定的市场知名度；2. 该字号经过使用与原告具有稳定的对应关系；3. 被告使用的字号与原告具有一定影响的字号相同或近似；4. 被告提供的商品或服务与原告相同或类似；5. 相关公众容易误认为被告提供商品或者服务来源于原告或与其存在特定联系。

首先，应以被诉侵权行为发生时为判断基点认定原告的字号是否构成有一定影响的字号。本案中，四被上诉人主张的被诉侵权行为是兰州某公司登记并持续使用“仁恒”字号的行为，兰州某公司于 2002 年 11 月 26 日登记成立，因此，应当以该时间点为判断基准。四被上诉人应举证证明其在该时间点之前在先享有具有一定影响的字号权益。根据一审审理查明的事实，上海某公司、南京某公司以及成都某公司的成立时间均早于兰州某公司。而新加坡某公司于 2005 年 4 月 11 日登记注册，晚于兰州某公司登记注册的时间，即兰州某公司先于新加坡某公司获得“仁恒”字号权益。新加坡某公司主张其系承继了上海仁恒等三公司“仁恒”字号的竞争性权益，有权就此获得赔偿，但上海仁恒等三公司现仍存续，并持续使用“仁恒”字号，且上述三公司已在本案中请求保护其基于字号形成的竞争性权益，故新加坡某公司的上述主张不能成立。因此，一审判决认定兰州某公司使用新加坡某公司的字号构成不正当竞争确有不当，应予纠正。

其次，关于上海仁恒等三公司的“仁恒”字号是否属于有一定影响的字号。认定是否构成有一定影响的字号，应当综合考虑中国境内相关公众的知悉程度，商品销售的时间、区域、数额和对象，宣传的持续时间、程度和地域范围，标识受保护的情况等因素。对于被诉侵权人已明知他人在先使用字号的，可以视为在先字号的市场知名度已经及于被诉侵权人，并将该因素一并予以考虑。

本案中，根据一审审理查明的事实，上海某公司、成都某公司于 1993 年成立，南京某公司于 1994 年成立，上述公司获得“仁恒”字号权益远早于兰州某公司。且早在 1995 年，上海某公司就已经取得“仁恒广场三座”的商品房屋预售许可证，开始在上海销售商品房。1997年其建设开发的“仁恒滨江园”楼盘获得3A级商品住宅性能认定等多项荣誉，并被媒体进行报道。上海某公司及其开发的楼盘项目也自1996年起就多次获得“上海房地产销售企业百强”“上海住宅销售面积五十强”称号等多项荣誉。早在兰州某公司登记注册之前，南京某公司就开始在南京地区开发建设住宅项目，并通过发布电视广告、参与展会等方式进行广告宣传。由此可见，在兰州某公司使用“仁恒”字号之前，上海某公司、南京某公司以及成都某公司均已获得“仁恒”字号的在先权益，且经过上海某公司、南京某公司的使用，“仁恒”字号在房地产开发领域、在我国东南沿海地区具有一定知名度。在此后，上海某公司、南京某公司、成都某公司及其关联公司在上海、南京、成都、深圳、苏州、唐山、天津、珠海等多地均有建设开发楼盘。而且，兰州某公司的法定代表人在该公司成立之前就曾购买过上海某公司开发建设的“仁恒滨江园”楼盘的商品房。综合考虑上海某公司、南京某公司以及成都某公司对“仁恒”字号的使用情况，包括兰州某公司明知“仁恒”字号的事实，一审法院认定“仁恒”字号在兰州某公司成立前已构成反不正当竞争法第六条第二项规定的有一定影响的字号并无不当。

综上，上海某公司、成都某公司以及南京某公司的“仁恒”字号经大量持续使用，构成有一定影响的在先字号，兰州某公司作为同业经营者理应予以避让，但其仍然登记注册并使用“仁恒”字号从事与被上诉人相同行业的经营活动，容易使得相关公众认为其开发建设的楼盘项目与被上诉人存在特定联系，兰州某公司的上述行为构成不正当竞争。兰州某公司关于企业名称具有地域性，其与被上诉人的地域范围不同，不构成不正当竞争的上诉理由不能成立。

此外，兰州某公司还主张其登记成立时南京某公司、成都某公司营业执照记载的经营范围并无房地产建筑，亦未开展实际经营，无权向兰州某公司主张不正当竞争。但根据本院审理查明的事实，南京某公司、成都某公司均在兰州某公司获准注册前已经享有“仁恒”字号权益，南京某公司亦开展了与商品房建设相关的经营活动，且上述两公司与上海某公司系关联公司，因此，一审判决认定上述两公司有权基于“仁恒”字号的竞争性权益提起本案诉讼并无不当。兰州某公司的相关上诉理由不能成立。

2. 关于被诉侵权行为是否违反反不正当竞争法第六条第四项规定的问题

反不正当竞争法第六条第四项规定，经营者不得实施下列混淆行为，引人误认为是他人商品或者与他人存在特定联系：……（四）其他足以引人误认为是他人商品或者与他人存在特定联系的混淆行为。反不正当竞争法司法解释第十三条第二项规定，经营者将他人注册商标、未注册的驰名商标作为企业名称中的字号使用，误导公众，足以引人误认为是他人商品或者与他人存在特定联系的，人民法院可以依照反不正当竞争法第六条第四项予以认定。

兰州某公司主张，四被上诉人在一审审理过程中未以兰州某公司将其“仁恒”商标作为字号为由请求认定构成不正当竞争，一审判决关于上述行为属于反不正当竞争法第六条第四项以及反不正当竞争司法解释第十三条规定的不正当竞争行为的认定，属于超范围审理。经查，南京某公司、成都某公司、上海某公司向一审法院提交的起诉状以及四被上诉人于 2020 年 12 月 15 日提交的《补充代理意见》中，四被上诉人均明确主张兰州某公司将其“仁恒”注册商标作为企业名称的行为违反了商标法第五十八条的规定。根据商标法第五十八条的规定，将他人注册商标、未注册的驰名商标作为企业名称中的字号使用，误导公众，构成不正当竞争行为的，依照反不正当竞争法处理。因此，一审法院对被诉侵权行为是否违反反不正当竞争法第六条第四项的规定进行评述，并未超出四被上诉人的诉讼请求范围。兰州某公司的相关上诉理由不能成立。

根据一审审理查明的事实，涉案四商标最早于 2003 年 3 月 28 日获准注册，因此，在兰州某公司将“仁恒”作为企业字号登记注册时，四被上述人尚未取得“仁恒”商标专用权。一审法院认定兰州某公司实施的被诉侵权行为构成反不正当竞争法第六条第四项所指的不正当竞争行为，认定事实及法律适用均有不当，应予纠正。四被上诉人关于兰州某公司使用其未注册“仁恒”商标属于反不正当竞争法第六条第四项规定的不正当竞争行为的主张亦缺乏法律依据，本院不予支持。

此外，兰州某公司主张本案实体问题应适用 2001 年修正的商标法，而该法未禁止将他人注册商标或者未注册驰名商标登记为企业字号。对此，本院认为，本案被诉侵权行为持续至案件审理过程中，一审法院适用审理时实施的商标法及反不正当竞争法并无不当，兰州某公司据此主张一审法院对相关被诉行为进行评述不当，缺乏法律依据。

三、关于一审判决认定的损害赔偿数额是否适当的问题

1. 关于一审判决认定的损害赔偿期间是否适当的问题

一审判决以 2002 年 11 月至 2016 年 5 月作为损害赔偿计算期间，兰州某

公司上诉主张该损害赔偿期间的认定违反商标民事纠纷司法解释第十八条的规定。对此，本院认为，商标民事纠纷司法解释第十八条规定，侵犯注册商标专用权的诉讼时效为三年，自商标注册人或者利害关系人知道或者应当知道权利受到损害以及义务人之日起计算。商标注册人或者利害关系人超过三年起诉的，如果侵权行为在起诉时仍在持续，在该注册商标专用权有效期限内，人民法院应当判决被告停止侵权行为，侵权损害赔偿数额应当自权利人向人民法院起诉之日起向前推算三年计算。上述法律规定系对持续侵权行为损害赔偿期间的规定，适用该规定向前推算三年计算损害赔偿期间的前提在于商标注册人或者利害关系人超过三年诉讼时效提起诉讼。而兰州某公司未在一审审理过程中提出诉讼时效抗辩。在本案二审审理过程中，兰州某公司亦未提交证据证明被上诉人在提起本案诉讼之日起前三年已经知晓被诉侵权行为，其关于被上诉人基于公开的媒体宣传报道应知被诉侵权行为早已发生，其提起本案诉讼超过诉讼时效的上诉理由不能成立。兰州某公司关于本案应适用商标民事纠纷司法解释第十八条的规定计算损害赔偿期间的上诉理由，本院亦不予支持。

因四被上诉人认可一审判决认定的损害赔偿数额涵盖了兰州某公司实施的被诉商标侵权行为以及不正当竞争行为所带来的损害，因此，一审判决以兰州某公司实施不正当竞争行为的时间点，即兰州某公司登记注册之时计算损害赔偿期间的起点，并无不当。故，本案的损害赔偿金额的计算期间为2002年11月26日至2016年5月。

2. 关于一审判决认定的损害赔偿数额是否适当的问题

商标法第六十三条第一款规定，侵犯商标专用权的赔偿数额，按照权利人因被侵权所受到的实际损失确定；实际损失难以确定的，可以按照侵权人因侵权所获得的利益确定；权利人的损失或者侵权人获得的利益难以确定的，参照该商标许可使用费的倍数合理确定。对恶意侵犯商标专用权，情节严重的，可以在按照上述方法确定数额的一倍以上五倍以下确定赔偿数额。赔偿数额应当包括权利人为制止侵权行为所支付的合理开支。

反不正当竞争法第十七条第三款规定，因不正当竞争行为受到损害的经营者的赔偿数额，按照其因被侵权所受到的实际损失确定；实际损失难以计算的，按照侵权人因侵权所获得的利益确定。经营者恶意实施侵犯商业秘密行为，情节严重的，可以在按照上述方法确定数额的一倍以上五倍以下确定赔偿数额。赔偿数额还应当包括经营者为制止侵权行为所支付的合理开支。

首先，关于损害赔偿基数计算是否适当。四被上诉人主张根据侵权获利计算损害赔偿数额，并提交了兰州某公司 2002 年至 2012 年《企业年检报告》，兰州某公司对该报告的真实性不持异议，一审法院根据上述报告并结合其依职权调取的兰州某公司 2013 年至 2016 年企业年报信息、税务年报信息和企业所得税完税情况，认定兰州某公司自 2002 年 11 月 26 日至 2016 年 5 月的净利润合计为 428068743.05 元，并无不当。在二审审理过程中，兰州某公司亦对此不持异议。

其次，关于一审判决就“仁恒”标识对兰州某公司利润贡献率的认定是否适当。楼盘销售利润与经营者的成本、规模、销售价格、楼盘质量等多种因素相关，不能忽视的是品牌价值也是其中之一。兰州某公司在其经营活动中以“仁恒”作为其字号，并在楼盘建设、销售与宣传中突出使用“仁恒”标识，引起相关公众混淆误认，利用了被上诉人“仁恒”字号及商标的市场声誉，也挤占了被上诉人的市场份额，兰州某公司关于其获利与被诉侵权行为之间不具有直接因果关系，侵权获利难以确定的上诉主张不能成立。一审判决综合考虑案件具体情况，酌定“仁恒”标识对兰州某公司的侵权获利的贡献率为 3%，并无不当。一审判决根据案件情况酌定的“仁恒”标识贡献率与涉案评估报告中的利润贡献率差异较大，故兰州某公司关于一审判决不应采信上述报告的主张，亦不足以推翻一审判决关于上述贡献率的认定。

本案中，虽然一审判决在认定被诉侵权行为构成商标侵权及不正当竞争的过程中存在部分事实认定及法律适用不当的情形，但被诉侵权行为已构成商标侵权及不正当竞争的结论并无不当。由于本案侵害商标权及不正当竞争行为的表现均为使用被诉侵权的“仁恒”标识，兰州某公司的侵权获利均体现为相应楼盘所获利润，一审判决未区分各被上诉人受到的损害，亦未区分不同侵权行为带来的损害，根据审理查明的利润与“仁恒”标识的贡献率计算损害赔偿数额，认定兰州某公司应承担的侵权赔偿数额为 428068743.05 元×3% = 12842062.3 元，于法有据。此外，根据一审审理查明的事实，四被上诉人为维权支出律师费 40 万元、公证费 13180 元、诉讼保全担保费 15.075 万元，兰州某公司对此不持异议，一审判决认定应由兰州某公司承担亦无不当。

3. 关于一审判决认定兰州某公司承担消除影响的民事责任是否适当的问题

如上所述，根据在案证据，被诉侵权行为已使部分相关公众产生实际混淆，一审法院判令兰州某公司在兰州市主要媒体或报刊上刊登声明消除影响具有事实和法律依据。兰州某公司关于其未实施侵权行为及未损害被上诉人声誉不应承担消除影响的民事责任的上诉主张，缺乏事实及法律依据，不予支持。

综上所述，一审判决认定事实及适用法律虽有不当，但裁判结果正确，故，兰州某公司的上诉请求不予支持。依照《中华人民共和国商标法》第四十八条，第五十七条第二项、第三项，第五十八条，第五十九条第一款，第三款，第六十三条第一款；《中华人民共和国反不正当竞争法》第六条第二项、第四项，第十七条第三款；《最高人民法院关于审理商标民事纠纷案件适用法律若干问题的解释》第一条，第十八条；《最高人民法院关于适用〈中华人民共和国反不正当竞争法〉若干问题的解释》第十三条第二项；《中华人民共和国民事诉讼法》第一百七十七条第一款第一项；《最高人民法院关于适用〈中华人民共和国民事诉讼法〉的解释》第三百三十二条规定，判决如下：

驳回上诉、维持原判。

一审案件受理费544300元及两次保全费10000元，由某置地（成都）有限公司、上海某房地产有限公司、南京某企业管理有限公司、新加坡某控股有限公司共同负担443440元，由兰州某公司负担110860元。二审案件受理费102235.95元，由上诉人兰州某房地产有限公司负担100000元，某置地（成都）有限公司、上海某房地产有限公司、南京某企业管理有限公司、新加坡某控股有限公司共同负担2235.95元。

本判决为终审判决。

审 判 长　晏　景
审 判 员　李　丽
审 判 员　戴怡婷
二〇二四年十二月二十六日
法官助理　唐　弦
书 记 员　焦　媛
书 记 员　张晨祎

32. 侵害技术秘密行为的整体判断和停止侵害民事责任的具体承担

——上诉人浙江吉某控股集团有限公司、浙江吉某汽车研究院有限公司与上诉人威某汽车制造温州有限公司、被上诉人威某汽车科技集团有限公司、威某智慧出行科技（上海）股份有限公司、威某新能源汽车销售（上海）有限公司侵害技术秘密纠纷案①

中华人民共和国最高人民法院民事判决书（2023）最高法知民终1590号

上诉人（一审原告）：浙江吉某控股集团有限公司。住所地：浙江省杭州市滨江区。

法定代表人：李某辉，该公司董事兼总经理。

委托诉讼代理人：郭筱琦，北京市康达律师事务所律师。

委托诉讼代理人：常亚春，北京市康达律师事务所律师。

上诉人（一审原告）：浙江吉某汽车研究院有限公司。住所地：浙江省临海市。

法定代表人：黄某斌，该公司执行董事兼经理。

委托诉讼代理人：郭筱琦，北京市康达律师事务所律师。

委托诉讼代理人：郝涛，北京市康达律师事务所律师。

上诉人（一审被告）：威某汽车制造温州有限公司。住所地：浙江省温州市瓯江口产业集聚区。

法定代表人：沈某，该公司执行董事兼总经理。

委托诉讼代理人：桂佳，北京市环球律师事务所律师。

委托诉讼代理人：王熳曼，北京市环球律师事务所律师。

被上诉人（一审被告）：威某汽车科技集团有限公司。住所地：上海市

① 本案在年度报告中的位置为第73页。

青浦区。

法定代表人：沈某，该公司董事长兼总经理。

委托诉讼代理人：桂佳，北京市环球律师事务所律师。

委托诉讼代理人：马德刚，北京市环球律师事务所律师。

被上诉人（一审被告）：威某智慧出行科技（上海）股份有限公司。住所地：上海市青浦区。

法定代表人：沈某，该公司董事长兼总经理。

委托诉讼代理人：桂佳，北京市环球律师事务所律师。

委托诉讼代理人：乔平，北京市环球律师事务所律师。

被上诉人（一审被告）：威某新能源汽车销售（上海）有限公司。住所地：上海市青浦区。

法定代表人：周某，该公司执行董事。

委托诉讼代理人：桂佳，北京市环球律师事务所律师。

委托诉讼代理人：王熳曼，北京市环球律师事务所律师。

上诉人浙江吉某控股集团有限公司（以下简称吉某集团）、浙江吉某汽车研究院有限公司（以下简称吉某研究院，吉某集团、吉某研究院统称吉某方），上诉人威某汽车制造温州有限公司（以下简称威某温州公司）与被上诉人威某汽车科技集团有限公司（以下简称威某集团）、威某智慧出行科技（上海）股份有限公司（以下简称威某智慧出行公司）、威某新能源汽车销售（上海）有限公司（以下简称威某销售上海公司，威某温州公司、威某集团、威某智慧出行公司、威某销售上海公司统称威某方）因侵害技术秘密纠纷一案，不服上海市高级人民法院（以下简称一审法院）于2022年9月5日作出的（2018）沪民初102号民事判决（以下简称一审判决），向本院提起上诉。本院于2023年8月23日立案后，依法组成合议庭，于2023年10月23日、2024年1月5日询问当事人，并于2024年1月30日、2024年4月12日不公开开庭审理了本案。吉某集团与吉某研究院的共同委托诉讼代理人郭筱琦、吉某集团的委托诉讼代理人常亚春、吉某研究院的委托诉讼代理人郝涛，威某方的共同委托诉讼代理人桂佳、威某温州公司与威某销售上海公司的共同委托诉讼代理人王熳曼、威某集团的委托诉讼代理人马德刚、威某智慧出行公司的委托诉讼代理人乔平到庭参加诉讼。本案现已审理终结。

吉某方共同上诉请求：1. 撤销一审判决，改判支持吉某集团、吉某研究院的全部诉讼请求；2. 判令由威某集团、威某智慧出行公司、威某温州公司、威某销售上海公司负担一审、二审诉讼费。事实和理由：1. 本案事实背景。2018 年 3 月，吉某集团的信息安全部门在例行安全检查过程中发现，下属企业成都高某汽车工业有限公司（以下简称成都高某公司）有多名离职员工交还的工作电脑硬盘被钝器损毁，后经过技术恢复发现，该部分电脑中有这些离职员工两年前就为威某方工作的文件。吉某集团副总裁兼成都高某公司总经理侯某靖离职去威某方工作时，以工作电脑丢失为由，退还公司一台全新的电脑，而未按规定交还吉某集团为其配备的存有大量技术数据的工作电脑。吉某集团经调查还发现，2017 年 3 月至 6 月，威某汽车技术有限公司(后更名为威某汽车科技集团有限公司，即威某集团)、威某智慧出行科技(上海）有限公司［后更名为威某智慧出行科技（上海）股份有限公司，即威某智慧出行公司］以成都高某公司一年内离职的部分员工作为发明人申请了大量专利，专利文件使用了吉某方请求保护的吉某 NL-1/NL-4 车型（NL-1 与 NL-4 均系吉某方内部车型编号，分别对应吉某 GX7 车型以及远某 X6 车型）的 12 套汽车底盘零部件图纸及数模（以下简称涉案 12 套图纸及数模）承载的技术信息。后又发现威某方量产的威某牌 EX5 型号电动汽车（以下简称威某 EX5 型号电动汽车）部分底盘零部件与吉某方研发设计的底盘零部件完全一致。吉某方据此于 2018 年 12 月向一审法院提起诉讼。2. 一审判决关于吉某方并非“通过测试得出吉某 NL-1/NL-4 燃油车底盘可以搭载动力电池并在新能源汽车上应用的技术信息”（以下简称涉案新能源汽车底盘应用技术）的权利人，无权就此主张权利的认定错误。(1）从吉某方与成都高某公司的关联关系以及对相关商业秘密的权利归属约定、管理与使用来看，吉某集团有权对包括集团及下属关联公司等的所有商业秘密主张权利。吉某集团间接持有成都高某公司 100%股权。吉某集团在 2006 年下发的《档案管理办法》中明确，吉某集团对集团及下属子公司包括电子数据在内的无形资产实行统一管理，资产所有权、最终处置权均属于吉某集团。吉某研究院与成都高某公司就相关技术资料均采用“点对点”的方式发放和接收，成都高某公司对涉案图纸及数模的使用系经过吉某集团与吉某研究院的共同授权。吉某集团在其协同办公系统（CPC）设置了密码权限管理制度，一审法院经现场勘验发现 CPC 系统内这些离职员工的邮件中存有吉某方请求保护的涉案图纸及数模。(2）从涉案新能源汽车底盘应用技术的形成过程来看，吉某集团属于该技术秘密的权利人、管理人，有权针对侵害该技术秘密的行为提起诉讼。2014 年 12 月，吉某集团与成都某委员会等签订《吉某成都高某汽车增资协议扩能项目建设协议书》（以下简称项目建设协议）。为履行项目建设协议，吉某集团对涉案新能源汽车底盘应用技术研发予以审批立项，并在成都高某公司进行试验和研制后最终形成，该研发成果应归吉某集团所有。因成都高某公司近40名员工离职，并将研发成果带到威某方及其关联公司，导致上述项目建设协议无法继续履行，给吉某方造成巨大损失。基于上述事实及理由，吉某方作为涉案新能源汽车底盘应用技术以及其中的12套图纸及数模（合称涉案技术秘密）的所有人、管理人、研发人，有权提起诉讼并主张权利。一审判决认定涉案新能源汽车底盘应用技术属于成都高某公司，在本案中不予审理是错误的。3. 一审判决关于涉案底盘零部件数模不属于技术秘密以及威某方侵害涉案图纸及数模的数量认定错误。（1）涉案技术秘密包括数模。所谓“数模”，即数据模型，是用3D软件做成的立体模型，包括零部件的结构和尺寸信息，能够反映其装配关系。数模用以补充图纸无法表达的信息，二者都是用于汽车制造的重要技术信息。所谓“点云”，是反向工程中通过激光扫描仪等测量得到的产品表面的点数据的集合，但产品的内部结构以及性能等无法通过点云获取，通过点云实施反向工程还需专业的工程师逆向建模、验证优化，并非轻而易举。一审判决以“可以通过点云扫描产品获得”为由，认定数模不属于技术秘密，显属不当。（2）吉某方请求保护的涉案技术秘密均已被威某方获取并使用，一审判决仅认定威某温州公司侵权使用了涉案5套图纸，该认定明显不当。4. 一审判决关于侵权主体和侵权行为的认定错误。威某方侵害吉某方涉案技术秘密的行为包括将吉某方涉案技术秘密用于申请12件实用新型专利，以及用于威某EX系列型号（包括EX5、EX6、E5）电动汽车的底盘及底盘零部件的制造。（1）12件实用新型专利技术方案分别来源于涉案12套图纸及数模，专利说明书附图与吉某方数模的截图完全一致，故在认定数模为技术秘密的前提下，威某方以申请专利的方式披露吉某方涉案12套图纸及数模所承载的技术信息，显然属于侵害技术秘密的行为。（2）威某方四公司之间存在关联关系，威某温州公司直接使用吉某方涉案技术秘密制造威某EX系列型号电动汽车，威某集团、威某智慧出行公司利用成都高某公司离职员工掌握的吉某方涉案12套图纸及数模所承载的技术信息申请了12件与汽车底盘零部件有关的专利，且威某集团、威某智慧出行公司与威某销售上海公司均参与销售威某EX系列型号电动汽车并从中获利。本案威某方四公司均共同参与实施侵害涉案技术秘密的行为，故判令其停止侵权还应当包括判令其停止销售使用涉案技术秘密制造的产品。

此外，威某方所提交的底盘零部件图纸上标注的权利人是威某集团，威某集团显然属于侵害吉某方涉案图纸技术秘密的共同侵权人，一审判决仅认定威某温州公司为侵权主体有误。5. 一审判决关于侵权主体的认定及赔偿数额的确定不当。（1）一审判决采取的赔偿数额计算方法不当。吉某方提供了“涉案技术秘密的价值”“权利人因被侵权所受到的损失”等多种计算侵权损害赔偿的方法，按照其中任一种计算方法，威某方四公司应当承担的赔偿数额均在10亿元以上。如果没有吉某方的涉案图纸及数模，威某方四公司就无法快速实现电动汽车整车制造、销售，并进行融资进而筹备上市，威某方的侵权行为不仅节省自身研发费用，也给吉某方造成了巨大的经济损失。威某控股有限公司于2022年6月向香港联合交易所有限公司提交的上市招股说明书（以下简称威某招股说明书）显示，威某方制造的EX系列型号电动汽车2019年至2021年销售量分别达到12799辆、21937辆、44152辆，故完全可以根据威某招股说明书所披露的销售数据计算威某方侵权获利。（2）一审判决确定赔偿数额未考虑威某方的侵权恶意。威某方以高薪等手段诱使成都高某公司员工大规模跳槽，并由此获取了包括涉案技术秘密在内的汽车底盘制造的关键技术，具有明显侵权恶意，一审判决对此未予考虑，仅判令威某温州公司赔偿吉某方经济损失500万元，显属不当。（3）一审判决未考虑吉某方为制止侵权行为所实际支付的合理开支。吉某方为本案诉讼进行了大量调查取证，包括购车、拆车、申请公证、委托鉴定、聘请专家及律师出庭，支付了高额差旅费、律师费等，一审判决仅判令威某温州公司赔偿合理开支200万元，而吉某方负担案件受理费400多万元，明显不合理。综上，请求二审法院依法改判，支持吉某方的全部诉讼请求。

威某方共同辩称：1. 吉某集团并非涉案技术秘密的权利人，不是本案适格原告。2. 吉某方请求保护的涉案12套图纸及数模不属于技术秘密。吉某方在一审庭审中确认包含使用涉案图纸及数模制造的底盘及底盘零部件的汽车整车于2012年前后上市，此后使用涉案图纸及数模制造的汽车底盘零部件均可在相关汽车销售服务4S店公开购买。可见，最迟至2016年，涉案12套图纸及数模的结构及尺寸信息已被公开。威某方提交的《实用新型专利权评价报告》、在先专利文件、西知鉴知识产权鉴定评估（重庆）有限公司出具的鉴定报告，以及吉某方提交的由北京国创鼎诚司法鉴定所出具的司法鉴定意见书等，均证明吉某方涉案12套图纸及数模所承载的技术信息不具有非公知性。3. 一审判决判赔数额以及判令由威某温州公司负担的诉讼费均过高，缺乏事实及法律依据。

威某温州公司上诉请求：1. 撤销一审判决；2. 改判驳回吉某集团、吉某研究院的全部诉讼请求；3. 判令由吉某集团、吉某研究院负担一审、二审诉讼费。事实和理由：1. 吉某集团并非本案适格原告。吉某方请求保护的涉案12套图纸上仅有吉某研究院署名，一审判决仅依据吉某集团、吉某研究院出具的声明即认定吉某集团与吉某研究院均系涉案12套图纸及数模的权利人，认定事实错误。2. 吉某方请求保护的涉案12套图纸及数模所承载的技术信息不满足“不为公众所知悉”及“经权利人采取相应保密措施”的法定条件，不属于技术秘密。(1) 吉某方虽在《本案中原告主张的商业技术秘密的说明》中说明“这些信息内容具体包括生产零部件的形状、结构、尺寸、尺寸公差、形位公差、表面粗糙度、技术要求、关键尺寸精度、材料信息、工艺信息、性能要求、细节要求等”，但未就涉案12套图纸及数模承载的技术信息具有非公知性进行说明，所提交的非公知性鉴定报告也仅涉及底盘零部件的结构及部分尺寸参数，未明确其技术信息的秘密点。威某方的答辩、举证、辩论等亦仅针对上述底盘零部件的结构及尺寸参数，一审判决认定威某温州公司侵害涉案5套图纸技术秘密，在程序上存在瑕疵。(2) 根据相关法律规定，权利人为防止保密信息泄露应采取与其商业价值相适应的保密措施，对于技术信息由多个主体共有的，各共有人采取的保密措施不能相互替代。本案中，吉某方将带有企业标志字样的全部规章制度文件推定为吉某集团下属企业均就涉案12套图纸及数模所承载的技术信息采取了保密措施，未完成举证义务。吉某方针对涉案技术秘密采取的保密措施过于笼统，自成都高某公司离职的员工可以接触并携带涉案技术秘密至威某方，亦说明吉某方未采取合适的保密措施。吉某方于一审庭审中称，所有涉案图纸及数模均通过其G-PLM系统由吉某集团全部员工共享，数十万名员工均可以查阅，故而一审判决认定吉某方已就涉案技术秘密采取相应保密措施错误。3. 一审判赔数额过高。一审判决未考量涉案5套图纸技术秘密的实际商业价值，侵害1套图纸技术秘密即判赔100万元，且在法定赔偿上限的基础上额外判令威某温州公司赔偿200万元维权合理开支，缺乏事实及法律依据。4. 一审判决判令由威某温州公司负担的诉讼费过高。吉某方起诉标的额为21亿元，一审判决仅支持其700万元的赔偿请求，故威某温州公司应仅就700万元的赔偿部分负担诉讼费。综上，一审判决认定事实不清，适用法律错误，请求二审法院依法改判，支持威某温州公司的上诉请求。

吉某方共同辩称：1. 吉某方对涉案技术秘密享有所有权、使用权，并对涉案技术秘密采取了保密措施，实施了管理，系本案适格原告。2014 年年底，成都高某公司根据吉某集团与成都某委员会等签订的项目建设协议，在吉某原有车型底盘基础上研发搭载动力电池，试制包括纯电动汽车在内的新能源汽车。成都高某公司是吉某方新能源汽车底盘应用技术研发测试基地，涉案图纸及数模由吉某研究院经审批程序“点对点”发放给成都高某公司使用。2. 威某方具有接触并获取涉案技术秘密的条件。2016 年至 2018 年，成都高某公司近 40 名高级管理人员及技术人员先后跳槽，并将包括涉案技术秘密在内的技术资料带到威某方及其关联公司。3. 威某方的侵权行为处于持续状态，本案应适用 2019 年修正的《中华人民共和国反不正当竞争法》（以下简称反不正当竞争法）及相关司法解释。综上，威某温州公司的上诉请求不成立，请求二审法院依法驳回。

威某集团、威某智慧出行公司、威某销售上海公司对威某温州公司上诉请求及事实和理由均予认可。

吉某集团、吉某研究院于 2018 年 12 月 3 日向一审法院提起诉讼，请求：1. 判令威某集团、威某智慧出行公司、威某温州公司、威某销售上海公司立即停止侵害吉某集团、吉某研究院技术秘密的行为；2. 判令威某集团、威某智慧出行公司、威某温州公司、威某销售上海公司共同赔偿吉某集团、吉某研究院经济损失 21 亿元；3. 判令由威某集团、威某智慧出行公司、威某温州公司、威某销售上海公司负担本案诉讼费用。事实和理由：吉某集团始建于 1986 年，是一家集汽车整车、动力总成和关键零部件设计、研发、生产、销售和服务于一体的全球企业集团。吉某集团在浙江台州和宁波、湖南湘潭、四川成都、陕西宝鸡、山西晋中等地建有汽车整车和动力总成制造基地。吉某研究院系专门从事汽车整车、零部件技术研究和开发的主体。吉某方共同拥有涉案技术秘密。自 2016 年开始，吉某集团位于四川省成都市的制造基地成都高某公司大量员工，包括负责技术研发、生产销售管理的高级管理人员以及部分一线技术员工离职，前往威某方及其关联公司就职。由于成都高某公司于 2014 年年底开始在传统燃油车底盘基础上研制新能源汽车，该部分离职员工基本都接触到吉某方传统燃油车底盘的核心技术秘密，部分员工还同时参与了对涉案新能源汽车底盘应用技术的研发。吉某集团制定了适用于集团内制造公司、动力公司、销售及采购公司的《技术文件发放及管理办法》，对相关技术秘密进行管理，而该部分离职员工均与吉某集团、成都高某公司签订了保密合同，其中部分员工还与原单位签订了竞业限制协议。威某方明知这些离职员工掌握了吉某方涉案技术秘密，仍然进行了使用。威某集团、威某智慧出行公司使用涉案技术秘密，以成都高某公司的相关离职员工作为发明人或共同发明人申请了部分专利，依赖涉案技术秘密在短期内形成生产能力并进行大规模融资，自称融资金额以百亿元计。威某温州公司还使用涉案技术秘密制造电动汽车。威某销售上海公司系威某 EX5 型号电动汽车等相关车型的销售方，威某集团、威某智慧出行公司也实际参与销售。因此，威某方上述四公司实施了共同侵权行为，并给吉某方造成了重大经济损失。综上，吉某方请求判如所请。

威某方一审共同辩称：1. 本案的审理范围应以威某方四公司共同实施的被诉侵权行为为限。吉某方要求威某方四公司承担连带赔偿责任，应举证证明威某方四公司共同实施了同一侵权行为，且就该同一侵权行为存在意思联络。2. 吉某方未举证证明其主张的秘密点符合构成技术秘密的法定条件。3. 吉某方主张赔偿数额过高，且缺乏事实和法律依据。4. 威某方相关电动汽车底盘零部件技术系委托第三方供应商独立研发或自主研发而得。5. 威某温州公司、威某销售上海公司实施的生产和销售行为不属于法律规定的侵害技术秘密行为。6. 吉某方主张的维权合理开支存在发票金额不符、开票人并非吉某方以及支出的项目并非专为本案而发生等问题。

一审法院查明如下事实：

吉某集团、吉某研究院为关联公司。案外人成都高某公司由吉某汽车集团有限公司和城某汽车国际有限公司各持有 50%股份，而吉某集团又直接或间接持有该两公司 100%股权。

吉某方在本案中请求保护的图纸及数模包括：1. 前稳定杆总成图纸（图纸编号 01427770、1412765、01412763）及数模；2. 电子加速踏板图纸（图纸编号 01427660）及数模；3. 后桥总成安装支架（左右同）图纸（图纸编号 01426925、01426960）及数模；4. 后螺旋弹簧上隔振垫图纸（图纸编号 01426949）及数模；5. 机械转向器带横拉杆总成图纸（图纸编号 01424825）及数模；6. 前地板横梁总成数模；7. 前悬架左下摆臂总成图纸（图纸编号 01412752）及数模；8. 后螺旋弹簧下隔振垫图纸（图纸编号 01426850）及数模；9. 制动踏板带支架总成图纸（图纸编号 01426506、01424972）及数模；10. 前稳定杆左衬套图纸（图纸编号 01412764）及数模；11. 车底部加强梁结构图纸（图纸编号 01237411）及数模；12. 后桥总成图纸（图纸编号

01426918）及数模。上述图纸记载有零部件结构尺寸、技术要求、材质要求等信息，并标注了企业标志，署名为“浙江吉某汽车研究院有限公司”。图纸上标注：“此图表和这里任何其他信息，都是吉某汽车研究院有限公司受著作权保护的机密材料，未经具体书面授权，任何人不得以生产、出售或其他任何原因为目的，披露、出借、复制或使用这些材料。”

吉某方请求保护的新能源汽车底盘应用技术系由成都高某公司在2014年至2015年期间，根据吉某集团与成都某委员会等所签订的项目建设协议而进行研发、试验试制所得到的技术信息。

威某集团、威某智慧出行公司、威某温州公司、威某销售上海公司分别设立于2012年5月22日、2016年5月9日、2016年5月19日、2018年3月16日。截至2019年12月27日前，威某智慧出行公司持有威某集团100%股权，威某集团持有威某温州公司、威某销售上海公司100%股权。

自2016年起，成都高某公司员工侯某靖、向某明、寇某晨、冷某虎、罗某周、宋某、周某平、张某魁等先后离职进入威某方工作。这些员工在成都高某公司产品管理或者技术岗位从事相关工作，均与成都高某公司签订了劳动合同及保密协议，劳动合同文本为吉某集团统一的格式合同。吉某集团建设了协同办公系统（CPC），供员工使用，该办公系统设置了密码权限管理制度。经一审法院现场勘验，该系统内离职员工的邮件中存在部分涉案图纸及数模，且邮件系统没有篡改痕迹。

2017年3月至7月，成都高某公司离职员工冷某虎、张某魁等作为发明人或共同发明人，威某集团或威某智慧出行公司作为专利申请人，申请了“一种电子油门踏板总成”等12件实用新型专利。其中“一种转向器防尘罩总成”“横向稳定杆总成及车辆”等被《实用新型专利权评价报告》评价为不具有新颖性。

一审法院以裁定方式责令威某集团、威某温州公司于2021年3月19日前提交威某EX5型号电动汽车“前稳定杆总成”等与吉某方请求保护的汽车底盘零部件图纸相对应的12套底盘零部件图纸及数模以及对于底盘可用于纯电动汽车所必须进行的可行性试验和验证的技术资料，包括但不限于试验项目、试验规程、试验场地、试验人员、试验记录、试验结果、结果评价等内容。威某集团、威某温州公司在指定期限内仅提交了5套底盘零部件图纸及ASE-1项目底盘调校报告书、底盘及整车相关分析或试验报告，其余图纸无正当理由未能按时提交。经一审法院谈话督促，威某集团、威某温州公司于

2021年4月22日提交其余图纸。经比对双方的图纸，特别是其中的尺寸及公差、形位公差、标注位置、技术要求等技术信息，二者的前稳定杆总成、后桥总成安装支架、前悬架左下摆臂、前稳定杆左衬套、后桥总成等5套底盘零部件图纸实质性相似。

根据威某方分别就汽车底盘零部件制造与案外人签订的《产品开发技术协议书》《新产品开发合同》等，可以认定底盘零部件系由案外的零部件供应商生产。但威某方未能进一步提供与底盘零部件生产用图纸来源有关的证据，或者所提交的证据不足以证明底盘零部件生产用图纸系案外人独立完成。相反，案外人上海众某汽车部件有限公司向一审法院提交的证据表明，在进行底盘零部件生产时存在前期输入的图纸，而案外人宁波纬某汽车零部件有限公司向一审法院陈述底盘零部件生产用图纸系威某方提供。

吉某方主张制止侵权的合理开支13275298.5元中，包括鉴定咨询费用1350000元、技术评估费用790000元、公证费用209000元、购买威某EX5型号电动汽车费用282585元、车辆拆解等技术服务费用88000元、律师服务费及其他咨询费用9434606.02元、差旅费用1121107.48元。一审法院确认吉某方因本案发生的合理开支包括公证费用、购买汽车及拆解汽车的费用、聘请律师及专家辅助人（即有专门知识的人，以下同，本院注）费用、差旅费用等，但是由于存在发票金额不符、发票开票人并非本案当事人、是否系因本案所支出的费用存疑等问题，一审法院对于吉某方所主张的前述合理开支项目具体金额不予确认。

一审法院认为，综合当事人诉辩意见及在案证据，本案主要争点在于：1. 吉某方是否系请求保护的商业秘密的权利人；2. 吉某方请求保护的技术信息是否属于法律所保护的商业秘密；3. 威某方是否实施了侵害商业秘密的行为；4. 威某方是否应当承担以及应当如何承担民事责任。

一、关于吉某方是否系请求保护的商业秘密的权利人

本案中，吉某集团直接或间接持有吉某研究院和案外人成都高某公司全部股权，但对于各公司经营活动中创造或者持有的技术信息，在法律上并不当然归属于直接或间接控股的股东。根据查明的事实，成都高某公司与员工签订的劳动合同使用的是吉某集团统一的格式合同，员工均使用协同办公系统（CPC），体现了吉某集团一体化管理的特征，但是吉某集团下属各个公司仍然是独立法人，各自独立享有法人财产权。虽然吉某集团提交了《浙江吉某控股集团专利奖励办法》以证明吉某集团享有权利和诉权，但该办法系就

专利作出的规定，而本案系侵害商业秘密纠纷，因而不能据此认定吉某集团对集团内其他公司的商业秘密享有所有权。因此，吉某集团对于成都高某公司生产经营过程中持有、使用的图纸及数模以及在新能源汽车研发过程中形成的技术信息并不直接享有权利。但是，在吉某方提交的图纸上，标注了企业标志，署名为“浙江吉某汽车研究院有限公司”，因此可以认定吉某研究院系图纸的权利人。

吉某方提交了《授权及相互确认声明书》，表示吉某方在本案中就所主张的商业秘密有权共同提出诉讼主张，一审法院认可吉某集团对于吉某研究院享有权利的图纸也有权共同提起诉讼。针对《授权及相互确认声明书》所声称“成都高某汽车工业有限公司财产权与经营权均由吉某控股拥有”，一审法院认为，该声称并不符合法人财产权归属和处分的有关法律规定，且成都高某公司并非《授权及相互确认声明书》的签署方，因此不能认定吉某方对成都高某公司其他技术信息享有权利。

二、关于吉某方请求保护的技术信息是否属于法律所保护的商业秘密

根据反不正当竞争法及司法解释相关规定，商业秘密系不为公众所知悉、具有商业价值并经权利人采取相应保密措施的技术信息。但是该信息在所属领域属于一般常识或者行业惯例，或者该信息仅涉及产品的尺寸、结构、材料、部件的简单组合等内容，所属领域相关人员通过观察上市产品即可直接获得时，则不属于受法律保护的商业秘密。

本案中，吉某方请求保护的商业秘密为汽车前稳定杆总成等涉案 12 套图纸及数模承载的技术信息与成都高某公司新能源汽车底盘应用技术。根据查明的事实，离职员工签订了统一的格式劳动合同，其中约定了员工保密义务，并且离职员工使用的协同办公系统（CPC）设置了密码和权限管理。更重要的是，在图纸上明确标明了“此图表和这里任何其他信息，都是吉某汽车研究院有限公司受著作权保护的机密材料，未经具体书面授权，任何人不得以生产、出售或其他任何原因为目的，披露、出借、复制或使用这些材料”。因此，一审法院认为吉某方对请求保护的技术信息采取了保密措施。由于吉某方请求保护的涉案图纸及数模已在实际制造车辆中应用，而新能源汽车研发系为了推出新的汽车产品，因而吉某方请求保护的技术信息的商业价值显而易见。

对于吉某方请求保护的技术信息是否不为公众所知悉，一审法院认为：

1. 关于涉案图纸及数模承载的技术信息

图纸承载的技术信息包括两个方面：一是图纸所反映的零部件技术方案的结构或子零部件；二是图纸所记载的尺寸、关键尺寸精度、形位公差、技术要求、材料信息、性能要求、细节要求等所有信息，满足零部件设计或制造所需的技术信息。

在案证据表明，吉某方已经将相关零部件应用于整车并对外销售，其他厂商类似的零部件也早已在市场销售，并且不同的零部件制造企业均能按整车厂要求制造所需零部件。零部件结构或其组成部件可以通过观察上市产品获得，同时有些零部件的结构构成的技术方案对应的专利还被《实用新型专利权评价报告》评价为不具有新颖性，因此，这些零部件的结构及其组成部件对应的技术方案应属于所属领域的相关人员通过观察上市产品即可直接获得的技术信息。就图纸上记载的技术信息的组合或整体而言，虽然所属领域的相关人员借助测量工具可以获得尺寸的测量值，借助专业工具可以获得材料或其他少量的技术信息，但是所属领域相关人员通过观察、测量甚至专业的逆向工程工具，如3D扫描，仍无法获得零部件的尺寸名义值、尺寸公差、形位公差、技术要求、性能要求、材料牌号等技术信息，更无法获得上述技术信息的整体组合。因此，不能将图纸各个部分与整体割裂开来，简单地以部分信息容易获得或者被公开就认为该整体信息已为公众所知悉。另需说明，图纸上记载的技术信息并非相关设计手册内容的简单再现或简单组合，而是设计人员智力成果的集中呈现。设计人员并非仅通过简单制图就可以直接设计出量产图纸，从初步设计到量产图纸发布是不断优化完善的过程，一般需要经过仿真计算、样件生产验证、单体试验、总成试验等阶段，每个阶段需要根据实际情况不断优化图纸上的技术信息，需要花费一定的人力、时间和费用才能确定最终量产图纸上的技术信息。故一审法院认为，即使对应的产品上市，采取了保密措施的图纸所承载的技术信息及其整体组合仍应认定为不为公众所知悉。

就数模而言，根据在案证据并结合专家辅助人陈述可知，数模可通过专用工具和软件扫描产品而获得。考虑到汽车底盘零部件制造是一个充分竞争的成熟市场，零部件制造企业根据所获得的产品可以较为容易获得零部件的数模，因此，零部件数模并不具备不为公众所知悉的特性。

2. 关于成都高某公司新能源汽车底盘应用技术

一审法院认为，燃油车可以改制为电动车是所属领域相关人员的一般常识，因此概括地主张燃油车底盘可以搭载动力电池并在新能源汽车上应用不能作为商业秘密予以保护。当然，在研发试制过程中获得的技术方案、试验数据等技术信息，如果采取了适当的保密措施，则有可能作为商业秘密获得保护。由于本案不能认定吉某方系该技术信息的权利人，因而一审法院对吉某方请求保护的该技术信息是否将秘密点作了清晰的陈述以及是否符合商业秘密保护的条件不作具体评价。

综上，一审法院认为吉某方请求保护的技术信息中的底盘零部件图纸承载的技术信息可以作为商业秘密获得保护。

三、关于威某方是否实施了侵害商业秘密的行为

根据法律及司法解释相关规定，违反保密义务披露、使用权利人商业秘密，以及明知或者应知他人违反保密义务获得权利人商业秘密，仍然进行披露或使用的，属于侵害商业秘密的行为。

本案查明的事实表明，成都高某公司相当数量离职员工进入威某方工作，有些还担任了威某方高级管理人员。这些离职员工均负有保密义务，并且能够接触到吉某研究院采取了保密措施的底盘零部件技术图纸。经比对吉某研究院请求保护的图纸与威某集团、威某温州公司提交的图纸，其中二者的前稳定杆总成、后桥总成安装支架、前悬架左下摆臂、前稳定杆左衬套、后桥总成等5套底盘零部件图纸实质性相似。就图纸本身而言，同类的零部件应用于不同的整车之上时，图纸应当会有所差别，并且对于同一个零部件，工程师在绘制图纸时，会有不同的制图习惯，一般不会出现不同厂商绘制的零部件图纸相同的情况。威某方虽然辩称图纸是供应商研发并提供，但仅有与供应商签订的合同尚不足以证明该主张，并且该主张与一审法院依职权向供应商调取的证据并不相符，而威某方对此并无合理解释。根据上述理由，结合威某方无正当理由迟延提交有关图纸的情况，根据“接触加实质性相似”的判断规则，一审法院推定威某温州公司使用了吉某研究院前述5套底盘零部件图纸，侵害了吉某研究院的商业秘密。同时，如前所述，由于底盘零部件图纸所承载的零部件技术方案本身并不属于商业秘密，因而在申请专利时披露的技术方案，包括未记载尺寸、关键尺寸精度、形位公差、材料信息、性能要求、细节要求等所有信息的示意图、结构图等，并不构成对吉某方商业秘密的侵害。

对于侵害商业秘密的责任主体，应当根据在案证据作出判断。一审法院注意到威某温州公司实际进行车辆制造并作为零部件加工、开发合同的签约

主体，认定威某温州公司系实际使用吉某方商业秘密的主体，而认定威某集团、威某智慧出行公司、威某销售上海公司参与了侵害商业秘密行为的在案证据尚不充分。因此，一审法院认定本案侵害商业秘密的责任主体为威某温州公司。

四、关于威某方是否应当承担以及应当如何承担民事责任

根据相关法律规定，侵害他人商业秘密应当承担停止侵害、赔偿损失等民事责任。

鉴于威某温州公司应当知道所招募的离职员工对在原单位所接触的零部件图纸具有保密义务，仍然在制造威某 EX5 型号电动汽车时使用吉某研究院享有权利的图纸，已经构成对吉某研究院商业秘密的侵害，依法应当承担停止侵害的责任，即停止使用吉某研究院前稳定杆总成、后桥总成安装支架、前悬架左下摆臂、前稳定杆左衬套、后桥总成等 5 套底盘零部件图纸，停止使用的期限直至上述图纸已为公众所知悉为止。

本案中，吉某方请求判令威某方共同赔偿经济损失 21 亿元，并提交了威某方融资情况、汽车销售量情况等作为证据。但本案仅涉及吉某方 5 套底盘零部件图纸商业秘密被侵害，威某方融资并不主要依赖于此 5 套底盘零部件图纸，汽车制造、销售也并不主要依赖此 5 个底盘零部件，因此吉某方主张的损害赔偿计算方法既不符合本案实际情况，也缺乏法律依据。鉴于吉某方实际损失和威某温州公司侵权获利并未查明，一审法院考量威某方招募的吉某集团关联公司离职员工数量较多且包括高级管理人员、威某温州公司应当能够清楚地知道离职员工负有保密义务、威某温州公司直接使用吉某方图纸所能获得的竞争优势以及本案审理过程中对事实是否如实陈述等情况，依法酌情判令威某温州公司赔偿吉某方经济损失 500 万元。

根据法律规定，侵害他人商业秘密除应当赔偿损失外，还应当赔偿权利人为制止侵权所支付的合理开支。本案中，一审法院确认吉某方为制止侵权支出公证费用、购买汽车及拆解汽车费用、聘请律师及专家辅助人费用、差旅费用等，但威某温州公司赔偿数额应当根据本案查明事实的必要性和可能性，参考各种费用的市场价格，并考虑费用支出的合理范围加以确定。根据本案查明事实、证明责任分配、证据审查判断及认定侵权的性质和后果等情况，一审法院酌情判令威某温州公司赔偿吉某方为制止侵权所支付的合理开支 200 万元。

一审法院依照《中华人民共和国反不正当竞争法》第九条第一款和第三

款、第十七条之规定，判决：“一、被告威某汽车制造温州有限公司于本判决生效之日起立即停止对原告浙江吉某控股集团有限公司、原告浙江吉某汽车研究院有限公司商业秘密的侵害，即停止使用原告浙江吉某控股集团有限公司、原告浙江吉某汽车研究院有限公司前稳定杆总成、后桥总成安装支架、前悬架左下摆臂、前稳定杆左衬套、后桥总成等五个零部件图纸直至前述图纸已为公众所知悉为止；二、被告威某汽车制造温州有限公司于本判决生效之日起十五日内赔偿原告浙江吉某控股集团有限公司、原告浙江吉某汽车研究院有限公司经济损失 500 万元、为制止侵权行为所支付的合理开支 200 万元；三、驳回原告浙江吉某控股集团有限公司、原告浙江吉某汽车研究院有限公司其余诉讼请求。如果未按照本判决指定的期间履行给付金钱义务，应当依照《中华人民共和国民事诉讼法》（2021 年修正）第二百六十条规定，加倍支付迟延履行期间的债务利息。案件受理费 10541800 元，由原告浙江吉某控股集团有限公司、原告浙江吉某汽车研究院有限公司负担 4216720 元，被告威某汽车制造温州有限公司负担 6325080 元。”

二审中，吉某方向本院提交了如下证据：

证据 1. 威某招股说明书（2022 年 6 月），拟证明威某 EX 系列型号电动汽车均使用了同一底盘技术及其 2018 年至 2022 年第一季度销售数量、威某方车辆及部件销售毛利率达到 54.6%、威某方侵权获利、沈某与侯某靖从吉某方离职后入职威某方并任高级管理人员等相关情况。威某招股说明书记载了如下内容：（1）根据第 2 页、第 4 页、第 14 页及第 199 页的记载，EX 系列包括 EX5、EX6、E5，EX 系列电动汽车 2018 年至 2021 年销售数量分别为 4607 辆、12799 辆、21937 辆、36252 辆，2021 年销售 W6 型号电动汽车 7900 辆。EX5 型号电动汽车推出时间为 2018 年 9 月，建议零售价为 160800-189800 元；EX6 型号电动汽车推出时间为 2019 年 11 月，建议零售价为 279900 元；W6 型号电动汽车推出时间为 2021 年 4 月，建议零售价为 189800-259800 元；E5 型号电动汽车推出时间为 2021 年 8 月，建议零售价为 160100-190100 元。威某方 2022 年第一季度售出 7476 辆电动汽车。第 199 页记载：“附注：我们认为 EX5、EX6、E5 车型构成一条单一产品线，与我们的 W6 产品线并行。”（2）第 3 页记载：“我们已建立专有的模块化车辆开发平台，包括我们的 Living Pilot AD/ADAS 平台、Living Motion 电动动力总成平台、Living Engine 智能座舱平台、Ajax 底盘平台。通过对模块化车辆开发平台不断升级迭代，我们能够快速融合最新技术进步，推出新的电动汽车车型，快速上市。我们亦正在开发 Caesar 底盘平台，我们将于 2023 年开始基于该平台推出新车型。”第 191 页显示，EX5、EX6、E5、W6 以及 M7 型号电动汽车均基于 Ajax 底盘平台开发。（3）第 143 页记载，威某温州公司主要业务活动为汽车制造，威某销售上海公司主要业务活动为汽车销售。（4）第 279—280 页销售收入、销售成本明细表显示：2019 年至 2021 年销售收入分别为 176214 万元、267174.2 万元、474253 万元，销售成本分别为 278883.3 万元、383469.5 万元、668974.3 万元；威某方 2019 年至 2021 年车辆及部件销售毛利/（毛损）率分别为 58.8%、50.4%、54.6%；2019 年至 2021 年毛利/（毛损）率总计分别为 58.3%、43.5%、41.1%。第 281 页记载：“尽管我们的收入于往绩记录期间大幅增加，但由于我们的业务仍处于早期发展阶段，因此我们于同一期间产生毛损。我们的毛损率由 2019 年的 58.3%下降至 2020 年的 43.5%及 2021 年的 41.1%。由于我们的销量增加及我们将实现更大的规模经济，预计我们的毛利率将进一步提高。”第 286 页亦记载了有关“毛损及毛损率”的内容。（5）根据第 317—321 页的记载，威某集团、威某智慧出行公司、威某温州公司法定代表人沈某曾担任沃尔沃汽车公司董事、高级副总裁以及吉某集团副总裁，主要负责收购及国际合作。沈某于 2016 年 1 月 1 日加入威某集团，系威某集团创始人以及威某集团、威某智慧出行公司董事会主席兼首席执行官，负责集团的整体战略规划及业务方向以及集团的管理。侯某靖于 2012 年 4 月加入吉某集团，并担任吉某集团副总裁兼成都高某公司总经理。2018 年 7 月 1 日，侯某靖加入威某集团，系威某集团执行董事、联合创始人兼首席运营官，主要负责集团研发工作。2018 年 8 月起侯某靖担任威某智慧出行公司董事，2020 年 8 月起担任该公司首席运营官。

证据 2.《理某汽车 2021 中期报告》《小某汽车有限公司 2021 中期报告》，拟证明电动汽车利润率的相关情况。《理某汽车 2021 中期报告》载明：“理某汽车的毛利率截至 2020 年 6 月 30 日止六个月的 12.1%上升至截至 2021 年 6 月 30 日止六个月的 17.9%。”《小某汽车有限公司 2021 中期报告》载明：“小某汽车截至 2021 年 6 月 30 日止六个月汽车毛利率（汽车销售毛利润占汽车销售收入的百分比）为 10.6%，相较而言，截至 2020 年 6 月 30 日止六个月为负 5.5%。”

证据 3. 成都高某公司于 2024 年 1 月 25 日出具的声明，拟证明吉某集团和吉某研究院有权在本案中请求保护涉案新能源汽车底盘应用技术秘密。该声明记载：成都高某公司为吉某集团下属生产基地，是吉某方在本案中所主张的商业秘密的授权使用方，并遵守吉某方的保密规定。成都高某公司作为涉案商业秘密的使用方同样享有诉讼权利，但基于吉某方已经向侵权方提起诉讼，采取了维权行动，作为吉某集团的全资下属企业，成都高某公司将不再就本案项下所涉及的商业秘密对本案侵权方提起诉讼。

威某方的质证意见为：对吉某方二审证据 1 的真实性、合法性予以确认，但产品线不同于技术线，威某招股说明书相关记载仅系宣传，并不代表威某 EX5、EX6、E5 型号电动汽车均使用了相同的底盘技术。威某招股说明书第 279—280 页的销售收入明细表和销售成本明细表显示，销售成本大于销售收入；同时结合第 286 页所记载内容可知，威某方电动汽车销售一直处于亏损状态，故第 280 页所记载的威某方 2019 年至 2021 年的数据并非毛利率而是毛损率。认可吉某方二审证据 2 的真实性、合法性，但不认可其关联性。对吉某方二审证据 3 的真实性、合法性、关联性均不予认可。

本院认证意见为：对吉某方二审证据 1、2、3 的真实性、合法性均予以确认，对其关联性及证明力，本院将结合本案事实予以认定。

二审中，本院要求威某方提供其相关型号电动汽车销量、售价等情况。威某方于 2023 年 10 月 30 日提交《其他问题反馈》称：截至 2022 年 12 月 31 日，威某 EX5 型号电动汽车平均售价 137826. 75 元，销量 68121 辆；E5 型号电动汽车平均售价 109856. 47 元，销量 29897 辆；EX6 型号电动汽车平均售价 217999. 2 元，销量 815 辆；W6 型号电动汽车平均售价 172536. 74 元，销量 14289 辆；M7 型号电动汽车尚未推出。EX6 型号电动汽车使用了与 EX5 型号电动汽车相同的 4 个底盘零部件，具体为前稳定杆、后桥、制动踏板、油门踏板。除此之外，其他型号电动汽车没有使用被诉侵权底盘零部件。截至 2022 年 12 月 31 日，威某各型号电动汽车均为亏损状态。威某招股说明书第 280 页显示的“毛利”或“毛利率”，计算方式为销售收入减去销售成本/生产成本，未计算研发、管理、财务等费用，并非真正的“利润率”。真正的利润率应以威某招股说明书第 286 页显示的“毛损”或者“毛损率”为准（“毛损”或“毛损率”本身为负/亏损的概念，即“毛损率”相当于“亏损率”或负的“利润率”），计算方式为销售收入减去各项成本支出，威某方的利润率为负值，未盈利。

对于该《其他问题反馈》，吉某方的质证意见为：仅系威某方单方陈述，不认可威某方所称仅 EX6 型号电动汽车部分底盘零部件与 EX5 型号电动汽车相同、E5 型号电动汽车未使用与 EX5 型号电动汽车相同的底盘零部件的说法，但威某方在《其他问题反馈》中就EX系列型号电动汽车的销售数量所作陈述与威某招股说明书的记载能够相互佐证。

本院的认证意见为：《其他问题反馈》系威某方就本案相关事实所作自我陈述，本院将综合本案事实一并考虑。

一审法院查明的事实基本属实，本院予以确认。

本院另查明如下事实：

一、吉某方及威某方等有关主体的情况

吉某集团成立于2003年3月24日，经营范围包括汽车销售、电池制造、电动机制造、汽车零部件研发、零售、批发、汽车零部件及配件制造等。

吉某研究院成立于2003年6月2日，经营范围包括汽车及关键零部件的研究、开发及销售。成都高某公司成立于2007年10月8日，经营范围包括汽车整车制造、汽车零配件、发动机零配件的研发、生产、推广。

2021年5月25日，吉某集团与吉某研究院共同出具《授权及相互确认声明书》，该声明书记载：吉某集团及吉某研究院在本案中作为吉某集团商业秘密资产的所有人及管理方对涉案商业秘密共同行使诉讼权利。

威某集团原名称为苏州雅某机械有限公司，成立于2012年5月22日，经营范围为加工生产电焊机、抽湿机、批发电动机等。2015年10月20日，变更企业名称为苏州威某汽车技术有限公司，变更经营范围为新能源智能汽车的技术设计和研发、销售及售后服务等。2015年12月17日，变更名称为威某汽车技术有限公司。2018年4月25日变更为现名称。

威某温州公司成立于2016年5月9日，经营范围包括整车制造、相关汽车零部件的生产、销售及售后服务、新能源智能汽车的技术设计和研发、销售及售后服务等。一审判决记载该公司成立于2016年5月19日有误。

威某智慧出行公司原名称为威某智慧出行科技（上海）有限公司，成立于2016年12月1日，经营范围包括新能源智能汽车的技术设计和研发、汽车零部件的批发等，2020年8月28日变更为现名称。一审判决记载该公司成立于2016年5月9日有误。

威某销售上海公司成立于2018年3月16日，经营范围包括汽车销售、汽车智能化领域内的技术开发、技术服务等。威某集团系由威某智慧出行公司100%控股的全资子公司，截至2019年12月27日，威某温州公司、威某销售上海公司是威某集团100%控股的全资子公司。

二、吉某方在本案中请求保护的技术秘密及其形成过程

吉某方在本案中请求保护的技术秘密为：涉案新能源汽车底盘应用技术以及其中的12套图纸及数模。涉案新能源汽车底盘应用技术是指吉某方通过在成都高某公司利用NL-1/NL-4传统燃油车底盘进行测试试验、改制验证所形成的借用NL-1/NL-4传统燃油车底盘搭载动力电池所形成的新能源汽车底盘技术；涉案12套图纸及数模是指吉某NL-1/NL-4传统燃油车底盘零部件图纸及数模。

1. 关于涉案新能源汽车底盘应用技术秘密

成都高某公司系吉某集团下属生产基地，负责吉某集团在西南地区以SUV为主体的经济型轿车的整车生产。2014年12月15日，吉某集团（乙方）与成都某委员会等（甲方）签订了项目建设协议，吉某集团在成都高某公司生产基地实施新能源汽车的研发、试制、制造工艺技术改造项目，该项目计划投资19.7亿元。

此后，吉某集团依托成都高某公司组建了专门的项目小组，开始进行借用吉某NL系列的SUV传统燃油车底盘系统直接搭载动力电池进行SUV电动汽车研发和试制，即在原有NL-1/NL-4系列车型上改制车身（包括底盘部分）以便提供环电装配，实现纯电方案。2014年12月至2015年，成都高某公司编制了《NL-1系列车型新能源车性能测试试验大纲》《GX7新天窗项目及NL-1 SC项目整车领用试验大纲》《GX7新天窗项目及NL-1 SC项目整车续领试验大纲》《NL-1 SC项目领用车改制电动车续领试验大纲》等相关测试试验资料，并领用GX7车（GX7系吉某首款SUV车型，于2012年上市），对车身、制动、转向等借用NL平台的方案进行试验。

2015年6月，成都高某公司编制了《成都基地纯电动车型公告申报专项项目立项书》（会签：周某平，批准：侯某靖）。2015年7月，吉某集团董事长李某福与吉某集团副总裁、成都高某公司总经理侯某靖对GX7纯电动车样车进行了试驾。2015年7月15日，成都高某公司技术部黄某辉向其同事发出主题为“关于GX7纯电动车开发”的邮件，说明拟基于NL-1平台进行进一步升级开发，加快成都基地纯电动车型开发，《整车新产品项目立项书》被作为附件，该邮件同时抄送成都高某公司副总经理周某平、技术部部长罗某周等人。

成都高某公司经过研发、样车试制，初步形成借用NL-1/NL-4的NL系列机械底盘平台制造电动汽车的技术。在上述研发过程中，所形成的技术文

件至少包括：(1) 2015 年 5 月 20 日，成都高某公司技术部新技术研发科向某明编制完成的《样车布置概况》。该文件前言记载："集团经管会要求在 GX7 车型上做纯电动车型，车型要求以 NL-1Q 最高配置车型为基础平台"，具体方案是：车身部分：车身及前后悬挂借用 NL-1Q2.0+6 AT；动力总成悬挂装置：样车所有隔振垫全部借用现有车型，部分支架借用；制动系统：制动系统液压回路借用现有车型，真空助力装置及制动踏板借用 NL-4 车型；转向系统：借用 NL-4 仪表台横梁及电动助力转向装置，需对横梁作临时更改以配合 NL-2 仪表台装置。"总结：按照上述方案可实现首台样车装配。"(2) 2015 年 7 月，向某明、罗某周、周某平工作邮箱里的《GX7 EV 项目专用件开发管制表》。该文件载明：右、左、前、后隔振垫总成、左支架、车身、制动踏板、电子油门踏板等借用"NL-1""NL-1D"。(3) 2015 年 7 月 31 日，罗某周、黄某辉、周某平工作邮箱里的《GX7 EV 产品定义描述》。该文件载明：涉及机械底盘部分的有前悬架装置、后悬架装置、真空助力装置、前后制动器装置、液压转向装置，涉及这些底盘部分的装置借用 NL-1 系列。(4) 2015 年 9 月 1 日，罗某周、黄某辉工作邮箱里的《GX7 EV 一级研发明细表》。该文件载明：涉及机械底盘部分的有变速操纵装置、液压转向系统装置、真空助力装置、前悬架装置、后悬架装置，上述底盘部分装置均借用 NL-1 系列。(5) 2015 年 9 月，向某明编制的《NL-4 EV 车型设计任务书（初始版）〈秘密级〉》。该设计任务书前言部分载明："本任务书由成都高某汽车工业有限公司新能源项目组负责起草""发放给新能源技术开发组、整车工艺科、工程科、技术管理科、新能源项目组，报研究院备案"。在整车开发方案中明确记载："在 NL-4 车型上将传统动力更换为纯电动系统并进行风阻优化，前排人体坐姿同 NL-4，后排人机在 NL-4 基础上抬高？mm，悬架抬高？mm；整车性能满足科技部的验收标准。"设计任务书列明底盘系统包括车轮定位、制动系统、悬架系统、转向系统以及车轮系统。在"底盘系统设计目标"中详细列明了设计的目标任务，就制动系统、悬架系统、转向系统及车轮系统中实现设计目标进行了说明。在"开发方案"第 4.3 条"底盘系统开发方案"中，明确写明转向系统、加速踏板、制动踏板均借用 NL-4 车型。

2016 年 5 月 17 日，在侯某靖审批并提交给成都某委员会等的《关于吉某成都高某汽车增资扩能项目延期的请求》中，吉某集团明确提出，项目已经完成投资 5.67 亿元，2016 年计划研发新车型投入 4.6 亿元，2017 年计划分批投入 3.85 亿元。项目全面达产后，预计新增年产值 100 亿元，年创税收约 8 亿元，提供就业岗位 1000 人左右。

2. 关于涉案 12 套图纸及数模技术秘密

吉某方一审提交了包括前稳定杆总成图纸及数模等在内的涉案 12 套图纸及数模。吉某方明确，涉案 12 套图纸及数模技术秘密系以汽车底盘零部件图纸及数模为载体，包括汽车底盘零部件的形状、结构、尺寸、尺寸公差、形位公差、表面粗糙度、技术要求、关键尺寸精度、材料信息、工艺信息、性能要求、细节要求等在内的全部技术信息。

3. 关于吉某方涉案技术秘密的非公知性

为证明涉案技术秘密具有非公知性，吉某方一审提交了由北京国创鼎诚司法鉴定所于 2019 年 9 月出具的国创司鉴［2019］知鉴字第 162-1 号至 162-8 号共 8 份司法鉴定意见书，鉴定意见为：涉案底盘零部件图纸及数模中的后桥总成（A）、前稳定杆装置、前稳定杆左衬套、前悬架左下摆臂总成、后悬架系统、后螺旋弹簧上隔振垫、后螺旋弹簧下隔振垫、加速踏板等所反映的产品结构关系及相关参数的技术信息等具有非公知性。

威某方一审提交了国家知识产权局出具的《实用新型专利权评价报告》、西知鉴知识产权鉴定评估（重庆）有限公司出具的鉴定报告等，拟证明吉某方涉案 12 套图纸及数模所承载的技术信息被现有技术公开，底盘零部件的结构、连接关系及基本尺寸在相关车辆上市销售后通过拆解、反向工程等即可获得，吉某方涉案 12 套图纸及数模所承载的技术信息不具有非公知性。

4. 关于吉某方对涉案技术秘密所采取的保密措施

吉某方所提交的证据显示，吉某方及其关联公司对涉案技术秘密采取的保密措施包括：（1）吉某集团于 2006 年下发了《档案管理办法》，对集团及下属子公司等包括文字、图表、声像、电子数据等在内的无形资产进行管理。吉某研究院于 2011 年至 2013 年发布《数据管理办法》《数据资产密级管理规定》《技术文件发放管理办法》，对产品开发过程中通过 CAD 软件生成的产品图样、三维数模等数据资产进行保密管理。（2）从吉某集团、成都高某公司离职至威某方及其关联公司工作的侯某靖、周某平、罗某周、黄某辉、向某明、张某魁、冷某虎、宋某等在吉某集团、成都高某公司任职期间均签有保密协议或保密合同，负有保密义务。保密协议或保密合同要求员工对包括但不限于“非专利技术成果以及技术数据和手册、设计图纸”等技术资料和信息承担保密义务，未经授权许可或书面同意，不得将所掌握或知悉的任何保密信息，以任何方式向任何第三方披露，或为个人目的及任何非公司利益之目的而使用或散布。(3）在新能源汽车底盘应用技术研发过程中所形成的《GX7-EV 工程样车布置概况〈秘密级〉》《NL-4 EV 车型设计任务书（初始版)〈秘密级〉》等文件均标注企业密级、保密标记，涉案 12 套底盘零部件图纸上沿和下沿分别标注“此图表和这里任何其他信息，都是吉某汽车研究院有限公司受著作权保护的机密材料，未经具体书面授权，任何人不得以生产、出售或任何其他原因为目的，披露、出借、复制或使用这些材料”字样。上述相关技术文件、图纸及数模均由专人保管，经审批程序“点对点”发送并使用。(4）包括浙江铭某汽车部件有限公司、宁波拓某汽车部件有限公司等多家吉某集团的底盘零部件供应商于 2019 年 1 月提供证明函，证明其曾经接收吉某集团相应的图纸及数模用于底盘零部件的生产，同时确认其对图纸及技术秘密承担保密义务。

5. 关于涉案汽车底盘及底盘零部件技术秘密的价值

为证明吉某 SUV 燃油车底盘专有技术的价值，吉某集团委托浙江武林资产评估有限公司，对吉某 SUV 燃油车底盘专有技术以及其中所含 5 项技术（分别为：一种车身底部的加强梁结构、一种改良的汽车前悬架摆臂结构、一种侧面碰撞的加强结构、横向稳定杆总成、一种改良的扭力梁后桥结构）的价值进行了评估。

浙江武林资产评估有限公司于 2018 年 12 月 26 日出具浙武评报字（2018）第 1073 号《资产评估报告书》。该评估报告记载：“LSLP 利润分享原则（Licenser’s Share of Licensee’s Profit，即许可方按被许可方取得的利润分成取得技术使用费，简称技术分成率法）是国际上公认的确定技术价格的一个原则。在专有技术资产评估领域中，技术分成率法的理论基础是专有技术资产对总收益的贡献程度，即专有技术资产的价值取决于它对总收益的贡献程度。专有技术分成率应与技术的复杂程度、产品销售量、剩余收益年限和企业规模等因素有直接联系。一般情况下，技术越先进、产销量或销售额越大，分成率就越高。国内外技术评估中确定利润分成率的依据主要有‘三分法’和‘四分法’等几种形式。联合国贸易和发展组织对各国专有技术合同的分成率作了大量的调查统计工作，联合国工业发展组织对印度等发展中国家引进技术的价格进行分析后，认为利润分成率在 16%—27%较为合理。综合国际上其他一些国家的情况，我国的专家学者普遍认为，利润分成率在 15%—30%较为合理。本次评估对委托技术所处的行业及技术对企业的贡献能力等因素进行综合分析后，按照稳健性原则取吉某 SUV 燃油车整车技术的利润分成率为 25%，这是根据技术的复杂程度、产品的产量、销售额、提成年限或利润高低的直接联系，从中考虑了可能对分成率取值有影响的各种因素，并且参考了国际技术贸易中对技术提成率的数值，具有明显的科学性及公正性。”该评估报告还记载：“汽车基本构造是由发动机、底盘、电气设备和车身四大部分组成，其中：发动机是为汽车行驶提供动力的装置，是汽车的主要组成部分，技术含量占整车的 45%；汽车底盘的作用是支承、安装汽车发动机及其各部件、总成，形成汽车的整体造型，并接受发动机的动力，使汽车产生运动，保证正常行驶。底盘对于一辆车来说，无论是安全、舒适还是运动性能，都起到决定性的作用，技术含量占整车权重的 40%；车身构成汽车的外壳，技术含量较低，占整车权重的 5%；电气设备由电源和用电设备组成，目前已是成熟技术，技术含量占整车权重的 10%。故，吉某 SUV 燃油车底盘专有技术的利润分成率为 10%（25%×40%＝10%）。”“汽车底盘由传动系、行驶系、转向系和制动系四部分组成。传动系一般由离合器、变速器、万向传动装置、主减速器、差速器和半轴等组成。汽车发动机所发出的动力靠传动系传递到驱动车轮。传动系具有减速、变速、倒车、中断动力、轮间差速和轴间差速等功能，与发动机配合工作，能保证汽车在各种工况条件下正常行驶，并具有良好的动力性和经济性。行驶系由汽车的车架、车桥、车轮和悬架等组成。汽车的车架、车桥、车轮和悬架等产生牵引力，使汽车正常行驶，缓和不平路面对车身造成的冲击，保持行驶的平顺性和保证汽车操纵稳定性。转向系统由转向盘、转向轴、转向管柱等组成。制动系统可分为行车制动系统、驻车制动系统、应急制动系统及辅助制动系统等。”“吉某 SUV 燃油车的创新点为：创新点 1 全方位被动安全集成技术创新，……创新点 2 整车轻量化技术及材料集成应用，该车型通过高强度钢板、内高压成型、结构轻量化等技术的应用，结合灵敏度分析、结构拓扑优化等 CAE 分析技术，以车身模态、刚度、强度、碰撞安全性能为优化的边界条件进行迭代 CAE 分析，使白车身在保证高强度、安全性能、NVH 性能的同时又实现了轻量化，白车身减重 39.3kg，整车比同类车型（东风本田 CR-V）减重 8.6%（140kg），节油 6%，使该车型轻量化方面在同级别 SUV 车型中处于领先水平，整车平均屈服强度也处于较高水平。吉某 SUV 燃油车底盘专有技术在底盘设计时着重考虑满足整车性能的各项指标，包括动力性、经济性、制动性、操稳性、平顺性、安全性和耐久性，前后悬架、转向系、制动系和车轮的设计配置与底盘的架部件足够牢固。吉某 SUV 燃油车底盘专有技术做到了强度、柔韧性、抗疲劳、抗损坏等方面良好的性能，加工技术也向着高效、自动、降低成本等方向发展。底盘铸件也反映出向高性能、轻质、精确尺寸等高效、节能、节材、环保的方向发展。”

该评估报告按照收益法计算出吉某 SUV 燃油车底盘专有技术评估值取整为 43 亿元，一种车身底部的加强梁结构、一种改良的汽车前悬架摆臂结构、一种侧面碰撞的加强结构、横向稳定杆总成、一种改良的扭力梁后桥结构 5 项技术在底盘技术中所占权重为 25%，5 项技术评估值为 10.75 亿元。

三、威某方侵害吉某方涉案技术秘密的事实

本案中，吉某方主张威某方通过吉某方关联公司成都高某公司离职人员获取涉案技术秘密，并实施了侵害技术秘密行为。本院查明的相关具体事实如下：

1. 关于威某方通过成都高某公司离职人员接触、获取涉案技术秘密的事实

本案证据显示，沈某曾担任吉某集团副总裁，其于 2016 年 1 月 1 日加入威某集团，系威某集团创始人以及威某集团、威某智慧出行公司董事会主席兼首席执行官，负责集团的整体战略规划及业务方向以及集团的管理，并担任威某集团、威某智慧出行公司、威某温州公司法定代表人。侯某靖 2012 年 4 月 5 日至 2016 年 6 月 30 日任职于吉某集团及成都高某公司，担任吉某集团副总裁兼成都高某公司总经理、成都基地电动汽车研发项目组组长。2016 年 6 月 30 日，侯某靖与吉某集团签订《解除劳动合同协议书》，于 2016 年 7 月 1 日解除劳动合同关系，吉某集团按每月 8.4 万元向侯某靖支付竞业限制补偿费，支付期限至劳动合同解除之日起满 2 年。侯某靖于 2018 年 7 月 1 日加入威某集团，系威某集团执行董事、联合创始人兼首席运营官，主要负责集团研发工作。2018 年 8 月，侯某靖担任威某智慧出行公司董事，自 2020 年 8 月起担任该公司首席运营官。

从成都高某公司离职并入职威某方及其关联公司的人员还包括周某平、罗某周、黄某辉、向某明、张某魁、冷某虎、宋某等近 40 名员工，其中 30 人于 2016 年离职后即入职威某方及其关联公司。上述人员中，向某明 2010 年 7 月 9 日至 2016 年 7 月 7 日任职于成都高某公司技术部新技术研发科整车技术管理岗，于 2016 年 7 月 9 日入职威某集团，岗位为新能源总监；张某魁 2010 年 6 月 8 日至 2016 年 7 月 11 日任职于成都高某公司技术部产品技术岗，

于2016年7月14日入职威某集团，岗位为底盘制动开发高级经理；冷某虎2014年7月1日至2016年7月11日任职于成都高某公司技术部产品技术岗，于2016年7月13日入职威某集团，岗位为底盘开发经理；周某平2012年6月1日至2016年5月31日任职于成都高某公司，任公司副总经理，负责技术及产品管理相关工作；罗某周2010年4月4日至2016年7月14日任职于成都高某公司，离职前系技术部部长；黄某辉2012年7月3日至2016年9月6日任职于成都高某公司技术部项目管理岗；宋某2009年10月8日至2016年4月5日任职于成都高某公司技术部产品技术岗。本案二审中，威某方表示，因威某方经营情况不佳，已无法核实周某平等人入职威某方及其关联公司时的具体公司名称及职务，威某方仅掌握其目前在职或最后在职的公司名称和职务信息。具体为：周某平任晖某中欧汽车科技成都有限公司（成立于2018年1月9日，系威某方关联公司）成都研究院院长，罗某周任该公司成都研究院副院长，黄某辉任该公司新能源项目管理高级经理，宋某任该公司车身开发高级主任工程师。

前述侯某靖、周某平等近40名员工在离职前多系成都高某公司的高级管理人员或技术人员，部分人员实际参与了成都基地电动汽车改造研发试制工作，有条件接触吉某方包括涉案图纸及数模在内的新能源汽车底盘应用技术秘密。具体而言，周某平作为成都高某公司副总经理，直接参与了相关电动汽车项目技术周例会；罗某周负责电动汽车改造项目并负责协调改造过程中的技术支持，负责审批相关的试验大纲，并且作为技术部部长参加电动汽车项目的技术会议；黄某辉参与编制《NL-1系列车型新能源车性能测试试验大纲》，并与周某平、向某明等一同参加相关技术会议；向某明在成都高某公司自2014年开始的电动汽车项目改造期间担任新能源项目组组长，实际参与电动汽车试验过程，并编制完成《GX7-EV工程样车布置概况〈秘密级〉》《NL-4 EV车型设计任务书（初始版）〈秘密级〉》等技术文件；张某魁负责底盘转向系统装置，冷某虎负责底盘中的前/后悬架装置相关设计研发工作。

浙江省杭州市之江公证处于2019年1月21日出具的（2019）浙杭之证字第532号公证书显示，2015年7月30日，罗某周向冷某虎、张某魁等人发送标题为“关于NL-4数据整理事宜”的邮件称，“根据周总的要求，你们把NL-4的数据等技术资料收集后统一共享在周某平或罗某周电脑。放假期间周总会对大家的数据进行审核”。2015年11月12日，向某明在与成都高某公司技术人员寇某晨（2016 年 6 月 12 日赴威某集团工作）的往来邮件中提醒寇某晨，“电动车核心部件资料只发给了你们，下载到自己的电脑上，不要外传”。2016 年 3 月 30 日，周某平一天之内在成都高某公司下载了两百余份与技术有关的资料及文件。

根据浙江省宁波市永欣公证处于 2019 年 11 月 8 日出具的（2019）浙甬永证民字第 6615、6616、6617 号公证书的记载，从张某魁、冷某虎、宋某三人邮箱往来邮件可以看出，2014 年 5 月至 2016 年 7 月，该三人均大量接触、获取了包括机械转向器带横拉杆总成（图样代号为 01424825）、后桥左安装支架及后桥左安装支架加强板（图样代号为 01426960、01426962）、后螺旋弹簧上隔振垫（图样代号为 01426949）、后螺旋弹簧下隔振垫（图样代号为 01426950）、后桥总成（图样代号为 01426918）、前稳定杆总成（图样代号为 01412762）、前悬架左下摆臂总成（图样代号为 01412752）、前稳定杆左衬套（图样代号为 01412764）、后地板骨架总成（图样代号为 01236666）、电子加速踏板、NL-4 数据等在内的汽车底盘零部件图纸及数模技术资料。

浙江省杭州市之江公证处于 2019 年 1 月 21 日出具的（2019）浙杭之证字第 531 号公证书显示，2016 年 6 月 24 日，张某魁、冷某虎在尚未从成都高某公司离职之时即已接到威某集团法定代表人沈某的入职邀请，并被许以较高薪酬。

罗某周、张某魁、冷某虎等赴威某方任职后，继续从事与汽车底盘技术研发有关的工作。其中，张某魁担任底盘制动开发高级经理，冷某虎担任底盘开发经理。此外，威某方所提交的证据显示，大量关于底盘零部件的加工制作协议与合同均由罗某周代表威某温州公司与相关供应商签订；部分协议与合同附件相关技术资料分别由张某魁、冷某虎、罗某周校核、审定、批准。

本院已审结的（2022）最高法知民终第 2587、2363 号等 27 件专利申请权、专利权权属纠纷案件生效判决认定的相关事实亦表明，威某集团、威某智慧出行公司等以向某明、张某魁、冷某虎等为发明人或共同发明人，申请了 27 件专利，其中张某魁、冷某虎作为发明人或共同发明人的专利主要涉及汽车底盘零部件。在前述 27 件专利申请权、专利权权属纠纷案件中，本院根据诉争专利系在向某明、张某魁、冷某虎等从成都高某公司离职一年内申请，且与向某明、张某魁、冷某虎等本职工作具有相关性的事实，均认定吉某方、成都高某公司系诉争专利权、专利申请权的权利人。

2. 关于威某方对吉某方涉案技术秘密进行披露、使用的事实

威某方被诉侵害技术秘密的行为包括：使用吉某方涉案技术秘密申请了12件实用新型专利，并将涉案底盘零部件数模截图作为专利说明书附图，由此对涉案技术秘密进行了部分披露；将涉案技术秘密用于包括威某EX5型号电动汽车在内的相关车型底盘及底盘零部件制造。

（1）关于威某方申请涉及底盘零部件的12件实用新型专利的事实

2017年3月至6月，威某智慧出行科技（上海）有限公司（威某智慧出行公司）、威某汽车技术有限公司（威某集团）申请了发明人包括张某魁、冷某虎、宋某的专利如下：

①专利号为201720769524.6、名称为“横向稳定杆总成及车辆”的实用新型专利，专利申请日为2017年6月28日、授权公告日为2018年3月27日，发明人为何某平、张某魁、冷某虎、汪某谋，专利权人为“威某智慧出行科技（上海）有限公司”。

②专利号为201720243644.2、名称为“一种电子油门踏板总成”的实用新型专利，专利申请日为2017年3月14日、授权公告日为2017年10月17日，发明人为李某兵、冷某虎，专利权人为“威某汽车技术有限公司”。

③专利号为201720625018.X、名称为“一种新型后悬架总成结构”的实用新型专利，专利申请日为2017年6月1日、授权公告日为2017年12月22日，发明人为汪某谋、张某魁、冷某虎、何某平，专利权人为“威某汽车技术有限公司”。

④专利号为201720766423.3、名称为“螺旋弹簧隔振垫及汽车悬架”的实用新型专利，专利申请日为2017年6月28日、授权公告日为2018年1月16日，发明人为何某平、张某魁、冷某虎、汪某谋，专利权人为“威某智慧出行科技（上海）有限公司”。

⑤专利号为201720331650.3、名称为“一种转向器防尘罩总成”的实用新型专利，专利申请日为2017年3月31日、授权公告日为2017年10月31日，发明人为张某魁、廖某华，专利权人为“威某汽车技术有限公司”。

⑥专利号为201720625338.5、名称为“一种侧面碰撞的加强结构”的实用新型专利，专利申请日为2017年6月1日、授权公告日为2017年12月22日，发明人为唐某波、宋某、羊某青、唐某升，专利权人为“威某汽车技术有限公司”。

⑦专利号为201720625821.3、名称为“一种改良的汽车前悬架摆臂结

构”的实用新型专利，专利申请日为2017年6月1日、授权公告日为2017年12月22日，发明人为汪某谋、张某魁、冷某虎、何某平，专利权人为“威某汽车技术有限公司”。

⑧专利号为201720766438. X、名称为“螺旋弹簧隔振垫及汽车”的实用新型专利，专利申请日为2017年6月28日、授权公告日为2018年1月16日，发明人为何某平、张某魁、冷某虎、汪某谋，专利权人为“威某智慧出行科技（上海）有限公司”。

⑨专利号为201720269048. 1、名称为“一种制动踏板总成”的实用新型专利，专利申请日为2017年3月20日、授权公告日为2017年10月10日，发明人为李某兵、张某魁，专利权人为“威某汽车技术有限公司”。

⑩专利号为201720307818. 7、名称为“一种稳定杆衬套”的实用新型专利，专利申请日为2017年3月28日、授权公告日为2018年12月21日，发明人为冷某虎、何某平，专利权人为威某集团。

⑪专利号为201720578211. 2、名称为“一种车身底部的加强梁结构”的实用新型专利，专利申请日为2017年5月23日、授权公告日为2017年12月8日，发明人为羊某青、宋某、唐某波，专利权人为“威某汽车技术有限公司”。

⑫专利号为201720625094. 0、名称为“一种改良的扭力梁后桥结构”的实用新型专利，专利申请日为2017年6月1日、授权公告日为2017年12月22日，发明人为汪某谋、张某魁、冷某虎、何某平，专利权人为“威某汽车技术有限公司”。

吉某方认为上述专利说明书的附图系其数模截图，上述专利分别与其请求保护的涉案图纸及数模1—12承载的技术信息相互对应，并委托北京国创鼎诚司法鉴定所就涉案12套图纸所记载的相关技术信息是否具有上述12件专利所记载的技术信息进行鉴定。该鉴定所于2019年7月出具国创司鉴［2019］知鉴字第132-1号至132-12号共12份司法鉴定意见书，鉴定意见为：其中“机械转向器带横拉杆总成”“前地板横梁总成”“制动踏板带支架总成”“车底部加强梁结构”4个涉案底盘零部件图纸或数模中所记载的相关技术信息具有上述名称分别为“一种转向器防尘罩总成”“一种侧面碰撞的加强结构”“一种制动踏板总成”“一种车身底部的加强梁结构”的4件实用新型专利权利要求1中所记载的部分技术信息；其余8个底盘零部件图纸中所记载的相关技术信息具有相对应专利权利要求1中所记载的全部技术信息。

上述12件专利均为实用新型专利，均涉及汽车底盘零部件。经比较，其中名称为“一种侧面碰撞的加强结构”的实用新型专利权利要求1增加了吉某方数模未披露的“B柱下支撑板”构成的斜撑三角形传力结构的技术特征；名称为“一种车身底部的加强梁结构”的实用新型专利权利要求1中增加了吉某方图纸未披露的“三角加强结构”的技术特征；吉某方涉案图纸及数模未明确公开名称为“一种转向器防尘罩总成”的实用新型专利权利要求1中的“橡胶圈套具有上开口部”的技术特征。除此之外，该12件专利权利要求1所披露的相关底盘零部件产品的结构及连接关系与吉某方相应的涉案12套图纸及数模所记载的相关技术信息基本一致，且二者所记载的部分生产工艺以及技术细节亦相同。例如，名称为“横向稳定杆总成及车辆”的实用新型专利权利要求7记载“所述第一衬套和/或所述第二衬套的内表面涂敷有胶层，所述第一衬套和/或所述第二衬套通过所述胶层与所述横向稳定杆的外轴面粘结”，而吉某方涉案图纸亦记载了相应的技术要求。

就该12件实用新型专利，吉某方与成都高某公司曾于2019年5月以威某集团、威某智慧出行公司、张某魁、冷某虎、宋某等为被告，提起专利权权属纠纷诉讼，并于2020年11月向上海知识产权法院撤回全部起诉。

（2）关于威某方将吉某方涉案技术秘密用于包括威某EX5在内的EX系列型号电动汽车底盘及底盘零部件制造的事实

吉某方为证明威某方实施了将涉案技术秘密用于包括威某EX5型号电动汽车在内的相关车型底盘及底盘零部件制造的事实，在一审中提交了如下证据：

①北京市方圆公证处于2018年5月29日出具的（2018）京方圆内经证字第21530号公证书。该公证书载明，张某阳于2018年5月22日登录“威某汽车官方网站官网”的威某汽车电商预售平台，向威某销售上海公司支付预购意向金3000元，订购了一台威某EX5型号电动汽车，该威某汽车官方网站显示有“威某汽车科技集团有限公司”字样。

②浙江省宁波市永欣公证处分别于2019年8月12日、9月10日出具的（2019）浙甬永证民字第4568号、第4950号公证书。该两份公证书记载了吉某方分别于2019年8月8日、9月9日使用“CREAFORM扫描仪”对之前所封存的车辆（威某EX5型号电动汽车）的相关部件进行扫描并取得屏幕录像及测绘数据。

③北京国创鼎诚司法鉴定所于2019年9月13日出具的国创司鉴［2019］

知鉴字第166-1号、第166-2号司法鉴定意见书。该两份司法鉴定意见书记载，将吉某方以（2019）浙甬永证民字第4568号、4950号公证书固定的测绘点云数据与吉某方相应底盘零部件图纸及数模比较，前者后桥总成、前稳定杆装置、前悬架左下摆臂总成点云数据所记载的技术信息与后者即吉某方涉案相应图纸及数模所记载的相关技术信息实质相同。

吉某方结合威某集团、威某智慧出行公司前述申请12件实用新型专利以及威某EX5型号电动汽车底盘零部件与吉某方相应图纸及数模实质性相同的事实，认为威某方通过成都高某公司离职员工掌握了吉某方涉案技术秘密并将其用于包括威某EX5在内的EX系列型号电动汽车底盘及底盘零部件制造，威某方实施了侵害吉某方涉案技术秘密的行为。

一审中，吉某方提交了其涉案12套图纸及数模。

一审法院作出（2018）沪民初102号民事裁定，要求威某集团、威某温州公司于2021年3月19日前提交威某EX5型号电动汽车前稳定杆总成等12个零部件的总成批产图纸、数模，图纸应当包含设计图纸、生产用图纸、检验用图纸以及对于底盘可用于纯电动汽车所必须进行的可行性试验和验证的技术资料，包括但不限于试验项目、试验规程、试验场地、试验人员、试验记录、试验结果、结果评价等。威某方在一审法院督促下于2021年3月至4月提交了除“前地板横梁总成”（仅有数模）之外的11套图纸及数模，上述图纸署名为“威某汽车技术有限公司”。

一审中，威某方认为吉某方涉案12套图纸及数模不具有非公知性，主张威某方系委托第三方供应商设计、开发底盘零部件，其产品具有合法技术来源，但威某方没有提供相关技术形成过程的完整证据。威某方未就一审判决认定的威某EX5型号电动汽车的5套底盘零部件图纸与吉某方相应底盘图纸实质性相似提出上诉。

二审中，威某方提出，吉某方所提交的部分图纸显示时间为2017年至2019年，在张某魁、冷某虎等自成都高某公司离职之后，而数模形成时间未见显示，故上述图纸及数模不能证明威某方系通过成都高某公司离职人员获取涉案技术秘密并予以使用。对此，吉某方解释称，每套图纸均包括多张零部件图纸，且部分零部件图纸系因吉某集团车型生产需要、标准更新或其他原因进行了少量修改调整，故部分零部件图纸出现显示时间在2016年7月之前及2016年7月之后的情形；数模系从吉某研究院技术档案中调出，可以看出其形成时间均在2016年7月之前。

经查看上述吉某方图纸原件，确有部分图纸显示不同形成时间。对此本院认为，吉某方关于图纸显示不同时间原因的解释具有合理性。主要理由如下：吉某方的涉案图纸与数模具有对应关系，且数模形成时间在2016年7月之前；张某魁、冷某虎、宋某等均系自成都高某公司离职，三人在离职前大量接触涉案图纸及数模，而威某方向一审法院提交图纸及数模的时间为2021年3月至4月，远晚于吉某方涉案图纸及数模形成及提交时间；威某方在一审中未充分举证证明其图纸及数模确系自主研发或委托第三方研发而合法取得，在二审中放弃合法技术来源抗辩。在此基础上，本院对吉某方有关其涉案图纸及数模真实、客观且形成于2016年7月之前的主张予以采信，吉某方对涉案12套图纸及数模享有权利，可以用于与威某方所提交的底盘零部件图纸及数模进行比较。

经将威某方与吉某方的涉案12套图纸及数模进行比较，二者中“前稳定杆总成图纸及数模”“后桥总成—安装支架（左右同）图纸及数模”“后螺旋弹簧上隔振垫图纸及数模”“机械转向器带横拉杆总成图纸及数模”“前悬架左下摆臂总成图纸及数模”“后螺旋弹簧下隔振垫图纸及数模”“前稳定杆左衬套图纸及数模”“后桥总成图纸及数模”均实质性相同。以“前稳定杆总成图纸及数模”为例，吉某方的局部视图在威某方的图纸上都有体现，二者产品的形状、尺寸及尺寸链的标注相近或相同，二者的技术要求项目类似，二者涉及数值的内容相同或重合，二者的部件形状、结构、尺寸及尺寸公差、形位公差、局部视图的选取、技术要求及数模等相似度均极高。又如“后桥总成—安装支架图纸及数模”，二者在结构、尺寸、形位公差、平整度、同心度、平行度、材料牌号、技术要求等方面均一致，材料列表中左支架、定位销、左安装支架所使用的材料均为钢材4.0，图纸的布局、基准完全相同，零部件贴牌位置相同，分拆图标及布局位置相同，图纸标记的表示方法和位置使用的字母也相同，二者均记载：“冲孔，切边的粗糙度均为Ra3.2”“表面处理：表面电泳（阴极）涂黑漆按QC/T484-1999 TQ6《汽车油漆涂层》执行，盐雾试验应大于240h后观察单侧腐蚀线宽在2mm范围内；非划痕部位无基体腐蚀，缺陷部位如尖端、棱边和焊缝等腐蚀面积要求小于总面积的1%；无起泡、开裂、脱落现象”等内容。威某方与吉某方的“电子加速踏板图纸及数模”“前地板横梁总成数模”“制动踏板带支架总成图纸及数模”“车底部加强梁结构图纸及数模”存在一定差异。例如，关于“前地板横梁总成数模”，二者的差异在于，威某方在其前地板横梁总成、侧围B柱与门槛梁的连接处设置 B 柱下支撑板；关于“制动踏板带支架总成图纸及数模”，二者踏板的安装结构不同，吉某方的踏板支架总成直接安装在车体上，而威某方的踏板支架通过支架连接片安装，二者踏板臂的形状、尺寸以及踏板罩的尺寸不同，部分视图及尺寸的标注也不同，但二者压缩限位衬套的形状选择、压缩限位衬套的个数以及尺寸、形位公差的设置及其衬套之间的距离等数值相同或极其接近，踏板臂连接孔衬套的尺寸也极其接近；关于“车底部加强梁结构图纸及数模”，威某方增设了后地板后横梁右支撑板总成和后地板后横梁左支撑板总成。

（3）关于威某方共同实施被诉侵权行为的相关事实

吉某方明确主张威某方四公司共同实施了侵害吉某方涉案技术秘密的行为，具体包括：

①威某集团、威某智慧出行公司通过成都高某公司离职员工张某魁、冷某虎、宋某等获取了涉案技术秘密，并据此申请与汽车底盘零部件有关的 12 件实用新型专利，部分披露了涉案技术秘密。

②由威某集团提供底盘零部件图纸及数模，并由威某温州公司委托供应商制造包括威某 EX5 型号电动汽车在内的相关系列车型底盘及底盘零部件，两公司共同使用了吉某方涉案技术秘密。

③威某集团、威某智慧出行公司、威某销售上海公司均参与了包括威某 EX5 型号电动汽车在内的相关系列车型的销售经营活动。（2018）京方圆内经证字第 21530 号公证书证明了威某 EX5 型号电动汽车由威某集团在威某汽车官方网站的威某汽车电商预售平台直接销售；（2020）京方圆内经证字第 08175 号公证书记载，“威某官网”由威某智慧出行公司开办；威某招股说明书第 143 页记载，威某温州公司主要业务活动为汽车制造，威某销售上海公司主要业务活动为汽车销售。

对此节事实，本院将综合案件全部证据和事实，在判决说理部分予以认定和评述。

四、威某方一审中提出的合法技术来源抗辩

一审中，威某方提出其 EX5 型号电动汽车底盘零部件技术来源于底盘零部件供应商，并提交了其与宁波纬某汽车零部件有限公司、上海凯某材料科技股份有限公司、浙江福某某汽车部件有限公司、宁波高某汽车控制系统股份有限公司、上海众某汽车部件有限公司等签订的《产品开发技术协议书》《新产品开发合同》。

经查，上述协议、合同多签署于2016年8月至2017年7月。1. 根据有关协议可见，罗某周于2016年7月从成都高某公司离职后，于当年8月即代表威某温州公司与威某方相关汽车底盘零部件供应商签署相关协议。2. 威某温州公司与宁波纬某汽车零部件有限公司于2016年8月签订的《产品开发技术协议书》《新产品开发合同》载明，协议及合同所涉底盘零部件包括前稳定杆总成，双方明确约定不涉及产品开发费用；双方在协议及合同履行过程中的部分文件如“零部件认可书”由冷某虎审定并签名。3. 威某温州公司与上海众某汽车部件有限公司于2017年6月、7月所签订的《产品开发技术协议书》《新产品开发合同》载明，双方协议及合同所涉底盘零部件包括：前稳定杆左、右衬套，稳定杆衬套密封圈，后螺旋弹簧上、下隔振垫以及包括左、右悬置支架，左、右悬置总成，后悬置支架、后悬置总成等。

另查，2021年9月，宁波纬某汽车零部件有限公司员工史某、宁波金某汽车部件有限公司员工姚某明受两公司共同法定代表人叶某宝委托到一审法院述称，威某方提供图纸，由宁波纬某汽车零部件有限公司接单，宁波金某汽车部件有限公司为威某方生产传动轴总成。上海众某汽车部件有限公司向一审法院提交了其与威某温州公司签订的《产品开发技术协议书》、双方各自提供的技术资料以及邮件往来的证据。上海众某汽车部件有限公司所提交的证据显示，该公司在进行零部件生产时存在前期输入的图纸，部分由威某温州公司提供的图纸还记载了“2017年10月威某汽车技术有限公司”“图纸校对人：张某魁　批准人：罗某周”等信息。

再查，威某方一审还提交了威某集团与米某车辆工程技术（上海）有限公司于2017年7月签订的《ASE-1项目底盘调校技术协议》以及相关报告，该协议记载，“经过与威某讨论，米某理解底盘硬点位置已经冻结并且不允许改动”。

由以上事实可知，第一，罗某周、冷某虎、张某魁等从成都高某公司离职后即入职威某方及其关联公司，且仍然负责与底盘及底盘零部件研发、制造有关的工作；第二，威某方有关其底盘零部件系委托供应商研发设计，其有合法技术来源的抗辩，与其所提交的证据以及供应商的说明并不相符；第三，《ASE-1项目底盘调校技术协议》的签订时间是2017年7月，此时，威某方电动汽车底盘硬点位置已经冻结，即底盘前期基础结构设计已经初步完成。威某方不能合理解释其技术的形成过程，其在没有合法技术来源的情况下迅速掌握了相关底盘零部件技术有违一般技术研发规律。威某方在二审庭审中明确放弃本案被诉侵权技术系委托供应商独立研发或自主研发所得的抗辩，故本院对威某方有关其自行或委托第三方设计、研发底盘零部件图纸及数模的证据不再作具体审查。

五、吉某方主张其因威某方侵害技术秘密行为所受到的损失以及损失计算方法和依据

吉某方在本案中提出了21亿元的赔偿请求，但其损害赔偿计算方法及依据在诉讼过程中有所变化。

1. 关于吉某方一审主张损害赔偿的计算方法和依据

吉某方起诉时提出，威某方已获融资526亿元，按照研发成本占比4%计算，威某方因侵害涉案技术秘密节省了研发费用，获利约为21亿元。一审中，吉某方进一步主张，以吉某方涉案技术秘密的价值、研发成本、合理的许可使用费、威某方销售获利等作为确定损害赔偿的依据。

（1）关于吉某方涉案底盘技术的价值

浙江武林资产评估有限公司于2018年12月26日出具的浙武评报字（2018）第1073号《资产评估报告书》认为，根据委托技术所处的行业及技术对企业的贡献能力等因素进行综合分析后，按照稳健性原则可取吉某SUV燃油车整车技术的利润分成率为25%，其中汽车底盘技术含量占整车权重的40%，故吉某SUV燃油车底盘专有技术的利润分成率为10%（25%×40%=10%）。按照收益法计算出吉某SUV燃油车底盘专有技术评估值取整为43亿元，一种车身底部的加强梁结构、一种改良的汽车前悬架摆臂结构、一种侧面碰撞的加强结构、横向稳定杆总成、一种改良的扭力梁后桥结构5项技术在底盘技术中所占权重为25%，5项技术评估值为10.75亿元。

（2）关于吉某方涉案底盘技术的研发成本

吉某方主张，从研发成本来看，自2013年至2017年，吉某GX7、远某X6两个传统动力车型累计销售收入251亿元，按研发投入占销售收入的4%计算，研发成本约为10.04亿元，涉案底盘技术占整车技术研发支出比例按40%计算，研发成本为4.02亿元，但吉某方未提交能证明上述研发成本计算方法及数据来源的证据。

（3）关于威某方的侵权获利

一审诉讼中，吉某方提出以威某方销售获利计算赔偿数额，并提出适用1—5倍惩罚性赔偿主张。具体如下：

2021年10月22日一审庭审中，吉某方提出，以2018年9月至2021年9

月威某 EX5 型号电动汽车销量 65292 辆、平均单价 18.98 万元、底盘技术 40%的利润分成率，并综合考虑吉某集团及相关电动汽车企业利润率，以此计算，威某方侵权获利超过 6.44 亿元。以威某方获利加吉某方涉案底盘技术研发成本 4.02 亿元计算，合理许可使用费为 10.47 亿元。

在一审诉讼中，吉某方陆续提交了以下证据用以证明威某方侵权获利以及吉某方有关损害赔偿的主张：

①北京市方圆公证处于 2018 年 11 月 2 日出具的（2018）京方圆内经证字第 36763 号公证书。该公证书记载，“威某汽车官方网站官网”显示，EX5 300 及 EX5 400 两款型号电动汽车售价分别为 186550 元、207300 元。

②北京市方圆公证处于 2020 年 7 月 14 日出具的（2020）京方圆内经证字第 08175 号公证书。该公证书记载，“威某官网”“威某汽车官网”宣称，威某 EX5 型号电动汽车在 2018 年累计交付 3850 辆、2019 年累计交付 16810 辆、2020 年 1—5 月累计销售 5449 辆。

③2021 年 7 月 15 日的《新京报》。《新京报》报道：“在威某汽车举办的 2021 年年中媒体沟通会上，威某汽车创始人、董事长、CEO 沈某介绍，2021 年上半年累计销量为 15665 辆。”

2022 年 6 月 29 日，吉某方在发现威某招股说明书后，向一审法院提出再次开庭申请，称威某招股说明书披露了威某方各型号电动汽车销售数量及其营业收入以及 EX5、EX6、E5 车型构成一条单一产品线等事实，该新证据可用于明确吉某方的诉讼请求以及法院判决的范围，有必要开庭予以澄清。

在一审法院于 2022 年 8 月 12 日组织的吉某方与威某方共同参加的谈话笔录中，吉某方再次提出，威某招股说明书披露了有关威某 EX 系列型号电动汽车销售数量、销售收入以及相关车型基于同一底盘平台等事实，应以此考虑吉某方的诉讼主张。该谈话笔录还记载，吉某方提出：“要求威某方对其 EX5 和其他产品使用涉案 12 张图纸作出书面说明，威某招股说明书发生在 2022 年 6 月 1 日，在本案判决前，希望作为新证据。”

2. 关于吉某方二审主张的损害赔偿的计算方法和依据

二审中，吉某方明确主张以威某方销售 EX 系列型号（包括 EX5、EX6、E5）电动汽车获利，按照 5 倍惩罚性赔偿计算本案赔偿数额。其主要依据包括威某招股说明书、《理某汽车 2021 中期报告》《小某汽车有限公司 2021 中期报告》。

其具体计算方法及理由为：第一，根据威某招股说明书记载，EX 系列包括 EX5、EX6、E5 型号电动汽车，EX5、EX6、E5 以及 W6、M7 型号电动汽车均基于 Ajax 底盘平台开发，故包括 EX5、EX6、E5 型号在内的 EX 系列电动汽车均侵害吉某方涉案技术秘密。第二，2018 年 9 月至 2022 年第一季度，威某 EX 系列型号电动汽车总销售数量为 83071 辆（含 2022 年第一季度销售 7476 辆）。第三，根据北京市方圆公证处出具的（2018）京方圆内经证字第 36763 号公证书记载，EX5 型号的 EX5 300 及 EX5 400 两款车型实际售价为 186550 元、207300 元，该两款车的平均售价为 196925 元。第四，威某招股说明书载明，威某方电动汽车 2019 年至 2021 年平均毛利率为 54.6%。根据上述事实，以威某 EX5 型号电动汽车两款车型的平均售价 196925 元计算，至 2022 年第一季度，威某方销售 EX 系列型号电动汽车 83071 辆，其销售收入为 163.5876 亿元，按照威某方电动汽车 54.6%的毛利率计算，累计销售利润为 89.3188 亿元。以底盘技术对利润贡献占比 40%，基于威某方大部分底盘零部件均使用了吉某方涉案技术秘密，按照 80%折算，威某方因侵害吉某方涉案技术秘密获利 28.582 亿元。

3. 关于吉某方主张的维权合理开支

威某方提出，吉某方鉴定咨询费用中仅有金额为 1170000 元的发票；公证费用中存在大量重复票据、发票金额与主张金额不符，且相当数量的公证书从未在本案中作为证据提交，或虽曾提交但后又撤回；差旅费远超出合理范围；吉某方所主张的律师服务费及其他咨询费用高达 900 余万元，但吉某方代理人所提供的法律服务与该高额费用不匹配。

吉某方经核查明确，其鉴定咨询费用发票总金额为 1350000 元；吉某集团委托浙江武林资产评估有限公司针对涉案吉某 SUV 底盘专有技术进行评估，评估费用共计 692000 元；公证费共计 209000 元；88000 元的车辆拆解等技术服务费用中有发票的部分为 34600 元；9434606 元律师服务费及其他咨询费用中包括聘请律师以及有专门知识的人等为本案提供代理和咨询的服务费用；差旅费共计 938575.9 元。

六、双方当事人委托的有专门知识的人对汽车研发设计发表的主要意见

二审中，宋某学、韩某微作为吉某方申请的有专门知识的人和唐某升作为威某方申请的有专门知识的人出庭就相关技术问题发表专家意见，各方当事人对上述三人身份均无异议。

宋某学系吉某大学汽车工程学院教授，其称：开发一款车首先要考察市场，然后做概念设计、总体布置，选择零部件并对各项性能进行分析，确定

方案后进行工程设计，在综合分析以保证性能的基础上最终形成工程化设计方案，再进行必要试验和修改才能批量生产；点云是对轮廓外形进行扫描，点云无法保证关键尺寸精度，不能通过点云直接得到数模；正向开发周期一般在三年半以上；重要的底盘零部件没有统一、通用的标准件，但类似螺栓等除外，无法通过采购零部件组装中等水平的底盘；底盘调校的目的在于克服缺陷。

韩某微系浙江极某汽车研究开发有限公司技术人员，原为吉某研究院底盘开发部工程师，其称：悬架系统是连接车轮和车身之间的传力装置，其主要功能为传递车轮和车身之间的力，比如支撑车身，制动的时候传递制动力，使车辆停止，加速的时候传递驱动力，使车辆前进；缓冲由不平路面传给车身的冲击力，并衰减由此引起的震动，保证汽车平顺行驶，改善乘坐舒适性；保证不同使用情况的轮胎抓地力，保证行驶安全。全新的悬架系统开发周期与整车开发周期相同，包括方案设计阶段、工程设计阶段、生产准备阶段，一般在42个月以上。在方案设计阶段定义悬架系统选型，要确定概念数据，锁定设计方案，确定自己的硬点数据，并通过软件分析硬点各项指标是否满足整车性能定义的指标，确定整车布置方案的可行性，分析满足后制作M样车进行验证，确定分析结果与实车相符，锁定硬点数据，硬点决定了车辆的操控稳定性能基础。工程设计阶段包括工程数据设计阶段和工程数据验证阶段。工程数据设计阶段主要是根据方案设计阶段定义的硬点对每个零部件进行详细的结构设计，悬架每个零部件有不同的指标，要在有限的空间、成本和重量的前提条件下，零部件设计工程师按照要求设计零部件并制作三维模型输出给CAE工程师，CAE工程师通过软件建模对零部件强度、刚度、疲劳强度、模态等进行分析，进行反复的结构方案优化，最终确保所有指标满足要求。设计验证阶段是根据工程化数据阶段锁定的数模和图纸进行样件制作，台架（在实验室中进行的模拟实际工作状态的试验，主要用于总成或零部件的测试，本院注）及模拟用户使用情况的道路验证，通过实物验证设计能否满足市场要求，以及设计方案的工艺可行性、零部件的可靠性，所有的试验全部通过之后，数模和图纸锁定。图纸锁定后一般只做简单微调，机械部分没有变化。后桥总成与下弹簧垫、上弹簧垫与车身均存在连接关系。不同汽车企业同一零部件的数模在细节上存在很大差异。

唐某升系威某方负责底盘开发的技术人员，其称：威某方参考韩国某汽车进行设计；底盘调校涉及整个设计过程，而非仅在锁定数据后才进行调校，有经验的零部件供应商亦可为底盘调校提供技术支持；底盘技术研发周期为三年左右。威某方所提交的唐某升的书面意见认为，悬架系统细化设计及开发流程为：性能指标的细化定义→零部件疲劳强度分析优化→整车集成布置与装配→优化调校→量产上市。唐某升当庭及书面意见均称，电动汽车底盘占整车成本3%—8%。

以上事实，有吉某方二审提交并经质证的威某招股说明书、《理某汽车2021中期报告》《小某汽车有限公司2021中期报告》和双方当事人一审提交的证据、双方当事人及各自委托的有专门知识的人在一、二审所作陈述等在案佐证。

本院认为，本案为侵害技术秘密纠纷，威某方被诉侵害技术秘密行为最晚自2017年起且至2022年仍在持续。根据《最高人民法院关于适用〈中华人民共和国民法典〉时间效力的若干规定》第一条第三款的规定，民法典施行前的法律事实持续至民法典施行后，该法律事实引起的民事纠纷案件，适用民法典的规定，但是法律、司法解释另有规定的除外。故，本案应适用《中华人民共和国民法典》（以下简称民法典）、2019年修正的反不正当竞争法及《最高人民法院关于审理侵犯商业秘密民事案件适用法律若干问题的规定》（以下简称商业秘密司法解释）。

结合本案双方当事人的诉辩意见及已查明的事实，本案二审的争议焦点为：1. 吉某方所主张的涉案技术秘密是否应受法律保护以及吉某方能否就涉案技术秘密提起本案诉讼；2. 威某方是否侵害了吉某方的涉案技术秘密；3. 如威某方构成侵权，如何确定其依法应承担的停止侵害、赔偿损失的民事责任。

一、关于吉某方所主张的涉案技术秘密是否应受法律保护以及吉某方能否就涉案技术秘密提起本案诉讼

1. 关于吉某方所主张的涉案技术秘密是否应受法律保护

根据反不正当竞争法第九条第四款的规定，商业秘密是指不为公众所知悉、具有商业价值并经权利人采取相应保密措施的技术信息、经营信息等商业信息。根据商业秘密司法解释第三条的规定，所谓“不为公众所知悉”是指在被诉侵权行为发生时有关信息不为其所属领域的相关人员普遍知悉和容易获得。根据商业秘密司法解释第五条的规定，“保密措施”一般是指在被诉侵权行为发生以前，权利人为防止信息泄漏所采取的与其商业价值等具体情况相适应的合理保护措施，通常应当根据商业秘密及其载体的性质、商业秘密的商业价值、保密措施的可识别程度、保密措施与商业秘密的对应程度

以及权利人的保密意愿等因素，认定权利人是否采取了相应保密措施。根据商业秘密司法解释第六条的规定，保密措施包括：签订保密协议或者在合同中约定保密义务；通过规章制度对能够接触、获取商业秘密的员工、前员工等提出保密要求；以标记、限制能够接触或者获取的人员范围等方式，对商业秘密及其载体进行管理；要求离职员工返还其接触或者获取的商业秘密及其载体，继续承担保密义务等。根据商业秘密司法解释第七条的规定，所谓“具有商业价值”是指有关信息因不为公众所知悉而具有现实的或者潜在的商业价值，能为权利人带来竞争优势。一般而言，商业秘密具有的商业价值并不限于其已经实际产生的价值，还包括其可能带来的价值。同时，商业秘密的价值既包括使用该商业秘密给其带来的价值增长，也包括使用该商业秘密可避免的价值减损或者成本付出。根据反不正当竞争法第三十二条第一款的规定，在侵犯商业秘密的民事审判程序中，商业秘密权利人提供初步证据，证明其已经对所主张的商业秘密采取保密措施，且合理表明商业秘密被侵犯，涉嫌侵权人应当证明权利人所主张的商业秘密不属于本法规定的商业秘密。

威某方主张，根据商业秘密司法解释的规定，信息仅涉及产品的尺寸、结构、材料、部件的简单组合等内容，所属领域的相关人员通过观察上市产品即可直接获得的，应认定该信息为公众所知悉。因吉某方使用了相关底盘及底盘零部件技术的车型在 2012 年至 2016 年 7 月已公开销售，吉某方主张的涉案技术秘密已被公开，且吉某方未采取合理的保密措施，故不属于技术秘密，不应予以保护。吉某方认为其涉案技术秘密均应予以保护。

对此，本院分析认定如下：

第一，关于吉某方涉案新能源汽车底盘应用技术与 12 套图纸及数模之间的关系。吉某方在本案中请求保护的涉案新能源汽车底盘应用技术与 12 套图纸及数模存在关联关系，不应割裂看待。吉某集团为履行其与成都某委员会等所签订的项目建设协议，发展其新能源汽车产业，决定投入近 20 亿元，利用 NL-1/NL-4 的 NL 系列机械底盘进行测试试验、改制验证，以实现搭载动力电池试制包括纯电动汽车在内的新能源汽车。因此，涉案 12 套图纸及数模属于新能源汽车底盘应用技术的组成部分，利用传统燃油车底盘搭载动力电池仅为项目测试试验的研发方向，其实质在于利用吉某 NL 系列传统燃油车的现有平台并对其进行技术改造及测试，最终实现以动力电池代替燃油发动机及油箱，并实现动力电池、电机等与吉某 NL 系列传统燃油车底盘之间的相互适配。由此可知，吉某方是对新能源汽车底盘应用技术进行整体研发，其各底盘零部件技术资料及信息等构成相互关联的系统性、整体性技术。吉某方在本案中请求保护涉案新能源汽车底盘应用技术以及其中的12套图纸及数模，实际是请求保护如何在其NL系列传统燃油车机械底盘基础上实现搭载动力电池试制电动汽车，即就原有传统燃油车底盘技术中哪些部分技术可以借用、哪些部分技术应予改造所形成的完整技术信息，而涉案12套图纸及数模包括在新能源汽车底盘应用技术中，是涉案新能源汽车底盘应用技术的具体和重要组成部分，因此，对于二者应一体保护。

第二，关于吉某方涉案底盘零部件图纸与数模之间的关系。涉案底盘零部件图纸与数模均系汽车底盘及底盘零部件的重要技术资料，图纸记载了包括底盘零部件的形状、结构、尺寸、尺寸公差、形位公差、表面粗糙度、技术要求、关键尺寸精度、材料信息、工艺信息、性能要求、细节要求等在内的技术信息，数模为三维化的图纸，图纸与数模共同用于汽车底盘及底盘零部件制造。

第三，关于吉某方涉案技术秘密是否具有非公知性。首先，涉案新能源汽车底盘应用技术以及其中的12套图纸及数模所承载的技术信息包括底盘零部件的形状、结构、尺寸、尺寸公差、形位公差、表面粗糙度、技术要求、关键尺寸精度、材料信息、工艺信息、性能要求、细节要求等具体信息，是一套具体、完整、可用于新能源汽车底盘制造的技术信息。即便在吉某方使用涉案技术秘密的相关型号车辆上市销售后，通过购买车辆进行拆解并利用激光扫描等方式实施反向工程，亦仅能获得有关底盘零部件结构、连接关系以及基本尺寸等个别简单技术信息，难以获得数模中有关产品尺寸的精准数据以及数模中有关产品内部结构的技术信息。至于底盘零部件图纸中的其他技术信息，如尺寸公差、形位公差、表面粗糙度、技术要求、材料信息、工艺信息、性能要求、细节要求等，即便通过反向工程方式亦难以准确获得。其次，威某方在本案中提交国家知识产权局出具的《实用新型专利权评价报告》、西知鉴知识产权鉴定评估（重庆）有限公司出具的鉴定报告等，用以证明涉案图纸及数模所承载的技术信息系现有技术，底盘零部件的结构、连接关系及基本尺寸在相关车辆上市销售后通过拆解、反向工程等即可获得，涉案图纸及数模所承载的技术信息不具有非公知性。对此，如前所述，吉某方请求保护的涉案图纸及数模所承载的技术信息并非仅限于底盘零部件的结构、连接关系及基本尺寸，通过反向工程可以获得部分特定信息并不能证明涉案图纸及数模所承载的全部技术信息均不具有非公知性。一审判决关于数模不具有非公知性的认定有误，本院予以纠正。本院确认，吉某方涉案新能源汽车底盘应用技术以及其中的12套图纸及数模所承载的技术信息具有非公知性。

第四，关于吉某方对涉案技术秘密是否已采取相应的保密措施。不同汽车企业的底盘零部件图纸及数模并不相同，体现了汽车企业的个性化设计特点。汽车企业通常会对底盘零部件图纸及数模采取保密措施，底盘零部件供应商对于其所接受、掌握的汽车企业相关图纸及技术秘密承担保密义务。同时，根据本案查明事实，吉某方对涉案技术秘密采取了制定规章制度进行保密管理、与员工签订保密协议、在图纸以及技术文件上明确标注保密要求及标记、要求供应商承担保密义务等多种保密措施。威某方有关吉某方未采取保密措施的主张，明显与本案事实不符，本院不予采信。

第五，关于涉案技术秘密是否具有商业价值。涉案技术秘密的商业价值主要体现在两方面：一方面，涉案新能源汽车底盘应用技术将给吉某方带来巨大竞争优势及商业利益。吉某方对涉案新能源汽车底盘应用技术的研发源于吉某集团与成都某委员会等签订的项目建设协议，根据该协议，吉某方该项目全面达产后将新增年产值100亿元，年创税收约8亿元，故而该项目如若顺利推进，将使得吉某方在电动汽车市场上取得显著竞争优势，并可以为其带来巨大的商业利益。另一方面，吉某方包括涉案12套图纸及数模在内的汽车底盘技术系汽车制造所必需的技术，且研发投入较大、研发周期较长，在汽车技术贡献中占比较高。对于传统燃油车而言，技术系统主要为燃油动力系统与底盘系统；对于电动汽车而言，技术系统则主要为由动力电池、电机及电控装置组成的动力系统与底盘系统。因此，无论是传统燃油车还是电动汽车，底盘系统均为其技术系统的重要组成部分。涉案12套图纸及数模涉及制动、行驶（包括车架、车桥、车轮和悬架等）和转向系统，其中主要涉及悬架系统，而悬架系统系汽车底盘的关键组成部分，其直接决定了汽车行驶的稳定性、舒适性和安全性。悬架系统的开发是整车技术开发中最重要的工作之一，一套可靠的悬架系统开发势必需要耗费大量的人力和物力。因此，吉某方包括涉案12套图纸及数模在内的汽车底盘技术属于汽车制造的必要技术条件，并可以为汽车企业带来巨大的商业利益。据此应认为涉案技术秘密具有较高的商业价值。

综上，汽车底盘及底盘零部件在汽车上市后，其结构、连接关系以及基本尺寸等部分简单信息虽然可能已经公开，但其中所承载的尺寸公差、形位公差、表面粗糙度、技术要求、关键尺寸精度、材料信息、工艺信息、性能要求、细节要求等以及数模中的内部结构等技术信息均难以通过简单拆解、直接观察获得，仍具有非公知性。涉案技术秘密具有较高的商业价值，且吉某方亦对涉案技术秘密采取了合理的保密措施，理应依法予以保护。吉某方有关上诉主张成立，本院予以支持。威某方本节上诉主张及抗辩不成立，本院不予支持。

2. 关于吉某方能否就涉案技术秘密提起本案诉讼

威某方认为，吉某集团、吉某研究院、成都高某公司均具有独立法人资格，新能源汽车底盘应用技术的权利人是成都高某公司，吉某集团与吉某研究院均无权就涉案新能源汽车底盘应用技术秘密提出诉讼主张；涉案 12 套图纸及数模技术秘密与吉某集团无关，吉某集团无权就涉案 12 套图纸及数模技术秘密主张权利。吉某方上诉主张，其对涉案新能源汽车底盘应用技术以及其中的 12 套图纸及数模技术秘密均可以主张权利。

对此，本院分析认定如下：

第一，吉某集团、吉某研究院、成都高某公司系关联公司，吉某集团间接持有吉某研究院、成都高某公司 100% 股份。根据吉某集团相关规定，其在集团范围内对相关研发、生产等经营活动统一作出安排，对集团及下属公司等包括知识产权在内的无形资产享有所有权并进行统一管理。

第二，涉案新能源汽车底盘应用技术系吉某方为履行吉某集团与成都某委员会等所签订的项目建设协议而形成的研发成果。虽然涉案新能源汽车底盘应用技术的具体测试试验等研发工作安排在成都高某公司进行，但不能由此否定吉某集团作为该技术秘密所有人、管理人的身份。根据反不正当竞争法第十七条第二款规定，经营者的合法权益受到不正当竞争行为损害的，可以向人民法院提起诉讼。威某方被诉侵害涉案技术秘密行为显然损害了吉某集团的合法权益，吉某集团有权提起诉讼，请求保护其合法权益。

第三，吉某集团、吉某研究院共同出具的《授权及相互确认声明书》以及成都高某公司于 2024 年 1 月 25 日出具的声明亦可佐证，吉某集团、吉某研究院、成都高某公司三公司之间存在密切的关联关系，以及三公司就商业秘密权利归属、管理及使用所作安排。根据上述声明，吉某集团、吉某研究院有权就涉案技术秘密被侵害提起诉讼并主张权利。

综上，本院认为，关联公司之间基于其对研发、生产等经营活动的统一安排，对包括商业秘密在内的知识产权的权利归属、管理及使用等作出明确规定或约定，并据此成为相关商业秘密的所有人、管理人或者使用人的，该关联公司有权提起侵害商业秘密之诉。因此，本案应认定吉某集团与吉某研究院均可以作为原告就涉案技术秘密提起诉讼并主张权利。吉某方本节上诉主张成立，本院予以支持。威某方本节上诉主张及抗辩不成立，本院不予支持。一审法院对吉某集团与吉某研究院系涉案新能源汽车底盘应用技术秘密的权利人不予认定，并对吉某集团与吉某研究院就该项技术秘密所提出的诉讼主张不予审理有误，本院予以纠正。

二、关于威某方是否侵害了吉某方的涉案技术秘密

根据反不正当竞争法第九条第一款第一项、第二项的规定，经营者以盗窃、贿赂、欺诈、胁迫、电子侵入或者其他不正当手段获取权利人的商业秘密，披露、使用或者允许他人使用以前项手段获取的权利人的商业秘密，均属于侵犯商业秘密的行为。根据该条第三款的规定，第三人明知或者应知商业秘密权利人的员工、前员工或者其他单位、个人实施前述违法行为，仍获取、披露、使用或者允许他人使用该商业秘密的，视为侵犯商业秘密。根据该法第三十二条第二款第一项的规定，商业秘密权利人提供初步证据合理表明商业秘密被侵犯，且有证据表明涉嫌侵权人有渠道或者机会获取商业秘密，其使用的信息与该商业秘密实质上相同的，涉嫌侵权人应当证明其不存在侵犯商业秘密的行为。根据商业秘密司法解释第九条的规定，被诉侵权人在生产经营活动中直接使用商业秘密，或者对商业秘密进行修改、改进后使用，或者根据商业秘密调整、优化、改进有关生产经营活动的，人民法院应当认定属于反不正当竞争法第九条所称的使用商业秘密。根据商业秘密司法解释第十三条第一款的规定，被诉侵权信息与商业秘密不存在实质性区别的，人民法院可以认定被诉侵权信息与商业秘密构成反不正当竞争法第三十二条第二款所称的实质上相同。

威某方认为，威某集团、威某智慧出行公司申请12件实用新型专利不涉及侵害涉案技术秘密，且威某EX5型号电动汽车12个底盘零部件中仅部分与吉某方相同或近似。吉某方认为，威某集团、威某智慧出行公司利用成都高某公司离职人员张某魁、冷某虎、宋某等所掌握的涉案技术秘密申请了12件实用新型专利，威某方在其相关EX系列型号（包括EX5、EX6、E5）电动汽车中使用了涉案技术秘密，其申请有关专利的行为和在有关型号汽车中使用涉案技术秘密的行为均构成对吉某方涉案技术秘密的侵害。

对此，本院分析认定如下：

第一，对于本案被诉侵害技术秘密行为应作整体分析和综合判断。本案中，成都高某公司的高级管理人员及技术人员等近 40 人在 2016 年 7 月前后陆续离职，加入威某方及其关联公司，从事包括新能源汽车底盘技术研发在内的相关工作。威某温州公司成立于 2016 年 5 月 9 日，其首辆 EX5 型号电动汽车于 2018 年 9 月即开始销售，前后仅两年多时间即实现电动汽车量产及销售。对于此种以多名曾接触或者掌握涉案技术秘密的员工短时间内集中从原单位离职并入职新公司为表现形式的有组织、有计划的行为，如果被诉侵权人即新公司在明显短于独立研发所需合理时间内即生产出与涉案技术秘密相关的产品，而被诉侵权人有渠道或者机会获取涉案技术秘密，此时因侵权可能性极大，应当进一步减轻技术秘密权利人对于侵害技术秘密行为的证明负担。此时，可以直接推定被诉侵权人实施了侵害权利人技术秘密的行为。被诉侵权人否认其实施侵害技术秘密行为的，应当提供证据予以反驳，否则，一般应认定被诉侵权人构成侵害技术秘密。

第二，威某方显然具有接触吉某方涉案技术秘密的渠道和机会。根据本院查明事实，包括侯某靖、周某平、罗某周、向某明、张某魁、冷某虎、宋某等在内的成都高某公司离职人员，在成都高某公司任职期间均不同程度地参与了吉某方新能源汽车底盘应用技术研发或实际接触了吉某方涉案技术秘密。特别是，周某平在离职前还有意收集、批量下载成都高某公司的相关技术资料及文件。

第三，本案可以认定威某方非法获取、使用了全部涉案技术秘密且部分披露了涉案技术秘密。根据本院查明事实，威某方的 12 件实用新型专利文件部分披露了吉某方涉案图纸及数模承载的技术秘密。同时，如前所述，从尺寸公差、材料标号、工艺技术要求、零部件标识位置、分拆图标及位置布局、图纸标记等细节进行判断，威某方 EX5 型号电动汽车底盘零部件图纸及数模与吉某方的涉案 12 套图纸及数模中的前稳定杆总成图纸及数模、后桥总成—安装支架（左右同）图纸及数模、后螺旋弹簧上隔振垫图纸及数模、机械转向器带横拉杆总成图纸及数模、前悬架左下摆臂总成图纸及数模、后螺旋弹簧下隔振垫图纸及数模、前稳定杆左衬套图纸及数模、后桥总成图纸及数模等均存在大量完全相同的技术信息，其中包括吉某方特有的技术信息，足以证明威某方在其电动汽车底盘及底盘零部件制造中使用了吉某方涉案技术秘密。需要强调的是，虽然二者确有少量底盘零部件技术信息存在差异，但这些差异并不足以证明威某方没有实施侵害涉案技术秘密行为。前已述及，本案被诉侵害技术秘密行为涉及成都高某公司多名曾接触或者掌握涉案技术秘密的员工有组织、有计划、大规模从原单位较短时间内集中离职并入职威某方及其关联公司，在案证据已经证明威某方使用了吉某方部分完全相同的涉案技术信息包括吉某方特有的技术信息，在此情形下，可以直接推定威某方实际获取、使用了吉某方全部涉案技术秘密。被诉侵权人实际使用涉案技术秘密的方式既可能是直接使用，也可能是在涉案技术秘密的基础上进行修改、改进、调整、优化后使用，甚至可能是根据该技术秘密提供的经验教训选择不同技术方案或者研发方向的消极使用，无论以上哪种方式的使用，均构成法律意义上的侵权行为。本案中，威某方基于产品定位、成本控制以及自身车型的特殊性等因素在吉某方涉案技术秘密基础上对部分技术进行修改、改进，并不影响二者相关技术整体实质性相同的判断，也不影响其行为构成技术秘密侵权的法律性质。

第四，本案威某方提供的证据不足以反驳其对全部涉案技术秘密构成侵害的事实推定。首先，从一般汽车研发技术原理的角度来看，无论是沿用现有平台还是进行新平台设计，也无论是正向设计（指产品研发团队根据正常的产品研发流程，从确定各项需求及指标开始，按研发流程顺序，完成零部件设计、产品组装、产品测试验证、制造生产等研发环节，每个零部件都会有原设计图并存档）还是反向设计（指从参考的产品实物上采集三维坐标点即“点云”，并对这些三维坐标点进行计算机处理，从而在计算机中建模并开发出同类产品），每个汽车企业基本上均会通过自己研发或者以支付对价的方式委托第三方设计取得其底盘技术，并不存在完整的汽车底盘通用技术或平台。其次，汽车底盘设计具有一体化、总体设计的特点及要求。底盘设计需先有设计构想，包括设计目标、系统及零部件结构选择、核心竞品技术参数分析、零部件设计开发策略、零部件设计验证方案、系统性能评估等内容。在进行底盘及底盘零部件具体设计之前，需要根据已有的整车基本参数及设计构想，确定底盘系统的设计硬点参数，然后根据项目进展，进行详细的零部件设计，并形成设计方案数据。对于设计方案数据，需要对零部件系统进行包括系统性能、运动力学、强度、模态及刚度等方面的分析、计算，确认能否满足设计要求。在没有车型底盘架构、总布置和动力总成方案的情况下，由各个底盘零部件供应商分别设计完成底盘零部件不具有设计上的合理性和技术上的可行性。本案一审中，威某方并未提交完整的委托第三方进行底盘及底盘零部件设计的证据，相关底盘零部件供应商亦明确否认其为威某方设计了底盘零部件。最后，虽然威某方向一审法院提交了威某集团与米某车辆工程技术（上海）有限公司于2017年7月签订的《ASE-1项目底盘调校技术协议》以及相关报告，但底盘调校系对车辆行驶系统、转向系统和制动系统的调整和优化，主要涉及悬架的软硬程度、方向盘的力度、刹车的线性和距离等参数的调整，以达到舒适、稳定和安全的驾驶体验。底盘调校一般是在底盘前期基础结构设计完成后进行，而《ASE-1项目底盘调校技术协议》亦明确记载"经过与威某讨论，米某理解底盘硬点位置已经冻结并且不允许改动"，故该协议及相关报告不能证明威某方委托第三人进行了底盘及底盘零部件的初始设计。

需要说明的是，二审中，威某方已经明确放弃本案合法技术来源的抗辩。这既是其基于对本案证据进行评估后的理性选择，也是其纠正一审不当诉讼主张，向着诚信诉讼方向作出的积极努力。本院在确定威某方因侵害技术秘密行为所应承担的法律责任时，将对此因素予以考虑。

第五，根据本案查明事实，应认定威某EX系列型号（包括EX5、EX6、E5）电动汽车均侵害了吉某方涉案技术秘密。根据威某招股说明书的记载，其EX系列包括EX5、EX6、E5型号电动汽车，且EX5、EX6、E5以及W6、M7型号电动汽车均基于Ajax底盘平台开发，威某方的另一款Caesar底盘平台尚未实际使用；EX5、EX6、E5车型构成一条单一产品线，与W6产品线并行。威某方虽辩称仅EX6型号电动汽车使用了与EX5型号电动汽车相同的4个底盘零部件，包括E5在内的其他型号电动汽车没有使用被诉侵权底盘零部件，EX5、EX6、E5型号电动汽车并未使用相同的底盘技术，但其在吉某方已经明确提出EX5、EX6、E5型号电动汽车均侵害了涉案技术秘密的主张，且本院亦要求威某方提供所有被诉侵权车辆底盘零部件图纸、数模以及研发的证据，威某方却在本案一、二审中始终没有提交相应证据。因此，基于在案证据，可以认定威某EX系列型号（包括EX5、EX6、E5）电动汽车均使用了相同底盘技术，均构成对吉某方涉案技术秘密的侵害。

综上，根据本案现有证据可以认定，威某方不仅实施了以不正当手段获取吉某方全部涉案技术秘密的行为，还实施了以申请专利的方式非法披露部分涉案技术秘密的行为，以及使用全部涉案技术秘密制造威某EX系列型号（包括EX5、EX6、E5）电动汽车底盘及底盘零部件的行为。威某方的行为已经构成对吉某方涉案技术秘密的侵害，吉某方有关上诉主张成立，本院予以支持。威某方关于其行为不构成侵害涉案技术秘密的上诉主张及抗辩不成立，本院不予支持。一审判决仅认定威某 EX5 型号电动汽车侵害吉某方部分技术秘密即涉案 5 套底盘零部件图纸技术秘密有误，本院予以纠正。

三、关于如何确定威某方依法应承担的停止侵害、赔偿损失的民事责任

根据民法典第一百七十九条第一款的规定，承担民事责任的方式包括停止侵害、排除妨碍、消除危险、赔偿损失等。本案威某方构成侵权，结合吉某方的诉讼请求，威某方应当承担停止侵害、赔偿损失的民事责任。

1. 关于威某方四公司应否承担共同侵权法律责任

根据民法典第一千一百六十八条的规定，二人以上共同实施侵权行为，造成他人损害的，应当承担连带责任。

威某方四公司认为其各具独立法人资格，且并未实施侵害涉案技术秘密行为，不应承担侵权法律责任。吉某方认为威某方四公司均实施了侵害涉案技术秘密行为，故应承担共同侵权法律责任。

对此，本院分析认定如下：

第一，本案威某方四公司存在关联关系。威某集团系由威某智慧出行公司 100%控股的全资子公司，威某集团系威某温州公司与威某销售上海公司的控股公司。威某集团、威某智慧出行公司、威某温州公司的法定代表人均为沈某。同时，威某方四公司之间亦存在研发、生产、销售分工关系，其实质为利益共同体。

第二，威某方四公司共同实施了侵害吉某方涉案技术秘密行为。威某方四公司不仅是关联公司，还以分工协作、相互配合的方式实施了本案侵害技术秘密行为。在威某方有组织的引诱下，吉某方关联公司成都高某公司大批高级管理人员及技术人员离职并分别至威某方及其关联公司任职，将吉某方涉案技术秘密带至威某集团及威某智慧出行公司，并由威某集团、威某智慧出行公司分别申请实用新型专利对部分涉案技术秘密予以非法披露。在以不正当手段获取吉某方涉案技术秘密后，威某集团将涉案图纸及数模等提供给威某温州公司，由威某温州公司使用涉案技术秘密制造（包括委托他人制造）了底盘及底盘零部件并将之用于威某 EX 系列型号（包括 EX5、EX6、E5）电动汽车。威某集团、威某智慧出行公司以及威某销售上海公司均参与了威某 EX 系列型号电动汽车的销售，并直接或间接分享了侵权利益。

从以上事实可知，威某方四公司存在关联关系，在实施侵害涉案技术秘密的行为中分工协作、相互配合，其有共同的侵权过错，构成共同侵权，威某方四公司应就其共同侵权行为承担全部连带责任。吉某方本节上诉主张成

立，本院予以支持。威某方本节上诉主张及抗辩不能成立，本院不予支持。

2. 关于本案停止侵害的民事责任的具体承担

根据商业秘密司法解释第十七条第一款的规定，人民法院对于侵害商业秘密行为判决停止侵害的民事责任时，停止侵害的时间一般应当持续到该商业秘密已为公众所知悉时为止。

2018 年 5 月 28 日发布的《最高人民法院关于人民法院立案、审判与执行工作协调运行的意见》（法发〔2018〕9 号）第十一条提出，“法律文书主文应当明确具体：……（7）停止侵害的，应当明确停止侵害行为的具体方式，以及被侵害权利的具体内容或者范围等”。为促进审判与执行工作的顺利衔接和高效运行，保障当事人及时实现合法权益，人民法院在依法判令侵权人承担停止侵害民事责任时，结合具体案情，既可以根据权利人有关停止侵害责任承担的具体主张，在必要时也可以直接依职权，尽可能细化停止侵害行为的具体方式、内容、范围等，以切实增强裁判的可执行性和威慑力。特别是在知识产权侵权案件中，为实现有效制止和震慑侵权的目的，人民法院在确定停止侵害行为的具体方式、内容、范围等时，要在充分考虑受保护权益的性质和侵权行为的恶劣程度，特别是侵权行为的现实危害状态以及未来继续侵权的可能性的基础上，重点考虑采取有关具体措施对于权益保护的必要性、合理性、可执行性等因素。

本案中，虽然吉某方只是笼统提出判令威某方四公司停止侵害的诉讼请求，但鉴于威某方侵权情节恶劣、规模巨大、后果严重，且存在继续侵权和损害后果扩大的可能性，故而有必要采取切实有效且合理可行的细化措施，以确保全面有效制止威某方的侵权行为。特别是，考虑到吉某方及其关联公司（含成都高某公司）侯某靖、周某平、罗某周、黄某辉、向某明、张某魁、冷某虎、宋某等近 40 名离职员工到威某方及其关联公司工作，威某方已经实际非法获取并使用了全部涉案技术秘密，以申请专利的方式非法披露了部分涉案技术秘密，使用涉案技术秘密制造的相关底盘及底盘零部件产品已经用于威某 EX 系列型号（包括 EX5、EX6、E5）电动汽车并大规模上市销售，且威某方的侵权行为在诉讼期间仍未停止，本院在总体判令威某方四公司立即停止披露、使用、允许他人使用吉某方涉案技术秘密的基础上，进一步明确其停止侵害的具体方式、内容、范围等至少应包括以下：

第一，因威某方四公司构成侵权，其应当承担立即停止披露、使用、允许他人使用涉案技术秘密的义务，停止侵害的时间应持续至涉案技术秘密信息已为公众知悉之日止。因威某方已实际使用涉案技术秘密制造汽车底盘及底盘零部件产品，故其停止使用涉案技术秘密制造汽车底盘及底盘零部件产品、停止销售使用涉案技术秘密制造的汽车底盘及底盘零部件产品，也是本案停止侵害的当然之义，本院对此特别予以明确。

第二，威某方利用不正当手段获取吉某方涉案技术秘密后以其中部分内容申请并获得了12件实用新型专利授权，该12件专利现在威某集团、威某智慧出行公司名下。不当得利应予返还是法律基本原则，以非法获取的他人技术秘密为基础而取得的专利申请权或专利权，一般应归属于技术秘密权利人。因吉某方在本案一审期间撤回对该12件专利的权属诉求，本案不宜直接就专利权属问题作出判决，但因该12件专利系威某方侵害技术秘密所得，威某方不但不应从该不法行为中获益，其中主要包括不得以任何方式实施该12件专利，而且应确保不能导致真正权利人对该12件专利的利益受损和行权受阻，其中主要是有义务保证该12件专利在正常条件下得以维持有效并在未来应真正权利人的请求予以返还。故，威某方未来处分该12件专利的行为应受到明确限制，未获得涉案技术秘密权利人即吉某方的同意，威某方不得自己实施、许可他人实施、转让、质押或者以其他方式处分该12件专利，包括在相关专利权利登记依法变更之前，不得以不按期足额缴纳专利年费和不积极应对专利无效宣告请求等方式恶意放弃专利权。

第三，威某方已经实际获取、使用了涉案技术秘密，有必要在人民法院监督或者吉某方见证下，销毁或者向吉某方移交威某方四公司及关联公司和其所有在职或者离职员工以及威某EX系列型号电动汽车底盘及底盘零部件供应商所持有或控制的涉案技术秘密载体。

第四，因涉案技术秘密早已被威某方非法获取且长时间实际使用，其可能已被威某方的公司股东、董事、监事、高级管理人员、有关员工和子公司、分公司、其他有投资关系的关联公司以及威某EX系列型号电动汽车底盘及底盘零部件供应商掌握。为有效防止继续侵权和损害后果扩大，威某方不仅自身有停止侵害的义务，而且有义务采取适当措施，尽力防止任何因其侵权行为已实际获悉或者可能获悉涉案技术秘密的人员和单位实施侵害行为，威某方应以发布公告的方式和同时以公司内部通知的方式告知上述有关人员和单位积极配合履行本判决有关停止侵害的要求。一方面，要向社会公众尤其是不特定的潜在客户作出风险提示；另一方面，要通告有关单位和人员相关法律责任及风险，特别是就哪些技术可能涉及涉案技术秘密作出具体提示，并就有关技术内容和相关资料的甄别、提交、使用等提出具体要求，同时还应就企业内部知识产权合规经营作出明确指引。

第五，本案已初步查明近40名吉某方及其关联公司（含成都高某公司）员工离职进入威某方及其关联公司，其中部分人员系涉案技术秘密被威某方以不正当手段获取的直接渠道，其他部分人员也不排除是可能的渠道。特别是，沈某、侯某靖、周某平等均曾任吉某方及其关联公司高级管理人员，后均成为威某集团及其关联公司的高级管理人员。其中，沈某还是威某集团的创始人并担任威某集团、威某温州公司、威某智慧出行公司的法定代表人；侯某靖是威某集团的执行董事、联合创始人兼首席运营官，且主要负责集团研发工作；周某平是威某方关联公司晖某中欧汽车科技成都有限公司成都研究院院长，其从成都高某公司离职前还有意收集、批量下载成都高某公司的相关技术资料及文件。上述人员显然是本案威某方实施涉案侵权行为的关键人物。同时，威某方及其关联公司其他所有负责或者参与研发EX系列型号电动汽车底盘及底盘零部件的人员以及EX系列型号电动汽车底盘及底盘零部件供应商则已实际获知或者有很大可能获知涉案技术秘密。上述有关人员和供应商是配合威某方履行本案停止侵害义务的关键所在和重中之重。因此，为切实并有针对性地防止继续侵权和损害后果扩大，对有关重点人员和单位作出警示，威某方有义务将有关停止侵害要求逐一专门通知上述有关人员和单位，并特别要求其保守涉案技术秘密并作出不侵权承诺。上述逐一专门通知重在督促切实履行法律义务并防止侵权再犯风险。

需要说明的是，威某方已实际非法获取了吉某方全部涉案技术秘密，其停止侵害责任的承担方式为停止披露、使用或者允许他人使用涉案技术秘密，故本案已无须判令威某方承担停止非法获取吉某方涉案技术秘密的民事责任。

3. 关于本案损害赔偿数额的确定

根据反不正当竞争法第十七条第一款、第三款的规定，经营者违反本法规定，给他人造成损害的，应当依法承担民事责任。因不正当竞争行为受到损害的经营者的赔偿数额，按照其因被侵权所受到的实际损失确定；实际损失难以计算的，按照侵权人因侵权所获得的利益确定。经营者恶意实施侵犯商业秘密行为，情节严重的，可以在按照上述方法确定数额的一倍以上五倍以下确定赔偿数额。赔偿数额还应当包括经营者为制止侵权行为所支付的合理开支。

威某方认为，本案在计算赔偿数额时不应考虑威某EX5型号电动汽车之外的车型，不应超出吉某方一审诉讼主张范围；一审判决未考量涉案 5 套图纸的实际商业价值，判赔数额过高，且由威某温州公司负担的一审诉讼费过高。吉某方认为，涉案技术秘密被使用于威某 EX 系列所有型号（包括 EX5、EX6、E5）电动汽车，应以威某 EX 系列所有型号（包括 EX5、EX6、E5）电动汽车销售获利为基础计算本案损害赔偿数额；一审判决未考虑吉某方涉案技术秘密被威某方全部非法获取、使用及部分披露，且对威某方侵权责任及侵害涉案图纸及数模数量认定有误并低估了涉案图纸及数模技术秘密的价值，判赔数额过低；一审判决还判令吉某方负担 400 余万元的案件诉讼费，显属不当，应予纠正。

对此，本院分析认定如下：

（1）关于吉某方根据涉案技术秘密的研发成本或者底盘专有技术评估价值计算损害赔偿数额的主张

吉某方提交浙江武林资产评估有限公司出具的浙武评报字（2018）第 1073 号《资产评估报告书》以证明涉案吉某 SUV 燃油车底盘专有技术价值为 43 亿元。对此本院认为，该报告评估对象为吉某 SUV 燃油车整个底盘专有技术的评估价值而非研发成本，且吉某方亦未因威某方的侵权行为导致涉案技术秘密被全部公开并丧失价值。故，该报告评估方法及结论虽具有一定参考价值，但不宜直接以此确定吉某方因涉案技术秘密被侵害受到的实际损失或者威某方因侵害涉案技术秘密所获得的利益。同时，二审中吉某方不再主张以威某方 526 亿元总融资额的 4%（约 21 亿元）作为研发成本计算其因涉案技术秘密被侵害所受到的损失，故本院对吉某方以涉案技术秘密的研发成本或者底盘专有技术评估价值计算损害赔偿数额的主张不再进一步评述。

（2）关于吉某方根据威某方侵权获利计算损害赔偿数额的主张

根据吉某方的主张及已查明的事实，威某方因侵害吉某方涉案技术秘密所获得的利益表现为威某方通过生产、销售 EX 系列型号（包括 EX5、EX6、E5）电动汽车获利，故以此计算本案损害赔偿数额具有合理性。

前已述及，威某方以不正当手段获取全部涉案技术秘密，以申请专利的方式非法披露部分涉案技术秘密，并使用全部涉案技术秘密制造（包括委托他人制造）汽车底盘及底盘零部件，用于生产、销售 EX 系列型号（包括 EX5、EX6、E5）电动汽车，从中获得巨额利益。本案证据表明，威某 EX 系列型号（包括 EX5、EX6、E5）电动汽车使用了吉某方涉案技术秘密；威某温州公司成立于 2016 年 5 月 9 日，其首辆 EX5 型号电动汽车于 2018 年 9 月即开始销售，前后仅两年多时间即实现电动汽车量产及销售。威某方在没有汽车底盘合法技术来源或者技术积累的情况下，通过不正当手段获取吉某方的涉案技术秘密，由此不但节省了本需支出的底盘技术研发费用，同时也大大缩短了产品上市时间，增强了其市场竞争优势。因此，以威某 EX 系列型号（包括 EX5、EX6、E5）电动汽车的销售额为基础计算的可得利润，可以视为其因侵害吉某方涉案技术秘密所获得的利益。

（3）关于威某方因被诉侵权行为所获利益的具体计算

第一，关于威某方与侵害涉案技术秘密有关的电动汽车车型的具体范围。

首先，如前所述，本案现有证据表明，威某 EX 系列型号（包括 EX5、EX6、E5）电动汽车均采用了相同的侵权底盘技术，均应计入侵权损害赔偿范围。

其次，吉某方在起诉时即提出了高达 21 亿元的侵权损害赔偿请求，并在一审诉讼中尽其所能就威某方侵权获利进行了举证，同时亦要求威某方提供其涉及侵权的车辆销售获利数据。一审法院于 2022 年 9 月 5 日最后一次开庭并当庭作出判决，而在此之前的 2022 年 6 月，吉某方在获知威某招股说明书后，明确向一审法院提出安排开庭就威某招股说明书进行质证的申请。在一审法院随后组织的双方当事人参与的谈话中，吉某方亦明确提出，威某招股说明书中记载的威某 EX 系列型号电动汽车销售获利均应作为计算威某方侵权获利以及赔偿数额的依据。一审法院对吉某方主张的威某招股说明书未予审查，有所不妥。

最后，二审中双方当事人已对威某招股说明书进行了充分质证。因此，本案可以威某招股说明书记载的截至 2022 年第一季度威某 EX 系列型号（包括 EX5、EX6、E5）电动汽车的销售数据作为计算威某方侵权获利的依据。

第二，关于威某 EX 系列型号（包括 EX5、EX6、E5）电动汽车的销售数量、价格以及威某方相应的侵权获利等。

首先，关于威某 EX 系列型号电动汽车的销售数量认定。根据威某招股说明书记载，2018 年 9 月至 2021 年威某方分别销售 EX 系列型号（包括 EX5、EX6、E5）电动汽车 4607 辆、12799 辆、21937 辆、36252 辆，但无法准确识别其中 EX5、EX6、E5 具体型号电动汽车的各自销售数量。2022 年第一季度销售 7476 辆，因该数据未区分车型系列，按照 2021 年威某方售出 36252 辆 EX 系列型号电动汽车与 7900 辆 W6 型号电动汽车的比例，可推算 2022 年第一季度其所售出的 7476 辆车中 EX 系列型号电动汽车数量为 6138

辆。据此，本院认定，2018 年 9 月至 2022 年第一季度，威某 EX 系列型号电动汽车总销售数量为 81733 辆。

其次，关于销售价格认定。吉某方认为，EX5 型号电动汽车系威某方主要车型，故可根据 EX5 型号电动汽车的 EX5 300 与 EX5 400 两款型号的电动汽车实际售价 186550 元、207300 元的平均售价（196925 元）计算威某 EX 系列型号电动汽车销售额。根据本院查明的事实，威某招股说明书分别记载了 EX5 型号电动汽车建议零售价为 160800—189800 元，EX6 型号电动汽车建议零售价为 279900 元，E5 型号电动汽车建议零售价为 160100—190100 元。鉴于本案无法准确识别 EX5、EX6、E5 三种车型的具体数量，本院考虑 EX5、E5 系威某方主要车型，可以该两款车建议零售价的平均价格 175200 元计算 81733 辆威某 EX 系列型号电动汽车销售总额。威某方提交的《其他问题反馈》虽载明了其销售各类车型数量及单价，但并未提交证明相应数据来源的证据，故对威某方以《其他问题反馈》认定各类车型销售数量及单价的主张，本院不予支持。

再次，关于利润率认定。吉某方主张以威某招股说明书所记载的威某方 2019 年至 2021 年车辆及部件销售平均毛利率 54.6%计算其利润。对此本院认为，根据威某招股说明书记载，威某方实际为亏损状态，不宜直接以该毛利率计算威某方侵权获利。同时，威某方因其自身经营原因导致实际亏损并不意味着其未因侵害技术秘密获得利益，因侵害技术秘密所获得的利益也可以表现为侵权人因节省研发费用等而导致成本的降低或亏损的减少。本案中，威某方如果不是通过侵权方式获取并使用吉某方涉案技术秘密，则其需要支出相应的汽车底盘技术研发费用或者向技术提供方支付许可使用费，由此将导致其亏损的相应增加，故而因侵害涉案技术秘密所减少的研发成本或亏损亦属于威某方因侵权获得的利益。鉴于本案中缺乏计算威某方因侵害涉案技术秘密而减少研发成本或亏损的直接证据，故而本院以在案的新能源汽车的代表性企业理某汽车、小某汽车同期电动汽车毛利率（10.6%—17.9%）作为参考，计算威某方因侵害涉案技术秘密获得的利益。同时，鉴于威某方系以故意侵权方式获取他人技术秘密并因此节省了相应研发成本，且被诉侵权行为发生期间我国新能源汽车产业正处于显著增长期和盈利能力上升期，在确定本案侵权人的有关利润率时可以同类代表性企业的毛利率为基础并可适当取高计算利润率，故本院酌定以 20%计算威某方的 EX 系列型号（包括 EX5、EX6、E5）电动汽车整车销售利润率。

最后，关于涉案技术秘密贡献率认定。吉某方主张涉案技术秘密技术贡献率占整车利润32%（底盘技术占汽车整体技术贡献的比例40%×涉案技术秘密占底盘技术的比例80%）。但是，吉某方自己提交的浙江武林资产评估有限公司出具的浙武评报字（2018）第1073号《资产评估报告书》认为，吉某SUV燃油车整车中技术部分的利润分成率为25%，底盘技术占汽车整体技术贡献40%，该评估意见有其合理性。威某方委托的有专门知识的人唐某升也称电动汽车底盘占整车成本3%—8%。上述两方提供的有关数据具有一定的对应性。据此，本案认定汽车底盘技术对于整车的销售利润贡献率为10%（整车技术利润分成率25%×底盘技术在整车技术中占比40%）相对合理。综合考虑本案中威某方侵权行为的性质、底盘技术在整车技术中所占比例、吉某方关于涉案技术秘密占底盘技术比例为80%的诉讼主张等因素，本院认定吉某方涉案技术秘密对威某EX系列型号（包括EX5、EX6、E5）电动汽车整车销售利润的贡献率为8%。

（4）关于本案应否适用惩罚性赔偿及具体计算

根据反不正当竞争法第十七条第三款的规定，经营者恶意实施侵犯商业秘密行为，情节严重的，可以按照经营者因被侵权所受到的实际损失或侵权人因侵权所获得的利益施以一倍至五倍的惩罚性赔偿。根据《最高人民法院关于审理侵害知识产权民事案件适用惩罚性赔偿的解释》第一条第一款的规定，原告主张被告故意侵害其依法享有的知识产权且情节严重，请求判令被告承担惩罚性赔偿责任的，人民法院应当依法审查处理。根据该司法解释第二条第二款的规定，原告在一审法庭辩论终结前增加惩罚性赔偿请求的，人民法院应当准许。根据该司法解释第三条第一款、第二款第二项的规定，对于侵害知识产权的故意的认定，人民法院应当综合考虑被侵害知识产权客体类型、被告与原告或者利害关系人之间的关系等因素；被告或其法定代表人、管理人是原告或者利害关系人的法定代表人、管理人、实际控制人的，人民法院可以初步认定被告具有侵害知识产权的故意。根据该司法解释第四条第一款、第二款第五项的规定，对于侵害知识产权情节严重的认定，人民法院应当综合考虑侵权手段、次数，侵权行为的持续时间、地域范围、规模、后果，侵权人在诉讼中的行为等因素；被告侵权获利或者权利人受损巨大的，人民法院可以认定为情节严重。根据该司法解释第五条第一款的规定，人民法院确定惩罚性赔偿数额时，应当分别依照相关法律，以原告实际损失数额、被告违法所得数额或者因侵权所获得的利益作为计算基数。该基数不包括原告为制止侵权所支付的合理开支。根据该司法解释第六条第一款的规定，人民法院依法确定惩罚性赔偿的倍数时，应当综合考虑被告主观过错程度、侵权行为的情节严重程度等因素。根据上述规定，本案应适用惩罚性赔偿。具体理由如下：

第一，吉某方明确主张适用惩罚性赔偿。吉某方在本案一审诉讼中明确主张 1—5 倍的惩罚性赔偿，并提出以威某招股说明书所记载的销售获利计算赔偿基数。二审中，吉某方进一步明确惩罚性赔偿倍数为 5 倍（最终赔偿额为 5 倍惩罚性赔偿+补偿性赔偿之和）。

第二，威某方具有明显的侵权故意。威某集团、威某智慧出行公司、威某温州公司的法定代表人沈某曾经在吉某集团担任副总裁，其明知威某方与吉某方及吉某集团投资的成都高某公司存在竞争关系。在此情况下，威某方诱使吉某集团副总裁兼成都高某公司总经理、成都基地电动汽车研发项目组长侯某靖、成都高某公司副总经理周某平、技术部部长罗某周、技术部工作人员黄某辉、向某明以及直接负责汽车底盘技术研发的张某魁、冷某虎、宋某等近 40 人从原单位离职赴威某方及其关联公司任职，而上述离职人员与吉某集团或者成都高某公司签订有保密协议或保密合同，其对于自己行为违反与原单位保密规定均系明知，故威某方具有明显的侵权故意。

第三，威某方侵权情节恶劣。威某方诱使成都高某公司高级管理人员及技术人员等近 40 人大规模离职并加入威某方及其关联公司。周某平在离职之前还有意收集、批量下载成都高某公司的相关技术资料及文件，且张某魁、冷某虎、宋某在赴威某方工作后，将所掌握的涉案技术秘密披露给威某集团、威某智慧出行公司，由该两公司申请专利并将涉案技术秘密披露给威某集团、威某温州公司用于 EX 系列型号电动汽车底盘及底盘零部件制造。而且，在 2018 年 12 月吉某方提起本案诉讼后，威某方并未停止被诉侵害技术秘密行为。

第四，威某方侵权后果严重。威某方在利用吉某方涉案技术秘密的基础上，快速掌握了电动汽车底盘技术，推出了其电动汽车并获取了较大竞争优势，且导致吉某集团与成都某委员会等有关项目建设协议无法继续履行，由此给吉某方造成巨大损失。

第五，关于本案惩罚性赔偿基数及最终赔偿数额的计算。反不正当竞争法于 2019 年 4 月 23 日修正并施行，此前该法并未就惩罚性赔偿作出规定，而威某方的被诉侵权行为跨越 2019 年修正的反不正当竞争法施行时间。因此，针对威某方2019年4月前（含当月）的侵权行为，在能够区分计算的情况下，可不适用惩罚性赔偿，只计算补偿性赔偿。故，威某方2018年销售EX系列型号（包括EX5、EX6、E5）电动汽车4607辆，2019年1—4月按12个月平均销量计算所销售的EX系列型号（包括EX5、EX6、E5）电动汽车4266辆，合计8873辆的销售获利部分可不适用惩罚性赔偿，其余72860辆（含2022年第一季度销售的威某EX系列型号电动汽车6138辆）的销售获利部分应适用惩罚性赔偿。由此，按2019年5月至2022年第一季度销售威某EX系列型号（包括EX5、EX6、E5）电动汽车72860辆，平均销售价格175200元，销售利润率20%，吉某方涉案技术秘密的贡献率占整车销售利润8%计算，在此期间威某方侵权获利为204241152元（175200元/辆×72860辆×20%×8%），此部分既作为补偿性赔偿数额，也应依法作为适用惩罚性赔偿的基数。综合考虑威某方具有明显侵权故意、侵权情节恶劣、侵害后果严重等加重责任的考量因素，以及二审中威某方明确放弃合法技术来源抗辩，向着诚信诉讼方向作出努力这一可减轻责任的考量因素，本院决定以威某方2019年5月至2022年第一季度销售EX系列型号（包括EX5、EX6、E5）电动汽车的获利为基数，适用2倍惩罚性赔偿（204241152元×2＝408482304元）。该惩罚性赔偿数额加上同期的补偿性赔偿数额，合计612723456元（408482304元+204241152元）。该赔偿数额与2019年4月之前的仅适用补偿性赔偿部分的侵权获利24872793.6元（175200元/辆×8873辆×20%×8%），合计为637596249.6元。故此，本案威某方应赔偿吉某方经济损失637596249.6元。

（5）关于吉某方主张的为制止侵权行为所支付的合理开支

吉某方在本案中主张其因制止侵权行为所支付的合理开支共计13275298.5元，其中包括鉴定咨询费用1350000元、技术评估费用692000元、公证费用209000元、购买威某EX5型号电动汽车费用282585元、车辆拆解等技术服务费用88000元、律师服务费及其他咨询费用9434606元、差旅费938575.9元等。本院综合考虑威某方侵权恶意明显且侵权情节严重，吉某方举证难度较大，但吉某方部分费用支出确有不必要、不合理之处，特别是高额的律师服务费及咨询费用与其实际工作所需和工作质量并不相称，且部分票据存在与发票金额不符、是否系因本案所支出的费用存疑等问题，故本院对于吉某方的维权开支不予全额支持，酌情支持5000000元。

此外，本院已经认定威某方四公司构成共同侵权，其共同侵害了吉某方涉案全部技术秘密。故此，一审判决仅认定威某温州公司构成对吉某方涉案

5 套图纸技术秘密侵害，其事实认定以及有关停止侵害、赔偿责任等判项均有不当，本院一并予以纠正。

四、关于本判决的执行

《中华人民共和国民事诉讼法》第二百六十四条规定：“被执行人未按判决、裁定和其他法律文书指定的期间履行给付金钱义务的，应当加倍支付迟延履行期间的债务利息。被执行人未按判决、裁定和其他法律文书指定的期间履行其他义务的，应当支付迟延履行金。”《最高人民法院关于适用〈中华人民共和国民事诉讼法〉的解释》第五百零五条规定：“被执行人未按判决、裁定和其他法律文书指定的期间履行非金钱给付义务的，无论是否已给申请执行人造成损失，都应当支付迟延履行金。已经造成损失的，双倍补偿申请执行人已经受到的损失；没有造成损失的，迟延履行金可以由人民法院根据具体案件情况决定。”根据上述法律和司法解释的规定，如果被执行人未按判决指定的期间履行非金钱给付义务的，应当依法向权利人支付迟延履行金；迟延履行金可根据被执行人在判决指定的期间拒绝履行非金钱给付义务的性质、情节、危害程度等因素予以确定。实践中，因义务人迟延履行或者拒绝履行判决确定的停止侵害等非金钱给付义务，不仅会导致损害后果扩大，也容易产生执行争议和再次诉讼。对此，人民法院可以根据案件具体情况，对判决所涉停止侵害等非金钱给付义务迟延履行金的计付标准一并予以明确，有关计付标准可视情按日或月等期间计算或者一次性定额计算。

鉴于本案威某方侵权故意明显，侵权情节恶劣，侵权后果严重，为确保威某方及时全面停止侵害，切实防止侵害后果的进一步扩大，以及督促威某方及时履行本判决所确定的非金钱给付义务，本院综合考虑本案侵权行为性质、情节和违反有关停止侵害义务可能产生的损害、负面影响以及增强判决的威慑力等因素，对本判决所涉非金钱给付义务迟延履行金的计付标准分别情形一并予以明确如下：

第一，如威某方违反停止披露、使用、允许他人使用涉案技术秘密义务，应以每日 1000000 元计付迟延履行金。该数额主要系考虑威某方涉案侵权行为性质、情节和继续侵权的可能获利以及未来侵权应加重惩罚性赔偿等因素综合确定。

第二，如威某方擅自处分涉案 12 件实用新型专利，应针对其中每件专利一次性支付违反本判决该项义务的履行金 1000000 元。该数额主要系考虑涉案 12 件实用新型专利在全部涉案技术秘密中的占比、本身的价值和目前权利状况等因素综合确定。

第三，如威某方未按本判决指定期限履行销毁或者向吉某方移交涉案技术秘密相关载体、发布公告和内部通知以及逐一专门通知并与特定人员和单位签署保守商业秘密及不侵权承诺书等任一具体义务，分别以每日 100000 元计付迟延履行金。该数额主要考虑有利于督促威某方积极、诚信履行有关义务而确定。基于威某方实际经营状况以及有关员工可能已离职并失联的情况，如有关人员和单位确实难以取得联系或者拒绝配合，威某方应当作出合理说明并附具相关证明，人民法院可根据威某方是否及时、诚信、尽力履行的具体情形，对相应的迟延履行金予以减免。

需要特别说明的是，上述迟延履行金并不当然等同于威某方拒不履行本判决给吉某方造成损失的赔偿金，如因威某方未履行本判决有关判项确定的非金钱给付义务给吉某方造成的损失超过前述标准计算的迟延履行金，吉某方仍可另行主张损害赔偿。同时，该迟延履行金也不影响威某方拒不执行本案生效判决所应承担的其他法律责任，包括被采取强制执行措施、被处以罚款等。

综上，吉某集团、吉某研究院关于其有权就涉案技术秘密提起诉讼、威某方四公司共同侵害其涉案全部技术秘密并请求判令威某方四公司停止侵害其涉案技术秘密的上诉主张成立，吉某方有关赔偿其损失及为制止侵权行为所支付的合理开支的诉讼请求部分成立，本院予以支持。威某温州公司上诉请求不成立，本院不予支持。一审判决认定事实不尽全面准确，适用法律和裁判结果部分有误，应予纠正。依照《中华人民共和国民法典》第一百七十九条第一款，第一千一百六十八条；《中华人民共和国反不正当竞争法》第九条第一款第一项、第二项、第三款、第四款，第十七条第一款、第二款、第三款，第三十二条第一款和第二款第一项；《最高人民法院关于适用〈中华人民共和国民法典〉时间效力的若干规定》第一条第三款；《最高人民法院关于审理侵犯商业秘密民事案件适用法律若干问题的规定》第三条，第五条，第六条，第七条，第九条，第十三条第一款，第十七条第一款；《最高人民法院关于审理侵害知识产权民事案件适用惩罚性赔偿的解释》第一条第一款，第二条第二款，第三条第一款和第二款第二项，第四条第一款，第二款第五项，第五条第一款，第六条第一款；《中华人民共和国民事诉讼法》第一百七十七条第一款第二项，第二百六十四条；《最高人民法院关于适用〈中华人民共和国民事诉讼法〉的解释》第五百零五条之规定，判决如下：

一、撤销上海市高级人民法院（2018）沪民初102号民事判决。

二、威某汽车制造温州有限公司、威某汽车科技集团有限公司、威某智慧出行科技（上海）股份有限公司、威某新能源汽车销售（上海）有限公司应自本判决送达之日起，立即停止披露、使用、允许他人使用浙江吉某控股集团有限公司、浙江吉某汽车研究院有限公司的涉案新能源汽车底盘应用技术以及其中的12套汽车底盘零部件图纸及数模技术秘密。停止侵害的具体方式、内容、范围包括但不限于：

1. 自本判决送达之日起，除非获得涉案技术秘密权利人的同意，停止以任何方式披露、使用、允许他人使用涉案技术秘密，包括停止使用该涉案技术秘密自行制造或者委托他人制造汽车底盘及底盘零部件产品、停止销售使用涉案技术秘密制造的汽车底盘及底盘零部件产品；停止侵害的时间持续至涉案技术秘密信息已为公众知悉之日止。

2. 自本判决送达之日起，除非获得涉案技术秘密权利人的同意，不得自己实施、许可他人实施、转让、质押或者以其他方式处分涉案12件实用新型专利（专利号为201720769524.6、201720243644.2、201720625018.X、201720766423.3、201720331650.3、201720625338.5、201720625821.3、201720766438.X、201720269048.1、201720307818.7、201720578211.2、201720625094.0的实用新型专利），包括在相关专利权利登记依法变更之前，不得以不按期足额缴纳专利年费和不积极应对专利无效宣告请求等方式恶意放弃专利权。

3. 自本判决送达后三十日内，在人民法院监督或者涉案技术秘密权利人见证下，将威某方四公司及关联公司和所有在职或者离职员工以及威某EX系列型号电动汽车底盘及底盘零部件供应商所持有或控制的所有载有涉案技术秘密的图纸、数模及其他技术资料予以销毁或者移交涉案技术秘密权利人。

4. 自本判决送达后十五日内，以在《人民法院报》上发布公告的方式和同时以公司内部通知的方式，将本判决及其中有关停止侵害的要求，通知威某方四公司股东、董事、监事、高级管理人员、所有员工和子公司、分公司、其他有投资关系的关联公司及威某EX系列型号电动汽车底盘及底盘零部件供应商，并告知前述受通知对象应当积极配合履行本判决（公告内容见本判决附件1，内部通知应在包含公告内容的基础上依本判决理由部分的相关指引提出更具体的针对性要求）。

5. 自本判决送达后三十日内，将判决书及其中有关停止侵害的要求，以书面方式（含电子数据方式）逐一专门通知所有从涉案技术秘密权利人及其关联公司（特别是成都高某汽车工业有限公司）离职至威某方四公司及关联公司工作的员工和威某方四公司及关联公司其他所有负责或者参与研发威某EX系列型号电动汽车底盘及底盘零部件的人员（含有关高级管理人员）以及威某EX系列型号电动汽车底盘及底盘零部件供应商，并要求上述人员和单位签署保守商业秘密及不侵权承诺书（对上述有关人员和单位的通知内容见本判决附件2，承诺书内容见本判决附件3）。

6. 自本判决送达后四十五日内，将上述4和5所要求的报纸刊发公告、公司内部通知、对有关人员和单位的书面通知及其签署的承诺书，提交至上海市高级人民法院，并制作副本提供给浙江吉某控股集团有限公司、浙江吉某汽车研究院有限公司。

三、威某汽车制造温州有限公司、威某汽车科技集团有限公司、威某智慧出行科技（上海）股份有限公司、威某新能源汽车销售（上海）有限公司于本判决送达后三十日内，连带赔偿浙江吉某控股集团有限公司、浙江吉某汽车研究院有限公司经济损失637596249.6元以及为制止侵权行为所支付的合理开支5000000元。

四、驳回浙江吉某控股集团有限公司、浙江吉某汽车研究院有限公司的其他诉讼请求。

五、驳回威某汽车制造温州有限公司的上诉请求。

如果未按本判决指定的期间履行给付金钱义务的，应当依照《民事诉讼法》第二百六十四条之规定，加倍支付迟延履行期间的债务利息。如未按本判决指定的期间履行其他义务的，应当依法支付迟延履行金（其中，拒不履行本判决第二项之1的，以每日1000000元计算；拒不履行本判决第二项之2的，针对其中每件专利一次性支付1000000元；未按期履行本判决第二项之3、4、5中任一具体义务的，分别以每日100000元计算）。

一审案件受理费10541800元，由威某汽车制造温州有限公司、威某汽车科技集团有限公司、威某智慧出行科技（上海）股份有限公司、威某新能源汽车销售（上海）有限公司共同负担6325080元，由浙江吉某控股集团有限公司、浙江吉某汽车研究院有限公司共同负担4216720元；二审案件受理费10567600元，由威某汽车制造温州有限公司、威某汽车科技集团有限公司、威某智慧出行科技（上海）股份有限公司、威某新能源汽车销售（上海）有限公司共同负担6304080元，由威某汽车制造温州有限公司负担60800元，由浙江吉某控股集团有限公司、浙江吉某汽车研究院有限公司共同负担

4202720元。

本判决为终审判决。

审　判　长　朱　理
审　判　员　陈文全
审　判　员　崔晓林
审　判　员　张新锋
审　判　员　刘清启
二〇二四年四月二十五日
法官助理　李　晨
技术调查官　张　英
书　记　员　滕禹含
书　记　员　葛芳辰

34. 抢票软件行为不正当性的认定

——原告北京某文化传媒发展有限公司与被告郑某不正当竞争纠纷案[①]

中华人民共和国北京市东城区人民法院民事判决书

（2024）京0101民初4607号

原告：北京某文化传媒发展有限公司。住所地：北京市东城区。

法定代表人：何某，该公司董事兼经理。

委托诉讼代理人：糜志彬，北京市君泽律师事务所律师。

委托诉讼代理人：邢王霞，北京市君泽律师事务所律师。

被告：郑某。

委托诉讼代理人：雷晓蒙，北京市中闻律师事务所律师。

原告北京某文化传媒发展有限公司（以下简称某文化公司）与被告郑某不正当竞争纠纷一案，本院于2024年2月29日立案受理后，依法适用普通程序，公开开庭进行了审理。本案现已审理终结。

某文化公司向本院提出诉讼请求：1. 郑某赔偿某文化公司经济损失50万元及合理支出8.8056万元（包括律师费7万元，公证费1.8056万元）；2. 郑某承担本案诉讼费用。事实与理由：某文化公司系某知名票务网站及APP的运营方。某文化公司经营的网站成立于2004年，是中国领先的现场娱乐全产业综合服务提供商，业务覆盖演唱会、话剧、音乐剧、体育赛事、曲苑杂坛、亲子、展览休闲等多个领域。经过近二十年的发展，已经成为国内首屈一指的综合性票务平台，先后获得多个票务领域软件相关奖项。根据《用户服务协议》的约定，任何用户不得实施干扰、破坏或限制任何正常购票秩序的行为。某文化公司发现，郑某专门研发了针对某文化公司APP的外挂软件，并通过包括其运营的名称为“全职程序员”的闲鱼店铺在内的多种渠道销售前述外挂软件。该外挂软件能协助用户绕开某文化公司设置的“先到先得”票务服务规则，实现不正当抢购某文化公司平台在售门票的目的。

---

① 本案在年度报告中的位置为第85页。

郑某的上述行为，妨碍和干扰了某文化公司 APP 的正常运营，破坏了公平的购票秩序，损害了某文化公司的合法权益，违反了基本商业道德，对某文化公司构成不正当竞争。为维护某文化公司合法权益，故诉至法院，望判如所请。

郑某辩称，不同意某文化公司的全部诉讼请求，具体理由如下：1. 涉案软件并非郑某研发，郑某仅是销售者。软件来源于 QQ 群“猫××”。某文化公司证据中可以看到第一个 QQ 群是“猫××”。有用户将软件发到群里，郑某将其搬运过来对外销售。2. 某文化公司与郑某之间不具有竞争关系，某文化公司是代理销售票务的票务平台，主营业务是票务代理销售，郑某所搬运的软件仅为抢票所用，与某旅行网站、某票务网站抢火车票原理是一样的，公开售票的行为本身就是有人能抢到，有人抢不到，有些客户会使用多个账号甚至购买黄牛票，郑某认为不构成不正当竞争。3. 某文化公司没有经济损失。某文化公司的主营收入是代理票务销售，郑某所搬运的软件没有造成某文化公司票务收入的减少，票价也没有变化，某文化公司及相关演出承办方都不会受到损失。4. 某文化公司未举证其因抢票软件带宽服务器受到影响，某文化公司用户上百万，郑某仅售出 369 笔，不会给某文化公司的带宽服务器造成影响。5. 抢票本身就不是每个人都能抢到，软件没有影响购票秩序，其只是模仿人抢票的行为，手速快的用户反复刷新也能实现同样的效果。6. 根据《中华人民共和国反不正当竞争法》第十七条，即便说郑某构成不正当竞争，赔偿数额也应该以所得利益为限，因某文化公司并没有实际损失，根据郑某证据，郑某总共获利 2151. 55 元。郑某销售模式分为月卡和日卡两种，月卡售价 8. 88 元，日卡是 2. 88 元。7. 某文化公司公证时间为 2023 年 10 月 23 日，公证书显示总共出售 299 笔，每笔购买金额为 8. 88 元。8. 某文化公司未提交律师费付款凭证，是否实际支出无法确认。某文化公司提交的委托代理协议签订时间晚于某文化公司起诉时间。9. 某文化公司在公证时明知郑某出售获利总计不过几千元，其主张 50 万元经济赔偿系恶意，提高了律师费和诉讼费，不应全额支持。外出公证不正当提高了公证成本，应当由某文化公司承担。10. 郑某最后一笔售出时间为 2023 年 12 月 14 日，郑某已经停止侵权。

当事人围绕诉讼请求依法提交了证据并发表了意见，本院组织当事人进行了证据交换和质证。本院经审理查明以下事实：

工信部 ICP 备案管理系统查询结果显示涉案售票网站的主办单位为某文

化公司。

某文化公司《用户服务协议》载明："七、禁止的内容及行为……2. 禁止的行为您理解并承诺，不就我方平台服务进行下列的禁止的行为，也不允许任何人利用您的账户进行下列行为，否则，我方可对通过冻结账户全部或部分功能，删除或屏蔽相关信息等方式制止该类行为并消除相关不利影响。该类禁止的行为包括但不限于：……（7）将设计目的在于干扰、破坏或限制任何正常购票秩序、平台生态的软件、硬件或通讯设备功能之计算机病毒加以发布、发送或以其他方式传送；（8）干扰或破坏服务或与服务相连线之服务器和网络，或违反任何关于信息安全规定、程序、政策或规范……"

（2023）京长安内经证字第 52795 号公证书载明：2023 年 10 月 23 日，公证员和公证员助理对某文化公司代理人手机中的信息进行了证据保全，保全过程如下：下载并安装闲鱼 APP，完成登录操作后，逐步点击"我的""收藏"，显示一个名称为"卡密月卡自动发货"的商品，逐步点击"我想要"，支付 8. 8 元再次购买，联系卖家后，卖家发送了软件密码及使用教程，显示卖家为"全职程序员软件开发工程师"，卖出 299 笔。点击使用教程，内含"s×××××× APP"及"××科技 APP"软件下载安装包。庭审中，郑某认可闲鱼用户"全职程序员软件开发工程师"系其本人。

（2023）京长安内经证字第 57175 号公证书公证了某文化公司代理人使用上述软件抢票的过程，过程如下：使用某文化公司代理人手机，打开"使用教程"，下载安装了某文化公司 APP、"s×××××× APP"及"××科技 APP"，使用"s××××××APP"调试手机环境后，打开"××科技 APP"，首页载明"脚本适配（8. 7. 1、8. 8. 0）"，输入郑某提供的卡密并完成相关设置后，"××科技 APP"转入后台运行。打开某文化公司软件，找到"蔡某某《L××××××××××××》北京演唱会"，选择场次、票档、人数后点击确定。××科技 APP 循环发出抢票指令，手机屏幕显示已抢票次数 130 次，软件显示抢票成功，某文化公司软件可见付款页面。庭审中，郑某称软件中显示的抢票次数并非真实数据，是代码优化后的美化数据，并不代表该软件实际具有抢票功能。

某文化公司为证明其为清洗包含涉案软件在内的外挂软件制造的虚假数据，产生了大量流量清洗费用，提交了以下证据：1.（2024）厦鹭证内字第 81188 号公证书，内容为某集团安全部后台数据显示 2023 年 7 月至 2024 年 7 月，流量清洗费用共计 801104. 42 元；2. 某影业集团有限公司 2023—2024 年年度报告，载明某文化公司和甲文化公司均为某影业集团旗下公司；3. 案外人甲文化公司出具的《关于流量清洗账单的说明》，载明："就福建省厦门市鹭江公证处出具的（2024）厦鹭证内字第 81188 号公证书所展示的后台信息，我方作如下说明：1. 集团安全部产品中心工作台所展示的 2023 年 7 月至 2024 年 7 月的'数据清洗（霸下）'账单（总金额为 801104.42 元），系我司根据某影业集团安排、以某影业集团名义统一采购数据清洗服务对应的费用。我司采购数据清洗服务，主要是基于集团旗下某文化公司的需求，用于某文化公司平台的治理。2. 具体而言，某文化公司平台数据清洗服务指对于网络用户通过某文化公司客户端（包括但不限于 APP、网站、小程序等）的访问、下单请求进行技术甄别、分析，以便将正常访问和异常访问（如通过外挂软件批量访问、短时间内高频访问等行为）相区分，进而按照平台规则分别进行不同处置，实现有效打击网络黑灰产、降低运营成本之目的。"

某文化公司为证明包含涉案软件在内外挂软件的存在，扰乱了某文化公司所运营的平台的购票秩序，导致公众对某文化公司的评价降低，致使某文化公司商誉受损，提交了甲网站于 2019 年 9 月 12 日刊登的题为《常年瘫痪、暗箱操作、勾结黄牛……××网你成功激怒了所有中国年轻人》的报道；乙网站于 2019 年 9 月 20 日刊登的题为《××网"自由泛滥"：黄牛的滋生地与条款的霸王乡》的报道；乙网站于 2023 年 7 月 19 日刊登的题为《××网抢票难上加难，网友怒怼：你们到底有没有票?》的报道；乙网站于 2024 年 9 月 2 日刊登的题为《加价购票、开售即"秒空"……明星演唱会售票环节"猫腻"多》的新闻报道；乙网站于 2023 年 8 月 6 日刊登的题为《某某某演唱会门票 1 秒无，××已经被黄牛占领了!》的新闻报道；乙网站于 2023 年 8 月 6 日刊登的题为《6-××管得住黄牛吗? 专家：票务公司就是最大的"黄牛"》的新闻报道；丙网站于 2023 年 11 月 3 日刊登的题为《××网被质疑到二级市场加价卖票，一票难求背后有何潜规则?》的新闻报道；丙网站于 2019 年 9 月 11 日刊登的题为《NBA 赛门票秒没后，黄牛票无缝衔接炒至 5 万元！××网反复被指勾结黄牛，咋没人管?》的新闻报道；丁网站于 2023 年 7 月 26 日刊登的题为《黄牛避无可避，××网站上风口浪尖》的新闻报道；某报纸于 2023 年 7 月 20 日刊登的题为《风口浪尖××网：退票难、放任抢票软件、门票公售量不透明》的新闻报道；戊网站于 2023 年 7 月 21 日刊登的题为《骂上热搜！屡次被罚！到底谁能管管××网?!》的新闻报道；己网站于 2023 年 8 月 7 日刊登的题为《媒体：××管得住黄牛吗黄牛票又层出不穷》的新闻报道；驱动中国于 2023 年 3 月 6 日刊登的题为《抢不到演唱会门票，

××网要负一半责任?》的新闻报道；庚网站于2017年12月6日刊登的题为《水火不容还是表面仇家××与黄牛究竟在玩些什么》的新闻报道；辛网站于2023年7月25日刊登的题为《演唱会门票为何总是一票难求?××网背后的抢票大战揭秘》的新闻报道。

郑某为证明其实际获利，提供了支付宝出具的交易流水，显示2023年10月1日至2023年12月31日的交易流水，总计2151.55元。本院向浙江阿里巴巴闲鱼网络科技有限公司调取了涉案闲鱼店铺全部交易信息，显示涉案店铺销售涉案软件的交易信息共计420条，去除已退款的交易订单，交易金额共计2110.06元。

某文化公司为证明其为本案支出律师费7万元及公证费18056元，提交了《委托代理协议》及发票两张。

上述事实，有服务协议、公证书、网页打印件、合同、发票等证据及当事人陈述在案佐证。

本院认为，本案某文化公司系涉案网站和APP的运营者，某文化公司有权就涉及网站及APP运营的不正当竞争行为提起民事诉讼。《中华人民共和国反不正当竞争法》旨在制止不正当竞争行为，维护市场竞争秩序或者保障正当市场竞争利益，从而降低经营者的生产经营成本和消费者的商品选择成本，如一项竞争行为扰乱了市场竞争秩序，损害了其他经营者及消费者的合法利益，就可能构成不正当竞争行为，即应受到《中华人民共和国反不正当竞争法》的调整和规制。换言之，《中华人民共和国反不正当竞争法》所保护的法益不仅包括竞争利益，也包括消费者利益和社会公共利益。因而，对于不正当竞争之诉成立与否的判别，应着眼于经营者实施的特定行为是否具有市场竞争属性和不正当性。本案郑某为某文化公司用户提供抢票服务，以某文化公司的经营活动和用户群体作为自身经营的基础资源，故被诉行为属于市场竞争行为，属于《中华人民共和国反不正当竞争法》调整和规范的范畴。本案的争议焦点在于被诉行为是否具有不正当性，构成不正当竞争。

《中华人民共和国反不正当竞争法》第十二条规定，经营者利用网络从事生产经营活动，应当遵守本法的各项规定。经营者不得利用技术手段，通过影响用户选择或者其他方式，实施下列妨碍、破坏其他经营者合法提供的网络产品或者服务正常运行的行为：（一）未经其他经营者同意，在其合法提供的网络产品或者服务中，插入链接、强制进行目标跳转；（二）误导、欺骗、强迫用户修改、关闭、卸载其他经营者合法提供的网络产品或者服务；

（三）恶意对其他经营者合法提供的网络产品或者服务实施不兼容；（四）其他妨碍、破坏其他经营者合法提供的网络产品或者服务正常运行的行为。《中华人民共和国反不正当竞争法》第十二条第四项是对前三项的补充与兜底性规定，从立法本意来看，可以被其涵盖的妨碍、破坏行为，应当是与前三项规定行为在行为方式、行为后果上具有相似性的行为。该类行为，对其他经营者提供的产品或服务造成了直接影响，导致其他经营者的产品或服务事实上无法正常运行，或者其正常运行直接受到这类行为的干扰与破坏。同时，本条规定的"妨碍"，不应仅理解为事实上已经造成严重后果的妨碍，虽未造成严重后果，但实际上已经具有妨碍效果的行为亦应包含在内。

具体到本案中，用户在某文化公司平台购买演出门票，通常需要选定具体演出并填写购票人的姓名、收货地址、演出场次、想买的座次等信息后提交订单信息，每次提交订单信息均依靠用户人工完成。而郑某运营的抢票服务，实质是由软件代替人工方式为用户抢购某文化公司平台的演出门票。由于软件在短时间内可以重复提交订单，提高了信息提交速度，故使用郑某抢票软件的用户较其他用户而言，在同等条件下具有更高的抢购成功率。上述行为是否损害了某文化公司的竞争利益，本院从以下几个方面予以考量：

其一，被诉行为直接增加了某文化公司平台的运营成本。由于第三方抢票软件的介入，直接导致某文化公司后台中出现大量人为正常操作的速度、频率下无法实现的订单。一般情况下，用户发起订单信息，某文化公司后台均需对数据请求进行反馈，而使用抢票软件循环构造订单信息，则可能导致平台访问流量异常增加、系统响应变缓，超出了某文化公司平台正常运营情况下应当负担的数据量，某文化公司需要使用更高算力的服务器予以应对，亦需定期对后台的异常流量予以清洗，势必会增加某文化公司的经营成本。虽然在现有网络技术条件下，被诉行为未必能造成对某文化公司平台功能的实质性破坏或导致某文化公司平台不能正常运行，但其所产生的干扰已经客观存在，在此意义上，被诉行为已经妨碍了某文化公司平台正常运行，落入《中华人民共和国反不正当竞争法》第十二条的规制范畴。

其二，被诉行为亦会导致某文化公司平台的经营利益受损。一方面，从用户体验来看，由于抢票软件的介入，使某文化公司平台需采用更复杂的验证方式来排除机刷订单的干扰，从而会增加用户使用某文化公司平台购票的难度，损害了用户的使用体验，导致用户粘性降低，丧失部分潜在用户；另一方面，从经营决策来看，平台流量数据系平台经营者做出经营决策的重要依据，抢票软件的介入将使经营者无法准确识别是否是真实访问，继而无法准确判断访问数据的真假，不利于经营者做出正确的经营决策。

其三，被诉行为在一定程度上会导致某文化公司平台的商誉受损。少数用户使用抢票软件提升了抢票成功概率，降低了其他用户通过正常人工方式购票成功的可能，直接影响用户对某文化公司平台的使用评价。长此以往，容易使某文化公司平台与“外挂横行”“黄牛泛滥”之类的负面形象产生关联，使某文化公司用户对某文化公司平台所提供服务的评价降低，对某文化公司商业信誉产生不良影响。

综上，被诉行为虽未直接减损某文化公司平台单场演出的售票收益，但增加了某文化公司平台的运营成本，影响了其他某文化公司用户的使用体验，亦不当干扰了某文化公司的经营决策，故被诉行为损害了某文化公司的竞争利益。当前，市场主体对特定竞争利益的争夺已属商业常态，而竞争行为通常必然导致一方受损。竞争利益受到损害并非《中华人民共和国反不正当竞争法》对受损方施以民事救济的充分条件，只有当相关竞争行为具有不正当性时，方受《中华人民共和国反不正当竞争法》所规制。一项竞争行为是否具有正当性，应当综合评估该行为对于市场竞争乃至公共秩序产生积极抑或消极效果，从竞争效能、消费者利益、公共利益等方面审查其是否属于破坏市场竞争秩序的行为。

其一，被诉行为不属于技术创新的公平竞争。首先，互联网行业虽鼓励自由竞争和创新，但竞争自由和创新自由必须以不侵犯他人合法权益为边界，不能以牺牲公平正义为代价，不得对他人的技术产品或者服务进行任意干涉。《用户服务协议》明确禁止将设计目的在于干扰、破坏或限制任何正常购票秩序、平台生态的软件、硬件或通讯设备功能之计算机病毒加以发布、发送或以其他方式传送，被诉行为违反了该规定，超越了自由竞争的边界；其次，抢票软件的原理主要基于模拟人工购票请求，通过技术手段提高信息提交速度、刷新信息，以增加抢票成功的概率，该方法在技术含量上并无新创意、新进步，不属于当下互联网领域的新技术；最后，抢票软件并未实现对购票系统功能的实质性改进或优化，相反会增加购票系统的运营成本和管理维护难度，只有破坏未见创新的行为不应获得肯定和鼓励。综上，被诉行为在竞争效能上破坏性大于建设性，不具有创新竞争的本质特征。

其二，被诉行为损害了消费者的合法权益和长远利益。消费者是市场中的利益主体之一，在审查竞争行为是否具有正当性时，消费者利益不应缺位。

一方面，抢票软件的介入帮助少数消费者不正当地增加了购票优势，影响了其他消费者公平购票的机会和自由选择购票的权利，侵害了其他消费者的平等购票权。再者，如郑某所述，抢票软件中显示的抢票次数并非真实数据，该行为亦侵犯了消费者的知情权；另一方面，抢票软件的介入，使得原本公平竞争、先到先得的购票秩序被打破，消费者为获得平等的购票机会，将不得不选择使用抢票软件，如抢票软件长期泛滥，必然导致消费者购票成本增加，损害了消费者的长远利益。

其三，被诉行为破坏了公平竞争的市场秩序。《中华人民共和国反不正当竞争法》不仅关注竞争者个体利益的保护，更加注重保护在确保公平竞争秩序基础之上的公共利益，目标在于通过规制不正当竞争行为，营造公平有序的市场竞争环境。具体到本案中，被诉行为破坏了公开、公平、公正的购票秩序，仅为少数用户提供了便利，为个别软件运营者谋取不正当利益，其代价为绝大多数消费者利益的受损，其带来的负面社会影响远远大于该软件的正面价值，降低了社会的整体利益，不利于公平有序的市场竞争秩序及整体社会福祉的提升。换言之，被诉行为本身不能增进社会公共利益，相反，规制被诉行为，有利于营造公平公正、诚信有序的市场环境。

综上，被诉行为损害了某文化公司的竞争利益，亦有损消费者利益和公共利益，构成不正当竞争，应当承担赔偿损失的民事责任。本案中，郑某辩称其仅为销售者，并非涉案抢票软件的研发者，但郑某对其销售软件的来源未提交充分证据，故对于郑某该辩称，本院不予采纳。关于赔偿损失的具体数额，《中华人民共和国反不正当竞争法》第十七条规定，因不正当竞争行为受到损害的经营者的赔偿数额，按照其因被侵权所受到的实际损失确定；实际损失难以计算的，按照侵权人因侵权所获得的利益确定。关于具体的赔偿金额，本案中，虽然郑某提交了销售额记录，本院亦向浙江阿里巴巴闲鱼网络科技有限公司进行了销售数据的调取，但考虑到郑某通过闲鱼店铺销售涉案抢票软件，具有明显的侵权故意且侵权影响范围较广，故本院综合考量某文化公司的竞争优势、郑某的主观恶意、被诉行为对某文化公司的损害后果、被诉行为的影响范围等因素，酌情确定赔偿数额。关于某文化公司主张的合理开支，本院根据合理性和必要性原则酌情予以确定。

综上，本院依照《中华人民共和国反不正当竞争法》第十二条第二款第四项、第十七条，《中华人民共和国民事诉讼法》第六十七条第一款之规定，判决如下：

一、被告郑某于本判决生效之日起十日内向原告北京某文化传媒发展有限公司赔偿经济损失及合理开支共计20000元；

二、驳回原告北京某文化传媒发展有限公司的其他诉讼请求。

如郑某未按本判决所指定的期间履行给付金钱义务，则应依据《中华人民共和国民事诉讼法》第二百六十四条之规定，加倍支付延迟履行期间的债务利息。

案件受理费9680.56元，由原告北京某文化传媒发展有限公司负担9000元（已交纳），被告郑某负担680.56元（于本判决生效之日起七日内交纳）。

如不服本判决，可在判决书送达之日起十五日内，向本院递交上诉状，并按对方当事人的人数提出副本，上诉于北京知识产权法院。

审 判 长 刘蔚雯
审 判 员 刘世红
审 判 员 武景格
二〇二四年十二月三十日
书 记 员 杨裕昆

35. 数据使用行为不正当性的认定

——原告上海宽某数码科技有限公司、上海幻某信息科技有限公司与被告上海晓某文化传播有限公司侵犯商标权及不正当竞争纠纷案①

中华人民共和国上海市嘉定区人民法院民事判决书

（2023）沪0114民初13000号

原告：上海宽某数码科技有限公司。住所地：上海市杨浦区。

法定代表人：陈某，该公司执行董事。

委托诉讼代理人：孙相元，上海市弘某律师事务所律师。

委托诉讼代理人：周娜佳，上海市弘某律师事务所律师。

原告：上海幻某信息科技有限公司。住所地：中国（上海）自由贸易试验区。

法定代表人：徐某，该公司执行董事。

委托诉讼代理人：孙某2，该公司员工。

委托诉讼代理人：孙相元，上海市弘某律师事务所律师。

被告：上海晓某文化传播有限公司。住所地：上海嘉定工业区。

法定代表人：何某某，该公司总经理。

委托诉讼代理人：彭俊川，上海盛某律师事务所律师。

第三人：超某（上海）信息科技有限公司。住所地：上海市杨浦区。

法定代表人：郑某某，该公司执行董事。

委托诉讼代理人：孙相元，上海市弘某律师事务所律师。

委托诉讼代理人：周娜佳，上海市弘某律师事务所律师。

原告上海宽某数码科技有限公司（以下简称宽某公司）、上海幻某信息科技有限公司（以下简称幻某公司）与被告上海晓某文化传播有限公司（以下简称晓某公司）侵犯商标权及不正当竞争纠纷一案，本院于2023年4月23日立案后，依法适用普通程序。诉讼过程中，为查明案件事实，本院依法

---

① 本案在年度报告中的位置为第87页。

追加超某（上海）信息科技有限公司（以下简称超某公司）为第三人参加诉讼。本院于2023年12月13日公开开庭进行了审理，原告宽某公司委托诉讼代理人孙相元、周娜佳，原告幻某公司委托诉讼代理人孙某2、孙相元，被告晓某公司法定代表人何某某、委托诉讼代理人彭俊川，第三人超某公司委托诉讼代理人孙相元、周娜佳到庭参加诉讼。本案现已审理终结。

宽某公司、幻某公司向本院提出诉讼请求：1. 判令晓某公司立即停止使用bi×data. cn、bi×××data. com域名的商标侵权行为及不正当竞争行为。2. 判令晓某公司立即停止抓取、使用哔某网络平台中数据的不正当竞争行为，并删除存储于被告服务器中的上述非法抓取自哔某网络平台的数据。3. 判令晓某公司在其“小某数据”微信公众号及网站https：//xx×××. cn/刊登声明持续30日（内容需经宽某公司、幻某公司或法院审核通过），为宽某公司、幻某公司消除影响。4. 判令晓某公司赔偿宽某公司、幻某公司经济损失5000000元及合理开支109775. 72元（合理开支包括律师费100000元、公证费7880元、充值会员费1895. 72元）。诉讼过程中，宽某公司、幻某公司变更诉讼请求：1. 判令域名bi×data. cn归宽某公司所有，由宽某公司注册使用。2. 判令晓某公司在人民法院报连续三日刊登声明，为宽某公司、幻某公司消除影响（声明内容由法院确认）。3. 判令晓某公司赔偿宽某公司、幻某公司经济损失1500000元及合理开支109775. 72元。事实和理由：哔某弹幕网（网站域名bi×××. com，以下简称某站）由宽某公司主办，哔某手机客户端由幻某公司开发，哔某弹幕网和哔某手机客户端（合称哔某）的用户注册及数据互通，由宽某公司统一运营。宽某公司、幻某公司投入巨额的资金、技术、服务等经营资源，吸引作者创作了大量优质原创内容，汇聚了影视、番剧、纪录片、音乐、游戏、动画等优质视频、文字等内容。经过十年多的发展，围绕用户、创作者和内容，构建了一个源源不断产生优质内容的生态系统，平台的品牌价值、知名度和网络影响力均受到社会公众和媒体一致认可。某站连续三年被国际知名的某全球品牌资产平台评为最具价值中国品牌100强，曾入选某财富排行榜最具创新力企业榜，被中国互联网协会、工业和信息化部信息中心评选为“中国互联网百强企业”。其出品制作的多部纪录片曾获得中国最具影响力十大纪录片、中国纪录片最佳网络人气作品奖，多部国创作品在金龙奖颁奖典礼上获得最佳系列动画奖。多年来某站始终处于稳健、高速发展的状态，服务了数以亿计的用户。海量用户在哔某注册、使用、评论互动、消费等活动中产生的数据系某站向用户提供有价值的内容、服务等开展的经营活动的基础上产生，宽某公司对这些数据享有合法利益并据此建立市场竞争优势。

幻某公司系第 11356069 号商标（核定服务项目第 42 类）、第 15361973 号商标（核定使用商品/服务项目第 38 类）、第 19068453 号商标（核定使用商品/服务项目第 42 类）权利人（下文以“bi×××”指代上述商标），其授权宽某公司合法使用上述商标。宽某公司将上述商标小写字母 bi×××作为来源识别标识使用在域名中，并以 bi×××. com 为域名作为宽某公司及其关联公司各个网站的网址，bi×××也成为表明宽某公司、幻某公司互联网服务来源的指代和商业标识，已经在广大消费者心中建立与宽某公司、幻某公司的对应联系。

经调查发现，晓某公司实施了侵害商标权及不正当竞争的行为：一是注册域名 bi×data. cn、bi×××data. com，将可以识别幻某公司商品来源且具有显著性的字母组合 bi×××，与其他无显著性且有具体中文翻译的 data 单词组合作为域名使用，侵犯幻某公司的注册商标专用权；二是擅自使用宽某公司有一定影响力的域名 bi×××. com 主体部分，构成不正当竞争；三是注册域名 xx×××. cn 运营小某数据网，未经许可擅自抓取和使用宽某公司享有权益的某站数据，使小某数据网的会员用户无须登录某站即可直接获取某站的公开数据和非公开数据，并在某站数据的基础上以简单求和、平均等方式计算整理出毫无创新性的衍生数据，对某站的交易机会和竞争优势造成不利影响，构成不正当竞争。综上所述，宽某公司、幻某公司诉至法院。

晓某公司辩称，不同意宽某公司、幻某公司的诉讼请求。第一，晓某公司未侵犯幻某公司的注册商标专用权。将商标权的保护延伸到网络世界并不代表可以扩大侵犯商标权行为的范围。晓某公司并没有通过域名 bi×data. cn、bi×××data. com 进行任何形式的商品交易电子商务活动，没有提供与幻某公司类似的商品和服务，未侵犯幻某公司注册商标专用权。公众在访问 bi×data. cn、bi×××data. com 时，可以明显知晓网站与幻某公司之间不存在关联，网站的视觉设计、内容布局以及提供的服务均与幻某公司不同，进一步减少了公众产生误认的可能性。且域名 bi×data. cn、xx×××. cn 的网站已于某站发送律师函后关停，域名 bi×××data. com 已于 2022 年 8 月 16 日出售给案外人，“小某数据”微信公众号目前也已停止使用，晓某公司不存在侵权故意。第二，晓某公司的业务模式和运营范围与宽某公司存在明显差异，两者不存在直接的竞争关系，晓某公司的行为不构成对宽某公司的不正当竞争。晓某公司开办的是数据分析网站，与宽某公司运营的视频和弹幕服务网站即某站性质截然不同，不可能构成混淆，也不会误导网络用户以晓某公司的网站替代某站。并且晓某公司的网站在提供视频数据分析服务时，点击部分链接会直接跳转到某站，而不是在小某数据网播放，不会削减某站的访问量，也不会让用户误认为这些视频是晓某公司原创或发布的。实际上，这种跳转机制有利于保持某站视频的原始链接和流量，同时确保用户清楚地认识到视频内容来源于某站，既维护了某站的利益，也避免了对用户产生误导，体现了对某站的尊重。第三，小某数据网获取数据的途径有三种：一是通过某站的公开接口，以游客身份访问获取公开数据；二是以 bi×××花某 UP 主商业合作平台（以下简称花某平台）代理商的身份登录花某平台获取数据；三是对上述数据进行计算和分析得出数据。在整个过程中，晓某公司没有采用非法手段登录某站，也没有给某站的网站服务器带来额外的负担和损失。且晓某公司与花某平台的运营方即超某公司签订了合作协议，晓某公司使用这些数据是为花某平台引入品牌主和广告主，对数据的使用方式合理，符合合作协议的约定，有助于推动花某平台的商业利益。此外，宽某公司虽曾向晓某公司发送侵权告知函，但宽某公司与其关联主体超某公司在此后并未对晓某公司作为花某平台代理商或会员的资格施加任何限制，超某公司也没有采取措施阻止晓某公司通过代理商资格获取花某平台的数据，可以视为对晓某公司获取和使用数据行为的默认接受，甚至是鼓励，宽某公司应对晓某公司为促进合作而采取的行为持宽容态度。第四，晓某公司展示的数据主要是 UP 主的相关信息和统计数据，这些数据的权利理应属于相应 UP 主，而非宽某公司，宽某公司没有权利以自己的名义提起诉讼，如有权利争议，应由 UP 主提出。第五，即使晓某公司的行为被认定构成侵权或不正当竞争，宽某公司、幻某公司主张的赔偿金额也过高。晓某公司主观上并没有侵权的意图，公司开办和运营都由法定代表人何某某一人完成，网站的知名度和影响力小。在收到侵权告知函后，晓某公司已经积极作出响应关闭网站。网站经营过程中，晓某公司只获利 30000 元左右，但服务器支出就超 140000 元，晓某公司的实际运营存在亏损。晓某公司同意赔偿宽某公司、幻某公司维权合理开支，认可其支出的公证费，但律师费过高，小某数据网会员充值费亦非维权必要支出，故仅同意赔偿宽某公司、幻某公司 15000 元。

超某公司述称，同意宽某公司、幻某公司的诉讼请求。超某公司与宽某公司、幻某公司系关联公司，三者均为哔某股份有限公司旗下公司。花某平台由超某公司和宽某公司共同运营，超某公司负责商业合作，是 UP 主对外商单合作相关业务的签约主体。花某平台的域名 hua×. bi×××. com 是 bi×××. com 二级子域名，花某平台上所有数据存储于某站，所有 UP 主来源于某站，商务合作也是由 UP 主在某站具体执行，宽某公司享有数据权益。本案中如有针对花某平台的不正当竞争行为，宽某公司有独立的维权权利，超某公司不再另行主张相关权利。

宽某公司、幻某公司为证明其主张的事实，向本院提交如下证据：

1. bi×××. com 域名备案信息、哔某动画移动端软件（Android 版本）著作权登记证书、哔某动画移动端软件（IOS 版本）著作权登记证书，证明某站网站由宽某公司运营，某站手机客户端由幻某公司开发。

2. 第 11356069 号、第 19068453 号、第 15361973 号商标注册证及注册商标使用权授权书，证明幻某公司依法享有涉案“bi×××”商标的注册商标专用权，宽某公司经幻某公司合法授权，享有涉案“bi×××”商标的非排他性使用权，目前尚在授权期内。

3. （2021）沪徐证经字第 9803 号公证书、（2021）沪徐证经字第 10198 号公证书、（2022）沪徐证经字第 2059 号公证书、（2022）沪徐证经字第 6406 号公证书、（2022）闽厦云证字第 47972 号公证书，证明域名 xx×××. cn、bi×data. cn、bi×××data. com 的主办单位为晓某公司，域名 xx×××. cn 的网站展示了某站的数据。

4. 哔某用户协议（2021 年 2 月 25 日更新），证明宽某公司明确禁止干扰或破坏某站服务或与服务相连的服务器和网络的行为，未经许可禁止以任何方式（包括但不限于机器人软件、蜘蛛软件、爬虫软件等任何自动程序、脚本、软件）和任何理由自行或委托他人、协助他人获取平台的服务、内容、数据，不得通过反向工程、反编译、反汇编或其他类似行为获得其的源代码。

5. 哔某隐私政策（2021 年 10 月 8 日生效），证明宽某公司明确未经许可或者司法强制公开的情况下，不会与任何公司、组织和个人共享用户的个人信息，且已经采取必要手段保护用户个人信息；晓某公司经营的小某数据网收集某站用户后台数据及用户个人信息严重侵犯宽某公司及其平台用户的合法权益。

6. 时间戳认证证书及截图，证明哔某 APP 在国内多个主流应用市场提供下载，下载量巨大，拥有极广泛的用户群体。

7. 哔某微博话题页面、哔某弹幕网新浪微博认证账号主页截屏、某站入选“2020×××中国最具创新力企业榜”“2019×××中国500强民营企业榜单”“2019××××年度金字招牌”的新闻报道截图，证明某站及“bi×××”商标经过多年经营推广，具有极高的知名度和商业价值，并已建立起竞争优势。

8. 某站广告推荐截图、某站2022年第三季度财报、时间戳认证证书，证明广告收入是某站重要营收来源，晓某公司的侵权行为会对某站部分页面形成替代作用，使某站页面广告浏览量及点击量降低。

9. 侵权通知函、侵权告知函，证明宽某公司、幻某公司分别于2022年1月12日、2022年6月6日向晓某公司发函，但晓某公司未停止侵权行为，说明晓某公司侵权主观恶意明显，性质恶劣。

10. 公证费发票、支付宝电子回单、律师费发票，证明宽某公司、幻某公司为诉讼支出公证费7880元、律师费100000元，为充值小某数据网会员支出1895.72元。

11. bi×××.com国际顶级域名证书、（2021）浙01民初2445号判决书，证明宽某公司为域名bi×××.com的注册人，“bi×××”商标经过幻某公司使用和宣传，已为我国相关公众广为知晓，在被诉侵权行为发生前，已被生效判决认定为驰名商标。

12. bi×data.cn域名注册信息，证明该域名的注册人系晓某公司。

13. （2021）浙8601民初309号判决书、（2017）京0108民初24512号判决书，证明类案数据抓取情形被法院认定构成不正当竞争。

14. 某站Robots协议，证明某站仅允许列举的搜索引擎机器人抓取数据，其余平台均不允许抓取。

15. （2022）闽夏云证字第47973号公证书、电子数据公证存证证明及取证截图，证明花某平台是某站服务于UP主和品牌主的官方商业合作平台，品牌主/代理商需入驻后才有权限查看相应数据，品牌主/代理商可通过花某平台完成与UP主的品牌推广合作。

16. 哔某花某UP主商业合作平台用户协议（2021年3月20日更新），证明UP主确认并同意某站有权收集和在花某平台展示UP主的相关信息。

17. 可信时间戳认证证书（取证时间2023年11月20日），证明证据1中的域名备案信息截图、证据4、证据5、证据7、证据9、证据16、证据8中的某站广告推荐截图均系客观真实的。

18. 哔某股份有限公司2021年度、2022年度报告节选，证明某站每年都会花费巨额的服务器及带宽成本的运营支出，某站或花某平台的数据分析、功能研发也需要花费大量的研发成本，晓某公司的行为会导致宽某公司的服务器超出正常访问量，加大宽某公司的运营成本。

19. “哔某商业动态”微信公众号、某站营销官网发布的文章，证明花某平台规模庞大，服务了上万名品牌主，花某平台为促成 UP 主与品牌方合作付出了大量成本，且某站的海量数据具有极高的商业价值，宽某公司据此建立起竞争优势。

20. 哔某 2022 环境、社会及管治报告节选、“哔某”微信公众号文章，证明 2022 年某站月度活跃 UP 主数量达 370 万，截至 2023 第三季度某站仅日均活跃用户达 1.03 亿，月均活跃用户达 3.41 亿，说明某站拥有庞大、忠实的用户群体，品牌商业价值不可估量。

晓某公司对宽某公司、幻某公司上述证据发表质证意见如下：

对证据 1 真实性认可，但无法达到宽某公司、幻某公司的证明目的。对证据 2 中商标注册证真实性认可，但对授权书的真实性无法确认，无法判断授权的具体内容和范围。对证据 3 真实性认可，但对关联性不认可，无法证明晓某公司侵权。对证据 4、证据 5 真实性认可，但系宽某公司、幻某公司单方制定的协议，仅能约束注册用户，非注册用户不知晓该协议，且晓某公司获取公开信息用于统计分析，而非获取隐私数据，并未违反协议。对证据 6 真实性无法确认，与本案无关联，APP 下载量不能直接证明某站拥有的正式注册用户数量，该证据无法达到宽某公司、幻某公司的证明目的。对证据 7、证据 8 中的某站广告推荐截图真实性认可，但与本案无关，2019 年至 2020 年的品牌排名不能代表某站及相关商标在 2023 年的知名度和影响力，且无法证明因晓某公司的侵权行为导致宽某公司、幻某公司页面广告浏览量、点击量降低，晓某公司对公开数据的整合及分析，反而会增加页面的浏览量和点击量。对证据 8 中的某站财报时间戳认证证书及认证内容真实性无法确认，与本案无关，也无法达到宽某公司、幻某公司的证明目的。对证据 9 真实性认可，但无法达到宽某公司、幻某公司的证明目的。晓某公司在收到通知函后，无论是否构成侵权，都及时作出了积极回应，于 2022 年 10 月主动关闭了小某数据网付费页面，开始清理会员。2022 年 11 月退完最后一笔会员费后将小某数据网关闭，表明晓某公司主观上没有侵权的故意。对证据 10 真实性认可，但与本案无关，不能证明系维护权益的合理支出，且律师费过高。对证据 11 真实性认可，但证明内容不认可。对证据 12 真实性认可，但对证明内容不认可，晓某公司在页面显著位置载明了“小某数据”以及晓某公司的开发者身份，不会产生引人误认的效果，没有攀附宽某公司声誉。对证据13真实性认可，但与本案无关，无法达到宽某公司、幻某公司的证明目的。对证据14仅能证明2023年5月20日存在这份Robots协议文档，且协议内容是全英文的，无法说明宽某公司、幻某公司的证明内容。即便协议内容是真实的，晓某公司当时也并不清楚有该文档，故不能以该文档约束晓某公司。对证据15真实性认可，但无法反映宽某公司、幻某公司的证明内容。对证据16真实性认可，但不清楚具体内容。对证据17真实性认可，认可证书指向的网页内容在2023年11月20日时客观存在。证据18、证据19、证据20真实性无法确认，系宽某公司、幻某公司单方制作，即便是真实的，也仅能反馈财务情况，无法证明某站服务器成本、带宽成本的上升与晓某公司有关联。

超某公司认可宽某公司、幻某公司提交的全部证据。

晓某公司为证明其主张的事实，向本院提交如下证据：

1.《推广宣传合作协议》，证明宽某公司授权超某公司开办花某平台，晓某公司是超某公司的合作伙伴，主要是为某站UP主引入品牌方或广告主，承接广告类业务，晓某公司有权通过花某平台获取某站UP主的相应数据。

2. 支付宝（中国）网络技术有限公司汇总账单（2020年5月1日至2023年1月1日）、中国银行国内支付业务收款回单、支付宝及公账收款记录整理表，证明晓某公司运营小某数据网所获取的收入，包括充值会员费31178.20元，花某平台服务费5050元，共计36228.20元。

3. 增值税电子普通发票，其中货物或应税劳务、服务名称一栏记载“信息技术服务费、软件服务费”，证明晓某公司为运营网站，仅服务器成本支出已达144388.40元，晓某公司运营网站没有盈利，亏损较大。

4. 关闭付费入口截图、支付宝余额收支证明，证明晓某公司收到宽某公司、幻某公司的律师函后，关闭小某数据网付费入口、退还会员费以及关闭网站。

5. 电子邮件截图、《花某平台服务协议》，证明晓某公司于2020年7月5日入驻花某平台，根据《花某平台服务协议》第八条约定，晓某公司在协议目的范围内可以使用UP主的相关信息。

6. 中国银行国内支付业务付款回单、电子邮件截图，证明晓某公司与花某平台合作期间的盈利金额5050元。

7. 短信截图及《花某平台服务协议》《花某项目合作协议》，证明晓某公司与花某平台合作过程，具体为：2020 年 7 月 15 日申请以代理商身份在花某平台开户，2020 年 8 月 13 日开户成功，自动签署《花某平台服务协议》，2020 年 12 月 28 日签署《花某项目合作协议》，2021 年 10 月 13 日签署《推广宣传合作协议》，2023 年 11 月 3 日签署《花某项目合作协议》。

8. 登录 www. bi×××. com 的网页截图，证明以账号登录、短信登录、手机验证码登录的方式登录某站，都不需要阅读并勾选同意某站的用户协议，且用户协议是格式条款，宽某公司未尽提示、说明的义务，协议不能适用晓某公司。

9. 中国国家顶级域名证书、阿里云域名查询记录，证明域名 xx×××. cn 于 2020 年 3 月注册，域名 bi×data. cn、bi×××data. com 于 2020 年 5 月注册。

10. 某站 UP 主发布的文章，证明某站允许 UP 主发布包含大量某站 UP 主多项数据的文章，相关 UP 主也开办可以查看某站数据的网站，说明大规模获取某站的公开数据并进行分析不构成侵权。

宽某公司、幻某公司对晓某公司上述证据发表质证意见如下：

对证据 1 真实性认可，对关联性及证明目的不予认可。该协议仅能证明晓某公司入驻花某平台后，可委托超某公司邀请 UP 主提供推广宣传服务，与晓某公司利用某站数据进行商业性使用无任何关联，且该协议中约定了保密条款，晓某公司有查看数据的权限不代表其后续抓取使用行为的正当性。对证据 2 形式真实性认可，对内容真实性、关联性、证明目的均不认可，交易记录未能涵盖涉案全部时间点，交易记录人为可操作性较大，真实性存疑，且支付宝交易记录不能完全反映晓某公司真实的运营情况。对证据 3 形式真实性认可，对内容真实性、关联性、证明目的均不认可，无法证明相关支出与小某数据网的直接联系。对证据 4 形式真实性认可，内容真实性、关联性、证明目的均不认可，关闭网站截图数据来源于晓某公司平台记录，平台数据是由晓某公司控制，晓某公司可以随意变更，且关闭截图亦未有时间显示，不能证明网站具体关闭时间，退费记录也无法证明网站关闭的必然性，关闭网站不能否认晓某公司的侵权行为。对证据 5、证据 6、证据 7 真实性认可，对关联性及证明目的不认可。晓某公司是在 2020 年 7 月 15 日申请入驻花某平台，实际开户成功时间（入驻时间）为 2020 年 8 月 13 日，晓某公司于该日才获取到花某平台数据的查看权限，入驻后享有数据查看权限及签订平台服务协议不能成为晓某公司行为免责的理由，且服务协议第八条第三款约定了保密义务，晓某公司利用入驻花某平台查看数据的便利，使用技术手段不当抓取花某平台的数据并进行获利，与协议约定相悖，具有不正当性。《花某项目合作协议》系《推广宣传合作协议》到期后，晓某公司在花某平台自行操作签约的。对证据8真实性认可，对证明目的不予认可。晓某公司仅说明了哔某电脑端口登录不需要勾选用户协议及隐私政策，但在哔某移动应用软件端口均需要勾选用户协议及隐私政策才能正常登录使用，并且宽某公司也在电脑端口网站登录界面进行了提示告知义务，“用户协议”及“隐私政策”用蓝色字体区分，重点突出，足以引起晓某公司注意，宽某公司已尽合理提示及说明义务，并且常人的一般注意应知各大互联网平台均有用户协议、隐私政策及相对应内容。即便涉及条款是格式条款，晓某公司并未举证证明该条款具有法律规定的无效情形。对证据9真实性、合法性、关联性均予以认可。对证据10真实性认可，对关联性及证明目的不认可。某站对用户上传内容的审核仅限于形式审查，不审查实质内容，某站逐一排查也不具有可行性，其他UP主获取某站数据另行开设网站的行为与本案不具有关联性。

超某公司对晓某公司证据的质证意见与宽某公司、幻某公司质证意见一致。

超某公司未提交证据。

结合双方的质证意见并经审查后，本院对双方提交的证据真实性予以确认，并根据在案证据综合认定其证明力。

根据当事人陈述经审查确认的证据，本院认定事实如下：

一、涉案当事人及网站情况

（一）宽某公司、幻某公司及相关网站

1. 宽某公司、幻某公司情况

宽某公司成立于2005年8月，注册资本50000万元人民币，经营范围包括信息网络传播视听节目、网络文化经营、广播电视节目制作经营、营业性演出、广告发布等。

幻某公司成立于2013年5月，注册资本1099.3539万元人民币，经营范围包括广告设计、代理、广告制作、广告发布、信息咨询服务（不含许可类信息咨询服务）等。

2. 宽某公司运营的网站

（1）网站基本情况

www.bi×××.com（某站）由宽某公司主办，于2009年6月创立，原名为“M××××”，2010年1月更名为“bi×××”。某站系互联网视频分享平台，包括动画、番剧、游戏、电影、电视剧等板块，主要业务含直播、游戏、广告、电商、漫画、电竞，用户可在该平台上传视频。晓某公司及其法定代表人均注册某站账号。

（2）网站相关协议

某站2021年2月25日更新的《哔某弹幕网用户使用协议》第1.2条约定，某站所提供的服务，均限于在某站及其他由某站运营的任何网站、某站直接拥有或运营的包括但不限于PC、平板、手机等全部终端客户端产品。任何以恶意破解等非法手段将某站所提供的服务与某站平台分离的行为，皆不属于本协议约定的由某站提供的服务，由此引起的一切后果由行为人负责。某站所提供的服务仅供用户非商业性使用，用户在未经某站事先书面同意的情况下，不得以商业性目的使用某站所提供的服务。第1.5条约定，本协议所称“用户”，包括注册获得哔某账号的用户及未注册获得哔某账号的用户。凡未注册的用户，自下载或安装哔某的产品和/或使用哔某的服务时即自动成为哔某的“非注册用户”。第4.2条约定，禁止用户从事的行为：干扰或破坏某站服务或与某站服务相连的服务器和网络，或不遵守本协议之规定；未经某站事先明确书面许可，以任何方式（包括但不限于机器人软件、蜘蛛软件、爬虫软件等任何自动程序、脚本、软件）和任何理由自行或委托他人、协助他人获取平台的服务、内容、数据。

根据某站提交的2021年10月8日生效的《哔某隐私政策》，其中第四条“我们如何收集和使用您的个人信息”载明，我们收集和使用您的个人信息类型包括两种：第一种：我们的产品与/或服务的核心业务的信息，您须授权我们收集。如您拒绝提供，您将无法正常使用我们的产品与/或服务。第二种：附加业务功能可能需要收集的信息，您可以选择是否授权我们收集。如您拒绝提供，将导致附加业务功能无法实现或无法达到我们拟达到的效果，但不影响您对核心业务功能的正常使用。第五条“我们如何共享、转让、公开披露您的个人信息”中第1.5条载明，为了向您提供更完善、优质的产品和服务，我们的某些服务将由授权合作伙伴提供。我们可能会与合作伙伴共享您的某些个人信息，以提供更好的客户服务和用户体验。我们仅会出于合法、正当、必要、特定、明确的目的共享您的个人信息，并且只会共享提供服务所必要的个人信息，我们会与合作伙伴签署严格的保密协定，要求他们按照我们的说明、本隐私政策以及其他任何相关的保密和安全措施来处理您的个人信息。我们的合作伙伴无权将共享的个人信息用于任何其他用途。如果您拒绝我们的合作伙伴在提供服务时收集为提供服务所必需的个人信息，将可能导致您无法在我们的平台中使用该第三方服务。通常我们的合作伙伴有如下几类：……（4）委托我们进行信息推广和广告投放的合作伙伴：您确认我们有权与委托我们进行信息推广和广告投放的合作伙伴共享我们使用您的相关信息集合形成的间接用户画像、去标识化或匿名化处理后的分析/统计类信息以及去标识化的用户设备识别码，以帮助其进行广告或决策建议，提高广告有效触达率、进一步了解用户需求。我们承诺：未经您的同意，我们不会与其共享可以识别您身份的个人信息。

（二）晓某公司及相关网站

1. 晓某公司情况

晓某公司成立于 2020 年 3 月，系一人有限公司，股东、法定代表人均为何某某。公司注册资本 100 万元人民币，经营范围包括组织文化艺术交流活动、广告发布、广告制作、市场营销策划、数据处理和存储支持服务、信息技术咨询服务、广告设计、图文设计制作等。

2. 晓某公司运营的网站

www. xx×××. cn（网站名称晓某互动，域名 xx×××. cn，因相关宣传为小某数据，以下简称小某数据网）主办单位为晓某公司，网站目前已经关闭。该网站介绍为全媒体社交数据分析平台，展示了某站 UP 主和作品的相关数据，并为网站的免费会员、高级会员、企业会员提供不同的数据查看权限（网站详细内容在被诉数据使用行为部分展开）。

www. bi×data. cn（网站名称哔某数据网，域名 bi×data. cn）主办单位为晓某公司，网站目前已经关闭。进入网站首页，有醒目的“社交大数据分析”标识，下方标注“了解互联网上的网红与用户在做什么，随时掌握最新的热搜，探索如何利用数据进行营销”。点击页面中的“小某数据”标签，跳转至小某数据网。

www. bi×××data. com（网站名称哔某数据网，域名 bi×××data. com，已在诉讼前出售案外人）主办单位为晓某公司。进入网站首页，页面右上方有“小某数据”标签。页面介绍：某站数据分析平台、UP 主全面分析，多重指数分析 UP 主，轻松把握账号发展趋势，千万达人（某站达人即 UP 主）资源，高效收集数据，您想找的达人，小某数据都有。热门视频：迅速了解某站最新热点，抓住热门趋势；头部达人：多维度的 UP 主搜索方式，互动率、粉丝数、小小评分，快速找到优质达人；排行榜：某站涨粉排行榜，某站点赞排行榜，UP 主互动率排行榜，想要的榜单，小某数据都有。点击页面中的“免费使用”标签，跳转至小某数据网。

（三）超某公司及相关网站

1. 超某公司情况

超某公司成立于 2019 年 8 月 2 日，注册资本 5000 万美元，经营范围包括技术服务、技术开发、技术咨询、技术交流、技术转让、技术推广；电子产品销售；计算机软硬件及辅助设备零售；数字文化创意技术装备销售；幻灯及投影设备销售；销售代理；商务代理代办服务；信息咨询服务（不含许可类信息咨询服务）等。

2. 超某公司相关网站

www. huahuo. bi×××. com（花某平台）是服务于某站 UP 主和品牌主/代理商的商业合作平台，助力品牌批量触达、筛选、匹配意向合作 UP 主（品牌主提出品牌推广需求，UP 主进行具体推广）。花某平台面向 3 类主体，分别是某站 UP 主、品牌主/代理商、MCN。宽某公司、超某公司确认花某平台系两公司共同运营，超某公司负责商业合作，是对外合作业务的签约主体。

根据 2021 年 3 月 20 日更新的《哔某花某 UP 主商业合作平台用户协议》，内容：本协议是申请入驻哔某花某 UP 主商业合作平台（以下简称哔某花某）的优质 UP 主与哔某弹幕网之间关于哔某花某中哔某提供的各项服务以及规范双方权利义务的法律协议。本协议基于《哔某弹幕网用户使用协议》以及哔某发布的相关协议规范制定，与其不可分割；同时，哔某不时发布的关于本服务的相关协议、规则、声明、公告、政策等内容也是本协议的一部分，您在使用本服务的同时应遵守本协议、哔某平台服务条款及前述关于哔某花某的相关协议、规则、声明、公告、政策等所有条款。哔某花某为哔某自主研发并运营的商业合作平台，您可在哔某花某承接哔某推送的商业合作邀请（以下简称商单）并获得相应报酬。您在承接商单后，应根据商单要求制作并发布（本协议中的“发布”特指在哔某进行直播活动或上传文字、音频或视频等投稿内容）商业推广内容。注册并认证获得的哔某账号是您使用本服务的凭证，您应对账号项下的一切行为承担全部责任。为保障您的合法权益，您承接商单均应通过哔某花某进行商单交易，不得私自接单。您理解并确认，为保障商单交易的公平性和透明性，哔某有权在实现本协议目的的范围内，收集并在哔某花某展示您的相关信息（包括但不限于商业推广内容以及对应的播放数、点赞数、评论数等）。您理解并同意，哔某将按照《哔某隐私政策》的约定处理和保护用户的个人信息。

二、被诉商标侵权行为

第15361973号商标由幻某公司申请注册，核准注册时间2015年10月28日，注册有效期限至2025年10月27日，核定使用商品/服务项目为第38类：电视播放；无线电广播；通讯社；有线电视播放；电子邮件；计算机终端通讯；信息传送；电话通讯；计算机辅助信息和图像传送；提供在线论坛（截止）。

第11356069号商标由幻某公司申请注册，核准注册时间2014年1月14日，注册有效期限至2024年1月13日，核定服务项目为第42类：技术研究；质量控制；地质研究；化学服务；气象预报；材料测试；工业品外观设计；建设项目的开发；托管计算机（网站）；替他人创建和维护网站（截止）。2016年6月6日，幻某公司经杭州幻某科技有限公司受让取得该商标。

第19068453号商标由幻某公司申请注册，核准注册时间2017年3月14日，注册有效期限至2027年3月13日，核定使用商品/服务项目（国际分类：42）：服装设计；艺术品鉴定；书画刻印艺术设计；计算机编程；计算机软件设计；计算机软件维护；计算机软件安装；云计算；把有形的数据或文件转换成电子媒体（截止）。

2021年4月1日，幻某公司授权宽某公司上述“bi×××”商标非排他性使用权，目前尚在授权期内。幻某公司认为，晓某公司未经许可将与“bi×××”注册商标近似的bi×data、bi×××data注册为域名，侵犯其注册商标专用权。

三、被诉域名使用不正当竞争行为

2004年10月21日，宽某公司注册域名bi×××. com，在网站页面左上角标注“bi×××”标识。2018年1月1日至2021年7月31日，各大报刊存在大量与某站相关的报道，在《慧科报纸数据库》中共查出2194篇相关报道，经筛选后得到1256篇。在《中国知网》中共检索到239篇文献，经筛选后得到153篇。2014年12月1日至2021年10月21日，人民网、新华网、央视网、中国财经网、央广网等均有某站相关报道。

宽某公司认为，域名bi×××. com经其多年的推广和运营，具有极高的知名度和商业价值。该域名对应的网站某站曾入选2020年×××中国最具创新力企业榜，2022年第三季度某站日均活跃用户数达9030万，月均活跃用户数达3. 33亿，该域名已经成为具有一定影响力的域名。晓某公司注册域名bi×data. cn、bi×××data. com，将宽某公司有一定影响力的域名主要部分作为自己网站域名使用，构成不正当竞争。

四、被诉数据使用不正当竞争行为

（一）具体被诉侵权行为

宽某公司、幻某公司提交了（2021）沪徐证经字第 9803 号（公证取证时间 2021 年 9 月 16 日）、（2021）沪徐证经字第 10198 号（公证取证时间 2021 年 9 月 28 日）、（2022）沪徐证经字第 2059 号（公证取证时间 2022 年 5 月 7 日）、（2022）闽夏云证字第 47972 号（公证取证时间 2022 年 8 月 5 日）、（2022）沪徐证经字第 6406 号（公证取证时间 2022 年 8 月 9 日）公证书。上述公证书公证内容为不同时间登录小某数据网或某站查看相关网站栏目所展示的数据情况。

1. 小某数据网相关介绍

第 9803 号公证书显示（以下如未特别说明，均为第 9803 号公证书内容）：小某数据网 www. xx×××. cn 于 2020 年 6 月 15 日上线。进入网站首页，页面中间有醒目的“全媒体社交大数据 · 营销平台”标识，该标识下方标注“千万达人资源，高效收集数据，您想找的达人，小某数据都有”，并附“哔某”“快手”“淘宝”“抖音”标签。页面中间的搜索栏可以根据达人昵称、作品名进行搜索。

登录小某数据网查看会员权益，显示网站有免费会员、高级会员（199 元/月）、企业会员（799 元/月）3 种等级会员，享有不同等级的网站数据查看权限。点击“更新日志”，显示 2020 年 6 月 15 日小某数据上线，2020 年 12 月 23 日新增会员付费功能，2021 年 1 月 19 日新增达人粉丝地区分析等。

2. 小某数据网展示的具体数据

（1）进入小某数据网主页，页面最上方有“达人”“品牌”“工具”“排行榜”“热门作品”“商业服务”“UP 主视频监测”标签。显示点击“达人”标签，下拉选择“某站”，又分为“UP 主”和“商业 UP 主”。选择“某站 UP 主”，搜索框下方有“粉丝数（不限、1 千—1 万、1 万—5 万等）”“互动率（不限、0%—1%、1%—3% 等）” “小小评级（不限、0—2、2—4 等）”等筛选选择，另有“达人平台”“性别”“达人属性”“达人类别”等高级筛选栏目（需升级成付费会员才能使用高级筛选功能）。高级筛选栏目下方显示“共有 222671 个达人” （2022 年 8 月 9 日取证时达人数显示为 232251），并列表显示 UP 主排行及 UP 主头像、昵称、类别（如国创、动漫）、属性（如头部 UP 主）、粉丝数（包括具体粉丝数和涨幅百分比）、互动率（包括互动率排行和具体百分数）、作品比、平均播放数、平均点赞数、平均收藏数、小小评级等信息。选择“某站商业 UP 主”，提供的筛选条件除“粉丝数”“互动率”“小小评级”外，还包括“UP 主报价”。另外，还增加“受众”筛选条件，可以选择“年龄”“粉丝性别”进行筛选。“高级选项”包括“地区”“签约”“性别”“达人属性”“UP 主类别”5 个筛选条件。

（2）在“某站 UP 主”列表栏中点击排名第 3、昵称为罗××的 UP 主，进入该 UP 主信息展示页，页面首部展示 UP 主的基本信息（需注册账号登录小某数据网才能查看该些数据），如“科技第 1 名”“纪录片第 1 名”“UP 主属性：头部 UP 主”等，并展示该 UP 主粉丝数、点赞数、播放数、充电人数、收藏数、评论数。点击下方“访问主页”，页面跳转至某站该 UP 主主页（某站未登录账号状态），展示该 UP 主职业、邮箱、关注数、粉丝数（进入某站登录账号后查看该 UP 主主页，页面还显示获赞数、播放数、阅读数）等信息。返回小某数据网中罗××主页，页面中间有“综观”“粉丝分析”“作品”“趋势”“对比”“报价”“相似达人”选项。“综观”一栏依次展示该 UP 主粉丝全球排名、作品类别、发布作品比、作品数据效果、常用标签、粉丝数据统计（近 90 天的增量及总量）、视频点赞收藏评论统计（近 90 天的增量及总量）、商业能力效果（近 90 天/180 天的视频平均互动数、视频平均互动率、专栏平均互动数、专栏平均互动率、涨粉数、涨粉率、视频平均价值最少有、专栏平均价值最少有）、热门关键词、UP 主数据统计（近 7 天/14 天/30 天的粉丝数及涨幅、播放数及涨幅、点赞数/粉丝数、发布作品数）、未来数据预估（按月预估未来 12 个月的粉丝数、点赞数）。点击“作品”，展示该 UP 主 197 个视频作品，以及每一个视频作品的名称、封面、时长、发布时间（最早视频发布时间 2020 年 3 月 9 日，最近的视频发布时间 2021 年 9 月 14 日）、播放数、粉丝观看率、弹幕数、点赞数、收藏数、评论数、分享数，并且可以收藏作品。点击最近发表的视频作品，页面弹出作品详情，包括作品封面、作品名称、发布时间、作者、作品关键词、作品播放数、点赞数、弹幕数、收藏数、评论数以及精选评论。按热度排序查看评论，排在首位的是 UP 主“不曾××××”于 2021 年 9 月 14 日 12：57 发表的评论，按时间排序查看评论，排在首位的是 UP 主“游×××”于 2021 年 9 月 16 日 10：29 发表的评论。在该作品详情页点击“查看详情”，页面跳转至某站对应的该作品播放页，未登录某站账号时某站该页面显示作品播放数、弹幕数、全站排行榜最高第 4 名、作品发布时间、点赞数、投币数、收藏数、转发数、评论数。在某站该视频播放页按热度排序查看评论，最新评论为UP主“不曾××××”于2021年9月14日12：57的评论（与小某数据网评论相同）。另经对比，小某数据网按热度排序的其余评论内容与某站相同。按时间排序查看评论，前述“游×××”于2021年9月16日10：29的评论已被最新评论覆盖。

（3）点击“达人”页面下的“粉丝分析”“趋势”“对比”“报价”“相似达人”，均提示“当前账号没有权限，升级套餐获取更多功能”。支付799元成为企业会员后，点击“粉丝分析”，页面显示粉丝性别、粉丝年龄、粉丝地区（进入某站查看UP主信息，在未登录某站账号的情况下只能查看某一UP主前5页粉丝信息，且仅显示粉丝头像、昵称和简介）。点击“趋势”，页面显示UP主粉丝全球排名趋势、粉丝增长趋势、播放增长趋势、点赞增长趋势、投币增长趋势、弹幕增长趋势、收藏增长趋势、分享增长趋势。点击“对比”，页面显示该UP主与其他UP主对比数据（粉丝数、类别、UP主属性、发布作品比、点赞数、播放数等）。点击“报价”，页面显示UP主原创视频报价、植入视频报价、直发报价、转发报价及报价走势。点击“相似达人”，页面显示与该UP主相似的UP主头像、昵称、粉丝数、互动率、播放数、点赞数。另，登录某站账号查看创作中心（仅UP主本人可见），展示的数据包括“净增粉丝”“播放量”“评论”“弹幕”“点赞”“分享”“收藏”“投币”“核心数据概览（播放数、空间访客、净增粉丝、点赞、收藏、硬币、评论、弹幕、分享、充电）”“7天播放量（可导出数据）”“我在各分区占比排行”“粉丝量”“新增关注”“净增粉丝”“取消关注”“领取勋章粉丝数”“近7天粉丝量（可导出数据）”“粉丝黏性”“互动活跃度”“粉丝画像（包括性别、年龄、兴趣分布）”“游客画像（包括性别、年龄、兴趣分布）”等。

（4）点击小某数据网首页上方“品牌”选项，页面显示“品牌类别”选择标签，包括总榜以及美妆护肤、个人护理、服饰鞋包等20余个类别，下方显示“共有712个品牌”，并附品牌名称及关联UP主数、关联视频数、关联专栏数、平均播放数、平均点赞数、平均收藏数（免费会员只能查看5个品牌，UP主视频或作品中出现品牌名称，则相关UP主或作品数据纳入统计选项）。选择品牌“抖音”，进入该品牌主页，显示关联UP主数2513、关联视频数14.8万、关联专栏数2887、平均播放数1424、平均点赞数52、平均评论数2。“抖音”品牌主页有“综观”“关联UP主”“关联视频”“关联专栏”“趋势”5个栏目。点击“综观”显示“品牌全球排名”“作品类别”“发布作品比（视频数、专栏数）”“作品数据效果（平均播放数、平均点赞数、作品平均收藏数、作品平均评论数、专栏平均阅读数、最高点赞数、最高收藏数、最高评论数）”“常用标签（抖音、女神、娱乐等）”“UP主粉丝分布统计（1千以下、1千—1万等）”“UP主类别统计（生活、娱乐、游戏等）”“视频点赞收藏评论统计（近90天，包括增量和总量）”“视频发布时间周期统计（0：00、1：00……23：00）”。点击“关联UP主”，显示“共有2209个达人”，附UP主头像、昵称、类别、属性、粉丝数及涨幅、互动率及涨幅、作品比、平均播放数、平均点赞数、平均收藏数、小小评级、相关作品，并提供“导出”功能（免费会员可导出10条、高级会员可导出500条、企业会员可导出5000条）。导出后，以Excel形式展示关联UP主的昵称，是否官方认证、小某数据主页、达人主页（某站主页）、是否签约、达人类别、达人属性、视频作品数、参考植入报价、参考原创报价、小小评级、粉丝数、点赞数、播放数、收藏数、评论数、互动率、涨粉数（90天）、涨粉数（180天）、涨粉率（90天）、涨粉率（180天）。点击“关联视频”，显示“共有148425个视频作品”，附视频封面、时长、名称、简介、UP主昵称、发布时间、标签、播放数、粉丝观看率、弹幕数、投币数、点赞数、收藏数、评论数、分享数，是否收藏，并提供“导出”功能（免费会员可导出10条、高级会员可导出500条、企业会员可导出5000条）。导出后，以Excel形式展示视频一级类别（如国创）、二级类别（如国产动画）、发表时间、达人、小某数据主页、达人主页（某站主页）、标题、关联视频链接（某站链接）、视频标签（如电子竞技、王者荣耀、原创动画等）、播放数、弹幕数、硬币数、点赞数、收藏数、评论数、分享数。点击“关联专栏”，显示“共有2889个专栏作品”，附作品封面、名称、简介、UP主昵称、发布时间、专栏标签、阅读数、点赞数、硬币数、收藏数、回复数、是否收藏，并提供“导出”功能（免费会员可导出10条、高级会员可导出500条、企业会员可导出5000条）。导出后，以Excel形式展示发布时间、达人昵称、小某数据主页、达人主页（某站主页）、标题、关联专栏链接（某站作品链接）、专栏标签（如搞笑、新闻等）、阅读数、收藏数、点赞数、评论数、分享数、投币数。

（5）点击小某数据网首页上方“工具”选项，可以使用视频效果分析、标题效果分析、视频监测分析、搜索通知书功能。视频效果分析功能是指在搜索栏输入某站任一视频链接，能获取该视频的11项数据，包括视频播放数、点赞百分比、粉丝观看率、粉丝互动率、视频价值预估、点赞数、评论数、收藏数、弹幕数、硬币数、分享数。标题效果分析功能是指在“关键词”搜索栏输入任一关键词，能出现某站作品标题包含关键词的作品数据情况，包含视频标题、播放数、评论数、发布时间；在“分析”搜索栏输入视频标题，从标题长度、标题情感鲜明、使用关键词等方面进行分析，得出“标题得分”。视频监测分析功能是指输入某站任一视频链接地址，即可对该视频进行24/48/72小时的数据实时监测并输出数据，免费会员可以监测1条视频（公证情况显示，选择1条视频进行72小时监测，输出的监测数据包括播放数及增量、点赞数及增量、评论数及增量、收藏数及增量、弹幕数及增量、硬币数及增量、分享数及增量，且数据每5分钟更新一次）。搜索通知书功能是指查看一定时间内（最近3天、7天、30天或更早，免费会员只能查看近3天数据）的通知作品类别、UP主类别统计等。

（6）点击小某数据网首页上方“排行榜”选项，可以查看某站UP主排行榜、作品排行榜。UP主排行榜包括Top100粉丝量、Top100涨粉量（免费会员不能查看）、Top100互动率、Top100小小评级（免费会员不能查看）；作品排行榜包括热门视频、热门专栏。点击某站UP主排行榜中的“Top100粉丝量”“Top100互动率”（标注更新时间2021-09-16，免费会员只能查看10条排名），按粉丝数或互动率对UP主进行排序，展示UP主头像、昵称、类别、属性、粉丝数（及涨幅）、互动率、作品比、小小评级。点击“热门视频”（标注排行榜更新时间2021-09-16 11：50），排列展示某站热门视频封面、标题、UP主昵称、发布时间、类别、播放数、粉丝观看率、弹幕数、点赞数、收藏数、评论数、是否收藏，还可以按照全站、国创相关、动画、舞蹈等类别进一步筛选。另打开浏览器进入某站首页，依次点击“热门”“排行榜”，所显示的视频类别、排行与小某数据网“热门视频”中展示的视频类别、排行一致。点击“热门专栏”（标注排行榜更新时间2021-09-16 12：00），可以按照“日榜”“周榜”“月榜”筛选专栏作品，并显示作品封面、标题、发布时间、阅读数、点赞数、硬币数、收藏数、回复数、是否收藏。另打开某站网页，点击首页“专栏”，经对比小某数据网热门专栏“周榜”“月榜”显示的作品与某站专栏“周榜”“月榜”作品一致。

（7）点击小某数据网首页上方“热门作品”选项，提供某站UP主热门视频、UP主热门专栏、热门活动、热门话题、某站带货视频、某站恰饭视频、某站商品等栏目。点击后可以查看相关的视频、活动及播放数、点赞数、评论数等数据。

(8) 点击小某数据网首页上方“商业服务”选项，提供“短视频制作”“电商创意短视频”功能。点击“UP 主视频监测”，功能与“工具”栏的“某站视频监测分析”功能相同。

(二) 晓某公司与花某平台的合作情况

1. 花某平台展示的数据情况

根据宽某公司、幻某公司提交的（2022）闽厦云证字第 47973 号公证书（公证取证时间 2022 年 8 月 5 日），以代理商身份登录花某平台，在“UP 主广场”出现“商单类型”“商业信息”“UP 主信息”“粉丝画像”“稿件表现”“花某推荐”等选择标签。其中，“商业信息”包含商务价值、服务商、近期合作项目、合作类型等选择标签；“UP 主信息”包含人设标签、日常职业、UP 主性别、UP 主常驻地域、是否签约、是否带货等选择标签；“粉丝画像”包含粉丝数量、粉丝性别、粉丝年龄、粉丝所在地域、自定义人群包、行业通用人群包等选择标签；“稿件表现”包含互动率、稿件分区、投稿时长、近期投稿数、热门稿件率等选择标签。

2. 晓某公司与花某平台的签约情况

2020 年 7 月，晓某公司作为代理商申请入驻花某平台。2020 年 8 月 13 日，晓某公司收到花某平台发送的邮件：“某站花某平台欢迎您的入驻，贵公司的账户已开户成功，请到后台登录。”入驻后，花某平台向晓某公司推送一份《花某平台服务协议》，其中第一条合作内容：您申请入驻花某平台，并提供相关资质等信息接受审核。您完成入驻后可通过花某平台委托公司邀请指定人员（以下简称 UP 主）参与项目合作服务，具体包括但不限于在 bi×××.com 以及“哔某”之 IOS/Android/TV 端平台和其他双方确定的平台进行视频/音频制作与上线、动态上线/转发、线上直播、线下直播、线下活动或其他形式的服务。您同意本协议自您点击确认同意并经过公司审核通过之日起生效。第二条费用结算：您同意自本协议生效之日起十五个工作日内向公司指定银行账户支付保证金 20000 元整。第三条您的义务：除您与公司双方另有约定外，项目合作服务内容的执行单一般由公司在花某平台上进行最终确定，具体由特定 UP 主参与执行。第八条知识产权及保密义务：……（3）双方应当对协议的内容、因履行协议或在协议有效期内获得的对方商务、财务、技术、产品信息、用户/UP 主资料等一切信息保守秘密，未经信息披露方事先书面同意，不得向本协议以外的任何第三方披露。信息接收方仅可为本协议目的向其确有知悉必要的雇员披露对方提供的保密信息，但同时须指示其雇员遵守本条规定的保密义务等。

2021 年 10 月 13 日，晓某公司与超某公司签订《推广宣传合作协议》，其中第一条合作内容约定，晓某公司申请入驻超某公司开发与运营的 bi××× 花某平台，并提供相关资质等信息接受审核。晓某公司完成入驻后可通过花某平台委托超某公司邀请指定人员（UP 主）参与推广宣传服务。推广宣传服务形式和具体服务内容，包括但不限于推广宣传品牌/商品名称、推广宣传发布平台、推广宣传形式、执行时间、UP 主信息、推广宣传服务费用等，以花某平台上最终确定生效的执行单为准。协议自 2021 年 10 月 13 日起生效，有效期为 2 年。协议第二条费用结算约定，晓某公司同意自本协议签署之日起 15 个工作日内向超某公司支付保证金人民币 20000 元。晓某公司可在充值金额范围内选择符合条件的 UP 主参与推广宣传服务，并委托超某公司进行邀请，若 UP 主确认接受的，由超某公司告知晓某公司，执行单自获得确认之时起生效，待执行单生效后，超某公司将在晓某公司账户中冻结执行单对应金额。执行单完成后，超某公司从晓某公司账户中扣除执行单对应金额（超某公司称扣除的金额中包括 5%—7% 的花某平台服务费）。第八条知识产权及保密义务内容与前述《花某平台服务协议》第八条相同。另，2023 年 11 月 3 日，晓某公司登录花某平台后，经平台提示前述《推广宣传合作协议》过期，其与花某平台重新签订《花某项目合作协议》，该协议内容与《推广宣传合作协议》基本相同。

（三）晓某公司的数据来源情况

1. 宽某公司意见

宽某公司认为，通过浏览小某数据网展示的数据，晓某公司共抓取了某站 226818 个 UP 主数据（该数据为 2022 年 5 月 7 日公证取证时小某数据网显示的 UP 主数）和 28 个类别 712 个品牌数据。宽某公司称一个 UP 主数据包括多项基本数据和视频作品数据，一个视频作品又包括多项数据，226818 个 UP 主相关数据量非常大，晓某公司抓取的数据实际以亿计算。上述数据可分为：未登录某站状态下（游客）可以查看的数据、登录某站后可以查看的数据、登录某站后在 UP 主本人的个人创作中心显示的非公开数据（其他某站登录用户无法查看）、花某平台代理商登录花某平台可以查看的数据，以及晓某公司根据前述数据自行编辑整理的衍生数据。宽某公司、幻某公司进一步表示，该些数据中某站游客及注册用户可以查看的数据（不包括UP主本人才能查看的个人创作中心数据）为公开数据，某站UP主本人才能查看的个人创作中心数据和花某平台代理商可以查看的数据为非公开数据（二者存在重合部分）。其列明了一个UP主相关的57项数据（含晓某公司自行计算整理的数据），其中公开数据22项，非公开数据29项、衍生数据6项。

2. 晓某公司意见

晓某公司表示，其在小某数据网展示的数据大部分为某站的公开可获取的数据，其以游客方式直接访问某站，获取某站公开接口，通过Python语言、VScode软件编写脚本，获取某站UP主的基本信息和发表的视频信息，并通过网页进行展示。小部分数据是晓某公司与某站旗下的花某平台合作后，以代理商身份从花某平台获取的数据，数据获取的方式与某站数据相同。晓某公司还将上述数据以求和、平均等方式进行计算，得出小某数据网独有的数据并进行展示。

（四）晓某公司的数据获取方式

1. 宽某公司、晓某公司对数据获取方式的意见

为明确晓某公司获取涉案数据的方式，本院委托上海知识产权法院技术调查室指派技术调查官参与案件诉讼活动，并组织了技术调查勘验。宽某公司申请其员工付某某作为专家辅助人对涉及的专门性问题发表意见，合议庭依法予以准许。晓某公司法定代表人何某某自行就相关专业性问题进行说明和发表意见。

技术调查勘验过程中，晓某公司称通过编写代码调用某站提供的公开接口，以Nginx反向代理的方式获取数据。代码和Nginx服务部署在实例名为“i-wz9j1××××××wa7v6i1r8”的云服务器上。Nginx将用户请求转发某站公开数据的接口地址，某站返回数据给Nginx，Nginx再将返回数据提供给运行代码进行计算，运行代码将计算完成的结果返回给Nginx，最后由Nginx将结果返回给用户展示。某站数据公开接口的地址，是通过分析某站网页源代码获取，这些接口地址明文嵌入在网页源代码中，是某站为了向所有第三方开发者提供数据获取和调用服务而提供的，其分析网页源代码过程中，发现了这些明文嵌入的API接口地址，它们具备向公众提供数据查询服务的特征，因此其判断可以调用这些接口来获取数据。花某平台的数据获取方式与某站相同。晓某公司以“某站热门活动”为例，当庭使用电脑演示了该数据的获取过程，并针对宽某公司所指的57项数据逐一说明了获取数据来源地址或计算

方法。

宽某公司确认晓某公司当庭演示的方式可以在未登录某站账号的方式（游客方式）从某站获取数据，但晓某公司的操作方式并非普通网民获取数据的方式，也并非晓某公司实际获取数据的方式，晓某公司必定是通过不正当的技术手段获取数据，理由是晓某公司实际获取的数据量巨大，必须通过代码编写爬虫来自动化获取，该过程会触发某站的恶意爬虫拦截措施，但宽某公司称某站拦截记录仅保持 1 年，无法提供拦截晓某公司的相关记录。宽某公司又表示，晓某公司在实际获取数据过程中通过代码模拟伪造游客，更改默认的 user-agent，以突破或绕开宽某公司设置的技术拦截措施，如不采取上述手段，则会被风控策略识别并做降频、限制访问等处理。至于晓某公司究竟采取何种技术手段获取数据，必须取得晓某公司提供获取数据时的代码才能查明。另，宽某公司称晓某公司爬取大量数据会增加网站访问量，导致其他正常用户访问不了或访问变慢，进而导致网站需要购买更多的带宽和设立更多的服务器来支撑正常用户的正常访问，势必会增加网站的带宽成本、服务器成本和运营管理成本。

对此，晓某公司表示其当庭演示的获取数据方式是正常网民的数据获取方式，不需要使用代码。实际过程中其确实通过编写代码获取数据，但该代码并非爬虫。爬虫是自动批量、高频抓取目标网站的数据，具有侵入性，而其编写的代码只是获取了必要的公开数据，不是爬虫。其获取数据时，将浏览器作为游客的标识写在代码中，但这种方式并不是模拟伪造游客。其获取数据时从未被某站的风控系统拦截，也没有破坏和干扰某站服务器，宽某公司仅凭主观猜测就断言其采用绕过网站拦截措施的技术手段，缺乏事实依据。此外，晓某公司称小某数据网关闭后，其将服务器退租，代码未能保存，无法提供获取数据的代码，目前也无法重新编写或还原其获取数据时使用的代码，但其提供了相关数据备份文件，其中收录 1548642 个 UP 主信息，约 2850 万个视频数据。

2. 技术调查检验情况

有关晓某公司说明的 57 项数据获取来源或方法，经技术调查检验，57 项数据中第 19 项数据能够在未登录某站状态下从某站网站获取（公开数据），该 19 项数据为：某站热门话题、某站热门活动、某站热门视频排行榜、UP 主是否官方认证、具体 UP 主单个作品播放数、具体 UP 主单个作品弹幕数、具体 UP 主单个作品点赞数、具体 UP 主单个作品分享数、具体 UP 主单个作品评论数、具体 UP 主单个作品收藏数、具体 UP 主单个作品投币数、具体 UP 主单个作品下精选评论及其点赞量、发布时间、具体 UP 主总充电人数、具体 UP 主粉丝数、具体 UP 主关注数、具体 UP 主近期关注标签/热门关键词、具体 UP 主商单类型、视频标签、专栏标签。33 项数据系通过未登录方式获取数据后进行计算统计获取。5 项数据从花某平台获取（非公开数据），该 5 项数据为 UP 主粉丝地区、年龄、性别、UP 主是否签约、UP 主商务报价。另，针对晓某公司所述的技术方法，因其未提供运行代码以及服务器，无法确认真实性。

（五）小某数据网经营获利情况

晓某公司称，其运营的小某数据网站通过收取会员费、促成商务合作收取服务费两种模式盈利。网站运营期间共收取会员费 31178.20 元。2021 年 12 月促成一笔订单，该订单包含两个子订单（一个品牌方与两位 UP 主分别达成合作），共收取服务费 5050 元。另，晓某公司称由于其从中收取服务费，故其展示的 UP 主商务报价会在花某平台报价的基础上进行上浮。此外，晓某公司称为运营网站，仅服务器成本支出就已达 144388.40 元，亏损较大，但宽某公司、幻某公司不认可晓某公司的意见。

五、其他事实

宽某公司、幻某公司明确其在本案中主张的经济损失，系以小某数据网展示的 UP 主总数、最低标准付费会员可检测视频数及其自行统计的小某数据网每个 UP 主平均发布视频数为基础计算。如不认可其上述计算方式，则可请求适用法定赔偿标准，并综合考虑晓某公司的侵权时长、所涉数据量以及某站市场占有率等因素综合确定赔偿金额。

庭审结束后，晓某公司表示如本案认定其行为侵犯宽某公司、幻某公司合法权益，其愿意在人民法院报连续三日刊登声明，为其行为给宽某公司、幻某公司带来的不利后果承担消除影响的民事责任，并愿意赔偿宽某公司、幻某公司经济损失及合理费用共计 100000 元。对此宽某公司、幻某公司表示同意。

本院认为，本案的争议焦点在于：一、晓某公司注册使用域名 bi×data.cn、bi×××data.com 是否构成侵害商标权、不正当竞争；二、晓某公司在小某数据网的数据使用行为是否构成不正当竞争；三、若晓某公司的行为构成侵害商标权、不正当竞争，应当如何承担民事责任。

一、晓某公司注册使用域名 bi×data. cn、bi×××data. com 是否构成侵害商标权及不正当竞争

域名是为了方便记忆互联网中的计算机地址而设计出来的，在数据传输时对计算机进行定位的标识。随着互联网的广泛应用和电子商务的飞速发展，域名早已超出了定位和识别互联网中计算机地址的作用，具有值得保护的商业价值。

（一）晓某公司注册使用域名 bi×data. cn、bi×××data. com 构成侵害商标权

晓某公司注册的域名中，data 是固定英文单词，有特定的指向，故域名突出部分为 bi×、bi×××。与幻某公司的注册商标“bi×××”对比，bi×来源于“bi×××”，有模仿后者的意图。虽然二者在字符长短上有所差异，在无关联的场合分别使用时可能不会使公众产生混淆或者误认，但域名 bi×data. cn 的网站展示的内容表明，该网站的功能是宣传、介绍针对某站平台社交数据的分析，且可以跳转至指向和分析某站 UP 主数据的小某数据网。在大量包含“bi×××”相关元素内容的诱导和暗示下，可能会使网站访问者误认为 bi×是“bi×××”的简化表达。域名 bi×××data. com 则完全包含了幻某公司的商标，网站访问者被误导的可能性更高，更易使相关公众认为该网站提供的商品或服务与“bi×××”或幻某公司有一定关联。此外，域名 bi×data. cn、bi×××data. com 的网站虽然不直接提供电子商务交易，但网站提供超链接跳转至小某数据网并提供数据交易，故可以认定晓某公司系通过注册与“bi×××”近似的域名，实现搭便车的目的，使相关公众认为其网站与“bi×××”存在一定的关联，达到吸引流量和网站盈利目的，侵犯幻某公司的注册商标专用权。

（二）晓某公司注册使用域名 bi×data. cn、bi×××data. com 构成不正当竞争

域名 bi×××. com 经过宽某公司长期的运营和使用，建立了与宽某公司的联系。宽某公司提供的一系列关于该网站的用户数量、相关宣传报道等，足够证明域名 bi×××. com 已为相关公众广为知晓，系有一定影响力的域名。晓某公司注册的域名使用了宽某公司域名 bi×××. com 的主体部分，网站也宣传和指向某站，相关公众很容易误认为晓某公司的网站与宽某公司的网站存在特定联系。故晓某公司具有攀附 bi×××. com 的故意，侵犯了宽某公司的合法权益，构成不正当竞争。

二、晓某公司在小某数据网的数据使用行为是否构成不正当竞争

宽某公司认为晓某公司的行为构成不正当竞争，理由为：第一，晓某公司采用技术手段伪装成用户，绕开宽某公司设置的网站风控措施，高频、海量获取宽某公司相关网站的各类公开、非公开数据，加重宽某公司服务器运维负担，干扰宽某公司自主经营权；第二，晓某公司将获取的数据在其网站公开展示，提供了与某站相同的数据和内容，实质性替代了某站，造成宽某公司用户流量和交易机会的丧失。第三，晓某公司向用户有偿提供监测 UP 主动态的服务以及海量的数据，攫取了宽某公司辛苦经营的成果，从中获取不当利益，是典型的不劳而获的寄生行为。第四，晓某公司未获 UP 主许可，将 UP 主数据公之于众，侵害了 UP 主权益，且导致 UP 主对某站数据的安全性、信息保护能力产生怀疑。第五，晓某公司不当展示 UP 主推广指导报价，该指导报价为宽某公司掌握的非公开信息，品牌商无法直接接触，这是宽某公司经营中的关键商业策略，晓某公司展示该数据的行为扰乱了竞争秩序。第五，晓某公司网站独有的数据是以其从宽某公司获取的数据为基础衍生而成，基于晓某公司获取基础数据的不正当性，衍生成新数据的行为也必然是不正当的，且晓某公司整理的衍生数据对基础数据没有任何创新，未提升互联网产业或其所在行业、整体市场经济发展的质量和水平，反而扰乱了宽某公司已经建立的生态体系。

晓某公司认可通过技术手段获取某站及花某平台的相关数据，但认为行为正当合理，理由为：第一，公开数据接口存在的目的就是方便获取数据，晓某公司通过公开接口获取某站数据符合公开数据接口存在的初衷。第二，晓某公司没有采取不正当的技术手段从公开接口获取数据，其获取数据的手段是正常网络用户使用的手段，没有破坏和干扰某站的服务器，未给宽某公司造成损害。第三，晓某公司使用花某平台的数据是为了促成 UP 主和广告商的商务合作，帮助广告商选择合适的 UP 主进行商务合作，并最终通过花某平台完成合作订单，晓某公司与花某平台签订合作协议也是出于上述目的。故，只要晓某公司使用花某平台数据的行为没有超出双方合作的目的，则都是花某平台所允许的，且促成商务合作后花某平台也能从中获益，因此晓某公司的行为未侵犯花某平台的利益。第四，除 UP 主数据和视频数据外，小某数据网的其余数据都是晓某公司自行计算生成（计算基础包括但不限于 UP 主数据和视频数据），占小某数据网数据的 80%，晓某公司自行整理数据并无不当之处。

本院认为，晓某公司的数据处理和使用行为不具有合理性且扰乱市场竞争秩序，并对宽某公司乃至相关信息主体权益造成损害。具体理由如下：

（一）宽某公司对涉案数据享有合法权益

数字信息时代，数据已经从简单的信息转变成经济资源，成为最重要的生产要素之一。数据资源的开发和管理蕴含了经营者在信息收集、整理、使用过程中的投入和付出，数据产品的形成和推广更关系经营者自身的竞争实力和生存优势。宽某公司通过与用户签订《哔某弹幕网用户使用协议》《哔某隐私政策》，取得用户的同意收集、使用、整理和存储相关信息，对信息的收集、使用具有合法性。在多年的运营和发展中，宽某公司投入长期、大量的资金、技术和服务，为用户提供个性化的内容创作和分享服务，围绕用户、创作者和内容建立了某站这一具有影响力的网络服务平台。在对平台的不断维护和扩充过程中，宽某公司累积了数以亿计的用户，整合了具有相当规模的信息，聚集形成了以平台用户信息、作品内容信息为基础的数据集合。这些数据集合满足了社会公众对于自由创作表达和优质内容分享的需求，提升了广大消费者的福祉，也给宽某公司带来了市场声誉，是宽某公司的核心经营资源。宽某公司可以据此布局运营策略，建立竞争优势，实现商业利益，其就相关数据享有包括合法控制、使用、经营等权能在内的财产性权益。与此同时，宽某公司对数据进行分类管理和深度利用，将一部分商业化特征突出的数据精准投放到专门的商务平台即花某平台，既专注于提供特定服务，满足消费者个性需求，又通过功能突出的花某平台实现与用户的深度捆绑，增加用户黏性，巩固竞争利益，更为花某平台创造出生存空间和竞争优势。鉴于花某平台的共同经营者超某公司将其相关维权权利给予宽某公司，宽某公司在本案中有权对晓某公司的被诉数据使用行为提出主张。

（二）晓某公司与宽某公司具有竞争关系

晓某公司的被诉不正当竞争行为，是通过技术手段从某站和花某平台获取涉案数据，并通过其运营的小某数据网将涉案数据提供给网络用户。互联网环境下，网络经营模式丰富多样，网络用户需求广泛交叠，使得市场经营界限日趋模糊。然，无论何种经营模式，吸引用户是经营者开展经营活动的先决条件和首要目标。吸引用户等于拥有流量，能够实现交易机会或获取潜在交易可能。因此，采取不同经营模式的经营者均会因争夺用户而产生竞争。宽某公司、晓某公司各自经营网站，虽然模式不同，但脱离不了互联网环境下流量争夺的鲜明特性，不可避免产生利益角逐和冲突。且晓某公司经营的网站依赖宽某公司运营网站所产生的数据，其对宽某公司的用户群体和交易机会有天然的争夺性，二者具有竞争关系。

（三）晓某公司的行为扰乱市场竞争秩序

宽某公司在本案中对其主张权益的数据作出分类，即公开数据、非公开数据和衍生数据。公开数据是用户浏览或登录某站即可以查看的数据，平台不作差别提供和展示，如UP主粉丝数、关注数，UP主作品播放数、点赞数等；非公开数据是宽某公司采取限制措施，需达到特定条件才可以查看的数据，如UP主粉丝性别、地区、年龄、商业报价等；衍生数据是某站或花某平台未向用户提供，但晓某公司基于某站或花某平台数据整理而成的数据，如UP主视频平均互动数、某站内各品牌的关联UP主、关联视频数等。上述数据的产生虽离不开宽某公司投入平台的技术和成本，然而，脱离用户的参与和互动而仅考虑宽某公司的投入，数据的形成乃至以此为基础的市场竞争力也无从谈起。而且，宽某公司经营的某站平台已达相当规模，在业务扩张和平台影响下，涌现出大量依靠平台或资源经营和生存的小企业。良性的竞争生态体系既能实现大平台回馈社会的价值，为小企业创造生存空间，又能为大平台扩张影响、集聚胜势，实现更大的商业利益。因此，尽管宽某公司对涉案数据享有可保护的财产性权益，然其权利并不具有绝对性。尤需强调的是，对于宽某公司在某站提供无差别对待的公开数据，基于互联互通、信息共享的互联网本质，宽某公司对于他人的正常处理和竞争行为负有容忍义务。但其他经营者如以违反商业道德等方式获取和使用相关数据，扰乱市场正常竞争秩序，实质性妨碍宽某公司相关网络服务正常运行的，对该行为仍应给予否定性评价。

本案中，晓某公司获取和使用的除部分公开数据外，也包含非公开数据，其中还涉及大量个人信息，如UP主粉丝地区、年龄、性别，UP主商业报价等。宽某公司设置不同条件差别化提供和展示该些数据，又与超某公司在花某平台以保密条款的形式对该些数据设置保护措施。尽管晓某公司称其签订的保密条款是格式条款，但保密条款内容符合商业行为道德规范，并未不合理地免除或减轻超某公司的责任，也未加重或限制晓某公司基于合作协议所享有的主要权利，尤为重要的是，该保密条款的设定维护了UP主的合法权益，因此该保密条款不存在无效的情形。晓某公司在明知保密条款的情况下，仍擅自通过技术手段获取该些数据并在自行运营的网站展示，借此开展有偿交易服务，其获取及使用此类数据的方式超出合理限度且有违商业道德，扰乱了市场竞争秩序，具备不正当性。如放任此类行为，将影响诚实守信经营者依靠自身投入创造经营资源和交易机会的积极性，不利于市场健康竞争生态的发展。

（四）晓某公司的行为损害宽某公司及相关信息主体合法权益

首先，晓某公司不当存储 UP 主粉丝数据等非正常流通的数据，破坏了用户对宽某公司的信任。宽某公司在《哔某隐私政策》中向用户明示，其会与合作伙伴签署严格的保密协定，采取严格的保密和安全措施处理用户的信息。而根据晓某公司提供的备份数据，其将涉案数据进行存储，使得非正常流通的数据脱离宽某公司的管理和控制，将导致用户对宽某公司收集其信息产生不安全感，破坏宽某公司对用户义务的履行，降低用户对宽某公司的信任，有违公平诚信原则。

其次，选择何种方式展示何种数据，是平台基于数据安全、用户隐私以及平台经营商业策略的考量。晓某公司对数据的使用破坏了宽某公司和超某公司设置的数据展示规则，其擅自将宽某公司和超某公司的商业化信息对外公布，以此为自身获取更多的交易机会，其行为必然有损宽某公司和超某公司的竞争优势和竞争利益，可能剥夺或降低宽某公司和超某公司在相同市场中的交易机会，以及影响宽某公司和超某公司授权他人使用该些数据而可能获得的相关收益。此外，晓某公司称建立小某数据网的目的是促成花某平台的商务合作，不会损害花某平台的利益，反而会增加花某平台的合作收入，但该意见不能否定晓某公司的行为给宽某公司、超某公司的交易机会和竞争优势所带来的损害。宽某公司、超某公司未限制晓某公司的花某平台资质，更不能成为晓某公司被诉行为存在合理性的理由。

最后，晓某公司在其小某数据网展示的数据中，包含了 UP 主的大量个人信息。尽管该些信息已经在花某平台公开，但是个人信息主体对信息传播控制的权益显然高于平台或经营主体基于已合法公开的个人信息流通利用所产生的财产权益。晓某公司未征得 UP 主同意，处理、展示相关 UP 主个人信息并借此开展营利性活动，亦超出了“合理处理他人已合法公开的个人信息”之限度，其行为不具有处理个人信息的合法性基础，可能侵害他人合法的个人信息权益。

三、晓某公司应承担的民事责任

关于域名 bi×data. cn 权属转移之诉请。根据《最高人民法院关于审理涉及计算机网络域名民事纠纷案件适用法律若干问题的解释》第七条规定，人民法院认定域名注册、使用等行为构成侵权或者不正当竞争的，可以判令被告停止侵权、注销域名，或者依原告的请求判令由原告注册使用该域名。晓某公司注册、使用域名 bi×data. cn、bi×××data. com 的行为被认定构成不正当竞争，bi×××data. com 已由晓某公司出售，宽某公司要求域名 bi×data. cn 归其所有，由其注册使用之请求合法有据，本院予以支持。

关于消除影响之诉请。本案已认定晓某公司的行为侵犯宽某公司、幻某公司合法权益，现晓某公司自愿就其行为给宽某公司、幻某公司带来的不利后果承担消除影响的民事责任，对方也予认可。该意思并不违背法律规定及公序良俗，故本院予以照准。

关于赔偿损失之诉请。因双方已就赔偿金额达成一致意见，即晓某公司赔偿宽某公司、幻某公司经济损失及合理费用共计 100000 元，该处分意思并不违背法律规定及公序良俗，本院据此作为赔偿具体金额酌定之依据。超某公司明确在本案中如有相关权利由宽某公司主张，系其对自身权利的处分，且晓某公司也予认可，本院亦予照准。

综上，本院依照《中华人民共和国商标法》第五十七条第七项、第六十三条第一款、第三款，《中华人民共和国反不正当竞争法》第二条、第六条第三项、第十二条第二款第四项、第十七条，《最高人民法院关于审理商标民事纠纷案件适用法律若干问题的解释》第一条第三项，《最高人民法院关于审理涉及计算机网络域名民事纠纷案件适用法律若干问题的解释》第七条第一款及《中华人民共和国民事诉讼法》第十三条第二款之规定，判决如下：

一、域名 bi×data. cn 于本判决生效之日起归原告上海宽某数码科技有限公司所有，由原告上海宽某数码科技有限公司注册使用；

二、被告上海晓某文化传播有限公司应于本判决生效之日起十日内在人民法院报连续三日刊登声明，为原告上海宽某数码科技有限公司、上海幻某信息科技有限公司消除影响（声明内容须经法院审核）；

三、被告上海晓某文化传播有限公司应于本判决生效之日起十日内赔偿原告上海宽某数码科技有限公司、上海幻某信息科技有限公司经济损失及合理维权费用共计 100000 元；

四、原告上海宽某数码科技有限公司、上海幻某信息科技有限公司的其余诉讼请求，不予支持。

如未按本判决指定的期间履行给付金钱义务，应当按照《中华人民共和国民事诉讼法》第二百六十四条之规定加倍支付迟延履行期间的债务利息。

案件受理费 19288 元，由原告上海宽某数码科技有限公司、上海幻某信息科技有限公司负担 18090 元（已预交），被告上海晓某文化传播有限公司负担 1198 元，被告上海晓某文化传播有限公司负担之款应于本判决生效之日起七日内交付本院。

如不服本判决，可于判决书送达之日起十五日内向本院递交上诉状，并按对方当事人的人数提出副本，上诉于上海知识产权法院。

审 判 长 顾 全
审 判 员 郑 磊
审 判 员 叶 莎
二〇二四年一月二十五日
法官助理 张 耐
技术调查官 王传极
书 记 员 姚 青

36. 技术秘密非公知性的认定

——原告艾某泰科诊断有限公司与被告武汉博某生物科技有限公司、孙某侵害商业秘密纠纷案①

中华人民共和国湖北省武汉市中级人民法院民事判决书

（2022）鄂01知民初707号

原告：艾某泰科诊断有限公司。住所地：新西兰。

法定代表人：温某，该公司常务董事。

委托诉讼代理人：余凯，上海中联（武汉）律师事务所律师。

委托诉讼代理人：冯丹，湖北得伟君尚（湖北自贸区武汉片区）律师事务所律师。

被告：武汉博某生物科技有限公司。住所地：湖北省武汉东湖新技术开发区。

法定代表人：孙某，该公司经理。

委托诉讼代理人：储涛，北京盈科（武汉）律师事务所律师。

委托诉讼代理人：罗小春，北京盈科（武汉）律师事务所律师。

被告：孙某。

委托诉讼代理人：储涛，北京盈科（武汉）律师事务所律师。

委托诉讼代理人：孙某某，系孙某父亲。

原告艾某泰科诊断有限公司（以下简称艾某公司）与被告武汉博某生物科技有限公司（以下简称博某公司）、被告孙某侵害商业秘密纠纷一案，由于涉及商业秘密，经当事人申请，本院依法适用普通程序不公开开庭审理了本案。原告艾某公司的委托诉讼代理人余凯、冯丹，被告博某公司法定代表人孙某及其委托诉讼代理人储涛、罗小春，被告孙某及其委托诉讼代理人储涛、孙某某到庭参加了诉讼。本案现已审理终结。

艾某公司起诉请求：1. 判令博某公司和孙某立即停止侵害商业秘密行

---

① 本案在年度报告中的位置为第88页。

为，即博某公司和孙某立即停止披露、使用或者允许他人使用艾某公司所拥有的一种分离纯化天然蛋白酶 3 的方法的技术秘密；2. 判令博某公司和孙某共同赔偿艾某公司经济损失 450 万元；3. 判令博某公司和孙某共同赔偿艾某公司诉讼合理支出共计人民币 50 万元。事实与理由：艾某公司是一家成立于新西兰的生物科技公司，生产的天然抗原、抗体及重组抗原等生物制品、制剂、试剂盒在世界范围有很高知名度；艾某公司的生产工艺和产品制备流程属于受保护的技术秘密。被告孙某、案外人康某系艾某公司员工，自 2011 年开始在艾某公司负责技术研发相关工作，其中孙某在艾某公司系职位为产品总经理的主要技术人员，孙某、康某二人系夫妻关系。根据孙某、康某与艾某公司签署的劳动合同。两人不仅对任职期间所获悉的所有艾某公司的技术信息和经营信息负有保密义务，且在任职期间从事技术研发工作所产生的工作成果的知识产权（包括但不限于专利、外观设计、植物新品种、著作权、商标权、商业秘密等）均属于艾某公司。孙某离职后成为博某公司的大股东以及法定代表人。艾某公司发现，博某公司在市场上向艾某公司的部分客户兜售与艾某公司产品相同的生物制品、制剂、试剂盒等产品。博某公司还于 2018 年 5 月向国家知识产权局申请了专利名称为“一种×××纯化天然蛋白酶 3 的方法”的发明专利（专利申请号 CN20181×××），该专利已获授权，记载发明人为孙某、康某；该专利技术内容与艾某公司商业秘密相同。艾某公司认为，孙某违反了其应遵守的保密义务，擅自披露艾某公司技术秘密给博某公司，与博某公司共同使用艾某公司技术秘密获取非法利益，并将该技术秘密申请专利，导致艾某公司的技术秘密被公开，致使艾某公司遭受严重损失，严重损害了艾某公司的合法权益。

博某公司、孙某共同答辩称：1. 涉案专利技术方案系被告自主研发的成果。2. 艾某公司主张前后矛盾，本案与（2021）鄂 01 知民初 437 号案所涉技术相同，艾某公司已在 437 号案中主张涉案专利技术系孙某离职后一年内完成的职务发明创造，而艾某公司在本案中却主张涉案专利技术与艾某公司技术秘密实质相同，艾某公司在两案中主张明显相互矛盾；艾某公司并未提供任何证据证明其是所谓“技术秘密”的权利人，艾某公司仅提供了“操作流程”资料，未提供任何研发过程资料，“操作流程”只是将某种技术方案标准化，不是研发过程资料，不能证明艾某公司是“操作流程”中的技术方案的权利人。3. 艾某公司主张的技术秘密是本领域已经很成熟的技术，不符合“非公众所知悉和不容易获得”的条件，不属于技术秘密。4. 涉案专利并未披露或使用所谓的技术秘密，涉案技术领域的工艺技术讲究整体的协同性，任何一部分更换都会影响最终的纯化结果，仅部分相似不能认定二者实质相同；同时二者差异明显，涉案专利与艾某公司主张的技术秘密有诸多差异，无论是缓冲液成分、具体浓度配比，具体层析的结果（残留或去除的杂质）均不同，且每个秘密点仍有诸多内容未在专利中体现，故，涉案专利没有披露/使用该秘密点。5. 涉案专利能授权，并不等同于“操作流程”中的秘密点构成技术秘密，涉案专利权利要求内容并不都能从“操作流程”中推导出，二者区别明显。6. 涉案专利没有披露艾某公司技术秘密，也未实际使用艾某公司技术秘密，被告至今未能批量生产天然蛋白酶3产品，艾某公司索赔金额没有事实依据。7. 本案系艾某公司发起的恶意诉讼，旨在阻止蛋白酶3产品国产化给艾某公司造成利润冲击。

当事人围绕诉讼请求依法提交了证据，本院组织当事人进行了证据交换和质证。当事人对真实性无异议的证据，本院予以确认并在卷佐证。对真实性有争议的证据和事实，本院认定如下：艾某公司证据八、部分门禁记录，虽然孙某陈述记不清刷门禁的时间，但孙某认可2015年后，艾某公司新大楼设有门禁，实验室和研发人员办公室均在新大楼，自己也刷过门禁，本院对该证据真实性予以认可；艾某公司证据十一、艾某公司天然蛋白酶3产品的市场价格，该证据系艾某公司网站产品信息，公示价格也在被告陈述的同类产品价格范围内，本院认可该证据的真实性；博某公司、孙某提交的证据三、天然抗原提纯实验室备案证书、理事单位名录及理事证书和证据四、关于恳请支持博某公司与武汉艺淳生物技术有限公司使用废弃白细胞过滤盘和输血转移袋的请示，艾某公司在本案中对上述两证据真实性有异议，但在关联案件中，就相同证据对真实性无异议，因关联案件艾某公司发表的为新质证意见，本院对该两证据真实性予以采信；博某公司、孙某提交的证据六、研发过程中的部分照片，因博某公司、孙某提交了照片的原始载体，本院对该证据的真实性予以认可；博某公司、孙某提交的证据九、涉案专利技术研发的部分试验记录资料及相关实物，该证据系博某公司、孙某证明涉案专利研发过程主要证据，对该证据本院将在本院认为部分进行论述。对于本院确认真实性的证据，其证明目的将结合全案进行综合判定。

根据当事人陈述和经审查确认的证据，本院认定事实如下：

一、当事人的基本情况及关系

原告艾某公司成立于1996年11月18日，是一家新西兰生物医药科技公司。

被告孙某于2011年9月获得新西兰奥克兰大学生物医药专业理学硕士学位。

2011年10月27日，孙某与艾某公司签订个人劳动合同，并于2011年11月7日正式入职，职位为实验室技术员（生物化学/生物技术），职责包括“执行公司产品范围的生产程序以及完成现有的文书”“促进正在进行的生产过程的持续改进计划，过程优化和验证活动”“促进生产产出趋势分析和生产力改善计划”“准备市场营销或其他目的所需的产品性能数据和任何其他技术数据”“为开发新产品和现有产品的新应用，以及改进现有产品及生产程序而进行的研究和开发活动”“根据需要，为生产和公司的其他任何业务进行质量管理活动”“维护生产、研发活动（包括校准服务和维修）所需的工厂和设备”“维护生产、研发活动所需的原材料和消耗品的供应”“维护实验室设施、安全和卫生”。

2016年4月，孙某与艾某公司进行了书面个人劳动合同变更，职位变更为生产经理，职责包括“执行公司产品范围内的生产程序及其完整文件”“准备用于营销或其他目的的产品性能数据和任何其他技术数据”“所有适当设施资源的持续维护，包括工厂设备，包括校准，维修和服务实验室设施，包括安全和卫生原材料和消耗品”“启动并未持续的生产过程持续改进活动，过程优化，为输出确实分析和验证活动提供支持”“必要时为员工提供指导和生产程序的正式培训”“计划并确保执行日常生产活动，以满足库存需求和市场需求”“查看和管理产品的所有生产记录”“负责识别、记录和解决过程偏差”“与研发R&D合作，管理新产品向生产的转化，并确保维持产品标准”“持续审查和管理所有资源（人员、原材料、设备、基础设施等），以确保满足生产的需求”。孙某于2017年12月15日从艾某公司离职。

孙某认可在职期间打过门禁卡，作为试验员或审核员参与过嗜天青颗粒缓冲液的配置提取及MPO（注：MPO为髓过氧化物酶缩写，下文除直接引用证据原文外，统一使用MPO代称髓过氧化物酶）、PR3（注：PR3为蛋白酶3缩写，下文除直接引用证据原文外，统一使用PR3代称蛋白酶3）、嗜天青颗粒实验，并在生产记录上签字；认可可以接触到艾某公司生产PR3产品的操作规程，但陈述未能清楚记住操作规程的内容，因此也无法确定是否就是涉案的操作规程。

康某系孙某妻子，其于2015年4月1日与艾某公司签订个人劳动合同，职位为蛋白质生物化学家，职责与除了“参与正在进行的生产过程的持续改进计划，过程优化和验证活动”“促进生产产出趋势分析和生产力改善计划”之外与孙某一致；2016 年 4 月 13 日，职位变更为生物化学家；康某于 2017 年 7 月 16 日从艾某公司离职。

博某公司成立于 2016 年 10 月 11 日，注册资本为 1052.63 万元，经营范围包括生物科技产品领域内的技术开发、技术咨询、技术转让；抗原抗体的开发及批发兼零售；实验室试剂原料（不含危化品）的技术开发及批发兼零售；诊断试剂的研发；货物进出口、技术进出口、代理进出口（不含国家禁止或限制进出口的货物或技术）。孙某于 2018 年 4 月 18 日成为博某公司占股 80%的大股东。

二、艾某公司与孙某之间关于保密义务和知识产权归属的约定

2011 年 10 月 30 日，艾某公司与孙某签订了《员工保密和知识产权归属协议》，主要内容有：1. 在孙某任职过程中，其将获知属于艾某公司、其子公司、与之有关联的合资企业、客户和其他关联的第三方的机密信息，包括有关研究和开发的信息及其结果，包括技术、产品和系统；其他技术、科学和商业信息；任何其他信息，包括由孙某完成的工作或由孙某完成的信息。2. 孙某仅在按照艾某公司要求履行职责的过程中披露或使用机密信息，不得以其他方式披露机密信息或将其用于任何其他目的。3. 孙某将采取一切合理谨慎的措施，确保孙某所持有的信息保管在安全状态下；在孙某与艾某公司雇佣关系终止时，或按照艾某公司要求的更早时间，向公司返还孙某持有或控制的所有形式的信息。孙某承认，艾某公司对孙某在为艾某公司履职期间的工作成果或本质上与之相关的任何工作成果享有所有权，包括予以相关的任何知识产权，包括任何发明而无论其是否可获得专利授权，应以艾某公司名义获得的任何发明的权利（申请权）……以及任何设计过程、商标或植物新品种，而不论是否具有可注册性，以上适用于新西兰及海外地区。4. 孙某将签署任何转让或其他文件，以协助艾某公司能申请由孙某在任职期间所进行的任何工作或与之相关工作产生的任何专利、设计等任何其他知识产权。5. 孙某在与艾某公司雇佣关系终止之后，无论是否自愿，其均继续将这些信息视为机密信息，但已发布的任何信息（不包括由于孙某违反对艾某公司保密义务而导致的），或未经发布但艾某公司已书面同意豁免保密义务的信息除外。6. 孙某承诺，在劳动合同终止后的两年内，未经艾某公司事先同意，不得从事自身免疫疾病诊断工作或从事相关的个体经营，如因其未能履行上

述义务，由此给艾某公司造成的任何经济损失由其本人承担。

三、艾某公司主张的技术秘密内容

（略，涉及商业秘密不显示）

四、与被诉侵权行为相关的事实

（一）博某公司申请专利情况

2018 年 5 月 14 日，博某公司作为申请人向国家知识产权局提出名为“一种×××纯化天然蛋白酶 3 的方法”发明专利申请（以下简称涉案专利申请），该专利申请于 2018 年 10 月 2 日公布，公布的专利申请文件记载发明人为孙某、康某。

公布的专利申请文件权利要求书共有 7 项权利要求，记载如下：

权利要求 1：一种×××纯化天然蛋白酶 3 的方法，其特征在于：步骤包括：S1、研磨、溶解：将嗜天青颗粒细胞组织研磨均匀，高速离心去除不溶解杂质获得过柱起始蛋白溶液。S2、阳离子交换层析：将起始蛋白溶液负载于阳离子交换柱层析柱中，使用梯度盐度层析洗脱方式进行洗脱，得到初级纯化蛋白样品。S3、染色配体层析：将初级纯化蛋白样品再通过染色配体层析柱进一步洗脱去除杂质，得到二级纯化蛋白溶液。S4、分子筛层析：将二级纯化蛋白溶液通过分子筛层析柱进一步洗脱分离蛋白酶 3 抗原，分馏收集洗脱液得到三级纯化蛋白溶液。S5、亲和层析：经过亲和层析柱将三级纯化蛋白溶液中的杂蛋白进一步洗脱剔除，得到最终成品。

权利要求 2：如权利要求 1 所述的从人体血液中性粒细胞的嗜天青颗粒中分离纯化天然蛋白酶 3 的方法，其特征在于：步骤 S2 中，所述阳离子交换柱层析柱中采用的层析缓冲液为 20—50mM 醋酸钠，pH5.4—5.6，0.02—0.05%Lubrol；依次采用洗脱缓冲液 1 和洗脱缓冲液 2 进行梯度盐度层析洗脱，所述洗脱缓冲液 1 为 20—50mM 醋酸钠，pH5.4—5.6，0.02－0.05% Lubrol，0—0.3M NaCl，所述洗脱缓冲液 2 为 20—50mM 醋酸钠，pH5.4—5.6，0.02—0.05%Lubrol，0.4—0.6M NaCl。

权利要求 3：如权利要求 1 所述的从人体血液中性粒细胞的嗜天青颗粒中分离纯化天然蛋白酶 3 的方法，其特征在于：步骤 S3 中，所述染色配体层析柱中采用的层析缓冲液为 20—50mM 醋酸钠，pH5.4—5.6，0.02—0.05% Lubrol，所述洗脱采用的洗脱缓冲液为 20—50mM 醋酸钠，pH5.4—5.6，0—2M NaCl，0.02—0.05%Lubrol。

权利要求 4：如权利要求 1 所述的从人体血液中性粒细胞的嗜天青颗粒

中分离纯化天然蛋白酶3的方法，其特征在于：步骤S4中，所述洗脱采用的洗脱缓冲液为15—25mM Hepes-NaOH，pH7.5—8.5，0.02—0.05%Lubrol，0.1—0.5M NaCl。

权利要求5：如权利要求1所述的从人体血液中性粒细胞的嗜天青颗粒中分离纯化天然蛋白酶3的方法，其特征在于：步骤S5中，所述洗脱采用的洗脱缓冲液为15—25mM Hepes-NaOH，pH7.5—8.5，0.02—0.05%Lubrol，0.1—0.5M NaCl。

权利要求6：如权利要求1所述的从人体血液中性粒细胞的嗜天青颗粒中分离纯化天然蛋白酶3的方法，其特征在于：步骤S1中，所述嗜天青颗粒细胞组织采用以下方法得到：采用PBS缓冲液洗脱原材料中的白细胞，洗脱液离心，弃上清保留下层细胞层，向细胞层中加入细胞裂解液后离心，取下层沉淀，即得嗜天青颗粒细胞组织。

权利要求7：如权利要求1所述的从人体血液中性粒细胞的嗜天青颗粒中分离纯化天然蛋白酶3的方法，其特征在于：步骤S1中，采用电动玻璃均浆器研磨并溶解嗜天青颗粒细胞组织；所述高速离心为转速14000—16000rpm下离心25—35分钟。

公布的专利申请文件说明书部分内容记载如下：

[0051] 2、使用电动玻璃均浆器（宁波某公司生产）研磨并溶解中性粒细胞嗜天青颗粒，在研磨均匀后，将细胞研磨液分装于高速离心瓶内，经过离心后去除不溶解杂质从而获得过柱起始蛋白溶液。所述的离心转速为15000rpm，时间为30分钟。

[0052] 3、将起始蛋白溶液负载于阳离子交换柱层析柱中，本实施例中采用的阳离子交换柱层析柱为汇琼离SP-6FF（某生物）。依次采用洗脱缓冲液1、洗脱缓冲液2进行盐梯度层析洗脱，使用盐梯度层析洗脱方式分两步将表面负载阳离子的抗原洗脱出来，通过洗脱得到的洗脱液1包含高分子量杂质，得到的洗脱液2为富含蛋白酶3的初级蛋白样品。所述步骤中，装填层析柱过程中使用的层析缓冲液为25mM Na-Acetate（注：Na-Acetate为醋酸钠，下文除直接引用证据原文外，统一使用醋酸钠表述），pH5.5，0.02% Lubrol；洗脱过程中，使用的洗脱缓冲液1为25mM Na-Acetate，pH5.5，0.2M NaCl，0.02%Lubrol洗脱缓冲液2为25mM Na-Acetate，pH5.5，0.4M NaCl，0.02%Lubrol。

[0053] 4、收集的初级纯化蛋白样品再通过含有染色配体层析柱进一步

去除杂质，得到二级纯化蛋白溶液，本实施例采用的染色配体层析柱为Reactive Yellow3-Agarose（西格玛）。所用的层析缓冲液为25mM Na-Acetate，pH5.5，0.02%Lubrol洗脱缓冲液为25mM Na-Acetate，pH5.5，2M NaCl，0.02%Lubrol。

[0054] 5、之后通过分子筛层析柱进一步分离蛋白酶3抗原，分馏收集洗脱液5毫升/管得到三级纯化蛋白溶液，本实施例采用的分子筛层析柱为Chromde× 200pg（博格隆）。所述洗脱缓冲液为20mM Hepes-NaOH，pH8.0，0.02%Lubrol；0.4M NaCl。

[0055] 6、最后经过亲和层析柱将三级纯化蛋白溶液中的杂蛋白进一步洗脱剔除（包括MPO，BPI等），得到最终成品，本实施例采用的亲和层析柱为汇琼亲CNBr-4B（汇研生物）。亲和层次柱所用缓冲液以及产品最终的缓冲液成分为20mM Hepes-NaOH，pH8.0，0.02%Lubrol；0.4M NaCl。

2020年3月10日，国家知识产权局针对涉案专利申请作出第一次审查意见通知书，认为权利要求1—7不具备《中华人民共和国专利法》第二十二条第三款规定的创造性，专利申请中没有可以被授予专利权的实质性内容，如申请人没有陈述理由或陈述理由不充分，其申请将被驳回。2021年4月13日，涉案专利申请被予以专利授权并公告，专利号为ZL2018×××，发明人为孙某、康某。公告的专利文本中，权利要求书包括3项权利要求，其中，涉案专利申请权利要求1—5合并修改为授权公告的权利要求1，权利要求6、权利要求7分别变更为授权公告的权利要求2、权利要求3，均从属于合并修改后的权利要求1。

（二）博某公司网站信息

艾某公司于2021年5月11日对博某公司网站进行了取证。取证时，网站首页含“网站建设中，敬请关注”“抗核抗体相关疾病MPO PR3 BPI”“热烈庆祝西某成为博某中国区授权总代理”；网站“产品中心”栏目未展示有产品；网站“关于博某”介绍内容为“公司目前主要从事天然蛋白的提取和纯化，立足于体外诊断（IVD）行业的源头，为免疫诊断试剂的生产提供必备的核心原料……公司成立至今，已完成了核心技术团队和管理团队的组建以及一系列产品的研发试验和质量检测，目前已具备天然抗原研发及小规模生产条件，可以独立研发和制备数十种天然抗原。与此同时，为了项目成果能尽快产业化，公司目前已着手筹备产业化的生产基地”。

（三）北京西某科技有限公司网站信息

艾某公司于2021年5月11日对北京西某科技有限公司（以下简称西某公司）网站进行了取证。取证时，网站“关于我们”栏目记载有“一、西某主营产品线与代理品牌 7. 诊断原料：……以及自身免疫抗原抗体生产商艾某公司中国总代理”，网站“新闻资讯”栏目记载有“西某产品线集结了数十个国内外知名品牌，包括西某作为中国区总代理的……博某……”“此外、博某已上市的近20种天然自身免疫抗原这两年来经过市场考验，成了国内自身免疫疾病诊断试剂的首选原料，不少自免诊断企业来展台交流。今年春天，博某的P2实验室正式投入使用，后续重组抗原等项目也会陆续开展，让我们拭目以待。”“博某生物科技 打造中国体外诊断试剂 核心原料+解决方案综合供应商 血管炎相关抗体检测抗原 PR3”“西某重磅推荐……博某天然自身免疫抗原……血管炎相关抗体检测抗原”“博某自免抗原特价测试活动延长至CACLF会议期间 1. 凡未测试过或希望进一步测试博某某抗原品种的客户，均有机会享受超低测试价购买博某大包装抗原，每个抗原最多可申请2mg的特价测试装 博某现货产品……Proteinase 3-PR3（cANCA蛋白酶）货号 PB-PR3-规格 0.2mg/1mg……”“博某现已完成了近20种天然抗原的研发和批量生产……Proteinase 3-PR3（cANCA）蛋白酶3”。

五、艾某公司与博某公司、孙某的技术比对意见

（略，涉及商业秘密不显示）

艾某公司认为涉案专利与涉案技术秘密实质相同。

博某公司、孙某认为，艾某公司主张的涉案技术秘密实际为公知技术，不具有非公知性，且涉案专利与艾某公司主张的涉案技术秘密不相同。

六、其他事实

PR3主要用于检测ANCA相关性血管炎疾病，1mg PR3可制备10000—20000人份检测试剂。根据相关资料统计，欧洲ANCA相关性血管炎年发病率为每百万人10—20例，但我国尚缺乏相关流行病学研究数据。

孙某自述根据纯度不同，PR3产品的进口价格在数千元至上万元每毫克。

艾某公司依据与本案相同的事实和证据，于2021年4月7日以与本案相同案由起诉过博某公司及孙某，本院受理案号为（2021）鄂01知民初433号，本院对该案进行了质证，后艾某公司因需补充证据而撤回该案起诉。

艾某公司依据与本案基本相同的证据，以本案涉案专利申请系孙某从艾某公司离职后一年内完成的职务发明创造为由，于2021年4月7日以专利申

请权属纠纷起诉了博某公司（孙某为该案第三人），本院受理案号为（2021）鄂01知民初437号，该案现已一审审理终结，本院判决涉案专利（该案审理过程中，涉案专利申请获得授权）归艾某公司所有，博某公司不服，就该案已提起上诉，目前该案尚未生效。

本院认为：

艾某公司与博某公司均为生物制药公司，经营范围存在重叠，具有竞争关系。

根据查明的事实及当事人诉辩情况，本案的争议焦点为：一、本案的管辖和法律适用问题；二、艾某公司是否有权提起本案诉讼；三、艾某公司主张保护的技术信息是否属于技术秘密；四、博某公司、孙某是否实施了侵害涉案技术秘密的行为；五、博某公司、孙某应承担的责任。

一、本案的管辖和法律适用问题

本案系侵害商业秘密纠纷的涉外案件，艾某公司系住所地在新西兰的公司，博某公司住所、孙某住址及被诉侵权行为发生地均在中华人民共和国湖北省武汉市，根据《中华人民共和国民事诉讼法》第十九条第三项、第二十九条和第二百六十六条的规定，本院对本案享有管辖权。

中华人民共和国与新西兰于2008年4月7日签订有《中华人民共和国政府与新西兰政府自由贸易协定》（以下简称《中新自贸协定》，该协定于2022年4月7日升级），同时两国均为世界贸易组织（以下简称WTO）成员国。《中新自贸协定》第三条第一款约定："本协议不应减损一方根据《WTO协定》或其缔结的任何其他多边或双边协定中既存的权利和义务。"《与贸易有关的知识产权协议》（以下简称《TRIPS协议》）属于《WTO协定》的内容，根据《TRIPS协议》第一条规定，各成员应将《TRIPS协议》规定的待遇给予其他成员的国民；对于商业秘密（《TRIPS协议》中称为未公开的信息）的保护，《TRIPS协议》第三十九条第二款规定："自然人和法人应有可能制止他人未经其同意，以违反诚实的商业做法的方式，获得、使用或者向他人公开在其合法控制下的信息，只要这种信息符合下列条件：（a）在这样的意义上是保密的，即该信息的整体或其各部分的确切排列和组合，并不是通常从事有关这类信息的人所普遍了解或容易获得的；（b）由于是保密信息而具有商业上的价值；和（c）合法控制该信息的人已经根据情况采取了合理措施予以保密。"据此，我国应对艾某公司的商业秘密予以保护。

《中华人民共和国涉外民事关系法律适用法》第五十条规定："知识产权

的侵权责任，适用被请求保护地法律，当事人也可以在侵权行为发生后协议选择适用法院地法律。”本案艾某公司请求我国对其主张的商业秘密进行保护，因此应适用《中华人民共和国反不正当竞争法》有关商业秘密保护的规定审查处理。

《最高人民法院关于适用〈中华人民共和国反不正当竞争法〉若干问题的解释》第二十八条规定：“反不正当竞争法修改决定施行以后人民法院受理的不正当竞争民事案件，涉及该决定施行前发生的行为的，适用修改前的反不正当竞争法；涉及该决定施行前发生、持续到该决定施行以后的行为的，适用修改后的反不正当竞争法。”本案博某公司作为申请人、孙某作为发明人的涉案专利申请提起日期在 2019 年 4 月 23 日之前，获得授权的日期在 2019 年 4 月 23 日之后，因此涉嫌使用商业秘密提起涉案专利申请的行为属于自 2019 年 4 月 23 日之前发生、持续到 2019 年 4 月 23 日以后的行为；根据艾某公司提交的证据，博某公司在 2019 年 4 月 23 日之后，也可能存在使用商业秘密生产产品的行为；本案应适用 2019 年 4 月 23 日实施的《中华人民共和国反不正当竞争法》。

二、艾某公司是否有权提起本案诉讼

博某公司、孙某认为，艾某公司已在（2021）鄂 01 知民初 437 号案中主张涉案专利申请系孙某离职后一年内完成的职务发明创造，而在本案又主张是之前就存在的技术秘密，两种主张相互矛盾。本院认为，因前员工离职引发的发明创造权属纠纷及侵害商业秘密纠纷在事实上可能存在一定关联性，但在法律适用上则依据不同的法律法规，艾某公司可依据相关法律规定，选择具体事由来支持其诉讼请求，只要主张的事实本身并不矛盾即可。（2021）鄂 01 知民初 437 号案中，涉案专利申请的申请日距孙某从艾某公司离职的时间不到一年，涉案专利申请记载的发明人为孙某，艾某公司虽从该案选择涉案专利申请与孙某从事本职工作相关性的事实来判断是否构成职务发明创造，但并未表示孙某未使用艾某公司的技术秘密；因此，艾某公司在本案中主张涉案专利申请系博某公司、孙某使用了艾某公司技术秘密，与前述主张事实并无矛盾之处。

博某公司、孙某还认为，艾某公司仅提供了操作流程资料，并未提交研发过程资料，不能证明其是操作流程所载技术方案的权利人。《中华人民共和国民事诉讼法》第六十七条第一款规定：“当事人对自己提出的主张，有责任提供证据。”艾某公司为支持其主张，向法院提交了成套标准操作流程作为证据，孙某亦认可在艾某公司任职期间，曾依据标准操作流程进行过生产、试验，因此现有证据可以初步证明艾某公司是标准操作流程所载技术方案的权利人，在无其他相反证据的情况下，无须再要求艾某公司举证证明其研发过程；博某公司、孙某提交的欲证明涉案专利申请系被告自行研发证据及公知常识证据，涉及的是被告是否构成侵权及艾某公司主张的技术方案是否构成技术秘密的问题，不能证明涉案技术方案非艾某公司所有，因此，博某公司、孙某未能就该项抗辩主张提供证据，本院对该项抗辩主张不予支持。

综上，艾某公司本案诉讼所依据事实与（2021）鄂01知民初437号案所涉事实并无矛盾之处，艾某公司对其主张的技术方案享有权利，有权提起本案诉讼。

三、艾某公司主张保护的技术信息是否属于技术秘密

《中华人民共和国反不正当竞争法》第九条第四款之规定："本法所称的商业秘密是指不为公众所知悉、具有商业价值并经权利人采取相应保密措施的技术信息、经营信息等商业信息。"《最高人民法院关于审理侵犯商业秘密民事案件适用法律若干问题的规定》第一条第一款规定："与技术有关的结构、原料、组分、配方、材料、样品、样式、植物新品种繁殖材料、工艺、方法或其步骤、算法、数据、计算机程序及其有关文档等信息，人民法院可以认定构成反不正当竞争法第九条第四款所称的技术信息。"

艾某公司主张保护的技术方案是"从人体血液中性粒细胞的嗜天青颗粒中分离纯化天然蛋白酶3的生产方法"，具体为方法的步骤和所涉参数，属于上述规定所称的技术信息；该技术信息要构成《中华人民共和国反不正当竞争法》所规定的技术秘密，需同时满足以下条件：1. 不为公众所知悉；2. 具有商业价值；3. 权利人采取相应保密措施。

（一）涉案技术信息是否不为公众所知悉

《最高人民法院关于审理侵犯商业秘密民事案件适用法律若干问题的规定》第三条规定："权利人请求保护的信息在被诉侵权行为发生时不为所属领域的相关人员普遍知悉和容易获得的，人民法院应当认定为反不正当竞争法第九条第四款所称的不为公众所知悉。"第四条规定："具有下列情形之一的，人民法院可以认定有关信息为公众所知悉：（一）该信息在所属领域属于一般常识或者行业惯例的；（二）该信息仅涉及产品的尺寸、结构、材料、部件的简单组合等内容，所属领域的相关人员通过观察上市产品即可直接获得的；（三）该信息已经在公开出版物或者其他媒体上公开披露的；（四）该

信息已通过公开的报告会、展览等方式公开的；（五）所属领域的相关人员从其他公开渠道可以获得该信息的。将为公众所知悉的信息进行整理、改进、加工后形成的新信息，符合本规定第三条规定的，应当认定该新信息不为公众所知悉。”

涉案技术信息具体包括“制备人体中性粒细胞嗜天青颗粒和纯化 MPO、PR3、BPI 和其他的中性粒细胞抗原”“从嗜天青颗粒中提取中性粒细胞蛋白”“使用 SP-Sepharose FF 阳离子交换层析的方法从嗜天青颗粒中分离出中性粒细胞蛋白”“从 SP-Sepharose 0. 4M&0. 5M 氯化钠 NaCl 洗脱馏分使用 Matre× Orange 染色配体层析法提纯 PR3 抗原”“使用 Superde× 200 层析法从 Matre× Orange 池中纯化 PR3 抗原”“用免疫亲和层析法从 Superde×200 合并馏分中去除 MPO 和 LF 污染”几大步骤，每个大步骤下，又详细规定了具体操作步骤和相关参数。

博某公司及孙某认为，上述大步骤可以概括为“阳离子交换层析、染色配体层析、分子筛层析、免疫亲和层析”四个层析步骤，而每个步骤都是本领域基本技术常识，也是蛋白纯化领域惯用的层析方法，虽然现有技术中暂无包含四个层析步骤组合的完整技术方案，但通用教材已经对各层析方法使用的阶段作了充分的教导，实际生产中，会根据纯度需要设计一个或多个层析步骤；涉案专利申请在审查过程中，审查意见亦认为“离子交换层析→染色配体层析→分子筛层析→亲和层析的操作步骤”对本领域技术人员来说是显而易见的，明显不具有创造性；因此“操作流程”中的四个层析步骤的组合，对本领域技术人员来说是很容易获得的，不具有秘密性。博某公司及孙某还认为，“操作流程”中相关缓冲液参数或者被艾某公司自行公开，或者被现有技术公开，或者可以通过现有技术提示很容易获得，因此相关缓冲液参数也不具有秘密性。

本院认为：首先，“不为公众所知悉”一般是指特定信息未在本行业内众所周知，而不是指绝对无人知悉。即便技术信息中的部分信息已经存在于公共领域，但只要该技术信息组合整体上符合法律要求，仍可以按照技术秘密予以保护。涉案技术信息并非单个孤立的层析步骤，而是多个步骤及相关参数的结合，虽然其中每单个大步骤或部分参数已经存在于公共领域，但作为多个步骤及参数结合的整体技术方案并未在本行业内众所周知。同时，如博某公司及孙某所述，不同的步骤组合或参数选择，对于产品纯度会有影响；因此为达到某特定或最优的生产目的，即便可以通过构想设计出多种组合方案，但仍必须通过使用特定设备、材料，在生产过程中，不断进行调试、改进、总结，才能验证具体方案实施效果，选择出特定步骤和参数的组合以形成成熟的最终技术方案，他人不经一定努力无法容易获得。其次，技术秘密与专利虽同为知识产权，但技术秘密保护与专利权保护并不相同，技术秘密要获得法律保护，并无新颖性、创造性等要求，只要其符合法定的秘密性、价值性、保密性即可；因此，博某公司及孙某关于涉案专利申请不具有创造性的意见，不适宜用来判断涉案技术信息是否属于技术秘密；另外，即便支持博某公司及孙某的上述观点，涉案专利申请在将权利要求 1 至权利要求 5 合并为新的权利要求 1 后，最终还是获得了专利授权，也可见特定步骤和参数组合形成的整体技术方案具有创造性。综上，涉案技术信息作为多个步骤及参数结合的整体技术方案，并未在本行业内众所周知，他人不经一定努力无法容易获得，符合“不为公众所知悉”的要求。

（二）涉案技术信息是否具有商业价值

《最高人民法院关于审理侵犯商业秘密民事案件适用法律若干问题的规定》第七条第一款规定：“权利人请求保护的信息因不为公众所知悉而具有现实的或者潜在的商业价值的，人民法院经审查可以认定为反不正当竞争法第九条第四款所称的具有商业价值。”如前所述，将特定步骤和参数组合形成成熟的整体技术方案，本身就需要投入人力、物资及时间成本，而其他经营者若不当获取或使用涉案技术信息，可以节省本应付出的成本；艾某公司依据其成熟的生产方法进行实际生产，能提高生产效率，形成市场优势，且 PR3 产品价格较高，而原料成本相对不高，因此生产方法对于产品价值贡献率较高；综上，涉案技术信息具有较高的现实商业价值。

（三）艾某公司是否对涉案技术信息采取相应保密措施

《最高人民法院关于审理侵犯商业秘密民事案件适用法律若干问题的规定》第五条第二款规定：“人民法院应当根据商业秘密及其载体的性质、商业秘密的商业价值、保密措施的可识别程度、保密措施与商业秘密的对应程度以及权利人的保密意愿等因素，认定权利人是否采取了相应保密措施。”第六条规定：“具有下列情形之一，在正常情况下足以防止商业秘密泄露的，人民法院应当认定权利人采取了相应保密措施：（一）签订保密协议或者在合同中约定保密义务的……（三）对涉密的厂房、车间等生产经营场所限制来访者或者进行区分管理的……（六）要求离职员工登记、返还、清除、销毁其接触或者获取的商业秘密及其载体，继续承担保密义务的……”涉案技术信息为生产方法，载体为操作规程。涉案技术信息属于艾某公司与孙某签订的《员工保密和知识产权归属协议》中约定的“机密信息”，根据约定，孙某仅能在履行职责的过程中披露或使用机密信息，并且确保其所持有信息保管在安全状态下；孙某离职时，还应返还其所持有或控制的所有形式的信息并继续履行保密义务；艾某公司还对会使用到操作规程进行生产、实验的办公场所进行门禁管理，非授权人员无法进入该区域，从而也无法通过进入该区域的方式获取涉案技术信息；综上，艾某公司对涉案技术信息采取了相应保密措施。

综上所述，艾某公司主张的涉案技术信息，同时满足“不为公众所知悉、具有商业价值并经权利人采取相应保密措施”的要件，属于技术秘密。

四、博某公司、孙某是否实施了侵害涉案技术秘密的行为

根据艾某公司提交的操作规程、试验记录，孙某在艾某公司的工作岗位职责、工作内容及庭审陈述，可以认定孙某在艾某公司工作期间，掌握了涉案技术秘密。《中华人民共和国反不正当竞争法》第九条第一款第三项、第二款、第三款规定：“经营者不得实施下列侵犯商业秘密的行为：（三）违反保密义务或者违反权利人有关保守商业秘密的要求，披露、使用或者允许他人使用其所掌握的商业秘密。经营者以外的其他自然人、法人和非法人组织实施前款所列违法行为的，视为侵犯商业秘密。第三人明知或者应知商业秘密权利人的员工、前员工或者其他单位、个人实施本条第一款所列违法行为，仍获取、披露、使用或者允许他人使用该商业秘密的，视为侵犯商业秘密。”《最高人民法院关于审理侵犯商业秘密民事案件适用法律若干问题的规定》第九条规定：“被诉侵权人在生产经营活动中直接使用商业秘密，或者对商业秘密进行修改、改进后使用，或者根据商业秘密调整、优化、改进有关生产经营活动的，人民法院应当认定属于反不正当竞争法第九条所称的使用商业秘密。”

博某公司及孙某对本案争议焦点辩解如下：1. 涉案专利申请系博某公司及孙某自行研发，并未使用涉案技术秘密；2. 涉案专利申请与涉案技术秘密实质不同，并未使用、披露涉案技术秘密；3. 博某公司并未使用涉案技术秘密生产产品。

（一）涉案专利申请是否为博某公司及孙某自行研发

博某公司及孙某提供了《入园合作协议书》、实验室备案证书、医疗废物处置合同、研发的照片、设备购买合同、孙某学位证书及证据九即部分试

验记录资料等证据拟证明其对涉案专利申请进行了相关研究。其中，除证据九外的其他证据，虽然可以证明博某公司及孙某有进行生物制药的资质、能力和行为，但上述证据并未反映出具体研发项目、过程、参数及成果，且设备也并非只能专用于实施涉案专利申请技术方案，因此不足以支持博某公司及孙某的证明目的。

博某公司及孙某提供的证据九，该组证据系保存在电脑上的电子证据，经核实，该电子证据中显示研发记录时间为 2017 年 3 月至 2018 年 2 月，但该电子证据创建时间却为 2021 年 9 月，既晚于研发记录记载的时间，也晚于涉案专利申请日期，合理性存疑，难以证明是为涉案专利申请进行的研发记录；且该证据中所有研发记录仅记录月份，并未准确记录试验时间，也未记录相关试验人员，部分记录过于简单，既无试验准备描述，也无使用仪器说明，明显不符合行业习惯。

综上，博某公司及孙某提供的证据九合理性存疑，其他研发证据与证据九之间也未形成必然对应关系，因此博某公司及孙某提交的证据不足以证明涉案专利申请是由其研发完成。

（二）涉案专利申请是否使用、披露涉案技术秘密

专利申请过程中，对权利要求书的撰写有严格要求，权利要求书的文字表达应严密、准确，语言要简洁、规范，同时为保证专利能有更宽的保护范围或出于对最优技术方案的不公开保护，撰写权利要求书时会合理避免非必要的限定性用语或具体参数，而采用较宽保护范围的技术用语或参数范围；而操作规程则是根据具体生产目的，制定的要求相关人员在生产过程中必须遵循的规范性操作文件，因此内容必须清晰、详细、具体；因此，权利要求书记载的技术方案范围往往宽于操作规程采取的具体技术方案，在判断涉案专利申请是否使用、披露涉案技术秘密时，不能仅通过权利要求书记载的文字内容与操作规程记载的文字内容进行简单比对，更要从涉案专利申请技术内容是否与涉案技术秘密实质相同的角度来进行判断，判断时主要考虑下列因素：1. 涉案专利申请与涉案技术秘密的异同程度；2. 涉案专利申请与涉案技术秘密的用途、使用方式、目的、效果等是否具有实质性差异；3. 公有领域中与涉案技术秘密相关信息的情况。

涉案专利申请与涉案技术秘密均是从人体血液中性粒细胞的嗜天青颗粒中分离纯化天然 PR3 的方法，所解决的技术问题相同；本院首先逐一比对两者具体生产步骤和参数，然后在此基础上，进一步判断两者总的技术方案是

否实质相同：

1. 涉案技术秘密点（六）与涉案专利申请权利要求 6 及说明书［0050］段的相同之处在于：具体操作步骤均为使用 PBS 缓冲液洗脱白细胞、对洗脱液进行离心分离，去除上清液保留下层细胞层，在下层细胞层中加入细胞裂解液并进行离心分离，所得下层沉淀即为嗜天青颗粒。两者的不同之处在于：采用的初始原材料不同。

本院认为：初始原材料的不同是由于不同国家血液管理制度差异所致，但其本质均是需要从人血中获得白细胞，因此不属于实质性差异。综上，涉案专利申请权利要求 6 及说明书［0050］段使用、披露了涉案技术秘密点（六）的技术方案。

2. 涉案技术秘密点（1）与涉案专利申请权利要求 1 中步骤 S1、说明书［0051］段及权利要求 7 的相同之处在于：具体操作步骤均为使用匀浆机将嗜天青颗粒研磨均匀，然后将研磨后的溶液进行高速离心分离以获得含中性粒细胞蛋白的初始液。两者不同之处在于：（略）。

本院认为：对于（1）、（3）的不同，如前文所述，需考虑专利申请文件与操作规程的撰写要求不同，（1）、（3）所涉及的技术方案仍然是匀浆和高速离心，属于涉案技术秘密点（一）的具体操作步骤的实质技术方案，但涉案专利申请未涉及匀浆次数，因此不能认定该匀浆次数被使用、披露。对于（3）中具体转速值不同，涉案技术秘密所涉离心转速及时间不在涉案专利申请数值范围内，不足以认定涉案专利申请使用、披露了涉案技术秘密的离心转速和时间。对于（2）的不同，涉案技术秘密的第二次离心提取是为了更充分地利用初次提取后残留物（残留物再利用），对实质技术方案本身并无影响。综上，涉案专利申请权利要求 1 中步骤 S1、说明书［0051］段及权利要求 7 使用、披露了涉案技术秘密点（1）中关于具体操作步骤的实质技术方案，但并未使用、披露匀浆次数、离心转速及时间等参数。

3. 涉案技术秘密点（2）与涉案专利申请权利要求 1 中步骤 S2、说明书［0052］段及权利要求 2 的相同之处在于：具体操作步骤均为使用阳离子交换柱层析柱，对上述第 2 点中取得的含中性粒细胞蛋白的初始液进行梯度盐度层析洗脱，以得到初级纯化蛋白样品；均会采用免疫印迹分析；均需要通过吸光度波峰的图谱分析来判断层析效果；起始缓冲液（层析缓冲液）成分均为醋酸钠和 Lubrol，1、2 级缓冲液成分均为醋酸钠、Lubrol 及 NaCl。两者不同之处在于：（略）。

本院认为：对于（1）、（2）、（3）中缓冲液成分配比的不同，如前文所述，需考虑专利申请文件与操作规程的撰写要求不同，两者缓冲液成分完全相同，涉案专利申请成分配比范围包含了涉案技术秘密的具体成分配比，且多个端点数值与涉案技术秘密的数值一致，可以断定涉案专利申请是在涉案技术秘密具体成分配比的基础上进行调整，以设定成分配比范围，但涉案专利申请中并未明确给出涉案技术秘密的具体成分配比，也无证据表明相关领域技术人员根据阅读专利申请文件即可直接知晓涉案技术秘密的具体成分配比，因此不宜认定涉案专利申请披露了涉案技术秘密的上述具体成分配比。对于第（4）点，根据标准操作流程文件，PMSF 是在缓冲液使用前，另外添加的抑制剂，不属于标准操作流程中规定的缓冲液成分，不足以以此认定两者缓冲液成分不同。对于第（5）点，艾某公司并未主张盐浓度峰值为秘密点，且两者实质技术方案均为盐浓度梯度洗脱。综上，涉案专利申请权利要求 1 中步骤 S2、说明书［0052］段及权利要求 2 使用、披露了涉案技术秘密点（2）中关于具体操作步骤的实质技术方案及缓冲液成分，使用了缓冲液成分配比；但并未披露缓冲液成分配比。

4. 涉案技术秘密点（3）与涉案专利申请权利要求 1 中步骤 S3、说明书［0053］段及权利要求 3 的相同之处在于：具体操作步骤均为使用染色配体层析柱对上述第 3 点中取得的初级纯化蛋白样品进一步洗脱去除杂质，以得到二级纯化蛋白溶液；均会采用免疫印迹分析；两者起始缓冲液成分相同；两者洗脱缓冲液成分相同。

本院认为：对于（1）、（2）、（4）中缓冲液的分析与上文相同，在此不再赘述；对于（3）、（5）的不同，虽然两者选用的具体染色配体不同，洗脱的馏分浓度不同，但两者实质技术方案相同，都是使用染色配体层析法进一步纯化阳离子交换层析所得的初级纯化蛋白；对于第（6）点，两者实质技术方案相同，都是降低电导后过柱上样。综上，涉案专利申请权利要求 1 中步骤 S3、说明书［0053］段及权利要求 3 使用、披露了涉案技术秘密点（3）中关于具体操作步骤的实质技术方案及缓冲液成分，使用了缓冲液成分配比；但并未披露缓冲液成分配比。

5. 涉案技术秘密点（4）与涉案专利申请权利要求 1 中步骤 S4、说明书［0054］段及权利要求 4 的相同之处在于：具体操作步骤均为使用分子筛层析柱对上述第 4 点中取得的二级纯化蛋白溶液进一步进行洗脱分离，以得到三级纯化蛋白溶液；均会采用免疫印迹分析；两者缓冲液成分相同。两者不同之处在于：（略）。

本院认为：对于（1）、（3）中缓冲液的分析与上文相同，在此不再赘述；对于（2）的不同，虽然两者采用的分子筛品牌不同，但填料规格相同，筛分的蛋白范围相同，因此两者实质技术方案相同，均是使用分子筛层析柱对二级纯化蛋白溶液进一步进行洗脱分离；对于第（4）点，说明书［0054］明确记载“经过分子筛层析得到的初级蛋白酶3... 其上部和下部还有极少量其他抗原，主要包括 MPO 和 BPI、LF，这些杂质将在亲和层析中被剔除”，因此博某公司及孙某所述的“不含 MPO”的产品，并非分子筛层析后的全部产品，对于含有 MPO、BPI、LF 杂质的产品仍然需要进一步通过亲和层析纯化，与涉案技术秘密并无实质不同。综上，涉案专利申请权利要求 1 中步骤 S4、说明书［0054］段及权利要求 4 使用、披露了涉案技术秘密点（4）中关于具体操作步骤的实质技术方案及缓冲液成分，使用了缓冲液成分配比；但并未披露缓冲液成分配比。

6. 涉案技术秘密点（5）与涉案专利申请权利要求 1 中步骤 S5、说明书［0055］段及权利要求 5 的相同之处在于：具体操作步骤均为使用亲和层析柱对上述第 5 点中取得的三级纯化蛋白溶液进一步进行洗脱分离，以得到最终产品；两者 PR3 缓冲液参数相同。两者不同之处在于：（略）。

本院认为：对于（1）的不同，如前文所述，需考虑专利申请文件与操作规程的撰写要求不同，两者实质技术方案相同，均是使用亲和层析柱对三级纯化蛋白溶液进一步进行洗脱分离 MPO 和 BPI、LF 等杂质，以得到最终产品；对于第（2）点，说明书［0054］明确记载“经过分子筛层析得到的初级蛋白酶 3……其上部和下部还有极少量其他抗原，主要包括 MPO 和 BPI、LF，这些杂质将在亲和层析中被剔除”，因此涉案专利申请此步骤需要处理的杂质也是 MPO、BPI、LF，与涉案技术秘密并无实质不同。综上，涉案专利申请权利要求 1 中步骤 S5、说明书［0055］段及权利要求 5 使用、披露了涉案技术秘密点（5）中关于具体操作步骤的实质技术方案及 PR3 缓冲液参数。

涉案技术秘密技术方案按操作顺序可以概括为以下几大步骤：（略）。综上所述，通过比对可知，涉案专利申请的每个步骤均使用、披露了涉案技术秘密对应步骤的实质技术方案及缓冲液成分，均使用了对应缓冲液成分配比，亲和层析步骤还使用、披露了 PR3 缓冲液参数，两者各操作步骤顺序相同，由各操作步骤及缓冲液参数构成的整体技术方案不属于公共领域已有信息；

因此，两者总的技术方案实质相同，涉案专利申请使用并部分披露了涉案技术秘密。

（三）博某公司是否使用涉案技术秘密生产产品

虽然艾某公司并无直接产品证据证明博某公司使用涉案技术秘密生产了产品，但博某公司网站首页即出现有 PR3 的宣传信息，博某公司网站与西某公司网站均报道称西某公司是博某公司的中国总代理，西某公司网站又多次出现关于有博某公司 PR3 现货产品销售、询价信息；以上足以证明西某公司作为代理商在销售由博某公司已生产的 PR3 产品；再结合博某公司就 PR3 产品生产方法提出了涉案专利申请，且博某公司并未能证明其是采用其他不同方法生产 PR3 产品，可以认定博某公司是使用涉案专利申请技术生产的 PR3 产品，也即使用了涉案技术秘密生产产品。

综上所述，孙某违反保密义务向博某公司披露了其掌握的涉案技术秘密并允许其使用，孙某系博某公司法定代表人及大股东，博某公司获取、使用涉案技术秘密时应当知道孙某的披露和允许使用行为属于违法行为；博某公司作为申请人及孙某作为发明人在提出涉案专利申请时，不当使用和部分披露了涉案技术秘密；博某公司生产 PR3 产品时，不当使用了涉案技术秘密；以上行为属于博某公司与孙某共同侵害艾某公司涉案技术秘密的行为。

五、博某公司、孙某应承担的责任

《中华人民共和国反不正当竞争法》第十七条规定："经营者违反本法规定，给他人造成损害的，应当依法承担民事责任。经营者的合法权益受到不正当竞争行为损害的，可以向人民法院提起诉讼。因不正当竞争行为受到损害的经营者的赔偿数额，按照其因被侵权所受到的实际损失确定；实际损失难以计算的，按照侵权人因侵权所获得的利益确定。经营者恶意实施侵犯商业秘密行为，情节严重的，可以在按照上述方法确定数额的一倍以上五倍以下确定赔偿数额。赔偿数额还应当包括经营者为制止侵权行为所支付的合理开支。经营者违反本法第六条、第九条规定，权利人因被侵权所受到的实际损失、侵权人因侵权所获得的利益难以确定的，由人民法院根据侵权行为的情节判决给予权利人五百万元以下的赔偿。"

博某公司与孙某共同侵害了艾某公司的涉案技术秘密，应当承担停止侵害、赔偿损失的民事责任。《中华人民共和国民法典》第一千一百六十八条规定："二人以上共同实施侵权行为，造成他人损害的，应当承担连带责任。"据此，博某公司与孙某基于共同实施的侵权行为，应当承担连带责任。

关于停止侵权，孙某应当停止允许博某公司使用涉案技术秘密的行为；虽然涉案专利申请披露了涉案技术秘密操作步骤的实质技术方案和部分缓冲液成分，使上述内容进入公有领域，但并未披露前文已阐明的大部分具体参数，因此，涉案技术秘密并未完全进入公有领域，博某公司及孙某仍应当停止披露、使用其掌握但未进入公有领域部分的涉案技术秘密；对于已被涉案专利申请公开的涉案技术秘密，在涉案专利有效期内，博某公司及孙某不得自行或许可他人实施。

关于赔偿数额，原、被告提交的证据均不能证明艾某公司因被侵权所受到的实际损失，也不能证明博某公司及孙某因侵权所获得的利益，本案应根据侵权行为的情节适用法定赔偿，艾某公司主张其一批次生产产品的最小量是400毫克，请求法院以此作为参考适用法定赔偿，但并未提供有效证据证明其最小批次生产量，也未能证明其最小批次生产量与博某公司生产量的关系，因此艾某公司该主张本院不予支持；本院具体考虑以下因素：1. 涉案技术秘密部分内容被涉案专利申请披露，以致进入公有领域，虽然仍可以专利形式保护，但仍难以排除他人实施专利侵权行为的可能，且随专利权保护期限届满后，技术方案还会无偿进入公有领域，以上情况会给艾某公司造成竞争优势的损害；在确定损害赔偿时，要考虑涉案技术秘密具有较高的现实商业价值，但同时还要考虑到涉案技术秘密大部分缓冲液具体成分配比并未被披露。2. 涉案专利申请使用了涉案技术秘密，并最终获得专利授权，给博某公司及孙某带来了相应的名誉和商业利益。3. 博某公司使用涉案技术秘密生产产品，缩短了相应研发周期，减少了相应研发资金的投入，并能通过产品获得商业利益，且产品价格不菲。4. 艾某公司提交了合理费用证据，但该证据无法显示付款人某知识产权代理有限责任公司与艾某公司的关系，故不能依据此证据直接确定本案合理支出，本院结合艾某公司多数证据系域外形成，需要进行公证及翻译，本案涉及技术问题较为复杂，律师工作量较大等事实，将合理费用作为经济赔偿因素之一进行考虑。5. 涉案PR3产品每毫克可制备试剂10000—20000份，该试剂针对的疾病属于罕见疾病，再结合西某公司网站相关报道及显示销售的PR3产品最小规格量为0.2毫克，以及我国对人血材料提供的严格管控，可以推断博某公司目前对于PR3产品处于试生产阶段，不太可能大量生产；判定博某公司及孙某连带赔偿艾某公司经济损失180万元。

经合议庭评议，本院根据《中华人民共和国反不正当竞争法》第九条、

第十七条，《最高人民法院关于审理侵犯商业秘密民事案件适用法律若干问题的规定》第一条第一款、第三条、第四条、第五条第二款、第六条、第七条第一款、第九条，《中华人民共和国民法典》第一千一百六十八条，《最高人民法院关于适用〈中华人民共和国反不正当竞争法〉若干问题的解释》第二十八条以及《中华人民共和国涉外民事关系法律适用法》第五十条，《中华人民共和国民事诉讼法》第十九条第三项、第二十九条、第六十七条第一款、第一百四十五条、第二百六十六条的规定，判决如下：

一、被告武汉博某生物科技有限公司、孙某于本判决生效之日起立即停止侵害原告艾某泰科诊断有限公司涉案技术秘密的行为；即孙某停止允许武汉博某生物科技有限公司使用涉案技术秘密；武汉博某生物科技有限公司及孙某停止披露、使用其掌握但未进入公有领域部分的涉案技术秘密，该停止侵害的时间持续到该部分技术秘密为公众所知悉时止；在专利有效期内，武汉博某生物科技有限公司及孙某不得自行或许可他人实施专利号为2018×××、名称为“一种×××纯化天然蛋白酶3的方法”的发明专利。

二、被告武汉博某生物科技有限公司及被告孙某自本判决生效之日起十日内连带赔偿原告艾某泰科诊断有限公司经济损失人民币180万元。

三、驳回原告艾某泰科诊断有限公司的其他诉讼请求。

如果未按本判决指定的期间履行给付金钱义务，应当依照《中华人民共和国民事诉讼法》第二百六十条的规定，加倍支付迟延履行期间的债务利息。

案件受理费人民币46800元，由被告武汉博某生物科技有限公司、孙某负担。

如不服本判决，原告艾某泰科诊断有限公司可在判决书送达之日起三十日内，被告武汉博某生物科技有限公司、被告孙某可在判决书送达之日起十五日内，向本院递交上诉状，并按对方当事人的人数提出副本，上诉于最高人民法院。

审　判　长　周书博
审　判　员　蒋劢君
人民陪审员　赵永江
二〇二三年五月二十九日
法官助理　何佳磊
书　记　员　刘　莹

37. 技术中立抗辩是否成立的判断标准

——原告北京某科技有限公司与被告重庆某商贸有限公司、成都某网络科技有限公司等不正当竞争纠纷案①

中华人民共和国重庆自由贸易试验区人民法院民事判决书

（2024）渝 0192 民初 2546 号

原告：北京某科技有限公司。住所地：北京市海淀区。

法定代表人：王某，该公司执行董事兼经理。

委托诉讼代理人：冯某，该公司员工。

委托诉讼代理人：邱浩然，四川发现律师事务所律师。

被告：重庆某商贸有限公司。住所地：重庆市渝北区。

法定代表人：吴某，该公司主任。

委托诉讼代理人：贺同文，四川砝鼎律师事务所律师。

被告：成都某网络科技有限公司。住所地：四川省成都市天府新区。

法定代表人：王某。

委托诉讼代理人：谭某，该公司员工。

被告：王某。

委托诉讼代理人：谭某，王某丈夫。

原告北京某科技有限公司（以下简称北京某科技公司）与被告重庆某商贸有限公司（以下简称重庆某商贸公司）、成都某网络科技有限公司（以下简称成都某科技公司）、王某不正当竞争纠纷一案，本院于 2024 年 3 月 7 日立案后，依法适用普通程序，于 2024 年 4 月 28 日公开开庭进行了审理。原告北京某科技公司的委托诉讼代理人冯某、邱浩然，被告重庆某商贸公司的委托诉讼代理人贺同文，被告成都某科技公司和王某的共同委托诉讼代理人谭某到庭参加诉讼。本案现已审理终结。

北京某科技公司向本院提出诉讼请求：1. 判令重庆某商贸公司、成都某

① 本案在年度报告中的位置为第 90 页。

科技公司立即停止涉案不正当竞争行为，即立即停止研发、宣传、推广、运营微信小程序“去水印解析器”；2. 判令重庆某商贸公司、成都某科技公司在《中国知识产权报》《中国法制报》上刊登或发布经法院审核的公开声明，澄清事实、消除影响；3. 判令重庆某商贸公司、成都某科技公司赔偿北京某科技公司经济损失及合理维权费用人民币 100 万元，王某对上述费用承担连带赔偿责任。事实和理由：北京某科技公司运营的抖音视频 APP、抖音火山版 APP（以下统称抖音）系短视频分享平台，其核心产品模式是向用户分发以原创内容为基础的优质视频内容。北京某科技公司通过多种手段构建了抖音原创保护体系，包括所有视频均带有抖音标识及原创作者抖音号以防止视频被他人未经授权使用；尊重原创作者意愿开发禁止视频下载功能（可选择）；设立投诉举报流程以保障能够快速制止侵权行为；发布用户服务协议规范用户行为等内容。北京某科技公司主张由重庆某商贸公司研发、宣传、推广、运营，由成都某科技公司作为收费主体的“去水印解析器”微信小程序，利用抖音平台的知名度，寄生于抖音平台为视频搬运提供技术支持，破坏抖音的正常运营秩序和原创保护机制，符合《最高人民法院关于适用〈中华人民共和国反不正当竞争法〉若干问题的解释》第二条规定的“与经营者在生产经营活动中存在可能的争夺交易机会，损害竞争优势等关系的市场主体”。被告恶意破坏抖音原创保护体系，主要表现在：（1）去除抖音视频自带的创作者抖音号、抖音标识及视频尾部的口播水印；（2）解析抖音视频链接，突破抖音功能限制及违反用户个人意愿，实现禁止下载的视频可下载；（3）该小程序内发布视频去水印教程，公然发布和传播视频搬运教程。同时，小程序内嵌入大量广告，且上述服务为付费服务，获取了大量不正当收益。上述行为已严重侵害北京某科技公司基于抖音运营形成的运营权益，损害了北京某科技公司良好声誉和产品美誉，侵犯抖音用户原创利益，违背自愿、诚信原则和商业道德，扰乱健康正常的市场竞争秩序，已构成违反《中华人民共和国反不正当竞争法》第二条和第十二条规定的不正当竞争行为。成都某科技公司作为上述微信小程序的收款主体，就上述不正当竞争行为，与重庆某商贸公司构成共同侵权，依法承担连带责任。王某系成都某科技公司（自然人独资）的股东，应依法对公司债务承担连带责任。基于以上事实和理由，北京某科技公司为维护自身的合法权益，特诉至法院，望判如所请。

重庆某商贸公司辩称，该公司前身是重庆某贸易公司。2021 年 3 月 19

日，重庆某商贸公司的股东与重庆某贸易公司的股东签订股权转让协议，并形成了股东会决议。重庆市市场监督管理局于2021年3月22日受理了重庆某贸易公司变更备案登记申请书，同时，重庆某贸易公司向市场监督管理局作出了承诺书，载明成都某科技公司、王某关于责任承担的陈述。2021年3月24日重庆两江新区市场监督管理局作出了准予变更登记通知书，公司的经营范围进行了变更，重庆某商贸公司没有从事互联网经营方面的业务。由于涉案侵权小程序系重庆某贸易公司开发，因此重庆某商贸公司不构成侵权，不应当承担责任。

成都某科技公司辩称，成都某科技公司开发运营的小程序“去水印解析器”不构成不正当竞争：1. 成都某科技公司系合法登记成立的企业，软件开发属于其经营范畴；2. 抖音原创的保护是“机审+人工审核”，目的在于审核视频的同质化及视频的唯一编码及其他相关属性，非以水印作为保护手段；3. 涉案小程序使用了公开的开源解码技术，所获取的无水印视频均来源于公开的用户播放/下载地址，故属于用户公开数据，并不涉及个人隐私或者商业秘密，也不涉及网站不愿意公开的信息，并不违反诚实信用原则和公认的商业道德；4. 涉案小程序是用户根据自身需求进行去水印，去水印这一行为并非成都某科技公司直接操作；5. 涉案小程序去水印的对象并不特定，故不可能对抖音软件构成不正当竞争；6. 被告既没有举证任何因为涉案小程序去了水印，而引起侵权问题与侵权投诉，以及侵犯其他任何用户著作权的证据。也没有提供证据证明被告的经济损失，同时也没有举证任何平台用户因为涉案小程序对于抖音软件的技术造成破坏、影响抖音软件运营。涉案小程序并未影响抖音软件的正常使用，不会侵入北京某科技公司APP服务系统，未违反《中华人民共和国反不正当竞争法》第十二条的规定。综上，被告被诉行为不构成不正当竞争，北京某科技公司要求的关于刊登声明、消除影响的诉讼请求亦无法律和事实依据，被告成都某科技公司不应承担任何责任。

王某辩称，成都某科技公司开发运营的小程序“去水印解析器”不构成不正当竞争。此外，成都某科技公司申请的微信商户号是“去水印解析器”微信小程序收款主体，所有的收款都结算到成都某科技公司的公账上，与王某私人财产并不混同，因此王某不应就成都某科技公司债务承担连带责任。

北京某科技公司围绕诉讼请求提交了重庆某商贸公司企业报告、成都某科技公司企业报告、王某身份信息、抖音短视频、抖音火山版软著证书、（2019）京国信内经证字第07099号公证书、奖项、《抖音用户服务协议》、抖音下载后自带水印存证、《抖音侵权投诉指引》、去水印解析器电子存证证书及视频、电子存证费用证据、律师费发票、微信广告售卖策略等证据。重庆某商贸公司提交了重庆某贸易公司股东会决议、股东间的《股权转让协议》、重庆两江新区市场监督管理局《准予变更登记通知书》2 份、《公司迁入登记审核表》《公司登记（备案）申请书》《承诺书》、重庆某商贸公司和重庆某贸易公司《营业执照》、重庆市公安局两江新区分局《印章备案回执》、客服 QQ13600××××页面等证据。成都某科技公司和王某共同提交了成都某科技公司的营业执照、去水印小程序业务逻辑、三方充值记录官方截图与网址注册账号密码、后台程序调取核心代码、小程序版本用户量截图、交易数据截图、广告收入截图、微信商户号下载的账户数据截图、阿里云部分成本截图、抖音软件支持去水印截图、微信聊天记录、抖音 17.1.0 版本录屏等证据。本院组织当事人进行了证据交换和质证。对当事人无异议的证据，本院予以确认并在卷佐证。对于成都某科技公司提交的录屏证据，北京某科技公司表示不确定抖音 17.1.0 版本的来源，对其证明目的不认可。本院认为，前述录屏未经过第三方认证，且录屏未显示抖音 17.1.0 版本的来源，因此对该证据本院不予采信。对于其他证据是否作为认定案件事实的依据，本院综合全案证据予以综合认定。

本院经审理认定事实如下：

一、案涉主体及相关经营信息

北京某科技公司成立于 2016 年 3 月 11 日，注册资本为 1000 万元，经营范围包括技术服务、技术开发、业务培训、广告制作等。2024 年 3 月 18 日前，原名为北京某视界科技公司。

重庆某贸易公司，成立于 2017 年 6 月 27 日，经营范围包括互联网销售。2021 年 3 月 24 日，变更为重庆某商贸公司，经营范围变更为包括汽车零配件零售、日用百货销售、电子产品销售、计算机软硬件及辅助设备零售。

成都某科技公司，成立于 2020 年 6 月 8 日，系自然人独资有限责任公司。2021 年 11 月 10 日，王某经受让成为该公司法定代表人，经营范围包括计算机软硬件及网络技术、电子信息技术处理、咨询服务、数据处理和存储服务等。

二、抖音视频软件及其原创保护体系

（一）抖音平台基本情况

2016 年 9 月 9 日，北京某科技公司对名称为“A. me. IOS 版软件 V1.0.0”“A. me. Android 版软件 V1.0.0”的软件进行计算机软件著作权登记，2017年2月24日，前述软件名称变更为“抖音IOS版软件［简称：抖音］V1.0.0”“抖音Android版软件［简称：抖音］V1.0.0”。北京某科技公司系抖音平台经营者，抖音平台图标为音符样式的“”。2020年，抖音日活跃用户达6亿，日均视频搜索次数突破4亿。自2017年以来，抖音被授予“年度创业新星”“××××中国互联网创新产品杰出贡献奖”“2018××××全景·××××××·年度最具影响力APP类大奖”、最具人气APP、年度创业新星；被某报社、某网授予“2018年度××××视频评选最佳合作伙伴”“十佳政务抖音号”“十佳抖音短视频”；被某传媒授予“2018年年度隐私政策透明奖”等多项荣誉。

（二）抖音平台原创保护体系

北京某科技公司陈述，抖音的原创体系保护主要包括：1. 通过《抖音用户服务协议》约定用户行为规范；2. 用户可选择开启或关闭视频作品的下载权限，平台为下载后的视频作品设置抖音标识、抖音文字、作者抖音号的水印；3. 平台为用户提供视频投诉举报途径。

1.《“抖音”用户服务协议》第5.1.1条约定，用户使用抖音软件及相关服务，不得使用未经公司授权或许可的任何插件、外挂、系统或第三方工具对抖音软件及相关服务的正常运行进行干扰、破坏、修改或施加其他影响。……第5.2.3（16）条约定，用户承诺不制作、复制、发布、传播侵犯他人知识产权等合法权益的内容。……第6.1条约定，未经公司书面许可，任何用户、第三方均不得自行或授权、允许、协助他人对“抖音”软件及相关服务中信息内容进行如下行为：（1）复制、读取、采用“抖音”软件及相关服务的信息内容，用于包括但不限于宣传、增加阅读量、浏览量等商业用途；（2）擅自编辑、整理、编排“抖音”软件及相关服务的信息内容后在“抖音”软件及相关服务的源页面以外的渠道进行展示；（3）采用包括但不限于特殊标识、特殊代码等任何形式的识别方法，自行或协助第三人对“抖音”软件及相关服务的信息内容产生流量、阅读量引导、转移、劫持等不利影响；（4）其他非法获取或使用“抖音”软件及相关服务的信息内容的行为。第6.2条约定，未经公司书面许可，任何用户、第三方不得以任何方式（包括但不限于盗链、冗余盗取、非法抓取、模拟下载、深度链接、假冒注册等）直接或间接盗取“抖音”软件及相关服务的视频、图文等信息内容，或以任何方式（包括但不限于隐藏或者修改域名、平台特有标识、用户名等）删除或改变相关信息内容的权利管理电子信息。第6.3条约定，经公司书面许可后，用户、第三方对“抖音”软件及相关服务的信息内容的分享、转发等行为，还应符合以下规范：（1）对抓取、统计、获得的相关搜索热词、命中率、分类、搜索量、点击率、阅读量等相关数据，未经公司事先书面同意，不得将上述数据以任何方式公示、提供、泄露给任何第三人；（2）不得对“抖音”软件及相关服务的源网页进行任何形式的任何改动，包括但不限于“抖音”软件及相关服务的首页链接、广告系统链接等入口，也不得对“抖音”软件及相关服务的源页面的展示进行任何形式的遮挡、插入、弹窗等妨碍；（3）应当采取安全、有效、严密的措施，防止“抖音”软件及相关服务的信息内容被第三方通过包括但不限于“蜘×”（sp××××）程序等任何形式进行非法获取；（4）不得把相关数据内容用于公司书面许可范围之外的目的，进行任何形式的销售和商业使用，或向第三方泄露、提供或允许第三方为任何方式的使用；（5）用户向任何第三人分享、转发、复制“抖音”软件及相关服务信息内容的行为，还应遵守公司为此制定的其他规范和标准，如《抖音社区自律公约》及“抖音”其他功能的相关协议。

2. 为证明“抖音”软件通过下载视频后自带水印存证、为用户设置视频下载权限等措施保护用户利益，北京某科技公司进行了电子取证。提交的IP360存证显示：取一部安卓手机恢复出厂设置，下载抖音，进入“抖音创作者中心”账号，点击账号视频作品“如何获取抖音搜索流量”，点击分享弹出含有“保存本地”选项的弹窗，点击“保存本地”显示“作者已关闭下载功能”。选择另一个允许下载的视频，下载保存到本地相册，打开相册中相应视频并播放。播放过程中视频左上角和右下角循环出现“抖音”以及“抖音号：dyc××××”的水印，视频最后显示视频作者“抖音创作者中心”的抖音账号头像、“来抖音，发现更多创作者”“抖音号：dyc××××”。将手机恢复出厂设置，下载抖音火山版，可以重现前述操作过程。

3. “抖音”软件中，北京某科技公司为平台用户提供了侵权内容举报、投诉渠道。抖音用户可以点击视频左下角的举报标志，选择以“内容违规”“侵权”“未成年”“其他”等理由对视频予以投诉举报，并可选填举报描述，详细描述举报理由，可以上传四张图片予以佐证。

三、被诉不正当竞争行为相关事实

2023年9月7日，北京某科技公司通过IP360取证数据保全证书取证，委托代理人邱浩然使用安卓版手机，恢复出厂设置后，安装微信 APP 后，在微信内搜索“去水印解析器”，出现四个小程序。排列在第一位的是名为“去水印解析器”小程序，下方载明：“短视频去水印工具，支持抖音、快手、微视、火山等所有热门短视……”下方载明：“重庆某贸易公司”。去水印解析器小程序页面显示：“短视频去水印工具，支持抖音、快手、微视、火山等所有热门短视频一键去水印解析下载 账号主体：重庆某贸易公司”下方为“进入小程序”按钮，以及“更多资料”。点击“更多资料”，显示小程序基础信息：“账号主体：重庆某贸易公司 91500000××××××××××；……服务类目：办公、计算器、图片处理；更新时间：1 年前；名称变更：2019 年 05 月 05 日注册‘去水印解析器’；简称变更：2019 年 05 月 05 日设置‘去水印’”。点击去水印解析器，该小程序页面分为“去水印”“我的”两个界面。其中“去水印”界面首页，上半屏显示左上角标记“广告”的宣传视频，并显示“小红书—立即下载”；下半屏显示“抖音去水印、快手去水印、微视去水印、火山去水印、皮皮虾去水印”等共计 14 个去水印选项并附有相应平台 LOGO。点击“个人中心”，页面显示“你好，微信用户！欢迎体验去水印小程序”，下方载明“购买次数、剩余次数：剩余 1 次、我的订单、用户 ID2126××××、客服 QQ13600××××”下方三分之一的屏幕为广告。选择抖音去水印一键去水印，显示有“ ”标识，下方有粘贴链接的对话框，下半屏为简易教程图片，显示为在视频右方“选择分享”“复制链接”“请复制粘贴抖音去水印链接地址”下方为“一键去除水印”的绿色按钮以及“保存短视频到本地”的白色按钮。

打开抖音软件“抖音创作者中心”账号的视频，在作品列表中选择“第 24 集”，点击“分享”，选择“保存本地”，弹窗显示“作者已关闭下载功能”；选择分享—复制视频链接，将链接粘贴到“去水印解析器”对应的“抖音去水印”的输入框，点击“一键去除水印”，解析完毕后，点击保存短视频到本地，可以成功保存。打开保存到本地的经处理的涉案视频，视频内容与抖音中视频一致且没有任何水印显示。打开抖音火山版，就“抖音创作者中心”账号的视频，正常无法保存，但重复上述操作过程，通过“去水印解析器”也可获得无任何水印的相同视频。解析一次视频后第二次再解析视频，“去水印解析器”小程序跳出弹窗“温馨提示：您的解析次数已用完，请前往购买”。前往购买页面显示：“次数购买：8.8 元解析 50 次，19.8 元解析 200 次……29.8 元解析 2000 次；会员购买：288 元不限次数终身免费，188 元不限次数年度会员……25 元不限次数 1 个月会员”。此外，“个人中心”页面末端显示左上角标记“广告”的宣传视频，并显示“小红书—立即下载”。点击购买 8.8 元解析 50 次，界面显示：当前状态：支付成功，支付时间为 2023 年 9 月 7 日，收款商户为成都某科技公司。

庭审中，北京某科技公司认为，重庆某商贸公司、成都某科技公司开发、运营“去水印解析器”给北京某科技公司抖音平台的运行造成的影响具体表现在：1. 去除水印的功能，既割裂了抖音短视频与创作者的联系，也割裂了抖音平台与相应视频联系。2. 突破平台保护机制的下载行为也侵犯了平台用户的选择权。上述行为势必导致用户对平台的信任度降低，也破坏了北京某科技公司保护原创的运营体系，最终会破坏抖音平台的运营，挤占市场份额，破坏正常的市场交易秩序。上述行为通过技术手段进行实施，符合《反不正当竞争法》第十二条的规定。

另查明，“去水印解析器”小程序初次上线于 2019 年 5 月 5 日，截至 2024 年 4 月 20 日仍在运营。庭审中，北京某科技公司确认涉案小程序已不具备“去水印”功能。

四、北京某科技公司主张经济损失及合理费用的相关事实

为证明被告的侵权收入，2024 年 3 月 14 日，北京某科技公司通过 IP360 取证数据保全证书取证，委托代理人邱浩然使用手机，登录××广告帮助中心，微信广告合约售卖策略载明，小程序 ban×××定价为：按千次曝光定价，由投放地域决定。核心城市 25 元/千次曝光；重点城市 20 元/千次曝光；其他城市：15 元/千次曝光。被告小程序中存在两处广告，按照××的广告费支付办法，小程序广告千次曝光广告费为 15 到 25 元，投放开始时间：未来 1—28 个自然日，投放持续时间：12 小时—28 个自然日。北京某科技公司认为：在前述取证时，代理人获取的用户 id 为 2126××××，代表的是小程序用户数量。即便上述用户仅点击一次小程序，广告收益也高达 80 余万元。同时，被告小程序有会员收费，最低充值金额为 8.8 元，按照上述用户数量乘以 8.8 元，收益远远超过 100 万元的收益，因此请求法庭酌定支持北京某科技公司 100 万元的诉请。

北京某科技公司主张合理费用律师费 20000 元，取证费 224 元。增值税电子发票显示，2023 年 11 月 13 日，某网络科技（北京）有限公司向北京某科技公司开具增值税电子发票，服务名称为“研发和技术服务、专业技术服

务”，金额 224 元；2024 年 4 月 11 日，显示四川发现律师事务所向北京某科技公司出具发票，项目名称为“民事代理费”，金额 20000 元，备注为（2024）渝 0192 民初 2546 号。

五、被告抗辩的事实

成都某科技公司自认明确案涉小程序收款主体为成都某科技公司，但所有收款都结算到成都某科技公司的公账上。王某否认其私人财产与成都某科技公司财产混同，但未提交相应证据。成都某科技公司陈述涉案小程序的正当使用场景时，系互联网用户有将视频中抖音水印去除后自己使用的需求。成都某科技公司为证明平台用户自身有去水印场景需求提供了王某与其母亲的聊天记录。聊天记录载明如下：王某母亲发了一条左上角带有抖音水印的视频发给王某，并发消息：“水印整没了……这个衣服领子怎么那样？”2021 年 3 月 15 日，王某母亲发消息给王某：“这个好……水印给我整没了啊！”王某回复其母亲：“稍等。”随后发了一段视频给其母亲，视频页面没有抖音水印。2021 年 4 月 12 日，王某发了两段带有抖音水印的视频发给其母亲，王某母亲回复王某：“好玩……哈哈哈……水印整没了。”王某回复其母亲：“都挺有意思是不是？”王某母亲回复王某：“是。”王某回复其母亲：“到时候第一个文字你就发……钱到底在哪儿……谁能找着……”王某母亲回复王某：“好。”王某回复其母亲：“哈哈哈……”随后发了两段去除抖音水印的视频给其母亲。

被告提供的录屏显示，抖音 17.1.0 版本，下方载明“已了解此安装包未经安全检测 应用商店安装新版本 继续安装 取消安装”，点击安装，一键登录点击右下角“我”，显示“用户 71286××××××××，抖音号：413××××××××”，左下方有一个视频截图。点击视频，播放视频，左下角显示“@用户 71286×××××××× 5 天前”“@用户 71286××××××××创作的原声……”点击下载到本地，下载完毕后，去相册查看，下载的视频与其抖音号发布的视频一致，左上角或右下角有抖音标志，并载明“我的抖音号：413××××××××”。成都某科技公司称涉案小程序从客观上推动了“抖音软件”实现了功能迭代，即抖音软件 17.1.0 版本不具备可供用户选择“下载无水印视频”的功能，但客观上用户需求较大，涉案小程序应运而生，推动抖音软件最新版本实现了“下载无水印视频”的功能。

庭审中，法院要求成都某科技公司陈述涉案小程序去除视频水印功能的技术原理。成都某科技公司称该技术系公共开源的解码技术，通过抖音与用户公开的地址链接，查看其源代码拿到视频地址通过公开技术进行协议下载。庭审中，成都某科技公司现场演示了这一过程。

庭审中，成都某科技公司登录涉案小程序，后台记录显示：截至 2024 年 4 月 19 日，小程序累计用户数 4.08 万人，流失用户数 4.01 万人。点击财务管理，下载收入明细，载明该小程序自 2023 年 3 月 7 日至 2024 年 3 月 2 日，共计有 118 条订单，共收入 1332.2 元。小程序财务管理中显示，账户流量主（视频广告收入）累计收入为 1583.25 元。案涉去水印小程序最新一次更新发布时间为 2021 年 3 月 18 日，后续没有进行任何维护、更新、认证。涉案小程序在 iOS 系统中未实施收费。庭审中，经成都某科技公司现场演示，如果要提取广告收入，需完善财务信息，而涉案小程序未完善财务信息。成都某科技公司为证明其为运营小程序付出的成本，提交了阿里云服务器记录，载明其在 2020 年 5 月 29 日购买了云服务器 ECS，支付了 8046 元。成都某科技公司明确涉案小程序的开发以及最后更新均发生于重庆某贸易公司转让之前，涉案小程序与重庆某商贸公司无关。

审理中，因被告已删除涉案小程序相关功能，北京某科技公司自愿撤回关于重庆某商贸公司、成都某科技公司立即停止侵权，即立即停止研发、宣传、推广、运营微信小程序“去水印解析器”的诉讼请求，本院予以准许。

本院认为，根据《最高人民法院关于适用〈中华人民共和国公司法〉时间效力的若干规定》第一条第二款规定：“公司法施行前的法律事实引起的民事纠纷案件，当时的法律、司法解释有规定的，适用当时的法律、司法解释的规定，但是适用公司法更有利于实现其立法目的，适用公司法的规定。”《中华人民共和国公司法》（2023 年 12 月 29 日修订）于 2024 年 7 月 1 日起施行，本案中，被控侵权行为发生在此之前，故本案应适用此次修正前的《中华人民共和国公司法》的相关规定。

根据各方当事人的诉辩意见和已查明的事实，本案的争议焦点为：1. 重庆某商贸公司开发、运营涉案“水印解析器”小程序的行为，是否构成利用技术手段事实妨碍、破坏抖音平台的不正当竞争行为；2. 如构成不正当竞争，三被告是否以及如何承担责任。本院对上述争议焦点分析如下：

一、重庆某商贸公司开发、运营涉案“水印解析器”小程序的行为，是否构成利用技术手段事实妨碍、破坏抖音平台的不正当竞争行为

（一）北京某科技公司对涉案视频标注涉案水印属于其经营自主权范畴

本案中，涉案水印包括抖音图文标识“抖音”及作者抖音号水印。北京某科技公司作为抖音软件运营商，首先有权对涉案视频标注“抖音”水印以表明该视频来源的网络平台，而“抖音”水印可促进吸引抖音软件用户流量，提升该应用的影响力。其次，对于作者抖音号水印，根据北京某科技公司与用户之间的协议约定，在用户未明确表示拒绝的情形下，其将在用户制作上传至抖音软件的短视频中标注用户抖音号；此种抖音号信息能对应至特定的抖音软件用户，系短视频制作者主体身份的展示。对于北京某科技公司而言，以此方式为用户署名，系表明涉案视频的权利人身份，可在一定程度上留存原创短视频用户并吸引潜在用户。最后，北京某科技公司作为抖音软件的经营者，有权决定涉案水印的标注方式和位置，在无合理理由的情形下，其他经营者不得擅自改变此种标注。据此，北京某科技公司对涉案视频标注涉案水印系其经营自主权范畴，其可就其他经营者破坏涉案水印的行为提出相应主张。

（二）重庆某商贸公司开发、运营涉案“水印解析器”小程序具有主观故意

一般而言，互联网行业从业人员对该行业规则具有一定或相当的认知，若明知或应知其行为一定或可能扰乱市场竞争秩序、侵害消费者利益等情形的，则将会被认定为主观上存在过错。重庆某商贸公司开发、经营涉案小程序，还在小程序上发布去水印的简易教程，引导用户如何使用该软件实现视频文件的下载、去水印等操作。可见，重庆某商贸公司知道或应当知道用户在使用该软件后可能会对北京某科技公司产生负面影响并导致利益受损，但仍然有意为之，具有明显的主观故意。

（三）重庆某商贸公司开发、运营涉案“水印解析器”小程序具有不正当性

《中华人民共和国反不正当竞争法》第十二条第二款规定：“经营者不得利用技术手段，通过影响用户选择或者其他方式，实施下列妨碍、破坏其他经营者合法提供的网络产品或者服务正常运行的行为：……（四）其他妨

碍、破坏其他经营者合法提供的网络产品或者服务正常运行的行为。”针对北京某科技公司指控重庆某商贸公司的不正当竞争行为的具体表现形式，本院分析如下：根据查明的事实，为保护视频上传者的著作权益及平台的经营利益，抖音平台授权用户对于其创作的视频可设置“是否允许下载”权限。对于用户不允许下载的视频，重庆某商贸公司开发、运营的“去水印解析器”利用技术手段绕过抖音平台设置的保护措施，帮助用户通过该软件可以实现对平台上视频文件的下载，并去除水印。对于用户允许下载的视频，只有创作者用户下载其创作的视频文件才不带平台水印；对于非创作者的其他平台用户，下载平台上的视频文件都带有平台水印。重庆某商贸公司开发、运营的“去水印解析器”利用技术手段绕过抖音平台设置的保护措施，通过该软件可以帮助用户实现去除水印。

关于被告就其开发运营涉案小程序是基于用户需求，并采用了中立性技术，未妨害抖音的正常运行的抗辩。本院认为：1. 一般而言，视频制作者或经其授权使用者如希望获得无水印的视频，既可直接用手机等设备拍摄，也可通过抖音软件等应用中的保存无水印视频功能予以实现，即其通常情况下并不需要依托于专门的去视频水印软件实现前述目的。对于被告提交的微信聊天记录，由于聊天记录主体系王某及其母亲，结合聊天内容，不排除王某母亲知晓成都某科技公司开发了去水印功能的软件而要求女儿帮助去水印。本院认为该聊天记录并不能客观反映抖音广大用户的需求。因此，重庆某商贸公司未能就去除视频水印功能可以运用于具体的正当场景提交有效证据或作出合理解释，亦即涉案小程序不具有实质性非侵权用途。2. 重庆某商贸公司虽展示了寻找视频“源头”的过程，但未提交证据说明涉案小程序去除视频水印的技术原理，不能证明该功能使用了中立性技术。3. 即便有证据证明涉案小程序使用了中立性技术，针对抖音用户明确设置为“不允许下载”的视频，涉案小程序亦可以突破用户意愿和平台技术设置，不具有正当性。4. 虽涉案小程序去除视频水印的功能并非仅针对抖音视频，但不影响被诉行为不正当性的认定。5. 现有证据未证明涉案小程序作为工具类软件，因帮助用户实现某种正当目的而具有其他提升消费者福利等社会公共产品的属性。因此，对于被告上述抗辩意见本院不予支持。

目前，衡量互联网平台运营质量的重要指标是用户流量和数据，这是评价互联网平台人气的重要指标，亦是互联性企业获取市场竞争优势的关键。重庆某商贸公司开发、运营的“去水印解析器”绕过北京某科技公司针对视频内容设置的技术保护措施，可以帮助用户在未经授权许可的情况下，得以下载抖音平台上的视频作品，在一定程度上为他人实施侵害作品信息网络传播权等行为提供了便利，为复制、截取、修改等随意使用他人享有著作权的视频作品的违法行为提供了帮助。北京某科技公司通过附加平台水印将用户与互联网企业联系起来，起到识别其产品或服务的来源、吸引用户流量和提升互联网企业知名度的目的，可能会因涉案小程序的功能受到影响，视频平台流量及其竞争优势有可能被人为减损，平台的经营方式和盈利模式有可能受到冲击和破坏。重庆某商贸公司的被诉行为属于利用技术手段，妨碍、破坏其他经营者合法提供的网络产品或者服务正常运行的行为，其利用北京某科技公司的经营资源以不正当手段为自己谋取利益，属于借他人经营投入获取自身利益的行为，违反了诚实信用原则和公认的商业道德，破坏了公平的市场竞争秩序，构成不正当竞争。

综上，重庆某商贸公司开发运营涉案小程序中的去除视频水印功能，既侵害了北京某科技公司作为经营者的利益，违反了诚实信用原则和商业道德，亦不存在有利于提升消费者利益或社会公共利益的正当理由。因被诉行为属于《中华人民共和国反不正当竞争法》第二章第十二条中明确列举的行为，不再适用《中华人民共和国反不正当竞争法》第二条的规定，北京某科技公司的相关主张，本院不予支持。

二、重庆某商贸公司、成都某科技公司、王某应当承担的法律责任

本案中，涉案小程序运营主体系重庆某商贸公司。重庆某商贸公司是独立的法律主体，其企业名称曾用重庆某贸易公司，虽然变更了名称，且进行了股权转让，但法律主体并未发生变化。因此，北京某科技公司就涉案侵权行为起诉重庆某商贸公司并无不当，重庆某商贸公司关于其不具备主体资格的抗辩，本院不予支持。重庆某商贸公司应当就其实施的不正当竞争行为承担停止侵权、赔偿损失等民事责任。《中华人民共和国民法典》第一千一百六十八条规定，二人以上共同实施侵权行为，造成他人损害的，应当承担连带责任。本案中，涉案小程序的收款主体为成都某科技公司，北京某科技公司主张重庆某商贸公司与成都某科技公司构成共同侵权并要求成都某科技公司承担连带赔偿责任有事实和法律依据，本院予以支持。虽然成都某科技公司明确涉案小程序与重庆某商贸公司无关，但相关责任承担系上述主体之间自行分配，不能对抗第三人，故本院对成都某科技公司的该意见不予采信。

依照《中华人民共和国公司法》第六十三条规定，只有一个股东的公司，股东不能证明公司财产独立于股东自己的财产的，应当对公司债务承担连带责任。王某系成都某科技公司的自然人独资股东，且王某未举证证明其财产与成都某科技公司财产相互独立，故其应承担举证不能的不利法律责任。因此北京某科技公司就涉案侵权行为起诉王某并无不当。王某应当对成都某科技公司前述付款义务承担连带责任。

结合北京某科技公司的诉讼请求，关于要求发布公开声明、澄清事实、消除影响的诉讼请求，考虑到北京某科技公司未举证被诉行为对其实际造成了何种负面影响，本院对其该项诉讼请求不予支持。关于赔偿经济损失及合理费用，在各方均未举证证明北京某科技公司因被诉行为产生的实际损失，本院结合如下因素酌定应予赔偿的数额：1. 重庆某商贸公司以去除视频水印作为涉案小程序的宣传重点，存在主观过错；2. 涉案小程序去除视频水印功能自 2019 年 3 月持续至 2024 年 4 月，持续时间较长；3. 涉案小程序的去除视频水印功能可适用于包括抖音软件在内的近 14 个应用，抖音软件是其中知名度较高的平台；4. 重庆某商贸公司就涉案小程序去除视频水印功能向用户收取会员费用并设置广告；5. 涉案小程序累计用户数 4. 08 万人，流失用户数为 4. 01 万人，流量主（广告）累计收入为 1583. 25 元，订单收入自 2023 年 3 月 7 日至 2024 年 3 月 2 日为 1332. 2 元；6. 成都某科技公司付费配置服务器，但不能证明该服务器专属服务于涉案小程序；7. 北京某科技公司为本案所付合理开支。综上，本院酌定赔偿经济损失以及合理费用 30000 元。

综上，依照《中华人民共和国民法典》第一千一百六十八条，《中华人民共和国反不正当竞争法》第十二条第二款第四项、第十七条，《中华人民共和国公司法》第六十三条，《最高人民法院关于适用〈中华人民共和国公司法〉时间效力的若干规定》第一条第二款，《中华人民共和国民事诉讼法》第六十七条、第一百四十五条、第一百五十五条之规定，判决如下：

一、被告重庆某商贸有限公司、被告成都某网络科技有限公司于本判决生效之日起十日内连带赔偿原告北京某科技有限公司经济损失及合理支出共计 30000 元；

二、被告王某就被告成都某网络科技有限公司的上述第一项债务向原告北京某科技有限公司承担连带清偿责任；

三、驳回原告北京某科技有限公司的其他诉讼请求。

如果未按本判决指定的期间履行给付金钱的义务，应当依照《中华人民共和国民事诉讼法》第二百六十四条之规定，加倍支付迟延履行期间的债务利息。

案件受理费13800元，由原告北京某科技有限公司负担10000元，被告重庆某商贸有限公司、成都某网络科技有限公司、王某共同负担3800元。

如不服本判决，可以在收到本判决书之日起十五日内向本院提交上诉状，并按对方当事人的人数提出副本，上诉于重庆市第一中级人民法院。

审 判 长　王雁苗
审 判 员　孙晶晶
陪 审 员　陈纪纲
二〇二四年八月二十七日
法官助理　蒋荣株
书 记 员　顾唯佳

（二）反垄断案件审判

38. 涉联合抵制交易的纵横交错协议构成横向垄断协议

——上诉人云南易某润滇米线股份有限公司与被上诉人云南润某食品有限公司、昆明林某秋谷食品制造有限责任公司、寻甸林某源食品厂、官渡区龙某精米厂、张某、郭某、马某、班某横向垄断协议纠纷案①

中华人民共和国最高人民法院民事判决书（2023）最高法知民终653号

上诉人（一审原告）：云南易某润滇米线股份有限公司。住所地：云南省昆明市西山区。

法定代表人：李某，该公司董事长兼总经理。

委托诉讼代理人：仲英豪，北京盈科（昆明）律师事务所律师。

委托诉讼代理人：耿荣芳，北京盈科（昆明）律师事务所律师。

被上诉人（一审被告）：云南润某食品有限公司。住所地：云南省昆明市盘龙区。

法定代表人：岳某甲，该公司执行董事。

被上诉人（一审被告）：昆明林某秋谷食品制造有限责任公司。住所地：云南省昆明市西山区。

法定代表人：蒋某，该公司执行董事兼总经理。

委托诉讼代理人：张江，云南锦业律师事务所律师。

委托诉讼代理人：肖勇，云南锦业律师事务所律师。

被上诉人（一审被告）：寻甸林某源食品厂。住所地：云南省昆明市。

投资人：岳某乙，该厂厂长。

被上诉人（一审被告）：官渡区龙某精米厂。经营场所：云南省昆明市

---

① 本案在年度报告中的位置为第92页。

官渡区。

经营者：杨某甲。

被上诉人（一审被告）：张某。

被上诉人（一审被告）：郭某。

被上诉人（一审被告）：马某。

被上诉人（一审被告）：班某。

以上六被上诉人共同委托诉讼代理人：张江，云南锦业律师事务所律师。

上诉人云南易某润滇米线股份有限公司（以下简称易某润滇公司）因与被上诉人云南润某食品有限公司（以下简称润某公司）、昆明林某秋谷食品制造有限责任公司（以下简称林某秋谷公司）、寻甸林某源食品厂（以下简称林某源食品厂）、官渡区龙某精米厂（以下简称龙某精米厂）、张某、郭某、马某、班某（以下统称林某秋谷公司等7位被诉垄断行为人）横向垄断协议纠纷一案，不服云南省昆明市中级人民法院（以下简称一审法院）于2022年9月28日作出的（2022）云01知民初17号民事判决（以下简称一审判决），向本院提起上诉。本院于2023年3月31日立案后，依法组成合议庭，于2024年7月22日公开开庭审理了本案，上诉人易某润滇公司的委托诉讼代理人仲英豪，被上诉人林某秋谷公司等7位被诉垄断行为人的共同委托诉讼代理人张江到庭参加了诉讼。被上诉人润某公司经传票传唤无正当理由未到庭参加诉讼，本院依法缺席审理。本案现已审理终结。

易某润滇公司向一审法院提起诉讼，一审法院于2022年4月1日立案受理。易某润滇公司起诉请求：1. 判令润某公司、林某秋谷公司等7位被诉垄断行为人连带赔偿易某润滇公司经济损失500万元及为制止侵权所支出的合理开支（包括律师费、调查费、差旅费等）20万元；2. 由润某公司、林某秋谷公司等7位被诉垄断行为人负担本案诉讼费。事实和理由：易某润滇公司成立于2014年，主营业务为米制品（米线）的生产、加工及销售。润某公司、林某秋谷公司等7位被诉垄断行为人均为米线生产、加工、销售行业的经营者。自2017年起，润某公司、林某秋谷公司等7位被诉垄断行为人就垄断昆明市米线生产、销售市场事宜达成如下协议：1. 以润某公司的名义一致对外，与昆明市各农贸市场的米线摊位和中间商签订排他性的《供货协议》《合作协议》。2. 林某秋谷公司等7位被诉垄断行为人按一定比例出资，提供给润某公司使用，通过向米线摊位提供5000元保证金的形式，促成以润某公司的名义与昆明市市区数百家农贸市场米线摊位签订《供货协议》，约定米线摊位除销售《供货协议》约定的米线厂生产的米线外，不得销售其他厂家的米线；若米线摊位违约，需向润某公司支付 5 万元违约金，润某公司还将通知所有合作的米线厂，停止对该摊位的米线供应。此外，润某公司、林某秋谷公司等 7 位被诉垄断行为人联合以润某公司名义与中间商签订《合作协议》，约定中间商需自行谈妥 2 个以上米线摊位签订《供货协议》，在润某公司与米线摊位签订《供货协议》后，中间商可享受价格优惠；除《合作协议》约定米线厂生产的米线外，中间商不得配送其他厂家的米线；中间商违反约定需赔偿 5 万元，润某公司还将通知所有合作的米线厂，停止对该中间商的米线供应。前述《供货协议》《合作协议》签订后，易某润滇公司的销售受到极大影响，销售额严重下滑，经营日益困难，直至米线生产加工业务完全关停。润某公司、林某秋谷公司等 7 位被诉垄断行为人形成联盟，达成了固定商品价格、联合抵制交易的垄断协议，给易某润滇公司造成了巨大损失，构成对易某润滇公司的共同侵权，应连带承担相应的民事责任。

润某公司在一审中辩称：对易某润滇公司的诉讼请求无异议。

林某秋谷公司等 7 位被诉垄断行为人在一审中共同辩称：1. 林某秋谷公司等 7 位被诉垄断行为人均不是《供货协议》的合同相对人。2. 郭某作为本案诉讼主体不适格。3. 林某秋谷公司等 7 位被诉垄断行为人与润某公司之间并无垄断协议，易某润滇公司诉请赔偿经济损失及维权合理开支缺乏事实及法律依据。4. 林某秋谷公司等 7 位被诉垄断行为人与润某公司之间因增资存在纠纷，生效判决已经判令润某公司向林某秋谷公司等 7 位被诉垄断行为人退还出资款项。易某润滇公司与润某公司恶意串通提起诉讼，本案系虚假诉讼。

一审法院查明以下事实：

一、各方当事人的基本情况

易某润滇公司系股份有限公司，法定代表人为李某，注册成立于 2014 年 11 月 11 日，经营范围包括大米及米制品的生产、加工及销售等。

润某公司系有限责任公司，法定代表人为岳某甲，注册成立于 2017 年 3 月 22 日，经营范围包括预包装食品兼散装食品等的销售；农副产品的生产、收购、销售等。

林某秋谷公司系有限责任公司，法定代表人为蒋某，注册成立于 2012 年 11 月 2 日，经营范围包括食品的生产、加工及销售。

林某源食品厂系个人独资企业，投资人为岳某乙，注册成立于 2014 年

10月13日，经营范围包括鲜米线加工销售。

龙某精米厂系个体工商户，经营者为杨某甲，注册成立于2017年1月23日，经营范围包括大米加工及销售。

昆明市民某米线加工厂（以下简称民某米线厂）系个体工商户，经营者为张某，注册成立于2015年4月15日，一审时已办理登记注销手续，经营范围包括米线、饵丝、卷粉的生产加工及销售。

2017年5月，润某公司计划进行公司增资扩股。

2017年9月17日，蒋某、岳某乙、杨某甲分别向润某公司交纳40万元、20万元、20万元以认购润某公司增资扩股股权，润某公司分别向蒋某、岳某乙、杨某甲出具了《收款收据》，但未与该三人签订股权认购协议，亦未向工商登记部门变更股权登记。经昆明市盘龙区人民法院审理，判令润某公司分别退还蒋某、岳某乙、杨某甲股权认购款40万元、20万元、20万元及相应利息。

2017年6月，润某公司向民某米线厂出具《收款收据》，确认收到购股保证金10万元；2017年6月29日，润某公司向民某米线厂出具《收款收据》，确认收到购股金19万元，向张某出具《收款收据》，确认收到购买润某公司股权的股金2万元。

2017年6月15日，润某公司向郭某出具《收款收据》，确认收到购股保证金20万元，但未将郭某登记为润某公司的股东。经昆明市盘龙区人民法院审理，判令润某公司退还郭某股权投资款20万元及相应利息。

2017年6月14日、2017年7月4日、2017年8月10日、2017年9月17日，马某先后向润某公司交付购股保证金共计20万元，润某公司向马某出具《收款收据》，但双方未签订出资协议。经昆明市盘龙区人民法院审理，判令润某公司退还马某购股本金20万元及相应利息。

2017年5月22日、2017年7月4日，班某先后向润某公司交纳2.25万元、10万元以认购润某公司增资扩股的股权，润某公司出具《收款收据》，但未与班某签订股权认购协议，亦未向工商登记部门变更股权登记。经昆明市盘龙区人民法院审理，判令润某公司退还班某股权认购款12.25万元及相应利息。

二、案涉固定商品价格垄断协议的情况

2017年7月25日，润某公司召开全体股东会并形成《云南润某食品有限公司股东会决议》（以下简称案涉股东会供货价格决议），内容如下："公司针对中间商合作协议的签订专门成立工作小组，并定下工作小组成员：吴某甲、段某、杨某乙、张某、吴某乙、班某六人；每个厂家所生产的水米线价格按如下执行：(1) 中间商携带签订两份摊位《供货协议》的按每公斤价格 2.1 元，(2) 中间商携带签订的摊位《供货协议》低于两份的按每公斤价格 2.2 元，(3) 中间商拒不签订《合作协议》的每公斤价格 2.3 元，(4) 所有润某公司的水米线送至摊位市场统一指导价 2.3 元。”在《股东会决议参会人员签字表》上，杨某甲在龙某精米厂参会人员处签字捺印；张某在民某米线厂参会人员处签字捺印；蔡某在林某源食品厂参会人员处签字捺印。

2017 年 7 月 31 日，润某公司发布的《通知》(以下简称调价通知) 载明：“润某公司将于 2017 年 7 月 31 日晚开始调整水米线价格，同时与中间商签订《合作协议》。若中间商不能谈妥并签订 2 个以上摊位《供货协议》的，协议期内润某公司调整价格时中间商不能享受任何优惠条件，须按润某公司调整的价格执行。中间商水米线出厂价暂定为：中间商谈妥两份摊位合同，并且公司工作人员去签订的价格 2.1 元，未谈妥两份摊位合同但是和厂家签订中间商《合作协议》的价格 2.2 元，拒不签订中间商《合作协议》的价格 2.3 元。”蒋某、张某、班某、蔡某在该《通知》上签字并捺印。

三、案涉联合抵制交易垄断协议的情况

2017 年 5 月 22 日，润某公司作出的《云南润某食品有限公司关于整合市场、签订合同、组织机构及近期工作安排的股东会决议》(以下简称案涉股东会整合市场决议) 载明：“在与终端客户 (摊位) 签合同时，禁止出现中间商的任何签字，签订合同的主体只能是每个米线厂与摊位；与终端客户 (摊位) 签订合同期间，如果出现摊位拒不签字者，由市场部及时反馈给每个米线厂厂家，必须无条件配合市场部工作，采取断货处理。”

2017 年 6 月 11 日，润某公司与某摊位的王某甲签订《供货协议》，张某在润某公司经办人处签字捺印。类似的《供货协议》还包括：2017 年 6 月 15 日，润某公司与某农贸市场的高某签订《供货协议》；2017 年 7 月 2 日，润某公司与某铺的石某签订《供货协议》，杨某甲为经办人；2017 年 7 月 4 日，润某公司与某摊点的谢某签订《供货协议》，蔡某为经办人；2017 年 7 月 8 日，润某公司与某商铺的杨某丙签订《供货协议》，班某为经办人。

一审法院认为：

润某公司、林某秋谷公司、林某源食品厂、龙某精米厂均为米制品的生产、加工、销售主体，张某作为个体工商户民某米线厂的经营者，亦为米制品的生产、加工、销售主体，故润某公司、林某秋谷公司、林某源食品厂、龙某精米厂、张某属于具有竞争关系的经营者，其作为相同行业的经营者具有直接竞争关系。郭某、马某、班某通过向润某公司支付购股款的方式希望成为润某公司的股东，故郭某、马某、班某具有进入米制品加工、生产、销售行业的可能性，郭某、马某、班某与润某公司、林某秋谷公司、林某源食品厂、龙某精米厂、张某具有间接的竞争关系。

2017 年 7 月 25 日的案涉股东会供货价格决议及 2017 年 7 月 31 日润某公司发布的调价通知对水米线价格进行固定，润某公司、林某秋谷公司、龙某精米厂、张某、班某在上述股东会决议及通知上签字或盖章予以确认，故润某公司、林某秋谷公司、龙某精米厂、张某、班某作为具有竞争关系的经营者，达成了固定水米线价格的垄断协议。郭某、马某并未在案涉股东会供货价格决议及调价通知上签字，易某润滇公司亦未提交其他证据，故润某公司未与郭某、马某达成固定水米线价格的垄断协议。案外人蔡某虽然在案涉股东会供货价格决议及调价通知的林某源食品厂处签字捺印，但林某源食品厂否认蔡某系其授权工作人员，且林某源食品厂的投资人为岳某乙，在易某润滇公司未提交其他证据证明蔡某系林某源食品厂授权工作人员的情况下，润某公司未与林某源食品厂达成固定水米线价格的垄断协议。

2017 年 5 月 22 日的案涉股东会整合市场决议并无润某公司、林某秋谷公司等 7 位被诉垄断行为人联合限定特定经营者不得与其具有竞争关系的经营者进行交易的内容，且该股东会决议仅有润某公司签章，并无林某秋谷公司等 7 位被诉垄断行为人的签字或盖章，故该份股东会决议不足以证明润某公司、林某秋谷公司等 7 位被诉垄断行为人达成联合抵制交易的垄断协议。易某润滇公司提交的《供货协议》虽然约定有限定特定经营者不得与润某公司具有竞争关系的经营者进行交易的内容，但《供货协议》的签订主体系润某公司与米线摊位经营者，并非润某公司与林某秋谷公司等 7 位被诉垄断行为人。虽然有 3 份《供货协议》上有杨某甲、张某、班某的签字及捺印，但《供货协议》签署时杨某甲、张某、班某已经向润某公司支付购股款希望取得润某公司的股权，杨某甲、张某、班某系以股东身份作为润某公司的经办人与米线摊位签署《供货协议》，其并非《供货协议》的一方，不能据此认定润某公司与杨某甲、张某、班某达成联合抵制交易的垄断协议。

易某润滇公司提交的证据仅能证明润某公司与林某秋谷公司、龙某精米厂、张某、班某作为具有竞争关系的经营者，达成了固定水米线价格的垄断协议，但并未证明上述固定水米线价格的垄断协议具体实施并给易某润滇公司造成了相应损失，故易某润滇公司主张润某公司、林某秋谷公司等7位被诉垄断行为人连带赔偿经济损失500万元缺乏依据。易某润滇公司虽未提供合理开支的证据，但其委托律师参与诉讼，故酌定由润某公司、林某秋谷公司、龙某精米厂、张某、班某连带支付易某润滇公司合理开支2万元。

综上所述，一审法院依照2022年修正的《中华人民共和国反垄断法》第三条、第十五条、第十六条、第十七条、第六十条，2021年修正的《中华人民共和国民事诉讼法》第六十七条第一款之规定，于2022年9月28日作出（2022）云01知民初17号民事判决："一、云南润某食品有限公司、昆明林某秋谷食品制造有限责任公司、官渡区龙某精米厂、张某、班某于本判决生效之日起十日内连带支付云南易某润滇米线股份有限公司维权合理开支律师费20000元；二、驳回云南易某润滇米线股份有限公司的其他诉讼请求。如果未按本判决指定的期间履行给付金钱义务，应当依照《中华人民共和国民事诉讼法》第二百六十条之规定，加倍支付迟延履行期间的债务利息。本案案件受理费55200元，由云南易某润滇米线股份有限公司负担54900元，由云南润某食品有限公司、昆明林某秋谷食品制造有限责任公司、官渡区龙某精米厂、张某、班某共同负担300元。"

易某润滇公司不服一审判决，向本院提起上诉，请求：1. 撤销一审判决，改判支持易某润滇公司的全部诉讼请求；2. 本案一审、二审诉讼费由润某公司、林某秋谷公司等7位被诉垄断行为人负担。事实和理由：1. 林某源食品厂与润某公司达成固定水米线价格的垄断协议。在案证据显示，在出资确认等重大事项中，蔡某有权代表岳某乙签字，在岳某乙与润某公司增资纠纷中，法院采信相关证据并确认蔡某在林某源食品厂处签字系有权代理。润某公司、林某秋谷公司等7位被诉垄断行为人达成并实施垄断协议是一个持续的过程，林某源食品厂一直参与其中。2. 润某公司、林某秋谷公司等7位被诉垄断行为人达成并实施了联合抵制交易的垄断协议。《供货协议》中约定米线摊位除协议约定的米线厂生产的米线外，不得销售其他同类厂家的米线，《供货协议》是润某公司、林某秋谷公司等7位被诉垄断行为人达成并实施联合抵制交易的垄断协议的表现形式，而非垄断协议本身。林某秋谷公司等7位被诉垄断行为人的出资款项主要用于与米线摊位经营者签订《供货协议》的保证金，林某秋谷公司等7位被诉垄断行为人是以实际行动积极配合实施联合抵制交易的垄断协议。3. 易某润滇公司投资建厂共计耗资1800

余万元，2015年厂区基本建成，2016年得到迅速发展，但自被诉垄断协议达成并实施后，润某公司与昆明市市区300余家米线摊位经营者达成《供货协议》，并要求这些米线摊位不得从易某润滇公司采购米线，使得易某润滇公司的市场份额大幅减少，直至工厂停产。润某公司、林某秋谷公司等7位被诉垄断行为人应当承担连带赔偿责任。

润某公司未作答辩。

林某秋谷公司、龙某精米厂、张某、班某辩称：1. 一审判决认定事实不清，适用法律错误，但由于判令支付的金额较小，为避免诉累，林某秋谷公司、龙某精米厂、张某、班某未提起上诉。2. 易某润滇公司承认润某公司向其提供相关证据原件，一审庭审中，润某公司在易某润滇公司未就其诉讼请求提供任何证据的情况下，认可易某润滇公司的全部诉讼请求，证明易某润滇公司与润某公司恶意串通，通过虚假诉讼损害林某秋谷公司、龙某精米厂、张某、班某的合法权益。3. 林某秋谷公司、龙某精米厂、张某、班某未达成任何形式的垄断协议，并非本案适格被告。林某秋谷公司、龙某精米厂、张某、班某曾向润某公司进行出资，后因增资纠纷发生诉讼，法院判令润某公司向林某秋谷公司、龙某精米厂、班某退还出资款项。本案一审判决认定构成垄断协议的案涉股东会供货价格决议及调价通知均系润某公司的内部文件，林某秋谷公司、龙某精米厂、张某、班某系出资后履行出资人义务，内部文件效力不能及于公司以外第三人，一审判决错误认定上述内部文件构成垄断协议，属于认定事实不清，适用法律错误。4. 易某润滇公司未就其主张的经济损失和合理开支提供证据，应承担举证不能的不利后果。

林某源食品厂、郭某、马某辩称：1. 某润滇公司与润某公司恶意串通，通过虚假诉讼损害林某源食品厂、郭某、马某的合法权益。2. 林某源食品厂、郭某、马某与润某公司没有任何法律关系，亦未达成任何形式的垄断协议，并非本案适格被告。3. 易某润滇公司未就其主张的经济损失和合理开支提供证据，应承担举证不能的不利后果。综上，一审判决认定事实清楚，适用法律正确，林某源食品厂、郭某、马某请求驳回上诉，维持原判。

本院二审期间，易某润滇公司与林某秋谷公司等7位被诉垄断行为人分别补充提供了1份证据与2份证据，本院组织各方当事人交换证据并质证。

易某润滇公司补充提供了润某公司法定代表人岳某甲在2017年6月至8月的手写笔记，拟证明润某公司、林某秋谷公司等7位被诉垄断行为人达成并实施了横向垄断协议。

林某秋谷公司等7位被诉垄断行为人补充提供了2份证据：1. 用某信息查询软件搜索关键词“米线”的结果（云南省有48717条，昆明市有6023条），拟证明在云南省、昆明市分别有4.8万余家、6000余家米线经营者，林某秋谷公司等7位被诉垄断行为人在米线经营者中占比极小，不可能达成横向垄断协议；2. 用某信息查询软件查询易某润滇公司的介绍页面截图，拟证明易某润滇公司自身经营存在问题，与林某秋谷公司等7位被诉垄断行为人无关。

经质证，对易某润滇公司补充的上述证据，林某秋谷公司等7位被诉垄断行为人不认可其真实性、合法性、关联性，认为该笔记系岳某甲的个人记录，并非会议记录，亦无林某秋谷公司等7位被诉垄断行为人的签名，不具有证明力；对林某秋谷公司等7位被诉垄断行为人补充提供的上述2份证据，易某润滇公司认可其真实性、合法性，不认可其关联性，否定其证明力。润某公司对上述3份证据均未发表质证意见。

本院经审核，对于易某润滇公司补充提供的润某公司法定代表人岳某甲的个人笔记，鉴于润某公司无正当理由不参加诉讼，未对其法定代表人的个人笔记作出辩解或者说明，本院可以结合本案其他相关事实与证据对该份证据予以合理采信。

对于林某秋谷公司等7位被诉垄断行为人补充提供的2份证据，第1份证据系采用关键词搜索，搜索结果未作筛选，存在与米线生产、经营无关的信息，故搜索所得到的数据准确性无法保证，且认定横向垄断协议无须界定相关市场及考察协议参与方的市场份额，因此该证据与本案缺乏关联性，本院不予采纳；第2份证据显示易某润滇公司存在司法诉讼信息36条，因未显示具体案件情况，不能明确与本案的关联性，也无法达到林某秋谷公司等7位被诉垄断行为人的证明目的，故本院对该证据亦不予采纳。

对于一审法院认定的基本事实，易某润滇公司、林某秋谷公司等7位被诉垄断行为人均无异议。一审法院认定的基本事实有证据佐证，本院予以确认。

本院另查明：

一、案涉横向垄断协议相关情况

润某公司与林某秋谷公司、蒋某买卖合同纠纷案［案号（2020）云01民终8898号］民事判决书、润某公司与林某源食品厂、岳某乙合同纠纷案［案号（2020）云0103民初5225号］民事判决书、昆明民某食品制造有限责任公司诉润某公司以及润某公司反诉昆明民某食品制造有限责任公司及张某买卖合同纠纷案［案号（2020）云0103民初3744号］民事判决书的查明事实部分分别记载：2017年5月5日，润某公司分别与林某秋谷公司、林某源食品厂、民某米线厂签订《鲜米线购销合同书》。《鲜米线购销合同书》分别约定：林某秋谷公司、林某源食品厂、民某米线厂所生产的米线由润某公司负责在昆明市场统购统销，林某秋谷公司、林某源食品厂、民某米线厂除自有业务外不得向润某公司以外的第三方销售米线。米线款按统购价2元每公斤由润某公司当天向林某秋谷公司、林某源食品厂、民某米线厂结清。润某公司向林某秋谷公司、林某源食品厂、民某米线厂分别支付10万元作为履约保证金，合同有效期为3年，如果林某秋谷公司、林某源食品厂、民某米线厂在合同期内违约，则承诺向润某公司赔偿违约金50万元。蒋某（林某秋谷公司）、岳某乙（林某源食品厂）、张某（民某米线厂）分别出具收据确认在合同签订当日收到润某公司支付的10万元保证金（实际银行转账99970元）。上述合同纠纷均因履行《鲜米线购销合同书》而产生，在上述纠纷中，林某秋谷公司、林某源食品厂、民某米线厂主张，《鲜米线购销合同书》实际履行时间很短，润某公司实际收购次数很少；润某公司在上述案件中主张林某秋谷公司、林某源食品厂、民某米线厂分别返还润某公司10万元保证金。

某甲米线加工厂诉润某公司以及润某公司诉某甲米线加工厂、吴某乙买卖合同纠纷案［（2020）云0103民初3746号］民事判决书的查明事实部分记载：2017年5月5日，润某公司与某甲米线加工厂签订《鲜米线购销合同书》，合同书内容与以上查明《鲜米线购销合同书》的内容一致，某甲米线加工厂确认收到润某公司支付的10万元保证金，且该案各方当事人均确认上述《鲜米线购销合同书》仅在2017年履行。

案涉股东会供货价格决议还载明：润某公司于2017年7月31日开始正式营业；公司开始正式营业后，派遣工作人员到各厂家收取货款，当天结算，工作人员按公司规定抽取每公斤0.2元的费用；统一全部水米线厂的米线筐，并统计数量，于2017年7月25日订购，于2017年8月1日统一使用，便于以后公司的统一管理与市场维护；润某公司已定1000套服装，根据签订的《供货协议》分发到每个摊位，于2017年7月29日前分发到位。在润某公司与中间商签订《合作协议》期间，若发现中间商窜厂，与润某公司签订有《购销协议》（《鲜米线购销合同书》）的米线厂不得接受窜厂的中间商，第一次发现米线厂接受窜厂中间商的罚金 2 万元，第二次发现罚金 5 万元；第三次发现按照润某公司与该厂家签订的《购销协议》（《鲜米线购销合同书》）违约条款处理。

2017 年 6 月 9 日，润某公司出具《任务保证书》。该保证书载明：为配合润某公司按计划开展业务，要求各米线及米制品生产厂家积极配合，下达任务要求水米线厂必须签订 10 份米线摊位合同（林某秋谷公司 15 份、民某米线厂 12 份），班某签订 2 份；合同签订范围以昆明市区为主（包括呈贡区），安宁市、晋宁区、嵩明县及周边县市不在签订范围；关于任务奖惩，完成全部任务每份合同奖励 50 元，不能完成全部任务，少 1 份处罚 1000 元作为公司办公费用；交单时间为 7 月 3 日。该《任务保证书》后附蒋某、杨某甲、张某、蔡某的签名。

2017 年 7 月 4 日，润某公司发布《通知》，载明：为确保润某公司与米线摊位签订的《供货协议》真实有效，润某公司对 7 月 4 日前签订合同的真实性进行审查，若发现有虚假、隐瞒、代签等情况一律追回保证金，同时对经办人处 1 万元罚款；情节严重的，按挪用公款交由司法机关处理；通知下发后，发生类似情况的，按该通知的规定执行。在该通知下方，蒋某在林某秋谷公司处签名；岳某乙在林某源食品厂处签名；张某在民某米线厂处签名。

2017 年 7 月 8 日，润某公司发布《通知》，载明：原定于 2017 年 7 月 8 日上交的与米线摊位签订的《供货协议》推迟至 7 月 9 日（星期日）交齐，望各股东准时带齐已经签订的《供货协议》，若未完成任务，一律按《任务保证书》的规定严格执行，即缺一份协议处罚 1000 元。在该通知下方，蒋某在林某秋谷公司处签名；岳某乙在林某源食品厂处签名；张某在民某米线厂处签名。

2017 年 7 月 8 日，润某公司发布第二份《通知》（以下简称执行通知），载明：若部分米线摊位经多次沟通协调仍不能签订《供货协议》，为防止发生窜货现象，对不签订协议的米线摊位采取停货措施，凡属润某公司股东的米线厂须无条件执行此项决定；停货通知下发后，如果拒不执行或折扣执行公司的规定，对米线厂第一次罚款 2 万元，第二次罚款 5 万元，第三次按违约处理。在该通知下方，蒋某在林某秋谷公司处签名；岳某乙在林某源食品厂处签名；张某在民某米线厂处签名。

2017 年 7 月 8 日，润某公司发布第三份《通知》，载明：若股东本人不能到场（参加股东大会），可正常请假并安排代理人到场参加会议。在该通知下方，蒋某在林某秋谷公司处签名；岳某乙在林某源食品厂处签名；张某在民某米线厂处签名。

案涉《合作协议》共37份，均由润某公司与米线中间商在2017年7月26日至30日签订。37份《供货协议》均载明：润某公司与中间商形成供给与配送合作伙伴关系，中间商需保证与润某公司签订有《供货协议》的各个农贸市场米线摊位、超市、餐馆及各类食堂等终端客户所需产品及数量按时配送到达。《合作协议》自签订之日起，中间商需自主谈妥至少2个以上米线摊位的《供货协议》，在润某公司工作人员陪同下签订完毕；协议期内，若润某公司调整产品价格，中间商享有每公斤优惠0.1元的价格；若中间商不能谈妥并签订2个以上米线摊位《供货协议》，协议期内润某公司调整价格时，中间商不能享受任何优惠价格；中间商在协议期内，除协议约定的生产厂家水（粗）线、干浆（细）米线外，不得配送其他同类品牌和厂家的水（粗）线、干浆（细）米线；中间商需遵守润某公司的管理制度，配合润某公司对市场管理的决定、决议和措施；若润某公司违约，应承担5万元违约金；若中间商违约应承担5万元违约金，同时将通知与润某公司合作的所有干浆米线厂、水米线厂家停止对中间商供应干浆米线、水米线及其他米制品。37份《合作协议》的内容一致。《合作协议》中列出协议米线厂家名称，其中水米线生产厂家包括：林某秋谷公司、林某源食品厂、民某米线厂等11家；干浆米线厂家包括民某干浆米线厂（实为民某米线厂）等12家。

案涉《供货协议》共309份，均由润某公司与米线摊位签订，主要于2017年6月至8月签订，个别签订于2018年。其中，蒋某作为经办人签订17份；杨某甲作为经办人签订2份；张某作为经办人签订14份；班某作为经办人签订1份。309份《供货协议》均载明：润某公司与米线摊位经营者自协议签订之日起形成供需合作伙伴关系。润某公司按米线摊位经营者所需产品及数量送达其指定地点。米线摊位在协议期内除协议约定生产厂家的水（粗）米线、干浆（细）米线外，不得销售其他同类厂家的水（粗）米线、干浆（细）米线。合作期间如润某公司产品不稳定时，米线摊位可选择任意一家协议约定生产厂家的同类产品，除协议所列的米线厂家外，米线摊位在协议期间任何时候不得销售其他厂家米线。为保证供货合作期间，润某公司、米线摊位经营者能认真遵守该协议的约定，米线摊位经营者收取润某公司5000元保证金，双方解除协议之日，米线摊位经营者需无息退还该保证金；若润某公司违约，承担5万元违约金；若米线摊位经营者违约，除退还保证金外还应承担5万元违约金，同时润某公司将无限期停止向该米线摊位经营者供应水米线，并通知与润某公司合作的所有干浆米线厂及水米线厂停止向其供应干浆米线、水米线及其他米制品。《供货协议》中列出协议米线厂家名称及联系电话（主要是手机号），其中水米线生产厂家包括：林某秋谷公司、林某源食品厂、民某米线厂等10余家；干浆米线厂家包括民某干浆米线厂（实为民某米线厂）等10余家；卷粉、饵丝、饵块厂家10余家。

润某公司与米线摊位经营者签订的309份《供货协议》中，易某润滇公司列在米线供货厂家之中有143份，这其中131份签订于2017年6月28日之前（占比约92%）。

岳某甲在2017年6月的笔记中记录：由班某负责查找摊位所进米线来源；要一直打压易某润滇公司及李某。

岳某甲在2017年7月的笔记中记录：等公司赚到钱，归还岳某甲投在易某润滇公司的50万元；“直接打死李某”。

岳某甲在2017年8月的笔记中记录：在3—5天内完成（收集）易某润滇公司米线所有（销售）资料；市场部必须查到每个摊位销售易某润滇公司米线的具体数量；已经签订《供货协议》的米线摊位，（如继续）销售易某润滇公司米线的，第一次进行说服；第二次说服并录视频及拍照；第三次启动法律程序并当场打电话给律师。

易某润滇公司自认，2017年年初润某公司法定代表人岳某甲向易某润滇公司支付了50万元预付款用于采购易某润滇公司的米线，并拉拢易某润滇公司加入被诉垄断协议。易某润滇公司主张，易某润滇公司拒绝加入被诉垄断协议，润某公司、林某秋谷公司等7位被诉垄断行为人对易某润滇公司加大打击和排挤。

二、润某公司出资及资金使用情况

2017年9月17日，润某公司出具的《出资股金分配明细表》（打印件）载明：岳某甲出资30万元；蒋某出资40万元；岳某乙出资20万元；杨某甲出资20万元；张某出资20万元；郭某出资20万元；马某出资20万元；班某出资10万元；吴某甲出资10万元；吴某乙出资10万元，合计200万元。岳某甲、蒋某、张某、郭某、吴某甲在签字栏签名，蔡某代岳某乙签名，岳某甲在润某公司“法人代表”处签名。

2017年9月17日，润某公司出具的《出资股金分配表》（手写稿）载明：岳某甲出资30万元，占3%；蒋某出资40万元，占4%；岳某乙出资20

万元，占2%；杨某甲出资20万元，占2%；张某出资20万元，占2%，郭某出资20万元，占2%；马某出资20万元，占2%；班某出资10万元，占1%；吴某甲出资10万元，占1%；吴某乙出资10万元，占1%，以上出资合计200万元，占20%，每股10万元。后附岳某甲、蒋某、张某、郭某、吴某甲、吴某乙签名，蔡某代岳某乙签名，岳某甲在润某公司“法人代表”处签名。

2017年9月17日，润某公司出具的《证明》载明：润某公司共出让股金200万元，即20%的股份，2017年9月17日以前所开的所有收据作废，以2017年9月17日所出具的收据为准（保证金）。岳某甲、蒋某、张某、吴某甲在“所有出资股东签字”一栏签名；段某代郭某签名，蔡某代岳某乙签名。

润某公司的《资金使用明细》载明：“合同到2017年8月5日共签285份（其中2份没付款）”“蒋某手上共有194万元”“签协议186份，共用93万元”“张某1.5万元”“蒋某付萧某10万元”“蒋某报销费用8355元”，业务交接人包含蒋某。

2017年9月17日，润某公司出具的《未明账务》载明：王某乙合同款2万元，经手人为蒋某、张某；张某未到款1.5万元，经手人为蒋某，张某确认；吴某丙《供货协议》5000元、吴某乙领取款1.5万元、蒋某公司余款41195元，前述经手人均为蒋某。以上账务审核同意人包括岳某甲、蒋某、张某。

三、与本案相关的其他事实

被诉垄断行为发生期间，润某公司的股东为岳某甲、杨某乙。张某为昆明民某食品制造有限责任公司的法定代表人和大股东（60%股份）。林某秋谷公司的股东为蒋某，蒋某持有该公司100%股权。

岳某乙与润某公司、岳某甲公司增资纠纷案［（2020）云0103民初8190号］民事判决书在查明事实部分记载：2017年9月17日，岳某乙向润某公司交纳20万元以认购润某公司增资扩股部分的股权。

张某甲与易某润滇公司买卖合同纠纷案［（2019）云0112民初9470号］民事判决书在查明事实部分记载：2019年3月21日，易某润滇公司与张某甲签订《“润某米线”加盟合伙协议书》，约定易某润滇公司拥有“润滇”注册商标，张某甲只能从易某润滇公司进货，不得销售其他同类产品。2019年5月25日，易某润滇公司向昆明市西山区市场监督管理局团结市场监督管理所出具停厂情况说明，自称易某润滇公司一直处于亏损状态，经公司股东会议一致通过，自2019年5月30日起停止米线生产。

本院认为：本案系横向垄断协议纠纷。被诉垄断行为自2017年5月（签订《鲜米线购销合同书》及作出案涉股东会整合市场决议时间）起实施，易某润滇公司、林某秋谷公司等7位被诉垄断行为人均认可被诉垄断行为在本案一审起诉时（2022年4月1日）已经终止，故本案应适用自2008年8月1日起施行的《中华人民共和国反垄断法》（以下简称2008年反垄断法，2022年修正的该法以下简称2022年反垄断法）及其司法解释，以及自2021年1月1日起施行的《中华人民共和国民法典》（以下简称民法典）。对于2008年反垄断法及其司法解释没有规定的内容，2024年7月1日起施行的《最高人民法院关于审理垄断民事纠纷案件适用法律若干问题的解释》（以下简称新的反垄断民事诉讼司法解释）有规定，且不明显背离社会公众对法律的合理预期的，可以适用该司法解释。一审法院适用2022年反垄断法，存在法律适用错误，本院予以纠正。案涉蔡某的代理行为主要发生于润某公司增资扩股及被诉垄断协议达成期间，发生时间均在2017年9月17日之前，故评价蔡某的代理行为应适用2009年修正的《中华人民共和国民法通则》。

根据各方当事人的诉辩主张及案件基本事实，本案二审中的争议焦点为：1. 润某公司、林某秋谷公司等7位被诉垄断行为人是否达成并实施了固定商品价格、联合抵制交易的横向垄断协议；2. 若达成并实施了上述横向垄断协议，润某公司、林某秋谷公司等7位被诉垄断行为人应承担何种民事法律责任。

一、关于润某公司、林某秋谷公司等7位被诉垄断行为人是否达成并实施了固定商品价格、联合抵制交易的横向垄断协议

2008年反垄断法第十三条第一款规定："禁止具有竞争关系的经营者达成下列垄断协议：（一）固定或者变更商品价格；（二）限制商品的生产数量或者销售数量；（三）分割销售市场或者原材料采购市场；（四）限制购买新技术、新设备或者限制开发新技术、新产品；（五）联合抵制交易；（六）国务院反垄断执法机构认定的其他垄断协议。"该条第二款规定："本法所称垄断协议，是指排除、限制竞争的协议、决定或者其他协同行为。"根据上述法律规定，判断特定行为是否构成法定横向垄断协议，首先应当审查该行为各方是否是具有竞争关系的经营者；然后审查该行为是否具有上述法定形式（协议、决定或者其他协同行为）和具体行为类型（如固定或者变更商品价

格、联合抵制交易等)；最后分析认定该行为是否具有排除、限制竞争的实际或潜在效果。鉴于2008年反垄断法第十三条第一款规定的五项典型的横向垄断协议是最为严重的反竞争行为，一旦形成，必然会产生排除或者限制竞争的后果，即使该类协议尚未实施，其达成即明显具有反竞争行为的潜在效果。故，反垄断执法司法实践中，通常只要经营者的上述法定典型行为被证实存在，就可以初步认定构成横向垄断协议，被诉经营者主张其不构成垄断行为的，应当举证证明其行为符合2008年反垄断法第十五条规定的豁免事由。

本案中，案涉协议具有书面协议形式。对于案涉协议是否构成2008年反垄断法第十三条第一款第一项、第五项所明文禁止的典型的横向垄断协议，需要重点审查两个事项：协议的主体是否属于具有竞争关系的经营者；协议是否符合2008年反垄断法第十三条第一款明文规定的行为类型。对此，本院具体分析如下：

（一）关于润某公司、林某秋谷公司等7位被诉垄断行为人是否属于具有竞争关系的经营者

根据新的反垄断民事诉讼司法解释第十九条第一款的规定，达成横向垄断协议的具有竞争关系的经营者，是指在商品生产经营过程中处于同一阶段、提供具有较为紧密替代关系的商品、独立经营决策并承担法律责任的两个以上的实际经营者或者可能进入同一相关市场进行竞争的潜在经营者。

本案中，润某公司、林某秋谷公司、林某源食品厂、龙某精米厂以及作为个体工商户民某米线厂经营者的张某均为生产、销售同一产品（米线）的经营者，且主要经营区域均在云南省昆明市，因此，润某公司与林某秋谷公司、林某源食品厂、龙某精米厂、张某属于具有竞争关系的实际经营者。

在认定具有竞争关系的潜在经营者时，可以结合具体情况，考察经营者是否具有在短期内进入相关市场的动机和能力。本案中，郭某、马某、班某为自然人，在案证据显示该三人均已认购润某公司的增资股权并部分参与该公司的经营决策，表现出进入相关市场的动机和意愿，且米线的生产、销售并无过高资金、技术条件限制，该三人均具有在短期内进入相关市场的能力。因此，郭某、马某、班某属于可能与润某公司进行竞争的潜在经营者。

一审法院认定林某秋谷公司等7位被诉垄断行为人均是与润某公司具有竞争关系的经营者，并无不当，本院予以确认。

（二）关于润某公司、林某秋谷公司等7位被诉垄断行为人是否达成并实施了固定商品价格的垄断协议

价格竞争是经营者之间最重要、最基本的竞争方式。固定或者变更商品价格，是指当事人对商品定价施加人为影响，从而消除或减弱彼此之间的价格竞争，通常表现为固定或者变更价格水平、价格变动幅度等。

本案中，润某公司于2017年7月25日作出案涉股东会供货价格决议，明确规定“每个厂家”（所有参会人员经营的厂家）所生产的水米线价格应当按该决议规定的价格分类执行，由此固定了润某公司向米线摊位销售水米线的价格（每公斤2.3元），同时还根据中间商的情况，对润某公司向中间商的供货价格作出分类并规定了固定的供货价格（对签订2份《供货协议》的中间商，每公斤2.1元；对签订《供货协议》低于2份的中间商，每公斤2.2元；对拒不签订《合作协议》的中间商，每公斤2.3元），该决议要求各股东经营的厂家据此执行。为配合供货价格的实施，案涉股东会供货价格决议宣布成立针对中间商《合作协议》签订的专门工作小组，该六人小组中包括张某、班某。在润某公司与中间商签订的《合作协议》中，也对价格变更作出约定，即协议期内若润某公司调整产品价格，中间商享受每公斤优惠0.1元的价格。润某公司于2017年7月31日发布调价通知，告知中间商润某公司将于当晚开始调整水米线价格，水米线的出厂价格根据中间商与润某公司签订《合作协议》的情况以及中间商以润某公司名义与米线摊位经营者签订《供货协议》的情况，分类执行不同的出厂价格，调价通知所确定的定价标准与案涉股东会供货价格决议确定的水米线供货价格标准一致。调价通知同时明确，若中间商不能与2个以上米线摊位经营者签订《供货协议》，则协议期内润某公司调整价格时中间商不能享受任何优惠，按润某公司调整后的价格执行。

此外，2017年5月5日，润某公司分别与林某秋谷公司、林某源食品厂、民某米线厂签订《鲜米线购销合同书》并在合同书中约定润某公司收购上述三家米线厂米线的统购价格（每公斤2元），《鲜米线购销合同书》同时还约定由润某公司在昆明市实行统购统销，林某秋谷公司、林某源食品厂、民某米线厂在自有业务之外不得向润某公司以外的第三方销售米线。在销售渠道受限制的情况下，成本、利润率相对确定，导致润某公司和上述三家米线厂对外销售米线的价格受润某公司收购米线的统购价格（每公斤2元）的影响较大，再结合案涉股东会供货价格决议确定的米线零售价格（给米线摊

位每公斤 2.3 元）和供货价格（给中间商每公斤 2.1—2.3 元），润某公司与林某秋谷公司、林某源食品厂、民某米线厂分别签订的《鲜米线购销合同书》与案涉股东会供货价格决议相互配合，形成润某公司、林某秋谷公司等 7 位被诉垄断行为人固定米线价格的整体安排。

案涉股东会供货价格决议系 2017 年 7 月 25 日经润某公司全体股东会作出，张某、郭某、马某、班某在此前已认购润某公司的增资股权，在没有相反证据的情况下，可以推定该四人均同意股东会上述决议。因此，案涉股东会供货价格决议内容对润某公司、张某、郭某、马某、班某及其经营的米线厂产生约束。林某秋谷公司的法定代表人蒋某、林某源食品厂的投资人岳某乙、龙某精米厂的经营者杨某甲系在 2017 年 9 月认购润某公司的增资股权，案涉股东会供货价格决议作出时，该三人尚未出资，但蔡某、杨某甲（龙某精米厂的经营者）分别在 2017 年 7 月 25 日的《股东会决议参会人员签字表》上林某源食品厂、龙某精米厂参会人员处签名捺印；蒋某（林某秋谷公司的法定代表人）、蔡某分别在 2017 年 7 月 31 日润某公司发布的调价通知上林某秋谷公司、林某源食品厂参会人员处签字捺印。需要特别指出的是，蔡某除在上述《股东会决议参会人员签字表》及调价通知的林某源食品厂参会人员处签名捺印外，还在 2017 年 9 月 17 日润某公司出具的《出资股金分配明细表》及出资股东《证明》上代表林某源食品厂的投资人岳某乙签名；同时蔡某作为经办人还曾以润某公司名义与米线摊位经营者签订《供货协议》。在岳某乙与润某公司、岳某甲之间的公司增资纠纷中，岳某乙确认 2017 年 9 月 17 日其向润某公司交纳 20 万元认购增资扩股股权。此外，在 2017 年 7 月 8 日润某公司发布的《通知》中规定，若股东本人不能参加股东大会，可安排代理人参加，岳某乙在该通知上签名确认。根据 2009 年修正的《民法通则》第六十六条第一款的规定，本人知道他人以本人名义实施民事行为而不作否认表示的，视为同意。岳某乙认可蔡某代表其向润某公司进行出资，且明示同意在本人不能参加股东大会的情况下由其代理人参加，故在没有相反证据的情况下，可以认定蔡某能代表岳某乙参与润某公司的运营（包括参加股东大会）。林某秋谷公司的法定代表人蒋某、林某源食品厂的投资人岳某乙（由蔡某代理）、龙某精米厂的经营者杨某甲的上述签字捺印行为系对案涉股东会供货价格决议内容的确认，即表示接受该决议的约束。因此，案涉股东会供货价格决议可以视为润某公司、林某秋谷公司等 7 位被诉垄断行为人就固定水米线价格达成的书面协议。

综上所述，润某公司、林某秋谷公司等7位被诉垄断行为人达成了2008年反垄断法第十三条第一款第一项明文禁止的固定商品价格的横向垄断协议，且通过润某公司发布调价通知以及与米线厂签订《鲜米线购销合同书》、与中间商签订《合作协议》、与米线摊位签订《供货协议》等行为实施了该横向垄断协议。

一审判决认定润某公司与林某秋谷公司、龙某精米厂、张某、班某达成固定水米线价格的横向垄断协议，并无不当，但一审判决未认定林某源食品厂、郭某、马某参与该横向垄断协议，存在适用法律错误，本院予以纠正。对易某润滇公司有关润某公司、林某秋谷公司等7位被诉垄断行为人达成并实施了固定商品价格的横向垄断协议的上诉主张，本院予以支持。

（三）关于润某公司、林某秋谷公司等7位被诉垄断行为人是否达成并实施了联合抵制交易的横向垄断协议

联合抵制交易，即集体拒绝交易，是指具有竞争关系的经营者联合起来不与其他竞争对手、供应商或者销售商交易，具体包括联合拒绝向特定经营者供货或销售商品；联合拒绝采购或者销售特定经营者的商品；联合限定特定经营者（交易相对人）不得与同其具有竞争关系的经营者进行交易以及通过其他方式联合抵制交易。联合抵制交易作为横向垄断协议的一种，本质上系在具有竞争关系的竞争者之间达成的协议。实践中，具有竞争关系的数个经营者合谋抵制具有竞争关系的其他经营者时，除共同达成联合抵制交易的协议外，通常还需要通过联合上、下游经营者（交易相对人）的纵向安排来保障或者强化联合抵制竞争对手这一反竞争效果的实现。该种纵向安排是横向（具有竞争关系的）经营者所主导的联合抵制竞争对手交易行为的重要内容或者手段，并不影响该联合抵制交易行为构成横向垄断协议的定性。

本案中，联合抵制交易系通过润某公司分别与处于同一阶段、具有竞争关系的米线厂（生产商）、下游配送米线的中间商（批发商）、下游终端米线摊位经营者（零售商）达成三个层次的协议并设置相应的奖惩机制，各层次协议相互配合、层层巩固，得以实现联合抵制其他米线厂（生产商）的效果。

首先，在处于同一阶段的生产商层面，润某公司和林某秋谷公司、林某源食品厂、民某米线厂签订《鲜米线购销合同书》，约定林某秋谷公司、林某源食品厂、民某米线厂除自有业务外不得向润某公司之外的第三方销售。同时，根据案涉股东会供货价格决议，在润某公司与中间商签订《合作协

议》期间，与润某公司签订《鲜米线购销合同书》的米线厂不得接受中间商窜厂，否则将给予处罚（第一次罚金 2 万元，第二次罚金 5 万元，第三次按违约处理)。这就意味着米线中间商很难直接从林某秋谷公司、林某源食品厂、民某米线厂得到米线供应，《鲜米线购销合同书》在一定程度上排除了润某公司和林某秋谷公司、林某源食品厂、民某米线厂这四家米线生产商之间的竞争。此外，润某公司发布执行通知，要求润某公司的股东米线厂联合对拒不签订《供货协议》的米线摊位停止供货，如有米线厂违反约定未停止供货，则对该米线厂进行处罚（第一次罚款 2 万元，第二次罚款 5 万元，第三次按违约处理)。与此同时，润某公司还通过《任务保证书》要求《供货协议》指定的米线厂以及班某等必须以润某公司名义与一定数量米线摊位经营者签订《供货协议》，并根据完成的协议数量给予上述米线厂及个人一定的奖惩。为了确保米线厂家完成协议签订任务，润某公司还成立了专门工作小组，并对《供货协议》的真实性进行审查。

其次，在下游批发商层面，润某公司与配送米线的中间商签订《合作协议》，约定中间商在协议期内只能配送协议约定厂家的米线，不得配送其他厂家的米线；如果中间商违反上述约定，将承担 5 万元违约金；同时，润某公司将通知所有合作的米线厂（包括与润某公司签订《鲜米线购销合同书》的米线厂以及向润某公司出资的米线厂）停止对该中间商的米线供应。为确保中间商接受《合作协议》的约定，润某公司对不与其签订《合作协议》的中间商不给予价格优惠，而对签订《合作协议》以及以润某公司名义与米线摊位经营者签订《供货协议》的中间商给予每公斤米线 0.1—0.2 元的价格优惠。《合作协议》还要求中间商需遵守润某公司的管理制度，配合润某公司对市场的决定、决议和措施。

最后，在下游零售商层面，润某公司与米线摊位经营者签订《供货协议》，约定米线摊位在协议期内除销售协议约定厂家生产的米线外，不得销售其他厂家的米线。为确保米线摊位经营者同意只销售协议厂家的米线，拒绝销售协议外厂家的米线，润某公司先向米线摊位经营者支付 5000 元保证金，但如果米线摊位经营者违约，则需向润某公司支付 5 万元违约金，同时润某公司将通知与润某公司合作的所有米线厂家（包括与润某公司签订《鲜米线购销合同书》的米线厂以及向润某公司出资的米线厂）停止对该摊位供应米线。此外，案涉股东会整合市场决议还要求所有股东经营的米线厂对拒不签订《供货协议》的米线摊位进行断货。

根据上述《鲜米线购销合同书》《合作协议》《供货协议》所约定的内容，并考虑到米线产品对及时配送要求较高的特点，在中间商正常配送的情况下，米线摊位经营者放弃让中间商配送，选择自行联系《供货协议》约定的米线厂订购米线的可能性较小，因此，中间商配送的米线厂范围将大致决定了米线零售商销售的米线厂范围，而润某公司交给中间商配送的米线厂范围又大致决定了中间商配送的米线厂范围。

从整体上看，润某公司和林某秋谷公司、林某源食品厂、民某米线厂于2017年5月5日分别签订《鲜米线购销合同书》，案涉股东会整合市场决议于2017年5月22日作出，2017年7月25日作出的案涉股东会供货价格决议充分对接并体现了在先作出的案涉股东会整合市场决议以及《鲜米线购销合同书》的内容。润某公司、林某秋谷公司等7位被诉垄断行为人通过达成《鲜米线购销合同书》，固定米线统购价格，限制对外销售渠道，一定程度上排除了签订合同书的米线厂之间的竞争；通过案涉股东会整合市场决议及供货价格决议，阻止易某润滇公司等其他米线厂生产的商品进入销售市场，这样才能使得案涉股东会供货价格决议所确定的米线零售价格（给米线摊位的价格）和供货价格（给中间商的价格）得以维持。在某种程度上，本案中，联合抵制交易与固定价格两者共同实施，维持协议价格，排除、限制易某润滇公司等其他米线厂在昆明市市区的米线生产、销售市场的竞争。因此，虽然案涉股东会整合市场决议并无林某秋谷公司等7位被诉垄断行为人的签名，但案涉股东会整合市场决议、案涉股东会供货价格决议是润某公司、林某秋谷公司等7位被诉垄断行为人就联合限定米线摊位、米线中间商不得与易某润滇公司等米线厂进行交易而达成的整体方案，构成联合抵制交易的书面协议。在该整体方案中，润某公司与米线中间商、米线摊位经营者分别达成《合作协议》《供货协议》约定抵制交易，均属于该方案实施联合抵制交易的重要手段，也构成该方案的重要组成部分。如前所述，该联合抵制交易行为构成法定横向垄断协议。

综上所述，润某公司、林某秋谷公司等7位被诉垄断行为人达成了2008年反垄断法第十三条第一款第五项明文禁止的联合抵制交易的横向垄断协议，且润某公司以及林某秋谷公司等7位被诉垄断行为人通过以润某公司名义与中间商签订《合作协议》、与米线摊位经营者签订《供货协议》等方式，限定米线中间商不得配送、米线摊位不得销售包括易某润滇公司在内的未列入协议的米线厂生产的米线，从而整合昆明市市区米线生产、销售市场，排除、限制易某润滇公司等其他米线厂的竞争。此外，根据润某公司的《资金使用明细》《未明账务》记载，林某秋谷公司等7位被诉垄断行为人认购润某公司增资股权的出资也主要用于向米线摊位支付《供货协议》保证金，即林某秋谷公司等7位被诉垄断行为人以通过提供资金的形式均参与了联合抵制交易协议的实施。

一审法院仅根据《供货协议》系润某公司与米线摊位所签订而不认定润某公司、林某秋谷公司等7位被诉垄断行为人达成联合抵制交易的横向垄断协议，适用法律错误，本院予以纠正。对易某润滇公司有关润某公司、林某秋谷公司等7位被诉垄断行为人达成并实施了联合抵制交易的横向垄断协议的上诉主张，本院予以支持。

林某秋谷公司的法定代表人蒋某、林某源食品厂的投资人岳某乙、龙某精米厂的经营者杨某甲、张某、郭某、马某、班某等7人主张，其所实施的被诉垄断行为系以股东身份作为润某公司经办人实施。对此，本院认为，首先，林某秋谷公司的法定代表人蒋某、林某源食品厂的投资人岳某乙、龙某精米厂的经营者杨某甲、民某米线厂的经营者张某显然系分别代表其经营的林某秋谷公司、林某源食品厂、龙某精米厂和民某米线厂实施相关行为。其次，本案并无证据表明润某公司明确授权林某秋谷公司等7位被诉垄断行为人代表润某公司行事，故林某秋谷公司等7位被诉垄断行为人的上述主张，缺乏事实和法律依据，本院不予支持。

林某秋谷公司等7位被诉垄断行为人在二审中主张，易某润滇公司与张某甲签订"润某米线"加盟合伙协议也构成联合抵制交易的垄断协议。根据2023年修正的《中华人民共和国民事诉讼法》第一百七十五条的规定，第二审人民法院应当对上诉请求的有关事实和适用法律进行审查。"润某米线"加盟合伙协议与本案被诉垄断行为并无关联，该协议是否构成横向垄断协议并非本案的审理范围，故本院对此不予述评。

润某公司、林某秋谷公司等7位被诉垄断行为人未主张适用2008年反垄断法第十五条规定的豁免事由，故本院对此不予审查。

二、关于润某公司、林某秋谷公司等7位被诉垄断行为人应承担何种民事法律责任

（一）关于易某润滇公司是否有权就其因被诉垄断协议造成的损失请求赔偿

本案中，润某公司与米线摊位经营者达成的309份《供货协议》中，约

定的米线供货厂家中包括易某润滇公司的有143份，且易某润滇公司自认在2017年年初收到润某公司法定代表人岳某甲支付的50万元米线预付款。易某润滇公司主张，《供货协议》中虽然有易某润滇公司的名称，但所留的联系电话号码与易某润滇公司毫无关系，米线摊位经营者无法通过该电话号码与易某润滇公司取得联系；此外，从签订协议的时间可以看出，绝大部分列有易某润滇公司的《供货协议》签订于2017年6月底，而在同期润某公司的法定代表人岳某甲已经明确表示要打压易某润滇公司，2017年8月之后，岳某甲更是要求已经签订《供货协议》的米线摊位经营者不得继续销售易某润滇公司的米线，因此，易某润滇公司系被诉垄断行为重点排挤、打压的对象。

对此，本院认为，首先，易某润滇公司主张2017年年初润某公司曾试图拉拢其加入被诉垄断协议，后被易某润滇公司拒绝，该主张与列有易某润滇公司名称的《供货协议》绝大部分签订于2017年6月底之前的事实并不矛盾。2017年7月之后，润某公司与中间商签订的37份《合作协议》中均未将易某润滇公司列入协议米线厂之中，也进一步验证了易某润滇公司的上述主张。其次，如前文所分析，根据《合作协议》《供货协议》约定的配送流程，中间商配送的米线厂范围将大致决定了米线零售商销售的米线厂范围，因此，将易某润滇公司排除在《合作协议》约定的米线厂之外，更容易达到将其排挤出昆明市米线销售市场的目的。最后，案涉股东会供货价格决议记载润某公司于2017年7月31日开始正式营业，根据岳某甲的个人笔记可知，2017年8月之后，润某公司、林某秋谷公司等7位被诉垄断行为人对易某润滇公司采取了针对性的排挤、打压行动，说服甚至变相威胁已签订《供货协议》的米线摊位不得继续销售易某润滇公司的米线，笔记记载的内容与易某润滇公司的主张也相互印证。至于2017年6月之后还有个别列有易某润滇公司名称的《供货协议》签订，易某润滇公司主张系因为润某公司的经办人较多，个别经办人未及时更新《供货协议》导致，该主张与全案事实亦不矛盾。

综上所述，根据全案事实，特别是被诉垄断协议的达成及实施过程，并结合岳某甲的个人笔记内容，即便认为易某润滇公司在2017年年初收到岳某甲米线预付款至2017年6月的《供货协议》签订期间曾经参与或试图参与被诉垄断协议，也可以认定在2017年7月润某公司正式营业之后，易某润滇公司系润某公司、林某秋谷公司等7位被诉垄断行为人排挤、打压的对象，而非共谋者。根据新的反垄断民事诉讼司法解释第四十七条的规定，人民法院对于横向垄断协议的经营者以达成、实施该协议的其他经营者为被告，请求赔偿其参与该协议期间的损失的，不予支持，但并未排除横向垄断协议的经营者对其参与协议期间之外的损失请求赔偿的权利。因此，本案中，易某润滇公司有权就其在2017年7月之后因被诉垄断协议造成的损失向润某公司、林某秋谷公司等7位被诉垄断行为人主张赔偿责任。

（二）关于本案中易某润滇公司是否必须将全体增资股权出资人列为共同被告

本案中，除林某秋谷公司等7位被诉垄断行为人外，吴某甲、吴某乙（某甲米线加工厂的经营者）也分别认购了润某公司10万元的增资股权。此外，除林某秋谷公司、林某源食品厂、民某米线厂外，润某公司还与其他米线厂（如某甲米线加工厂）签订了《鲜米线购销合同书》。林某秋谷公司等7位被诉垄断行为人主张，向润某公司进行出资的不止林某秋谷公司等7位被诉垄断行为人，易某润滇公司仅选择部分出资人进行起诉。易某润滇公司辩称，其基于证据等原因，在本案中未起诉其他当事人。

对此，本院认为，首先，2021年修正的《中华人民共和国民事诉讼法》第一百三十五条规定："必须共同进行诉讼的当事人没有参加诉讼的，人民法院应当通知其参加诉讼。"该条所指系必要共同诉讼中，必要共同诉讼人对诉讼标的有共同的权利义务，其中一人不参加诉讼，争议的权利义务关系以及当事人之间的权利义务关系就难以确定。民法典第一千一百六十八条规定："二人以上共同实施侵权行为，造成他人损害的，应当承担连带责任。"该法第一百七十八条第一款规定："二人以上依法承担连带责任的，权利人有权请求部分或者全部连带责任人承担责任。"其次，对于横向垄断协议纠纷而言，虽然协议各方共同达成垄断协议，但协议各方参与垄断协议的具体行为并不是同一的（各自的原因事实不同），因此，对横向垄断协议达成方提起的诉讼属于诉讼标的有牵连的共同诉讼，并不必然属于必要共同诉讼。再次，由于横向垄断协议的达成通常具有一定隐蔽性，如果要求因垄断协议遭受损失的一方必须针对全体垄断协议达成方提起诉讼，不仅背离了反垄断法预防和制止垄断行为的宗旨，在实践中也难以操作。最后，横向垄断协议纠纷中受害方可以选择向部分或全部协议达成方主张损害赔偿，请求被诉侵权人对全部或部分损失承担连带赔偿责任。因此，易某润滇公司可以根据自身利益（包括举证难易程度等）选择本案的起诉对象，请求赔偿其全部损失。润某公司、林某秋谷公司等 7 位被诉垄断行为人对未诉的垄断协议达成方有追偿权，后续可以借助追偿程序对未诉的部分侵权人进行追偿。

（三）关于润某公司、林某秋谷公司等 7 位被诉垄断行为人应承担的赔偿数额

2008 年反垄断法第五十条规定："经营者实施垄断行为，给他人造成损失的，依法承担民事责任。"2020 年修正的《最高人民法院关于审理因垄断行为引发的民事纠纷案件应用法律若干问题的规定》第十四条规定："被告实施垄断行为，给原告造成损失的，根据原告的诉讼请求和查明的事实，人民法院可以依法判令被告承担停止侵害、赔偿损失等民事责任。根据原告的请求，人民法院可以将原告因调查、制止垄断行为所支付的合理开支计入损失赔偿范围。"新的反垄断民事诉讼司法解释第四十四条第三款规定："原告有证据证明被诉垄断行为已经给其造成损失，但难以根据前款规定确定具体损失数额的，人民法院可以根据原告的主张和案件证据，考虑被诉垄断行为的性质、程度、持续时间、获得的利益等因素，酌情确定合理的赔偿数额。"

本案中，润某公司、林某秋谷公司等 7 位被诉垄断行为人达成并实施了固定商品价格、联合抵制交易的横向垄断协议，且在实施过程中针对性地排挤、打压易某润滇公司，给易某润滇公司造成了一定的损失，应承担相应的赔偿责任。易某润滇公司主张因被诉垄断行为导致其公司市场份额大幅下降，直至工厂停产，请求法院根据易某润滇公司投资建厂的费用酌定其经济损失，判令润某公司、林某秋谷公司等被 7 位诉垄断行为人连带赔偿经济损失 500 万元及合理开支 20 万元。

本案被诉垄断行为自 2017 年 5 月开始，易某润滇公司、林某秋谷公司等 7 位被诉垄断行为人均认可被诉垄断行为在一审起诉时（2022 年 4 月 1 日）已经终止。根据另案查明的事实，易某润滇公司自 2019 年 5 月 30 日起停止米线生产。易某润滇公司未提交证据证明被诉垄断行为与其停止米线生产之间因果关系的强弱程度，也未提供证据证明投资建厂费用在停止米线生产之后的残存价值，依据其投资建厂费用确定经济损失的说服力不足。对于易某润滇公司因被诉垄断行为所造成的损失，易某润滇公司完全可以提供被诉垄断行为发生前后其生产量、销售量、经营成本、经营收入等有关票据、合同、账册等资料进行证明，但易某润滇公司并未提供上述证据，未尽到相应的举

证义务。根据在案事实，可以看出易某润滇公司因被诉垄断行为造成了损失，本案需要结合具体案情，合理酌定有关损失数额。

综合全案证据，具体考虑因素如下：1. 被诉垄断行为人的主观恶性程度，在润某公司的主导下，润某公司、林某秋谷公司等7位被诉垄断行为人达成并实施了固定商品价格、联合抵制交易的横向垄断协议，润某公司设计了复杂的分层实施机制和奖惩机制，昆明市市区的300余位米线摊位经营者和30余位米线派送中间商牵涉其中，且在实施过程中针对性地排挤、打压易某润滇公司，主观恶意明显。2. 被诉垄断行为的持续时间，《合作协议》《供货协议》约定的履行期限分别为3年和5年，但根据林某秋谷公司等7位被诉垄断行为人与润某公司增资纠纷发生的时间，被诉垄断行为集中发生于2017年至2019年；此外，根据润某公司分别与林某秋谷公司、林某源食品厂、民某米线厂之间的合同纠纷案件所反映的情况，润某公司与上述米线厂之间签订的《鲜米线购销合同书》的实际实施期限集中于2017年。3. 被诉垄断行为对相关市场的影响，被诉垄断行为发生在昆明市市区，米线的生产、销售经营者众多，米线生产、销售市场的进入和退出均比较容易，被诉垄断行为虽然限制了参与的米线生产商之间的竞争，产生一定排除、限制竞争的效果，但被诉垄断协议达成并实施后，昆明市水米线的出厂价和零售价未有明显波动。4. 易某润滇公司未提交证据证明被诉垄断行为实施之前与实施期间其经营成本、利润、市场份额或变化情况；在考虑其损失时，应扣除易某润滇公司因列入米线供货厂家的143份《供货协议》及岳某甲于2017年年初向易某润滇公司支付50万元米线预付款而获得的利益。5. 易某润滇公司未提交合理开支的证据，但本案一审、二审中均委托了律师参加诉讼。综合上述因素，本院酌情确定易某润滇公司的经济损失100万元、合理开支10万元。

根据民法典第一千一百六十八条的规定，二人以上共同实施侵权行为，造成他人损害的，应当承担连带责任。本案中，润某公司、林某秋谷公司等7位被诉垄断行为人达成并实施了固定商品价格、联合抵制交易的横向垄断协议，应承担连带责任。

林某秋谷公司等7位被诉垄断行为人主张，润某公司向易某润滇公司提供了被诉垄断行为的证据，双方恶意串通，构成虚假诉讼。如上所述，本案有充分证据证明被诉垄断行为客观存在，林某秋谷公司等7位被诉垄断行为人并未提供相反证据予以有效反驳，同时也没有提供证据证明润某公司与易某润滇公司在被诉垄断行为被发现后存在串通行为；垄断行为的部分共同参与人在该行为被行政执法机关查处或者被提起民事诉讼前后主动披露有关证据、承认或者主动揭发垄断行为，均有助于及时发现并制止垄断行为，保护市场公平竞争，维护市场竞争秩序，值得鼓励，不能据此认定该部分垄断行为实施者存在串通进行虚假诉讼的嫌疑。故，对林某秋谷公司等7位被诉垄断行为人的上述主张，本院不予支持。

综上所述，易某润滇公司的上诉请求部分成立，本院予以支持。一审法院认定事实基本清楚，但适用法律存在错误，本院予以纠正。本院依照《中华人民共和国民法典》第一百七十八条第一款、第一千一百六十八条，2009年修正的《中华人民共和国民法通则》第六十六条，2008年8月1日起施行的《中华人民共和国反垄断法》第十三条、第十五条、第五十条，2020年修正的《最高人民法院关于审理因垄断行为引发的民事纠纷案件应用法律若干问题的规定》第十四条，《最高人民法院关于审理垄断民事纠纷案件适用法律若干问题的解释》第十九条第一款、第四十四条第三款、第四十七条，2021年修正的《中华人民共和国民事诉讼法》第一百三十五条，2023年修正的《中华人民共和国民事诉讼法》第一百七十五条、第一百七十七条第一款第二项之规定，判决如下：

一、撤销云南省昆明市中级人民法院（2022）云01知民初17号民事判决；

二、云南润某食品有限公司自本判决生效之日起十日内赔偿云南易某润滇米线股份有限公司经济损失100万元、合理开支10万元；

三、昆明林某秋谷食品制造有限责任公司、寻甸林某源食品厂、官渡区龙某精米厂、张某、郭某、马某、班某对本判决第二项确定的赔偿义务承担连带责任；

四、驳回云南易某润滇米线股份有限公司的其他诉讼请求。

如果未按本判决指定的期间履行给付金钱义务的，应当依照2023年修正的《中华人民共和国民事诉讼法》第二百六十四条之规定，加倍支付迟延履行期间的债务利息。

一审案件受理费48200元，由云南易某润滇米线股份有限公司负担20200元，云南润某食品有限公司、昆明林某秋谷食品制造有限责任公司、寻甸林某源食品厂、官渡区龙某精米厂、张某、郭某、马某、班某共同负担28000元；二审案件受理费48060元，由云南易某润滇米线股份有限公司负担 20060 元，云南润某食品有限公司、昆明林某秋谷食品制造有限责任公司、寻甸林某源食品厂、官渡区龙某精米厂、张某、郭某、马某、班某共同负担 28000 元。

本判决为终审判决。

审 判 长 余晓汉
审 判 员 何 隽
审 判 员 欧宏伟
二〇二四年八月二十九日
法官助理 范婧娴
书 记 员 艾小妍
书 记 员 吴迪楠

39. 具有或者可能具有排除、限制竞争效果的经营者集中的司法审查标准

——原告北京托某某药业有限公司与被告国家市场监督管理总局、第三人先某药业有限公司反垄断其他行政行为纠纷案①

中华人民共和国北京知识产权法院行政判决书（2024）京73行初5180号

原告：北京托某某药业有限公司。住所地：北京市海淀区。

法定代表人：余某某。

被告：国家市场监督管理总局。住所地：北京市西城区。

法定代表人：罗文。

委托诉讼代理人：赵某某。

委托诉讼代理人：詹某。

第三人：先某药业有限公司，住所地：江苏省南京市江北新区。

法定代表人：任某某。

委托诉讼代理人：黄某。

委托诉讼代理人：高某。

原告北京托某某药业有限公司（以下简称托某某公司）与被告国家市场监督管理总局（以下简称市监总局）、第三人先某药业有限公司（以下简称先某公司）反垄断其他行政行为纠纷一案，本院于2024年3月15日受理后，依法组成合议庭适用普通程序，于2024年9月13日不公开开庭审理了本案。原告托某某公司的原委托诉讼代理人杨某、孔某某，被告市监总局的委托诉讼代理人赵某某、詹某，第三人先某公司的委托诉讼代理人黄某、高某到庭参加诉讼。本案现已审理终结。

2022年6月29日、7月20日，市监总局先后收到托某某公司、先某公

---

① 本案在年度报告中的位置为第94页。

司提交的先某公司收购托某某公司股权案经营者集中（以下简称涉案集中）申报材料，托某某公司、先某公司后续分别多次补充了相关材料（以下简称涉案申报材料）。市监总局经评估后认为，涉案集中虽未达到申报标准，但可能具有排除、限制竞争效果，故于2022年11月23日立案审查。市监总局经审查认为，虽然涉案集中对中国境内巴曲酶注射液市场可能具有排除、限制竞争效果，但是先某公司于2023年8月25日提交的附加限制性条件承诺方案（以下简称承诺方案）可以有效减少涉案集中对竞争的不利影响，符合《中华人民共和国反垄断法》（以下简称反垄断法）等相关法律法规关于附条件批准的情形，因此，市监总局作出2023年第××号决定（以下简称被诉决定），附加限制性条件批准涉案集中，并于2023年9月22日公告。

托某某公司不服被诉决定，于法定期限内向市监总局申请行政复议。2023年11月21日，先某公司申请作为第三人参与复议，市监总局予以批准。

2024年2月18日，市监总局作出国市监复议〔2023〕×××号行政复议决定（以下简称被诉复议决定）：维持被诉决定。

托某某公司不服被诉决定和被诉复议决定，向本院提出诉讼请求：1. 撤销被诉决定；2. 撤销被诉复议决定。事实与理由：1. 被诉决定严重违反《中华人民共和国行政许可法》（以下简称行政许可法）规定的法定听证程序、没有向利害关系人某博有限公司履行法定告知义务、严重损害某博有限公司的听证权利。2. 被诉决定与被诉复议决定认定事实错误。先某公司是在托某某公司向市监总局申报后由市监总局通知申报，不属于自愿申报。3. 被诉决定和被诉复议决定适用法律错误。（1）涉案集中本身就是必须直接禁止的交易，基于以下理由：第一，反垄断法对于排除、限制竞争的经营者集中以禁止为法定和首选的救济方式，仅在特殊条件下才适用附加限制性条件批准。第二，本案涉及巴曲酶注射液市场仅有的两个竞争者之间的并购，且集中后会导致独占性垄断，严重损害竞争。第三，先某公司通过垄断原料药的方式进行涉案集中曾被市监总局认定是拒绝交易的滥用市场支配地位行为。（2）承诺方案存在重大漏洞，不能有效减少对竞争的不利影响，不能据此作出附加限制性条件批准，具体理由为：第一，托某某公司提交的经济学者意见证明承诺方案带来的价格降低幅度远远低于竞争所带来的价格降低幅度，可能实际提高巴曲酶注射液的价格，形成独占性垄断，阻碍竞争。第二，备选方案给了先某公司独占市场的机会，可能导致巴曲酶注射液的产量减少、质量下降、供给不及时。且承诺方案允许先某公司以简单降低价格的方式作为剥离条件的备选方案，使得国务院反垄断执法机构从市场竞争的维护者变为价格监管者。第三，先某公司可以通过操纵原料药成本上升和供应不足最终实现提价目的。第四，先某公司可以采取相关措施，人为地使巴曲酶注射液被列入短缺药品清单，从而规避20%的价格承诺要求。此外，承诺方案还规定了“因先某公司不可控制的因素导致的意外”，可以作为违反“避免发生托毕西巴曲酶注射液被列入国家短缺药品清单、临床必需易短缺药品终端监测清单”承诺的例外。市监总局作出的国市监处〔2021〕×号行政处罚决定（以下简称×号行政处罚决定）可佐证先某公司可以“人为”影响DSM库存情况，通过断货而逃避监管。第五，承诺方案中“尽商业上的合理努力”条款，监管标准不清，不具有可监管性。第六，被诉决定作出以后的一年内，先某公司并没有按照承诺方案进行剥离，实际实现了独占市场的目的。此外，仲裁结果和专家咨询意见均不应影响本案审查。

市监总局辩称：托某某公司并非本案适格原告，且被诉决定和被诉复议决定认定事实清楚，适用法律法规正确，审查程序合法，托某某公司的诉讼理由不能成立。因此，请求依法裁定驳回托某某公司的起诉或判决驳回其全部诉讼请求。

先某公司述称：市监总局作出被诉决定和被诉复议决定的证据确凿，适用法律正确，符合法定程序，托某某公司的诉讼请求缺乏事实和法律依据，应裁定驳回托某某公司的起诉或者判决驳回托某某公司的全部诉讼请求。

本案诉讼中，托某某公司、市监总局、先某公司围绕诉讼理由、答辩意见、陈述意见依法提交了证据，本院组织各方进行了证据交换和质证。

本院经审理查明如下事实：

一、托某某公司股权收购相关事实

托某某公司于1993年在北京市设立，该公司股权持有人某博有限公司在中国香港设立，最终控制人为自然人。托某某公司从事巴曲酶注射液生产和销售，是目前中国境内唯一具有巴曲酶注射液生产资质和生产能力的企业。

先某公司于1998年在江苏省南京市设立，母公司先某药业集团有限公司在中国香港设立，于香港联合交易所上市，最终控制人为自然人。先某公司及其关联方（以下统称为先某药业方）主要从事药品生产和销售。先某药业方正在研发巴曲酶注射液。

2016 年 6 月，周娜佳担任法定代表人的大某林公司经全球巴曲酶浓缩液原料药（以下简称巴曲酶原料药）唯一供应商瑞士 DSM N××××××（本判决将该公司与其关联方统称为 DSM）授权，取得巴曲酶原料药中国境内的独家代理权。同年 12 月，托某某公司法定代表人变更为周娜佳。

2017 年 7 月 21 日，先某药业方与某博有限公司签订《股权转让协议》（以下简称集中协议），拟收购托某某公司的全部股权。

2019 年 3 月 27 日，普某公司与周娜佳就收购托某某公司、某博有限公司 100%股权签订协议书，并于 2019 年 4 月 22 日签订控制权交接确认单，2019 年 5 月 15 日，托某某公司的法定代表人和董事会成员依据股权收购协议书完成变更。

2019 年 4 月 29 日，先某药业方与 DSM 签订《合作及供货协议》，成为中国境内市场唯一可以销售巴曲酶原料药的公司。

2019 年 7 月 25 日，先某药业方以某博有限公司等为被申请人，基于某博有限公司违反集中协议为由，请求某博有限公司等支付违约金 5000 万元。2020 年 3 月 27 日，上海国际经济贸易仲裁委员会作出仲裁裁决，支持了先某药业方请求某博有限公司支付违约金 5000 万元的主张。

2020 年 9 月，托某某公司向市监总局举报先某药业方拒绝向托某某公司供应巴曲酶原料药等行为涉嫌滥用市场支配地位。

市监总局于 2021 年 1 月 22 日作出×号行政处罚决定，认定先某药业方的行为构成拒绝交易的滥用市场支配地位行为，责令先某药业方停止违法行为，并处 2019 年度销售额 50.367 亿元 2%的罚款，共计 1.007 亿元。

2021 年 4 月 7 日，先某药业方再次以某博有限公司等为被申请人提起仲裁申请，请求某博有限公司继续履行集中协议，将其对托某某公司的 100%股权转让给先某药业方。2022 年 1 月 18 日，上海国际经济贸易仲裁委员会作出〔2022〕沪贸仲裁字第 0195 号裁决（以下简称 195 号裁决）认定，先某药业方与某博有限公司于 2017 年签署的集中协议合法有效，对双方当事人具有法律约束力，双方当事人应按照合同约定履行义务，故支持了先某药业方要求股权转让的请求。

某博有限公司不服 195 号裁决向上海市第二中级人民法院申请撤销仲裁裁决。2022 年 8 月，上海市第二中级人民法院裁定驳回某博有限公司的申请。后，某博有限公司又向北京市第一中级人民法院申请不予执行仲裁裁决。2023 年 8 月，北京市第一中级人民法院裁定驳回某博有限公司提出的不予执行仲裁裁决的申请。

普某公司不服 195 号裁决，向北京市第一中级人民法院申请不予执行仲裁裁决和中止执行仲裁裁决。2023 年 2 月、4 月，北京市第一中级人民法院分别裁定驳回普某公司提出的不予执行仲裁裁决申请和中止执行仲裁裁决申请。普某公司不服上述裁定，向北京市高级人民法院申请复议。2023 年 6 月，北京市高级人民法院裁定驳回普某公司提出的复议申请，维持北京市第一中级人民法院作出的上述裁定。

2024 年 4 月 7 日，北京市第一中级人民法院作出（2023）京 01 执恢 256 号执行裁定，裁定托某某公司的 100%股权变更登记至先某公司名下。

2024 年 4 月 9 日，先某公司根据《中华人民共和国公司法》等相关法律规定及公司章程作出股东决定，免去熊某甲、程某、余某甲、熊某乙、王某甲、陈某某等人的董事及监事职务，同时委派余某某、杨某、唐某某、茅某某、王某乙、侯某某等人担任托某某公司董事及监事，其中余某某任董事长及法定代表人。

某博有限公司以 195 号裁决履行期限不明确、先某药业方尚未支付股权转让款等为由，向北京市第一中级人民法院申请将托某某公司股权执行回转至某博有限公司名下。2024 年 4 月 25 日，北京市第一中级人民法院裁定驳回某博有限公司的申请。某博有限公司不服，向北京市高级人民法院申请复议。2024 年 6 月 18 日，北京市高级人民法院裁定驳回某博有限公司的复议申请。

2024 年 7 月 10 日，江西省赣州市章贡区人民法院基于普乙医药公司的申请，作出诉前行为保全裁定，禁止托某某公司办理法定代表人的工商变更、备案登记。

2024 年 12 月 9 日，中华人民共和国最高人民法院作出（2024）最高法知民终 702 号上诉人托某某公司与上诉人先某药业集团有限公司、先某公司拒绝交易纠纷二审民事裁定，该裁定认定："本案争议现实际发生在托某某公司与其独资股东先某公司以及先某药业集团有限公司、先某公司之间，以上主体均为关联公司，都已知悉先某公司作出股东决议变更托某某公司法定代表人为余某某的事实，均非对此不知情的'善意相对人'。因此，在本案中应当以先某公司作为托某某公司的唯一股东所作出的股东决议为准，认定托某某公司的法定代表人已经变更为余某某，余某某代表托某某公司撤回上诉应认定为该公司的真实意思表示。托某某公司在本案审理期间提出撤回上诉的请求不违反法律规定，先某药业集团有限公司、先某公司在本案审理期间提出撤回上诉的请求亦不违反法律规定，予以准许。”

上述裁定作出后，托某某公司法定代表人余某某表示不需要再次开庭，不提交书面意见，请求法院依法作出裁判。

二、涉案集中申报相关事实

2022年6月29日、7月20日，托某某公司、先某公司分别向市监总局提交经营者集中申报材料。

2022年11月23日，市监总局依法对涉案集中申报作出立案通知书，并于次日向先某公司、托某某公司送达。

2022年12月21日，市监总局依法作出实施进一步审查决定书，并于同日向先某公司、托某某公司送达。

2023年3月17日，市监总局向先某公司、托某某公司通报涉案集中对中国境内巴曲酶注射液市场可能具有排除、限制竞争的竞争关注，并要求申报人提出附加限制性条件承诺方案，告知可在10个工作日内提交书面申辩意见。先某公司表示尽快提交承诺方案，托某某公司认同竞争关注，并继续提交意见。

2023年3月19日，经先某公司、托某某公司同意，市监总局决定延长进一步审查期限，涉案集中审查期限延长至2023年5月17日，并于2023年3月19日向先某公司、托某某公司送达。

2023年4月25日，市监总局作出中止计算审查期限的决定，并于2023年9月21日继续计算审查期限，相关决定分别于2023年4月25日、2023年9月21日向先某公司、托某某公司送达。

市监总局在对涉案集中进行审查的过程中，向行业主管机构等相关主体书面征求意见。行业主管机构、行业协会与相关主体均未对涉案集中提出反对意见，部分主体建议要求企业承诺收购后巴曲酶注射液产品的终端价格保持相对稳定，同时后续如有其他企业的巴曲酶产品获批，先某公司在供应原料药时，应公平对待各家企业。

市监总局调研了北京各医院等一线单位。各医院普遍反映巴曲酶注射液在全频听力下降型突发性聋的治疗方面具有难以替代的作用，未使用过降纤酶注射液等。国家药品监督管理局药品审评中心介绍了药品审批适用症与临床使用的差异，并介绍了巴曲酶注射液研发的难点和蛇毒类药品已多年未获批的客观情况。

市监总局聘请独立第三方机构对涉案集中开展第三方经济学分析。经济学分析发现，当前纵向双重垄断的市场结构效率过于低下，如果先某公司并购托某某公司，巴曲酶原料药转为内部供应，避免先某公司向托某某公司供货时的加价环节，存在减轻价格加成、提高市场供应效率的空间。但是并购后形成的纵向一体化市场效率仍较低，提升的效率能否传递至消费者难以确定。第三方机构对附加的限制性条件提出了建议。

2023 年 4 月 13 日，市监总局组织召开专家咨询会，专题研讨案件处理方式。专家一致认为，本案与此前滥用市场支配地位案涉及两个不同行为，建议以附加限制性条件方式结案。

自 2023 年 4 月起，先某公司提交多版本承诺方案及说明函。

2023 年 7 月 10 日，市监总局就先某公司于 2023 年 7 月 10 日提交的承诺方案征求了有关主管部门、行业协会、DSM、托某某公司等相关主体的意见。部分回函中提出：建议企业在后续实施生产过程中，需保障临床常用规格（0.5ml：5BU）巴曲酶注射液供应。除托某某公司表示建议禁止外，其他单位对承诺方案均无意见。

随后，先某公司进一步修改了承诺方案，并于 2023 年 8 月 25 日提交了最终版承诺方案。先某公司和集中后实体承诺如下主要内容：

一是解除先某公司与 DSM 在中国境内独家、排他供应巴曲酶原料药的协议约定。自解除独家日后，先某公司不得与 DSM 就巴曲酶原料药在中国境内达成独家或排他供应约定。除为满足先某公司生产托某某公司巴曲酶注射液所需巴曲酶原料药，保障关键岗位人员完成变更日前托某某公司巴曲酶注射液生产合理所需的巴曲酶原料药，以及向剥离买方提供的过渡性服务外，先某公司不享有巴曲酶原料药的转售权利。同时，先某公司不得限制剥离买方和关键岗位人员完成变更日前的托某某公司直接向 DSM 或其他方采购巴曲酶原料药。

二是按照《经营者集中审查规定》规定的时限剥离先某公司在研巴曲酶注射液业务。向剥离买方承担巴曲酶原料药供应义务，优先供应剥离买方继续研发先某公司自研巴曲酶注射液所需巴曲酶原料药。若剥离买方继续研发的先某公司自研巴曲酶注射液获批上市，不得拒绝向剥离买方供应巴曲酶原料药，但因先某公司不可控制的因素导致的除外。尽商业上的合理努力，在剥离买方的配合下，协助剥离买方就先某公司自研巴曲酶注射液临床试验许可在临床试验信息登记平台进行申办者变更。尽商业上的合理努力为剥离买方与 DSM 达成直接供应关系提供必要协助。

三是自关键岗位人员完成变更日起下调临床常用规格的巴曲酶注射液终端价格不少于当前挂网价格的 20%。仅在汇率、原材料价格变化导致的生产成本上涨的情况下，可对托某某公司巴曲酶注射液挂网价格进行合理上调，但上调幅度不得超过生产成本的实际上涨。

四是自关键岗位人员完成变更日起保障临床常用规格的巴曲酶注射液用药需求，避免发生托某某公司巴曲酶注射液被列入国家短缺药品清单、临床必需易短缺药品重点监测清单的情况，但因先某公司不可控制的因素导致的除外。

五是若未按时解除协议约定、未按时完成剥离或者剥离买方未按时实施研发，集中实施后下调临床常用规格的巴曲酶注射液终端价格不少于当前挂网价格的 50%，先某公司仅可因汇率、原材料价格变化导致的生产成本上涨，对托某某公司巴曲酶注射液挂网价格进行合理上调，但上调幅度不得超过生产成本的实际上涨。

限制性条件的监督执行除按公告办理外，承诺方案对先某公司和集中后实体具有法律约束力。

行为性条件自生效日起 6 年后，市监总局将依申请并根据市场竞争状况作出是否解除的决定。未经市监总局批准解除，先某公司和集中后实体应继续履行限制性条件。

市监总局有权通过监督受托人或自行监督检查先某公司和集中后实体履行上述义务的情况。先某公司和集中后实体如未履行上述义务，市监总局可根据反垄断法的相关规定作出处理。

三、被诉决定、被诉复议决定内容

2023 年 9 月 22 日，市监总局作出被诉决定，并于当日向社会公布。随后，向先某公司、托某某公司送达。

被诉决定内容如下：先某公司从事巴曲酶原料药销售，托某某公司从事巴曲酶注射液生产与销售，二者存在纵向关系。同时，先某公司正在从事巴曲酶注射液研发，与托某某公司存在横向重叠。涉案集中涉及中国境内的巴曲酶原料药销售市场和巴曲酶注射液市场，可能对中国境内巴曲酶注射液市场产生排除、限制竞争效果。一方面，集中可能消除中国境内巴曲酶注射液市场潜在进入者，巩固托某某公司在该市场的支配地位，产生排除、限制竞争效果。另一方面，集中后实体可能实施原料封锁，对中国境内巴曲酶注射液市场产生排除、限制竞争效果。巴曲酶注射液是一种降低纤维蛋白原药物，在全频听力下降突发性聋的治疗上难以被其他药品替代。审查过程中，市监总局将本案可能具有排除、限制竞争效果的审查意见告知申报方先某公司，并与申报双方就如何减少此项经营者集中对竞争的不利影响等有关问题进行了多轮商谈。对先某公司提交的附加限制性条件承诺方案，市监总局重点从限制性条件的有效性、可行性和及时性方面进行了评估后认为，先某公司于2023年8月25日提交的附加限制性条件承诺方案可以减少此项经营者集中对竞争的不利影响，并降低患者的用药成本。

鉴于此项经营者集中在中国境内巴曲酶注射液市场可能具有排除、限制竞争效果，市监总局决定附加限制性条件批准此项集中。

被诉决定自公告之日起生效。作为被诉决定公告的附件，向社会公布的先某公司于2023年8月25日提交的承诺方案，与被诉决定同日生效。

2023年11月13日，市监总局法制机构收到托某某公司不服被诉决定提出的行政复议申请，并予以受理。

2024年2月18日，市监总局作出被诉复议决定，认为被诉决定认定事实清楚，适用法律正确，符合法定程序，决定予以维持。2024年2月22日，市监总局向托某某公司送达了被诉复议决定。

以上事实，有申报材料、补充材料、×号行政处罚决定、承诺方案及说明函、被诉决定、被诉复议决定、研究报告、合作及供货协议、沟通记录、临床批件、招股说明书、巴曲酶注射液说明书、情况说明、经济学评估报告、专家意见及补充意见、民事判决书、仲裁裁决书、邮件及邮件记录、付款凭证、发票、通知书、决定书，以及当事人陈述等在案佐证。

本院认为：综合各方当事人诉讼理由、答辩意见和陈述意见，本案具有以下五个争议焦点：一是托某某公司是否为本案的适格原告；二是被诉决定的作出是否存在程序违法情形；三是被诉决定是否存在认定事实错误；四是市监总局对涉案集中以附加限制性条件的方式予以批准是否合法；五是市监总局采纳先某公司提出的承诺方案作为批准涉案集中所附加的限制性条件是否合法。

一、关于托某某公司是否为本案的适格原告

《中华人民共和国行政诉讼法》（以下简称行政诉讼法）第二十五条第一款规定，行政行为的相对人以及其他与行政行为有利害关系的公民、法人或者其他组织，有权提起诉讼。《最高人民法院关于适用〈中华人民共和国行政诉讼法〉的解释》第六十九条第一款第八项规定，有下列情形之一，已经立案的，应当裁定驳回起诉：（八）行政行为对其合法权益明显不产生实际影响的。市监总局针对经营者集中申报作出的具体行政行为的性质为行政许可。在此基础上，如针对经营者集中申报作出的是不予禁止的决定，由于该具体行政行为对于各申报人而言均未变更或增加其基于集中协议而产生的权利义务关系，即未影响其合法权益，故各申报人均无提起行政诉讼的诉的利益。如作出的是禁止的决定或附加限制性条件批准的决定，由于该具体行政行为否定了各申报人基于集中协议而产生的权利义务关系，或对集中后的申报人施加了法定义务，即影响到相应申报人的合法权益，故相应申报人具有提起行政诉讼的诉的利益。

具体到本案中，被诉决定系附加限制性条件批准决定，且所附限制性条件系申报一方先某公司提出的承诺方案，而非另一申报方托某某公司所提，故被诉决定所附加的限制性条件实质上会给集中后的托某某公司施加法定义务，对托某某公司的合法权益产生实际影响。据此，托某某公司具有提起本案行政诉讼的诉的利益，系本案适格原告。市监总局、先某公司的相关主张，缺乏法律依据，本院不予支持。

二、关于被诉决定的作出是否存在程序违法情形

行政许可法第四十七条规定，行政许可直接涉及申请人与他人之间重大利益关系的，行政机关在作出行政许可决定前，应当告知申请人、利害关系人享有要求听证的权利；申请人、利害关系人在被告知听证权利之日起五日内提出听证申请的，行政机关应当在二十日内组织听证。

本案中，托某某公司主张应当享有听证权利的某博有限公司不属于上述法律规定的应被告知主体。

一方面，从被诉决定是否涉及某博有限公司与先某公司的关系角度分析，先某公司与某博有限公司之间为合同权利义务关系，属于民事法律关系，相关合同的效力和强制执行由仲裁裁决和法院裁判文书规范。而被诉决定仅将上述情况作为事实情况予以考虑，并未创设或改变双方合同权利义务关系。因此，被诉决定并不涉及先某公司与某博有限公司之间的利益关系，更不涉及其双方之间的重大利益关系。

另一方面，从某博有限公司与被诉决定的相关性角度分析，被诉决定仅对先某公司和集中后受先某公司控制的托某某公司施加了义务，相关义务未直接涉及某博有限公司与先某公司或者托某某公司之间的关系。需要强调的

是，某博有限公司需要将所持有的托某某公司股权划转给先某公司，并不是被诉决定施加的义务或造成的影响，而是基于某博有限公司与先某公司基于意思自治而达成的集中协议。因此，托某某公司所主张的某博有限公司所受到的影响与被诉决定不具有直接相关性。

此外，托某某公司所声称的“先某公司在没有支付任何对价的情况下强行对于托某某公司的全部股权进行了工商登记变更”，涉及的是双方之间的民事法律关系，应该由人民法院或者仲裁机构处理，与具有行政许可性质的被诉决定无关，与本案涉及的行政法律关系也无关，更无法证明某博有限公司应当就被诉决定的作出享有听证权利。因此，对托某某公司相关主张，本院不予评述。

市监总局在法定期限内履行了告知、送达等法定程序，保障了托某某公司的程序性权利，作出被诉决定的行政程序合法正当。托某某公司关于被诉决定作出程序违法的主张，缺乏事实和法律依据，本院不予支持。

三、关于被诉决定是否存在认定事实错误

先某公司收购托某某公司股权案因托某某公司未达到营业额标准，在市监总局未书面正式要求申报的情况下，先某公司于涉案集中实施前向市监总局进行自愿申报，符合相关规定，被诉决定对此认定并无不当。托某某公司关于被诉决定认定事实有误的主张不能成立，本院不予支持。

四、关于市监总局对涉案集中以附加限制性条件的方式予以批准是否合法

市监总局对涉案集中具有作出附加限制性条件批准决定的职权。反垄断法第二十六条规定，经营者集中达到国务院规定的申报标准的，经营者应当事先向国务院反垄断执法机构申报，未申报的不得实施集中。经营者集中未达到国务院规定的申报标准，但有证据证明该经营者集中具有或者可能具有排除、限制竞争效果的，国务院反垄断执法机构可以要求经营者申报。同时，《经营者集中审查暂行规定》第十六条规定，经营者集中未达到申报标准，参与集中的经营者自愿提出经营者集中申报，市监总局收到申报文件、资料后经审查认为有必要立案的，应当按照反垄断法予以立案审查并作出决定。

《经营者集中审查暂行规定》依据反垄断法制定，且第十六条规定应“按照反垄断法予以审查”，则在经营者集中未达到申报标准的情况下时，“自愿申报”与反垄断法上有明确规定的“要求申报”的审查标准理应相同。

反垄断法第三十四条规定，经营者集中具有或者可能具有排除、限制

竞争效果的，国务院反垄断执法机构应当作出禁止经营者集中的决定。但是，经营者能够证明该集中对竞争产生的有利影响明显大于不利影响，或者符合社会公共利益的，国务院反垄断执法机构可以作出对经营者集中不予禁止的决定。反垄断法第三十五条规定，对不予禁止的经营者集中，国务院反垄断执法机构可以决定附加减少集中对竞争产生不利影响的限制性条件。

本案中，涉案集中涉及先某公司收购托某某公司的全部股权，属于反垄断法规定的经营者集中。尽管涉案集中未达到经营者集中申报标准，但根据反垄断法第二十六条、《经营者集中审查暂行规定》第十六条规定，市监总局具有对涉案集中进行反垄断审查的职权。根据反垄断法、《经营者集中审查规定》有关规定，对于具有或者可能具有排除、限制竞争效果的经营者集中，市监总局可以根据案件情况作出不予禁止、附条件批准、禁止等不同类型的决定，对涉案集中具有作出附加限制性条件批准决定的职权。

根据在案事实可知，先某药业方通过与 DSM 签订《合作及供货协议》，取得中国境内巴曲酶原料药的全部货源，控制中国境内巴曲酶原料药销售市场。该原料药在中国境内唯一下游应用为巴曲酶注射液，托某某公司是目前在中国境内巴曲酶注射液唯一生产商，先某药业方正在研发巴曲酶注射液。因而，先某公司与托某某公司既在巴曲酶注射液市场存在横向重叠，又在巴曲酶原料药销售市场存在纵向关系。鉴于巴曲酶注射液是一种降低纤维蛋白原药物，在全频听力下降突发性聋的治疗上难以被其他药品替代，故涉案集中涉及中国境内的巴曲酶原料药销售市场和巴曲酶注射液市场，可能对中国境内巴曲酶注射液市场产生排除、限制竞争效果。一方面，集中可能消除中国境内巴曲酶注射液市场潜在进入者，巩固托某某公司在该市场的支配地位，产生排除、限制竞争效果。另一方面，集中后实体可能实施原料封锁，对中国境内巴曲酶注射液市场产生排除、限制竞争效果。

托某某公司基于对具有或者可能具有排除、限制竞争的集中“禁止为法定和首选的救济方式”的理解，结合涉案集中具体情况，认为“本次集中本身就是必须直接禁止的交易”。市监总局则认为，对具有或者可能具有排除、限制竞争效果的经营者集中，禁止集中不是首选救济方案，在经营者能提出有效承诺方案的情况下可以附加限制性条件批准，本次涉案集中也不属于必须禁止的情形。对此，本院认为：

首先，从法律法规的规定看，反垄断法虽规定了经营者集中审查制度，但反垄断法第六条规定，经营者可以通过公平竞争、自愿联合，依法实施集中，扩大经营规模，提高市场竞争能力。可知，反垄断法明确了对经营者集中的“例外干预”原则。同时反垄断法第三十四条、第三十五条也没有将禁止作为法定和首选的救济方式，而是规定“对不予禁止的经营者集中，国务院反垄断执法机构可以决定附加减少集中对竞争产生不利影响的限制性条件”。对于反垄断法第四章中的具体规定，应当结合反垄断法第六条“例外干预”原则理解，不能割裂地机械解读。《经营者集中审查规定》第三十九条第一款和第二款进一步规定：“为减少集中具有或者可能具有的排除、限制竞争的效果，参与集中的经营者可以向市场监督总局提出附加限制性条件承诺方案。市场监督总局应当对承诺方案的有效性、可行性和及时性进行评估，并及时将评估结果通知申报人。”可见，对于具有或者可能具有的排除、限制竞争的效果的经营者集中，市监总局并非应当然直接禁止。参与集中的经营者可以提出附加限制性条件承诺方案，而市监总局应当对该方案予以评估，如果评估认为承诺方案不能有效减少集中对竞争产生的不利影响，市监总局才应作出禁止经营者集中的决定。托某某公司认为“反垄断法对于具有排除、限制竞争效果的经营者集中以禁止为法定和首选的救济方式，而仅在特殊条件下才适用附加限制性条件批准通过”系对反垄断法理解有误，其相关诉讼主张缺乏法律依据，本院不予支持。

其次，从经营者集中反垄断审查的目的看，“经营者集中具有或者可能具有排除、限制竞争效果”指的是“由集中本身带来的竞争问题”。经营者集中审查执法的目的，主要是解决因集中而产生的竞争问题，而非解决集中前已经存在的竞争问题。具体到本案中，巴曲酶注射液市场当下的竞争状况并非经营者集中审查所关注的。退一步讲，即使考虑托某某公司的主张，从竞争结构的竞争者数量来看，集中前后，相关市场亦均存在一个既存竞争者和一个潜在进入者，即禁止集中和附加限制性条件批准集中两种情形下市场竞争者数量并无不同。并且，如前所述，如承诺方案能够解决由涉案集中本身带来的竞争问题，有效减少集中对竞争可能产生的不利影响，则市监总局可以作出附加限制性条件批准决定。

最后，市监总局对于先某公司作出的×号行政处罚决定，系针对先某公司在中国境内巴曲酶原料药销售市场的拒绝交易行为的行政处罚。而被诉决定则是对先某公司收购托某某公司股权行为是否可能产生排除、限制竞争效果进行审查后的行政许可，两者性质不同。加之，涉案集中所基于的先某药业方与某博有限公司于2017年签署的集中协议，也非因滥用市场支配地位行为胁迫而订立，集中协议的效力已经为相关仲裁机构、人民法院的仲裁和裁判文书所确认，进一步证明了托某某公司所主张的“集中协议之签署属于前述滥用市场支配地位行为的具体表现形式或直接后果”不能够成立。需强调的是，经营者集中审查是对某项交易是否具有或者可能具有排除、限制竞争效果进行事前的审查判断，交易最后是否实际实施，与经营者集中审查决定无关。在经营者集中审查中，市监总局没有义务也无须对集中协议的有效性进行实质审查。如果交易双方对于集中协议的效力有争议，应当由仲裁机构或人民法院根据法律规定和协议约定予以确认。综上，先某公司是否被认定实施拒绝交易的滥用市场支配地位行为，与涉案集中审查无关，更无法证明涉案集中因此须被直接禁止。

综上所述，市监总局对涉案集中以附加限制性条件的方式予以批准合法，托某某公司的相关诉讼主张，均缺乏事实和法律依据，本院不予支持。

五、关于市监总局采纳先某公司提出的承诺方案作为批准涉案集中所附加的限制性条件是否合法

涉案集中审查时《经营者集中审查规定》已生效。该规定第三十九条第二款规定，市监总局应当对承诺方案的有效性、可行性和及时性进行评估。第四十二条第一款规定，对于具有或者可能具有排除、限制竞争效果的经营者集中，参与集中的经营者提出的附加限制性条件承诺方案能够有效减少集中对竞争产生的不利影响的，市监总局可以作出附加限制性条件批准决定。由此可知，通过对承诺方案有效性、可行性和及时性的评估，市监总局认为该方案能够有效减少集中对竞争产生的不利影响，市监总局可以据此作出附加限制性条件批准决定。

本案中，托某某公司主张承诺方案存在重大漏洞，不能有效减少对竞争的不利影响。对此本院认为，托某某公司的相关理由缺乏依据。结合托某某公司的具体主张，本院分析如下：

（一）附加限制性条件具有有效性

首先，从实施巴曲酶原料药封锁的关注分析，先某公司和集中后实体承诺解除独家协议约定，能够从源头消除先某公司实施原料封锁的能力，并且恢复中国境内各方向DSM采购巴曲酶原料药的开放性，有利于减少中间环节，提高经济效率。同时，除自用、保障过渡期间托某某公司生产和履行向剥离买方供应义务外，禁止先某公司和集中后实体享有转售权，可以防止变

相形成原料独家销售权。因而，承诺方案能够消除先某公司实施原料封锁的能力。

其次，从涉案集中效率提升的传递分析，先某公司和集中后实体承诺，完成关键岗位人员变更后保障临床常用规格用药需求，并且下调向医疗机构的销售价格不少于当前挂网价格的 20%。集中带来的效率提升能够减少患者支出，同时节约医保资金。即承诺方案可保障消除双重加价的效率提升传递到消费者。此外，承诺方案明确，先某公司将保障临床常用规格的巴曲酶注射液用药需求，避免该药品被列入国家短缺药品清单、临床必需易短缺药品重点监测清单，且仅能根据汇率、原材料价格变化导致的生产成本上涨对巴曲酶注射液挂网价格进行合理上调，并且上调幅度不得超过生产成本的实际上涨。即先某公司不得因巴曲酶注射液列入短缺药品清单而上调价格。同时，无充分证据证明先某公司具有操纵原料药成本上升的能力。此外，承诺方案的履行受到市监总局和监督受托人的严格监督。在严格的监督程序下，对于相关情形是否属于“因先某公司不可控制的因素导致的意外”实际上是由市监总局最终评估确定，先某公司难以通过人为操纵规避承诺义务。故，托某某公司凭推测即主张先某公司可通过操纵原料药成本上升和供应不足最终实现提价目的进而损害消费者福利，缺乏依据，本院不予支持。

再次，从本案潜在进入的关注分析。其一，先某公司和集中后实体剥离先某药业方全部在研巴曲酶注射液业务，该承诺可消除先某公司与托某某公司在巴曲酶注射液市场上的横向重叠和潜在竞争关系。其二，先某公司和集中后实体对剥离买方承担原料药供应义务。价格上，以向 DSM 采购价向剥离买方供应。数量上，在剥离买方研发阶段，对于剥离买方研发所需巴曲酶原料药应当优先供应；药品获批上市后，除先某公司和集中后实体不可控制的因素外，不得拒绝向剥离买方供应巴曲酶原料药。该承诺能够使潜在进入者在巴曲酶原料药获取方面不劣于涉案集中未发生情况下的先某公司。其三，先某公司和集中后实体为剥离买方与 DSM 直接达成巴曲酶原料药供应关系提供必要协助。上述承诺保障了剥离买方对巴曲酶原料药的采购来源，有利于促进研发开展。综上可知，承诺方案保障剥离买方和潜在进入者对巴曲酶原料药的采购来源。

最后，从设置备选方案分析。其一，从备选方案的设置目的看，备选方案不一定实际触发，但可起到督促先某公司尽快完成剥离、解除独家，从而解决潜在竞争损害的作用，有利于恢复中国境内各方向 DSM 采购的开放性，减少中间环节。其二，从实施备选方案的效果看，备选方案要求若未能实施首选方案，完成关键岗位人员变更后巴曲酶注射液下调价格将不少于当前价格的 50%。首选方案是通过促进巴曲酶注射液仿制药上市，刺激市场竞争，降低巴曲酶注射液价格以增加消费者福利。相较于首选方案的较为迂回的竞争性降价，备选方案可以直接实现大幅降价，从消费者支付价格看，比首选方案更加有效。备选方案要求集中后实体采用接近竞争性市场的经营者提供药品的价格，有利于保护消费者福利，能够解决可能的竞争损害。托某某公司关于备选方案不当给予了先某公司以独占市场的机会，可能对巴曲酶注射液的产量、质量和供给产生负面影响的主张缺乏事实依据，本院不予支持。

综上可知，承诺方案能够消除先某公司实施原料封锁的能力，将消除双重加价的效率提升传递到消费者，保障剥离方和潜在进入者对巴曲酶原料药的采购来源，且采用比首选方案更加严格的备选方案，具有有效性。

（二）附加限制性条件具有可行性

部分义务的履行与案外人配合有关，为避免先某公司以案外人为借口拖延履行义务，市监总局设置了更加严格的备选方案。若未按时解除独家协议约定、未按时完成剥离或者剥离买方未按时实施研发，则适用较为严格的备选方案，可以有力督促先某公司和集中后实体履行解除独家协议的义务、寻找适格买方，为承诺方案履行设置“双保险”。托某某公司主张承诺方案采用价格监管方式和采用“尽商业上的合理努力”表述，不具有监管的可行性。对此，本院认为，一方面，从法律规定看，根据《中华人民共和国价格法》（以下简称价格法）和相关法律法规可知，价格监管是国家对商品和服务价格进行管理、监督和必要调控的活动，其目的是在保障市场正常运行的同时，维护国家利益、提高经济效益，保护消费者和生产经营者的合法权益。常见的价格监管措施包括政府指导价、政府定价、价格监测、价格调控和反价格欺诈等。显然，承诺方案（包括备选方案）实质上属于反垄断法意义上的与价格相关的限制性条件，其目的在于将集中带来的效率提升充分传递至消费者，而非价格法意义上的价格监管措施。另一方面，从经营者集中竞争影响评估的因素来看，商品和服务的价格直接影响消费者福利，是经营者集中竞争影响的重要评估维度，反垄断执法机构采用附加与价格相关的限制性条件作为解决竞争关注的手段之一并无不妥。《经营者集中审查规定》第三十五条第一款规定“可从价格等方面评估经营者集中对消费者的影响”可印证该观点。此外，承诺方案中，“尽商业上的合理努力”的表述仅有两处，且均与具体行为相对应，市监总局可依据对具体行为是否完成的考察，结合具体事实情况判断先某公司是否履行了“尽商业上的合理努力”的义务，不存在托某某公司所主张的“不具有可监管性”。综上，托某某公司的相关主张，缺乏事实和法律依据，本院不予支持。先某公司承诺的附加限制性条件在执行过程中具备可行性。

（三）附加限制性条件具有及时性

首先，承诺方案自公告之日起生效。生效日后，先某公司自身即须按时履行与 DSM 解除独家协议约定、剥离相关业务等义务。鉴于先某公司持有的临床试验批件有时间限制，备选方案将具体时点前未完成剥离作为触发条件之一，为剥离买方留有充足时间变更试验许可申办者、准备实施方案等前期工作。其次，先某公司和集中后实体承诺完成关键岗位人员变更后立即履行下调价格、保障供应义务，可避免先某公司长时间以无实际控制权为借口不履行保障供应、下调价格的义务，督促其于取得托某某公司控制权后第一时间履行义务。最后，先某公司和集中后实体承诺，完成关键岗位人员变更后新签署的销售订单立即下调价格，并于 3 个月内申请下调挂网价格，可避免因医保系统挂网价格调整资格介质的障碍，而导致的下调挂网价格迟延。因而，先某公司的附加限制性条件具备及时性。托某某公司主张被诉决定作出以后的一年内，先某公司并没有按照承诺方案进行剥离而实际独占市场，缺乏事实依据，亦非本案审理范围。

此外，在案证据不能证明市监总局将仲裁结果作为被诉决定和被诉复议决定的依据，也无证据证明被诉决定仅为专家学者观点所主导。对于托某某公司的该诉讼主张，本院亦不予支持。

市监总局作出被诉决定的证据确凿，适用法律正确。被诉复议决定系在查明事实的基础上维持被诉决定，亦具有事实和法律依据，结论正确，依法应予确认。

综上所述，被诉决定及被诉复议决定均认定事实清楚，适用法律正确，程序合法。托某某公司的诉讼请求缺乏事实和法律依据，不予支持。依照《中华人民共和国行政诉讼法》第六十九条之规定，判决如下：

驳回原告北京托某某药业有限公司的诉讼请求。

案件受理费五十元，由原告北京托某某药业有限公司负担。（已交纳）

如不服本判决，各方当事人可在本判决书送达之日起十五日内，向本院提交上诉状，并按对方当事人人数提交副本，预交上诉案件受理费五十元，上诉于中华人民共和国最高人民法院。

审 判 长 谢甄珂
审 判 员 李迎新
审 判 员 刘欣蕾
二〇二四年十二月三十日
法官助理 雒明鑫
书 记 员 刘 颀

五、植物新品种案件审判

40. 品种同一性的举证义务和鉴定方法的审查

——上诉人上海鲜花港德某仕植物有限公司与被上诉人广州市番禺科某农业科技开发有限公司侵害植物新品种权纠纷案①

中华人民共和国最高人民法院民事判决书（2022）最高法知民终 1362 号

上诉人（一审原告）：上海鲜花港德某仕植物有限公司。住所地：上海市浦东新区。

法定代表人：R 某，该公司董事长。

委托诉讼代理人：王婉君，河北好望角律师事务所律师。

委托诉讼代理人：于仁春，河北好望角律师事务所律师。

被上诉人（一审被告）：广州市番禺科某农业科技开发有限公司。住所地：广东省广州市番禺区。

法定代表人：蓝某，该公司总经理。

委托诉讼代理人：尹香桂，广东红棉律师事务所律师。

上诉人上海鲜花港德某仕植物有限公司（以下简称上海某植物公司）因与被上诉人广州市番禺科某农业科技开发有限公司（以下简称广州某农科公司）侵害植物新品种权纠纷一案，不服广州知识产权法院于 2022 年 3 月 10 日作出的（2020）粤 73 知民初 961 号民事判决，向本院提起上诉。本院于 2022 年 7 月 13 日立案后，依法组成合议庭，并于 2023 年 7 月 5 日、2023 年

① 本案在年度报告中的位置为第 96 页。

10月24日、2024年3月27日、2024年4月24日、2024年5月22日询问当事人。上海某植物公司的委托诉讼代理人王婉君、于仁春，广州某农科公司的委托诉讼代理人尹香桂到庭参加询问。本案现已审理终结。

上海某植物公司上诉请求：1. 撤销一审判决，改判支持上海某植物公司的全部诉讼请求；2. 判令本案一审、二审案件受理费由广州某农科公司负担。事实和理由：1. 一审法院举证责任分配错误，导致认定事实错误。一审中，上海某植物公司提交了自行委托宁波某技术公司出具的《技术鉴定意见书》，广州某农科公司没有提交足以反驳该《技术鉴定意见书》的证据，亦未申请鉴定，故本案待证事实的证明责任应当转移给广州某农科公司。2. 一审法院对《最高人民法院关于审理侵害植物新品种权纠纷案件具体应用法律问题的若干规定（二）》第二十一条的理解不正确，导致认定事实错误。依据司法部制定发布的《司法鉴定程序通则》第二十三条之规定，鉴定中可以使用的技术方法并非仅包括具有国家或行业标准的技术方法，同时还包括“该专业领域多数专家认可的技术方法”。AFLP分子标记法就是一种科学的分子标记方法，前述《技术鉴定意见书》应被采信。

广州某农科公司辩称：1. 上海某植物公司一审中提交的《技术鉴定意见书》属于单方委托检测机构形成的实验报告，法院应当对鉴定人资格、鉴定程序、鉴定方法、送检材料等进行审查。《技术鉴定意见书》使用的检测材料由上海某植物公司单方送检，没有进行公证，无法确定其真实性；其检测方法不是具有国家标准或行业标准的方法；宁波某技术公司没有相应资质。一审法院对该意见书不予采信正确。2. 判断两个植物品种特征、特性是否相同，最可靠的是进行田间观察检测。上海某植物公司不能提交田间观察检测报告，应承担举证不能的责任。

上海某植物公司向一审法院提起诉讼，一审法院于2020年6月23日立案受理。上海某植物公司起诉请求：1. 判令广州某农科公司立即停止生产、繁殖、销售上海某植物公司授权品种“红运来”繁殖材料的侵权行为。2. 判令广州某农科公司向上海某植物公司支付赔偿金300万元。3. 判令本案诉讼费由广州某农科公司负担。事实和理由：上海某植物公司是“红运来”植物新品种的品种权人。经鉴定，广州某农科公司生产、销售的被诉侵权种苗与授权品种“红运来”繁殖材料具有同一性。广州某农科公司生产、销售被诉侵权种苗长达六年到七年之久，年销售数量为100万株至300万株。广州某农科公司的侵权持续时间按3年计算，每年按100万株计算，损害赔偿按品种权许可使用费 1.9 元/株计算，已满足上海某植物公司请求赔偿的数额。广州某农科公司应当承担停止侵权、赔偿损失的责任。

广州某农科公司在一审中辩称：1. 广州某农科公司未侵权。广州某农科公司销售的是“新红星”，与上海某植物公司的授权品种“红运来”的生物学性状并不一致。上海某植物公司提交的《技术鉴定意见书》是自行委托检测形成，在鉴定机构及鉴定人员、鉴定方法、待测样品、对照样品方面均不符合鉴定要求，该意见书不具有证明力，不能证实广州某农科公司侵害其植物新品种权。2. 上海某植物公司主张的赔偿金额没有依据。综上所述，请求依法驳回上海某植物公司的全部诉讼请求。

一审法院查明事实：

一、关于上海某植物公司主张的品种权

品种权号为 CNA2009××××.8、名称为“红运来”的植物新品种的品种权人是上海某植物公司及案外人上海某有限公司。该品种属于果子蔓属，申请日为 2009 年 4 月 29 日，授权日为 2014 年 9 月 1 日。上海某植物公司称该品种商品名称为“新红星”，广州某农科公司不予认可。

2020 年 12 月 21 日，上海某有限公司出具《确认书》，确认对本案中广州某农科公司实施的品种权侵权行为，上海某植物公司均可以自己的名义对外实施包括但不限于调查、取证、提起诉讼、和解等任何主张权利之行为。

二、关于被诉侵权事实

2019 年 7 月 31 日，王某某的委托代理人李某某在福建省漳州市某公证处工作人员见证下，来到广州市番禺区××村街××道的广州某农科公司，办理接货手续并取得发票、出库单各 1 份，提取凤梨种苗产品一批（品种：新红星，规格 105 孔、每箱 5 筛、共 13 箱，含赠送部分），随后将产品运送至广州市荔湾区××道××街入口处的一间门店。下午 2：30，李某某对上述产品进行拆封并随机抽样，按照单杯单株的方式将 60 株移栽至营养杯中，另将 360 株分装成 30 袋，均以透气网袋分装，90 个网袋的底部和顶部绕上盖有福建省漳州市某公证处印章的封签。全部产品交由李某某保管，产品之后被运送到上海市金山区某园艺公司。2019 年 9 月 17 日，福建省漳州市某公证处工作人员来到该园艺公司，对运送到的 90 袋种苗的密封情况进行检查，经查验发现，封存状态完好。拆封后园艺公司工作人员挑选出无坏死种苗进行换盆（一杯一株），共选出 383 株分装在营养杯中，再分装成 22 筐，在网袋封口处绕上盖有福建省漳州市某公证处印章的封签。公证员对上述经过进行了录像及拍照，福建省漳州市某公证处出具了（2019）××证民内字第××号《公证书》。

2020年1月6日，上海某植物公司代理人黄某向上海市金山公证处申请保全证据公证。次日，黄某与公证处工作人员来到位于上海市奉贤区的农业农村部植物新品种测试（上海）分中心，在该处温室内的苗床上，由该中心业务副主任陈某荣及该中心工作人员对标有“红运来”标签的花卉种苗随机抽取一盆，装入塑料筐，在包装上加贴该中心标签，公证处贴上封条。公证员对上述经过进行了录像及拍照，上海市金山公证处出具了（2020）××证经字第××号《公证书》。

2020年4月13日，宁波某技术公司出具《技术鉴定意见书》。该意见书记载，宁波某技术公司接受上海某植物公司及案外人委托，由三位专家组成鉴定组，对由福建省漳州市某公证处封存的凤梨种苗与上海市金山公证处公证封存由农业农村部新品种测试（上海）分中心提供的授权品种“红运来”种苗进行一致性比对鉴定。鉴定意见：根据现场实验分析及委托提供的资料，专家讨论后意见如下：两品种AFLP指纹图谱相似度95.08%，两品种一致性高度相似。

广州某农科公司认为，宁波某技术公司不是司法部备案的司法鉴定机构，相关鉴定人员没有鉴定资质，该意见书不具有司法鉴定的效力；其经营范围为各类咨询服务，其所作的技术鉴定意见书客观性、中立性不足；我国目前还没有果子蔓属品种鉴定的DNA鉴定技术标准，目前已有的玉米、水稻等植物品种的DNA鉴定技术标准中，均采用SSR分子标记法绘制DNA指纹图谱，但宁波某技术公司却通过AFLP分子标记法来绘制涉案品种的DNA指纹图谱，合成的AFLP引物没有依据，据此扩增的DNA片段也没有权威标准，该鉴定意见没有证明力。

广州某农科公司提交自行制作的被诉侵权品种与授权品种“红运来”的性状比对意见，拟证明两者的植株高度、植株直径、植株叶片数、叶鞘长度、叶片上表面主色等至少十一个关键性状差异明显，两者不是同一品种。上海某植物公司认为，该意见是广州某农科公司自行制作，两品种的真实性以及是否在同一环境下生长不能确认，广州某农科公司不具备性状对比能力，故对该意见的真实性、合法性及关联性均不予确认。

广州某农科公司提交《植物新品种特异性、一致性和稳定性测试指南果子蔓属》，拟证明该行业标准列举了38个果子蔓属品种鉴定关键性状，鉴别凤梨品种最可靠的方法是进行田间观察检测。上海某植物公司对其真实性予以确认，但认为该标准是适用于品种申请的审查判断标准，不是侵权案件中品种同一性鉴定的方法，侵权案件中判定同一性的方法为指纹图谱检测和田间观察检测两种。

三、关于赔偿方面的事实

上海某植物公司为证明广州某农科公司种植面积、数量及侵权持续年限，提交了视频及录音证据；为证明品种权许可费的收取标准，提交了《关于凤梨产品销售价格的管理办法》；为证明维权费用，提交了采购种苗出库单及发票、维权取证法律服务合同及发票、诉讼代理合同及发票、公证处出具的服务合同及发票、宁波某技术公司出具的品种鉴定费用发票。广州某农科公司认为，上海某植物公司擅自录制视频，未经相关人员同意，内容未能说明广州某农科公司就涉案品种的具体种植面积、数量及持续的年限；广州某农科公司仅销售了5000株被诉侵权种苗，销售价格管理办法是上海某植物公司自行制作，缺乏市场定价合理性，也没有实际支付依据；广州某农科公司没有侵害上海某植物公司品种权，不存在为制止侵权支出的费用。

广州某农科公司成立于1998年9月14日，注册资本为200万元，登记的经营范围包括花卉作物批发、花卉种植、农业技术开发服务等。

一审法院认为：

本案系侵害植物新品种权纠纷，上海某植物公司是“红运来”植物新品种的品种权人之一，上海某植物公司的品种权应受法律保护。任何单位或者个人未经权利人许可，都不得生产、繁殖和销售该品种的繁殖材料。

上海某植物公司作为“红运来”植物新品种的品种权人之一，得到另一权利人的确认，有权提起本案诉讼。根据《中华人民共和国民事诉讼法》（以下简称民事诉讼法）第六十七条之规定，当事人对自己提出的主张，有责任提供证据。本案中，上海某植物公司主张广州某农科公司未经许可生产、繁殖和销售被诉侵权种苗，侵害其“红运来”植物新品种权，应当对广州某农科公司未经许可实施生产、繁殖和销售行为，以及被诉侵权种苗与其授权品种“红运来”特征、特性相同的基本事实，承担举证证明责任。由于上海某植物公司从广州某农科公司处购得被诉侵权种苗，故广州某农科公司销售被诉侵权种苗“新红星”的事实可以认定。本案的争议焦点在于：被诉侵权种苗与上海某植物公司授权品种“红运来”的特征、特性是否相同。

为证明各自的主张，上海某植物公司提交了宁波某技术公司出具《技术鉴定意见书》，广州某农科公司提交自行制作的性状比对意见。关于两者的证据类型和审查因素，根据民事诉讼法第六十六条之规定，证据包括当事人的陈述、书证、物证、视听资料、电子数据、证人证言、鉴定意见和勘验笔录等八类。根据该法第七十九条之规定，当事人可以就查明事实的专门性问题向人民法院申请鉴定。当事人未申请鉴定，人民法院对专门性问题认为需要鉴定的，应当委托具备资格的鉴定人进行鉴定。根据《最高人民法院关于民事诉讼证据的若干规定》第四十一条之规定，一方当事人可以就专门性问题自行委托有关机构或者人员出具意见。由此可见，民事诉讼中的鉴定须由法院依当事人申请或依职权启动。宁波某技术公司出具的《技术鉴定意见书》，并非由法院依当事人申请或依职权委托作出，而是上海某植物公司自行委托有关公司出具，故在证据类型上不属于鉴定意见，应属于书证。广州某农科公司提交的性状比对意见是广州某农科公司自行制作的材料，属于当事人陈述。虽然宁波某技术公司出具的《技术鉴定意见书》不是鉴定意见，但由于是有关公司对案件所涉专门性问题的意见，故可以参照对鉴定意见的审查因素进行审查。根据《最高人民法院关于知识产权民事诉讼证据的若干规定》第二十三条之规定，人民法院对鉴定意见进行审查的因素包括：鉴定人是否具备相应资质；鉴定人是否具备解决相关专门性问题应有的知识、经验及技能；鉴定方法和鉴定程序是否规范，技术手段是否可靠；送检材料是否经过当事人质证且符合鉴定条件；鉴定意见的依据是否充分；鉴定人有无应回避的法定事由；鉴定人在鉴定过程中有无徇私舞弊或者其他影响公正鉴定的情形。本案中，《技术鉴定意见书》所涉检测材料由上海某植物公司单方送检，宁波某技术公司接收材料的过程没有公证，无法判断就是福建省漳州市某公证处封存的被诉侵权种苗与上海市金山公证处公证封存的由农业农村部新品种测试（上海）分中心提供的授权品种“红运来”。关于测试方法，根据《最高人民法院关于审理侵害植物新品种权纠纷案件具体应用法律问题的若干规定（二）》第二十一条之规定，对于没有基因指纹图谱等分子标记检测方法进行鉴定的品种，可以采用行业通用方法对授权品种与被诉侵权种苗的特征、特性进行同一性判断。一审法院认为，所谓“没有基因指纹图谱等分子标记检测方法进行鉴定的品种”显然不是指该品种无法在技术上实施DNA测试，而是指该品种的DNA测试尚无国家或行业标准，因而不属于该条后述的“行业通用方法”。涉案品种的DNA测试尚无国家或行业标准，故属于没有基因指纹图谱等分子标记检测方法进行鉴定的品种，其同一性判断应采用其他方法进行。广州某农科公司据此主张不应采纳宁波某技术公司出具的《技术鉴定意见书》有理，一审法院予以支持。综上，宁波某技术公司出具的《技术鉴定意见书》无法证明被诉侵权种苗与上海某植物公司授权品种“红运来”的特征、特性相同。

关于对广州某农科公司提交的性状比对意见的审查，广州某农科公司提交的两品种性状比对意见表明两者的植株高度、植株直径、植株叶片数、叶鞘长度、叶片上表面主色等至少十一个关键性状差异明显，因两品种是广州某农科公司自行准备，是否属于本案适格比对品种，两品种生长环境是否相同等无法判断，一审法院对广州某农科公司提交的性状比对意见不予采纳。

上海某植物公司不能证明被诉侵权种苗与上海某植物公司授权品种“红运来”繁殖材料是相同品种。上海某植物公司的侵权主张不能成立，其全部诉讼请求应予驳回。

依照《中华人民共和国种子法》第二十八条，《中华人民共和国民事诉讼法》第六十七条第一款，《最高人民法院关于审理侵害植物新品种权纠纷案件具体应用法律问题的若干规定》第二条第一款、第二款，第四条第一款，《最高人民法院关于审理侵害植物新品种权纠纷案件具体应用法律问题的若干规定（二）》第二十一条，《最高人民法院关于适用〈中华人民共和国民事诉讼法〉的解释》第九十条、第九十一条之规定，一审法院判决：驳回原告上海某植物公司的全部诉讼请求。一审案件受理费 30800 元，由原告上海某植物公司负担。

二审期间，经上海某植物公司申请，宁波某技术公司法定代表人周某、《技术鉴定意见书》签字人之一焦某出庭作证。周某主要证言如下：宁波某技术公司业务范围包括知识产权鉴定、科技咨询鉴定；对于当事人的鉴定申请，宁波某技术公司会根据专业类别，从专家库中选取鉴定人员；对于鉴定人员的资质，公司围绕专业是否相符、是否具有相应技术职称进行审查。焦某主要证言如下：焦某是宁波市农业科学研究院副研究员，专业为果蔬种质资源与遗传育种，是宁波某技术公司的技术顾问，《技术鉴定意见书》是其利用 AFLP 分子标记技术作出，AFLP 分子标记法是分子标记技术之一，没有相应的国家标准或行业标准。比对的结果显示两样品 AFLP 指纹图谱相似度 95.08%，但该数值只代表遗传的相似度，是否意味着两个样品为相同、近似抑或不同品种，其不能判断。

广州某农科公司质证意见：对证人证言的真实性不予认可，宁波某技术公司使用的 AFLP 分子标记法属于被淘汰的技术，重复性差、准确率低。

本院认证意见：宁波某技术公司法定代表人周某的证言内容与该公司营业执照记载的营业范围相符；关于 AFLP 分子标记法对植物品种同一性的判断阈值和标准，焦某在二审庭审中没有进行说明，其表示，使用 AFLP 分子标记法对被诉侵权种苗与授权品种“红运来”进行检测后，得出的结果显示，两样品指纹图谱相似度 95.08%，该数值只代表遗传的相似度，无法判断两个品种相同与否。本院认为，虽然《技术鉴定意见书》记载了两样品遗传相似度，但该数据如何解读缺乏相应标准，意见书中关于“两品种一致性高度相似”的结论与鉴定人员的当庭陈述存在不一致，故仅凭该证据并不能确认被诉侵权种苗和授权品种特征、特性相同。

二审中，上海某植物公司另提交了其委托江汉大学系统生物学研究院进行检验出具的检验报告，用以证明被诉侵权种苗是授权品种“红运来”的繁殖材料。该报告记载待测样品为 A1，对照样品为 B1，参照《植物品种鉴定 MNP 标记法》（GB/T 38551—2020）进行检验，结论：两者为极近似品种或相同品种。

广州某农科公司质证意见：对上述检验报告的真实性、合法性、关联性及证明目的不予认可。

本院认证意见：由于上述检验报告中没有写明 A1、B1 具体指向的品种，而上海某植物公司认可 A1、B1 为其自行提交，故该项检验使用的待测样品和对照样品均来源不明，本院对上述证据不予采信。

二审中，经释明，上海某植物公司申请就被诉侵权种苗与授权品种“红运来”进行同一性鉴定，以证明被诉侵权种苗是授权品种“红运来”的繁殖材料。广州某农科公司不同意鉴定，主张相应鉴定没有国家标准、行业标准，应通过田间观察检测的方法确定两者特征、特性是否相同。本院经审查认为，二审中上海某植物公司自行委托检验形成的报告存在对照样品、待测样品来源不明的问题，鉴于上海某植物公司表示被诉侵权种苗目前尚处于种植状态，活性良好，授权品种“红运来”的标准样品保存在农业农村部植物新品种测试（上海）分中心，本案具备进行司法鉴定的条件。故，本院准许上海某植物公司的鉴定申请，并经双方同意，指定江汉大学生物基因检测鉴定中心进行司法鉴定。

一审查明的其他事实基本属实，本院予以确认。本院二审另查明如下事实：

一、关于被诉侵权行为及鉴定相关事实

根据上海某植物公司一审证据，其公司取证人员于2019年6月19日在广州某农科公司种植场地进行取证，视频中双方就采购5000株被诉侵权种苗的交易事实进行了协商。2019年6月22日，上海某植物公司取证人员王某某与广州某农科公司签订了被诉侵权种苗的采购合同，合同载明：规格为盘穴105孔，5000株，单价2.5元，金额12500元。2019年7月31日、2019年9月17日，福建省漳州市某公证处对接货、拆封换盆以及封存过程进行了证据保全公证，出具（2019）××证民内字第××号《公证书》。

二审中，本院根据申请前往上海某植物公司基地调取前述被公证封存的被诉侵权种苗。被诉侵权种苗存放在基地温室车间，本院对其中封存的3筐样品进行了封存状态的检查，整个种植筐封存网袋完整无破损，网袋封口处标签完整，加盖有公证处鲜章。封存状态与公证书记载的封存状态一致。本院分别从3个种植筐中各取1株种苗放入保温盒封存，并加贴本院封条。

对前述调取过程，包括待测样品封存状态的检查、选取以及调取后的封存等全过程，本院组织双方进行了质证。上海某植物公司工作人员在现场参加，广州某农科公司申请线上参加。经质证，双方对于被诉侵权种苗的公证封存状态、本院调取过程均表示无异议。广州某农科公司认为，虽然被诉侵权种苗封存状态完整，但本案证据不能证明被封存的被诉侵权种苗是广州某农科公司销售，也不能认定与被诉侵权行为具有关联性。

本院还调取了由农业农村部植物新品种测试（上海）分中心保藏的授权品种繁殖材料作为对照样品。上海某植物公司、广州某农科公司对于对照样品的真实性无异议。前述经质证的对照样品与待测样品一并寄送江汉大学生物基因检测鉴定中心。2024年5月17日，江汉大学生物基因检测鉴定中心出具检验报告。报告载明：检验依据参照《植物品种鉴定MNP标记法》，检验结果及结论显示两样品比较位点数9272，差异位点数8，遗传相似度99.91%，结论为极近似品种或相同品种。

《植物品种鉴定MNP标记法》的部分内容如下：本标准适用于水稻、玉米、大豆、棉花、花生、谷子、西瓜、甜瓜、黄瓜、艾草、番茄、辣椒、白菜、龙眼、荔枝、猕猴桃的原始品种鉴定、实质性派生品种鉴定和品种真实性鉴定。其他植物品种鉴定可参考本标准。水稻、玉米、大豆、棉花、花生、谷子、西瓜、甜瓜、黄瓜、番茄、辣椒、白菜、猕猴桃按以下判定：……当GS大于或等于99%时，判定待测品种与对照品种为“极近似品种或相同品种”。艾草、龙眼、荔枝按以下判定：……当GS大于或等于99%时，判定待测品种与对照品种为“极近似品种或相同品种”。

另，江汉大学生物基因检测鉴定中心于2021年10月28日取得农作物种子质量检验机构合格证书。

双方质证意见：上海某植物公司对前述检验报告的真实性、合法性、关联性予以认可。广州某农科公司对其关联性不予认可，主张上海某植物公司于2019年6月向多个主体公证购买了名称为“新红星”的种苗，本案证据不能证明公证封存的被诉侵权种苗为其公司销售，相应地无法证明送检的待测样品与本案具有关联性。

本院认为，根据查明的事实，（2019）××证民内字第××号《公证书》记载的接货、封存以及之后的拆封换盆、再次封存过程连续、完整，且与上海某植物公司取证视频、双方签订的合同、发票、出库单等互相印证，能够证明被封存的被诉侵权种苗与被诉侵权行为的关联性。本院在调取公证封存的种苗作为待测样品时审查了其封存状态，双方当事人对封存的状态均予以认可，因此，认定待测样品与被诉侵权行为具有关联性有事实依据，广州某农科公司关于检验报告不具有关联性的意见不能成立。

二、关于经济损失相关事实

根据双方当事人一审、二审陈述及证据，上海某植物公司起诉请求的300万元赔偿金包括经济损失和维权合理支出两部分。上海某植物公司明确要求按照其授权品种“红运来”的许可使用费标准计算经济损失，并主张其对外许可使用费为1.9元/株，广州某农科公司每年繁殖、销售被诉侵权种苗至少100万株，在取证现场发现广州某农科公司有被诉侵权种苗数量为50万株至80万株。按照65万株计算，广州某农科公司一年应支付的许可使用费为123.5万元。自2014年上海某植物公司取得品种权开始，至2020年提起诉讼，广州某农科公司从事侵权行为已逾5年，按照3年计算，上海某植物公司的经济损失超过了300万元。

关于许可使用费的证据，一审中上海某植物公司提交了其公司加盖公章、日期为2009年1月1日的《关于凤梨产品销售价格的管理办法》。该管理办法第四条记载：“根据授权品种推广的时间每株的许可费应当保持在售价价格的30%，并且每棵不低于1.9元，否则应更新品种推出替代新品种，原品种则退出市场不再推广。”广州某农科公司对该办法的真实性予以认可，但认为该价格属于上海某植物公司单方定价，缺乏市场定价的合理性，同时上海某植物公司没有提交任何被许可人实际支付许可使用费的证据，故不能证明上海某植物公司的实际许可使用费的收取情况。经二审释明，上海某植物公司明确表示其公司对外签订的销售合同中约定的价格仅为种苗单价，其中并不体现许可使用费，故其无法提交对外许可使用及许可使用费收取情况的相关证据。

关于被诉侵权行为的规模，一审中，上海某植物公司提交了 2018 年 8 月 29 日与广州某农科公司法定代表人宋某芝的通话录音。双方通话中沟通的品种包括红掌、凤梨。其中，关于凤梨的交谈中，宋某芝表示“凤梨有新红星、丹尼斯，盘穴苗和组培苗都有，凤梨今年（市场）不太好等”等内容。一审中，上海某植物公司提交了 2019 年 6 月 19 日其公司取证人员在广州某农科公司种植场地的两份取证视频。编号为 17380002 的视频显示，在广州某农科公司的车间中有种苗若干种，上海某植物公司取证人员询问其中某标牌为“新红星”的种苗数量，广州某农科公司工作人员回答为大约 50 万株至 80 万株。编号为 17380003 的视频中，广州某农科公司法定代表人宋某芝介绍，其公司大约自九几年开始生产、繁殖红掌、凤梨。广州某农科公司对前述证据的真实性予以认可，主张其自 2019 年开始才生产、繁殖被诉侵权种苗，2020 年停止相应行为，广州某农科公司生产、繁殖、销售的花卉包括红掌、凤梨、蝴蝶兰等诸多品种，年销售的花卉总量为 500 万株，但目前已经无法提供被诉侵权种苗的生产、繁殖、销售数据。

三、关于维权支出相关事实

上海某植物公司主张，维权支出占诉讼请求金额的 20%左右。一审中，上海某植物公司提交的证据包括：1. 购买被诉侵权种苗的出库单及发票，发票金额 12500 元；2. 签订于 2019 年 5 月 10 日的维权取证法律服务协议书及发票，发票金额 20 余万元，该协议书并未写明具体案件，上海某植物公司表示其中 17 万元为本案支出；3. 2020 年 5 月 5 日上海某植物公司与山东健华律师事务所签订的委托合同及律师费发票，发票金额 10 万元；4. 公证服务合同及发票，发票金额 5000 元；5. 宁波某技术公司出具的鉴定费发票，发票金额 6 万元。除前述证据外，上海某植物公司主张，其另有其他维权支出，但不再举证，请求法院酌情确定。广州某农科公司对前述证据的真实性、合法性均予以认可，主张与本案没有关联性。

本院认为：本案为侵害植物新品种权纠纷，因被诉侵权行为发生在 2015 年修订的《中华人民共和国种子法》（以下简称种子法）施行日（2016 年 1

月1日）之后、2021年修正的种子法施行日（2022年3月1日）之前，也发生在《中华人民共和国侵权责任法》（以下简称侵权责任法）施行日（2010年7月1日）之后、《中华人民共和国民法典》施行日（2021年1月1日）之前，故本案应适用2015年修订的种子法和2010年7月1日起施行的侵权责任法。根据查明的事实和双方的诉辩意见，本案二审的争议焦点是：1. 被诉侵权种苗是否属于授权品种“红运来”的繁殖材料；2. 如是，广州某农科公司的侵权责任如何确定。

一、被诉侵权种苗是否属于授权品种“红运来”的繁殖材料

本案授权品种为果子蔓属凤梨，属于无性繁殖品种。对于通过扦插、嫁接等无性繁殖方式扩繁的植物体，除基因突变外，植株的遗传稳定性较高，其基因型在繁殖时相对稳定。在认定被诉侵权种苗是否属于授权品种繁殖材料的过程中，本案双方当事人既对鉴定方法的选择存在较大争议，又对鉴定报告能否证明被诉侵权种苗与授权品种的同一性存在争议。对此，本院分述如下。

第一，关于本案所涉鉴定技术与方法问题。上海某植物公司为证明被诉侵权种苗属于授权品种“红运来”的繁殖材料，向本院申请就该专门性问题进行鉴定。广州某农科公司主张，所涉品种尚无分子标记法检测的国家标准或行业标准，故其不同意进行品种同一性的分子鉴定，主张应进行田间观察检测。

根据《最高人民法院关于人民法院民事诉讼中委托鉴定审查工作若干问题的规定》第二条之规定，拟鉴定事项所涉鉴定技术和方法争议较大的，应当先对其鉴定技术和方法的科学可靠性进行审查。首先，关于一审中宁波某技术公司作出《技术鉴定意见书》使用的AFLP分子标记法。AFLP分子标记法，是一种分子标记技术，对该标记技术，我国尚无国家标准或行业标准，使用该标记法得出的检验结果如何解读缺乏相应标准，宁波某技术公司鉴定人员焦某的证言也证实了此观点，故对宁波某技术公司作出的《技术鉴定意见书》不予采信。其次，关于二审中江汉大学生物基因检测鉴定中心作出检验报告使用的MNP标记法。二审中，本院委托江汉大学生物基因检测鉴定中心采用MNP标记法进行同一性鉴定。《植物品种鉴定MNP标记法》可适用于水稻、玉米、大豆等原始品种鉴定、实质性派生品种鉴定和品种真实性鉴定，且其他植物品种的鉴定亦可予以参考。目前，该标记法已被国家市场监督管理总局、国家标准化管理委员会确立为国家标准。因此，果子蔓属凤梨

的品种同一性鉴定可以参照《植物品种鉴定 MNP 标记法》进行。虽然广州某农科公司明确表示不同意启动司法鉴定，但并不影响本院根据《最高人民法院关于审理侵害植物新品种权纠纷案件具体应用法律问题的若干规定（二）》第二十条之规定启动鉴定程序。本院在就鉴定方法进行释明后，指定持有农作物种子质量检验机构合格证书的江汉大学生物基因检测鉴定中心进行司法鉴定。最后，根据《最高人民法院关于审理侵害植物新品种权纠纷案件具体应用法律问题的若干规定》第四条之规定，对于侵害植物新品种权纠纷案件涉及的专门性问题可以采取田间观察检测、基因指纹图谱检测等方法鉴定。对采取前款规定方法作出的鉴定意见，人民法院应当依法质证，认定其证明力。据此，认定被诉侵权种苗是否属于授权品种繁殖材料，既可以采取田间观察检测方法，也可以采取基因指纹图谱检测方法，采取何种方法的关键在于其方法是否科学可靠。前已述及，MNP 标记法已被确立为国家标准，虽然其直接适用的品种不包括涉案品种，但可以参照适用于本案果子蔓属凤梨品种的同一性鉴定。广州某农科公司关于必须通过田间观察检测的方法进行品种特征、特性判断的主张，因缺乏合理理由，本院不予支持。

第二，关于江汉大学生物基因检测鉴定中心鉴定意见的证明力。江汉大学生物基因检测鉴定中心出具的检测报告的结论为，被诉侵权种苗与授权品种“红运来”遗传相似度为 99.91%，为极相近或相同品种。广州某农科公司并未提交反驳上述事实的任何证据，据此可认定被诉侵权种苗属于授权品种“红运来”的繁殖材料。

广州某农科公司主张被诉侵权种苗并非其公司所售，与本案不具有关联性，故鉴定报告与本案不具有关联性。广州某农科公司上述意见实际上系对鉴定过程中待测样品的来源提出异议。对此，本院认为，首先，品种权人对用于检测的被诉侵权品种待测样品和授权品种对照样品均应尽力、勤勉举证，善尽合理注意义务，确保来源清晰、保存妥善、送检过程真实可信，符合鉴定要求。本案中，上海某植物公司对用于检测的两样品已尽勤勉举证义务。对于被诉侵权种苗的购买、接货、封存以及拆封换盆、再次封存等过程均进行了公证，公证书亦与双方签订的合同、发票、出库单等互相印证，证据链条清晰、完整，能够证明被诉侵权种苗来源于广州某农科公司。同时，上海某植物公司善尽合理注意义务，对于其公证购买的被诉侵权种苗采取了较为妥善的种植方式，亦确保了其符合鉴定要求。其次，本院在鉴定开展阶段亦已经审查了被诉侵权种苗的来源，完全可以确定送检的待测样品即为来源于广州某农科公司的被诉侵权种苗。最后，广州某农科公司作为生产、繁殖者，仅仅质疑被诉侵权种苗的来源，未提供任何反驳证据。因此，对于广州某农科公司的上述主张，本院不予采信。

二、广州某农科公司的侵权责任如何确定

第一，关于本案侵权责任的形式。根据 2015 年修订的种子法第二十八条之规定，完成育种的单位或者个人对其授权品种，享有排他的独占权。任何单位或者个人未经植物新品种权所有人许可，不得生产、繁殖或者销售该授权品种的繁殖材料，不得为商业目的将该授权品种的繁殖材料重复使用于生产另一品种的繁殖材料；但是本法、有关法律、行政法规另有规定的除外。根据侵权责任法第十五条之规定，承担侵权责任的方式主要有停止侵害、排除妨碍、赔偿损失等，承担侵权责任的方式，可以单独适用，也可以合并适用。广州某农科公司未经品种权人上海某植物公司的许可，生产、繁殖、销售被诉侵权种苗，构成侵权行为，应承担停止侵害、赔偿损失的民事责任。

第二，关于经济损失数额的确定。根据 2015 年修订的种子法第七十三条第三款、第四款之规定，侵犯植物新品种权的赔偿数额按照权利人因被侵权所受到的实际损失确定；实际损失难以确定的，可以按照侵权人因侵权所获得的利益确定。权利人的损失或者侵权人获得的利益难以确定的，可以参照该植物新品种权许可使用费的倍数合理确定。权利人的损失、侵权人获得的利益和植物新品种权许可使用费均难以确定的，人民法院可以根据植物新品种权的类型、侵权行为的性质和情节等因素，确定给予三百万元以下的赔偿。上海某植物公司主张按照广州某农科公司每年生产、繁殖 65 万株的规模，3 年的侵权行为持续时间以及许可使用费 1.9 元/株的标准计算，其经济损失超过 300 万元。根据查明的事实，本院综合考虑以下因素，酌定广州某农科公司赔偿上海某植物公司经济损失 97.5 万元：

首先，关于被诉侵权行为的规模。在上海某植物公司的取证视频中可见，广州某农科公司的工作人员介绍当时其车间有被诉侵权种苗 50 万株至 80 万株，故上海某植物公司主张按照年生产量 65 万株计算经济损失有事实依据。其次，关于被诉侵权行为的持续时间。上海某植物公司于 2019 年 6 月购买了被诉侵权种苗，广州某农科公司也自认其于 2019 年、2020 年进行了相应生产、繁殖行为，故对该两年存在的被诉侵权行为本院予以认定。对于 2019 年之前广州某农科公司是否还存在侵权，上海某植物公司提交的录音、视频仅显示广州某农科公司工作人员认可多年前便生产、繁殖“红掌”“凤梨”，但该证据尚不足以证明就是授权品种“红运来”，故对于2019年以前的侵权行为本院不予认定。本案无证据证明被诉侵权行为已经停止，但关于侵权损害赔偿，上海某植物公司主张计算至起诉之日，根据广州某农科公司自认及上海某植物公司的主张，本院将侵权损害赔偿的计算时间确定为2年。再次，关于侵权赔偿的计算方式问题。上海某植物公司为证明其许可费标准，提交了《关于凤梨产品销售价格的管理办法》，其中第四条写明，“根据授权品种推广的时间每株的许可费应当保持在售价价格的30%，并且每棵不低于1.9元”。该办法虽然记载了许可使用费的标准，但该证据为上海某植物公司提交的单方证据，尚无是否实际履行的相关证据予以佐证，且上海某植物公司在二审中明确表示其实际销售价格不体现许可费而仅仅是种苗单价，故不宜将上述条款作为涉案品种对外授权的许可使用费标准。上海某植物公司关于按照对外许可使用费1.9元/株的标准计算其实际损失的主张，本院不予支持。最后，本案确定损失的其他因素。上海某植物公司在本案中未举证证明被诉侵权行为给权利人造成的损失情况，本院综合考虑被诉侵权种苗的生产、繁殖规模及成本，销售价格，花卉行业大致利润情况等因素，按照被诉侵权种苗销售价格的30%确定广州某农科公司因侵权行为的获利情况。据此计算，广州某农科公司应承担的经济损失数额为：65万株/年×2.5元/株×30%×2年=97.5万元。

第三，关于维权合理支出数额的确定。上海某植物公司为维护其合法权益就侵权行为支出了被诉侵权种苗的购买费、公证费，该费用中合理的维权支出应予以支持；关于取证服务费、律师费，尽管其签订的协议与本案关联性不足，但因上海某植物公司确已委托律师参与了本案诉讼，故根据案件情况对其合理部分予以支持。前述合理费用合并计算，本院酌情确定为10万元。对于其他支出，本院不予支持。

综上所述，上海某植物公司的上诉请求部分成立，应予支持；一审判决认定事实和适用法律均有不当，应予纠正。依据《中华人民共和国种子法》（2015年修订）第二十八条、第七十三条第三款及第四款，《中华人民共和国侵权责任法》第十五条，《最高人民法院关于审理侵害植物新品种权纠纷案件具体应用法律问题的若干规定》第四条，《最高人民法院关于审理侵害植物新品种权纠纷案件具体应用法律问题的若干规定（二）》第二十条，《中华人民共和国民事诉讼法》第一百七十七条第一款第二项之规定，判决如下：

一、撤销广州知识产权法院（2020）粤73知民初961号民事判决；

二、广州市番禺科某农业科技开发有限公司于本判决生效之日起立即停止生产、繁殖和销售“红运来”植物新品种繁殖材料的侵权行为；

三、广州市番禺科某农业科技开发有限公司于本判决生效之日起15日内赔偿上海鲜花港德某仕植物有限公司经济损失97.5万元、维权合理支出10万元，前述款项合计107.5万元；

四、驳回上海鲜花港德某仕植物有限公司的其他诉讼请求。

如未按本判决指定的期间履行给付金钱义务，应当依照《中华人民共和国民事诉讼法》第二百六十四条之规定，加倍支付迟延履行期间的债务利息。

一审案件受理费30800元，由广州市番禺科某农业科技开发有限公司负担20918元，上海鲜花港德某仕植物有限公司负担9882元。二审案件受理费30800元，由广州市番禺科某农业科技开发有限公司负担20918元，上海鲜花港德某仕植物有限公司负担9882元。本案鉴定费2000元，由广州市番禺科某农业科技开发有限公司负担。

本判决为终审判决。

审 判 长 罗 霞
审 判 员 杜丽霞
审 判 员 牟 丹
二〇二四年八月二十八日
法官助理 董 宁
书 记 员 李思倩

六、集成电路布图设计案件审判

41. 布图设计保护客体和已投入商业利用的认定

——上诉人凌某科技股份有限公司与被上诉人无锡中某爱芯电子有限公司侵害集成电路布图设计专有权纠纷案①

中华人民共和国最高人民法院民事判决书（2022）最高法知民终2133号

上诉人（一审原告）：凌某科技股份有限公司。

法定代表人：黄某某，该公司董事长。

委托诉讼代理人：王小君，北京安杰（南京）律师事务所律师。

委托诉讼代理人：沈浩，北京安杰（南京）律师事务所律师。

被上诉人（一审被告）：无锡中某爱芯电子有限公司。

法定代表人：薛某，该公司董事长。

委托诉讼代理人：周晓东，江苏漫修律师事务所律师。

委托诉讼代理人：平梁良，北京市京师（无锡）律师事务所律师。

上诉人凌某科技股份有限公司因与被上诉人无锡中某爱芯电子有限公司（以下简称中某电子有限公司）侵害集成电路布图设计专有权纠纷一案，不服江苏省苏州市中级人民法院于2022年6月30日作出的（2021）苏05民初63号民事判决，向本院提起上诉。本院于2022年10月9日立案后，依法组成合议庭，于2023年1月13日公开开庭审理了本案。上诉人凌某科技股份有限公司的委托诉讼代理人王小君、沈浩，被上诉人中某电子有限公司的委

① 本案在年度报告中的位置为第99页。

托诉讼代理人周晓东、平梁良到庭参加了诉讼。本案现已审理终结。

凌某科技股份有限公司向一审法院提起诉讼，一审法院于 2021 年 1 月 6 日立案受理。凌某科技股份有限公司向一审法院起诉请求：1. 立即停止侵害凌某科技股份有限公司集成电路布图设计专有权的行为，销毁被诉侵权产品；2. 赔偿凌某科技股份有限公司经济损失人民币 1200 万元（以下如无特别说明币种均为人民币）；3. 赔偿凌某科技股份有限公司维权合理开支暂计 304200 元；4. 承担本案全部诉讼费用。一审诉讼中，凌某科技股份有限公司将诉讼请求 2 变更为判令中某电子有限公司赔偿经济损失 2000 万元。事实和理由：凌某科技股份有限公司于 2017 年 10 月 24 日向国家知识产权局申请登记了 GMM674 芯片的布图设计专有权（以下简称权利布图设计），并于 2017 年 12 月 8 日获得国家知识产权局颁发的《集成电路布图设计登记证书》（布图设计登记号：BS. 17553××××）。凌某科技股份有限公司经公开检索发现，网上存在载有中某电子有限公司水印的 AiP8F7132 芯片（以下简称被诉侵权芯片）产品说明书，说明书内容完全抄袭自权利布图设计芯片的产品规格书。通过对被诉侵权芯片布图设计与权利布图设计进行比对，发现被诉侵权芯片布图设计与权利布图设计完全相同。中某电子有限公司的侵权行为非法获得了市场利益，给凌某科技股份有限公司造成了重大损失，严重破坏了电动自行车等控制芯片的正常市场秩序。截至 2021 年 2 月 25 日，中某电子有限公司委托其他公司代加工晶圆 2337 片，产出芯片不少于 1635. 9 万颗，实际获利不低于 2000 万元。

中某电子有限公司一审辩称：凌某科技股份有限公司享有的权利布图设计专有权不符合《集成电路布图设计保护条例》（以下简称布图设计条例）的相关规定，属于应当被撤销的情形。首先，凌某科技股份有限公司申请权利布图设计时提交的图样，仅仅提供了部分布图设计图层，对于最关键的在半导体材料衬底上形成有源器件的三维配置的布图设计图层（如 Diffusion 层）几乎没有提交。仅依据凌某科技股份有限公司提交的 12 层图层，无法呈现有源器件的三维配置，不符合布图设计条例第二条第二项的规定。其次，权利布图设计的申请日是 2017 年 10 月 24 日，而权利布图设计对应芯片（型号：GPM8F3132C）的商业利用时间早于 2015 年 10 月 24 日，权利布图设计申请日距离芯片商业利用日已经超过两年，不符合布图设计条例第十七条的规定，属于应当被撤销的情形。再次，凌某科技股份有限公司主张的 9 个独创点均不能成立，权利布图设计不具备独创性。最后，即使权利布图设计没有被撤销、凌某科技股份有限公司主张的9个独创点都具备独创性，凌某科技股份有限公司主张的赔偿数额也不能成立。经计算赔偿金额最多为805855元；如果独创点部分不成立，则赔偿数额应当低于上述金额。

一审法院认定事实：

一、权利布图设计登记情况

2017年12月8日，国家知识产权局向凌某科技股份有限公司颁发第16390号《集成电路布图设计登记证书》，该证书记载，布图设计权利人为凌某科技股份有限公司，布图设计名称为GMM674芯片，布图设计登记号为BS. 17553××××，布图设计申请日为2017年10月24日，布图设计创作完成日为2016年3月17日，布图设计首次投入商业利用日为2016年10月28日。该布图设计登记的图样共有12层，分别为Contact层、Poly层、Metal1层、Via1层、Metal2层、Via2层、Metal3层、Via3层、Metal4层、Via4层、Metal5层、Pad Window层。一审审理过程中，为查明案件事实，一审法院向国家知识产权局调取凌某科技股份有限公司在国家知识产权局备案的电子版布图设计。

中某电子有限公司认为凌某科技股份有限公司提交登记的12层布图设计图样中不含任何有源元件，对于最关键的、在半导体材料衬底上形成有源器件三维配置的布图设计图层（如Diffusion层）几乎没有提交，因此凌某科技股份有限公司的权利布图设计不应予以保护。凌某科技股份有限公司认为，首先，至少有一个有源元件是集成电路本身定义的要求，并不是集成电路布图设计的要求，权利布图设计已经体现了元件和线路的三维结构，因此符合法律规定的集成电路布图设计的定义。其次，权利布图设计的数位逻辑区域包含了25064个元件库，每个元件库有8个元件，至少有20万颗有源元件。权利布图设计的所有图层中均明确显示了元件的接口，但基于所有元件都是晶圆厂标准元件库内的MOS管，属于晶圆厂的财产，因此对于元件具体是什么以及元件的结构，凌某科技股份有限公司都不能在涉案12个图层中进行披露。

凌某科技股份有限公司确认其GMM674芯片的出货代码是NJ5WP，对应的产品型号为GPM8F3132C、GPM8F3116C、GPM8F3164A、GPM8FD3132C，产品共计有5个版次，最新版为E版，E版为量产版。2015年3月16日，凌某科技股份有限公司发布了GPM8F3132C带有32KB Flash的44 Pin的8-bit微控制器产品的产品说明书（初版）。

二、凌某科技股份有限公司主张的侵权表现形式及其购买被诉侵权产品的过程

凌某科技股份有限公司主张中某电子有限公司以复制、销售的商业利用方式侵犯了其权利布图设计专有权，为证明上述事实，凌某科技股份有限公司提交了公证书，公证书载明如下事实：2020 年 8 月 26 日，凌某科技股份有限公司代理人申请由公证处对其签收快递的过程以及相关电子信息进行证据保全公证。同年 8 月 31 日，快递工作人员发送邮件至江苏省南京市秦淮区某大厦并联系代理人取件。公证人员见证了凌某科技股份有限公司代理人签收邮件的过程，并由公证人员拆封了邮件，对邮件内的物品进行了拍照。该邮件内有 50 个芯片，依据代理人的要求，代理人取走了其中 15 个芯片，剩余 35 个芯片和其他物品仍由公证人员保管。同年 9 月 11 日，依据代理人的要求，由公证人员在公证处使用公证处的电脑，对凌某科技股份有限公司购买被诉侵权芯片的相关电子信息进行保全，并对相关页面进行了截屏保存。公证书所附图片显示，凌某科技股份有限公司代理人在淘宝网名为“某电子”的店铺购买了商品名为“全新原装 AiP8F7132 封装 LQFP44 MCU 单片机微控制器 无锡中微”的芯片 50 片，单价为 3 元/片，商品详情中显示生产厂商为中某电子有限公司。“某电子”的淘宝店铺系由卢某某开设。卢某某将 AiP8F7132 32KB Flash 的 AD 型 8051 单片机的产品说明书发送给凌某科技股份有限公司的代理人。产品说明书的页眉处标注了“深圳市某电子有限公司”，页脚处标注了公司的地址和 http：//www. ×××. com 的网址。

公证书内容显示，2019 年 11 月 15 日，中某电子有限公司在公司官网宣传推广其被诉侵权芯片，并发布有相应的技术规格要求。深圳市某电子有限公司在其公司网站 http：//www. ×××. com 宣称其为中某电子有限公司的一级代理商，在其公司网站中展示其代理的产品包含了中某电子有限公司的被诉侵权芯片。中某电子有限公司于 2017 年 7 月发布了 AiP8F7132 32KB Flash 的 AD 型 8051 单片机产品的产品说明书，后对产品说明书进行了多次修订。中某电子有限公司关于被诉侵权芯片的产品说明书与标注有深圳市某电子有限公司字样的该产品说明书技术内容相同。

中某电子有限公司认可被诉侵权芯片系其公司生产的芯片产品。

三、被诉侵权芯片的布图设计与权利布图设计的比对情况

1. 凌某科技股份有限公司主张的权利布图设计的独创点

凌某科技股份有限公司主张权利布图设计具有 9 个独创性部分，分别为：

(1) 数位逻辑电路，整个数位逻辑总共包含了 25064 个由某芯片制造（苏州）股份有限公司（以下简称移某公司）所提供的标准元件库的逻辑元件，并且这个数位逻辑区域是一个不规则的多边形；(2) 在芯片内部数位逻辑电路周围加上稳压电容，用来稳住供给数位逻辑电路使用的电源及提升系统静电放电防护的保护能力；(3) 芯片存储器独特地摆置在 IO 管脚电源总线下方，以达到更小的芯片面积；(4) 电源垫及地面垫串接小电阻，提升产品系统等级 ESD；(5) 静电放电瞬时侦测电路采用闸极驱动，为了能够达到更好的 ESD 性能，将 RC 时间调整为与一般公认的数值不同，以达到 4KV 的规格；(6) ESD NMOS Source 及 Drain 端点为两排 Contact 设计，以提升 ESD 导通能力；(7) 运算放大器输入级管的尺寸与摆放，以满足芯片运算放大器输入偏移规格；(8) ESD clamp 比 GPIO 的 NMOS 尺寸大，以达到 4KV/400V 的规格；(9) 数位电路与 C32K 的断开设计，解决了 GMM674 V50 不规则上电时，V18 会锁在低电压，导致 IC 无法正常动作的问题。

中某电子有限公司确认凌某科技股份有限公司独创性说明中使用的图样与凌某科技股份有限公司登记的布图设计一致，但认为凌某科技股份有限公司主张的 9 个独创点均不具有独创性。具体理由如下：

(1) 独创点 1 的数位逻辑区域不具备独创性。凌某科技股份有限公司为实现 GMM674 芯片的电路功能，通过电路设计采用 25064 个基本逻辑单元来实现所需的电路功能，但逻辑单元的数量并非布图设计保护的对象。凌某科技股份有限公司所称的数位逻辑区域的不规则形状，同样不具备独创性。不管是矩形，还是不规则图形，布图设计并非著作权，整体形状并非布图设计保护的客体。并且，GMM674 芯片数位逻辑区域的不规则形状，并非凌某科技股份有限公司出于创造性劳动有意设计的，而是在其他模块大小和位置限定的情况下，只能在这个有限的不规则区域内布置所需的基本逻辑单元。布图设计保护的是有源器件的三维配置，权利布图设计使用的逻辑单元的标准三维配置，是移某公司提供的标准元件库，可知涉案权利芯片中基本逻辑单元的三维配置，并非凌某科技股份有限公司创造或者设计，而是由第三方公司提供的标准设计。

(2) 独创点 2 不具备独创性。首先，关于增加稳压电容，中某电子有限公司提交的证据 7-2，该证据公开日期为 2014 年 9 月 24 日，早于权利布图设计的设计完成日。该证据公开了在集成电路布图设计领域，通过在电源线上增加 MOS 电容来实现电源滤波的技术方案，该技术方案与凌某科技股份有限公司在本独创点中增加电容的技术方案完全相同。而且，证据 7-2 增加电容的目的是实现电源滤波，与独创点 2 提高电源稳定性的技术效果是相同的。其次，关于环形电源布局，参见中某电子有限公司提交的证据 7-9，即实用新型专利“结构改进的集成电路抗干扰带”，该证据公开了在局部电路 B 外围有集成电路抗干扰带，而且所起到的作用也是抗干扰，与凌某科技股份有限公司的“使电路的特性更不易受干扰”一致。

（3）独创点 3 不具备独创性。首先，凌某科技股份有限公司认为其布图设计的 ABCD 区不使用金属层 5，所以将金属层 5 作为 I/O 电源总线的走线。既然标准模块不需要使用金属层 5，那么凌某科技股份有限公司将金属层 5 作为 I/O 电源总线的走线，也不需要凌某科技股份有限公司付出创造性劳动，其直接使用即可。其次，凌某科技股份有限公司所主张的设计，其目的是表达在存储器上方设置金属层 5，进而节约芯片面积，而在存储器上方布置电源线，属于常规设计，无须付出任何创造性劳动。而且，根据中某电子有限公司提交的证据 7-3，公开了在电源线下设置静电保护电路的技术方案，既然电源线下可以设置静电保护电路，当然也可以设置其他电路，如凌某科技股份有限公司所称的存储器。

（4）独创点 4 不具备独创性。首先，中某电子有限公司提交的证据 7-4，该证据为移某公司在 2015 年公开的 ESD 设计规则，所有移某公司的客户都可以获得该文件，包括凌某科技股份有限公司和中某电子有限公司。该设计规则为了提高输入、输出 PAD 的 ESD 等级，要求设计公司在 PAD 上串联一个电阻。其次，中某电子有限公司提交的证据 7-5，同样公开了在 PAD 上串联一个电阻，用于降低被保护器件上的 ESD 电压，该设计原理与凌某科技股份有限公司所述的独创点 4 完全相同。最后，关于凌某科技股份有限公司主张的电阻的具体尺寸和数量，是根据具体电学参数的需求来设计的，凌某科技股份有限公司根据所需电学参数反推尺寸即可，尺寸的设计并不需要凌某科技股份有限公司付出创造性劳动。

（5）独创点 5 不具备独创性。中某电子有限公司提交的证据 7-6，使用电源箝位电路进行 ESD 保护，是常规的技术手段，尤其是时间常数一般设置在几百 ns 到 1us 左右，凌某科技股份有限公司设计的时间常数不具备特殊性。并且，布图设计保护的对象是三维结构的布局，不能将该保护范围扩大至元件的尺寸。

（6）独创点 6 不具备独创性。首先，根据中某电子有限公司提交的证据

7-4，即移某公司2015年公开的ESD设计规则，公开了使用双排孔、甚至三排孔的技术方案。凌某科技股份有限公司所述的其创造性的使用双排孔，实际上是基于移某公司提供的双排孔的设计规则作出的。其次，中某电子有限公司提交的证据7-10，移某公司2014年公开的ESD设计规则，在图中全部公开了在Source及Drain全部使用双排孔的技术方案。

（7）独创点7不具备独创性。首先，依据中某电子有限公司提交的证据7-2、7-7、7-8，可知在运算放大器设计过程中，为了保证运算放大器的对称性，使用共质心布局方式是常规设计手段。凌某科技股份有限公司在布图设计中使用共质心布局，不具有独创性。其次，关于凌某科技股份有限公司强调的元器件尺寸并不能成为布图设计保护的客体。

（8）独创点8不具备独创性。首先，关于ESD clamp比GPI0的NMOS尺寸大，只是根据其ESD保护等级需要导致的尺寸大小问题，并不是凌某科技股份有限公司刻意花费创造性劳动设计出的一种特殊的画法，不具备创造性。其次，关于Double guard ring有明显的转折，更不需要付出任何创造性劳动。在芯片设计过程中，基本的设计原则是尽量采用直线，减少线条的弯折。而凌某科技股份有限公司设计成转折的原因是因为Clamp NMOS比GPI0 NMOS尺寸大，导致凌某科技股份有限公司在Clamp NMOS与GPI0 NMOS外圈画Guard ring时，被迫只能在尺寸不同的交界处画成转折的图形，这种转折是凌某科技股份有限公司不得已作出的选择，并非其创造性劳动。

（9）独创点9不具备独创性。首先，任何电路设计，最终都需要通过布图设计来完成从原理到集成电路产品的过渡，布图设计属于电路设计和实物产品中间的桥梁，通过布图设计将电路原理和功能转化为真实的产品。电路功能具备独创性，不代表布图设计一定具备独创性。其次，针对独创点9，凌某科技股份有限公司所述的最初布图的“V50不规则上电时，V18会锁在低电压”的问题，根本原因是凌某科技股份有限公司在芯片设计初期，由于设计错误而造成的问题。凌某科技股份有限公司发现该问题后，通过将两个错误连通的元器件断开，就可以解决该问题，而该解决方案体现在布图设计上，就是将原先连通的一条金属线截断而已。该点改动，事实上是由电路设计来决定的，并非通过独特的布图设计实现。

2. 对凌某科技股份有限公司选定的部分布图设计与被诉侵权产品相应布图设计的比对

经逐一比对后，凌某科技股份有限公司认为中某电子有限公司生产的被诉侵权芯片对应的布图设计与其在国家知识产权局登记的布图设计，除了增加了不具逻辑功能的 PMOS 与 NMOS 电容及在布局上做了细微修改外，整体上与凌某科技股份有限公司登记的布图设计构成实质性相同。

中某电子有限公司认可凌某科技股份有限公司的比对意见，确认被诉侵权芯片的布图设计与凌某科技股份有限公司在国家知识产权局登记的布图设计基本相同，并称被诉侵权芯片的布图设计是通过反向工程实现的。

四、本案损害赔偿的相关事实

凌某科技股份有限公司明确按照中某电子有限公司获利计算本案损害赔偿金额，计算公式为中某电子有限公司委托第三方加工的被诉侵权芯片数量乘以芯片的市场销售价格乘以利润率，同时要求在本案中适用三倍惩罚性赔偿。根据移某公司提供的订单信息可见，被诉侵权芯片的数量为 2554 片晶圆，每片晶圆 7000 颗芯片，共计 17878000 颗芯片。被诉侵权芯片的单价为 3 元/颗。业界 MCU 产品毛利润率超过 50%，以上市公司盛某半导体股份有限公司为例，该公司自 2019 年至 2021 年的平均毛利润率约 50%，因此以 50% 主张被诉侵权芯片的利润率。关于惩罚性赔偿，凌某科技股份有限公司认为中某电子有限公司存在较大恶意，侵权损害后果持续发生，生产的被诉侵权芯片数量特别大；中某电子有限公司不仅抄袭了凌某科技股份有限公司的布图设计，也抄袭了凌某科技股份有限公司芯片的规格、型号和产品说明书，给凌某科技股份有限公司造成巨大损失；中某电子有限公司还涉及多起在别的法院因芯片侵权被诉的案件。因此，凌某科技股份有限公司主张本案中至少要适用三倍的惩罚性赔偿。经过上述计算，凌某科技股份有限公司认为损害赔偿金额应远超 2000 万元，其在本案中以 2000 万元进行主张。

本案中，中某电子有限公司认为应以其所获得的利益计算赔偿数额，计算公式为芯片数量乘以销售单价乘以净利润率乘以独创点贡献率乘以凌某科技股份有限公司布图设计图层数量贡献率。关于被诉侵权芯片的数量，其认为 2554 片晶圆中有 12 片是用于试验的，因此扣除用于试验的 12 片晶圆之外，中某电子有限公司总共获得 2542 片晶圆，按照每片晶圆 7000 颗芯片计算，芯片总数为 2542 片×7000 颗/片 = 17794000 颗。被诉侵权芯片的销售价格，根据中某电子有限公司提交的证据 8 销售合同以及发票显示，该芯片的销售价格为 1.7 元/颗，3 元/颗是终端零售商的价格，并非中某电子有限公司向代理商销售的价格。被诉侵权芯片利润率，根据移某公司的加工成本，以及中某电子有限公司提交的封装成本、测试成本等证据，可知被诉侵权芯片的毛利率为26%。根据中某电子有限公司提交的证据12审计报告，可知中某电子有限公司2020年度的毛利润率为28%，净利润率为12.1%。根据毛利润率和净利润率的对比，中某电子有限公司认为被诉侵权芯片的净利润率应该是12%左右，应以12%的净利润率计算被诉侵权芯片的获利。关于凌某科技股份有限公司主张的布图设计独创点对被诉侵权芯片利润的贡献度，基于独创点部分占芯片面积小于50%，凌某科技股份有限公司提交的登记的图层有12层，而被诉侵权芯片的图层一共是27层，则图层数量的贡献率为12/27=44.4%。因此，中某电子有限公司认为，即使其侵权成立，而且凌某科技股份有限公司所有独创点都具备独创性的前提下，赔偿数额的最大值=17794000×1.7×12%×50%×44.4%=805855元。同时，中某电子有限公司认为凌某科技股份有限公司在本案中主张适用惩罚性赔偿没有依据。

凌某科技股份有限公司主张维权合理开支共计304200元，分别为律师费、公证费、公证协会认证费。

一审法院认为：

本案属于侵害集成电路布图设计专有权纠纷。权利布图设计经国家知识产权局依法登记并予以公告，凌某科技股份有限公司依法享有布图设计专有权。除法律另有规定外，未经凌某科技股份有限公司许可，复制该布图设计的全部或者任何具有独创性的部分，为商业目的进口、销售或以其他方式提供受保护的布图设计、含有该布图设计的集成电路或该集成电路的物品的行为均为侵害凌某科技股份有限公司权利布图设计专有权的行为。在判定被诉行为是否构成侵权时，首先需要确定权利布图设计的保护范围，明确权利布图设计的独创性部分。在确定布图设计保护范围的前提下，再进行侵权比对。如布图设计的保护范围无法确定，欠缺独创性部分，则不能作为受保护的布图设计。

一、关于确定布图设计保护范围的依据

一审法院认为，布图设计条例第十六条规定：申请布图设计登记，应当提交：1. 布图设计登记申请表；2. 布图设计的复制件或者图样；2. 布图设计已投入商业利用的，提交含有该布图设计的集成电路样品；4. 国务院知识产权行政部门规定的其他材料。《集成电路布图设计保护条例实施细则》（以下简称实施细则）第十七条第一项规定，布图设计登记申请未提交布图设计登记申请表或者布图设计的复制件或者图样的，已投入商业利用而未提交集成电路样品的，或者提交的上述各项不一致的，国家知识产权局不予受理。

由此可见，在布图设计登记时，复制件或图样的纸件是获得登记必须提交的文件。在确定布图设计的保护范围时，一般应根据复制件或图样的纸件进行；对于登记时已投入商业利用的布图设计，则专有权的保护内容在样品与复制件或图样的布图设计一致的情况下，也可以用样品来辅助确定复制件或图样中的布图设计细节。

本案中，凌某科技股份有限公司以权利布图设计的复制件或图样的纸件确定其保护范围，具体体现为其主张的9个独创点。中某电子有限公司确认凌某科技股份有限公司主张的9个独创点均体现在权利布图设计的复制件或图样的纸件中。本案的关键在于判断权利布图设计是否具有独创性。

二、关于权利布图设计是否具有独创性

对于专有权人选择布图设计中具有独创性的部分进行独创性判断时，应从两个层面逐次展开。首先，受保护的布图设计属于为执行某种电子功能而对于元件、线路所作的三维配置，否则不能受布图设计专有权保护。其次，上述部分含有的三维配置在其创作时不是公认的常规设计。对此，一审法院分述如下：

首先，布图设计保护的是元件和线路的三维配置。根据布图设计条例第二条第二项规定，集成电路布图设计，是指集成电路中至少有一个是有源元件的两个以上元件和部分或者全部互连线路的三维配置，或者为制造集成电路而准备的上述三维配置；第五条规定，本条例对布图设计的保护，不延及思想、处理过程、操作方法或者数学概念等。在体现布图设计的功能层次上由于不含有元件和线路的三维配置，不给予保护；在这个层次之下，独创性的体现逐步增强，对元件分配、布置，各元件间的互连，信息流向关系，组合效果等可以给予保护。

其次，受保护的独创性部分应能够相对独立地执行某种电子功能。根据布图设计条例第二条第一项规定，集成电路，是指半导体集成电路，即以半导体材料为基片，将至少有一个是有源元件的两个以上元件和部分或者全部互连线路集成在基片之中或者基片之上，以执行某种电子功能的中间产品或者最终产品。由此，权利人提出的具有独创性的部分，该部分应当能够相对独立地执行某种电子功能。

最后，应具有独创性。布图设计条例第四条规定，受保护的集成电路应当具有独创性，即该布图设计是创作者自己的智力劳动成果，并且在其创作时该布图设计在布图设计创作者和集成电路制造者中不是公认的常规设计。

受保护的由常规设计组成的布图设计，其组合作为整体应当符合前款规定的条件。上述规定表明，独创性是布图设计受保护的前提条件。

根据上述分析可知，受保护的布图设计应满足三个条件：1. 是元件和线路的三维配置，且至少有一个有源元件；2. 受保护的独创性部分能够相对独立地执行某种电子功能；3. 应具有独创性。本案中，凌某科技股份有限公司登记的布图设计包括 Poly、Contact 层、Metal1 至 Metal5、Via1 至 Via4、Pad 图层，一共 12 层。其中，Pad 图层表示半导体电路中最上层的接口焊盘摆放的位置和大小，图层 Metal1 至 Metal5 和图层 Via1 至 Via4 表示出了硅衬底以外的电源和信息信号的金属互连结构，上述 Poly 层表示集成电路中栅极的位置和尺寸。凌某科技股份有限公司提交的上述 12 层布图设计图样中不含任何有源元件，依据上述 12 层图样无法明确其布图设计中具体的有源元件及其数量以及位置关系等信息，无法形成一个有效的源极元件的三维结构，因而无法确定包含有源元件在内的各种元件与互连线路的具体内容。实施细则第二十九条规定，布图设计登记公告后，发现登记的布图设计专有权不符合布图设计条例第二条第一项和第二项规定的，由国家知识产权局撤销该布图设计专有权。依据上述规定可见，作为确定布图设计专有权保护内容的图样或者复制件必须满足布图设计条例对布图设计基本定义的要求。本案中，凌某科技股份有限公司提交登记的布图设计图样不含任何一个有源元件，不符合布图设计的基本定义。虽然权利布图设计已获得专有权并仍处于有效状态，但由于不属于为执行某种电子功能而对元件和线路所作的三维配置，因此不能成为布图设计专有权的客体，不能受布图设计专有权保护。

综上，一审法院依照《集成电路布图设计保护条例》第二条、第七条、第十六条、第十八条，《集成电路布图设计保护条例实施细则》第十四条，《中华人民共和国民事诉讼法》（2021 年修正）第六十七条第一款规定，判决："驳回原告凌某科技股份有限公司的诉讼请求。案件受理费 143321 元，由原告凌某科技股份有限公司负担。"

凌某科技股份有限公司不服一审判决，向本院提起上诉，请求：撤销一审判决，改判支持凌某科技股份有限公司的全部诉讼请求。事实和理由：1. 权利布图设计是包含有源元件的布图设计，符合布图设计保护客体的要求。"一个有源元件"是对集成电路本身的定义和要求，并非要求布图设计图样中包含有源元件。权利布图设计登记时的说明文件指明了有源元件及集成电路所执行的功能。权利布图设计的图 1、图 3 和图 5 分别从 Contact 层、

Poly 层、Metal 层展示了布图设计全图，其中的不规则形状的数位逻辑区部分包含有源元件数量达数十万。权利布图设计的图 2、图 4、图 8、图 10、图 12、图 14、图 16、图 18、图 20 和图 22，以坐标（3031605）（3471633）为例，展示了有源元件与线路在 Poly 层、Contact 层及 Metal1-Metal5 层的三维配置。权利布图设计已经表达了元件（包含有源元件）和线路之间的三维配置，满足布图设计条例第二条对布图设计的定义。2. 权利布图设计登记时提交的纸件、复制件、样品都可用于确定布图设计的保护范围，能够证明权利布图设计所对应的集成电路能够执行电子功能。双方当事人都承认在国家知识产权局备案的 GMM674 芯片样品是集成电路，都承认芯片样品存在有源元件，权利布图设计符合保护客体的要求。根据《保护集成电路知识产权的华盛顿条约》（以下简称华盛顿条约）第七条第二项（A）的规定，凌某科技股份有限公司在申请时提交的材料足以确认布图设计，可免交相关制造方式部分的布图设计，故凌某科技股份有限公司在布图设计图样中没有有源元件内部结构的部分，符合我国承诺遵守的国际条约实体规则。3. 一审法院对权利布图设计三维配置的内容以及权利布图设计是否符合受保护条件等相关事实认定存在错误。执行某种电子功能是对集成电路整体的要求，而不是对独创性部分的要求。一审法院认定独创性部分应该能够相对独立地执行某种电子功能是布图设计受保护的条件之一，不符合布图设计条例第二条以及华盛顿条约第七条第二项（A）的规定，给权利人附加了国际条约实体规则中所没有的条件和义务。此外，中某电子有限公司完全抄袭权利布图设计芯片并大量销售的事实，也能证明权利布图设计中必然包含有源元件且能执行电子功能。中某电子有限公司称其通过反向剖析生产出产品的事实陈述，也从另一侧面反映出凌某科技股份有限公司提供的信息和材料已经能够识别布图设计。4. 凌某科技股份有限公司在一审已提交了权利布图设计至少存在 9 个独创性部分，与中某电子有限公司被诉侵权芯片一致，且中某电子有限公司已自认，中某电子有限公司已经明显构成侵权行为。5. 中某电子有限公司以布图设计条例第十七条进行抗辩，该抗辩属于权利无效或撤销事项，不是法院主管事项，人民法院依法不应审查。一审判决在民事诉讼中直接判断关于布图设计无效或撤销的事项，属于程序违法。此外，中某电子有限公司没有证据证明凌某科技股份有限公司是在首次商业利用两年以后才进行权利布图设计登记申请。6. 中某电子有限公司应承担 2000 万元的损害赔偿责任。中某电子有限公司侵权故意明显，情节十分严重，属于恶意侵权，应承担 3 倍以上的惩罚性赔偿责任，以中某电子有限公司侵权所获利润26817000元为计算基数，则赔偿额应为80451000元，凌某科技股份有限公司请求赔偿2000万元理应得到支持。中某电子有限公司应承担凌某科技股份有限公司维权合理开支304200元。

中某电子有限公司针对凌某科技股份有限公司的上诉辩称：1. 一审判决关于权利布图设计不能成为布图设计保护对象的观点正确。凌某科技股份有限公司在登记时提交的布图设计图样中缺少了必要的关键图层，仅依据其提交的布图设计图样完全无法实现集成电路的电子功能，也无法实现有源元件与其他元件的三维配置。我国采用华盛顿条约关于布图设计的定义，即布图设计必须能够体现至少有一个是有源元件的两个以上元件和部分或者全部互连线路的三维配置。无论别的国家如何规定，都应当根据我国布图设计条例来确定保护客体。2. 虽然中某电子有限公司在一审中认可凌某科技股份有限公司的比对意见，但是该意见仅仅是与凌某科技股份有限公司登记时提交的少数的12层图层去比对，并不代表认可中某电子有限公司侵权成立。3. 凌某科技股份有限公司所主张的9个独创点均不具备独创性，不符合布图设计条例第二条第二款的规定，不能成为布图设计保护的客体。4. 凌某科技股份有限公司的权利布图设计对应芯片的商业利用日早于2015年10月24日，不符合布图设计条例第十七条的规定。凌某科技股份有限公司的权利布图设计实际设计日期是2013年11月，最早出货日期是2014年3月，凌某科技股份有限公司也对外宣称2014年推出了相应的产品，其自认在2015年3月16日发布了中文版的技术规格书。根据从移某公司处调取的凌某科技股份有限公司出货记录，在2015年10月24日之前，移某公司为凌某科技股份有限公司生产了17批产品，总共包含近300万颗集成电路芯片，实物可以用于销售。基于上述情况，可以推断出凌某科技股份有限公司的权利芯片实际投入市场的时间距离其申请日已经超过两年，属于应被撤销的情形。凌某科技股份有限公司的权利布图设计属于不应当给予保护的对象，一审法院有权对是否构成布图设计条例保护的客体进行判断，然后进行侵权判定。5. 关于侵权赔偿数额，凌某科技股份有限公司所主张的侵权赔偿额超过2000万元，其对于单价、数量、毛利率和布图设计独创点对被诉侵权芯片利润的贡献度的理解存在严重偏差。应结合被诉侵权芯片数量和中某电子有限公司的毛利润或者净利润以及权利布图设计的贡献度计算，由此计算出的赔偿数额最大值为805855元；如果考虑凌某科技股份有限公司主张的9个独创点全部或部分不成立，则赔偿数额应更低。此外，中某电子有限公司关于侵权赔偿数额的计算以假设侵权成立为前提，由于凌某科技股份有限公司的权利布图设计不符合布图设计条例第二条第二款的规定，且不符合布图设计条例第十七条的规定，其主张侵权赔偿没有任何依据。

二审庭审后，凌某科技股份有限公司向本院补充提交了（2022）苏0214民初4650号民事判决书，拟证明中某电子有限公司被诉侵权芯片产品说明书系抄袭权利布图设计的技术规格书，中某电子有限公司具有明显的侵权故意、侵权情节恶劣，应适用3倍的惩罚性赔偿。

中某电子有限公司的质证意见为：认可该证据的真实性、合法性，不认可其关联性和证明目的。首先，该证据是一审判决书，该案仍在二审中，该证据的判决结果尚未生效。其次，凌某科技股份有限公司提交该证据的目的是证明本案应适用惩罚性赔偿，但凌某科技股份有限公司基于同一件事实提起不同诉讼，中某电子有限公司在本案中并不存在被判定侵权后再次重复侵权等恶意行为，本案不应适用惩罚性赔偿。凌某科技股份有限公司所陈述的侵权时间长、涉案产品数量大等并非适用惩罚性赔偿的充分条件。再次，本案一审判决驳回凌某科技股份有限公司的诉请，中某电子有限公司当然无须停止销售被诉侵权芯片，凌某科技股份有限公司也未在本案中申请行为保全并禁止中某电子有限公司销售被诉侵权芯片。在本案二审之前，中某电子有限公司已主动停止在代工厂下单，停止生产被诉侵权芯片，故中某电子有限公司并无任何恶意行为。最后，该证据显示凌某科技股份有限公司在该著作权案件中自认了“2015年3月16日，凌某科技股份有限公司完成了《GPM8F3132C技术规格书》，并发布在了凌某科技股份有限公司官方网站”的事实，充分证明了凌某科技股份有限公司的权利布图设计对应的芯片早在申请日两年前就已投入商业利用，属于应当被撤销的情形。

本院的认证意见为：确认凌某科技股份有限公司提交的该证据的真实性、合法性，对于该证据在本案中的证明力，本院在下文予以评述。

一审查明的事实属实，本院予以确认。

本院另查明：1. 2021年7月12日，移某公司向一审法院出具了《关于芯片委托加工单位的说明》，其中记载：移某公司受凌某科技股份有限公司委托加工GMM674芯片，在2014年3月24日至2015年10月13日，共向凌某科技股份有限公司交付GMM674芯片晶圆25批次，对应120000979、110088894、110089739、110090279、110091245、120001088、110092153、

110093072、110093930 等 9 个订单号。即便去除流片阶段所需的批次，其他批次以行业惯例单次 25 片晶圆，每片晶圆 7000 颗芯片计算，总计芯片数量应在 300 万颗左右。2. 根据凌某科技股份有限公司二审提交的（2022）苏 0214 民初 4650 号民事判决书记载，凌某科技股份有限公司于 2015 年 3 月 16 日完成了《GPM8F3132C 技术规格书》，并发布在凌某科技股份有限公司官方网站。结合凌某科技股份有限公司确认 GPM8F3132C 芯片为权利布图设计对应的产品型号之一的事实，可以认定权利布图设计所对应产品的技术规格已于 2015 年 3 月 16 日对外发布。

本院认为：本案系侵害集成电路布图设计专有权纠纷。综合双方当事人的诉辩意见，本案二审阶段的争议焦点为：1. 权利布图设计是否符合布图设计条例关于保护客体的要求；2. 权利布图设计在本案中能否得到保护；3. 中某电子有限公司的侵权行为是否成立及赔偿数额的确定。

一、权利布图设计是否符合布图设计条例关于保护客体的要求

布图设计条例第二条第一项规定："集成电路，是指半导体集成电路，即以半导体材料为基片，将至少有一个是有源元件的两个以上元件和部分或者全部互连线路集成在基片之中或者基片之上，以执行某种电子功能的中间产品或者最终产品；"第二条第二项规定："集成电路布图设计（以下简称布图设计），是指集成电路中至少有一个是有源元件的两个以上元件和部分或者全部互连线路的三维配置，或者为制造集成电路而准备的上述三维配置。"

本案中，凌某科技股份有限公司提交的权利布图设计包括 Poly、Contact 层、Metal1 至 Metal5、Via1 至 Via4、Pad 图层，一共 12 层。其中，Pad 图层表示半导体电路中最上层的接口焊盘摆放的位置和大小，Metal1 至 Metal5 图层和 Via1 至 Via4 图层表示出了硅衬底以外的电源和信息信号的金属互连结构，Poly 层表示集成电路中栅极的位置和尺寸。凌某科技股份有限公司提交的上述 12 层布图设计图样中虽不含有源元件，但展示了有源元件与线路在 Poly 层、Contact 层及 Metal1-Metal5 层的三维配置关系，从而能够明确其与有源元件的接口，在使用晶圆厂标准化元件的情况下，权利布图设计已经能够实现相应的电路功能，故可以认为权利布图设计属于至少有一个是有源元件的两个以上元件和部分或者全部互连线路的三维配置。此外，凌某科技股份有限公司在向国家知识产权局登记权利布图设计时提交了样品芯片 GMM674，该芯片已投入商业利用，对该芯片剖片后形成的布图设计具备完整的三维配置，能够进一步说明权利布图设计三维配置的完整性。凌某科技

股份有限公司关于权利布图设计属于布图设计专有权保护客体的上诉理由成立，本院予以支持。一审判决关于凌某科技股份有限公司提交登记的布图设计图样不含任何有源元件，不符合布图设计基本定义的认定，有所不当，本院予以纠正。

二、权利布图设计在本案中能否得到保护

布图设计条例第八条规定："布图设计专有权经国务院知识产权行政部门登记产生。未经登记的布图设计不受本条例保护。"第十七条规定："布图设计自其在世界任何地方首次商业利用之日起 2 年内，未向国务院知识产权行政部门提出登记申请的，国务院知识产权行政部门不再予以登记。"根据上述规定可知，布图设计专有权经登记才能产生并获得保护，且布图设计条例规定了明确的登记时限要求，布图设计自其首次商业利用之日起 2 年内未向国务院知识产权行政部门提出登记申请的，则不能获得登记和保护。即便该布图设计获得登记，如果有证据证明其本不应获得登记，则因其明显存在严重的权利瑕疵，其在侵权诉讼中亦不应得到保护。本案中，根据移某公司出具的《关于芯片委托加工单位的说明》，2014 年 3 月 24 日至 2015 年 10 月 13 日，移某公司先后向凌某科技股份有限公司交付了涉及 9 个订单号的 25 个批次的 GMM674 芯片晶圆，总计芯片数量达数百万颗。集成电路布图设计完成以后确需通过流片以检查和验证性能，但因单次流片成本极高，通常情况下流片次数不会太频繁，单次流片的晶圆数量不可能过多。本案中，凌某科技股份有限公司在 19 个月左右的时间内持续委托移某公司制造含有权利布图设计的芯片，从委托次数和芯片数量上看明显超出了测试流片所需，故应当认定权利布图设计于 2015 年 10 月 24 日前就已投入商业利用。至于凌某科技股份有限公司自认于 2015 年 3 月 16 日完成的《GPM8F3132C 技术规格书》，该技术规格书与权利布图设计是否投入商业利用尚无直接关联，但亦不影响认定权利布图设计已投入商业利用。鉴于权利布图设计在 2017 年 10 月 24 日申请登记时距其首次商业利用已超过 2 年，凌某科技股份有限公司登记的布图设计因之存在严重的权利瑕疵，故在本案中不能获得保护。

凌某科技股份有限公司上诉主张，权利布图设计是否符合布图设计条例第十七条的规定并是否因此应被撤销，不属于人民法院有权审查的范围；一审判决在民事诉讼中直接对此作出判断属于程序违法。对此，本院认为，民事权利的保护当然应以该权利正当合法为前提，当事人主张其民事权利应受保护，对方当事人对此质疑并提供相应证据的，人民法院有权对此予以适度审查处理。布图设计条例第十八条规定："布图设计登记申请经初步审查，未发现驳回理由的，由国务院知识产权行政部门予以登记，发给登记证明文件，并予以公告。"根据上述规定，国务院知识产权行政部门对于布图设计登记申请仅作初步审查，对于是否符合类似布图设计条例第十七条规定的登记时限等授权实质条件，往往是在登记后因有人提出异议并举证才能发现。如人民法院在侵权诉讼中对于当事人提出的权利质疑不作适度审查，则可能导致案件处理的明显不公。需要说明的是，人民法院在此情况下所作的适度审查并非认定权利布图设计应否被撤销，而是仅就该登记布图设计能否在本侵权诉讼中获得保护作出处理。凌某科技股份有限公司的相关上诉主张不能成立，本院不予支持。

三、中某电子有限公司的侵权行为是否成立及赔偿数额的确定

鉴于涉案权利布图设计在本案中不应得到保护，本院对于中某电子有限公司是否侵权及赔偿问题不再进行评述。

综上所述，凌某科技股份有限公司的上诉请求不能成立，本院不予支持。一审判决认定事实及适用法律虽有不当，但不影响裁判结果，本院予以维持。依照《集成电路布图设计保护条例》第二条、第十七条、第二十条，《中华人民共和国民事诉讼法》第一百七十七条第一款第一项，《最高人民法院关于适用〈中华人民共和国民事诉讼法〉的解释》第三百三十二条之规定，判决如下：

驳回上诉，维持原判。

一审案件受理费 143321 元，二审案件受理费 143321 元，均由凌某科技股份有限公司负担。

本判决为终审判决。

审　判　长　徐卓斌
审　判　员　张　倞
审　判　员　刘雪峰
二〇二四年九月十二日
法官助理　米　于
书　记　员　郭云飞

图书在版编目（CIP）数据

最高人民法院知识产权审判案例指导. 第17辑，全国法院知识产权案件法律适用问题年度报告及案例全文 / 最高人民法院民事审判第三庭编. -- 北京 : 中国法治出版社，2025. 8. -- ISBN 978-7-5216-5231-4

Ⅰ. D923.405

中国国家版本馆CIP数据核字第2025X6D806号

策划编辑：李小草 孙 静

责任编辑：孙 静

封面设计：蒋 怡 杨泽江

最高人民法院知识产权审判案例指导．第17辑，全国法院知识产权案件法律适用问题年度报告及案例全文

ZUIGAO RENMIN FAYUAN ZHISHI CHANQUAN SHENPAN ANLI ZHIDAO. DI-17 JI，QUANGUO FAYUAN ZHISHI CHANQUAN ANJIAN FALÜ SHIYONG WENTI NIANDU BAOGAO JI ANLI QUANWEN

编者/最高人民法院民事审判第三庭

经销/新华书店

印刷/三河市国英印务有限公司

开本/730毫米×1030毫米 16开　　印张/56.25 字数/833千

版次/2025年8月第1版　　2025年8月第1次印刷

中国法治出版社出版

书号 ISBN 978-7-5216-5231-4　　定价：188.00元

北京市西城区西便门西里甲16号西便门办公区

邮政编码：100053　　传真：010-63141600

网址：http://www.zgfzs.com　　**编辑部电话：010-63141787**

市场营销部电话：010-63141612　　**印务部电话：010-63141606**